Deutscher Anwaltverein
FORUM Junge Anwaltschaft im DAV

DAV RATGEBER

Für junge Rechtsanwältinnen und Rechtsanwälte

15. Auflage

Herausgeber
Deutscher Anwaltverein e.V.
Mitherausgeber: FORUM Junge Anwaltschaft im DAV
Littenstraße 11, 10179 Berlin

Redaktion
Swen Walentowski, Berlin

Mit freundlicher Unterstützung durch
DKV juris Das Rechtsportal

Die im DAV-Ratgeber enthaltenen Informationen wurden mit großer Sorgfalt recherchiert und zusammengestellt. Es ist jedoch nicht auszuschließen, dass sich nach Redaktionsschluss Änderungen ergeben haben.

Wir danken allen Autorinnen und Autoren und insbesondere den unterstützenden Unternehmen, ohne die der DAV-Ratgeber so nicht realisierbar wäre.

Ein Hinweis in eigener Sache:

Niemand bleibt vom „Druckfehlerteufel“ verschont. Falls er Ihnen in unserem Ratgeber begegnen sollte, freuen wir uns über Ihren Hinweis.

Der Ratgeber als E-Book:

Der DAV-Ratgeber wird auch als E-Book angeboten.
Kostenlos zu beziehen im Nomos-Shop unter: www.nomos-shop.de

ISBN 978-3-7489-1214-9

DAV-Ratgeber für junge Rechtsanwältinnen und Rechtsanwälte

Herausgegeben vom Deutschen Anwaltverein und dem
FORUM Junge Anwaltschaft im DAV

15. Auflage 2021, 632 Seiten gebunden, Schutzgebühr 5 Euro

ISBN 978-3-8487-7167-7

Erschienen im Nomos Verlag, Juli 2021

AUTORINNEN UND AUTOREN

Ahlers, Dr. Malaika, Berlin
Auer-Reinsdorff, Dr. Astrid, Berlin
Bachmann, Bettina, Berlin
Becker, Eva, Berlin
Bergdolt, Daniela A., München
Binnewies, Prof. Dr. Burkhard, Köln
Bramkamp, Daniela, Hamburg
Curschmann, Dr. Jan, Hamburg
Depré, Peter, Mannheim
Dillenburg, Christina, Essen
Dreber, Ann-Kathrin, Eschwege
Düsing, Mechtild, Münster
Duve, Prof. Dr. Christian, Frankfurt am Main
Ewer, Prof. Dr. Wolfgang, Kiel
Faber, Dr. Kevin, Eschwege
Falkenhausen, Dr. Joachim Freiherr von, Hamburg
Franz, Dr. Birgit, Köln
Freundorfer, Dr. Clarissa, Berlin
Frieser, Prof. Dr. Andreas, Bonn
Gasteyer, Prof. Dr. Thomas, Frankfurt am Main
Gothe, Astrid, Berlin
Gröning, Max, Berlin
Groppler, Silvia C. Berlin
Grundstein, Walther, Frankfurt am Main
Halm, Dr. Christian, Neunkirchen
Härting, Prof. Niko, Berlin
Hartung, Markus, Berlin
Herberg, Valerie, Berlin
Janßen, Dieter, Bremen
Jungk, Antje, München
Kilger, Hartmut, Tübingen
Kindermann, Edith, Bremen
Kleine-Cosack, Dr. Michael, Freiburg i.Br.
Knöpper, Isabelle, Erfurt
Konrad, Lasse, Berlin
Kress, Dorela, Esslingen
Lang, Martin, München
Leis, Horst, Haan
Lenger-Bauchowitz, Norman, Köln
Mähl-Hupka, Jana, Berlin
Meister, Dr. Jörg , Mannheim
Nobel, Ruth, Bochum
Oberhäuser, Thomas, Ulm
Oepen, Dr. Klaus, Hamburg
Pelke, Kirsten, Berlin
Pfeil, Rupprecht Graf von, München
Prossliner, Michael, Frankfurt am Main
Prutsch, Dr. Ulrich, Köln
Richter, Prof. Ronald, Hamburg
Riedmeyer, Oskar, München
Ruge, Dr. Sylvia, Berlin
Schafhausen, Martin, Frankfurt am Main
Scheer, Michael, Berlin
Scherwitzki, Sarah, Berlin
Schipp, Dr. Johannes, Gütersloh
Schlaeger, Tobias, Düsseldorf
Schmidt, Uta Katharina, Berlin
Schmidt-Jochum, Stephan, Neunkirchen
Schneider, Norbert, Neunkirchen
Schönleber, Norbert, Köln
Schubach, Arno, Frankfurt am Main
Sohn, Dr. Peter, Hamm
Sommer, Prof. Dr. Ulrich, Köln
Stellpflug, Prof. Dr. iur. Martin, Berlin
Stich, Lars, Frankfurt am Main
Summerer, Dr. Thomas, München
Trojan, Bettina, Köln
Volk, Ulrich, Wiesbaden
Walentowski, Swen, Berlin
Weide, Norbert, Neustadt in Holstein
Wichmann, Prof. Dr. Alexander, Freiburg i. Br.
Wulf, Dr. Martin, Berlin

Inhaltsverzeichnis

B. DIE EIGENE KANZLEI

C. DIE DIGITALE KANZLEI

D. DIE FREMDE KANZLEI

E. DIE ERSTEN 100 TAGE

F. SPEZIALISIERUNG

as Rechtsberatungsprojekt European Lawyers in esvos besteht seit Juni 2016 und war ursprünglich ne Initiative des Deutschen Anwaltvereins (DAV) nd der Europäischen Anwaltvereinigung CCBE in ooperation mit griechischen Anwaltskammern. ittlerweile ist European Lawyers in Lesvos eine ge- einnützige und unabhängige Gesellschaft.

it dem Projekt leisten griechische und weitere uropäische Rechtsanwältinnen und Rechtsanwälte it Expertise auf dem Gebiet des Asylrechts auf den iechischen Inseln Lesbos und seit Sommer 2020 uch Samos für Flüchtlinge individuelle und kosten- se Rechtsberatung.

itte unterstützen Sie das Projekt!

e European Lawyers in Lesvos gGmbH benötigt ingend zusätzliche Geldmittel, um die Arbeit rtzusetzen. Sie erhält keine Mittel der EU oder der iechischen Regierung. Da die Rechtsanwältinnen nd Rechtsanwälte ehrenamtlich arbeiten, können e Kosten gering gehalten werden: Bereits 0 Euro ermöglichen die Rechtsberatung für zwei ylsuchende Familien.

Sie möchten unterstützen? Besuchen Sie die Website www.elil.eu/spenden. Dort können Sie einfach per PayPal spenden. Oder Sie überweisen Ihre Spende auf das unten genannte Konto:

Empfänger: European Lawyers in Lesvos gGmbH.

Bank: Deutsche Bank, Otto-Suhr-Allee 6-16, 10585 Berlin

IBAN: DE95 1007 0024 0088 9998 00

SWIFT/BIC: DEUTDEDBBER

Verwendungszweck: Spende an die ELIL gGmbH.

Vielen Dank für Ihre Unterstützung!

EUROPEAN Lawyers in Lesvos

www.europeanlawyersinlesvos.eu

Vorwort der DAV-Präsidentin

Liebe Leserinnen und Leser,
liebe künftige Kolleginnen und Kollegen,

früher las man im Vorwort des DAV-Ratgebers: „Sie halten nunmehr unseren DAV-Ratgeber in den Händen“. Dass man dies nicht mehr so selbstverständlich sagen kann, hat einen guten Grund: Die inzwischen 15. Ausgabe des DAV-Ratgebers wird erneut und kostenfrei auch als E-Book angeboten. So kann jede Leserin und jeder Leser entscheiden, welche Ausgabe am besten zur eigenen Informationsbeschaffung passt.

Mit unserem DAV-Ratgeber verfolgen wir das Ziel, allen Kolleginnen und Kollegen – ob jung oder alt – die Existenzgründung und den Berufseinstieg zu erleichtern. Namhafte Autorinnen und Autoren haben honorarfrei daran mitgewirkt. Ihre Freude, mit den jungen Kolleginnen und Kollegen gemeinsam in eine gute und erfolgreiche Zukunft der Anwaltschaft zu schauen, wird auch wieder in diesem Ratgeber spürbar.

Anlässlich des 150-jährigen Bestehens des DAV im Jahr 2021 wurde die aktuelle Auflage völlig neu überarbeitet. Angesichts der in alle Lebensbereiche vorgedrungenen und nicht mehr wegzudenkenden Digitalisierung widmen wir beispielsweise ein ganzes Kapitel der digitalen Kanzlei. Darin erfahren Sie unter anderem

- wie Sie in 4 Schritten der Datenschutzkonformität Ihrer Kanzlei näherkommen
- Wissenswertes rund um Technik, Tools und Zusammenarbeit in der digitalen Kanzlei
- wie Sie die Möglichkeiten des World Wide Webs für Ihren Kanzleiauftritt optimal nutzen oder
- dass Legal Tech auch eine Chance sein kann.

Dies ist selbstverständlich nur ein Auszug! Freuen Sie sich auf viele weitere Themen.

Mit dem DAV-Ratgeber möchten wir Ihnen den Start in die eigene Existenz erleichtern: Sie erfahren Grundlegendes zum anwaltlichen Berufsrecht, Wichtiges für die ersten 100 Tage oder auf welche Absicherung Sie nicht verzichten sollten. Sie erhalten Informationen zum Vergütungsrecht und zur Vergütungsvereinbarung. Der Ratgeber hilft vielleicht auch bei der Entscheidung, ob die eigene Kanzlei für Sie das Richtige ist und welche Möglichkeiten der Beruf überhaupt für Sie persönlich bietet. Eine zentrale Rolle spielt auch die Fortbildung, und Sie erhalten einen Überblick über Möglichkeiten der Spezialisierung. Und dies sind nur einige wenige Stichpunkte.

Wir geben diesen Ratgeber gemeinsam mit dem FORUM Junge Anwaltschaft im DAV heraus, dem Netzwerk junger Kolleginnen und Kollegen unter dem Dach des DAV. Wir brauchen anwaltlichen Nachwuchs, um die Qualität anwaltlicher Dienstleistung auch dauerhaft zu sichern und den Zugang zum Recht für die Gesellschaft zu gewährleisten.

Vorwort der DAV-Präsidentin

Wer den Beruf der Rechtsanwältin oder des Rechtsanwalts ergreift, muss ihn selbstständig verantwortlich ausüben können. Der Ratgeber soll Ihnen dafür eine Hilfestellung sein.

An dieser Stelle danke ich auch den mitwirkenden Autorinnen und Autoren des Ratgebers, die dieses Buch erst zu dem machen, was es ist: einen echten Ratgeber.

Weitere Informationen für den Berufsstart finden Sie auch auf der DAV-Webseite in der Rubrik „Anwaltspraxis".

Ihnen, liebe Existenzgründerinnen und liebe Existenzgründer, wünsche ich bereichernde Anregungen aus diesem Buch und vor allem viel Erfolg bei Ihrer Arbeit in unserem schönen Anwaltsberuf.

Ihre

Edith Kindermann
Präsidentin des Deutschen Anwaltvereins

Vorwort der Vorsitzenden des FORUMs Junge Anwaltschaft

Unser Leitmotiv lautet: Wir sind junge Anwältinnen und Anwälte aus Leidenschaft und Überzeugung! Dass auch Sie dazugehören möchten und auch Sie sich aktiv für Ihre Zukunft in unserem Beruf interessieren, zeigt sich bereits dadurch, dass Sie eines der heiß begehrten Exemplare des DAV-Ratgebers in den Händen halten.

Die Dachorganisation des Deutschen Anwaltvereins (DAV) verfügt aktuell über 30 Arbeitsgemeinschaften und 252 angeschlossene Anwaltvereine. Das FORUM Junge Anwaltschaft ist dabei innerhalb des DAV eine der größten Arbeitsgemeinschaften und setzt sich mit großem Engagement speziell für die Belange der jungen Kolleginnen und Kollegen ein. Der DAV-Ratgeber soll Ihnen dabei nahebringen, wie sinnvoll und förderlich es für die eigene Berufsausübung ist, wenn man sich einer starken Gemeinschaft anschließt.

Beinahe 3.000 junge Anwältinnen und Anwälte haben es Ihnen vorgemacht und sind aktuell Mitglied im FORUM Junge Anwaltschaft. Was wir neben diesem Ratgeber zu bieten haben, können Sie unserer Website www.davforum.de entnehmen. Sie können dort online die Mitgliedschaft im Forum beantragen und sich über unsere Arbeit informieren. Das FORUM gewährt nicht nur fachliche, sondern auch persönliche Unterstützung bei fast allen Fragen rund um den Anwaltsberuf, insbesondere für Fragestellungen zum Berufsstart, egal ob als selbständige Rechtsanwältin oder als Angestellter. Wer sich engagieren möchte, findet beim FORUM Junge Anwaltschaft einen starken Partner.

In jedem Landgerichtsbezirk bundesweit organisieren unsere Regionalbeauftragten vor Ort monatliche Stammtische und Informationsveranstaltungen, um den gemeinsamen Austausch zwischen jungen Kolleginnen und Kollegen zu fördern und als Bindeglied zwischen Forumsmitgliedern und den örtlichen Anwaltvereinen zu fungieren. Sie stehen den örtlich ansässigen Junganwälten mit Rat und Tat zur Seite. Finden Sie heraus, wann in Ihrem Landgerichtsbezirk der nächste Stammtisch stattfindet. Die Informationen finden Sie auf unserer Website.

Gemeinsam mit der Deutschen Anwaltakademie (DAA) veranstalten wir bereits seit vielen Jahren ein jährlich stattfindendes Einsteigerseminar für Junganwälte, Assessoren, Referendare und insbesondere Existenzgründer. Dort wird das Handwerkszeug der Berufsausübung, Mandatsführung, Vergütung und Haftung gelehrt.

Diese Seminare bieten überdies die Möglichkeit, gleichgesinnte jungen Kolleginnen und Kollegen zu treffen sich bundesweit zu vernetzen und auszutauschen. Der Startschuss für Ihre Karriere!

Das FORUM Junge Anwaltschaft organisiert des Weiteren in Kooperation mit den anderen fachspezifischen Arbeitsgemeinschaften des DAV regelmäßig gemeinsame Veranstaltungen z.B. auf dem jährlich stattfindenden Deutschen Anwaltstag, um unseren jungen Mitgliedern ein fachlich möglichst breit gefächertes Fortbildungsangebot zu bieten und die Anknüpfung und den Eintritt in die anderen Arbeitsgemeinschaften des DAV zu fördern und zu erleichtern.

Die Spezialisierung im anwaltlichen Berufsmarkt wird, damit man sich gegen die mannigfaltige Konkurrenz behaupten kann, ein immer wichtigeres Kriterium.

Falls Sie auch daran interessiert sind, beruflichen Austausch und bundesweite Vernetzung mit jungen, dynamischen und motivierten Kolleginnen und Kollegen zu nutzen, sollten Sie, falls sie nicht bereits Mitglied in der Arbeitsgemeinschaft FORUM Junge Anwaltschaft sind, den Schritt wagen und Mitglied werden. Insbesondere in den ersten Berufsjahren bietet das FORUM Junge Anwaltschaft im DAV eine nachhaltige Unterstützung und das Logbuch für sämtliche juristische Weltmeere.

Mit freundlichen kollegialen Grüßen und hoffentlich bis bald auf einer unserer Veranstaltungen des FORUMs oder einer solchen in Zusammenarbeit mit dem DAV oder der DAA.

Herzlichst,

Ihre

Ruth Nobel
Vorsitzende des FORUMs Junge Anwaltschaft im DAV

Der Deutsche Anwaltverein – Interessenvertreter der Anwaltschaft

Rechtsanwältin Dr. Sylvia Ruge, Berlin • Hauptgeschäftsführerin des DAV

Herzlich willkommen in der Anwaltschaft!

Wenn Sie diesen Ratgeber in den Händen halten oder ihn als E-Book lesen, sind Sie vielleicht gerade als Anwältin oder als Anwalt zugelassen worden, oder Sie gründen gerade Ihre eigene Kanzlei. Damit Sie für den Start gut gewappnet sind, haben wir dieses „Handbuch" zusammengestellt.

Wir, das ist der Deutsche Anwaltverein (DAV), der freiwillige Zusammenschluss der Rechtsanwältinnen und Rechtsanwälte in Deutschland. In den örtlichen Anwaltvereinen sind Rechtsanwältinnen und Rechtsanwälte vereint, unabhängig von der Form ihrer beruflichen Ausübung (selbstständig in Einzelkanzlei, Mitglied in einer kleinen, mittleren oder großen Berufsausübungsgesellschaft, in Bürogemeinschaft, angestellt in einer Kanzlei oder einem Unternehmen).

Während Sie in der Rechtsanwaltskammer mit der Zulassung per Gesetz Mitglied werden, können Sie sich für eine Mitgliedschaft im DAV frei entscheiden. Werden Sie Mitglied und schließen Sie sich einer starken Gemeinschaft an!

Warum?

Wer seine Interessen im politischen Meinungs- und Willensbildungsprozess einbringen will, muss seine Stimme erheben. Jede gesellschaftliche Gruppierung muss ihre gemeinsamen Interessen zu Gehör bringen, ihren Sachverstand, ihre Positionen und ihre Vorstellungen in den Meinungsbildungsprozess einbringen. Die Stimme Einzelner wird leicht überhört.

Dies ist der Grund, warum sich mehr als 62.000 Rechtsanwältinnen und Rechtsanwälte der Bundesrepublik Deutschland im Deutschen Anwaltverein zusammengefunden haben, organisiert in 252 örtlichen Anwaltvereinen im In- und Ausland. Die Freiwilligkeit der Beitrittsentscheidung ebenso wie die demokratischen Strukturen der Meinungsbildung im DAV (Mitgliederversammlung der örtlichen Anwaltvereine, Mitgliederversammlung des DAV, Vorstand des DAV) machen den Deutschen Anwaltverein zu dem demokratisch legitimierten Vertreter der Interessen der Anwaltschaft.

Zweck des DAV

Zweck des Deutschen Anwaltvereins ist nach seiner Satzung insbesondere die Wahrung, Pflege und Förderung aller beruflichen und wirtschaftlichen Interessen der Anwaltschaft einschließlich des Anwaltsnotariats. Er fördert Rechtspflege und Gesetzgebung, bietet Aus-

und Fortbildung an und pflegt Gemeinsinn sowie wissenschaftlichen Geist und Geschichtsbewusstsein der Rechtsanwaltschaft.

Leitbild des DAV

Um die Werte der Gemeinschaft des DAV noch klarer herauszustellen, wurde nach einem intensiven Entwicklungsprozess ein gemeinsames Leitbild erarbeitet und im September 2020 von der Mitgliederversammlung verabschiedet:

Leitbild des DAV und seiner Mitgliedsvereine

- **Wir kämpfen für die Interessen der Anwaltschaft**
  Wir sind die freie Stimme der Anwaltschaft. Wir setzen uns für die Interessen aller Anwältinnen und Anwälte ein. Die Kammern begleiten wir konstruktiv, aber auch kritisch.
- **Wir stehen für Recht und Freiheit und Demokratie**
  Wir streiten für Rechtsstaatlichkeit, Demokratie und Menschenrechte in Europa. Wir verteidigen die von uns im 19. Jahrhundert errungene Freiheit und Unabhängigkeit der Anwaltschaft. Wir kämpfen für den Zugang aller zum Recht.
- **Wir sind das größte Anwaltsnetzwerk**
  Wir bieten Anwältinnen und Anwälten Plattformen für Vernetzung, Fortbildung und Engagement. Wir bringen die Anwaltschaft in all ihrer Vielfalt zusammen.
- **Wir unterstützen Anwältinnen und Anwälte**
  Für (fast) alle unternehmerischen, organisatorischen und persönlichen Fragen des Anwaltsberufs haben wir eine Lösung.
- **Wir wollen alle für den Anwaltsberuf begeistern**
  Wir fördern den Nachwuchs. Anwaltliche Berufsausübung ist keine Frage des Geschlechts, der sexuellen Identität, der Herkunft oder einer Behinderung. Wo es Benachteiligungen gibt, wollen wir sie beseitigen. Dafür setzen wir uns ein!

Das Leitbild ist auch auf der Webseite des DAV unter www.anwaltverein.de/leitbild veröffentlicht.

1871 bis heute: die Geschichte des DAV

Im Jahr 2021 feiert der Deutsche Anwaltverein sein 150-jähriges Bestehen. Seine Gründung im August 1871 auf einem Anwaltstag in Bamberg geht auf Initiativen des Preußischen und Bayerischen Anwaltvereins zurück. Sitz des DAV war zunächst zehn Jahre lang Berlin, dann Leipzig und von 1932 bis 1933/34 wiederum Berlin. 1933/34 – das gehört zu den dunklen Seiten unserer Geschichte – wurde der DAV gleichgeschaltet. Nicht so schnell wie andere Vereinigungen, aber doch ohne große Widerstände. Schließlich wurden er und die örtlichen Anwaltvereine förmlich aufgelöst. Die Anwälte hatten sich in die Fachgruppe Rechtsanwälte des Bundes Nationalsozialistischer Deutscher Juristen einzugliedern.

Wiedergründung des DAV

Nach der Wiedergründung des DAV nach dem 2. Weltkrieg, das Werk des Hamburger Rechtsanwalts Dr. *Emil von Sauer*, der als Vorsitzender des Hamburgischen Anwaltvereins zunächst die in der britischen Zone neu entstandenen örtlichen Anwaltvereine zu einem Deutschen Anwaltverein Nordwest zusammenfasste, zog der DAV 1977 von Hamburg nach Bonn. Seit November 2000 hat der Deutsche Anwaltverein seinen Sitz im DAV-Haus in Berlin, um so dem Deutschen Bundestag und dem Bundesministerium der Justiz und für Verbraucherschutz auch räumlich weiter nahe zu sein.

Durchsetzung der Interessen der Anwaltschaft

Hauptarbeitsgebiet des DAV ist die Durchsetzung der wirtschaftlichen Interessen der Anwaltschaft. Nicht nur am Zustandekommen der Bundesgebührenordnung für Rechtsanwälte 1957, sondern auch an ihren zahlreichen Novellen war der DAV maßgeblich als Initiator und als stets drängender Lobbyist beteiligt. Die RVG-Anpassung zum 1. Januar 2021 ist nicht zuletzt auch dem DAV und seinem beharrlichen und hohen Einsatz zu verdanken. Er hat viel erreicht, wenn auch nicht alle Forderungen durchgesetzt werden konnten. Der DAV setzt sich auch zukünftig dafür ein, dass die RVG-Sätze regelmäßig auf den Prüfstand kommen.

Der DAV verteidigt die anwaltlichen Versorgungswerke und setzt sich für gute Rahmenbedingungen für anwaltliche Tätigkeit ein. In Zeiten der Digitalisierung bedarf es insbesondere eines reibungslos funktionierenden elektronischen Rechtsverkehrs. Voraussetzung dafür ist eine flächendeckende Versorgung mit Breitbandanschlüssen. Nur so kann auch in strukturschwächeren Regionen der Zugang zum Recht sichergestellt werden.

Weitere Lobbyarbeit des DAV

Seit seiner Wiedergründung befasst sich der DAV intensiv mit der Gesetzgebung rund um die Justiz und das Verfahrensrecht. Als Spitzenverband nimmt der DAV zu allen wichtigen Gesetzesvorhaben in Bund und Ländern Stellung. Die Stellungnahmen zu Gesetzentwürfen werden von den 40 Gesetzgebungs- und Fachausschüssen des DAV erarbeitet und genießen in den Ministerien, vor allem aber bei Parlamentarierinnen und Parlamentariern, große Wertschätzung. Seit dem Bestehen der Bundesrepublik ist keines der großen Verfahrensgesetze zustande gekommen, ohne dass der DAV das Gesetzgebungsverfahren mit seinen umfangreichen Stellungnahmen begleitet hat. Kontakte bestehen sowohl zur Legislative als auch zur Exekutive.

Fort- und Weiterbildung der Anwaltschaft

Große Aufmerksamkeit widmet der DAV der Fort- und Weiterbildung der Anwaltschaft. Die Deutsche Anwaltakademie, eine Tochter des DAV, bietet bundesweit ein breit gefächertes

Fortbildungsprogramm von „A“ wie Arbeitsrecht bis „Z“ wie Zwangsvollstreckung. Es gibt wohl keine für die anwaltliche Praxis relevanten Themen, zu denen die DAV-Tochter keine Fortbildungsmöglichkeiten anbietet. Bei der Anwaltakademie finden Sie Kurse zu allen 24 Fachanwaltschaften und umfangreiche Möglichkeiten zur Vorbereitung auf die notarielle Fachprüfung. Ein vielfältiges Angebot an Online-Seminaren rundet das Profil der Anwaltakademie ab.

Anwaltliche Ausbildung

Das Engagement des DAV erstreckt sich seit seiner Gründung auch auf den anwaltlichen Nachwuchs und die anwaltliche Ausbildung. Der DAV ist hier Gesprächspartner für Fakultäten und die Politik, aber auch Anstoßgeber in der Diskussion um eine Reform der Juristenausbildung. Aus Sicht des DAV muss jede Anwältin, jeder Anwalt bei Zulassung in der Lage sein, den Anwaltsberuf selbstständig und eigenverantwortlich auszuüben.

Anwaltsblatt und katzenkönig | anwaltsblatt.de

Das vom DAV herausgegebene Anwaltsblatt ist das monatlich erscheinende Fachmagazin für die Anwältin und den Anwalt, das die Mitglieder eines Anwaltvereins im DAV kostenlos erhalten. Der Inhalt des Anwaltsblattes wird von praktischen Fragen der anwaltlichen Tätigkeit bestimmt. Es enthält aktuelle berufs- und gebührenrechtliche Rechtsprechung, es werden Steuer- und Haftpflichtfragen behandelt. Die Inhalte gibt es tagesaktuell auch unter anwaltsblatt.de.

Zweimal im Jahr erscheint katzenkönig: Das Magazin für Jurastudium und Berufseinstieg richtet sich mit Storys, Tipps und Hacks an junge Kolleginnen und Kollegen. katzenkönig löste im Juni 2020 das Anwaltsblatt Karriere ab, das seit 2007 ebenfalls zweimal jährlich Reportagen, Tipps und Wissenswertes rund um das Jura-Studium veröffentlicht hat.

Das Anwaltsblatt und katzenkönig finden Sie auch in der Anwaltsblatt-App.

Deutsche Anwaltauskunft

Anwaltauskunft.de ist das an Verbraucherinnen und Verbraucher adressierte Rechtsinformationsportal des DAV. Es bietet verlässliches Rechts-Know-how umfassend und praxisnah aufbereitet: mit Nachrichten, Urteilen und Rechtstipps für den Alltag sowie einer der umfangreichsten Anwaltssuchen Deutschlands. Als Herzstück bündelt die Anwaltssuche die Kompetenz von gut 62.000 Anwältinnen und Anwälten zu allen Rechtsgebieten. Die Mitglieder der örtlichen Anwaltvereine sind auf Wunsch automatisch und ohne weitere Kosten im Datenbestand der Deutschen Anwaltauskunft gelistet. Über das Online-Portal „Mein DAV“ kann jede Rechtsanwältin und jeder Rechtsanwalt seine Daten selbst einsehen und pflegen, seien es Kontaktdaten, Fachanwaltschaften oder sonstige Qualifikationen. Darüber hinaus kann der Eintrag mit einem Portrait-Foto ergänzt werden.

Arbeitsgemeinschaften des DAV

Die Arbeitsgemeinschaften des DAV bilden das fachliche Netzwerk für Ihre berufliche Tätigkeit. Sie bieten den Anwälten Gedanken- und Erfahrungsaustausch und spezialisierte Fortbildung in ihrem jeweiligen Fachgebiet – häufig zusammen mit der Deutschen Anwaltakademie. Die zahlenmäßig größten Arbeitsgemeinschaften sind die für Familienrecht, Verkehrsrecht, Arbeitsrecht und Strafrecht. Weitere Arbeitsgemeinschaften gibt es unter anderem für Agrarrecht, Allgemeinanwälte, Anwältinnen, Anwaltsnotariat, Geistiges Eigentum & Medien, IT-Recht, Insolvenzrecht und Sanierung, Internationalen Rechtsverkehr, Kanzleimanagement, Mediation, Sozialrecht, Sportrecht und Verwaltungsrecht. Einen Überblick über alle unter dem Dach des DAV organisierten Arbeitsgemeinschaften erhalten Sie auf der DAV-Internetseite unter anwaltverein.de/arbeitsgemeinschaften.

Sie wissen noch nicht, in welche fachliche Richtung Ihre berufliche Reise gehen soll? Dann werfen Sie gern einen Blick auf die Beiträge im Kapitel F. Spezialisierung.

Arbeitsgemeinschaft Anwältinnen

Im Jahr 2004 haben sich DAV-Anwältinnen in einer Arbeitsgemeinschaft organisiert, um sich den speziellen Fragestellungen der Kolleginnen zu widmen. Zur zentralen Aufgabe hat sie sich die Förderung der speziellen Belange der Berufstätigkeit der Rechtsanwältinnen gemacht, um die paritätische Teilhabe am erwerbswirtschaftlichen und berufspolitischen Leben herzustellen und zu sichern. Neben einem kontinuierlichen Erfahrungs- und Gedankenaustausch mit weiteren Juristinnen-Netzwerken bietet die Arbeitsgemeinschaft auch ein umfangreiches spezifisches Fort- und Weiterbildungsprogramm an, das die berufliche Qualifikation von Rechtsanwältinnen fördern soll.

Arbeitsgemeinschaft Syndikusanwälte

Unternehmensjuristinnen und -juristen und Syndikusrechtsanwältinnen und -anwälte stehen in den Rechtsabteilungen besonderen Herausforderungen gegenüber. Bereits die Zulassung als Syndikusrechtsanwältin oder -rechtsanwalt ist ein besonderes Verfahren, das gut vorbereitet werden will. Den speziellen Interessen dieser Gruppe von Kolleginnen und Kollegen widmet sich eine eigene Arbeitsgemeinschaft im DAV.

FORUM Junge Anwaltschaft

Besonderes Augenmerk richtet der DAV auf die Interessen und Probleme des juristischen Nachwuchses. Ziel des FORUMs Junge Anwaltschaft ist es, die Interessen junger Kolleginnen und Kollegen innerhalb des Verbandes zu vertreten und ihre Fortbildung zu fördern. Das FORUM dient dem Informationsaustausch seiner Mitglieder und bietet Hilfe zur Selbsthilfe, insbesondere für den Einstieg in den Anwaltsberuf. Das FORUM engagiert sich auch berufspolitisch, um die Interessen und Zukunftsperspektiven der jungen Anwaltschaft zu wahren.

Deutscher Anwaltstag

Jährlich wechselnd in einem anderen Bundesland findet der Deutsche Anwaltstag statt: die bundesweite Tagung der Anwaltschaft, die sich beruflichen und rechtspolitischen Themen widmet. Einmal im Jahr führt er Anwaltschaft, Justiz, Politik, Wissenschaft und Presse zu einem gesellschaftlichen und rechts- und berufspolitischen Austausch zusammen und ist darüber hinaus eine der größten anwaltlichen Fortbildungsveranstaltungen überhaupt. Im Jahr 2020 wurden die Veranstaltungen aufgrund der Corona-Pandemie erstmals ausschließlich online angeboten. Auch 2021 fand ein rein virtueller Anwaltstag aufgrund der anhaltenden Corona-Pandemie statt. Künftig ist geplant, mit dem Anwaltstag weiterhin als Präsenztagung vor Ort zu sein und parallel dazu ein Online-Angebot bereitzuhalten. Weitere Informationen rund um die große Fachtagung der Anwaltschaft finden Sie online unter anwaltstag.de.

DAV international

Der DAV gehört nicht nur den drei größten internationalen Anwaltsverbänden an, der International Bar Association (IBA), der Union Internationale des Avocats (UIA) und der Association Internationale des Jeunes Avocats (AIJA). Er arbeitet auch im Rat der Anwaltschaften der Europäischen Gemeinschaft (CCBE) mit. Aufgabe des CCBE ist es, die Interessen der Anwaltschaft in der rechtlich zusammengewachsenen Europäischen Gemeinschaft zu wahren und durchzusetzen. Das EU-Dienstleistungs- und Niederlassungsrecht für Rechtsanwälte entstand unter der maßgeblichen Mitwirkung des DAV.

Lobby über das DAV-Büro Brüssel

Angesichts der immer größer werdenden Bedeutung der europäischen Gesetzgebung ist es für den DAV unabdingbar, seine Expertise auch auf europäischer Ebene einzubringen. Seit 1997 ist der DAV daher auch mit einem Büro in Brüssel vertreten. Das Team vor Ort sorgt dafür, dass die Stimme und die Anliegen der deutschen Anwaltschaft im europäischen Entscheidungsprozess gehört werden. Zur Arbeit des Brüsseler Büros gehört es auch, Positionen zu europäischen Schlüsselthemen zu erarbeiten. Dafür pflegt der DAV ein Netzwerk zahlreicher enger persönlicher Kontakte vor Ort, sowohl zu den politischen Entscheidungs- und Funktionsträgern als auch zu anderen europäischen Anwaltskammern und Anwaltsvereinigungen.

anwaltverein.de

Bleiben Sie informiert: Über die Webseite des DAV erreichen Sie tagesaktuell die neuesten Informationen des Verbands. Ständig aktuell informieren wir Sie über Ziele, Aktionen,

Pressearbeit, Meinungsbildung und die Services des DAV auf unserer Webseite. Über die DAV-Webseite gelangen Sie auch zum DAV-Onlineportal „Mein DAV“. Dort haben Sie zum einen die Möglichkeit, Ihre persönlichen Daten zu verwalten. Als Mitglied eines örtlichen Anwaltvereins gelangen Sie darüber hinaus auch zu weiteren Informationen, die nur für Sie als Mitglied bestimmt sind, beispielsweise weitere Details zu den Kooperationen des DAV. Ihre Daten im Online-Portal sind auch maßgeblich für die Erstellung des Anwaltsverzeichnisses. Dies ist ein kostenloser Service, unabhängig davon, ob Sie Mitglied im DAV sind oder nicht.

DAV-Vorstand

Der DAV wird geführt und geleitet durch den von der Mitgliederversammlung gewählten Vorstand, bestehend aus 28 Rechtsanwältinnen und Rechtsanwälten, die zum Teil auch Vorsitzende örtlicher Anwaltvereine bzw. regionaler Landesverbände sind. Präsidentin des DAV ist seit 2019 Rechtsanwältin und Notarin *Edith Kindermann*, Bremen.

Geschäftsführung des DAV

Das Team der Geschäftsführung in den Geschäftsstellen Berlin und Brüssel setzt sich aus sechs Geschäftsführerinnen und vier Geschäftsführern zusammen. Mit ihnen sind rund 80 Mitarbeiterinnen und Mitarbeitern für den DAV und die Mitglieder tätig.

Weitere Vorteile der Mitgliedschaft

Neben der Interessenvertretung der Mitglieder der örtlichen Anwaltvereine versteht sich der DAV auch als Dienstleister: Von A wie AnwaltCard bis Z wie Zeitschrift, von Angeboten zur Erleichterung des beruflichen Alltags, über Fortbildung, Mobilität und Technik bis hin zur Absicherung bei Berufsunfähigkeit – die Kooperationen des DAV decken viele Bereiche der anwaltlichen Tätigkeit ab. Dabei bemessen sich die Kooperationen nicht immer allein über einen geldwerten Vorteil, sondern auch durch attraktive Pakete, die so nur über den DAV erhältlich sind. Ferner bieten wir eine Telefonsprechstunde zu berufsrechtlichen und vergütungsrechtlichen Fragen. Das Angebot wird kontinuierlich weiterentwickelt. Mehr Informationen auf der DAV-Webseite: anwaltverein.de – Mitgliedschaft – Rabatte.

Werden Sie Mitglied!

Der DAV ist ein leistungsfähiger, moderner Berufsverband und ein starker Interessenvertreter der Anwaltschaft. Er könnte auch Ihr Berufsverband sein. Treten Sie in Ihren örtlichen Anwaltverein ein, und werden Sie dadurch Mitglied im DAV. Alle Informationen rund um den Beitritt, die Beitragshöhe, mögliche Beitragsbefreiungen und die Kontaktdaten der Anwaltvereine vor Ort erhalten Sie auf der DAV-Webseite, Stichwort „Mitglied werden“, oder direkt unter anwaltverein.de/mitglied-werden.

Sollten Sie weitere Fragen haben, rufen Sie uns gern an unter +49 30 726152-0.

Mir bleibt nur noch, Ihnen nach einer spannenden Lektüre des Ratgebers viel Erfolg in dem von Ihnen gewählten wunderbaren Anwaltsberuf zu wünschen.

Ihre

Dr. Sylvia Ruge

Starthilfe, Fortbildung, Netzwerk – Das FORUM Junge Anwaltschaft im DAV

Syndikusrechtsanwalt Max Gröning, Berlin • Geschäftsführer des DAV
Rechtsanwältin Uta Katharina Schmidt, Berlin • Referentin im DAV

Das FORUM Junge Anwaltschaft – Starthilfe für junge Kolleginnen und Kollegen

Das FORUM Junge Anwaltschaft ist mehr als „nur“ eine Arbeitsgemeinschaft des Deutschen Anwaltvereins. Warum? Das FORUM behandelt kein spezifisches Rechtsgebiet, sondern es geht darum, sich zu vernetzen und einander Hilfestellung zu geben beim Start in den Anwaltsberuf. Mitglied werden kann man bereits mit Abschluss des 1. Staatsexamens. Unter den derzeit gut 2.600 Mitgliedern des FORUMs finden sich deshalb auch Referendarinnen und Assessoren.

Das FORUM bietet seinen Mitgliedern zu Fragen des Berufsstarts und in den ersten Berufsjahren wertvolle Unterstützung. Kolleginnen und Kollegen können beispielsweise von folgenden Leistungen profitieren:

- Information: Mitglieder erhalten einen Newsletter sowie das gedruckte Anwaltsblatt nach Hause
- Netzwerk: Stammtische und Informationsveranstaltungen der Regionalbeauftragten des FORUMs
- Austausch: Mailingliste für den überregionalen Austausch mit anderen Mitgliedern
- Weiterbildung: attraktive und günstige Fortbildungen in Zusammenarbeit mit anderen Arbeitsgemeinschaften des DAV
- Visibilität: Interessenvertretung der jungen Anwaltschaft
- Diverse Vergünstigungen über die Kooperationspartner des FORUMs und des DAV ...

... und das alles für einen Mitgliedsbeitrag von derzeit 60 EUR im Jahr (für Mitglieder eines örtlichen Anwaltvereins sogar nur 30 EUR im Jahr).

Alle Vorteile im Überblick:

Am Puls der Zeit bleiben mit dem Anwaltsblatt

Mitglied im FORUM Junge Anwaltschaft zu sein bedeutet, über die neuesten Entwicklungen und Trends auf dem Anwaltsmarkt informiert zu sein. Denn: Mit Studium und Referendariat sind die Grundvoraussetzungen gelegt – wer sich im Anschluss als Anwältin oder Anwalt erfolgreich etablieren möchte, der braucht einen Plan – und muss informiert sein. Er muss wissen, in welche Richtung sich der Markt für Anwältinnen und Anwälte entwickelt. Welche Nischen zu besetzen sind, wie wichtig Marketing in eigener Sache sein kann und welche Netzwerke dabei unterstützen, die eigenen Ziele zu erreichen. Über die neuesten

Entwicklungen und Trends, den Anwaltsmarkt, wichtige berufspolitische Entwicklungen und anwaltsrelevante Rechtsprechung informiert das Anwaltsblatt – die Mitgliederzeitschrift des Deutschen Anwaltvereins, die jedes Mitglied des FORUMs monatlich erhält.

Die Regionalbeauftragten des FORUMs – Netzwerken vor Ort

Das FORUM wird in den einzelnen Landgerichtsbezirken vor Ort von mehr als 110 Regionalbeauftragten repräsentiert. Viele Regionalbeauftragte veranstalten monatliche Stammtische und organisieren regionale Seminare. Stammtisch bedeutet in diesem Fall nicht, einfach nur Skat zu kloppen, sondern Informationen und Erfahrungen auszutauschen, Ideen zu sammeln und in lockerer Atmosphäre Kontakte zu knüpfen und auszubauen.

Die Länderbeauftragten des FORUMs – Netzwerken in der Ferne

Wen es in die Ferne zieht oder wer einen Korrespondenzanwalt im Ausland sucht, der kann sich an einen der derzeit mehr als 50 Länderbeauftragten wenden – von A wie Armenien bis V wie Vereinigtes Königreich. Das FORUM unterhält darüber hinaus Kontakte zu anderen jungen Anwaltsorganisationen im Ausland, ist Mitglied der Eyba (European Young Bar Association) und baut die internationalen Kontakte im Interesse seiner Mitglieder weiter aus.

Eine große Community – die Mailingliste des FORUMs Junge Anwaltschaft

„Besteht vor den Amtsgerichten in Baden-Württemberg Robenzwang?", „Wie komme ich schnell an die Fundstelle DAR 12, 135?", „Wie muss ich im vorliegenden Fall den Klageantrag formulieren?" Fragen über Fragen – und gerade zu Beginn des Anwaltslebens kann (und muss) man die nicht immer selbst beantworten. Stichwort Schwarmwissen: Die Mailingliste des FORUMs Junge Anwaltschaft ist die erste Anlaufstelle für Forumsmitglieder. Von profan bis hoch kompliziert, jede Frage ist erlaubt und kann von der Community beantwortet – oder diskutiert – werden.

Fortbildung für Berufseinsteiger und Fortgeschrittene

Das FORUM Junge Anwaltschaft kooperiert mit anderen Arbeitsgemeinschaften des DAV, um für Forumsmitglieder attraktive und günstige Fachfortbildungen anzubieten. Viele Arbeitsgemeinschaften bieten für Forumsmitglieder kostengünstige Juniormitgliedschaften an. Darüber hinaus veranstaltet das FORUM gemeinsam mit dem Verein Deutsche Anwaltakademie e.V. regelmäßig das „FORUM Start in den Anwaltsberuf", ein kostengünstiges Seminar speziell für Berufseinsteigende. Auch auf dem Deutschen Anwaltstag, der jährlichen bundesweiten Tagung der Anwaltschaft, ist das FORUM mit Veranstaltungen speziell für junge und werdende Anwältinnen und Anwälte präsent. Neben der fachlichen Fortbildung steht dabei regelmäßig auch der Austausch untereinander und mit erfahrenen Kolleginnen und Kollegen im Fokus.

Ehrenamtliches Engagement – der Geschäftsführende Ausschuss und andere Gremien

Das FORUM wird von einem Geschäftsführenden Ausschuss geleitet, der aus zwei Vertretern des DAV und bis zu sieben gewählten Mitgliedern besteht. Ein(e) Vorsitzende(r) repräsentiert das FORUM und vertritt es u.a. im Vorstand des DAV.

Neben dem Geschäftsführenden Ausschuss gibt es vielfältige weitere Möglichkeiten, sich innerhalb des FORUMs ehrenamtlich zu engagieren, sei es als Regional- oder Länderbeauftragter oder als Experte für rechtspolitische Spezialfragen, zu denen das FORUM verbandsintern Stellung beziehen will.

Die Stimme der jungen Anwälte – Interessenvertretung durch das FORUM

Der DAV ist setzt sich als Berufsverband auf vielfältige Art für die Interessen der Anwaltschaft ein. Dass hierbei auch die Anliegen der jungen Anwältinnen und Anwälte und des Anwaltsnachwuchses beachtet werden, dafür sorgt innerhalb des DAV das FORUM Junge Anwaltschaft.

Mitglied werden

Du hast Interesse am Anwaltsberuf oder wurdest gerade zugelassen? Dann werde Mitglied im FORUM[1] z.B. online unter www.davforum.de!

Weitere Auskünfte über das FORUM erteilen gerne die Mitarbeiterinnen und Mitarbeiter der Geschäftsstelle:

Deutscher Anwaltverein
FORUM Junge Anwaltschaft
Littenstraße 11
10179 Berlin

Telefon: +49 30 726152-0
info@davforum.de
www.davforum.de

1 Beitreten kann, wer unter 45 Jahren alt, Anwältin, Referendar oder Assessorin ist oder das erste Staatsexamen absolviert hat – Mitgliedsbeitrag 60 EUR im Jahr; als Mitglied in einem örtlichen Anwaltverein sogar nur 30 EUR. Innerhalb der ersten zwei Jahre nach Zulassung ist die Mitgliedschaft im Forum auch ohne Mitgliedschaft im örtlichen Anwaltverein möglich.

Mitgliedschaft im örtlichen Anwaltverein

Rechtsanwältin Astrid Gothe, Berlin, Referentin im DAV

Der Deutsche Anwaltverein e.V. (DAV) ist der Dachverband von zurzeit 252 örtlichen Anwaltvereinen; davon elf im Ausland. Sie sind gegründet worden, um die beruflichen und wirtschaftlichen Interessen der Rechtsanwaltschaft und des Anwaltsnotariats zu wahren und zu fördern. In jedem Landgerichtsbezirk gibt es mindestens einen örtlichen Anwaltverein – also auch einen in Ihrer Nähe. Die Kontaktdaten können auf der Internetseite des DAV unter www.anwaltverein.de unter „Mitgliedschaft – örtliche Anwaltvereine" abgerufen werden. Bei den Vereidigungsterminen der Rechtsanwaltskammern sind in der Regel Vertreter der örtlichen Vereine präsent und stehen für erste Informationen zur Verfügung.

Was bringt die Mitgliedschaft?

Die örtlichen Anwaltvereine bieten für Ihre Mitglieder verschiedene Aktivitäten und den unmittelbaren Zugang zu den Leistungen des DAV. Die örtlichen Vereine bieten gerade für Berufseinsteiger viele Möglichkeiten, sich vor Ort zu engagieren, mit erfahrenen Kolleginnen und Kollegen in Kontakt zu kommen und ein hilfreiches berufliches Netzwerk aufzubauen. Die Vereine geben Ihnen gerne Auskunft, was Ihnen vor Ort geboten wird und freuen sich über eine unmittelbare Kontaktaufnahme über die Geschäftsstelle oder über den oder die Vereinsvorsitzende persönlich.

Alle Vereine bieten:

- Interessenvertretung
- Zugang zu einem wertvollen Netzwerk an Berufskontakten
- Kostenlose oder vergünstigte Fachvorträge
- Stammtische
- Mitgliederversammlungen
- Zugang zu den Leistungen des DAV:
  - Einmal im Monat die Fachzeitschrift „Anwaltsblatt" als print und als APP
  - Zugang zu den Arbeitsgemeinschaften und dem FORUM Junge Anwaltschaft mit seinen Regionalgruppen
    (www.anwaltverein.de unter Mitgliedschaft – Arbeitsgemeinschaften)
  - Einen Eintrag in der Anwaltssuche auf dem reichweitenstarken Portal anwaltauskunft.de
  - Hilfen für den Berufsstart
  - Regelmäßige Informationen in Form von Newslettern
  - Viele geldwerte Leistungen und Vorteile
  - Finanzielle Unterstützung bei berufsrechtlichen Streitigkeiten
  - Jährliche Verbandstagung „Deutscher Anwaltstag"

Viele Vereine bieten zudem:

- Umfangreiche und preiswerte Fortbildungsveranstaltungen zur örtlichen Rechtsprechung
- Kontakte zur örtlichen Justiz außerhalb des Gerichts
- Rechtsberatungsstellen für finanziell schwach gestellte Bürger
- Regelmäßige Informationsbriefe/Rundschreiben
- Arbeitskreise zum Erfahrungsaustausch in verschiedenen Rechtsgebieten

Was kostet die Mitgliedschaft?

Der örtliche Anwaltverein erhebt einen Mitgliedsbeitrag gemäß seiner Beitragsordnung. Hiervon leitet der örtliche Anwaltverein einen festen Beitrag an den DAV als Dachverband weiter. Je nach Beitragsordnung gibt es verschiedene Befreiungsmöglichkeiten, z.B.:

- Beitragsfreiheit bis zu zwei Jahre nach Erstzulassung
- Beitragsfreiheit bei Mutterschutz und Elternzeit

Fragen Sie Ihren örtlichen Anwaltverein danach.

Weitere Informationen zu den örtlichen Anwaltvereinen finden Sie auf www.anwaltverein.de unter Mitgliedschaft – Vorzüge der Mitgliedschaft“

Ihre Fragen zur Mitgliedschaft beantworten wir Ihnen gern beim DAV in Berlin:

Deutscher Anwaltverein e.V.
Littenstraße 11
10179 Berlin

Telefon: +49 30 726152-0
dav@anwaltverein.de

Die Anwältin – der Anwalt A.

A.1 BERUFSETHIK

RECHTSANWALT DR. JÖRG MEISTER, MANNHEIM • VORSITZENDER DES DAV-AUSSCHUSSES ANWALTSETHIK UND ANWALTSKULTUR

Eine gute Berufsausübung setzt die Einhaltung der gesetzlichen Regeln voraus. Bei diesen Regeln handelt es sich um die Bestimmungen der BORA und der BRAO und um die allgemeinen Gesetze (z.B. StGB). Jedem Angehörigen des Anwaltsberufs muss aber klar sein, dass es jenseits der gesetzlichen Bestimmungen, in komplexen Situationen die Notwendigkeit gibt, weitergehende Überlegungen anzustellen. Dabei geht es um Fragen von Moral und von Berufsethik. Über solche Fragen wird in anderen Berufen seit Jahrzehnten diskutiert (z.B. im Arztberuf) und es gibt in den Berufsordnungen anderer Berufe den Verweis auf Ethik (z.B. [Muster-]Berufsordnung für die deutschen Ärztinnen und Ärzte -MBO-Ä, Stand 2011). Im Anwaltsbereich hat die Diskussion über Berufsethik verstärkt ab etwa dem Jahre 2008 eingesetzt, ausgelöst durch kritische Äußerungen über das anwaltliche Berufsethos.[1]

Anlass für die verstärkte Beschäftigung mit anwaltlicher Berufsethik waren Missstände, die u.a. auf den starken Anstieg der Anwaltszahlen ohne gleichzeitiges Anwachsen des Bedarfs an anwaltlicher Beratung und Vertretung zurückgeführt wurden.

Dies hat manche zu der Annahme veranlasst, das anwaltliche Berufsrecht würde von manchen Anwältinnen und Anwälten nicht in der gebotenen Weise beachtet und berufsethische Überlegungen würden nicht in ausreichendem Maße angestellt. Soweit bekannt, gibt es zwar keine wissenschaftlich fundierten Untersuchungen darüber, ob berufsrechtswidriges oder berufsethisch zu beanstandendes Verhalten Einzelner tatsächlich in die Mitte des Berufsstandes vorgedrungen ist. Dennoch hatte sich ein gewisses Unbehagen breit gemacht und die Diskussion über anwaltliche Berufsethik befördert.[2] Dies führte teilweise zu der Auffassung, die berufsrechtlichen Regeln würden nicht ausreichen, um eine gute anwaltliche Berufsausübung sicherzustellen. Die Anwaltschaft benötige über das Berufsrecht hinaus einen Ethikkodex als eine Art „Soft-Law".[3]

Es wurde konstatiert, die Anwaltschaft leide unter einer gewissen Lethargie in eigenen Angelegenheiten, insbesondere soweit das Bemühen um ein autonom-berufsständisch entwickeltes Selbstverständnis betroffen ist, das über das rein rechtlich Geforderte hinausreicht.[4]

Die Diskussion über die Frage, ob sich berufsethische Grundsätze in einer Art Soft-Law niederschreiben lassen, ist inzwischen vorangekommen. Es hat den Anschein, als ging

1 Z.B. *Henssler*, Die Anwaltschaft zwischen Berufsethos und Kommerz, AnwBl. 2008, 721.

2 Z.B. *Kilian*, „Berufsethische Regeln" – Ein Modell für die Deutsche Anwaltschaft?, AnwBl. 2013, 688; *Hellwig*, Uniforme Ethik – pluralistische Anwaltschaft?, AnwBl. 2015, 462.

3 Vgl. *Kilian*, „Berufsethische Regeln" – Ein Modell für die Deutsche Anwaltschaft?, AnwBl. 2013, 688.).

4 *Taupitz*, Anwaltsrecht und Anwaltsethik – Komplementär und dennoch defizitär?, AnwBl. 2015, 734; *Stürmer*, Die Anwaltschaft – ein Berufsstand ohne eigene Grundkonzeption?, in: Festschrift für Felix Busse, 2005, S. 297.

die überwiegende Meinung heute dahin, ein hochstehendes Berufsethos lasse sich nicht vorschreiben, weil es hierfür keine Legitimation gäbe. Es sei auch nicht möglich, die Vielzahl der ethischen Fragestellungen, die sich bei der Berufsausübung ergeben können, abstrakt zu regeln.[5] Allerdings wird nach wie vor die Auffassung vertreten, die Anwälte würden in ethischen Fragen eine Orientierungshilfe benötigen.[6]

Die Diskussion ist teilweise durch begriffliche Unschärfe belastet. Deshalb muss wenigstens kursorisch dargestellt werden, wie sich die Begriffe Ethik und Moral zueinander verhalten und in welchem Verhältnis das Recht (Berufsrecht) und die Ethik (Berufsethik) stehen.

Taupitz hat in seinem viel beachteten Aufsatz[7] zur begrifflichen Klarheit beigetragen. Danach werden die Begriffe Ethik und Moral häufig nicht voneinander getrennt. Der Begriff Moral meint die Gesamtheit aller Normen des guten oder richtigen Handelns, während sich die Ethik mit Aussagen über moralische Werte und moralische Handlungsnormen befasst. Ethik kann als „Wissenschaft von der Moral" oder als „Theorie der Moral" bezeichnet werden.[8] Man kann sagen, Moral gebietet Ethik räsoniert über Gebote.[9]

Berufsethos bezeichnet die Gesamtheit der moralischen Haltungen, Überzeugungen und Regeln der Angehörigen eines bestimmten Berufs und konkretisiert die allgemeine Moral im Sinne der sittlichen Grundhaltung der Berufsangehörigen.[10]

Schwierig ist die Abgrenzung von Ethik und Recht. Verkürzt gilt Folgendes: Für die Ethik, im Sinne der Moral, sind vor allem auch die inneren Überzeugungen, also die sittlich anerkennenswerten Motive, entscheidend, nicht aber von außen auferlegten Sanktionen. Das Recht dagegen knüpft vor allem am äußeren Verhalten des Menschen an, wobei entscheidend ist, dass die Gebote der Rechtsordnung befolgt werden, nicht aber, warum sie befolgt werden. Ein Verstoß gegen das Recht ist durch staatliche Maßnahmen förmlich sanktionierbar und hat somit faktisch einen höheren Verbindlichkeitsgrad. Das Handeln aus Moralität erfolgt dagegen, weil es als sittlich richtig erkannt worden und somit unbedingt ist.[11]

Für die anwaltliche Berufsausübung kann festgehalten werden, dass Ethik und Recht eng miteinander verbunden sind und sich wechselseitig beeinflussen. Nicht alles, was gut und böse ist, wird vom Recht als rechtlich geboten oder verboten aufgenommen. Insoweit begnügt sich das Recht in weiten Teilen mit einem ethischen Minimum.[12]

5 Vgl. z.B. *Kilger*, Ethische Richtlinien für Anwälte?, AnwBl. 2008, 824; *Hartung*, Ethos ja, Kodex nein, AnwBl. 2012, 70, *Taupitz*, Anwaltsrecht und Anwaltsethik – Komplementär und dennoch defizitär?, AnwBl. 2015, 737.
6 *Henssler*, Die Anwaltschaft und die Ethikdiskussion: Bilanz und Ausblick nach 10 Jahren, AnwBl. 2018, 22.
7 *Taupitz*, Anwaltsrecht und Anwaltsethik – Komplementär und dennoch defizitär?, AnwBl. 2015, 734.
8 *Taupitz*, Anwaltsrecht und Anwaltsethik – Komplementär und dennoch defizitär?, AnwBl. 2015, 734, m. weiterführenden Hinweisen auf die Literatur.
9 Vgl. auch *Taupitz*, Ethik-Kommissionen in der Politik: Bleibt die Ethik auf der Strecke?, JZ 2003, 815, 817.
10 Vgl. *Taupitz*, Anwaltsrecht und Anwaltsethik – Komplementär und dennoch defizitär?, AnwBl. 2015, 734.
11 *Taupitz*, Anwaltsrecht und Anwaltsethik – Komplementär und dennoch defizitär?, AnwBl. 2015, 734, 735 m.A.z.d.L.
12 *Taupitz*, Anwaltsrecht und Anwaltsethik – Komplementär und dennoch defizitär?, AnwBl. 2015, 734.

Die ethische Frage lautet, was der Mensch unabhängig davon, was ihm das Recht gebietet oder verbietet, tun darf oder tun soll.

Die gute Ausübung des Anwaltsberufs setzt selbstverständlich die Einhaltung der gesetzlichen Regeln voraus (BRAO, BORA, Strafgesetze, etc.). Diese Regeln sind geeignet, in den meisten Konfliktfällen klare Vorgaben zu liefern. Es gibt aber komplexe Situationen, in denen die gesetzlichen Regeln nicht weiterhelfen. Für den Anwalt/die Anwältin, die sich um eine gute Ausübung ihres Berufs bemühen, kommt es darauf an, ein Sensorium für solche komplexe Situationen zu entwickeln und – wenn solche Situationen erkannt werden – in der Lage zu sein, diese zu reflektieren und die Entscheidung darüber zu treffen, ob und auf welche Weise man handelt. Erforderlich ist dann eine moralische Handlungskompetenz, die dazu veranlasst, das moralische Urteil in persönliche Verantwortung zu überführen. Eine solche Verantwortlichkeit kann dadurch entstehen, dass moralische Normen in das eigene Selbstverständnis integriert werden.[13]

Jeder Berufsangehörige muss also, unabhängig davon, was die gesetzlichen Regeln verbieten oder gebieten, ein Sensorium für die Existenz evtl. Konfliktsituationen entwickeln. Der Berufsangehörige muss dann frei und nach seinen persönlichen Vorstellungen von Moral und Berufsethik entscheiden, wie er sich verhält. Dabei werden die bewusstseinsbildende Kraft des Berufsrechts und die ethischen Anforderungen als Maßstab dienen können, die als ethisches Minimum aus dem Berufsrecht aufscheinen. In solchen komplexen und gesetzlich nicht geregelten Situationen ist also zum einen die Fähigkeit gefordert, derartige Situationen überhaupt zu erkennen. Zum anderen ist es erforderlich, ein eigenes professionelles Selbstverständnis zu entwickeln, das an moralischen Grundsätzen orientiert ist.

Die besondere Wichtigkeit derartiger Überlegungen erschließt sich, wenn man sich daran erinnert, dass viele Spitzenjuristen sowohl dem NS-Regime als auch der Bundesrepublik dienen konnten.

Dies folgt aus der wissenschaftlichen Untersuchung zu der Frage, wie man in dem Bundesjustizministerium nach 1949 mit der NS-Vergangenheit im eigenen Hause umgegangen ist.[14] Das (erschreckende) Ergebnis dieser Untersuchung ist die Feststellung, dass eine große Zahl höherer Beamter, die bereits im dritten Reich der Durchsetzung des NS-Unrechts gedient haben, nahtlos in das Bundesjustizministerium übernommen worden sind. Sie haben hier wie dort als hervorragende Handwerker des Rechts ihre Arbeit geleistet – allerdings in der NS-Zeit bei Ausschaltung ihres Gewissens und unter Vernachlässigung von Moral und Ethik.

Die Beschäftigung mit Berufsethik soll die Angehörigen des Berufs letztlich dazu bringen, bezüglich des Rechts, mit dem man sich beschäftigt, eine angemessene Reflexionsfähigkeit

13 Vgl. hierzu mit weiterführenden Angaben zu der Literatur *Foljanty*, Historische Reflexion als Ausgangspunkt für die heutige Berufspraxis, AnwBl. 2017, 1158.

14 *Görtemaker-Safferling*, Die Akte Rosenburg – Das Bundesministerium der Justiz und die NS-Zeit, 2016.

zu entwickeln und bei der Berufsausübung Situationen zu erkennen, in denen man nicht alles tun sollte, was erlaubt ist. Erforderlich ist die Erkenntnis, dass das Handeln aus Moralität letztlich höherwertiger ist, als das Handeln aus Legalität.

A.2 Zukunft Anwältin

Rechtsanwältin und Notarin Silvia C. Groppler, Berlin • Vorstandsmitglied des DAV, Vorsitzende des DAV-Genderausschusses, Gender- und Diversitybeauftragte des DAV-Vorstands

Herzlichen Glückwunsch, dass Sie den Beruf der Anwältin ergriffen haben! Damit haben Sie für sich eine sehr gute Zukunftsentscheidung getroffen! Sollten Sie noch darüber nachdenken, ob Sie wirklich Anwältin werden wollen, dann lassen Sie sich von der Vielfalt und den Chancen dieses Berufs überzeugen!

Denn: Den Anwältinnen gehört mehr denn je die Zukunft in der Anwaltschaft. Während es 1970 nur 1.035 Rechtsanwältinnen gab, was einen Anteil von nur 4,52 % der Anwaltschaft ausmachte, waren es 50 Jahre später im Jahr 2020 59.002 Rechtsanwältinnen mit einem Anteil von 35,56 % der Anwaltschaft.[1] Dieser Anteil ist nicht nur in den letzten 50 Jahren kontinuierlich gestiegen, sondern die Zahlen der Jurastudentinnen und Absolventinnen der Hochschulen belegen einen weiteren kontinuierlichen Anstieg:

Seit 2004 studieren mehr Frauen als Männer Jura und die Schere geht immer weiter auseinander.[2] Der Anteil von Jurastudentinnen, die erfolgreich das 1. Staatsexamen in 2018 ablegten, betrug 58,1 %, bei den Referendarinnen im 2. Staatsexamen 57 %.[3] Dieses Ergebnis ist erfreulich, da dies bedeutet, dass auch immer mehr Frauen Anwältinnen werden. Die reine Anzahl der Absolventinnen sollte uns aber nicht täuschen und in dem Glauben lassen, dass alles in Ordnung ist. Es gibt inzwischen durch eine Studie Hinweise auf eine strukturelle Benachteiligung von Frauen in häufig rein männlich besetzten Prüfungskommissionen.[4] Besonders in der mündlichen Prüfung haben Frauen hiernach eine signifikant geringere Chance die nächste Notenstufe zu erreichen, vor allem dann, wenn sie dadurch in den Prädikatsbereich kämen.[5] Der DAV setzt sich dafür ein, diese Benachteiligung zu beseitigen, indem Kolleginnen für die Prüfungskommissionen aktiv gewonnen werden.

Für Anwältinnen ist es bei der Wahl des Berufes wichtig, ob und in welchem Maße dieser mit der Familienplanung vereinbar ist. Die Vereinbarkeit von Familie und Beruf gehört seit Jahren zu den größten gesellschaftspolitischen Herausforderungen dieser Zeit und ist in hohem Maße bedeutend für die Beschäftigungs- und Sozialpolitik in Europa, aber auch für die positive Entwicklung einer ausgewogenen Familienkultur. Der erfolgreiche Balanceakt zwischen den verschiedenen Lebensbereichen ist unverzichtbar für das Wirtschaftswachstum und die (internationale) Wettbewerbsfähigkeit. Anwältinnen wollen in ihrem Beruf erfolgreich sein und die Möglichkeit haben, Karriere zu machen, ohne dabei auf Kinder bzw. Familie zu verzichten. Der DAV unterstützt diese Anliegen uneingeschränkt und hat es sich zum Ziel gesetzt, die Vereinbarkeit von Anwaltstätigkeit und Familie zu verbessern.

1 BRAK-Statistik.
2 lto-karriere.de.
3 Statistik Bundesamt für Justiz.
4 Studie im Auftrag des Justizministeriums NRW, 2018; Dillenburg, ZAP 26.08.2020.
5 Denise Dahmen, katzenkönig online, 08.07.2020.

Hierbei gibt es allerdings noch einiges zu tun. Anwältinnen erzielen im Durchschnitt noch immer weniger Einkünfte als Anwälte, sie sind als Partnerinnen – vor allem in Großkanzleien – unterrepräsentiert, attraktive Teilzeitangebote sind nur unzureichend vorhanden, wichtige berufsständische Positionen sind weit unterdurchschnittlich mit Anwältinnen besetzt und die Kinderbetreuung wird noch nicht hinreichend als gemeinsame Aufgabe in der Familie und der Gesellschaft erfasst. Um die Attraktivität für Anwältinnen zu verbessern, bieten sich viele Gestaltungsmöglichkeiten, beispielsweise bei der Ausgestaltung von Arbeitszeitmodellen, der Einrichtung von Kinderbetreuungsmöglichkeiten, der Elternzeit- und Lohnersatzregelungen, Vertretungsregelungen oder berufspolitischen Maßnahmen. Um dies umzusetzen, sind alle Anwältinnen und Anwälte aufgefordert, an einem modernen Berufs- und Familienbild mitzuwirken.

Der DAV hat die Gleichstellung in seine Satzung in § 3 Abs. 2 S. 2 aufgenommen: „Er (der DAV) setzt sich bei der Erfüllung seiner Aufgaben für die Gleichstellung von Mann und Frau ein." So ist für das Thema Gleichstellung/Gender im DAV eine Geschäftsführerin (oder ein Geschäftsführer) zuständig, die (der) im Rahmen des ordentlichen Geschäftsbetriebes auf die Gleichberechtigung von Frau und Mann achtet. Insbesondere sind Beschlüsse – wie die zur Einhaltung der von der Vereinsführung vorgegebenen Quoten bei Referentinnen von DAV-Veranstaltungen – einzuhalten. Einmal jährlich wird ein Gender-Bericht erstellt, der Grundlage für die Umsetzung der Gender-Gerechtigkeits-Ziele ist. Dazu gehört zum einen der Anteil der Anwältinnen in den DAV-Gremien, z.B. lag im Januar 2020 bei den Gesetzgebungsausschüssen der Anteil der weiblichen Vorsitzenden bei 31,43 %, bei den Geschäftsführenden Ausschüssen bei 23,68%, im Präsidium bei 57,14 % und im Vorstand bei 38,1 %. Zum anderen geht es um den Anteil von Referentinnen bei den vielfältigen Veranstaltungen. So ist ein Anteil von Referentinnen bei DAV-Veranstaltungen und Veranstaltungen der Arbeitsgemeinschaften von mindestens 30 % vorgesehen.[6] Um diese Quote nicht nur zu erreichen, sondern auch kontinuierlich zu verbessern, werden aktiv Referentinnen gesucht und der Referentinnenpool der Arbeitsgemeinschaft Anwältinnen genutzt.

Unterstützung bei spezifischen Gleichstellungsfragen erhalten der DAV und seine Gremien durch die Gender- und Diversitybeauftragte sowie durch den Genderausschuss als Fachausschuss. Die Gender- und Diversitybeauftragte berät das Präsidium und den Vorstand bei Gender- und Diversityfragen und wirkt in den Vorstand und in den Verband. Der Genderausschuss tritt nach außen als Berater der Präsidentin (oder des Präsidenten) auf. Er wirkt an Stellungnahmen des DAV zu Gesetzesinitiativen und Gesetzesentwürfen in Kooperation mit weiteren Fachausschüssen des DAV mit. Wichtige Themen des Genderausschusses waren in den letzten Jahren u.a. die gleichberechtigte Teilhabe von Frauen an Führungspositionen in der Privatwirtschaft, die Initiative #stayonboard – Eltern- und Pflegezeit für Vorstandsmitglieder, die EU-Richtline zur Vereinbarkeit von Beruf und Privatleben.

Der DAV setzt sich in seiner Verantwortung als Arbeitgeber für die Vereinbarkeit von Familie und Beruf ein und veranlasst seit 2017 Audits zum Bereich Beruf und Familie. Ihm wurde

6 QM-Handbuch des DAV.

für seine familien- und lebensphasenbewusste Personalpolitik erstmals am 31.5.2017 das Zertifikat zum audit berufundfamilie erteilt. Am 31.5.2020 wurde das Zertifikat dem DAV erneut bestätigt. Die Auszeichnung wird von der gemeinnützigen Hertie-Stiftung an Unternehmen verliehen, die sich dafür einsetzen, dass ihre Beschäftigten Beruf und Familie gut miteinander vereinbaren können. Das Audit steht unter der Schirmherrschaft des Bundesfamilienministeriums und des Bundeswirtschaftsministeriums. Der DAV möchte mit dem Ausbau seiner familienbewussten Unternehmenskultur Mitarbeiterpotenziale und seine Attraktivität als Arbeitgeber sichern. Zum anderen möchte er seine Wettbewerbsfähigkeit am Markt durch verantwortliches Handeln und zeitgemäße Arbeitsorganisation unterstützen. Mit dem audit berufundfamilie zeigt der DAV seinen Mitgliedern außerdem auf, wie wichtig familienbewusste Personalpolitik auch für den Anwaltsmarkt ist.

Was heute fast selbstverständlich wirkt, war es keinesfalls in der Vergangenheit. Es hat der Forderung vieler engagierter Kolleginnen sowie unterstützenden Kollegen bedurft, die Situation von Anwältinnen innerhalb und außerhalb des Verbandes zu verbessern. Auch heute gilt uneingeschränkt weiterhin das Zitat: „Frauen, die nichts fordern, werden beim Wort genommen. Sie bekommen nichts." (Simone de Beauvoir). Wesentlich war die im Jahre 2011 im DAV gewachsene Erkenntnis, dass ohne Frauenquoten das Ziel der Gleichstellung nicht erreicht werden kann. Gleichberechtigte Teilhabe braucht gesetzlichen Druck bzw. konkret Vorgaben, deren Nichteinhaltung sanktioniert wird.

Für junge Kolleginnen ist es beim Berufsstart ebenfalls wichtig, Forderungen zu stellen, und sich nicht mit dem abzufinden, was ihnen geboten wird, ohne dies zu hinterfragen. Hierbei ist ein frühzeitiger Karriereplan hilfreich, der natürlich die Vereinbarkeit mit Familie und Privatleben ebenso wie gleiche Bezahlung für gleiche Arbeit im Geschlechtervergleich beinhalten sollte. Es geht aber um viele weitere Fragen, u.a. selbstständige oder angestellte Tätigkeit, rechtliche Schwerpunkte und Spezialisierung, gesellschaftsrechtliche Ausgestaltung der Kanzlei, nationale und/oder internationale Ausrichtung. Ein Großteil von Frauen ist weiterhin im Familienrecht oder Sozialrecht tätig und vertritt überdurchschnittlich viele Mandate mit Prozess- oder Verfahrenskostenhilfe. Dies hat mit unconscious bias zu tun, den unbewussten Vorurteilen, die dazu führen, dass Frauen sogenannten „weichen" Rechtsgebieten zugeordnet werden, die natürlich in ihrer Bearbeitung keineswegs „weich" sind, aber im Vergleich zu Wirtschaftsmandaten weniger finanziell attraktiv. Die häufig an anderer Stelle hervorgehobene besondere soziale und kommunikative Kompetenz von Frauen ist aber genauso hilfreich in Mandaten im Wirtschafts-, Gesellschafts-, IT- oder im internationalen Privatrecht wie in den zugeordneten Rechtsgebieten Familienrecht und Sozialrecht. Junge Anwältinnen sollten frühzeitig strategisch überlegen, ob sie sich spezialisieren wollen, welche Rechtsgebiete sie bearbeiten wollen und wie sie fachliche Kompetenz durch intensive Fortbildung und Vernetzung erreichen. Gerade im ländlichen Raum kann aber auch eine bewusste Entscheidung für eine allgemein ausgerichtete Kanzlei richtig sein. Wichtig ist, sich die Vielfalt der Möglichkeiten der eigenen Berufsausübung als Anwältin bewusst zu machen und den gewählten Weg in Zeitabständen zu hinterfragen.

Nach mindestens 5-jähriger Berufsausübung als Anwältin haben Sie in Berlin, Bremen, Hessen, Niedersachsen, Schleswig-Holstein und in den westfälischen Teilen Nordrhein-Westfalens die Möglichkeit, Anwaltsnotarin zu werden. Zu Unrecht ist der Anteil von Frauen im Anwaltsnotariat noch geringer als bei den Anwältinnen, auch wenn der Anteil der Anwaltsnotarinnen seit Jahren ansteigt. Die interessante Tätigkeit als Notarin lässt sich zeitlich flexibel gestalten und bietet daher gerade für die Vereinbarkeit von Familie und Beruf ein wirtschaftlich attraktives, abwechslungsreiches Betätigungsfeld. Die Schwerpunkte der notariellen Tätigkeit liegen im Gesellschaftsrecht, Immobilienrecht, Erbrecht und Familienrecht. Für die Bestellung zur Anwaltsnotarin ist unter anderem Voraussetzung, dass man erfolgreich die notarielle Fachprüfung abgelegt hat, die mit einem dritten Staatsexamen vergleichbar ist. Sollte es in Ihrer Region das Anwaltsnotariat geben, empfiehlt es sich unbedingt, diesen Karriereweg zu überdenken. Informationen hierüber erhalten Sie bei den DAV-Arbeitsgemeinschaften Anwaltsnotariat und Anwältinnen.

Aktives Networking analog und digital ist ebenso ein wesentlicher Baustein zum Erfolg. Networking dient zum fachlichen und persönlichen Austausch, zur Mandatsakquise, zur Bildung von Arbeitsgruppen, zur Gewinnung von Kolleginnen und Kollegen zur Zusammenarbeit, zur gegenseitigen Vertretung, zum Erreichen von Führungspositionen und zur Wahlunterstützung, etc. Es empfiehlt sich, sich an mehr als nur einem Netzwerk zu beteiligen und die Kontakte zu pflegen. Für Berufseinsteigerinnen empfiehlt sich darüber hinaus besonders das Mentoringprojekt der Arbeitsgemeinschaft Anwältinnen.

Ein weiterer Aspekt bei der Arbeit von Anwältinnen ist es, dass viele Kolleginnen zu wenig Urlaub nehmen oder regelmäßig am Wochenende arbeiten, weil sie das Gefühl haben, für ihre Mandantinnen und Mandanten verantwortlich zu sein und deren Erwartungen durchgehend erfüllen zu müssen. Hier sind eine gute Arbeitsorganisation und ein Vertretungskonzept wichtig. Denn Verzichte auf Freizeit und Urlaub sind weder notwendig noch erfahren diese Dankbarkeit. Für eine langjährige und gesunde Tätigkeit als Anwältin ist es im Gegenteil wichtig, für ausreichende Kompensation und Erholung zu sorgen.

Sprache ist Macht. Bilder sind ebenfalls mächtig. Eine Sichtbarmachung und Aufwertung von Anwältinnen werden nur durch eine gleichberechtigte Teilhabe an Sprache und an Vorbildern erreicht. Daher ist es wichtig, in Wort und Schrift eine rein männliche Darstellung und Perspektive zu vermeiden. Der DAV hat es sich zum Ziel gesetzt, seine Texte gendergerecht zu gestalten, was zum Teil auch bereits umgesetzt werden konnte. Hierzu können alle Anwältinnen und Anwälte beitragen.

Die Zukunft der Anwaltschaft gehört den Anwältinnen – gleichberechtigt mit ihren Kollegen. Lassen Sie uns gemeinsam daran arbeiten!

A.3 ARBEITSGEMEINSCHAFT ANWÄLTINNEN IM DAV

RECHTSANWÄLTIN CHRISTINA DILLENBURG, ESSEN • VORSITZENDE DER ARBEITSGEMEINSCHAFT ANWÄLTINNEN IM DAV

Die Arbeitsgemeinschaft Anwältinnen im DAV wurde auf dem Deutschen Anwaltstag 2004 in Hamburg gegründet. Ziel war – und ist - sich der besonderen Belange von Rechtsanwältinnen anzunehmen.

Anwältinnen stehen in ihrem Berufsleben weiterhin vor besonderen Herausforderungen. Sie verdienen weniger als ihre männlichen Kollegen. Die Vereinbarkeit von Berufstätigkeit und familiärer Situation ist nach wie vor mit großen Schwierigkeiten verbunden. In Berufskammern, Verbänden und Partneretagen von Kanzleien sind Anwältinnen immer noch nicht ausreichend sichtbar.

Diesen Herausforderungen zu begegnen, sie zu beseitigen und das Bild der Anwaltschaft in der Öffentlichkeit weiblicher zu machen, hat sich die Arbeitsgemeinschaft Anwältinnen im DAV zur Aufgabe gemacht. Wir würden uns sehr freuen, wenn Sie uns bei dieser Aufgabe unterstützen und gleichzeitig unsere vielfältigen Angebote nutzen würden.

Unseren Mitgliedern bieten wir

- **eigene Fortbildungen und Kongresse**. Die Arbeitsgemeinschaft fördert die Qualifikation von Rechtsanwältinnen. Vor allem im Rahmen der Anwältinnenkonferenzen, die wir als Frühjahrs- oder Herbsttagung abhalten, bieten wir ein abwechslungsreiches Programm mit Fachfortbildungen einschließlich FAO-Veranstaltungen, Workshops zur Verbesserung der Soft Skills – z.B. in Bereichen der Konfliktfähigkeit, Sprachkompetenz, Personalführung, Kommunikation, Stressbewältigung – und zur Work-Life-Balance, sowie zu Themen rund um den Kanzleibetrieb einer Anwältin (Formen des Zusammenschlusses, Steuerfragen, Gebührenrecht, Honorarverhandlung, IT, Versorgungswerke, Altersversorgung, etc.) . Das gesellschaftliche Rahmenprogramm bietet zusätzliche Gelegenheiten zum Netzwerken an schönen, oft historischen Orten. Die Anwältinnenkonferenzen im Rahmen des Deutschen Anwaltstages sind besonders geprägt durch unseren traditionellen Frühstücksempfang und spannende politische Themen, denen wir uns teilweise in Kooperation mit anderen Arbeitsgemeinschaften und Ausschüssen widmen. Unser Sommerempfang bietet Gelegenheit zum gesellschaftlichen und politischen Austausch.
- ein **bundesweites Netzwerk** zum Austausch mit Kolleginnen, zur Kooperation und zur gegenseitigen Unterstützung, wenn es beispielsweise darum geht, Funktionen in Institutionen, Verbänden und Kammern zu übernehmen.
- Das frühere Fehlen eines solchen Netzwerkes bei Anwältinnen trug wesentlich dazu bei, dass Anwältinnen keine hinreichende Lobby für ihre Anliegen hatten und bis heute in Führungspositionen immer noch unterrepräsentiert sind. Durch ihre Arbeit konnte

die Arbeitsgemeinschaft innerhalb des DAV erreichen, dass die Anzahl von Kolleginnen im Präsidium und im Vorstand zugenommen hat. Gesetzgebungsausschüsse und Ausschüsse der Arbeitsgemeinschaften werden zunehmend mit Kolleginnen besetzt. Auch außerhalb des Verbandes ist die Anzahl von Kolleginnen in den anwaltlichen Führungspositionen, z.B. bei den Kammern, Versorgungswerken und in der Satzungsversammlung, gestiegen. Diese positive Entwicklung werden wir weiter fördern, denn noch ist eine hinreichende Repräsentanz von Rechtsanwältinnen in derartigen Führungspositionen lange nicht erreicht.

- ein **regionales Netzwerk** zur Förderung der lokalen und regionalen Vernetzung von Anwältinnen. Dabei fungieren unsere Regionalbeauftragte als Ansprechpartnerinnen für Veranstaltungen auf regionaler und lokaler Ebene.
- unser **Mentoring-Projekt.** Ein wesentliches Projekt der Arbeitsgemeinschaft ist das Mentoring-Projekt. Erfahrene Anwältinnen fungieren dabei als Mentorinnen. Mentees sind Anwältinnen und Referendarinnen, die aktiv Unterstützung beim Einstieg in den Anwältinnenberuf, bei ihrer beruflichen Weiterentwicklung und Karriereplanung suchen. Sie lernen durch das Mentoring, ihre eigenen Fähigkeiten und Kompetenzen zu erkennen, zu entwickeln und umzusetzen. Aber auch die Mentorin kann durch die Zusammenarbeit mit der Mentee profitieren, indem sie z.B. neue Impulse für ihre eigene Arbeit erhält. Seit Bestehen der Arbeitsgemeinschaft ist eine Vielzahl von Mentoring-Tandems vermittelt worden. Die uneingeschränkt positive Resonanz bestätigt uns, dieses Projekt fortzuführen.
- den **Referentinnenpool**. Ein weiteres wichtiges Projekt ist unser Referentinnenpool. Alle Kolleginnen, die zu einem ihrer Spezialthemen referieren wollen, können sich bei uns zu diesem Pool anmelden und werden empfohlen, sobald uns – was häufig vorkommt – Anfragen von Veranstaltern erreichen. Hiermit wollen wir erreichen, dass endlich die Anzahl der referierenden Frauen zunimmt und fachlich herausragende Kolleginnen sichtbarer gemacht werden.
- die **Broschüre „Anwältin und Mutter – Klar geht das!".** Ein besonders wichtiges Projekt der Arbeitsgemeinschaft ist die Verbesserung der Vereinbarkeit von Familie und Beruf**.** Anwältinnen wollen in ihrem Beruf erfolgreich sein *und* die Möglichkeit haben, Karriere zu machen, ohne dabei auf Kinder bzw. Familie zu verzichten. Im Jahr 2012 veröffentlichte die Arbeitsgemeinschaft Anwältinnen nach einer Umfrage unter Rechtsanwältinnen die Broschüre „Anwältin und Mutter – Klar geht das!". In der Broschüre werden u.a. Erfahrungsberichte, Best-Practice-Beispiele und individuelle Tipps geschildert, Arbeitszeitmodelle vorgestellt, aber auch Forderungen an die Gesellschaft, an die Anwaltschaft und an den Gesetzgeber formuliert, um die dringend notwendige Verbesserung der Rahmenbedingungen, z.B. bei der Kinderbetreuung, bei der Teilzeitpartnerschaft, bei Elternzeit- und Lohnersatzregelungen und bei Vertretungsregelungen, zu erreichen. Hierbei gibt es weiterhin noch sehr viel zu tun. Die Arbeitsgemeinschaft bleibt hier aktiv am Ball, u.a. durch eine geplante Neuauflage der Broschüre.
- politische Aktivität. Die Arbeitsgemeinschaft Anwältinnen ist **Mitinitiatorin der Berliner Erklärung seit 2017** (www.berlinererklaerung.de). Hierbei handelt es sich um ein überparteiliches und gesellschaftliches Bündnis von Parlamentarierinnen aller im Bundestag

vertretenen Parteien und führenden Frauenverbänden, das sich zur Berliner Erklärung zusammengeschlossen hat, um die Gleichstellung von Frauen und Männern in allen gesellschaftlichen Bereichen voranzubringen.

- Einflussmöglichkeiten auf die Meinungsbildung und auf die gesetzlichen Rahmenbedingungen durch **Mitarbeit im Genderausschuss des DAV**. Der DAV-Vorstand hat einen Genderausschuss unter Vorsitz der jeweiligen Genderbeauftragten des DAV und unter Beteiligung der jeweiligen Vorsitzenden der Arbeitsgemeinschaft Anwältinnen installiert. Dieser befasst sich mit allen genderrelevanten Themen innerhalb und außerhalb des DAV und beteiligt sich an Stellungnahmen des DAV, insbesondere an den Gesetzgeber, bei denen Genderthemen relevant sind.
- Information und Einflussmöglichkeiten durch **Vernetzung und Kooperation mit Berufsorganisationen und Frauenverbänden,** wie djb, FidAR, etc. sowie den anderen DAV-Arbeitsgemeinschaften.
- Teilnahmemöglichkeiten am Diskurs zum **Maria-Otto-Preis.** Auf Anregung der Arbeitsgemeinschaft Anwältinnen hat der DAV als besondere Auszeichnung den Maria-Otto-Preis eingerichtet, mit dem vorrangig herausragende Rechtsanwältinnen, die sich um die Belange von Frauen verdient gemacht haben oder eine besondere Vorbildfunktion für Anwältinnen und Anwälte innehaben, ausgezeichnet werden. Der Preis kann auch an Personen und Organisationen verliehen werden, die sich im besonderen Maße um die Belange der Anwältinnen verdient gemacht haben.
- unsere **Homepage.** Über all diese Themen und unsere Arbeit können Sie sich auf unserer Homepage unter www.davanwaeltinnen.de informieren.
- unseren **monatlichen Newsletter.** Informationen über unsere Aktivitäten und Projekte, über berufspolitische Themen und Entwicklungen in der Gesetzgebung, Termine der Arbeitsgemeinschaft und befreundeter Organisationen, z.B. dem Deutschen Juristinnenbund, Tipps für die Praktikerin, Buchempfehlungen und vielem mehr erhalten Sie ebenfalls durch unseren Newsletter.

Das Zentralthema der Arbeitsgemeinschaft ist und bleibt die **weibliche Zukunft der Anwaltschaft** mit den Herausforderungen, die die sich ständig ändernden politischen und gesellschaftlichen Rahmenbedingungen und die technische Entwicklung mit sich bringen.

Wir freuen uns, wenn Sie die Ziele und Projekte der Arbeitsgemeinschaft Anwältinnen unterstützen wollen. Nehmen Sie bitte bei Fragen und Anregungen mit uns Kontakt auf. Wir freuen uns auf Sie!

A.4 ANWALTLICHES BERUFSRECHT – HILFREICH ODER HINDERLICH? – ANWÄLTE ALS FREIE UNTERNEHMER IN EINEM REGULIERTEN BERUF

RECHTSANWALT MARKUS HARTUNG, BERLIN • MITGLIED DES DAV-BERUFSRECHTSAUSSCHUSSES UND DES AUSSCHUSSES ANWALTSETHIK UND ANWALTSKULTUR DES DAV

I. Einführung – warum Berufsrecht?

Rechtsanwältinnen und Rechtsanwälte üben nach § 2 Abs. 1 BRAO einen freien Beruf aus. Ihre Tätigkeit ist kein Gewerbe, so sagt es ausdrücklich § 2 Abs. 2 BRAO. Im Gegenteil ist ihre Tätigkeit in hohem Maße „gemeinwohlbezogen". Am prägnantesten wird dies in § 1 BORA beschrieben:

§ 1 BORA Freiheit der Advokatur

> (1) Der Rechtsanwalt übt seinen Beruf frei, selbstbestimmt und unreglementiert aus, soweit Gesetz oder Berufsordnung ihn nicht besonders verpflichten.
>
> (2) Die Freiheitsrechte des Rechtsanwalts gewährleisten die Teilhabe des Bürgers am Recht. Seine Tätigkeit dient der Verwirklichung des Rechtsstaats.
>
> (3) Als unabhängiger Berater und Vertreter in allen Rechtsangelegenheiten hat der Rechtsanwalt seine Mandanten vor Rechtsverlusten zu schützen, rechtsgestaltend, konfliktvermeidend und streitschlichtend zu begleiten, vor Fehlentscheidungen durch Gerichte und Behörden zu bewahren und gegen verfassungswidrige Beeinträchtigung und staatliche Machtüberschreitung zu sichern.

Der freie Beruf sagt sich nicht nur so dahin, denn gute Rechtsanwälte sind immer Freigeister. Ihre Aufgabe besteht darin, die Interessen ihrer Mandanten zu ermitteln und diese im Rahmen von Recht und Gesetz bestmöglich zu vertreten. Wie sie das tun, wollen sie sich von niemandem sagen lassen. Rechtsanwälte sind immer unbequem – sie fordern, sie bestreiten und weigern sich, sie fragen, und sie fragen noch einmal, wenn sie die Antwort als unbefriedigend empfinden. Als Verteidiger sprechen sie oft für Menschen, über die die Öffentlichkeit bereits den Stab gebrochen hat, und als Vertreter in Verbraucher-Massenverfahren bringen sie die Justiz an die Grenze der Belastbarkeit. Sie sind auch gegenüber ihren Mandanten nicht immer angenehm und sollten sich mit Mandanteninteressen nicht ohne Weiteres identifizieren: denn Mandanteninteressen können nach geltendem Recht undurchsetzbar sein, sie können sittlich fragwürdig sein, sie können auch einfach unvernünftig, weil nur kurzfristig ausgerichtet, sein – ein guter Rechtsanwalt wird das thematisieren. Er ist schließlich ein Berater, kein „Mietmaul". Alles das kann und muss er sich „leisten", denn er ist nicht nur ein Freigeist, sondern auch unabhängig – unabhängig vom Staat, und er muss auch unabhängig von seinem Mandanten sein.

So weit, so gut. Anwälte sind als Angehörige eines freien Berufs aber auch Unternehmer und müssen wie Unternehmer denken und handeln, daran ist nichts verwerflich. Das war nicht immer so: Im Jahr 1963 befand der Anwaltssenat des BGH, dass kommerzielles Denken vom Anwaltsberuf „schlechthin ferngehalten werden" müsse.[1] Im Jahr 1992 fand das BVerfG dieses Verdikt unverhältnismäßig und entschied, dass „kommerzielles Denken (...) mit dem Anwaltsberuf nicht schlechthin unvereinbar" sei.[2] Seitdem gibt es daran keinen verfassungsrechtlichen Zweifel mehr, wohl aber gewisse Mauern in den Köpfen vieler Kolleginnen und Kollegen, die mit dem Unternehmertum immer noch fremdeln.[3]

Als Unternehmer unterliegen Anwälte den Zwängen, denen alle Unternehmer unterliegen: Sie bewegen sich in einem Markt, dem Rechtsmarkt, müssen sich dort als erfolgreiche Berater positionieren und sich im Wettbewerb gegen ihre Kolleginnen und Kollegen, also gegen die Konkurrenz, durchsetzen. Nach § 5 BORA sind Rechtsanwälte verpflichtet, einen funktionierenden Bürobetrieb zu unterhalten, das bedeutet Kostenaufwand, und das wiederum erfordert regelmäßige Einnahmen. Die oben beschriebene Unabhängigkeit auch von Mandanten kann dann an Grenzen stoßen, wenn man aus rein unternehmerischer Sicht einen Mandanten unbedingt behalten sollte, selbst wenn man als unabhängiger Freigeist „eigentlich" zu dem Ergebnis käme, bestimmte Interessen nicht zu vertreten, oder jedenfalls nicht so, wie ein Mandant es verlangt.

Diesen Zielkonflikt kann dem niedergelassenen Rechtsanwalt niemand abnehmen, auch das Berufsrecht nicht. Das Berufsrecht gibt der Anwältin auch keine berufsethischen Hilfestellungen, sondern legt fest, was der Rechtsanwalt in seiner Tätigkeit mindestens zu beachten hat. Das Berufsrecht beschränkt die auf Art. 12 Abs. 1 GG beruhende unternehmerische Freiheit der Rechtsanwältin, um sicherzustellen, dass der Gemeinwohlbezug der anwaltlichen Tätigkeit gewahrt bleibt. Als freiheitsbeschränkendes Regelungswerk muss sich das Berufsrecht an der Verfassung und am EU-Recht messen lassen.

So verstanden wäre das Berufsrecht „hinderlich", denn es „behindert" die freie berufliche Entfaltung. Aber wenn wir ernst nehmen, was unsere Aufgabe als Rechtsanwälte ist – siehe § 1 BORA – dann erweist sich das Berufsrecht als hilfreich. Das mag auf den ersten Blick überraschen – aber wenn Sie gleich lesen, wie der Rechtsmarkt heute aussieht und wie schwierig es ist, sich im Wettbewerb mit allen möglichen Rechtsdienstleistern zu positionieren, dann werden Sie auch finden, dass das Berufsrecht nicht hinderlich, sondern hilfreich ist – weil es uns Rechtsanwälten eine einzigartige berufliche Stellung als Rechtsberater gewährleistet.

1 BGH v. 21.10.1963 – AnwZ (B) 13/63, BGHZ 40, 194, 196.

2 BVerfG v. 4.11.1992 – 1 BvR 79/85 u.a., BVerfGE 87, 287, 329 f.; bestätigt in BVerfG v. 12.12.2006 – 1 BvR 2576/04, BVerfGE 117, 163, 183 (Erfolgshonorar).

3 Bis heute gibt es auch kein einheitliches Berufsbild, auf das sich die Anwaltschaft einigen könnte. Das erklärt, warum manche Stellungnahmen gerade der BRAK auf Unverständnis stoßen. Die einheitliche Anwaltschaft entspricht nicht einem einheitlichen Berufsbild, was die Weiterentwicklung des anwaltlichen Berufsrechts nicht immer leicht macht; vgl. dazu *Hellwig*, StudZR 2009, 13 ff.

Um das Berufsrecht richtig einordnen zu können, muss man zunächst verstehen, wodurch sich Rechtsmärkte auszeichnen.

II. Der deutsche Rechtsmarkt: Eine Herausforderung[4]

Der deutsche Rechtsmarkt hat sich seit 1989 stürmisch entwickelt. Die Anzahl der zugelassenen Anwälte ist kontinuierlich gestiegen. Inzwischen sind – per Januar 2020 – gut 166.000 Anwälte in Deutschland zugelassen, gegenüber 16.824 im Jahre 1955.[5] Auch die Zahl der Syndikusanwälte, Konkurrenten der niedergelassenen Anwälte, ist stetig gestiegen.[6] Darüber hinaus gibt es inzwischen zahlreiche Einrichtungen oder Institutionen, die „Rechtsdienstleistungen" anbieten, etwa Treuhandunternehmen, Unternehmensberater, Rechtsauskunftsstellen von Verbänden, Banken oder Versicherungen. Außerdem gibt es inzwischen eine Vielzahl sog. Legal Tech-Unternehmen, also Rechtsdienstleister, die mit oder ohne Registrierung nach dem RDG Rechtsdienstleistungen anbieten und der Anwaltschaft Konkurrenz machen und Kopfschmerzen bereiten.

Die Berufsausübung von Anwälten war bis Sommer 1987 viel strenger reguliert als heute, nicht nur durch Gesetz, sondern auch durch anwaltliche Standesrichtlinien. Anwälten war sehr detailliert vorgeschrieben, was sie dürfen und was nicht. Die anwaltlichen Standesrichtlinien wurden erst im Jahr 1987 durch die Bastille-Entscheidungen des BVerfG[7] gekippt – die Entscheidungen werden deshalb so genannt, weil sie am 14. Juli ergingen, knapp 200 Jahre nach Ausbruch der französischen Revolution, allerdings auch deswegen, weil es endlich gelungen war, die Bastille des anwaltlichen Standesrechts erfolgreich zu stürmen.

Die Kassation der anwaltlichen Standesrichtlinien hatte für das Verständnis des anwaltlichen Berufsbilds wesentliche Bedeutung. Für den deutschen Rechtsmarkt war aber die erst im Jahr 1989 zugelassene überörtliche Sozietät viel wesentlicher. Diese Zulassung beruhte, wie im anwaltlichen Berufsrecht üblich, nicht auf einer Entscheidung des Gesetzgebers, sondern auf einer Entscheidung des BGH[8], durch die das Verbot der überörtlichen Sozietät fiel.

Seit der Zulassung der überörtlichen Sozietät fand ein explosionsartiges Wachstum der Kanzleien statt. Fusionieren war das Gebot der Stunde. In den allermeisten Fällen ging es

4 Die nachfolgenden Ausführungen sind ausführlich behandelt bei *Hartung*, Strategische Ausrichtung von Kanzleien, in: Schieblon (Hrsg.), Kanzleimanagement in der Praxis, 4. Aufl., 2019, S. 13; die ausführlichste Darstellung des gesamten deutschen Rechtsmarkts findet sich bei *Kilian*, Anwaltstätigkeit der Gegenwart, Band 19 der Forschungsberichte des Soldan Instituts, 2016; bezogen auf das Segment der Wirtschaftskanzleien vgl. *Wegerich/Hartung*, Der Rechtsmarkt in Deutschland, 2014. Die zuverlässigsten empirischen Daten finden sich bei *Kilian/Dreske*, Statistisches Jahrbuch der Anwaltschaft 2017/2018 (das Werk wird alle zwei Jahre aktualisiert).

5 Aktuelle Zahlen aus der BRAK-Statistik zum 1.1.2020, siehe unter www.brak.de; Zulassungszahlen der Jahre bis 1950 in *Kilian/Dreske*, Statistisches Jahrbuch der Anwaltschaft 2011/2012, S. 21 f., Tabellen 1.1.1 und 1.1.2.; in der aktuellsten Ausgabe des Jahrbuchs finden sich nur Zahlen ab 1950, vgl. Tab. 1.1.1, S. 26.

6 Nach der BRAK-Statistik gab es zum 1.1.2020 insgesamt 3631 „Nur-Syndikusanwälte" und 15475 Syndikusrechtsanwälte, die gleichzeitig eine Zulassung als niedergelassene Anwälte haben. Es wird aber noch eine erhebliche Zahl an „Anwälten in Unternehmen" geben, die keine Zulassung als Syndikusrechtsanwalt anstreben, aus vielerlei Gründen.

7 BverfGE 76, S. 171 ff.

8 BGHZ 108, S. 290 = NJW 1989, 2890 ff.

um reines Größenwachstum und den Wunsch, an möglichst vielen deutschen Wirtschaftsstandorten präsent zu sein. Gegen Ende der 90iger Jahre erhielten das Wachstum des Rechtsmarktes sowie die Veränderungen im Markt einen zusätzlichen Schub, ausgelöst durch die zunehmende Internationalisierung/Globalisierung der deutschen Wirtschaft und den Eintritt großer englischer und amerikanischer Kanzleien in den deutschen Markt. Diese waren sehr erfolgreich: Im Oktober 2020 befanden sich unter den zehn nach Umsatz größten Kanzleien in Deutschland sich nur noch vier Kanzleien, die man als unabhängige deutsche Kanzleien bezeichnen kann – Hengeler Mueller auf Platz 3, Noerr auf Platz 4, Gleiss Lutz auf Platz 7 und Heuking Kühn auf Platz 8.[9]

1. Wirtschaftliche Situation der Anwaltschaft

Es gehört zum Allgemeingut, dass die wirtschaftliche Lage für Anwälte schwierig ist. Allerdings steigt seit Jahren das Gesamthonoraraufkommen im deutschen Rechtsmarkt deutlich stärker als der allgemeine Verbraucherpreisindex oder die Steigerung des Bruttoinlandsproduktes. Jedoch war das Wachstum der Zulassungszahlen in den letzten Jahrzehnten wiederum deutlich stärker als das Wachstum des Gesamthonoraraufkommens: Im Jahr 1996 lag das Honoraraufkommen aller in Deutschland zugelassener Rechtsanwälte – das waren 85.105 – bei etwa 11,2 Mrd. EUR. Im Jahre 2014 lag es mit gut 162.600 Anwälten bei ca. 20,6 Milliarden EUR. Der Durchschnittsumsatz einer jeden Anwältin und eines jeden Anwalts ist in diesem Zeitraum von 131.680 EUR auf ca. 100.000 EUR gesunken.[10] Inzwischen hat sich das Wachstum bei den Neuzulassungen eingebremst. Detailliertere Angaben über Umsatz- und Gewinnzahlen in der Anwaltschaft ergeben sich aus dem sog. STAR-Report des Instituts für Freie Berufe (IFB) an der Universität Erlangen-Nürnberg.[11]

Nun sind diese Beträge nichts, was auch nur ansatzweise die Klage stützen würde, den Anwälten gehe es zunehmend schlechter. „Jammern auf sehr hohem Niveau" wäre hier wohl die zutreffende Bezeichnung. Tatsächlich ist es aber so: Im Rechtsmarkt gibt es extrem erfolgreiche Anwälte und Kanzleien, und es gibt so etwas wie ein Anwaltsprekariat. Dem Segment der wirtschaftsberatenden Kanzleien geht es i.d.R. sehr gut, vielen Allgemeinanwälten, die sich nicht spezialisiert haben, geht es deutlich weniger gut.

9 Nach der jährlichen Erhebung der Zeitschrift Juve-Rechtsmarkt, die Zahlen für 2019/20 sind im Oktoberheft 2020 wiedergegeben; zur Entwicklung des dt. Rechtsmarktes und der Internationalisierung der Anwaltschaft *Hellwig*, Internationalisierung und Europäisierung der deutschen Anwaltschaft, in: Anwälte und ihre Geschichte: Zum 140. Gründungsjahr des Deutschen Anwaltvereins, 2011,S. 1185 ff.; die Entwicklung deutscher Kanzleien ist außerdem sehr eingehend bei *Pöllath/Saenger*, 200 Jahre Wirtschaftsanwälte in Deutschland, 2009, dargestellt; vgl. außerdem *Ewer*, Der Rechtsmarkt heute, in: Wegerich/Hartung (Hrsg.), Der Rechtsmarkt in Deutschland, 2014, S. 34 ff.

10 Nach Umsatzsteuerstatistik; insgesamt finden sich die unterschiedlichsten Zahlenwerke: *Hagenkötter*, AnwBl. 2010, 276 und AnwBl. 2011, 786, kommt zu geringeren Werten, weil er nur anwaltliche Erlöse ohne Notariatserlöse auswertet; wiederum anders *Busse*, Deutsche Anwälte, 2010, S. 634 ff.; *Henssler*, in: Henssler/Streck, Handbuch Sozietätsrecht. 2. Aufl. 2011, Rn. A 6 f.; auch *Kilian/Dreske* kommen zu anderen Zahlen, vgl. Statistisches Jahrbuch 2017/2018, S. 150 (Tabelle 5.1.3); die Tendenz – sinkender oder stagnierender Ertrag – ist aber trotz Unterschieden in der Berechnungsmethode immer gleich.

11 Nachweise dazu finden sich auf der Homepage der BRAK: https://brak.de/fuer-journalisten/star-bericht/star-bericht-2018/ (Abfrage Januar 2021).

Nur ein kleiner werdender Teil der Anwaltschaft war den Herausforderungen in den letzten 20 Jahren gewachsen. Es ist kein Markt für schwache Nerven: Der Anteil der selbstständigen Anwälte lag im Jahr 1977 noch bei 51,3 %, im Jahr 2004 nur noch bei 39,5 %.[12] Aktuellere Zahlen liegen nicht vor, aber nach allem scheint sich dieser Trend nicht zu ändern.

2. Grundsätzliche Merkmale eines Rechtsberatungsmarktes

Der Rechtsmarkt weist einige Besonderheiten auf, die es wiederum rechtfertigen, dass die Tätigkeit dort reguliert ist. Nur ausgehend von den wirtschaftlichen Daten erklärt sich ja nicht, warum unsere berufliche Tätigkeit reguliert ist.

Auf dem Rechtsmarkt begegnen sich Anbieter und Nachfrager von Rechtsdienstleistungen. Nicht alle Anbieter sind Rechtsanwälte; das Rechtsdienstleistungsgesetz hat den Rechtsberatungsmarkt auch für viele weitere Personen und Institutionen geöffnet. Weiterhin hat das Vordringen moderner Softwaretechnologie weitere Anbieter auf den Markt gebracht. Das Stichwort ist hier Legal Tech, womit es möglich wird, rechtliche Dienstleistungen nur computergestützt anzubieten.[13]

Dieser Markt hat zwei Besonderheiten, die ihn von „normalen" Märkten unterscheiden:

- Zum einen ist es der schon in der Einleitung genannte Gemeinwohlbezug der anwaltlichen Tätigkeit – Mitwirkung an der Verwirklichung des Rechtsstaats und Gewährleistung der Teilhabe des Bürgers zum Recht. Letzteres findet man häufig unter dem Stichwort „Zugang zum Recht". Das ist für einen Rechtsstaat geradezu essentiell: Wenn Bürger keinen Zugang zum Recht mehr haben, werden sie „ihr Recht" anders durchsetzen. Zugang zum Recht bedeutet, dass man auch wegen Kleinigkeiten streiten kann, aber die sind um des Prinzips willen so wichtig wie großen Sachen. Hätten Bürger keine Möglichkeit, auch Ansprüche mit niedrigen Streitwerten mit Hilfe von Anwälten durchzusetzen, träte das Faustrecht an diese Stelle. Wenn das verhindert werden soll, muss es auch für die gefürchteten „niedrigen Streitwerte" qualifizierten Rechtsrat zu erschwinglichen Preisen geben. Das – und nur das – rechtfertigt es, Anwaltsgebühren zu regulieren und mit Streitwerttabellen zu arbeiten, die dazu führen, dass „niedrige Streitwerte" auch nur niedrige Honoraransprüche auslösen, unabhängig vom Aufwand.
- Die zweite Besonderheit liegt in der Informationsasymmetrie zwischen Mandanten und Anwälten: Die Regel ist, dass Nachfrager von Rechtsdienstleistungen – die Mandanten – das, was inhaltlich geboten wird, nicht ohne weiteres beurteilen können. Sehr häufig können sie auch nicht beurteilen, was sie eigentlich genau brauchen – sie können sich nur auf die Beschreibung eines Problems beschränken und sind darauf angewiesen, dass eine Anwältin oder ein Anwalt weiß, was man zur Lösung des Problems machen muss und wie man es erfolgreich umsetzt. Die Monopolkommission hat das wie folgt beschrieben:

12 *Hommerich/Kilian*, AnwBl 2010, 277 f.

„Es ist anzuerkennen, dass im Bereich der Rechtsdienstleistungen eine asymmetrische Informationsverteilung zwischen Nachfragern und Anbietern besteht, insbesondere wenn der Nachfrager nicht Jurist ist. Für den Nichtjuristen ist die Qualität der juristischen Arbeit auch im Nachhinein schwer zu beurteilen, nicht zuletzt da ein Prozess auch bei guter Arbeit des Anwalts verloren gehen kann. Auch ist schwer zu beurteilen, ob der vom Anwalt betriebene Aufwand der Sache angemessen war“.[14]

Damit sind die Wesensmerkmale des Rechtsmarktes beschrieben: Starker Gemeinwohlbezug der anwaltlichen Anbieter sowie Informationsasymmetrie zwischen Anbietern und Nachfragern. Als Faustformel kann man sagen: Der Gemeinwohlbezug ist das, wofür Anwälte leben, und die Informationsasymmetrie ist das, wovon sie leben.

Hier liegt die Antwort auf die Frage, warum unsere Tätigkeit reguliert ist: Nur dadurch kann sichergestellt werden, dass Mandanten in diesem Markt das bekommen, was sie erwarten dürfen. Außerdem soll es bezahlbar bleiben, siehe oben: Lieber Regulierung der Anwaltsvergütung als Faustrecht.

III. Bemerkungen zu einzelnen berufsrechtlichen Regelungen

Wenn wir damit verstanden haben, warum die anwaltliche Tätigkeit reguliert ist, die unternehmerische Freiheit also eingeschränkt ist, dann heißt das noch lange nicht, dass das Berufsrecht, etwa niedergelegt in BRAO und BORA, insgesamt mit allen seinen Regelungen sinnvoll ist. Richtig ist das Gegenteil: Das deutsche Berufsrecht enthält zu viele Regelungen, die, höflich gesagt, unbrauchbar sind. Das darf aber nicht den Blick darauf verstellen, dass das Berufsrecht als solches sinnvoll ist und nicht an seinen unbrauchbaren Regelungen gemessen werden sollte. Es gibt eine Reihe von Regelungen, die man lieber anders sehen würde, aber so ist es nun mal mit Gesetzen: Sie sind so, wie sie sind (bis wir sie in dem dafür vorgesehenen Verfahren ändern). Immerhin ist unser Berufsrecht gesetzlich geregelt und ist kein Verbandsrecht. So etwas gab es bis 1987, siehe oben, und jeder ist froh, dass die Zeiten der Standesrichtlinien vorbei sind.

1. Die anwaltlichen Grundpflichten

Wenn wir uns auf die wesentlichen Aspekte des Berufsrechts konzentrieren, dann stellen wir fest, dass dadurch der Berufsstand der Rechtsanwälte ein wertvolles Differenzierungskriterium gegenüber anderen wirtschaftsberatenden Berufen hat. Die anwaltliche Tätigkeit gehört zu den Vertrauensberufen; Anwälte leben davon, dass die Mandanten ihnen vertrauen. Das Berufsrecht regelt einen Katalog von Pflichten, welche dem Mandanten garantieren sollen, dass er der Anwältin oder dem Anwalt vertrauen kann. Damit sind die Grundpflichten, die *core values*, gemeint.

13 Einzelheiten bei *Hartung/Bues/Halbleib*, Legal Tech: Die Digitalisierung des Rechtsmarktes, 2018.
14 XVI. Hauptgutachten der Monopolkommission, BT-Drs. 16/2460, Rn. 1015.

Das beginnt in § 43 S. 1 BRAO mit der Pflicht zur Gewissenhaftigkeit. Die genaue Rechtsnatur dieser Vorschrift ist umstritten.[15] Entscheidend sind die Pflichten aus § 43 a BRAO – Unabhängigkeit, Verschwiegenheitspflicht, Sachlichkeitsgebot, Verbot der Vertretung widerstreitender Interessen, Pflicht zum sorgsamen Umgang mit fremden Geldern und Fortbildungspflicht.

Diese Grundpflichten sind das wesentliche Pfund, mit dem Rechtsanwälte in Konkurrenz mit anderen Beratern und *Legal Service Providers* wuchern können: Die **Unabhängigkeit** steht dafür, dass eine unabhängige Person einen Rat erteilt, der nicht nur das blanke Mandanteninteresse, sondern das wohlverstandene Interesse im Auge hat, so dass Rechtssuchende darauf vertrauen können, dass ihr Anliegen nicht nur durch die persönliche und befangene Brille, sondern umfassend und damit erfolgversprechender bewertet wird. Die **Verschwiegenheitspflicht** ist zentral, dadurch ist sichergestellt, dass man sich der Anwältin anvertrauen kann. Diese Pflicht ist so wichtig, dass ihre Verletzung strafbar ist, und den Schutz des Mandantengeheimnisses stuft der Gesetzgeber so hoch ein, dass er ein Beschlagnahmeverbot und ein Aussageverweigerungsrecht des Anwalts vorsieht. Das **Sachlichkeitsgebot** – Anwälte mögen das manchmal als Korsett verstehen, aber letztlich schützt es den Mandanten, weil es die Anwältin verpflichtet, sich nur einer Sache zu verpflichten, und es schützt den Mandanten vor unsachlichen Angriffen der Gegenseite. Letztlich soll dies für eine sachliche Auseinandersetzung sorgen, anders als eine ungeordnete Schreierei auf Wirtshausniveau, in der letztlich der Lauteste obsiegt. Die **Geradlinigkeit**, also das Verbot, beide Seiten und/oder widerstreitende Interessen zu vertreten, schützt den Mandanten vor Verrat und bietet ihm die Gewähr, dass der ausgewählte Anwalt in dieser Sache nur und ausschließlich für ihn tätig ist, keinesfalls für die Gegenseite. Sodann die **Pflicht, sorgsam mit fremdem Geld** umzugehen; sie bedeutet, dass man der Anwältin nicht nur Geheimnisse, sondern auch Geld anvertrauen kann. Und schließlich die **Fortbildungspflicht**, die dem Mandanten signalisiert, dass der Anwalt fachlich up to date ist.

Damit ist im Wesentlichen alles gesagt, was für eine Anwältin gelten muss. So ist es nicht nur in Deutschland; diese Grundpflichten gelten für Anwälte in vielen Teilen der Welt. Ohne diese Pflichten, auch ohne einzelne dieser Pflichten, wäre das, was die Anwältin ausmacht, erheblich gefährdet, weil dann die Basis für das Vertrauen in ihn entzogen wäre. Andere Beraterberufe müssen sich ihr Vertrauen erst einmal verdienen, Anwälte starten hingegen mit einem gesetzlichen Regularium für einen Vertrauensvorschuss und riskieren allenfalls, Vertrauen zu verspielen. Das ist ein erheblicher Unterschied. Die Grundpflichten sind also nicht Ausdruck eines konservativen oder reaktionären Berufsverständnisses, sondern sozusagen der Markenkern der Anwaltschaft. Darauf baut die Stärke des Berufsstandes auf, das schafft die Einzigartigkeit unserer Profession. Man sieht: Das Berufsrecht ist da nicht hinderlich, sondern hilfreich.

15 In § 43 S. 2 BRAO findet man einen der alten Zöpfe des Berufsstandes, eher eine Benimmregel – solche Regeln haben immer das Potential, jemanden auszugrenzen, ohne dass es dafür Argumente oder gute Gründe geben würde. Im Berufsrecht liegen Licht und Schatten immer sehr nah beieinander.

Rechtsdienstleister unterliegen solchen Pflichten nicht. Gerade Legal Tech-Unternehmen, die als Inkassogesellschaften auftreten, haben eine deutlich großzügigere regulatorische Beinfreiheit als Rechtsanwälte – auch wenn die Tätigkeit von Anwälten einerseits und Inkassounternehmen andererseits sehr ähnlich ist oder doch sein kann. Der BGH hat in der wenigermiete-Entscheidung viele der noch bestehenden Unterschiede eingeebnet.[16] Das stellt die Anwaltschaft vor besondere Herausforderungen, denn mit dem Berufsrecht ist es der Anwaltschaft schlicht nicht möglich, mit Legal Tech-Unternehmen zu konkurrieren. Die Frage ist aber, ob sie es tun sollte oder sich nicht besser auf das konzentrieren sollte, was die Anwaltschaft wirklich ausmacht. Das kann hier nicht abschließend erörtert werden, stellt aber die wesentliche Frage für die Anwaltschaft in den nächsten Jahren dar.

2. Sonstige Regelungen

Das Berufsrecht besteht bekanntlich nicht nur aus den Grundpflichten, sondern hat einen großen Katalog weiterer Pflichten. Bei allen diesen weiteren Pflichten kann man, anders als bei den Grundpflichten, trefflich darüber streiten, ob diese Regelungen hilfreich oder hinderlich sind. Wenn man es sowohl aus Sicht der Mandantschaft wie auch der Anwaltschaft betrachtet, fällt das Ergebnis häufig unterschiedlich aus. Hier ist nicht der Ort, um einen Kurzkommentar zum anwaltlichen Berufsrecht zu schreiben. Für den Berufsanfänger mag aber Folgendes hilfreich sein:

- Die Versicherungspflicht hat eine den Grundpflichten sehr ähnliche Bedeutung, weil ohne Versicherung keine Zulassung erteilt wird. Man sollte es nicht als Kostenposition sehen, sondern als weiteres Argument zur Vertrauensbildung mit Mandanten – wenn etwas schiefgeht, dann ist man versichert. Diese Sicherheit für Klienten oder Beratungskunden gibt es in anderen Beraterberufen nicht.
- Das anwaltliche Vergütungsrecht muss man anwenden können, schon aus Eigeninteresse. Es beschränkt die unternehmerische Entfaltungsfreiheit, aber oben wurde beschrieben, vor welchem Hintergrund das geschieht. Ob die heutigen Regelungen der Weisheit letzter Schluss sind, muss man bezweifeln: So ist zum Beispiel das gesetzliche Verbot der Pro-bono-Tätigkeit in § 49 Abs. 1 S. 2 BRAO schlichtweg unsinnig und unzeitgemäß; soweit ersichtlich, verfolgen die örtlichen Kammern etwaige Verstöße auch nicht mehr. Auch das Prinzip der Mindestgebühren besteht einen europäischen Stresstest möglicherweise nicht.[17] Weiterhin sind die Hürden, die vor einer Erfolgshonorarvereinbarung stehen, sehr hoch und lebensfremd; sie zeigen, dass der Gesetzgeber Erfolgshonorare eigentlich nicht haben wollte.[18]
- Anwaltliche Werbung war noch vor einigen Jahren ein Riesenthema. Inzwischen ist es das nicht mehr. Zwar gibt es den § 43 b BRAO noch, aber er ist durch die Rechtsprechung auf die Füße gestellt worden (manche sagen „komplett ausgehöhlt worden"),

16 BGH, Urt. v. 27.11.2019 – VIII ZR 285/18, NJW 2020, 208.

17 *Hellwig*, AnwBl. 2011, 77 ff., 78 f.; EuGH (4. Kammer), Urt. v. 4.7.2019 – C-377/17 (Kommission / Bundesrepublik Deutschland), NVwZ 2019, 1120 (HOAI-Mindestgebühren verstoßen gegen das Europarecht; es ist aber noch unklar, was sich daraus für das Mindestgebührenrecht des RVG ergibt).

18 Zu den Hintergründen *Hartung*, AnwBl. 2008, 396 ff.

nicht nur was das Akquiseverbot wegen eines konkreten Mandats angeht. Das ist auch richtig so, denn eine Verbotsnorm lässt sich nicht rechtfertigen.[19] Allerdings gibt es neben § 43 b BRAO auch die §§ 6 ff. BORA, welche die Zulässigkeit der Werbung regeln. Man kann wohl noch nicht sagen, dass sich die Zulässigkeit anwaltlicher Werbung nur nach dem UWG beurteilt, auch wenn viele das für eine sinnvolle Regelung hielten.[20] Das Berufssonderrecht zur Werbung ist aber sehr zahm geworden, verglichen mit früher, auch wenn es noch verschiedene Versuche von neidischen Kollegen gibt, andere Kollegen mit der Behauptung der unzulässigen Werbung zu ärgern (und es örtliche Kammern gibt, die das mitmachen).

- Die Zusammenarbeit von Rechtsanwälten mit anderen Berufen außerhalb des § 59 a BRAO, Stichwort „Interprofessionelle Zusammenarbeit", ist immer noch verboten. Allerdings hat das BVerfG in der Sache Horn[21] diese Norm für verfassungswidrig erklärt, soweit es um die Zusammenarbeit von Anwälten mit Ärzten oder Apothekern in Form einer PartG geht. Aber für andere Berufsgruppen gilt der § 59 a BRAO noch. Das betrifft nicht nur die assoziierte Zusammenarbeit, sondern auch Bürogemeinschaften. Auch das ist nach Auffassung der Anwaltsverbände eher unzeitgemäß,[22] aber noch geltendes Recht. Hier zeichnet sich aber eine Liberalisierung durch die sog. Große BRAO-Reform ab, die gerade auf Grundlage eines umfangreichen Referentenentwurfs des Bundesministeriums der Justiz und für Verbraucherschutz diskutiert wird.
- Das gilt auch für das Gesellschaftsrecht der rechts- und wirtschaftsberatenden Berufe: Auch das befindet sich mitten in der Reform und wird der Anwaltschaft am Ende ein modernes Regularium für die Organisation der beruflichen Zusammenarbeit geben.[23]

IV. Berufsethos und Berufsrecht

Wenn das Berufsrecht als grundrechtseinschränkendes Gesetzes- und Satzungskompendium zwar die unternehmerische Freiheit hindert, letztlich aber gerade die Grundpflichten im wohlverstandenen Interesse der Anwaltschaft liegen, fragt sich, ob es daneben noch weitere, gesetzlich oder satzungsrechtlich nicht geregelte Pflichten gibt, die die Anwältin und der Anwalt beachten muss. Die Rede ist vom anwaltlichen Berufsethos. Damit ist nicht der eigene innere Kompass gemeint, der einem sagt, was man tut und was nicht und was von Mensch zu Mensch durchaus unterschiedlich ausfallen kann. Vielmehr ging die Diskussion längere Zeit dahin, ob es über das Berufsrecht hinaus noch einen schriftlichen Ethik-Kodex geben müsse, um die Anwaltschaft als besonderen Berufsstand zu bewahren.

19 *Hellwig*, AnwBl. 2011, 77, 78, ist da etwas vorsichtiger.

20 Zum anwaltlichen Werberecht aus neuerer Zeit *Becker-Eberhard*, Anwaltswerbung: Was bleibt von den §§ 43 b BRAO, 6 ff. BORA? Auseinanderfallen von Gesetzestext und Rechtslage im anwaltlichen Werberecht, AnwBl. 2/2017, 148; *Ringer*, Dienstleistungsrichtlinie und (neues) UWG – was bleibt von § 43 b BRAO? Die aktuelle Rechtsprechung zur Anwaltswerbung – Zeit für eine Neuausrichtung, AnwBl. 2/2017, 155; vgl. ausführlicher zum anwaltlichen Werberecht mit vielen Nachweisen aus der Rechtsprechung *Hartung*, Rechtliche Rahmenbedingungen des Anwaltsmarketings, in: Halfmann, Marketingpraxis für Anwälte, 2. Aufl., Konstanz 2018.

21 BVerfG, Beschl. v. 12.1.2016 – 1 BvL 6/13, NJW 2016, 700.

22 Vgl. zu den Reformbestrebungen des DAV *Hartung*, AnwBl. 2017, 397.

23 Umfassen dazu *Römermann*, AnwBl Online 2020, 588.

Diese Diskussion wurde im Jahr 2008 wieder angestoßen von *Martin Henssler*, dem Direktor des Instituts für Anwaltsrecht an der Universität zu Köln und einem der führenden Berufsrechtler in Deutschland.[24] Er beschloss seine Ausführungen über die „Anwaltschaft zwischen Berufsethos und Kommerz" mit den Worten: „*Freie Berufe, die von dem Ziel einer Stärkung ihres Berufsethos geleitet werden, und dieses vertrauensbildend als Kontrast zum kommerziellen Dienstleister einsetzen, schlagen den Weg in eine erfolgreiche Zukunft ein. Der Anwaltschaft sei eine solche Zukunft von Herzen gewünscht.*" Das geht in die gleiche Richtung wie die Bewertung der anwaltlichen Grundpflichten nicht als Hindernis, sondern gerade als Stärkung der anwaltlichen Profession (siehe dazu oben). Die danach im Schrifttum ausgebrochene Debatte kreiste um die Frage, ob ein schriftlicher Ethik-Kodex verfassungsgemäß sei, denn jedes „Soft Law" habe die Tendenz, irgendwann zu „Hard Law" zu werden. Das sei dann die Wiedergeburt der anwaltlichen Standesrichtlinien, die das BVerfG doch mit den Bastille-Beschlüssen kassiert hatte.

Diese Diskussion kann hier nicht abschließend geführt werden. Während die BRAK eine gewisse Sympathie für einen schriftlichen Kodex hat, vertritt der DAV dazu eine andere Auffassung: Ethos erweist sich im alltäglichen Verhalten, nicht in schriftlichen guten Vorsätzen.[25] Was ethisches Verhalten ist, kann nur jeder für sich selber entscheiden, das kann ihm niemand vorgeben. Immerhin sind BRAK und DAV sich einig dahingehend, dass niemand „neue" Standesrichtlinien will.

Abgesehen von dieser Diskussion ist Folgendes wichtig: Der Beruf der Rechtsanwältin ist ein Vertrauensberuf. Das Berufsrecht schafft einen Rahmen, der dem Mandanten hilft, Vertrauen zu fassen. Aber das ist erst einmal nur der Rahmen. Vertrauen hat man aber in Personen, weniger in bloße Regularien. Ein unethischer Rechtsanwalt verliert sofort das Vertrauen seines Mandanten, mag der gesetzliche Rahmen noch so stabil sein. Deshalb ist es wichtig, dass Anwälte ihr Tun immer auch unter ethischen Kriterien reflektieren. Ethisches Verhalten und die anwaltlichen Grundpflichten zusammen machen die Stärke unserer Profession aus. Das sollten wir als Privileg betrachten, nicht nur als hilfreich, und schon gar nicht als hinderlich.

V. Ausblick

In einer der Vorauflagen dieses Ratgebers hatte *Ludwig Koch*, der seinerzeitige Autor dieses Kapitels, folgendes geschrieben: „*Anwaltliche Berufsausübung ändert sich ständig. Die Anwaltschaft ist nicht homogen, sie ist bunt strukturiert. Die Aufgabe des Anwalts ändert sich mit der Gesellschaft, der er angehört und der Funktion des Rechts in ihr.*" Das hat sich als weise und vorausschauend erwiesen. Der Rechtsmarkt ändert sich weiterhin, es gibt Impulse aus dem Gemeinschaftsrecht, alte und eherne Grundsätze geraten ins Wanken. Ein traditionelles anwaltliches Berufsbild existiert nicht mehr, und man kann

24 *Henssler*, AnwBl. 2008, 721 ff.; *Henssler* hat 10 Jahre nach seinem Vorschlag Bilanz gezogen, siehe dazu *Henssler*, AnwBl 2018, 22.

25 *Hartung*, AnwBl. 2012, 70.

darüber streiten, ob es so etwas jemals gegeben hat. Die digitale Transformation führt zu weiteren tiefgreifenden Änderungen. Unter dem Schlagwort „Legal Tech" versteht man nicht nur die Veränderung anwaltlicher Arbeit durch moderne Softwaretechnologie, sondern insgesamt die Debatte um die Zukunft der anwaltlichen Profession.[26] Das Berufsrecht und das Rechtsdienstleistungsgesetz als Marktzugangsrecht müssen diesen gesellschaftlichen Änderungen gerecht werden. Die Aufgabe des Berufsrechtsausschusses des DAV besteht darin, die oder den Präsidenten des DAV entsprechend zu beraten und ihm Vorschläge zu unterbreiten. Das geschieht immer mit dem Ziel, Berufsrecht hilfreich und sinnvoll zu gestalten. Vorstand und Präsidium des DAV diskutieren Änderungsbedürfnisse des Berufsrechts sehr eingehend, denn ein einheitliches Berufsrecht für eine inhomogene – oder bunte – Anwaltschaft schüttelt sich nicht so aus dem Ärmel.

Aber bei allen Änderungen, die wir erwarten: An die anwaltlichen Grundpflichten, an die *core values*, werden wir niemals herangehen. Vielmehr sollten wir alles dafür tun, um sie zu schützen. Ohne diese *core values* wären wir keine Anwälte mehr.

26 Vgl. dazu *Hartung/Bues/Halbleib*, Legal Tech. Die Digitalisierung des Rechtsmarkts, 2018.

A.5 GENERALIST ODER SPEZIALISTIN?

RECHTSANWALT HARTMUT KILGER, TÜBINGEN • EHEMALIGER PRÄSIDENT DES DAV, MITGLIED IM AUSSCHUSS ANWALTLICHE BERUFSETHIK UND ANWALTSKULTUR DES DAV, EHEMALIGER VORSTANDSVORSITZENDER DER ABV E.V.

Generalistin oder Spezialist? Gibt es diesen Gegensatz noch? Oder müssen sich angehende Anwältinnen und Anwälte mit der Frage nach Sinn und Inhalt der beiden Seiten derselben Medaille nicht mehr befassen?

I. Spezialistin/Spezialist

In mehreren Städten und im Internet gibt es Anbieter, bei denen man ausschließlich *weißes* Porzellan kaufen kann. Warum florieren sie? Wo es doch zweifellos viele Kunden gibt, die auch *buntes* Porzellan kaufen würden, es dort aber nicht bekommen können. Das besondere Profil des Porzellanhauses macht seinen Erfolg aus. Im Bereich des Rechtsberatungsmarktes ist das nicht anders.

1. Das zweite Staatsexamen – „mit ihm kann man alles"

Auf der einen Seite steht das bestandene zweite Staatsexamen, vollgestopft mit der abgeprüften Stofffülle aus allen Bereichen. Der Volljurist ist firm auf allen maßgeblichen Rechtsgebieten, in der Lage, überall mitzureden – so scheint es. Auf der anderen Seite ist offenkundig: Alle sichtbar erfolgreichen Anwälte sind irgendwie spezialisiert; bereit, jederzeit zuzugestehen, dass sie auf vielen daneben liegenden Fachgebieten nur noch gerade das wissen, was ihnen Ausbildung und Pauken auf das Staatsexamen vermittelt haben. Der Weg scheint also vorgezeichnet: Wie, wann und unter welchen Vorgaben soll der Weg in die Spezialisierung in Angriff genommen werden? Das ist ein Thema dieses Beitrags.

2. Patentrezepte – eher fragwürdig

Um es gleich vorwegzunehmen: Patentrezepte gibt es nicht. Gäbe es sie, wären sie wertlos. Denn dann könnte sie jedermann befolgen. Das Wesentliche an einem Wettbewerb ist ja gerade, dass der ausgetretene Trampelpfad der Patentrezepte verlassen und dem Publikum ein alternatives Bild geboten wird, welches die Bewerber auf dem Markt sichtbar macht. Die Devise heißt: sich über die eigene Person und deren Standort Bewusstsein zu verschaffen. Denn zum Glück ist jeder Fall anders gelagert.

3. Spezialisieren – was ist das?

Am Beginn steht die Frage: Was bedeutet Spezialisierung überhaupt? Frischgebackene Volljuristinnen und -juristen werden geneigt sein, Vorlesungsverzeichnisse und Lehrbücher zur Hand zu nehmen, um zu untersuchen, welche – möglicherweise ausgefallenen –

Rechtsgebiete für eine Spezialisierung in Betracht kommen könnten. Das kann durchaus sinnvoll sein. Denn es liegt nahe, eine rechtliche Spezialisierung in den Vordergrund zu stellen. So gibt es junge Anwältinnen und Anwälte, die sich beispielsweise durch besondere Kenntnisse im europäischen Vergaberecht profilieren. In der Zeit der Parteispendenaffären ist ein 33-jähriger Anwalt als Spezialist im Recht der Parteienfinanzierung bundesweit bekannt geworden. Es gab auch einmal einen Anwalt, der nur „Feinstäube" (Verursacher von Berufskrankheiten) im Angebot hatte. Dennoch wäre die bloße Beschränkung auf diesen rechtlichen Blickwinkel unklug. Denn es ist Vor- und Nachteil der juristischen Sicht zugleich, dass sie eine analytische Differenzierung nur unter rechtlichen Gesichtspunkten vornimmt. Tatsächlich lassen sich weder der Markt noch der Bürger mit ihren Anliegen ohne Weiteres in rechtlich vorsortierte Schubladen einordnen. Beiden ist vollkommen gleichgültig, welchem Rechtsgebiet die Verfolgung eines bestimmten Interesses zuzuordnen ist. Die Unterteilung in Rechtsgebiete ist historisch gewachsen und oft dogmatisch begründet. Damit ist jedoch die sich stetig ändernde Wirklichkeit nicht erfasst. Tatsächlich kann eine an die Anwältin oder den Anwalt herangetragene Frage in mehrere, voneinander scheinbar unabhängige, möglicherweise hoch spezialisierte Rechtsgebiete zielen, was dazu führen müsste, dass der Kunde mehrere Spezialisten in Anspruch nehmen muss. Dieser Sachverhalt legt die Frage nahe, ob bei der Festlegung des Spezialgebiets weniger dogmatische Aufteilung als vielmehr die Bedürfnisse von Markt und Kunde maßgeblich sein müssen. Dies ist tatsächlich ein zweites, wirklich sinnvolles Konzept. Spezialisierung muss also nicht heißen: exklusive Bearbeitung eines bestimmten Rechtsgebiets. Sie kann vielmehr auch heißen: Bedienung eines bestimmten Marktsegments auf mehreren Rechtsgebieten. Denkbar ist es, Personengruppen für eine Spezialisierung ins Auge zu fassen. So ist ein „Kinderanwalt" ebenso denkbar wie eine „Altenanwältin" – die es längst gibt: Es gilt, die bei diesen Personengruppen in Konfliktfällen typischen Interessenkonstellationen zu kennen und das rechtliche Handwerkszeug für die Bewältigung bereitzustellen. Bei Beratung und Vertretung von Kindern kann das die entsprechenden Ausschnitte des Sozialrechts (Jugendhilferecht), des Familienrechts (Unterhalts- und Sorgerecht) wie auch des Strafrechts (Jugendstrafrecht, Opferentschädigung etc.) beinhalten. Ebenso ist eine Spezialisierung auf die Bewältigung bestimmter Lebensbereiche denkbar, z.B. auf den des „Wohnens". Hier würde es auf die einschlägigen Ausschnitte des Baurechts, des Mietrechts, des Rechts der Finanzierung, des Wohnungseigentumsrechts etc. ankommen. Denkbar ist aber auch eine Konzentration auf bestimmte branchenbezogene Besonderheiten. Es gab einen Anwalt, welcher sich einen Namen im Bereich der Lieferung, Errichtung und Erhaltung von Sporthallenböden einen Namen gemacht hatte. Ein anderer Anwalt ist dadurch bekannt geworden, dass er sich im Zusammenhang mit den bei Bluttransfusionen entstehenden Gefahren als Einzelkämpfer so eingesetzt hat, dass er in einer Anhörung des Bundestages als Sachverständiger auftrat. Eine weitere Anwältin startet erfolgreich in den Beruf mit der Idee, alle die Personen und Institutionen ins Auge zu fassen, die mit dem Einsatz von Spielgeräten (für Erwachsene wie Kinder) zu tun haben.

Raus aus der Studierstube

Das heißt: Die Suche nach Spezialgebieten weist weit über das Studium von Vorlesungsverzeichnissen und Lehrbüchern hinaus. Tatsächlich besteht die Aufgabe darin, den vielen Verästlungen der Wirklichkeit nachzuspüren. Die Suche nach einem Spezialgebiet bedeutet den endgültigen Abschied von der Studierstube; er führt hinaus in den frischen Wind des Marktes und der sich ständig ändernden Wirklichkeit. Spezialisierung ist der Erfolg des Wachen, der mitten im Leben steht. Denn natürlich: Erfolgreiche Spezialisierung wird nur in einem Bereich möglich sein, den nicht längst schon andere Spezialisten besetzt haben.

4. Generalist könnte auch Spezialistin sein

Diese Überlegung weist aus, dass der intuitiv erfasste Wortsinn „Spezialisierung" eigentlich in die Irre führt. Natürlich ist es richtig, den Weg aus den ausgetretenen Trampelpfaden zu suchen. Aber dies ist nicht die alleinige Option. Auch der Weg innerhalb der ausgetretenen Trampelpfade kann zum Erfolg führen, wenn nur gewährleistet ist, dass er dem Anliegen des Marktes und des Kunden gerecht wird. Deswegen weist das scheinbare Gegensatzpaar Generalistin/Spezialist in Wirklichkeit in eine Richtung, die den Erfolg generell markiert: Es geht um eine Profilierung des Anwalts, die es möglich macht, dass er von Markt und Kunde als in seiner Besonderheit von den übrigen Berufsgenossen unterscheidbar erkannt wird. Das bedeutet in letzter Konsequenz: Jedenfalls in der Theorie könnte man sich auch als Generalist spezialisieren, d.h. ein Profil dahin ausweisen, dass ausdrücklich die Abdeckung aller Rechtsgebiete in einer Hand angeboten wird. Wie das allerdings heute zu bewerkstelligen ist, ist schon lange ein Problem. Wie profiliert sich der Generalist? In dieser Unsicherheit liegt allerdings auch Zukunftspotenzial: Junge Anwälte könnten uns vormachen, wie man dieses Feld wieder wirklich erfolgreich besetzt.

5. Spezialisierung = Zufall + Erfahrung

Spezialisierung (oder Profilierung) ist auf der einen Seite das Ergebnis eines Entschlusses; aber er ist auch auf der anderen Seite oft das Fazit einer (möglicherweise langen und kurvenreichen) Entwicklung. Das heißt: Der Gedanke an die Spezialisierung ist zwar unausweichlich; aber seine Ergebnisse können nicht über das Knie gebrochen werden. Zwar gibt es – durchaus nicht selten – Ausnahmen. Ein Anwalt hatte in Studium und Referendardienst schlechte Erfahrungen über das Ergebnis eines kleinen Anlagegeschäfts gemacht, sich über den finanziellen Verlust geärgert, sich in die Materie eingearbeitet und schon vor Anwaltszulassung auf diesem Rechtsgebiet spezialisiert. Heute ist er berühmt. Beim BGH gab es einen dort später zugelassenen Anwalt, der schon im ersten Semester den Rechtsanwalt beim BGH angestrebt hat (auch die BGH-Anwältinnen sind in gewisser Weise Spezialistinnen). Aber die Regel sind solche Lebenswege nicht. Fragt man bekannte spezialisierte Anwälte, so berichten sie in aller Regel über die Zufälle, die sie zu ihrem Fachgebiet geführt haben. Also wird der Leser einwenden, dass die ganze Spezialisierungsdebatte im Grunde nutzlos sei. Zufälle ließen sich nicht steuern; entweder man habe Glück oder nicht.

6. Wichtige Stichworte

Nun ist zwar zutreffend, dass eine voll planbare Wirklichkeit traurig und öde wäre. Gottlob steht die Option der zufälligen Entwicklung jedem offen. Aber es lassen sich doch einige wichtige Stichworte nennen, deren Beachtung einen Erfolg erleichtern kann.

a) **Erste Frage: was bin ich selbst?**
Die Suche nach einem Spezialgebiet ist in erster Linie die Suche nach sich selbst. Was würde mir selbst Spaß machen? In welchem Milieu verkehre ich am liebsten? Wie wirke ich auf andere? Trete ich lieber im Nadelstreifenanzug oder mit Jeans auf? Sind mir Geschäftsessen ein Gräuel? Die Frage nach der eigenen Vorliebe liefert ein offenkundiges Rezept. Kommt man bei sorgfältiger Eigenprüfung zum Ergebnis, dass einem die Juristerei insgesamt ohnehin von Anfang bis Ende zum Halse heraushängt, dann wird sich die Frage stellen, ob man sich nicht anderen Tätigkeitsfeldern zuwenden sollte. Das ist durchaus ehrlich und nicht abschätzig gemeint: besser jetzt die notwendige Entscheidung treffen als nach vielen frustrierenden Berufsjahren. Der gerade Berufsweg ist heute ohnehin die Ausnahme. Und das Handwerkszeug der Juristen ist trotz der insgesamt auch weiter nicht anwaltsgerechten Juristenausbildung als Hilfsmittel in anderen Berufszweigen nicht ohne Nutzen. Also: Wer die Anwaltszulassung erworben hat, hat schon einen ersten Weg zu einer Profilierung beschritten. Er wird sie nur bestehen, wenn er sie auch bejaht.

b) **Die Sache muss auch Spaß machen**
Aber auch innerhalb der anwaltlichen Juristerei wird man bald Vorlieben feststellen, die man keinesfalls geringachten sollte. Denn letztlich wird nur erfolgreich sein, wem das Gebiet seiner Tätigkeit auch wirklich Spaß macht. Das eigene Profil, welches selbst es aufzubauen gilt, hängt auch davon ab, wie man auf andere wirkt. Die Teilnahme an einem Rhetorikkurs, die Derartiges verdeutlicht, kann nur wärmstens empfohlen werden. Das geht hin bis zu platten Fragen der Äußerlichkeiten: Bei den Strafrechtlern gibt es heute hoch profilierte Persönlichkeiten, die eine Haartracht zur Schau tragen, welche beispielsweise im Kreise von Kartellrechtlerinnen und -rechtlern einen Misserfolg deutlich prognostizieren ließe. Das heißt am Anfang: Wo stehe ich selbst? Wie könnte ich mich in den Betrieb der Juristen eingeordnet sehen? Diese Frage sollte nicht zu geringgeachtet werden. Die Suche nach freien Stellen, neuen Tätigkeiten und offenen Wegen vernachlässigt viel zu oft den Blick auf die eigene Person.

c) **Umschau halten**
Also bedeutet das: Man sollte sich selbst – wenn nicht schon in der Ausbildung – jedenfalls im Berufsleben eine gewisse Zeit selbst beobachten, sich Spezialisten ansehen und deren Tätigkeit immer wieder in den Bezug zu der eigenen Anschauung über sich selbst setzen. Das spricht, wenn nicht eine Vorliebe von vornherein feststeht, eher dafür, mit der Spezialisierung am Anfang einige Zeit zu warten. Möglicherweise hat man in einem Anstellungsverhältnis die Chance, auf diesem oder jenem Gebiet tätig zu werden und den Testvorgang voranzutreiben. Von Anfang an Selbstständige hat – Mandate vorausgesetzt – diese Möglichkeit ohnehin. Dieses Verfahren wird nach einiger

Zeit von selbst in die eine oder andere Richtung führen. Sie kann man – durchaus auch mehrgleisig – dadurch unterstützen, dass man sich auf den entsprechenden Gebieten kompetent hält, durch Fortbildung und Zeitschriftenlektüre.

d) **Sprung ins kalte Wasser**

Am Ende dieser Periode steht dann eines Tages, beispielsweise nach drei Jahren Berufstätigkeit, der Entschluss. Wohlgemerkt: Ein Entschluss ist immer ein Sprung ins kalte Wasser. „Am Anfang war die Tat" heißt es dann. Das ist leichter gesagt als getan. Wir sind alle ein wenig darauf angelegt, uns mitunter treiben zu lassen, Entschlüsse aufzuschieben, am Abend zu fassen und nach schlafloser Nacht morgens um 5.00 Uhr wieder zu verwerfen. Ohnehin sind wir Juristinnen und Juristen Bedenkenträger. Aber es hilft nicht: Der bequeme Weg führt nicht zur Profilierung. Wir haben nun einmal kein geschlossenes System mit einer begrenzten Zahl von Anbietern am Markt mehr, so, wie das im Bereich der Ärzteschaft noch der Fall sein mag. Der Markt ist völlig offen, die Kundschaft sucht sich die passende Anwältin oder den passenden Anwalt mit immer höheren Ansprüchen. Und die Anbieter am Anwaltsmarkt – von den anderen Rechtsdienstleistern ganz zu schweigen – nehmen jedes Jahr zu. Also gilt es, sich einen Ruck zu geben und sich zu entschließen, mit welchem Bild man am Rechtsberatungsmarkt in Erscheinung treten möchte. Dieser Schritt, dieses Bewusstsein ist eine der Grundlagen anwaltlicher Tätigkeit. Nur Mut! – möchte man als Älterer zurufen.

e) **Kommunikation ist gefragt**

Ist der Entschluss gefasst, dann steht die Aufgabe an, wie man das für sich selbst als richtig erkannte Profil aufbauen möchte. Wie kommuniziere ich mit dem ausgesuchten Adressatenkreis? Es wird unumgänglich, sich mit dem Thema Marketing zu befassen und sich der hierzu inzwischen vorliegenden Literatur zu widmen. Dies ist ebenfalls an anderer Stelle dieses Ratgebers behandelt. Das Marketingverhalten anderer Kollegen zu beobachten ist nützlich – vor allem aus deren Fehlern kann man vieles lernen. Unser Berufsrecht ist sehr liberal: Es lässt viele Möglichkeiten für das Hineinwachsen in die Spezialisierung zu.

f) **Benennung**

Früher stand die Stufenleiter „Interessenschwerpunkt, Tätigkeitsschwerpunkt und Fachgebietsbezeichnung" bereit. Manche Anwältinnen und Anwälte praktizieren sie noch. Sie hat sich aber nicht bewährt: Nur der Fachanwalt ist in Kundenkreisen bekannt geworden. Die beiden anderen Bezeichnungen kommunizieren nicht, was ihnen zugedacht war. Inzwischen ist klar, dass jede sachliche Unterrichtung über die eigene Profilierung zulässig und auch sinnvoll ist. Allerdings: Sie muss auch richtig sein. Das gebietet letztlich der ehrliche Wettbewerb – Verstöße können nach UWG unangenehme Folgen haben. Der von der Satzungsversammlung in dem maßgeblichen § 7 BORA beschlossene Wortlaut lautet denn auch wie folgt:

„(1) Unabhängig von Fachanwaltsbezeichnungen darf Teilbereiche der Berufstätigkeit nur benennen, wer seinen Angaben entsprechende Kenntnisse nachweisen kann, die in der Ausbildung, durch Berufstätigkeit, Veröffentlichungen oder in sonstiger Weise erworben wurden. Wer qualifizierende Zusätze verwendet, muss zusätzlich über ent-

sprechende theoretische Kenntnisse verfügen und auf dem benannten Gebiet in erheblichem Umfang tätig gewesen sein.
(2) Benennungen nach Absatz 1 sind unzulässig, soweit sie die Gefahr einer Verwechslung mit Fachanwaltschaften begründen oder sonst irreführend sind. ...“

Die BORA nimmt nur auf, was ohnehin gilt: glaubhaft kommunizieren kann man nur, was wirklich stimmt. Der Spezialisierungshinweis muss richtig sein. Aber seine Grundlagen können in Ausbildung, Veröffentlichungen oder in sonstiger Weise erworben sein. Gefragt sind Fantasie in der Kommunikation der eigenen Profilierung und Klarheit über das Recht des UWG – wie bei jedem anderen Unternehmer auch.

g) **Fachanwalt/Fachanwältin**

Wie man Fachanwältin oder Fachanwalt wird, braucht hier nicht dargestellt zu werden. Denn das Instrumentarium hierfür kann im Gesetzestext (§ 59 b Abs. 2 Nr. 2 BRAO), in der Berufsordnung (§ 7 BORA) und vor allem in der Fachanwaltsordnung selbst sowie in den einschlägigen Kommentaren zu BRAO und BORA nachgelesen werden. Vor allem aber: Wenn man die Fachgebietsbezeichnung anstrebt, liegt der eigentliche Spezialisierungsvorgang bereits in der Vergangenheit. Denn der Fachanwalt ist der Endpunkt der beschriebenen Entwicklung. Die eigentlichen Entscheidungen sind längst gefallen. Eine Rückkehr in andere Bereiche ist nur sehr schwer möglich, nicht zuletzt auch deswegen, weil der Markt den Fachanwalt als wirklichen Spezialisten wahrnimmt – und ihm deswegen Kompetenz in anderen Bereichen nicht mehr von vornherein zutraut. Das heißt letztlich: Der Fachanwalt kann nur dem empfohlen werden, der innerlich und äußerlich bereits in nicht unerheblichem Maß Spezialist geworden ist. Nicht zu Unrecht verlangt die FAO schon deswegen einen beruflichen Vorlauf. Die junge Anwaltschaft sollte ihn nicht als Verhinderungsmaßnahme kritisieren: Er dient dem Schutz des Kunden, aber aus den genannten Gründen auch dem Schutz der jungen Anwältin und des jungen Anwalts selbst.

Derzeit sind neben den klassischen Fachgebietsbezeichnungen für Steuerrecht, Verwaltungsrecht, Arbeitsrecht und Sozialrecht in § 1 FAO zahlreiche andere Benennungen zugelassen. Die angewachsene Zahl der Gebiete beruht auf der immer erhobenen Forderung des DAV nach weiteren Fachgebietsbezeichnungen. Die Entwicklung ist auch heute noch nicht am Ende: Weitere Fachgebietsbezeichnungen können sich in der Beratung finden. Das heißt: Aufmerksame Beobachtung der Satzungsversammlung kann sich lohnen, wenn die Zukunftsaussichten auf dem einen oder anderen Gebiet beurteilt werden sollen. Auf jeden Fall ist aber, wenn die Spezialisierungsentscheidung gefallen ist, die Beobachtung der eigenen Tätigkeit geboten. Verlangt werden ja theoretische und praktische Kenntnisse. Mangels eines besseren Kriteriums ist für den Praxisnachweis die „Fallzählung“ üblich geworden. Also heißt es: Fälle sammeln. Am besten fährt, wer ein Anwaltsprogramm auf EDV benutzt. Es sollte die Aufteilung der eigenen Tätigkeit in Referate und die Zuordnung der einzelnen Fälle zu diesen Referaten von Anfang an so vorgenommen werden, dass die Mandate geordnet ausgedruckt werden können. Noch besser ist es, wenn man in einem Memo-Feld die jeweilige Mandatsbeschreibung (Inhalt, Verlauf, Besonderheiten) so mitführt, dass diese bei Ausdruck in einer gesonderten Spalte mit erscheint. Wer keine EDV hat (mit

Verlaub: Gerade der kleinste Anwalt sollte eine solche haben), kommt nicht umhin, rechtzeitig manuell eine Datei anzulegen. Denn der Fachausschuss will später eine detaillierte Liste sehen, natürlich bezüglich der Mandantennamen anonymisiert (am besten abgekürzt: Fall B ./. C). Man wird enorme Arbeit haben, wenn man dann für die Vergangenheit erst alle Fälle wieder ausgraben und aufarbeiten muss. In der Mandatsbearbeitung selbst erkennt man im Übrigen am besten, ob im konkreten Fall nur eine Sache oder sogar mehrere Rechtsangelegenheiten vorlagen, die eventuell gesondert zählen könnten. Der sorgfältige Anwalt legt ohnehin für jede – wirklich jede! – Sache (auch für denselben Mandanten) eine eigene Akte (jedenfalls in der EDV) an, wenn es sich um eine andere Angelegenheit handelt. Das gebietet schon die spätere Honorarabrechnung!

Auch den Nachweis der theoretischen Kenntnisse sollte man rechtzeitig im Auge behalten. Natürlich kommt man nicht darum herum, den Fachanwaltskurs (vor allem bei DAA oder DAI, auch einzelnen Kammern und Anwaltvereinen) zu belegen. Aber man bewältigt ihn und seine Klausuren leichter, wenn man schon anderweitige Fortbildungen hinter sich gebracht hat. Man unterschätze solche Veranstaltungen nicht. Zwar bringt auch die häusliche Lektüre der Fachzeitschriften voran. Aber der Kontakt mit den auf dem Berufsfeld vorhandenen anderen Interessierten nützt mehr, als allgemein angenommen wird. Und haben die Mitglieder des Vorprüfungsausschusses einer Kammer den Bewerber schon auf verschiedenen Fachveranstaltungen des Fachgebiets gesehen, wird es ihnen im Zweifel leichter fallen, einem solchen Bewerber die Berechtigung zuzusprechen als einem anonymen Unbekannten.

Angefügt sei: auch Syndikusrechtsanwältinnen und -anwälte sind oft Spezialisten. Allerdings ist anzunehmen, dass sie vor Anstellung beim Unternehmen bereits vorlag: das wird für das Unternehmen Anlass bei der Bewerberauswahl gewesen sein. Umgekehrt heißt das: Beherrschung eines Spezialgebiets kann die Aussichten auf dem rechtsberatenden Arbeitsmarkt – bei Kanzleien und Unternehmen – erheblich verbessern.

7. Fachliche Tiefe und Betriebswirtschaft

Ein Hauptproblem bei der Ausübung des Anwaltsberufs hergebrachter Prägung liegt in der Diskrepanz zwischen Anspruch und Wirklichkeit. Der Bürger darf den Anwalt – zu Recht – als qualifizierten Dienstleister betrachten. Die Ausübung des Freien Berufs ist in erster Linie durch das Erfordernis der Qualität gekennzeichnet. Dem stehen der Druck der knappen Zeit und die oft knappen wirtschaftlichen Ressourcen gegenüber. So stehen viele Anwältinnen und Anwälte in einem Teufelskreis zwischen dem letztlich durch das Damoklesschwert der Haftung verursachten Druck und dem schlechten Gewissen, oft nur oberflächliche Arbeit geleistet zu haben. Man hat zu vieles, zu Unterschiedliches am Hals. Natürlich wird hier schwarzgemalt: Aber es schadet der jungen Anwaltschaft gar nicht, den Versuch zu unternehmen, mit älteren Anwältinnen und Anwälten auch ganz persönlich ins Gespräch zu kommen. Er wird dort oft ein Bild zu sehen bekommen, welches sich von dem Auftreten nach außen unterscheidet. Die Aufgabe des vorliegenden Ratgebers ist es auch, der jungen

Generation Wege vorzuzeigen, wie man es besser machen kann. Jedenfalls arbeitet es sich erheblich leichter, wenn man sich seines Sachgebiets völlig sicher, also Spezialistin oder Spezialist ist.

Ein Weg zur erfolgreichen Anwaltschaft ist die Spezialisierung und Profilierung. Die Reduzierung des Angebots allein auf „weißes Porzellan“ kann sehr sinnvoll sein. In der Beschränkung zeigt sich nämlich erst der Meister – sie weist auch den Weg aus dem beschriebenen Teufelskreis.

II. Generalistin/Generalist

In der letzten Aussage liegt aber ein Problem, über welches die Anwaltschaft sicher noch tiefer nachdenken muss. Denn die junge Anwältin, der junge Anwalt ist noch nicht „Meister“. Also kann es ein frommer Wunsch sein, ihr und ihm Beschränkung anzuempfehlen. Außerdem benötigt doch jeder eine Durststrecke, bis er genügend Spezialmandate hat, um überhaupt eine tragfähige Lebensgrundlage zu haben. Soll er in der Zwischenzeit verhungern? Diese Feststellung wirft die Frage nach dem Generalisten auf, die sich zwar nicht nur, aber sehr häufig gerade im Hinblick auf die junge Anwaltsgeneration stellt. Sie lautet letztlich: Was wird aus dem Allgemeinanwalt?

1. Keiner kann alles

Ist dies weiter ein hoffnungsloses Unterfangen? Die schon mehrfach erwähnte Beobachtung, dass kein Anwalt mehr sämtliche Rechtsgebiete beherrschen kann, hat doch gerade zum gegenteiligen Ergebnis geführt. Es ist selbstverständlich: Wer als Anwalt heute den Eindruck erwecken will, er könne dem Kunden alle von ihm gewünschten nur beliebig denkbaren Rechtsgebiete kompetent so bearbeiten, wie das auch Spezialisten tun, der wird seinen Kunden notwendig irreführen. Der Fortbildungsaufwand in einzelnen Rechtsgebieten ist so enorm, dass kein Mensch ihn für sämtliche Rechtsgebiete leisten kann.

Das heißt: Der Anwalt althergebrachter Prägung wird, wenn er verantwortlich handelt, seiner Mandantschaft nicht verschweigen können, dass er in den allermeisten Rechtsgebieten nur an der Oberfläche arbeiten kann. Dennoch muss er – das soll postuliert sein – nicht der Vergangenheit angehören. Denn er hat Vorteile anzubieten, die der Spezialist – je mehr er sich profiliert hat – nicht mehr aufweisen kann.

Immerhin hat die Anwältin eine anspruchsvolle Ausbildung durchlaufen. Das Ziel einer echten Anwaltsausbildung ist zwar bis heute nicht erreicht worden. Die zunächst fehlende Spezialisierung hindert aber auch heute nicht, sich schnell einzuarbeiten. Die Generalistin ist nicht zur Untätigkeit verdammt.

2. Was kann der Generalist besser?

Dazu ist die Fähigkeit des fachbezogenen Überblicks über die in anderen Rechtsgebieten anstehenden Fragen zu nennen. Die Generalistin hat ein Gefühl dafür, dass solche in benachbarten Bereichen angesprochen sein könnten. Niemand wird einen guten Spezialisten als Fachidioten bezeichnen; nichtsdestoweniger wird mit steigender Zersplitterung die Gefahr immer größer, dass das offen am Wegesrande liegende Problem von der Spezialistin nicht mehr gesehen wird. Bei einer Aufgliederung in immer mehr Spezialgebiete wird der Ruf nach dem Generalisten immer dringender werden: Die heute lebende ältere Generation der Spezialistinnen ist dem Typus nach aus dem früher vorherrschenden Allgemeinanwalt herausgewachsen – er hat noch das „Generalistenfeeling". Aber es gibt heute mehr und mehr reine Nur-Spezialisten, die von der Pike auf nie etwas anderes bearbeitet haben. Je größer ihre Zahl wird, umso dringender wird die vermittelnde Generalistin notwendig.

3. Es geht nicht bloß um juristische Fächer

Man sollte sich Gedanken darüber machen, was eigentlich „Qualität" ist, wie sie der Kunde wünscht. Geht es denn nur um Fachqualität im engeren Sinne, also darum, wie gut man die juristischen Quellen und Mittel nutzen kann? Oder ist nicht tatsächlich viel mehr gemeint? Geht es nicht auch darum, wie der Fachmann mit seiner Fachqualität in der Kommunikation unter selbstständigen Individuen umgeht? Der Gesetzgeber hat in einer der Ausbildungs-„Reformen" die Wichtigkeit der „Schlüsselqualifikationen" betont. Geht es nicht auch darum, wie wir uns menschlich, nicht bloß fachlich mit den rechtsuchenden Menschen einlassen? Entspricht es denn wirklich den Vorstellungen des Ratsuchenden, wenn die Welt mehr und mehr von Kategorien der Betriebswirtschaft und des exzessiven Marktdenkens beherrscht wird? Sicher ist: nein!

4. „Anwältin" oder „Anwalt" (als solche oder solcher) hat Zukunft

Es gilt, sich vor Augen zu führen, dass die Anwaltschaft eine – auf das Durchschnittsalter gesehen – der jüngsten akademischen Berufsgruppen ist. In anderen Berufsgruppen wird Überalterung beklagt. Es hat sich bewährt, dass die Anwaltschaft die Freie Advokatur und damit den freien Zugang zum Beruf verteidigt hat. Überall ist ein Rückzug aus der Fläche zu beobachten: Briefkästen werden abgehängt, Arztpraxen geschlossen, Gerichte aufgelöst. Die Zentralisierung schreitet voran. Es bleibt der Anwalt zurück. Auch der Rückzug hinter die Glasfronten großer Einheiten erhöht die Schwellenangst: Gerade die kleinere Anwaltskanzlei vor Ort ist oft der eigentliche Ansprechpartner. Lassen sich daraus wirklich keine sinnvollen Konzepte entwickeln? Gerade eine junge Generation von Anwältinnen und Anwälten kann zeigen, dass es geht.

Das heißt: Der Allgemeinanwalt, die Generalistin, ist entgegen mancher Meinung nicht tot. Er muss nur anders agieren und sich anders profilieren, als dies bisher der Fall ist. Wie schon angemerkt: Lebende Beispiele dieser Spezies können bisher kaum vorgeführt werden. Hier ist die Entwicklung noch nicht weit genug gediehen. Auch der „Fachanwalt für Allgemeines“ ist nicht Wirklichkeit. Aber es wird gerade Aufgabe unserer jungen Berufsangehörigen sein, hierfür ein Berufsbild zu schaffen und erfolgreiche Anwaltstätigkeit auch insoweit vorzuexerzieren. Mit anderen Worten: Auch die „Spezialisierung auf das Allgemeine“ ist angesagt. Die junge Berufsanfängerin sollte sich bei der üblichen Spezialisierungsdebatte also nicht davon ablenken lassen, dass diese Option ebenfalls besteht. Hier wird sein Erfindungsreichtum den richtigen Weg weisen können.

III. Generalistin oder Spezialist?

Vier Antworten sollten die junge Anwältin und der junge Anwalt für sich selbst parat haben:

1. Spezialisierung ist ein Erfolg versprechendes Berufsrezept. Aber es ist nicht das einzige – es kommt darauf an, wie „Profil“ geschaffen wird.
2. Niemand ist gezwungen, „Nur-Spezialistin“ zu werden. Der Mensch ist ein mehrdimensionales Wesen. Warum nicht Spezialist auf einem bestimmten Feld und gleichzeitig Generalist für den Rest (ein sehr verbreitetes Modell)? Also: nicht nur „entweder – oder“.
3. Die aufgeworfene Frage kann auch in den Stufen der persönlichen Lebensgeschichte ihre Antwort finden. In den ersten Berufsjahren Generalist, im Lauf der Zeit und als berufliche Krönung später Spezialistin – das ist sicher ein Erfolg versprechendes Rezept. Vielleicht kommt künftig auch der umgekehrte Weg in Betracht.
4. Es gibt keine Einbahnstraße. Die Antwort kann für die Einzelne auch gerade darin liegen, dass die bewusste Distanzierung von der Spezialisierung zum Ziel führen kann. Auch der Generalist hat Zukunft, wenn er von der jungen Generation mit neuem Inhalt erfüllt wird.

Bringen Sie uns Älteren also auch wieder bei, wie man buntes Porzellan verkauft!

Immerhin: ein Blick ins Internet zeigt, manche der erwähnten Anbieter haben inzwischen auch – zusätzlich – tiefschwarzes Porzellan im Sortiment.

A.6 Die Anwältin – Der Anwalt: Zweitberuf?

Rechtsanwalt Dr. Michael Kleine-Cosack, Freiburg i.Br.

Zahlreiche – vor allem jüngere – Rechtsanwältinnen und Rechtsanwälte sind nach ihrer Zulassung zweitberuflich tätig. Sie arbeiten in gewerblichen Unternehmen oder gar als selbstständige Unternehmer, in Verbänden, als Vertreter oder auch – notgedrungen – als Taxifahrer. Ursächlich für ein solches „Tummeln" auf nichtanwaltlichen Berufsfeldern ist in den seltensten Fällen eine Multitalentiertheit der Betroffenen. In der Regel sind die unzureichende Auslastung in der eigenen Anwaltskanzlei, die mangelnde Zahl ertragreicher Mandate und damit schlichte Existenzangst der Motor für die Aufnahme derartiger Zusatzbeschäftigungen unter den mittlerweile über 160.000 Rechtsanwältinnen und Rechtsanwälten in Deutschland. Viele von ihnen sind bei nichtanwaltlichen Unternehmen, Verbänden oder Vereinen als Syndikusrechtsanwälte – ausschließlich oder selten auch gleichzeitig als niedergelassene Rechtsanwälte (vgl. § 46 c Abs. 4 S. 2 BRAO) – tätig. Für sie gelten die Sonderregelungen der §§ 46 ff. BRAO.[1]

I. Verfassungsrechtliche Zweitberufsfreiheit

Die rechtliche Möglichkeit zu zweitberuflichen Betätigungen für Rechtsanwältinnen und -anwält ergibt sich daraus, dass das Grundgesetz in Art. 12 Abs. 1 auch die Zweitberufsfreiheit garantiert.[2] Mangels gesetzlicher Verbote verfügen deutsche Rechtsanwälte und -anwältinnen – anders als Steuerberater[3] und Wirtschaftsprüferinnen – nach wie vor über eine nahezu grenzenlose Zweitberufsfreiheit.

II. Inkompatibilitätsregelungen der § 7 Nr. 8, 14 Abs. 2 Nr. 8 BRAO

Die Bundesrechtsanwaltsordnung (BRAO) enthält nur wenige Vorschriften, welche eine zweitberufliche Betätigung einschränken. Am bedeutsamsten ist dabei in der Praxis die Unvereinbarkeitsbestimmung des § 7 Nr. 8 BRAO. Nach dieser Vorschrift ist die Zulassung zur Rechtsanwaltschaft zu versagen, wenn der Bewerber eine Tätigkeit ausübt, die mit dem Beruf des Rechtsanwalts, insbesondere seiner Stellung als unabhängiges Organ der Rechtspflege nicht vereinbar ist oder das Vertrauen in seine Unabhängigkeit gefährden kann. Unter den gleichen Voraussetzungen ist nach der Zulassung als Rechtsanwältin bei nachträglicher Aufnahme einer unvereinbaren zweitberuflichen Tätigkeit nach § 14 Abs. 2 Nr. 8 BRAO die Zulassung zu widerrufen, soweit dies nicht eine unzumutbare Härte darstellt.

1 Vgl. dazu in diesem Buch A.10; siehe auch *Kleine-Cosack*, AnwBl. 2016, 101 und AnwBl. 2017, 836; ders. BRAO, 8. Aufl. 2020, § 7 Rn. 40 ff.; vgl. auch Dahns, NJW-Spezial, 2020, 702 f.; Remmert, AnwBl. 2020, 96.
2 BVerfG NJW 1993, 317; dazu *Kleine-Cosack*, NJW 1993, 1289; siehe ausf. *ders.*, BRAO, . § 7 Rn. 40 ff.
3 Vgl. dazu u.a. *Kleine-Cosack*, NWB 2017, 2694 und AnwBl. 2013, 795.

1. Verfassungskonforme restriktive Interpretation

Die maßgeblichen Bestimmungen sind so unbestimmt, dass nur noch in seltenen Ausnahmefällen eine zweitberufliche Betätigung als unvereinbar mit dem Rechtsanwaltsberuf angesehen werden kann. Zudem ist eine restriktive Interpretation der Vorschrift auch aus verfassungsrechtlichen Gründen geboten, nachdem das BVerfG in seiner Zweitberufsentscheidung[4] ausdrücklich betont hat, dass mit der Zulassungsversagung verbundene Eingriffe in die durch Art. 12 Abs. 1 GG geschützte (Zweit-)Berufsfreiheit nur unter strikter Beachtung des Verhältnismäßigkeitsgrundsatzes zulässig sind; sie müssen erforderlich sein im Interesse der Funktionsfähigkeit der Rechtspflege, insbesondere der Rechtsuchenden.

Art. 12 Abs. 1 GG gebietet im Hinblick auf die grundrechtlich gewährleistete Wahl der Berufsfreiheit Zurückhaltung bei der Annahme von Unvereinbarkeiten; eine Berufswahlbeschränkung ist allenfalls dort erforderlich und zumutbar, wo sich die Gefahr einer Interessenkollision deutlich abzeichnet und auch nicht mithilfe von Berufsausübungsregelungen der §§ 45 ff. BRAO zu bannen ist.[5] Dies ist jeweils im Einzelfall unter Berücksichtigung der konkreten Tätigkeit des betroffenen Rechtsanwalts zu prüfen.[6] Am Maßstab dieser verfassungsrechtlichen Vorgaben ist deshalb darauf abzustellen, ob die zweitberufliche Tätigkeit die Unabhängigkeit des Rechtsanwalts in seiner Berufsausübung als Rechtsanwalt beeinträchtigt bzw. ob bei objektiv vernünftiger Betrachtungsweise die Wahrscheinlichkeit von Pflichtenkollisionen naheliegt.[7]

Im Regelfall ist die Unabhängigkeit nicht durch bestimmte Arten von zweitberuflichen Tätigkeiten gefährdet. Die Rechtsanwältin kann vielmehr grundsätzlich alle Varianten von zweitberuflichen Tätigkeiten ausüben. Unproblematisch sind selbstverständlich Berufe, welche wie Steuerberaterinnen, Wirtschaftsprüfer, vereidigte Buchprüferinnen oder Notare mit der rechtsberatenden Tätigkeit verwandt sind. Ebenso wenig bestehen Bedenken unter zulassungsrechtlichen Gesichtspunkten, soweit es sich um Tätigkeiten handelt, welche zwar nicht unter das RDG und das dadurch noch – wenn auch sehr schwach – geschützte Anwaltsmonopol fallen, jedoch üblicherweise von Rechtsanwälten in Konkurrenz zu anderen Berufen wahrgenommen werden. Verwiesen sei nur auf die Funktion als Insolvenzverwalter, Testamentsvollstrecker, Nachlassverwalter, Betreuer, Pfleger oder Zwangsverwalter sowie Inkassodienstleister (vgl. § 10 ff. RDG).

Problematisch sind jedoch Tätigkeiten im öffentlichen Dienst sowie die unabhängige anwaltliche Berufsausübung gefährdende gewerbliche Tätigkeiten.

4 NJW 1993, 317.
5 Vgl. BVerfG NJW 2013, 3357 Rn. 25 f.; BGH NJW 2016, 2561; BGH BRAK-Mitt. 2020, 361.
6 Vgl. auch BVerfG NJW 2002, 503; 2009, 3710 Rn. 23; 2013, 3357 Rn. 26.
7 Vgl. BGH AnwBl. 2014, 187 m.w.N.

2. Öffentlicher Dienst

Unvereinbarkeit kann nach der vom BVerfG[8] dem Grundsatz nach bestätigten Rechtsprechung des BGH bei – dauerhaften (bei vorübergehender Tätigkeit vgl. § 47 BRAO) – Anstellungsverhältnissen im öffentlichen Dienst bestehen.

a) Grundsatz

Auch die Begründung des Regierungsentwurfs zur BRAO (zu § 2) ging ganz allgemein davon aus, dass es dem Grundsatz der freien Advocatur widerspricht, wenn der Rechtsanwalt in irgendeiner Weise vom Staat abhängig ist. Diese Wertung hat ihren Niederschlag in speziellen Vorschriften der BRAO gefunden (§ 7 Nr. 10, § 47 BRAO), die nach den Vorstellungen des Gesetzgebers durch § 7 Nr. 8 BRAO ergänzt werden. Aus einer Tätigkeit im öffentlichen Dienst ergibt sich – so die Rechtsprechung – eine Staatsnähe, die nicht mit dem Berufsbild der freien Advocatur vereinbar ist. Rechtsanwälte sollten nicht in einem zweiten Beruf beamtenähnliche Funktionen ausüben. Zum Erreichen dieses Zieles sei eine deutliche Trennung der beruflichen Sphären erforderlich.[9]

b) Einzelfallprüfung

Nicht jede Anstellung im öffentlichen Dienst ist aber mit dem Berufsbild einer unabhängigen Advocatur unvereinbar.[10] Für die Betroffenen ist die mit § 14 Abs. 2 Nr. 8 BRAO verbundene Beschränkung ihrer Berufswahlfreiheit nur dann zumutbar, wenn der Unvereinbarkeitsgrundsatz nicht starr gehandhabt wird. Der öffentliche Dienst ist weit gefächert; seine vielfältigen Ausformungen und Dienstleistungen verlangen eine differenzierte Bewertung.

Erforderlich ist eine Prüfung im Einzelfall aufgrund der Gestaltung des Anstellungsverhältnisses und der ausgeübten Tätigkeit. Sie muss der Vielgestaltigkeit der Anforderungen und Dienstleistungen im breit gefächerten öffentlichen Dienst gerecht werden.[11] Fraglich ist, ob die gleichzeitige Ausübung des Anwaltsberufs und einer Tätigkeit im öffentlichen Dienst die Belange der Rechtspflege gefährden kann. Dabei sind die Art des Aufgabenbereichs und die Bedeutung der Anstellungskörperschaft in deren Umgebungsbereich zu berücksichtigen.[12] Unvereinbarkeit liegt vor, wenn aus der Sicht des rechtsuchenden Publikums wenigstens die Möglichkeit besteht, die Unabhängigkeit der Rechtsanwaltschaft sei durch Bindungen an den Staat beeinträchtigt.[13]

8 NJW 1993, 317.
9 Vgl. u.a. BGH BRAK-Mitt. 2007, 170: Staatsbeauftragter; siehe auch EuGH NJW 2011, 1199; BGH NJW 2009, 3710: Juniorprofessor; siehe aber auch BVerfG BRAK-Mitt. 2007, 122: Kirchenbeamter.
10 Vgl. BGH NJW 2012, 539.
11 BGH Beschl. v. 10.10.2011 – AnwZ(B) 49/10.
12 BVerfGE 87, 287; BGH NJW 1987, 3011; NJW-RR 1999, 571; NJW 2000, 3004.
13 BGH BRAK-Mitt. 1994, 42; AGH Hamm BRAK-Mitt. 2009, 188: Unvereinbare Tätigkeit bei der Bundesagentur für Arbeit im Fall schwerpunktmäßiger unterhaltsrechtlicher Beratung von Hilfeempfängern.

Bei der Beurteilung, ob eine als Zweitberuf im öffentlichen Dienst ausgeübte Tätigkeit mit dem Berufsbild eines unabhängigen Anwalts vereinbar ist, sind zudem die Vorgaben zu beachten, die der EuGH der Regelung in Art. 8 der Richtlinie 98/5/EG auch hinsichtlich der im Inland unter ihrer hier erworbenen Berufsbezeichnung tätigen Rechtsanwälte entnommen hat. Diese Vorgaben gelten danach auch für nationale Bestimmungen, die die gleichzeitige Ausübung des Anwaltsberufs und einer Beschäftigung im öffentlichen Dienst verhindern sollen.[14]

c) Unvereinbarkeit

Unvereinbarkeit kann – soweit im Einzelfall nicht jede hoheitliche Tätigkeit ausgeschlossen ist – bestehen in folgenden Fällen: Tätigkeit im Rechtsamt einer Stadt,[15] Amtsleiterin einer Gemeinde,[16] Geschäftsführer einer Kreishandwerkerschaft[17] und bei einer Kammer[18] mit – angesichts der Funktionsgleichheit aber nicht überzeugender – Ausnahme der RAK oder Patentanwaltskammer[19] wegen deren Rechtspflegefunktion.[20]

d) Vereinbarkeit

Vereinbarkeit soll in Betracht kommen bei der schlichten Tätigkeit als Assistentin oder wissenschaftlicher Mitarbeiter[21] an einer Universität; hingegen hielt das BVerfG[22] die Versagung der Zulassung bei einer Sachbearbeiterin eines Universitätskanzlers durch den BGH für vertretbar, wenn auch nicht überzeugend, zumal der EGH Celle als Vorinstanz die Vereinbarkeit bejaht hatte. Die Tätigkeit als Geschäftsführer einer Industrie- und Handelskammer ist mit dem Anwaltsberuf nicht von vornherein unvereinbar.[23] Die Tätigkeit als Geschäftsführer und Leiter der Geschäftsstelle eines kommunalen Spitzenverbandes in der Rechtsform eines eingetragenen Vereins (hier: Gemeinde- und Städtebund), der weder hoheitliche Befugnisse noch ein Weisungsrecht gegenüber seinen Mitgliedern besitzt und dessen Rolle sich auf eine beratende Tätigkeit der ihm angeschlossenen Gemeinden und Städte beschränkt, ist mit dem Anwaltsberuf nicht unvereinbar und rechtfertigt nicht die Versagung der Zulassung zur Rechtsanwaltschaft.[24] Vereinbar kann auch sein ein „Job-Coaching" im Rahmen einer Anstellung beim Landkreis.[25]

14 EuGH v. 2.12.2010 – C-225/09, NJW 2011, 1199.
15 BGH NJW-R 2009, 2359.
16 BGH NJW-RR 2008, 793.
17 BGH Beschl. v. 8.2.2010 – AnwZ (B) 9/09; BGH BRAK-Mitt. 1994, 42.
18 BGH BRAK-Mitt. 2004, 38; 2001, 44; 1994, 43; NJW-RR 1999, 571; AGH Hamm Beschl. v. 21.1.2005 – 1 ZU 108/04; siehe auch AGH Hamburg Beschl. v. 17.4.2000 – 108/04: Chefjustitiar einer Verwaltungsberufsgenossenschaft.
19 BGH NJW 2000, 3004.
20 Siehe auch zur Vereinbarkeit der Leitung einer Landesgeschäftsstelle einer Wirtschaftsprüferkammer BGH BRAK-Mitt. 2008, 137.
21 BVerfG NJW 1995, 951.
22 NJW 1993, 317.
23 BGH NJW 2012, 534.
24 BGH AnwBl. 2011, 497.
25 AGH Hessen NJW-RR 2013, 1468.

3. Gewerblicher Zweitberuf

Rechtsanwältinnen und -anwälte können zweitberuflich auch und vor allem gewerblich tätig werden.

a) Grundsätzliche Vereinbarkeit

Frühere Unvereinbarkeitsbedenken haben sich verfassungsrechtlich als unhaltbar erwiesen. Es kann nicht mehr behauptet werden, dass mit dem Rechtsanwaltsberuf unvereinbar sei z.B. eine kaufmännisch-gewerbliche Tätigkeit, die akquisitorischen Charakter habe und die dazu führe, dass der Betroffene nach außen erwerbswirtschaftlich als Kauffrau oder Kaufmann und mit dem Streben nach Gewinn in Erscheinung trete. Dieser früheren Rechtsprechung hat das BVerfG[26] zu Recht ein Ende gesetzt.

Dementsprechend können Rechtsanwältinnen Rechtsanwälte zweitberuflich gewerblich tätig werden, z.B. auch als Prokuristin einer Firma mit einer Erlaubnis nach § 34 c GewO,[27] als Mitglied der Geschäftsleitung eines Bauträgerunternehmens,[28] als Taxiunternehmer,[29] als Beraterin einer IHK,[30] als Geschäftsführerin eines Arbeitgeberverbandes.[31] Die Tätigkeit als mit Prokura versehener Leiteung der Finanzdienstleistungsdirektion im Bereich der Zweigniederlassung einer Versicherungs-AG beeinträchtigt ebenfalls nicht die für eine Rechtsanwältin oder einen Rechtsanwalt erforderliche Unabhängigkeit und Integrität sowie dessen maßgebliche Orientierung am Recht und den Belangen seiner Mandantschaft.[32] Beschränkt sich die bei der zweitberuflichen Tätigkeit des Rechtsanwalts im Vordergrund stehende Personalvermittlung nahezu ausschließlich auf die Personalvermittlung von Juristinnen und Juristen (sog. Headhunting) und gehört die Rechtsberatung der Kunden nicht zu diesem Tätigkeitsfeld, liegt eine Unvereinbarkeit mit dem Anwaltsberuf i.S.v. § 14 Abs. 2 Nr. 8 BRAO nicht vor,[33] wenn es im Rahmen der Akquisitionstätigkeit des Klägers oder der Klägerin nicht zur rechtlichen Beratung von Kundinnen und Kunden kommt.

b) Unvereinbarkeit bei Gefahr für die unabhängige Berufsausübung wegen Interessenkollision

Eine zweitberufliche gewerbliche Tätigkeit kann jedoch dann ausnahmsweise unvereinbar mit dem Rechtsanwaltsberuf gem. §§ 7 Nr. 8, 14 Abs. 2 Nr. 8 BRAO sein, soweit eine konkrete Gefahr für die anwaltliche Unabhängigkeit, also die ausschließliche Orientierung am

26 NJW 1993, 317.
27 BGH BRAK-Mitt. 2001, 90.
28 BGH NJW 2000, 3575 ff.
29 BGH BRAK-Mitt. 1993, 171.
30 AGH Stuttgart BRAK-Mitt. 1996, 164.
31 BGH NJW 1996, 2377.
32 BGH NJW 1996, 2378.
33 BGH AnwBl. 2014, 187.

geltenden Recht sowie an den Interessen der Mandanten durch die Ausübung eines Zweitberufs besteht.[34]

Die verfassungskonforme Auslegung des § 7 Nr. 8 BRAO am Maßstab der in Art. 12 GG geschützten Freiheit der Berufswahl i.V.m. dem Prinzip der Verhältnismäßigkeit gebietet jedoch, dass solche weniger gewichtigen Pflichtenkollisionen außer Betracht bleiben müssen, die sich ergeben, wenn der Rechtsanwalt in ein und derselben Angelegenheit sowohl als Rechtsanwalt wie auch in seinem Zweitberuf tätig würde. Denn insoweit greifen die – wenn auch mehr als problematischen – Tätigkeitsverbote des § 45 sowie des § 46 BRAO ein.[35] Nur wenn sie nicht ausreichen, der Gefahr von Interessenkollisionen und der hieraus resultierenden Gefahr von Vertrauensverlusten wirksam zu begegnen, ist von der Unvereinbarkeit des Zweitberufs mit dem Beruf der Rechtsanwältin auszugehen.[36]

c) Interessenkollisionsträchtige Nutzung von Informationen aus der rechtsberatenden Tätigkeit

Interessenkollisionen liegen vor allem dann nahe, wenn ein kaufmännischer Beruf die Möglichkeit bietet, Informationen zu nutzen, die aus der rechtsberatenden Tätigkeit stammen.[37]

aa) Allgemeines

So bringt es der Beruf des Rechtsanwalts häufig mit sich, dass er von internen Geschäftsvorgängen der Betriebe seiner Mandantschaft Kenntnis erlangt. Übt er gleichzeitig einen gewerblichen Beruf aus, besteht die Möglichkeit, dass er die bei der rechtsberatenden Tätigkeit erworbenen Kenntnisse in seinem eigenen Betrieb verwerten und dem Gewerbetreibenden, den er berät, Konkurrenz machen kann. Da die gewerbliche Tätigkeit maßgeblich vom Streben nach Gewinn bestimmt ist und eine Rücksichtnahme auf den jeweiligen Kundenkreis verlangt, kann hierdurch die vom Gesetzgeber geforderte Unabhängigkeit und Unparteilichkeit der Rechtsanwältin gegenüber ihrer Mandantschaft sowie das Vertrauensverhältnis zwischen ihnen beeinträchtigt werden.[38]

Einschränkend ist aber bei dieser vom BGH[39] erwähnten Fallgruppe zu beachten, dass eine bloße Kenntnisverwertung bei allen zweitberuflichen Tätigkeiten zwangsläufig – wenn auch in unterschiedlichem Umfang – in Betracht kommen kann, ohne dass von einer zulassungsrechtlichen Interessenkollision ausgegangen wird bzw. werden kann. Interessenkollisionen, die das Vertrauen in die anwaltliche Unabhängigkeit gefährden, liegen auch nicht schon dann vor, wenn das Wissen aus der einen für die jeweils andere Tätigkeit von Interesse oder

34 Vgl. ausf. BGH AnwBl 2014, 187.
35 Dazu BVerfG NJW 2002, 503: Justitiar beim Mieterverein.
36 BGH BRAK-Mitt. 2004, 79; NJW 1995, 1031; 1996, 2378.
37 Vgl. BVerfGE 87, 287, 329 unter Hinweis auf BVerfGE 21, 173, 182, dort für Inkompatibilitäten beim Steuerbevollmächtigten.
38 Vgl. BVerfGE 21, 173, 182.
39 AnwBl. 2014, 187.

vorteilhaft ist;[40] damit wäre nur ein (verfassungs-)rechtlich irrelevanter Konkurrenzschutzaspekt, jedoch kein schutzwürdiger Gemeinwohlbelang berührt. Für die Berufswahlbeschränkung des § 7 Nr. 8 ist vielmehr darauf abzustellen, ob die zweitberufliche Tätigkeit des Rechtsanwalts bei objektiv vernünftiger Betrachtungsweise von Seiten der Mandantschaft die Wahrscheinlichkeit von Pflichtenkollisionen nahelegt.[41]

bb) Akquisitionstätigkeiten

Eine Interessenkollision zwischen der Anwaltstätigkeit und dem Zweitberuf liegt insbesondere dann nahe, wenn der Rechtsanwalt in seinem Zweitberuf für das erwerbswirtschaftliche Unternehmen, in dessen Diensten er steht, akquisitorisch tätig ist oder jedenfalls eine Beschäftigung ausübt, die mit dem geschäftlichen Interesse des Unternehmens, Gewinn zu erwirtschaften, untrennbar verbunden ist[42] wie z.B. bei Beratung von Bankkunden bei der Vermögensstrukturierung.[43] In ihrem Zweitberuf könne die Rechtsanwältin an der Umschichtung des Vermögens verdienen, so dass die Gefahr bestehe, dass – wie z.B. bei der Vermittlung von Kapitalanlagen[44] – er im eigenen Courtageinteresse der Mandantschaft eine derartige Umschichtung empfehle, was ein unabhängiger Rechtsanwalt nicht dürfe.

Gewerbliche Akquisitionstätigkeiten im Finanz-, Banken- bzw. Maklerbereich sind jedenfalls „zweitberuflich verpönt“. So hat der BGH auch die Tätigkeit als „Berater und Akquisiteur“ bei einer Unternehmensberatungsgesellschaft für Personalmanagement als mit dem Anwaltsberuf unvereinbar erklärt.[45] Zu den Aufgaben des dort betroffenen Rechtsanwalts gehörte es unter anderem auch, im Rahmen von Fragestellungen der Personalentwicklung dem Kunden zum Beispiel Möglichkeiten, Wege und Kosten einer Trennung von Mitarbeitern aufzuzeigen. Der BGH hat darauf hingewiesen, dass die Gefahr naheliege, dass der Rechtsanwalt zu einer unabhängigen Beratung nicht imstande sei, wenn er bei der Akquisition von Kunden und der damit verbundenen Beratung der zu gewinnenden Kunden das wirtschaftliche Interesse der Unternehmensberatungsgesellschaft verfolge. Die von ihm im Rahmen seiner Akquisitionstätigkeit vorzunehmende Beratung in Personalangelegenheiten, die unmittelbar und zielgerichtet den Vertriebsinteressen der Unternehmensberatungsgesellschaft diene, habe zwangsläufig auch rechtliche Aspekte zum Gegenstand; insbesondere seien im Zusammenhang mit Fragestellungen der Personalentwicklung arbeits- und sozialrechtliche Fragen einzubeziehen. Eine rechtliche Beratung potentieller Kundschaft des Unternehmens, die nicht ausschließlich im Interesse des neu zu gewinnenden Kunden, sondern im Vertriebsinteresse des Unternehmens erfolge, stelle jedoch keine unabhängige Beratung dar und sei mit dem Berufsbild des Rechtsanwalts und seiner Stellung als unabhängiges Organ der Rechtspflege nicht vereinbar. Insoweit gelte für die akquisitorische Tätigkeit im Dienste einer Unternehmensberatungsgesellschaft nichts anderes als für eine

40 AGH Berlin BRAK-Mitt, 2016, 255; BGH NJW 1995, 1031.
41 BGH NJW 1995, 1031 unter Berufung auf die Gesetzesbegründung.
42 So BGH NJW-RR 2011, 856.
43 Vgl. BGH NJW-RR 2011, 856.
44 AGH Berlin BRAK-Mitt. 2016, 255.
45 Vgl. BGH NJW 2008, 1318 Rn. 6 ff.

Vermögensberatung gegenüber Bankkunden. Zum anderen bestehe die Gefahr, dass der Rechtsanwalt das Wissen, dass er aus der Beratung seiner Mandanten auch über deren berufliche Situation oder – im Falle von Unternehmen – über deren Personalangelegenheiten erlange, dazu nutzen könne, seine Mandanten als Kunden für die Beratungsleistungen seines Arbeitgebers zu gewinnen, und dies Einfluss auf seine anwaltliche Beratung habe.[46]

cc) Maklertätigkeiten

Vor allem Maklertätigkeiten sind zweitberuflich im Zweifel nach der Judikatur unvereinbar mit dem Anwaltsberuf. So hat der BGH eine durch die Tätigkeitsverbote nach § 45 Abs. 1 Nr. 4 und Abs. 2 Nr. 2 BRAO nicht ausreichend zu bannende Gefahr von Interessenkollisionen dann angenommen, wenn der Rechtsanwalt zweitberuflich als Versicherungsmakler tätig ist.[47]

Zur Begründung hat der BGH[48] darauf hingewiesen, dass der Maklerberuf in besonderer Weise die Möglichkeit biete, Informationen zu nutzen, die aus der rechtsberatenden Tätigkeit stammten. Gerade diese Berufsgruppe sei darauf angewiesen, Informationen zu erhalten, welche die Vermittlung von Geschäftsabschlüssen aussichtsreich erscheinen ließen. Die anwaltliche Tätigkeit bringe es aber typischerweise mit sich, dass dem Rechtsanwalt Sachverhalte bekannt würden, bei denen sich der Abschluss eines oder mehrerer Versicherungsverträge geradezu aufdränge. Sei der Makler mit der Abwicklung von Schadensfällen außerhalb von Versicherungsverträgen befasst, die seine Maklerfirma vermittelt habe, liege die Gefahr nahe, dass er im eigenen Courtageinteresse seinem Mandanten empfehle – vor allem, wenn die Schadensabwicklung nicht zufriedenstellend verlaufe –, den Versicherungsvertrag zu kündigen und einen „besseren" Versicherungsvertrag, nämlich einen von seiner Maklerfirma vermittelten, abzuschließen. Letztlich könne sich der Versicherungsmakler in vielen Bereichen die anwaltliche Tätigkeit für sein Versicherungsvermittlungsgeschäft zunutze machen; dass er dieser Versuchung unterliegen könne, sei schon angesichts des harten Wettbewerbs im Versicherungsmarkt naheliegend.

dd) Finanzdienstleistungsvermittler

Diese Grundsätze hat der BGH[49] weiter auf den Vermittler von Finanzdienstleistungen und die Grundstücksmaklerin angewandt.[50] Deren Tätigkeit sei mit dem Anwaltsberuf ebenfalls unvereinbar, weil sich hier die Gefahr von Interessenkollisionen genauso deutlich abzeichne. Denn Rechtsanwältinnen und Rechtsanwälte erhielten bei der Ausübung ihres Berufs vielfach Kenntnisse von Geld- und Immobilienvermögen des Mandanten. Es sei anwaltliches

46 Vgl. BGH AnwBl. 2014, 187.

47 Vgl. BGH BRAK-Mitt. 1994, 43; vgl. auch BGH-Beck Rs 2020, 24928); siehe entsprechend auch für den Handlungsbevollmächtigten eines Versicherungsmaklers: BGH BRAK-Mitt. 1995, 123, den angestellten Niederlassungsleiter oder den Geschäftsführer eines Versicherungsmaklerunternehmens: BGH BRAK-Mitt. 1997, 253 und v. 18.10.1999 – AnwZ (B) 97/98, BRAK-Mitt. 2000, 43; vgl. auch zur Anstellung im Vertriebsteam einer Rechtsschutzversicherung: BGH NJW 2006, 3717.

48 Vgl. auch hier ausf. BGH AnwBl. 2014, 187.

49 Siehe auch hier AnwBl. 2014, 187.

50 Vgl. BGH NJW 2004, 212; u. AnwBl. 2008, 65, 66 m.w.N.

Alltagsgeschäft, individuelle Vermögenspositionen zu erstreiten oder zu verteidigen, wobei häufig – zum Beispiel im Zusammenhang mit einer steuerlichen Beratung – Dispositionen über Geld- und Immobilienvermögen zu prüfen und durchzuführen seien. Zwar lägen Interessenkollisionen, die das Vertrauen in die anwaltliche Unabhängigkeit gefährdeten, nicht schon dann vor, wenn das Wissen aus der einen Tätigkeit für die jeweils andere von Vorteil sei. In seinem Zweitberuf als Makler könne ein Rechtsanwalt aber an der Umschichtung des Vermögens verdienen. Deshalb bestehe die Gefahr, dass er im eigenen Courtageinteresse dem Mandanten eine derartige Umschichtung empfehle, was er als unabhängiger Rechtsanwalt nicht dürfe. Könnte die Rechtsanwältin in ihrem Zweitberuf zum Beispiel als Finanzmaklerin an der Vermittlung einer Geldanlage verdienen, wäre zu befürchten, dass sie ihre anwaltliche Beratung nicht streng an den rechtlichen und wirtschaftlichen Verhältnissen ihrer Mandantschaft ausrichte, sondern das Provisionsinteresse Einfluss gewinne. Ähnliche Gefahren drohten, wenn der Rechtsanwalt prüfen solle, ob es für einen Mandanten ratsam sei, eine Immobilie zu veräußern oder ein Mietverhältnis mit einer Mieterin zu beendigen. Könne er als Immobilienmakler an der Vermittlung eines Käufers oder einer neuen Mieterin eine Provision verdienen, bestünde die Gefahr, dass er sich bei seiner anwaltlichen Beratung davon nicht ganz freimache. Da beim Makler die Gefahr der Interessenkollision typischerweise gegeben sei, weil – anders als bei anderen Zweitberufen – üblicherweise die anwaltliche Tätigkeit Berührungspunkte mit der Maklertätigkeit aufweise, sei der Maklerberuf mit dem Rechtsanwaltsberuf unvereinbar. Zudem könne sich eine Gefährdung der Unabhängigkeit auch daraus ergeben, dass eine Maklerin, die zugleich Rechtsanwältin sei, von der Kundschaft, der er die Gelegenheit zum Abschluss eines Vertrags nachgewiesen habe, gebeten werde, ihn anwaltlich über die Vor- und Nachteile des abzuschließenden Vertrags zu beraten oder diesen gleich selbst zu entwerfen. Dabei entstünde die Gefahr, dass die Beratung und/oder Formulierung des Vertrags nicht unter ausschließlicher Orientierung an den Interessen des Mandanten erfolge. Vielmehr könne sich der Rechtsanwalt von seinem Provisionsinteresse leiten lassen und seine anwaltlichen Leistungen so erbringen, dass die Mandantin oder der Mandant den Vertrag auf jeden Fall abschließe.[51]

ee) Vermögensberatung

Ähnlich hat der BGH[52] für die Unvereinbarkeit des Anwaltsberufs mit einer Tätigkeit als angestellter Vermögensberater einer Bank entschieden.[53] Die der Vermögensberaterin arbeitsvertraglich insoweit obliegende Rechtsberatung der Bankkunden lasse sich vom Geschäftsinteresse der Bank, Kundschaft für ihre Produkte zu gewinnen, nicht trennen. Auch bestehe die Gefahr, dass der Rechtsanwalt sein aus anwaltlichen Mandaten erworbenes Wissen dazu nutze, seiner Mandantschaft eine Vermögensanlage bei seiner Bank zu empfehlen und sie insoweit nicht rein objektiv zu beraten.

51 BGH NJW 2004, 212, 213.
52 Siehe auch dazu AnwBl. 2014, 187; siehe auch BGH NJW-RR 2019, 1270-Stiftungsberater bi einer Bank.
53 Vgl. BGH NJW 2006, 2488 und NJW-RR 2011, 856 Rn. 7 ff.

ff) Praktischer Hinweis

Soweit es rechtlich wie tatsächlich im Einzelfall möglich ist, sollte der Rechtsanwalt bzw. die Bewerberin durch vertragliche Vereinbarungen sicherstellen, dass er oder sie nicht in eine die Unabhängigkeit gefährdende Interessenkollision gerät. Er oder sie sollte möglichst jede akquisitorische Tätigkeit vermeiden. Dies sollte dann vertraglich vereinbart bzw. in schriftlichen Erklärungen festgehalten werden.

Als Beispiel sei nur auf BGH vom 11.10.2000[54] verwiesen:

„Der Inhaber des Unternehmens, für das die Antragstellerin arbeitete, hat bestätigt, daß diese nicht makelnd tätig wurde und auch in keiner Weise mit den von ihm getätigten Maklergeschäften in Berührung kam. Anhaltspunkte, die Zweifel an der Richtigkeit dieser Angaben begründen, sind nicht ersichtlich und von der Antragsgegnerin auch nicht aufgezeigt worden. Vielmehr bestätigen der Anstellungsvertrag und die ihm beigefügte ausführliche Tätigkeitsbeschreibung die Darstellung der Antragstellerin. Danach oblag ihr die Rechtsberatung in allen Angelegenheiten der Hausverwaltung sowie in Personalsachen und darüber hinaus die Überwachung des baulichen Zustands der Wohnanlagen. Akquisitorische Aufgaben gehörten damit nicht zu den Leistungen, die die Antragstellerin dem Unternehmen gegenüber zu erbringen hatte.“

Die Bedeutung von konkreten Erklärungen und Vereinbarungen zum Tätigkeitsbereich des Anwalts im Zweitberuf hat dezidiert auch das OVG NRW[55] ausführlich dargelegt. Dessen Erwägungen können uneingeschränkt auch für den Anwaltsbereich herangezogen werden.[56]

4. Ausübungsmöglichkeit

Soweit eine zweitberufliche Tätigkeit grundsätzlich zulässig ist, sie insbesondere unter dem Aspekt der Unabhängigkeit nicht beanstandet werden kann, haben Bewerberinnen und Bewerber darauf zu achten, dass die Zulassung auch dann nach § 7 Nr. 8 BRAO versagt werden kann, wenn aufgrund der zweitberuflichen Tätigkeit der Anwaltsberuf nicht ausgeübt werden kann.

a) Allgemein

Dem Berufsbewerber muss der Freiraum für eine irgendwie nennenswerte und nicht nur gelegentliche anwaltliche Beratungs- und Vertretungstätigkeit bleiben.[57] Der Rechtsanwältin muss neben ihrem Zweitberuf den für die anwaltliche Tätigkeit „unentbehrlichen tatsächli-

54 AnwBl 2001, 115.
55 Urt. v. 15.5.2017 – 4 A 2197/13, juris; vgl auch Kleine-Cosack, BRAO, § 7 Rn. 71.
56 Vgl. *Kleine-Cosack*, NWB 2017, 2694.
57 BGH NJW 2010, 1381.

chen und rechtlichen Handlungsspielraum besitzen“,[58] was nur der Fall sein soll, wenn eine Ausübungsmöglichkeit in tatsächlicher und rechtlicher Hinsicht bestehen.

b) Beschränkte Relevanz

Dieser Einschränkung nach der Judikatur zu den §§ 7 Nr. 8 und § 14 Abs. 2 Nr. 8 BRAO zum Erfordernis der Ausübungsmöglichkeit kommt heutzutage nur noch eine geringe praktische Bedeutung zu. Sie ist vor allem bedeutsam bei zweitberuflichen nichtanwaltlichen Tätigkeiten in Anstellungsverhältnissen. Weniger relevant sind sie bei selbstständig ausgeübten zweitberuflichen Tätigkeiten, da hier der Bewerber – wie z.B. eine gewerblich tätige Unternehmensberaterin – weitgehend durch von ihm selbst bestimmte Erklärungen oder Vereinbarungen deren Konformität mit den zulassungsrechtlichen Anforderungen sicherstellen kann.

Erheblich an Bedeutung verloren haben die Beschränkungen zur Ausübungsmöglichkeit bei Syndikusanwältinnen und -anwälten nach § 46 BRAO a.F. Sie mussten für ihre Zulassung nach §§ 4 ff. BRAO einen Antrag als niedergelassener Rechtsanwalt stellen, der wiederum am Maßstab des § 7 Nr. 8 BRAO nur begründet war, wenn sie behaupteten – was meist auf einer Lüge basierte[59] –, dass sie neben ihrer Syndikustätigkeit im Anstellungsverhältnis auch noch als niedergelassene Rechtsanwältin tätig werden wollten. Diese Fallgruppe des § 7 Nr. 8 BRAO ist nach der Neuregelung des Syndikusrechtsanwalts in den §§ 46 ff. BRAO insoweit entfallen, als diese Funktion nunmehr ausschließlich ausgeübt werden kann und natürlich beide Tätigkeitsformen miteinander vereinbar sind. Nur ist bei der Syndikusrechtsanwältin darauf zu achten, dass diese Funktion nach § 46 Abs. 3 BRAO „prägend“ neben nicht-anwaltlichen Tätigkeiten im Anstellungsverhältnis ausgeübt werden muss.

c) Wirklichkeitsfremdheit und Verfassungswidrigkeit

Die zweitberuflichen Anforderungen an die Berufsausübungsmöglichkeit für eine Tätigkeit als niedergelassener Rechtsanwalt sind zu einem großen Teil wirklichkeitsfremd und am Maßstab des Art. 12 Abs. 1 GG mit den Geboten der Verhältnismäßigkeit und Zumutbarkeit verfassungswidrig.[60] Sie gehen von einem antiquierten Tätigkeitsidealbild der niedergelassenen Rechtsanwältin aus. So verkennen sie u.a., dass der Anwaltsberuf an jedem Ort – zudem weltweit – und unter Benutzung modernster Kommunikationsmittel ausgeübt werden kann, was Anforderungen an den Aufenthaltsort wie z.B. an eine Kanzleinähe ausschließt. Auch unterliegen Rechtsanwältinnen und -anwälte – von wenigen Ausnahmen abgesehen – keiner kontrollierten Berufsausübungspflicht;[61] sie können – wie vom BFH[62] für Steuerberater zu Recht betont – auch „Titular“- oder „Feierabendanwalt“ sein, was die Judikatur der Anwaltsgerichtsbarkeit aber (noch) verneint.

58 BGH AnwBl. 2017, 202.
59 Vgl. *Kleine-Cosack*, BRAO, § 7 Rn. 91 ff.
60 Zum Ganzen, *Kleine-Cosack*, BRAO, § 7 Rn 93 ff.
61 Vgl. *Kleine-Cosack*, AnwBl. 2013, 11.
62 AnwBl. 2011, 955; dazu *Kleine-Cosack*, DB 2011, 2589.

d) Rechtlich

In rechtlicher Hinsicht kann nach der (noch maßgeblichen) Judikatur bei Ausübung einer vollwertigen zweitberuflichen Tätigkeit im Anstellungsverhältnis – dies gilt u.U. nicht bei einer bloßen Teilzeitbeschäftigung[63] – eine Freistellungserklärung oder Nebentätigkeitsgenehmigung erforderlich sein. Die jeweilige Dienstherrschaft muss der Antragstellerin in eindeutiger Weise die – uneingeschränkte und nicht widerrufliche (!) – Zustimmung zur Aufnahme einer anwaltlichen Tätigkeit – auch während der mit ihrer Arbeitgeberin vereinbarten Tätigkeit (!) – geben. Das ist nicht der Fall beim Fehlen einer Nebentätigkeitsgenehmigung bzw. Freistellungserklärung oder deren zeitlicher Eingrenzung[64] oder der Erteilung nur unter Vorbehalt (z.B. des jederzeitigen Widerrufs).[65]

Die Dienstherrschaft sollte daher erklären: *„Wir gestatten unwiderruflich, dass Sie Ihren Arbeitsplatz zur Wahrnehmung anwaltlicher Geschäfte jederzeit uneingeschränkt verlassen können. Diese Regelung ist Bestandteil des Dienstvertrages.“* In der Freistellungserklärung müsse zudem unwiderruflich erklärt werden, dass außerhalb der Erklärung keine mündlichen oder schriftlichen Vereinbarungen existieren, welche die anwaltliche Tätigkeit einschränken können. Fehlt eine solche Erklärung, kommt ein Widerruf der Rechtsanwaltszulassung aus den Gründen des § 14 Abs. 2 Nr. 8 BRAO in Betracht.[66]

In der Regel werden Bescheinigungen der Arbeitgebersschaft vorgelegt, in denen wie gefordert eine solche Freistellung formal erklärt wird. Letztlich sind sie wirklichkeitsfremd,[67] verfassungswidrig und mit dem Ideal der Wahrheitspflicht und dem Lügenverbot[68] unvereinbar. Würde eine Rechtsanwältin oder ein Rechtsanwalt ernsthaft davon Gebrauch machen, hätte sie oder er meist keine Chance des Verbleibens in dem Unternehmen. Die Anforderungen an die Freistellungserklärung stehen letztlich nur auf dem Papier; sie sind weder kontrollierbar noch wird ihre Einhaltung kontrolliert. Wer seinen Antrag „geschickt“ begründet, sollte keine Zulassungsprobleme haben. Entsprechend der Argumentation des BFH (a.a.O.) zur Unhaltbarkeit der Freistellungserklärung bei Syndikussteuerberaterinnen und -beratern, ist das Festhalten der Kammern und der Anwaltsgerichtsbarkeit daran schlicht verfassungswidrig mit Verstoß gegen Art. 12 Abs. 1 GG mangels Gemeinwohlerforderlichkeit. Verweigert die Arbeitgeberschaft die Abgabe der Erklärung und die Kammer sie fordern, sollte der Antragstellerin oder der Antragsteller dagegen klagen.

63 Vgl. BGH AnwBl. 2017, 202.
64 Vgl. BGH BRAK-Mitt. 2010, 29; BGH NJW 1987, 3011: Begrenzung auf 28 Wochenstunden außerhalb der regelmäßigen Arbeitszeit; BGH BRAK-Mitt. 1993, 219: Vorbehalt einer Kollision mit Pflichten aus Anstellungsvertrag.
65 Vgl. auch BGH BRAK-Mitt. 1995, 212; 1983, 83.
66 AGH Hamm BRAK-Mitt. 2011, 148.
67 So zu Recht der BFH AnwBl. 2011, 955. zum Berufsrecht der Steuerberater).
68 Vgl. § 43 a Abs. 3 BRAO; dazu *Kleine-Cosack*, BRAO, § 43 a 101 ff.

e) Tatsächlich

Der Bewerber oder die Bewerberin soll weiter nach der ebenfalls antiquierten und verfassungsrechtlich unhaltbaren[69] Judikatur – es gibt soweit ersichtlich keine nennenswerten Entscheidungen neueren Datums – nur zugelassen werden, wenn er auch tatsächlich in der Lage ist, den Anwaltsberuf in einem wenn auch beschränkten, so doch irgendwie nennenswerten Umfang und jedenfalls mehr als bloß gelegentlich auszuüben.[70] Der oder die in einem anderen Beruf tätige Anwalt oder Anwältin müsse grundsätzlich – auch während der Dienststunden bei seiner Arbeitgeberschaft – in der Lage sein, Gerichtstermine, eilige Schriftsätze, Telefongespräche und allen sonstigen nicht aufschiebbaren Tätigkeiten zu erledigen,[71] wozu aber auch niedergelassene Rechtsanwälte nicht in der Lage sind, halten sie sich doch erfahrungsgemäß zu einem großen Teil nicht in ihrer Kanzlei auf.

aa) Zeit

Wer aufgrund zweitberuflicher Beschäftigung der Rechtsanwaltstätigkeit nicht in nennenswertem Umfang nachgehen kann und faktisch nur Feierabendanwältin bzw. Titularanwalt kann, bei der oder dem soll eine Unvereinbarkeit nach § 7 Nr. 8 BRAO gegeben sein.[72] Die Ausübungsmöglichkeit bestehe in der Regel bei einer bloßen Teilzeittätigkeit, könne aber fraglich sein bei einer vollwertigen zweitberuflichen Beschäftigung.[73] Das sei z.B. bei weitgehenden zeitlichen Vorbehalten nicht mehr gewahrt.[74] Entscheidend soll sein, dass – was in Anstellungsverhältnissen blanke Illusion ist – die Bewerberin ungeachtet einer zweitberuflichen (auch Vollzeit-)Beschäftigung über ihre Dienstzeit hinreichend frei verfügen kann und während ihrer Dienststunden nicht nur in Ausnahmefällen erreichbar ist.[75] Die Beschäftigung bei einer Anstalt des öffentlichen Rechts soll mit dem Beruf eines Rechtsanwalts unvereinbar sein, wenn der Antragsteller 38,5 Stunden pro Woche an seinem Arbeitsplatz zu verbringen und in dieser Zeit nach Weisung seines Vorgesetzten zu arbeiten habe.[76]

bb) Entfernung

Gefordert wurde in der „antiquierten" Judikatur zudem in tatsächlicher Hinsicht unter dem Aspekt der Ausübungsmöglichkeit, dass die zu überwindenden Entfernungen zwischen Kanzlei und zweitberuflichem Tätigkeitsort dadurch, dass der Anwalt seine Anwaltspraxis am Ort seiner sonstigen Tätigkeit errichten will, zu keinen weiteren erheblichen Erschwernis-

69 Vgl. aber BVerfG NJW 1993, 317.
70 BGH NJW 1995, 1031, BRAK-Mitt. 1995, 212; 1991, 101.
71 So BGH NJW 2010, 1381.
72 Vgl. auch BGH NJW 2010, 1381; AGH Koblenz BRAK-Mitt. 2005, 277; zur Kritik und der überzeugenderen Rspr. des BFH AnwBl. 2011, 955.
73 BGH BRAK-Mitt. 1993, 104; siehe auch AGH Stuttgart, BRAK -Mitt. 1996, 165.
74 BGH BRAK-Mitt. 1998, 154.
75 BGH BRAK-Mitt. 1996, 76.
76 So BGH NJW 2010, 1381.

sen für die Ausübung des Anwaltsberufs durch ihn führen.[77] Der Rechtsanwalt müsse – so die Judikatur – jederzeit für ein Eilverfahren am Ort seines Gerichts erreichbar sein.[78]

Dieses Näheerfordernis ist am Maßstab des Art. 12 Abs. 1 GG ebenfalls nicht zu rechtfertigen. Es ist nicht erforderlich wegen der großen Anwaltsdichte, der vielfach fehlenden forensischen Tätigkeit von Anwälteinnen, der Möglichkeit der Betätigung in Zweigpraxen, im Ausland sowie wegen der modernen Kommunikationstechnik. Soweit Rechtsanwaltskammern und Gerichte diesbezüglich Schwierigkeiten machen, kann der Betroffenen nur empfohlen werden, ihre Kanzlei dort zu errichten, wo er zweitberuflich tätig ist, zur Not also – wie bei Syndikusrechtsanwälten (vgl. § 46 c Abs. 4 BRAO) – in den Räumen der Arbeitgeberschaft oder des Unternehmens, in dem sie zweitberuflich tätig sein will.

III. Rechtspolitischer Ausblick

Abschließend ist festzuhalten, dass die nahezu grenzenlose Zweitberufsfreiheit für Rechtsanwälte rechtspolitisch mehr als bedenklich ist. Sie führt dazu, dass Anwältinnen und Anwälte bei nennenswerter zweitberuflicher Betätigung nicht die erforderliche Professionalität in ihrem Anwaltsberuf erlangen. Selbst Fachanwältinnen und -anwälte müssen nach Erwerb der Bezeichnung nur nicht aussagekräftige Fortbildungsnachweise, hingegen keinerlei Tätigkeitsnachweis erbringen. Die Qualität der anwaltlichen Dienstleistung muss zwangsläufig darunter leiden, wenn der Rechtsanwaltsberuf nicht intensiv ausgeübt wird, sondern – wie nicht selten – nur gelegentlich eine Mandatsbearbeitung und -vertretung erfolgt. Es wäre zu überlegen, die Zweitberufsfreiheit einzuschränken im Interesse der Funktionsfähigkeit der Rechtspflege, insbesondere der Erhöhung der Qualität der anwaltlichen Dienstleistungen und damit der Wettbewerbsfähigkeit der Anwaltschaft in ihrer Konkurrenz zu anderen Berufen. Konkrete Bestrebungen politischer Art in diese Richtung sind jedoch aufgrund des traditionellen rechtspolitischen Immobilismus in Deutschland und der Reformunfähigkeit deutscher Juristen und Politikerinnen nicht zu „befürchten".

77 BGH NJW 1995, 1031, BRAK-Mitt. 1993, 219; 1991, 101.
78 Vgl. auch AGH Koblenz BRAK-Mitt 2005, 277: Beanstandung von längeren Fahrzeiten als 1 Stunde bzw. täglicher Arbeits- und Fahrzeit von 11 Stunden.

A.7 Die Berufshaftpflichtversicherung

Rechtsanwältin und Notarin Edith Kindermann, Bremen • Präsidentin des DAV und Mitglied im Ausschuss Versicherungsrecht des DAV

I. Die Berufshaftpflichtversicherung der Rechtsanwälte

Hinter dem Begriff der Berufshaftpflichtversicherung verbirgt sich die Haftpflichtversicherung für Vermögensschäden,[1] die der RA in seiner beruflichen Tätigkeit schuldhaft verursacht. Eine solche Versicherung abzuschließen ist gem. **§ 51 BRAO** seit dem 9.9.1994 gesetzliche Pflicht[2] jeden Rechtsanwalts und jeder Rechtsanwältin. Die Zulassungsurkunde wird nicht ausgehändigt, solange nicht ein Versicherer bestätigt hat, dass ein dem Gesetz entsprechender Versicherungsschutz besteht, § 12 BRAO. Dies gilt für selbstständige Rechtsanwälte, für freie Mitarbeiter, für angestellte Rechtsanwälte. Soweit gegenüber angestellten Rechtsanwälten von Versicherungsvertretern erklärt wird, sie benötigten keine eigene Versicherung, ist dies schlicht falsch; zwar ist in diesen Fällen ein Teil der Tätigkeit des angestellten Mitarbeiters bei dem anderen RA mitversichert[3] und die eigene Prämie geringer,[4] doch ersetzt dies nicht den eigenen Versicherungsschutz.[5]

Steht die angestellte Rechtsanwältin auf dem Briefbogen mit anderen Rechtsanwältinnen, so ist sie haftungsrechtlich und versicherungsrechtlich betrachtet ohnehin Sozia; dann muss sie unabhängig vom Innenverhältnis sich als selbstständige Anwältin versichern. Im schlimmsten Fall droht ihr, dass sie im Innenverhältnis zur Versicherung keinen Versicherungsschutz hat, weil das versicherte Risiko das einer Angestellten ist und das verwirklichte Risiko das einer Selbstständigen ist.[6]

Ob der angestellte RA wegen eines Regressanspruchs seines Arbeitgebers in seiner eigenen Versicherung Schutz findet, werden wir gesondert behandeln. Bemerkenswert ist, dass keine Versicherungspflicht der GbR oder der PartG besteht, wohl aber der GmbH und der PartGmbB.[7]

1 Die Bedeutung dieses Begriffes werden wir nachstehend noch erörtern.
2 Dadurch wird die frühere gesetzliche Regelung aus § 23 S. 2 RAG-DDR überholt, die teilweise weitergehenden Versicherungsschutz verlangte.
3 Dort wird ein Prämienzuschlag von 80 % oder 100 % gezahlt.
4 Dort wird eine Prämie von 20 % oder 40 % gezahlt.
5 Ist der Versicherungsschutz des Chefs erschöpft, bleibt der eigene Versicherungsschutz erhalten.
6 Im Außenverhältnis zur Mandantschaft gilt § 117 VVG n.F. (§ 158 c VVG n.F.); einige Versicherer werden sich sicherlich mit einer Drohung begnügen, da sie über den Vertrag des Prinzipals und den Vertrag des Angestellten insgesamt die Prämie erhalten haben, die sie für den Versicherungsschutz verlangen, wenn er ordnungsgemäß beantragt wird.
7 Die kommende große BRAO-Reform sieht aber eine Versicherungspflicht aller Berufsausübungsgesellschaften vor.

II. Der Stellenwert dieser Versicherung

Die Zulassungsurkunde wird nicht ausgehändigt und damit die Zulassung nicht wirksam, wenn nicht nachgewiesen wird, dass eine derartige Versicherung oder eine vorläufige Deckungszusage besteht, § 12 Abs. 2 BRAO.

Die von den Versicherern vorzulegende Erklärung hat regelmäßig folgenden Wortlaut:

Bestätigung

Zur Vorlage bei der zuständigen Rechtsanwaltskammer und der Landesjustizverwaltung bestätigen wir, dass Sie mit Wirkung vom... an eine Berufshaftpflichtversicherung haben, die die Voraussetzungen des § 51 BRAO (einschließlich der Mindestversicherungssumme von 250.000 EUR für jeden Versicherungsfall und eine Höchstleistung für alle innerhalb eines Versicherungsjahres verursachten Schäden von nicht unter dem vierfachen Betrag der Mindestversicherungssumme (§ 51 Abs. 4 BRAO) erfüllt.

Der Versicherungsschutz erstreckt sich im Rahmen der Allgemeinen Versicherungsbedingungen für die Vermögenshaftpflichtversicherung von Rechtsanwälten und Patentanwälten (mit Risikobeschreibung) auf

- die Berufstätigkeit als Rechtsanwalt (§§ 1–3 BRAO)[8]
- die Tätigkeiten als
  - Insolvenzverwalter (auch vorläufiger), gerichtlich bestellter Liquidator, Gläubigerausschussmitglied, Treuhänder gemäß InsO;
  - Testamentsvollstrecker, Nachlasspfleger, Nachlassverwalter, Vormund, Betreuer, Pfleger und Beistand;
  - Schiedsrichter, Schlichter, Mediator;
  - Abwickler einer Kanzlei gem. § 55 BRAO, Zustellungsbevollmächtigter gem. § 30 BRAO;
  - Notarvertreter für die Dauer von 60 Tagen innerhalb eines Versicherungsjahres.[9]

Seit dem 1.7.2004 ist die Tätigkeit als Mediator Teil anwaltlicher Tätigkeit, vgl. § 34 RVG.[10]

Die Versicherung kann nach § 51 BRAO bei jedem im Inland zum Versicherungsbetrieb zugelassenen Versicherer genommen werden; entscheidend ist, dass die geforderte Erklärung zum Bestand des Versicherungsschutzes abgegeben wird.[11]

Für ausländische Rechtsanwältinnen gelten § 206 BRAO und § 7 EuRAG.

8 Dazu ab 1.7.2004 auch die Tätigkeit als Mediator.

9 Der Aspirant auf das Notariat, aber auch der häufige Notarvertreter sollte genau ausrechnen, wann dieses zeitliche Limit erschöpft ist; dann besteht nur noch Versicherungsschutz in der Versicherung des Notars nach Maßgabe dessen, was dort noch an Versicherungsschutz übrig ist.

10 Im Gegensatz zu anderen Tätigkeiten aus § 1 Abs. 2 RVG; der Unterschied liegt in der Frage, ob es sich um eine freiwillige oder auch eine Pflichtversicherung handelt.

11 BRAK-Mitt 1998, 40.

Endet der Versicherungsvertrag und unterhält der Rechtsanwalt nicht eine Versicherung bei einem anderen Versicherer, so ist die Zulassung zwingend zu widerrufen, **§ 14 Abs. 2 Nr. 9 BRAO**, und zwar nach Anhörung des Rechtsanwalts gem. §§ 32 ff. Abs. 2 BRAO durch eine gem. § 14 Abs. 4 S. 2 BRAO im Regelfall für **sofort vollziehbar** zu erklärende Verfügung der Landesjustizverwaltung oder der RAK, der gegenüber der Antrag auf gerichtliche Entscheidung keine aufschiebende Wirkung hat, § 14 Abs. 4 S. 2 BRAO.

Zwar besteht kein Kontrahierungszwang für Versicherer in diesem Bereich. Gleichwohl ist es unabdingbar, dass eine Berufsangehörige Versicherungsschutz findet. Sonst könnte sie den Beruf nicht mehr ausüben, wenn ein Versicherer den Vertrag nach mehreren Schadensfällen oder Prämienverzug kündigt. Um den Beruf weiterhin ausüben zu können oder überhaupt aufnehmen zu können, bedarf der Berufsangehörige des Versicherungsschutzes.

Gem. § 117 Abs. 2 S. 1 VVG bleibt der Versicherer – soweit es sich um den Bereich der Pflichtversicherung handelt –, der die oben genannte Bestätigung abgegeben hat, gegenüber dem Geschädigten noch für die Versicherungsfälle aus der Zeit nach Beendigung des Versicherungsvertrages leistungspflichtig, die sich in dem Zeitraum eines Monats ereignen, nachdem der Versicherer das Ende der Rechtsanwaltskammer angezeigt hat, § 117 Abs. 2 S. 1 VVG i.V.m. § 51 Abs. 7 BRAO.

Der Schutz der Mandantschaft durch bestehende Versicherung ist also zeitlich durchgehend gestaltet. Ohne Versicherungsnachweis wird keine Anwältin zugelassen. Nach Beendigung des Versicherungsvertrages verbleibt der RAK eine Frist von einem Monat für Anhörung des Rechtsanwalts und Erlass der sofort vollziehbaren Verfügung, so dass anwaltliche Tätigkeit ohne Versicherungsschutz im Verhältnis zur Mandantschaft kaum vorstellbar ist.[12]

Es ist deshalb unzutreffend, wenn ein Versicherer mitteilt, es bestehe rückwirkend kein Versicherungsschutz, wenn der Versicherungsnehmer die Versicherungsprämie nicht gezahlt hat. Im Verhältnis zum Geschädigten verbleibt es beim Versicherungsschutz. Der Versicherer kann allenfalls beim Versicherungsnehmer Rückgriff nehmen.

Eine derartige Versicherung zu halten, ist aber schon deshalb notwendig, weil ein leicht fahrlässig verursachter Fehler die Mandantschaft in solchem Umfang schädigen kann, dass der Ersatz des Schadens den Rechtsanwalt wirtschaftlich ruinieren würde.[13] Ebenso dient die Haftpflichtversicherung dazu, der Rechtsanwältin zu einem gesunden Nachtschlaf zu verhelfen, wenn er zu Unrecht auf Schadensersatz in Anspruch genommen wird.[14] Schließ-

12 Es sei denn, der Rechtsanwalt hat in einem laufenden Versicherungsjahr bereits seinen Versicherungsschutz ausgeschöpft; das setzt aber voraus, dass unmittelbar nach dem Fehler dieser den Schaden verursacht hat und der daraus resultierende Anspruch geltend gemacht worden und bezahlt worden ist.

13 Ein Beispiel: Aufgrund einer vom RA versäumten Frist wird ein Urteil rechtskräftig. Ausgerechnet zum Zeitpunkt der Vollstreckung ist der Beklagte vorübergehend zahlungsunfähig. Es wird Insolvenzantrag gestellt. Die Banken kündigen den Kredit etc.

14 In einem Verfahren dauerte es über 8 Jahre, bis nach vorangegangenem Mahnverfahren und Klagebegründung sowie Klageerwiderung eine Klage über mehr als 500.000 EUR zurückgenommen wurde.

lich dient der Versicherungsschutz dazu, dem Anwalt zu ermöglichen, den Schaden der Mandantschaft auszugleichen. Nicht immer hat eine Rechtsanwältin genug Privatvermögen, um aus diesem einen Schaden ersetzen zu können.

III. Das Bedingungswerk

Für die Versicherung des RA gelten

- die Vorschriften des VVG, insbesondere §§ 100 ff., §§ 113 ff. VVG,
- § 51 BRAO,
- die AVB für die Vermögensschadens-Haftpflichtversicherung von Rechtsanwälten und Patentanwälten mit den Risikobeschreibungen für Rechtsanwälte, sowie
- die Tarife.

Für die Notare und damit auch für die notarielle Tätigkeit der Anwaltsnotare sowie in Teilen für die Tätigkeit eines Rechtsanwalts als Notarvertreter gelten

- die Vorschriften des VVG,
- § 19 a BNotO, § 67 BNotO,
- die AVB für Notare,
- die besonderen Bedingungen für Notare,
- die Risikobeschreibung für Notare,
- die Tarife. Im Einzelfall werden abweichende Regeln vereinbart.

Die Versicherung umfasst nur Schäden, die bei der beruflichen Tätigkeit verursacht werden, nicht Schäden aus privater Gefälligkeit; soweit allerdings aus der beruflichen Stellung der rechtsanwältin ein Haftungsmaßstab für eine private Gefälligkeit entsteht, wird bereits der vom Versicherungsschutz umfasste Tätigkeitsbereich erreicht.

Die Versicherung umfasst nur Schäden, die bei einer Tätigkeit verursacht worden sind, die als anwaltliche Tätigkeit zu bezeichnen ist. Insbesondere in Fällen, in denen Anwälte in Anlagekonzepte einbezogen werden, wird stets von den Versicherern eingewendet, es handele sich nicht um anwaltliche Tätigkeit, sondern um Treuhandtätigkeit oder um Anlagegeschäfte. Soweit Anwälte ihr Tätigkeitsgebiet ausweiten auf Hausverwaltungen o.Ä. müssen sie nicht nur aus steuerlichen Gründen prüfen, ob es sich noch um anwaltliche Tätigkeit handelt, sondern auch aus versicherungsrechtlichen Gründen.[15] In den einschlägigen Entscheidungen hat der BFH aber bereits ausgeführt, dass der einkommenssteuerrechtliche Begriff der eigenverantwortlichen Tätigkeit mit den berufsrechtlichen Parallelbegriffen nichts zu tun hat.[16]

15 Davon hängt die Gewerbesteuerfreiheit ab, ob es sich um anwaltliche oder sonstige freiberufliche Tätigkeit handelt, vgl. BFH NJW 1990, 71.

16 BFH BStBl 1965 III 557 und öfter.

Befasst man sich mit Fragen der Berufshaftpflichtversicherung, so sollte man die folgenden fünf Fragestellungen sorgfältig auseinanderhalten:

- Fragen beim Abschluss des Versicherungsvertrages (IV.),
- Fragen nach Abschluss eines Versicherungsvertrages, aber vor Eintritt eines Versicherungsfalles (V.),
- Fragen im Versicherungsfall (VI.),
- Fragen bei einer streitigen Auseinandersetzung mit einer Versicherung (VII.),
- Fragen bei der Vertretung des Geschädigten gegenüber dem früheren Rechtsanwalt und dessen Versicherung (VIII.),

Solange der Versicherungsfall nicht eingetreten ist und der Versicherungsvertrag erst abgeschlossen werden soll, brauche ich nicht über die Reichweite einer Ausschlussklausel zu streiten, sondern kann stattdessen durch Vereinbarungen und wechselseitige Erklärungen der Versicherungsvertragspartner den Umfang einer Ausschlussklausel klarstellen[17] oder eine Ausschlussklausel abbedingen. Ist der Versicherungsfall eingetreten und will die Versicherung nicht eintreten, weil sie eine Ausschlussklausel für einschlägig hält, so bleibt nur noch die Auseinandersetzung darüber, wie diese Ausschlussklausel auszulegen ist.

IV. Die Fragestellung vor Abschluss eines Versicherungsvertrages

Wer nicht allein seine Anwaltspraxis betreibt, sondern nach außen mit anderen zur Berufsausübung sich verbunden hat, muss sich zunächst überlegen, ob er einen Versicherungsvertrag nur für sich mit einem Berufshaftpflichtversicherer abschließen will oder ob alle Mitglieder dieser „Außensozietät" einen gemeinsamen Versicherungsvertrag abschließen wollen. Dieser Unterscheidung werden wir uns im Zusammenhang mit der Versicherungssumme unter 7. noch näher zuwenden.

Ich beginne zunächst mit der Frage, welche beruflichen Risiken abgesichert werden müssen. Dabei muss ich unterscheiden, ob ich

- als Rechtsanwältin allein tätig bin;
- als Rechtsanwältin mit einem anderen Rechtsanwaltinnen gemeinsam tätig bin;
- als Rechtsanwältin mit einem´r Anwaltsnotarin assoziiert bin;
- als Rechtsanwältin mit einer Wirtschaftsprüferin oder Steuerberaterin oder der Angehörigen eines anderen Berufs, mit dem sich eine Rechtsanwältin zulässigerweise zu gemeinsamer Berufsausübung verbinden kann, meine Berufstätigkeit gemeinsam ausübe;
- als Mitglied einer Partnerschaftsgesellschaft meinen Beruf ausübe.

17 Natürlich kann ich nicht den Umfang der Ausschlussklausel über das gesetzlich zulässige Maß ausweiten, denn dann würde der Vertrag nicht mehr den gesetzlichen Anforderungen entsprechen.

In diesem Stadium muss ich daran denken, dass ich u.U. auch für die Fehler des assoziierten Steuerberaters oder Wirtschaftsprüfers oder Notars hafte.[18] Soweit die Tätigkeit in einer GbR ausgeübt wird, haftet die GbR; neben der GbR haften für deren Verbindlichkeiten generell deren Gesellschafter.[19] Der Anspruch gegen die GbR ist nicht in der Pflichtversicherung erfasst, der RA haftet aber für die Verbindlichkeiten der GbR und dies ist pflichtversichert. Die einschlägigen Berufssatzungen regeln unterschiedlich, ob in derartigen Fällen die Anforderungen aller betroffenen Berufsordnungen erfüllt werden müssen; es findet u.U. eine Pflichtenkumulation statt; das betrifft

- versichertes Risiko und
- Versicherungssummen,
- deren Maximierung.

Wenn ich nach außen als Sozius mit einer Steuerberaterin auftrete, dann hafte ich nicht nur für deren Fehler; wichtiger ist, dass sich diese Haftung nach Anwalts- oder nach Steuerberaterrecht richten kann.[20] Das bedeutet: Auch meine Haftung für die Fehler der mit mir assoziierten Freiberuflerin muss versichert sein. Es ist sorgfältig zu prüfen, **ob deren Tätigkeitsfeld von meiner Berufshaftpflichtversicherung mitversichert ist.**[21]

Es ist weiterhin in der alltäglichen Arbeit zu prüfen, ob der Partner sich in dem von dem versicherten Berufsbild gesteckten Rahmen bewegt oder diesen überschreitet; in einem solchen Fall können die Partner plötzlich ohne Versicherungsschutz dastehen.

Bei einer **gemischten Sozietät** muss deshalb versichert sein das Haftungsrisiko aller berufsverschiedenen Sozien unabhängig davon, wer im Einzelnen tätig wird, aus der Berufstätigkeit der verschiedenen Berufe. Es sind also die **Risikobeschreibungen der verschiedenen Berufe** zu kumulieren. Dabei sind die Versicherungsverträge so zu gestalten, dass sie den kumuliert strengsten Anforderungen der in Betracht kommenden verschiedenen Berufsordnungen und Berufsgesetze entsprechen.

Wird dies mit der Begründung unterlassen, es käme eine Haftung nicht in Betracht, so wird übersehen, dass der Versicherungsschutz auch das Abwehrrisiko umfasst und das Kostenrisiko. Auch bei anwaltlicher Tätigkeit muss ich mich im Rahmen dessen bewegen, was nach dem Berufsbild von der Tätigkeit einer Rechtsanwältin umfasst ist. Im Stadium des Vertragsabschlusses ist es wichtig, dass ich jede Tätigkeit, die ich ausübe oder auszuüben

18 Ob kraft Gesetzes eine Haftung des Sozius ausgeschlossen ist, stellt sich erst im Haftungsprozess heraus (vgl. den zwischen RA- und Notarhaftung abgrenzenden Steuerrechtsfall, BGH NJW 1988, 563); bei Abschluss des Vertrages muss ich Vorsorge treffen; u.U. vertrete ich auch einmal den Notar oder Wirtschaftsprüfer; zur Notarvertreterhaftung vgl. §§ 39 Abs. 4, 46 BNotO.

19 Das ist die Folge der Rechtsfähigkeit der GbR; siehe hierzu BGH Urt. v. 10.5.2012 – IX ZR 125/10, AnwBl. 2012, 773 – zur akzessorischen Haftung des Steuerberaters für anwaltliche Berufsfehler 18 b) vgl. § 3 StBG, § 44 WPO.

20 BGH Urt. v. 10.5.2012 – IX ZR 125/10, AnwBl. 2012, 773 – zur akzessorischen Haftung des Steuerberaters für anwaltliche Berufsfehler.

21 Zwar ist nach § 3 Abs. 2 StBG der Rechtsanwalt zur geschäftsmäßigen Hilfeleistung in Steuersachen berechtigt; damit ist aber nicht sichergestellt, dass sämtliche in den Risikobeschreibungen für Steuerberater aufgeführte Tätigkeiten von dem Versicherungsschutz des RA umfasst sind.

beabsichtige, in den Versicherungsumfang einbeziehe. In der oben zitierten Bestätigung sind die in den Versicherungsschutz einbezogenen Nebentätigkeiten aufgeführt.[22] Wir hatten bereits auf das Problem der nicht aufgezählten Tätigkeiten hingewiesen, etwa die Tätigkeit einer Treuhänderin[23], der Vermögensverwaltung[24], kaufmännischer Buchhaltung[25], Aufstellung von Finanzierungsplänen[26], Unterschlagungsprüfung[27], Anlagevermittlung[28], Hausverwalterin. Das kann auch für die Tätigkeit einer vereidigten Buchprüferin gelten, zu deren Ausübung eine über die Berufsprüfung einer Rechtsanwältin hinausgehende Prüfung zu bestehen ist.[29]

Für die Zwangsverwalterin sieht § 1 ZwVwV eine eigene Versicherungspflicht von 500.000 EUR vor.

Neben den vorstehend beschriebenen und in den Versicherungsschutz einzubeziehenden Tätigkeiten gibt es nun vom Rechtsanwalt ausgeübte Tätigkeiten, die nicht mehr ohne Weiteres unter den Begriff der „Rechtsberatung" zu fassen sind und von den Versicherern als wirtschaftliche Beratung bezeichnet werden. So war etwa – zu Unrecht[30] – im Bereich des Rechtsschutzversicherungsrechts versucht worden, die Schuldenregulierung für die Mandantschaft als Wirtschaftsberatung[31] und nicht als Rechtsberatung zu bezeichnen.[32] Auch in diesem Bereich empfiehlt es sich, je nach Zuschnitt der Kanzlei auch die vermeintlich wirtschaftsberatende Tätigkeit in den Versicherungsumfang einzubeziehen.[33]

In den Fällen der interprofessionellen Zusammenarbeit ist weiterhin der Fall zu regeln, dass ein Mitglied der Sozietät die für ihn geltenden Regeln und Grenzen der Beratung oder Vertretung verletzt. Bestünde nämlich Versicherungsschutz nur für den objektiv zulässigen Tätigkeitsbereich, wären die darüber hinausgehenden Tätigkeiten nicht versichert.[34] Ein Beispiel ist die nach §§ 6 und 7 BeurkG unwirksame und unerlaubte Beurkundung; ein weiteres Beispiel ist die dem Steuerberater nicht erlaubte Rechtsberatung.

22 Abweichend von den alten Fassungen kommt es nicht mehr darauf an, ob diese Tätigkeiten „nicht überwiegend" ausgeübt werden.

23 Die Tätigkeit des nicht geschäftsführenden Treuhänders ist beim Steuerberater nach den BBR mitversichert, ebenso beim Wirtschaftsprüfer die treuhänderische Verwaltung, z.B. als gesetzlicher oder rechtsgeschäftlicher Treuhänder. Zum Meinungsstand beim RA vgl. *Evers*, NJW 1983, 1652, *Riedel*, NJW 1987, 1021; ablehnend OLG München v. 30.1.1987 – 21 U 3798/86 (Revision vom BGH nicht angenommen, BGH Beschluss v. 25.11.1987 – IV a ZR 89/87); vgl. OLG Kiel Urteil v. 1.5.1931; RG Urteil v. 9.1.1909; BGH NJW 1967, 876.

24 BGHZ 46, 268.

25 BGH NJW 1970, 1189; ob diese Auffassung angesichts des § 3 Abs. 2 StBG noch zutreffend ist, erscheint zweifelhaft.

26 *Borgmann/Jungk/Grams*, Anwaltshaftung, 4. Aufl., § 6 Rn. 12 ff. unter Hinweis auf LG Bochum JW 1926, 874.

27 BGH VersR 1972, 1052.

28 BGH NJW 1980, 1855; 1985, 2642; 1994, 1405.

29 Vgl. §§ 128 ff. WPO nebst Versicherungspflicht gem. § 5 VO vom 8.12.1967 i.d.F. vom 19.6.1986 (BGBl 1986 I 919).

30 Wie der BGH in Urt. v. 22.5.1991 IV ZR 183/90 entschieden hat.

31 OLG Celle zfs 1985, 19.

32 Spätestens mit dem 1.1. 1999 handelt es sich hierbei um ein in der InsO vorgesehenes, zunächst außergerichtliches, dann aber auch gerichtliches Verfahren.

33 Vgl. dazu auch den Ausschluss in Ziffer 4.2 AVB-RSW A. und andererseits die BBR für Steuerberater; dort gehört wirtschaftliche Beratung zum versicherten Berufsbild, vgl. auch § 57 Abs. 2 StBG.

34 Ein Beispiel könnte sich ergeben, wenn aufgrund des neuen notariellen Berufsrechts der assoziierte Steuerberater nur bestimmte Aufgaben aus seinem Berufsbild ausüben darf und er darüber hinausgehende Tätigkeiten ausübt.

Nachdem ich die Art der versicherten Tätigkeiten bei Abschluss des Versicherungsvertrages berücksichtigt habe, muss ich mir natürlich nun auch ansehen, **ab wann** ich Versicherungsschutz benötige.

- Wir behandeln diese Frage nur unter der Prämisse, dass deutsches Haftungsrecht anzuwenden ist;[35] sobald ein Rechtsanwalt vor einem ausländischen Gericht verklagt wird, kann dieses u.U. nach seinem IPR auch sein nationales Sachrecht anwenden.
- Die Frage ist für den Einzelkämpfer leicht zu beantworten; vor der Zulassung kann er anwaltliche Tätigkeit nicht ausüben.
- Der als Sozius oder Scheinsozius[36] Haftende benötigt Versicherungsschutz von dem Zeitpunkt an, auf den der Versicherungsfall nach den AVB bestimmt wird, und ab dem Zeitpunkt, seit dem er gegenüber der Mandantschaft haftet.[37] An dieser Stelle ist vorsorglich darauf hinzuweisen, dass nicht auszuschließen ist, dass § 130 HGB auch bei Beratungsfehlern ab 7.4.2003 trotz § 8 Abs. 2 PartGG bei der GbR anzuwenden ist.[38] Im Hinblick auf das Urteil des BGH zur Rechtsfähigkeit der GbR bedarf die Eintrittsdeckung einer Klärung mit dem Versicherer.
- Wer in eine Partnerschaftsgesellschaft eintritt, haftet gem. § 8 PartGG i.V.m. §§ 129, 130 HGB mit dem Gesellschaftsvermögen auch für Altschulden, also auch für Ansprüche aus Anwaltshaftung aus der Zeit vor dem Eintritt in die Partnerschaftsgesellschaft, nicht aber persönlich, § 8 Abs. 2 PartGG. Etwas anderes gilt, wenn der Eintretende die Bearbeitung einer Sache übernimmt, in der bereits eine Pflicht verletzt wurde. Der BGH (Urt. v. 19.11. 2009 – IX ZR 12/09) erstreckt die Handelndenhaftung auch auf die Eintretenden. Auch hier ist ein Blick in die aktuellen Versicherungsbedingungen wegen der Eintrittshaftung und eine Klärung mit dem Versicherer erforderlich. Zwar haben die Altpartner Versicherungsschutz; § 12 AVB kann hier aber gefährliche Deckungslücken reißen, weil die nach dem Versicherungsfall eingetretenen Rechtsanwälte zum Zeitpunkt des Versicherungsfalls keinen Versicherungsschutz hatten und deshalb bei der Ermittlung der Durchschnittsdeckung ggf. als nicht versichert behandelt werden.[39]
- Wer bei einer Partnerschaftsgesellschaft auf dem Briefbogen erscheint, aber nicht Partner ist, muss sich mit den Risiken beschäftigen, die sich hier aus Rechtsschein in Verbindung mit § 8 PartGG und §§ 129, 130 HGB ergeben.
- Wer in einer Anwalts-GmbH handeln will, benötigt zunächst seinen Versicherungsschutz, damit er selbst die Zulassung erhält. Die GmbH benötigt ihren Versicherungsschutz; § 59j BRAO bis zur Eintragung der GmbH ist für Versicherungsschutz für die Vor-GmbH zu sorgen.

35 So bisher der BGH für jene Fälle, in denen der RA von seiner Kanzlei aus handelt; BGH NJW 1991, 3095; vgl. aber Art. 29 EGBGB für Tätigkeit gegenüber ausländischen Verbrauchern; beachte aber auch die Regeln der CCBE bei grenzüberschreitender Tätigkeit – definiert in Art. 1.5.

36 Haftung kraft Rechtsscheins; sie beginnt bereits damit, dass der Name auf dem Kanzleischild erscheint; dass deshalb von einem angestellten Rechtsanwalt verlangt werden kann, dass er ein Kanzleischild führt (so, § 27 Rn. 4 BRAO), erscheint wegen der haftungsrechtlichen Folgen unzutreffend.

37 Bei Eintritt in bestehende Sozietät ab sofort wegen der von nun an begangenen Fehler (BGH NJW 1994, 257); bei Eintritt in bisherige Einzelpraxis ab Einbeziehung in Mandat durch Einverständnis der Mandantschaft (BGH ZIP 1988, 315).

38 BGH v. 7.4.2003 – II ZR 56/02, JW 2003, 1803.

39 Wir werden nachfolgend noch den Begriff der Durchschnittsdeckung erläutern.

An dieser Stelle ist gleich zu erörtern, **bis wann Versicherungsschutz für wessen Fehler in welchem Zeitraum** benötigt wird.

Die AVB sehen in § 9 vor, dass mit dem Ende der Zulassung der Versicherungsschutz endet, in der Annahme, damit falle das versicherte Interesse weg. Eine Übergangsfrist ist für die Erben vorgesehen.[40]

Das durch Versicherungsschutz abzudeckende haftungsrechtliche Problem ist, ob die Gefahr besteht, dass die Rechtsanwältin für Fehler haftet, die nach ihrem Ausscheiden aus einem Büro noch von anderen begangen werden.

Dieses Problem stellt sich beim Einzelanwalt. Dort endet der Vertrag nicht mit dem Tod des Einzelanwalts oder mit dem Wechsel in einen anderen Beruf. Erst mit der Kündigung oder einverständlichen Beendigung endet der Vertrag. In dieser Phase können noch haftungsträchtige Pflichten verletzt werden; in Betracht kommt eine Haftung gegenüber der Mandantschaft für Fehler des nach § 53 BRAO bestellten amtlichen Vertreters[41] als auch des nach § 55 BRAO bestellten Abwicklers.

Bei der Sozietät fragt sich, ob der aus die Sozietät ausscheidende Rechtsanwaltin aus den Pflichten aus dem Anwaltsvertrag ausscheidet, wenn der Mandantschaft das Ausscheiden nicht ausdrücklich mitgeteilt wird. Dies erscheint fraglich, da das Mandat mit der Sozietät und nicht mit der für diese tätige Anwältin abgeschlossen wird. Dementsprechend stellt sich für den Ausgeschiedenen die Frage, ob er auch für Verstöße aus Sachen, die vor seinem Ausscheiden begonnen wurden und in denen der Verstoß nach seinem Ausscheiden begangen wird, akzessorisch haftet. Hier sind Risikovorsorge und dogmatische Feinheiten voneinander zur trennen. Das Problem kann dazu führen, dass die ausscheidende Rechtsanwältin sein Risiko aus der Praxis versichern muss, aus der er ausgeschieden ist, und das Risiko der Praxis, in der er nun tätig ist. § 32 Abs. 2 BORA sieht vor, dass die ausscheidende Sozia – auch die Scheinsozia – die gesamte Mandantschaft über ihr Ausscheiden unterrichten darf. Dementsprechend bedarf auch die Austrittshaftung der Klärung mit dem Versicherer.

Das NachhaftungsbegrenzungsG[42] hilft etwas, wenn im Falle der Partnerschaftsgesellschaft das Ausscheiden im Partnerschaftsregister eingetragen ist, § 10 PartnerschaftsgesG i.V.m. § 160 HGB, und wenn im Fall der schlichten BGB-Gesellschaft das Ausscheiden dem Mandantschaft bekanntgegeben worden ist, § 736 Abs. 2 BGB i.V.m. § 160 HGB für die Sozietät und § 26 HGB für die Einzelpraxis.[43]

40 In der Risikobeschreibung „für Verstöße bis zur Bestellung eines Praxisabwicklers oder bis zur Veräußerung der Praxis längstens für 8 Wochen nach dem Ableben des Versicherungsnehmers".

41 Vgl. Feuerich/*Schwärzer*, § 53 Rn. 51 BRAO.

42 BGBl. 1994 I S. 560.

43 Deshalb sieht die BORA vor, dass der Ausscheidende der gesamten Mandantschaft der Sozietät sein Ausscheiden mitteilen darf.

Der Regressanspruch des Arbeitgebers gegen den Arbeitnehmer-RA: Soweit der Arbeitnehmer seinen Versicherer in Anspruch nimmt, gilt die Regressbegrenzung auf Fälle von Vorsatz mitversicherter Personen, soweit der Versicherer leistet. Soweit es um den Selbstbehalt oder eine über den Versicherungsschutz des Arbeitgebers hinausgehenden Anspruch geht, ist ein Regressanspruch arbeitsrechtlich denkbar. Insoweit handelt es sich bei dem Schaden des Arbeitgebers um einen Vermögensschaden, den der Arbeitnehmer bei seiner beruflichen Tätigkeit verursacht hat. Dafür besteht nach § 51 BRAO Versicherungspflicht, sodass der Versicherer einzustehen hat.

Welche Schäden werden von der Vermögensschadenshaftpflichtversicherung umfasst?

§ 51 BRAO beschreibt den Begriff des Vermögensschadens nicht, sondern setzt ihn voraus; er findet sich auch in § 19 a BNotO und den einschlägigen Normen im Bereich der Steuerberater und Wirtschaftsprüfer.

§ 1 Abs. 1 Nr. 2 AVG-RSW definieren den Begriff des Vermögensschadens dahingehend, dass es sich um solche Schäden handelt, die weder Personenschäden (Tötung, Verletzung des Körpers oder Schädigung der Gesundheit von Menschen) noch Sachschäden (Beschädigung, Verderben, Vernichtung oder Abhandenkommen von Sachen, insbesondere auch von Geld und geldwerten Zeichen) sind, noch sich aus solchen von dem Versicherungsnehmer oder einer Person, für die er einzutreten hat, verursachten Schäden herleiten.[44]

Der in den AVB angebotene Versicherungsschutz umfasst

- Vermögensschäden § 1 Abs. 1 Nr. 2 AVB-RSW 2008;
- teilweise Sachschäden; dies werden wir noch beschreiben;
- positiv ist in den Risikobeschreibungen zu den neuen AVB beschrieben, dass durch Freiheitsentzug verursachte Schäden zu den Vermögensschäden zählen, Abschnitt B S. 9 BBR-RA;
- unter bestimmten Umständen die Folgen von Fehlern bei der Auszahlung von Geldern an die Mandantschaft; soweit für die Mandantschaft bestimmte Gelder diesen nicht erreichen und der Rechtsanwalt das Geld noch einmal auszahlen muss, handelt es sich zunächst nicht um einen Schadensersatzanspruch der Mandantschaft, sodass der Versicherer im Grunde nicht eintreten muss; soweit das für die Mandantschaft bestimmte Geld zunächst auf ein Anderkonto eingezahlt worden war oder zur Einzahlung bestimmt war und ordnungsgemäß verbucht war, besteht Versicherungsschutz gem. Abschnitt A 4.3 A BBR-RA oder vergleichbaren Regeln in den AVB.

44 *Diller*, Berufshaftpflichtversicherung der Rechtsanwälte, 2. Aufl., § 1 AVB-RSW

Ein Sachschaden kann entstehen, wenn eine zu Beweiszwecken dienende Urkunde oder ein für den Scheckprozess notwendiger Scheck oder sonst ein der Rechtsanwaltin übergebener Gegenstand verloren geht. Ein solcher Verlust kann entstehen,

- bereits beim Öffnen der Post durch einen oder eine Büroangestellte/n, der/die zwar den Brief aus dem Umschlag nimmt, nicht aber z.B. den mitgesandten protestierten Scheck;
- während der Bearbeitung der Sache im Büro, in dem der Verbleib des Schecks außer Kontrolle gerät;
- auf dem Weg vom Anwaltsbüro zum Gericht oder zur Mandantschaft.

Ein solcher Schaden kann auch entstehen, wenn in einem Plagiatsprozess das Originalstück der Mandantschaft zerstört wird, auf dessen Nachahmung oder Nachbildung er seine Ansprüche stützt.

Außer dem Schaden in Gestalt des Wertes der zerstörten Sache fällt unter diesen Begriff des Sachschadens also auch jeder weitere Schaden, der daraus entsteht, dass eben dieses Stück nicht zur Verfügung steht. In Kenntnis des Umstandes, dass ein derartiger Ausschluss für die anwaltliche Praxis auf Dauer unerträglich ist, enthält nun § 15 AVB einen Einschluss für Sachschäden:

- an Akten und anderen für die Sachbearbeitung in Betracht kommenden Schriftstücken; dazu zählen Wechsel und zu Protest gegangene Schecks, nicht aber Geld, geldwerte Zeichen, Wertsachen, Inhaberpapiere und blanko indossierte Orderpapiere;
- an sonstigen **beweglichen** Sachen, die das Objekt der versicherten Betätigung des Versicherungsnehmers bilden, soweit es sich nicht um Sachschäden aus Anlass der Ausübung technischer Berufstätigkeit oder der Verwaltung von Grundstücken handelt.

Neben den vorgenannten Ausschlüssen von Personen- und Sachschäden gibt es einen weiteren nicht versicherten Bereich, der sich nicht aus dem Wortlaut der AVB § 1 Abs. 1 Nr. 1 AVB-RSW, wohl aber aus dem System der Haftpflichtversicherung nach der Rechtsprechung des BGH[45] ergibt und der für die anwaltliche Praxis eine erhebliche Bedeutung hat. Dies ist der sogenannte Erfüllungsschaden. Der Aufwand, um vertragliche Pflichten zu erfüllen, wird von der Versicherung nicht gedeckt.[46] Der nicht von der Versicherung gedeckte Aufwand umfasst z.B. bei Werkverträgen den Nachbesserungsaufwand[47]. Wenn auch der Anwaltsvertrag regelmäßig Dienstvertrag[48] ist, gibt es doch auch beim Anwaltsvertrag

45 VersR 1978, 219.

46 In diesem Zusammenhang ist wegen der eigenen Gebühren des RA die Regelung aus § 1 Abs. 1 Ziffer 1 AVB-RSW zu beachten, und zwar zum einen in der Begrenzung auf 2.500 EUR aus § 3 Ziffer 6 AVB inklusive des Selbstbehalts; zum anderen aber auch wegen der nach dem Wortlaut vom Versicherungsschutz nicht umfassten Streitigkeiten um die Rückzahlung von Gebühren, wenn die Mandantschaft geltend macht, er habe beim nächsten RA gleich hohe Gebühren noch einmal zahlen müssen.

47 Sogenanntes Erfüllungssurrogat BGHZ 85, 1153.

48 *Borgmann/Jungk/Grams*, Kap. III Rn. 24; wegen der Abgrenzung zum Werkvertrag vgl. die Beispiele bei *Borgmann/Jungk/Grams*, Kap. III Rn. 35 ff. (betreffend Verträge und Gutachten).

Erfüllungsschäden von erheblichem Umfang, die nicht von der Versicherung gedeckt sind. Dazu gehört z.B. jeder Schaden, der dadurch entsteht, dass Gelder auf dem Weg zur Mandantschaft verloren gehen.

Bei Lektüre des § 51 BRAO, spätestens aber bei Abschluss des Versicherungsvertrages wird der Rechtsanwalt bei genauer Lektüre der AVB feststellen müssen, dass nicht nur hinsichtlich der Tätigkeit und der Schäden die Vermögensschadenshaftpflichtversicherung keine Allround-Deckung bietet.

Jeder Ausschlusstatbestand der Pflichtversicherung muss an § 51 BRAO gemessen werden. Diese Norm verlangt einen Versicherungsschutz für die sich aus der Berufstätigkeit ergebenden Haftpflichtgefahren für Vermögensschäden. Dieser Verpflichtung entspricht nur ein Versicherungsvertrag, der keine anderen als die gesetzlich zugelassenen Ausschlusstatbestände enthält.

Die zugelassenen Ausschlusstatbestände sind: für Ersatzansprüche

- wegen wissentlicher Pflichtverletzung,[49]
- aus Tätigkeiten über in anderen Staaten eingerichtete Kanzleien oder Büros,[50]
- aus Tätigkeiten im Zusammenhang mit der Beratung und Beschäftigung mit außereuropäischem Recht,
- aus Tätigkeiten der Rechtsanwältin vor außereuropäischen Gerichten,
- wegen Veruntreuung durch Personal, Angehörige oder Sozien der Rechtsanwältin.

Soweit Mandate mit Berührung ausländischen Rechts bearbeitet werden, ist der Versicherungsschutz nicht bedroht, wenn es um die Anwendung des Rechts eines europäischen Staates geht.[51] Handelt es sich um einen Fehler bei der Anwendung außereuropäischen Rechts, so kann der Ausschlusstatbestand des § 4 Nr. 1 AVB i.V.m. Ziffer 4.1 B BBR-RA einschlägig sein.

Im Stadium der Vertragsverhandlungen kommt es jetzt nicht darauf an, dass ich möglicherweise im Schadensfall den Schaden auch auf einen Fehler bei der Anwendung deutschen Rechts zurückführen kann. In diesem Stadium ist es vielmehr wichtig, den Ausschluss möglichst weit abzubedingen und Fehler bei der Anwendung ausländischen Rechts mitzuversichern. Dies ist in einem großen Umfang möglich, wenn auch nur gegen eine gewisse Mehrprämie.

49 Ob dies ein Ausschlusstatbestand oder eine vor dem Versicherungsfall zu beachtende Obliegenheit ist, kann strittig sein; für Ausschlusstatbestand OLG Hamm AnwBl 1996, 237; wissentliche Pflichtverletzung wird angenommen, wenn ein RA erklärt, er habe wegen Überarbeitung etwas nicht bedacht; wissentliche Pflichtverletzung soll auch vorliegen, wenn jemand Geld vom Anderkonto verfügt, ohne die Voraussetzungen zu prüfen, wenn ihm bekannt ist, dass er die Auszahlungsvoraussetzungen prüfen muss, OLG Hamm a.a.O. Einen Überblick zur wissentlichen Pflichtverletzung gibt Nothaas, AnwBl 2021, 232-233.

50 Dies ist nicht die Tätigkeit im Einzelfall vor ausländischen Gerichten oder Behörden oder die Begleitung der Mandantschaft zu Verhandlungen ins Ausland, solange der RA dort keine eigene Kanzlei oder kein eigenes Büro unterhält.

51 Wegen des früheren Rechts vgl. *Brieske*, AnwBl 1991, 481, 484.

Es bleibt der Ausschlusstatbestand, wenn der Rechtsanwalt ein Büro oder eine Kanzlei im Ausland unterhält und dort seine schadensverursachende Tätigkeit ausübt, § 4 Nr. 1 AVB i.V.m. BBR-RA. Bei Tätigkeit im Ausland empfiehlt sich zusätzlicher Versicherungsschutz, um diesem Risiko zu entgehen. Es ist hier nicht der Ort zu diskutieren, was geschieht, wenn ein Mandat teils von einem ausländischen Büro, teils von einem deutschen Büro einer Sozietät bearbeitet wird und in beiden Orten Fehler begangen werden.

Nicht nur die Tätigkeit, die Art der Mandantschaft und Einzelheiten der Tätigkeit müssen bei Abschluss des Versicherungsvertrages bedacht werden, sondern auch die Versicherungssumme. Das Gesetz schreibt eine Mindestversicherungssumme von 250.000 EUR vor. Dies ist eine absolut unzureichende Versicherungssumme.

Die Versicherungssumme muss im Prozess- oder Regulierungsfall nach Jahren angesichts gestiegener Lebenshaltungskosten und eines gestiegenen Preisniveaus ausreichend sein, um einen Schaden abzudecken, der mit der Höhe des Streitwertes überhaupt nichts zu tun hat.

Es wäre ein Fehler, im Hinblick auf die nach § 51 a BRAO möglichen Haftungsbegrenzungen die Versicherungssumme zu reduzieren oder gering zu halten. Die Versicherung muss gerade auch für den Fall zur Verfügung stehen, dass, aus welchen Gründen auch immer,[52] die Haftungsbegrenzung sich als unwirksam erweist.

Wer seinen Vertrag nur im Hinblick auf ersparte Kosten abschließen will, sollte zumindest einen Blick auf die in Rede stehenden Mehrkosten werfen und diese auf den Monat umrechnen. Hinzu kommt die Versicherungssteuer.

Misst man die Mehrprämie an dem Mehr an Versicherungsschutz (4 × 250.000 EUR bzw. 4 × 750.000 EUR) und damit verbundenem Mehr an Nachtschlaf, dann fällt einem zur angeblich prohibitiven Mehrbelastung durch die Mehrprämie nichts mehr ein.

Soweit andernorts[53] Übersichten veröffentlicht worden sind, ist darauf zu achten, ob die dort aufgeführten Prämien an einen Mindestselbstbehalt von 2.500 EUR anknüpfen.[54]

Das bedeutet nämlich, dass der Versicherer sich mit Schadensfällen nicht zu befassen hat, in denen die Mandantschaft nicht mehr als 2.500 EUR verlangt. In derartigen Schadensfällen hat der Versicherungsnehmer das gesamte Prozessrisiko allein zu tragen. Ob er das wirtschaftlich verkraften kann, muss jeder Versicherungsnehmer selbst entscheiden.

52 Sei es, dass die Vereinbarung an sich gemessen an § 51 a BRAO unwirksam ist; sei es, dass sie gegen die Regeln der §§ 305 ff. BGB verstößt; sei es, dass sie auf dem Hintergrund der Richtlinie über Klauseln in Verbraucherverträgen „nicht hält“.

53 *Braun*, BRAK-Mitt. 1994, 202, 203.

54 Nachzulesen bei *Braun*, BRAK-Mitt. 1994, 202, Fn. 10.

Es wird auch eine **umsatzabhängige Prämie** angeboten. Bei umsatzabhängigen Prämien ist Folgendes zu beachten: Es ist nicht sichergestellt, dass in jedem Fall zumindest die gesetzliche Mindestversicherungssumme auch im Innenverhältnis zur Verfügung steht. Denn der Versicherer behält sich das Recht vor, den Versicherungsschutz quotal im Verhältnis angegebener Umsatz zu tatsächlichem Umsatz[55] zu kürzen; ebenso behält sich der Versicherer Sanktionen für den Fall vor, dass der Umsatz nicht fristgerecht gemeldet wird. Die dort angedachten Sanktionen sind:

a) bei fehlerhaften Angaben bei Vertragsabschluss § 28 VVG bzw. § 19 VVG,
b) bei fehlerhaften Angaben für spätere Versicherungsperioden § 28 VVG.

Allein sinnvoll ist es, für diesen Fall zu vereinbaren, dass ggf. die Mehrprämie nachgezahlt wird. Der uneingeschränkte Versicherungsschutz ist für die Rechtsanwältin eine Frage der wirtschaftlichen Selbsterhaltung.

Bei Versicherungsverträgen mit Schadensfreiheitsrabatt muss beachtet werden, dass die Fragen nach bekannten Schadensfällen zutreffend beantwortet werden können; sie berühren u.U. nicht nur die Frage nach der Versicherungsprämie, sondern führen ggf. auch zu Kündigungsrechten des Versicherers, wenn es sich um Angaben aus der Zeit vor dem Vertragsabschluss handelte; sonst sind wir Im Bereich der u.U. vorsätzlich falschen Gefahrangaben.

Die Versicherungssumme muss so gewählt werden, dass die in einem Jahr aus verschiedenen Mandaten entstehenden Schadensersatzansprüche abgedeckt sind und dass der Rechtsanwalt auch im Schadensfall noch ruhig schläft, wenn ein sehr hoher Betrag von ihm verlangt wird. Auch Mandate mit einem Gegenstandswert von 5.000 EUR oder weniger können wie dargestellt Millionenschäden verursachen.

Sind mehrere Rechtsanwälte zur gemeinsamen Berufsausübung nach außen hin zusammengeschlossen, § 12 AVB, so muss sichergestellt sein, dass nicht durch die **Durchschnittsdeckung in § 12 AVB** der Rechtsanwalt einen Versicherungsschutz erhält, der unterhalb der von ihm gewählten Versicherungssumme liegt. Da alle Rechtsanwälte die Mindestversicherungssumme von 250.000 EUR versichert haben müssen, spielt dies zunächst nur bei höheren Versicherungssummen eine Rolle. Aus § 12 AVB ergibt sich bei unterschiedlich vereinbarten Versicherungssummen folgende Berechnung des von dem Versicherer zu erbringenden Versicherungsschutzes bei einem angenommenen Schaden von 400.000 EUR:

	Versicherungssumme	Versicherungsleistung
RA X	1.000.000 EUR	400.000 EUR
RA Y	500.000 EUR	400.000 EUR

55 Natürlich bezogen auf die Periode, für die der Umsatz gemeldet worden ist.

RA Z	250.000 EUR	250.000 EUR
Summe		1.050.000 EUR
Leistung Summe: 3		350.000 EUR

Obwohl RA X und RA Y eine höhere Versicherungssumme vereinbart haben als die Schadenssumme in diesem Fall, muss die Sozietät in diesem Beispiel 50.000 EUR von dem Schaden selbst tragen. Allerdings ist das Verhältnis der im Versicherungsantrag individuell angegebenen Versicherungssumme des § 5 VVG und des § 12 AVB durchaus problematisch. Dies sind Überlegungen vor und bei Abschluss des Versicherungsvertrages. Natürlich muss bedacht werden, ob die Versicherung geeignet ist, im Versicherungsfall ordnungsgemäß die Leistung zu erbringen, die von dem Versicherer erwartet wird. Die erwartete Leistung beschränkt sich nicht darauf, begründete Ansprüche abzuwehren. Sie umfasst die Abwehr unbegründeter Ansprüche. Sie umfasst Hilfe, evtl. dem Grunde nach begründete Ansprüche der Höhe nach zu minimieren. Sie umfasst Maßnahmen, einen drohenden Schaden zu verhindern.

Ggf. sind zutreffende Angaben über die juristischen Mitarbeiter zu machen.

V. Fragen nach Abschluss eines Versicherungsvertrages, aber vor Eintritt eines Versicherungsfalles

Vor dem Versicherungsfall sollten die versicherten Risiken möglichst minimiert werden.

1. Wie bereits beschrieben, gilt dies insbesondere für den Umgang mit Geld.
   a) So empfiehlt es sich nicht, Schecks zu versenden.[56]
   b) Es empfiehlt sich, bei Überweisungen Kontrollmaßnahmen im Büro einzuleiten, die bewusste oder fahrlässige Fehlüberweisungen ausschließen oder erschweren.
   c) Schließlich empfiehlt es sich – wenn überhaupt – Mandantengelder nur über Anwaltsanderkonten laufen zu lassen, da insoweit ein gewisser Versicherungsschutz besteht.
   d) Nach § 43 a Abs. 5 BRAO sind fremde Gelder unverzüglich an den Empfangsberechtigten weiterzuleiten oder auf ein Anderkonto einzuzahlen.

   Wer auf dem Briefbogen eines Büros auftaucht, muss sich darüber im Klaren sein, dass er persönlich und ggf. ohne Versicherungsschutz der Mandantschaft dafür einstehen muss, dass das Geld ausgezahlt wird;[57] ist der Betroffene dazu nicht in der Lage, droht ihm der Entzug der Zulassung wegen Vermögensverfall nach § 14 Abs. 2 Nr. 8 BRAO trotz seiner persönlichen Integrität.

56 Nachdem die Polizei auf die Bandenkriminalität hierzu hingewiesen hat, sollte der Letzte vorsichtig werden.

57 Mehrere Kollegen und Kolleginnen in der Republik haben in den letzten Jahren insoweit ein böses Erwachen erlebt und zahlen Millionenbeträge ab.

Ebenso empfiehlt es sich natürlich, das Büro so zu organisieren, dass möglichst bestimmte Fehlerquellen vermieden werden, insbesondere Fristenfehler.[58] Ebenso sind genauere Kenntnisse des Fristenrechts geboten.
Schließlich gehört zu vernünftigem Risikomanagement eines Anwaltsbüros Fortbildung. § 43 a Abs. 6 BRAO.
Fehlerquellen zu vermeiden ist der erste Schritt; für die verbleibenden Risiken eine Versicherung abzuschließen der damit untrennbar verbundene zweite Schritt.

2. Es muss stets geprüft werden, ob die abgeschlossenen Versicherungssummen der in dem Büro zur gemeinsamen Berufsausübung zusammengeschlossenen Rechtsanwälte gleich sind oder ob § 12 AVB teilweise abbedungen werden muss.
3. Entsprechend der Entwicklung des Büros müssen die Versicherungssummen sowohl für die Zukunft als auch für die Vergangenheit regelmäßig überprüft und ggf. angepasst werden. Es ist geradezu dramatisch, wenn man nach 20 Jahren noch aus Tradition mit der zu Beginn der beruflichen Karriere abgeschlossenen Versicherungssumme meint, gut schlafen zu können.
4. Soweit in einem Versicherungsjahr ein Schaden geltend gemacht worden ist und/oder ein Teil der Versicherungssumme für einen Schaden verbraucht und/oder „reserviert werden muss", sollte man über die Möglichkeit nachdenken, ergänzend Versicherungsschutz der Höhe nach zu vereinbaren, d.h. die Versicherungssumme zu erweitern. Das ist jedenfalls nach dem Wortlaut der AVB insofern möglich, als Schäden noch nicht bekannt sind oder auch noch nicht geltend gemacht worden sind (Rückwärtsversicherung).
5. Es gibt einzelne Mandate, bei denen für den Einzelfall eine Versicherungssumme abgeschlossen werden muss, die über dem sonstigen Versicherungsniveau liegt. Auch diese Möglichkeit sollte bedacht werden (sogenannte Excedentenversicherung).
6. Schließlich sollte gerade bei einer Sozietät i.S.d. § 12 AVB[59] organisatorisch vorgesorgt werden, dass nicht das bei einer Sozia eingehende Anspruchsschreiben der Mandantschaft „untergeht". Die weitere Bearbeitung, insbesondere die Schadensmeldung gegenüber dem Versicherer und die Regulierungsgespräche – in Absprache mit dem Versicherer –, sollte einer anderen Sozia übertragen werden. Es muss ausgeschlossen werden, dass eine Sozia mit der Begründung, nach ihrer Auffassung sei der erhobene Anspruch abwegig, die Sache beiseitelegt.
   Eine solche Erklärung der früheren oder jetzigen Mandantschaft und ein solches Verhalten können leicht dazu führen, dass der Anspruch der Rechtsanwältin[60] gegen

58 Insoweit ist auf die Ausführungen über Büroorganisation zu verweisen; vgl. aber auch *Borgmann/Jungk/Schwaiger*, § 58 (die Organisation des Anwaltsbüros zur Wahrung von Fristen).

59 Nachfolgend wird der Begriff Sozius immer im Sinne des § 12 AVB i.V.m. § 1 Abs. 2 Nr. 1 AVB-RSW verwendet. Ob die Sozienregelung in § 12 AVB über alle rechtlichen Zweifel erhaben ist, braucht hier nicht vertieft zu werden. Der BGH hat in einem obiter dictum keine Zweifel an der Wirksamkeit gehabt.

60 Wir werden unter VI. erörtern, inwieweit der Versicherer dem Geschädigten die Einrede entgegenhalten kann, soweit es sich um Ansprüche aus der Pflichtversicherung handelt.

die eigene Versicherung verjährt,[61] während der Schadensersatzanspruch gegen die Rechtsanwältin noch lange nicht verjährt.[62]
Gerade in Bürogemeinschaften, die haftungsrechtlich als Sozietäten auftreten, müssen geeignete Vorkehrungen getroffen werden.

VI. Fragen im Versicherungsfall

Wenn dann der Versicherungsfall eingetreten ist, muss für eine sofortige, unverzügliche und vollständige Schadensmeldung an den Versicherer gesorgt werden, § 5 AVB.

Vor allen versicherungsrechtlichen Überlegungen muss sich der betroffene RA über ein Stück Lebenserfahrung im Klaren sein: wer von einem anderen angeschrieben wird, er habe einen Fehler gemacht, entdeckt häufig, dass dieser Fehler tatsächlich unterlaufen ist; voll Entsetzen versucht nun der Betroffene diesen Fehler vor sich zu kaschieren. Nicht selten entdecken Außenstehende, dass sich dieser Fehler überhaupt nicht ausgewirkt hat oder dass er gar nicht begangen wurde oder dass die Handlungsweise in diesem Mandat gar kein Fehler war. Deshalb sollte der Betroffene sofort einen unbefangenen Kollegen und/ oder seinen Versicherer – dem er ohnehin die Angelegenheit sofort melden muss – mit der Sache befassen.

Meldet er den Schaden nicht unverzüglich und vollständig, sondern möglicherweise noch mit geschönter Erinnerung, so kann er den Versicherungsschutz gefährden, § 28 VVG.

Es wäre unrealistisch anzunehmen, kein Versicherer beriefe sich auf diese Regel. Zwar erklären einige Versicherer, in ihrem Hause fände das nicht statt; in der Vertretung verschiedener Kollegen bei verschiedenen Versicherern hat Kollege *Rembert Brieske* erlebt, dass entweder der Versicherungsschutz wegen verspäteter Meldung – obwohl im konkreten Fall die Verspätung keine Auswirkung hatte – entzogen wurde oder zumindest damit gedroht wurde.

Der verspätet Meldende verliert seinen Versicherungsschutz und wird im Rahmen des § 12 AVB behandelt, als hätte er eine Versicherungssumme von 0 EUR. Das wirkt sich bei der Durchschnittsbildung nach § 12 AVB aus. In dem oben genannten Beispiel würde eine solche Obliegenheitsverletzung des RA X zu einer Durchschnittsdeckung von 266.667 EUR führen; soweit der Mindestversicherungsschutz von 250.000 EUR unterschritten würde, gibt es vielleicht im Bereich der Pflichtversicherung eine Untergrenze; im Bereich der freiwilligen Versicherung gibt es diese Untergrenze nicht.

Ebenso kann der Versicherungsschutz dadurch beeinträchtigt werden, dass der Rechtsanwalt den Anspruch anerkennt, ohne mit dem Versicherer dieses abzusprechen, § 5 AVB. Zu

61 Hemmung gem. § 15 VVG.
62 Für Verstöße aus der Zeit bis zum 14.12.2004 § 51 b BRAO in 3 Jahren und beginnend erst ab Schadensentstehung, spätestens ab Ende des Mandats; unter Umständen verlängert durch den sekundären Schadensersatzanspruch, seitdem gilt auch für RAe die Regelverjährung des BGB.

einem solchen Anerkenntnis fühlt sich die Rechtsanwältin u.U. gegenüber der Mandantschaft verpflichtet, um sich der Mandantschaft zu erhalten. Das ist aber versicherungsvertragsrechtlich kein das Anerkenntnis rechtfertigender Grund. Der Versicherer hat – leider – nur dann zu zahlen, wenn der Rechtsanwalt der Mandantschaft nach materiellem Recht haftet, sonst hat der Versicherer Abwehrschutz zu gewähren. Es kann nicht verkannt werden, dass Situationen entstehen, in denen der Schadensfall die Beendigung einer langjährigen Beziehung zur Mandantschaft nach sich zieht.[63] Gleichwohl ist die Vermögensschadenshaftpflichtversicherung nicht geeignet, dieses Problem zu lösen.

Gegenstand der Vermögensschadenshaftpflichtversicherung ist nicht nur die Befriedigung begründeter Ansprüche, sondern auch die Abwehr unberechtigter Ansprüche. Dieser Abwehrschutz ist von großer Bedeutung. Er umfasst im Falle einer gerichtlichen Auseinandersetzung auch das Recht des Versicherungsnehmers (Rechtsanwalts) zu verlangen, dass der Prozess von einem von dem Versicherer bezahlten Rechtsanwalt geführt wird. Die Erfahrung zeigt, dass fremde Augen doch noch einiges sehen, was man selbst übersehen hat. Die Prozesskosten sind von dem Versicherer außerhalb der Versicherungssumme zu tragen.

Im Versicherungsfall ist die Rechtsanwältin am Schadensersatz wirtschaftlich mit dem Selbstbehalt und mit dem Gebühreneinwurf, beides begrenzt auf die Summe von 2.500 EUR, beteiligt.

Die Versicherer bieten den Rechtsanwälten zum Teil an, grundsätzlich einen festen Selbstbehalt von 2.500 EUR zu vereinbaren. Wir hatten oben bereits die Frage aufgeworfen, wer sich diesen Selbstbehalt und die nicht unterstützte Abwicklung des Schadensfalls bei jedem Schaden bis zu 2.500 EUR leisten kann – gegen eine Minderprämie von 75 EUR im Jahr.

Im Versicherungsfall kommt es schließlich aus ganz anderer Sicht darauf an, die Ausschlusstatbestände, wie sie oben beschrieben und auch sonst in den AVB enthalten sind, auszulegen. Hier sind nun die Regeln des AGB-Recht anzuwenden. Insbesondere müssen Sie prüfen, wie weit der erhobene Schadensersatzanspruch eben nicht nur auf eine vom Ausschlusstatbestand erfasste Begründung gestützt werden kann, sondern daneben auf eine vom Versicherungsschutz umfasste Begründung. Bei derartiger **alternativer Anspruchsbegründung** bezieht sich der Versicherungsschutz auf den gesamten von der versicherten Begründung umfassten Schaden; es wird also nicht die Versicherungsleistung entsprechend „dem Gewicht der Begründung" gequotelt.[64] Welche Konsequenzen sich daraus für den den Geschädigten vertretenden Rechtsanwalt ergeben, werden wir unter VII. erörtern.

63 Die Mandantschaft ist im Schadensfall Gegner; es ist deshalb auch ausgeschlossen, ihn gegenüber dem Versicherer zu vertreten.

64 *Bruck/Möller/Johannsen*, Anm. G 163; OLG München VersR 1959, 72; OLG Koblenz VersR 1979, 830; OLG Celle VersR 1978, 27.

Es kann nicht verschwiegen werden, dass der Ausschlusstatbestand „wissentliche Pflichtverletzung" gefahrgeneigt ist. Selbst der Fehler wegen Überlastung kann zur wissentlichen Pflichtverletzung werden, wenn der Rechtsanwalt sich so übernimmt, dass er in Kauf nimmt, seine Aufgaben nicht ordnungsgemäß erfüllen zu können. Was menschlich als Erklärung verständlich sein mag, kann versicherungsvertragsrechtlich „tödlich" sein. Der Dumme steht versicherungsrechtlich besser da als der wissende Überarbeitete.

Allerdings gibt es nun den Begriff des Primitivwissens, das jeder haben sollte und der durch die versicherungsrechtliche Rechtsprechung geistert.[65]

VII. Fragen bei einer streitigen Auseinandersetzung mit einer Versicherung

Schließlich muss man im Rahmen des Themas „Berufshaftpflichtversicherung" auch die Fälle bedenken, in denen der Rechtsanwalt mit seinem eigenen Haftpflichtversicherer streitet. Es mag Streit geben um die Frage der Deckung oder um die Frage der Haftung.

Streit zur Haftung: Wenn Versicherungsnehmer und Versicherer sich nicht einig sind, ob der Rechtsanwalt schadensersatzpflichtig geworden ist (Streit mag es zum Grund oder zur Höhe geben), wird der Rechtsanwalt nur unter strenger Beachtung der Vorschriften des Versicherungsvertrages den Versicherer in Anspruch nehmen können. Er wird allerdings nur mit einem erheblichen Risiko seinerseits den Schaden regulieren und dann den Versicherer in Anspruch nehmen können. Er geht das Risiko ein, dass ein Gericht seiner Auffassung nicht folgt.

Streit zur Deckung: Gibt es Streit um die Frage, ob der Versicherer eintreten muss, so sind zwei Dinge zu unterscheiden:

- die weitere Regulierung
- die Auseinandersetzung um die Deckungspflicht

Weitere Regulierung: Es kommt für die weitere Regulierung darauf an, ob der Versicherer endgültig seine Eintrittspflicht verneint; verneint der Versicherer endgültig seine Eintrittspflicht, ist die Rechtsanwältin nicht mehr gebunden, dem Versicherer die Regulierung zu überlassen.

Auseinandersetzung um die Deckungspflicht: Es wird dann u.U. im Deckungsprozess auf einen Streit um Ausschlusstatbestände oder die Folgen von Obliegenheitsverletzungen ankommen. Allerdings wird es keinen Streit um Ausschlusstatbestände mehr geben können, wenn im Haftungsprozess eine Anspruchsbegründung festgeschrieben wurde, die nicht unter einen Ausschlusstatbestand fällt.

65 OLG Hamm AnwBl 1997, 237.

Derartiger Streit entsteht, wenn der Rechtsanwalt den Schaden in einer Weise meldet, durch die der Eindruck entsteht, der Rechtsanwalt habe den Schaden durch eine bedingt wissentliche Pflichtverletzung herbeigeführt.[66]

Wird um bestimmte Ausschlusstatbestände in deckungsrechtlicher Hinsicht gestritten, empfiehlt es sich eher, sich von der Mandantschaft verklagen zu lassen, damit dann mit Bindung an das Urteil des Gerichts aus dem Haftungsprozess im Deckungsprozess der Versicherer zur Leistung verurteilt wird.

Unter Umständen muss selbst dann ein Prozess – begonnen von der Mandantschaft – aufgenommen werden, wenn es außer Frage steht, dass der Mandantschaft Geld zusteht, nur um dabei in dem Urteil eine vom Versicherungsschutz umfasste Begründung zu erhalten.

VIII. Fragen bei der Vertretung des Geschädigten gegenüber dem früheren Rechtsanwalt und dessen Versicherung

Wer einen Geschädigten vertritt, sollte Folgendes beherzigen:

- Es ist zu prüfen, zu welchem Zeitpunkt der Fehler gemacht worden ist, ob zur Zeit vor der Pflichtversicherung oder danach. Der Rechtsanwalt ist verpflichtet, rückwirkend ab 9.9.1994 eine dem Gesetz entsprechende Versicherung zu halten; nur die Frist für den Nachweis läuft bis zum 8.9.1995.
- Eine Anfrage bei der Kollegin nach den maßgeblichen AVB erleichtert die dem Versicherungsumfang entsprechende Anspruchsbegründung.
- Im Bereich bis 250.000 EUR bewegen wir uns ab dem Stichtag im Rahmen der Pflichtversicherung. Einschlägig sind die §§ 113 ff. VVG.
- Wo der RA versichert ist, kann bei der zuständigen Stelle im Sinne des § 117 Abs. 2 VVG erfragt werden, also bei der Rechtsanwaltskammer (§ 51 Abs. 7 BRAO).
- Gem. § 119 VVG gibt es nach Maßgabe des § 120 VVG rechtserhaltende Mitteilungspflichten an den Versicherer.
- Soweit der Versicherer gegenüber dem Versicherungsnehmer wegen Obliegenheitsverletzung aus der Zeit nach dem Versicherungsfall oder wegen Verjährung leistungsfrei ist, verbleibt es gleichwohl im Rahmen der Pflichtversicherung bei der Eintrittspflicht gegenüber dem Dritten (Geschädigten) nach § 117 VVG.

66 Der Hinweis auf Überlastung indiziert wissentliche Pflichtverletzung und ist überflüssig.

A.8 Anwaltspflichten und Anwaltshaftung

Rechtsanwältin Antje Jungk, München • Allianz Versicherungs-AG

Das Stichwort „Anwaltshaftung“ ruft nicht nur bei juristischem Nachwuchs recht gemischte Gefühle hervor. Von der Notwendigkeit, ein „juristischer Supermann“[1] sein zu müssen, ist die Rede und auch davon, dass die Anwältinnen und Anwälte selbst für Fehler des Gerichts einzustehen haben.[2] Jedenfalls müssen sie immer den sichersten Weg beschreiten.[3] Wer seine Berufstätigkeit aufnimmt und sich dabei von Anfang an mit solchen Schlagworten konfrontiert sieht, dem kann man es nicht verdenken, wenn er entweder seine Zulassung alsbald zurückgibt oder das Thema gänzlich ignoriert. Beides ist falsch. Die Haftung hat im Anwaltsmandat keinen anderen Stellenwert als bei jedem anderen Vertragsverhältnis auch: Nur bei Schlechterfüllung des Vertrages muss ein Vertragspartner dem anderen für hieraus entstehende Schäden einstehen.

Die ordnungsgemäße Vertragserfüllung setzt allerdings voraus, dass die Vertragspflichten bekannt sind. Die oben genannten Schlagworte sind dabei nicht weiter hilfreich. Vielmehr sollte sich jeder Anwalt und jede Anwältin zunächst einmal darüber klar werden, ob sie im konkreten Fall anwaltlich tätig werden: Mittlerweile nehmen Anwälte und Anwältinnen nicht selten Aufgaben wahr, die nicht in die anwaltliche Berufsausübung fallen.[4] Gerade auch im Zusammenhang mit Legal Tech kann das fraglich sein.[5] Im Mandat muss man sich bewusst machen, welche Aufgaben in den verschiedenen Stadien wahrzunehmen sind. Dies hängt naturgemäß von vielen Faktoren ab, sodass sich eine „Checkliste“ von zu beachtenden Punkten von vornherein verbietet. Dennoch gibt es Pflichten, die allgemein in allen Mandaten zu beachten sind, sowie typische oder häufige Fehlerquellen, die hier in Kürze dargestellt werden sollen.[6]

I. Anwaltspflichten

1. Pflichten bei Mandatsbeginn und bei Mandatsablehnung

Nicht nur bei Mandatsbeginn steht die Wahrung der Interessen der Mandantinnen und Mandanten im Vordergrund, aber gerade zu diesem Zeitpunkt kann die Einhaltung von Fristen oder die Sicherung von Rechtspositionen zu schnellem Tätigwerden zwingen. Aus

1 Prinz, VersR 1986, 317.
2 Allerdings eine stark verkürzte Beschreibung der BGH-Rechtsprechung, z.B. BGH NJW 1996, 48. Das BVerfG hat die Grenzen im Beschluss vom 12.8.2002, NJW 2002, 2937, aufgezeigt.
3 St. Rspr. schon seit Reichsgerichtszeiten: JW 1921, 893 und BGH bis heute, z.B. BGH NJW 1996, 2648.
4 Z.B. als Mittelverwendungskontrolleur, BGH VersR 2016, 388: Hier besteht dann auch kein Versicherungsschutz über die Berufshaftpflichtversicherung. Die Tätigkeit als Mediator wird hingegen vom BGH (NJW 2017, 3442) als anwaltliche Tätigkeit angesehen.
5 Instruktiv zu vielen Themen im Zusammenhang mit Legal Tech s. Remmertz, Legal Tech-Strategien für Rechtsanwälte, Verlag C.H. Beck 2020; speziell zu Haftung und Versicherung dort § 5 (Verf. Jungk).
6 Eine vertiefte und gründliche Darstellung der hier nur kurz angeschnittenen Probleme ist enthalten in der systematischen Darstellung der Rechtsgrundlagen für die anwaltliche Tätigkeit von *Borgmann/Jungk/Schwaiger*, Anwaltshaftung, 6. Aufl. 2020 sowie in *G. Fischer/Vill/D. Fischer/Chab/Pape*, Handbuch der Anwaltshaftung, 5. Aufl. 2019.

diesem Grunde ist es Anwältinnen und Anwälten auch verwehrt, über der Annahme bzw. Ablehnung eines Mandats längere Zeit zu brüten.

- **Postdurchsicht**
  Wichtig: täglich selbst die Post – auch E-Mails[7] – durchsehen oder durch eine andere juristische Person durchsehen lassen.[8]
- **Unverzügliche Mandatsablehnung**
  Gemäß § 44 BRAO besteht eine (vorvertragliche) Pflicht zur unverzüglichen Ablehnung des Mandats, um der potenziellen Mandantschaft die Chance zu geben, sich zeitnah einen anderen Anwalt oder Anwältin zu suchen. Verlieren Ratsuchende durch evtl. tagelanges Zögern eine Rechtsposition, z.B. wegen Verjährung ihres Anspruchs, so besteht insoweit eine Schadensersatzpflicht.
- **Schnellprüfung bei Mandatsannahme**
  Zumindest kursorische Durchsicht der Unterlagen[9]:
  Wird das Mandat angenommen, ist ebenfalls Eile geboten: Noch am selben Tag muss geprüft werden, ob Maßnahmen ergriffen werden müssen, z.B. Einspruch gegen ein Versäumnisurteil innerhalb laufender Einspruchsfrist oder Klageerhebung bzw. Einreichung eines Mahnbescheids zur Verjährungshemmung. Dabei sind weder die legendären 15 Aktenordner, die um 17.00 Uhr überreicht werden, noch Unklarheiten über das Zustellungsdatum ein Entschuldigungsgrund für nicht ergriffene Maßnahmen. Bei Unklarheiten muss ggf. – soweit möglich – bei Gericht nachgefragt werden, wann beispielsweise das Versäumnisurteil zugestellt wurde.[10]
- **Hinweispflichten bei Mandatsannahme**
  - Hinweis auf Abrechnung nach Gegenstandswert (§ 49 b Abs. 5 BRAO)[11]
  - Mandatsbeziehungen der Sozietät zum Gegner müssen auch offenbart werden, wenn keine direkte Interessenkollision vorliegt.[12]

2. Pflicht zur Sachverhaltsaufklärung

Ist das Mandat angenommen, muss zunächst eine möglichst umfassende Aufklärung des für die Angelegenheit relevanten Sachverhalts erfolgen. Diese Anwaltspflicht wird gerade von Berufsanfängerinnen und -anfängern, die gewohnt sind, mit aufbereiteten Klausursachverhalten umzugehen, häufig unterschätzt. Man muss sich hierbei gewahr sein, dass der Mandant als zumeist juristischer Laie den Sachverhalt so schildert, wie er ihn erlebt hat. Dabei erfährt die Anwältin oder der Anwalt häufig viele Details, die für die rechtliche Beurteilung irrelevant sind, während wichtige Einzelheiten nicht zur Sprache kommen. Hier ist es nun die Kunst, aber auch Anwaltspflicht, bei der Mandantin den für die rechtliche

7 KG, Beschl. v. 6.1.2005 – 16 UF 114/04; OLG Jena DStR 2016, 2064: zu den üblichen Bürozeiten. Ebenso jetzt natürlich auch das besondere elektronische Anwaltspostfach (beA).
8 BGH VersR 1971, 1022.
9 BVerfG NJW 2000, 1633.
10 BGH NJW-RR 1995, 825.
11 BGH NJW 2007, 2332; NJW 2008, 371.
12 BGH WM 2008, 371.

Beurteilung relevanten Sachverhalt „herauszufragen“ und entsprechende Unterlagen anzufordern.[13]

- Die Rechtsprechung hat einen Anscheinsbeweis dafür entwickelt, dass die Mandantschaft erbetene Informationen auch gibt.[14]
- Auf die Richtigkeit der Angaben darf man dann grds. vertrauen.[15]
- Zu beachten ist aber, dass Mandantinnen und Mandanten zuweilen juristische Begriffe benutzen, ohne deren rechtliche Bedeutung zu kennen. So kann von einer „Zustellung“ die Rede sein, obwohl die tatsächliche Entgegennahme der Sendung (z.B. nach Niederlegung zur Post) gemeint ist.[16] Auch „Kündigung“ und „Rücktritt“ sind Begriffe, die sogar von Rechtsanwältinnen und Rechtsanwälten z.T. falsch gebraucht werden.[17]
- Selbst Tatsachenbehauptungen der Mandantschaft muss die Anwältin bei Zweifeln überprüfen[18] und ggf. durch zusätzliche Fragen für ergänzende Aufklärung sorgen. Grundsätzlich müssen aber schon tatsächliche Anhaltspunkte für weitere Nachforschungen gegeben sein.[19]

Die Sachverhaltsaufklärung hat naturgemäß insbesondere am Anfang des Mandats eine besondere Bedeutung. Der Sachverhalt muss aber auch während des weiteren Verlaufs immer wieder hinterfragt werden, insbesondere auch aufgrund widersprechenden gegnerischen Vortrags und neuer Entwicklungen. Die Bedeutung der Sachverhaltsaufklärung kann gar nicht überschätzt werden; das besondere Vertrauensverhältnis zwischen Anwalt und Mandant erfordert eine umfassende gegenseitige Information.

3. Rechtsprüfung

Nach erfolgter Sachverhaltsaufklärung sind die dabei gewonnenen Erkenntnisse einer rechtlichen Überprüfung zu unterziehen. Anhand von Gesetz, Rechtsprechung und Literatur müssen Anwalt bzw. Anwältin zu einer Einschätzung gelangen, ob die streitigen Ansprüche oder Rechtspositionen bestehen oder nicht. Beweisprobleme muss man erkennen und ggf. gewichten.

13 BGH NJW 1996, 2929: Baugenehmigung und Gaststättenerlaubnis bei Pachtvertrag.
14 BGH NJW 1992, 240. Der Anwalt muss ggf. beweisen, dass Unterlagen bewusst vorenthalten wurden, BGH NJW 1996, 2929; NJW 1998, 2048.
15 BGH NJW 1996, 2929; NJW 1998, 2048.
16 BGH NJW 1994, 2293; NJW-RR 1995, 825.
17 BGH NJW 1996, 2648; BGH NJW 2019, 1151.
18 BGH NJW 1994, 2293; OLG Düsseldorf, Urt. v. 28.8.2012 – 12 U 18/12.
19 BGH, NJW 2006, 501.

a) Gesetze

Die gesetzlichen Grundlagen muss man in jedem Fall auffinden, auch wenn sie sehr versteckt sein mögen:

- auch sehr selten anwendbare Verordnungen, wie die Medaillenverordnung[20] o.ä.;
- auch die Kollisionsnormen des Internationalen Privatrechts gehören zum deutschen Recht;
- ebenso internationale Verträge und Abkommen;
- sowie das Recht der Europäischen Union.[21]

Die Kenntnis ausländischen Rechts kann nicht verlangt werden; allerdings darf der Anwalt auch nicht den Eindruck vermitteln, er würde es prüfen (z.B. wenn man in einer Erb- oder Familiensache über die Kollisionsnormen zur Anwendung ausländischen Rechts kommt). In solchen Fällen sollte man das Mandat ausdrücklich einschränken und evtl. die Beauftragung ausländischer Kolleginnen bzw. Kollegen empfehlen.

b) Rechtsprechung

- **Was muss man kennen?**
  Allein mit dem Gesetzestext lassen sich bekanntlich nur die wenigsten Rechtsprobleme eindeutig lösen. So gehört auch die Kenntnis der Rechtsprechung zu den Anwaltspflichten. Der BGH verlangt, dass man die in den amtlichen Sammlungen veröffentlichte Rechtsprechung der obersten Gerichtshöfe sowie sämtliche in den gängigen Fachzeitschriften veröffentlichten Entscheidungen der obersten Gerichtshöfe kennt.[22] Sofern ein Problem noch nicht höchstrichterlich entschieden ist, muss man sogar einschlägige Entscheidungen der Oberlandesgerichte kennen.[23] Das Auffinden der benötigten Entscheidungen ist heutzutage durch elektronische Datenbanken etc. erheblich erleichtert; gleichwohl sollte man bei der Benutzung vorsichtig sein, da man leicht der Versuchung erliegt, scheinbar passende Leitsätze unbesehen zu übernehmen, obwohl der zugrunde liegende Sachverhalt nicht identisch ist oder sich aus der Entscheidungsbegründung Einschränkungen ergeben. Eine eindeutige und uneingeschränkte Aussage in einem weitverbreiteten Kommentar mit Hinweis auf eine nicht veröffentlichte Entscheidung eines obersten Bundesgerichts muss man aber ohne Anlass nicht hinterfragen.[24]
  Gibt es Anhaltspunkte dafür, dass eine Änderung der höchstrichterlichen Rechtsprechung bevorsteht, so muss man auch dies bei der Rechtsprüfung und daraus folgender Risikoprognose einkalkulieren.[25] Das Vertrauen in den Fortbestand der Rechtsprechung

20 BGH, NJW 2006, 501.
21 BGH NJW 1998, 1860.
22 RG JW 1910, 254: BGH NJW 1983, 1665.
23 BGH NJW-RR 1993, 243; OLG Düsseldorf, Urt. v. 25.6.2015 – I-6 U 200/14; keine Pflichtverletzung bei gänzlich offenen Rechtsfragen: BGH AnwBl. 2016, 524.
24 BVerwG, NJW 2006, 3081.
25 BGH NJW-RR 1993, 243; BGH NJW 2020, 1947.

ist insbesondere dann nicht mehr angebracht, wenn infolge von Gesetzesänderungen die Rechtsgrundlagen abweichen, wenn sich im Wege der Rechtsfortbildung neue Rechtsformen entwickelt haben sowie bei einem in Literatur und Rechtsprechung sich abzeichnenden dogmatischen Wandel.[26] Dabei kann auch ein obiter dictum eines Obergerichts von Relevanz sein.

- **Wie schnell muss man sie finden?**
  Veröffentlichte Entscheidungen muss man schon kurz nach Veröffentlichung berücksichtigen.[27]
- **Mandatsbezug**
  Kenntnis verlangt der BGH nur zu das Mandat betreffenden Rechtsproblemen. Bei außerhalb des Mandats liegenden Spezialfragen aus anderen Rechtsgebieten ist der BGH nachsichtiger.[28]

c) Literatur

Auch im Übrigen sollte man die in den Fachzeitschriften und Kommentaren zu dem betreffenden Rechtsgebiet bzw. Rechtsproblem veröffentlichte Literatur im Blick haben.[29] Insbesondere in Fällen, in denen mangels gerichtlicher Entscheidungen die Rechtslage unklar ist, kann die Kenntnis eines einschlägigen Aufsatzes hilfreich und erforderlich sein.[30]

4. Rechtsberatung

Die Erkenntnisse über die Rechtslage müssen sodann dem Mandanten oder der Mandantin in geeigneter Form nahegebracht werden. Für den Umfang und die Art und Weise der Beratung gibt es kein Patentrezept. Es hängt zum einen vom Vorverständnis des Mandanten ab, inwieweit dieser belehrungsbedürftig ist; im Zweifel ist er es auch, wenn er selbst rechtskundig ist.[31] Der Umfang der Beratung ist ferner auch vom Mandatsumfang abhängig. Stets muss man im Auge behalten, dass Rechtsanwältinnen und Rechtsanwälte nicht die Aufgabe haben, den Mandanten Entscheidungen abzunehmen. Die Mandantschaft soll in die Lage versetzt werden, dass sie die Entscheidung über das weitere Vorgehen selbstständig treffen kann. Dazu muss sie die rechtlichen Konsequenzen ihres Handelns, die Chancen und Risiken, auf einer ihrem individuellen Verständnis entsprechenden Ebene begreifen. Dies herauszufinden und zu beachten, ist die vornehmliche Aufgabe der Anwältin bei der Rechtsberatung. Kritisch zu sehen sind in diesem Zusammenhang sogenannte

26 BGH NJW 1993, 3323.

27 14 Tage waren nach BGH NJW 1979, 877 gerade noch entschuldbar; unklar, ob das Internet sogar noch zu kürzeren Kenntnisnahmefristen führt.

28 BGH NJW 2018, 2476: Mandat im Sozialrecht verpflichtet nicht zu Belehrung im Arbeitsrecht.

29 BGH NJW-RR 1993, 243.

30 So jedenfalls im Spezialgebiet („Agrarrecht"): BGH NJW 2001, 675.

31 OLG Celle, Urt. v. 14.8.2002 – 3 U 7/02. Von weitgehender Belehrungsbedürftigkeit muss man also auch bei gebildeten Mandanten ausgehen; Beweislast für fehlende Belehrungsbedürftigkeit trägt der RA: BGH NJW 2001, 517; besondere Vorsicht bei ausländischen Mandanten: OLG Schleswig, Urt. v. 2.11.2006 – 11 U 22/06.

Online-Beratungen, die dazu verführen, dass die Beratung zu schematisch und ohne ausreichende Berücksichtigung der konkreten Gegebenheiten des Einzelfalls erfolgt.[32]

a) Mandatsumfang

- **Grundsatz: Maßgeblich ist erteiltes Mandat**
  Grundsätzlich obliegen dem Rechtsanwalt bzw. der Rechtsanwältin nur Anwaltspflichten im Rahmen des erteilten Mandats. Meistens ist der Mandatsumfang eindeutig. Der Mandant beauftragt den Rechtsanwalt, das Bestehen eines Anspruchs oder einer Rechtsposition zu prüfen und ggf. seine Interessen außergerichtlich oder gerichtlich wahrzunehmen.
- **Wille der Mandantschaft muss herausgearbeitet werden**
  Manchmal ist das Anliegen der Mandantin aber nicht so klar umrissen. Im Wege der Sachverhaltsaufklärung muss sich der Anwalt zunächst Klarheit darüber verschaffen, was die Mandantin wirklich will: ob sie beispielsweise wirklich nur gegen eine Kündigung des Arbeitgebers vorgehen oder ob sie nicht auch rückständige Gehaltsansprüche geltend machen will. In einem solchen Fall könnte der Anwalt mit mehreren Rechtsangelegenheiten beauftragt sein. Der Mandatsumfang definiert sich aus den wirtschaftlichen Interessen des Mandanten.[33]
- **Umfassende Belehrungspflicht**
  Allgemein erwartet der Mandant eine „allgemeine, umfassende und möglichst erschöpfende Beratung und Belehrung".[34] Die umfassende Belehrungspflicht entfällt nur bei einer ausdrücklichen Beschränkung des Mandats.
- **Hinweispflichten über den Mandatsgegenstand hinaus**
  Auch wenn die Anwältin oder der Anwalt unzweifelhaft nur mit der Geltendmachung eines konkreten Anspruchs beauftragt ist, können sie dennoch Belehrungspflichten zu am Rande des Mandats liegenden Problemen treffen. Insbesondere kann es eine Hinweispflicht auf die Verjährungsfristen von möglichen Ansprüchen, die im Zusammenhang mit dem eigentlichen Mandatsgegenstand stehen, geben. So muss im Rahmen einer Kündigungsschutzklage auf tarifliche Ausschlussfristen für Lohnansprüche hingewiesen werden, bei einem Scheidungsmandat auf die Verjährung von Zugewinnausgleichsansprüchen usw. Auch wenn es sich im Verlauf des Mandats erweist, dass Ansprüche gegen Dritte bestehen könnten (z.B. gegen ein Subunternehmen der Gegenseite oder gegen frühere Rechtsberatende), hat der Anwalt hierauf und evtl. auch auf die Möglichkeit einer Streitverkündung oder sonstiger verjährungshemmender Maßnahmen hinzuweisen.[35] Der BGH hat diese weitergehenden Belehrungspflichten im Einzelfall stark ausgedehnt und sogar einmal auf gänzlich andere Ansprüche, von de-

32 Wie beispielsweise bei der „Online-Scheidung" im Fall LG Berlin NJW-RR 2014, 1145.

33 So kann z.B. über den angesprochenen Erbfall der Mutter hinaus auch der des vorverstorbenen Vaters relevant sein, BGH NJW 2006, 3064.

34 Immer wiederkehrende Beschreibung seit RG JW 1932, 2854; BGH NJW 1998, 900. Beratung im Steuerrecht ist i.d.R. nicht geschuldet, OLG Düsseldorf VersR 2016, 122.

35 BGH NJW 1993, 2045. Bei Mandat bzgl. Mangelschaden musste Hinweis auf Verjährung des Mietausfallschadens erfolgen, BGH v. 7.5.2013 – IX ZR 55/10.

ren Existenz die Anwältin bei Bearbeitung des Mandats eher beiläufig erfahren hatte, erstreckt.[36] Im Grundsatz bestehe eine Hinweispflicht aber nur in engen Grenzen.[37]

b) Fristwahrung

Eine ganz wesentliche Anwaltspflicht – und in der Praxis eine erhebliche Haftungsgefahr – stellt die Wahrung von Verjährungs- und Ausschlussfristen sowie prozessualen Fristen dar. Vom ersten Tag der Mandatsübernahme an übernehmen Anwalt und Anwältin die Verantwortung für die Einhaltung der Fristen, soweit sie für sie erkennbar sind. Es ist daher ganz wesentlich, dass umfassende organisatorische Maßnahmen zur Fristwahrung getroffen werden. Die Rechtsprechung hierzu ist dem Wiedereinsetzungsrecht zu entnehmen: Nur wenn die Prozessbevollmächtigten eine ordnungsgemäße Büroorganisation glaubhaft machen können, liegt bei Fehlern des Büropersonals kein Anwaltsverschulden vor, welches der Mandantschaft nach § 85 Abs. 2 ZPO zuzurechnen wäre. Die zutreffende Berechnung der Fristen obliegt grds. dem Rechtsanwalt selbst und kann nur ausnahmsweise – bei Routinefristen – an gut ausgebildetes und zuverlässiges Büropersonal delegiert werden. Die Fristnotierung und -kontrolle sowie der Postausgang (insbesondere auch die Übersendung per Fax und vor allem aus dem besonderen elektronischen Anwaltspostfach (beA) am Tag des Fristablaufs) unterliegen strengen Regeln, die hier nicht im Einzelnen erörtert werden können.[38] Akribische Fristnotierung und tägliche Kontrolle durch klar bestimmte Personen ist essenziell.

c) Sicherung von Rechtspositionen

Neben der Wahrung von Fristen müssen Rechtsanwältinnen und Rechtsanwälte von Mandatsbeginn an darauf achten, dass die Rechtsposition der Mandantschaft gewahrt bleibt.

- Das kann im Einzelfall bedeuten, dass sie zur Durchführung eines selbstständigen Beweisverfahrens raten müssen oder zur Beantragung einstweiligen Rechtsschutzes.[39]
- Nach Abschluss eines Gerichtsverfahrens haben sie auf die Möglichkeit der Zwangsvollstreckung bzw. ggf. des Vollstreckungsschutzes hinzuweisen[40] und diese beschleunigt durchführen.[41]
- Allgemein muss ein Anwalt zügig handeln. Laufen keine Fristen ab, darf er die Angelegenheit dennoch nicht schleifen lassen. Die angemessene Bearbeitungszeit hängt von den konkreten Umständen ab. Ist eine Anwältin beispielsweise mit der Abfassung eines Testaments beauftragt und besteht ein erhebliches Risiko, dass der Auftraggeber

36 Bedenklich weit BGH VersR 1999, 188.

37 BGH, Nichtannahmebeschl. v. 21.1.2005 – IX ZR 186/01; BGH, Beschl. v. 6.7.2005 – IX ZR 161/05.

38 Ausführlich dazu *Borgmann/Jungk/Schwaiger*, Anwaltshaftung, Kap. XIII; siehe auch die regelmäßigen Überblicke zum Wiedereinsetzungsrecht in der NJW, zuletzt *Rohwetter*, NJW 2020, 2010 und jeweils aktuelle Rechtsprechung in der Rubrik „Pflichten und Haftung des Anwalts" in den BRAK-Mitteilungen.

39 BGH NJW 1993, 2676.

40 OLG Hamm, BRAK-Mitt. 2002, 212.

41 BGH WM 2020, 93.

(z.B. anlässlich einer bevorstehenden Operation) alsbald verstirbt, muss entsprechend schnell gehandelt werden.[42]

d) Prozessführung

- **Prozessrisiko**
  Vor Beginn eines Prozesses müssen die Prozessaussichten geprüft[43] und insbesondere von einem aussichtslosen Prozess abgeraten werden.[44] Auf das Kostenrisiko müssen Rechtsanwälte und Rechtsanwältinnen nur ausnahmsweise hinweisen,[45] jedenfalls aber auf Anfrage vor Mandatsabschluss oder im Erstberatungsgespräch.[46]
- **Ausreichender Prozessvortrag vor allem in erster Instanz**
  Im gerichtlichen Verfahren geht es im Wesentlichen darum, die für die Mandantschaft günstigen Tatsachen vollständig und rechtzeitig vorzutragen sowie die erforderlichen Beweise anzubieten. Dies bedeutet eine umfassende Aufbereitung des Streitstoffes bereits in der ersten Instanz, da ansonsten Präklusion droht.
- **Mitwirkung der Mandantschaft**
  Soweit die Mandantin oder der Mandant selbst etwas veranlassen muss, sind sie auf die Folgen eines Unterlassens eindringlich hinzuweisen, so beispielsweise darauf, dass die verspätete Einzahlung des Gerichtskostenvorschusses die Zustellung verzögert und dadurch die Verjährung des Anspruchs eintreten kann.[47]
- **Fehler des Gerichts**
  Im Verhältnis zum Gericht ist zuweilen die Rede davon, dass Anwältinnen und Anwälte für Fehler des Gerichts haften müssen. In verschiedenen Entscheidungen hat der BGH erklärt, dass sie verpflichtet seien, Irrtümern und Versehen des Gerichts entgegenzuwirken.[48] Das BVerfG hat allerdings in einer Entscheidung vom 12.8.2002[49] deutlich gemacht, dass Fehler des Gerichts nicht ersatzweise den Anwälten angelastet werden dürfen. Nur vorangegangenes eigenes Fehlverhalten kann zu einer Haftung führen.[50] Es geht um die Frage der Schadenszurechnung,[51] die indes meistens bejaht wird.[52]

e) Vergleichsabschluss

Man sollte meinen, dass bei Abschluss eines Vergleichs zwischen den Parteien hinterher allgemeiner Rechtsfriede herrscht und eine Inanspruchnahme der Anwältin nicht in Betracht

42 BGH NJW 1995, 51.
43 Z.B.: auf das mit einem unbestimmten Rechtsbegriff verbundene Risiko hinweisen, BGH NJW-RR 2006, 273.
44 OLG Koblenz NJW-RR 2006, 1358; z.B. bei Verjährung des Anspruchs: OLG Celle MDR 2006, 479, auch wenn der Mandant durch alle Instanzen gehen will, BGH v. 22.9.2011 – IX ZR 19/09. Kündigt der Anwalt wegen fehlender Erfolgsaussichten das Mandat, bleibt sein Vergütungsanspruch bestehen, BGH AnwBl. 2017, 786.
45 BGH v. 14.12.2005 – IX ZR 210/03.
46 BGH v. 3.11.2011 – IX ZR 49/09; LG Stuttgart; Urt. v. 11.7.2016 – 27 O 338/15.
47 BGH NJW-RR 1995, 252.
48 BGH NJW 1974, 1865.
49 NJW 2002, 2937.
50 BGH NJW-RR 2003, 850.
51 BGH WM 2008, 317 kein Zurechnungszusammenhang, wenn die gerichtliche Fehlentscheidung auch durch vertragsgerechtes Verhalten des RA nicht vermieden worden wäre.
52 Z.B. BGH NJW 2009, 987, dazu BVerfG NJW 2009, 2945.

kommt. In der Praxis ist der Vorwurf eines ungünstigen Vergleichs aber eine häufige Ursache von Haftungsfällen.[53]

- **Erforderliche Zustimmung der Mandantschaft**
  Grundsätzlich ist immer die Zustimmung der Mandantschaft zu dem Vergleich erforderlich, ggf. auch mit einem beteiligten Versicherungsunternehmen.[54]
  Sofern der Mandant im Termin nicht anwesend ist, hat der Anwalt zwar Außenvollmacht, einen Vergleich abzuschließen, welcher dann auch wirksam ist; im Innenverhältnis muss er aber zuvor die Einwilligung des Mandanten zu einem Vergleich bis zu einem bestimmten Limit einholen[55] oder er darf nur einen widerruflichen Vergleich schließen.[56]
  Wenn sich in der mündlichen Verhandlung – z.B. nach einer Zeugenvernehmung – eine geänderte Situation ergibt, kann auch eine vorherige Einwilligung hinfällig sein.
- **Aufklärung über Prozessrisiko**
  Selbst dann, wenn Mandant oder Mandantin in der mündlichen Verhandlung persönlich anwesend sind, können sich Anwältin und Anwalt nicht ohne Weiteres darauf berufen, diese haben dem Vergleich ja in Kenntnis der Sach- und Rechtslage zugestimmt. Sogar ein richterlicher Vergleichsvorschlag entbindet sie nicht von ihrer Pflicht, Mandantinnen und Mandanten im Einzelnen über die Risiken aufzuklären.[57] Eine unzutreffende Risikoeinschätzung[58] (z.B. wegen Verkennung der Rechtslage oder der Beweislast) oder unzureichende Aufklärung über den Inhalt und die Folgen des Vergleichs (insbesondere bei Abfindungsvergleichen in Bezug auf mögliche Spätschäden, Verhältnis zu beteiligten Versicherern u.ä.)[59] können trotz formaler Zustimmung der Mandantin zur Anwaltshaftung führen.
- **Kausaler Schaden**
  Man muss wohl konstatieren, dass die Belehrungen in diesem Bereich oft nicht optimal sind. Ein begründeter Schadensersatzanspruch gegen Anwälte oder Anwältinnen kann aber nur dann bestehen, wenn es im Falle der Ablehnung des Vergleichs zu einem für den Mandanten günstigeren Ausgang des Rechtsstreits gekommen wäre. Dass die Gegenseite sich auf eine für diese ungünstigere Regelung eingelassen hätte, wird sich so gut wie nie nachweisen lassen. Es muss dann der hypothetische Ausgang des Rechtsstreits geprüft werden. Nur insoweit die Mandantschaft besser dagestanden hätte, kann ein begründeter Schadensersatzanspruch bestehen.

53 Zu den Belehrungspflichten allgemein BGH NJW 2016, 3430.
54 BGH v. 28.2.2008 – IX ZR 49/07.
55 BGH NJW 1994, 2085.
56 BGH NJW 1993, 1325; NJW 1996, 567.
57 OLG Frankfurt FamRZ 1991, 1047; BGH v. 11.2.2010 – IX ZR 21/08. Besonderer Nachdruck wird dabei aber nicht verlangt, BGH NJW 2016, 3430. Die richterliche Empfehlung ist allerdings ein wichtiger Faktor, OLG Düsseldorf AnwBl 2016, 603, ebenso OLG Hamburg NZFam 2019, 382.
58 Ex-ante-Sicht ist entscheidend; sorgfältige Abwägung (OLG Hamburg, VersR 1980, 1073), aber keine mathematische Genauigkeit (OLG Frankfurt NJW 1988, 3269); enger Beurteilungsspielraum laut BGH BB 2000, 536.
59 BGH v. 26.1.2012 – IX ZR 222/09. Problematisch ist dort auch die eindeutige Formulierung des Vergleichstextes: BGH NJW 2002, 1048.

f) Belehrungspflichten bei Mandatsende

Die dargestellten Pflichten bestehen nur im laufenden Mandat. Nach Mandatsende treffen Anwältinnen und Anwälte keinerlei Hinweispflichten mehr,[60] evtl. aber noch die Pflicht zur Weiterleitung von Schriftstücken.[61] Allerdings gibt es Belehrungspflichten bei Mandatsende.

- **Hinweise**
  Insbesondere muss die Mandantschaft auf etwa noch laufende Verjährungsfristen hingewiesen werden, auch wenn die betreffenden Ansprüche evtl. nur mittelbar mit dem Mandat zusammenhängen.[62] Dies ist von besonderer Relevanz, wenn sich der Mandant entscheidet, seine Ansprüche (momentan?) nicht weiter zu verfolgen. Nach Abschluss einer gerichtlichen Instanz endet dieses Mandat. Es muss aber ein Hinweis auf die Möglichkeit von Rechtsmitteln sowie deren Fristen erfolgen. Auch auf die Vollstreckbarkeit der Entscheidung und ggf. auf Vollstreckungsschutz muss hingewiesen werden.[63]
- **Mandatsende klarstellen**
  Da im laufenden Mandat umfangreiche Belehrungspflichten bestehen, darf eine Akte erst nach Mandatsende geschlossen werden. In den meisten Fällen ist das Mandatsende eindeutig, z.B. nach Abschluss der Instanz oder nach Übergabe eines Vertragsentwurfs. Kritisch sind die Fälle, in denen sich die Mandantschaft zunächst nicht entscheiden kann, was sie will, oder die weiteren Maßnahmen zeitlich zurückstellt. Hier sollte man mittels Wiedervorlageverfügung und Abschlussschreibens an den Mandanten manifestieren, dass bzw. wann man ein Mandat als beendet ansieht.

5. Sicherster Weg

Wer sich mit der Rechtsprechung zur Anwaltshaftung beschäftigt, wird früher oder später auf den Begriff des „sichersten Weges“ stoßen. Nach ständiger Rechtsprechung des BGH[64] müssen Anwältinnen und Anwälte bei allem, was sie tun, den „sichersten“[65] bzw. den „sichereren“ oder „relativ sichersten“[66] Weg aufzeigen. Was bedeutet dies konkret? Es gibt kaum einen Fall, in dem die Sach- und Rechtslage eindeutig ist. Die Risikoeinschätzung hängt nicht allein von der Darstellung des Mandanten und der Beurteilung der Rechtslage durch seinen Anwalt ab. Durch das jeweilige Verhalten oder Vorbringen der Gegenseite oder auch durch eine abweichende Rechtsauffassung des Gerichts kann sich eine andere Situation ergeben. All das muss die Anwältin berücksichtigen und bei den zu ergreifenden Maßnahmen bzw. bei der Empfehlung an die Mandantin ins Kalkül ziehen.

60 OLG Celle v. 6.5.2009 – 3 U 294/08.
61 OLG Frankfurt NJW-RR 2020, 384 und BGH, Beschl. v. 6.10.2011 – IX ZR 21/09.
62 BGH NJW 1997, 1302; VersR 1999, 188; WM 2001, 739.
63 OLG Hamm BRAK-Mitt. 2002, 212.
64 Und zuvor des Reichsgerichts: JW 1921, 893.
65 Z.B. BGH NJW 2012, 2523.
66 BGH, NJW-RR 2006, 1645.

- **Verjährung**
  So kann beispielsweise zweifelhaft sein, ob und inwieweit der Lauf einer Verjährungsfrist zwischenzeitlich gehemmt war oder welche Verjährungsfrist auf den Anspruch überhaupt anwendbar ist. Der sicherste Weg bedeutet hier, dass der früheste denkbare Verjährungsablauf für die Einreichung der Klage oder Beantragung des Mahnbescheides zugrunde zu legen ist.[67]
- **Kündigungsschutzklage**
  Bei einer Kündigungsschutzklage muss die Behauptung der Gegenseite, es sei eine weitere Kündigung ausgesprochen worden, Anlass sein, auch gegen diese Kündigung fristgerecht vorzugehen, selbst wenn der Mandant diese Kündigung in Abrede stellt.[68] Ist zweifelhaft, ob weitere Personen in einer Mietwohnung wohnen, sollte die Räumungsklage auch gegen diese gerichtet werden.[69]
- **Zweckmäßigkeit**
  Der sicherste Weg ist nicht immer auch der zweckmäßigste und der kostengünstigste. Die Mandantin kann persönliche Gründe dafür haben, ein Verfahren um jeden Preis oder auch gar nicht durchzuziehen, einen ungünstigen Vergleich dennoch anzunehmen oder einen günstigen nicht abzuschließen. Sie hat jedoch einen Anspruch darauf zu erfahren, welcher Weg der sicherste ist.
- **Mandantschaft entscheidet**
  Gerade im Bereich der Vertragsgestaltung geht es häufig darum, künftige Entwicklungen vorauszusehen und für diese Vorsorge zu treffen. Auch in diesem Zusammenhang muss man aber immer berücksichtigen, dass die Entscheidung über die zu ergreifenden Maßnahmen allein der Mandantschaft obliegt.[70] Mangels anderer Weisung können Anwältinnen und Anwälte aber verpflichtet sein, den Weg auch zu gehen.

II. Haftungsrechtliche Fragen

1. Haftungsvoraussetzungen

Der Haftpflichtanspruch gegen den Rechtsanwalt oder die Rechtsanwältin leitet sich aus dem Vertragsverhältnis mit dem Mandanten bzw. der Mandantin her. Der Anwaltsvertrag ist ein Geschäftsbesorgungsvertrag i.S.d. § 675 BGB. Eine Haftung kann wegen Schlechtleistung i.S.d. § 280 BGB in Betracht kommen. Voraussetzungen dafür sind:

a) Pflichtverletzung

Es bedarf einer Verletzung der oben näher erläuterten Anwaltspflichten.

67 BGH NJW 1999, 2183; BGH, Urt. v. 13. 3. 2008 – IX ZR 136/07.
68 BGH NJW 1999, 1391; früheste denkbare Kündigung ist zugrunde zu legen: BGH BRAK-Mitt. 2002, 267.
69 OLG Koblenz VersR 2003, 461.
70 BGH NJW 2006, 3494.

b) Verschulden

Ein Verschulden des Anwalts, der Anwältin ist fast immer anzunehmen,[71] für Fehler der Angestellten haftet er nach § 278 BGB. Der Verschuldensmaßstab nach § 276 BGB ist hoch.

c) Schaden

Die schuldhafte Pflichtverletzung allein begründet noch keinen Haftpflichtanspruch. Diese Tatsache wird von betroffenen Mandanten und Mandantinnen häufig verkannt. Voraussetzung ist weiter, dass der Mandantschaft überhaupt ein Schaden entstanden ist. Hier erfolgt ein Gesamtvermögensvergleich.

An einem Schaden fehlt es beispielsweise, wenn der von der Mandantschaft behauptete Nachteil nicht als Schaden im Rechtssinne anerkannt ist. Das kann der Fall sein, wenn der Anwalt einen Termin versäumt und Versäumnisurteil ergeht. Bleibt das Versäumnisurteil auch nach Einspruch bestehen, stellt es keinen Schaden für die Mandantin dar, dass sie den ausgeurteilten Betrag bereits früher, also nach Erlass des Versäumnisurteils, leisten musste.[72] Bei Verlust einer Forderung muss der Mandant deren Beitreibbarkeit beweisen.[73]

d) Haftungsausfüllende Kausalität

Zu prüfen ist ferner die Kausalität des Fehlers für den eingetretenen Schaden. Hieran fehlt es, wenn Mandant oder Mandantin bei einem Vermögensvergleich zwischen der bestehenden Situation und der Situation ohne die Pflichtverletzung nicht schlechter dastehen. Typischer Fall hierfür ist die Versäumung einer Rechtsmittelfrist. Sie führt dazu, dass der Mandant mit den Folgen des erstinstanzlichen Urteils leben muss. Kausal für einen Schaden ist die Fristversäumnis aber nur, wenn und soweit er bei Durchführung des Rechtsmittelverfahrens ein besseres Ergebnis erzielt hätte. Diese Frage hat ggf. das Regressgericht selbst zu prüfen: Das unterbliebene Vorverfahren wird im Regressprozess inzident durchgeführt.[74] Maßgeblich ist die Sach- und Rechtslage zum Zeitpunkt des Vorprozesses.[75]

e) Beweislast

Für alle anspruchsbegründenden Voraussetzungen tragen grds. die Anspruchsteller die Beweislast. Eine Beweislastumkehr lehnt der BGH nach wie vor ab.[76] Allerdings gelten für die haftungsausfüllende Kausalität die erleichternden Regeln des § 287 ZPO.[77]Die Beweislast-

71 § 280 Abs. 1 S. 2 BGB; BGH WM 1986, 675 geht davon aus, dass RA Entschuldigungsgründe substanziiert vortragen muss.
72 OLG Hamm MDR 1987, 582; BGH WM 1989, 1826.
73 BGH, Beschl. v. 8.11.2007 – IX ZR 221/06; OLG Düsseldorf, Urt. v. 25.04.2019 – 5 U 91/18.
74 St. Rspr., z.B. BGH NJW 1994, 453; NJW 1996, 2501; BGH v. 24.3.2011 – IX ZR 138/08; BGH v. 15.12.2011 – IX ZR 86/10.
75 BGH NJW 1993, 2799; BGH NJW 2008, 440.
76 BGH NJW 2014, 2795; zuletzt BGH, Beschl. v. 15.9.2016 – IX ZR 67/14.
77 BGH NJW 1993, 3073; NJW 1996, 2501; BGH v. 24.3.2011 – IX ZR 138/08; BGH v. 15.12.2011 – IX ZR 86/10.

verteilung bleibt dabei grds. so, wie sie im Vorprozess gewesen wäre. Die Beweismittel der seinerzeitigen Gegenseite einschließlich der Prozesspartei selbst stehen der beklagten Rechtsanwältin, dem beklagten Rechtsanwalt zur Verfügung.

2. Verjährung des Haftpflichtanspruchs

Die Verjährung von Regressansprüchen gegen Anwältinnen und Anwälte richtete sich lange Zeit nach der Spezialvorschrift des § 51 b BRAO. Durch das Verjährungsanpassungsgesetz mit Wirkung zum 15.12.2004 wurden die allgemeinen Verjährungsvorschriften auch für die Anwaltshaftung anwendbar.

Maßgeblich für den Verjährungsbeginn war und ist sowohl nach § 51 b 1. Alt. BRAO als auch nach § 199 Abs. 1 Nr. 1 BGB die Anspruchsentstehung, bei § 199 Abs. 1 Nr. 2 BGB allerdings zusätzlich die Kenntnis bzw. grob fahrlässige Unkenntnis. Wann der Anspruch entsteht, kann dabei durchaus zweifelhaft sein. Nicht in jedem Fall entsteht er im Zeitpunkt der Pflichtverletzung, sondern die Rechtsprechung verlangt, dass sich das durch den Fehler verursachte Risiko bereits manifestiert.[78] In Fällen der Fristversäumnis beginnt die Regressverjährung zu diesem Zeitpunkt.[79] Bei prozessualen Fehlern ist die erste Gerichtsentscheidung, in der er sich auswirkt, maßgeblich,[80] bei ungünstigen Vergleichen deren wirksames Zustandekommen.[81] Bei ungünstiger Vertragsgestaltung kommt es darauf an, ob der Schaden unmittelbar durch den fehlerhaften Vertragsentwurf entstanden ist oder dadurch, dass sich ein Vertragspartner auf die fragliche vertragliche Bestimmung beruft.[82]

Die gegenüber der früheren Regelverjährung von 30 Jahren sehr anwaltsfreundliche Spezialbestimmung in § 51 b BRAO hatte die Rechtsprechung veranlasst, durch Richterrecht eine Verlängerung der Verjährungsfrist auf bis zu sechs Jahren mithilfe der sog. Sekundärverjährung zu entwickeln.[83] Bei Anwendung der §§ 195, 199 BGB besteht hierfür kein Bedarf mehr.[84] Man kommt nun über die einschlägigen allgemeinen Verjährungsregelungen in den meisten Fällen zu weit längeren Verjährungsfristen: Wegen der Kenntnisabhängigkeit des Verjährungsbeginns gemäß § 199 Abs. 1 Nr. 2 BGB beginnt die dreijährige Verjährungsfrist oft erst viel später, der BGH beurteilt die Kenntnis sehr mandantenfreundlich;[85] sie endet evtl. erst nach zehn Jahren. Wenn sich der Schaden zunächst nicht realisiert (z.B. bei Testamentsberatung o.ä.), kann sie sogar bis zu 30 Jahre betragen.

Problematisch ist dies insbesondere im Hinblick auf die Aktenaufbewahrung. Nach § 50 BRAO beträgt die Aktenaufbewahrungsfrist sechs Jahre, d.h., nach diesem Zeitraum wer-

78 BGH NJW 1992, 2766.
79 BGH NJW 1996, 48; bei Jahresendfristen entsteht der Regressanspruch erst am 1. Januar: BGH NJW 2012, 673.
80 BGH NJW-RR 1998, 742.
81 BGH v. 22.2.2007 – IX ZR 4/04.
82 BGH NJW 1993, 1320; NJW 1996, 2929; BGH, Beschl. v. 15.11.2018 – IX ZR 61/18: dann aber einheitlicher Beginn.
83 St. Rspr. seit BGH VersR 1967, 979.
84 BGH v. 17.7.2008 – IX ZR 174/05.
85 Der BGH (NJW 2014, 993 und NJW 2014, 1800) sieht Kenntnis noch nicht einmal bei einem richterlichen Hinweis; jedenfalls dann nicht, wenn der Berater die Rechtsansicht als unrichtig bezeichnet, BGH ZinsO 2018, 2800.

den die Akten i.d.R. vernichtet. Da es im Haftpflichtprozess aber häufig um Einzelheiten der Belehrung und deren substanziierte Darlegung geht, befinden sich Anwältinnen und Anwälte ohne die betreffende Akte in einer ganz ungünstigen Beweissituation. Man muss sich also überlegen, ob man die Akten zumindest in kritischen Fällen doch länger als sechs Jahre aufbewahrt.

III. Haftung für andere Personen

Die Haftung aus dem Mandatsvertrag betrifft naturgemäß primär den Anwalt oder die Anwältin, die das Mandat tatsächlich bearbeitet haben. Oft sind aber noch andere Rechtsberatende oder Hilfspersonen im Umfeld des Mandats tätig, sodass sich im Einzelfall die Frage stellt, inwieweit diese ebenfalls haften.

1. Gesellschaftsrechtliche Zusammenschlüsse

Ein Großteil der Anwaltschaft ist nicht als Einzelanwalt oder -anwältin tätig, sondern übt die Berufstätigkeit gemeinsam mit anderen Rechtsanwältinnen und Rechtsanwälten oder auch anderen Berufsgruppen wie Angehörigen der steuerberatenden oder wirtschaftsprüfenden Berufe[86] aus. Typischerweise handelt es sich bei einer Rechtsberatersozietät um eine Gesellschaft bürgerlichen Rechts. Im Laufe der Jahre sind aber auch andere Gesellschaftsformen zugelassen worden. Es ist damit zu rechnen, dass im Laufe des Jahres 2021 durch Gesetzesänderungen im Gesellschafts- und Berufsrecht weitgehende Rechtsformfreiheit hergestellt und zudem der Kreis der nach § 59 a BRAO sozietätsfähigen Berufe deutlich erweitert werden wird. Gerade auch im internationalen Bereich gibt es noch andere, lockerere Arten der Zusammenarbeit. In allen Fällen stellt sich die Frage, inwieweit die anderen Rechtsanwältinnen und Rechtsanwälte und nichtanwaltlichen Sozien durch den Zusammenschluss für Berufsfehler einer anwaltlichen Kollegin oder eines Kollegen mithaften und umgekehrt.

a) BGB-Gesellschaft

Akzessorische Haftung

Bis gegen Ende des 20. Jahrhunderts war die Gesellschaft bürgerlichen Rechts die einzige Gesellschaftsform, die in Deutschland für Zusammenschlüsse von Rechtsanwälten und Rechtsanwältinnen für zulässig erachtet wurde. Die Sozien hafteten gesamtschuldnerisch für Fehler der jeweils anderen.[87] Mit Urteil vom 29.1.2001[88] hat der II. Zivilsenat des BGH ein neues Haftungskonzept für die BGB-Gesellschaft, nämlich deren rechtliche Selbstständigkeit und akzessorische Haftung der BGB-Gesellschafter anerkannt. Grundsätzlich haften

86 Interprofessionelle Sozietäten sind grds. nur im Rahmen des § 59 a BRAO zulässig. Laut BVerfG NJW 2016, 700, BGH NJW 2016, 2263 ist dieser jedoch nichtig, soweit Ärzte und Apotheker nicht genannt sind. Eine weitere Ausweitung ist zu erwarten.

87 Grundlegend BGH NJW 1971, 1801.

88 BGH NJW 2001, 1056.

alle Sozien des sachbearbeitenden Rechtsanwalts analog § 128 HGB für dessen Fehler mit. Dies gilt auch für die Sozien der anderen Berufsgruppen.[89] Neu eintretende BGB-Gesellschafter haben nach wohl h.M. für alte Berufshaftungsfälle ihrer Sozien über § 130 HGB mit einzustehen.[90] Auf entsprechende Ausweitung des Versicherungsschutzes ist zu achten. In der Praxis dürfte es in diesem Zusammenhang aber nur ganz ausnahmsweise zu einer Inanspruchnahme der neuen Sozia oder des neuen Sozius kommen, da der Versicherungsschutz der Altsozien in aller Regel den Schadensfall abdeckt. Eine Eintrittshaftung gemäß § 28 HGB bei Neugründung einer Sozietät hat der IX. Zivilsenat abgelehnt.[91] Auch die Nachhaftung analog § 160 HGB birgt ungeklärte Unwägbarkeiten.[92]

Sozien und Scheinsozien

Von größerer praktischer Bedeutung ist die Frage, wer als Sozius bzw. Sozia anzusehen ist und in die gesamtschuldnerische Haftung kommt. Aus gesellschaftsrechtlicher Sicht kommt eine akzessorische Haftung über § 128 HGB nur für echte BGB-Gesellschafter in Betracht. In der Praxis ist es aber so, dass vielfach das Auftreten der Sozietät nach außen nicht die gesellschaftsrechtliche Zusammensetzung widerspiegelt. Insbesondere ist es gang und gäbe, dass angestellte Rechtsanwältinnen oder freie Mitarbeiter ohne entsprechenden Vermerk auf Briefkopf und Kanzleischild aufgeführt werden. Da es für die Mandantschaft nicht erkennbar ist, dass bzw. welche „Außensozien" keine echten BGB-Gesellschafterinnen sind, hat die Rechtsprechung hier eine Rechtsscheinhaftung entwickelt: Alle „Außensozien", deren fehlende Gesellschafterstellung nach außen nicht kenntlich gemacht ist, fallen in die gesamtschuldnerische Haftung.[93] Hieran dürfte sich auch durch die neue gesellschaftsrechtliche Rechtsprechung nichts geändert haben. Gerade junge Anwältinnen und Anwälte, die natürlich bestrebt sind, möglichst bald auch auf dem Briefkopf zu stehen, sollten sich klarmachen, dass mit dem hierdurch gewonnenen Image auch die Gefahr verbunden ist, für Berufsfehler, aber auch für evtl. nicht von der Berufshaftpflichtversicherung gedeckte Ansprüche gegen einen Sozius in die Haftung genommen zu werden. Der Hinweis auf dem Briefkopf, dass es sich um einen angestellten Rechtsanwalt oder eine freie Mitarbeiterin handelt, dürfte den Rechtsschein zerstören.[94]

b) Partnerschaftsgesellschaft und PartGmbB

Durch das am 1.7.1995 in Kraft getretene PartGG wurde den Angehörigen der freien Berufe eine weitere Gesellschaftsform an die Hand gegeben. Alle Partnerinnen und Partner haften nach § 128 HGB für Verbindlichkeiten der Gesellschaft, über § 130 HGB auch für Altschulden. Allerdings enthält § 8 Abs. 2 PartGG eine ganz entscheidende Haftungserleichterung:

89 BGH NJW 2012, 2435.
90 Ausdrücklich offengelassen allerdings in BGH NJW 2003, 1803.
91 BGH NJW 2004, 836.
92 Insbesondere die Frage, wann die Verbindlichkeit „begründet" wurde. Nach überzeugender Auffassung des LG Bonn DStR 2010, 1648 ist der Zeitpunkt der Pflichtverletzung maßgeblich.
93 Z.B. BGH NJW 1999, 3040; auch für deliktisches Handeln: BGH, WM 2007, 1530; nicht jedoch bei nicht anwaltstypischer Tätigkeit: BGH NJW 2008, 2330.
94 OLG Dresden v. 5.12.2006 – 14 U 1686/06; BGH NJW 2011, 3718.

Bei Berufsversehen[95] haften neben der Partnerschaft nur der oder die sachbearbeitenden Partner.[96] Hierdurch werden viele der zur BGB-Gesellschaft geschilderten Probleme nicht virulent.

Seit dem 19.7.2013 gibt es eine weitere Möglichkeit der Haftungsbeschränkung: In der sog. Partnerschaftsgesellschaft mit beschränkter Berufshaftung (PartGmbB) kann nach § 8 Abs. 4 PartGG die Haftung für Schäden wegen fehlerhafter Berufsausübung komplett auf das Gesellschaftsvermögen beschränkt werden, sofern entsprechender Versicherungsschutz (gemäß § 51 a BRAO Mindestversicherungssumme 2,5 Mio. EUR) besteht.

c) GmbH, AG und LLP

Nach jahrzehntelangen Diskussionen war 1998 schließlich auch die GmbH als zulässige Gesellschaftsform für Rechtsanwaltszusammenschlüsse anerkannt worden. Die Vorgaben hierfür finden sich in den §§ 59 c ff. BRAO. Hier ist die persönliche Haftung der einzelnen Kolleginnen und Kollegen ausgeschlossen, auch für Berufshaftungsfälle haftet allein das Gesellschaftsvermögen.[97] Der Gläubigerschutz wird hier durch relativ hohe Pflichtversicherungssummen (gemäß § 59 j BRAO 2,5 Mio. EUR) gewährleistet. Eine eigene Berufshaftpflichtversicherung gemäß § 51 BRAO benötigen die für die GmbH tätigen Anwälte und Anwältinnen bislang dennoch. Die Rechtsanwalts-AG war zunächst registerrechtlich ebenfalls anerkannt worden.[98] Der BGH hat mittlerweile bejaht, dass auch die Rechtsanwalts-AG grundsätzlich berufsrechtlich zugelassen werden kann.[99] Unter welchen Voraussetzungen dies der Fall ist, bleibt aber offen. Vermutlich sind dieselben Anforderungen zu stellen wie bei der GmbH. Mangels Postulationsfähigkeit müssen hier aber wohl die sachbearbeitenden Personen noch persönlich tätig werden.

Auch die Limited Liability Partnership (LLP) hatte sich zwischenzeitlich als Sozietätsform etabliert, ist jedoch in vielen Fällen dem Brexit zum Opfer gefallen. Inwieweit hier die persönliche Haftung ausgeschlossen ist, ist nicht eindeutig.[100]

d) Bürogemeinschaft und Kooperation

Eine häufig verwendete Bezeichnung auf Briefköpfen und Kanzleischildern ist die Bürogemeinschaft. Hier liegt gerade kein gesellschaftsrechtlicher Zusammenschluss vor, sondern die beteiligten Rechtsanwältinnen und Rechtsanwälte haben sich rein organisatorisch und räumlich zusammengetan. In diesem Fall wird das Mandat nur jeweils einer Person erteilt und eine gesamtschuldnerische Haftung scheidet an sich aus. Wird allerdings der Anschein

95 Nicht aber für bereicherungsrechtliche Ansprüche (z. B. Honorar), s. OLG Brandenburg, Urt. v. 4.12.2018 – 6 U 133/14.
96 Allerdings haftet man auch für Fehler anderer Partner im selben Mandat, s. BGH ZIP 2019, 1955.
97 Persönliche Haftung des Geschäftsführers ganz ausnahmsweise dann, wenn er in besonderem Maße persönliches Vertrauen in Anspruch nimmt: OLG Nürnberg NJW-RR 2007, 140.
98 BayObLG NJW 2000, 1647.
99 BGH NJW 2005, 1568.
100 Vgl. *Becker*, AnwBl. 2011, 860, *Henssler*, NJW 2014, 1761.

erweckt, dass eine echte Sozietät besteht, kann es gleichwohl zu einer Rechtsscheinhaftung kommen.[101] Um dies zu vermeiden, sollte der Bürogemeinschaftspartner bzw. die Partnerin auf dem Briefkopf möglichst gar nicht auftauchen oder sehr deutlich abgesetzt und nicht gleichrangig erscheinen.

Ähnliches gilt für die Kooperation. Grundsätzlich wird nach Ansicht des BGH[102] im Rechtsverkehr die Kooperation nicht der Sozietät gleichgestellt. Man wird aber auch hier die konkrete Gestaltung des Briefkopfes zugrunde legen müssen: Eine abgesetzte Erwähnung in der Fußzeile ohne Nennung der einzelnen Rechtsanwältinnen des Kooperationspartners dürfte den Rechtsschein der Außensozietät zerstören; zweifelhaft, wenn die betreffenden Kolleginnen und Kollegen gleichrangig unter den tatsächlichen Sozien erscheinen.

2. Verhältnis zu anderen beteiligten Rechtsberaterinnen und Rechtsberatern

Im Laufe eines Mandats werden oft mehrere Rechtsanwältinnen oder andere Rechtsberater befasst; sei es wegen Mandatskündigung, sei es, dass Prozessbevollmächtigte vor Ort oder für die nächste Instanz beauftragt werden. Zuweilen werden auch spezialisierte Kolleginnen oder Kollegen hinzugezogen. In all diesen Fällen können Pflichtenumfang und Haftung der einzelnen Beteiligten zweifelhaft sein.

a) Nacheinander tätige Anwältinnen und Anwälte

In der Regel endet das Mandat mit dem einen Anwalt, bevor der nächste beauftragt wird. In diesen Fällen sind die Pflichten schon rein zeitlich getrennt. Hier kann sich allenfalls die Frage stellen, wie der zweite Anwalt oder Anwältin mit einem etwaigen Fehler des ersten umgehen muss. Grundsätzlich darf eine Anwältin darauf vertrauen, dass ihr Kollege die Angelegenheit ordnungsgemäß bearbeitet hat, d.h., sie muss nicht auf Fehlersuche gehen. Selbst wenn sie einen Fehler nicht bemerkt, obwohl sie ihn hätte erkennen und den Schaden ggf. noch abwenden können, wird der Schaden dem ersten Rechtsanwalt zugerechnet.[103] Eine gesamtschuldnerische Haftung oder ein Mitverschulden der Mandantin oder des Mandanten über §§ 254, 278 BGB scheidet hier grds. aus. Nur wenn der zweite Anwalt ausdrücklich mit der Fehlerbehebung beauftragt ist[104] oder durch nicht nachvollziehbares Verhalten[105] den Schaden nicht verhindert, wird der Zurechnungszusammenhang unterbrochen. Drängt sich der zweiten Anwältin ein Fehler des ersten Anwalts auf, kann hieraus eine Hinweispflicht auf mögliche Regressansprüche gegen den ersten erwachsen.[106]

101 OLG Köln BRAK-Mitt. 2003, 121.
102 BGH NJW 2011, 3303.
103 BGH NJW 2002, 1117. Der Zurechnungszusammenhang ist unterbrochen, wenn der zweite Rechtsanwalt einem richterlichen Hinweis nicht nachgeht, BGH v. 26.1.2012 – IX ZR 54/09.
104 BGH NJW 1994, 1211; NJW 1999, 2183; BGH, Urt. v. 24.1.2019 – IX ZR 322/17; selbst bei Auftrag, Wiedereinsetzung zu beantragen, besteht nicht unbedingt eine Hinweispflicht: BGH NJW 2000, 1263; Verfolgung einer falschen Fährte durch den zweiten RA entlastet den ersten nicht, BGH NJW 2005, 1435.
105 BGH v. 19.12.2013 – IX ZR 46/12.
106 BGH NJW 2001, 826.

Besondere Aufmerksamkeit verlangt der Übergang vom erstinstanzlichen an den Rechtsmittelanwalt. In der Regel erfolgt die Beauftragung des Rechtsmittelanwalts – wenn auch im Namen des Mandanten oder der Mandantin – durch den erstinstanzlichen Prozessbevollmächtigten. Dieser behält die Pflicht zur Wahrung der Rechtsmittelfrist bis zur Annahme des Mandats durch den neuen Anwalt.[107] Er ist zudem verpflichtet, dem Rechtsmittelanwalt die zutreffende Rechtsmittelfrist[108] mitzuteilen oder ihm die zur Berechnung erforderlichen Informationen zu liefern. Ab der Mandatsübernahme ist dann der Rechtsmittelanwalt für die Fristwahrung verantwortlich.[109]

b) Verkehrsanwalt und Prozessanwältin

Zwar ist die Wahrnehmung der Interessen der Mandantschaft grundsätzlich deutschlandweit möglich; dennoch gibt es manchmal weiterhin eine Arbeitsteilung zwischen dem „Hausanwalt" oder der „Hausanwältin" des Mandanten und einem beim Prozessgericht ansässigen Anwalt. Bei einer solchen gleichzeitigen Beauftragung zweier Anwälte ist eine strenge Abgrenzung der Pflichten erforderlich. So sind die Prozessbevollmächtigten für alles verantwortlich, was mit der Prozessführung selbst zusammenhängt, also insbesondere für die Wahrung prozessualer Fristen sowie für rechtzeitigen und umfassenden Prozessvortrag. Soweit sie hierfür weiterer Informationen bedürfen, müssen sie diese beim Verkehrsanwalt bzw. der Verkehrsanwältin anfordern.[110] Diese sind umgekehrt verpflichtet, den Informationsaustausch mit der Mandantschaft zu gewährleisten und diese über ihre Möglichkeiten zu beraten. Grundsätzlich kommt es daher nicht zu einer gesamtschuldnerischen Haftung, sondern jeder Anwalt, jede Anwältin haftet im Rahmen seines bzw. ihres Auftrags. In Einzelfällen können sich die Pflichtenbereiche aber auch überschneiden, z.B. wenn ein Anspruch verjährt. Im Verhältnis zur Mandantschaft haften dann beide.[111] Besondere Aufmerksamkeit verlangt die Praxis des „Stempelanwalts". Wird im Innenverhältnis zwischen den Kolleginnen und Kollegen vereinbart, dass der Verkehrsanwalt die Schriftsätze fertigt und die Prozessanwältin lediglich unterschreibt, ist gleichwohl im Außenverhältnis die Prozessbevollmächtigte für den Inhalt des Schriftsatzes verantwortlich.[112]

c) Untervollmacht

Für die Wahrnehmung einzelner Aufgaben, z.B. eines Verhandlungstermins, können Rechtsanwältinnen und Rechtsanwälte Untervollmacht erteilen. War die Unterbevollmächtigung autorisiert, haftet der Anwalt nur für Auswahlverschulden, und die Unterbevollmächtigte haftet aufgrund eigenen Mandats. Wenn die Mandantin von der Untervollmacht gar nichts weiß, kommt es zu einer Haftung nach § 278 BGB.

107 BGH NJW-RR 1996, 378; NJW 2001, 1576; BGH NJW 2014, 556.
108 Bzw. Zustellungsdatum: BGH NJW-RR 1995, 839.
109 BGH NJW-RR 1996, 378.
110 Er muss den Mandanten nicht unter Umgehung des Verkehrsanwalts selbst um Auskunft bitten, BGH NJW 2006, 3496.
111 OLG Celle, BRAK-Mitt. 1998, 70 m.Anm. *Borgmann*; die Haftungsquote ist Ergebnis einer einzelfallbezogenen Abwägung, BGH v. 19.1.2006 – IX ZR 254/03.
112 OLG Frankfurt NJW-RR 2003, 710.

d) Einschaltung von Spezialistinnen und Spezialisten

Bei unbekannteren Rechtsgebieten kann es ratsam sein, einen Spezialisten hinzuzuziehen, beispielsweise für Fragen des ausländischen Rechts, für sehr spezielle Rechtsfragen usw. Auch hier ist zu unterscheiden, ob ein separates Mandatsverhältnis geschaffen wird (dann keine Haftung für Fehler des Spezialisten) oder ob sich der Anwalt der Spezialistin als Hilfsperson bedient (dann § 278 BGB). Auch bei einem getrennten Auftragsverhältnis ist aber anzuraten, dass das eigene Mandat ausdrücklich eingeschränkt wird; ansonsten kann es im Überschneidungsbereich der Pflichten gleichwohl zu einer gesamtschuldnerischen Haftung kommen.[113]

3. Angestellte sowie freie Mitarbeiterinnen und Mitarbeiter

Für juristische Mitarbeiterinnen und Mitarbeiter, die keine Außensozien sind, haftet der Anwalt, ebenso wie für das gesamte Büropersonal, nach § 278 BGB.

IV. Haftung gegenüber Dritten

Grundsätzlich können nur die Vertragsparteien Ansprüche wegen Schlechterfüllung des Vertrages geltend machen. Eine Haftung der Anwältin oder des Anwalts gegenüber Dritten kommt daneben ausnahmsweise in Betracht. Zum einen ist dies der Fall, wenn und soweit Dritte in den Schutzbereich des Mandatsvertrages einbezogen sind. Die (nicht wie gewünscht bedachten) Erben des Auftraggebers für einen Testamentsentwurf[114] oder Gesellschafterinnen einer GmbH[115] können Haftpflichtansprüche geltend machen, nicht aber beispielsweise die gesetzliche Vertreterin des Mandanten.[116] Der BGH sieht dies grundsätzlich zurückhaltend.[117]

Außerhalb des Mandats hat die Rechtsprechung eine Dritthaftung bislang nur bejaht, wenn ausnahmsweise ein irgendwie geartetes Vertrauensverhältnis zu dem Dritten besteht: ein (stillschweigender) Auskunftsvertrag,[118] eine Treuhandabrede[119] oder durch Prospekthaftung.[120] Zusätzlich kann natürlich auch ein deliktischer Tatbestand (§ 826 BGB) verwirklicht sein.

113 BGH NJW 2001, 3477; BGH NJW-RR 2001, 201. OLG München, BRAK-Mitt. 2016, 122: regelmäßig keine Haftung für ausländischen Rechtsanwalt.
114 BGH NJW 1995, 51.
115 BGH NJW 2000, 725.
116 BGH NJW 2016, 3432.
117 S. z.B. BGH ZIP 2020, 1720.
118 Hierzu siehe BGH NJW 2004, 3630.
119 Zu den Anforderungen an eine Treuhandabrede siehe z.B. BGH WM 2007, 135.
120 BGH NJW 1984, 865.

V. Vertragliche Haftungsbeschränkungen

§ 51 a BRAO gestattet unter bestimmten Voraussetzungen eine Beschränkung der Haftung.[121] Durch vorformulierte Vertragsbedingungen sind eine betragsmäßige sowie eine personelle Beschränkung der Haftung möglich. Noch weitergehende Beschränkungen sind durch Individualvereinbarung möglich. Ein vollständiger Haftungsausschluss ist hingegen unwirksam. § 51 a BRAO wird als umfassende und abschließende Regelung angesehen. Schwierig wird es wegen der unterschiedlichen berufsrechtlichen Vorgaben bei Haftungsbeschränkungen für eine interprofessionelle Sozietät.

1. Vorformulierte Vertragsbedingungen

Vierfache Mindestversicherungssumme bei einfacher Fahrlässigkeit: Durch vorformulierte Vertragsbedingungen kann die Haftung für Fälle einfacher Fahrlässigkeit auf den vierfachen Betrag der Mindestversicherungssumme, also derzeit auf 1 Mio. EUR (bzw. 10 Mio. EUR bei PartGmbB oder GmbH), beschränkt werden. Problematisch ist dabei insbesondere der Begriff der „einfachen" Fahrlässigkeit, da die Rechtsprechung bisher keinen Anlass hatte, sich mit der Abgrenzung zwischen einfacher und grober Fahrlässigkeit in Anwaltshaftungsfällen zu befassen, weil eine Haftung in beiden Fällen gegeben ist.

2. Haftungskonzentration

Durch vorformulierte Vertragsbedingungen kann ferner die gesamtschuldnerische Haftung für nicht sachbearbeitende Sozien ausgeschlossen werden. Da in der Haftungsbeschränkungsvereinbarung bereits definiert werden muss, auf welche sachbearbeitenden Sozien die Haftung konzentriert werden soll, wird die Vereinbarung bei einem Wechsel der sachbearbeitenden Person oder im Falle einer notwendigen Vertretungstätigkeit durch eine nicht benannten Sozia hinfällig.

3. Individualvereinbarung

Einfache Mindestversicherungssumme, auch für grobe Fahrlässigkeit: Betragsmäßig weitergehende Beschränkungen sind durch schriftliche Vereinbarung im Einzelfall möglich. Hier kann die Haftung für alle – also auch grob – fahrlässigen Pflichtverletzungen auf die Mindestversicherungssumme, also derzeit 250.000 EUR (bzw. 2,5 Mio. EUR bei GmbH und PartGmbB), beschränkt werden. Die Kunst besteht hier darin, eine Individualvereinbarung nachzuweisen: Da eine „vorformulierte Vertragsbedingung" i.S.d. § 51 a Abs. 1 Nr. 2 BRAO nicht eine mehrfache Verwendung voraussetzt, muss man ein „Aushandeln" der Haftungsbeschränkungsvereinbarung darlegen. Dies wird man am ehesten können, wenn den Mandantinnen und Mandanten verschiedene Entscheidungsalternativen zur Verfügung gestellt werden, beispielsweise die Übernahme der Mehrkosten einer höheren Versicherungssumme bei der Berufshaftpflichtversicherung.

121 Ausführlich dazu *Grams*, AnwBl. 2001, 233 und 292 ff.; *Chab*, AnwBl. 2006, 205, *Bräuer*, AnwBl. 2007, 450.

A.9 Die Rechtsanwaltsversorgungswerke

Rechtsanwalt Hartmut Kilger, Tübingen • Ehemaliger Vorstandsvorsitzender der ABV e.V.

Versorgungswerke (die Gesetze des Bundes sprechen von „berufsständischen Versorgungseinrichtungen") sind spezifische Einrichtungen der verkammerten freien Berufe. Sie betreffen jeden ihrer Berufsangehörigen. Dennoch ist die Kenntnis über die Eigenheiten dieser Einrichtung nicht sehr verbreitet. Es gibt nur wenig Literatur. Gerade der Berufsanfänger sollte sich mit der Materie befassen. In einer Zeit, in der niemand wagt, über das Jahr 2025 hinaus sichere Prognosen über die staatlichen Vorsorgesysteme zu geben, sollte das Thema dem, der über dieses Datum hinaus berufstätig sein will oder sein muss (oder dann in seinen Lebensabend eintritt), besonders am Herzen liegen. Es wird nachfolgend ein Überblick über den Teil der berufsständischen Versorgung gegeben, der die Anwaltschaft betrifft.

I. Grundsätzliches

1. Eigenständige Einrichtung innerhalb der ersten Säule

Ein Rechtsanwaltsversorgungswerk ist weder eine Versicherung (wie z.B. eine Lebensversicherung) noch ist es Teil der gesetzlichen Rentenversicherung (wie es die Deutsche Rentenversicherung – DRV ist); es ist vielmehr eine eigene Einrichtung aller Rechtsanwältinnen und Rechtsanwälte eines Bundeslandes. Sein Zweck ist nicht ein Geschäftsbetrieb auf dem Versicherungsmarkt; sein Ziel ist es, sie mit ihren Familien im Alter und bei Berufsunfähigkeit abzusichern – und damit auch die berufliche Qualität seiner Mitglieder zu erhalten. Zu diesem Zweck bedient es sich einer Mischung der technischen Mittel, die bei Lebensversicherungen einerseits, der Deutschen Rentenversicherung andererseits angewendet werden: Es ist demgemäß eine Einrichtung eigener Art. Allerdings gehört es (wie die Beamtenversorgung und die gesetzliche Rentenversicherung) zu den Grundsystemen der sogenannten ersten Säule der Alterssicherung, was die Einbeziehung in die europäische Koordinierung der VO (EG) Nr. 833/04 (vorher VO (EWG) Nr. 1408/71) und § 22 Abs. 1 S. 3 lit. a EStG bestätigt hat.

2. Einrichtung der Anwaltschaft

Rechtsanwaltsversorgungswerke sind eigene Einrichtungen der Anwaltschaft, die diese in eigener Verantwortung und ohne Zuschüsse von Staat oder Dritten selbst verwalten. Der Staat übt lediglich die notwendige Aufsicht aus. Rechtsanwaltsversorgungswerke existieren daher auch nur dort, wo sich die betreffende Anwaltschaft – durch Urabstimmung – zu ihrer Einrichtung entschlossen hat; also dort, wo entsprechende Willensbekundungen (Urabstimmungen) der Anwaltschaft vorliegen. Das ist inzwischen in allen Bundesländern der Fall. Die handelnden Personen sind allesamt Kolleginnen und Kollegen.

3. Keine Einrichtung der Sozialversicherung

Versorgungswerke sind Gegenstand des Landesrechts gemäß Art. 70 GG. Sie sind nicht „Sozialversicherung“ im herkömmlichen Sinne. Für ihre Rechtsverhältnisse gelten grundsätzlich auch nicht die Bestimmungen des SGB und seiner zwölf Bücher. Sie sind im Katalog des § 23 SGB I deswegen auch nicht aufgeführt. Rechtlich maßgeblich sind allein die jeweiligen Landesgesetze und die in Selbstverwaltung beschlossenen Satzungen. Das Handeln der berufsständischen Einrichtungen beurteilt sich nach verwaltungsrechtlichen Grundsätzen (damit nach den Vorschriften der Verwaltungsverfahrensgesetze und/oder der Abgabenordnung), sodass Rechtsstreitigkeiten zwischen Versorgungswerk und Mitglied nicht etwa beim Sozialgericht, sondern beim Verwaltungsgericht auszutragen sind. Dennoch ist die Kenntnis des benachbarten Sozialrechts wichtig: Die Vorschriften des SGB sind zwar nur für Rechtsverhältnisse außerhalb des Versorgungswerks von Bedeutung. Sie betreffen die Mitgliedschaft im Versorgungswerk aber mittelbar.

4. Befreiung von der gesetzlichen Versicherung – nur Anwältinnen und Anwälte in Kanzleien und Syndikusrechtsanwälte

Allerdings sind alle abhängig Beschäftigten in der gesetzlichen Rentenversicherung versicherungspflichtig. Mitgliedern der Versorgungswerke hat der Bundesgesetzgeber jedoch das Recht der Befreiung zuerkannt. Dies gewährleistet § 6 SGB VI: Die angestellten Mitglieder des Versorgungswerks haben die Möglichkeit, sich von der Pflichtmitgliedschaft bei der Deutschen Rentenversicherung befreien zu lassen – vorausgesetzt, sie sind anwaltlich tätig. Nur so wird das Ziel erreicht, alle Mitglieder der Berufsgruppe (auch die angestellten Rechtsanwältinnen und Rechtsanwälte sind Freiberufler) in der eigenen Einrichtung zu vereinen. Bei diesem Thema ist allerdings Vorsicht geboten: Befreit werden nur Rechtsanwälte – nicht aber Juristen generell. Infolge der Entscheidungen des BSG vom 3.4.2014 (B 5 RE 13/14 R, B 5 RE 3/14 R, B 5 RE 13/14 R) sind auch Syndikusanwältinnen und -anwälte (nach früherem Rechtsverständnis) nicht mehr befreiungsberechtigt. Der Bundesgesetzgeber hat durch die Neufassung des § 46 BRAO die neue Gruppe der „Syndikusrechtsanwälte“ geschaffen, die die Kammern gesondert zulassen und die dann von der DRV grundsätzlich von der gesetzlichen Rentenversicherungspflicht zu befreien hat, wenn ein entsprechender Antrag gestellt ist. Das heißt: wer als Rechtsanwältin oder Rechtsanwalt in einem Unternehmen arbeitet, muss möglichst sofort einen Antrag auf Zulassung als Syndikusrechtsanwältin oder Syndikusrechtsanwalt bei der Kammer und zugleich einen Antrag auf Befreiung bei der Deutschen Rentenversicherung Bund (über das Versorgungswerk) beantragen. Und wer in seiner Tätigkeit in einer Anwaltskanzlei angestellt ist, sollte darauf achten, dass er dort auch wirklich anwaltlich tätig ist. Es gibt nun einmal kein „Juristenversorgungswerk“.

Bei Abfassung dieses Textes liegen erste interne Entwürfe für eine Altersvorsorgepflicht für Selbständige vor: Versicherungspflicht in der DRV nicht nur für abhängig Beschäftigte, sondern künftig auch für Selbständige. Damit stellt sich ein Abgrenzungsproblem für jeden Anwalt und jede Anwältin. Es soll durch eine Ausnahmeregelung in § 5 SGB VI gelöst werden: Wer bereits im Versorgungswerk ist, wird wegen der bestehenden Absicherung im Versorgungswerk von der Versicherungspflicht in der DRV ausgenommen. Hier ist das letzte Wort noch nicht gesprochen, aber es ist Wachsamkeit für jeden Berufsangehörigen angezeigt.

5. Befreiung von der gesetzlichen Versicherung – ggf. auch ein Thema für selbständige Anwältinnen und Anwälte

Auch Selbständige müssen darauf achten, ob sie nicht jetzt schon Pflichtversicherte in der gesetzlichen Rentenversicherung sind und deswegen Befreiung von der DRV beantragen müssen. Das können „Lehrer" im Sinne des § 2 Ziff. 1 SGB VI sein – damit sind alle die erfasst, die Einkünfte aus Vorträgen, Fortbildungsreferaten etc. erzielen. Aber auch „arbeitnehmerähnliche Selbständige" sind in der DRV versicherungspflichtig nach § 2 Ziff. 9 SGB VI – also Berufsangehörige, die im Wesentlichen nur einen Auftraggeber und keine Angestellten haben. Das können vor allem echte Freie Mitarbeiter sein. Auch sie müssen rechtzeitig Befreiung beantragen.

6. Beschränkung auf Kernaufgaben

Versorgungswerke beschränken sich auf einen Kernbestand des Versorgungsauftrags: Nur die Versorgung für Alter, Hinterbliebene und Berufsunfähigkeit (nicht bloße Verminderung der beruflichen Einsatzmöglichkeit) ist vorgesehen. Sie entheben den Berufsanfänger also nicht der Notwendigkeit, sich um anderweitigen ausreichenden (zum Teil gesetzlich vorgesehenen) Versicherungsschutz zum Beispiel bei Krankheit, Unfall oder Pflegebedürftigkeit zu kümmern.

7. Berufsrechtliche Komponente

Das Thema Rechtsanwaltsversorgungswerke kann nicht allein unter der eingeschränkten Sicht versicherungsrechtlicher, finanzieller oder anlageorientierter Aspekte behandelt werden. Die Befassung mit dem Thema hat auch eine berufsrechtliche Komponente. Die Wortwahl „berufsständische Versorgung" will dies ausdrücken; sie ist historisch zu erklären. Versorgungswerke gibt es nämlich schon seit bald 100 Jahren. Wenn auch der Begriff „Berufsstand" heute oft als überholt angesehen wird, so will er in einem modern verstandenen Sinn eine besondere Einrichtung der klassischen, „pflichtverkammerten" Berufe bezeichnen: Berufsständische Versorgungswerke mit dem zitierten Befreiungsrecht kann es außerhalb der Anwaltschaft deswegen nur bei Ärzten, Zahnärztinnen, Tierärzten, Apothekerinnen, Architekten, Notaren, Steuerberaterinnen und Wirtschaftsprüfern, ohne Befreiungsrecht auch bei Ingenieuren und Psychotherapeutinnen geben. Letzteres ist im Übrigen ein Gesichtspunkt, den auch der beratende Anwalt im Auge haben sollte – bedarf doch der genannte Personenkreis auch auf diesem Gebiet in steigendem Umfang des kompetenten Rechtsrates.

8. Das sozialrechtliche Umfeld zum Thema „Scheinselbstständigkeit“ und „arbeitnehmerähnliche Selbstständige“

Probleme können immer dort entstehen, wo bislang der sozialversicherungsrechtliche Status einer Tätigkeit nicht hinreichend geklärt ist. Kommt eine Betriebsprüfung (nach § 28 p SGB IV) etwa zu dem Ergebnis, dass ein selbstständig tätiger Sozietäts-Rechtsanwalt nach § 2 Abs. 1 Nr. 9 SGB VI als versicherungspflichtig in der gesetzlichen Rentenversicherung anzusehen ist, kann er nicht mehr rückwirkend von dieser Versicherungspflicht befreit werden. Vielmehr muss er einen neuen Befreiungsantrag stellen, mit der Konsequenz, dass die Befreiung erst ab Antragstellung gilt und rückwirkend nicht mehr erteilt werden kann. Von daher ist dringend anzuraten, in Zweifelsfällen unverzüglich nach Aufnahme einer „selbstständigen“ anwaltlichen Tätigkeit ein Statusfeststellungsverfahren bei der Deutschen Rentenversicherung Bund zu durchlaufen. Nach Ablauf der Frist von einem Monat (§ 7 a Abs. 6 SGB IV) sollte jedes Anfrageverfahren einer Rechtsanwältin oder eines Rechtsanwalts hilfsweise mit einem Befreiungsantrag verbunden werden, für den Fall, dass durch die Statusfeststellung eine in der gesetzlichen Rentenversicherung versicherungspflichtige Tätigkeit festgestellt wird, um die Dreimonatsfrist des § 6 Abs. 4 SGB VI in jedem Falle zu wahren. Wer also „Freier Mitarbeiter“ ist, sollte kritisch prüfen, ob er wirklich selbstständig ist. Für „Freie Mitarbeiterinnen“ gilt das ebenso.

II. Pflichtmitgliedschaft im und Befreiungen vom Versorgungswerk

1. Keine Einschränkung des freien Berufs

Es mag auf den ersten Blick befremdlich erscheinen, wenn gleich zu Beginn des freien Berufslebens eine „Zwangsmitgliedschaft“ steht. Alle Rechtsanwaltsversorgungswerke sehen nämlich vor, dass der Rechtsanwalt mit Zulassung bei der für ihn zuständigen Kammer automatisch (also kraft Gesetzes) Pflichtmitglied im zuständigen Versorgungswerk wird. Allerdings hat sie nicht etwa der Staat der Anwaltschaft auferlegt. Tatsächlich ist die Pflichtmitgliedschaft das Ergebnis des Zusammenschlusses der Angehörigen der Berufsgruppe, die insbesondere den nachrückenden Berufsgenossen zugutekommen soll. Natürlich ist bei Errichtung aller Versorgungswerke die Frage der Pflichtmitgliedschaft verfassungsrechtlicher Überprüfung insbesondere zu den Art. 3, 12 und 14 GG unterzogen worden. Grundlegend hierfür ist die Entscheidung des BVerfG „im Zehnten Band“, die im Anschluss an den Bayerischen Verfassungsgerichtshof nicht nur eine Klarstellung zu den erwähnten Grundgesetzartikeln, sondern auch den richtig verstandenen Sinn und Zweck einer berufsständischen Versorgungseinrichtung niedergelegt hat. Jeder, der die Pflichtmitgliedschaft in der berufsständischen Versorgung beurteilen will, wird sich an dieser Entscheidung zu orientieren haben

2. Im Versorgungswerk sind alle Berufsangehörigen versammelt

Zunächst kann die Deutsche Rentenversicherung ein Versorgungswerk nur bei Pflichtmitgliedschaft als „Ersatzanstalt" im genannten Sinne anerkennen. Der Tatbestand des § 6 Abs. 1 Nr. 1 SGB VI erwähnt das ausdrücklich. Wenn die berufsständische Versorgung geeignet ist, Pflichtmitglieder aus der gesetzlichen Rentenversicherung auszulösen, dann ist sie auch bereit, den gesamten betreffenden Versichertenbestand (der abhängig Beschäftigten) zu übernehmen. Deswegen gibt es nicht etwa ein „Wahlrecht" für angestellte Rechtsanwältinnen und Rechtsanwälte zwischen Deutscher Rentenversicherung und Versorgungswerk. Hier sind sie immer Mitglied; nur von der Deutschen Rentenversicherung können sie sich befreien lassen. Zwar gibt es die theoretische Möglichkeit, den Befreiungsantrag bei der Deutschen Rentenversicherung zu unterlassen. Das führt allerdings dazu, dass nicht nur der Berufsanfänger sich als Pflichtmitglied in beiden Systemen (Versorgungswerk und Deutsche Rentenversicherung) wiederfindet. Das dürfte aber nur in wenigen Fällen zweckmäßig sein: denn es müssen dann doppelte (wenn auch reduzierte) Beiträge gezahlt werden. Eine Durchlöcherung des Zugangs zum Versorgungswerk würde seine Grundlagen in Frage stellen.

3. Nur Pflichtmitgliedschaft gewährleistet homogenen Versicherungsverlauf

Scheiden Beamte aus dem Beamtenverhältnis aus, so kann die Dienstherrschaft je nach Beamtenversorgungsrecht (des Bundes oder eines Landes) für den Fall, dass der ausgeschiedene Beamte in ein abhängiges Beschäftigungsverhältnis übertritt, nach § 181 Abs. 1 SGB VI verpflichtet sein, den für die Altersversorgung vorgesehenen Betrag für die Zeit der Beamtenanstellung nachzuzahlen. Das führt bei vielen Referendarinnen und Referendaren zu einem nicht unerheblichen Nachversicherungsbetrag. Dieser kann (statt an die Deutsche Rentenversicherung) an das Versorgungswerk (bei fristgerechtem Antrag beim Versorgungswerk und vor allem beim Dienstherrn) nach § 186 SGB VI nur dann übertragen werden, wenn das Versorgungswerk dieselben Voraussetzungen erfüllt. Ähnliche Voraussetzungen gelten im Übrigen für die Übernahme von Beiträgen bei Bezug von Krankengeld (§ 47 a SGB V), Verletztengeld (§ 47 a SGB VII), Arbeitslosengeld (§ 173 SGB III) oder bei ehrenamtlich Pflegenden (§ 44 Abs. 2 SGB XI).

4. Zukunftssichere Finanzierung erfordert Pflichtmitgliedschaft

Die Deutsche Rentenversicherung ist dadurch gekennzeichnet, dass die Renten der Leistungsempfänger im Wege der sogenannten Umlage aus den Beiträgen der Arbeitenden bezahlt werden. Dort ist die Pflichtversicherung also (ebenfalls) Systemvoraussetzung: Würde der Beitritt im Belieben der Beitragszahler stehen, wären die Renten binnen Kürze nicht mehr zu bezahlen. Versicherungssysteme ohne Pflichtmitgliedschaft sind daher nur nach dem sogenannten individuellen Anwartschaftsdeckungsverfahren möglich. Das ist das Prinzip der Lebensversicherungen. Dort spart, vereinfacht gesagt, jeder Beitragszahler seine eigene Rente an. Die Finanzierungssysteme der Versorgungswerke sind demgegenüber das „offene Deckungsplanverfahren“ oder ein „modifiziertes Anwartschaftsdeckungsverfahren“. Beide Systeme arbeiten mit einer Kapitalbildung und – in unterschiedlichem Umfang – mit Umlageelemente. Beide Finanzierungssysteme unternehmen damit den bisher erfolgreichen Versuch, die Vorteile des Umlageverfahrens einerseits und der Anwartschaftsdeckung andererseits zu verbinden. Durch die Verbindung von Umlage und Kapitalbildung ist es möglich, zum einen die besondere Solidarelemente in der Absicherung im Versorgungswerk zu finanzieren, zum anderen bieten die Kapitalerträge (mit dem Überzins, also mit dem den Rechnungszins übersteigenden Zinsertrag aus dem angesammelten Kapital) die Chance auf eine zusätzliche „Dynamik“ der Anwartschaften und Renten. Dieses ist aber nur möglich, wenn Pflichtmitgliedschaft besteht. Der Wert der Dynamik richtet sich naturgemäß nach dem Grad der Inflation. In Zeiten geringer Inflation bedarf es keiner gesteigerten Dynamik. In Zeiten eines schwierigen Kapitalmarktes steht der Erhalt der Anwartschaften im Vordergrund. Auf diese Weise können die Versorgungswerke eine umfassend gesicherte Versorgung gewährleisten und ihre eigene Zukunft sichern.

5. Pflichtmitgliedschaft versammelt alle unter einem Dach

Auch hier sollte der berufsrechtliche Aspekt nicht vernachlässigt werden. Die Einrichtung der Pflichtmitgliedschaft bedeutet das Bekenntnis dazu, alle Angehörigen der Berufsgruppe unter einem gemeinsamen Dach zu vereinen. Das wäre nicht zu erreichen, wenn dem Einzelnen freigestellt würde, ob er beliebig ein- und möglicherweise auch wieder austreten will. Es entspricht im Übrigen dem Anliegen der Anwaltschaft, zu verhindern, dass unversorgte Angehörige der Berufsgruppe im Alter oder bei Invalidität möglicherweise der Grundsicherung obliegen oder gar unversorgte Witwen und Waisen hinterlassen. Es gehört vielmehr zu einer verantwortungsbewussten Berufsausübung, hinter sich einen von allen Kolleginnen und Kollegen getragenen Schutz zu wissen, der in Fällen existenzieller Notlage und im Alter greift.

6. Ausnahme: alte Last, Ausnahme- und Gründungsbestände

Ausgenommen von der Pflichtmitgliedschaft waren bei Gründung der Versorgungswerke zumeist die, die bei Anwaltszulassung das 45. Lebensjahr vollendet hatten. Versicherungsmathematische Gründe sprachen bei Gründung der Versorgungswerke gegen die Pflichtmitgliedschaft im Versorgungswerk. Diese Grenze haben die Rechtsanwaltsversorgungen inzwischen mehrheitlich aufgehoben.

Das Prinzip einer umfassenden Pflichtmitgliedschaft verbietet, wie dargelegt, Befreiungsmöglichkeiten. Sie gab es nur ausnahmsweise für ganz speziell bestimmte, eng begrenzte Personenkreise, bei denen eine andere gleichwertige Versorgung nachgewiesen hatten.

Wer Beamter und gleichzeitig Rechtsanwalt ist (das gibt es merkwürdigerweise), ist anderweitig versorgt. Er kann beim Versorgungswerk befreit werden.

Natürlich muss auch niemand Pflichtmitglied in zwei Versorgungswerken sein. Lebensversicherungsverträge oder Immobilienbesitz begründen demgegenüber keinen Befreiungsantrag.

Alle diese Personengruppen sind entweder von geringer Anzahl oder nicht mehr aktuell. Deswegen sind sie nicht relevant. Erwähnt werden sie hier nur, weil die Satzung von Ausnahmen und Befreiungen reden, die dann das Missverständnis hervorrufen, man könne sich generell vom Versorgungswerk befreien lassen. Das ist - wie dargelegt – nicht der Fall.

7. Europagerechte Haltung bei grenzüberschreitenden Tätigkeiten

Die Rechtsanwaltsversorgungswerke sind seit dem Jahr 2005 voll in das System der Koordinierung nach der VO (EG) Nr. 883/04 (vormals VO (EWG) Nr. 1408/71) einbezogen. Mitgliedschaft und Beitragspflicht bestimmen sich nach den nach der Verordnung für das Schwergewicht der beruflichen Tätigkeit geltend Vorschriften.

8. Ende der Pflichtmitgliedschaft und freiwillige Fortsetzung

Die Pflichtmitgliedschaft endet (automatisch) mit dem Ende der Kammerzulassung. Allerdings kann sie durch fristgebundenen Antrag (im Allgemeinen binnen sechs Monate) als freiwillige Mitgliedschaft mit denselben Rechten und Pflichten fortgeführt werden. Dann ist allerdings sehr genau zu prüfen, ob im Fall abhängiger Beschäftigung noch eine Befreiungsmöglichkeit bei der DRV besteht. Wissen sollte man auch, dass die Befreiung von der Deutschen Rentenversicherung nach § 6 Abs. 5 S. 2 SGB VI für berufsfremde Tätigkeiten zeitlich befristet aufrechterhalten werden kann.

III. Beiträge, Anwartschaften, Leistungen

1. Grundsatz: einkommensbezogener Beitrag

Mit der Pflichtmitgliedschaft beginnt die Pflicht zur Zahlung von Beiträgen (oft auch Versorgungsabgaben genannt). Die Beiträge richten sich allein nach dem Einkommen des Mitglieds. Als Untergrenze ist meist ein Mindestbeitrag vorgesehen, um wenigstens eine minimale Versorgung aufzubauen. Wer es sich leisten kann, kann auf Antrag zusätzliche Beiträge (bis zu einer in der Satzung definierten Grenze, zumeist ein 1,3-facher Beitrag) bezahlen. Diesem Umstand sollte man seine Beachtung schenken. Durch die Möglichkeit der Höherzahlung ergeben sich auch bei der Anwartschaft im Versorgungswerk Gestaltungsmöglichkeiten!

2. Beitragsbescheid

Der Beitrag wird durch Bescheid festgesetzt. Er setzt die notwendigen Angaben und Nachweise des Mitglieds voraus: Es besteht eine gesetzliche Auskunftspflicht über die den

Beitrag maßgeblichen Umstände. Selbstverständlich unterliegt das Versorgungswerk den Vorgaben der Datenschutzgesetze. Gegen den Beitragsbescheid ist Widerspruch möglich, der allerdings – wie bei allen öffentlichen Abgaben – keine aufschiebende Wirkung hat. Sie müsste auf Antrag gesondert angeordnet werden. Gegen den Widerspruchsbescheid ist Klage zum Verwaltungsgericht möglich, dessen Zuständigkeit sich nach den allgemeinen Vorschriften der VwGO richtet. Derselbe Verfahrensweg gilt auch bei Streitigkeiten über Befreiungen, Leistungen etc.

3. Beitragsermittlung

Den Beitrag kann das Mitglied leicht selbst ermitteln. Er wird durch Ansatz des Beitragssatzes auf das durch Einkommensteuerbescheid oder durch Jahresverdienstbescheinigung des Arbeitgebers nachgewiesene Einkommen ermittelt. Der Beitragssatz für Angestellte (2021: 18,6 %) entspricht demjenigen der gesetzlichen Rentenversicherung. Wer über ein Bruttoarbeitseinkommen verfügt, das über der jeweiligen Beitragsbemessungsgrenze liegt (im Jahr 2021 z.B. 7.100 EUR), oder wer keine Angaben über sein Einkommen machen will, bezahlt den vollen Beitrag (oft Regelpflichtbeitrag genannt). Er ist durch Ansatz des erwähnten Beitragssatzes auf die Beitragsbemessungsgrenze leicht zu errechnen (2021 also 18,6 % von 7.100 EUR = 1.320,60 EUR). Einige Versorgungswerke erheben aus historischen Gründen bei selbstständigen Mitgliedern nur die Hälfte des erwähnten Beitrags (natürlich mit der Folge, dass die Anwartschaften entsprechend geringer sind). Die Versorgungswerke für Rechtsanwälte gewähren im Übrigen während der ersten drei Berufsjahre oftmals eine Reduzierung des Beitrags – wiederum regelmäßig nur für Selbstständige. Die (dem Arbeitnehmer gegenüber bestehende) Pflicht des Arbeitgebers zur Zahlung des hälftigen Zuschusses ergibt sich aus § 172 a SGB VI.

4. Anwartschaften sind beitragsabhängig

Die Anwartschaften auf Leistungen errechnen sich nach den durch Beitrag belegten Zeiten. Davon machen lediglich die Zurechnungszeiten bei Berufsunfähigkeitsrente eine Ausnahme: Wer z.B. zwei Jahre nach Berufsbeginn mit 33 Jahren berufsunfähig wird, wird so behandelt, als hätte er den bisherigen Beitrag bis z.B. 60 Jahre weitergezahlt. Nur so ergibt sich eine existenzsichernde Rente. Auch werden (noch) in einzelnen Satzungen jedem Mitglied acht weitere Versicherungsjahre zugerechnet (letztlich als Ausgleich für den durch die lange Ausbildungszeit verspäteten Berufsbeginn). Grundsätzlich hängt aber die Anwartschaftshöhe vom Beitragsvolumen ab. Deswegen sind „Kindererziehungszeiten“ in dem bei der Deutschen Rentenversicherung üblichen Rahmen jedenfalls grundsätzlich nicht vorgesehen: Dort werden Beitragsausfälle mit Mitteln des Steuerzahlers aufgefüllt, wofür die Deutsche Rentenversicherung erhebliche Bundeszuschüsse erhält. Im Versorgungswerk müssten diese Mittel von den übrigen Mitgliedern aufgebracht werden, was letztlich das allgemeine Anwartschaftsniveau senken und den gewollten Effekt in weitem Umfang zunichtemachen würde. Deswegen bieten die Versorgungswerke andere und zum Teil unterschiedliche Lösungsmöglichkeiten für das berechtigte Anliegen der arbeitenden Mütter an, insbesondere dadurch, dass Zeiten durch Mutterschaft verringerten Einkommens durch vergleichende Betrachtung ohne Berücksichtigung bleiben können, wodurch insbesondere eine Verminderung der BU-Renten vermieden wird (sogenannte „Kinderbetreuungszeiten"). Das BVerfG hat zur Frage der Kindererziehungszeiten im Versorgungswerk deswegen auch lediglich festgestellt, dass die erziehende Mutter nicht zu Mindestbeiträgen während der Kindererziehungszeit herangezogen werden kann, wenn sie keine Einkünfte hat. Durch § 56 Abs. 4 SGB VI ist nachfolgend einer Grundsatzentscheidung des BSG klargestellt, dass auch kindererziehende Mitglieder von Versorgungswerken Kindererziehungszeiten in der gesetzlichen Rentenversicherung anerkannt werden.

5. Errechnung der Anwartschaften

Anwartschaften und Leistungen Eines Versorgungswerks lassen sich leicht ausrechnen. Ein gängiges Beispiel belegt das: Grundlage ist der persönliche Beitragsquotient. Er drückt – für jeden Monat der Beitragszahlung – das Verhältnis des tatsächlich bezahlten Beitrags zum Regelpflichtbeitrag aus. Über alle Beitragsmonate wird hierbei ein Durchschnitt ermittelt. Wer also derzeit ein Bruttoeinkommen von monatlich 3.550 EUR hat (nämlich die Hälfte von 7.100 EUR, siehe oben), erzielt mit dem daraus gezahlten Beitrag einen Quotienten von 0,5. Den Quotienten multipliziert man mit den Beitragsjahren (plus ggf. zusätzliche Versicherungsjahre). Das gefundene Ergebnis multipliziert man mit dem Rentensteigerungsbetrag (einer Zahl, die jedes Versorgungswerk in regelmäßigen Abständen entsprechend seiner Leistungsentwicklung ermittelt). Damit hat man dann schon den monatlichen Rentenbetrag der Altersrente. Alle Versorgungswerke rechnen nach diesem Muster ähnlich. Für die Berufsunfähigkeitsrente ist bei den Versicherungsjahren zu den Beitragsjahren noch die Zurechnungszeit (Jahre bis zum z.B. 60. Lebensjahr) einzurechnen.

6. Die Leistungen

Auch die Renten und sonstigen Leistungen werden durch Bescheid festgesetzt. Oft ist ein Antrag Voraussetzung hierfür. Sie fließen einerseits aus den gezahlten Beiträgen, andererseits aus den Erträgen der angesammelten Vermögen. Vor allem für deren sinnvolle und seriöse Anlage ist die oben erwähnte staatliche Aufsicht notwendig. Ihr Erfolg ist für die Leistungshöhe mitverantwortlich. Das oft noch relativ junge Lebensalter der Rechtsanwaltsversorgungswerke bringt es mit sich, dass vielen Beitragszahlern nur wenige Rentenempfänger gegenüberstehen. Dadurch hat sich ein erheblicher Vermögenszuwachs in kurzer Zeit angesammelt. Der insoweit angesammelte Deckungsstock dient aber letztlich nur den berechtigten Erwartungen der jetzigen Beitragszahler, sodass dem Schutz des Art. 14 GG in der Zukunft eine herausragende Bedeutung zukommt.

a) Die **Altersrente** kann je nach Satzung eines Versorgungswerks eine Beitragszahlung von fünf Jahren voraussetzen und wird mit Vollendung des 67. Lebensjahres fällig. Sie kann mit Zu- oder Abschlägen bis zum 72.Lebensjahr hinausgeschoben bzw. auf das bis zu 62.

Lebensjahr vorgezogen werden. In einigen Versorgungswerken erfolgt ein Ledigenzuschlag, wenn keine versorgungsberechtigten Angehörigen vorhanden sind.

b) Die Rente wegen **Berufsunfähigkeit** setzt im Allgemeinen nur die Zahlung weniger Beiträge voraus. Sie erfordert aber (von Fällen vorübergehender Berufsunfähigkeit abgesehen) die vollständige Aufgabe des Berufs mit Rückgabe der Zulassung. Die BU-Rente wird ja gezahlt, obwohl keine Gesundheitsprüfung bei Eintritt in das Versorgungswerk erfolgt. Sie kann zu erheblichen lebenslangen Leistungen führen, obwohl im Extremfall nur ein einziger Monatsbeitrag gezahlt wurde. Deswegen kann der Versicherungsschutz nur den – den Freiberufler allerdings besonders treffenden – Extremfall der vollen Berufsaufgabe umfassen. Die berufsständische Versorgung verwendet dabei einen eigenständigen Begriff der Berufsunfähigkeit. Es ist also verfehlt, mit Kriterien zu argumentieren, die denen der gesetzlichen Rentenversicherung (dort spricht man von einer Erwerbsminderungsrente) oder der privaten Lebensversicherung entsprechen.

c) **Hinterbliebenenrenten** (Witwen-, Witwer-, Vollwaisen- und Halbwaisenrenten) werden gezahlt, wenn das Mitglied im Zeitpunkt des Todes selbst Anspruch oder Anwartschaft auf Altersruhegeld oder BU-Rente hatte. Witwen-/Witwerrenten betragen im Allgemeinen 60 %, Vollwaisenrenten 20 % und Halbwaisenrenten 10 % der Mitgliedsrente, wobei verschiedentlich bei Kumulation Höchstbeträge vorgesehen sind. Eingetragene Lebenspartnerschaften sind inzwischen Ehegatten gleichgestellt.

d) Einige Versorgungswerke sehen **Sterbegelder** vor.

e) Die Versorgungswerke haben auch die Möglichkeit, im Wege der (medizinischen) **Rehabilitation** Zuschüsse zu den Kosten notwendiger, besonders aufwendiger Maßnahmen zu bezahlen, wenn die Berufsfähigkeit bedroht ist und sie durch geeignete Maßnahmen voraussichtlich erhalten, wesentlich gebessert oder wiederhergestellt werden kann.

f) Zwischen vielen Rechtsanwaltsversorgungswerken bestehen bilaterale **Überleitungsabkommen**: Wer mit seiner Anwaltszulassung in ein anderes Bundesland wechselt, kann seine an das bisherige Versorgungswerk gezahlten Beiträge an das neue Versorgungswerk (bis zu einem bestimmten Lebensjahr) auf Antrag mitnehmen. Überleitung von und zur Deutschen Rentenversicherung ist jedoch wegen der unterschiedlichen rechtlichen und finanziellen Voraussetzungen nicht vorgesehen. Einige Rechtsanwaltsversorgungswerke haben die Überleitungsmöglichkeiten in den vergangenen Jahren erheblich reduziert; dahinter steht die Vorstellung, wie sie auch im Bereich der Versorgungswerke der Heilberufe gilt und ebenfalls Gegenstand der europäischen Koordinierung ist: Jeder zahlt dort ein, wo er arbeitet.

g) Wer aus dem Versorgungswerk ausscheidet, ohne die Mitgliedschaft fortzusetzen, kann in eingeschränkten Sonderfällen für einen Teil der bezahlten Beiträge (z.B. 60 %) **Beitragserstattung** beantragen. Wegen des Verlustes aller Anwartschaften dürfte dies in vielen Fälle wirtschaftlich allerdings uninteressant sein. Auch wird die Beitragserstattung aus europa- und steuerrechtlichen Gründen in der Zukunft nur noch wenige Ausnahmefällen betreffen, z.B. wenn (wie in der gesetzlichen Rentenversicherung) eine Grundanwartschaft erst mit Ablauf von 60 Kalendermonaten entsteht und das Mitglied diesen Versicherungszeitraum nicht zurückgelegt hat.

h) Selbstverständlich sind auch die Anwartschaften der Versorgungswerke (in der Regel im Wege des internen Ausgleichs nach dem Versorgungsausgleichsgesetz) Gegenstand des **Versorgungsausgleichs**.

7. Dynamik

Regelmäßig sind versicherungsmathematische Bilanzen aufzustellen. Nach ihnen wird der aktuelle Rentensteigerungsbetrag ermittelt, der nach der oben genannten Formel in die jeweils neue Rentenrechnung einfließt. So kann die Leistungsentwicklung der Beitragsdynamik folgen. Diese Dynamik sollte man nicht geringschätzen: Das Versorgungswerk der RAe in Baden-Württemberg z.B. hat mit einem Rentensteigerungsbetrag von 83 DM im Jahre 1985 begonnen. Jetzt liegt er über 92 EUR: Der Quotient hat sich seither also mehr als verdoppelt. Es braucht schließlich nicht betont zu werden, dass das Leistungsniveau der Versorgungswerke den Vergleich mit jeder anderen Vorsorgeart in jeder Hinsicht standzuhalten geeignet ist.

8. Steuerrechtliche Behandlung

Seit dem 1.1.2005 gelten die grundlegend neu geordneten Vorschriften des Einkommensteuerrechts – in Kraft gesetzt durch das sogenannte „Alterseinkünftegesetz" (BGBl. 2004 I S. 1427). Es hat die „nachgelagerte" Besteuerung eingeführt. Danach vermindern die Beiträge im Wege eines gesonderten Sonderausgabenabzugs das zu versteuernde Einkommen bis zu der im Gesetz genannten Grenze. Dafür sind dann – später – die Renten zu versteuern, und zwar wie jedes andere Einkommen jeweils mit dem persönlichen Steuersatz. Einschlägig sind die Bestimmungen der §§ 10 und 22 EStG. IV.

IV. Wo informieren? Gelten Fristen?

1. Adressen und Daten der Rechtsanwaltsversorgungswerke

Es ist im Zeitalter des Internets nicht mehr erforderlich, die in den früheren Printausgaben dieses Ratgebers aufgeführten Adressen der Versorgungswerke wiederzugeben. Denn sie sind digital und jeweils aktualisiert auf der Homepage des Dachverbandes der ABV Arbeitsgemeinschaft berufsständischer Versorgungseinrichtungen e.V. detailliert aufgeführt. Sie ist zu finden unter www.abv.de. Es empfiehlt sich, sich dort kundig zu machen. Denn sie verweist auf die Veröffentlichungen der einzelnen Versorgungswerke, die viel Beratungs- und Informationsmaterial enthalten. Sie existieren für alle Länder.

2. Übergreifende Einrichtungen

Die ABV Arbeitsgemeinschaft berufsständischer Versorgungseinrichtungen e.V. in Berlin ist oben schon erwähnt. Sie hat ein Verbindungsbüro in Brüssel. In ihr sind die 90 Versorgungswerke der klassischen verkammerten freien Berufe zusammengefasst. Die Vertreter der anwaltlichen Versorgungswerke treffen sich halbjährlich zum Rundgespräch der Rechtsanwaltsversorgungswerke. Dadurch ist der notwendige Informationsaustausch zwischen den Versorgungswerken zu allgemeinen, gemeinsam betreffenden Fragen gewährleistet.

3. Materialien

Zunächst sollte man sich beim zuständigen Versorgungswerk die einschlägige Satzung besorgen. Sie ist zwar auch im jeweiligen Amtsblatt veröffentlicht. Da die Satzungen verschiedentlich Änderungen unterliegen, ist von einer Nennung der Fundstellen hier abgesehen. Beim Versorgungswerk erhält man die gültige Fassung. Sie ist jeweils auch im Internet verfügbar.

Eine zusammenhängende lehrbuchartige Darstellung über das berufsständische Versorgungswesen gibt es bisher nicht. Die grundlegenden Prinzipien – die für alle Länder gelten – ergeben sich vor allem aus der Rechtsprechung, die aus historischen Gründen zunächst zu den Heilberufen, inzwischen auch sehr umfangreich zu den rechtsberatenden Berufen erging. Es ist entgegen den Vorauflagen dieses Ratgebers nicht mehr sinnvoll, gerichtliche Entscheidungen zusammenzustellen – die Liste würde zu umfangreich. Ohnehin sind die Recherchemöglichkeiten durch die juristischen Datenbanken heute erheblich verbessert, sodass durch die Eingabe des Suchworts Versorgungswerk oder Rechtsanwaltsversorgung in der Rechtsprechungsdatenbank das Notwendige schnell zutage gefördert werden kann. Zum Stichwort „Rechtsanwaltsversorgung" liefert juris 1.342 Treffer.

Sowohl Anwaltsblatt wie BRAK-Mitteilungen veröffentlichen ständig aktuelle Mitteilungen zur berufsständischen Versorgung, auch Pressemitteilungen der ABV. Einige Versorgungswerke geben für ihre Mitglieder Mitteilungsblätter, besondere „Anfängerinfos" heraus. Die Geschäftsstellen der Versorgungswerke stehen zu Auskünften zur Verfügung. Die Erfahrung lehrt allerdings, dass der eigene gründliche Blick in die Satzung die meisten Zweifelsfragen klären kann.

4. Darstellungen in der Literatur für den Bereich der Rechtsanwaltsversorgung

Boecken, Berufsständische Versorgungswerke, in: von Maydell/Ruland/Becker, Sozialrechtshandbuch (SRH), 5. Aufl. 2012.

Bundesministerium für Arbeit und Soziales, Berufsständische Versorgungswerke, in: Übersicht über das Sozialrecht 2016/2017, 909 ff.

Butzer, Berufsständische Versorgungswerke, in: Kluth, Handbuch des Kammerrechts, 2. Aufl. 2011, S. 558

Eckhardt, Alterseinkünftegesetz: Steuerliche Folgen für die Anwaltschaft, AnwBl. 2005, 457

Hartmann/Horn/Delhey, Versorgungswerk (berufsständisch), in: Rieger/Dahm/Steinhilper, Heidelberger Kommentar für Arztrecht, Krankenhausrecht, Medizinrecht, 69. Ergänzungslieferung, Stand: Februar 2017.

Hartmann, Verfassungsmäßigkeit der Satzung der Bayerischen Rechtsanwalts- und Steuerberaterversorgung umfassend bestätigt, DStR 2018, 829-832

Hartmann/Dulle, Anmerkung zu VG Oldenburg, Urteil vom 25.4.2017 (7 A 1271/16) - Zur Änderung von Rentenanwartschaften der Mitglieder berufsständischer Versorgungseinrichtungen (hier: Anpassung der Regelaltersgrenze sowie Herabsetzung des Ledigenzuschlag

Jung/Prossliner, Die berufsständische Altersvorsorge über die Rechtsanwaltsversorgungswerke, in: Doetsch/Lenz/Jung, Anwaltsvorsorge, 2004, S. 45

Jung, Altersversorgung der Rechtsanwälte durch berufsständische Versorgungswerke, in: Offermann-Burckart, Anwaltsrecht in der Praxis, 2010, S. 327

Kilger/Horn, Altersvorsorge und Vermögensnachfolge, in: Beck'sches Formularbuch für die Anwaltskanzlei, 2014.

Kilger, Freie Advokatur: Versorgungswerke für Rechtsanwälte, AnwBl. 2011, 901

Kilger, Zur Geschichte der Anwaltsversorgung, in: Deutscher Anwaltverein, Anwälte und ihre Geschichte. Zum 140. Gründungsjahr des Deutschen Anwaltvereins, 2011, S. 641

Kilger, Die Geschichte der Rechtsanwaltsversorgungswerke, AnwBl. 1998, 424 und 560

Kilger/Offermann-Burckart/Schafhausen/Schuster, Das neue Syndikusrecht 2016

Kirchhoff/Kilger, Verfassungsrechtliche Verpflichtung der berufsständischen Versorgungswerke zur Berücksichtigung von Zeiten der Kindererziehung, NJW 2005, 101

Lindenau/Prossliner, Anwaltliche Tätigkeit im europäischen Ausland und Alterssicherung, AnwBl. 8 + 9/2011, 676

Mann, Die Friedensgrenze zwischen Anwaltsversorgung und gesetzlicher Rentenversicherung, NJW 1996, 1315

Offermann-Burckart, Die neue Zulassung als Syndikusrechtsanwalt und ihre rechtlichen Folgen, AnwBl 2016, 125-136

Steinmayer, Gutachten zum Deutschen Juristentag, Altersvorsorge und Demographie – Herausforderungen und Regelungsbedarf, B1 – B 114 (Gutachtenband_73_DJT.pdf (uni-muenster.de))

Thietz-Bartram, Jochim, Friedenssicherung in der Anwaltschaft – ein Appell, AnwBl 2014, 791-796

Außerdem veröffentlichen *Kilger/Prossliner* regelmäßig eine Rechtsprechungsübersicht in der NJW, zuletzt NJW 2014; 3136, 2015, 3141; 2016, 3138, 2017, 3131: 2019, 3119; 2020, 3214

5. Fristen beachten!

Noch einmal kurz: Mitgliedschaft und Beitragspflicht im Versorgungswerk beginnen kraft Gesetzes mit der Zulassung zur Rechtsanwaltskammer. Also empfiehlt sich baldige Kontaktaufnahme. Wer auf welche Weise auch immer in der Deutschen Rentenversicherung versicherungspflichtig sein könnte (Angestellte ohnehin, aber auch freie Mitarbeiter, wenn sie latent Scheinselbstständige sind oder wenn sie als arbeitnehmerähnliche Selbstständige in Betracht kommen), sollte sich um die Bestimmung des § 6 SGB VI, ggf. auch um § 7 a ff. SGB IV kümmern. Es gilt die 3-Monats-Frist nach § 6 Abs. 4 SGB VI für den Antrag auf Befreiung ex tunc.

V. Ein notwendiger Appell

Das Rechtsanwaltsversorgungswerk stellt die vierte große Einrichtung der Anwaltschaft neben Satzungsversammlung, Kammern und DAV dar. Jede Kollegin und jeder Kollege sollte es als eigene Einrichtung des Berufsstandes begreifen. Wir alle gehören ihr nicht nur als Beitragszahler und künftiger Leistungsbezieher an; wir haben auch teil an ihrer Selbstverwaltung. In regelmäßigen Abständen finden die Wahlen zur Vertreterversammlung statt, die das demokratisch zusammengesetzte Aufsichtsgremium des Versorgungswerks ist. Es besteht ausschließlich aus Rechtsanwältinnen und Rechtsanwälten. An der Wahl sollte man sich beteiligen, vielleicht sogar überlegen, ob man nicht selbst eine Kandidatur zu diesem Gremium in Betracht ziehen kann. Die Altersversorgung generell ist auf dem Wege, sich zu einem der wichtigsten Streitpunkte in der großen politischen Diskussion zu entwickeln. Der Interessierte wird sich ihr auf keinen Fall mehr entziehen können. Die berufsständische Versorgung und ihre Zukunft werden in dieser Diskussion die ihr zukommende Rolle spielen müssen. Jede Rechtsanwältin und jeder Rechtsanwalt ist aufgerufen, sich am Versorgungswerk nicht bloß durch Beitragszahlung zu beteiligen.

A.10 Der Syndikusrechtsanwalt/Die Syndikusrechtsanwältin

Rechtsanwältin (Syndikusrechtsanwältin) Dr. Clarissa Freundorfer, LL.M., Berlin
Rechtsanwalt (Syndikusrechtsanwalt) Michael Prossliner, LL.M., Frankfurt am Main
Rechtsanwalt (Syndikusrechtsanwalt) Michael Scheer, Berlin
• Mitglieder des Geschäftsführenden Ausschusses der Arbeitsgemeinschaft Syndikusanwälte im DAV

I. Einleitung

Seit Januar 2016 gibt es für Juristen und Juristinnen, die in Unternehmen oder Verbänden tätig sind, die Möglichkeit, als „Syndikusrechtsanwalt/Syndikusrechtsanwältin" zugelassen zu werden. Bis Ende 2019 haben von dieser Möglichkeit ca. 19.000 Kollegen und Kolleginnen Gebrauch gemacht.[1] Damit sind bereits 12 % der gesamten Anwaltschaft Syndikusrechtsanwälte, Tendenz steigend. Nicht statistisch erfasst ist, wie viele Syndikusanwälte und -anwältinnen „alter Prägung" (sog. Altsyndici[2]) in Unternehmen und Verbänden tätig sind. Es spricht aber einiges dafür, dass dies noch einmal fast genauso viele sind wie die Syndikusrechtsanwälte.

Die Tätigkeit als Syndikusrechtsanwalt ist eine Ausprägung der Berufsausübung eines Rechtsanwaltes. Syndikusrechtsanwältinnen sind im Unternehmen/Verband angestellt und dort anwaltlich tätig. Sie haben (nahezu) die gleichen Rechte und Pflichten wie niedergelassene oder bei anderen Rechtsanwälten angestellte Kolleginnen, werden für ihre Tätigkeit zugelassen (sog. tätigkeitsbezogene Zulassung) und im Gleichklang dazu von der Rentenversicherungspflicht (zugunsten der Anwaltsversorgungswerke) befreit. Syndikusrechtsanwälte finden sich naturgemäß am häufigsten in Rechtsabteilungen, sowie in den Bereichen Compliance, der Personal- und Steuerabteilung. Sie finden sich als „Einzelkämpfer" oder in kleinen Rechtsabteilungen von KMU ebenso wie als Teil großer Konzernrechtsabteilungen.

II. Der Syndikusrechtsanwalt/Die Syndikusrechtsanwältin

1. Das Syndikusanwaltsgesetz

Die gesetzlichen Grundlagen des Rechts der Syndikusanwälte haben sich am 1.1.2016 durch das „Gesetz zur Neuordnung des Rechts der Syndikusanwälte und zur Änderung der Finanzgerichtsordnung" (sog. Syndikusanwaltsgesetz)[3] geändert. Vor diesem Zeitpunkt

1 https://brak.de/w/files/04_fuer_journalisten/statistiken/2020/mitgliederstatistik_2020.pdf; abgerufen am 29.12.20120.

2 Syndikusanwälte alter Prägung, sog. Altsyndici, sind Rechtsanwälte, die bereits vor Erlass des Syndikusanwaltsgesetzes – bei Befreiung von der gesetzlichen Rentenversicherungspflicht – in Unternehmen und Verbänden angestellt waren und weiter sind, aber keine Zulassung als Syndikusrechtsanwälte nach neuem Recht besitzen. Das BMJV ging im Gesetzgebungsverfahren zum Recht der Syndikusanwälte im Jahr 2016 von bis zu 40.000 Syndikusanwälte aus – vgl. Gesetzentwurf der Fraktionen der CDU/CSU und SPD, BT-Drucks. 18/5201, S. 1.

3 https://www.bgbl.de/xaver/bgbl/start.xav?startbk=Bundesanzeiger_BGBl&start=//*%255B@attr_id=%27bgbl115s2517.pdf%27%255D#__bgbl__%2F%2F*%5B%40attr_id%3D%27bgbl115s2517.pdf%27%5D__1532596146083; abgerufen am 29.12.2020.

wurde der Syndikusanwalt in der Bundesrechtsanwaltsordnung (BRAO) zwar vorausgesetzt, aber nur negativ in Bezug genommen, indem § 46 Abs. 1 a.F. BRAO postulierte, dass eine Rechtsanwältin für einen Auftraggeber, dem sie aufgrund eines ständigen Dienst- oder ähnlichen Beschäftigungsverhältnisses ihre Arbeitszeit und -kraft zur Verfügung stellen muss, vor Gerichten oder Schiedsgerichten nicht in ihrer Eigenschaft als Rechtsanwältin tätig werden darf. Vorherrschend war die vom Anwaltssenat des Bundesgerichtshofs (BGH) postulierte sogenannte Doppelberufstheorie, wonach der Syndikusanwalt zum einen einer anwaltlichen Tätigkeit als niedergelassener Anwalt nachging und daneben aufgrund Dienstvertrages gegen feste Vergütung im Unternehmen als Rechtsberater tätig war.[4]

Die Frage, inwieweit die Tätigkeit im Unternehmen als anwaltliche Tätigkeit qualifiziert werden konnte, war hinreichend umstritten.[5] Nach richtiger und vom Deutschen Anwaltverein (DAV) postulierter Auffassung war auch nach alter Rechtslage die Tätigkeit im Unternehmen anwaltlich.

Diesen berufsrechtlichen Streit dahingestellt, war es bis 2014 jedenfalls sozialversicherungsrechtlich geübte Praxis, dass der Syndikusanwalt nicht nur hinsichtlich seiner Einnahmen aus der niedergelassenen Tätigkeit sondern auch mit seinem Einkommen im Unternehmen nach § 6 Abs. 1 S. 1 Nr. 1 SGB VI von der gesetzlichen Rentenversicherungspflicht befreit wurde (wenn er nach vier von der Arbeitsgemeinschaft berufsständischer Versorgungseinrichtungen mit der Deutsche Rentenversicherung Bund – DRV Bund – vereinbarten Kriterien tätig war) und entsprechende Beiträge ins jeweilige Anwaltsversorgungswerk einzahlen konnte. Infolge paralleler Urteile des Bundessozialgerichts (BSG) vom 3.4.2014 wurde dieser Praxis die Grundlage entzogen.[6]

Die Urteile des BSG waren Katalysator für eine überfällige berufsrechtlichen Reform. Daran hatten der DAV und insbesondere dessen Arbeitsgemeinschaft Syndikusanwälte, die seit über 30 Jahren das Thema im und mit dem DAV und seinem Berufsrechtsausschuss vertrat, einen nicht unerheblichen Anteil. So konnte der DAV im Gesetzgebungsverfahren auf eigene Gesetzesinitiativen zur gesetzlichen Klarstellung und letztlich zur beruflichen Anerkennung der Syndikusanwältin und des Syndikusanwalts verweisen, auf deren Basis die Neuregelung des Rechts der Syndikusanwältinnen und Syndikusanwälte letztlich aufbaut. Sinn und Zweck der gesetzlichen Neuordnung durch das Syndikusgesetz war die Anerkennung der Tätigkeit der Syndikusanwältinnen und anwälten in Unternehmen und Verbänden als anwaltliche Tätigkeit und damit die berufsrechtliche Klarstellung der Stellung von Syndikusanwälten und -anwältinnen. Zudem sollte dadurch der sozialrechtliche status quo ante

4 BGH Urt. v. 25.2.1999 (kritisch dazu BVerfGE 87, S. 287 ff.), BGHZ 141, 69; Weyland/*Brüggemann*, 10. Aufl. 2020, BRAO § 2 Rn. 40.

5 Vgl. hierzu ausführlich Vorauflage: *Hamacher*, Der Syndikusanwalt, in: DAV-Ratgeber für junge Rechtsanwältinnen und Rechtsanwälte, 13. Aufl. 2012; sowie: *Redeker*, Der Syndikusanwalt als Rechtsanwalt, NJW 2004, 889 ff; *Kilger*, Der Syndikus und sein „Beruf“, AnwBl. 2012, 818; *Schulze Althoff*, Ist der Syndikus Rechtsanwalt?, ZRP 2013, 254; *Kury*, Die Rechtsanwälte in ständigen Dienstverhältnissen, Eine Anmerkung zur rechtlichen Stellung der Syndici, BRAK-Mitteilungen 2013; *Hamacher*, Syndikusanwalt ist ein Rechtsanwalt „ohne Wenn und Aber“, AnwBl. 2014, 70 f.

6 BSG, Urt. des 5. Senats v. 3.4.2014 – B 5 RE 13/14 R, Urt. des 5. Senats vom 3.4.2014 – B 5 RE 3/14 R, Urt. des 5. Senats vom 3.4.2014 – B 5 RE 9/14 R.

vor den Urteilen des BSG wiederherstellt werden. Wenn auch die schließlich beschlossene tätigkeitbezogene Zulassung nicht verhindert werden konnte, ist es doch den Bemühungen des DAV zu verdanken, dass kein besonderer Typus des „Syndikusrechtsanwalts" bzw. der „Syndikusanwältin" geschaffen wurde, sondern in Anerkennung der Einheit der Anwaltschaft die Syndikustätigkeit nur als eine besondere Ausprägung eines einheitlichen Anwaltsberufes anerkannt und normiert worden ist. Daher auch der Klammerzusatz, so dass der Titel, den man in Ausübung dieses Teils des Berufsbildes tragen muss, etwas sperrig lautet „Rechtsanwalt (Syndikusrechtsanwalt)" bzw. „Rechtsanwältin (Syndikusrechtsanwältin)".

Die Einheitlichkeit des Berufsbildes führt auch zu einer Durchlässigkeit zwischen den verschiedenen anwaltlichen Tätigkeiten. So kann ein Anwalt von einer Kanzlei in ein Unternehmen oder Verband wechseln und umgekehrt, ohne dabei seinen beruflichen Status als Rechtsanwalt abgeben oder die rentenversicherungsrechtliche Versorgung wechseln zu müssen (siehe Nr. 7).

2. Voraussetzungen für die Zulassung/Das Zulassungsverfahren

Der Syndikusrechtsanwalt/die Syndikusrechtsanwältin ist explizit in der BRAO geregelt. Nach § 46 Abs. 2 BRAO üben Personen, die nicht bei einem anderen Anwalt angestellt sind, ihren Beruf als Rechtsanwalt aus, sofern sie im Rahmen ihres Arbeitsverhältnisses für ihren Arbeitgeber anwaltlich tätig sind. Die besonderen Voraussetzungen für die tätigkeitsbezogene Zulassung als Syndikusrechtsanwalt sind in § 46 Abs. 3 und 4 BRAO näher beschrieben.

a) Besondere Zulassungsvoraussetzungen

Das Arbeitsverhältnis der Syndikusrechtsanwaltschaft muss durch folgende Tätigkeiten und Merkmale geprägt sein:

- der Prüfung von Rechtsfragen, einschließlich der Aufklärung des Sachverhalts, sowie des Erarbeitens und Bewertens von Lösungsmöglichkeiten (§ 46 Abs. 3 Ziff. 1 BRAO),
- der Erteilung von Rechtsrat (§ 46 Abs. 3 Ziff. 2 BRAO),
- der Ausrichtung auf die Gestaltung von Rechtsverhältnissen, insbesondere durch das selbständige Führen von Verhandlungen, oder auf die Verwirklichung von Rechten (§ 46 Abs. 3 Ziff. 3) und
- der Befugnis, nach außen verantwortlich aufzutreten (§ 46 Abs. 3 Ziff. 4 BRAO).

aa) Fachliche Unabhängigkeit

Diese Tätigkeiten müssen – sollen sie als anwaltlich gelten – fachlich unabhängig und eigenverantwortlich ausgeübt werden. Aus § 46 Abs. 4 BRAO ergibt sich, dass eine fachlich unabhängige Tätigkeit im Sinne der Regelung vorliegt, wenn sich der Syndikusrechtsanwalt/die Syndikusrechtsanwältin – trotz des Mitarbeiterstatus im Übrigen – nicht an Weisungen zu halten hat, die eine eigenständige Analyse der Rechtslage und eine einzelfallorientierte Rechtsberatung ausschließen. Die fachliche Unabhängigkeit und Weisungsfreiheit hinsichtlich der Berufsausübung des Syndikusrechtsanwalts ist vertraglich und tatsächlich zu gewährleisten. Diese Unabhängigkeit ist es letztlich, die den Syndikusrechtsanwalt/die Syndikusrechtsanwältin vom „bloßen" Unternehmensjuristen/-juristin abhebt und ihn zu einem Organ der Rechtspflege im Sinne des § 1 BRAO werden lässt. Da dem Dienstvertrag grundsätzlich ein Direktionsrecht immanent ist, muss die erforderliche fachliche Weisungsfreiheit explizit vertraglich vereinbart werden. Interne Regelungen, die nicht nur die Syndikusrechtsanwaltschaft, sondern auch die Arbeitgeberschaft selbst binden, lassen die fachliche Weisungsfreiheit unberührt.[7] Die Möglichkeit der – missbräuchlichen – Versetzung oder der Drohung mit ihr schließt die fachliche Unabhängigkeit und Weisungsfreiheit im Sinne von § 46 Abs. 3 und 4 BRAO ebenso wenig aus wie die den meisten Beschäftigungsverhältnissen immanente Möglichkeit einer Kündigung des Arbeitsverhältnisses und deren missbräuchliche Ausübung durch den Arbeitgeber oder wie die Nichtübernahme in ein unbefristetes Arbeitsverhältnis.[8] Die fachliche Unabhängigkeit des Syndikusrechtsanwaltes wird auch nicht dadurch beeinträchtigt, dass der Vorgesetzte dem Rechtsrat nicht folgt, sondern sich für ein anderes Vorgehen entscheidet.[9]

bb) Tätigkeit im Öffentlichen Dienst

Auch im öffentlichen Dienst ist die Tätigkeit als Syndikusrechtsanwalt/Syndikusrechtsanwältin möglich, allerdings dann nicht, wenn hoheitliche Tätigkeit ausgeübt (und nicht nur vorbereitet) wird.[10]

cc) Prägung

Das Arbeitsverhältnis muss durch die vorgenannten Tätigkeiten und Merkmale „geprägt" sein. Damit erkennt das Gesetz an, dass man in einem Unternehmen kaum einen Juristen finden wird, der nicht auch mit anderen, beispielsweise administrativen oder operativen Themen, befasst ist. Diese anderen Tätigkeiten hindern eine Zulassung so lange nicht als die Gesamttätigkeit überwiegend von anwaltlichen Tätigkeiten geprägt ist. Nach der Rechtsprechung des BGH liegen 65% am unteren Rand des für eine anwaltliche Prägung des Arbeitsverhältnisses Erforderlichen[11] Tätigkeiten, die zwar administrativer Natur, aber Annextätigkeiten zu Tätigkeiten im Sinne des § 46 Abs. 3 BRAO sind (z.B. Führung der juristischen Mitarbeiterinnen und Mitarbeiter und Organisation der Rechtsabteilung), zählen ohnehin bereits in den prägenden Bereich hinein.

7 BGH AnwZ (Brfg) 31/17, zur Abgrenzung siehe insbesondere BGH AnwZ (Brfg) 62/18.
8 BGH AnwZ (Brfg) 77/18, BGH AnwZ (Brfg) 29/19, BGH AnwZ (Brfg) 36/19.
9 BGH AnwZ (Brfg) 36/19, BGH AnwZ (Brfg) 29/19.
10 BGH AnwZ (Brfg) 38/18.
11 BGH AnwZ (Brfg.) 63/17.

dd) Eigene Angelegenheiten der Arbeitgeberschaft

Die anwaltlichen Tätigkeiten müssen zudem in eigenen Angelegenheiten der Arbeitgeberschaft ausgeübt werden. Die Abgrenzung zwischen eigenen Angelegenheiten und Angelegenheiten Dritter ist nicht immer einfach. Der BGH hat jedoch bereits einige Leitplanken aufgestellt. Danach liegt eine Tätigkeit für Dritte auch dann vor, wenn der zu beratende Dritte namentlich im Arbeitsvertrag genannt ist.[12] Und eine Tätigkeit wird auch nicht dadurch zur Arbeitgeberangelegenheit, dass der Arbeitgeber vertraglich zur Beratung dieser Dritten verpflichtet ist.[13] Zu beachten ist außerdem, dass nach Auffassung des BGH eine Zulassung als Syndikusanwältin bzw. Syndikusrechtsanwalt bei Drittberatung generell nicht möglich ist, selbst dann wenn diese im Umfang im Verhältnis zur Beratung des Arbeitgebers in eigenen Angelegenheiten untergeordnet ist und der Arbeitgeber zur Drittberatung berechtigt ist.[14] Ein typischer Fall einer unzulässigen Drittberatung liegt z.B. vor, wenn eine in einem Datenschutzunternehmen angestellte Juristin nicht nur den eigenen Arbeitgeber in Fragen des Datenschutzes berät, sondern auch Kunden des Arbeitgebers.

Es ist Gegenstand einer dogmatischen Diskussion, ob diese Beschränkung der Tätigkeit auf eigene Angelegenheiten des Arbeitgebers dann mit Art. 12 GG vereinbar ist, wenn der Arbeitgeber seinerseits nach dem Rechtsdienstleistungsgesetz dazu berechtigt ist, Rechtsberatung gegenüber Dritten anzubieten.

Die Rechtsberatungsbefugnis ist nach § 46 Abs. 5 Ziff. 1 BRAO allerdings insoweit erweitert, als Syndikusrechtsanwälte, die bei einem Unternehmen eines Konzerns angestellt sind, auch mit diesem Unternehmen verbundene Konzerngesellschaften beraten dürfen. Außerdem dürfen Syndikusrechtsanwälte in Verbänden auch die Mitglieder dieser Verbände rechtlich beraten, § 46 Abs. 5 Ziff. 2 BRAO. Schließlich dürfen bei einer Steuerberaterin oder einem Wirtschaftsprüfer angestellte Syndikusrechtsanwältinnen und -anwälte auch die Mandantschaft dieser Arbeitgeberschaft beraten, § 46 Abs. 5 Ziff. 3 BRAO. Diese Erweiterung der Rechtsberatungsbefugnis ist eng auszulegen und nicht analogiefähig.[15]

Aus der tätigkeitsbezogenen Zulassung folgt, dass bei Unterbrechung der Tätigkeit die Zulassung grundsätzlich entfällt. Das gilt nach der Rechtsprechung des BGH allerdings dann nicht, wenn Elternzeit genommen wird. Hier kann also die Zulassung bestehen bleiben.[16]

b) Allgemeine Zulassungsvoraussetzungen

Neben den besonderen Zulassungsvoraussetzungen für Syndikusanwältinnen und Syndikusrechtsanwälte müssen auch die allgemeinen Voraussetzungen zur Zulassung zur Anwaltschaft nach § 4 BRAO erfüllt sein. Der Bewerber muss also die Befähigung zum Rich-

12 BGH, AnwZ (Brfg.) 78/18.
13 BGH AnwZ (Brfg) 81/18.
14 BGH AnwZ (Brfg) 23/19; kritisch dazu: Freundorfer, NJW 2020, 2070.
15 BGH AnwZ (Brfg) 71/18 BGH AnwZ (Brfg) 1/18.
16 BGH AnwZ (Brfg) 6/18.

teramt besitzen, § 4 Ziff. 1 BRAO. Über § 4 Ziff. 2 BRAO besteht darüber hinaus für EuRAG-Rechtsanwältinnen und -anwälte und über § 206 BRAO für WTO-Anwältinnen und -Anwälte die Möglichkeit, Syndikusrechtsanwalt/Syndikusanwältin zu werden. Außerdem darf kein Zulassungsversagungsgrund nach § 7 BRAO vorliegen.

c) Zulassungsverfahren

Die Zulassung zur Rechtsanwaltschaft ist bei der zuständigen (regionalen) Rechtsanwaltskammer zu beantragen, § 46 a Abs. 2 BRAO. Wenn die Antragstellerin oder der Antragsteller bereits bei einer Rechtsanwaltskammer als niedergelassene Rechtsanwältin oder niedergelassener Rechtsanwalt zugelassen ist, so ist diese zuständig, § 33 Abs. 3 BRAO. Anderenfalls ist die Rechtsanwaltskammer am Ort der ständigen Arbeitsstätte der Syndikusanwältin oder des Syndikusrechtsanwaltes zuständig. Zu den bei der Kammer einzureichenden Unterlagen zählen insbesondere:

- Original oder öffentlich beglaubigte[17] Kopien des Arbeitsvertrages und etwaiger Ergänzungsvereinbarungen zum Arbeitsvertrag, aus welchen sich die fachliche Weisungsfreiheit ergibt;
- Original oder öffentlich beglaubigte Kopie einer Tätigkeitsbeschreibung, die von Antragstellerin oder Antragsteller und Arbeitgeberschaft[18] unterzeichnet ist, aus der sich die Prägung der Gesamttätigkeit durch anwaltliche Tätigkeiten ergibt;
- sowie ein vollständig ausgefülltes und von der antragstellenden Person unterzeichnetes Antragsformular.

Es empfiehlt sich, sich vor Stellung des Zulassungsantrages die aktuellen Formulare und Checklisten der zuständigen Rechtsanwaltskammer anzusehen, die auf der entsprechenden Webseite verfügbar sind. Einige regionale Kammern pflegen auch FAQ-Listen, die in Einzelfragen sehr hilfreich sein können. Sehr hilfreich ist außerdem die FAQ-Liste der Arbeitsgemeinschaft Syndikusanwälte zum Recht der Syndikusanwältinnen und Syndikusanwälte.[19]

Insbesondere auf die Tätigkeitsbeschreibung sollte der Antragsteller größte Sorgfalt verwenden. Die Tätigkeitsbeschreibung hat sämtliche Tätigkeiten zu umfassen, die der Antragsteller üblicherweise ausübt (also auch die nichtanwaltlichen). Die Umschreibung sollte so ausführlich sein, dass sich die Kammer ohne weiteres ein Bild von der Tätigkeit machen kann. Die einzelnen Tätigkeiten sind, soweit möglich, zu quantifizieren. Da die Tätigkeit einer

17 Eine amtlich beglaubigte Kopie reicht bisher nicht aus, soll jedoch nach dem Referentenentwurf des Bundesministeriums der Justiz und für Verbraucherschutz zum Gesetz zur Neuregelung des Berufsrechts der anwaltlichen und steuerberatenden Berufsausübungsgesellschaften sowie zur Änderung weiterer Vorschriften im Bereich der rechtsberatenden Berufe (große BRAO-Reform) vom 4.11.2020 zukünftig ausreichend sein.

18 Manche Rechtsanwaltskammern lassen sich die Unterschriftsberechtigung der für den Arbeitgeber unterzeichnenden Personen nachweisen; daher empfiehlt es sich, dass auf Arbeitgeberseite Personen unterzeichnen, die mindestens als Prokurist im Handelsregister eingetragen sind oder eine Vollmacht vorlegen können, die mindestens von Prokuristen erteilt wurde.

19 https://www.syndikusanwaelte.de/de/berufsrecht-befreiung/faq-liste-zum-recht-der-syndikusanwaelte, abgerufen am 29.12.2020.

Juristin bzw. eines Juristen naturgemäß nicht statisch ist, sondern sich je nach aktuellen Anforderungen ständig ändern kann, ist es empfehlenswert, mit allgemeinen Obersätzen zu arbeiten und diese sodann durch Beispiele anschaulich zu machen. Dass die Beschreibung ein der Realität entsprechendes Bild geben muss, versteht sich von selbst.

Da die tätigkeitsbezogene Zulassung als Syndikusanwältin oder Syndikusrechtsanwalt eine Voraussetzung für die Befreiung von der gesetzlichen Rentenversicherungspflicht ist (vgl. unter Nr. 7), wird die Deutsche Rentenversicherung Bund im Zulassungsverfahren angehört, § 46 a Abs. 2 S. 1 BRAO. Die Rechtsanwaltskammer kann sich über ein abweichendes Votum der DRV Bund hinwegsetzen, riskiert dann aber eine Klage der DRV Bund gegen die Zulassung, § 46 a Abs. 2 S. 3 BRAO. Wird die Zulassung versagt, so hat der Antragsteller ein Recht auf Klage. In erster Instanz sind die Anwaltsgerichtshöfe für Klagen auf/gegen Zulassung zuständig. In zweiter Instanz entscheidet der Anwaltssenat des BGH

Das Zulassungsverfahren dauert je nach Kammerbezirk und Fallgestaltung etwa zwei bis drei Monate. Die Zulassung wirkt zwar erst mit Aushändigung der Urkunde, gemäß § 46 a Abs. 4 Ziff. 2 BRAO gilt aber im Wege der Fiktion die Pflichtmitgliedschaft in der Rechtsanwaltskammer als im Zeitpunkt der Antragstellung entstanden. Hiermit soll vermieden werden, dass während des Zulassungsverfahrens Zeiträume entstehen, in welchen der Antragssteller nicht von der gesetzlichen Rentenversicherungspflicht befreit werden kann.[20]

d) Doppelzulassung

Neben der Zulassung als Syndikusanwältin oder Syndikusrechtsanwalt kann eine Zulassung nach § 6 BRAO als niedergelassener Rechtsanwalt oder -anwältin beantragt werden. Der Anwalt/die Anwältin besitzt dann im Anschluss zwei Zulassungen (eine für seine Tätigkeit beim Unternehmen und eine für seine Tätigkeit als niedergelassener Anwalt). Er bzw. sie hat jedoch immer nur eine Kammermitgliedschaft und muss auch nur einen Kammerbeitrag entrichten.

e) Keine Zulassungspflicht

Abschließend sei noch darauf hingewiesen, dass die Meinung, dass jede Juristin oder jeder Rechtsanwalt, der in Unternehmen oder Verbänden tätig ist und die oben genannten Voraussetzungen erfüllt (also insbesondere sog. „Altsyndici"), verpflichtet sei, sich als Syndikusrechtsanwalt zuzulassen, vereinzelt geblieben ist.[21] Eine solche Zulassungspflicht ist nach richtiger Auffassung nicht gegeben, auch nicht für „Altsyndici", die noch ihre Zulassung

20 Stellungnahme des Deutschen Anwaltvereins durch den Ausschuss Berufsrecht zum Regierungsentwurf des BMJV [eines Gesetzes zur Umsetzung der Berufsanerkennungsrichtlinie und zur Änderung weiterer Vorschriften im Bereich der rechtsberatenden Berufe (BT-Drucks. 18/9521 vom 5.9.2016), Stellungnahme Nr.: 61/2016, Berlin, im September 2016, S. 5.

21 *Kury*, „Altsyndizi" und Zulassung, BRAK Magazin 01/2016, S. 3; für die Gegenmeinung siehe statt vieler *Offermann-Burckart*, Die neue Zulassung als Syndikusrechtsanwalt und ihre rechtlichen Folgen, 13 Fragen und Antworten zur Neuordnung des Rechts der Syndikusanwälte, AnwBl 2016, 125, 134.

als niedergelassene Rechtsanwälte beibehalten haben, aber nicht für das Unternehmen als Syndikusrechtsanwälte neuer Rechtslage tätig werden.

3. Die Erstreckung

Um bei einer Änderung der Tätigkeit oder gar Wechsel des Arbeitsverhältnisses eine geschlossene Zulassung zu ermöglichen, sieht das Gesetz in § 46 b Abs. 3 BRAO vor, dass die Zulassung auf weitere Arbeitsverhältnisse oder wesentliche geänderte Tätigkeiten erstreckt werden kann. Erforderlich ist hierfür wiederum ein Antrag bei der Rechtsanwaltskammer. Oftmals wird fraglich sein, ob eine Tätigkeitsänderung wesentlich oder unwesentlich ist. Bei unwesentlichen Änderungen wäre eine Erstreckung an sich nicht erforderlich. Im Zweifelsfall empfiehlt sich bei der zuständigen Rechtsanwaltskammer einen Antrag auf Feststellung der Unwesentlichkeit der Tätigkeitsänderung zu stellen.[22] Bei einem Arbeitgeberwechsel ist eine Erstreckung nicht ausreichend. Notwendig ist vielmehr ein neuer Antrag auf Zulassung als Syndikusrechtsanwalt.[23]

4. Vorteile der Zulassung als Syndikusrechtsanwalt

Abgesehen von etwaigen sozialversicherungsrechtlichen Vorteilen (siehe unter Nr. 7) hat die Zulassung den Vorteil, dass man einem freien Beruf angehört, der ein hohes Vertrauen in der Gesellschaft genießt, man als Teil der Rechtsanwaltschaft tätig ist und nicht zuletzt mit externen Anwälten „auf Augenhöhe" zusammenarbeiten kann. Zudem darf die Syndikusanwältin oder der Syndikusrechtsanwalt für seine Arbeitgeberschaft vor zivilrechtlichen Amtsgerichten, den Arbeitsgerichten in erster Instanz sowie der Verwaltungs-, Sozial- und Finanzgerichtsbarkeit als Anwältin und Anwalt vor Gericht auftreten.

Auch wird in Unternehmen immer mehr Wert auf anwaltlichen Rat als Teil guter Unternehmensführung gelegt; auch aus Haftungsgründen, wonach valide Rechtsberatung (intern oder extern eingeholt) zu Haftungserleichterung bis hin zur Enthaftung bei unternehmerischem Fehlverhalten führen kann. Ob allerdings nur der nach neuem Recht zugelassene Syndikusrechtsanwalt seinen Arbeitgeber im Sinne der Business Judgement Rule enthaften kann, ist von der Rechtsprechung noch nicht entschieden worden.[24] Auf den ersten Blick ist kein Grund ersichtlich, warum nicht auch der Syndikus alter Prägung, der als Rechtsanwalt zugelassen ist und dem der Arbeitgeber fachliche Weisungsfreiheit bescheinigt hat, den Arbeitgeber mit enthaftender Wirkung beraten darf.

22 BGH AnwZ (Brfg) 8/20.

23 BGH, AnwZ (Brfg) 41/19.

24 Generell zu diesem Thema *Fleischer*, Vorstandshaftung und Vertrauen auf anwaltlichen Rat, NZG 2010, 121; zur enthaftenden Beratung durch Syndikusrechtsanwälte *Junker/Zwach*, Das Syndikusrechtsanwaltsgesetz, Auswirkungen auf Unternehmen, in: Die Neuregelung des Rechts der Syndikusanwälte, 2017, S. 64, 70.

5. Anwendung des Berufsrechts auf den Syndikusrechtsanwalt

Der Tatsache, dass auch die Syndikusanwältin oder der Syndikusrechtsanwalt Organ der Rechtspflege im Sinne des § 1 BRAO ist, ist es geschuldet, dass das Berufsrecht, so wie es in BRAO und BORA seinen Niederschlag gefunden hat, bis auf wenige Ausnahmen auch für die Syndikusrechtsanwaltschaft gilt, § 46 c Abs. 1 BRAO. Zu nennen ist insbesondere das Verbot der Vertretung widerstreitenden Interessen (§ 43 a Abs. 4 BRAO), die berufsrechtliche Verschwiegenheit (§ 43 a Abs. 2 BRAO), aber auch die Pflicht zur Nutzung eines beA (§ 31 a BRAO).

Keine Anwendung finden dagegen insbesondere die Verpflichtung, PKH-Mandate anzunehmen, die Verpflichtung zum Abschluss einer Berufshaftpflichtversicherung sowie die besonderen Vergütungsregelungen, § 46 c Abs. 3 BRAO (mit der Ausnahme des Verbotes, Erfolgshonorare zu vereinbaren). Daneben gibt es Vorschriften, die zwar anwendbar sind, aber faktisch ins Leere gehen. So wird die Syndikusrechtsanwaltschaft die Verpflichtung zur getrennten Verwahrung von Fremdgeldern nach § 43 a Abs. 5 BRAO nicht betreffen, da die Syndikusrechtsanwaltschaft typischerweise keine Fremdgelder erhält. Auch die Werbeverbote des § 43 b BRAO treffen die Syndikusrechtsanwältin oder den Syndikusrechtsanwalt nicht, da sie oder er keine externe Akquise betreibt. Schließlich gilt das Verbot der Beratung widerstreitender Interessen nur für den Syndikusrechtsanwalt selbst, denn weder liegt eine Berufsausübungs- noch eine Bürogemeinschaft zwischen den Syndikusrechtsanwälten eines Unternehmens vor, die zu einer erweiterten Anwendung nach § 3 Abs. 2 BORA führen würde.

6. Unterschiede im Vergleich zur niedergelassenen Anwaltschaft

Im Übrigen verbleiben im Wesentlichen zwei Unterschiede zwischen niedergelassener Anwältschaft und Syndikusrechtsanwältschaft: Die Syndikusrechtsanwältin oder der Syndikusrechtsanwalt kann sich nicht auf das strafrechtliche Beschlagnahme- und Aussageverweigerungsrecht nach § 53 Abs. 1 S. 1 Nr. 3 h und § 97 Abs. 1 bis 3 StPO berufen (hingegen hat er das zivilrechtliche Aussageverweigerungsrecht nach § 383 Abs. 1 Ziff. 6 ZPO). Auch darf er für seine Arbeitgeberschaft nicht als Rechtsanwältin oder Rechtsanwalt vor den Arbeitsgerichten und vor Zivilgerichten mit Anwaltszwang auftreten, § 46 c Abs. 2 BRAO. Einschränkungen gelten schließlich auch in Straf- und Bußgeldverfahren. Ob diese Unterschiede einer Prüfung an Art. 3 und 12 GG standhalten oder in naher Zukunft aufgegeben werden, bleibt abzuwarten.[25]

7. Die Befreiung von der gesetzlichen Rentenversicherungspflicht

Zu den besonderen Vorzügen der Anwaltschaft gehört es, dass sie ihre Altersversorgung durch eigene Versorgungswerke und unabhängig von der gesetzlichen Rentenversicherung

25 Siehe zu den Unterschieden im Detail *Offermann-Burckart*, AnwBl 2016, 125, 134.

gewährleistet. Als Teil der Rechtsanwaltschaft ist der Syndikusrechtsanwalt automatisch Mitglied in dem für seinen Kammerbezirk zuständigen Rechtsanwaltsversorgungswerk (Pflichtmitgliedschaft) und bezieht von dort (zusätzliche) Altersversorgungsleistungen, deren Höhe von den vom ihm geleisteten einkommensbezogenen Beitragszahlungen abhängen.

Da das vom Arbeitgeber gezahlte Gehalt grundsätzlich der Beitragspflicht in der gesetzlichen Rentenversicherung unterliegt (Arbeitnehmer sind mit Aufnahme ihrer Berufstätigkeit grundsätzlich in der gesetzlichen Rentenversicherung pflichtversichert, § 1 Abs. 1 Nr. 1 SGB VI), kann der Syndikusrechtsanwalt einen entsprechenden Befreiungsantrag zugunsten seines Rechtsanwalts-Vversorgungswerks stellen, um von der diesbezüglichen Beitragszahlung in der Rentenversicherung befreit zu sein. Damit koordiniert das SGB VI die selbstständig nebeneinanderstehenden, sich partiell überschneidenden Systeme der berufsständischen Altersvorsorge und der gesetzlichen Rentenversicherung und verhindert so, dass Beiträge zu zwei sozialen Sicherungssystemen gezahlt werden müssen.

Voraussetzung für einen entsprechenden Befreiungsantrag ist, dass die Tätigkeit im Unternehmen/Verband eine anwaltliche ist, was im Zulassungsverfahren von der zuständigen Rechtsanwaltskammer bereits geprüft wird. Insofern ist es nur konsequent, dass sich der Gesetzgeber entschieden hat, für einen Gleichlauf der beiden Verfahrensentscheidungen (Zulassungsverfahren/Befreiungsverfahren) zu sorgen, wobei die berufsrechtliche im Zulassungsverfahren die Entscheidung im Befreiungsverfahren bindet.

So sieht die BRAO vor, dass im Rahmen des Zulassungsverfahrens eine Anhörung der Rentenversicherung erfolgen muss und der Deutschen Rentenversicherung Bund ein Klagerecht gegen die Zulassungsentscheidung zum zuständigen Anwaltsgerichtshof zusteht. Macht diese hiervon keinen Gebrauch, ist sie im anschließenden Befreiungsverfahren an die Zulassungsentscheidung der Kammer gebunden (§ 46 a Abs. 2 S. 4 BRAO) und der Syndikusrechtsanwalt bei Vorliegen der weiteren Voraussetzungen von der Rentenversicherungspflicht zu befreien. Der Antrag auf Befreiung von der gesetzlichen Rentenversicherungspflicht (Antragsfrist drei Monate, § 6 Abs. 4 SGB VI) ist immer zusätzlich zum Antrag auf Zulassung zur Rechtsanwaltschaft zu stellen; beide Verfahren laufen parallel (wenn auch mit o.g. Bindungswirkung). Die Antragsstellung sollte dabei regelmäßig über das zuständige Rechtsanwaltsversorgungswerk erfolgen.

Will die Rechtsanwaltskammer einem Antrag auf Zulassung als Syndikusrechtsanwältin oder Syndikusrechtsanwalt entsprechen, übersendet sie der DRV Bund ihre begründete Einschätzung zur Stellungnahme. Beizufügen sind die Unterlagen, die die Kammer zur Frage, ob eine Tätigkeit als Syndikusrechtsanwältin oder Syndikusrechtsanwalt vorliegt, ausgewertet hat. Ausdrücklich nicht übersandt werden müssen die Unterlagen, die die Zulassungsvoraussetzungen nach § 7 BRAO betreffen. Die DRV Bund verlangt insbesondere die Vorlage des Arbeitsvertrages einschließlich sämtlicher Nachträge und Anlagen. Von zentraler Bedeutung ist dabei die Tätigkeitsbeschreibung. Nach der Verwaltungspraxis der DRV Bund soll eine pauschale oder am Gesetzeswortlaut von § 46 Abs. 3 und 4 BRAO orientierte Beschreibung nicht genügen. Nach Prüfung der entsprechenden Unterlagen und gegebenenfalls der Auswertung weiterer eigener Erkenntnisse übersendet die DRV Bund ihre Stellungnahme an die Rechtsanwaltskammer zur abschließenden Entscheidung.

Stimmt die DRV Bund der Auffassung der Rechtsanwaltskammer zu, dass es sich bei der beantragten Tätigkeit um eine solche als „Syndikusrechtsanwalt/-anwältin" handelt, wird neben der Zulassung (durch die Rechtsanwaltskammer) auch die Befreiung (durch die DRV Bund) ausgesprochen, wenn die weiteren Voraussetzungen nach § 6 Abs. 1 S. 1 Nr. 1 SGB VI vorliegen.

Wichtig ist, dass bei einer Beendigung der Tätigkeit oder einem Tätigkeitswechsel, der zu einer Änderung des der Befreiung zugrundeliegenden Arbeitsvertrages führt, die Befreiung automatisch endet, ohne dass es einer formellen Rücknahme bedarf. Dies gilt selbst dann, wenn die Zulassung für diese Beschäftigung durch die Rechtsanwaltskammer nicht widerrufen wird. Nach Auffassung der DRV Bund ist auch bei jeder Erstreckungsentscheidung (siehe unter Nr. 3) ein neuer Befreiungsantrag innerhalb von drei Monaten zu stellen, § 6 Abs. 4 SGB VI.

III. Schlussbemerkung

Die Ausprägung dieses Teils des Berufsbildes der Rechtsanwaltschaft wird maßgeblich durch die Vorgaben in der BRAO beeinflusst. Insofern ist die Kenntnis der berufsrechtlichen Vorgaben nicht nur sinnvoll, sondern notwendig und sollte zum Handwerkszeug von Syndikusrechtsanwältinnen und Syndikusrechtsanwälten gehören. Wie auch das Berufsbild der Rechtsanwälte und -anwältinnen insgesamt, unterliegt die Tätigkeit von Syndikusrechtanwältinnen und -anwälten einer stetigen Weiterentwicklung, die es zu beobachten gilt. Insofern lohnt ein gelegentlicher Blick auf die FAQ-Liste der Arbeitsgemeinschaft Syndikusanwälte zum Recht der Syndikusanwältinnen und Syndikusanwälte, die regelmäßig aktualisiert wird.[26]

In den fünf Jahren seit Inkrafttreten des Syndikusgesetzes hat die Rechtsprechung die wesentlichen Zweifelsfragen, insbesondere des Zulassungsverfahrens, klären können. Daher bleibt trotz aller Widrigkeiten der Vergangenheit, Gegenwart und Zukunft und trotz der grundsätzlichen Kritik am gesonderten Zulassungsverfahren festzuhalten, dass die Neuregelung des Rechts der Syndikusanwältinnen und Syndikusanwälte insgesamt positiv für die Anwaltschaft zu bewerten ist und die anwaltliche Tätigkeit in Unternehmen und Verbänden rechtssicherer und damit – nicht nur für Berufsanfänger – ein weiteres Stückchen attraktiver gemacht hat.

26 https://www.syndikusanwaelte.de/de/berufsrecht-befreiung/faq-liste-zum-recht-der-syndikusanwaelte, abgerufen am 29.12.2020.

Weiterführende Informationen, auch zu dem jährlich von der Arbeitsgemeinschaft Syndikusanwälte in Berlin veranstalteten Deutschen Syndikusanwaltstag (dem „Pflichttermin für Syndici“), sind unter www.syndikusanwaelte.de abrufbar.

A.11 Das SGB III – Kenntnis auch aus Eigennutz!?

Assessor Tobias Schlaeger, Düsseldorf
Rechtsanwalt Norman Lenger-Bauchowitz, LL.M., Köln

„Kümmern Sie sich um die wichtigste Akte Ihres Lebens. Ihre eigene.“[1] Allerdings ist – auch falls die DAV-Anwaltausbildung[2] absolviert wurde – diese besondere Akte nicht automatisch mit dem erfolgreichen Ende der Ausbildung zu schließen. Ebenso wichtig wird für viele frisch gebackene Assessorinnen und Assessoren die Bearbeitung der eigenen Akte unter dem Aspekt der Arbeitslosigkeit. Denn nicht alle dürften im direkten Anschluss an das bestandene 2. Examen schon einen Beruf ergreifen können, sind die Examensnoten doch das Hauptkriterium für die potenzielle Arbeitgeberschaft. Das bedeutet also, dass viele während der Stellensuche zumindest kurzzeitig arbeitslos sind. Insofern sollten sich auch diejenigen, die ihr späteres Betätigungsfeld nicht im Sozialrecht (siehe dazu den Beitrag von *Richter* im Kapitel F. Spezialisierung) suchen, mit den für sie wichtigen Normen des Dritten Buches des Sozialgesetzbuches (SGB III) befassen. Die sich in dieser Phase bietenden Möglichkeiten sollen im Folgenden kurz geschildert werden. Dabei werden die beruflichen Ziele der (abhängigen) Beschäftigung (I.) und der Selbstständigkeit (II.) getrennt behandelt.

I. Ziel: Die Beschäftigung

Zunächst soll das Wesentlichste für Arbeitslose mit dem Ziel der Ausübung einer (abhängigen) Beschäftigung (vgl. § 7 SGB IV) dargestellt werden. Dabei wird das SGB III in der derzeitigen Fassung (geändert m.W.v. 1.1.2021 durch Gesetz v. 9.12.2020, BGBl. I S. 2855) zugrunde gelegt.

1. Wie geht es los? (Die Arbeitsuchend- und Arbeitslosmeldung)

a) Referendarinnen und Referendare werden im Regelfall durch die Ausbildungsstelle rechtzeitig auf die Obliegenheit der Arbeitsuchendmeldung nach § 38 SGB III[3] hingewiesen, wonach sich Personen, deren Arbeits- oder Ausbildungsverhältnis endet, verpflichtet sind, sich spätestens drei Monate vor dessen Beendigung persönlich bei der Agentur für Arbeit (AA)[4] arbeitsuchend zu melden. Da die Verletzung dieser Obliegenheit eine sog. Sperrzeit auslöst, also den Anspruch zum Ruhen bringt und die Bezugsdauer des Arbeitslosengeldes mit dem Eintritt der Beschäftigungslosigkeit um eine Woche verkürzt,[5] sollte der Meldezeitraum eingehalten werden. Zur Wahrung der Frist reicht eine Anzeige unter Angabe der persönlichen Daten und des Beendigungszeitpunktes aus, wenn die persönliche Meldung nach terminlicher Vereinbarung nachgeholt wird (§ 38 Abs. 1 S. 3 SGB III). Dafür ist jeder Kommuni-

1 So lautete der treffende Werbespruch, mit dem einige Jahre lang für die DAV-Anwaltsausbildung geworben wurde.
2 Vgl. nunmehr: http://www.juristische-weiterbildung.de/jur_weiterbildung/ma_anwaltsrecht_anwaltspraxis.shtml.
3 Ausführlich dazu *Samartzis*, SRa 2013, 1 ff.; ferner BSG v. 13.3.2018 – B 11 AL 12/17 R.
4 Synonym wird hier auch die Bezeichnung Bundesagentur (BA) verwendet.
5 § 159 Abs. 1 S. 2 Nr. 9, Abs. 6 SGB III; ferner BSG v. 30.8.2018 – B 11 AL 2/18 R.

kationsweg (schriftlich per Post, per Fax, per E-Mail, Online-Formular[6] usw.) möglich.[7] Durch eine frühzeitige Meldung als arbeitsuchend soll der Eintritt des Versicherungsfalles der Arbeitslosigkeit durch eine früh einsetzende Vermittlung durch die AA nach Möglichkeit verhindert werden, was jedoch angesichts der realen Verwaltungspraxis der AA, Juristinnen und Juristen erst nach Bestehen des 2. Examens überhaupt zu einem Gespräch zu laden, ins Leere gehen dürfte.

In diesem Zusammenhang ein gesonderter **Hinweis**: wenn ein Ausbildungsverhältnis mit dem Ablegen einer mündlichen Prüfung endet (hier: das 2. Juristische Staatsexamen), dann soll es nach einem Urteil des LSG München[8] für das Entstehen der Meldepflicht nicht ausreichen, dass dem Kandidaten ein voraussichtlicher Prüfungstermin mitgeteilt werde, da dieser noch verlegt oder die Prüfung nicht bestanden werden könne. In einem solchen Fall liege die relevante Kenntnis vom Beendigungszeitpunkt vielmehr erst am Prüfungstag vor. Nach einem weiteren Urteil des SG Regensburg[9] greift in diesem Fall die 3-Tages-Frist des § 38 Abs. 1 S. 2 SGB III, so dass eine entsprechende Meldung innerhalb von drei Tagen nach dem Tag der mündlichen Prüfung ausreichend ist. Diese Urteile können als „Rettungsanker" für Fälle einer ggfls. verspäteten § 38-Meldung herangezogen werden.[10]

b) Die AA und der Arbeitslose halten im Rahmen des nun folgenden ersten Beratungs- bzw. Vermittlungsgespräches (sog. Potenzialanalyse, § 37 SGB III) in der (zusammen erarbeiteten) Eingliederungsvereinbarung die zu einer beruflichen Eingliederung erforderlichen Leistungen und die Eigenbemühungen des Arbeitslosen fest. Sie kann nicht einseitig durch Verwaltungsakt ausgestaltet werden; ihr Abschluss steht auch nicht im Ermessen der AA.[11] In der Eingliederungsvereinbarung nach dem SGB III werden – zumindest pro forma – die Vermittlungsbemühungen der AA sowie die zu unternehmenden Eigenbemühungen des Arbeitslosen schriftlich festgehalten. Ferner sollen dort auch die vorgesehenen Leistungen der aktiven Arbeitsförderung (§§ 44 ff. SGB III) festgehalten werden (z.B. Bewerbungs- und Reisekosten, Fachanwaltskurs). Anschließend werden die aktuellen Chancen auf dem juristischen Arbeitsmarkt sowie einige der bestehenden Pflichten erörtert. Diese sind hauptsächlich, neben der Pflicht zu Eigenbemühungen, die Pflicht zum Umzug und zur Annahme zumutbarer Tätigkeiten sowie die grundsätzlichen Melde- und Mitwirkungspflichten.[12]

c) Verstößt der Arbeitslose gegen seine Verpflichtungen aus der Eingliederungsvereinbarung, so kommt – wie erwähnt – eine Sperrzeit[13] in Betracht. Eine Sperrzeit wegen unzureichenden Eigenbemühungen tritt dabei auch ein, wenn der Leistungsberechtigte die durch Eingliederungsvereinbarung wirksam konkretisierten Eigenbemühungen im Einzelfall zwar

6 Laut dem „Merkblatt 3" der Bundesagentur für Arbeit (Stand: 08/2019, dort Seite 6) kann die Mitteilung auch als Online-Anzeige im Service-Portal auf der Homepage der Bundesagentur für Arbeit (www.arbeitsagentur.de) erfolgen.
7 Vgl. *Winkler*, info also 2009, 3, 4; *Brand* in: Brand, SGB III, 2018, § 38 Rn. 17.
8 Urt. v. 27.1.2015 – L 10 AL 382/13.
9 Urt. v. 20.2.2018 – S 12 AL 182/17.
10 Offen ist aber, was z.B. für diejenigen gilt, die schon vor der mündlichen Prüfung sicher bestanden haben?
11 Vgl. *Brand* in: Brand, SGB III, 2018, § 37 Rn. 3.
12 §§ 138 ff, 309 ff. SGB III, §§ 60 ff. SGB I.
13 § 159 Abs. 1 S. 2 Nr. 3, § 138 Abs. 4 Nr. 1 SGB III.

vornimmt, diese aber nicht fristgerecht nachweist.[14] Insofern empfiehlt sich eine schriftliche Dokumentation der Bewerbungsbemühungen. Denn im Extremfall kann sogar die Vermittlung eingestellt werden, so dass damit auch zugleich der Anspruch auf Arbeitslosengeld entfällt.[15]

d) Der Arbeitslose hat sich ferner persönlich bei der zuständigen AA arbeitslos zu melden.[16] Bei Eintritt der Arbeitslosigkeit innerhalb der nächsten drei Monate kann die Arbeitslosmeldung mit der Arbeitsuchendmeldung verbunden werden. Zugleich gilt das Arbeitslosengeld (§§ 136 ff. SGB III), welches als sog. Leistung der Arbeitsförderung dem Antragserfordernis unterliegt,[17] mit der Arbeitslosmeldung (nicht bereits mit der Arbeitsuchendmeldung) als beantragt, so dass im Regelfall insoweit keine Fristen versäumt werden können.

2. Was muss ich tun? Welche Leistungen bekomme ich?

a) Das Arbeitslosengeld

Referendarinnen und Referendare haben allesamt die erforderliche Anwartschaftszeit von mindestens 12 Monaten erfüllt (vgl. § 142 SGB III). Sie erhalten 12 Monate lang Arbeitslosengeld in Höhe von in der Regel 60 %[18] des pauschalierten Nettoeinkommens (§§ 147, 149 SGB III), also je nach Bundesland (und Steuerklasse) circa 600 EUR.[19] Genaueres ergibt das Selbstberechnungsprogramm der AA.[20] Klar ist, dass dies zum Leben kaum reicht. Daher kann u.a. auch Wohngeld bei den Wohngeldstellen der Städte und Gemeinden beantragt werden. Sollte Ihnen während einer Station eine Zusatzvergütung gewährt worden sein, wie es etwa bei größeren Kanzleien inzwischen üblich ist, so erhöht sich das Arbeitslosengeld dementsprechend, da diese Zusatzvergütung zum Bemessungsentgelt gehört.[21]

aa) Nicht unerwähnt soll an dieser Stelle auch bleiben, dass den Assessorinnen und Assessoren mit dem Tag nach Bestehen des 2. Staatsexamens von Gesetzes wegen keine Unterhaltsbeihilfe als Arbeitsentgelt mehr zusteht,[22] da das Ausbildungsverhältnis mit dem Bestehen endet. Gleichwohl geht die Verwaltungspraxis dahin, die Unterhaltsbeihilfe aus Gründen der Verwaltungsvereinfachung bis zum Ablauf des Examensmonats zu gewähren. Dieser Umstand veranlasst jedoch einen Teil der AA anzunehmen, den Teil der Unterhaltsbeihilfe, der auf die Tage nach Bestehen des Examens entfällt, als Arbeitsentgelt im Sinne von § 157 SGB III zu betrachten mit der Folge, dass der Anspruch auf Arbeitslosengeld ruht.

14 BSG v. 4.4.2017 – B 11 AL 19/16 R; siehe auch *Bieback*, jurisPR-SozR 22/2017 Anm. 3.
15 § 138 Abs. 1 Nr. 3, Abs. 5 SGB III.
16 § 141 Abs. 1 SGB III.
17 § 323 Abs. 1, § 324 SGB III, § 19 S. 1 SGB IV.
18 Sind Kinder vorhanden, beträgt der Leistungssatz 67 %, vgl. § 149 Nr. 1 SGB III.
19 Vgl. zur Berechnung und den rechtlichen Grundlagen der sog. Unterhaltsbeihilfen: BVerwG v. 15.12.2016 – 2 C 31/15.
20 http://www.pub.arbeitsagentur.de/start.html.
21 Vgl. § 151 SGB III; vgl. auch SG Hamburg v. 25.9.2007 – S 22 KR 866/06; *Schlaeger/Lenger*, JuS-Magazin 4/2008, S. 13 ff.; ferner aus jüngerer Zeit: BSG v. 31.3.2015 – B 12 R 1/13 R; *Meyerhoff*, SGb 2016, 214 ff.; *Wiegand*, JM 2016, 114 ff.; *Serr/Vielmeier*, NZS 2016, 84 ff.
22 Am Beispiel Nordrhein-Westfalens: § 32 Abs. 3 S. 1, 6 JAG NRW i.V.m. §§ 1 Abs. 2, 2 Abs. 2 Rechtsreferendar-UnterhaltsbeihilfeVO NRW.

Dieser Betrag wird also einbehalten. Da nach der Rechtslage der einschlägigen Unterhaltsbeihilfeverordnungen der Länder jedoch kein Anspruch (i.S.v. § 157 SGB III) auf dieses vermeintliche Arbeitsentgelt besteht, stellt der Teil der Unterhaltsbeihilfe, der auf die Resttage im Examensmonat entfällt, nach herrschender Meinung kein Arbeitsentgelt in diesem Sinne dar.[23] Ein anderslautender Verwaltungsakt der AA sollte mittels Widerspruch angegriffen werden. Für die Fälle, in denen die Widerspruchsfrist bereits abgelaufen ist, kann mittels Antrag nach § 44 SGB X das sog. „Zugunstenverfahren" eingeleitet werden und – das vorenthaltene Arbeitslosengeld rückwirkend bis zu einem Zeitraum von vier Jahren nachgefordert werden.

bb) Im Übrigen wurde der (durchaus kreative) Versuch unternommen, sich ein Arbeitslosengeld zu erstreiten, welches sich nicht an der tatsächlich gezahlten Unterhaltsbeihilfe (vgl. § 151 SGB III) orientiert, sondern in Höhe eines (nach § 152 SGB III fiktiv bemessenem) Richtergehalts (Besoldungsgruppe R1), was aber – wie zu erwarten – erfolglos war.[24] Dafür fehlt es u.a. an einer Rechtsgrundlage. Der Antrag auf Erlass einer einstweiligen Anordnung, der beim Verfassungsgerichtshof Baden-Württemberg gestellt wurde, mit dem Ziel, dem Antragsteller vorläufig eine höhere Vergütung (in „angemessenerer Höhe" zu gewähren, war unzulässig.[25]

cc) Rechtsreferendarinnen und Referendare erhalten jedoch für nicht genommene Urlaubstage eine Abgeltung auf der Grundlage der zuletzt bezogenen Unterhaltsbeihilfe, was aus einer aktuellen Entscheidung des OVG Berlin-Brandenburg[26] folgt.

b) Bewerbungs- und Reisekosten, weitere Hilfen

Arbeitsuchenden können auf Antrag Leistungen der Aktivierung und beruflichen Eingliederung (§§ 44 ff. SGB III) gewährt werden, die jedoch in der Regel Ermessensleistungen (vgl. § 3 Abs. 3 SGB III) sind. Die praktisch wichtigste Leistung für junge Assessorinnen und Assessoren stellt die Förderung aus dem „Vermittlungsbudget" (§ 44 SGB III) dar. Während bis zum Jahr 2008 die Einzelleistungen noch katalogmäßig im SGB III aufgelistet waren (vgl. z.B. §§ 45, 53 SGB III a.F.), ist der Gesetzgeber ab 2009 dazu übergegangen, die Handlungsspielräume der AA zu flexibilisieren. An die Stelle der Kataloge ist das sog. Vermittlungsbudget als „Grundlage für die flexible, bedarfsgerechte und unbürokratische Förderung von Arbeitsuchenden" getreten.[27]

23 Vgl. LSG München v. 19.9.2017 – L 10 AL 239/16; LSG Sachsen v. 25.6.2020 – L 3 AL 156/18; LSG Niedersachsen-Bremen v. 14.7.2020 – L 7 AL 121/18: ausführlich dazu *Schlaeger*, jurisPR-SozR 22/2020 Anm. 1 m.w.N.; diese Frage ist derzeit beim BSG unter dem Az.: B 11 AL 6/20 R anhängig.

24 Vgl. LSG Halle v. 24.5.2012 – L 2 AL 82/09; ausführlich dazu *Schlaeger*, jurisPR-SozR 6/2013 Anm. 3.

25 Beschl. v.17.12.2018 – 1 VB 63/18.

26 Urt. v. 23.1.2020 – 4 B 12/18; ausführlich dazu *Anders*, DöD 2020, 257 ff.

27 Vgl. BT-Drucks. 16/10810, S. 31.

Zwar werden die einzelnen Leistungen mitsamt den jeweiligen Obergrenzen seit 2009 nicht mehr explizit im SGB III genannt, allerdings orientiert sich die Förderung nach wie vor am bis Ende 2008 geltenden Recht.[28]

Die relevantesten vermittlungsunterstützenden Leistungen stellen die Zuschüsse zu den nachgewiesenen Bewerbungskosten und Reisekosten im Zusammenhang mit Vorstellungsgesprächen oder sonstigen von der AA veranlassten Fahrten (Eignungsfeststellung etc.) dar. Hilfen im Zusammenhang mit erforderlich werdenden Umzügen, Trennungskosten oder Fahrkosten für tägliche Fahrten zwischen Wohnung und Arbeitsstelle werden hier nicht weiter behandelt.

aa) Bewerbungskosten

Im Rahmen des ersten Beratungs- bzw. Vermittlungsgespräches sollte bereits nach Antragsformularen für Bewerbungs- und Reisekosten gefragt werden. Dies führt zum Stellen eines sog. Grundantrages, der für den sog. Vorherigkeitsgrundsatz (Antragsstellung vor Leistungserbringung, § 324 SGB III) relevant ist. Danach können Kosten für die Erstellung und Versendung von Bewerbungsunterlagen als Bewerbungskosten sowie Kosten im Zusammenhang mit Fahrten zur Berufsberatung, Vermittlung, Eignungsfeststellung und zu Vorstellungsgesprächen als Reisekosten von der AA übernommen werden. Wichtig ist: bei rechtzeitiger Antragstellung kommt es nicht auch darauf an, ob der Rücklauf eines Formulars noch vor der Leistungserbringung bzw. dem Ereignis erfolgt.[29]

Für eine Gewährung von Bewerbungskosten müssen grundsätzlich alle Voraussetzungen (anspruchsberechtigter Personenkreis, Subsidiarität, Erstattungsfähigkeit, Antrag, Ermessen)[30] gegeben sein. Entsprechend dem „alten Recht" werden die Kosten jeder Bewerbung häufig pauschaliert mit 5 EUR erstattet. Damit sind die sog. „Standardbewerbungskosten" (vor allem Kosten für ein Bewerbungsfoto, den Ausdruck eines Anschreibens, eine Bewerbungsmappe, Zeugniskopien und -übersetzungen, einen Briefumschlag, Klarsichthüllen und das Porto) je nachgewiesener Bewerbung abgegolten, unabhängig von Aufwand oder Qualität der Bewerbung.

Zu beachten ist, dass nach neuerem Recht die jeweils zuständige AA über den Umfang der zu erbringenden Leistungen entscheidet und eigene Pauschalen festlegen kann (vgl. § 44 Abs. 3 S. 1 SGB III). Nach dem Landessozialgericht Sachsen-Anhalt[31] ist es nicht ersichtlich, dass die Zahlung eines Kostenbeitrags von ca. 5 EUR pro Bewerbung die einzig recht-

28 So z.B. auch *Hassel* in: Brand, SGB III, 2018, § 44 Rn. 8; *Stascheit*, info also 2009, 7; ferner z.B. So *Bieback* in: Gagel, Kommentar zum SGB II/SGB III, Stand: 09/2020, § 44 SGB III Rn. 89, der zu Recht die „alten Werte" als „Mindeststandard" ansieht.

29 So zu Recht: SG Berlin v. 5.8.2011 – S 58 AL 1308/11 unter Hinweis auf BSG v. 28.10.2009 – B 14 AS 56/08 R.

30 Vgl. dazu insgesamt *Mutschler* in: Knickrehm/Kreikebohm/Watermann, Kommentar zum Sozialrecht, 2019, § 44 SGB III Rn. 5 ff.

31 Beschl. v. 4.4.2011 – L 5 AS 454/10 B ER.

mäßige Entscheidung wäre. Das SG Nürnberg[32] hat z.B. eine Pausschale für Bewerbungskosten ohne Kosten für ein Bewerbungsfoto in Höhe von 4 EUR jedoch nicht beanstandet.

Ob die früher für Bewerbungskosten geltende obere Grenze von 260 EUR tatsächlich auf die derzeitige Rechtslage übertragbar ist, ist unklar. Sie wird mit beachtlichen Argumenten bestritten,[33] sie dürfte aber noch der Praxis vieler AA entsprechen.

Bemerkenswert ist allerdings, dass im Rahmen der Einkommensteuererklärung ein Werbungskostenabzug (§ 9 EStG) für jede Bewerbung mit Bewerbungsmappe i.H.v. 8,70 EUR als kostendeckend angesehen wird.[34] Im Rahmen des SGB III wurde mit den ca. 5 EUR jedoch keine vollumfängliche Erstattung angestrebt, sondern es sollte nur eine monetäre Teilkompensation für die dem Arbeitslosen auferlegten Pflichten zur verstärkten Eigenbemühung und Wahrnehmung aller sich bietenden Chancen auf Aufnahme einer versicherungspflichtigen zumutbaren Beschäftigung gewährt werden.[35] Eine Erstattung unterhalb von 5 EUR dürfte allerdings in den meisten Fällen faktisch zu niedrig sein, dies insbesondere auch deshalb, weil der Betrag von 5 EUR schon seit mindestens ca. 15 Jahren gewährt wird, also in dieser Zeit nicht an die allgemeine Kostenentwicklung angepasst worden ist.

Werden Bewerbungskosten von der AA nicht erstattet, können sie als Werbungskosten bei den Einkünften aus nichtselbstständiger Arbeit berücksichtigt werden (dann mit 8,70 EUR bzw. 2,55 EUR), siehe Fn. 34).

bb) Reisekosten

Die Reisekostenerstattung ist ebenfalls subsidiär ausgestaltet und nur möglich, wenn der grundsätzlich gegebene Anspruch des zu einem Vorstellungsgespräch eingeladenen Bewerbers auf Kostenersatz gegen den Arbeitgeber gemäß § 670 BGB (analog),[36] wie dies inzwischen üblich ist, abbedungen ist. Häufig wird hierauf bereits in der Stellenanzeige bzw. spätestens in der persönlichen Einladung zu einem Gespräch hingewiesen. Nach § 44 Abs. 1 S. 3 SGB III ist es bereits ausreichend, wenn der (potentielle) Arbeitgeber gleichartigen Leistungen „voraussichtlich" nicht erbringen wird (voll überprüfbare Prognoseentscheidung). Zu beachten sein wir dabei auch, dass ein Bewerber vielfach schon aus (nicht unberechtigter) Angst um die potentielle Stelle keine Forderungen an den künftigen Arbeitgeber stellen wird. Käme es deshalb zu keiner Einstellung, müsste er gar mit einer Sperrzeit rechnen.[37]

32 Urt. v. 30.8.2017 – S 22 AS 335/15.

33 Vgl. *Herbst* in: Schlegel/Voelzke, jurisPK-SGB III, Stand: 7.12.2020, § 44 Rn. 217; *Apidopoulos* in: Heinz/Schmidt-De Caluwe/Scholz, SGB III, 2021, § 44 Rn. 30.

34 So z.B. FG Köln v. 7.7.2004 – 7 K 932/03; bei Bewerbungen ohne Bewerbungsmappe (z.B. E-Mail-Bewerbungen, Kurzbewerbungen) hat das FG Köln einen Betrag von 2,55 EUR geschätzt; siehe auch *Günther* in: Braun/Günther, Das Steuer-Handbuch, 84. Lieferung 11/2020, Stichwort: Bewerbungskosten.

35 Vgl. *Schlaeger*, info also 2007, 99 m.w.N.

36 Vgl. BAG v. 29.6.1988 – 5 AZR 433/87; *Müller-Glöge* in: Erfurter Kommentar zum Arbeitsrecht, 2021, § 629 BGB Rn. 13 ff.; zum dispositiven Charakter vgl. BAG v. 14.10.2003 – 9 AZR 657/02.

37 So zu Recht *Rademacker* in: Hauck/Noftz, SGB III, 2019, K § 44 Rn. 34; SG Berlin v. 5.8.2011 – S 58 AL 1308/11.

Erstattungsfähig sind alle angemessenen Fahrtkosten, Tagespauschalen und Übernachtungskosten, auch solche von Begleitpersonen (z.B. bei Schwerbehinderung). Voraussetzung ist aber generell – wie auch bei den Bewerbungskosten –, dass im konkreten Fall eine versicherungspflichtige Beschäftigung angestrebt wird, denn arbeitslos ist u. a. nur, wer (zumindest auch!) eine versicherungspflichtige Beschäftigung sucht.[38]

Es sei noch der Hinweis darauf erlaubt, dass der Grundantrag auf Erstattung von Bewerbungs- oder Reisekosten auch die jeweils andere, nicht ausdrücklich beantragte unterstützende Leistung der Beratung und Vermittlung im Sinne von § 44 SGB III (zuvor: § 45 SGB III) umfasst. Der Antrag auf Bewerbungskosten umfasst also stets auch die Reisekosten; der Antrag auf Reisekosten stets auch die Bewerbungskosten.[39]

Eine besondere Bestimmung zum Reisekostenersatz sieht § 309 Abs. 4 SGB III vor. Danach können die notwendigen Reisekosten, die der meldepflichtigen Person und einer erforderlichen Begleitperson aus Anlass der Meldung entstehen, auf Antrag übernommen werden, soweit sie nicht bereits nach anderen Vorschriften oder auf Grund anderer Vorschriften dieses Buches übernommen werden können.[40] Nach einer Entscheidung des BSG zum SGB II ist es ermessensfehlerhaft, Kosten von weniger als 10 EUR als Bagatellbetrag generell nicht zu erstatten.[41] Angesichts des sehr niedrigen Arbeitslosengelds bei ehem. Referendaren wird dies in aller Regel auf diese übertragbar sein. Um unnötige Streitigkeiten zu vermeiden, empfiehlt es sich indes, nicht jede einzelne Fahrt (bzw. Bewerbung) abzurechnen, sondern dies gesammelt zu tun.

c) Weiterbildung, Vermittlungsgutschein

Unter Umständen kommt sogar auch die Förderung der beruflichen Weiterbildung in Gestalt von Fachanwaltskursen in Betracht.[42] Voraussetzung hierfür ist u.a., dass die berufliche Weiterbildung zu einer positiven individuellen Beschäftigungsprognose führt. Eine bloß zweckmäßige Weiterbildung kann nicht gefördert werden. Es reicht also nicht aus, dass die konkrete berufliche Weiterbildung die Eingliederungschancen wenigstens nicht verschlechtert, sondern es muss die Erwartung bestehen, dass die Eingliederungschancen nach der Maßnahme besser sind als vorher.[43] Auch wenn die Praxis der AA in dieser Hinsicht eher restriktiv ausfällt, dürfte die Wahrscheinlichkeit der Bewilligung eines Fachanwaltkurses mit sinkenden Examensergebnissen steigen, weil dadurch die Vermittlungschancen deutlich verbessert werden können. Sollte z.B. eine Einstellungszusage eines Arbeitgebers (z.B.

38 Vgl. § 16 Abs. 1 Nr. 2 SGB III; vgl. ferner LSG Berlin, Urt. v. 15.8.2003 – L 4 AL 22/02.

39 Vgl. *Schlaeger*, info also 2007, 99, 101 ff.; dem folgend BSG v. 12.5.2011 – B 11 AL 17/10 R; SG Augsburg v. 12.3.2008 – S 7 AL 327/05; *Stascheit*, info also 2009, 7, 9; *Eicher* in: Udsching/Rolfs, Jahrbuch des Sozialrechts, Band 29 (2008), S. 259, 277; siehe zum Verhältnis Eigenbemühungen und Reisekosten auch BSG v. 4.4.2017 – B 11 AL 19/16 R; Bieback jurisPR-SozR 22/2017 Anm. 3 m.w.N.

40 Vgl. dazu LSG Bayern v. 27.3.2012 – L 11 AS 774/10; BSG v. 6.12.2007 – B 14/7 b AS 50/06 R,; *Winkler* in: Gagel, Kommentar zum SGB II/SGB III, Stand: 09/2020, § 309 SGB III Rn. 40.

41 BSG v. 6.12.2007 – B 14/7 b AS 50/06 R.

42 §§ 81 ff. SGB III; vgl. auch LSG Berlin-Brandenburg v. 12.11.2008 – L 8 B 338/08 AL ER.

43 Vgl. *Grühn* in: Gagel, Kommentar zum SGB II/SGB III, Stand: 09/2020, § 81 SGB III Rn. 35.

Kanzlei) vorliegen, die von dem Bestehen eines Fachanwaltskurses abhängt, so wird deutlich, dass der mit der Förderung verfolgte Zweck (Erlangung des Arbeitsplatzes) nur durch Übernahme der vollen Kosten erreicht werden kann. Insgesamt können sämtliche in diesem Zusammenhang entstehenden Kosten bei vorheriger Antragsstellung übernommen werden.

3. Was muss ich noch tun? (Sperrzeiten, Eigenbemühungen, Zumutbarkeit, Erreichbarkeit)

Ein in der Praxis wesentlicher Fragenkomplex ist der des Sperrzeitenrechts mit dem damit zusammenhängenden Fragen der Erreichbarkeit des Arbeitslosen, der Zumutbarkeit der (möglichen) Beschäftigungen und den zu ergreifenden Eigenbemühungen.[44] Dazu jedoch nur ein paar knappe Hinweise (einige sind schon oben unter A. I. angesprochen worden).

a) Im Rahmen der Eigenbemühungen hat der Arbeitslose alle Möglichkeiten zur beruflichen Eingliederung zu nutzen, wozu insbesondere die Verpflichtungen aus der Eingliederungsvereinbarung und die Nutzung der Selbstinformationseinrichtungen der AA zählen. Dabei ist nicht jegliche Beschäftigung aufzunehmen, um die Arbeitslosigkeit zu beenden, sondern nur eine individuell zumutbare. Eine solche Unzumutbarkeit kann z.B. personenbezogene Gründe haben, wenn etwa die täglichen Pendelzeiten zwischen der Wohnung und Arbeitsstätte im Vergleich zur Arbeitszeit unverhältnismäßig lang sind (§ 140 Abs. 4 S. 1 SGB III).

b) Ferner ist dem Arbeitslosen grundsätzlich ein Umzug zur Beschäftigungsaufnahme zumutbar, es sei denn, es steht ein wichtiger Grund entgegen. Als einen solchen definiert § 140 Abs. 4 S. 7 SGB III im Hinblick auf den Schutz von Ehe und Familie (Art. 6 Abs. 1 GG) insbesondere familiäre Bindungen. Dementsprechend lässt die Aufgabe der gemeinsamen Ehewohnung die Umzugsobliegenheit des Arbeitslosen ebenso entfallen wie die Erziehung von Kindern oder die Pflege von Angehörigen.

c) Den Vermittlungsbemühungen der AA steht nach zur Verfügung, wer u.a. eine versicherungspflichtige, mindestens 15 Stunden wöchentlich umfassende zumutbare Beschäftigung unter den üblichen Bedingungen des für ihn in Betracht kommenden Arbeitsmarktes ausüben kann und darf, Vorschlägen der AA zur beruflichen Eingliederung zeit- und ortsnah[45] Folge leisten kann und bereit ist, jede zumutbare Beschäftigung anzunehmen und auszuüben.[46] Wann der Arbeitslose zeit- und ortsnah erreichbar ist, regelt die Erreichbarkeitsanordnung (EAO).[47] Danach muss der Arbeitslose u.a. in der Lage sein, Mitteilungen der AA unverzüglich persönlich zur Kenntnis zu nehmen und die AA ohne unzumutbaren Aufwand täglich aufzusuchen.[48] Deshalb hat er sicherzustellen, dass die AA ihn persönlich an jedem Werktag an seinem Wohnsitz oder gewöhnlichen Aufenthalt unter der von ihm benannten

44 §§ 159, 138 f. SGB III i.V.m. §§ 1 ff. Erreichbarkeitsanordnung (EAO) i.d.F. v. 26.9.2008; vgl. ausführlich dazu *Winkler*, info also 2007, 3 ff.

45 Für den sog. Nahbereich der EAO wird ein Richtwert von 75 Minuten angenommen: vgl. LSG Bayern v. 13.10.2015 – L 11 AS 382/15 m.w.N.

46 § 138 Abs. 4 SGB III.

47 In der immer noch geltenden Fassung v. 26.9.2008.

48 §§ 1 Abs. 1, 2 S. 2 EAO.

Anschrift durch Briefpost erreichen kann; Mobilfunk oder E-Mail reichen hierfür nicht.[49] Drei Wochen im Jahr darf sich der Arbeitslose nach vorheriger Zustimmung der AA von seinem Wohnort entfernen, also „Urlaub" nehmen.[50]

d) Bei Studierenden einer Hochschule wird gesetzlich vermutet, dass sie nur versicherungsfreie Beschäftigungen ausüben können (§ 139 Abs. 2 SGB III). Diese Vermutung kann widerlegt werden, wenn die bzw. der Studierende darlegt und nachweist, dass der Ausbildungsgang die Ausübung einer versicherungspflichtigen, mindestens 15 Stunden wöchentlich umfassenden Beschäftigung bei ordnungsgemäßer Erfüllung der in den Ausbildungs- und Prüfungsbestimmungen vorgeschriebenen Anforderungen zulässt. Dieser Nachweis dürfte angesichts der Ausbildungsordnung und des Studienablaufs nicht für die Absolventen der „DAV-Anwaltausbildung" (Masterstudiengang „Anwaltsrecht und Anwaltspraxis" [LL.M.] bei der FernUni Hagen) ohne weiteres zu führen sein.

4. Wie bin ich in der Zeit der Arbeitslosigkeit sozialversichert?

Die sozialversicherungsrechtliche Absicherung stellt sich wie folgt dar:

a) Rentenversicherung (SGB VI)

Bezieher/innen von Arbeitslosengeld sind für die Dauer des Leistungsbezuges in der gesetzlichen Rentenversicherung pflichtversichert.[51]

aa) Rechtsreferendarinnen und Referendare sind für die Dauer des juristischen Vorbereitungsdienstes grundsätzlich nach § 5 Abs. 1 Nr. 2 SGB VI in der gesetzlichen Rentenversicherung versicherungsfrei.[52] Daher ist alsbald nach dem Ausscheiden aus dem Referendariat zu entscheiden, ob eine sog. Nachversicherung zur gesetzlichen Rentenversicherung bzw. zur berufsständischen Versorgungseinrichtung erfolgen soll.[53] Hintergrund ist, dass Beamtinnen und Beamte und sonstige versicherungsfrei Beschäftigte, die ohne Anspruch auf Versorgung aus dem Dienst zum Land ausscheiden, nach § 8 Abs. 2 SGB VI für die abgeleistete Dienstzeit bei der Deutschen Rentenversicherung, der knappschaftlichen Rentenversicherung oder bei einer berufsständischen Versorgungseinrichtung nachzuversichern sind, damit diese nicht unversorgt ausscheiden. Die auf das Referendariat entfallenden Beiträge werden in voller Höhe vom Land nachgezahlt. Dies gilt auch für Anwärterbezüge, die

49 So zu Recht SG Aachen v. 4.1.2006 – S 11 AL 95/05; *Gutzler* in: Heinz/Schmidt-De Caluwe/Scholz, SGB III, 2021, § 38 Rn. 173 . Eine Ausnahmeregelung ist im Einzelfall jedoch nach § 1 Abs. 2 EAO möglich.

50 Vgl. § 3 Abs. 1 S. 1 EAO.

51 § 3 S. 1 Nr. 3 SGB VI.

52 LSG NRW v. 27.4.2017 – L 5 KR 719/16: Lediglich dann, wenn die Beschäftigung des Rechtsreferendars in der Ausbildungsstation bei einem Rechtsanwalt in zwei voneinander unabhängige Teile getrennt werden kann, nämlich in ein reines Ausbildungsverhältnis einerseits und in ein von Ausbildungszwecken freies Beschäftigungsverhältnis andererseits, kann die zusätzliche Vergütung einem neben der Ausbildung bestehenden Beschäftigungsverhältnis zugeordnet werden und zur Versicherungspflicht führen. Vgl. dazu auch *Plagemann*, FD-SozVR 2017, 393609; ferner LSG Baden-Württemberg v. 25.7.2017 – L 11 KR 3980/16.

53 §§ 181 ff. SGB VI; s. dazu BSG v. 2.11.2015 – B 13 R 17/14 R; weitere Informationen hält z.B. die Finanzverwaltung NRW bereit: https://www.finanzverwaltung.nrw.de/de/nachversicherung.

nach Beendigung des Beamtenverhältnisses auf Widerruf bzw. öffentlich-rechtlichen Ausbildungsverhältnisses bis zum Monatsende weitergezahlt werden (vgl. auch unter I. 2. a) aa)).[54]

bb) Da die Berufswahl im Zeitpunkt des bestandenen Assessorexamens selten getroffen sein dürfte, sollte von der Möglichkeit Gebrauch gemacht werden, die Nachversicherung bis zu zwei Jahre aufzuschieben.

cc) Wer nach dem 2. Examen hingegen den Anwaltsberuf bzw. einen anderen Beruf mit berufsständischer Versorgungseinrichtung ergreift, muss innerhalb eines Jahres (!) beantragen, dass das Land als Arbeitgeber die Beiträge an die jeweilige Versorgungseinrichtung zahlt.

b) Unfallversicherung (SGB VII)

aa) Arbeitslose unterliegen der Meldepflicht im Sinne der gesetzlichen Unfallversicherung, so dass diese kostenfrei gesetzlich unfallversichert sind, wenn sie einer besonderen, an sie im Einzelfall gerichteten Aufforderung einer Dienststelle der BA nachkommen, diese oder eine andere Stelle aufzusuchen.[55] Erforderlich ist eine konkret-individuelle Willensäußerung der auffordernden Dienststelle an eine bestimmte Person einen bestimmten Ort aufzusuchen. Die Form spielt keine Rolle, so dass sie im Rahmen eines persönlichen Gespräches, fernmündlich oder schriftlich erfolgen kann. Ebenso wenig gibt es bestimmte Anforderungen an die inhaltliche Formulierung; so reicht die Bezeichnung als Bitte oder Empfehlung („möglichst persönlich").[56] Es muss insoweit lediglich aus der Sicht eines verständigen Beteiligten („Empfängerhorizont") erkennbar sein, dass ein bestimmtes Verhalten – also die persönliche Vorsprache bzw. Meldung – notwendig sei und seitens der Arbeitsverwaltung erwartet werde.

Veranlasst die Agentur für Arbeit anlässlich der Arbeitslosmeldung ein Verbleiben des Arbeitsuchenden für ein anschließendes Vermittlungsgespräch (Sofortzugang), steht dieser von da an gemäß § 2 Abs. 1 Nr. 14 a SGB VII unter Versicherungsschutz.[57]

bb) Nach § 2 Abs. 1 Nr. 14 b SGB VII sind (seit 1.1.2012) auch Personen versichert, die an einer Maßnahme teilnehmen, wenn die Person selbst oder die Maßnahme z.B. über die Bundesagentur für Arbeit gefördert wird. Mit der Nr. 14 b sollte der Unfallversicherungsschutz vereinheitlicht und bestehende Lücken geschlossen werden.[58] Darunter fallen auch z.B. von der AA bezahlte Fachanwaltskurse. Keine derartigen Maßnahmen sind solche, die sich ausschließlich auf eine Kostenerstattung an den Leistungsbezieher beschränken.[59]

54 Vgl. BSG v. 2.11.2015 – B 13 R 17/14 R.

55 § 2 Abs. 1 Nr. 14 a SGB VII; dazu ausführlich *Schlaeger*, info also 2008, 10 ff.; *Becker*, SRa 2009, 95 ff.; *Wietfeld*, WzS 2016, 163 ff.

56 BSG v. 11.9.2001 – B 2 U 5/01 R.

57 So zu Recht BSG v. 19.6.2018 - B 2 U 1/17 R.

58 Vgl. BT-Drucks. 17/6764, S. 24; siehe auch *Winkler*, info also 2012, 51, 53.

59 Vgl. *Schlaeger* in: BeckOK-SozR, Stand: 12/2020, § 136 SGB VII Rn. 14 b.

cc) Nach allgemeinen Grundsätzen sind die Risiken der Arbeits- und Wegeunfälle (§ 8 SGB VII) abgesichert. Danach sind alle mit dem Aufsuchen der der möglichen Stellen in rechtlich wesentlichem Zusammenhang stehenden Aktivitäten und Verrichtungen versichert, also z.B. die erforderlichen Wege zu und von der Stelle sowie der dortige Aufenthalt. Auch ein wiederholtes Aufsuchen der bestimmten Stelle, um etwa noch offene Punkte zu klären, ist versichert, selbst wenn die ursprüngliche Aufforderung nur einen einzigen Besuch vorsah.[60] Eigeninitiativ angetretene Wege (z.B. im Rahmen einer Stellensuche) oder etwa der – gleichwohl verpflichtende – Weg zur Arbeitsuchendmeldung sind mangels einzelfallbezogener Aufforderung hingegen unversichert.[61]

c) Kranken- und Pflegeversicherung (SGB V, SGB XI)

Wer Arbeitslosengeld bezieht, ist kraft Gesetzes beitragsfrei in der gesetzlichen Krankenversicherung unabhängig davon pflichtversichert, ob bzw. wie er vor Eintritt der Arbeitslosigkeit krankenversichert war.[62] Die Krankenkasse wird im Regelfall automatisch von der AA über den Bezug von Arbeitslosengeld unterrichtet.[63] Der Versicherungsschutz beginnt mit dem ersten Tag des Leistungsbezuges.[64] Da der Versicherungsschutz durch verhängte Sperrzeiten entfallen kann, ist es auch unter diesem Aspekt ratsam, keine Sperrzeittatbestände zu erfüllen.

Arbeitslosengeldbezieher sind ferner gesetzlich pflegeversichert,[65] wobei das zur Krankenversicherung Gesagte entsprechend gilt.

II. Ziel: Die Selbstständigkeit

Für diejenigen unter Ihnen, die sich von vorne herein klar darüber sind, dass sie keine fremdbestimmten Angestellte sein wollen, sondern ihren Traumberuf frei und selbstbestimmt ausüben möchten, bleibt natürlich auch die Selbstständigkeit. Ich richte mich in diesem Zusammenhang gezielt an diejenigen unter Ihnen, für die die selbstständige Tätigkeit keine (sinnvolle) Verlegenheitslösung ist, sondern die sich klar darüber sind, dass dieser Beruf – insbesondere die selbstständige Tätigkeit – ein hohes Maß an Disziplin, Hingabe und Engagement erfordert. Vergessen Sie nie: Sie sind Dienstleister und vor allem Unternehmer!

Ohne gewissenhafte Planung ist die „Operation Selbstständigkeit" – egal ob als freier Mitarbeiter oder Kanzleigründer – zum Scheitern verurteilt. Um zumindest eine gewisse geplante finanzielle Grundlage zu schaffen, sollte sich der junge Anwalt daher nicht scheuen, die zahlreichen Fördermöglichkeiten in Anspruch zu nehmen. In diesem Zusammenhang sollen

60 BSG v. 8.7.1980 – 2 RU 103/79; *Schlaeger*, info also 2008, 10, 12.
61 Vgl. z.B. LSG Sachsen-Anhalt v. 11.10.2012 – L 6 U 6/10.
62 § 5 Abs. 1 Nr. 2, § 251 Abs. 4 a SGB V; vgl. aber die Ausnahme nach § 8 Abs. 1 Nr. 1 a SGB V.
63 § 203 a SGB V.
64 § 186 Abs. 2 a SGB V.
65 § 20 Abs. 1 S. 1, 2 Nr. 2 SGB XI.

nur die Fördermöglichkeiten nach dem SGB III besprochen werden.[66] Dort sind insbesondere der Gründungszuschuss, Eingliederungszuschüsse sowie die Förderung beschäftigter Arbeitnehmer zu nennen. Nicht unerwähnt bleiben soll die – oft leider nicht beachtete – freiwillige Arbeitslosenversicherung.

1. Gründungszuschuss (§ 93 f. SGB III)

Gemäß § 93 Abs. 1 SGB III können Arbeitnehmer, die durch Aufnahme einer selbstständigen hauptberuflichen Tätigkeit die Arbeitslosigkeit beenden, zur Sicherung des Lebensunterhalts und zur sozialen Sicherung in der Zeit nach der Existenzgründung seit einigen Jahren einen Gründungszuschuss beantragen. Der Gründungszuschuss hat sich im Laufe der Zeit von einem Rechtsanspruch in eine vollständige Ermessensleistung entwickelt, um diesen an die bestehende Förderphilosophie des SGB III anzupassen, nämlich, das für eine Eingliederung in Arbeit jeweils am besten passende Instrument zu identifizieren. Es bedarf einer entsprechenden Begründung, wieso genau die Existenzgründung geeignet ist, die Arbeitslosigkeit zu beenden. Zu berücksichtigen ist dabei jedoch, dass die AA im Rahmen der Ermessensausübung auf den sog. Vermittlungsvorrang des § 4 Abs. 2 SGB III verweisen darf. Dies allerdings nur, wenn zeitgleich eine Vermittlung in Arbeit möglich ist.[67] Vermittlungsvorrang bedeutet, dass die Vermittlung in Ausbildung und Arbeit Vorrang vor der Förderung der Selbstständigkeit durch den Gründungszuschuss hat. Trotz zündender Geschäftsidee muss also damit gerechnet werden, dass trotz gut geplanter Unternehmensgründung kein Gründungszuschuss ausgereicht wird, wenn aufgrund der Qualifikation eine Vermittlung in ein Arbeitsverhältnis erfolgen kann. Der Anspruchsteller muss insofern darlegen und beweisen, dass er sich bemüht hat, eine freie Stelle zu finden. Auch sollten Hemmnisse aufgezeigt werden, die es unmöglich machen, eine Anstellung zu finden. Eine erneute Prüfung von Gründungszuschüssen kann z.B. stattfinden, wenn die Bewerber lediglich Absagen erhalten. Es muss sich aber bei den Angeboten um Angebote zumutbarer Beschäftigungen mit der Aussicht auf eine dauerhafte Eingliederung handeln. Ungeeignet sind deshalb Teilzeit-Beschäftigungen oder befristete Arbeitsangebote u.ä., um den Gründungszuschuss abzulehnen. Die AA muss die Vermittlung auch tatsächlich betreiben und ihre Bemühungen und die Eingliederungschancen dokumentieren.[68]

Voraussetzung ist jedenfalls, dass der Leistungsempfänger bis zur Aufnahme der selbstständigen Tätigkeit Anspruch auf eine Entgeltersatzleistung nach dem SGB III hatte. Darunter fallen Arbeitslosengeld, Teil-Arbeitslosengeld, Übergangsgeld, Kurzarbeitergeld, Insolvenzgeld, Winterausfallgeld. Da der frisch gebackene Assessor nach Abschluss des zweiten Staatsexamens arbeitslosengeldberechtigt ist, ist diese Hürde leicht genommen. Wichtig ist, dass der Zuschuss nicht zur Abwendung von Arbeitslosigkeit geleistet wird. Die Ar-

66 Daneben besteht die Möglichkeit der Inanspruchnahme von weiteren Fördermöglichkeiten. Einen Überblick finden Sie auf diversen Gründerseiten, z.B. https://www.fuer-gruender.de/kapital/foerdermittel/.

67 LSG Essen v. 28.11.2013 – L 9 AL 81/13; LSG Potsdam v. 28.5.2014 – L 18 AL 236/13.

68 LSG Stuttgart v. 24.2.2015 – L 13 L 1924/14 und v. 24.7.2015 – L 8 AL 2364/14; LSG Hamburg v. 23.9.2015 – L 2 AL 57/13; LSG Chemnitz v. 13.8.2015 – L 3 AL 156/13; LSG Potsdam v. 6.10.2015 – L 14 AL 3/15, v. 9.11.2016 – L 18 AL 127/15 und v. 10.4.2017 – L 18 AL 154/16.

beitslosigkeit muss also bereits eingetreten sein. Daraus folgt, dass mindestens ein Tag Arbeitslosigkeit vorgelegen haben muss, um den Gründerzuschuss zu erhalten. Im Klartext heißt das: Endet das Referendariat z.B. am 15.8., sollte sich die Selbstständigkeit nicht unmittelbar am 16.8. anschließen, sondern vielmehr erst zum 17.8. aufgenommen werden. Dann ist gewährleistet, dass mindestens ein Tag Arbeitslosigkeit vorgelegen hat.

Sollte ein Ruhenssachverhalt verwirklicht sein (z.B. Sperrzeit nach § 159 SGB III) so steht dies der Förderung dem Grunde nach nicht entgegen, da lediglich eine Zahlung in der Sperrzeit nicht erfolgt, was aus § 93 Abs. 3 SGB III zu schließen ist.

Der für den Bezug des Gründungszuschusses mindestens erforderliche Restanspruch auf Arbeitslosengeld muss mindestens 150 Tage betragen und zwar zum Zeitpunkt der beabsichtigten Unternehmensgründung. Der Gesetzgeber will dem Arbeitslosen zum einen Zeit lassen, die Möglichkeit zu prüfen, ob er die Arbeitslosigkeit durch eine selbstständige Tätigkeit beenden will.[69] Zum anderen will er diese Zeit begrenzen und durch eine Mindestdauer des Arbeitslosengeldanspruchs Geld sparen. Im Gegensatz zur Vorgängervorschrift scheint nunmehr ohnehin das Sparen im Vordergrund zu stehen. Es ist also schnellstens zu überlegen, ob man nicht zunächst die von der zuständigen AA angebotenen Weiterbildungsmaßnahmen auf Grundlage der §§ 81 ff. SGB III in Anspruch nimmt (z.B. Fachanwaltskurse für Arbeits- und Steuerrecht).[70] Diese werden i.d.R. Vollzeit angeboten und können innerhalb von drei Monaten absolviert werden. Da der gemeine Volljurist 12 Monate Anspruch auf Arbeitslosengeld hat, kann er nach der Fortbildungsmaßnahme immer noch eine selbstständige Tätigkeit aufnehmen.

Bei dem Oberbegriff der selbstständigen Tätigkeit ist nach Existenzgründung und Selbstständigkeit zu differenzieren. Existenzgründung meint die Errichtung eines Unternehmens, unabhängig von der Rechtsform. Sie setzt nicht notwendigerweise die Neugründung eines Unternehmens voraus. Auch eine Betriebsübernahme oder die Erweiterung einer nebenberuflichen Tätigkeit zu einer hauptberuflichen Selbstständigkeit kann eine Existenzgründung darstellen. Selbstständig dagegen ist eine Erwerbstätigkeit, die nicht in Abhängigkeit von fremden Weisungen ausgeübt wird. Typisch für eine selbstständige Tätigkeit sind der Einsatz eigener Betriebsmittel und das Arbeiten auf eigene Rechnung, die Verfügung über die eigene Arbeitskraft und die im Wesentlichen frei gestaltete Tätigkeit und Arbeitszeit. Maßgebend ist das Gesamtbild der Tätigkeit, so dass durchaus auch der/die freie Mitarbeiter/in in einer Anwaltskanzlei dem Grunde nach anspruchsberechtigt sein kann. Bei der Gestaltung und Durchführung des Vertrages über die freie Mitarbeit ist daher höchste Sorgfalt an den Tag zu legen. Die selbstständige Tätigkeit muss mehr als geringfügig sein und eine Arbeitszeit von wenigstens 15 Wochenstunden umfassen.

69 BT-Drucks. 16/1696, S. 30.

70 Diese Kurse werden in der Regel im Zusammenhang mit der Steuer & Wirtschaftsakademie GmbH (SWA) angeboten; Auch die DeutscheAnwaltAkademie ist als Seminaranbieter im juristischen Fortbildungsbereich als Träger für die Förderung der beruflichen Weiterbildung nach dem Recht der Arbeitsförderung zugelassen.

Das Gründungsvorhaben muss grundsätzlich tragfähig sein. Ferner ist eine persönliche Eignung des Unternehmers Über das zu erwartende Einkommen ist eine Prognose erforderlich, die, von einer fachkundigen Stelle getroffen werden muss. Fachkundige Stelle kann ein Steuerberater, Rechtsanwalt oder auch Unternehmensberater sein, aber ebenso die Industrie- und Handelskammer, Handwerkskammern, berufsständige Kammern, Fachverbände und Kreditinstitute etc. Die Stellungnahme der fachkundigen Stelle muss der Antragsteller grundsätzlich selbst besorgen.

Für die Erfolgsaussichten kommt es auf die Marktsituation und die besonderen Verhältnisse des zu gründenden Betriebes (z.B. örtliche Lage, Ausstattung usw.), aber auch auf die Fachkenntnisse des Antragstellers an. Dieser muss der fachkundigen Stelle Unterlagen vorlegen und Auskünfte erteilen, die für die Beurteilung der Erfolgsaussicht erforderlich sind. Dazu gehören u.a. Kapitalbedarfspläne, Finanzierungskonzepte, Umsatz- und Rentabilitätserwartungen. Die Kosten für die fachkundige Stellungnahme hat der Antragsteller zu tragen. Der Arbeitslose muss zukünftig seine unternehmerischen Fähigkeiten gegenüber der AA darlegen. Hierzu gehören zum einen die Fachkenntnisse für die auszuübende Tätigkeit, andererseits die kaufmännischen und betriebswirtschaftlichen Kenntnisse zur Unternehmensführung. Zum Nachweis kann er Zeugnisse, Beschäftigungsnachweise, Zertifikate über erworbene Qualifikationen u.ä. vorlegen.

Bleiben begründete Zweifel an der persönlichen Eignung, kann die AA vom Antragsteller verlangen, dass er an Maßnahmen der Eignungsfeststellung oder zur Vorbereitung der Existenzgründung teilnimmt. Aber beachten Sie: Die Teilnahme an einer Feststellungs- oder Vorbereitungsmaßnahme kann entweder die Arbeitslosigkeit vor der Existenzgründung beenden oder, wenn sie als Trainingsmaßnahme ausgestaltet ist, den Anspruch auf Arbeitslosengeld verbrauchen mit der möglichen Folge, dass im Anschluss der Maßnahme kein Restanspruch von 150 Tagen mehr vorhanden ist. Der Gründungszuschuss ist antragsabhängig. Zuständig ist nach § 327 Abs. 1 SGB III die AA, in der der Antragsteller seinen Wohnsitz oder seinen gewöhnlichen Aufenthalt hat. Der Antrag muss vor Beginn der selbstständigen Tätigkeit gestellt werden. Hiervon kann die AA allerdings abweichen und einen verspäteten Antrag zulassen, um unbillige Härten zu vermeiden.

Die Förderung gliedert sich in zwei Phasen, die zusammen eine maximale Förderungsdauer von 15 Monaten ergeben (6 + 9). Bei der Förderung handelt es sich – wie oben schon erwähnt – ausschließlich um Ermessensleistungen. Die erste Förderphase (Arbeitslosengeld zzgl. 300 EUR Pauschale) beträgt sechs Monate, die zweite Förderphase (300 EUR Pauschale) beträgt neun Monate Da es sich nunmehr um reine Ermessensleistungen handelt, sind zwingend § 39 SGB I und § 35 SGB X zu beachten hat. Der frisch gebackene und mit den Anträgen konfrontierte Junganwalt bekommt nun mehr denn je seine Antworten auf die stets in der Ausbildung aufgeworfene Frage in der Vorlesung Verwaltungsrecht, ob die Ermessensvorschriften wirklich praktische Relevanz haben.

Der Gründungszuschuss wird – wenn er denn gewährt wird – als verlorener Zuschuss gewährt und muss somit auch im Fall des Misslingens der selbstständigen Tätigkeit nicht zurückgezahlt werden. Steuerlich wirkt sich der Gründerzuschuss weder unmittelbar bei der Einkommensermittlung (§ 3 Abs. 2 EStG) noch mittelbar beim Progressionsvorbehalt aus.[71]

2. Einstiegsgeld (16 b ff. SGB II)

Sollte es tatsächlich einmal vorkommen, dass ein für die Gewährung des Gründerzuschusses notwendiger Restanspruch auf Arbeitslosengeld von 90 Tagen nicht mehr gegeben ist, besteht kein Grund zur Sorge. Seit der Zusammenführung von Arbeitslosenhilfe und Sozialhilfe erhalten alle erwerbsfähigen Hilfebedürftigen bekanntlich das Arbeitslosengeld II. Ihnen steht als Fördermöglichkeit das sog. Einstiegsgeld zur Verfügung, § 16 b SGB II. Dieses kann als Zuschuss zum ALG II beantragt werden, wenn der Empfänger eine sozialversicherungspflichtige Beschäftigung aufnimmt, die nur gering bezahlt ist und mindestens 15 Stunden pro Woche umfasst oder sich selbstständig macht und seine Tätigkeit einen hauptberuflichen Charakter hat.

Es wird die vorherige Dauer der Arbeitslosigkeit sowie die Größe der Bedarfsgemeinschaft, in der der erwerbsfähige Hilfsbedürftige lebt, berücksichtigt. Der Zuschuss ist eine Ermessensleistung. Ein rechtlicher Anspruch darauf besteht grundsätzlich nicht.
Es handelt sich auch hier um eine Ermessensentscheidung. Das Einstiegsgeld wird nach § 16 b Abs. 2 S. 1 SGB II höchstens für die Dauer der Erwerbstätigkeit, längstens jedoch für 24 Monate geleistet, wobei auch die genaue Dauer im Ermessen des Jobcenters liegt. Die Entscheidung über die Dauer hat im Einzelfall vor dem Hintergrund des verfolgten Eingliederungsziels zu erfolgen.

§ 16 b SGB II gibt keine Mindestdauer vor. § 41 Abs. 1 S. 4 SGB II, wonach Leistungen jeweils für sechs Monate bewilligt werden sollen, ist nicht unmittelbar anwendbar. Die Vorschrift gilt nur für Leistungen zur Sicherung des Lebensunterhalts, zu denen das Einstiegsgeld nach § 16 b SGB II als Eingliederungsleistung gerade nicht gehört.[72]

Es scheint empfehlenswert darauf hinzuwirken, dass das Einstiegsgeld für einen Zeitraum von sechs bis zwölf Monaten bewilligt wird. Eine Förderungsdauer von weniger als sechs Monaten sollte in der Regel nicht in Betracht kommen, weil sich innerhalb eines solchen Zeitraums die Eingliederungsaussichten kaum nachhaltig verbessern dürften. Die Beschränkung auf zwölf Monat empfiehlt sich zunächst, um etwaigen Veränderungen Rechnung zu tragen und das Fortbestehen der Tatbestandsvoraussetzungen prüfen zu können. Bei Ablauf dieses Zeitraums kann dann über eine Verlängerung bis längstens zum Erreichen der Förderungshöchstdauer von 24 Monaten entschieden werden.[73]

71 Nicht steuerfrei sind allerdings Existenzgründerzuschüsse des Europäischen Sozialfonds und aus Landesmitteln (vgl. FG Sachsen v. 16.3.2009 – 8 V 179/07).

72 *Hannes* in: Gagel, Kommentar zum SGB II/SGB III, Stand: 09/2020, § 16 b SGB II Rn. 70-76.

73 *Hannes* in: Gagel, Kommentar zum SGB II/SGB III, Stand: 09/2020, § 16 b SGB II Rn. 70-76.

Der Anspruch erlischt, wenn Empfänger nicht mehr als hilfsbedürftig eingestuft wird. Insofern ist zu überprüfen, ob der Leistungsberechtigte nicht möglicherweise beim Einstiegsgeld bessersteht als wenn er den Gründerzuschuss bekommt.

3. Förderung beschäftigter Arbeitnehmer (Berufliche Weiterbildung)

Ist eine Arbeitnehmerin bzw. ein Arbeitnehmer eingestellt, kann dieser bei beruflicher Weiterbildung durch Übernahme der entsprechenden Kosten unter den Voraussetzungen der §§ 81 ff. SGB III gefördert werden. § 81 SGB III regelt die Förderung der Qualifizierung von Arbeitnehmern. Abs. 1 betrifft die Übernahme der Weiterbildungskosten (§ 83 SGB III) für beschäftigte „ältere“ Arbeitnehmer/innen bei einer außerbetrieblichen Weiterbildung. Gefördert wird keine konkrete Maßnahme, sondern die Arbeitnehmerinnen und Arbeitnehmer erhalten einen Bildungsgutschein. Bei der beruflichen Weiterbildung beschäftigter Arbeitnehmer kann mittlerweile auf das Bildungsgutscheinverfahren verzichtet werden, wenn Einvernehmen zwischen Arbeitgeber und Arbeitnehmer besteht. Für den Bereich des SGB II wurde in § 16 SGB II die Möglichkeit der Vergabe von Weiterbildungsmaßnahmen zusätzlich eingeführt.

4. Freiwillige Arbeitslosenversicherung (§§ 28 a ff. SGB III)

Selbständige sind nicht gesetzlich arbeitslosenversichert. Es besteht jedoch die Möglichkeit der „Versicherungspflicht auf Antrag“. Diese Versicherung wird regelmäßig übersehen oder unterschätzt. Nach § 28 a Abs. 1 Nr. 2 S. 1 SGB III können Personen, die eine selbstständige Tätigkeit mit einem Umfang von mindestens 15 Stunden wöchentlich aufnehmen und ausüben, ein Versicherungspflichtverhältnis auf Antrag begründen. Voraussetzung ist, dass der Antragsteller innerhalb der letzten 24 Monate vor Aufnahme der Tätigkeit oder Beschäftigung mindestens zwölf Monate in einem Versicherungspflichtverhältnis gestanden oder eine Entgeltersatzleistung nach dem SGB III bezogen hat (Nr. 1), der Antragsteller unmittelbar vor Aufnahme der Tätigkeit oder Beschäftigung, die zur freiwilligen Weiterversicherung berechtigt, in einem Versicherungspflichtverhältnis gestanden hat oder eine Entgeltersatzleistung nach dem SGB III bezogen hat (Nr. 2). Ein unmittelbarer Anschluss in diesem Sinne liegt vor, wenn die Unterbrechung nicht mehr als einen Monat beträgt. Der frisch gebackene Assessor erfüllt diese Voraussetzungen regelmäßig. Ferner darf eine anderweitige Versicherungspflicht (§§ 26, 27 SGB III) nicht bestehen.

Der Versicherungsschutz beginnt mit dem Antrag. Hier ist die Antragsfrist des § 28 a Abs. 3 SGB III zu berücksichtigen (Antrag innerhalb von drei Monaten nach Aufnahme der Tätigkeit oder Beschäftigung).[74] Dabei handelt es sich um eine materielle Ausschlussfrist, die eine Wiedereinsetzung in den vorherigen Stand nicht zulässt! Kann ein Versicherungspflichtver-

74 Im Falle einer selbstständigen Tätigkeit können Vorbereitungshandlungen berücksichtigt werden (vgl. LSG Bayern v. 20.7.2010 – L 9 AL 114/10 B PKH; s. zu Vorbereitungshandlungen auch BSG v. 5.5.2010 - B 11 AL 28/09 R; enger BSG v. 30.3.2011 - B 12 AL 1/10 R). Bei Selbstständigen muss untersucht werden, ob ihre selbstständige Tätigkeit im Kern dieselbe geblieben ist und keine wesentliche Unterbrechung vorliegt, *Ulmer* in: BeckOK-SozR, Stand: 12/2020, § 28 a SGB III Rn. 6-6 a m.w.N.

hältnis auf Antrag allein deshalb nicht begründet werden, weil dies wegen einer vorrangigen Versicherungspflicht (§§ 25, 26 SGB III) oder Versicherungsfreiheit (§§ 27, 28 III) ausgeschlossen ist, muss der Antrag abweichend von S. 1 spätestens innerhalb von drei Monaten nach dem Wegfall des Ausschlusstatbestandes gestellt werden. Es ist also möglich, innerhalb von drei Monaten nach dem Wegfall des Ausschlusstatbestandes einen Antrag auf Pflichtversicherung zu stellen.[75]

Die Beiträge sind vom Antragsteller grundsätzlich selbst zu tragen. Hinsichtlich der Bezugsdauer von Arbeitslosengeld gilt die gleiche maximale Bezugsdauer wie für alle anderen Versicherten auch. Dagegen ist die Höhe des Arbeitslosengeldes für freiwillig versicherte Selbstständige interessant. Da es sich um Selbstständige handelt und es damit keinen Bruttoverdienst als Arbeitnehmer gibt, wird ein sogenanntes „fiktives Bemessungsentgelt" berechnet. Dieses soll sich danach richten, wie viel der arbeitslose Selbstständige im statistischen Durchschnitt verdienen würde, wenn ihn die AA auf dem Arbeitsmarkt vermitteln könnte. Es werden somit nach § 152 SGB III vier Qualifikationsgruppen in Ost und West gebildet (Q-Gruppe 1–4). Universitätsabsolventen bekommen danach ein höheres Arbeitslosengeld als Personen ohne Berufsausbildung oder mit einem Ausbildungsberuf. Interessant ist ferner, dass über diese Art der sozialen Absicherung eine Form des „Überbrückungsgeldes" für schlechte Zeiten erlangt werden kann. Denn ein Selbstständiger wird auch dann arbeitslos, wenn seine Arbeitszeit, z.B. aus Arbeitsmangel, weniger als 15 Wochenstunden beträgt. Dies ergibt sich aus dem Umkehrschluss aus § 28 a Abs. 1 SGB III. Der Selbstständige kann in diesen Fällen eine kurzfristige Krise überwinden, wenn die Anwartschaften erfüllt sind.

III. Weitere Hinweise

1. Richtmaß für das Einstiegsgehalt

Aufgrund der schwierigen Situation auf dem Arbeitsmarkt für Juristinnen und Juristen, werden von Zeit zu Zeit Stellen mit einer Vergütung angeboten, die teilweise nur knapp über der Unterhaltsbeihilfe liegen. In einem Urteil hat der BGH derlei Gebaren einen Riegel vorgeschoben. Es hat die aufgrund einer umfangreichen Ermittlung der Vorinstanz ein Richtmaß für das Einstiegsgehalt eines Rechtsanwaltes ohne besondere Spezialisierung, ohne besondere Zusatzqualifikation, ohne Prädikatsexamen für eine Vollzeitstelle in Höhe von 2.300 EUR brutto gebilligt. Im konkreten Fall hatte eine Sozietät ein Gehalt von maximal 1.000 EUR brutto monatlich angeboten; dies wären nur 43,5 % des so festgestellten Mindestgehaltes und wurde vom BGH damit als sicher nicht mehr angemessen i.S.v. § 26 Abs. 1 S. 2 b BORA verworfen.[76]

In einem anderen Fall wurde einem jungen Rechtsanwalt ein Arbeitsvertrag mit 20 Wochenstunden und einem Bruttomonatsgehalt vom 1.200 EUR geboten. Seine dagegen gerichte-

75 Vgl. *Ulmer* in: BeckOK-SozR, Stand: 12/2020, § 28 a SGB III Rn. 6-6 a.
76 BGH v. 30.11.2009 – AnwZ (B) 11/08; vgl. auch *Günther* in: BeckOK BORA, Stand: 12/2020, § 26 BORA Rn. 24.

te Klage hielt das BAG für unbegründet, was allerdings schon an dem weitgehend unsubstantiierten Sachvortrag lag.[77]

Allgemein lässt sich sagen, dass zwischen der Höhe des Einkommens angestellter Rechtsanwältinnen und Rechtsanwälten und der Ortsgröße des Standorts der Kanzlei, in der sie tätig sind, ein Zusammenhang besteht. Zudem spiegeln sich die Wirtschaftsstärke einer Region und die dortige Arbeitsmarktsituation der Rechtsanwälte in der Höhe der dort üblichen Vergütung wider. Ein auffälliges Missverhältnis zwischen dem Wert der Arbeitsleistung und der Vergütungshöhe liegt vor, wenn die Arbeitsvergütung nicht einmal zwei Drittel der üblicherweise gezahlten Vergütung erreicht.[78]

Auch wenn es schwerfallen mag, sollte keine Vergütung akzeptiert werden, die dem eigenen Selbstbild und der anspruchsvollen volljuristischen Ausbildung widerspricht. Generell kann Lohnwucher/Lohndumping auch mit § 115 SGB X begegnet werden,[79] wobei bislang nicht bekannt ist, ob eine angestellte Rechtsanwältin bzw. ein angestellter Rechtsanwalt diesen Weg schon einmal beschritten hat. Besser ist es, das Einstiegsgehalt einschließlich seiner Anpassungen gut zu verhandeln, da die Wege über die Gerichte oder Sozialbehörden steinig sind.[80]

2. Vertiefungshinweise

Wer gerne mehr über das gesamte Arbeitsförderungsrecht wissen möchte, dem kann ein inhaltlich guter und gleichzeitig preisgünstiger Ratgeber, der auch für viele Praktiker unverzichtbar ist, uneingeschränkt empfohlen werden: Arbeitslosenprojekt TuWas, Leitfaden für Arbeitslose, 35. Aufl., Stand: 6/2020, Preis: 22 EUR (720 Seiten).

Einschlägige Urteile – insbesondere auch zu den vorgenannten Themen – sind kostenfrei auf www.sozialgerichtsbarkeit.de zu finden.

IV. Angaben zu den Autoren

Tobias Schlaeger (Teile I, III) ist Leiter des Bereichs „Grundsatz Rehabilitation und Entschädigung" bei der Unfallkasse NRW in Düsseldorf. Er kommentiert die §§ 114 bis 225 SGB VII im Beck'schen Online-Kommentar Sozialrecht (BeckOK-SozR), die §§ 115 bis 119 SGB X im Hauck/Noftz, SGB X und ist Mitherausgeber des Praxislehrbuchs von Schlaeger/Linder/Bruno „Unfallversicherung für Kinder in Tagesbetreuung, Schüler und Studierende", 2. Aufl. 2020.

77 BAG v. 17.12.2014 – 5 AZR 663/13; kritisch dazu auch *Grobys*, NJW-Spezial 2015, 275; *Kilian*, NZA 2016, 513 ff.
78 Vgl. *Günther* in: BeckOK BORA, Stand: 12/2020, § 26 BORA Rn. 25 m.w.N.
79 Ausführlich dazu *Schlaeger/Bruno* in: Hauck/Noftz, SGB X, Stand: 09/2020, K § 115 Rn. 23 f.
80 Ähnlich AnwBl. 2015, 626 f.

Kontakt: Tobias_Schlaeger@gmx.de

Norman Lenger-Bauchowitz, LL.M. (Teil II) ist Rechtsanwalt/Partner und als Fachanwalt für Steuerrecht und Fachberater für Restrukturierung und Unternehmensplanung (DStV e.V.) bei Rödl & Partner, Nürnberg/Köln, tätig. Er leitet dort die strategische Geschäftseinheit Gesundheits- und Sozialwirtschaft/NPO und ist schwerpunktmäßig in Sondersituationen und Compliance-Themen tätig. Er ist zudem Lehrbeauftragter an der Hagen Law School für das Insolvenz- und Steuerrecht und zertifizierter Compliance Officer (TÜV).

Kontakt:
Rödl GmbH
Rechtsanwaltsgesellschaft, Steuerberatungsgesellschaft, Wirtschaftsprüfungsgesellschaft
Äußere Sulzbacher Str. 100
90491 Nürnberg

Telefon: +49 991 9193-3713
E-Mail: norman.lenger@roedl.com
Internet: www.roedl.de

A.12 DIE KRANKENVERSICHERUNG

RECHTSANWALT UND FACHANWALT FÜR VERSICHERUNGSRECHT ARNO SCHUBACH, FRANKFURT AM MAIN • VORSITZENDER DES AUSSCHUSSES VERSICHERUNGSRECHT DES DAV

I. Gesundheitsrisiko

Gesundheit ist ein wichtiges – wenn nicht das wichtigste Gut. Nur wer einigermaßen gesund ist, kann den stressbehafteten Anforderungen des Anwaltsberufs mit Arbeitszeiten, die häufig weit über einen 8-Stunden-Tag hinausgehen, genügen. Und niemand ist, mag er auch aktuell völlig gesund sein, gegen plötzliche Erkrankung oder einen Unfall gefeit. Schutz und Wiedererlangung der Gesundheit durch bestmögliche Behandlung sind deshalb ebenso unverzichtbar wie ein Schutz gegen Einkommensverluste, die sich aufgrund von Krankheit oder gar dem Eintritt vollständiger oder zumindest partieller Berufsausübungsunfähigkeit ergeben können.

II. Das deutsche Gesundheitssystem

Das deutsche Krankenversicherungssystem besteht im Wesentlichen aus zwei Säulen, der gesetzlichen (GKV) und der privaten Krankenversicherung (PKV). Die beiden Versicherungsformen unterscheiden sich in zahlreichen Punkten, wie etwa in der Versicherbarkeit, in der Beitragserrechnung und im Finanzierungs- und Kalkulationsprinzip. Dabei finanziert in der PKV jede Generation die altersbedingt steigenden Gesundheitskosten über die Alterungsrückstellungen selbst. Um die Preissteigerungen im Gesundheitswesen abzufedern, wird seit dem 1.1.2000 zusätzlich ein gesetzlicher Zuschlag auf den Beitrag von 10 Prozent für alle Neuversicherten erhoben. Damit wird der Beitrag im Alter selbst dann einigermaßen stabil bleiben, wenn die Kosten im Gesundheitswesen so weitersteigen wie bisher. Der Gesamtbetrag der Alterungsrückstellungen betrug Anfang 2021 rund 286 Mrd. EUR (Stand: 15.1.2021). Damit ist die PKV auf die zentralen Herausforderungen der zukünftigen Gesundheitsversorgung vorbereitet. Die GKV wird demgegenüber nach dem Umlageverfahren finanziert, das bei sinkenden Geburtonraten und einer zunehmenden Überalterung der deutschen Bevölkerung nicht generationengerecht erscheint. Auch sind die Leistungen nicht vertraglich garantiert, sondern können zum Beispiel durch den Gesetzgeber gekürzt werden. Die Wahl der passenden Krankenversicherung sollte diese Fakten immer mitberücksichtigen.

III. Die Wahl der Krankenversicherung

Nicht jeder darf eigenständig entscheiden, ob er in der GKV oder der PKV versichert sein möchte. Kein Wahlrecht haben insbesondere diejenigen, die als Arbeitnehmer das Berufsleben beginnen und deren Anfangsgehalt die Jahresarbeitsentgeltgrenze in der Krankenversicherung nicht übersteigt. Sie sind als Pflichtmitglied in der gesetzlichen Krankenversicherung (GKV) versichert. Existenzgründer erhalten in der GKV für einen bestimmten Zeitraum einen ermäßigten Beitragssatz.

Die Krankenkassen der GKV übernehmen in gesetzlich festgelegtem Umfang Arzt-, Krankenhaus-, Hilfs- und Heilmittelkosten. Zahlreiche Zuzahlungen muss der Versicherte aus eigener Tasche leisten, zum Beispiel zu Medikamenten und zu Kosten für Zahnersatz.

Zum freiwillig versicherten Mitglied in der GKV wird man, wenn der Verdienst oberhalb der Jahresarbeitsentgeltgrenze liegt, dies sind derzeit 64.350 EUR/Jahr (2021).

Für Beamte und Selbstständige gilt diese Regel nicht. Sie können sich direkt privat versichern. Dabei haben Anwältinnen und Anwälte die Möglichkeit, sich über einen Gruppenversicherungsvertrag besonders vorteilhafte Konditionen zu sichern. Aber auch Pflichtmitglieder der GKV brauchen nicht auf den privaten Krankenversicherungsschutz zu verzichten. Die DKV als langjähriger Partner vieler örtlicher Anwaltvereine und des Deutschen Anwaltvereins bietet über den Gruppenversicherungsvertrag einen Optionstarif an, der den Zugang zur privaten Krankenversicherung „garantiert". Zusammen mit einer stationären Ergänzungsversicherung für den Krankenhausaufenthalt kostet dies für einen 29-jährigen Rechtsanwalt 37,19 EUR im Monat (berechnet nach Tarif KGZ2 und Tarif KOPT im Gruppenversicherungsvertrag, Stand Januar 2021). Natürlich ist auch eine Absicherung von Zahnersatz und ambulanten Leistungen wie Heilpraktiker und Sehhilfen möglich.

IV. Was Sie beachten sollten

Sollte es bei angestellten Anwältinnen und Anwälten zur krankheitsbedingten Arbeitsunfähigkeit kommen, so zahlt zunächst ihr Arbeitgeber ihr Gehalt für sechs Wochen weiter – die sogenannte Entgeltfortzahlung. Danach besteht im Regelfall, grundsätzlich zeitlich unbegrenzt, jedoch für dieselbe Krankheit längstens für 78 Wochen innerhalb von jeweils drei Jahren, in der GKV Anspruch auf Krankengeld (§ 48 SGB V). Das Krankengeld liegt jedoch niedriger als das Nettogehalt. Einkommenseinbußen belaufen sich i.d.R. auf mindestens ein Fünftel des Einkommens, bei Hochverdienern auf deutlich mehr, sodass es sinnvoll ist, die Differenz über eine private Krankentagegeldversicherung – am besten im Rahmen eines beitragsbegünstigten Gruppenversicherungsvertrages für Rechtsanwältinnen und Rechtsanwälte – aufzufangen.

Angesichts der in der GKV fortlaufend gestiegenen Beitragssätze, der zur Kostendämpfung vorgenommenen Leistungseinschränkungen und der Einführung des Gesundheitsfonds hat die GKV einiges an Attraktivität als preisgünstige, alle Gesundheitsrisiken angemessen abdeckende Grundversicherung verloren. Natürlich ist auch die PKV nicht von Kosten- und damit Beitragssteigerungen verschont. Der Leistungsumfang ist aber, sofern nicht Sie selbst Änderungen beantragen, auf den vertraglich vereinbarten Umfang dauerhaft fixiert.

Wer seinen Krankenversicherungsschutz ganz an die persönlichen Vorstellungen und Bedürfnisse anpasst, was in der PKV möglich ist, zahlt ggf. niedrigere Monatsbeiträge. Zudem zahlt die Arbeitgeberschaft Beschäftigten einen Zuschuss zum Beitrag, wenn die Leistungen der PKV der Art nach denen der GKV entsprechen (§ 257 SGB V). Dass bestimmte Tarife einen zur GKV mindestens gleichwertigen Versicherungsschutz bieten, wird dem Versicherer durch das Bundesamt für Finanzdienstleistungsaufsicht bescheinigt. Die Höhe des Arbeitgeberzuschusses beträgt 50 Prozent des Beitrags, den die Arbeitnehmerschaft für seine private Krankenversicherung bezahlt. Zugleich ist er begrenzt auf höchstens die Hälfte des maximalen Arbeitgeberanteils für gesetzlich versicherte Beschäftigte. Der maximale Arbeitgeberzuschuss beträgt aktuell (2021) 384,58 EUR (7,95 Prozent aus 4.837,50 EUR). Der Zuschuss umfasst auch Beiträge von privat versicherten Familienangehörigen, für die in der GKV ein Anspruch auf die beitragsfreie Familienversicherung bestünde. Beitragsanteile für Leistungen, die die GKV nicht (mehr) anbietet, zum Beispiel Sterbegeld, werden nicht bezuschusst.

Für die GKV spricht, dass sich ihre Beiträge nur nach dem Einkommen, nicht aber nach Alter und Gesundheit richten, Familienangehörige (Ehepartner und Kinder) unter bestimmten gesetzlichen Voraussetzungen kostenfrei mitversichert sind, es weder Wartezeiten noch höhere Prämien bei Vorerkrankungen oder im Alter gibt und Krankenversicherungsbeiträge auf Kranken- oder Mutterschaftsgeld nicht gezahlt werden müssen (siehe § 192 SGB V). Während in der GKV ein einheitlicher, für alle Versicherten gleicher Versicherungsschutz besteht, bietet die private Krankenversicherung aber vielfältige und zum Teil erheblich günstigere Tarifvarianten – insbesondere über einen Gruppenversicherungsvertrag für Anwältinnen und Anwälte.

Die Krankheitskostenvollversicherungen der PKV gibt es ohne und mit unterschiedlicher Selbstbeteiligung. Sie bieten zum Beispiel tarifabhängig freie Arzt- und Medikamentenwahl, guten Schutz bei Zahnersatz sowie Chefarztbehandlung und Ein- oder Zweibettzimmer bei einem Krankenhausaufenthalt. Die DKV Deutsche Krankenversicherung AG als Gruppenvertragspartner des Deutschen Anwaltvereins bietet zudem Produkte im Bereich der Vorsorge an.

Wer sich selbstständig gemacht hat oder in einer Kanzlei für ein bestimmtes Dezernat verantwortlich ist, sollte auch daran denken, dass Krankheit nicht immer gleichbedeutend damit ist, dass man sich völlig aus der Mandatsbearbeitung zurückziehen kann. Wenn der Gesundheitszustand es zulässt, spielen dann gewisse „Annehmlichkeiten", die man als Privatpatient genießt, sei es ambulant oder stationär, eine bedeutende Rolle.

Der Versicherungsschutz in der privaten Krankenversicherung lässt sich ganz den persönlichen Vorstellungen und Wünschen anpassen. Die Höhe der Prämie ist, weil sie sich nach dem jeweils zu versichernden Risiko richtet, von dem Lebensalter und dem bei Versicherungsbeginn vorliegenden Gesundheitszustand abhängig. Das Geschlecht, das in der Vergangenheit ebenfalls berücksichtigt wurde, spielt seit dem 21.12.2012 aufgrund des „Unisex-Urteils“ des EuGH keine Rolle mehr. Der Altbestand, also alle Verträge einschließlich der Gruppenversicherungsverträge der Anwaltschaft, die vor diesem Datum abgeschlossen worden sind, wird davon nicht berührt.

Durch Vereinbarung einer Selbstbeteiligung lässt sich der monatliche Beitrag senken. Wer seine private Krankenversicherung über einen definierten Zeitraum nicht in Anspruch nimmt, erhält zudem Beitragsrückerstattungen, unter Umständen von mehreren Monatsbeiträgen. Dem Argument, dass die Beiträge mit zunehmendem Alter wegen des dann höheren Gesundheitsrisikos steigen, wirken die Alterungsrückstellungen entgegen, zu denen auch der seit dem 1.1.2000 vorgeschriebene gesetzliche Beitragszuschlag gehört. Auch werden bei einem Versichererwechsel nach der seit 1.1.2009 geltenden Gesetzeslage die Alterungsrückstellungen bis zur Höhe des neuen Basistarifes übertragen. Ein möglicherweise nicht unerheblicher Teil der bislang gebildeten Alterungsrückstellungen kann jedoch bei einem Wechsel von einem privaten Krankenversicherer zu einem anderen verloren gehen. Wer aus irgendeinem Grund zu einem anderen Versicherer wechseln möchte, muss sich dies also nach wie vor genau überlegen. Anders ist dies nämlich bei einem Wechsel in einen anderen Tarif desselben Versicherers. Bei diesem gehen die angesammelten Alterungsrückstellungen grundsätzlich vollständig in den neuen Tarif über.

Häufig wird das Argument vorgebracht, dass derjenige, der die GKV einmal verlassen hat, dorthin nie wieder zurückkehren könne. Dies ist nicht ganz richtig; wenn vor Vollendung des 55. Lebensjahres (wieder) eine unselbstständige Tätigkeit mit einem Entgelt unterhalb der Jahresarbeitsentgeltgrenze (2021: 64.350 EUR) aufgenommen wird, muss in die GKV zurückgewechselt werden.

Neben der Krankheitskostenvollversicherung bieten die PKV-Unternehmen besonders attraktive Tarife im Bereich der Krankentagegelder. Im Rahmen der Gruppenversicherungsverträge gibt es sogar eigens für die Bedürfnisse von Anwältinnen und Anwälten geschaffene Tagegeldprodukte, die wesentlich günstiger als vergleichbare Tarife in der Einzelversicherung sind. Dazu kann nicht nur, wie sonst üblich, das Nettoeinkommen versichert werden. Versichert werden können vielmehr im Rahmen der Gruppenversicherungsverträge auch die weiterlaufenden Kosten der Kanzlei als Teil des Krankentagegeldes. Die DKV bietet Anwältinnen und Anwälten das Krankentagegeld übrigens auch als Soloversicherung – und dies im Rahmen der Gruppenversicherung ohne Wartezeiten – an, d.h., eine Vollversicherung ist dafür nicht notwendig.

Wenn während der Erkrankung Berufsunfähigkeit eintreten sollte, enden die Leistungen aus der Krankentagegeldversicherung auch nicht wie sonst mit diesem Zeitpunkt; vielmehr wird das Tagegeld bis zur 52. Woche weitergezahlt.

Im Bereich der privaten Krankenversicherungen unterhalten der DAV und viele örtliche Anwaltsvereine eine Kooperation mit der DKV in Form eines Gruppenversicherungsvertrages mit besonders günstigen Konditionen. Inwieweit ein Tarif aus diesem Vertrag für Ihre persönliche Situation die beste Wahl ist, sollten Sie in einem individuellen Vergleich feststellen. Lassen Sie sich dabei nicht nur über Ihre individuelle Einzelversicherung, sondern auch die möglicherweise doch besseren Vorteile des Gruppenversicherungsvertrages gut beraten.

Kontaktadresse für den Gruppenversicherungsvertrag:

Deutsche Krankenversicherung AG
Kooperation Verbände
50594 Köln

Telefon: 0800 3746-444
Internet: www.dkv.com/rechtsanwaelte
E-Mail: rechtsanwaelte@dkv.com

A.13 Berufsunfähigkeit: Ein vielfach unterschätztes Risiko

Rechtsanwalt und Fachanwalt für Versicherungsrecht Arno Schubach, Frankfurt am Main • Vorsitzender des Ausschusses Versicherungsrecht des DAV

Zu den unbestritten wichtigsten Versicherungen – gerade für die Angehörigen der Freien Berufe – gehört die Berufsunfähigkeitsvorsorge. Gleichzeitig ist die Berufsunfähigkeit eine Problematik, die – auch von Rechtsanwältinnen und Rechtsanwälten – immer wieder unterschätzt oder auf die leichte Schulter genommen wird.

Gerade bei Rechtsanwältinnen und Rechtsanwälten ist der Hauptmotor für die Erzielung von Erlösen die eigene Arbeitskraft. Fällt dieser Motor dauerhaft aus, sind der Kanzlei und auch der persönlichen wirtschaftlichen Situation die Grundlage entzogen. Deshalb ist es ausgesprochen sinnvoll, die Fähigkeit zur Berufsausübung angemessen zu versichern. Doch zeigt sich häufig, dass für die „Eigenberatung" über die Wahl und die Prüfung des angemessenen Schutzes viel weniger Zeit, Mühe und Sorgfalt aufgewendet wird, als auf die Beratung von Mandanten. Es wäre ein Fehler anzunehmen, alle Berufsunfähigkeitsversicherungen seien von Leistungsvoraussetzungen und -umfang ähnlich. Vielmehr verdienen insbesondere die Bedingungswerke zur Berufsunfähigkeitsversicherung besondere Aufmerksamkeit, können sie doch in wesentlichen Punkten sehr unterschiedlich und im Fall der Fälle Anlass für Enttäuschungen und rechtliche Auseinandersetzungen sein.

I. Leistungsvoraussetzungen in der Berufsunfähigkeitsversicherung

Berufsunfähigkeit ist in den Versicherungsbedingungen oft so definiert, dass die versicherte Person infolge Krankheit, Körperverletzung oder mehr als altersentsprechenden Kräfteverfalls, die ärztlich nachzuweisen sind, für voraussichtlich sechs Monate ihren zuletzt ausgeübten Beruf, so wie er ohne gesundheitliche Beeinträchtigung ausgestaltet war, nicht mehr zu mindestens 50 % ausüben kann und auch keine andere Tätigkeit ausübt, die ihrer bisherigen Lebensstellung entspricht. Ergänzt wird dies meist durch eine Regelung, die die Berufsunfähigkeit fingiert, wenn die Prognose für die Zukunft noch nicht gestellt werden kann. Üblich ist zum Beispiel folgende Regelung: Ist die versicherte Person sechs Monate ununterbrochen in Folge Krankheit, Körperverletzung oder mehr als altersentsprechenden Kräfteverfalls, die ärztlich nachzuweisen sind, zu mindestens 50 % außerstande gewesen, ihren zuletzt ausgeübten Beruf, so wie er ohne gesundheitliche Beeinträchtigung ausgestaltet war, auszuüben und hat sie in dieser Zeit auch keine andere Tätigkeit ausgeübt, die ihrer bisherigen Lebensstellung entspricht, gilt die Fortdauer dieses Zustandes als Berufsunfähigkeit.

1. Problem: Ursache des Kräfteverfalls

Die meistverwendete Regelung, dass ein Kräfteverfall nur Leistungen auslöst, wenn er mehr als altersentsprechend ist, kann zu Streitigkeiten führen. Kann die versicherte Person ihren

Beruf unzweifelhaft wegen Kräfteverfalls nicht mehr ausüben, so kann trotzdem kein Anspruch auf Berufsunfähigkeitsrente bestehen, wenn der Kräfteverfall als (noch) altersgemäß eingestuft wird. Es gibt demgegenüber aber Angebote auf dem Markt, die die Leistung auch bei Berufsunfähigkeit wegen eines altersentsprechenden Kräfteverfalls vorsehen.

2. Problem: Verweisung

Bei der oft in den Versicherungsbedingungen vorgesehenen zusätzlichen Voraussetzung, dass die versicherte Person keine andere Tätigkeit ausübt, handelt es sich um die sogenannte „konkrete Verweisung". Sie ist am Markt sehr gebräuchlich. Der bisherigen Lebensstellung entspricht dabei eine Tätigkeit, die in ihrer Vergütung und sozialen Wertschätzung nicht spürbar unter das Niveau der bislang ausgeübten Tätigkeit absinkt. Zumutbar ist nach der höchstrichterlichen Rechtsprechung wohl generell eine Minderung der Vergütung in Höhe von bis zu 20 %. Letztlich geht es in diesem Punkt jedoch immer um eine Bewertung des konkreten Einzelfalls, so dass auch höhere Einkommensverluste als noch zumutbar angesehen werden können.[1]

Lange Zeit Standard, aber glücklicher Weise heute vom Markt praktisch verschwunden ist die „abstrakte Verweisung". Danach erfordert Berufsunfähigkeit, dass die versicherte Person außerstande ist, eine andere Tätigkeit auszuüben, zu der sie aufgrund ihrer Ausbildung und Fähigkeiten in der Lage ist und die ihrer bisherigen Lebensstellung entspricht. Es kommt in diesen Fällen also nicht darauf an, ob die versicherte Person diese Tätigkeit tatsächlich ausübt. Wenn sie in einer möglichen Verweistätigkeit keinen Arbeitsplatz findet, so ist dies nicht versichert; es besteht bei Vereinbarung der „abstrakten Verweisung" dann kein Anspruch aus der Berufsunfähigkeitsversicherung.[2]

Verträge mit der Vereinbarung der konkreten oder abstrakten Verweisung bergen also das Risiko, dass die versicherte Person wegen der vereinbarten und möglichen Verweisung keine Leistungen aus der Berufsunfähigkeitsversicherung erhält, obwohl sie tatsächlich ihren bisher ausgeübten Beruf nicht mehr ausüben kann. Auf dieses Risiko müssen sich Rechtsanwältinnen und Rechtsanwälte jedoch nicht einlassen, gibt es doch das Angebot am Markt mit dem ausdrücklichen Ausschluss der Verweisung:

„Ist nach erfolgreichem Abschluss einer Ausbildung oder eines Studiums der zuletzt ausgeübte Beruf dem Bereich der rechts-, wirtschafts-, steuerberatenden oder wirtschaftsprüfenden Berufe oder diesen nach Ausbildung, Kenntnissen oder Fähigkeiten gleichzustellenden Berufen zurechenbar, prüfen wir nicht, ob die versicherte Person noch eine andere Tätigkeit wahrnimmt oder wahrnehmen kann.

Wir verzichten bei diesem Personenkreis damit auch auf die Möglichkeit der konkreten Verweisung."

1 Vgl. die detaillierten Nachweise bei *Prölss/Martin*, VVG, 31. Aufl., § 2 AVBBU, Rn. 49 ff.
2 BGH VersR 1986, 278; 1989, 579; NJW-RR 1997, 529; NVersZ 1999, 515.

3. Problem: Umorganisation bei Selbstständigen

Besonders problematisch ist zudem, dass bei Selbstständigen das Vorliegen der Leistungsvoraussetzungen wegen der Möglichkeit der Umorganisation des Betriebs ausgeschlossen sein kann. Der Selbstständige, der selbst über Umfang und Ausgestaltung seiner beruflichen Tätigkeit entscheiden kann, ist nur dann nicht in der Lage, seinen Beruf auszuüben, wenn er ihn unter Ausübung seiner Dispositionsmöglichkeiten nicht mehr im ausreichenden Maß fortsetzen kann.[3]

Versicherungsbedingungen können hierzu auch ausdrückliche Regelungen enthalten, etwa:

„Berufsunfähigkeit liegt nicht vor, wenn ein Selbstständiger oder Gesellschafter über seinen Einfluss auf die betriebliche Situation durch zumutbare Umorganisation eine Tätigkeit ausüben kann, durch die er eine unveränderte Stellung als Betriebsinhaber innehat. Eine Umorganisation ist zumutbar, wenn sie wirtschaftlich und betrieblich zweckmäßig ist. Die konkret ausgeübte oder im Rahmen der Umorganisation ausübbare Tätigkeit muss aufgrund der Gesundheitsverhältnisse, der Ausbildung und Fähigkeiten zumutbar sein und der bisherigen Lebensstellung entsprechen."

Die Erfahrung der Praxis zeigt, dass die Frage der zumutbaren Umorganisation großes Streitpotential birgt. Wer als Rechtsanwältin oder Rechtsanwalt tätig ist, kann aber auch diese Klippe umgehen, wenn er bei Abschluss seiner Berufsunfähigkeitsversicherung darauf achtet, dass der Versicherer in den Bedingungen auf den Einwand der Umorganisation verzichtet, etwa mit der ausdrücklichen Regelung:

„Für Selbstständige und Freiberufler, deren zuletzt ausgeübter Beruf dem Bereich der rechts-, wirtschafts-, steuerberatenden oder wirtschaftsprüfenden Berufe oder diesen nach Ausbildung, Kenntnissen oder Fähigkeiten gleichzustellenden Berufen zurechenbar ist, gilt nach Ziffer 3.1.3: Wir verzichten auf die Möglichkeit der konkreten Verweisung. Berufsunfähigkeit liegt bei diesen Personen damit auch dann vor, wenn sie ihren Arbeitsplatz und Tätigkeitsbereich in zumutbarer Weise umorganisieren können."

II. Dauer der Leistungen in der Berufsunfähigkeitsversicherung

Erkennt der Versicherer seine Leistungspflicht in der Berufsunfähigkeitsversicherung an, so gilt dies grundsätzlich auch für die Zukunft. Die Leistungspflicht endet dann erst mit Ablauf des im Versicherungsvertrag mit einem konkreten Datum genannten Endes der Leistungszeit. Gebräuchliche Endzeitpunkte sind die Vollendung des 60., 65. oder 67. Lebensjahres. Aber auch andere Fristen können im Vertrag vereinbart sein. Vor Ablauf der Frist kann der Versicherer sich nur von der Leistungspflicht befreien, indem er das in den Versicherungsbedingungen geregelte Nachprüfungsverfahren einleitet und dieses ergibt,

3 Vgl. *Prölss/Martin*, § 172 VVG, Rn. 69 ff mit umfassender Darstellung der höchstrichterlichen Rechtsprechung.

dass die Berufsunfähigkeit entfallen ist. Oft sehen Versicherungsbedingungen vor, dass bei diesem Nachprüfungsverfahren auch geprüft werden darf, ob die versicherte Person inzwischen eine andere Tätigkeit aufgenommen hat, für die die Voraussetzungen der „konkreten Verweisung" erfüllt sind. Dabei sind nach den gebräuchlichen Klauseln auch berufliche Fähigkeiten zu berücksichtigen, die die versicherte Person inzwischen neu erworben hat.

Auf diesen Punkt sollten Rechtsanwältinnen und Rechtsanwälte ebenfalls achten, wenn sie eine Berufsunfähigkeitsversicherung abschließen. Denn eine Berücksichtigung einer neu aufgenommenen Tätigkeit und neu erworbener Kenntnisse im Nachprüfungsverfahren scheidet aus, wenn bereits bei den Voraussetzungen der Berufsunfähigkeit der Versicherer vollständig auf die „konkrete Verweisung" verzichtet hat.

III. Berufsunfähigkeit und Krankentagegeldversicherung

Der Verdienstausfall bei einer vorübergehenden Arbeitsunfähigkeit kann in der Krankentagegeldversicherung abgesichert werden. Die Bedingungen der Krankentagegeldversicherung[4] sehen aber vor, dass das Versicherungsverhältnis endet mit Eintritt der Berufsunfähigkeit, die vorliegt, wenn die versicherte Person nach medizinischem Befund im bisher ausgeübten Beruf auf nicht absehbare Zeit mehr als 50 % erwerbsunfähig ist. Besteht zu diesem Zeitpunkt in einem bereits eingetretenen Versicherungsfall Arbeitsunfähigkeit, so endet das Versicherungsverhältnis in der Regel nach Ablauf einer Übergangsfrist von drei Monaten nach Eintritt der Berufsunfähigkeit.

Ein Vergleich dieser Regelung mit den üblichen Versicherungsbedingungen in der Berufsunfähigkeitsversicherung zeigt, dass die Voraussetzungen für das Vorliegen von Berufsunfähigkeit nicht deckungsgleich sind. In glücklichen Fällen kann dies dazu führen, dass der Versicherte zumindest vorübergehend gleichzeitig Leistungen aus der Krankentagegeldversicherung und der Berufsunfähigkeitsversicherung erhält.[5] Ein Bereicherungsverbot gibt es insoweit nicht, da beide Versicherungen Summenversicherungen sind, die nicht vom Eintritt eines nachweisbaren Schadens abhängen. Im ungünstigen, keineswegs seltenen Fall ist es jedoch so, dass beide Versicherungen ihre Leistungspflicht verneinen. Der Versicherte, der meinte, sich durch Krankentagegeldversicherung und Berufsunfähigkeitsversicherung vollständig gegen gesundheitsbedingten Einkommensverlust abgesichert zu haben, steht plötzlich für längere Zeit oder sogar dauerhaft ohne die dringend zum Lebensunterhalt benötigten Einkünfte da.

Die Gründe hierfür können schlicht darin liegen, dass der Krankenversicherer und der Berufsunfähigkeitsversicherer abweichende medizinische Bewertungen vornehmen. Der Krankentagegeldversicherer geht zum Beispiel davon aus, dass der Versicherte im bisher ausgeübten Beruf auf nicht absehbare Zeit zu mindestens 50 % erwerbsunfähig ist, während der Berufsunfähigkeitsversicherer meint, der Versicherte könne seine Tätigkeit aktuell und auch

4 Vgl. § 15 Abs. 1 lit. b MB/KT.
5 BGH VersR 1997, 481.

in Zukunft noch zu mehr als 50 % ausüben. Natürlich kann hier oft eine gerichtliche Klärung erfolgen. Angesichts üblicher Verfahrensdauern dieser meist recht komplexen Prozesse ist es aber keine Seltenheit, dass ein Versicherter über mehrere Jahre weder Einkünfte aus seiner beruflichen Tätigkeit hat noch Versicherungsleistungen erhält und sehen muss, wie er während dieser Zeit seinen Lebensunterhalt bestreitet.

Noch dramatischer ist es, wenn der Versicherte wegen der unterschiedlichen Definitionen der Berufsunfähigkeit „zwischen den Stühlen sitzt" und beide Versicherer zu Recht geltend machen, dass die Leistungsvoraussetzungen nicht vorliegen. § 15 Abs. 1 lit. b MB/KT stellt nämlich ausschließlich auf die ausgeübte berufliche Tätigkeit in ihrer spezifischen Ausprägung am konkreten Arbeitsplatz ab.[6] Es gibt keine Einschränkung, die der konkreten oder abstrakten Verweisung vergleichbar ist. Der Versicherte kann deshalb, solange er den Arbeitsplatz nicht tatsächlich gewechselt hat, nicht geltend machen, er sei nicht berufsunfähig, weil er an einem anderen Arbeitsplatz mit seiner beruflichen Qualifikation seiner Tätigkeit zu mehr als 50 % nachgehen könne. Im Ergebnis verweigert dann der Krankenversicherer zu Recht das Krankentagegeld. Zugleich verweigert auch der Berufsunfähigkeitsversicherer zu Recht die Leistungen, wenn die sogenannte abstrakte Verweisung vereinbart ist und deshalb Berufsunfähigkeit nicht vorliegt, weil die versicherte Person eine andere Verweistätigkeit zu mehr als 50 % auszuüben könnte, zu der sie aufgrund ihrer Ausbildung und Fähigkeiten in der Lage ist und die ihrer bisherigen Lebensstellung entspricht. Für versicherte Selbstständige kommt hinzu, dass in der Krankentagegeldversicherung für das Vorliegen der Berufsunfähigkeit gemäß § 15 Abs. 1 lit. b MB/KT die Möglichkeit der Umorganisation ohne Bedeutung ist.[7] Ein selbstständiger Versicherter kann also nicht gegen die Feststellung der Vertragsbeendigung wegen Berufsunfähigkeit einwenden, er könne seinen Betrieb so umorganisieren, dass er ein Betätigungsfeld mit einem Umfang von mehr als 50 % hat.[8] Auch in diesem Fall stellt der Krankenversicherer die Leistung von Krankentagegeld zu Recht ein, obwohl zugleich der Berufsunfähigkeitsversicherer nicht zur Leistung verpflichtet ist, weil die Möglichkeit des selbstständig Versicherten, durch Umorganisation ein Tätigkeitsfeld von mehr als 50 % erhalten zu können, das Vorliegen von Berufsunfähigkeit im Sinne der Bedingungen für die Berufsunfähigkeitsversicherung ausschließt. In diesen Fällen kann sich im Einzelfall zeigen, dass die Kombination von Krankentagegeldversicherung und Berufsunfähigkeitsversicherung nicht das hält, was sich der Versicherte von ihr versprochen hat, nämlich die nahtlose Absicherung auch im Grenzbereich.

Wer diese Schwachstellen kennt und beachtet, kann gezielt nach am Markt verfügbaren Angeboten suchen, die die dargestellten, potenziell existenzvernichtenden Risiken mindern oder sogar ausschließen. So gibt es beispielsweise vertragliche Aussagen von Berufsunfähigkeitsversicherern, ein lückenloser Anschluss an die Krankentagegeldleistung des zum selben Versicherungskonzern gehörenden Krankenversicherers werde angestrebt oder garantiert. Insbesondere gibt es am Markt sogar Versicherungsbedingungen, in denen der

6 BGH r+s 2017, 146.
7 BGH r+s 2017, 146.
8 BGH r+s 2017, 146.

Berufsunfähigkeitsversicherer eine verbindliche Zusage macht, dass Berufsunfähigkeit auch vorliegt, wenn die versicherte Person von dem namentlich bezeichneten, zum selben Konzern gehörenden Krankenversicherer als berufsunfähig im Sinne dessen Bedingungen für die Krankentagegeldversicherung eingestuft wird.

A.14 HINWEISE ZUR ANWALTSZULASSUNG

RECHTSANWALT HORST LEIS, LL.M., HAAN • MITGLIED IM VORSTAND DES DÜSSELDORFER ANWALTVEREINS SOWIE DES DEUTSCHEN ANWALTVEREINS UND VORSITZENDER DES LANDESVERBANDS NORDRHEIN-WESTFALEN IM DAV

I. Einleitung

Die örtlichen Rechtsanwaltskammern sind gemäß §§ 33 Abs. 3 BRAO zuständig für das Zulassungsverfahren. Welches die richtige örtliche Kammer ist, ergibt sich aus dem OLG-Bezirk, in dem die Zulassung erfolgen soll. Erst mit der Zulassung durch die örtlich zuständige Rechtsanwaltskammer wird die Befugnis verliehen, sich als Rechtsanwältin oder Rechtsanwalt (§ 12 Abs. 4 BRAO) bzw. Syndikusanwältin oder Syndikusanwalt (§ 46 a Abs. 4 Nr. 3 BRAO) zu bezeichnen. Für gewöhnlich besteht für die Rechtsanwaltschaft gemäß § 27 Abs. 1 BRAO die Pflicht, eine Kanzlei zu unterhalten, von dieser Pflicht kann auf begründeten Antrag durch die Rechtsanwaltskammer Befreiung erteilt werden, § 29 Abs. 1 BRAO. Die Kammermitglieder eines OLG-Bezirks bilden gemäß § 60 Abs. 1 BRAO eine Rechtsanwaltskammer.

II. Antrag

Die Rechtsanwaltskammern nutzen zum Teil unterschiedliche Vordrucke zur Beantragung der Zulassung. Da die Kammern alle einen Internetauftritt[1] haben, können dort – zumeist unter dem Navigationspunkt „Mitglieder" oder „Rechtsanwälte" – die entsprechenden Formulare heruntergeladen werden. Diese Formulare müssen ausgefüllt, unterschrieben und nebst den notwendigen Anlagen per Post an die Kammer gesandt werden.

III. Inhalt

Für den Zulassungsantrag werden üblicherweise folgende Unterlagen benötigt:

- Lebenslauf,
- aktuelles Lichtbild,
- eine amtlich beglaubigte Ablichtung oder Original des Prüfungszeugnisses über den Erwerb der Befähigung zum Richteramt oder über das Bestehen der Eignungsprüfung,
- Nachweis der Berufshaftpflichtversicherung im Original,
- Nachweis über die Berechtigung zum Führen eines akademischen Grades,
- ggf. unwiderrufliche Freistellungserklärung des Arbeitgebers bei anderweitiger Beschäftigung nebst Arbeitsvertrag und ggf. weiterer Unterlagen.

1 Eine aktuelle Liste finden Sie auf den Internetseiten der Bundesrechtsanwaltskammer: https://www.brak.de/die-brak/regionale-kammern/adressen-der-regionalen-rechtsanwaltskammern/.

Zu den problematischen Punkten einige Anmerkungen:

1. Lebenslauf

Der lückenlose, computergefertigte Lebenslauf sollte folgende Angaben enthalten:

- Geburtsname, soweit abweichend,
- Geburtsdatum,
- berufliche Beschäftigungen seit der Erlangung der Befähigung zum Richteramt, deren Dauer und die jeweiligen Arbeitgeber,
- Angaben über besondere Fähigkeiten (z.B. Fachanwalt für Steuerrecht, Lehraufträge und dergleichen),
- Angaben über akademische Grade (auch solche ausländischer Universitäten).

2. Freistellung

Für den Fall einer beabsichtigten anderen beruflichen Tätigkeit neben dem Anwaltsberuf bzw. einer ausschließlichen Syndikuszulassung sind Art und Umfang dieser Tätigkeit ausführlich darzustellen und eine Ablichtung des Anstellungsvertrages sowie – im ersteren Fall – eine unwiderruflichen Freistellungserklärung des Arbeitgebers – und soweit keine Syndikuszulassung vorliegt – insbesondere darüber, dass sich der Anwalt zur Ausübung des Anwaltsberufes jederzeit auch innerhalb der Dienstzeiten vom Arbeitsplatz entfernen kann, beizufügen.

Darüber hinaus sollte unabhängig von der Frage der Syndikuszulassung für eine Befreiung von der gesetzlichen Rentenversicherungspflicht i.S.d. § 6 Abs. 1 Nr. 1 SGB VI darauf geachtet werden, dass die Arbeitsplatzbeschreibung bzw. das Stellenprofil eine gem. § 46 Abs. 4 Satz 1 BRAO weisungsunabhängige rechtliche Tätigkeit als Schwerpunkt(e) darstellt. Dazu ist nach § 46 Abs. 3, 4 BRAO erforderlich, dass die Tätigkeit

- rechtsberatend,
- rechtsentscheidend,
- rechtsgestaltend und
- rechtsvermittelnd

erfolgt.

3. Berufshaftpflicht

Nach § 51 BRAO besteht bei einem Zulassungsantrag zur Rechtsanwaltschaft (für den Syndikus vgl. § 46a Abs. 4 Nr. 1 BRAO) die Verpflichtung, eine Berufshaftpflichtversicherung zur Deckung der sich aus der Berufstätigkeit ergebenden Haftpflichtgefahren für Vermögensschäden gemäß § 51 Abs. 4 BRAO mit einer Mindestversicherungssumme von z.Zt. 250.000 EUR abzuschließen. Die Aushändigung der Zulassungsurkunde darf erst erfolgen, wenn der Abschluss der Berufshaftpflichtversicherung nachgewiesen ist oder eine vorläufige Deckungszusage vorliegt (§ 12 Abs. 2 Nr. 2 BRAO). Es empfiehlt sich daher, bereits dem Antrag eine vorläufige Deckungszusage beizufügen und das Original unverzüglich nach Zugang an die Kammer weiterzuleiten.

IV. Dauer

Das Zulassungsverfahren kann u.a. wegen der Beiziehung von Personalakten oder durch anderweitige Antwortzeiten Dritter längere Zeit in Anspruch nehmen. Im Mittel beträgt der Zeitraum zwei bis sechs Wochen. Zur Beschleunigung kann – im Vorfeld der Formularbearbeitung – bei der Kammer nachgefragt werden, wann die nächste Vorstandssitzung stattfindet, damit an diesem Termin die Unterlagen vorliegen. Soweit alle Unterlagen vorliegen (vgl. § 42 a Abs. 2 S. 2 VwVfG), die Sache also entscheidungsreif ist, besteht ein Anspruch auf Entscheidung binnen von drei Monaten, § 32 Abs. 2 BRAO, soweit nicht aus sachlichen Gründen eine Verlängerung angezeigt und rechtzeitig unter Angabe der Gründe den Berechtigten mitgeteilt wird, § 42 a Abs. 2 S. 3 und 4 VwVfG.[2]

V. Kosten

Die Kosten der Zulassung betragen im Bundesdurchschnitt ca. 242,00 EUR, der Jahreskammerbeitrag liegt ausweislich der nachfolgenden Tabelle im Mittel bei ca. 307 EUR (hinzu kommt bei einigen Kammern noch die BEA-Umlage).

Die jeweiligen örtlichen Beiträge entnehmen Sie bitte der nachfolgenden Tabelle:[3]

Nr.	RAK	Erstzulassung Rechtsanwalt	Erstzulassung Syndikus	Gleichzeitige Zulassung RA & SK	Jahresbeitrag	Sonderbeitrag für Berufsanfänger	Umzulassungskosten	Umlage beA
1	Bamberg	250 EUR	500 EUR	650 EUR	250 EUR (ab dem 5. Jahr 325 EUR)	in den ersten 2 Jahren 100 EUR	60 EUR	Festsetzung erfolgt jährlich durch Beschluss der Kammerversammlung und orientiert sich an dem Bedarf der Bundesrechtsanwaltskammer (BRAK)
2	Berlin	235 EUR	370 EUR	440 EUR	335 EUR	1/2 in den ersten beiden Berufsjahren soweit nicht über 35 Jahre alt	80 EUR	im Kammerbeitrag enthalten

2 Zum Amtshaftungsanspruch bei Fristversäumnis durch die Rechtsanwaltskammer: LG Köln, Urt. v. 9. 8. 2011 – 5 O 69/11, NJW 2011, 3380.

3 Stand Januar 2021.

Nr.	RAK	Erstzulassung Rechtsanwalt	Erstzulassung Syndikus	Gleichzeitige Zulassung RA & SK	Jahresbeitrag	Sonderbeitrag für Berufsanfänger	Umzulassungskosten	Umlage beA
3	Brandenburg	275 EUR	300 EUR	550 EUR	360 EUR	im ersten Jahr 180 EUR	130 EUR	im Kammerbeitrag enthalten
4	Braunschweig	200 EUR	400 EUR	500 EUR	330 EUR	keiner	100 EUR	60 EUR
5	Bremen	250 EUR	500 EUR	600 EUR	340 EUR	Jahresbeitrag für Neuzulassungen 200 EUR	65 EUR	im Kammerbeitrag enthalten
6	Celle	230 EUR	350 EUR	500 EUR	402 EUR	keiner	180 EUR	im Kammerbeitrag enthalten
7	Düsseldorf	250 EUR	350 EUR	450 EUR	252 EUR	keiner	125 EUR	70 EUR
8	Frankfurt	160 EUR	200 EUR	360 EUR	260 EUR	keiner	60 EUR	30 EUR
9	Freiburg	210 EUR	420 EUR	520 EUR	400 EUR	in den ersten 2 Jahren 200 EUR	100 EUR	im Kammerbeitrag enthalten
10	Hamburg	100 EUR	260 EUR	300 EUR	348 EUR	keiner	85 EUR	im Kammerbeitrag enthalten
11	Hamm	300 EUR	490 EUR	600 EUR	235 EUR	keiner	170 EUR	60 EUR
12	Karlsruhe	300 EUR	500 EUR	650 EUR	220 EUR	keiner	200 EUR	70 EUR
13	Kassel	180 EUR	340 EUR	400 EUR	376 EUR	jA	77 EUR	im Kammerbeitrag enthalten
14	Koblenz	200 EUR	400 EUR	500 EUR	150 EUR + 0,5 % des bereinigten Umsatzes	keiner	100 EUR	70 EUR
15	Köln	300 EUR	550 EUR	650 EUR	336 EUR	keiner	200 EUR	in Kammerbeitrag enthalten
16	Mecklenburg-Vorpommern	250 EUR	500 EUR	600 EUR	360 EUR	keiner	225 EUR	in Kammerbeitrag enthalten
17	München	260 EUR	320 EUR	360 EUR	285 EUR	in den ersten 2 Jahren 200 EUR	150 EUR	im Kammerbeitrag enthalten
18	Nürnberg	250 EUR	500 EUR	650 EUR	230 EUR	1/2 im ersten Berufsjahr	120 EUR	50 EUR
19	Oldenburg	230 EUR	560 EUR	660 EUR	348 EUR	keiner	130 EUR	50 EUR
20	Saarland	250 EUR	450 EUR	600 EUR	300 EUR	keiner	100 EUR	bis 2020 im Kammerbeitrag/ ab 2021: 65
21	Sachsen	225 EUR	450 EUR	600 EUR	275 EUR	keiner	125 EUR	im Kammerbeitrag enthalten
22	Sachsen-Anhalt	300 EUR	450 EUR	750 EUR	351 EUR	keiner	100 EUR	60 EUR
23	Schleswig	225 EUR	355 EUR	405 EUR	350 EUR	keiner	127 EUR	60 EUR
24	Stuttgart	250 EUR	325 EUR	450 EUR	270 EUR	keiner	100 EUR	60 EUR
25	Thüringen	400 EUR	650 EUR	K.A.	290 EUR	keiner	100 EUR	60 EUR

Nr.	RAK	Erstzulassung Rechtsanwalt	Erstzulassung Syndikus	Gleichzeitige Zulassung RA & SK	Jahresbeitrag	Sonderbeitrag für Berufsanfänger	Umzulassungskosten	Umlage beA
26	Tübingen	205 EUR	445 EUR	650 EUR	340 EUR	keiner	80 EUR	im Kammerbeitrag enthalten
27	Zweibrücken	250 EUR	450 EUR	600 EUR	290 EUR	keiner	100 EUR	60 EUR

VI. Folgen der Zulassung

Die Zulassung zur Rechtsanwaltschaft wird wirksam mit der Aushändigung der Urkunde, § 12 Abs. 1 BRAO. Die Aushändigung darf nach § 12 Abs. 2 BRAO erst erfolgen, wenn der Bewerber/die Bewerberin gemäß § 12 a BRAO vereidigt ist. Mit der Zulassung zur Rechtsanwaltschaft sind folgende Wirkungen verknüpft:

- Gesetzliches Mitglied in der Selbstverwaltungskörperschaft „Rechtsanwaltskammer"
- Recht auf Wechsel in das örtlich zuständige anwaltliche Versorgungswerk (soweit der Wechsel nicht durch eine anderweitige Anstellung problematisch ist, s.o. Ziffer III.2.)
- Urkundserteilung über die Zulassung
- Vereidigung bei der Rechtsanwaltskammer
- Recht auf Führung des Titels „Rechtsanwalt"/„Rechtsanwältin" (§ 12 Abs. 4 BRAO) bzw. „Syndikusrechtsanwalt"/„Syndikusrechtsanwältin" (§ 46 a Abs. 3 Nr. 3 BRAO)
- Aufnahme in das elektronische Rechtsanwaltsverzeichnis der örtlichen Rechtsanwaltskammer und damit in das Gesamtverzeichnis der Bundesrechtsanwaltskammer gemäß § 31 Abs. 1 BRAO (www.rechtsanwaltsregister.org);
- Nutzungsrecht und -pflicht für das BEA gem. § 31 a BRAO.

VII. Adressen der Rechtsanwaltskammern

Eine aktuelle Adressliste der regionalen Rechtsanwaltskammern finden Sie auf den Internetseiten der Bundesrechtsanwaltskammer.[4]

VIII. Weniger bekannte berufsrechtliche Regelungen

Es ist sicherlich bekannt, dass die Mitgliedschaft in der Rechtsanwaltskammer sowohl Rechte als auch Pflichten sowohl gegenüber der Rechtsanwaltskammer als auch gegenüber den Berufskollegen mit sich bringt.

Daher soll auch hier nicht auf die grundsätzlichen Pflichten wie Verschwiegenheit (§ 43 a Abs. 2 BRAO), Verbot der Vertretung der widerstreitenden Interessen (§§ 43 a Abs. 4, 45 BRAO) etc. eingegangen werden. Hierzu gibt es hervorragende Kommentare.

4 https://www.brak.de/die-brak/regionale-kammern/adressen-der-regionalen-rechtsanwaltskammern/.

Vielmehr soll hier das Augenmerk auf einige weniger bekannte Pflichten gerade auch für Neuzulassungen gerichtet werden:

- § 56 BRAO: Pflicht zur Antwort auf Anfragen durch die Rechtsanwaltskammer, fehlende Mitwirkung kann mit einem Zwangsgeld (§ 57 BRAO) sanktioniert werden;
- § 14 Abs. 2 Nr. 9 BRAO: Unterbrechungen – z.B. durch fehlende Zahlung der Beiträge – des Schutzes der Haftpflichtversicherung führt in der Regel zum Entzug der Zulassung;
- Vermögensverfall ebenfalls (§ 14 Abs. 2 Nr. 7 BRAO);
- Kanzleiverlegungen sind ebenso anzuzeigen wie der Umzug der Kanzlei in einen anderen Kammerbezirk (§ 27 Abs. 2 und 3 BRAO);
- Soweit auf der Gegenseite ein Anwalt bestellt ist, darf dieser nur bei Gefahr in Verzug umgangen werden und ist anschließend unverzüglich zu informieren (§ 12 BORA).

B. Die eigene Kanzlei

Neue Mandate gewinnt
man nicht mit Glück. Sondern
mit anwaltauskunft.de
Monat für Monat suchen über 100.000 Menschen auf anwaltauskunft.de nach einer Anwältin oder einem Anwalt. Profitieren auch Sie davon! Mitglieder in einem örtlichen Anwaltverein des DAV werden automatisch mit einem eigenen Profil auf dem Portal gelistet. Gewinnen Sie mithilfe von anwaltauskunft.de neue Mandate! Sind Ihre Angaben aktuell? Prüfen und aktualisieren Sie Ihre Daten jetzt über „Mein DAV“ auf anwaltverein.de.
Vertrauen ist gut. Anwalt ist besser.
DeutscherAnwaltVerein
LA
MAN
DA
TE
RINE

B.1 Kanzleigründung – Best Practise

Rechtsanwältin Ann-Kathrin Dreber, Eschwege
Rechtsanwalt und Notar Dr. Kevin Faber, Eschwege

Als wir vom DAV gefragt wurden, an der Neuauflage des DAV-Ratgebers mitzuschreiben, war dies für uns eine surreale Erfahrung. Warum surreal? Dies deshalb, weil wir uns selbst erst vor nunmehr bald vier Jahren Gedanken darüber gemacht haben, wie eine erfolgreiche Kanzleigründung aussehen kann. Im Zuge dessen hatten wir ebenfalls den DAV-Ratgeber in der Hand. Im Jahr 2014 haben wir unsere Kanzlei mit Sitz in Eschwege, einer Kleinstadt in der Mitte Deutschlands, gegründet. Die Region ist landschaftlich wunderschön und für Urlaube bestens geeignet, aus wirtschaftlichen Gesichtspunkten jedoch ist sie eher als schwierig zu verorten. *Ann-Kathrin Dreber* kam aus der Entwicklungshilfe und hat sich zudem recht früh selbstständig gemacht, *Kevin Faber* war zuvor in zwei mittelständischen Kanzleien tätig.

I. Warum Kleinstadt?

Die Entscheidung für die Kleinstadt hat mit Sicherheit keine wirtschaftlichen Gründe gehabt, sie war vielmehr durch die familiären Verhältnisse geprägt. So wussten wir zwar, dass sich in Eschwege selbst eine erhebliche Zahl von Kanzleien und Einzelanwälten befand und befindet, dachten uns jedoch, dass wir hier im ländlichen Raum wahrscheinlich eher bzw. besser wahrgenommen werden als in großen Ballungszentren oder Großstädten. Angefangen haben wir in einer ca. 60 m^2-großen Kanzlei, wobei wir uns für Mandantenkontakte in dem einzigen Besprechungs- und Arbeitszimmer abwechselten. In dem Moment, in dem ein Mandant empfangen wurde, musste sich der jeweils andere in den schlauchlosen Korridor begeben, den wir großmündig als Bibliothek bezeichneten. In diesem fensterlosen Raum saß man dann, bearbeitete Akten und wartete, bis die Mandatsbesprechung wieder beendet war.

II. Finanzierung

Wir haben uns recht zeitnah mit der Gründung um Kredite seitens verschiedener Banken bemüht. Dabei fiel unsere Entscheidung letztlich auf eine hiesige Genossenschaftsbank, die uns ohne jegliche Sicherheiten ein Existenzgründungsdarlehen mit den Worten: „Wir möchten junge Unternehmen in der Region unterstützen und verwurzeln." gewährte. Für uns war dies dann ein gewichtiger Grund, auch zukünftig – wann immer möglich – mit den Unternehmen vor Ort zusammenzuarbeiten, da sich das gegenseitige Geben und Nehmen gerade für uns Rechtsanwälte – beispielsweise durch die Übertragung von Mandatsverhältnissen, nachdem man die Anschaffung von Büromöbeln oder Briefpapier nicht überregional getätigt hat, bemerkbar macht. Erforderlich für die Bank war ein Businessplan, hinsichtlich dessen wir uns an die üblichen Regularien gehalten und dabei ordentlich verschätzt haben.

So haben wir mit wesentlich weniger Umsätzen gerechnet; die Bank hat uns aber dennoch den Kredit gewährt.

III. Selbstständigkeit

Nachdem wir beide uns anfänglich in Anstellungsverhältnissen befunden haben, stand für uns außer Frage, dass die Selbstständigkeit eine durchaus attraktive Alternative zum Angestelltenverhältnis darstellt. Es macht viel Spaß, die eigene Kreativität sprudeln zu lassen und beispielsweise die Kanzlei nach den eigenen Wünschen und Vorstellungen zu gestalten, aber auch die gesamte Bearbeitung der Akten und Mandantenkontakte so zu organisieren und zu handhaben, wie man selbst es für richtig hält. Die Freiheit, uns selbst mittels einer eigenen Kanzlei zu verwirklichen, kann man daher schlecht in Worte fassen. Vor allem wenn man am Anfang steht, sind die Anforderungen doch oft hoch und gerne wird man seitens älterer bzw. erfahrener Kolleginnen und Kollegen auf den Boden der Tatsachen zurückgeholt. So hieß es in der Phase unserer Gründung von verschiedenen Kollegen, dass wir es doch eigentlich gar nicht erst versuchen sollten, da der Markt ohnehin schon recht aufgeteilt wäre. Wir können Ihnen dabei nur ans Herz legen: Hören Sie nicht auf Ihre Mitkonkurrenten – machen Sie es einfach!

In der Anfangszeit haben wir zu zweit alles erledigt, was innerhalb einer Anwaltskanzlei nun einmal üblicherweise so anfällt. Dies beinhaltete, die Post beim Gericht zu holen, Schriftsätze selber abzutippen, die richtigen Briefmarken auf die jeweilige Größe der Briefe anzupassen, Telefonate selbst anzunehmen und Termine zu vereinbaren sowie vieles mehr. Aus der Sicht und Erfahrung von jetzt mittlerweile vier Jahren können wir Ihnen, geschätzte Leser, es nur anempfehlen, selbst die absoluten Basics des Büroalltags auszuprobieren bzw. selbst einmal ganz zu übernehmen. Erst wenn Sie selbst wissen, was beispielsweise das tägliche Post-Sortieren bedeutet, können Sie Ihre Angestellten später besser verstehen und Büroabläufe ggf. entsprechend optimieren. Außerdem wollten wir nicht den Fehler begehen, sofort mit angestellten Mitarbeiterinnen und Mitarbeitern zu beginnen, ohne zu wissen, in welche Richtung sich die Kanzlei einmal entwickeln wird. Die ersten drei Monate waren somit zwar beengt, aber dahingehend eine Zeit unschätzbaren Werts und nicht zu missender Erfahrung, dass wir uns aufgrund der engen Raumverhältnisse gegenseitig wesentlich besser kennenlernen konnten.

IV. Partnerschaft – oder?

Für uns stellt sich das Tätigwerden in einer kollegialen Partnerschaft als wesentlicher und durchaus bereichernder Vorteil dar. Zum einen hat man im juristischen Diskurs stets einen Ansprechpartner zur Seite, kann sich mit Terminen abwechseln und nicht zuletzt die gesamte Verantwortung teilen. Zum anderen hilft einem die Verteilung der Arbeit auf mehrere Schultern natürlich auch bei der Differenzierung der Aufgabengebiete.

V. Werbung, Presse online

Aus unserer Sicht empfiehlt es sich, viel Geld in Werbemaßnahmen zu stecken. Nutzen Sie dabei Ihre Anwaltspersönlichkeit und versuchen Sie, mittels Ihrer eigenen Kreativität Dinge anders zu machen als Ihre Mitbewerber. Zunächst einmal lohnt es sich, in eine gute Homepage zu investieren und aussagekräftige Bilder Ihrer Kanzlei oder von Ihnen selbst anfertigen zu lassen. Die Homepage ist fraglos Ihr Aushängeschild, wenn Sie, wovon man in den Anfangsjahren ausgehen kann, noch nicht bekannt sind. Sie hilft, den potenziellen Mandanten einen ersten Eindruck von Ihnen zu vermitteln. Selbstverständlich ist es auch möglich, die Homepage selbst zu erstellen, allerdings bildet unserer Ansicht und Erfahrung nach eine professionell entwickelte Homepage den entsprechenden professionellen Anspruch, welchen Sie gegenüber Ihren Mandanten pflegen, deutlich besser ab. Wir selbst haben fast sämtliche unserer Finanzen in Werbemaßnahmen wie Homepage und Bildererstellung gesteckt. Darüber hinaus haben wir hinsichtlich der Kanzleigründung auch immer eng mit der örtlichen Presse zusammengearbeitet. So sind wir nach drei Monaten in neue Räumlichkeiten umgezogen und haben über diesen Umzug beispielsweise eine Reportage in der hiesigen Presse veranlasst, welche dankbar aufgegriffen wurde und zudem eine erneute Werbung für uns darstellte. Außerdem halten wir ein professionelles und ansprechendes Erscheinungsbild, welches nicht angestaubt wirkt, sondern auf Ihre jeweilige Anwaltspersönlichkeit zugeschnitten ist, für immanent wichtig. Fast sämtliche Umsätze, die wir im Anfangsjahr verdient haben, steckten wir erneut in Werbemaßnahmen. Wir schalteten Anzeigen in Zeitungen und legten Wert darauf, dass wir bei Google sowie anderen Suchmaschinen gut gefunden werden konnten. Insoweit ist es für uns überaus wichtig gewesen, dass die entsprechenden Algorithmen passgenau zugeschnitten wurden. In der heutigen Rückschau sind wir der Ansicht, dass ein Großteil unserer Klienten den Weg anfänglich über das Internet zu uns gefunden hat. Auch heute ist dies durchaus noch der Fall, wobei sich im Laufe der Zeit natürlich auch die Weiterempfehlungen deutlicher bemerkbar gemacht haben. Gute Instrumente sind auch Anwaltsportale wie beispielweise ANWALT.DE und Google selbst, wenn Sie dort positive Bewertungen seitens Ihrer Mandantschaft erhalten. Was uns neben dem ansprechenden Erscheinungsbild der Homepage ebenfalls sehr wichtig war und nach wie vor ist, ist das Corporate Design, welches wir sowohl in unseren Kanzleiräumen als auch auf Briefbögen sowie im generellen Außenauftritt verwenden. Unsere Kanzleifarben sind insoweit stets präsent und mittlerweile ein wesentliches Wiedererkennungsmerkmal sowohl bei der Mandantschaft als auch bei Kolleginnen und Kollegen und dem potenziellen Neu-Klientel. Der hierdurch entstehende Wiedererkennungseffekt darf nicht unterschätzt werden.

VI. Vorträge, die Spaß machen

Als wir in Eschwege starteten, waren wir für unsere potenzielles Klientel zunächst unbekannt. Um dies zu ändern, haben wir uns eine Vortragsreihe mit dem Titel: „Spaß mit Anwälten ist möglich, muss aber nicht sein." ausgedacht. Mittels dieses Vortrags versuchten wir, eine Vielzahl von Personen zu erreichen und kündigten ihn daher auch (wiederum kostenfrei) in der Presse an. Den Vortrag selbst gestalteten wir als einen kurzweiligen, spannenden und abwechslungsreichen Parforceritt quer durch verschiedenste Rechtsgebiete, erstellten ein Quiz und banden das Publikum dadurch eng in den Vortrag mit ein. Zum ersten dieser Vorträge erschienen einhundertfünfzig Personen; es folgten weitere mit demselben Thema in verschiedenen Städten und an verschiedenen Orten, wobei sich die Personenanzahl nahezu ein jedes Mal steigerte. Diese Vorträge verschafften uns letztlich eine Vielzahl unserer Mandatsverhältnisse und auch den Raum, den wir vor Ort benötigten, um als Kanzlei wahrgenommen zu werden.

VII. Facebook & Co.

Einen großen Raum unserer Werbemaßnahmen umfassen auch regelmäßige Facebook-Posts. Hierbei sind wir der Ansicht, dass die natürliche Ausstrahlung und Authentizität immanent wichtig sind. Wir würden uns selbst als etwas verrückt mit viel Spaß an der Arbeit beschreiben. Facebook ist dabei für eine entsprechende Außendarstellung bestens geeignet. Man erreicht mit relativ geringem Aufwand eine Vielzahl von Menschen. So wurden unsere Posts teilweise von mehr als sechzehntausend Personen wahrgenommen. Wir versuchen dabei stets, unsere Persönlichkeiten nicht zu verstecken, sondern durchaus auch einmal anzuecken, und können Ihnen, sehr verehrte Leser, ebenfalls nur anraten, sich nicht zu verbiegen. Das heißt, wenn Sie fröhlich und lustig sind, sollten Sie unserer Ansicht nach Ihr Augenmerk nicht darauf legen, plötzlich seriös und gesetzt rüberzukommen. Glauben Sie uns, es gibt auch für Sie eine Zielgruppe ☺!

Gerade als Neugründer und junge dynamische Kanzlei wird oft auch von Seiten der Mandantschaft erwartet, dass Sie die Dinge anders machen als die Kolleginnen und Kollegen. Uns wurde in der Anfangszeit immer wieder mitgeteilt, sehr „hungrig" zu wirken. Dies war gerade für unsere Mandantschaft überaus wichtig, waren sie doch nicht selten von den vor Ort vereinzelt „angestaubt" anmutenden Kolleginnen und Kollegen bereits manches Mal enttäuscht worden und haben uns somit gezielt aufgrund der Tatsache, dass wir einfach anders rüberkamen respektive rüberkommen, aufgesucht. Es ist folge dessen Ihre Persönlichkeit, die Sie ausmacht und Sie darüber hinaus am Markt von zahlreichen Kolleginnen und Kollegen, Mitbewerberinnen und Mitbewerbern sowie der Konkurrenz maßgeblich unterscheidet. In einem Zeitalter, in welchem über Legal Tech gesprochen wird und dieses – gerade in Großstädten oder Ballungszentren sowie bei größeren Unternehmen – immer mehr Raum einnimmt, müssen Sie ein Alleinstellungsmerkmal für sich finden. Dieses sind letztlich einzig Sie! Die Mandantschaft wird Sie nicht (nur) aufsuchen, weil Sie beispielsweise Fachanwältin oder -anwalt für Familienrecht sind, sondern weil Sie bei Ihnen das Gefühl haben, gut aufgehoben zu sein. Dies ist nur zum Teil einem entsprechend fachlichen Aspekt geschuldet, vielmehr entscheidet nach wie vor innerhalb nur weniger Sekunden des ersten Aufeinandertreffens die Sympathie. Eben diese können Sie bereits im Vorhinein vermitteln, indem Sie beispielsweise auf Ihrer Homepage oder bei Facebook Bilder zeigen, wie Sie wirklich sind, oder aber auch Beiträge schreiben, die sich nicht nur mit der höchstrichterlichen Rechtsprechung auseinandersetzen, sondern durchaus auch Ihre persönliche Meinung zum Ausdruck bringen.

VIII. Mandantenbindung

Einen großen Teil unseres Erfolgs macht mit Sicherheit die enge Mandanten-Anwalt-Beziehung aus, welche wir pflegen. So versuchen wir, allen unseren Mandanten das Gefühl zu vermitteln, dass ihr Problem respektive Fall von uns nicht nur ernst genommen, sondern auch mit einem nötigen Maß an Empathie, fachlicher Kompetenz und Verve bearbeitet wird. Man muss sich dabei nur selbst einmal vorstellen, wie es ist, aufgrund eines Problems – welcher Art auch immer – einen Rechtsanwalt aufsuchen zu müssen. Dies fängt bereits bei der Suche nach einer passenden Anwältin oder einem passenden oder Anwalt an und hört bei Ankunft in der Kanzlei nicht zwangsläufig auf. So haben wir beispielsweise unseren Wartebereich so angenehm wie möglich gestaltet, um unseren potenziellen neuen Klientinnen und Klienten schon bei ihrem Eintreffen in unseren Räumlichkeiten das Gefühl zu vermitteln, sich in einem geborgenen und geschützten Raum zu befinden und ihnen so auch bereits vorab einige ihrer möglichen Bedenken zu nehmen. Darüber hinaus pflegen wir unsere Mandatsverhältnisse so zu bearbeiten, dass ein möglichst engmaschiger Kontakt zu der Mandantschaft besteht und diese sich somit jederzeit vollumfänglich gut betreut fühlt. Zugegebenermaßen gelingt dies immer schlechter, je mehr Fälle Sie bearbeiten; gleichwohl sollte der persönliche Kontakt nicht unterschätzt werden, da ein Mandant, welchen Sie engmaschig betreut haben, beispielsweise auch bei dem Verlust eines Rechtsstreits mehr Verständnis aufbringen wird als einer, der von Ihnen vielleicht nur einmal kontaktiert wurde und sich eher als wirtschaftliche Komponente denn als Mensch gefühlt hat.

IX. Fortbildungen

Für eine Feld-, Wald- und Wiesenkanzlei, wie wir es sind, war es für uns gleichwohl immer außer Frage stehend, eine bestmögliche Rechtsberatung anbieten zu können. Dies kann man, wenn man diszipliniert genug ist, mittels eines Selbststudiums schaffen. Wir sind dies jedoch beide nicht! Nichtsdestotrotz sind die Möglichkeiten, einen Fachanwaltstitel zu erwerben, durchaus als vorteilhaft anzusehen. Nutzen Sie daher die Lehrgänge, um sich so viel Wissen wie möglich anzueignen. Treten Sie nicht auf der Stelle, sondern bilden Sie sich immer weiter fort. Wir konnten nach einiger Zeit aufgrund zahlreicher Fortbildungen das Logo der Bundesrechtsanwaltskammer: „Qualität durch Fortbildung" führen. Auch hiermit haben wir dann, da es durchaus ein Alleinstellungsmerkmal für uns am hiesigen Markt ist, erneut geworben. Obgleich wir Fachanwaltstitel führen bzw. demnächst führen, bilden wir uns auch auf Gebieten fort, in denen wir keine solchen erwerben oder auch führen. Wir bieten hierzu beispielsweise Vorträge für Unternehmen an, geben kostenfreie In-House-Schulungen und können mittels dieses Wissens, welches wir uns stetig aneignen, sowohl neue Mandatsverhältnisse bearbeiten als auch natürlich Kunden generieren.

X. Der weitere Weg

Der Weg in die Selbstständigkeit ist sicherlich kein leichter, er wird es jedoch, wenn Sie passende Mitarbeiterinnen und Mitarbeiter finden. Ein nicht zu unterschätzender Fakt im weiteren Verlauf Ihrer Neugründungsphase ist, das Augenmerk auf gutes Kanzleipersonal zu richten. Dabei ist jedoch darauf hinzuweisen, dass der momentane Fachkräftemangel mitunter recht deutlich spürbar ist. Mittlerweile beschäftigen wir fünfzehn Mitarbeiterinnen und Mitarbeiter sowie eine angestellte Anwältin und mussten aufgrund des dadurch entstehenden Raummangels noch ein weiteres Mal das Büro wechseln. An dieser Stelle sei sogleich darauf hingewiesen, dass Personalführung und das Suchen von gutem Personal sehr wahrscheinlich einen großen Anteil an Ihrem Arbeitsleben ausmachen wird, sollten Sie vorhaben, Ihre Kanzlei zu vergrößern und diese auf hohem Niveau zu führen. Wir haben nach ca. fünf Monaten mit zunächst einer Mitarbeiterin angefangen und konnten aufgrund der Hilfe mittels der Assistenz natürlich wesentlich mehr Fälle bearbeiten. Dadurch wiederum steigerten wir nach und nach die Personalanzahl und bilden mittlerweile sogar aus. Entscheidend dabei ist es, sich stets klare Ziele zu setzen. Das unsere war es, eine der erfolgreicheren und größeren Kanzleien hier vor Ort zu werden. Ein so klar formuliertes Ziel hilft Ihnen auch in dem Fall, dass Sie möglicherweise einmal nicht so fokussiert sind, weiter am Ball zu bleiben.

XI. Sponsoring Kanzleigründerpreis

Im Jahr 2016 bewarben wir uns für den Kanzleigründerpreis, ausgelobt durch den Deutschen Anwaltverein, das FORUM Junge Anwaltschaft, die Bundesrechtsanwaltskammer, die Frankfurter Allgemeine Zeitung sowie das Soldan-Institut. Dieser Preis wird nur alle zwei Jahre verliehen und es können sich bundesweit neugegründete Kanzleien bewerben. Ein besonderer Fokus der Auszeichnung liegt dabei auf einem guten Konzept, unternehmerischem Mut und wirtschaftlichem Erfolg. Wir rechneten zwar nicht mit einer Platzierung, hofften jedoch wenigstens unter den besten zehn Kanzleien vertreten zu sein. Tatsächlich aber erzielten wir den 1. Preis im Hinblick auf Konzeption und Umsetzung unserer dann doch recht erfolgreichen Kanzleigründung. Zur Verleihung in Köln wurden wir von unserem gesamten Team begleitet, welches Poloshirts in unseren Kanzlei-Farben trug, und nahmen dort freudestrahlend den Preis entgegen. Auch hierüber berichtete die örtliche Presse, welche uns netterweise sogleich eine Journalistin mitgeschickt hatte. Nachdem wir von der Preisvergabe erfahren hatten, kündigten wir großmundig an, 1.000 EUR des Gewinns zu spenden und von dem übrigen Geld mit unseren Mitarbeiterinnen und Mitarbeitern für ein Wochenende nach Amsterdam zu fahren. Bei dem Preis handelte es sich allerdings um einen Sachpreis. Hieran lässt sich erkennen, dass wir es da wie die meisten uns bekannten Juristen halten: selbst lesen wir das Kleingedruckte nicht so genau. Selbstverständlich wurden die 1.000 EUR dennoch gespendet und die Fahrt nach Amsterdam zusammen mit dem Kanzlei-Team verwirklicht. Auch dies wurde von einer Vielzahl von Mandanten, vielleicht aber auch von einigen potentiellen Klienten, mittels der sozialen Netzwerke beobachtet.

Des Weiteren nahmen Mitarbeiterinnen und Mitarbeiter unter dem Motto „Unsportlich, aber kompetent“ beim örtlichen Triathlon teil und erreichten tastsächlich den vorletzten Platz. Zudem haben wir auch damit angefangen, kleinere Veranstaltungen zu sponsern wie beispielsweise ein örtliches Reitturnier.

XII. Kanzleiorganisation und das große Chaos

Je größer Sie werden, umso wichtiger ist es, klare und strukturierte Abläufe innerhalb der Kanzlei zu schaffen. Auch solche am Anfang ggf. unwichtig erscheinenden Dinge wie die Buchhaltung nehmen mit der Zeit eine immer größere Rolle ein. Der Arbeitsaufwand für diese Dinge sollte daher keinesfalls unterschätzt werden. In der Zeit, in welcher Sie jedoch die Buchhaltung machen oder versuchen, das Büro zu organisieren, können Sie keine Fälle bearbeiten. Insoweit war für uns klar, dass wir derlei Dinge innerhalb des Büros zumindest teilweise unbedingt outsourcen müssen.

XIII. Prinzip Hoffnung

Wir möchten Ihnen mit diesem kurzen Bericht Mut machen. Sie können den Start ohne Weiteres schaffen, wenn Sie Ihre Persönlichkeit in die Waagschale werfen, wenn Sie sich nicht von schlechte Laune machenden Kollegen unterkriegen lassen, wenn Sie Dinge anpacken und schlichtweg machen, wenn Sie Misserfolge in Kauf nehmen und trotzdem lachen, wenn Sie Ideen entwickeln, sich zu spezialisieren oder auch zu generalisieren und sich dabei von Ihren Kolleginnen und Kollegen abheben und unterscheiden. Wir selbst sehen uns auch als Organ der Rechtspflege und als seriöse Interessensvertreter unserer mittlerweile großen Stammkundschaft. Das heißt jedoch nicht, dass man es nicht jederzeit mit neuen Ideen versuchen kann. Deshalb leben wir das Motto:

„Immer haben alle gesagt, das geht nicht, bis einer kam, der das nicht wusste und es einfach gemacht hat.“

In diesem Sinne wünschen wir Ihnen allen viel Erfolg und drücken ganz fest die Daumen: Sie schaffen das!

B.2 Rechtsformen für anwaltliche Berufsausübungsgesellschaften

Rechtsanwalt Prof. Dr. Thomas Gasteyer, Frankfurt am Main
Rechtsanwalt Dr. Joachim Freiherr von Falkenhausen, LL.M. (Berkeley), Hamburg
• Mitglieder des Berufsrechtsausschusses des DAV

I. Einführung

Der folgende Beitrag soll eine überblicksartige Orientierung geben, welche Formen für anwaltliche Berufsausübungsgesellschaften existieren und wie sie sich im Wesentlichen unterscheiden. Bei der Gliederung haben wir uns an üblichen Auswahlkriterien orientiert. Bei Manuskripterstellung lagen diverse Gesetzesentwürfe vor, insbesondere ein Regierungsentwurf zur Modernisierung des Personengesellschaftsrechts (MoPeG) und der Regierungsentwurf zur „großen BRAO – Reform", die das Recht der Berufsausübungsgesellschaft weitgehend neu regeln. Mit dem Inkrafttreten der Änderungen ist jedoch nicht vor 2022 zu rechnen. Insoweit haben wir uns auf einzelne Hinweise beschränkt; eine Überprüfung der Aussagen nach Verabschiedung der Gesetze ist selbstredend unerlässlich.

II. Überblick über die Rechtsformen

1. Statistik zur Form der Berufsausübung

Die nachstehende Tabelle[1] gibt einen Eindruck, wie Rechtsanwältinnen und -anwälte in Deutschland ihren Beruf ausüben. Auch wenn ein erheblicher Teil für sich allein praktiziert, ist dieser Prozentsatz im Lauf der Jahre zurückgegangen. Dies ist wohl auf darauf zurückzuführen, dass die Zusammenarbeit mit anderen eine höhere Spezialisierung und die effizientere Nutzung von Ressourcen bei gleichzeitiger Kostensenkung ermöglicht.

Mitglieder aller RAK zum 1.1.2020	davon:	Rechtsanwälte/-anwältinnen und Syndikusrechtsanwälte/-anwältinnen	Rechtsanwälte/-anwältinnen	RA-GmbH	RA-AG	RA-UG	GF-RAK	Partnerschaftsgesellschaften insgesamt	davon PartGmbH	davon LL.P
167.234		15.475	146.795	1.018	25	14	88	5.327	2.587	93

2. Personengesellschaften

a) Gesellschaft bürgerlichen Rechts

Die GbR ist die herkömmliche Form des Zusammenschlusses von Rechtsanwältinnen und Rechtsanwälten. Verträge, etwa mit der Mandanten oder Vermietern, werden dabei im Na-

1 Die Ausgangsdaten (Stand 1.1.2020) fanden sich per 22.1.2021 unter folgendem Link: https://brak.de/w/files/04_fuer_journalisten/statistiken/2020/mitgliederstatistik_2020.pdf.

men der GbR geschlossen. Wenn einer der Partner wegen Interessenkonflikt verhindert ist, das Mandat anzunehmen, § 43 a (5) BRAO, gilt dies für alle Gesellschafter, § 3 (2) BORA, und damit die GbR. Diese Erstreckung gilt allerdings nicht in allen Konstellationen, bei denen ein Gesellschafter an der Tätigkeit verhindert ist. Wenn ihm ein neues Mandat angetragen wird und er bei der Bearbeitung gegen seine Verschwiegenheitspflicht verstoßen würde, weil er aus früheren Mandaten relevante Kenntnisse über den Gegner hat, ist nur er verhindert.[2] Zur Haftung der Partner für Beratungsfehler und andere Verpflichtungen der GbR siehe nachstehend III.1.

b) Partnerschaft

Mit der Rechtsform der Partnerschaft (Synonym: Partnerschaftsgesellschaft) ist die Berufshaftung ab Eintragung der Partnerschaft in das Partnerschaftsregister des zuständigen Amtsgerichts auf die verantwortlichen Bearbeiter beschränkt, siehe III.1.b). Dazu bedarf sie der organisatorischen Konzentration der Beratung und Vertretung auf einen mandatsführenden Gesellschafter, die einem arbeitsteiligen Teamwork mit Spezialisten entgegensteht.

c) Partnerschaft mit beschränkter Berufshaftung

Da die Ausgestaltung der Haftungsbeschränkung in der so ausgestalteten Partnerschaft allgemein als unzureichend bewertet wurde, gewannen ausländische Rechtsformen zunehmend Beliebtheit, insbesondere die Limited Liability Partnership (LLP). Als Reaktion hat der Gesetzgeber, insbesondere auf Betreiben des DAV, die Partnerschaft mit beschränkter Berufshaftung (PartmbB) als eine besondere Ausprägung der Partnerschaft geschaffen. Bei ihr ist die persönliche Berufshaftung insgesamt ausgeschlossen. Die Haftung der Gesellschaft zu begrenzen ist eine Frage der individuellen Vereinbarung, siehe III.1.c).

d) De lege ferenda: Kommanditgesellschaft und GmbH & Co. KG

Anders als Rechtsanwältinnen und Rechtsanwälte können sich Steuerberaterinnen und -berater bereits seit langer Zeit in der Form der GmbH & Co. KG organisieren. Der BGH hielt dies jedoch nicht für auf die Rechtsanwältschaft übertragbar, da die KG für Kaufleute vorgesehen sei, Rechtsanwältinnen ind -anwälte anders als Steuerberaterinnen und -berater der kaufmännischen Sphäre aber nicht nahestünden. Diese Entscheidung wurde lebhaft debattiert, da die GmbH & Co. KG wegen des Ausschlusses der persönlichen Haftung auch für diejenigen Verbindlichkeiten der Gesellschaft, die nicht mandatsbezogen sind, gegenüber einer GbR oder Partnerschaft vorteilhaft ist. Ferner ist wegen dieser BGH-Entscheidung auch ein Zusammenschluss zwischen Rechtsanwältinnen/-anwälten und Steuerberaterinnen/-beratern in einer GmbH & Co. KG nicht möglich. Nunmehr sieht der RegE des MoPeG die Öffnung der GmbH & Co. KG für Rechtsanwälte vor. Auch der RegE zur großen BRAO-Reform enthält entsprechende Regelungen.

2 Diese Regelung ist im RegE zur BRAO- Reform enthalten und wird derzeit diskutiert.

Bei der GmbH & Co. KG wird es sich empfehlen, als GmbH eine „Rechtsanwalts-GmbH" zu wählen. Die Rechtsanwältinnen bzw. -anwälte müssen nicht sämtlich Geschäftsführerinnen oder -führer der GmbH sein, sondern können die wegen ihrer Unabhängigkeit, § 43a Abs. 1 BRAO, berufsrechtlich erforderliche freie Vertretung in allen berufsbezogenen Angelegenheiten als Kommanditisten mit rechtsgeschäftlicher Vollmacht wahrnehmen. Die Kommanditgesellschaft kann dabei sogar die einzige Gesellschafterin der GmbH sein (sog. Einheitsgesellschaft).

3. Kapitalgesellschaften

a) GmbH

Der Zusammenschluss von Rechtsanwältinnen und Rechtsanwälten in einer GmbH ist gesetzlich ausdrücklich zugelassen, vgl. § 59c Abs. 1 BRAO. Dabei muss die GmbH selbst durch die Rechtsanwaltskammer zugelassen werden. In ihr dürfen nur aktive Rechtsanwälte und Rehtsanwältinnen (und Angehörige sozietätsfähiger Berufe) Gesellschafter und Gesellschafterinnen sein. Der Vorteil der GmbH liegt im strukturellen Ausschluss der persönlichen Haftung der Gesellschafter gegenüber der Mandantschaft und allen anderen Dritten. Das Mandatsverhältnis kommt mit der GmbH zustande. Sie ist postulationsfähig.

b) Aktiengesellschaft

Die Aktiengesellschaft ist, im Gegensatz zur GmbH, in der BRAO nicht als zulässige Form des Zusammenschlusses genannt. Das BayObLG hat jedoch bereits im Jahre 2000 entschieden, dass kein nach Art. 3 GG tragfähiger Differenzierungsgrund zur GmbH vorliegt, weshalb auch die AG zulassungsfähig ist. Auf sie sind die Bestimmungen zur Rechtsanwalts-GmbH im Grundsatz analog anzuwenden. Eine „Rechtsanwalts-AG" ist postulationsfähig.

4. Ausländische Rechtsformen

Nach deutschem internationalem Privatrecht richtet sich das auf eine Gesellschaft anwendbare materielle Gesellschaftsrecht nach dem Ort ihres effektiven Verwaltungssitzes. Schließen sich Rechtsanwältinnen und Rechtsanwälte zusammen, die ihren beruflichen Schwerpunkt in Deutschland haben und hier ihre Praxis aufbauen, würden ihnen danach als Personengesellschaften nur deutsche Rechtsformen zur Verfügung stehen. Jedoch gilt innerhalb der EU und des EWR die Niederlassungsfreiheit, weshalb Gesellschaften aus diesen ausländischen Gebieten die Anerkennung in Deutschland nicht versagt werden darf, wenn sie nach ihrer Gründung ihren effektiven Verwaltungssitzes nach Deutschland verlegen (liegt er im Ausland, gilt dies ohnehin). Dies kann ebenso aus Staatsverträgen folgen, etwa dem zwischen Deutschland und den USA bestehenden *Freundschafts-, Handels- und Schiffahrtsvertrag* von 1954. Daher konnten sich deutsche Rechtsanwälte etwa zu einer britischen Limited Liability Partnership zusammenschließen, deren Verwaltungssitz in Deutschland lag.

Als Folge des Brexits und mit Ablauf der an ihn anschließenden Übergangsfrist am 31.12.2020 besteht diese Möglichkeit für die britische LLP nicht mehr, sehr wohl aber für andere Rechtsformen aus EU und EWR. Voraussetzung ist freilich, dass der Verwaltungssitz in Deutschland und der Wegzug aus dem Heimatstaat nach dem Heimatrecht der Gesellschaft zulässig ist und nicht zur Liquidation oder dem Erlöschen führt. Beispielsweise ist es in Österreich zulässig, dass sich Rechtsanwälte als GmbH & Co. KG organisieren. Die Folgen der Verlegung des Verwaltungssitzes nach Deutschland nach österreichischem internationalen Gesellschaftsrecht sind aber nicht sicher.

III. Unterschiede bei den Rechtsformen nach Entscheidungskriterien

Ein wesentliches Kriterium bei der Auswahl der Rechtsform ist die Haftung der Gesellschaft und vor allem der in ihr zusammengeschlossenen natürlichen Personen (nachstehend III.1). Ein weiteres Kriterium ist die steuerliche Behandlung, die mit der Art der Ergebnisermittlung (Bilanzierung oder Einnahmenüberschussrechnung) sowie der Natur der Einkünfte (gewerblich oder aus selbstständiger Tätigkeit) im Zusammenhang steht (nachstehend III.2.). Weitere wichtige Kriterien werden im Anschluss an diese beiden Abschnitte behandelt.

1. Haftungsbeschränkung und -ausschluss

a) GbR

Bei der Haftung der Partner steht die GbR am ungünstigsten unter allen Rechtsformen da: Die Gesellschafterinnen und Gesellschafter haften persönlich und gesamtschuldnerisch neben ihr für alle ihre Verbindlichkeiten. Die Haftung lässt sich strukturell nicht begrenzen oder ausschließen. Erklärungen im Gesellschaftsvertrag oder im Namen, dass die Haftung der Partner ausgeschlossen ist, haben keine Außenwirkung. Es bleibt nur die Einzelvereinbarung mit den Vertragspartnern, die sich aus Praktikabilitätsgründen nur bei Dauerschuldverhältnissen empfiehlt. Die Praxis zeigt aber, dass diese sicherlich abhängig von der Bonität der Gesellschaft etwa bei langfristigen Mietverträgen oft bereit sind – im wirtschaftlichen Ergebnis wie bei der GmbH –, die Haftung auf das Gesellschaftsvermögen zu begrenzen und die Gesellschafter aus der persönlichen Haftung zu entlassen. Bei Arbeitsverträgen (etwa mit dem eigenen Personal) sind derartige Klauseln allerdings nicht wirksam.

b) Partnerschaft

Bei der Partnerschaft und ihrer Spielart, der PartmbB, haften die Partner gesamtschuldnerisch neben der Gesellschaft für deren Verbindlichkeiten gegenüber Gläubigern aus Rechtsverhältnissen, die keine Mandate sind. Diese Haftung lässt sich strukturell nicht begrenzen oder ausschließen, sondern wiederum nur durch die Individualvereinbarung.

Ob man dieses strukturelle, persönliche Haftungsrisiko wie ein allgemeines Geschäftsrisiko hinnehmen will, muss jeder für sich entscheiden. Es mindert die Bedeutung des Haftungsausschlusses für Beratungsfehler. Ein solcher Haftungsausschluss gilt nur für die Gesellschafterinnen und Gesellschafter, nicht für die Gesellschaft selbst, mit der aber der Mandatsvertrag abgeschlossen ist. Soweit der Schaden nicht durch die Berufshaftpflichtversicherung abgedeckt ist, kann ein großer Haftungsfall (ggf. verbunden mit einem Einbruch der Neumandate wegen Reputationsschaden) zur Insolvenz der Gesellschaft führen. Das Vermögen der Gesellschaft dürfte dann nicht mehr zur Befriedigung der Gläubigerschaft (Mandanten einschließlich des ursprünglich Geschädigten, Lieferanten und Finanzierer, Vermieter, Mitarbeiterinnen und Mitarbeiter etc.) ausreichen. Diese können sich bei den Gesellschaftern schadlos halten.

c) Die Partnerschaft mit beschränkter Berufshaftung

Die Partnerschaft und die Partnerschaft mit beschränkter Berufshaftung unterscheiden sich im Wesentlichen durch die Ausgestaltung der Berufshaftpflichtversicherung und als Folge davon im Umfang der Außenhaftung für Beratungsfehler.

aa) Grundsätzlich gilt § 8 Abs. 2 PartGG: Wenn nur einzelne der Gesellschafterinnen und Gesellschafter ein Mandat bearbeiten, haften nur diese persönlich, die übrigen Gesellschafterinnen und Gesellschafter haften selbst nicht. Ein „Beitrag von untergeordneter Bedeutung“ zählt insoweit nicht als „Bearbeitung“. Die Regelung ist dennoch für Teamarbeit nicht förderlich, und mit der Mandantschaft sollte vorab geklärt werden, wer der oder die verantwortlichen Partner sind. Da der Beitrag eines Spezialisten/die Spezialistin für ein bestimmtes Rechtsgebiet normalerweise aber gerade nicht von untergeordneter Bedeutung ist, riskiert auch der Spezialist/die Spezialistin leicht die persönliche Haftung.

bb) Um diesem Problem entgegenzutreten und die Beliebtheit der Rechtsform zu steigern, wurde in § 8 Abs. 4 PartGG der strukturelle Haftungsausschluss für Berufshaftung vorgesehen, der vom Abschluss einer Berufshaftpflichtversicherung abhängt. Siehe dazu III.7.

d) Aktiengesellschaft und GmbH

Die beiden Formen der Kapitalgesellschaft können bzgl. der Haftung zusammen behandelt werden. Das Mandatsverhältnis kommt hier mit der Kapitalgesellschaft zustande. Der für die Kapitalgesellschaft tätige Rechtsanwalt ist selbst nicht Partei des Anwaltsvertrages. Eine direkte persönliche Haftung der Rechtsanwaltschaft auf vertraglicher Basis scheidet daher aus. Vertraglich haftet die Rechtsanwältin oder der Rechtsanwalt allenfalls der Gesellschaft selbst (aufgrund Satzung oder Dienstvertrag).

Auch wenn der handelnde Rechtsanwalt oder die handelnde Rechtsanwältin als Erfüllungsgehilfe der Kapitalgesellschaft grundsätzlich nicht der Mandantschaft haftet, wird dieser Grundsatz im Falle der Inanspruchnahme besonderen Vertrauens oder bei deliktischem

Handeln durchbrochen. Ansprüche aus Delikt setzen bei Sachverhalten, die zur Berufshaftung führen, i.d.R. vorsätzliches Handeln voraus, da bei Beratungsfehlern regelmäßig kein absolut geschütztes Rechtsgut verletzt wird und ein Anspruch aus § 823 Abs. 1 BGB daher ausscheidet. Schutzgesetze im Sinne des § 823 Abs. 2 BGB sind in diesen Fällen gleichfalls nicht verletzt.

Gegenüber der Gesellschaft besteht das Risiko der persönlichen Binnenhaftung der Rechtsanwaltschaft, im Bereich der Berufshaftung wegen der Verursachung des Schadens der Gesellschaft (Schadensersatzpflicht gegenüber dem Mandanten), bei der Organhaftung wegen Verstoßes gegen die Organpflichten; siehe dazu III.6.

Gegenüber Gläubigern der Kapitalgesellschaft haftet kein Partner aufgrund seiner Gesellschafterstellung. Eine etwaige deliktische Haftung kann insoweit nicht ausgeschlossen werden, etwa aufgrund der (allerdings als Binnenhaftung ausgestatteten) Haftung wegen existenzvernichtenden Eingriffs bei der GmbH oder wegen Verstoßes gegen § 57 AktG bei der AG.

2. Art der Einkünfte: gewerblich oder aus selbstständiger Tätigkeit

a) Kapitalgesellschaften haben kraft Rechtsform gewerbliche Einkünfte. Daher müssen sie den Gewinn nach §§ 4 Abs. 1, 5 Abs. 1 EStG durch Bilanzierung ermitteln. Er hängt daher anders als bei der Einnahmenüberschussrechnung nicht davon ab, ob anwaltliche Leistungen bereits beglichen oder berechnet wurden. Die bloße Erbringung einer abrechnungsfähigen (Teil-)Leistung genügt, um den Honoraranspruch zu aktivieren.

Das gilt ebenfalls für die Umsatzsteuer. Abhängig vom Zeitpunkt der Leistungserbringung ist der Honoraranspruch in der zu erwartenden Höhe als Umsatz in die Umsatzsteuervoranmeldung aufzunehmen. Der spätere Zeitpunkt des Zahlungseingangs ist hier nicht entscheidend. Zahlt der Mandant das Honorar nicht in dieser Höhe, muss ihm eine Gutschrift inklusive auf den Fehlbetrag entfallender Umsatzsteuer erteilt werden. Der dort ausgewiesenen Umsatzsteuerbetrag kann dann in der nächsten Umsatzsteuervoranmeldung der Rechtsanwältin oder des Rechtsanwalts berücksichtigt werden, was einer Erstattung seitens des Finanzamts entspricht. Hierin kann man wirtschaftlich die Vorfinanzierung einer potenziellen Umsatzsteuerschuld sehen.

b) Das Ergebnis von Personengesellschaften von Rechtsanwältinnen und Rechtsanwälten wird grundsätzlich als Einkünfte aus selbständiger Tätigkeit behandelt. Für seine Ermittlung gelten die Erleichterungen des § 4 Abs. 3 EStG (sog. Einnahmenüberschussrechnung). Anders als bei der Bilanzierung sind hier der Zeitpunkt und die Höhe der Zahlung entscheidend. Das gilt auch für die Umsatzsteuer, sodass die Vorfinanzierung der berechneten, aber noch nicht vereinnahmten Umsatzsteuer ausgeschlossen ist. Beide Effekte sind im Vergleich mit der Bilanzierung eindeutig vorteilhaft, und die Bewertung der nicht-abgerechneten Leistungen und Forderungen ist nicht erforderlich.

Bei der Einnahmenüberschussrechnung ergibt sich ein Steuerstundungseffekt für die Zeit zwischen Leistungserbringung und Rechnungsstellung und Bezahlung der Rechnung durch die Mandantschaft. Dieser Steuerstundungseffekt wirkt sich besonders aus, wenn die Berufsausübungsgesellschaft im Wachstum begriffen ist, weil der gestundete Betrag entsprechend zum Umsatzwachstum steigt.

In wirtschaftlich schwierigen Zeiten kann bei Vereinnahmung der in der erfolgreicheren Vergangenheit berechneten Honorare bereits ein nach betriebswirtschaftlicher Betrachtung schlechtes Ergebnis vorliegen, etwa weil die Honorare nicht mehr in der bisherigen Höhe durchsetzbar sind oder die Auslastung gesunken ist. Diese Effekte lassen sich nicht zeitnah anhand der Einnahmenüberschussrechnung ausmachen. Daher ist es unumgänglich, zusätzlich eine angemessene betriebswirtschaftliche Auswertung vorzunehmen. Dabei entsteht ein Konflikt der Ziele aussagekräftige Auswertung einerseits und Vermeidung der Bilanzierung andererseits. Die Berufsausübungsgesellschaft muss auch dann zur Bilanzierung übergehen, wenn sie zum Zweck der betriebswirtschaftlichen Auswertung die für die Bilanzierung erforderlichen Daten in ihrem Rechenwerk vorhält, etwa bewertete Forderungen als Bestandskonto. Entscheidet man sich von Anfang an für die Bilanzierung, kann man zwanglos die den eigenen Zielen entsprechende Betriebsbuchhaltung einrichten.

c) Gewerbliche Einkünfte können andere Einkünfte derselben Mitunternehmerschaft infizieren (die Freibeträge sind minimal), so dass auch sie als gewerbliche besteuert werden und ihre Ermittlung den unter beschriebenen Grundsätzen der Bilanzierung folgt, vgl. § 15 Abs. 3 Nr. 1 EStG.

d) Eine Personengesellschaft kann unversehens in die Gewerblichkeit rutschen, weil die Grenzen zwischen Selbständigkeit und Gewerblichkeit sehr eng gezogen sind. Riskant ist es beispielsweise, wenn kein Beitrag eines Gesellschafters mehr vorliegt, der klassischer anwaltlicher Tätigkeit entspricht. Das Risiko soll sogar vorliegen, wenn ein Partner aus Altersgründen sich langsam zurückzieht, weniger arbeitet und schließlich gänzlich inaktiv wird, aber noch am Gewinn beteiligt ist. Problematisch ist ebenso, wenn ein Partner ausschließlich mit dem Management befasst ist. Außerdem kann ein Partner zwar mit angestellten Anwälten an seinen Mandaten arbeiten, muss sie aber eng überwachen, weil er sonst steuerlich gesehen an den Gewinnen eines anderen (nicht assoziierten) Anwalts partizipieren würde. Angestellte Anwältinnen und Anwälte dürfen daher nicht allzu frei nach außen agieren, nicht allein in Pressemitteilungen genannt werden und vor allem nicht allein Mandate annehmen und führen. All diese Restriktionen beeinträchtigen die Wettbewerbsfähigkeit von Sozietäten, die über einige wenige Berufsträger hinausgewachsen sind oder hinauswachsen wollen; sie werden implizit mit der Entscheidung gegen die Gewerblichkeit akzeptiert.

e) Unterliegt man der Gewerbesteuer, sollte man sich bei der Steuerplanung Folgendes vergegenwärtigen:

Bei der AG oder GmbH erhalten die Gesellschafter nicht das gesamte Ergebnis, das sie als Personengesellschaft erwirtschaftet hätten, als Dividende. Denn üblicherweise beziehen sie ein angemessenes Gehalt aufgrund eines Dienstvertrags, das mit ihrem persönlichen Steuersatz der Einkommensteuer unterliegt. Die Personalkosten sind bei der Gewinnermittlung der Körperschaft als Betriebsausgabe abzusetzen, mit Wirkung für die Körperschaft- und Gewerbesteuer. Ferner ist eine Versorgungszusage der Körperschaft (anders als bei einer Personengesellschaft) steuerlich wirksam.

Bei Personengesellschaften erhalten die Gesellschafter i.d.R. keine Gehälter, denn sie sind steuerlich keine Betriebsausgabe. Sie versteuern den anteiligen Gewinn mit ihrem persönlichen Steuersatz. Die von der Gesellschaft gezahlte Gewerbesteuer wird anteilig auf die persönliche Steuerschuld angerechnet. § 35 EStG sieht jedoch einen Höchstbetrag für diese Anrechnung vor, sodass es darauf ankommt, wie hoch der Hebesatz der Gewerbesteuer ist. Ihn setzt die Gemeinde, in der die Kanzlei liegt, nach § 16 Abs. 1 GewStG fest.

f) Die vorstehenden Erläuterungen sind hier noch einmal dargestellt:

	Einkünfteart:	**stets gewerblich**	**grds. selbstständige Tätigkeit** **grds. Einnahmenüberschuss-rechnung** **grds. Vereinnahmung**
	Gewinnermittlung: **Entstehung der Umsatzsteuer**	**Bilanzierung** **Erbringung der (Teil-)Leistung**	
Struktureller Haftungsausschluss			
umfassend		**GmbH und Aktiengesellschaft**	**LL.P.**
		GmbH und Co. KG	
ausgeschlossen nur für Beratungsfehler			**PartG und PartmbH**
keiner			**GbR**

3. Firma und Kurzbezeichnung

Bei der Bezeichnung der Sozietät herrscht heute weitgehende Freiheit. Fantasiebezeichnungen werden von den Kammern geduldet und nicht beanstandet. Nur die Bezeichnung „Partnerschaft" und der Zusatz „und Partner" sind der Partnerschaftsgesellschaft vorbehalten.

Einschränkungen gibt es nur bei einigen Rechtsformen: Für die Partnerschaftsgesellschaft gilt § 2 Abs. 1 PartGG. Nach dieser Vorschrift muss der Name der Partnerschaft wenigstens den Namen eines Partners, die Berufsbezeichnungen aller in der Partnerschaft vertreten

Berufe sowie den Zusatz „Partner" oder „Partnerschaft" enthalten. Ähnliches gilt für die Rechtsanwalts-GmbH und analog die AG. Nach § 59 k Abs. 1 BRAO muss die Firma die Bezeichnung „Rechtsanwaltsgesellschaft" enthalten.

Nach Inkrafttreten der BRAO-Reform wird sich eine Berufsausübungsgesellschaft nur noch „Rechtsanwaltsgesellschaft" nennen dürfen, wenn Rechtsanwältinnen und Rechtsanwälte die Mehrheit ihrer Gesellschafterinnen und Gesellschafter stellen. Weitere Vorschriften für die Kurzbezeichnung der Berufsausübungsgesellschaft sind nicht vorgesehen.

4. Dokumentationsaufwand, Formstrenge oder Flexibilität

a) Gründung und Gesellschaftsvertrag

Keinerlei Formvorschriften gibt es bei der Gründung einer GbR. Das wird sich ändern, wenn die Reform der BRAO und das MoPeG in Kraft getreten sind. Dann wird es zu empfehlen oder sogar vorgeschrieben sein, dass die Gesellschaft zum Gesellschaftsregister angemeldet und dort eingetragen wird. Außerdem muss sie künftig – wie jede Berufsausübungsgesellschaft – in das neu geschaffene Verzeichnis der Rechtsanwaltskammer gemäß § 31 BRAO (in der Fassung des Regierungsentwurfs) eingetragen werden. Im Übrigen ist es natürlich dringend zu empfehlen, den Sozietätsvertrag, also den Gesellschaftsvertrag der GbR, schriftlich abzufassen. Gesetzliche Vorgaben für den Gesellschaftsvertrag einer GbR gibt es nicht; es herrscht Vertragsfreiheit.

Die Schriftform ist für den Gesellschaftsvertrag der Partnerschaftsgesellschaft vorgeschrieben (§ 3 Abs. 1 PartGG). Die Partnerschaftsgesellschaft muss zum Partnerschaftsregister angemeldet und in das Register eingetragen werden. Nach Inkrafttreten der BRAO-Reform muss sie zudem in das Verzeichnis der Rechtsanwaltskammer eingetragen werden. Auch für den Vertrag der Partnerschaftsgesellschaft herrscht Vertragsfreiheit; die Partner sind in ihren Vereinbarungen frei.

Der Gesellschaftsvertrag der Rechtsanwalts-GmbH bedarf der notariellen Beurkundung; auch hier herrscht Vertragsfreiheit. Die Gesellschaft entsteht erst, nachdem sie zum Handelsregister angemeldet und in das Register eingetragen worden ist. Das Stammkapital der GmbH beträgt mindestens 25.000 EUR; davon muss mindestens die Hälfte im Rahmen der Gründung eingezahlt werden. Allerdings besteht die Möglichkeit, die Gesellschaft im Rahmen des § 5 a GmbHG als sogenannte Unternehmergesellschaft (haftungsbeschränkt) (abgekürzt: UG) zu gründen. Dann gibt es keinen Mindestbetrag des Stammkapitals. Überlegt werden sollte aber, ob die Gründung als UG (haftungsbeschränkt) die Reputation der Gesellschaft beeinträchtigt.

Im Rahmen der BRAO-Reform wird auch die Rechtsform der GmbH & Co. KG den Rechtsanwälten zugänglich gemacht. Die Gründung erfordert dann über die Gründung der GmbH hinaus einen Gesellschaftsvertrag der Kommanditgesellschaft, für den es zwar keine

Formvorschriften gibt, den aber die Rechtsanwaltskammer anfordern kann und der schon deswegen schriftlich abgefasst werden sollte, sowie die Anmeldung der Kommanditgesellschaft zum Handelsregister und die Eintragung.

Die Gründung einer Aktiengesellschaft erfordert nicht nur dieselben Schritte wie bei der Gründung einer GmbH. Die Satzung der Aktiengesellschaft ist gesetzlich reglementiert; Vertragsfreiheit besteht nicht. Über die Formalitäten der GmbH-Gründung hinaus bedarf es einer Gründungsprüfung sowie der Bestellung des ersten Aufsichtsrats.

b) Eintritt und Ausscheiden von Partnern

In der GbR unterliegen die Vereinbarungen über den Eintritt und das Ausscheiden von Partnern keinen Formvorschriften. Registereintragungen sind bisher nicht erforderlich. Das wird sich jedoch im Rahmen der anstehenden Gesetzesänderungen ändern. In Zukunft muss dann jeder Wechsel in das Gesellschaftsregister und, wenn sich die Gesellschafter für die Eintragung der GbR entscheiden, in das bei den Anwaltskammern geführte Verzeichnis eingetragen werden.

Ähnliches gilt schon jetzt für die Partnerschaft. Gemäß § 4 Abs. 1 S. 2 PartGG sind Änderungen in das Partnerschaftsregister einzutragen.

In der GmbH und der AG müssen beim Gesellschafterwechsel Anteile übertragen werden. In der GmbH bedarf die Übertragung der notariellen Beurkundung und der Einreichung einer Gesellschafterliste zum Handelsregister; in der AG ist sie formlos gültig. Sie muss aber durch einen Gesellschafterbeschluss genehmigt werden, um die freie Übertragung auszuschließen.

Da die GmbH und die AG ein festes Kapital haben, ist es mit der Anteilsübertragung allein aber häufig nicht getan. Um die Gewinnquoten richtig festzusetzen, bedarf es oft der Einziehung eines Anteils oder einer Kapitalerhöhung oder -herabsetzung. Die Einziehung wäre bei der GmbH möglich; sie und ihre Folgen müssen in der öffentlich verfügbaren Satzung vorausschauend geregelt werden. Um diese Komplikationen zu vermeiden, ist es bei Steuerberatern und Wirtschaftsprüfern schon seit langem üblich, die Anteile an der Steuerberatungs- oder Wirtschaftsprüfungsgesellschaft nicht von den Partnern selbst halten zu lassen. Vielmehr schließen sich die Partner in einer GbR zu sammeln, die sämtliche Anteile an der Berufsausübungsgesellschaft hält. Wenn ein Partner eintritt oder ausscheidet, werden die Gesellschafterverhältnisse in der GbR formlos angepasst. Diese empfehlenswerte Konstruktion steht auch Rechtsanwälten zur Verfügung, die sich in einer Kapitalgesellschaft organisieren wollen.

5. Gestaltung der Außenvertretung

Die GbR (ebenso die Partnerschaftsgesellschaft) wird im Außenverhältnis von allen Gesellschaftern vertreten, wenn der Gesellschaftsvertrag keine andere Regelung enthält. Dieses Prinzip taugt natürlich nicht für die tägliche Berufsausübung und insbesondere nicht für die Vertretung von Mandanten vor Gericht. Deswegen sollte (möglichst schriftlich) vereinbart werden, dass jede Gesellschafterin bzw. jeder Gesellschafter die Gesellschaft allein vertreten kann. Im Innenverhältnis kann man Beschränkungen vereinbaren, z.B. vorsehen, dass im Innenverhältnis bei Investitionen über einen bestimmten Betrag hinaus die Zustimmung aller Partner erforderlich ist.

Auch in der Kapitalgesellschaft gilt das Prinzip der Gesamtvertretung. Deswegen muss auch hier gesellschaftsvertraglich Einzelvertretungsbefugnis vorgesehen werden.

6. Risiken aus Innenhaftung; Vermeidung

In der Partnerschaftsgesellschaft mit beschränkter Berufshaftung, in der GmbH & Co KG, in der GmbH und in der AG haftet der handelnde Anwalt nicht für Fehler bei der Berufsausübung; es haftet nur die jeweilige Gesellschaft. Wenn die Gesellschaft aber nicht zahlen kann, können die Gläubiger etwaige Rückgriffsansprüche der Gesellschaft gegen den handelnden Anwalt pfänden und einziehen. Auf diese Weise kommt es indirekt doch noch zu einer persönlichen Inanspruchnahme der einzelnen Partner durch Dritte, wenn das Vermögen der Gesellschaft (und die Haftpflichtversicherung) nicht ausreicht. Im schlimmsten Fall werden Ansprüche der Gesellschaft von deren Insolvenzverwalter geltend gemacht, so dass man sich als Gesellschafter also keine Hoffnungen auf eine partnerschaftliche, wohlwollende Betrachtung der Sachlage machen sollte.

Außerdem besteht gegenüber der Gesellschaft das Risiko der persönlichen Haftung der geschäftsführenden Partner aus Organhaftung wegen Verstoßes gegen die Organpflichten. Dazu gehört die ordnungsgemäße Organisation der Gesellschaft und ihrer Tätigkeit (Sicherstellung der Compliance, also der Beachtung aller Rechtsnormen). Sie gewinnt zunehmend an Bedeutung, nicht nur bei den Steuern. Ihr Ausschluss ist schwierig und bei der AG unmöglich, im Übrigen nicht für Vorsatz. Daher sollte man jedenfalls bei der AG und besser bei allen Kapitalgesellschaften die Organstellung aller Partner vermeiden und nur wenige zu Geschäftsführern oder Vorständen bestellen. Die Außenvertretung aufgrund der Stellung als Prokurist genügt zur Sicherung der Unabhängigkeit.

In welchem Umfang die Binnenhaftung ausgeschlossen werden kann und soll, ist keine leichte Frage und wird sehr unterschiedlich gesehen. Meist ist diese Folge ungewollt. Auf jeden Fall sollten Haftung und Freistellungsansprüche sowie Aufwendungsersatzansprüche ausdrücklich geregelt werden. Soll die Entlastung möglichst weit gehen, kann nach einer Klausel im jeweiligen Gesellschaftsvertrag die Gesellschaft im Innenverhältnis bei dem handelnden Anwalt nur Rückgriff nehmen, wenn er vorsätzlich gehandelt hat. Ein vollständiger Ausschluss des Rückgriffs auch bei Vorsatz wäre wahrscheinlich unwirksam.

7. Versicherungspflicht

Die Pflicht der Anwaltschaft, sich gegen Haftpflichtrisiken zu versichern, ist in diesem Band an anderer Stelle erläutert. Für die Gesellschafter einer GbR gilt nichts anderes; anders ist es bei den Gesellschaftsformen mit Haftungsbeschränkung, also Partnerschaftsgesellschaft mit beschränkter Berufshaftung, GmbH, AG und GmbH & Co KG (wenn sie vom Gesetzgeber für Anwälte freigegeben wird); hier gelten besondere Regeln. Nach §§ 51 a Abs. 2, 59 j Abs. 2 BRAO beträgt die Mindestversicherungssumme 2.500.000 EUR. Für alle Schäden eines Versicherungsjahres darf die Leistung des Versicherers auf das Vierfache der Mindestversicherungssumme, also auf Euro 10 Mio., mindestens aber die Mindestversicherungssumme multipliziert mit der Zahl der Partner (zuzüglich weiterer Geschäftsführerinnen und Geschäftsführer), begrenzt werden. Das Erfordernis der persönlichen Berufshaftpflichtversicherung pro Anwalt bleibt unberührt. Das führt zu hohen Versicherungsprämien und damit zu einer erheblichen Kostenbelastung, die als Preis für die Haftungsbeschränkung zu zahlen ist. Sie wird die Rechtsformen mit Haftungsbeschränkung für Kanzleineugründungen häufig unattraktiv machen.

IV. Besonderes beim Zusammenschluss mit anderen Berufen

1. Sozietätsfähige Berufe

Bisher können Rechtsanwältinnen und Rechtsanwälte gemäß § 59 a BRAO ihren Beruf gemeinsam mit Rechtsanwältinnen/Rechtsanwälten, Patentanwältinnen/-anwälten, Steuerinnen/-beratern, Steuerbevollmächtigten, Wirtschaftsprüferinnen/-prüfern und vereidigten Buchprüferinnen/-prüfern sowie deren ausländischen Äquivalenten ausüben, soweit letztere hier ihren Beruf ausüben dürfen. Hinzu kommen nach der „Horn"-Entscheidung des Bundesverfassungsgerichts von 2016 die Ärzte- und Apothekerschaft. Nach Inkrafttreten der BRAO-Reform erweitert sich der Kreis der sozietätsfähigen Berufe auf alle freien Berufe, soweit sie mit dem Anwaltsberuf „vereinbar" sind.

2. Geltungsumfang des Berufsrechts

Nach derzeit geltendem Recht unterliegen nur die handelnden Partner, nicht aber die Berufsausübungsgesellschaft als solche den Normen des Berufsrechts. Sie muss aber darauf achten, dass alle Berufsrechte der in der Berufsausübungsgesellschaft zusammengeschlossenen Partner beachtet werden. Insbesondere müssen die Anwältinnen und Anwälte dafür sorgen, dass ihre Partner, auch wenn sie nicht Anwältinnen bzw. Anwälte sind, keine Situation herbeiführen, in der das anwaltliche Berufsrecht verletzt wird.

Im Rahmen der BRAO-Reform soll geregelt werden, dass auch die Berufsausübungsgesellschaft als solche dem anwaltlichen Berufsrecht verpflichtet ist. Die Gesellschafterinnen und Gesellschafter, die nicht Anwältinnen oder Anwälte sind, müssen das Berufsrecht der Anwältschaft beachten. Dazu gehören insbesondere die Verschwiegenheitspflicht und das Tätigkeitsverbot bei einem Interessenkonflikt. Die Berufsausübungsgesellschaft muss durch geeignete Maßnahmen sicherstellen, dass Berufsrechtsverstöße erkannt und abgestellt werden. Gesellschaftsvertragliche Vereinbarungen müssen sicherstellen, dass die Berufsausübungsgesellschaft auch dann für die Erfüllung der Berufspflichten sorgen kann, wenn Nicht-Anwältinnen und -Anwälte an ihr beteiligt sind. Das gilt allerdings auch entsprechend für die Vorschriften der anderen Berufsrechte.

3. Einschränkung der Gestaltungsfreiheit durch kumulierte Anwendung der Berufsrechte

Wegen ihrer Schutzfunktion für den jeweiligen Beruf neigen Berufsrechte dazu, bei Willensbildung, Kapitalbeteiligung und Gewinnverteilung den von ihnen geregelten Beruf zu bevorzugen gegenüber denjenigen der berufsfremden Personen, mit denen eine Assoziierung zulässig und beabsichtigt ist. Das kann in der Praxis erhebliche Probleme bereiten, die vorab zu bedenken sind. Beispiele sind die Auswirkungen auf die Karrierechancen junger Kollegen und die Frage nach Bedarf an mehrfach Qualifizierten.

V. Gestaltungen bei Aufnahme gewerblicher Tätigkeiten

1. Ausübung der Tätigkeiten in unterschiedlichen Gesellschaften

Gewerbliche Einkünfte können andere Einkünfte derselben Mitunternehmerschaft i.S.d. § 15 Abs. 3 Nr. 1 EStG infizieren (die Freibeträge sind minimal), so dass alle Einkünfte als gewerblich besteuert werden und die Besteuerung sich nach den unter beschriebenen Grundsätzen richtet. Als gewerblich tätig gelten zum Beispiel Insolvenzverwalter. Daher muss man gut überlegen, ob Rechtsanwältinnen und Rechtsanwälte mit Insolvenzverwalterinnen und -verwaltern in derselben Personengesellschaft alle ihre Mandate bearbeiten sollten; eine separate Gesellschaft mit anderem Gegenstand ist hier oft sinnvoller. Wenn der Gesellschafterkreis identisch ist, führt das allein nicht zur Gewerblichkeit. Dasselbe gilt für den Zusammenschluss mit Angehörigen anderer Berufe, soweit er berufsrechtlich zulässig ist. Ganz aktuell ist der Gestaltungsbedarf für diejenigen, die sich für Legal Tech als Hilfsmittel in der Beratung geöffnet haben und es aktiv einsetzen und eventuell weiterentwickeln wollen. Der Schritt in die Gewerblichkeit könnte dadurch unbeabsichtigt und schleichend vollzogen werden kann. Diese Aktivitäten sollten daher in eine separate Gesellschaft ausgelagert werden. Sie sollte nicht als Tochtergesellschaft der Berufsausübungsgesellschaft ausgestaltet werden, da diese Doppelstöckigkeit zu deren Gewerblichkeit führen würde. Eine Betriebsaufspaltung ist zu vermeiden, da sie zur Gewerbesteuer führt.

2. Beteiligungsverbote

Eine Rechtsanwaltsgesellschaft darf sich nicht an „Zusammenschlüssen zur gemeinschaftlichen Berufsausübung“ (in neuer Terminologie „Berufsausübungsgesellschaften“) beteiligen, § 59 c Abs. 2 BRAO. Das ist zu verstehen als Beteiligung an einer inländischen anwaltlichen Berufsausübungsgesellschaft. Das Verbot ihrer Beteiligung an einer Partnerschaft folgt zugleich aus § 1 Abs. 1 S. 3 PartGG. Die Partnerschaft darf sich ihrerseits nicht an einer Rechtsanwaltsgesellschaft beteiligen, da deren Gesellschafter natürliche Personen sein müssen, § 59 e Abs. 1 S. 1 BRAO. Ob diese Einschränkungen alle zeitgemäß und vor allem verfassungskonform sind, wird lebhaft bestritten, und sie werden im Zuge der genannten Reformen sicher ganz oder teilweise aufgehoben.

Wenn man sich entsprechend vorstehend V.1 für die Bildung mehrerer Gesellschaften mit unterschiedlichem Gegenstand entscheidet, sind diese Beteiligungsverbote zurzeit noch zu beachten. Betreibt man in einer Gesellschaft Legal Tech, kann ihr Gesellschafter eine PartG oder Rechtsanwaltsgesellschaft sein. Das geht solange gut, wie die Legal Tech GmbH unter der Schwelle der Zulassungspflicht als Rechtsanwaltsgesellschaft bleibt. Nur dann können auch ein Berufsfremde, aber äußerst Sachkundige ihre Gesellschafterin bzw. ihr Gesellschafter bleiben. Hier liegt sicher ein Hindernis für die Nutzung und Weiterentwicklung von Legal Tech durch die Anwaltschaft selbst. Fällt die Entscheidung bereits zu Anfang für eine Parallelgesellschaft, bewahrt man sich maximale Flexibilität bei der weiteren Entwicklung.

B.3 KANZLEIFUSIONEN – WORÜBER ES SICH LOHNT, NACHZUDENKEN

RUPPRECHT GRAF VON PFEIL, MÜNCHEN • VENTURIS CONSUTLING GROUP

I. Kanzleifusion

Es ist keine Neuigkeit, dass sich der juristische Markt konsolidiert. Da liegt es nahe, über ein Zusammengehen mit einer anderen Sozietät nachzudenken. Allerdings ist eine Fusion keine Strategie in sich selbst, sondern ist eine Umsetzungsmaßnahme innerhalb einer Strategie. Dies wird oft außer Acht gelassen.

Dieses Kapitel stellt Ihnen einen Rahmen zur Verfügung, um zu entscheiden, ob der Zusammenschluss mit einem bestimmten Fusionskandidaten im Rahmen einer definierten Strategie für Ihre Kanzlei der nächste angemessene Entwicklungsschritt sein kann. Dazu

- erfahren Sie zunächst die Gründe, derenthalben eine Fusion sinnvoll ist;
- lernen Sie einen Rahmen kennen, um die vorhandenen Geschäftsmodelle zu vergleichen und festzustellen, wie gut sie zusammenpassen, bzw. wie komplementär sie sind. Auf dieser Grundlage können Sie anschließend ggf. das gemeinsame Geschäftsmodell entwickeln;
- lesen Sie einige Überlegungen zu Profit Distribution und Contribution Management im Fusionskontext;
- finden Sie einige Gedanken zum notwendigerweise abzuschließenden neuen Partnerschaftsvertrag.

Dies sind vier Prüfsteine, ob eine Fusion für Ihre Kanzlei der richtige Schritt ist. Denn letztlich handelt es sich hier um eine unternehmerische Hochrisiko-Entscheidung, deren Ausgang niemand mit Sicherheit voraussagen kann. Wir schlagen Ihnen vor, diese Prüfsteine in der hier vorgenommenen Reihenfolge zu durchlaufen.

1. Wann ist eine Fusion sinnvoll?

Für eine Fusion gibt es sinnvolle und falsche Gründe:

Sinnvoll ist eine Fusion ausschließlich, wenn beide Einheiten die gleiche Positionierung anstreben, deren Elemente in der nachfolgenden Grafik dargestellt sind, und die damit verbundene Organisationsstruktur aufbauen können.

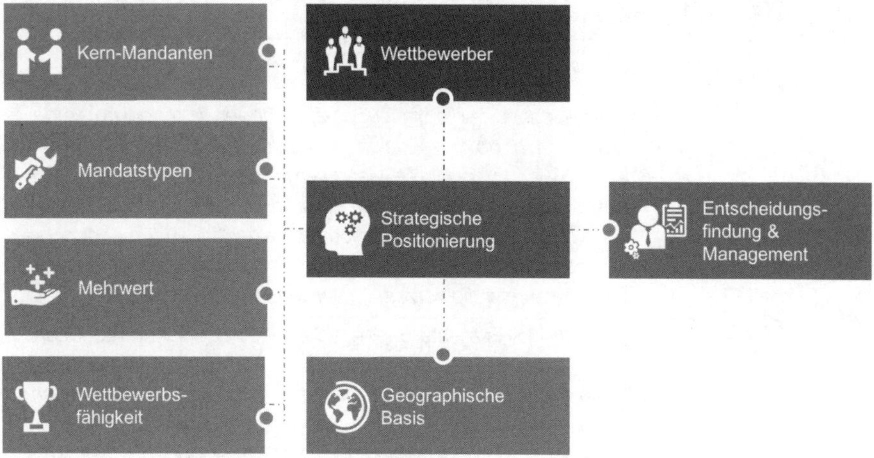

Grafik 1: Positionierung der zukünftigen Kanzlei

Die Positionierung ist idealiter Ergebnis eines vorgelagerten Strategieprozesses, denn die Fusion verstehen wir wie oben schon gesagt als eine Umsetzungsoption der Strategie. Sollten Sie eine Fusion planen, ohne einen vorgelagerten Strategieprozess durchgeführt zu haben, raten wir Ihnen dringend, einen solchen nachzuholen oder zumindest die aktuelle Positionierung Ihrer Kanzlei zu erarbeiten, bevor Sie konkrete Fusionsgespräche führen. Ansonsten besteht die Gefahr, dass Sie sich auf den Weg machen, ohne zu wissen, wo Sie ankommen wollen.

Auf dieser Basis erlaubt die Diskussion zu den aktuellen und der angestrebten, gemeinsamen Positionierung es, ein besseres Verständnis übereinander und die jeweiligen unternehmerischen Ziele zu erhalten. Wir raten an, dass die unternehmerischen Ambitionen der Partner ebenfalls systematisch besprochen werden – ggf. auf Basis von Interviews oder anderen Wegen der Datenerhebung.

Elemente der Positionierung	
Kern-Mandantschaft	■ Welche Kern-Mandantschaft wollen Sie ansprechen? *Vergleichen Sie die bisherigen Zielgruppen und denken sie darüber nach, ob diese Zielgruppen kompatibel sind, d.h. sie durch eine Fusion Ihren Markt vergrößern (horizontal/vertikal). Es ist nicht empfehlenswert, mehrere Zielgruppen und Typen von Kern-Mandanten, die nichts miteinander zu tun haben, bedienen zu wollen, weil Sie sich sonst in den folgenden Parametern zwangsläufig verzetteln werden.*
Mandatstypus	■ Welche Fragestellungen wollen Sie hauptsächlich beraten? *Stellen Sie fest, für welche Dienstleistung die beiden Einheiten heute stehen und in Zukunft stehen soll. Aus unserem Rat, eine möglichst weitgehend gemeinsame Kern-Mandantschaft zu definieren, ergibt sich, dass Sie sich auf bestimmte Mandatstypen vereinbaren sollten.*
Mehrwert	■ Was machen Sie heute jeder für sich und morgen gemeinsam besser als Ihre Wettbewerber? *Diese Frage ist zentral. Die Antwort kann in der Art der Dienstleistung, in der Vorgehensweise im Beratungsprozess, in internen Abläufen, speziellen Fähigkeiten, etc. liegen. Sie kann offensichtlich oder eher versteckt (und dennoch einen massiven Einfluss auf das Ergebnis haben) sein. Gerade aus dem Zusammengehen zweier Einheiten können sich neue Unterscheidungsmerkmale zum Wettbewerb ergeben.*
Wettbewerbsfähigkeit	■ Können Sie in allen Abläufen mit Ihren Wettbewerbern mithalten? *Fusionen können zu neuen organisationalen Fähigkeiten führen, die nicht nur ein „ja“ als Antwort auf die obige Frage ermöglichen, sondern im Idealfall einen Vorsprung.*

Elemente der Positionierung	
Wettbewerber	▪ Wer sind Ihre Wettbewerber oder sollen es sein? ▪ Was sind deren Fähigkeiten? ▪ Was bedeutet das für Ihre Wettbewerbsfähigkeit? *Durch eine Fusion und die angestrebte Positionierung kann sich das Wettbewerbsumfeld ändern. Dies kann zu neuen Anforderungen (Dienstleistungen, organisationale Fähigkeiten, Verhalten) und damit zu einer Neuorientierung für den einzelnen Partner führen.*
Entscheidungsfindung & Management	▪ Welche Strukturen sind notwendig, um die neue Einheit zu leiten? ▪ Welche Entscheidungsbefugnisse liegen bei den einzelnen strukturellen Elementen? *Wie sind Ihre jeweiligen heutigen Strukturen? Passen diese einfach zusammen? Macht die Fusion neue Strukturen notwendig?*
Geographische Basis	▪ In welchen Ländern und welchen Städten will die neue Kanzlei aktiv sein? ▪ In welcher Form will die Kanzlei aktiv werden (eigene Büros, Allianzen, best friends, etc.)? *Die Antwort ergibt sich aus den vorhergehenden Punkten und ist eng verbunden mit den Fragen nach* ▪ den Bedarfen der Kern-Mandantschaft. ▪ der Investitionsfähigkeit der Partnerschaft. ▪ dem Wettbewerb. ▪ den Ambitionen der Partner.

Im Idealfall verstärkt die Fusion nicht nur die aktuelle Marktposition, sondern ermöglicht es, in neue Dimensionen vorzustoßen, die den einzelnen Fusionspartner sonst verschlossen bleiben. Damit wird auch klar, dass sich die angestrebte Positionierung in der Regel nicht mit der Fusion selbst materialisiert. Üblicherweise bedarf es einer gemeinsamen Anstrengung, um die Positionierung als Zielbild der neuen Einheit zu erreichen – was verbindend wirkt, wenn alle am gleichen Strang ziehen.

Ist zu diesen Elementen, d.h. zur Positionierung als Zielbild keine gemeinsam geteilte Vorstellung absehbar, sollten die Gespräche abgebrochen werden. Die üblichen Sirenen-Gesänge zu Synergien, Kosteneinsparungen, bessere Wettbewerbsfähigkeit, etc. sind das, was sie schon für Odysseus waren: verführerisch, aber ins Verderben führend. Denn aus den unterschiedlichen Ansichten zu den sieben Elementen einer Positionierung resultieren zentrifugale Kräfte, die diese so oft angeführten Argumente nicht ausgleichen können. Dies wird oft missachtet und so entpuppen sich dann letztere als Schimären.

Eine andere, ebenso trügerische Vorstellung ist es, die eigenen Entwicklungs- oder Partnerschaftsprobleme durch eine Fusion lösen zu wollen. Wir nennen das ‚die Flucht in die Fusion'. Dies ist die schlechteste aller Motivationen und die mit einer solchen Fusion verbundenen Hoffnungen erfüllen sich praktisch nie – wohingegen Unmut nahezu garantiert ist. Wenn Sie also aus diesen Gründen eine Fusion anstreben, raten wir Ihnen, andere Lösungswege zu suchen. Stellen Sie dies bei Ihrem potenziellen Fusionspartner als eigentlichen Anlass für die Gespräche fest, raten wir Ihnen, besonders wachsam zu sein und über die Konsequenzen für Ihre Partnerschaft nachzudenken.

2. Das gemeinsame Geschäftsmodell als Konkretisierung der Fusionsidee

Das Ergebnis der Überlegungen zur Positionierung bildet den unternehmerischen Orientierungsrahmen für den nachfolgenden Vergleich der aktuellen und der möglichen zukünftigen Geschäftsmodelle. Dieser Vergleich dient dazu, den Grad der Passung zwischen den Kanzleien und die möglichen Synergien zu verstehen. Insofern vertiefen und konkretisieren die Überlegungen zum Geschäftsmodell die Überlegungen zur Positionierung und zur Sinnhaftigkeit der Fusion. Aus diesen Diskussionen kann sich durchaus auch eine Modifikation der ursprünglichen Überlegungen zur gemeinsamen Positionierung ergeben.

Die Analyse der Geschäftsmodelle erlaubt es, den Partnern zu verstehen, wie ihr jeweils aktuelles Geschäftsmodell aussieht und was

- getan werden muss, um die angestrebte Positionierung zu erreichen,
- jede Seite und jeder einzelne Partner voneinander erwarten darf,
- jeder Partner in Zukunft in gleicher Weise machen darf, zusätzlich oder aber anders machen muss.

Insofern ist diese Arbeit ein weiterer Prüfstein des gemeinsamen Geschäftsverständnisses und damit der Grundlage für die angestrebte Fusion. Die in der Regel intensiven Diskussionen zu diesem Thema erlauben es auch, sich über Kultur und Zusammenarbeit ein Bild zu machen.

Um das Geschäftsmodell zu analysieren und ggf. ein gemeinsames zukünftiges zu entwickeln, haben wir ein besonders auf kleine und mittelgroße Kanzleien hin angepasstes Modell entwickelt:

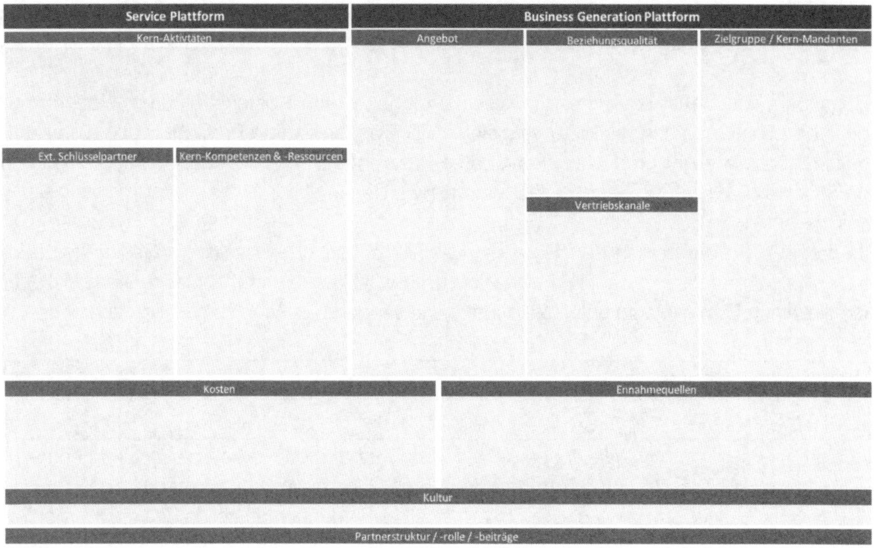

Grafik 2: Business Model Canvas für Kanzleien[1]

Unser Modell hat zwei Teile:

- Service Plattform: dieser Teil gibt Antwort auf die interne Aufstellung (n.b: damit ist an dieser Stelle nur teilweise die Organisationsstruktur gemeint), inkl. Kostenstruktur.
- Business Generation Plattform: dieser Teil gibt Antwort auf die Frage, welche Zielgruppen über welche Kanäle mit welchen Dienstleistungen bedient und welche Honorarmodelle verfolgt werden sollen.

Die Diskussion des Geschäftsmodells beinhaltet es, in einem strukturierten Rahmen

- einen Status quo der beiden Fusionsparteien zu machen,
- ähnliche/unterschiedliche Herangehensweisen in den einzelnen Elementen des Geschäftsmodells zu verstehen,
- darauf aufbauend und nach vorn orientiert zu vereinbaren, was in Zukunft gelten soll.

Die nachfolgenden Erklärungen zu dem Modell fokussieren auf den letzten dieser drei Punkte, also wie das Geschäftsmodell der zukünftigen Einheit aussehen soll. Auch wenn wir es nicht weiter ausführen, versteht es sich von selbst, dass zu jedem dieser Elemente die beiden ersten Punkte (Status quo der jeweiligen Herangehensweisen und deren Bewertung) diskutiert werden müssen. Nur wenn Sie dabei zu dem Schluss gelangen, dass die Einheiten gut zueinander passen, sich ergänzen und damit eine bessere Positionierung

1 Das Modell basiert auf dem von *Osterrieder/Pigneur* entwickelten Business Model Canvas und wurde von uns auf die Situation von Kanzleien hin angepasst.

erreichbar ist, ist es sinnvoll, die Gespräche fortzusetzen und ein gemeinsames, zukünftiges Geschäftsmodell zu entwickeln.

Besonders wichtig ist es in diesem Kontext, die jeweiligen Kostenstrukturen, Honorarmodelle und Profitabilitätsniveaus zu vergleichen. Die gegenwärtige Profitabilität ist ein wichtiger Indikator, wie gut die Fusionskandidaten zusammenpassen. Sind die Unterschiede zu groß, sollte die Fusionsidee genau abgewogen werden.

Je nach Größe der beiden Kanzleien kann es nicht ausreichend sein, ein Geschäftsmodell für die jeweilige Gesamt-Kanzlei zu analysieren. Ev. ist es notwendig, Geschäftsmodelle für die einzelnen Dezernate zu entwickeln, um die jeweiligen Einheiten vergleichen zu können.

Bereiche des Geschäftsmodells	
Business Generation Plattform	
Zielgruppen	▪ Wie sehen die aktuellen Mandanten-Portfolien aus (Segmentierung, Art der Mandanten, Type of Work, Beziehung, etc.)? ▪ Welche Zielgruppe/Kern-Mandantschaft sollen bedient werden? ▪ Welche Anpassungen im aktuellen Mandanten-Portfolio, seiner Ausrichtung und Segmentierung sind erforderlich? *Haben Sie den Mut zum klaren, engen Fokus! Hier können Sie die Überlegungen zur Positionierung nutzen.*
Angebot	▪ Welche Angebote werden heute gemacht (Praxisgruppen, Kompetenzen, Produkte)? ▪ Was sind die (unternehmerischen) Probleme der Zielgruppe? ▪ Welche Rechtsfragen ergeben sich daraus? ▪ Wie können diese vor dem Hintergrund der aktuellen Praxisgruppen/Kompetenzen bedient werden? ▪ Was bedeutet das für die geographische Aufstellung der neuen Partnerschaft? *Mit welchen Produkten/Dienstleistungen kann die Kanzlei die unternehmerischen Herausforderungen der Kern-Mandanten aus einer rechtlichen Perspektive begleiten? Es handelt sich hier um eine Konkretisierung der entsprechenden Überlegungen aus der Positionierung – natürlich vor dem Hintergrund der aktuellen Kompetenzen.* *Die Angebote der zukünftigen Einheit sollten aus der Perspektive der Kern-Mandanten definiert werden. In einem zweiten Schritt stellt sich die Frage, was die Kanzlei besser als ihre Wettbewerber können soll. Hier geht es nicht um ein Alleinstellungsmerkmal, sondern um den Unterschied und das Versprechen an den Markt.*

Bereiche des Geschäftsmodells	
Vertriebskanäle	▪ Über welche Kanäle wollen Sie mit Ihrer Zielgruppe kommunizieren und ihr Ihre Angebote näherbringen? ▪ Welche Referral-Quellen existieren heute? Wie werden sie durch die Fusion gestärkt/geschwächt? *Die möglichen Kanäle sind bekannt. Die Frage ist, welche Gewichtung Sie den einzelnen Kanälen (Mix) in Bezug auf Ihre Zielgruppe geben und welche Inhalte Sie über welche Kanäle transportieren wollen. Was verändert sich hier durch die angestrebte Fusion?*
Beziehungsqualität	▪ Welche Qualität der Beziehung streben Sie mit Ihrer Zielgruppe an? *Consigilieri oder reines Projektgeschäft? Unterschiedliche Angebote erfordern unterschiedliche Beziehungen: wenn Sie ausschließlich taylor made machen wollen, brauchen Sie eine andere Beziehungsart, als wenn Sie ein Volumengeschäft anstreben. Auch hier ist es wichtig, sich die Karten zum Status quo zu legen und auf dieser Grundlage einen Vergleich zwischen den Kanzleien zu ziehen und zu überlegen, was vor diesem Hintergrund die realistischen Möglichkeiten sind.*
Service Plattform	
Kernaktivitäten	▪ Was genau ist Ihre Kernaktivität? ▪ Welche Organisations- und Entscheidungsstrukturen sind notwendig, um die Kernaktivitäten reibungslos zu gewährleisten? Wie müssen sich die Partner organisieren, um entsprechend zusammenarbeiten zu können? ▪ Welche Veränderungen bedeutet das im Verhältnis zum Status quo? Was kann der einzelne Partner in Zukunft entscheiden / nicht mehr entschieden? *Zielgruppe und Angebot legen die Kernaktivität fest. In der Regel ist diese nicht, Rechtsrat zu geben. Dies ist Mittel zum Zweck. Aus der Kern-Aktivität und dem Angebot ergeben sich die anderen beiden Aspekte der Service Plattform.*

Bereiche des Geschäftsmodells	
Kernkompetenzen & -ressourcen	▪ Welche Kompetenzen und Ressourcen brauchen Sie, um Ihre Zielgruppe zu erreichen, Ihrer Kernaktivität nachzugehen und Ihr Angebot darstellen zu können? ▪ Wo kann oder muss die neue Einheit Büros haben? *Hier geht es um die notwendigen Kompetenzen und Mittel, um tätig zu sein. Diese können sich je nach Zielgruppe/Angebote sehr wohl unterscheiden. Aus der Kombination der Kompetenzen und Ressourcen kann ein Sprung nach vorn möglich werden. Um dies beurteilen zu können, ist der Status quo zu diesem Punkt besonders wichtig.*
Externe Schlüsselpartner	▪ Welche externen Schlüsselpartner brauchen Sie, um Ihr Angebot darzustellen? *Externe Schlüsselpartner machen Sinn, wenn eine Kanzlei bestimmte Ressourcen schlicht nicht selbst darstellen kann oder aus ökonomischen Gründen nicht selber vorhalten sollte. Dies betrifft insbesondere* ▪ Allianzen/Best friends (geographische Ausdehnung) ▪ Operations (kostengünstigere Standorte für Backoffice) ▪ Alternative Legal Service Provider (technologische Unterstützung in der Erbringung der Dienstleistung) *Eine Fusion kann hier neue Möglichkeiten eröffnen, aber auch Anforderungen stellen.*
Kostenstruktur / Honorarmodelle	
Kosten	▪ Welche Kostenstruktur haben die Einheiten heute und welche wird es nach der Fusion sein? ▪ Steht sie in einem sinnvollen Verhältnis zu den Einnahmequellen? *Aus der neuen Einheit und der angestrebten Positionierung ergeben sich bestimmte Struktur- und Personalanforderungen, die sich in einer Kostenstruktur niederschlagen. Diese kann sich sehr erheblich von der aktuellen der jeweiligen Fusionspartner unterscheiden. Deshalb sollte sie vorab verstanden werden, weil sie wenig flexibel ist und sich aus ihr ggf. neue Beitragsanforderungen für den einzelnen Partner ergeben.*

Bereiche des Geschäftsmodells	
Einnahmequellen	▪ Welche Honorarmodelle ergeben sich aus Ihrem Angebot und Ihrer Zielgruppe? ▪ Können mittels dieser Modelle die Kosten gedeckt und (!) ein attraktiver Gewinn erwirtschaftet werden? ▪ Welche Beitragsanforderungen ergeben sich aus der Kostenstruktur für den einzelnen Partner? ▪ In wie weit passt dies mit den aktuellen Beiträgen, der vorhandenen Profitabilität und den Entnahmeerwartungen der Partner zusammen? *Bei den Honorarmodellen können Sie durchaus innovativ sein. Bleiben Sie aber auch realistisch – die gewählten Modelle müssen von der Zielgruppe akzeptiert werden und für die Partner eine ausreichende Profitabilität ermöglichen.* *Aus Kostenstruktur und angestrebter Profitabilität ergeben sich die konkreten finanziellen Beitragsanforderungen. Diese können sich sehr erheblich von denen der bisherigen Einheiten unterscheiden. Die Partner sollten den entsprechenden Wahrheiten ins Auge schauen, um zu entscheiden, ob sie diese Anforderungen erfüllen wollen und können.*
Kultur/Partnerstruktur	
Kultur	▪ Welche Werte und Verhaltensweisen sind notwendig, um das Geschäftsmodell umzusetzen? ▪ Welche Werte sollen im Umgang miteinander und mit der Mandantschaft gelten? ▪ Welche Veränderungen bedeutet das im Vergleich zu den heutigen Werten und für jeden Partner? *Nehmen Sie dieses Thema ernst und beantworten Sie die Fragen nicht mit Allgemeinplätzen, hinter denen jeder etwas Anderes versteht – und sich dann auch entsprechend verhält. Schon Peter Drucker sagte „Culture eats strategy for breakfast.“ Die meisten Fusionen in Industrie und Rechtsmarkt scheitern ursächlich genau an diesem Thema. Denn Kultur ist handlungsleitend. Wenn die vorhandenen Kulturen zu unterschiedlich sind und Geschäftsmodell/Positionierung nicht unterstützen, wird die neue Einheit immer hinter ihrem möglichen Potenzial zurückbleiben.*

Bereiche des Geschäftsmodells	
Partnerstruktur/-rolle/-beiträge	▪ Welche Partnerstruktur wollen Sie haben? ▪ Wie können Sie neue Partner aufnehmen? ▪ Welche Rolle soll ein Partner ausfüllen (Aufgabe, Rechte, Pflichten)? ▪ Contribution Management: Welche Beiträge können Sie voneinander erwarten und wie evaluieren Sie sie? ▪ Profit Distribution: Wie verteilen Sie ihren Gewinn? *Achten Sie auf ein klares Rollenbild (in Übereinstimmung mit der Kultur), definieren Sie die Erwartungen aneinander klar und übersetzen Sie diese in einen jährlichen Geschäftsplan. Und vergessen Sie nicht zu vereinbaren, wie Sie die definierten Ziele nachhalten und Beiträge evaluieren wollen.*

Hier wie auch schon bei der Positionierung stehen die einzelnen Elemente oftmals in einem wechselseitigen Verhältnis. Insofern ist es normal, wenn im Verlaufe der Gespräche einzelne Elemente wiederholt diskutiert und ggf. als Folge von Ergebnissen zu anderen Elementen nochmals angepasst werden müssen.

Eingangs zu diesem Kapitel schrieben wir, dass das Geschäftsmodell der zweite zentrale Prüfstein in Fusionsgesprächen ist. Dies ergibt sich schon daraus, dass das Geschäftsmodell eine Konkretisierung der angestrebten Positionierung ist und auf seiner Grundlage der Implementierungsplan erarbeitet werden sollte. D.h., wenn im Ergebnis keine einheitlichen Vorstellungen zu jedem einzelnen der obigen Elemente des Geschäftsmodells formuliert werden können, verlieren die Fusionsgespräche ihren Sinn. Sie sollten sie dann beenden.

3. Profit Distribution und Contribution Management

Kanzleien sind Wirtschaftsunternehmen und jeder Partner möchte als Unternehmer am Ende des Geschäftsjahres einen angemessenen Teil des Gewinnes erhalten. Zu Profit Distribution Systeme gibt es ein Meer an Büchern und sich tiefergehend zu diesem Thema zu äußern, würde den Rahmen dieses Kapitels sprengen. Im Kontext einer Fusion ist es wichtig

- Die Profitabilität der beiden Einheiten zu vergleichen.
- Die bisherigen Systeme in ihrer Struktur und Anwendung (und wie sie gespielt werden) zu verstehen.
- Zu überlegen, welches Profit Distribution System – unabhängig von den bisher angewendeten – die Positionierung, das erarbeitete Geschäftsmodell und die angestrebte Kultur (d.h. die allgemein akzeptierten Verhaltensweisen) unterstützt.

Auf Basis der Antworten, können Sie

- sich für eines der beiden vorhandenen Systeme als das für die neue Kanzlei geltende entscheiden.
- einzelne Elemente aus den vorhandenen Systemen zu einem neuen Profit Distribution System formen.
- ein gänzlich neues Profit Distribution System entwickeln wollen.

Für uns bestehen Profit Distribution Systeme aus drei Elementen, die das nachfolgende Modell darstellt.

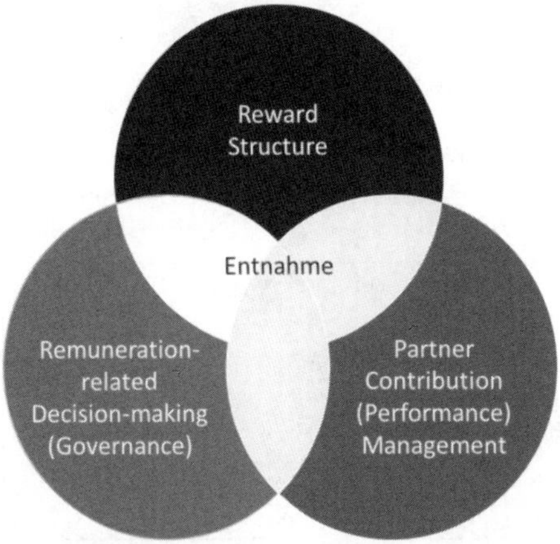

Grafik 3: Elemente der Profit Distribution

Wir halten es als Analyseraster für die Diskussion des neuen Profit Distribution Systems geeignet – sowohl um den Status quo zu erheben als auch das neue System zu erarbeiten. Wie auch schon oben, zielt die nachfolgende Darstellung auf das neue Profit Distribution System ab.

Profit Distribution Systeme	
Reward Structure	▪ Welche Reward Structure soll gelten? *Die Reward Structure bestimmt die Mechanik, nach der die Gewinnverteilung vorgenommen wird. Hier gibt es eine weite Spannbreite zwischen merrit based und Lockstep.*
Contribution Management	▪ Welche finanziellen und nicht-finanziellen(!) Beiträge erwarten Sie voneinander, damit das Geschäftsmodell funktioniert? *Das Contribution Management legt fest, welche Beiträge die Partner voneinander erwarten und hält dies über den Verlauf des Jahres fest. Es schafft damit die Datengrundlage, auf der variable Gewinnanteile unter den Partnern aufgeteilt werden.* *Gleichzeitige spiegelt sich in ihm, bzw. in den gewählten Kriterien und insbesondere den nicht-finanziellen Kriterien die angestrebte Kultur wieder.*
Remuneration Related Decision Making	▪ In wie weit entsprechen die Beiträge den Erwartungen? *Die Remuneration-related governance legt fest, wie Beiträge auf Basis des Contributions Managements bewertet werden. Dies beinhaltet auch einen Quervergleich zwischen den Partnern. In der Folge werden die variablen Gewinnanteile der Reward Structure folgend entsprechend verteilt.*

Wir raten dringend an

- neben den finanziellen auch nicht-finanzielle Beitragserwartungen zu definieren. Es sind die nicht finanziellen Beiträge, die über die Kanzleientwicklung als Ganzes, inkl. deren Kultur entscheiden.
- ein fortlaufendes Contribution Management zu etablieren, das in konstruktiver Weise den Partnern zu ihrem unternehmerischen Handeln Feedback gibt und einen fortlaufenden Dialog zwischen den Partner zu den Zielen und dem Status der Kanzleientwicklung ermöglicht.

Gerade nach einer Fusion ist ein Contribution Management von großer Bedeutung, weil die Partnerschaft noch zusammenwachsen muss. Da genügt es nicht, sich am Jahresbeginn Ziele zu setzen und diese erst zwölf Monate später wieder anzuschauen.

Die Diskussion zum Profit Distribution System und vor allem zu den Beitragserwartungen ist der dritte Prüfstein in den Fusionsgesprächen. Auch hier gilt: wenn es hier zu keiner Einigkeit kommt, sollten Sie die Fusion abbrechen.

4. Der Partnerschaftsvertrag

Der Partnerschaftsvertrag spiegelt die Überlegungen zur Positionierung, dem Geschäftsmodell und dem Profit Distribution System und regelt sämtliche strukturellen Rahmenbedingungen der Zusammenarbeit der zukünftigen Partner. Dies beinhaltet u.a.:

- Eigentümerstruktur,
- Eintrittsbedingungen,
- Regelung des Austritts (inkl. ev. Abfindungsansprüche) und des Ausschlusses,
- Einbringen der Arbeitskraft/Nebentätigkeiten/Urlaub
- Stimmrechte und Quoren,
- Regelungen für Krankheit und Tod.

Wir halten es für überlegenswert,

- die Gewinnverteilung,
- die Organisationsstruktur und Governance,

nicht im Partnerschaftsvertrag selbst zu regeln, weil diese sich möglichst einfach (bei entsprechendem Quorum) an die unternehmerische Situation anpassen können sollten. Dafür jeweils den Partnerschaftsvertrag ändern zu müssen, kann hinderlich sein. Deshalb schlagen wir vor, im Vertrag auf einen entsprechenden Anhang zu verweisen. Vgl. hierzu auch den Partnerschaftsvertrag unter B.6.

II. Gründungsvorschlag einer überörtlichen Sozietät[2]

Gründungsvertrag

zwischen

den Mitgliedern der Rechtsanwaltssozietät A, B und C in ______________________

und

den Mitgliedern der Rechtsanwaltssozietät X, Y und Z in ______________________

Die Unterzeichneten sind die Sozien der beiden oben bezeichneten Sozietäten („Altsozietäten").[3] Sie schließen sich zum Zwecke der gemeinsamen Berufsausübung zusammen und gründen eine

2 Das Kapitel basiert auf dem Beitrag von Rechtsanwalt Prof. Dr. *Hans-Jürgen Hellwig* aus der 13. Auflage des DAV-Ratgebers.

3 Der nachfolgende Vertrag ist bewusst einfach gehalten. Er ist wie folgt zu charakterisieren: keine eigentliche Verschmelzung der beiden Altsozietäten, etwa durch Anwachsung mit Gesamtrechtsnachfolge, sondern beschränkte Einzelübertragung von beiden Altsozietäten auf die Neusozietät. Übertragen werden nur bestimmte Teile des Aktivvermögens, alle Vertragsverhältnisse, keine Verbindlichkeiten.

überörtliche Sozietät in der Rechtsform einer Gesellschaft bürgerlichen Rechts. Der Zusammenschluss erfolgt mit Wirkung vom 1. Januar 201_ („Stichtag").[4]

§ 1 Sozietätsvertrag

Für die neu gegründete Sozietät („Neusozietät") gilt der als Anlage I[5] beigefügte Sozietätsvertrag.

§ 2 Vermögenseinbringung, Verträge

1. Die Sozien bringen, soweit nicht nachfolgend etwas anderes bestimmt ist, das gesamte Aktivvermögen ihrer jeweiligen Altsozietät in die Neusozietät ein. Insbesondere werden eingebracht[6]
   a) alle Gegenstände des Anlagevermögens, auch soweit sie bereits voll abgeschrieben sind, und alle geringwertigen Wirtschaftsgüter, einschließlich der Bibliotheken,
   b) alle Gegenstände des Vorratsvermögens[7] (Schreibmaterial etc.),
   c) die beruflich genutzten Kraftfahrzeuge,[8]
   d) die Gegenstände der Sonderbetriebsvermögen.[9]

4 Früher fand sich in Gründungsverträgen häufig als Stichtag der 2. Januar eines Kalenderjahres. Hintergrund war, dass die inzwischen nicht mehr erhobene Vermögensteuer auf den Stichtag 1. Januar erhoben wurde. Die genannte Regelung sollte sicherstellen, dass die Vermögensteuerpflicht für das Gründungsjahr noch nicht bei der Neusozietät, sondern bei der jeweiligen Altsozietät lag, was oft vorteilhafter war.

5 Abgedruckt unter B.5.

6 Der Entwurf basiert auf dem Erfahrungssatz, dass die stillen Reserven in den eingebrachten Aktiva gering sind und sich in etwa gleichmäßig auf beide Altsozietäten verteilen. Andernfalls wäre an eine bare Zuzahlung zum Ausgleich unverhältnismäßig hoher übergehender stiller Reserven zu denken.

7 Der Entwurf geht davon aus, dass keine der Altsozietäten Grundvermögen hat.

8 Die Behandlung beruflich genutzter Kraftfahrzeuge unterscheidet sich häufig von Sozietät zu Sozietät. Teilweise werden sie als Teil des Sozietätsvermögens behandelt, mit der Folge, dass die Sozietät den Vorsteuerabzug geltend machen kann und der Aufwand aus Abschreibung und Finanzierung sowie der allgemeine Betriebsaufwand bei der Sozietät zulasten aller Sozien anfallen. Um die sich daraus ergebende Möglichkeit der Lastenverschiebung auf andere Sozien zu vermeiden, wenn einzelne Sozien besonders aufwendige Fahrzeuge benutzen, werden die betrieblich genutzten Kraftfahrzeuge nicht selten als Sonderbetriebsvermögen geführt, mit der Folge, dass der Aufwand beim einzelnen Sozius anfällt. Diese Regelung hat den Nachteil, dass der einzelne Sozius nicht vorsteuerabzugsberechtigt ist. Dieser Nachteil wird vermieden, wenn die Fahrzeuge als Anlagevermögen der Sozietät geführt werden, vertraglich aber festgelegt ist, dass dem einzelnen Sozius im Rahmen der Gewinnverteilung der Aufwand seines Kraftfahrzeuges ganz oder teilweise zugeordnet wird. Die in dem Entwurf vorgeschlagene Formulierung deckt alle diese Möglichkeiten der Behandlung der beruflich genutzten Kraftfahrzeuge bei den Altsozietäten ab.

9 Wenn die unter § 2 Abs. 1 lit. c und d genannten Vermögensgegenstände nicht eingebracht werden, gelten sie bei Vollbeendigung der jeweiligen Altsozietät (su. Fn. 13) als zum Verkehrswert/Teilwert entnommen, mit der Folge, dass die Differenz zum Buchwert versteuert werden muss. Die Einbringung in die Neusozietät vermeidet diese Konsequenz. Dabei bleibt eine etwa vorhandene stille Reserve in dem jeweiligen Buchansatz zugunsten des einbringenden Sozius erhalten. Siehe dazu auch Fn. 13.

Die Einbringung[10] erfolgt zu den Buchwerten, die sich nach der einkommenssteuerlichen Abschreibung zum 31. Dezember des Jahres vor dem Stichtag ergeben.[11] Die Erfassung und Wertermittlung dieser Vermögenswerte erfolgt nach denselben Grundsätzen wie in den beiden vorangegangenen Jahren.

2. Nicht eingebracht werden
   a) die liquiden Mittel (Kassenbestände und Konten bei Geldinstituten) sowie die Wertpapiere,[12]
   b) die Forderungen aus beruflicher Tätigkeit bis zum Stichtag (siehe § 4).
3. Verbindlichkeiten der Altsozietäten werden nicht übernommen. Diese sind vielmehr von den Altsozietäten abzuwickeln. Das gilt auch für solche Verbindlichkeiten, die ihren Entstehungsgrund vor dem Stichtag haben, insbesondere für Haftungsverbindlichkeiten aus beruflicher Tätigkeit jeder Art.
4. Die Neusozietät tritt zum Stichtag in die laufenden Verträge (einschließlich Anstellungs- und Mietverträgen) der Altsozietäten ein und führt diese fort. Es erfolgt eine Rechnungsabgrenzung zum Stichtag. Soweit die Übertragung an der fehlenden Zustimmung eines Vertragspartners scheitert, werden die gemeinsame Sozietät und die betreffende Altsozietät sich im Innenverhältnis so stellen, als ob das Vertragsverhältnis zum Stichtag übergegangen sei.
5. Soweit vorstehend nichts anderes geregelt ist, werden sämtliche zum Stichtag anhängigen Mandate für Rechnung der gemeinsamen Sozietät nach Maßgabe dieses Vertrages fortgeführt. Einnahmen aus der beruflichen Tätigkeit nach dem Stichtag sind Einnahmen der gemeinsamen Sozietät. Dasselbe gilt für Notaraufträge.[13]

§ 3 Kapitalkonten/Betriebsmittelrücklage

1. Soweit am Stichtag die Buchwerte der von den Altsozietäten eingebrachten Vermögenswerte zueinander nicht in demselben Verhältnis stehen wie die sich aus § _____ des Sozietätsvertrages der gemeinsamen Sozietät (Anlage I) ergebenden Anteile der Sozien, die in den jeweiligen Altsozietäten tätig waren, am Vermögen der gemeinsamen Sozietät, haben die Sozien, die in der Altsozietät mit den niedrigeren Werten tätig waren, die Differenz in bar so auszugleichen, dass das richtige Verhältnis hergestellt wird. Für die Berechnung der Zuzahlung bleiben die von den Sozien benutzten Kraftfahrzeuge und die Gegenstände der

10 Die Finanzverwaltung behandelt die hier vorgesehene Einbringung bestimmter, nicht aller Vermögensteile der beiden Altsozietäten nicht als nicht umsatzsteuerbare Geschäftsveräußerung nach § 1 Abs. 1 lit. a UStG, sondern als Verkauf, sodass jede Altsozietät der Neusozietät für die eingelegten Vermögensgegenstände eine Rechnung mit Ausweis der MwSt, stellen muss. Dies gilt auch für die Honorarforderungen bis zum Stichtag, weil diese im Außenverhältnis zum Zwecke der Einziehung auf die Neusozietät übertragen werden (siehe § 4). Die Neusozietät tritt ihren Vorsteuererstattungsanspruch anteilig an die Altsozietät ab, die ihn in ihren monatlichen Steueranmeldungen mit ihrer MwSt.-Schuld verrechnen. Diese Vorgehensweise sollte mit den zuständigen Finanzämtern besprochen werden.

11 Die vorgeschlagene Regelung geht davon aus, dass die beiden Altsozietäten ihren Gewinn nach der Einnahmenüberschussrechnung (EÜR) gemäß § 4 Abs. 3 EStG ermitteln, dass die Neusozietät ebenso verfahren wird und dass die einbringenden Sozien vorhandene stille Reserven und Firmenwert der Altsozietäten nicht aufdecken und versteuern wollen. Die überwiegende Praxis der Finanzverwaltung akzeptiert dies und hält in Übereinstimmung mit dem Schrifttum (entgegen einer Verfügung der OFD Düsseldorf vom 13.9.1993) eine sog. Übergangsbesteuerung (mit der Aufstellung von Einbringungsbilanzen der Altsozietäten, die bis dahin der EÜR gefolgt sind, und einer Übernahmebilanz der Neusozietät, die anschließend zur EÜR zurückkehrt) für nicht erforderlich, und zwar sogar dann, wenn alle aktivischen und passivischen Vermögenswerte der Altsozietäten auf die Neusozietät übertragen und dadurch die Altsozietäten beendet werden (siehe dazu *Vorbrugg/Salzmann*, AnwBl. 1996, 129, 139). Wenn, wie in dem vorliegenden Vertragsentwurf, die Altsozietäten nur einzelne Wirtschaftsgüter übertragen und zunächst fortbestehen (s.u. Fn. 13), muss dies erst recht gelten. Auch dieser Fragenkreis sollte, ebenso wie die Frage der MwSt., mit der Finanzverwaltung vorbesprochen werden.

12 Ein mehr oder minder großer Teil der liquiden Mittel und Wertpapiere wird im Rahmen von § 3 übertragen, um die richtige Relation der Kapitalkonten und die richtige Höhe der Betriebsmittelrücklage darzustellen.

13 Der Entwurf geht davon aus, dass bei mindestens einer der beiden Altsozietäten mindestens ein Rechtsanwaltsnotar beteiligt ist.

Sonderbetriebsvermögen außer Ansatz. Die Zuzahlung ist der Betriebsmittelrücklage (§ des Sozietätsvertrages, Anlage I) zuzuführen.

2. Durch Einlagen (bar, Bankguthaben, Wertpapiere), die zum Stichtag fällig sind, werden die Sozien dafür sorgen, dass die Betriebsmittelrücklage auf _____ % der Ausgaben der beiden Altsozietäten im Jahr vor dem Stichtag aufgeführt wird. Die Aufbringung erfolgt durch die Sozien im Verhältnis ihrer Anteile am Vermögen der gemeinsamen Sozietät (außer den von Sozien benutzten Kraftfahrzeugen und außer Gegenständen der Sonderbetriebsvermögen) zum Stichtag.
3. Ab dem Stichtag sind die Sozien an dem Vermögen und Vermögenszuwachs der gemeinsamen Sozietät nach Maßgabe von § _____ des Sozietätsvertrages (Anlage I) beteiligt.

§ 4 Honorarforderungen bis zum Stichtag

1. Die Forderungen aus beruflicher Tätigkeit bis zum Stichtag werden nur im Außenverhältnis auf die Neusozietät übertragen, im Innenverhältnis verbleiben sie bei der jeweiligen Altsozietät. Sie werden von der Neusozietät für Rechnung der jeweiligen Altsozietät eingezogen. Dies gilt unabhängig davon, ob die Abrechnung oder der Eingang vor oder nach dem Stichtag erfolgt.
2. Bei Mandaten, die bis zum Stichtag nur teilweise erledigt sind und die endgültig erst nach dem Stichtag erledigt werden, steht der jeweiligen Altsozietät noch ein dem Verhältnis des Arbeitsaufwandes entsprechender Honoraranteil zu. Dies gilt auch für Prozessverfahren[14] und ohne Rücksicht darauf, ob Vorschüsse geleistet worden sind oder nicht. Zu viel eingenommene Vorschüsse sind der gemeinsamen Sozietät zu erstatten.
3. Jede Altsozietät wird die Forderungen aus beruflicher Tätigkeit bis zum Stichtag in einer Aufstellung unter Angabe von Zeitaufwand, fiktivem Abrechnungsbetrag zum Stichtag und vereinnahmte und noch nicht verrechnete Vorschüsse unverzüglich auflisten und die später erfolgende Honoraraufteilung erläutern.

§ 5 Versorgungsleistungen

Soweit Sozien oder Witwen von Sozien einer Altsozietät aufgrund der dort geltenden Versorgungsregelung Versorgungsansprüche geltend machen,[15] die der Höhe nach über denen liegen, die sich aus dem Sozietätsvertrag der neuen Sozietät (Anlage I) ergeben, sind hierfür die gegenwärtigen Sozien der betreffenden Altsozietät verantwortlich.[16]

14 Alternativ ist daran zu denken, die Abgrenzung zwischen Altsozietät und Neusozietät bei Prozessverfahren nach dem Anfall der jeweiligen Gebühr vorzunehmen.

15 Der Entwurf geht davon aus, dass gegenüber Sozien oder Witwen von Sozien der Altsozietäten bestehende Versorgungszusagen in gewissem Umfang, z.B. soweit sie in der wirtschaftlichen Belastung übereinstimmen, im Sozietätsvertrag der Neusozietät „vergemeinschaftet" werden.

16 Unabhängig von dieser Sonderregelung betreffend überschießende Versorgungsleistungen bestehen die beiden Altsozietäten mit ihren jeweiligen Sozien als nicht werbende Innengesellschaften fort, weil die im Außenverhältnis, nicht aber im Innenverhältnis übertragenen Forderungen aus beruflicher Tätigkeit bis zum Stichtag und die nicht übertragenen Verbindlichkeiten zum Stichtag abgewickelt werden müssen. Sollte sich die Abwicklung länger hinziehen, empfiehlt sich eine Erörterung mit der Finanzverwaltung, weil diese gelegentlich die aus triftigen wirtschaftlichen Gründen fortdauernde Existenz der Altsozietät steuerlich nur für einen begrenzten Zeitraum akzeptiert. Wenn vor Vollbeendigung der jeweiligen Altsozietät in deren Büro weitere Sozien in die Neusozietät aufgenommen werden, ist für jede Altsozietät zu vereinbaren, ob und wie weit diese Sozien auch in die betreffende Altsozietät aufgenommen werden. In der Regel dürfte es sich empfehlen, in dieser Hinsicht genauso zu verfahren wie vor der Gründung der Neusozietät. Wenn damals in eine Altsozietät neu aufgenommene Sozien auch in die zum Eintrittsstichtag im Rahmen der einzelnen Mandate verdienten Honoraransprüche eingetreten sind, ist es konsequent, dies nach Gründung der Neusozietät fortzusetzen, d.h., die neuen Sozlen der Neusozietät für die Altforderungen in die Altsozietät des jeweiligen Büros aufzunehmen.

§ 6 Sonstiges

1. Alle Streitigkeiten aus diesem Vertrag oder über seine Gültigkeit, die zwischen den Sozien untereinander oder zwischen einem oder mehreren Sozien einerseits und der Neusozietät andererseits entstehen, soll unter Ausschluss des Rechtswegs ein Schiedsgericht entscheiden. Das Schiedsgericht besteht aus zwei von den Parteien zu ernennenden Beisitzern und einem Vorsitzenden, der von den Beisitzern gewählt oder auf Antrag der betreibenden Partei von der zuständigen Rechtsanwaltskammer zu benennen ist. Der Vorsitzende muss die Befähigung zum Richteramt haben.[17]
2. Sollte eine Bestimmung dieses Vertrages unwirksam sein oder werden, wird dadurch die Wirksamkeit des Vertrages im Übrigen nicht berührt. Unwirksame Bestimmungen sind so auszulegen oder umzudeuten, dass der mit ihnen bezweckte Erfolg möglichst weitgehend erreicht wird. Ist dies rechtlich nicht möglich oder enthält der Vertrag eine sonstige Lücke, so ist der Vertrag unter Berücksichtigung seiner allgemeinen Zielsetzung durch eine Regelung zu ergänzen, die dem entspricht, was die Parteien vereinbart hätten, wenn sie den Punkt bedacht hätten.
3. Jeder Sozius erhält eine unterschriebene Ausfertigung dieses Vertrages.

17 Alternativ kann ein separater Schiedsvertrag abgeschlossen werden. Ein Muster ist unter B.6 abgedruckt.

B.4 MUSTERVERTRAG FÜR DIE ÖRTLICHE SOZIETÄT[1]

RECHTSANWALT DR. KLAUS OEPEN, HAMBURG
RECHTSANWÄLTIN DR. DANIELA BRAMKAMP, HAMBURG

§ 1 Name der Sozietät

(1) Der Name der Sozietät lautet „Meier, Müller, Lehmann, Rechtsanwälte".[2]

(2) Jeder Angehörige der Sozietät („Sozius"), dessen Name im Sozietätsnamen enthalten ist, gestattet für den Fall seines Ausscheidens allen, auch zukünftigen Sozien, seinen Namen im Sozietätsnamen weiterhin unentgeltlich fortzuführen, soweit nicht im Einzelfall ein wichtiger Grund entgegensteht[3]. Dies gilt auch für den Fall der Gründung einer überörtlichen Sozietät mit erweitertem Sozietätsnamen. Dessen ungeachtet hat die Sozietät das Recht, ihren Sozietätsnamen jederzeit durch Gesellschafterbeschluss gem. § 4 Abs. 1 dieses Vertrages zu ändern.

(3) Verheiratete können nur Sozien sein, wenn sie für ihre Ehe eine Vereinbarung getroffen haben, welche sicherstellt, dass die Beteiligung an der Sozietät im Falle einer Scheidung weder in die Berechnung eines Zugewinnausgleichs einbezogen wird noch Gegenstand von Auskunftsansprüchen des anderen Ehegatten sein kann.[4]

§ 2 Gemeinsame Berufsausübung

(1) Gegenstand der Sozietät ist die gemeinschaftliche Ausübung des Rechtsanwaltsberufes. Berufsträger anderer Professionen als des Rechtswesens können nur im gesetzlich zulässigen Rahmen Sozien werden. Jeder Sozius verpflichtet sich, seine Arbeitskraft grundsätzlich vollständig der Sozietät zu widmen und die von ihm wahrzunehmenden Mandate unter Einhaltung aller gesetzlichen Vorgaben mit der erforderlichen Sorgfalt zu bearbeiten und sich auf seinen Tätigkeitsgebieten regelmäßig fortzubilden. Wenn ein Sozius den Wunsch äußert, einen Teil seiner Arbeitskraft privaten Zwecken zu widmen, und bereit ist, zum Ausgleich sein Recht auf Teilhabe an den Überschüssen der Sozietät entsprechend zu ermäßigen, werden die Sozien sich redlich

1 Nachfolgendes Vertragskonzept hat die kleinere Sozietät im Auge; größere sollten auch die Regelungen des Vertragskonzepts der überörtlichen Sozietät beachten.

2 Weitere Beispiele: Meier, Müller & Sozien-Rechtsanwälte; Anwaltssozietät (Anwaltsgemeinschaft) Meier, Müller & Sozien; Rechtsanwälte Meier, Müller & Kollegen; Anwaltsbüro Meier. Die Hinzufügung von Buchstabenkombinationen als Kooperationshinweise sind zulässig (BGH NJW 2002, 608 „CMS"; AnwGH Hamburg NJW 2004, 371 „Legitas"). Den Zusatz „Partnerschaft" oder „und Partner" dürfen gem. § 11 Abs. 1 S. 1 PartGG (abgesehen von Altfällen) nur Partnerschaftsgesellschaften führen. Erscheinen auf dem Briefkopf neben den Namen der Sozien (die zwingend vollständig aufgeführt werden müssen, siehe dazu Heussen/Hamm/*Ludwig*, Beck'sches Rechtsanwalts-Handbuch, 11. Aufl. 2016, § 60 Rn. 5) auch Namen von Nichtsozien, ohne dies deutlich zu machen, gelten sie nach außen als Sozien mit entsprechenden Haftungsfolgen (OLG Köln NJW-RR 2004, 279). Gem. § 9 BORA sind Kurzbezeichnungen möglich, worunter nun wohl auch die Verwendung eines reinen Sach- oder Fantasienamens fällt (in diesem Sinne etwa: BeckOK-BORA/*Römermann*, 30. Edt. 01.06.2019, § 9 Rn. 32 ff.; Weyland/*Träger*, BRAO, 10. Aufl. 2020, BORA § 9 Rn. 13; in der Sache ebenso schon zur Firma einer Rechtsanwalts-AG: BayObLG NJW 2000, 1647). Demgegenüber ließ der BGH im Jahr 2004 noch unter Geltung einer früheren Fassung von § 9 BORA eine Tendenz erkennen, die Verwendung einer Sach- oder Fantasiebezeichnung allein als Zusatz zu einem Namen zuzulassen (NJW 2004, 1651, 1652).

3 Der vorliegende Vertragsentwurf setzt auf die generische Verwendung des grammatikalischen Maskulinums, um in knappster sprachlicher Form (etwa mit der Bezeichnung „Sozius") Personen jeglichen natürlichen Geschlechts einzubeziehen.

4 Vgl. auch § 13 Abs. 2 S. 3. Ziel dieser Regelung ist es, dass die Beteiligung an der Sozietät nicht Gegenstand wird von Auskunftsansprüchen oder von Ausgleichsansprüchen, die über das hinausgehen, was der Sozius selbst bei seinem Ausscheiden erhalten würde.

darum bemühen, eine dem Wunsch Rechnung tragende, aber auch die Belange der Sozietät und der übrigen Sozien wahrende Lösung zu vereinbaren[5].

(2) Wissenschaftliche Tätigkeit einschließlich Lehrtätigkeit, Tätigkeit in anwaltlichen Berufsorganisationen und in der anwaltlichen Selbstverwaltung sowie politische und ehrenamtliche richterliche Tätigkeit sind zulässig,[6] sofern sie ein angemessenes Maß nicht überschreiten.

(3) Jeder Sozius ist berufen, über die Annahme und die Ablehnung von Mandaten zu entscheiden. Bei der Annahme von Mandaten hat jedoch jeder Sozius auf das Berufsrecht, insbesondere auf mögliche Interessenkonflikte in der Sozietät,[7] aber auch auf etwaige in der Sozietät beschlossene Grundsätze für die Praxisgestaltung und sonstige Belange der Sozietät Bedacht zu nehmen. Im Zweifel ist eine Abstimmung mit den übrigen Sozien über die Annahme oder Ablehnung eines Mandates herbeizuführen. Lassen sich hierbei nicht alle Zweifel ausräumen oder widerspricht auch nur ein Sozius der Annahme, so ist das Mandat abzulehnen.

(4) Grundsätzlich werden alle Mandate namens der Sozietät übernommen. Das gilt nur nicht für Mandate, die von einem Sozius persönlich wahrgenommen werden müssen (z.B. als Notar, Schiedsrichter, Mediator, Testamentsvollstrecker, Insolvenzverwalter, Aufsichts- oder Beiratsmitglied, Sequester, Nachlassverwalter oder als Verteidiger in Straf- und Bußgeldverfahren); solche Mandate binden allein den jeweils beauftragten einzelnen Sozius.

(5) Alle Sozien haben sich gegenseitig fortlaufend über alle neuen Mandate und alle für die Sozietät wichtigen Vorkommnisse zu unterrichten.

(6) Jeder Sozius kann in die Buchhaltung und deren Unterlagen sowie in die von der Sozietät oder den einzelnen Sozien geführten Akten Einsicht nehmen, soweit nicht im Einzelfall aus berufsrechtlichen Gründen eine Geheimhaltungsverpflichtung des mandatierten Sozius besteht.

§ 3 Geschäftsführung und Vertretung

(1) Grundsätzlich ist jeder Sozius zur Führung der Geschäfte der Sozietät berechtigt.[8] Als Geschäfte im Sinne dieses Paragrafen gelten nur diejenigen Geschäfte und geschäftsähnlichen Handlungen, die nicht unmittelbar die Berufsausübung oder Amtstätigkeit betreffen.

(2) Wird einem Geschäft, das ein Sozius beabsichtigt, von einem anderen Sozius widersprochen, so entscheidet die Sozietät durch Mehrheitsbeschluss darüber, ob und mit welchen Maßgaben das beabsichtigte Geschäft durchgeführt werden soll. Bestehen Zweifel, ob ein beabsichtigtes Geschäft die Billigung aller Sozien findet, so ist die Absicht, dieses Geschäft zu tätigen, allen anderen Sozien bekannt zu machen, bevor sie in die Tat umgesetzt wird.

5 Die Anregung zu dieser Öffnungsklausel verdanken die Entwurfsverfasser dem Aufsatz von Hirtz „Neue Juristengeneration: Anpassungsbedarf für Sozietätsverträge, AnwBl. 2020, 600 f.

6 … und erwünscht (?).

7 BVerfG AnwBl 2003, 521 („Sozietätswechsler“).

8 Soweit die Sozietät für nicht unmittelbar der Berufsausübung dienende Geschäfte geschäftsführende Sozien bestellt, muss vor dem Hintergrund des § 15 Abs. 3 Nr. 1 EStG zur Vermeidung der Gewerblichkeit sichergestellt sein, dass die betreffenden Sozien nicht ausschließlich als „Managing-Partner“ tätig sind (siehe hierzu auch: BRAK-Ausschuss Steuerrecht, Standortbestimmung: Gefahr der Gewerblichkeit für Kanzleien – Abfärberegelung des § 15 Abs. 3 Nr 1 EStG, Stand: Dezember 2020, 4).

(3) Die Sozien können durch Mehrheit die Ausführung bestimmter Geschäfte im Einzelfall[9] bestimmten Sozien zuordnen.

(4) Bei der Abgabe rechtsgeschäftlicher Erklärungen wird die Sozietät von zwei Sozien gemeinschaftlich vertreten.[10]

(5) Einzelne Sozien können aus wichtigem Grund durch Beschluss mit einer Mehrheit von drei Vierteln aller Sozien von der Geschäftsführung und Vertretung der Sozietät ausgeschlossen werden.

§ 4 Beschlussfassung der Sozietät

(1) Für alle Beschlüsse über grundsätzliche oder besonders wichtige Fragen wie Änderung des Sozietätsvertrages, Ziele und Struktur der Sozietät, Aufnahme neuer Sozien, Eingehen von Kooperationsverhältnissen, Eröffnung weiterer Büros, generelle Zuweisung von Geschäften an einzelne oder mehrere Sozien (Sozienausschüsse), Einstellung von anwaltlichen Mitarbeitern,[11] Abschluss eines Mietvertrages über die gemeinsamen Büroräume, Einstellung eines Bürovorstehers, Kauf oder Leasing von technischen Anlagen im Werte von mehr als ... EUR ist die Zustimmung aller Sozien erforderlich, sofern in diesem Vertrag kein anderes bestimmt ist.

(2) Beschlüsse betreffend die Erledigung laufender Aufgaben und Geschäfte wie z.B. Anschaffung von Büromaterialien unterhalb der im vorstehenden Absatz genannten Grenze, von Büchern und Zeitschriften in physischer oder elektronischer Form, technischen Geräten, die Buchung von Fachanwaltskursen oder sonstigen Fortbildungsveranstaltungen, die Einstellung von nichtjuristischen Mitarbeitern, mit Ausnahme eines Bürovorstehers, werden mit Mehrheit der Stimmen aller Sozien gefasst.

§ 5 Vermögen der Sozietät

(1) Alle der gemeinschaftlichen Berufsausübung der Sozien dienenden Gegenstände werden und bleiben Vermögen der Sozietät. Ausgenommen davon sind diejenigen Gegenstände, die ein Sozius aus eigenen Mitteln angeschafft und beim Verbringen in die Büroräume als in seinem Eigentum verbleibend bezeichnet hat.[12]

(2) Die Sozietät stellt jedem Sozius die Einrichtung und Ausstattung für sein Arbeitszimmer in den gemeinsam unterhaltenen Büroräumen sowie auf sein Verlangen einen Pkw zur Verfügung. Die

9 Werden solche Regelungen auf Dauer getroffen (Strukturbeschlüsse), gilt § 4 Abs. 1.

10 Für den Fall, dass der Sozietätsvertrag keine Regelung enthält, gilt die gesetzliche Regelung (§§ 709, 714 BGB), wonach die Sozietät grundsätzlich von allen Sozien gemeinsam vertreten wird.

11 Anwaltliche Mitarbeiter, die weisungsgebunden sind und eine bestimmte Arbeitszeit einzuhalten haben, sind als Angestellte einzustufen mit der Folge, dass Lohnsteuer und Sozialversicherungsbeiträge abzuführen sind. Zuwiderhandlungen können im Einzelfall strafbar sein. Unangemessene Beschäftigungsbedingungen sind überdies berufsrechtswidrig (§ 26 BORA).

12 Es empfiehlt sich, die betreffenden Inventarstücke mit dem Namen des Sozius zu versehen, dem sie gehören. Bei Beginn der Sozietät ist festzustellen, welche Gegenstände Sozietätsvermögen sind. Selbstverständlich ist es geboten, diese Listen fortzuschreiben.

Betriebskosten des Pkws werden von der Sozietät bezahlt. Die Finanzierung der Anschaffungen obliegt dem jeweiligen Sozius.[13]

§ 6 Geldverkehr

Jeder Sozius hat die Aufzeichnungs- und Aufbewahrungspflichten von § 8 Geldwäschegesetz zu beachten[14] und dafür Sorge zu tragen, dass die im Rahmen eines von ihm bearbeiteten Mandates der Sozietät anvertrauten Fremdgelder unverzüglich auf ein als solches gekennzeichnetes Anderkonto übertragen werden.

§ 7 Berufshaftpflicht; Berufshaftpflichtversicherung

(1) Für den Ersatz von Schäden infolge fehlerhafter Berufsausübung haften dem Mandanten bei Mandaten der Sozietät auch die Sozien als Gesamtschuldner. Bei ausnahmsweise nur einem einzelnen Sozius erteilten Mandaten (§ 2 Abs. 4 S. 2) haftet dem Mandanten zwar nur dieser Sozius, die Sozietät und die anderen Sozien sind aber im Innenverhältnis verpflichtet, den mandatierten Sozius so zu stellen, wie er stünde, wenn das Mandat der Sozietät erteilt worden wäre.

(2) Jeder Sozius hat unverzüglich alle übrigen Sozien zu unterrichten, sobald für ihn erkennbar wird, dass die Geltendmachung von Ansprüchen wegen fehlerhafter Berufsausübung droht.

(3) Im Innenverhältnis haftet der Sozius, der den Schaden zu vertreten hat, den anderen Sozien nur dann, wenn ihm Vorsatz oder grobe Fahrlässigkeit, etwa in Bezug auf Abs. 5, zur Last zu legen ist, und nur insoweit, als der Schaden nicht durch die Berufshaftpflichtversicherung gedeckt ist. Sozien, die im Falle des § 13 Abs. 2 S. 1 Hs. 1 i.V.m. Abs. 1 aus der Sozietät ausscheiden, ohne dass die Kündigung durch einen wichtigen Grund veranlasst war, können verlangen, von den in der Sozietät verbliebenen Sozien von jeglicher Haftung für Schadensfälle, die vor ihrem Ausscheiden eingetreten und nicht von ihnen selbst vorsätzlich oder grob fahrlässig verursacht worden sind, freigestellt zu werden. Die Sozien tragen den nach Abzug der Versicherungssumme verbleibenden Schaden im Innenverhältnis entsprechend ihrer quotenmäßigen Beteiligung am Überschuss der Sozietät in dem Zeitpunkt, in dem der Schaden bei der Sozietät eingetreten ist.[15]

(4) Die Sozietät schließt für jeden Sozius und für jeden juristischen Mitarbeiter eine Berufshaftpflichtversicherung ab, deren Deckungssumme ... EUR[16] für jeden Versicherungsfall zu betragen hat, wobei die Leistungen des Versicherers für alle innerhalb eines Versicherungsjahres verursachten Schäden auf ... EUR[17] begrenzt werden darf. Der Berufshaftpflichtversicherungsschutz ist regelmäßig darauf zu überprüfen, ob er noch den aktuellen gesetzlichen Vorgaben entspricht und dem Zuschnitt der Sozietät angemessen erscheint.

13 Hingewiesen wird auf § 9 Abs. 2 sowie auf das Urteil des FG Nürnberg v. 8.3.1994 (EEF 1994, 1023), wonach in dem Fall, dass eine Anwaltssozietät einen Pkw bestellt und auch die Rechnung auf sie ausgestellt ist, die Sozietät die in Rechnung gestellte Umsatzsteuer dennoch nicht als Vorsteuer abziehen kann, wenn der Pkw tatsächlich einem Sozius übergeben wird und dieser entsprechend den Vereinbarungen im Sozietätsvertrag das Alleineigentum (Sonderbetriebsvermögen) an dem Pkw erwirbt. Nach diesem Urteil scheidet beim Pkw-Leasing ein Vorsteuerabzug für die Sozietät ebenfalls aus, wenn ein Sozius selbst Leasingnehmer ist. Angebracht erscheint es, die Rechtslage so zu gestalten, dass der Pkw in das Alleineigentum der Sozietät fällt, der die Anschaffung finanzierende Sozius aber das Recht erhält, den Pkw im Falle einer Liquidation ohne Anrechnung auf seine allgemeine Liquidationsquote vorweg übereignet zu erhalten („Vorwegvermögen").

14 Des Weiteren kann die Sozietät unter Umständen eine Pflicht zur Bestellung eines Geldwäschebeauftragten gem. § 7 Geldwäschegesetz treffen. Bei wirtschaftsrechtlich ausgerichteten Sozietäten wird das regelmäßig der Fall sein.

15 Es sind selbstverständlich andere Regelungen denkbar, etwa die Schadensverteilung nach den Quoten, die im Zeitpunkt der Verursachung des Schadens galten.

16 Mindestens 250.000 EUR (vgl. § 51 Abs. 4 S. 1 BRAO).

17 Diese Obergrenze muss mindestens 1.000.000 EUR betragen (vgl. § 51 Abs. 4 S. 2 BRAO).

(5) Jeder Sozius ist verpflichtet, das mit den von ihm wahrzunehmenden Mandaten konkret verbundene Haftpflichtrisiko zu überprüfen. Zeigt sich ein erhöhtes Risiko, ist dieser Umstand den anderen Sozien anzuzeigen und mit ihnen über die Reaktion darauf zu entscheiden, insbesondere darüber, ob insofern die Versicherungsdeckung erhöht und/oder eine schriftliche Haftungsbegrenzungsvereinbarung mit dem Mandanten angestrebt[18] oder die Mandatsübernahme abgelehnt werden soll. Bei Meinungsverschiedenheiten gelten die Regelungen aus § 2 Abs. 3 S. 3 und 4.

§ 8 Einnahmen

Sämtliche Einnahmen aus anwaltlicher Tätigkeit (Betriebseinnahmen) fließen der Sozietät zu. Anwaltliche Tätigkeit im Sinne dieses Vertrages ist auch die Tätigkeit als Schiedsrichter, Testamentsvollstrecker, Mitglied eines Aufsichtsrates oder Beirates etc. Vergütungen für Tätigkeiten als Fachschriftsteller, Dozent oder Mitglied einer Prüfungskommission stehen dem jeweiligen Sozius zu.[19]

§ 9 Ausgaben

(1) Alle Aufwendungen, die durch den Betrieb der Sozietät veranlasst werden, sind Betriebsausgaben der Sozietät (Betriebsausgaben I). Dazu zählen auch die Beiträge zu Rechtsanwaltskammer, Anwaltverein und ähnlichen nationalen wie internationalen Organisationen und Instituten, die Prämien für mit der Berufsausübung zusammenhängende Versicherungen einschließlich der Prämien für Versicherungen bei der Verwaltungsberufsgenossenschaft. Das Gleiche gilt für Aufwendungen für die Teilnahme eines Sozius an Fortbildungsveranstaltungen, Seminaren, nationalen oder internationalen Anwaltszusammenkünften einschließlich der Reise- und Hotelkosten sowie für die Aufwendungen zur Repräsentation, soweit diese Kosten und Aufwendungen im Interesse der Sozietät liegen; im Zweifel entscheidet hierüber die Sozienversammlung. Als gemeinsame Betriebsausgaben gelten auch die Zahlungen an Sozien, Witwen und Waisen aufgrund der nach diesem Vertrag bestehenden Versorgungsansprüche.

(2) Die Aufwendungen der Sozietät gem. § 5 Abs. 2 (einschließlich des auf die Eigennutzung eines Pkws entfallenden Umsatzsteueranteils) sowie die in Abs. 1 genannten Aufwendungen, soweit sie nicht gemeinsame Betriebsausgaben sind, sind persönliche Sonderbetriebsausgaben des betreffenden Sozius und werden als Betriebsausgaben II für den Sozius gesondert erfasst.

§ 10 Verteilung des Überschusses

(1) Der nach Abzug der Betriebsausgaben verbleibende Überschuss wird unter die Sozien nach Maßgabe der jeweils unter ihnen geltenden Quotenvereinbarung (Anlage zu § 10) verteilt. Die

18 Darüber hinaus sollte es im Sozietätsvertrag ausdrücklich festgehalten werden, wenn die Sozien möchten, dass die Sozietät grundsätzlich von der Möglichkeit zur Haftungsbeschränkung gem. § 52 BRAO Gebrauch machen soll.

19 Grundsätzlich sollten alle mit der Berufstätigkeit zusammenhängenden Einnahmen in die Sozietät fließen. Eine Ausnahme für schriftstellerische etc. Tätigkeiten rechtfertigt sich, weil sie im Interesse der Sozietät – oder Anwaltschaft – liegen, regelmäßig außerhalb der normalen Arbeitszeit des Sozius geleistet werden und die Vergütungen verhältnismäßig gering sind.

Quote jedes Sozius wird in Punkten ausgedrückt.[20] Der Anteil jedes Sozius am Ergebnis bestimmt sich nach dem Verhältnis seiner Punktzahl zu der Summe der Punkte aller Sozien. Sozien, die der Sozietät seit mindestens zehn Jahren angehören, soll in der Regel die Höchstpunktzahl zustehen.

(2) Sozien, die das 65. Lebensjahr vollendet haben und den Umfang ihrer Tätigkeit gem. § 14 Abs. 1 S. 1 Fall 2 einschränken, sind verpflichtet, einer entsprechenden, angemessenen Herabsetzung ihrer Punktzahl zuzustimmen.

(3) Die Sozien verpflichten sich, von dem Überschuss zunächst eine Rücklage in Höhe der durchschnittlichen Betriebsausgaben der Sozietät für sechs Monate[21] auf ein Sonderkonto zu überführen. Dabei soll der Anteil des einzelnen Sozius an der Rücklage seinem Anteil an dem Überschuss entsprechen. In den ersten zwei Jahren seiner Zugehörigkeit zur Sozietät ist ein Sozius nicht verpflichtet, zu der Rücklage mit mehr als 10 % der monatlich auf ihn entfallenden Überschussanteile beizutragen. Über die Rücklage können die Sozien nur gemeinsam verfügen.

(4) Die verbleibenden Überschussanteile gem. Abs. 1 werden unter Berücksichtigung der als Betriebsausgaben II auf die einzelnen Sozien entfallenden Beträge monatlich an die Sozien voll ausbezahlt.[22]

(5) Innerhalb von sechs Monaten nach Abschluss eines Geschäftsjahres ist für das abgelaufene Geschäftsjahr eine Abrechnung als Überschuss der Einnahmen über die Ausgaben (§ 4 Abs. 3 EStG) zu erstellen. Die Abrechnung wird aufgrund eines Beschlusses der Sozien verbindlich.

§ 11 Urlaub

Jeder Sozius hat Anspruch auf einen Jahresurlaub von ... Tagen und nach Vollendung des ... Lebensjahres auf ... zusätzliche Urlaubstage. Die Sozien sind verpflichtet, untereinander eine Abstimmung über den Zeitpunkt des Urlaubs herbeizuführen. Dabei ist auf Sozien mit schulpflichtigen Kindern Rücksicht zu nehmen.

20 In Betracht kommt – unter vielen anderen Möglichkeiten – eine Verteilung des Überschusses (und ggf. des Verlustes) nach Prozentsätzen. Eine solche Regelung sollte jedoch flexibel gehalten und in bestimmten Zeiträumen – etwa alle drei Jahre – überprüft werden. Das Punktesystem erscheint wesentlich flexibler als die Verteilung nach Prozentsätzen. Bei der Verteilung der Punkte können besondere Aspekte berücksichtigt werden, wie Leistung, Verdienst um Aufbau der Sozietät im Allgemeinen oder einer besonderen Sparte. Der Überschuss wird durch die Gesamtzahl der Punkte geteilt, die unter oder über 100 liegen kann. Die Änderung der Punktzahl für den einzelnen Sozius wie auch die Zuteilung von Punkten an neue Sozien ist einfacher als die Änderung von Prozentsätzen. Die Regelung, dass ein junger Sozius regelmäßig nach zehn Jahren die Höchstpunktzahl erreicht und diese Punktzahl bis zu seinem Ausscheiden aus der Sozietät oder einer Reduzierung seiner Tätigkeit bestehen bleibt (sog. Lockstep), hat erhebliche Vorteile. Sie vermeidet es, dass Schwankungen in der Leistungsfähigkeit eines Sozius, aus welchen Gründen auch immer, je nach Anlass zu Änderungen der Punktzahl führen. Bei allen Regelungen sollte berücksichtigt werden, dass eine Sozietät nur funktionieren und florieren kann, wenn alle Sozien damit einen für sich ausreichenden Lebensstandard bestreiten können und das Gefühl einer fairen Regelung haben.

21 Eine Rücklage in der Höhe der Betriebsausgaben für einige Monate gibt der Sozietät Sicherheit gegenüber stark schwankenden Einnahmen. Die Höhe der Rücklage kann natürlich auf die Betriebsausgaben eines kürzeren Zeitraums als sechs Monate beschränkt werden; er sollte jedoch nicht auf einen kürzeren Zeitraum als die Betriebsausgaben für drei Monate begrenzt werden, um zu vermeiden, dass die Sozien bei vorübergehend geringeren Einnahmen Beiträge aus dem privaten Vermögen einzahlen müssen, um die laufenden Betriebsausgaben zu decken. Wird die Rücklage wegen schwankender Einnahmen oder für besondere, nicht durch die laufenden Einnahmen gedeckte Investitionen auf einstimmigen Beschluss der Sozien in Anspruch genommen, so ist sie anschließend vor der Auszahlung von Überschüssen an die Sozien wieder aufzufüllen. Vgl. *Kreifels/Oppenhoff*, AnwBl 1977, 357, 360.

22 In Anwaltsbüros werden vielfach die privaten Rechnungen und Ausgaben vom Büro bezahlt und als Entnahmen zulasten des Sozius ohne Rücksicht auf den Kontostand verbucht. In Sozietäten empfiehlt es sich dringend, den privaten Zahlungs- von dem Kanzleibereich strikt zu trennen.

§ 12 Erkrankung eines Sozius

(1) Jeder Sozius schließt eine Berufsunfallversicherung[23] sowie zur Deckung des außerberuflichen Unfallrisikos eine private Unfallversicherung[24] ab. Jeder Sozius ist außerdem gehalten, eine private Krankenversicherung abzuschließen.

(2) Ist die Arbeitskraft eines Sozius durch Krankheit, Gebrechen oder aus anderen Gründen seit über sechs Monaten erheblich gemindert, so können die übrigen Sozien von ihm eine angemessene Herabsetzung seiner ihm nach § 10 Abs. 1 zustehenden Quote verlangen. Das Verlangen bedarf einer Mehrheit von 75 % der Stimmen aller anderen Sozien.

§ 13 Kündigung; Ausscheiden[25]

(1) Jeder Sozius kann seine Mitgliedschaft in der Sozietät gegenüber allen anderen Sozien unter Einhaltung einer Frist von ... Monaten[26] auf das Ende eines Kalenderjahres ordentlich kündigen. Das Recht zur Kündigung aus wichtigem Grund gem. § 723 Abs. 1 S. 2 BGB bleibt unberührt.

(2) Die Mitgliedschaft eines Sozius in der Sozietät kann grundsätzlich von allen übrigen Sozien gemeinsam unter Einhaltung einer Frist von ... Monaten auf das Ende eines Kalenderjahres ordentlich gekündigt werden, bei Vorliegen eines wichtigen Grundes auch außerordentlich ohne Einhaltung dieser Frist. Gegenüber einem Sozius, welcher der Sozietät mehr als zehn Jahre angehört und seine Mitarbeit nicht eingestellt hat und der weder berufsunfähig geworden noch auf Dauer erkrankt ist, ist die ordentliche Kündigung ausgeschlossen, mithin nur eine außerordentliche Kündigung bei Vorliegen eines wichtigen Grundes möglich. Als wichtiger Grund gilt es stets, wenn ein Sozius nach seiner Aufnahme in die Sozietät heiratet, ohne im Zusammenhang mit der Eheschließung oder binnen angemessener Frist danach eine Vereinbarung entsprechend § 1 Abs. 3 zu treffen.

(3) Kündigungen bedürfen der Schriftform. In Fällen des Abs. 2 bedarf die Kündigung der persönlichen Unterzeichnung durch alle übrigen Sozien.

(4) Kündigungen führen zum Ausscheiden des betreffenden Sozius. Die Sozietät wird unter den verbleibenden Sozien fortgesetzt. Erscheint der Name des ausgeschiedenen Sozius im Namen der Sozietät, so ist die Sozietät berechtigt, ihren bisherigen Sozietätsnamen weiterzuführen, es sei denn, es stehen wichtige Gründe entgegen. Eine anderweitige Anwaltstätigkeit des Ausscheidenden gilt nicht als ein solcher wichtiger Grund, auch dann nicht, wenn sie nach diesem Vertrag zulässig ist.[27]

23 Bei der VBG (Verwaltungs-Berufsgenossenschaft, Hamburg).

24 Die Prämien zur Privatunfallversicherung sollten von den Sozien aus Privatmitteln gezahlt werden, damit die Versicherungsleistungen im privaten Bereich anfallen und daher steuerfrei vereinnahmt werden können. In der Privatunfallversicherung empfiehlt es sich, das Todesrisiko und das Invaliditätsrisiko etwa im Verhältnis 1:3 abzusichern. Große Sozietäten sollten versuchen, Prämienrabatte zu erreichen. Wichtig ist es, zu bestimmen, wer im Versicherungsfall bezugsberechtigt sein soll.

25 Bei den Kündigungsfolgen wurde bewusst von einem Wettbewerbsverbot abgesehen. Ein solches wäre ohnehin nur in engen Grenzen zulässig (BGH AnwBl. 2005, 715) und im Kontext der Mandantenmitnahmeklausel in Abs. 7, der Versorgungs- (§§ 15 ff.) und der Abfindungsregelung (§ 18) zu sehen.

26 Erfahrungsgemäß ist es nicht sinnvoll, den Zeitraum über drei oder sechs Monate auszudehnen. Zu den Grenzen für die zeitliche Einschränkung des Kündigungsrechts bei Anwaltssozietäten vgl. BGH ZIP 2006, 2316; Goette ZGR 2008, 436, 442.

27 Es ist sinnvoll, dies (so oder entgegengesetzt) ausdrücklich, ggf. mit einer Übergangsfrist für die bisherige Namensführung, festzulegen.

(5) Scheidet ein Sozius im Falle des Abs. 2 S. 1 aus der Sozietät aus, ohne dass die Kündigung auf das Vorliegen eines wichtigen Grundes gestützt ist, so ist er von den in der Sozietät verbleibenden Sozien von der Verpflichtung zur Zahlung von nach diesem Vertrag entstandenen Versorgungsansprüchen freizustellen.

(6) Die Regelungen in Abs. 4 gelten entsprechend, wenn ein Sozius verstirbt.

(7) Scheidet ein Sozius infolge Kündigung aus der Sozietät aus, so sind alle Sozien einschließlich des Ausscheidenden verpflichtet, den ernsthaften Versuch zu unternehmen, sich darüber zu verständigen, welche von dem ausscheidenden Sozius begründeten oder allein oder gemeinsam mit anderen betreuten Mandatsverhältnisse ihm unter dem Vorbehalt der Zustimmung durch die betroffenen Mandanten übertragen werden sollen. Kommt eine Verständigung darüber nicht innerhalb eines Monats ab Kündigung zustande, so haben die Sozien alle von dem ausscheidenden Sozius begründeten oder allein oder gemeinsam mit anderen betreuten Mandanten darüber zu befragen, ob der ausscheidende Sozius oder die Sozietät künftig die jeweiligen laufenden Sachen bearbeiten sollen. Kommt auch über die Art und Weise der Befragung oder den Kreis der zu befragenden Mandanten keine Verständigung zustande, so hat die Befragung in einem gemeinsamen Rundschreiben an alle diejenigen Mandanten zu erfolgen, die der ausscheidende Sozius hierfür benannte und für die er im letzten Jahr vor seinem Ausscheiden tätig war. Kommt auch über ein solches Rundschreiben innerhalb von zwei Monaten seit der Kündigung keine Verständigung zustande und hat auch innerhalb eines weiteren Monats ein Vermittlungsversuch des Vorstandes der zuständigen Rechtsanwaltskammer[28] keinen Erfolg, so dürfen sowohl die Sozietät als auch der ausscheidende Sozius durch ein sachlich gehaltenes Schreiben einseitig die Entscheidung aller derjenigen Mandanten einholen, deren Mandatsbeziehung der ausscheidende Sozius auf sich überzuleiten wünscht. Dasselbe Verfahren ist im Falle der Auflösung der Sozietät in Bezug auf alle Mandate aller Sozien durchzuführen.

§ 14 Einstellung der Mitarbeit wegen Erkrankung, Berufsunfähigkeit und Alters

(1) Jeder Sozius kann durch Erklärung gegenüber allen anderen Sozien zum Ablauf jedes Kalenderjahres nach Vollendung seines 65. Lebensjahres seine Mitarbeit in der Sozietät einstellen (Eintritt in den Ruhestand) oder einschränken. Die Erklärung muss den anderen Sozien mindestens sechs Monate vor dem Ablauf des betreffenden Kalenderjahres zugegangen sein. Mit dem Ablauf des Kalenderjahres, in dem der Sozius das 72. Lebensjahr vollendet hat, tritt er ohne Weiteres in den Ruhestand; eine hiervon abweichende Vereinbarung bedarf einer Mehrheit von 75 % der Stimmen aller Sozien.

(2) Wird ein Sozius vor Eintritt in den Ruhestand ganz oder überwiegend berufsunfähig, kann er durch Beschluss der anderen Sozien in den vorzeitigen Ruhestand versetzt werden. Das Gleiche gilt, wenn dies zur Vermeidung von Nachteilen für die Sozietät notwendig erscheint und der Sozius das 65. Lebensjahr vollendet hat. Der Beschluss bedarf einer Mehrheit von 75 % der Stimmen aller anderen Sozien.

28 Im Falle einer Sozietät mit Mitgliedern anderer Berufe (z.B. Wirtschaftsprüfer, Steuerberater) sollte eine Vorschrift aufgenommen werden dahingehend, dass die Wirtschaftsprüferkammer bzw. Steuerberaterkammer und die Rechtsanwaltskammer einen Einigungsversuch herbeiführen sollten.

(3) Die Zugehörigkeit eines Sozius zur Sozietät wird durch seinen Eintritt in den Ruhestand nicht berührt.[29] Jedoch werden seine Rechte wie folgt eingeschränkt:

(a) Der in den Ruhestand getretene Sozius ist an der gemeinsamen Berufsausübung nicht mehr beteiligt, soweit nicht einvernehmlich im Einzelfall (Einzelmandate oder dgl.) eine andere Regelung getroffen wird.
(b) Die Versorgungsregelung ist abschließend zu verstehen. Eine Beteiligung am Überschuss nach Punkten ist ausgeschlossen.
(c) Bei Beschlüssen der Sozietät sind in den Ruhestand getretene Sozien vom Stimmrecht ausgeschlossen. Änderungen des Sozietätsvertrages bedürfen ihrer Zustimmung, soweit sie Bestimmungen über Versorgung (§§ 15 ff.) betreffen.
(d) Die Rechte eines Sozius gem. § 5 Abs. 2 werden durch den Eintritt in den Ruhestand nicht berührt. Sie können ihm jedoch durch Beschluss der Sozienversammlung mit einer Mehrheit von 75 % aller Sozien ganz oder teilweise entzogen werden.

§ 15 Versorgung von Sozien[30]

(1) Tritt ein Sozius in den Ruhestand, so erhält er lebenslang Versorgungsbezüge nach Maßgabe der Abs. 2 und 3, sofern er der Sozietät zehn Jahre angehört hat.

(2) Bemessungsgrundlage für die Versorgungsbezüge ist das jeweilige Ruhegehalt eines verheirateten, kinderlosen [Vorsitzenden] Richters am Landgericht der höchsten Erfahrungsstufe einschließlich Zuschlägen, Zulagen und Gratifikationen, jedoch ohne Beihilfen, und zwar nach dem Landesrecht, welches für dasjenige Landgericht maßgeblich ist, in dessen Bezirk sich die Kanzleiräumlichkeiten der Sozietät befinden.

(3) Tritt ein Sozius infolge eines dahin gehenden Beschlusses der übrigen Sozien (§ 14 Abs. 2) vor Vollendung des 65. Lebensjahres in den Ruhestand, so gelten die Bestimmungen der Abs. 1 und 2 auch für ihn mit der Maßgabe, dass sich die Leistungen der Sozietät für jedes Jahr, um das er vor Vollendung des 65. Lebensjahres ausscheidet, um ... % verringern.

(4) Der Versorgungsanspruch des Sozius erlischt in allen Fällen, vorbehaltlich der Regelung des § 16, mit seinem Tode.

§ 16 Versorgung von überlebenden Ehegatten und Waisen

(1) Verstirbt ein Sozius, nachdem ein Fall des § 15 eingetreten ist, so erhält sein überlebender Ehegatte 60 % der Versorgungsbezüge des verstorbenen Sozius. Verstirbt ein Sozius, bevor ein Fall des § 15 eingetreten ist, so erhält sein überlebender Ehegatte 60 % der Versorgungsbezüge, die ihm die Sozietät hätte zahlen müssen, wenn im Zeitpunkt seines Todes ein Fall des § 15

29 Ein sofortiges Ausscheiden von in Ruhestand tretenden Sozien kann auf der einen Seite nachteilige steuerliche Folgen für sie haben (vorzeitige Versteuerung anteiliger stiller Reserven etwa im Betriebsgebäude, Sofortbesteuerung des Barwerts der Pension). Auf der anderen Seite ist genau zu überprüfen, ob nicht durch die Einrichtung einer reinen Ruheständler-Gesellschaftszugehörigkeit eine steuerliche Qualifizierung der gesamten Sozietät als Gewerbebetrieb droht (siehe dazu BRAK-Ausschuss Steuerrecht, Standortbestimmung: Gefahr der Gewerblichkeit für Kanzleien – Abfärberegelung des § 15 Abs. 3 Nr. 1 EStG, Stand: Dezember 2020, 3). Im Zweifel sollte dem Zug der Zeit folgend auf Versorgungsregelungen gänzlich verzichtet oder auf Versicherungsmodelle ausgewichen werden.

30 Mit der Einführung der Altersversorgung der Anwälte durch Ländergesetze (z.B. das Gesetz über das Versorgungswerk der Rechtsanwältinnen und Rechtsanwälte in der Freien und Hansestadt Hamburg (RAVersG) v. 21.11.2000) hat die sozietätsvertragliche Versorgungsregelung viel von ihrer früheren Bedeutung verloren. Hinzu kommt, dass Sozietäten in der Praxis zunehmend als bloße Verbindung auf Zeit gesehen werden.

Abs. 3 eingetreten wäre. Im Falle der Wiederverheiratung des überlebenden Ehegatten entfallen die Ansprüche nach den vorstehenden Sätzen [alternativ: bleiben die Ansprüche nach den vorstehenden Sätzen erhalten].[31]

(2) Verstirbt ein Sozius ohne Hinterlassen einer nach Abs. 1 S. 1 oder 2 versorgungsberechtigten Person oder stirbt diese Person oder verliert diese Person ihren Versorgungsanspruch,[32] so haben etwaige Kinder des Sozius Anspruch auf eine Waisenrente, solange sie noch nicht das 27. Lebensjahr vollendet und noch keine Berufsausbildung abgeschlossen haben. Die Waisenrente beträgt für jedes Kind 30 % der in Abs. 1 S. 1 bzw. 2 festgelegten Rente, für alle Waisen zusammen jedoch höchstens 100 % der in Abs. 1 S. 1 bzw. 2 festgelegten Rente.

§ 17 Begrenzung und Fälligkeit der Versorgungsansprüche

(1) Die Verpflichtung der Sozietät zur Zahlung von Versorgungsrenten ist je Kalenderjahr auf ... % des Jahresüberschusses der Sozietät begrenzt.[33] Für den Fall, dass die Versorgungsansprüche diese Grenze überschreiten, sind die Versorgungsansprüche aller Versorgungsberechtigten gegenüber der Sozietät und untereinander anteilig zu kürzen, wobei die Umstände des einzelnen Falles, insbesondere auch anderweitig gesicherte Versorgung berücksichtigt und Härten nach Möglichkeit vermieden werden sollten.

(2) Versorgungszahlungen nach diesem Vertrag sind jeweils am Monatsende fällig.

(3) Jeder Versorgungsgläubiger ist berechtigt, die Buchhaltung der Sozietät und deren Unterlagen einzusehen. Die Sozietät kann verlangen, dass er damit eine durch Gesetz zur beruflichen Verschwiegenheit verpflichtete Person beauftragt.

§ 18 Auseinandersetzungsguthaben

(1) Scheidet ein Sozius, gleichgültig aus welchen Gründen, aus der Sozietät aus, so haben er oder seine Erben Anspruch auf

(a) die Auszahlung des Guthaben-Saldos der für den betreffenden Sozius von der Sozietät geführten Konten und
(b) seinen Anteil an der Rücklage (§ 10 Abs. 3) gemäß den ertragsteuerlichen Buchwerten des Sozietätsvermögens – ausschließlich Forderungen – am Ende des Jahres, in dem der Sozius aus der Sozietät ausscheidet.[34]

31 Da diese Frage mit vielen grundsätzlichen Überlegungen nicht spezifisch anwaltlicher Art belastet ist, wird von einem Vorschlag abgesehen. Das Gleiche gilt hinsichtlich der Schwierigkeiten für eine Sozietät, die bei Scheidung der Ehe eines Sozius (Zugewinn- und Versorgungsausgleich!) entstehen können.

32 Der Satzteil „oder verliert diese Person ihren Versorgungsanspruch" ist zu streichen, wenn der überlebende Ehegatte den Anspruch im Wiederverheiratungsfalle behält.

33 Die einer Sozietät mit Zusage vertraglicher Altersrenten entstehenden Lasten können leicht zu hoch werden. Wenn dennoch Versorgungsrenten gezahlt werden sollen, empfiehlt sich eine Höchstgrenze (etwa 15 % oder 20 % des Jahresüberschusses), um die aktiven Sozien nicht über Gebühr zu belasten und die Existenz der Sozietät nicht zu gefährden.

34 Auf die Vereinbarung eines besonderen Abfindungsentgelts wird verzichtet, weil auch der Eintritt eines neuen Sozius nicht mit irgendwelchen Leistungen für diesen eintretenden Sozius verbunden ist und insbesondere weil der Ausscheidende zur „Mitnahme" von Mandanten gem. § 13 Abs. 7 berechtigt ist; dies rechtfertigt grundsätzlich den Ausschluss von einer Beteiligung am Geschäftswert der Sozietät (OLG Bremen DStR 1992, 78; BGH NJW 1995, 1551). Denkbar wäre eine zusätzliche Geschäftswertabgeltung in Form eines Pauschalbetrages, z.B. eines Prozentsatzes des durchschnittlichen Umsatzes der letzten Jahre. Eine Kumulierung von Mandantenmitnahme und Geschäftswertabgeltung ist jedenfalls zu vermeiden, etwa durch Anrechnung künftiger Honorareinnahmen auf ein evtl. Abfindungsentgelt.

(2) Weitere Ansprüche sind ausgeschlossen, insbesondere Ansprüche auf Beteiligung an den laufenden Mandaten (§ 740 BGB) und auf Befreiung im Außenverhältnis von den Verbindlichkeiten der Sozietät (§ 738 Abs. 1 S. 2 Hs. 2 BGB). Jedoch hat der ausscheidende Sozius im Innenverhältnis Anspruch auf Freistellung von der Haftung für Verbindlichkeiten der Sozietät.

§ 19 Schiedsgericht

Streitigkeiten zwischen den Sozien oder zwischen einem Sozius oder mehreren Sozien und der Sozietät werden unter Ausschluss des ordentlichen Rechtsweges durch ein Schiedsgericht entschieden. Es gilt der diesem Vertrag in Kopie als Anlage zu § 19 beigefügte Schiedsvertrag.[35]

Anlage zu § 19

[...]

1. Über alle Meinungsverschiedenheiten, welche sich zwischen den Sozien oder zwischen einem Sozius oder mehreren Sozien und der Sozietät aus oder im Zusammenhang mit dem Sozietätsvertrag, insbesondere über dessen Rechtsgültigkeit, nachträgliche Unwirksamkeit, Inhalt, Auslegung, Durchführung oder die Rechtmäßigkeit von Beschlüssen, ergeben sollten, entscheidet unter Ausschluss des ordentlichen Rechtsweges ein dreigliedriges Schiedsgericht mit dem Sitz in dem Bezirk, in welchem sich die Kanzleiräumlichkeiten der Sozietät befinden.
2. Das Schiedsgericht ist befugt, Lücken des Sozietätsvertrags, auch solche, die sich aus einer grundlegenden Änderung der tatsächlichen und/oder rechtlichen Verhältnisse ergeben sollten, mit Wirkung für und gegen alle Sozien und die Sozietät auszufüllen. Dabei soll das Schiedsgericht unter Zugrundelegung des im Übrigen zum Ausdruck gekommenen Willens der Sozien in billiger Weise deren Interessen Rechnung tragen.
3. Jeder Schiedsrichter muss zur Ausübung des Richteramts befähigt sein. Die Ernennung der Schiedsrichter erfolgt gemäß nachstehenden Regelungen:
   a) Bei Schiedsverfahren mit zwei Parteien ernennt jede Partei einen Schiedsrichter.
   b) Wenn mehrere Sozien oder ein Sozius und die Sozietät das schiedsgerichtliche Verfahren einleiten wollen, haben sie einen gemeinsamen Schiedsrichter zu ernennen, widrigenfalls keiner der von ihnen ernannten Schiedsrichter als wirksam ernannt gilt.
   c) Wird das schiedsgerichtliche Verfahren gegen mehrere andere Sozien oder gegen einen Sozius und die Sozietät als gemeinsame Schiedsbeklagte betrieben, so haben diese einen gemeinsamen Schiedsrichter zu ernennen, widrigenfalls keiner der von ihnen ernannten Schiedsrichter als wirksam ernannt gilt. § 1035 Abs. 3 S. 3 ZPO gilt in diesem Fall mit der Maßgabe, dass das Gericht nicht nur für die gemeinsamen Schiedsbeklagten einen Schiedsrichter zu bestellen hat, sondern auch einen (neuen) Schiedsrichter für die Klägerseite.
4. Im Übrigen gelten die gesetzlichen Bestimmungen über das schiedsrichterliche Verfahren (§§ 1025 ff. ZPO).

[Unterschriften]

35 Diese „Auskopplung" hat unter anderem den Vorteil, jeglichem Streit um die Reichweite des Verbraucherbegriffs in § 1031 Abs. 5 ZPO in Verbindung mit § 13 BGB weiträumig aus dem Wege zu gehen.

§ 20 Schlussbestimmungen

(1) Ansprüche aus diesem Vertrag können weder abgetreten noch verpfändet noch mit einem Nießbrauch belastet werden.

(2) Mündliche Nebenabreden bestehen nicht. Sämtliche Änderungen dieses Vertrages bedürfen zu ihrer Gültigkeit der Schriftform. Dies gilt insbesondere auch für die Aufhebung dieses Formerfordernisses.

(3) Sollte eine Bestimmung dieses Vertrages unwirksam sein oder werden, so bleibt der Vertrag im Übrigen wirksam. In einem solchen Falle sind die Sozien verpflichtet, an der Schaffung einer Bestimmung mitzuwirken, durch die ein der unwirksamen Bestimmung wirtschaftlich möglichst nahekommendes Ergebnis rechtswirksam erzielt wird.

B.5 MUSTERVERTRAG FÜR EINE ÜBERÖRTLICHE SOZIETÄT

RECHTSANWALT DR. KLAUS OEPEN, HAMBURG
RECHTSANWÄLTIN DR. DANIELA BRAMKAMP, HAMBURG

Präambel[1]

Die gegenwärtig in … und … tätige Sozietät hat die Ziele ….

Die Sozietät hat ferner die Absicht, durch Aufnahme weiterer Sozien oder Zusammenschluss mit anderen Sozietäten auch an anderen Orten, insbesondere in …, vertreten zu sein.

§ 1 Name der Sozietät[2]

(1) Der Name der Sozietät lautet „Meier, Müller, Lehmann, Rechtsanwälte".[3] Während des Übergangszeitraums bis … wird in einer gesonderten Zeile des Briefkopfes auf den Zusammenschluss der Altsozietäten hingewiesen („Zusammenschluss der Sozietäten Meier … in Berlin, Müller und Lehmann … in München").

(2) Jeder Angehörige der Sozietät („Sozius"), dessen Name im Sozietätsnamen enthalten ist, gestattet für den Fall seines Ausscheidens allen, auch zukünftigen Sozien, seinen Namen im Sozietätsnamen weiterhin unentgeltlich fortzuführen, soweit nicht im Einzelfall ein wichtiger Grund entgegensteht[4]. Dies gilt auch für den Fall eines etwaigen weiteren Zusammenschlusses. Dessen ungeachtet hat die Sozietät das Recht, ihren Sozietätsnamen jederzeit durch Gesellschafterbeschluss gem. § 3 Abs. 3 dieses Vertrages zu ändern.

(3) Sozien können nur zugelassene Rechtsanwälte oder Angehörige anderer freier Berufe sein, mit denen Rechtsanwälte gem. § 59 a BRAO in seiner jeweils gültigen Fassung eine Sozietät eingehen können. Verheiratete können nur Sozien sein, wenn sie für ihre Ehe eine Vereinbarung getroffen haben, welche sicherstellt, dass die Beteiligung an der Sozietät im Falle einer Scheidung

1 Es empfiehlt sich, viel Mühe auf die Bestimmung konkreter Zielsetzungen und strategischer Festlegungen zu verwenden und Sozietätsziele in einer Präambel niederzulegen.

2 Die Angabe eines Sitzes ist bei einer Gesellschaft bürgerlichen Rechts nicht geboten. Eine Anwaltssozietät besteht aus den grundsätzlich gleichwertigen Kanzleien der einzelnen Sozien. Steuerlich könnte die Festlegung jedoch nach § 20 Abs. 2 AO bedeutsam sein.

3 Weitere Beispiele: Meier, Müller & Sozien-Rechtsanwälte; Anwaltssozietät (Anwaltsgemeinschaft) Meier, Müller & Sozien; Rechtsanwälte Meier, Müller & Kollegen; Anwaltsbüro Meier. Die Hinzufügung von Buchstabenkombinationen als Kooperationshinweise sind zulässig (BGH NJW 2002, 608 „CMS"; AnwGH Hamburg NJW 2004, 371 „Legitas"). Den Zusatz „Partnerschaft" oder „und Partner" dürfen gem. § 11 Abs. 1 S. 1 PartGG (abgesehen von Altfällen) nur Partnerschaftsgesellschaften führen. Erscheinen auf dem Briefkopf neben den Namen der Sozien (die zwingend vollständig aufgeführt werden müssen, siehe dazu Heussen/Hamm/*Ludwig*, Beck'sches Rechtsanwalts-Handbuch, 11. Aufl. 2016, § 60 Rn. 5) auch Namen von Nichtsozien, ohne dies deutlich zu machen, gelten sie nach außen als Sozien mit entsprechenden Haftungsfolgen (OLG Köln NJW-RR 2004, 279). Gem. § 9 BORA sind Kurzbezeichnungen möglich, worunter nun wohl auch die Verwendung eines reinen Sach- oder Fantasienamens fällt (in diesem Sinne etwa: BeckOK-BORA/*Römermann*, 30. Edt. 01.06.2019, § 9 Rn. 32 ff.; Weyland/*Träger*, BRAO, 10. Aufl. 2020, BORA § 9 Rn. 13; in der Sache ebenso schon zur Firma einer Rechtsanwalts-AG: BayObLG NJW 2000, 1647). Demgegenüber ließ der BGH im Jahr 2004 noch unter Geltung einer früheren Fassung von § 9 BORA eine Tendenz erkennen, die Verwendung einer Sach- oder Fantasiebezeichnung allein als Zusatz zu einem Namen zuzulassen (NJW 2004, 1651, 1652).

4 Der vorliegende Vertragsentwurf setzt auf die generische Verwendung des grammatikalischen Maskulinums, um in knappster sprachlicher Form (etwa mit der Bezeichnung „Sozius") Personen jeglichen natürlichen Geschlechts einzubeziehen.

weder in die Berechnung eines Zugewinnausgleichs einbezogen wird noch Gegenstand von Auskunftsansprüchen des anderen Ehegatten sein kann.[5]

§ 2 Gemeinsame Berufsausübung

(1) Gegenstand der Sozietät ist die gemeinschaftliche Ausübung des Rechtsanwaltsberufes. Jeder Sozius verpflichtet sich, seine Arbeitskraft grundsätzlich vollständig der Sozietät zu widmen, die von ihm wahrzunehmenden Mandate unter Einhaltung aller gesetzlichen Vorgaben mit der erforderlichen Sorgfalt zu bearbeiten und sich auf seinen Tätigkeitsgebieten regelmäßig fortzubilden. Wenn ein Sozius den Wunsch äußert, einen Teil seiner Arbeitskraft privaten Zwecken zu widmen, und bereit ist, zum Ausgleich sein Recht auf Teilhabe an den Überschüssen der Sozietät entsprechend zu ermäßigen, werden die Sozien sich redlich darum bemühen, eine dem Wunsch Rechnung tragende, aber auch die Belange der Sozietät und der übrigen Sozien wahrende Lösung zu vereinbaren[6].

(2) Wissenschaftliche Tätigkeit einschließlich Lehrtätigkeit, Tätigkeit in anwaltlichen Berufsorganisationen und in der anwaltlichen Selbstverwaltung sowie politische und ehrenamtliche richterliche Tätigkeit sind zulässig,[7] sofern sie ein angemessenes Maß nicht überschreiten.

(3) Jeder Sozius ist berufen, über Annahme und Ablehnung von Mandaten zu entscheiden. Bei der Annahme von Mandaten hat jedoch jeder Sozius auf das Berufsrecht, insbesondere auf mögliche Interessenkonflikte in der Sozietät,[8] aber auch auf etwaige in der Sozietät beschlossene Grundsätze für die Praxisgestaltung[9] und sonstige Belange der Sozietät Bedacht zu nehmen. Im Zweifel ist eine Empfehlung des Gemeinsamen Ausschusses (§ 4) über die Annahme oder Ablehnung eines Mandats herbeizuführen. Lassen sich hierbei nicht alle Zweifel ausräumen oder widerspricht auch nur ein Sozius einer Annahmeempfehlung, so ist das Mandat abzulehnen.

(4) Grundsätzlich werden alle Mandate namens der Sozietät übernommen. Das gilt nur nicht für Mandate, die von einem Sozius persönlich wahrgenommen werden müssen (z.B. als Notar, Schiedsrichter, Mediator, Testamentsvollstrecker, Insolvenzverwalter, Aufsichts- oder Beiratsmitglied, Sequester, Nachlassverwalter oder als Verteidiger in Straf- und Bußgeldverfahren); solche Mandate binden allein den jeweils beauftragten einzelnen Sozius.

(5) Die Sozien haben sich gegenseitig, jedenfalls aber den Gemeinsamen Ausschuss über alle neuen Mandate und alle für die Sozietät wichtigen Vorkommnisse zu unterrichten.

(6) Jeder Sozius kann in die Buchhaltung und deren Unterlagen sowie in die von der Sozietät oder den einzelnen Sozien geführten Akten Einsicht nehmen, soweit nicht im Einzelfall aus berufsrechtlichen Gründen eine Geheimhaltungsverpflichtung des mandatierten Sozius besteht.[10]

5 Vgl. hierzu auch § 16 Abs. 2 S. 3. Ziel dieser Regelung ist es, auszuschließen, dass die Beteiligung an der Sozietät Gegenstand wird von Auskunftsansprüchen oder von Ausgleichsansprüchen, die über das hinausgehen, was dem Sozius bei seinem Ausscheiden zustehen würde.

6 Die Anregung zu dieser Öffnungsklausel verdanken die Entwurfsverfasser dem Aufsatz von Hirtz „Neue Juristengeneration: Anpassungsbedarf für Sozietätsverträge, AnwBl. 2020, 600 f.

7 … und erwünscht (?).

8 BVerfG AnwBl. 2003, 521 („Sozietätswechsler").

9 Zu den Grundsätzen der Praxisgestaltung kann ab einer gewissen Sozietätsgröße auch die Pflicht zur Spezialisierung und zum Zusammenschluss in sozietätsinternen Fachteams gehören. Diese treten dann organisatorisch neben die örtlichen Büros.

10 Das ist zum Beispiel bei Sozietäten mit Mitgliedern anderer sozietätsfähiger Berufe (Patentanwälte, Steuerberater, Wirtschaftsprüfer etc., vgl. § 59 a Abs. 1 und 2 BRAO) oder bei entsprechenden Vorgaben des Mandanten relevant.

§ 3 Sozienversammlung

(1) Die ordentliche Sozienversammlung findet innerhalb der ersten sechs Monate eines jeden Jahres statt. Die Einladung erfolgt durch den Gemeinsamen Ausschuss (§ 4), der auch eine Tagesordnung erstellt. Der Gemeinsame Ausschuss kann außerordentliche Versammlungen einberufen. Er muss dies tun, wenn ein Fünftel aller Sozien dies wünscht.

(2) Die Sozienversammlung ist zuständig für die Festlegung der Grundsätze der Politik der Sozietät, mittel- und langfristige Zielsetzungen (Grundsätze der Praxisgestaltung), Feststellung des Gewinns und Festlegung des Jahresbudgets, Wahl des Gemeinsamen Ausschusses und evtl. weiterer Ausschüsse,[11] Bildung von Praxisgruppen,[12] Aufnahme neuer Sozien (§ 15), Eröffnung weiterer Büros, Entscheidungen über Vorlagen des Gemeinsamen Ausschusses (§ 4 Abs. 4), bei Anrufung gegen Beschlüsse des Gemeinsamen Ausschusses sowie Änderungen des Sozietätsvertrages.

(3) Soweit in diesem Vertrag keine andere Mehrheit genannt ist, beschließt die Sozienversammlung mit einfacher Mehrheit der anwesenden Sozien. Die Sozienversammlung ist beschlussfähig, wenn die Hälfte aller Sozien anwesend ist. Die Abstimmung erfolgt nach Köpfen und offen. Ein Sozius kann, ausgenommen über seinen Ausschluss, auch in eigenen Angelegenheiten abstimmen. Änderungen des Sozietätsvertrages einschließlich der Änderung der Regelung über die Überschussverteilung (§ 12) und der Grundsätze der Praxisgestaltung bedürfen eines einstimmigen Beschlusses aller Sozien.[13]

(4) Teilnahme an Sozienversammlungen ist Pflicht, soweit nicht ein wichtiger Grund entgegensteht. In diesem Fall kann sich der abwesende Sozius durch einen anderen Sozius mittels schriftlicher Vollmacht mit Einzelweisung zu den einzelnen Punkten der Tagesordnung vertreten lassen.[14]

(5) Die Sozienversammlung wählt einen Versammlungsleiter und einen Protokollführer. Das Protokoll wird von beiden unterschrieben und allen Sozien in Kopie zugeleitet.

(6) Wenn kein Sozius widerspricht, können Sozienbeschlüsse auch per Videokonferenz oder im schriftlichen Umlaufverfahren (auch per E-Mail) gefasst werden.

(7) Für die Beanstandung von Beschlussmängeln finden die bei Gesellschaften mit beschränkter Haftung geltenden Regeln entsprechende Anwendung[15]. Die Anfechtungsklage ist innerhalb von drei Monaten, gerechnet ab Bekanntgabe des betreffenden Beschlusses gegenüber dem anfechtenden Sozius, zu erheben.

11 In größeren Sozietäten hat es sich als nützlich erwiesen, neben dem für die Geschäftsführung zuständigen Gemeinsamen (Verwaltungs-)Ausschuss einen für Grundsatzfragen zuständigen (Gemeinsamen) Ältestenrat vorzusehen. Es empfiehlt sich auch, eine besondere Zuständigkeit für Auswahl, Fortbildung und Überwachung des juristischen Nachwuchses festzulegen.

12 Bei Großsozietäten hat sich die Bildung ortsübergreifender Fachteams („practice groups") etabliert.

13 Bei sehr großen Sozietäten empfiehlt sich eine geringere Majorität (z.B. „75 % aller Sozien" oder „75 % aller anwesenden Sozien").

14 Es bietet sich an, wenn gewünscht, an dieser Stelle die Zulässigkeit der Vertretung und/oder Begleitung durch Externe wie insbesondere Rechtsanwälte oder Steuerberater vorzusehen.

15 Sollte das Vorhaben der Modernisierung des Personengesellschaftsrechts in diesem Punkt gemäß dem Entwurf der Bundesregierung umgesetzt werden, dürfte es sich künftig empfehlen, auf die dann geltenden Regelungen im Recht der Offenen Handelsgesellschaft zu verweisen (§§ 110 ff. HGB in der gemäß Art. 49 RegE MoPeG geplanten Fassung).

§ 4 Gemeinsamer Ausschuss[16]

(1) Die Geschäftsführung der Sozietät erfolgt, soweit dieser Vertrag nichts anderes bestimmt, durch den Gemeinsamen Ausschuss.[17] Geschäftsführung im Sinne dieser Bestimmung betrifft nur diejenigen Geschäfte und geschäftsähnlichen Handlungen, die nicht unmittelbar die Berufsausübung oder Amtstätigkeit betreffen. Dem Gemeinsamen Ausschuss obliegt auch Einführung und Überwachung eines Systems zur Vermeidung von Interessenkonflikten bei Mandatsübernahmen.

(2) Der Gemeinsame Ausschuss besteht aus Mitgliedern, die von der Sozienversammlung gewählt werden, wobei die verschiedenen örtlichen Teilbereiche[18] je ein Mitglied vorschlagen.[19]

(3) Der Gemeinsame Ausschuss trifft die Geschäftsführungsmaßnahmen unter Berücksichtigung der Bestimmungen dieses Vertrages und der Beschlüsse der Sozienversammlung. Besondere Angelegenheiten können im Jahresbudget oder durch anderweitige Sozienbeschlüsse anderen Ausschüssen oder einzelnen Sozien übertragen werden. Dem Gemeinsamen Ausschuss obliegt jedoch auch insoweit die Koordinierung. Er kann Aufgaben an andere Sozien delegieren. Die Übertragung von Angelegenheiten über Einzelfälle hinaus bedarf eines Sozienbeschlusses gem. § 3 Abs. 3.

(4) Der Gemeinsame Ausschuss trifft sich zu regelmäßigen Sitzungen. Er ist beschlussfähig, wenn alle Mitglieder eingeladen waren und mindestens zwei Drittel anwesend sind. Er entscheidet mit einfacher Mehrheit der Anwesenden. Wird ein Drittel der Ausschussmitglieder überstimmt, kann dieses Drittel unverzüglich ein Veto einlegen. Wird dieses innerhalb von zwei Wochen durch ein Drittel aller Sozien oder zwei Drittel der Sozien eines Teilbereichs unterstützt, gilt die Entscheidung des Gemeinsamen Ausschusses als nicht zustande gekommen, kann jedoch der Sozienversammlung zur Beschlussfassung vorgelegt werden.

(5) Bei Ausschusssitzungen sollen alle Mitglieder anwesend sein und abstimmen. Nur in Ausnahmefällen können Mitglieder sich gegenseitig vertreten, jedoch nur aufgrund genauer Anweisung zu konkreten Tagesordnungspunkten.[20] Schriftliche (auch per E-Mail) oder fernmündliche (auch per Videokonferenz) Entscheidungen sind zulässig, wenn alle Ausschussmitglieder im Einzelfall mit dem Verfahren einverstanden sind. Über Sitzungen sind Protokolle zu fertigen und allen Sozien in Kopie zuzuleiten. Entsprechendes gilt für schriftlich oder mündlich außerhalb von Sitzungen getroffene Entscheidungen.

16 Andere gebräuchliche Bezeichnungen: Verwaltungsausschuss, Geschäftsführender Ausschuss. Anstelle des Ausschusses oder als dessen Vorsitzender wird in großen Sozietäten zunehmend ein Geschäftsführender Sozius („managing partner") vorgesehen. Soweit die Sozietät für nicht unmittelbar der Berufsausübung dienende Geschäfte solche Geschäftsführende Sozien bestellt, muss vor dem Hintergrund des § 15 Abs. 3 Nr. 1 EStG zur Vermeidung der Gewerblichkeit sichergestellt sein, dass diese nicht ausschließlich als „managing partners" tätig sind (siehe hierzu auch: BRAK-Ausschuss Steuerrecht, Standortbestimmung: Gefahr der Gewerblichkeit für Kanzleien – Abfärberegelung des § 15 Abs. 3 Nr 1 EStG, Stand: Dezember 2020, 4).

17 Entscheidend für Wohlergehen und Erfolg einer überörtlichen Sozietät ist, wie sie auf Dauer die ihr gemäße Ideallinie zwischen dem Anliegen weitgehender Integration und dem gegenläufigen Streben nach örtlicher und persönlicher Selbstbestimmung findet. Der Einrichtung des Zentralausschusses und der Aufgabenwahrnehmung durch ihn bzw. den geschäftsführenden Sozius kommt dabei besondere Bedeutung zu. Daneben sollten, wenn keine Fachteams (siehe Fn. 9, 12) gebildet werden, zur Entwicklung einer einheitlichen Kultur weitere Möglichkeiten gemeinsamer Projekte und Mandatsbearbeitung gefördert und institutionalisiert werden.

18 Zusätzlich oder anstelle der örtlichen Teilbereiche kann auch auf Fachteams abgestellt werden (vgl. Fn. 9, 12).

19 Fakultativ (evtl. für die ersten Jahre): „Zusätzlich wählt die Sozienversammlung für jedes ständige Mitglied einen Stellvertreter, der bei Verhinderung des ständigen Mitglieds an den Ausschusssitzungen teilnimmt."

20 Alternativ (im Anschluss an den Fakultativzusatz in Fn. 17): „Anstelle eines verhinderten ständigen Mitglieds nimmt sein Stellvertreter an der Sitzung teil."

§ 5 Örtliche Verwaltung[21]

Die Verwaltung der Angelegenheiten der örtlichen Büros obliegt im Rahmen des Jahresbudgets der Sozietät und der sonstigen Beschlüsse der Sozienversammlung und der vom Gemeinsamen und evtl. sonstigen Ausschüssen gemachten Vorgaben der Versammlung der Sozien des örtlichen Büros bzw. dem von diesen gewählten geschäftsführenden Sozius des örtlichen Büros. Angelegenheiten außerhalb der laufenden örtlichen Verwaltung bedürfen der vorherigen Zustimmung des Gemeinsamen Ausschusses. Es sind dies insbesondere:

a) Investitionen über einen Betrag von mehr als ... EUR im Einzelfall;
b) Einstellung juristischer Mitarbeiter;
c) Verlegung oder Erweiterung des Büros;
d) Änderung der Bankverbindung und Aufnahme von Krediten;
e) Entscheidungen über die EDV-Anlage (einschl. Software);
f) langfristige Verträge mit einer Laufzeit von mehr als fünf Jahren.

§ 6 Vertretung der Sozietät

Bei der Abgabe rechtsgeschäftlicher Erklärungen wird die Sozietät von zwei Sozien gemeinschaftlich vertreten.[22]

§ 7 Vermögen der Sozietät

(1) Alle der gemeinschaftlichen Berufsausübung der Sozien dienenden Gegenstände werden und bleiben Vermögen der Sozietät. Ausgenommen davon sind diejenigen Gegenstände, die ein Sozius aus eigenen Mitteln angeschafft und beim Verbringen in die Büroräume als in seinem Eigentum verbleibend bezeichnet hat.[23]

(2) Die Sozietät stellt jedem Sozius die Einrichtung und Ausstattung für sein Arbeitszimmer in den gemeinsam unterhaltenen Büroräumen sowie auf sein Verlangen einen Pkw zur Verfügung. Die Betriebskosten des Pkws werden von der Sozietät bezahlt. Die Finanzierung der Anschaffungen obliegt dem jeweiligen Sozius.[24]

21 Ggf. „und der Fachteams".

22 Für den Fall, dass der Sozietätsvertrag keine Regelung enthält, gilt die gesetzliche Regelung (§§ 709, 714 BGB), wonach die Sozietät grundsätzlich von allen Sozien gemeinsam vertreten wird. Selbstverständlich kann auch Einzelvertretung (mit oder ohne Befreiung von Beschränkungen des § 181 BGB) vorgesehen werden. Des Weiteren ist an Beschränkungen im Sinne von §§ 710, 714 BGB, etwa zugunsten der Mitglieder des Gemeinsamen Ausschusses oder zugunsten eines geschäftsführenden Sozius und ggf. den Stellvertretern zu denken.

23 Es empfiehlt sich, die betreffenden Inventarstücke mit dem Namen des Sozius zu versehen, dem sie gehören. Bei Beginn der Sozietät ist festzustellen, welche Gegenstände Sozietätsvermögen sind. Selbstverständlich ist es geboten, diese Listen fortzuschreiben.

24 Hingewiesen wird auf § 11 Abs. 2 sowie auf das Urteil des FG Nürnberg v. 8.3.1994 (EFG 1994, 1023), wonach in dem Fall, dass eine Anwaltssozietät einen Pkw bestellt und auch die Rechnung auf sie ausgestellt ist, die Sozietät die in Rechnung gestellte Umsatzsteuer dennoch nicht als Vorsteuer abziehen kann, wenn der Pkw tatsächlich einem Sozius übergeben wird und dieser entsprechend den Vereinbarungen im Sozietätsvertrag das Alleineigentum (Sonderbetriebsvermögen) an dem Pkw erwirbt. Nach diesem Urteil scheidet beim Pkw-Leasing ein Vorsteuerabzug für die Sozietät ebenfalls aus, wenn ein Sozius selbst Leasingnehmer ist. Angebracht erscheint es, die Rechtslage so zu gestalten, dass der Pkw in das Alleineigentum der Sozietät fällt, der die Anschaffung finanzierende Sozius aber das Recht erhält, den Pkw im Falle einer Liquidation ohne Anrechnung auf seine allgemeine Liquidationsquote vorweg übereignet zu erhalten („Vorwegvermögen").

§ 8 Geldverkehr

Jeder Sozius hat die Aufzeichnungs- und Aufbewahrungspflichten von § 8 Geldwäschegesetz zu beachten[25] und dafür Sorge zu tragen, dass die im Rahmen eines von ihm bearbeiteten Mandates der Sozietät anvertrauten Fremdgelder unverzüglich auf ein als solches gekennzeichnetes Anderkonto übertragen werden.

§ 9 Berufshaftpflicht; Berufshaftpflichtversicherung

(1) Für den Ersatz von Schäden infolge fehlerhafter Berufsausübung haften dem Mandanten bei Mandaten der Sozietät auch die Sozien als Gesamtschuldner. Bei ausnahmsweise nur einem einzelnen Sozius erteilten Mandaten (§ 2 Abs. 4 S. 2) haftet dem Mandanten zwar nur dieser Sozius, die Sozietät und die anderen Sozien sind aber im Innenverhältnis verpflichtet, den mandatierten Sozius so zu stellen, wie er stünde, wenn das Mandat der Sozietät erteilt worden wäre.

(2) Jeder Sozius hat unverzüglich alle übrigen Sozien zu unterrichten, sobald für ihn erkennbar wird, dass die Geltendmachung von Ansprüchen wegen fehlerhafter Berufsausübung droht.

(3) Im Innenverhältnis haftet der Sozius, der den Schaden zu vertreten hat, den anderen Sozien nur dann, wenn ihm Vorsatz oder grobe Fahrlässigkeit, etwa in Bezug auf Abs. 5, zur Last zu legen ist, und nur insoweit, als der Schaden nicht durch die Berufshaftpflichtversicherung gedeckt ist. Sozien, die im Falle des § 16 Abs. 2 S. 1 Hs. 1 i.V.m. Abs. 1 aus der Sozietät ausscheiden, ohne dass die Kündigung durch einen wichtigen Grund veranlasst war, können verlangen, von den in der Sozietät verbliebenen Sozien von jeglicher Haftung für Schadensfälle, die vor ihrem Ausscheiden eingetreten und nicht von ihnen selbst vorsätzlich oder grob fahrlässig verursacht worden sind, freigestellt zu werden. Die Sozien tragen den nach Abzug der Versicherungssumme verbleibenden Schaden im Innenverhältnis entsprechend ihrer quotenmäßigen Beteiligung am Überschuss der Sozietät in dem Zeitpunkt, in dem der Schaden bei der Sozietät eingetreten ist.[26]

(4) Die Sozietät schließt für jeden Sozius und für jeden juristischen Mitarbeiter eine Berufshaftpflichtversicherung ab, deren Deckungssumme ... EUR[27] für jeden Versicherungsfall zu betragen hat, wobei die Leistungen des Versicherers für alle innerhalb eines Versicherungsjahres verursachten Schäden auf ... EUR[28] begrenzt werden darf. Der Berufshaftpflichtversicherungsschutz ist regelmäßig darauf zu überprüfen, ob er noch den aktuellen gesetzlichen Vorgaben entspricht und dem Zuschnitt der Sozietät angemessen erscheint.

(5) Jeder Sozius ist verpflichtet, das mit den von ihm wahrzunehmenden Mandaten konkret verbundene Haftpflichtrisiko zu überprüfen. Zeigt sich ein erhöhtes Risiko, ist dieser Umstand den anderen Sozien anzuzeigen und mit ihnen über die Reaktion darauf zu entscheiden, insbesondere darüber, ob insofern die Versicherungsdeckung erhöht und/oder eine schriftliche Haftungsbegrenzungsvereinbarung mit dem Mandanten angestrebt[29] oder die Mandatsübernahme abge-

25 Des Weiteren kann die Sozietät unter Umständen eine Pflicht zur Bestellung eines Geldwäschebeauftragten gem. § 7 Geldwäschegesetz treffen. Bei wirtschaftsrechtlich ausgerichteten Sozietäten wird das regelmäßig der Fall sein.

26 Es sind selbstverständlich andere Regelungen denkbar, etwa die Schadensverteilung nach den Quoten, die im Zeitpunkt der Verursachung des Schadens galten.

27 Mindestens 250.000 EUR (vgl. § 51 Abs. 4 S. 1 BRAO).

28 Diese Obergrenze muss mindestens 1.000.000 EUR betragen (vgl. § 51 Abs. 4 S. 2 BRAO).

29 Darüber hinaus sollte es im Sozietätsvertrag ausdrücklich festgehalten werden, wenn die Sozien möchten, dass die Sozietät grundsätzlich von der Möglichkeit zur Haftungsbeschränkung gem. § 52 BRAO Gebrauch machen soll.

lehnt werden soll. Bei Meinungsverschiedenheiten gelten die Regelungen aus § 2 Abs. 3 S. 3 und 4.

§ 10 Einnahmen

Sämtliche Einnahmen aus anwaltlicher Tätigkeit (Betriebseinnahmen) fließen der Sozietät zu. Anwaltliche Tätigkeit im Sinne dieses Vertrages ist auch die Tätigkeit als Schiedsrichter, Testamentsvollstrecker, Mitglied eines Aufsichtsrates oder eines Beirates etc. Vergütungen für Tätigkeiten als Fachschriftsteller, Dozent oder Mitglied einer Prüfungskommission stehen dem jeweiligen Sozius zu.[30]

§ 11 Ausgaben

(1) Alle Aufwendungen, die durch den Betrieb der Sozietät veranlasst werden, sind Betriebsausgaben der Sozietät (Betriebsausgaben I). Dazu zählen auch die Beiträge zu Rechtsanwaltskammer, Anwaltverein und ähnlichen nationalen wie internationalen Organisationen und Instituten, die Prämien für mit der Berufsausübung zusammenhängenden Versicherungen einschließlich der Prämien für Versicherungen bei der Verwaltungsberufsgenossenschaft. Das Gleiche gilt für Aufwendungen für die Teilnahme eines Sozius an Fortbildungsveranstaltungen, Seminaren, nationalen oder internationalen Anwaltszusammenkünften einschließlich der Reise- und Hotelkosten sowie für die Aufwendungen zur Repräsentation, soweit die Kosten und Aufwendungen im Interesse der Sozietät liegen; im Zweifel entscheidet hierüber der Gemeinsame Ausschuss.

(2) Die Aufwendungen der Sozietät gem. § 7 Abs. 2 (einschließlich des auf die Eigennutzung des Pkws entfallenden Umsatzsteueranteils) sowie die in Abs. 1 genannten Aufwendungen, soweit sie nicht gemeinsame Betriebsausgaben sind, sind persönliche Sonderbetriebsausgaben des betreffenden Sozius und werden als Betriebsausgaben II für den Sozius gesondert erfasst.

§ 12 Verteilung des Überschusses

(1) Der nach Abzug der Betriebsausgaben verbleibende Überschuss wird unter die Sozien nach Maßgabe der jeweils unter ihnen geltenden Quotenvereinbarung (Anlage zu § 12) verteilt.[31] Die Quote jedes Sozius wird in Punkten ausgedrückt. Der Anteil jedes Sozius am Ergebnis bestimmt sich nach dem Verhältnis seiner Punktzahl zu der Summe der Punkte aller Sozien. Sozien, die der

30 Grundsätzlich sollten alle mit der Berufstätigkeit zusammenhängenden Einnahmen in die Sozietät fließen. Eine Ausnahme für die genannten Tätigkeiten rechtfertigt sich, weil sie im Interesse der Sozietät – oder der Anwaltschaft – liegen, regelmäßig außerhalb der normalen Arbeitszeit des Sozius geleistet werden und die Vergütungen verhältnismäßig gering sind.

31 Viele überörtliche Sozietäten bilden örtliche „profit centers" und verteilen den Überschuss auf Ortsebene. Dies läuft jedoch dem Anliegen der Integration zuwider.

Sozietät seit mindestens zehn Jahren angehören, soll in der Regel die Höchstpunktzahl zustehen.[32]

(2) Sozien, die das 65. Lebensjahr vollendet haben und den Umfang ihrer Tätigkeit gem. § 17 Abs. 1 S. 1 Fall 2 einschränken, sind verpflichtet, einer entsprechenden, angemessenen Herabsetzung ihrer Punktzahl zuzustimmen.

(3) Die Sozien verpflichten sich, von dem Überschuss zunächst eine Rücklage in Höhe der durchschnittlichen Betriebsausgaben der Sozietät für sechs Monate[33] auf ein Sonderkonto zu überführen. Dabei soll der Anteil des einzelnen Sozius an der Rücklage seinem Anteil an dem Überschuss entsprechen. In den ersten zwei Jahren seiner Zugehörigkeit zur Sozietät ist ein Sozius nicht verpflichtet, zu der Rücklage mit mehr als 10 % der monatlich auf ihn entfallenden Überschussanteile beizutragen. Über die Rücklage kann nur der Gemeinsame Ausschuss verfügen.

(4) Die verbleibenden Überschussanteile gem. Abs. 1 werden unter Berücksichtigung der als Betriebsausgaben II auf die einzelnen Sozien entfallenden Beträge monatlich an die Sozien voll ausgezahlt.

(5) Innerhalb von sechs Monaten nach Abschluss eines Geschäftsjahres ist für das abgelaufene Geschäftsjahr eine Abrechnung als Überschuss der Einnahmen über die Ausgaben (§ 4 Abs. 3 EStG) zu erstellen. Die Abrechnung wird aufgrund eines Beschlusses der Sozien verbindlich.

§ 13 Urlaub

Jeder Sozius hat Anspruch auf einen Jahresurlaub von ... Tagen und nach Vollendung des ... Lebensjahres auf ... zusätzliche Urlaubstage. Die Sozien sind verpflichtet, untereinander eine Abstimmung über den Zeitpunkt des Urlaubs herbeizuführen. Dabei ist auf Sozien mit schulpflichtigen Kindern Rücksicht zu nehmen.

32 In Betracht kommt – unter vielen anderen Möglichkeiten – eine Verteilung des Überschusses (und ggf. des Verlustes) nach Prozentsätzen. Eine solche Regelung sollte flexibel gehalten und in bestimmten Zeiträumen überprüft werden. Das Punktesystem erscheint wesentlich flexibler als die Verteilung nach Prozentsätzen. Bei der Verteilung der Punkte können besondere Aspekte berücksichtigt werden wie Leistung, Verdienst um Aufbau der Sozietät im Allgemeinen oder einer besonderen Sparte. Der Überschuss wird durch die Gesamtzahl der Punkte geteilt, die unter oder über 100 liegen kann. Die Änderung der Punktzahl für den einzelnen Sozius wie auch die Zuteilung von Punkten an neue Sozien ist einfacher als die Änderung von Prozentsätzen. Die Regelung, dass ein junger Sozius regelmäßig nach zehn Jahren die Höchstpunktzahl erreicht und diese Punktzahl bis zu seinem Ausscheiden aus der Sozietät oder einer Reduzierung seiner Tätigkeit bestehen bleibt (sog. Lockstep), hat erhebliche Vorteile. Sie vermeidet es, dass Schwankungen in der Leistungsfähigkeit eines Sozius, aus welchen Gründen auch immer, je nach Anlass zu Änderungen der Punktzahl führen. Bei allen Regelungen sollte berücksichtigt werden, dass eine Sozietät nur funktionieren und florieren kann, wenn alle Sozien damit einen für sich ausreichenden Lebensstandard bestreiten können und das Gefühl einer fairen Regelung haben.

33 Eine Rücklage in der Höhe der Betriebsausgaben für einige Monate gibt der Sozietät Sicherheit gegenüber stark schwankenden Einnahmen. Die Höhe der Rücklage sollte keinesfalls auf einen kürzeren Zeitraum begrenzt werden, um zu vermeiden, dass die Sozien bei vorübergehend geringeren Einnahmen Beiträge aus dem privaten Vermögen einzahlen müssen, um die laufenden Betriebsausgaben zu decken. Wird die Rücklage wegen schwankender Einnahmen oder für besondere, nicht durch die laufenden Einnahmen gedeckten Investitionen auf einstimmigen Beschluss der Sozien in Anspruch genommen, so ist sie anschließend vor der Auszahlung von Überschüssen an die Sozien wieder aufzufüllen.

§ 14 Erkrankung eines Sozius

(1) Jeder Sozius schließt eine Berufsunfallversicherung[34] sowie zur Deckung des außerberuflichen Unfallrisikos eine private Unfallversicherung[35] ab. Jeder Sozius ist außerdem gehalten, eine private Krankenversicherung abzuschließen.

(2) Ist die Arbeitskraft eines Sozius durch Krankheit, Gebrechen oder aus anderen Gründen seit über sechs Monaten erheblich gemindert, so können die übrigen Sozien von ihm eine angemessene Herabsetzung seiner ihm nach § 12 Abs. 1 zustehenden Quote verlangen. Das Verlangen bedarf einer Mehrheit von 75 % der Stimmen aller anderen Sozien.

§ 15 Aufnahme weiterer Sozien

Die Sozietät kann durch die Aufnahme weiterer Rechtsanwälte oder Angehöriger anderer freier Berufe, mit denen Rechtsanwälte eine Sozietät eingehen können, erweitert werden. Die Aufnahme bedarf einer Mehrheit von 90 % aller Sozien sowie der Einstimmigkeit der Sozien des betreffenden örtlichen Büros.[36]

§ 16 Kündigung; Ausscheiden[37]

(1) Jeder Sozius kann seine Mitgliedschaft in der Sozietät gegenüber allen anderen Sozien unter Einhaltung einer Frist von ... Monaten[38] auf das Ende eines Kalenderjahres ordentlich kündigen. Das Recht zur Kündigung aus wichtigem Grund gem. § 723 Abs. 1 S. 2 BGB bleibt unberührt.

(2) Die Mitgliedschaft eines Sozius in der Sozietät kann grundsätzlich von allen übrigen Sozien gemeinsam unter Einhaltung einer Frist von ... Monaten auf das Ende eines Kalenderjahres ordentlich gekündigt werden, bei Vorliegen eines wichtigen Grundes auch außerordentlich ohne Einhaltung dieser Frist. Gegenüber einem Sozius, welcher der Sozietät mehr als zehn Jahre[39] angehört und seine Mitarbeit nicht eingestellt hat und der weder berufsunfähig geworden noch auf Dauer erkrankt ist, ist die ordentliche Kündigung ausgeschlossen, mithin nur eine außerordentliche Kündigung bei Vorliegen eines wichtigen Grundes möglich. Als wichtiger Grund gilt es stets, wenn ein Sozius nach seiner Aufnahme in die Sozietät heiratet, ohne im Zusammenhang mit der Eheschließung oder binnen angemessener Frist danach eine Vereinbarung entsprechend § 1 Abs. 3 S. 2 zu treffen.

34 Bei der VBG (Verwaltungs-Berufsgenossenschaft, Hamburg).

35 Die Prämien zur Privatunfallversicherung sollten aus Privatmitteln gezahlt werden, damit die Versicherungsleistungen im privaten Bereich anfallen und daher steuerfrei vereinnahmt werden können. In der Privatunfallversicherung empfiehlt es sich, das Todesrisiko und das Invaliditätsrisiko etwa im Verhältnis 1:3 abzusichern. Große Sozietäten sollten versuchen, Prämienrabatte zu erreichen. Wichtig ist es zu bestimmen, wer im Versicherungsfall bezugsberechtigt sein soll.

36 Ggf. „und des betreffenden Fachteams". Für sehr große Sozietäten kann es sich empfehlen, die Quoten für die Aufnahme neuer Sozien herabzusetzen.

37 Bei den nachfolgenden Ausscheidensfolgen wurde bewusst von einem Wettbewerbsverbot abgesehen. Ein solches wäre ohnehin nur in engen Grenzen zulässig (zuletzt BGH AnwBl. 2005, 715). Es wäre auch im Kontext der Mandantenmitnahmeklausel (Abs. 6) und der Abfindungsregelung (§ 18) zu sehen.

38 Erfahrungsgemäß ist es nicht sinnvoll, den Zeitraum über drei oder sechs Monate auszudehnen. Zu den Grenzen für die zeitliche Einschränkung des Kündigungsrechts bei Anwaltssozietäten vgl. BGH ZIP 2006, 2316; *Goette*, ZGR 2008, 436, 442.

39 Bei Festlegung des Zeitraumes ist zu berücksichtigen, wie lange der Sozius bereits vor Aufnahme in die Sozietät als Angestellter tätig war.

(3) Kündigungen bedürfen der Schriftform. In Fällen des Abs. 2 bedarf die Kündigung der persönlichen Unterzeichnung durch alle übrigen Sozien.[40]

(4) Kündigungen führen zum Ausscheiden des betreffenden Sozius. Die Sozietät wird unter den verbleibenden Sozien fortgesetzt. Erscheint der Name des ausgeschiedenen Sozius im Namen der Sozietät, so ist die Sozietät berechtigt, ihren bisherigen Sozietätsnamen weiterzuführen, es sei denn, es stehen wichtige Gründe entgegen. Eine anderweitige Anwaltstätigkeit des Ausscheidenden gilt nicht als ein solcher wichtiger Grund, auch dann nicht, wenn sie nach diesem Vertrag zulässig ist.[41]

(5) Die Regelungen in Abs. 4 gelten entsprechend, wenn ein Sozius verstirbt.

(6) Scheidet ein Sozius infolge Kündigung aus der Sozietät aus, so sind alle Sozien einschließlich des Ausscheidenden verpflichtet, den ernsthaften Versuch zu unternehmen, sich darüber zu verständigen, welche von dem ausscheidenden Sozius begründeten oder allein oder gemeinsam mit anderen betreuten Mandatsverhältnisse ihm unter dem Vorbehalt der Zustimmung durch die betroffenen Mandanten übertragen werden sollen. Kommt eine Verständigung darüber nicht innerhalb eines Monats ab Kündigung zustande, so haben die Sozien alle von dem ausscheidenden Sozius begründeten oder allein oder gemeinsam mit anderen betreuten Mandanten darüber zu befragen, ob der ausscheidende Sozius oder die Sozietät künftig die jeweiligen laufenden Sachen bearbeiten sollen. Kommt auch über die Art und Weise der Befragung oder den Kreis der zu befragenden Mandanten keine Verständigung zustande, so hat die Befragung in einem gemeinsamen Rundschreiben an alle diejenigen Mandanten zu erfolgen, die der ausscheidende Sozius hierfür benannte und für die er im letzten Jahr vor seinem Ausscheiden tätig war. Kommt auch über ein solches Rundschreiben innerhalb von zwei Monaten ab Kündigung keine Verständigung zustande und hat auch innerhalb eines weiteren Monats ein Vermittlungsversuch des Vorstandes der zuständigen Rechtsanwaltskammer[42] keinen Erfolg, so dürfen sowohl die Sozietät als auch der ausscheidende Sozius durch ein sachlich gehaltenes Schreiben einseitig die Entscheidung aller derjenigen Mandanten einholen, deren Mandatsbeziehung der ausscheidende Sozius auf sich überzuleiten wünscht. Dasselbe Verfahren ist im Falle der Auflösung der Sozietät in Bezug auf alle Mandate aller Sozien durchzuführen.

§ 17 Einstellen der Mitarbeit wegen Erkrankung, Berufsunfähigkeit und Alters

(1) Jeder Sozius kann durch Erklärung gegenüber allen anderen Sozien zum Ablauf jedes Kalenderjahres nach Vollendung des 65. Lebensjahres seine Mitarbeit in der Sozietät einstellen (Eintritt in den Ruhestand) oder einschränken. Die Erklärung muss den anderen Sozien mindestens sechs Monate vor dem Ablauf des betreffenden Kalenderjahres zugegangen sein. Mit dem Ablauf des Kalenderjahres, in dem der Sozius das 72. Lebensjahr vollendet hat, tritt er ohne Weiteres in den Ruhestand; eine hiervon abweichende Vereinbarung bedarf einer Mehrheit von 75 % der Stimmen aller Sozien.

40 Bei sehr großen Sozietäten kann es sich empfehlen, das Quorum für den Kündigungsbeschluss auf 75 % der Stimmen aller Sozien herabzusetzen und die Unterzeichnungen der Kündigungserklärung auf die Mitglieder des Gemeinsamen Ausschusses zu beschränken.

41 Es ist sinnvoll, dies (so oder entgegengesetzt) ausdrücklich, ggf. mit einer Übergangsfrist für die bisherige Namensführung, festzulegen.

42 Im Falle einer Sozietät mit Mitgliedern anderer Berufe (z.B. Wirtschaftsprüfer, Steuerberater) sollte eine Vorschrift aufgenommen werden dahingehend, dass die Wirtschaftsprüferkammer bzw. Steuerberaterkammer und die Rechtsanwaltskammer einen Einigungsversuch herbeiführen sollen.

(2) Wird ein Sozius vor Eintritt in den Ruhestand ganz oder überwiegend berufsunfähig, kann er durch Beschluss der anderen Sozien in den vorzeitigen Ruhestand versetzt werden. Das Gleiche gilt, wenn dies zur Vermeidung von Nachteilen für die Sozietät notwendig erscheint und der Sozius das 65. Lebensjahr vollendet hat. Der Beschluss bedarf einer Mehrheit von 75 % der Stimmen aller anderen Sozien.

(3) Durch seinen Eintritt in den Ruhestand scheidet der betreffende Sozius aus der Sozietät aus.[43] Es gelten die Rechtsfolgen des § 16 Abs. 4 und Abs. 6 entsprechend.

§ 18 Auseinandersetzungsguthaben

(1) Scheidet ein Sozius, gleichgültig aus welchen Gründen, aus der Sozietät aus, so haben er bzw. seine Erben Anspruch auf

(a) die Auszahlung des Guthaben-Saldos der für den betreffenden Sozius von der Sozietät geführten Konten und
(b) seinen Anteil an der Rücklage (§ 12 Abs. 3) gemäß den ertragsteuerlichen Buchwerten des Sozietätsvermögens – ausschließlich Forderungen – am Ende des Jahres, in dem der Sozius aus der Sozietät ausscheidet.[44]

(2) Weitere Ansprüche sind ausgeschlossen, insbesondere Ansprüche auf Beteiligung an den laufenden Mandaten (§ 740 BGB) und auf Befreiung von den gesellschaftsrechtlichen Verbindlichkeiten (§ 738 Abs. 1 S. 2 BGB). Jedoch hat der ausscheidende Sozius Anspruch auf Freistellung von der Haftung für sonstige Verbindlichkeiten der Sozietät.

§ 19 Schiedsgericht

Streitigkeiten zwischen den Sozien oder zwischen einem Sozius oder mehreren Sozien und der Sozietät werden unter Ausschluss des ordentlichen Rechtsweges durch ein Schiedsgericht entschieden. Es gilt der diesem Vertrag in Kopie als Anlage zu § 19 beigefügte Schiedsvertrag.[45]

43 Ein sofortiges Ausscheiden von in Ruhestand tretenden Sozien kann auf der einen Seite zwar nachteilige steuerliche Folgen für sie haben (z.B. vorzeitige Versteuerung anteiliger stiller Reserven etwa im Betriebsgebäude, Sofortbesteuerung des Barwertes der Pension). Auf der anderen Seite kann durch die Einrichtung einer reinen Ruheständler-Gesellschaftszugehörigkeit eine steuerliche Qualifizierung der gesamten Sozietät als Gewerbebetrieb drohen (siehe dazu BRAK-Ausschuss Steuerrecht, Standortbestimmung: Gefahr der Gewerblichkeit für Kanzleien – Abfärberegelung des § 15 Abs. 3 Nr. 1 EStG, Stand: Dezember 2020, 3). Daher sollte im Zweifel dem Zug der Zeit folgend ein sofortiges Ausscheiden vorgesehen und auch auf Versorgungsregelungen gänzlich verzichtet oder auf Versicherungsmodelle ausgewichen werden. Mit der Einführung der Altersversorgung der Anwälte durch Ländergesetze (z.B. das Gesetz über das Versorgungswerk der Rechtsanwältinnen und Rechtsanwälte in der Freien und Hansestadt Hamburg (RAVersG) v. 21.11.2000) hat die sozietätsvertragliche Versorgungsregelung ohnehin viel von ihrer früheren Bedeutung verloren. Hinzu kommt, dass Sozietäten in der Praxis zunehmend als bloße Verbindung auf Zeit gesehen werden.

44 Auf die Vereinbarung eines besonderen Abfindungsentgelts wird verzichtet, weil auch der Eintritt eines neuen Sozius nicht mit irgendwelchen Leistungen verbunden ist und insbesondere, weil der Ausscheidende zur „Mitnahme" von Mandanten gem. § 16 Abs. 6 berechtigt ist; dies rechtfertigt grundsätzlich den Ausschluss von einer Beteiligung am Geschäftswert der Sozietät (OLG Bremen DStR 1992, 78; BGH NJW 1995, 1551). Denkbar wäre eine zusätzliche Geschäftswertabgeltung in Form eines Pauschalbetrages, z.B. eines Prozentsatzes des durchschnittlichen Umsatzes der letzten Jahre. Eine Kumulierung von Mandantenmitnahme und Geschäftswertabgeltung ist jedenfalls zu vermeiden, etwa durch Anrechnung künftiger Honorareinnahmen auf ein evtl. Abfindungsentgelt.

45 Diese „Auskopplung" hat unter anderem den Vorteil, jeglichem Streit um die Reichweite des Verbraucherbegriffs in § 1031 Abs. 5 ZPO in Verbindung mit § 13 BGB weiträumig aus dem Wege zu gehen.

Anlage zu § 19

[...]

1. Über alle Meinungsverschiedenheiten, welche sich zwischen den Sozien oder zwischen einem Sozius oder mehreren Sozien und der Sozietät aus oder im Zusammenhang mit dem Sozietätsvertrag, insbesondere über dessen Rechtsgültigkeit, nachträgliche Unwirksamkeit, Inhalt, Auslegung, Durchführung oder die Rechtmäßigkeit von Beschlüssen, ergeben sollten, entscheidet unter Ausschluss des ordentlichen Rechtsweges ein dreigliedriges Schiedsgericht mit dem Sitz in dem Bezirk, in welchem sich das in der Präambel des Sozietätsvertrags zuerst erwähnte Büro der Sozietät befindet.
2. Das Schiedsgericht ist befugt, Lücken des Sozietätsvertrags, auch solche, die sich aus einer grundlegenden Änderung der tatsächlichen und/oder rechtlichen Verhältnisse ergeben sollten, mit Wirkung für und gegen alle Sozien und die Sozietät auszufüllen. Dabei soll das Schiedsgericht unter Zugrundelegung des im Übrigen zum Ausdruck gekommenen Willens der Sozien in billiger Weise deren Interessen Rechnung tragen.
3. Jeder Schiedsrichter muss zur Ausübung des Richteramts befähigt sein. Die Ernennung der Schiedsrichter erfolgt gemäß nachstehenden Regelungen:
   a) Bei Schiedsverfahren mit zwei Parteien ernennt jede Partei einen Schiedsrichter.
   b) Wenn mehrere Sozien oder ein Sozius und die Sozietät das schiedsgerichtliche Verfahren einleiten wollen, haben sie einen gemeinsamen Schiedsrichter zu ernennen, widrigenfalls keiner der von ihnen ernannten Schiedsrichter als wirksam ernannt gilt.
   c) Wird das schiedsgerichtliche Verfahren gegen mehrere andere Sozien oder gegen einen Sozius und die Sozietät als gemeinsame Schiedsbeklagte betrieben, so haben diese einen gemeinsamen Schiedsrichter zu ernennen, widrigenfalls keiner der von ihnen ernannten Schiedsrichter als wirksam ernannt gilt. § 1035 Abs. 3 S. 3 ZPO gilt in diesem Fall mit der Maßgabe, dass das Gericht nicht nur für die gemeinsamen Schiedsbeklagten einen Schiedsrichter zu bestellen hat, sondern auch einen (neuen) Schiedsrichter für die Klägerseite.
4. Im Übrigen gelten die gesetzlichen Bestimmungen über das schiedsrichterliche Verfahren (§§ 1025 ff. ZPO).

[Unterschriften]

§ 20 Schlussbestimmungen

(1) Ansprüche aus diesem Vertrag können weder abgetreten werden noch verpfändet noch mit einem Nießbrauch belastet werden.

(2) Mündliche Nebenabreden bestehen nicht. Sämtliche Änderungen dieses Vertrages bedürfen zu ihrer Gültigkeit der Schriftform. Dies gilt insbesondere auch für die Aufhebung dieses Formerfordernisses.

(3) Sollte eine Bestimmung dieses Vertrages unwirksam sein oder werden, so bleibt der Vertrag im Übrigen wirksam. In einem solchen Falle sind die Sozien verpflichtet, an der Schaffung einer Bestimmung mitzuwirken, durch die ein der unwirksamen Bestimmung wirtschaftlich möglichst nahekommendes Ergebnis rechtswirksam erzielt wird.

B.6 MUSTERVERTRAG FÜR EINE PARTNERSCHAFT MIT BESCHRÄNKTER BERUFSHAFTUNG

RECHTSANWALT DR. KLAUS OEPEN, HAMBURG
RECHTSANWÄLTIN DR. DANIELA BRAMKAMP, HAMBURG

Die Partnerschaftsgesellschaft (**Partnerschaft**) ist eine sich von den Handelsgesellschaften einerseits und der Gesellschaft bürgerlichen Rechts andererseits unterscheidende Form der Personengesellschaft. Geschaffen wurde sie durch das am 1.7.1995 in Kraft getretene „Gesetz über Partnerschaftsgesellschaften Angehöriger Freier Berufe (Partnerschaftsgesellschaftsgesetz – PartGG)", das inzwischen mehrfach, zuletzt durch Gesetz vom 22.12.2015, geändert wurde, wobei den Änderungen der Haftungsverfassung durch die Novelle vom 22.7.1998 und durch die Novelle vom 15.7.2013 herausragende Bedeutung zukommt.

Nicht selten entsteht eine Partnerschaft aus einer schon vorhandenen Sozietät, also einer Gesellschaft bürgerlichen Rechts (**GbR**), typischerweise durch formwechselnde Umwandlung (siehe § 2 Abs. 2 Hs. 2 PartGG). Aus diesem Grund ist das nachfolgende Vertragsmuster auf eine solche Situation zugeschnitten. Wie die originäre Gründung einer Partnerschaft setzt auch die formwechselnde Umwandlung einer bestehenden Sozietät in eine Partnerschaft voraus, dass alle Gesellschafter einen schriftlichen Partnerschaftsvertrag abschließen (§ 3 Abs. 1 PartGG), in dem sie mindestens den Namen der Partnerschaft und ihren Sitz, den Gegenstand der Partnerschaft und den vollen Namen eines jeden Partners unter Angabe seines in der Partnerschaft ausgeübten Berufs und seines Wohnorts bezeichnen müssen (§ 3 Abs. 2 PartGG). Der Name der Partnerschaft muss den Namen mindestens eines Partners, den Zusatz „und Partner" oder „Partnerschaft" sowie die Berufsbezeichnung aller in der Partnerschaft vertretenen Berufe enthalten (§ 2 Abs. 1 PartGG). Die Partnerschaft ist von allen Partnern zur Eintragung in das Partnerschaftsregister anzumelden (§ 4 PartGG). In das Partnerschaftsregister werden die genannten Mindestangaben des Partnerschaftsvertrages sowie das Geburtsdatum eines jeden Partners und die Vertretungsmacht der Partner eingetragen (§ 5 Abs. 1 PartGG). Im Verhältnis zu Dritten wird die Partnerschaft erst mit ihrer Eintragung in das Partnerschaftsregister wirksam (§ 7 Abs. 1 PartGG – § 123 Abs. 2 HGB findet keine Anwendung).

Sollen einzelne Partner bei Gründung der Partnerschaft ihnen bisher allein zustehende Vermögensgegenstände in die Partnerschaft einbringen, so gelten für die dazu erforderlichen Übertragungsakte die allgemeinen Vorschriften. Die Partnerschaft als solche ist in der Lage, unter ihrem Namen Rechte zu erwerben, Verbindlichkeiten einzugehen und vor Gericht zu klagen und verklagt zu werden; sie ist grundbuchfähig (§ 7 Abs. 2 PartGG i.V.m. § 124 HGB). Einzubringende Grundstücke müssen an die Partnerschaft aufgelassen werden. Entsteht die Partnerschaft durch formwechselnde Umwandlung aus einer Sozietät, so ist die Partnerschaft als Rechtsträger des gemeinschaftlichen Vermögens und als Haftungsadressat identisch mit der vormaligen Sozietät. Das gilt auch für Grundstücke, als deren Eigentümer die vormalige Sozietät in das Grundbuch eingetragen worden ist; das Grundbuch ist lediglich zu berichtigen.

Gesetzgeberischer Beweggrund für die Schaffung der Partnerschaftsgesellschaft war es von Anfang an, wie den Gewerbetreibenden auch den Freiberuflern eine Personengesellschaftsform mit Haftungsprivilegierung gegenüber GbR (OHG) zur Verfügung zu stellen. Die ursprüngliche Fassung des PartGG hielt insofern allerdings nur die Möglichkeit bereit, die persönliche Mithaftung der Partner für berufliche Fehlleistungen auch durch Allgemeine Geschäftsbedingungen (**AGB**) auf diejenigen Partner zu beschränken, denen die Fehlleistung vorzuwerfen war. Diese Vergünstigung war noch nicht wirklich hilfreich und verlieh der Rechtsform Partnerschaft noch kaum Attraktivität: Eine Haftungsbegrenzung durch AGB einzuführen, ist kaum leichter durchführbar als der immer mögliche individualvertragliche Abschluss einer Haftungsbegrenzungsvereinbarung. Durch die Novelle von 1998 wurde die Rechtslage aus Partnersicht betrachtet dann immerhin schon erheblich verbessert: Seitdem sieht das Gesetz bereits selbst vor, dass die Partner-Mithaftung für fehlerhafte Bearbeitung von Partnerschafts-Mandaten auf die (nicht nur untergeordnet eingebundenen) Bearbeiter des betreffenden Mandats beschränkt ist (bloße Bearbeiter-Mithaftung). Seit der Novelle von 2013 steht Partnerschaften nun sogar die Möglichkeit offen, auch noch die Bearbeiter-Mithaftung einseitig auszuschließen. Dazu müssen lediglich zwei Voraussetzungen eingehalten werden: Zum einen muss der Name der Partnerschaft einen die Haftungsbeschränkung anzeigenden Rechtsformvariantenzusatz enthalten (etwa in der Langfassung: „Partnerschaft mit beschränkter Berufshaftung" oder auch in einer Kurzfassung wie: „PartG mbB"). Zum anderen muss die PartG mbB eine eigene Berufshaftpflichtversicherung unterhalten, für die in puncto Mindestversicherungssumme je Einzelfall und in puncto zulässige Jahreskappungsgrenze für die Versicherungsleistungen zehnmal bzw. – abhängig von der Anzahl der Partner – mindestens zehnmal so strenge Vorgaben gelten wie für die Berufshaftpflichtversicherung des einzelnen Anwalts (§ 51 a BRAO vs. § 50 BRAO).

Die von den Partnern auf diese Weise „erkaufte" Befreiung von der Haftung *neben der Partnerschaft gegenüber dem Mandanten* (Befreiung im Außenverhältnis) ist für die Partner im Endeffekt nur etwas wert, wenn die Partner auch von ihrer Haftung *gegenüber der Partnerschaft wegen deren Haftung gegenüber dem Mandanten* (§§ 280, 735, 739 BGB in Verbindung mit § 1 Abs. 4 PartGG) befreit sind (Befreiung im Innenverhältnis). Daraus abzuleiten, dass die Wahl der Rechtsformvariante PartG mbB grundsätzlich auch als stillschweigende Einigung der Partner über die Befreiung im Innenverhältnis auszulegen sei, erscheint naheliegend, aber trotzdem nicht zwingend. Deshalb ist dringend anzuraten, im Gesellschaftsvertrag ausdrücklich zu bestimmen, dass bzw. inwieweit die Partner von den verschiedenen Formen des Regresses im Innenverhältnis befreit sein sollen (siehe § 7 des nachstehenden Vertragsmusters).

Im Unterschied zu anderen Personengesellschaften gilt bei der Partnerschaft für den Abschluss wie auch für nachträgliche Änderungen des Partnerschaftsvertrags ein gesetzliches Schriftformerfordernis (§ 3 Abs. 1 PartGG), dessen Verletzung zur Nichtigkeit führt (§ 125

S. 1 BGB). Diese Besonderheit wird in der Praxis häufig übersehen. Sie gilt vielen als rechtspolitisch verfehlt und wird voraussichtlich im Zuge der geplanten Rundum-Revision des Personengesellschaftsrechts beseitigt werden (s. Art. 65 Nr. 3 des Entwurfs der Bundesregierung für ein Gesetz zur Modernisierung des Personengesellschaftsrechts – RegE MoPeG).

Präambel

Die in ... als Gesellschaft des bürgerlichen Rechts bestehende Sozietät der Rechtsanwälte ... [Namen der Sozien] hat ihre Umwandlung in eine Partnerschaftsgesellschaft mit beschränkter Berufshaftung (Partnerschaft mbB) im Sinne von § 8 Abs. 4 des Partnerschaftsgesellschaftsgesetzes beschlossen und die Eintragung dieser Partnerschaft in das Partnerschaftsregister beantragt.

Für die mit der Eintragung der Partnerschaft in das Partnerschaftsregister entstehende Partnerschaft wird vereinbart:

§ 1 Name, Zusammensetzung und Sitz der Partnerschaft

(1) Die Partnerschaft führt den Namen „Meier Müller Lehmann Partnerschaft von Rechtsanwälten mbB".[1] Partner sind die Rechtsanwälte [a) Vorname, Nachname, Wohnort; b) Vorname, Nachname, Wohnort etc.]. Die Partnerschaft hat ihren Sitz in .... Sie kann Zweigniederlassungen errichten.

(2) Partner, deren Namen im Namen der Partnerschaft enthalten sind, gestatten für den Fall ihres Ausscheidens allen, auch zukünftigen Partnern, ihren Namen im Namen der Partnerschaft weiterhin unentgeltlich fortzuführen, soweit nicht im Einzelfall ein wichtiger Grund entgegensteht.[2] Dies gilt unbeschadet einer Änderung des Namens der Partnerschaft im Übrigen und auch für den Fall, dass Angehörige anderer freier Berufe als Partner in die Partnerschaft eintreten. Dessen ungeachtet hat die Partnerschaft das Recht, ihren Namen jederzeit durch Beschluss gem. § 4 Abs. 3 dieses Vertrages zu ändern.

(3) Partner können nur zugelassene Rechtsanwältinnen und Rechtsanwälte sein[3]. Die Aufnahme von Angehörigen anderer freier Berufe ist nur mit Zustimmung aller Partner möglich.

(4) Verheiratete können nur dann Partner sein, wenn sie für ihre Ehe eine Vereinbarung getroffen haben, welche sicherstellt, dass die Beteiligung an der Partnerschaft im Falle einer Scheidung weder in die Berechnung eines Zugewinnausgleichs einbezogen wird noch Gegenstand von Auskunftsansprüchen des anderen Ehegatten sein kann (siehe § 14 Abs. 2 S. 3).

1 Der Name der Partnerschaft muss nach (noch) geltendem Recht den Familiennamen mindestens eines Partners, den Zusatz „und Partner", „Partnerschaft", „Part" oder „PartG" mit zusätzlichem Hinweis auf die beschränkte Berufshaftung (etwa „mit beschränkter Berufshaftung" bzw. abgekürzt „mbB") sowie die Berufsbezeichnung aller in der Partnerschaft vertretenen Berufe enthalten (siehe §§ 2 Abs. 1, 8 Abs. 4 S. 3 PartGG). Benutzt die Partnerschaft zum Beispiel auf dem Briefpapier neben ihrem Namen außerdem Hinweise auf die Namen ihrer Mitglieder, dann müssen die Namen der Mitglieder (Partner) vollständig und richtig bezeichnet werden. Wenn außerdem Nichtpartner aufgeführt werden, muss dies auf geeignete Weise kenntlich gemacht werden, um auszuschließen, dass sie als Scheinpartner behandelt werden.

2 Vgl. hierzu auch die Regelung in § 14 Abs. 4 S. 3 und 4.

3 Der vorliegende Vertragsentwurf setzt auf die generische Verwendung des grammatikalischen Maskulinums, um in knappster sprachlicher Form (etwa mit der Bezeichnung „Partner") Personen jeglichen natürlichen Geschlechts einzubeziehen.

§ 2 Gegenstand der Partnerschaft

(1) Gegenstand der Partnerschaft ist die gemeinschaftliche Ausübung des Rechtsanwaltsberufs. Jeder Partner verpflichtet sich, seine Arbeitskraft grundsätzlich vollständig der Partnerschaft zu widmen, die von ihm wahrzunehmenden Mandate unter Einhaltung aller gesetzlichen Vorgaben mit der erforderlichen Sorgfalt zu bearbeiten und sich auf seinen Tätigkeitsgebieten regelmäßig fortzubilden. Wenn ein Partner den Wunsch äußert, einen Teil seiner Arbeitskraft privaten Zwecken zu widmen, und bereit ist, zum Ausgleich sein Recht auf Teilhabe an den Überschüssen der Partnerschaft entsprechend zu ermäßigen, werden die Partner sich redlich darum bemühen, eine dem Wunsch Rechnung tragende, aber auch die Belange der Partnerschaft und der übrigen Partner wahrende Lösung zu vereinbaren.[4]

(2) Wissenschaftliche Tätigkeit einschließlich Lehrtätigkeit, Tätigkeit in berufsständischen Organisationen und in der berufsständischen Selbstverwaltung sowie politische und ehrenamtliche richterliche Tätigkeit sind zulässig, sofern sie ein angemessenes Maß nicht überschreiten.

(3) Jeder Partner ist berufen, über Annahme und Ablehnung von Mandaten zu entscheiden. Bei der Annahme von Mandaten hat jedoch jeder Partner auf das Berufsrecht, insbesondere auf mögliche Interessenkonflikte in der Partnerschaft, aber auch auf etwaige in der Partnerschaft beschlossene Grund-sätze für die Praxisgestaltung und sonstige Belange der Partnerschaft Bedacht zu nehmen. Im Zweifel ist eine Abstimmung mit den übrigen Partnern über die Annahme oder Ablehnung eines Mandates herbeizuführen. Das gilt stets bei Mandaten, die nicht namens der Partnerschaft, sondern namens eines einzelnen Partners übernommen werden sollen. Lassen sich hierbei nicht alle Zweifel ausräumen oder widerspricht auch nur einer der übrigen Partner, so ist das Mandat abzulehnen.[5]

(4) Grundsätzlich werden alle Mandate namens der Partnerschaft übernommen. Das gilt nur nicht für Mandate, die von einem Partner persönlich wahrgenommen werden müssen (z.B. als Notar, Schiedsrichter, Mediator, Testamentsvollstrecker, Insolvenzverwalter, Aufsichts- oder Beiratsmitglied, Sequester, Nachlassverwalter oder als Verteidiger in Straf- und Bußgeldverfahren); solche Mandate binden allein den jeweils beauftragten einzelnen Partner.

(5) Alle Partner haben sich gegenseitig fortlaufend über alle neuen Mandate und alle für die Partnerschaft wichtigen Vorkommnisse zu unterrichten.

(6) Jeder Partner kann in die Buchhaltung und deren Unterlagen sowie in die von der Partnerschaft oder den einzelnen Partnern geführten Akten Einsicht nehmen, soweit nicht im Einzelfall aus berufsrechtlichen Gründen eine Geheimhaltungsverpflichtung des mandatierten Partners besteht.[6]

4 Die Anregung zu dieser Öffnungsklausel verdanken die Entwurfsverfasser dem Aufsatz von *Hirtz*, Neue Juristengeneration: Anpassungsbedarf für Sozietätsverträge, AnwBl. 2020, 600 f.

5 Dieses Muster ist auf die örtliche Partnerschaft zugeschnitten. Für die überörtliche Partnerschaft bieten sich Anleihen aus dem Muster für eine überörtliche Sozietät an. Dementsprechend könnte es an dieser Stelle lauten: „Im Zweifel ist eine Empfehlung des Gemeinsamen Ausschusses über die Annahme oder Ablehnung eines Mandats herbeizuführen. Lassen sich hierbei Zweifel nicht ausräumen oder widerspricht auch nur ein Partner einer Annahmeempfehlung, so ist das Mandat abzulehnen."

6 Das ist zum Beispiel bei Partnerschaften mit Mitgliedern anderer partnerschaftsfähiger Berufe (Patentanwälte, Steuerberater, Wirtschaftsprüfer etc., vgl. § 59 a Abs. 1 und 2 BRAO) oder bei entsprechenden Vorgaben des Mandanten relevant.

§ 3 Geschäftsführung und Vertretung

(1) Grundsätzlich ist jeder Partner zur Führung der Geschäfte der Partnerschaft berechtigt. Als Geschäfte im Sinne dieses Paragrafen gelten nur diejenigen Geschäfte und geschäftsähnlichen Handlungen, die nicht unmittelbar die Berufsausübung oder Amtstätigkeit betreffen („sonstige Geschäfte" im Sinne von § 6 Abs. 2 PartGG).

(2) Wird einem Geschäft, das ein Partner beabsichtigt, von einem anderen Partner widersprochen, so entscheidet die Partnerschaft durch Mehrheitsbeschluss darüber, ob und mit welchen Maßgaben das beabsichtigte Geschäft durchgeführt werden soll. Bestehen Zweifel, ob ein beabsichtigtes Geschäft die Billigung aller Partner findet, so ist die Absicht, dieses Geschäft zu tätigen, allen anderen Partnern bekannt zu machen, bevor sie in die Tat umgesetzt wird.

(3) Die Partnerschaft kann durch Mehrheitsbeschluss die Ausführung bestimmter Geschäfte im Einzelfall bestimmten Partnern zuordnen.

(4) Bei der Abgabe rechtsgeschäftlicher Erklärungen wird die Partnerschaft von zwei Partnern gemeinschaftlich vertreten.[7]

(5) Einzelne Partner können aus wichtigem Grund durch Beschluss mit einer Mehrheit von drei Vierteln aller Partner von der Geschäftsführung und Vertretung der Partnerschaft ausgeschlossen werden.

§ 4 Beschlussfassung in der Partnerschaft

(1) Für alle Beschlüsse über grundsätzliche oder besonders wichtige Gegenstände ist die Zustimmung aller Partner erforderlich,[8] sofern nicht in diesem Vertrag etwas anderes bestimmt ist. Solche besonders wichtigen Gegenstände sind insbesondere: Aufnahme neuer Partner, Änderungen des Partnerschaftsvertrags, Änderung der Regelung über die Überschussverteilung, Definition von Ziel und Struktur der Partnerschaft, Eingehen von Kooperationsverhältnissen, Eröffnung weiterer Büros, Einstellung anwaltlicher Mitarbeiter,[9] Abschluss eines Mietvertrages über die Büroräume, Einstellung eines Bürovorstehers, Käufe oder Leasing technischer Anlagen im Wert von im Einzelfall mehr als ... EUR, Zuweisung bestimmter Aufgaben zur alleinigen Entscheidung durch einen einzelnen Partner oder durch mehrere Partner (Partnerschaftsausschuss).

(2) Beschlüsse betreffend die Erledigung laufender Arbeiten und Geschäfte, wie z. B. die Anschaffung von Büromaterialien unterhalb der im vorstehenden Absatz genannten Grenze, von Büchern und Zeitschriften in physischer oder elektronischer Form, technischen Geräten, die Buchung von Fachanwaltskursen oder sonstigen Fortbildungsveranstaltungen, die Einstellung von nicht juristischen Mitarbeitern, mit Ausnahme eines Bürovorstehers, werden mit der Mehrheit der Stimmen aller Partner gefasst, soweit solche Aufgaben nicht gem. Abs. 1 einem einzelnen Partner oder einem Partnerschaftsausschuss zur alleinigen Entscheidung zugewiesen wurden.

7 Für den Fall, dass der Partnerschaftsvertrag keine Regelung enthält, gilt die gesetzliche Regelung (§ 7 Abs. 3 PartGG, § 125 Abs. 1 HGB), wonach jeder Partner ermächtigt ist, die Partnerschaft einzeln zu vertreten.

8 Insbesondere für größere Partnerschaften dürfte es ratsam sein, für alle oder einen Teil der besonders wichtigen Gegenstände Beschlussfassung durch (qualifizierte) Mehrheiten ausreichen zu lassen.

9 Anwaltliche Mitarbeiter, die weisungsgebunden sind und eine bestimmte Arbeitszeit einzuhalten haben, sind als Angestellte einzustufen, mit der Folge, dass Lohnsteuer und Sozialversicherungsbeiträge abzuführen sind.

(3) Sofern nicht alle Partner mit einer abweichenden Form der Beschlussfassung einverstanden sind, werden die Beschlüsse der Partnerschaft in Partnerversammlungen gefasst. Partnerversammlungen können von jeweils zwei Partnern schriftlich mit Angabe der Tagesordnung unter Einhaltung einer Frist von zwei Wochen einberufen werden. Die Partnerversammlung ist beschlussfähig, wenn wenigstens … aller Partner anwesend oder vertreten sind. Wenn es daran fehlt, kann unter Einhaltung derselben Frist auf die gleiche Weise eine weitere Partnerversammlung einberufen werden, die ohne Rücksicht auf die Zahl der anwesenden oder vertretenen Partner beschlussfähig ist, sofern darauf in der Einladung zu der weiteren Partnerversammlung hingewiesen wurde. Auf jeden Partner entfällt eine Stimme. Jeder Partner kann sich durch einen anderen Partner vertreten lassen; jeder Partner kann sich durch einen Angehörigen der rechts-, steuerberatenden oder wirtschaftsprüfenden Berufe, der gesetzlich zur Berufsverschwiegenheit verpflichtet ist, begleiten lassen. Die Partnerversammlung wählt einen Versammlungsleiter und einen Protokollführer. Das Protokoll ist von dem Versammlungsleiter und dem Protokollführer zu unterschreiben und allen Partnern in Kopie zuzuleiten.

(4) Wenn kein Partner widerspricht, können Partnerbeschlüsse auch per Videokonferenz oder im schriftlichen Umlaufverfahren (auch per E-Mail) gefasst werden.

(5) Für die Beanstandung von Beschlussmängeln finden die bei Gesellschaften mit beschränkter Haftung geltenden Regeln entsprechende Anwendung[10]. Die Anfechtungsklage ist innerhalb von drei Monaten, gerechnet ab Bekanntgabe des betreffenden Beschlusses gegenüber dem anfechtenden Partner, zu erheben.

§ 5 Vermögen der Partnerschaft

(1) Alle der gemeinschaftlichen Berufsausübung der Partner dienenden Gegenstände werden und bleiben Vermögen der Partnerschaft. Ausgenommen davon sind diejenigen Gegenstände, die ein Partner aus eigenen Mitteln angeschafft und beim Verbringen in die Büroräume als in seinem Eigentum verbleibend bezeichnet hat.[11]

(2) Die Partnerschaft stellt jedem Partner die Einrichtung und Ausstattung für sein Arbeitszimmer in den gemeinsam unterhaltenen Büroräumen sowie auf sein Verlangen einen Pkw zur Verfügung. Die Betriebskosten des Pkws werden von der Partnerschaft bezahlt. Die Finanzierung der Anschaffungen obliegt dem jeweiligen Partner.[12]

10 Sollte das Vorhaben der Modernisierung des Personengesellschaftsrechts in diesem Punkt gemäß dem Entwurf der Bundesregierung umgesetzt werden, dürfte es sich künftig empfehlen, auf die dann geltenden Regelungen im Recht der Offenen Handelsgesellschaft zu verweisen (§§ 110 ff. HGB in der gemäß Art. 49 RegE MoPeG geplanten Fassung).

11 Es empfiehlt sich, die betreffenden Inventarstücke mit dem Namen des Partners zu versehen, dem sie gehören. Bei Beginn der Partnerschaft ist festzustellen, welche Gegenstände Partnerschaftsvermögen sind. Selbstverständlich ist es geboten, diese Listen fortzuschreiben.

12 Hingewiesen wird auf § 10 Abs. 2 sowie auf das Urteil des FG Nürnberg v. 8.3.1994 (EFG 1994, 1023), wonach in dem Fall, dass eine Anwaltssozietät einen Pkw bestellt und auch die Rechnung auf sie ausgestellt ist, die Sozietät die in Rechnung gestellte Umsatzsteuer dennoch nicht als Vorsteuer abziehen kann, wenn der Pkw tatsächlich einem Sozius übergeben wird und dieser entsprechend den Vereinbarungen im Sozietätsvertrag das Alleineigentum (Sonderbetriebsvermögen) an dem Pkw erwirbt. Nach diesem Urteil scheidet beim Pkw-Leasing ein Vorsteuerabzug für die Sozietät ebenfalls aus, wenn als Leasingnehmer ein Sozius aufgetreten ist. All diese Grundsätze gelten für Partnerschaften entsprechend. Angebracht erscheint es, die Rechtslage so zu gestalten, dass der Pkw in das Alleineigentum der Partnerschaft fällt, der die Anschaffung finanzierende Partner das Recht erhält, den Pkw im Falle einer Liquidation ohne Anrechnung auf seine allgemeine Liquidationsquote vorweg übereignet zu erhalten („Vorwegvermögen").

§ 6 Geldverkehr

Jeder Partner hat die Aufzeichnungs- und Aufbewahrungspflichten von § 8 Geldwäschegesetz zu beachten[13] und dafür Sorge zu tragen, dass die im Rahmen eines von ihm bearbeiteten Mandates der Partnerschaft anvertrauten Fremdgelder unverzüglich auf ein als solches gekennzeichnetes Anderkonto übertragen werden.

§ 7 Haftung

(1) Für Verbindlichkeiten der Partnerschaft haftet den Gläubigern der Partnerschaft das Partnerschaftsvermögen.

(2) Grundsätzlich haften für die Verbindlichkeiten der Partnerschaft die Partner als Gesamtschuldner mit.

(3) Das gilt aber nicht für Verbindlichkeiten der Partnerschaft aus Schäden wegen fehlerhafter Berufsausübung. Für solche Verbindlichkeiten haftet allein das Partnerschaftsvermögen. Bei ausnahmsweise nur einem einzelnen Partner erteilten Mandaten (§ 2 Abs. 4 S. 2) haftet dem Mandanten zwar nur dieser Partner, die Partnerschaft und die anderen Partner sind aber im Innenverhältnis verpflichtet, den mandatierten Partner so zu stellen, wie er stünde, wenn das Mandat der Partnerschaft erteilt worden wäre.

(4) Jeder Partner hat unverzüglich alle übrigen Partner zu unterrichten, sobald für ihn erkennbar wird, dass die Geltendmachung von Ansprüchen wegen fehlerhafter Berufsausübung droht.

(5) Rückgriffsansprüche der Partnerschaft gegen einen Partner, der einen Berufshaftpflichtfall verursacht hat, sind ausgeschlossen, es sei denn, der Partner hat die Berufspflichtverletzung vorsätzlich begangen.

(6) Nachschusspflichten im Sinne des § 735 BGB für Verluste der Partnerschaft aus Berufshaftung sowie die Haftung eines ausscheidenden Partners für Fehlbeträge im Sinne des § 739 BGB sind ausgeschlossen.

§ 8 Berufshaftpflichtversicherung

(1) Die Partnerschaft schließt für jeden Partner und für jeden juristischen Mitarbeiter eine Berufshaftpflichtversicherung ab, deren Deckungssumme … EUR[14] für jeden Versicherungsfall zu betragen hat, wobei die Leistungen des Versicherers für alle innerhalb eines Versicherungsjahres verursachten Schäden auf … EUR[15] begrenzt werden darf.

(2) Zusätzlich schließt die Partnerschaft für sich selbst eine Berufshaftpflichtversicherung ab, deren Deckungssumme … EUR[16] für jeden Versicherungsfall zu betragen hat, wobei die Leistungen

13 Des Weiteren kann die Partnerschaft unter Umständen eine Pflicht zur Bestellung eines Geldwäschebeauftragten gem. § 7 Geldwäschegesetz treffen. Bei wirtschaftsrechtlich ausgerichteten Partnerschaften wird das regelmäßig der Fall sein.
14 Mindestens 250.000 EUR (vgl. § 51 Abs. 4 S. 1 BRAO).
15 Diese Obergrenze muss mindestens 1.000.000 EUR betragen (vgl. § 51 Abs. 4 S. 2 BRAO).
16 Mindestens 2.500.000 EUR (vgl. § 51 a Abs. 2 S. 1 BRAO).

des Versicherers für alle innerhalb eines Versicherungsjahres verursachten Schäden auf ... EUR[17] begrenzt werden darf.

(3) Der Berufshaftpflichtversicherungsschutz für die Partnerschaft sowie die Partner und juristischen Mitarbeiter ist regelmäßig darauf zu überprüfen, ob er noch den aktuellen gesetzlichen Vorgaben entspricht und dem Zuschnitt der Partnerschaft angemessen erscheint.

(4) Jeder Partner ist verpflichtet, das mit den von ihm wahrzunehmenden Mandaten konkret verbundene Haftpflichtrisiko zu überprüfen. Zeigt sich ein erhöhtes Risiko, ist dieser Umstand den anderen Partnern anzuzeigen und mit ihnen über die Reaktion darauf zu entscheiden, insbesondere darüber, ob insofern die Versicherungsdeckung erhöht und / oder eine schriftliche Haftungsbegrenzungsvereinbarung mit dem Mandanten angestrebt oder die Mandatsübernahme abgelehnt werden soll. Bei Meinungsverschiedenheiten gelten die Regelungen aus § 2 Abs. 3 S. 3 und 5.

§ 9 Einnahmen

Sämtliche Einnahmen aus anwaltlicher Tätigkeit (Betriebseinnahmen) fließen der Partnerschaft zu. Anwaltliche Tätigkeit im Sinne dieses Vertrages ist auch die Tätigkeit als Schiedsrichter, Testamentsvollstrecker, Mitglied eines Aufsichtsrates oder eines Beirates etc. Vergütungen für Tätigkeiten als Fachschriftsteller, Dozent oder Mitglied einer Prüfungskommission stehen dem jeweiligen Partner zu.[18]

§ 10 Ausgaben

(1) Alle Aufwendungen, die durch den Betrieb der Partnerschaft veranlasst werden, sind Betriebsausgaben der Partnerschaft (Betriebsausgaben I). Dazu zählen auch die Beiträge zu Rechtsanwaltskammer, Anwaltverein oder ähnlichen nationalen wie internationalen Organisationen und Institutionen sowie die Prämien für mit der Berufsausübung zusammenhängende Versicherungen einschließlich der Prämien für Versicherungen bei der Verwaltungsberufsgenossenschaft. Das Gleiche gilt für Aufwendungen für die Teilnahme eines Partners an Fortbildungsveranstaltungen, Seminaren, nationalen oder internationalen Anwaltszusammenkünften einschließlich der Reise- und Hotelkosten sowie für die Aufwendungen zur Repräsentation, soweit diese Kosten und Aufwendungen im Interesse der Partnerschaft liegen; im Zweifel entscheidet hierüber die Partnerversammlung durch Beschluss.

(2) Die Aufwendungen der Partnerschaft gem. § 5 Abs. 2 (einschließlich des auf die Eigennutzung eines Pkws entfallenden Umsatzsteueranteils) sowie die in Abs. 1 genannten Aufwendungen, soweit sie nicht gemeinsame Betriebsausgaben sind, sind persönliche Sonderbetriebsausgaben des betreffenden Partners und werden als Betriebsausgaben II für den Partner gesondert erfasst.

17 Diese Obergrenze muss bei Partnerschaften mit bis zu vier Partnern 10.000.000 EUR betragen und bei Partnerschaften mit mehr Partnern für jeden weiteren Partner 2.500.000 EUR mehr (§ 51 a Abs. 2 S. 2, 3 BRAO).

18 Grundsätzlich sollten alle mit der Berufstätigkeit zusammenhängenden Einnahmen in die Partnerschaft fließen. Eine Ausnahme für die genannten Tätigkeiten rechtfertigt sich, weil sie im Interesse der Partnerschaft – oder der Anwaltschaft – liegen, regelmäßig außerhalb der normalen Arbeitszeit des Partners geleistet werden und weil die Vergütungen verhältnismäßig gering sind.

§ 11 Verteilung des Überschusses

(1) Der nach Abzug der Betriebsausgaben verbleibende Überschuss wird unter die Partner nach Maßgabe der jeweils unter ihnen geltenden Quotenvereinbarung (Anlage zu § 11) verteilt. Die Quote jedes Partners wird in Punkten ausgedrückt.[19] Der Anteil jedes Partners am Ergebnis bestimmt sich nach dem Verhältnis seiner Punktzahl zu der Summe der Punkte aller Partner. Partnern, die der Partnerschaft seit mindestens zehn Jahren angehören, soll in der Regel die Höchstpunktzahl zustehen.

(2) Partner, die das 65. Lebensjahr vollendet haben und den Umfang ihrer Tätigkeit gem. § 15 Abs. 1 S. 1 Fall 2 einschränken wollen, sind verpflichtet, einer entsprechenden, angemessenen Herabsetzung ihrer Punktzahl zuzustimmen.

(3) Die Partner verpflichten sich, von dem Überschuss zunächst eine Rücklage in Höhe der durchschnittlichen Betriebsausgaben der Partnerschaft für sechs Monate[20] auf ein Sonderkonto zu überführen. Dabei soll der Anteil des einzelnen Partners an der Rücklage seinem Anteil an dem Überschuss entsprechen. In den ersten zwei Jahren seiner Zugehörigkeit zur Partnerschaft ist ein Partner nicht verpflichtet, zu der Rücklage mit mehr als 10 % der monatlich an ihn ausgeschütteten Überschussanteile beizutragen. Über die Rücklage können die Partner nur gemeinsam verfügen.

(4) Die verbleibenden Überschussanteile gem. Abs. 1 werden unter Berücksichtigung der als Betriebsausgaben II auf die einzelnen Partner entfallenden Beträge monatlich an die Partner voll ausbezahlt.[21]

(5) Innerhalb von sechs Monaten nach Abschluss eines Geschäftsjahres ist für das abgelaufene Geschäftsjahr eine Abrechnung als Überschuss der Einnahmen über die Ausgaben (§ 4 Abs. 3 EStG) zu erstellen. Die Abrechnung wird aufgrund eines Beschlusses der Partner verbindlich.

19 In Betracht kommt – unter vielen anderen Möglichkeiten – eine Verteilung des Überschusses (und ggf. des Verlustes) nach Prozentsätzen. Eine solche Regelung sollte jedoch flexibel gehalten und in bestimmten Zeiträumen – etwa alle drei Jahre – überprüft werden. Das Punktesystem erscheint wesentlich flexibler als die Verteilung nach Prozentsätzen. Bei der Verteilung der Punkte können besondere Aspekte berücksichtigt werden, wie Leistung, Verdienst um Aufbau der Partnerschaft im Allgemeinen oder einer besonderen Sparte. Der Überschuss wird durch die Gesamtzahl der Punkte geteilt, die unter oder über 100 liegen kann. Die Änderung der Punktzahl für den einzelnen Partner wie auch die Zuteilung von Punkten an neue Partner ist einfacher als die Änderung von Prozentsätzen. Die Regelung, dass ein junger Partner regelmäßig nach zehn Jahren die Höchstpunktzahl erreicht und diese Punktzahl bis zu seinem Ausscheiden aus der Partnerschaft oder einer Reduzierung seiner Tätigkeit bestehen bleibt (sog. Lockstep), hat erhebliche Vorteile. Sie vermeidet es, dass Schwankungen in der Leistungsfähigkeit eines Partners, aus welchen Gründen auch immer, je nach Anlass zu Änderungen der Punktzahl führen. Bei allen Regelungen sollte berücksichtigt werden, dass eine Partnerschaft nur funktionieren und florieren kann, wenn alle Partner damit einen für sich ausreichenden Lebensstandard bestreiten können und das Gefühl einer fairen Regelung haben.

20 Eine Rücklage in der Höhe der Betriebsausgaben für einige Monate gibt der Partnerschaft Sicherheit gegenüber stark schwankenden Einnahmen. Die Höhe der Rücklage kann natürlich auf die Betriebsausgaben eines kürzeren Zeitraums als sechs Monate beschränkt werden; er sollte jedoch keinesfalls auf einen kürzeren Zeitraum als die Betriebsausgaben für drei Monate begrenzt werden, um zu vermeiden, dass die Partner bei vorübergehend geringeren Einnahmen Beiträge aus den privaten Vermögen einzahlen müssen, um die laufenden Betriebsausgaben zu decken. Wird die Rücklage wegen schwankender Einnahmen oder für besondere, nicht durch die laufenden Einnahmen gedeckten Investitionen auf einstimmigen Beschluss der Partner in Anspruch genommen, so ist sie anschließend vor der Auszahlung von Überschüssen an die Partner wieder aufzufüllen.

21 In Anwaltsbüros werden vielfach die privaten Rechnungen und Ausgaben vom Büro bezahlt und als Entnahmen zulasten des Partners ohne Rücksicht auf den Kontostand verbucht. In Partnerschaften empfiehlt sich dringend, den privaten Zahlungsbereich von dem Bürobereich strikt zu trennen.

§ 12 Urlaub

Jeder Partner hat Anspruch auf einen Jahresurlaub von ... Tagen, nach Vollendung des ... Lebensjahres auf ... zusätzliche Urlaubstage. Die Partner sind verpflichtet, untereinander eine Abstimmung über den Zeitpunkt des Urlaubs herbeizuführen. Dabei ist auf Partner mit schulpflichtigen Kindern Rücksicht zu nehmen.

§ 13 Erkrankung eines Partners

(1) Jeder Partner schließt eine Berufsunfallversicherung[22] sowie zur Deckung des außerberuflichen Unfallrisikos eine private Unfallversicherung[23] ab. Jeder Partner ist außerdem gehalten, eine private Krankenversicherung abzuschließen.

(2) Ist die Arbeitskraft eines Partners durch Krankheit, Gebrechen oder aus anderen Gründen seit über sechs Monaten erheblich gemindert, so können die übrigen Partner von ihm eine angemessene Herabsetzung seiner ihm nach § 11 Abs. 1 zustehenden Quote verlangen. Das Verlangen bedarf einer Mehrheit von 75 % der Stimmen aller anderen Partner.

§ 14 Kündigung; Ausscheiden[24]

(1) Jeder Partner kann seine Mitgliedschaft in der Partnerschaft gegenüber allen anderen Partnern unter Einhaltung einer Frist von ... Monaten[25] auf das Ende eines Kalenderjahres ordentlich kündigen. Bei Vorliegen eines wichtigen Grundes im Sinne von § 133 HGB i.V.m. § 9 Abs. 1 PartGG kann jeder Partner die Partnerschaft auch ohne Einhaltung einer Frist außerordentlich kündigen. Das Recht zur Erhebung der Auflösungsklage gem. § 133 HGB i.V.m. § 9 Abs. 1 PartGG wird – soweit rechtlich zulässig – ausgeschlossen.[26]

(2) Die Mitgliedschaft eines Partners in der Partnerschaft kann grundsätzlich von allen übrigen Partnern gemeinsam[27] unter Einhaltung einer Frist von ... Monaten auf das Ende eines Kalenderjahres ordentlich gekündigt werden, bei Vorliegen eines wichtigen Grundes auch außerordentlich ohne Einhaltung dieser Frist. Gegenüber einem Partner, welcher der Partnerschaft mehr als zehn Jahre angehört und seine Mitarbeit nicht eingestellt hat und der weder berufsunfähig geworden noch auf Dauer erkrankt ist, ist die ordentliche Kündigung ausgeschlossen, mithin nur eine außer-

22 Bei der VBG (Verwaltungs-Berufsgenossenschaft, Hamburg).

23 Die Prämien zur Privatunfallversicherung sollten von den Partnern aus Privatmitteln gezahlt werden, damit die Versicherungsleistungen im privaten Bereich anfallen und daher steuerfrei vereinnahmt werden können. In der Privatunfallversicherung empfiehlt es sich, das Todesrisiko und das Invaliditätsrisiko etwa im Verhältnis 1:3 abzusichern. Große Partnerschaften sollten versuchen, Prämienrabatte zu erreichen. Wichtig ist es, zu bestimmen, wer im Versicherungsfall bezugsberechtigt sein soll.

24 Bei den Kündigungsfolgen wurde bewusst von einem Wettbewerbsverbot abgesehen. Ein solches wäre ohnehin nur in engen Grenzen zulässig (BGH AnwBl. 2005, 715) und im Kontext der Mandantenmitnahmeklausel in Abs. 6 und der Abfindungsregelung (§ 16) zu sehen.

25 Erfahrungsgemäß ist es nicht sinnvoll, den Zeitraum über drei oder sechs Monate auszudehnen. Zu den Grenzen für die zeitliche Einschränkung des Kündigungsrechts bei Anwaltssozietäten vgl. BGH ZIP 2006, 2316; Goette ZGR 2008, 436, 442.

26 § 9 Abs. 1 PartGG verweist auf die §§ 131 ff. HGB und sieht somit als Rechtsbehelf für den Fall des Vorliegens wichtiger Gründe das Recht auf Auflösungsklage gem. § 133 HGB vor und nicht etwa das Recht auf außerordentlichen Kündigung gem. § 723 Abs. 1 S. 2 BGB. Diese Regelung erscheint unzweckmäßig. Es empfiehlt sich, von der Möglichkeit Gebrauch zu machen, die Regelung wie hier vorgesehen im Partnerschaftsvertrag im Rahmen des gesetzlich Zulässigen (siehe § 133 Abs. 3 HGB) abzubedingen und stattdessen gerade umgekehrt anstelle der Auflösungsklage die außerordentliche Kündigung zu eröffnen (so auch § 132 HGB iVm § 9 PartGG in der gemäß Art. 49 bzw. Art. 65 RegE MoPeG geplanten Fassung).

27 Bei großen Partnerschaften kann es sich empfehlen, das Quorum für den Kündigungsbeschluss auf 75 % der Stimmen der Partner festzusetzen.

ordentliche Kündigung bei Vorliegen eines wichtigen Grundes möglich. Als wichtiger Grund gilt es stets, wenn ein Partner nach seiner Aufnahme in die Partnerschaft heiratet, ohne im Zusammenhang mit der Eheschließung oder binnen angemessener Frist danach eine Vereinbarung entsprechend § 1 Abs. 3 S. 3 zu treffen.

(3) Kündigungen bedürfen der Schriftform. In Fällen des Abs. 2 bedarf die Kündigung der persönlichen Unterzeichnung durch alle übrigen Partner.

(4) Kündigungen führen zum Ausscheiden des betreffenden Partners. Die Partnerschaft wird unter den verbleibenden Partnern fortgesetzt. Erscheint der Name des ausgeschiedenen Partners im Namen der Partnerschaft, so ist die Partnerschaft berechtigt, ihren bisherigen Namen weiterzuführen, es sei denn, es stehen wichtige Gründe entgegen. Eine anderweitige Anwaltstätigkeit des Ausscheidenden gilt nicht als ein solcher wichtiger Grund, auch dann nicht, wenn sie nach diesem Vertrag zulässig ist.[28]

(5) Die Regelungen in Abs. 4 gelten entsprechend, wenn ein Partner verstirbt.

(6) Scheidet ein Partner infolge Kündigung aus der Partnerschaft aus, so sind alle Partner einschließlich des Ausscheidenden verpflichtet, den ernsthaften Versuch zu unternehmen, sich darüber zu verständigen, welche von dem ausscheidenden Partner begründeten oder allein oder gemeinsam mit anderen betreuten Mandatsverhältnisse ihm unter dem Vorbehalt der Zustimmung durch die betroffenen Mandanten übertragen werden sollen. Kommt eine Verständigung darüber nicht innerhalb eines Monats ab Kündigung zustande, so haben die Partner alle von dem ausscheidenden Partner begründeten oder allein oder gemeinsam mit anderen betreuten Mandanten darüber zu befragen, ob der ausscheidende Partner oder die Partnerschaft künftig die jeweiligen laufenden Sachen bearbeiten sollen. Kommt auch über die Art und Weise der Befragung oder den Kreis der zu befragenden Mandanten keine Verständigung zustande, so hat die Befragung in einem gemeinsamen Rundschreiben an alle diejenigen Mandanten zu erfolgen, die der ausscheidende Partner hierfür benannte und für die er im letzten Jahr vor seinem Ausscheiden tätig war. Kommt auch über ein solches Rundschreiben innerhalb von zwei Monaten seit der Kündigung keine Verständigung zustande und hat auch innerhalb eines weiteren Monats ein Vermittlungsversuch des Vorstandes der zuständigen Rechtsanwaltskammer[29] keinen Erfolg, so dürfen sowohl die Partnerschaft als auch der ausscheidende Partner durch ein sachlich gehaltenes Schreiben einseitig die Entscheidung aller derjenigen Mandanten einholen, deren Mandatsbeziehung der ausscheidende Partner auf sich überzuleiten wünscht. Dasselbe Verfahren ist im Falle der Auflösung der Partnerschaft in Bezug auf alle Mandate aller Partner durchzuführen.

§ 15 Einstellung der Mitarbeit wegen Erkrankung, Berufsunfähigkeit oder Alters

(1) Jeder Partner kann durch Erklärung gegenüber allen anderen Partnern zum Ablauf eines Kalenderjahres nach Vollendung seines 65. Lebensjahres seine Mitarbeit in der Partnerschaft einstellen (Eintritt in den Ruhestand) oder einschränken. Die Erklärung muss den anderen Partnern mindestens sechs Monate vor dem Ablauf des betreffenden Kalenderjahres zugegangen sein. Mit dem Ablauf des Kalenderjahres, in dem der Partner das 72. Lebensjahr vollendet hat, tritt er ohne

28 Es ist sinnvoll, dies (so oder entgegengesetzt) ausdrücklich, ggf. mit einer Übergangsfrist für die bisherige Namensführung, festzulegen.

29 Im Falle einer Partnerschaft mit Mitgliedern anderer Berufe (z. B. Wirtschaftsprüfer, Steuerberater) sollte eine Vorschrift aufgenommen werden dahingehend, dass die Wirtschaftsprüferkammer bzw. Steuerberaterkammer und die Rechtsanwaltskammer einen Einigungsversuch herbeiführen sollen.

Weiteres in den Ruhestand; eine hiervon abweichende Vereinbarung bedarf einer Mehrheit von 75 % der Stimmen aller Partner.

(2) Wird ein Partner vor Eintritt in den Ruhestand ganz oder überwiegend berufsunfähig, so kann sein Eintritt in den Ruhestand durch Beschluss der anderen Partner herbeigeführt werden. Das Gleiche gilt, wenn dies zur Vermeidung von Nachteilen für die Partnerschaft notwendig erscheint und der Partner das 65. Lebensjahr vollendet hat. Der Beschluss bedarf der Mehrheit von 75 % der Stimmen aller anderen Partner.

(3) Durch seinen Eintritt in den Ruhestand scheidet der betreffende Partner aus der Partnerschaft aus.[30] Es gelten die Rechtsfolgen des § 14 Abs. 4 und Abs. 6 entsprechend.

§ 16 Auseinandersetzungsguthaben

(1) Scheidet ein Partner infolge einer Kündigung oder von Gesetzes wegen (§ 9 Abs. 1 oder 3 PartGG), insbesondere durch Tod, aus der Partnerschaft aus, so haben er oder seine Erben Anspruch auf:

(a) die Auszahlung des Guthaben-Saldos der für den betreffenden Partner von der Partnerschaft geführten Konten und
(b) seinen Anteil an der Rücklage (§ 11 Abs. 3) gemäß den ertragsteuerlichen Buchwerten des Partnerschaftsvermögens – ausschließlich Forderungen – am Ende des Jahres, in dem der Partner aus der Partnerschaft ausscheidet.[31]

(2) Weitere Ansprüche sind ausgeschlossen, insbesondere Ansprüche auf Beteiligung an den laufenden Mandaten und auf Befreiung von den gemeinschaftlichen Verbindlichkeiten (§ 738 Abs. 1 S. 2 BGB). Jedoch hat der ausscheidende Partner Anspruch auf Freistellung von der Haftung für Verbindlichkeiten der Partnerschaft.

§ 17 Schiedsgericht

Streitigkeiten zwischen den Partnern oder zwischen einem oder mehreren Partnern und der Partnerschaft werden unter Ausschluss des ordentlichen Rechtsweges durch ein Schiedsgericht entschieden. Es gilt der diesem Vertrag in Kopie als Anlage zu § 17 beigefügte Schiedsvertrag.[32]

30 Ein sofortiges Ausscheiden von in Ruhestand tretenden Partnern kann auf der einen Seite zwar nachteilige steuerliche Folgen für sie haben (z.B. vorzeitige Versteuerung anteiliger stiller Reserven etwa im Betriebsgebäude, Sofortbesteuerung des Barwertes der Pension). Auf der anderen Seite kann durch die Einrichtung einer reinen Ruheständler-Gesellschaftszugehörigkeit eine steuerliche Qualifizierung der gesamten Partnerschaft als Gewerbebetrieb drohen (siehe dazu BRAK-Ausschuss Steuerrecht, Standortbestimmung: Gewerblichkeit anwaltlicher Tätigkeit – Abfärberegelung des § 15 Abs. 3 Nr 1 EStG, Stand: August 2017, 2 f.). Daher sollte im Zweifel dem Zug der Zeit folgend ein sofortiges Ausscheiden vorgesehen und auch auf Versorgungsregelungen gänzlich verzichtet oder auf Versicherungsmodelle ausgewichen werden. Mit der Einführung der Altersversorgung der Anwälte durch Ländergesetze (z.B. das Gesetz über das Versorgungswerk der Rechtsanwältinnen und Rechtsanwälte in der Freien und Hansestadt Hamburg (RAVersG) v. 21.11.2000) hat die vertragliche Versorgungsregelung ohnehin viel von ihrer früheren Bedeutung verloren. Hinzu kommt, dass Partnerschaften wie Sozietäten in der Praxis zunehmend als bloße Verbindung auf Zeit gesehen werden.

31 In größeren Sozietäten wird regelmäßig auf die Vereinbarung eines besonderen Abfindungsentgelts verzichtet, nicht zuletzt deshalb, weil auch der Eintritt eines neuen Partners nicht mit irgendwelchen Leistungen für diesen eintretenden Partner verbunden ist. Dasselbe gilt für Partnerschaften. Die „Mitnahme" von Mandanten (vgl. § 14 Abs. 6) rechtfertigt grundsätzlich den Ausschluss von einer Beteiligung am Ertragswert der Partnerschaft (BGH NJW 1995, 1551; OLG Bremen DStR 1992, 78).

32 Diese „Auskopplung" hat unter anderem den Vorteil, jeglichem Streit um die Reichweite des Verbraucherbegriffs in § 1031 Abs. 5 ZPO in Verbindung mit § 13 BGB weiträumig aus dem Wege zu gehen.

Anlage zu § 17

[...]

1. Über alle Meinungsverschiedenheiten, welche sich zwischen den Partnern oder zwischen einem oder mehreren Partnern und der Partnerschaft aus oder im Zusammenhang mit dem Partnerschaftsvertrag, insbesondere über dessen Rechtsgültigkeit, nachträgliche Unwirksamkeit, Inhalt, Auslegung, Durchführung oder die Rechtmäßigkeit von Beschlüssen, ergeben sollten, entscheidet unter Ausschluss des ordentlichen Rechtsweges ein dreigliedriges Schiedsgericht mit dem Sitz am Sitz der Partnerschaft.
2. Das Schiedsgericht ist befugt, Lücken des Partnerschaftsvertrags, auch solche, die sich aus einer grundlegenden Änderung der tatsächlichen und/oder rechtlichen Verhältnisse ergeben sollten, mit Wirkung für und gegen alle Partner und die Partnerschaft auszufüllen. Dabei soll das Schiedsgericht unter Zugrundelegung des im Übrigen zum Ausdruck gekommenen Willens der Partner in billiger Weise deren Interessen Rechnung tragen.
3. Jeder Schiedsrichter muss zur Ausübung des Richteramts befähigt sein. Die Ernennung der Schiedsrichter erfolgt gemäß nachstehenden Regelungen:
   a) Bei Schiedsverfahren mit zwei Parteien ernennt jede Partei einen Schiedsrichter.
   b) Wenn mehrere Partner oder ein Partner und die Partnerschaft das schiedsgerichtliche Verfahren einleiten wollen, haben sie einen gemeinsamen Schiedsrichter zu ernennen, widrigenfalls keiner der von ihnen ernannten Schiedsrichter als wirksam ernannt gilt.
   c) Wird das schiedsgerichtliche Verfahren gegen mehrere andere Partner oder gegen einen Partner und die Partnerschaft als gemeinsame Schiedsbeklagte betrieben, so haben diese einen gemeinsamen Schiedsrichter zu ernennen, widrigenfalls keiner der von ihnen ernannten Schiedsrichter als wirksam ernannt gilt. § 1035 Abs. 3 S. 3 ZPO gilt in diesem Fall mit der Maßgabe, dass das Gericht nicht nur für die gemeinsamen Schiedsbeklagten einen Schiedsrichter zu bestellen hat, sondern auch einen (neuen) Schiedsrichter für die Klägerseite.
4. Im Übrigen gelten die gesetzlichen Bestimmungen über das schiedsrichterliche Verfahren (§§ 1025 ff. ZPO).

[Unterschriften]

§ 18 Schlussbestimmungen

(1) Ansprüche aus diesem Vertrag können weder abgetreten noch verpfändet noch mit einem Nießbrauch belastet werden.

(2) Mündliche Nebenabreden bestehen nicht. Änderungen dieses Vertrages bedürfen zu ihrer Gültigkeit der Schriftform. Dies gilt insbesondere auch für die Aufhebung dieses Formerfordernisses.

(3) Sollte eine Bestimmung dieses Vertrages unwirksam sein oder werden, so bleibt der Vertrag im Übrigen wirksam. In einem solchen Falle sind die Partner verpflichtet, an der Schaffung einer Bestimmung mitzuwirken, durch die ein der unwirksamen Bestimmung wirtschaftlich möglichst nahekommendes Ergebnis rechtswirksam erzielt wird.

B.7 GESELLSCHAFTSVERTRAG EINER RECHTSANWALTSGESELLSCHAFT (IN DER FORM DER GMBH)[1]

RECHTSANWALT DR. JOACHIM FREIHERR VON FALKENHAUSEN, LL.M. (BERKELEY), HAMBURG • MITGLIED DER AUSSCHÜSSE BERUFSRECHT SOWIE ANWALTSETHIK UND ANWALTSKULTUR DES DAV

§ 1 Firma, Sitz, Zweigniederlassungen

(1) Die Firma der Gesellschaft lautet Meier Müller Lehmann Rechtsanwaltsgesellschaft mbH.

(2) Die Gesellschaft hat ihren Sitz in ______________.

(3) Die Gesellschaft kann Zweigniederlassungen errichten.

§ 2 Gegenstand der Gesellschaft

(1) Gegenstand der Gesellschaft ist die Beratung und Vertretung in Rechtsangelegenheiten.

(2) Die Gesellschaft ist eine Rechtsanwaltsgesellschaft.[2]

§ 3 Stammkapital

(1) Das Stammkapital der Gesellschaft beträgt ______________ EUR (in Worten: ________________ EUR). Es ist voll eingezahlt.[3]

(2) Durch Gesellschafterbeschluss können mehrere voll eingezahlte Geschäftsanteile zu einem Geschäftsanteil zusammengelegt werden.

§ 4 Geschäftsjahr

Das Geschäftsjahr ist das Kalenderjahr.

§ 5 Geschäftsführung

(1) Die Gesellschaft hat einen oder mehrere Geschäftsführer.

(2) Jeder Gesellschafter hat das Recht, zum Geschäftsführer bestellt zu werden, und die Pflicht, sich zum Geschäftsführer bestellen zu lassen.[4]

1 Es wird unterstellt, dass die Rechtsanwälte die Geschäftsanteile der GmbH direkt und nicht über eine BGB-Gesellschaft halten. Die Anteile können auch über eine BGB-Gesellschaft gehalten werden; diese Konstruktion ist zulässig und erlaubt höhere Flexibilität.

2 Bisherige Vertragsmuster für die Rechtsanwalts-GmbH haben in der Regel die gesetzlichen Regelungen (§§ 59 c ff. BRAO) ausführlich wiedergegeben. Auch in Satzungsvorschlägen für Wirtschaftsprüfungs- und Steuerberatungsgesellschaften findet sich das. Unseres Erachtens ist es weder nötig noch hilfreich, den Gesetzestext zu wiederholen.

3 Bei der Gründung der Gesellschaft sind die einzelnen Stammeinlagen gemäß § 3 Abs. 1 Ziff. 4 GmbHG aufzuführen. Wenn Sacheinlagen geleistet werden (Übergang bisherigen Sozietätsvermögens), gilt § 5 Abs. 4 S. 1 GmbHG.

4 Diese Vorschrift ist nicht zwingend, entspricht aber unserem Verständnis der Rechtsanwalts-GmbH. Ebenso wie es bei der Sozietät den „Außen-Sozius“ geben kann, der nicht im Innenverhältnis Partner ist, können bei der Rechtsanwalts-GmbH Geschäftsführer bestellt werden, die nicht Gesellschafter sind.

(3) Jeder Geschäftsführer hat die alleinige Geschäftsführungsbefugnis in Bezug auf die Bearbeitung anwaltlicher Mandate. Die Alleingeschäftsführungsbefugnis erstreckt sich auch auf die Annahme und die Ablehnung von Mandaten. Allerdings ist der Geschäftsführer nicht berechtigt, ein Mandat anzunehmen, wenn die Mehrheit der anderen Geschäftsführer der Annahme des Mandates widerspricht.

(4) Die Aufgabenverteilung im Rahmen der Geschäftsführung außerhalb der Mandatsbearbeitung regelt eine Geschäftsordnung, die von den Gesellschaftern mit der Mehrheit des § 7 (5) Satz 1 beschlossen wird.[5]

(5) Folgende Handlungen bedürfen der vorherigen Zustimmung durch Gesellschafterbeschluss:

a) Festsetzung von Zielen der Sozietät, Änderung der Struktur der Sozietät;
b) Eingehung von Kooperationsverhältnissen;
c) Eröffnung und Schließung von Büros;
d) Einstellung, Änderung und Beendigung von Arbeitsverhältnissen mit anwaltlichen Mitarbeitern und Bürovorstehern;
e) Abschluss, Änderung oder Beendigung des Mietvertrages über Büroräume der Gesellschaft;
f) Anschaffung oder Leasing von technischen Anlagen im Wert von mehr als ____________ EUR.

Der Gesellschafterbeschluss bedarf der Einstimmigkeit.[6]

§ 6 Vertretung

Jeder Geschäftsführer vertritt die Gesellschaft einzeln.[7] Geschäftsführer können durch Gesellschafterbeschluss von den Beschränkungen des § 181 BGB befreit werden.

§ 7 Gesellschafterbeschlüsse

(1) Gesellschafterbeschlüsse werden in Gesellschafterversammlungen gefasst. Wenn kein Gesellschafter widerspricht, können Gesellschafterbeschlüsse auch im Umlaufverfahren oder per E-Mail gefasst werden.

(2) Für die Einberufung der Gesellschafterversammlung gelten die §§ 49–51 GmbHG mit der Maßgabe, dass abweichend von § 51 Absatz 1 GmbHG die Einberufung nicht per Einschreibebrief zu erfolgen braucht, wenn der Zugang auf andere Weise (z.B. persönliche Übergabe) gewährleistet ist.

(3) Der Leiter der Gesellschafterversammlung wird von den Gesellschaftern mit einfacher Mehrheit gewählt.

5 Es ist wahrscheinlich nicht sinnvoll, Einzelheiten der Geschäftsführung in den Gesellschaftsvertrag aufzunehmen, der zum Handelsregister eingereicht wird und öffentlich zugänglich ist. In der Geschäftsordnung könnten z.B. folgende Gegenstände geregelt werden: Anschaffung von Büromaterialien etc. (vergl. § 4 (2) des Vertragskonzepts für eine (örtliche) Sozietät unter B.5. Fremdgelder (§ 6), Berufshaftpflichtversicherung (§ 7), Abgrenzung von Betriebsausgaben (§ 9 (1)) etc.

6 Bei einer größeren Sozietät sollte eine geringere Mehrheit, z.B. 75 %, gewählt werden.

7 Einzelvertretungsbefugnis erscheint erforderlich, damit jeder Geschäftsführer z.B. auch dann allein bei Gericht auftreten kann, wenn Prozessbevollmächtigter die Rechtsanwalts-GmbH ist. Im Innenverhältnis kann in der Geschäftsordnung geregelt werden, dass bestimmte Vorgänge (z.B. größere Anschaffungen) einer zweiten Unterschrift bedürfen; das hat jedoch keine Wirkung im Außenverhältnis.

(4) Über Gesellschafterbeschlüsse ist ein Protokoll zu erstellen, das jedem Gesellschafter zuzuleiten ist. Das Protokoll wird von dem Versammlungsleiter unterzeichnet.

(5) Gesellschafterbeschlüsse werden mit einfacher Mehrheit gefasst, soweit nicht nach dem Gesetz oder diesem Vertrag eine höhere Mehrheit erforderlich ist. Ein Gesellschafterbeschluss über den Abschluss, die Änderung oder die Beendigung des Anstellungsvertrages mit einem Geschäftsführer bedarf einer Mehrheit von 75 % der abgegebenen Stimmen.

(6) Abweichend von § 47 Absatz 2 GmbHG wird nach Köpfen abgestimmt.[8]

§ 8 Jahresabschluss; Gewinnverteilung

(1) Der Jahresabschluss der Gesellschaft (Bilanz und Gewinn- und Verlustrechnung) ist innerhalb der gesetzlichen Fristen aufzustellen.

(2) Von dem Gewinn sind 25 % in die Gewinnrücklagen einzustellen, bis die Gewinnrücklagen zusammen mit dem Stammkapital der Gesellschaft einen Betrag erreicht haben, der 15 % der Betriebsausgaben der Gesellschaft im vorangegangenen Geschäftsjahr entspricht.[9] Im Übrigen gilt § 29 GmbHG, falls nicht die Gesellschafterversammlung durch [einstimmigen] Gesellschafterbeschluss [mit der Mehrheit des § 7 (5) Satz 1] eine abweichende Regelung beschließt.[10]

(3) Darüber hinausgehende Einstellungen in die Gewinnrücklage bedürfen eines Gesellschafterbeschlusses mit der Mehrheit des § 7 (5) Satz 1.

(4) Vorabausschüttungen auf den zu erwartenden Jahresgewinn können von der Gesellschafterversammlung beschlossen werden.

§ 9 Kündigung

(1) Jeder Gesellschafter kann die Gesellschaft mit einer Frist von ______ Monaten[11] zum Ende eines jeden Kalenderjahres kündigen. Die Möglichkeit der Kündigung aus wichtigem Grund bleibt unberührt.

(2) Im Falle einer Kündigung gemäß Absatz 1 kann die Gesellschafterversammlung gemäß § 7 (5) Satz 1 beschließen, den Geschäftsanteil des kündigenden Gesellschafters einzuziehen oder gemäß § 10 (5) verlangen, dass der Geschäftsanteil an einen oder mehrere andere Gesellschafter abgetreten wird.

8 Das entspricht dem Grundsatz „One man – one vote". Andere Gestaltungen sind natürlich möglich.

9 Eine gewisse Liquiditätsreserve ist nötig. Die vorgeschlagenen Prozentsätze können bei einer kleineren Sozietät zu niedrig sein. Zu bedenken ist, dass der ausgewiesene Gewinn niedriger liegen wird als bei einer vergleichbaren Sozietät als Gesellschaft bürgerlichen Rechts, da die Geschäftsführergehälter den Gewinn mindern.

10 Wenn dem Prinzip des § 29 GmbHG (Gewinnverteilung nach Kapitalanteilen) gefolgt wird, muss jede Änderung des Gewinnverteilungsschlüssels durch Kapitalerhöhung oder -herabsetzung oder durch Abtretung von Anteilen nachvollzogen werden. Jeder Dritte kann sich durch Einsicht in die Handelsregisterakten über die Gewinnverteilung informieren. Um dieses zu vermeiden, kann die Gewinnverteilung durch separaten Gesellschafterbeschluss abweichend geregelt werden. Derartige Gesellschafterbeschlüsse können langfristig oder auch für jedes Geschäftsjahr separat gefasst werden. Der Gesellschafterbeschluss sollte eine Vereinbarung enthalten, dass diejenigen, die nach dem Beschluss weniger erhalten, als ihnen nach § 29 GmbHG zustünde, diese überschießenden Gewinnanteile im Voraus an die Gesellschafter abtreten, bei denen es umgekehrt liegt. Zur Wirksamkeit gegenüber der Gesellschaft wäre eine Anzeige an sie erforderlich; bei der Rechtsanwaltsgesellschaft erübrigt sich dieses, solange alle Gesellschafter Geschäftsführer sind. Allerdings ist auch dieses nur eine Hilfslösung. Das Problem wird vermieden, wenn die GmbH-Anteile durch eine BGB-Gesellschaft gehalten werden, siehe hierzu Fn. 1.

11 Erfahrungsgemäß ist es nicht sinnvoll, den Zeitraum über drei oder sechs Monate auszudehnen.

(3) Nur wenn ein Beschluss nach Absatz 2 nicht zustande kommt, wird die Gesellschaft durch die Kündigung gemäß Absatz 1 aufgelöst.

§ 10 Einziehung und Abtretungsverlangen

(1) Der Geschäftsanteil eines Gesellschafters kann mit seiner Zustimmung jederzeit eingezogen werden.

(2) Der Geschäftsanteil eines Gesellschafters kann ohne seine Zustimmung durch Gesellschafterbeschluss gemäß § 7 (5) Satz 1, bei dem der betroffene Gesellschafter kein Stimmrecht hat, eingezogen werden, wenn

a) über sein Vermögen das Insolvenzverfahren eröffnet wird,
b) sein Geschäftsanteil gepfändet wird, sofern nicht die Pfändung innerhalb von drei Monaten aufgehoben wird,
c) der Gesellschafter nach § 59 e Absatz 1 BRAO nicht Gesellschafter einer Rechtsanwaltsgesellschaft sein darf oder sein Anstellungsvertrag mit der Gesellschaft endet,[12]
d) der Gesellschafter nicht mehr Geschäftsführer der Gesellschaft ist,
e) der Gesellschafter schwerwiegend oder wiederholt gegen seine Pflichten nach der BRAO oder der Berufsordnung für Rechtsanwälte verstößt,[13]
f) der Gesellschafter verstirbt,
g) ein Gesellschafter heiratet, ohne für seine Ehe eine Vereinbarung getroffen zu haben, welche sicherstellt, dass seine Beteiligung an der Gesellschaft im Falle einer Scheidung der Ehe weder in die Berechnung eines Zugewinnausgleichs einbezogen wird noch insoweit Gegenstand von Auskunftsansprüchen des anderen Ehegatten sein kann.[14]

(3) Wenn in der Person eines Gesellschafters ein wichtiger Grund vorliegt, kann sein Geschäftsanteil ohne seine Zustimmung durch einstimmigen[15] Gesellschafterbeschluss, bei dem der betroffene Gesellschafter kein Stimmrecht hat, eingezogen werden.

(4) Als Einziehungsentgelt ist die Abfindung gemäß § 11 zu zahlen.

(5) Die Gesellschafterversammlung kann durch Beschluss mit der Mehrheit des § 7 (5) Satz 1 verlangen, dass statt der Einziehung der betroffene Gesellschafter seinen Geschäftsanteil an einen oder mehrere andere Gesellschafter abtritt. Bei dem Gesellschafterbeschluss hat der betroffene Gesellschafter kein Stimmrecht. Als Gegenleistung erhält der betroffene Gesellschafter die Abfindung gemäß § 11.

§ 11 Abfindung

(1) In allen Fällen, in denen ein Gesellschafter aus der Gesellschaft ausscheidet, sowie in den Fällen, in denen der Gesellschaftsvertrag auf diese Vorschrift verweist, ist dem ausscheidenden Gesellschafter eine Abfindung zu zahlen.

12 Diese Vorschrift beruht wie § 5 (2) auf dem Verständnis, dass jeder Gesellschafter Geschäftsführer und jeder Geschäftsführer Gesellschafter sein soll.
13 Vgl. § 59 d Abs. 5 BRAO-E.
14 Entscheidend ist, dass die Beteiligung an der Rechtsanwalts-GmbH nicht Gegenstand von Auskunftsansprüchen oder von Ausgleichsansprüchen wird, die über das hinausgehen, was der Gesellschafter selbst bei seinem Ausscheiden bekommen würde. Das lässt sich ehevertraglich regeln, ohne den anderen Ehegatten zu benachteiligen.
15 In Rechtsanwalts-GmbHs mit größerem Gesellschafterbestand kann es sich empfehlen, das Mehrheitserfordernis auf 75 % der Stimmen zu senken.

(2) Zur Ermittlung der Abfindung ist die Bilanz des letzten Geschäftsjahres maßgeblich, das vor dem oder am Tage des Ausscheidens endet. Ein Firmenwert ist nicht anzusetzen.

(3) Die Abfindung besteht in einem Geldbetrag in Höhe desjenigen Anteils am Eigenkapital der Gesellschaft gemäß § 266 (3) A HGB, der dem Verhältnis des betroffenen Geschäftsanteils zum Stammkapital entspricht.[16]

(4) Nachträgliche Änderungen der Bilanz der Gesellschaft infolge steuerlicher Außenprüfungen bleiben auf die Abfindung ohne Einfluss.

(5) Wenn der Gesellschafter nicht zum Bilanzstichtag, sondern im Laufe eines Geschäftsjahres ausscheidet, erhält er nach Ende des Geschäftsjahres den auf seinen Anteil entfallenden Jahresgewinn zeitanteilig.

(6) An schwebenden Geschäften ist der ausscheidende Gesellschafter nicht beteiligt.

§ 12 Verfügung über Geschäftsanteile; Kapitalerhöhungen

(1) Die Verfügung über Geschäftsanteile oder über Teile von Geschäftsanteilen bedarf der Zustimmung durch einstimmigen Gesellschafterbeschluss.[17] Verheiratete können nur Gesellschafter werden, wenn sie zuvor eine Vereinbarung gemäß § 10 (2) (g) geschlossen haben.

(2) Kapitalerhöhungen bedürfen eines einstimmigen Gesellschafterbeschlusses.[18]

§ 13 Mandate des Gesellschafters

(1) Jedem Gesellschafter ist es untersagt, mit der Gesellschaft mittelbar oder unmittelbar in Wettbewerb zu treten.

(2) Mandate, die nur von einem Gesellschafter persönlich wahrgenommen werden können (z.B. als Notar,[19] Schiedsrichter, Testamentsvollstrecker etc.), dürfen von dem betroffenen Gesellschafter unter Beachtung von § 5 (3) Satz 3 angenommen werden. Der Gesellschafter führt diese Mandate jedoch im Innenverhältnis für Rechnung der Gesellschaft.

(3) Wissenschaftliche Tätigkeit, Lehrtätigkeit, Tätigkeit in anwaltlichen Berufsorganisationen und in der anwaltlichen Selbstverwaltung sowie politische und ehrenamtliche richterliche Tätigkeit sind den Gesellschaftern gestattet, sofern sie ein angemessenes Maß nicht überschreiten. Honorare aus diesen Tätigkeiten stehen dem Gesellschafter zu.

16 Vorgesehen ist eine Buchwertabfindung. Der BGH (NJW 1995, 1551) hält eine Buchwertabfindung in einer Freiberuflergesellschaft für zulässig, wenn der ausscheidende Gesellschafter seine Mandate „mitnehmen" kann (Realteilung). Denkbar ist auch eine Vergütung des Goodwills, z.B. in Form eines Pauschalbetrages, der sich an einem Prozentsatz des durchschnittlichen Umsatzes der letzten Jahre orientiert. Zu erwägen ist außerdem eine pauschale Abfindung der Gewinne aus laufenden Geschäften oder eine „nachlaufende" Gewinnbeteiligung, also eine Teilnahme am Gewinn für einen begrenzten Zeitraum nach Ausscheiden.

17 Einstimmigkeit ist in kleineren Gesellschaften angemessen; größere Gesellschaften werden z.B. eine Mehrheit von 85 % vorschreiben.

18 Einstimmigkeit ist in kleineren Gesellschaften angemessen; größere Gesellschaften werden z.B. eine Mehrheit von 85 % vorschreiben.

19 Anwaltsnotare können Gesellschafter einer Rechtsanwalts-GmbH sein. Es ist möglich, vorzusehen, dass im Innenverhältnis die Notargebühren als Einnahmen der Gesellschaft behandelt werden. Der Anwaltsnotar kann auch im Außenverhältnis unter dem Briefkopf der Rechtsanwalts-GmbH auftreten.

§ 14 Mandatsabgrenzung nach Ausscheiden aus der Gesellschaft

(1) Scheidet ein Gesellschafter aus der Gesellschaft aus, haben die Gesellschafter den ernsthaften Versuch zu unternehmen, sich darüber zu verständigen, ob die von dem ausscheidenden Gesellschafter allein oder mit betreuten Mandatsverhältnisse bei der Gesellschaft verbleiben oder dem ausscheidenden Gesellschafter übertragen werden. Kommt eine Verständigung darüber nicht innerhalb eines Monats ab Erklärung der Kündigung oder ab dem Gesellschafterbeschluss, der zum Ausscheiden führt, zustande, so haben die Geschäftsführer der Gesellschaft alle von dem ausscheidenden Gesellschafter teilweise oder allein betreuten Mandanten darüber zu befragen, ob der ausscheidende Gesellschafter oder die Gesellschaft künftig die laufenden Mandate bearbeiten soll. Kommt auch über die Art der Befragung oder den Kreis der zu befragenden Mandanten keine Verständigung zustande, so hat die Befragung in einem gemeinsamen Rundschreiben an alle von dem ausscheidenden Gesellschafter benannten Mandanten, für die er im letzten Jahr vor dem Ausscheiden tätig war, zu erfolgen. Kommt auch über ein solches Rundschreiben innerhalb eines weiteren Monats keine Verständigung zustande und hat auch innerhalb eines dann folgenden weiteren Monats ein Vermittlungsversuch des Vorstandes der für den ausscheidenden Gesellschafter zuständigen Rechtsanwaltskammer[20] keinen Erfolg, so dürfen sowohl die Gesellschaft als auch der ausscheidende Gesellschafter durch ein sachlich gehaltenes Schreiben einseitig die Entscheidung aller Mandanten einholen, deren Mandatsbeziehung der ausscheidende Gesellschafter auf sich überzuleiten wünscht.

(2) Ein entsprechendes Verfahren gilt bei Auflösung der Gesellschaft.

§ 15 Bekanntmachungen

Bekanntmachungen der Gesellschaft erfolgen nur im Bundesanzeiger.

§ 16 Schlussbestimmungen

(1) Ansprüche aus diesem Vertrag können weder abgetreten noch verpfändet noch mit einem Nießbrauch belastet werden.

(2) Mündliche Abreden bestehen nicht. Änderungen dieses Vertrages – einschließlich Änderungen dieser Klausel – bedürfen zu ihrer Gültigkeit der Schriftform, soweit nicht notarielle Beurkundung vorgeschrieben ist.

(3) Sollte eine Bestimmung dieses Vertrages unwirksam sein oder werden, bleibt der Vertrag im Übrigen wirksam. In diesem Fall sind die Gesellschafter verpflichtet, Bestimmungen zu vereinbaren, durch die ein der unwirksamen Bestimmung wirtschaftlich möglichst nahekommendes Ergebnis rechtswirksam erzielt wird.

20 Falls der Gesellschaft Mitglieder anderer Berufe (z.B. Wirtschaftsprüfer, Steuerberater) angehören, sollte die Vorschrift dahin ergänzt werden, dass die Wirtschaftsprüferkammer bzw. Steuerberaterkammer und die Rechtsanwaltskammer einen Einigungsversuch herbeiführen sollen.

B.8 Anstellungsvertrag für einen Geschäftsführer der Rechtsanwaltsgesellschaft in der Form der GmbH

Rechtsanwalt Dr. Joachim Freiherr von Falkenhausen, LL.M. (Berkeley), Hamburg • Mitglied der Ausschüsse Berufsrecht sowie Anwaltsethik und Anwaltskultur des DAV

Zwischen

(im Folgenden: „Geschäftsführer“)

und **Meier Müller Lehmann** Rechtsanwaltsgesellschaft mbH

(im Folgenden „Gesellschaft“)

wird folgender Anstellungsvertrag[1] geschlossen:

§ 1 Tätigkeit

(1) Der Geschäftsführer führt die Geschäfte der Gesellschaft zusammen mit den anderen Geschäftsführern auf der Grundlage von Gesetz, Gesellschaftsvertrag, **(der Geschäftsordnung)**[2] und insbesondere des anwaltlichen Berufsrechts.

(2) Der Geschäftsführer ist verpflichtet, seine ganze Arbeitskraft der Gesellschaft zu widmen.

§ 2 Dauer

(1) Der Vertrag beginnt am __________.

(2) Der Vertrag endet mit Vollendung des 68. Lebensjahres, ohne dass es einer Kündigung bedarf, es sei denn, dass eine zeitlich begrenzte Verlängerung vereinbart wird.[3] Vor Ablauf des 68. Lebensjahres ist er nur aus wichtigem Grund kündbar.

(3) Ein wichtiger Grund liegt auch vor, wenn

a) der Geschäftsführer nicht mehr Gesellschafter der Gesellschaft ist;
b) ein Umstand eintritt, der zur Einziehung seines Geschäftsanteils ohne seine Zustimmung gemäß § 10 (2) oder (3) des Gesellschaftsvertrages der Gesellschaft berechtigt, oder
c) der Geschäftsführer durch Krankheit oder Unfall für mehr als sechs Monate an der Ausübung seiner Tätigkeit gehindert ist; in diesem Falle kann die Kündigung nur mit einer Frist von

1 Das Vertragsmuster geht davon aus, dass der Geschäftsführer gleichzeitig Gesellschafter ist (siehe § 5 Abs. 2 des Muster-Gesellschaftsvertrages). Sollte das nicht der Fall sein, bedarf es bezüglich Kündigung etc. anderer Regelungen.

2 Wenn vorhanden.

3 Grundsätzlich soll der Rechtsanwalt so lange in der Gesellschaft arbeiten, wie er Gesellschafter ist. Allgemein geht die Tendenz dahin, früher in den Ruhestand zu gehen. Deswegen mag (jetzt oder in Zukunft) die „Altersgrenze“ herabgesetzt werden. Das vorstehende Modell schützt die Gesellschaft und die anderen Gesellschafter davor, ältere Gesellschafter zu beschäftigen, deren Leistungskraft nachgelassen hat. Wenn man umgekehrt die älteren Gesellschafter besser schützen will, kann stattdessen vereinbart werden, dass der Anstellungsvertrag auch nach Vollendung des 68. Lebensjahres fortbesteht, wenn er nicht gekündigt wird. Dann obliegt es den anderen Gesellschaftern, die Initiative zu ergreifen und einen Gesellschaftsbeschluss bezüglich der Kündigung zu fassen.

sechs Monaten auf das Ende eines Kalenderquartals ausgesprochen werden. Die Kündigung wird unwirksam, wenn vor Ablauf dieser Frist die Arbeitsfähigkeit des Geschäftsführers wiederhergestellt ist.

§ 3 Bezüge

(1) Der Geschäftsführer erhält ein Gehalt von _____ EUR jährlich.[4] Es wird in zwölf gleichen Teilbeträgen jeweils zum Monatsende ausgezahlt.

(2) Alle Geschäftsführer erhalten zusammen Tantiemen in Höhe von 50% des handelsrechtlichen Jahresüberschusses der Gesellschaft vor Abzug aller Gewinntantiemen und der ertragsabhängigen Steuern. Am Gesamtbetrag der Tantiemen hat jeder Geschäftsführer einen Anteil, der dem Verhältnis seines Gehaltes gemäß § 3 (1) zur Summe der Gehälter aller Geschäftsführer entspricht. Der Geschäftsführer erhält als Tantieme jedoch höchstens 33 1/3% seines Gehaltes gemäß § 3 (1) im betreffenden Geschäftsjahr; wenn durch diese Vorschrift eine Kürzung eintritt, wird der Gesamtbetrag der Tantiemen gemäß Satz 1 im selben Maße gekürzt. Die Tantieme ist einen Monat nach Feststellung des Jahresabschlusses durch die Gesellschafterversammlung zur Zahlung fällig.[5]

(3) Die Gesellschaft ersetzt dem Geschäftsführer die Beiträge zur Rechtsanwaltskammer, zum Anwaltverein und ähnlichen nationalen wie internationalen Organisationen und Institutionen, die Prämien für mit der Berufsausübung zusammenhängende Versicherungen einschließlich der Beiträge zur Verwaltungs-Berufsgenossenschaft.

4 Aus steuerlichen Gründen sollte ein Teil des Einkommens als Geschäftsführergehalt verteilt werden. Die Höhe des Festgehaltes muss angemessen sein, also dem Vergleich für Gehälter mit einem „angestellten" Geschäftsführer der Rechtsanwalts-GmbH standhalten. Andernfalls würde eine Betriebsprüfung eine verdeckte Gewinnausschüttung annehmen. Starre Richtwerte gibt es nicht. Als Leitlinie kann gelten, dass ein Gesellschafter-Geschäftsführer einschließlich Tantieme nicht wesentlich weniger als das verdienen soll, was er in einer vergleichbaren Sozietät als Gewinnanteil hätte. Der fixe Teil des Gehaltes ist an dem zu orientieren, was angestellte Anwälte als Vergütung erhalten. Die größere Erfahrung und Verantwortung des Gesellschafter-Geschäftsführers kann berücksichtigt werden.

5 Hierzu folgendes Rechenbeispiel:

Gewinn der GmbH vor Festgehältern, Steuern und Tantiemen.	1.215
Festgehalt Gesellschafter GF A.	./. 423
Festgehalt Gesellschafter GF B.	./. 282
Bemessungsgrundlage Tantiemen.	510
davon 50 %.	./. 255
verbleibender Gewinn GmbH (Stufe 1).	255
Tantieme A (60 % entsprechend 423/705 aus 255).	153
maximal aber 423/3.	./. 141
Differenz (Gewinnerhöhung GmbH).	12
Tantieme B (40% entsprechend 282/705 aus 255).	102
maximal aber 282/3.	./. 94
Differenz (Gewinnerhöhung GmbH).	8
Ergebnis: verbleibender Gewinn (Stufe 2)	255 + 12 + 8 = 275
Tantieme A.	141
Tantieme B.	94

§ 4 Krankheit und Unfall

(1) Wenn der Geschäftsführer durch Krankheit oder Unfall an der Ausübung seiner Tätigkeit gehindert ist, zahlt die Gesellschaft sein Gehalt gemäß § 3 für einen Zeitraum von sechs Monaten weiter.

(2) Jeder Geschäftsführer ist verpflichtet, eine Berufsunfallversicherung sowie zur Deckung des außerberuflichen Unfallrisikos eine Privatunfallversicherung abzuschließen.

§ 5 Urlaub

Der Geschäftsführer hat Anspruch auf Jahresurlaub von _____ Tagen, nach Vollendung des _____ Lebensjahres von _____ Tagen. Er hat den Zeitpunkt des Urlaubs mit den anderen Geschäftsführern abzustimmen.

§ 6 Dienstwagen

Die Gesellschaft stellt dem Geschäftsführer einen Dienstwagen der Klasse _____ zur Verfügung. Der Geschäftsführer ist berechtigt, den Dienstwagen auch für private Fahrten zu benutzen. Die Betriebskosten trägt die Gesellschaft. Die auf die Privatnutzung entfallenden Lohn- und Einkommensteuern trägt der Geschäftsführer.

§ 7 Schlussbestimmungen

(1) Ansprüche aus diesem Vertrag können weder abgetreten noch verpfändet noch mit einem Nießbrauch belastet werden.

(2) Mündliche Abreden bestehen nicht. Änderungen dieses Vertrages – einschließlich Änderungen dieser Klausel – bedürfen zu ihrer Gültigkeit der Schriftform.

(3) Sollte eine Bestimmung dieses Vertrages unwirksam sein oder werden, bleibt der Vertrag im Übrigen wirksam. In diesem Fall sind die Gesellschafter verpflichtet, Bestimmungen zu vereinbaren, durch die ein der unwirksamen Bestimmung wirtschaftlich möglichst nahekommendes Ergebnis rechtswirksam erzielt wird.

B.9 FINANZIERUNG UND FÖRDERMITTEL

RECHTSANWÄLTIN UND WIRTSCHAFTSMEDIATORIN DORELA KRESS, ESSLINGEN • MITGLIED DES GESCHÄFTSFÜHRENDEN AUSSCHUSSES DES FORUMs JUNGE ANWALTSCHAFT IM DAV

I. Einleitung

Neben dem Businessplan, der bereits in diesem Ratgeber behandelt wurde, ist es dringend notwendig, sich auch darüber Gedanken zu machen, wie viel Geld Sie insgesamt benötigen. Dabei gilt es im Groben folgende drei Säulen zu beachten:

1. Ausgaben für die Gründung

- Beschaffungskosten für Räumlichkeiten, Maklerkosten, Renovierungskosten
- Büroausstattung, Betriebsmittel, Technik
- eventuell Geschäftswagen
- Bücher, Zeitschriften
- Beratungskosten für Steuerberater, Fortbildungskosten im Vorfeld
- Werbemaßnahmen für die Eröffnung

2. Laufende Kosten

a) Für die Kanzlei:
   - Miete, Instandhaltung
   - Kosten des Geschäftswagens
   - Kommunikationskosten (Telefon, Onlinedienste, Porto)
   - Personalkosten
   - Weiterbildungskosten
   - EDV Beratung
   - Steuerberatung
   - Bürobedarf
   - Strom, Wasser
   - Versicherungen (Bürohaftpflichtversicherung, Sachversicherungen, Krankenversicherung, Altersvorsorge und Vorsorge im Falle der Berufs- und Erwerbsunfähigkeit, Abschluss der Berufshaftpflichtversicherung)
   - Kammerbeiträge
   - Zins- und Tilgung für etwaige Darlehen

b) Laufende Kosten für die private Lebensführung:
   Damit sind die eigenen Fixkosten gemeint und die Frage, wie man diese in den ersten Monaten tragen kann. Hier ist ein finanzielles Polster ratsam.

3. Kostenplan

Damit ist ein Plan (in der Regel für die Dauer von drei Jahren) gemeint, der festhält wie die oben aufgeführten Kosten gedeckt werden können, inkl. eines Notfallplan bzw. Ausstiegsfristen falls es zum worst case kommen sollte und das Vorhaben doch nicht realisiert werden kann.

Der kritischste Zeitraum der Selbstständigkeit sind die ersten drei Jahre nach der Firmengründung. Deswegen ist die Erstellung eines detaillierten Plans wichtig, in dem alle wichtigen finanziellen Aspekte erfasst, analysiert und geplant werden. Der Finanzplan stellt die Planung auf ein festes Fundament und erleichtert das Treffen von richtigen Entscheidungen im unternehmerischen Sinne.

Im Folgenden wird behandelt, welche Möglichkeiten es gibt, Kapital zu beschaffen.

Der Staat bietet spezielle Kredite an für Existenzgründer, die eine lange Laufzeit, tilgungsfreie Jahre und niedrige Zinssätze in Aussicht stellen. Auch wenn es grundsätzlich keine Vorgaben gibt, ob und wie viel Eigenkapital nötig ist, wird im Allgemeinen trotzdem empfohlen, mindestens 15 % Eigenkapitalanteil bei der Gründung bereit zu halten.

II. Beratungsförderung

Es ist äußerst sinnvoll, sich bei der Vorbereitung des Gründungsvorhabens und den ersten unternehmerischen Schritten von Unternehmens- bzw. Existenzgründungsberatern helfen zu lassen. Dabei können bereits diese Beratungsleistungen auch gefördert werden.

Es wird hier zwischen den folgenden Gründungsphasen unterschieden:

1. Vor der Gründung

Nahezu alle Bundesländer bieten einen Zuschuss zu den Beratungskosten an. Andere bieten sogar kostenfreie Beratung für Gründerinnen und Gründer an. Beispielhaft sollen im Folgenden die Angebote der Bundesländer Baden-Württemberg und Bayern kurz vorgestellt werden.

Baden-Württemberg: Beratungsgutscheine für Gründungsinteressierte

In Baden-Württemberg gibt es sieben Institutionen, bei denen eine kostengünstige Gründungsberatung angeboten wird. Die sogenannten Beratungsgutscheine richten sich an Personen, welche planen, eine gewerbliche oder freiberufliche selbstständige Tätigkeit in Baden-Württemberg aufzunehmen. Diese Gutscheine ermöglichen eine individuelle Begleitung von Existenzgründungen durch eine Expertin oder einen Experten in Anspruch zu nehmen. Dabei sind typische Beratungsinhalte die Entwicklung eines tragfähigen Geschäftsmodells sowie die Erstellung eines detaillierten Businessplans. Die Kosten variieren, wobei für mehrtägige Intensivberatungen eine Eigenbeteiligung verlangt wird. Diese liegt aufgrund der Förderung etwa zwischen 70 % und 80 % unter den gängigen Tagessätzen für entsprechende Beratungsleistungen.

Bayern

Das Bayerische Wirtschaftsministerium und der Europäische Sozialfonds unterstützen Gründungsinteressierte dabei, eine Beratung vor der Gründung in Anspruch zu nehmen. Auch hier werden im Rahmen des Coaching-Programms bis zu 70 % der anfallenden Beratungskosten, bezogen auf das maximal förderfähige Tageshonorar in Höhe von 800 EUR, getragen.

Aber auch in Berlin, Brandenburg, Bremen, Hessen, Mecklenburg-Vorpommern, Niedersachsen, Nordrhein-Westfallen, Rheinland-Pfalz, Saarland, Sachsen, Sachsen-Anhalt, Schleswig-Holstein sowie Thüringen gibt es ähnliche Förderungen von Gründungsberatungen.

Näheres zu den verschiedenen Beratungsprogrammen unter: http://www.existenzgruender.de/DE/Service/Beratung-Adressen/Vor-der-Gruendung/inhalt.html

2. Nach der Gründung

Jungunternehmerinnen und -unternehmer (Unternehmen, die nicht länger als zwei Jahre am Markt sind), Bestandsunternehmen (Unternehmen ab den dritten Jahr) sowie Unternehmen in Schwierigkeiten können durch das Programm „Förderung unternehmerischen Know-hows" Beratungsförderung in Anspruch nehmen.

Dabei werden allgemeine Beratungen zu allen wirtschaftlichen, finanziellen, personellen und organisatorischen Fragen der Unternehmensführung sowie spezielle Beratungen, um strukturellen Ungleichheiten zu begegnen und Beratungen zur Unternehmenssicherung angeboten.

Die Antragstellung erfolgt dabei über das Bundesamt für Wirtschaft und Ausfuhrkontrolle (BAFA).

III. Gründungsfinanzierung

Typisch für Förderdarlehen sind u.a. günstige Zinsen, lange Laufzeiten und häufig eine rückzahlungsfreie (tilgungsfreie) Anlaufphase.

1. Hausbankprinzip

Grundsätzlich erfolgt die Vergabe von Fördermitteln nach dem Hausbankprinzip. Das bedeutet, dass die Existenzgründer den Antrag über die eigene Hausbank stellen müssen. Dort wird die Sicherheitsprüfung durchgenommen und dann erst an die Bank (i.d.R. KfW) weitergeleitet, die erneut prüft und letztendlich die Finanzierung bewilligt.

Dadurch, dass bei diesem Modell die Hausbank weniger verdient, jedoch trotzdem die eigentliche Arbeit hat, kam es in der Vergangenheit dazu, dass nicht immer über alle verschiedenen Fördermöglichkeiten durch die Hausbanken aufgeklärt wurden. Daher ist es ratsam, sich im Vorfeld zu informieren und gezielt nachzuhaken bevor man den Schritt Richtung Hausbank macht.

2. Überblick über die Förderprogramme

Die meisten Förderprogramme haben als Voraussetzung, dass der Antragsteller die erforderliche fachliche und kaufmännische Qualifikation sowie eine hinreichend unternehmerische Entscheidungsfreiheit besitzt. Weiterhin ist zu beachten, dass die Antragstellung vor Beginn der Maßnahmen zu erfolgen hat.

a) ERP-Kapital für Gründung

Das Programm dient der Förderung von Gründungs- und Festigungsvorhaben im Bereich der mittelständischen Wirtschaft durch Nachrangdarlehen. Antragsberechtigt sind natürliche Personen, die ein Unternehmen oder eine freiberufliche Existenz gründen oder innerhalb von drei Jahren nach Aufnahme der Geschäftstätigkeit Festigungsmaßnahmen durchführen.

Dabei muss der Antragsteller die erforderliche fachliche und kaufmännische Qualifikation sowie eine hinreichend unternehmerische Entscheidungsfreiheit besitzen.

Die Förderung erfolgt in Form eines zinsverbilligten Nachrangdarlehens und die Höhe des Darlehens beträgt bis zu 500.000 EUR je Antragsteller. Der Zinssatz wird in den ersten zehn Jahren der Laufzeit aus Mitteln des ERP-Sondervermögens vergünstigt und es wird eine Haftungsfreistellung auf Grund einer Bundesgarantie gewährt. Die Laufzeit beträgt 15 Jahre und die Tilgung beginnt nach sieben Jahren. Anträge können über jedes Kreditinstitut an die KfW gestellt werden.

Ähnliche Förderprogramme der KfW sind auch der **ERP-Gründerkredit – StartGeld**, der **ERP-Gründerkredit – Universell** und der KfW-Unternehmerkredit. Genaueres kann auf der Homepage der KfW Bank nachgelesen werden.

b) Mein Mikrokredit

Mein Mikrokredit ist ein Angebot des Mikrokreditfonds Deutschland. Es werden dabei ausschließlich unternehmerische Tätigkeiten finanziert. Dabei erfolgt die Kreditaufnahme in kleinen Schritten.

Je nach Situation kann der Erstkredit 5.000 EUR oder 10.000 EUR betragen. Wird der Erstkredit sechs Monate störungsfrei getilgt, kann ein zweiter Kredit beantragt werden. Das gesamte Kreditvolumen darf 25.000 EUR nicht übersteigen. Der Zinssatz beträgt 7,9 % plus eine Abschlussgebühr in Höhe von 100 EUR pro Kredit. Die finanzielle Belastung kann den jeweiligen Möglichkeiten angepasst werden.

Allerdings hat der Kredit eine Laufzeit von bis zu vier Jahren und in vielen Fällen sind Referenzen bzw. kleine Bürgschaften aus dem persönlichen und geschäftlichen Umfeld Voraussetzung.

Auf der Internetseite des Bundesministeriums für Arbeit und Soziales finden Sie passende Mikrofinanzinstitute. http://www.bmas.de/DE/Themen/Arbeitsmarkt/Arbeitsfoerderung/Mikrokredit/mikrokredit.html

3. Finanzierungszuschüsse der Bundesländer

Inzwischen bietet jedes Bundesland auch eigene Förderprogramme. Insbesondere hier gilt der bereits erwähnte Hinweis, dass eine Beratung äußerst sinnvoll ist.

Einen ersten Überblick über die Möglichkeiten kann man sich über die Homepage der Arbeitsagentur sowie auf www.deutschland-startet.de verschaffen.

4. Alternativen zum Hausbankprinzip

a) Für Gründer und Jungunternehmer, die für Ihr Vorhabon nicht mehr als 25.000 EUR benötigen, bietet die **GRENKE Bank** als Alternative zu den Förderkrediten das GRENKE Starterdarlehen an.

Folgende Laufzeitvarianten werden derzeit angeboten: 2-5 Jahre mit einem tilgungsfreien Jahr, 6-10 Jahre mit einem tilgungsfreien Jahr und 6-10 Jahre mit 2 tilgungsfreien Jahren.

Der Zinssatz (Stand 8.9.2016) für das Darlehen liegt bei 8,9 % p.a. (Festzins) und der Kontokorrentrahmen bei 9,9 % p.a.

b) Weiterhin bieten **Auxmoney** sowie **Barclaycard** online Kreditplattformen für Existenzgründer an.

Die wichtigsten Eckdaten für den Online Kredit von Auxmoney:

- Finanzierungsfokus: Online Kredit für Existenzgründer & Selbstständige
- Finanzierungshöhe: 1.000 bis zu 25.000 EUR
- Zinssatz: Abhängig von dem von Auxmoney ermittelten Score – zwischen 7-15 %
- Laufzeit: 12 bis 60 Monate
- Haftung: Persönlich (Kfz kann als Sicherheit hinterlegt werden)

Die wichtigsten Eckdaten für den Online Kredit von Barclaycard:

- Finanzierungsfokus: Online Kredit für Selbstständige und Freiberufler
- Finanzierungshöhe: 1.000 bis zu 35.000 EUR
- Zinssatz: Abhängig von der Bonität
- Laufzeit: 24 bis 84 Monate
- Haftung: Persönlich

IV. Zuschüsse für die private Lebensführung

1. Gründungszuschuss

Einen Gründungszuschuss können Sie erhalten, wenn Sie mindestens noch 150 Tage Anspruch auf Arbeitslosengeld I haben oder auch wenn Sie aus einer Anstellung heraus kündigen. Wenn Sie bereits arbeitslos sind, dann sollten Sie frühzeitig mit den Gründungsvorbereitungen beginnen, um die 150-Tages-Frist nicht zu verpassen.

Dabei gilt Folgendes:

- Anspruch auf Arbeitslosengeld haben Sie dann, wenn Sie innerhalb der letzten 24 Monate mindestens 12 Monate Beiträge in die Arbeitslosenversicherung bezahlt haben. Dabei bestimmen die Beitragszahlungen die Höhe des Arbeitslosengelds I. Die Zahl der Beitragsmonate in den letzten drei Jahren wiederum bestimmt die Dauer des Arbeitslosengeld Anspruchs.
- Um den Gründungszuschuss beziehen zu können, müssen Sie mindestens einen Tag arbeitslos gewesen sein.

Der Gründungszuschuss beträgt bis zu insgesamt 18.000,00 EUR und wird bis zu 15 Monate lang gewährt. Er besteht aus zwei Phasen: Grund- und Aufbauförderung.

Die **Grundförderung** erhalten Sie die ersten sechs Monate in Höhe des Arbeitslosengelds I Anspruchs zzgl. einer monatlichen Pauschale in Höhe von 300,00 EUR zur Deckung der Sozialversicherungsausgaben. Daher kann diese höher oder niedriger ausfallen.

Die einmalige Verlängerung um neun Monate nennt sich **Aufbauförderung**. In dieser Zeit erhalten Sie allerdings nur noch die Pauschale in Höhe von 300 EUR.

Die gesamte Förderung erhalten Sie steuerfrei. Das Finanzamt behandelt Sie so, als hätten Sie keine Förderung erhalten.

2. Einstiegsgeld

Das sogenannte Einstiegsgeld erhalten Sie, wenn Sie Anspruch auf Arbeitslosengeld II haben und Sie sich selbstständig machen wollen. Ob, wie lange und in welcher Höhe Sie Einstiegsgeld erhalten, entscheidet Ihr Betreuer im Rahmen seines Ermessens. Die Vorgaben für die Ermessenentscheidungen sind durch interne Anweisungen auf lokaler Ebene geregelt.

Das Einstiegsgeld wird zum Arbeitslosengeld II hinzugezahlt. Allerdings wird der Hinzuverdienst zu einem großen Teil mit dem Arbeitslosengeld II verrechnet.

Auch hier wird die Vorlage eines Businessplans verlangt. In der Regel wird auch die Stellungnahme einer fachkundigen Stelle eingeholt.

Zusammenfassend gilt aber auch für die Zuschüsse zur privaten Lebensführung, dass eine Beratung durch den Betreuer beim Arbeitsamt Sinn macht bevor man diesen Weg einschlägt. Dabei sind insbesondere die oben erläuterten Fristen zu beachten.

V. Fazit

Um das optimale Förderprogramm für die Gründung zu erhalten, ist dringend anzuraten, dass man sich bereits im Vorfeld um eine Beratung kümmert.

Wenn der Berater den Finanzplan bereits mitgestaltet und Sie sogar mit zum Gespräch bei der Bank begleitet, ist die Wahrscheinlichkeit größer, dass das Vorhaben auf professionelle Beine gestellt wird – schließlich ist für die Gewährung eines Kredites neben der fachlichen Qualifikation des Rechtsanwaltes auch ein professionelles Gesamtkonzept notwendig. Außerdem wird es bei der Anwesenheit eines zusätzlichen Beraters bei der Bank für den Bankberater nicht so leicht sein, Ihnen eigene Kredite unterzujubeln.

Aber auch nach der Gründung macht eine Beratung durchaus Sinn, um zu überprüfen, ob der ursprüngliche Plan aufgeht oder ob inzwischen andere strategische Entscheidungen getroffen werden müssen.

Wichtige Links:

www.arbeitsagentur.de

www.deutschland-startet.de

www.existenzgruender.de

www.fuer-gruender.de

www.grenkebank.de

www.gruendungszuschuss.de

B.10 ROBE UND SCHILD SIND DA ... UND WIE JETZT WEITER? – ÜBERLEGUNGEN ZUM START IN DEN ANWALTSBERUF

RECHTSANWALT UND NOTAR ULRICH VOLK, WIESBADEN • MITGLIED DES DAV-AUSSCHUSSES ELEKTRONISCHER RECHTSVERKEHR

Der Einstieg in das anwaltliche Berufsleben ist keine leichte Sache. Werden zu diesem frühen Zeitpunkt die falschen Entscheidungen getroffen, kann sich dies auf Jahre hinaus auf den wirtschaftlichen Erfolg der Anwaltskanzlei eines Berufsanfängers auswirken.

Jede Absolventin und jeder Absolvent des 2. Staatsexamens wird sich – hoffentlich, falls er sich für den Rechtsanwaltsberuf entschieden hat –, schon vor dem 2. Staatsexamen die ersten Gedanken über den Start ins Berufsleben gemacht haben.

Die ersten Vorüberlegungen werden sich vermutlich um folgende Fragestellungen gedreht haben:

I. An welchem Standort richte ich meine Kanzlei ein?

Schon die Beantwortung dieser allerersten Frage stellt eine unternehmerische Entscheidung dar und will deshalb wohlüberlegt sein. Nach welchen Kriterien wird unser Junganwalt, nennen wir ihn *Heiko Rathgeber*, diese Frage entscheiden? In vielen Fällen werden persönliche Umstände den Ausschlag geben, etwa die Möglichkeit, durch Kontakte zu Eltern, Freunden und Bekannten die ersten Mandate zu ergattern, zu günstigen Konditionen Räume anzumieten etc.

Sollten solche Kriterien keine Rolle spielen, muss schon die Standortentscheidung gewissenhaft vorbereitet werden.

Es gibt messbare Kriterien, die für diese Standortentscheidung maßgeblich sein sollten. Ich nenne an dieser Stelle nur einige Beispiele:

- Wie hoch ist die „*Anwaltsdichte*" in dem in Aussicht genommenen Sprengel?
- Wird die Kommune in absehbarer Zeit neue Baugebiete ausweisen und ist deshalb mit dem Zuzug junger Familien zu rechnen?
- Wie hoch ist das Lohnsteueraufkommen der Gemeinde, in der sich Heiko Rathgeber ansiedeln will, im Vergleich zum Lohnsteueraufkommen anderer Vergleichsgebiete?
- Wie ist die Altersstruktur der Einwohner im geplanten Wirkungsbereich? Wie hoch ist das Gewerbesteueraufkommen der Gemeinde im Gebiet?
- Wie hoch ist die „*Fachanwaltsdurchdringung*" in der Kollegenschaft, zu der Heiko Rathgeber alsbald in Konkurrenz treten will?
- Wie ist die Uploadgeschwindigkeit der Breitbandversorgung am geplanten Standort?

Eine Vielzahl von Fragen, wobei das Gesamtbild der Antworten schon einen durchaus konkreten Eindruck über die wirtschaftlichen Erfolgsaussichten der zukünftigen Anwaltskanzlei vermitteln kann.

Selbstverständlich hängt der zukünftige Erfolg nicht überwiegend und schon gar nicht in erster Linie von diesen wirtschaftlichen Rahmenbedingungen ab. Entscheidend und bestimmend bleibt die juristische Fachkenntnis, der souveräne Umgang mit dem (hoffentlich) durch Studium und Referendarzeit beigebrachten „*juristischen Handwerkszeug*" und – nicht zuletzt – die Fähigkeit Heikos, Menschen zuzuhören, sich in ihre Gedankenwelt hineinzuversetzen und mit ihnen in einer verständlichen und vertrauenerweckenden Sprache zu kommunizieren. Das sind und werden diejenigen Eigenschaften bleiben, die den Erfolg der Neugründung einer Anwaltskanzlei letztlich ausmachen.

Wie nun die Antworten auf die oben gestellten Fragen im Einzelnen finden?

Erster Ansprechpartner über die wirtschaftliche Entwicklung des in Aussicht genommenen Wirkungsgebietes wird die Gemeindeverwaltung sein können. Nichts spricht dagegen, sich in kleineren Orten bei der Bürgermeisterin bzw. beim Bürgermeister, in größeren Orten und Städten beim Ortsbeirat und ähnlichen vergleichbaren Gremien persönlich vorzustellen und die Gründung der eigenen Anwaltskanzlei mit Engagement und Tatkraft anzukündigen. Auch ein Besuch der IHK kann empfehlenswert sein, um sich ein Bild von den ökonomischen Umgebungsbedingungen des künftigen Wirkungsorts zu verschaffen.

Natürlich lassen sich all diese Informationen auch problemlos über das Internet beschaffen. Warum also gleichwohl Klinkenputzen? Ganz einfach: Es macht Eindruck, wenn jemand sich so intensiv in die Planung der eigenen Selbständigkeit hineinkniet. Networking from the beginning.

Die Antworten auf diejenigen Fragen, die die Konkurrenzsituation innerhalb der Kollegenschaft betrifft, gibt am besten der örtliche Anwaltverein. Die dort im Vorstand tätigen Kolleginnen und Kollegen haben jederzeit ein offenes Ohr für die Fragen der zukünftigen Kolleginnen und Kollegen und können wertvolle Tipps über „*Nischen*" im jeweiligen Sprengel weitergeben. Schon allein aus diesem Grund empfiehlt sich der Eintritt in den örtlichen Anwaltverein, zumal dort für die ersten Jahre nach der Zulassung günstige Beitragskonditionen angeboten werden und das JUNGE FORUM des DAV vielfältige Möglichkeiten des „Networkings" bietet.

II. Mit welchen personellen Ressourcen soll die neue Anwaltskanzlei von Anfang an ausgestattet werden?

Eine Antwort auf diese Frage hängt sehr davon ab, ob Heiko Rathgeber seinen Start ins Berufsleben alleine wagt oder sich mit anderen Kolleginnen und Kollegen bereits zu Formen anwaltlicher Kooperation zusammenschließt.

Selbstverständlich spielt bei der Beantwortung dieser Frage auch eine Rolle, mit welchen finanziellen Mitteln der Start in den Beruf begleitet werden kann. Zumindest im ersten Jahr nach der Eröffnung der Anwaltskanzlei werden die Kosten des Betriebs der Kanzlei und der eigene Lebensunterhalt in irgendeiner Weise mindestens teilweise vorfinanziert werden müssen. In diesem Zusammenhang weise ich ausdrücklich darauf hin, dass die örtlichen Sparkassen und Genossenschaftsbanken in Kooperation mit der Kreditanstalt für Wiederaufbau (KfW) und anderen Institutionen Existenzgründungsprogramme vorhalten, die in Anspruch zu nehmen sich durchaus lohnen kann. Wichtig ist in diesem Zusammenhang der Hinweis, dass nach den Richtlinien der KfW und einiger Landesprogramme der Neustart noch nicht begonnen sein darf, bevor über den Antrag auf Bewilligung eines solchen Existenzgründungsprogrammes entschieden ist.

Auch hier gilt also: Es lohnt sich, bereits vor dem 2. Staatsexamen die Fühler auszustrecken. Der Anwalt lebt vom persönlichen Kontakt mit seinen Mandanten. Es sollte daher zu jedem Zeitpunkt ein persönlicher Ansprechpartner in der Kanzlei vorhanden sein. Aus diesem Grund empfiehlt es sich nach meiner Auffassung nicht, den Start ins Berufsleben ohne jedes Personal zu beginnen. Am Anfang seiner Tätigkeit wird die Arbeitszeit von Heiko sicherlich nicht in erster Linie durch die Bearbeitung von Mandaten ausgefüllt sein, sondern durch alle möglichen Akquisitionstätigkeiten, die seine Abwesenheit im Büro zur Folge haben werden. Um das Erfordernis einer persönlichen Ansprechbarkeit in der Kanzlei auch bei Abwesenheit des Anwaltes sicherstellen zu können, empfiehlt sich deshalb zumindest die Einstellung eines oder einer Auszubildenden. Die Erfahrung zeigt, dass gerade Berufsanfänger kurz nach Beendigung ihrer eigenen Ausbildung genügend Zeit und eine hohe Motivation zur Ausbildung mitbringen. Die frühzeitige Einbindung mindestens eines/einer Auszubildenden in den Aufbau der neuen Anwaltskanzlei fördert in enormem Maß die Teambildung, was sich später als durchaus hilfreich erweisen wird.

III. Mit welchen sachlichen Ressourcen soll die Kanzlei ausgestattet werden?

- Diese Fragestellung muss sinnvollerweise unterscheiden zwischen den sachlichen Ressourcen unterschiedlicher Qualität. Insbesondere steht an
- die räumliche Ausstattung, die Ausstattung mit Möbeln,
- die Ausstattung mit anwaltlichem Büromaterial, die Ausstattung mit bürotechnischen Hilfsmitteln.

Im Folgenden soll nun zu diesen vier Kriterien gesondert Position bezogen werden:

1. Zur räumlichen Ausstattung

Bei angemieteten Räumlichkeiten sollte zu Beginn eine nicht zu lange Mietdauer vereinbart werden. Schließlich ist es das Ziel, mit der eigenen Anwaltskanzlei wirtschaftlichen Erfolg zu haben, was im Erfolgsfall ganz schnell dazu führen kann, dass die angemieteten Räume zu klein werden. Gebraucht wird das Arbeitszimmer für Heiko selbst, eine kleine Teeküche, ein weiteres Zimmer für die/den Auszubildenden und eine Toilette. Bei gut geschnittenen Räumen ist nicht unbedingt ein eigenes Wartezimmer vonnöten. Ein kleiner Flur mit ein paar Stühlen reicht völlig aus. Eine Grundausstattung an Kinderspielzeug sollte nicht fehlen.

Nicht zu unterschätzen ist die Bedeutung einer eigenen Parkmöglichkeit für die Mandanten.

2. Zur Ausstattung mit Möbeln

Gerade hier kann am Beginn der beruflichen Tätigkeit eine Menge Geld gespart werden. Hauptsache ist, die Möbel sind zweckmäßig und funktional. Gebrauchte Möbel, die sich zu günstigen Konditionen über Internetauktionen beschaffen lassen, reichen hier völlig aus. Ikea-Standard ist keineswegs tabu. Besonders praktisch und unbedingt empfehlenswert sind Computertische, in denen der Rechner, die Tastatur, sonstiges EDV-Zubehör und der Monitor so untergebracht werden, dass es immer einigermaßen aufgeräumt aussieht und insbesondere auf dem immer zu kleinen Schreibtisch nicht zu viel Platz durch diese Technik beansprucht wird.

3. Zur Ausstattung des anwaltlichen Büromaterials

Hierzu gehört zunächst einmal der erforderliche Vorrat an allem, was in einem Büro so gebraucht wird. Hier nun jeden Aktendeckel aufzuzählen, würde den Umfang dieses Artikels bei Weitem sprengen. Bei der Anschaffung dieser Gegenstände muss auf Qualität geachtet werden. Ein zu kleiner Locher etwa ist ein tägliches Ärgernis.

Für die Aufbewahrung der Akten empfiehlt sich eine Hängeregistratur, auf die natürlich die angeschafften Möbel angepasst sein müssen. In jedem Anwaltsblatt, das Heiko Rathgeber automatisch erhält, wenn er Mitglied des örtlichen Anwaltvereins wird, finden sich Anzeigen von speziellen Dienstleistern und Lieferanten für diesen anwaltlichen Bürobedarf.

Alle Dienstleister arbeiten mit einem Außendienst. Sie sind darin geschult, für den Start ins Berufsleben das erforderliche Grundpaket zusammenzustellen. Die Preisunterschiede sind nicht sehr erheblich. In jedem Fall sollte Heiko also um den Besuch eines Außendienstlers der infrage kommenden Dienstleistungsunternehmen bitten und dann die Angebote vergleichen.

4. Zur technischen Ausstattung der Kanzlei

Heute sollte keine Anwaltskanzlei mehr ohne eine angemessene technische Ausstattung auskommen müssen. Zur Technik im weiteren Sinne gehört zunächst ein ordentlicher Fotokopierer und – nach wie vor – eine elektrische Schreibmaschine. Diese elektrische Schreibmaschine wird nicht in erster Linie als Back-up für den Fall des Ausfalls der EDV angeschafft, sondern immer noch gibt es einige Anwendungen, die das Vorhalten einer solchen elektrischen Schreibmaschine erfordern. Immer noch gibt es Formulare, die sinnvoll nur mit einer Schreibmaschine ausgefüllt werden können.

Das Hauptaugenmerk aber sollte auf eine vernünftige EDV-Ausstattung der Kanzlei gelegt werden. Dabei wird zu berücksichtigen sein, dass der elektronische Rechtsverkehr zwischen Anwaltschaft/Gerichten/Behörden/Mandantschaft deutlich an Bedeutung gewinnen wird. Teilweise ist er bereits Gesetz. Hierauf sollte bereits bei der Erstausstattung der Anwaltskanzlei Wert gelegt werden.

Das setzt zunächst einmal voraus, dass Heiko in der Lage ist, auch alle eingehenden Schriftstücke elektronisch zu verwalten. Hierzu bedarf es des Scannens. Einfache Scanner sind für den Betrieb in einer Anwaltskanzlei wenig geeignet. Die Auflösung sollte bei mindestens 200 dpi liegen. Der Scanner muss zur Stapelverarbeitung in der Lage sein, insbesondere wenn etwa umfangreichere Schriftsätze des Prozessgegners mit Anlagen eingehen. In der Praxis hat sich daher bewährt, den ohnehin anzuschaffenden Fotokopierer mit einer Netzwerkkarte ausstatten zu lassen, damit der Fotokopierer auch als Scanner eingesetzt werden kann. Das wiederum setzt die Einrichtung eines Netzwerkes voraus, das einzurichten Sache eines Hardwarefachmannes sein sollte.

Zweckmäßigerweise können dann nämlich bereits am Fotokopierer selbst die Pfade eingestellt werden, damit das eingescannte Schriftgut sofort in die für die Anwaltskanzlei einzurichtende Ordnerstruktur der Fachsoftware eingebunden werden kann.

Das führt nun gleich zu dem Hinweis, dass die Einrichtung einer Anwaltskanzlei heute nach meiner Auffassung zwingend mit der Anschaffung einer Fachsoftware verbunden sein sollte. Die am Markt befindlichen Anbieter sind alle durchweg in der Lage, für den Berufseinsteiger maßgeschneiderte „*Starterpakete*“ zusammenzustellen. Eine individuelle Beratung durch den Außendienst ist auch hier unerlässlich.

Bei der Auswahl der Fachsoftwareanbieter sollte Heiko insbesondere darauf achten, dass die gesamte E-Mail-Korrespondenz und alle elektronisch eingehenden Informationen mit möglichst wenig Klicks in den Workflow der Fachsoftware problemlos zu integrieren sind.

Zugegeben: Die Anschaffung der erforderlichen Hardware und die Beschaffung der erforderlichen Software sind keine billige Angelegenheit. Fehlinvestitionen am Anfang aber in diesem Bereich rächen sich bitter.

Sowohl die Unternehmen, die Fotokopierer vertreiben, als auch die Anbieter anwaltlicher Software arbeiten aber mit unterschiedlichen Finanzierungsmodellen, die so vielfältig sind, dass eine Darstellung an dieser Stelle den Rahmen dieser Ausarbeitung wiederum sprengen würde.

Auch aus diesem Blickwinkel empfiehlt sich frühzeitig die Vereinbarung entsprechender Beratungstermine mit den Außendienstlern der Fachsoftwareunternehmen.

Heiko wird – falls er diesem Rat folgt und seine Kanzlei von Anfang an auf den elektronischen Rechtsverkehr einstellt – ausgehende Schriftstücke, soweit rechtlich zugelassen, möglichst auch elektronisch versenden wollen. Hierzu ist die Anschaffung eines Signaturkartenlesers erforderlich. Auch hier sind einige Anbieter am Markt. Ein einfaches Signaturkartenlesegerät ist deutlich unter 100 EUR zu bekommen.

Von besonderer Bedeutung ist die Anschaffung der Signaturkarte selbst. Das ist die „elektronische Unterschrift". Hierzu dient die „BEA-CARD" mit Signaturfunktion, zu beschaffen über die Seite https://bea.bnotk.de/ der Bundesnotarkammer. Wegen des erforderlichen zeitlichen Vorlaufs sollte die Bestellung spätestens drei Monate vor dem geplanten Start in die Selbstständigkeit erfolgen. Unbedingt zu empfehlen ist die Anschaffung zweier solcher Signaturkarten mit unterschiedlichen Laufzeiten. Wer nur eine einzige Signaturkarte in Betrieb hat und bei deren Zerstörung oder bei deren Verlust nicht in die Situation geraten will, keinerlei wirksame elektronische Unterschriften mehr leisten zu können, wird auf diese Sicherheit nicht verzichten wollen.

Unerlässlich ist die Anschaffung einer Textverarbeitungssoftware. In der Praxis durchgesetzt hat sich Word unter dem Betriebssystem Windows 10 oder höher der Firma Microsoft. Alle gängigen Fachanwendungen sind in der Lage, die mittels WORD erstellten Schriftstücke in den Workflow einzubauen und zur elektronischen Weiterverarbeitung bereitzustellen.

Sofern elektronisch erstelltes Schriftgut auch an Gerichte versandt wird, was nach den derzeit vorliegenden Gesetzesvorhaben spätestens am 1.1.2022 gesetzlich zwingend vorgeschrieben sein soll, müssen alle in der eigenen Textverarbeitung erstellten Dokumente in zum elektronischen Versand geeignete Formate umgewandelt werden. Standard ist das Format „.pdf/A". Der für die Anzeige erforderliche Adobe Reader ist kostenlos im Internet erhältlich. Die neueren WORD-Versionen und einige der am Markt vorhandenen Anwaltsprogramme bieten die Formatkonvertierung auch ohne gesonderte Einbindung des ADOBE READERS an.

Nicht ganz zu Unrecht wird in der Anwaltschaft darüber Klage geführt, dass bei der Entwicklung des elektronischen Rechtsverkehrs und bei der Entwicklung generell der Software für den Anwaltsbedarf, Produkte aus der Apple-Umgebung nicht genügend Beachtung finden. In der Tat sind Apple-Produkte teilweise den Microsoft-Produkten in der Ergonomie und in ihrer Funktionalität überlegen.

Allerdings wird nach meinem Überblick auch in Zukunft die Softwareindustrie allein wegen des höheren Marktanteils die Microsoft-Produkte mit Vorrang weiterentwickeln. Die hochwertigen Softwareanbieter, an dieser Stelle seien exemplarisch Advoware, ANNOTEXT, DATEV Anwalt classic, RA-MICRO und ReNoStar genannt, arbeiten derzeit allerdings zum

Teil an Lösungen in der Apple-Umgebung, insbesondere für das iPhone und iPad. Diese Aufzählung ist keineswegs abschließend. Nach unserem Überblick gibt es zurzeit etwas mehr als zwanzig Anbieter. Viele im Internet zu findenden Vergleiche der Anwaltssoftware sind nicht aussagekräftig, weil sie teilweise in Publikationen erschienen sind, die wiederum einzelnen Anbietern wirtschaftlich nahestehen. Es empfiehlt sich auch hier durchaus die Rückfrage beim örtlichen Anwaltverein. Auch in diesem Bereich geht nichts über die Erfahrung von Kolleginnen und Kollegen, die die Software zum Teil seit Jahrzehnten im täglichen Einsatz haben. Von Bedeutung ist neben der Ergonomie, der Ausbaufähigkeit, dem modularen Aufbau, der den individuellen Bedürfnissen gerecht wird, insbesondere auch die Einrichtung einer Hotline, die Frequenz von Updates etc., nicht zu vergessen auch die Kapitalausstattung des Softwarehauses, da der kontinuierliche Aufbau des elektronischen Rechtsverkehrs, die zeitnah erforderliche Anpassung der Software an gesetzliche Änderungen, die Bereitstellung einer ausreichend besetzten Hotline und die laufende Pflege des Programmes eine hohe Investitionsfähigkeit des Unternehmens erfordern.

Die Anforderungen sind so vielschichtig und so individuell, dass allgemeine Aussagen an dieser Stelle wiederum nicht möglich sind. Unbedingt empfehlenswert ist auch der Einsatz digitaler Diktatsysteme bzw. von Spracherkennungssoftware. Auch an dieser Stelle zeigt sich die Qualität der von der Softwareindustrie angebotenen Anwaltsprodukte. Digital erstellte Diktate oder über die Spracherkennung erstelltes Schriftgut muss in die eigene elektronische Akte integrierbar sein, ohne dass hierzu Dutzende von Klicks erforderlich sind.

Auch hier gilt: Probieren geht über Studieren. Nicht zu unterschätzen: Ein Berufsanfänger stellt für ein Softwarehaus im Hinblick auf die erhoffte Entwicklung der Kanzlei einen hochinteressanten Kunden dar. Deshalb bieten die meisten Häuser auch z.T. mehrtägige kostenlose Testphasen an. Wenn dann die Entscheidung gefallen ist, sollte nicht an der Schulung gespart werden. Um ein Anwaltsprogramm vollständig zu verstehen und richtig nutzen zu können, sollten mindestens zwei Tage an Schulung für Heiko Rathgeber eingeplant werden.

Danach gilt nur noch ein Motto:

Ärmel aufkrempeln, packen wir es an. Es gibt viel zu tun. Viol Erfolg, Heiko!

B.11 Buchführung und Steuern

Rechtsanwalt Dr. Martin Wulf, Berlin[1] • Vorsitzender der Arbeitsgemeinschaft Steuerrecht im DAV

I. Überblick

Die Buchführung des Rechtsanwalts muss wie in jedem anderen Unternehmen auch zwei Aufgaben erfüllen: Zum einen ist sie ein betriebswirtschaftliches Kontrollinstrument. Sie sollte dem Anwalt stets einen zutreffenden und aktuellen Überblick über die wirtschaftlichen Verhältnisse seiner Kanzlei ermöglichen. Zum anderen muss die Buchführung die Erfüllung der steuerlichen Vorgaben gewährleisten. Die laufende Buchführung muss jeweils zum Ende des Jahres die Ermittlung des zu versteuernden Gewinns der Kanzlei ermöglichen und die Erfüllung aller anderen steuerlichen Pflichten, insbesondere aus dem Umsatzsteuergesetz, sicherstellen. Vor diesem Hintergrund stellt das Gesetz an die Buchführung bestimmte Anforderungen.

Da die faktischen und gesetzlichen Anforderungen an die Buchführung nur vor dem Hintergrund der steuerlichen Rahmenbedingungen vollends nachvollziehbar sind, ist es sinnvoll, sich zunächst einen Überblick über die steuerlichen Rahmenbedingungen zu verschaffen.

II. Steuern in der Anwaltskanzlei

Die Rechtsanwältin erzielt mit ihrer Tätigkeit Einkünfte aus selbstständiger Arbeit (§ 18 Abs. 1 Nr. 1 S. 2 EStG). Sie muss diese Einkünfte der Einkommensteuer unterwerfen. Zusätzlich fällt Umsatzsteuer an. Die Rechtsanwaltskanzlei stellt dagegen als solches keinen Gewerbebetrieb i.S.d. Gesetzes dar, sodass für die Rechtsanwältin keine Gewerbesteuer anfällt.

1. Einkommensteuer

a) Betriebliche Einkünfte des Rechtsanwalts

Das Einkommensteuergesetz unterscheidet sieben Einkunftsarten. Systematisch zu unterscheiden sind die Überschusseinkünfte und die Gewinneinkünfte:

1 Der Autor ist Partner der Kanzlei Streck Mack Schwedhelm, Rechtsanwälte und Fachanwälte für Steuerrecht, Köln/Berlin/München.

Gewinneinkünfte	Überschusseinkünfte
Einkünfte aus Land- und Forstwirtschaft (§§ 13–14 a EStG)	Einkünfte aus nicht selbstständiger Arbeit (§§ 19–19 a EStG)
Einkünfte aus Gewerbebetrieb (§§ 15–17 EStG)	Einkünfte aus Kapitalvermögen (§ 20 EStG)
Einkünfte aus selbstständiger Arbeit (§ 18 EStG)	Einkünfte aus Vermietung und Verpachtung (§ 21 EStG)
	Sonstige Einkünfte (§§ 22–23 EStG)

Die Einkünfte des Anwalts zählen zu den Gewinneinkünften. Der wesentliche systematische Unterschied zwischen den Gewinneinkünften und den Überschusseinkünften besteht darin, dass bei den Gewinneinkünften das „Betriebsvermögen" – also alle Vermögensgegenstände, die zur Erzielung der betreffenden Einkünfte eingesetzt werden – steuerverhaftet ist. Jede realisierte Werterhöhung im Betriebsvermögen führt zu einem Gewinn und ist damit steuerpflichtig, jede realisierte Wertminderung kann zu einem Verlust führen, der ebenfalls steuerlich anzuerkennen ist. Dahingegen bleiben bei den Überschusseinkünften die Wertveränderungen im Privatvermögen steuerlich unberücksichtigt.

Beispiel: Kauft Rechtsanwalt R eine Büroetage, um darin seine Kanzlei zu betreiben, so handelt es sich um Betriebsvermögen. Verkauft er die Einheit nach 15 Jahren mit Gewinn, so ist hierauf Einkommensteuer zu zahlen. Kauft dagegen die Ehefrau die Einheit und vermietet sie diese an den Ehemann, so erzielt die Ehefrau mit der Miete Einkünfte aus Vermietung und Verpachtung. Der Ehemann kann die Miete als Betriebsausgabe absetzen. Der Gewinn aus dem Verkauf der Wohnung ist nach 15 Jahren steuerfrei.

b) Gewinnermittlung durch Betriebsvermögensvergleich

Bemessungsgrundlage für die Einkommensteuer ist bei der freiberuflichen Tätigkeit der Anwältin im Ausgangspunkt der Gewinn.

Der Gewinn wird gemäß § 4 Abs. 1 EStG im Grundsatz durch einen Vergleich des Betriebsvermögens zum Ende des Wirtschaftsjahrs mit dem zu Beginn des Wirtschaftsjahrs vorhandenen Betriebsvermögen ermittelt. Ergänzend sind die Beträge zu berücksichtigen, die die Betriebsinhaberin bereits im Verlauf des Wirtschaftsjahrs zu privaten Zwecken aus dem Betriebsvermögen entnommen hat (Entnahmen), sowie diejenigen Vermögenswerte, die sie im Verlauf des Wirtschaftsjahrs aus ihrem Privatvermögen in das Betriebsvermögen eingebracht hat (Einlage), denn diese Wertminderungen stellen schließlich kein Ergebnis der wirtschaftlichen Betätigung dar und müssen deshalb nicht versteuert werden. Schematisch stellt sich diese Gewinnermittlung somit wie folgt dar:

Betriebsvermögen zum 31.12. des Kalenderjahrs
− Betriebsvermögen zum 1.1. des Kalenderjahrs
(= Betriebsvermögen zum 31.12. des Vorjahrs)
\+ Entnahmen im Verlaufe des Wirtschaftsjahrs
− Einlagen im Verlaufe des Wirtschaftsjahrs
= Gewinn

Die Ermittlung des Gewinns durch Betriebsvermögensvergleich in der beschriebenen Form setzt die Aufstellung einer Bilanz zu Beginn der wirtschaftlichen Tätigkeit und zum Ende eines jeden Wirtschaftsjahrs voraus. Das „Betriebsvermögen" i.S.v. § 4 Abs. 1 EStG entspricht dem in dieser Steuerbilanz ausgewiesenen Eigenkapital.

c) Für Freiberufler: Gewinnermittlung durch Überschussrechnung

Das Gesetz stellt daneben in § 4 Abs. 3 S. 1 EStG eine weitere Form der steuerlichen Gewinnermittlung zur Verfügung. Die Vorschrift lautet:

> *„(3) Steuerpflichtige, die nicht auf Grund gesetzlicher Vorschriften verpflichtet sind, Bücher zu führen und regelmäßig Abschlüsse zu machen, und die auch keine Bücher führen und keine Abschlüsse machen, können als Gewinn den Überschuss der Betriebseinnahmen über die Betriebsausgaben ansetzen. …"*

Rechtsanwälte unterliegen als Freiberufler nicht den handelsrechtlichen Vorschriften. Sie sind auch nach dem Steuergesetz, d.h. nach der Abgabenordnung (vgl. § 141 AO), nicht zur Erstellung einer Buchführung verpflichtet. Rechtsanwälte können ihren Gewinn daher durch die in § 4 Abs. 3 EStG beschriebene „Überschussrechnung" ermitteln.

Im Hinblick auf die Höhe des zu versteuernden Gewinns besteht zwischen den Gewinnermittlungsarten kein Unterschied, soweit man die Totalperiode (also die gesamte Lebenszeit des Betriebs) betrachtet. Es ergeben sich aber Unterschiede in dem Zeitpunkt der Gewinnrealisierung, d.h. dem Zeitpunkt, an dem die Steuern gezahlt werden müssen. Bei der Bilanzierung sind alle Forderungen aus vollständig oder teilweise abgeschlossenen Arbeiten zu aktivieren. Der Anwalt, der bilanziert, muss also das Honorar bereits versteuern, obwohl der Mandant noch gar nicht gezahlt hat. Der Anwalt, der seinen Gewinn durch Überschussrechnungen ermittelt, versteuert seine Honorare stets in dem Veranlagungsjahr, in dem sie ihm zufließen. Entsprechendes gilt auf der Ausgabenseite (Berücksichtigung aller Verbindlichkeiten in der Bilanz/Berücksichtigung nur der tatsächlich gezahlten Ausgaben bei der Überschussrechnung).

In der Praxis ermitteln die allermeisten Anwaltskanzleien ihren Gewinn durch Überschussrechnung. Auch ein Anwalt kann zwar freiwillig zur Bilanzierung übergehen. Eine Bilanzierung bringt aber nur in Ausnahmekonstellationen steuerliche Liquiditätsvorteile. Gerade für die Berufsanfänger dürfte eine Überschussrechnung wesentlich einfacher zu beherrschen sein.

Für steuerliche Zwecke hat die Finanzverwaltung für die „Überschussrechner" die Anlage EÜR entwickelt. Dieses Formular muss der Rechtsanwalt ausfüllen und seiner Steuererklärung beifügen (vgl. § 60 Abs. 4 EStDV).[2]

d) Privatvermögen und Betriebsvermögen

Auch wenn die Anwältin ihren Gewinn durch Überschussrechnung ermittelt, bleibt es dabei, dass Wertveränderungen im Betriebsvermögen steuerliche Auswirkungen auf den Gewinn haben. Dies setzt voraus, dass die Anwältin sorgfältig zwischen ihrem Privatvermögen und dem Vermögen trennt, welches Betriebsvermögen darstellt. Für jeden konkreten Vermögensgegenstand (steuerlich spricht man von Wirtschaftsgütern) ist zu entscheiden, ob er dem Privat- oder dem Betriebsvermögen zugehören soll.

Steuerlich ist wie folgt zu unterscheiden: Alle Wirtschaftsgüter, die zu mehr als 50 % betrieblich genutzt werden, stellen notwendigerweise Betriebsvermögen dar. Sie sind daher zwingend im Betriebsvermögen zu führen („notwendiges Betriebsvermögen"). Für alle Wirtschaftsgüter, die zu wenigstens 10 % und maximal 50 % betrieblich genutzt werden, kann der Rechtsanwalt wählen, ob es sich um Betriebsvermögen oder um Privatvermögen handeln soll („gewillkürtes Betriebsvermögen"). Alle Wirtschaftsgüter, die zu weniger als 10 % betrieblich genutzt werden, sind stets Privatvermögen („notwendiges Privatvermögen").

e) Abschreibungen (AfA) auf abnutzbare Wirtschaftsgüter des Anlagevermögens

Alle Wirtschaftsgüter aus dem Betriebsvermögen, die dauerhaft dazu bestimmt sind, dem Betrieb zu dienen, stellen das sog. „Anlagevermögen" dar. Sie sollten in einem besonderen Verzeichnis aufgelistet werden (dem sog. „Anlageverzeichnis"). Hierzu zählen z.B. ein Kanzleigrundstück, die Büromöbel, Kanzleifahrzeuge (Pkw, Fahrrad, Motorroller o.Ä.), die Computeranlage einschließlich der Software, die weitere Geschäftsausstattung (bspw. ein Kunstwerk, welches zur Verschönerung der Kanzleiräume angeschafft wurde), Patentrechte dor Kanzlei, Darlehensforderungen der Kanzlei etc.

Bei den durch den Rechtsanwalt für seine Kanzlei angeschafften Wirtschaftsgütern des Anlagevermögens ist zwischen den abnutzbaren und den nicht abnutzbaren Wirtschaftsgütern zu unterscheiden. Die beweglichen, körperlichen Wirtschaftsgüter sind durchweg abnutzbar (Möbel, Fahrzeuge, Büroausstattung etc.), während insbesondere Grundstücke und Rechte in der Regel nicht abnutzbar sind. Bei allen Ausgaben des Rechtsanwalts für Gegenstände des Anlagevermögens ist zu prüfen, ob sie zu sofort abzugsfähigen Betriebsausgaben führen oder ob die Anschaffungskosten „abzuschreiben" sind, wodurch die Kosten auf die Nutzungsdauer des Gegenstands verteilt werden.

2 Der Vordruck ist im Internet unter www.formulare-bfinv.de abrufbar.

Beträgt der Anschaffungspreis (ohne die eventuell gezahlte Umsatzsteuer) bis maximal 800 EUR, so kann der gezahlte Betrag unmittelbar im Jahr der Zahlung als Betriebsausgabe abgezogen werden. Es handelt sich um ein sog. „geringwertiges Wirtschaftsgut" (GWG). Beträgt der Anschaffungspreis (netto) mehr als 800 EUR, so muss das Wirtschaftsgut über den Zeitraum der gewöhnlichen Nutzungsdauer abgeschrieben werden. Beispiel: Ein Computersystem (PC mit Drucker, Monitor und Scanner) kostet 1.500 EUR, die betriebsgewöhnliche Nutzungsdauer beträgt drei Jahre, im Jahr der Anschaffung und den beiden Folgejahren können also jeweils 500 EUR an „AfA" als Betriebsausgabe abgezogen werden.[3] Für alle abnutzbaren beweglichen Wirtschaftsgüter des Anlagevermögens mit einem Wert von netto mehr als 250 EUR bis maximal 800 EUR hat der Gesetzgeber Sonderregelungen eingeführt, die die sofortige Abziehbarkeit von bestimmten Aufzeichnungen abhängig machen und Wahlrechte eröffnen. Die Wirtschaftsgüter, die in diese Kategorie fallen und innerhalb eines Jahres angeschafft wurden, können in ein besonderes Verzeichnis aufgenommen werden und dann einheitlich über fünf Jahre mit jeweils 20 % abgeschrieben werden (§ 6 Abs. 2 a EStG).[4]

f) Gewinn als Saldo Betriebseinnahmen und Betriebsausgaben

Der Gewinn der Rechtsanwältin i.S.v. § 4 Abs. 3 EStG (Überschussrechnung) setzt sich zum Ende des Wirtschaftsjahrs aus ihren Betriebseinnahmen abzüglich der Betriebsausgaben zusammen.

Betriebseinnahmen sind alle Zuwendungen und Vorteile in Geld oder Geldeswert, die der Rechtsanwältin aus der Ausübung ihres Berufs zufließen. Zu den steuerpflichtigen Betriebseinnahmen gehören auch die Nutzungsentnahmen, d.h. die Vorteile aus der Privatnutzung von Gegenständen, die dem Betriebsvermögen zugeordnet sind (vgl. dazu nachstehend das Beispiel unter 7.). Zu den Betriebseinnahmen gehören also: Honorarzahlungen in Geld, Sachleistungen aller Art, freiwillige Zuwendungen von Mandantinnen und betriebsbezogene Geschenke, (unzulässige) Erfolgshonorare und Provisionen, die von der Mandantin gezahlte Umsatzsteuer, die von dem Finanzamt erstattete Umsatzsteuer, die Vorteile aus der Privatnutzung eines betrieblichen Pkws, die Vorteile aus der Privatnutzung eines betrieblichen Telefons, die Vorteile aus der Erledigung von privaten Arbeiten durch Kanzleimitarbeiter (Beispiel: Die Sekretärin der Kanzlei erledigt während ihrer Arbeitszeit die Abrechnungen aus einem privaten Vermietungsobjekt) u.a.

Betriebsausgaben sind alle durch die Rechtsanwaltstätigkeit veranlassten Vermögensaufwendungen, die aus dem Vermögen abgeflossen sind. Betriebsausgaben sind bspw.: Miete, Löhne und Sozialversicherungsabgaben für Angestellte, Honorare für freie Mitarbeiter oder andere Subunternehmer, Ausgaben für die geringwertigen Wirtschaftsgüter und Wirtschaftsgüter mit einer Nutzungsdauer von weniger als einem Jahr (denn diese Beträge sind

3 Eine Übersicht über die verschiedenen Abschreibungsarten und die anzusetzende Nutzungsdauer findet sich bei *Meyer*, Die Besteuerung der Anwaltskanzlei, 3. Aufl. 2007, S. 50 ff.

4 Solche Regelungen bezeichnet der Gesetzgeber dann als „Vereinfachung des Steuerrechts".

sofort abzugsfähig), AfA, bezahlte Umsatzsteuer auf Subunternehmerrechnungen, gezahlte Umsatzsteuer an das Finanzamt, gezahlte Zinsen und Gebühren für das Kanzleikonto, dem Betrieb zuzuordnende Kosten eines privaten Pkw, Kosten für Fortbildungen und Fachliteratur, Versicherungsbeiträge etc.

Für manche Aufwendungen versagt das Steuergesetz ausdrücklich die steuerliche Anerkennung ganz oder teilweise, obwohl es sich im Ausgangspunkt um Betriebsausgaben (also betrieblich veranlasste Aufwendungen) handelt. Diese „nicht abzugsfähigen Betriebsausgaben“ finden sich insbesondere im Katalog des § 4 Abs. 5 EStG. Nur beschränkt abzugsfähig sind bspw. Bewirtungskosten. Lädt die Rechtsanwältin also eine Unternehmerin zum Essen ein, um sie als Mandantin zu gewinnen, so ist die Restaurantrechnung nur zu 70 % steuerlich abzugsfähig (§ 4 Abs. 5 Nr. 2 EStG). Zudem sind Gegenstand, Teilnehmer und Anlass der Bewirtung in besonderer Form aufzuzeichnen und nachzuweisen. Werden diese Aufzeichnungspflichten nicht erfüllt, so scheidet ein steuerlicher Betriebsausgabenabzug vollständig aus.

g) Abschreibungen und Privatanteile am Beispiel eines BetriebsPkws

Ist der Rechtsanwalt Eigentümer eines Pkws, den er zu mehr als 50 % betrieblich nutzt, so handelt es sich um notwendiges Betriebsvermögen. Die Anschaffungskosten des Fahrzeugs (netto, d.h. ohne Umsatzsteuer) sind über einen Zeitraum von sechs Jahren abzuschreiben. Nutzt der Anwalt seinen Pkw nur zu einem Anteil von mehr als 10 % und weniger als 50 % für betriebliche Fahrten, so kann er wählen, ob er den Pkw dem Privat- oder dem Betriebsvermögen zuordnet. Die Fahrten zwischen Wohnung und Kanzlei zählen bei diesen Verhältnisrechnungen zu den betrieblich veranlassten Fahrten.

Ordnet der Anwalt den Pkw dem Betriebsvermögen zu, so sind die Anschaffungskosten entsprechend abzuschreiben. Alle sonstigen, laufenden Kosten des betrieblichen Pkws stellen zunächst Betriebsausgaben dar (Benzinkosten, Steuern, Versicherungen, Reparaturen etc.). Die anteilige Privatnutzung des betrieblichen Pkws ist dann gewinnerhöhend wieder hinzuzurechnen.

Für die Bemessung des Vorteils der Privatnutzung stellt das Gesetz zwei Varianten zur Verfügung. Weist der Rechtsanwalt nach, dass es sich bei dem Pkw um notwendiges Betriebsvermögen handelt (das Fahrzeug also zu mehr als 50 % betrieblich genutzt wird), so kann er die sog. „1 %-Regelung“ in Anspruch nehmen. Die private Nutzung wird dann pauschal für jeden Monat mit 1 % des Listenpreises (brutto) des Fahrzeugs im Zeitpunkt der Erstzulassung erfasst. Zusätzlich sind die Kosten dem Gewinn hinzuzurechnen, die auf die Fahrten zwischen Wohnung und Kanzleisitz entfallen, da auch diese Kosten steuerlich nicht abzugsfähig sein sollen. Bei Anwendung der „1 %-Regelung“ sind hierfür zusätzlich 0,03 % des maßgebenden Listenpreises pro Entfernungskilometer und Monat hinzuzurechnen. Findet die „1 %-Regelung“ keine Anwendung, so sind die auf die Privatfahrten entfallenden Kosten anteilig aus den tatsächlich für den Pkw angefallenen Kosten herauszurechnen. Will der Rechtsanwalt auf diesem Weg geltend machen, dass ein geringerer Vorteil als nach der „1 %-Regelung" dem Gewinn hinzuzurechnen ist, so muss er dies anhand eines Fahrtenbuchs nachweisen.

Ordnet der Rechtsanwalt den Pkw dem Privatvermögen zu, so kann jeder betrieblich gefahrene Kilometer in der Gewinnermittlung pauschal mit einem Betrag i.H.v. 0,30 EUR als Betriebsausgabe geltend gemacht werden. Wahlweise kann der Rechtsanwalt die tatsächlichen Kosten pro Kilometer ermitteln, nachweisen und dann geltend machen.

h) Typische Gewinnermittlung im Überblick

Die Gewinnermittlung einer Rechtsanwältin nach § 4 Abs. 3 EStG setzt sich somit (vereinfacht) aus den folgenden Positionen zusammen:

Betriebseinnahmen
\+ private Kraftfahrzeugnutzung
\+ private Telefonnutzung
\+ Sachentnahmen (Entnahme von Gegenständen aus dem Betriebsvermögen zu privaten Zwecken, bspw. Privatverwendung von für die Kanzlei angeschafften Briefmarken)
– Betriebsausgaben, soweit sofort abzugsfähig
– AfA auf Anlagevermögen
– Sonderabschreibungen nach § 7 g EStG[5]
– Buchwerte von veräußerten oder aus dem Betrieb entnommenen Wirtschaftsgütern des Anlagevermögens
– Sacheinlagen (Beispiel: Das zunächst für die Privatwohnung gekaufte Bild soll fortan die Kanzleiräume schmücken) oder privat bezahlte Betriebsausgaben
= steuerpflichtiger Gewinn/Verlust

2. Umsatzsteuer

Jeder, der nachhaltig zur Erzielung von Einnahmen und selbstständig tätig wird, ist als Unternehmer i.S.d. Umsatzsteuergesetzes anzusehen. Der Unternehmer hat die von ihm im Inland erbrachten Leistungen der Umsatzsteuer zu unterwerfen und diese Umsatzsteuer an das Finanzamt abzuführen.

a) Besteuerung der erbrachten Leistungen

Die Rechtsanwältin als freiberuflich tätige Unternehmerin hat das Privileg, die Umsatzsteuer nach den vereinnahmten Entgelten berechnen zu können (vgl. § 20 Abs. 1 Nr. 3 UStG). Dies

5 § 7 g EStG beinhaltet Regelungen über die steuerliche Förderung von Existenzgründern und kleineren Unternehmen; die Inanspruchnahme dieser besonderen Abschreibungsmöglichkeiten kann insbesondere für Berufsanfänger interessant sein, zu Einzelheiten vgl. *Meyer*, Die Besteuerung der Anwaltskanzlei, 3. Aufl. 2007, S. 59 ff.

bedeutet: Die Rechtsanwältin muss die Umsatzsteuer nur auf die Honorare entrichten, die sie tatsächlich eingenommen hat. Andere Unternehmerinnen müssen hingegen die Umsatzsteuer bereits abführen, wenn sie ihre Leistung ausgeführt haben, obwohl sie noch gar nicht bezahlt worden sind. Die Vergünstigung wird durch das Finanzamt auf Antrag bewilligt.

Rechtsanwaltsleistungen sind „sonstige Leistungen" i.S.d. Umsatzsteuergesetzes. Sie sind mit dem Regelsteuersatz von gegenwärtig 19 % zu besteuern.

b) Vorsteuerabzug

Wer Unternehmer ist, soll durch die Umsatzsteuer eigentlich nicht belastet werden. Die Unternehmen können daher die von ihnen an die Vertragspartner entrichtete Umsatzsteuer unter bestimmten Voraussetzungen vom Finanzamt ersetzt bekommen. Kauft der Rechtsanwalt also Kopierpapier für insgesamt 119 EUR ein (Kaufpreis: 100 EUR netto + 19 EUR Umsatzsteuer), so kann er den Betrag von 19 EUR im Rahmen seiner Umsatzsteueranmeldung gegenüber dem Finanzamt ersetzt verlangen („Vorsteuerabzug"). Formale Voraussetzung ist, dass der Rechtsanwalt über eine Eingangsrechnung seines Lieferanten verfügt, in der die Umsatzsteuer ausgewiesen ist. Alternativ kann – wenn beide Parteien einverstanden sind – auch der Leistungsempfänger eine Gutschrift erteilen und hieraus den Vorsteuerabzug geltend machen (§ 14 Abs. 2 S. 2 UStG).

c) Durchlaufende Posten (Auslagen)

Im Grundsatz sind alle Beträge, die die Anwältin ihren Mandantinnen in Rechnung stellt, mit Umsatzsteuer zu belasten. Ausgenommen sind nur die durchlaufenden Posten. Durchlaufende Posten i.d.S. sind diejenigen Beträge, die die Rechtsanwältin für ihre Mandantinnen verauslagt hat und bei denen die Mandantin selbst zivilrechtlich im Verhältnis zu dem Zahlungsempfänger Gläubiger war.[6] Konkret bedeutet dies: Der Umsatzsteuer zu unterwerfen ist das Honorar nach dem Rechtsanwaltsvergütungsgesetz, ein u.U. vereinbartes Pauschal- oder Zeithonorar, die Reisekosten, Kopierkosten, Postentgelte, Fahrtkosten etc. Keine Umsatzsteuer fällt an auf verauslagte Gerichtskosten und auf verauslagte Gebühren für Registerauskünfte etc., soweit diese ausdrücklich oder den Umständen nach im Namen der Mandantin eingeholt wurden.

d) Ausländische Mandanten

Nur die inländischen Leistungen des Rechtsanwalts sind der deutschen Umsatzsteuer zu unterwerfen. Systematisch hängt die Umsatzsteuerpflicht davon ab, ob der Ort der Rechtsanwaltsleistung als „sonstige Leistung" gem. § 3 a UStG im Inland liegt. Die Regelungen

6 Zu Einzelheiten vgl. *Wulf*, Steueranwaltsmagazin 2007, 137.

sind unübersichtlich.[7] Vereinfachend gilt für die Rechnung an ausländische Mandanten Folgendes:

- Beratung/Vertretung eines Unternehmers mit Sitz oder Betriebsstätte in einem Mitgliedstaat der Europäischen Union → Rechnung ohne Umsatzsteuer (§ 3 a Abs. 2 UStG);
- Beratung/Vertretung eines Unternehmers mit Sitz im Drittland (übriges Ausland außerhalb der Europäischen Union) → Rechnung ohne Umsatzsteuer (§ 3 a Abs. 2 UStG);
- Beratung/Vertretung eines Privatmanns mit Wohnsitz in einem Mitgliedstaat der Europäischen Union → Rechnung mit Umsatzsteuer (§ 3 a Abs. 1 UStG);
- Beratung/Vertretung eines Privatmanns im übrigen Ausland → Rechnung ohne Umsatzsteuer (§ 3 a Abs. 4 UStG).

Davon abweichende Sonderregelungen sind insbesondere bei der Beratung im Zusammenhang mit Immobilienprojekten und bei der Mitwirkung an Tagungen oder ähnlichen unterrichtenden Tätigkeiten zu beachten; dort kann es auf den Belegenheitsort der Immobilie oder den Ort des Vortrags ankommen (vgl. § 3 a Abs. 3 Nr. 1 und Nr. 3 UStG).

Für die Beratungsleistungen, die ein Anwalt an einen anderen Unternehmer in einem anderen Mitgliedstaat der Europäischen Union erbringt, gelten besondere Grundsätze, die Auswirkung auf die Rechnungstellung haben: Hier gilt der Grundsatz der „Umkehr der Steuerschuldnerschaft" (vgl. § 13 b UStG, europaeinheitlich bezeichnet als „reverse charge"). Wer also alles richtig machen will, der sollte die Rechnung an einen im übrigen Gemeinschaftsgebiet ansässigen Unternehmer als Mandanten ohne Umsatzsteuer ausstellen und in der Rechnung darauf hinweisen, dass es sich um einen Fall des „reverse charge" handelt. Dieser Hinweis in der Rechnung ist gesetzlich vorgesehen – das Unterlassen des Hinweises hat jedoch keinerlei Konsequenzen. Zusätzlich müssen solche grenzüberschreitenden Beratungsleistungen in den sog. „Zusammenfassenden Meldungen" nach § 18 a Abs. 2 UStG dem Bundeszentralamt für Steuern gemeldet werden. Diese Verpflichtung ist bußgeldbewehrt (vgl. § 26 a Abs. 1 Nr. 5 UStG).

Umgekehrt sollte der Rechtsanwalt darauf achten, dass ihm selbst, wenn er einen ausländischen Kollegen aus dem Unionsgebiet beauftragt, in dieser Situation keine Umsatzsteuer eines anderen europäischen Mitgliedstaats in Rechnung gestellt wird. Vielmehr wäre eine solche Beratungsleistung eines europäischen Anwaltskollegen aus dem Ausland nach Deutschland in Deutschland durch den Empfänger der Umsatzsteuer zu unterwerfen (§ 13 b UStG). Der deutsche Rechtsanwalt als Empfänger (oder der Mandant als Leistungsempfänger eines ausländischen Kollegen) kann die anfallende Umsatzsteuer gleichzeitig als Vorsteuer abziehen, ohne hierfür in Besitz einer Rechnung zu sein (vgl. § 15 Abs. 1 Nr. 4 UStG).

7 *Dikmen*, Steueranwaltsmagazin 2010, 26.

e) Verfahren

Die Rechtsanwältin muss für jeden Voranmeldungszeitraum eine Umsatzsteuervoranmeldung abgeben und die abzuführende Umsatzsteuer in dieser Steueranmeldung selbst berechnen. Voranmeldungszeitraum ist regelmäßig ein Monat. Die Monatssteuervoranmeldung ist im Normalfall bis zum zehnten Tag des Folgemonats fällig; § 46 UStDV ermöglicht allerdings eine sog. „Dauerfristverlängerung" bis zum 10. des nächstfolgenden Monats, von der in der Praxis viele Unternehmen Gebrauch machen. Am Ende des Kalenderjahrs hat die Rechtsanwältin dann bis zum 31.7. des Folgejahrs ergänzend eine Umsatzsteuerjahreserklärung abzugeben. Einzelheiten regelt § 18 UStG.

f) Kleinunternehmer

Wer nur in geringem Umfang als Rechtsanwalt tätig ist, der kann die Vorteile der Kleinunternehmer-Regelung in Anspruch nehmen (§ 19 UStG). Wer im vergangenen Kalenderjahr maximal 17.500 EUR (neu ab 2020: 22.000 EUR) an Honorarumsatz erzielt hat und im laufenden Kalenderjahr voraussichtlich nicht mehr als 50.000 EUR Umsatz aus seiner Rechtsanwaltstätigkeit erzielen wird, der muss keine Umsatzsteuer abführen. Er kann seine Honorare also umsatzsteuerfrei in Rechnung stellen. Wichtig ist, dass der Rechtsanwalt als Kleinunternehmer in seinen Rechnungen nicht versehentlich Umsatzsteuer ausweist. Denn die in einer Rechnung ausgewiesene Umsatzsteuer muss jedenfalls entrichtet werden (vgl. § 14 c UStG). Zudem kann der Rechtsanwalt, der die Kleinunternehmer-Regelung in Anspruch nimmt, selbstverständlich auch keine Vorsteuer aus seinen Eingangsrechnungen erstattet verlangen.

3. Erscheinungsformen und Abgrenzung der freiberuflichen Tätigkeit

a) Einkünfte als Einzelunternehmerin

Die als Einzelanwältin tätige Rechtsanwältin erzielt Einkünfte aus selbstständiger Arbeit (§ 18 EStG). Inhaltlich ist die Tätigkeit abzugrenzen von anderen Formen der selbstständigen Tätigkeit i.S.v. § 18 EStG, von den gewerblichen Tätigkeiten i.S.v. § 15 EStG und von der Tätigkeit, die als steuerlich irrelevant angesehen wird, der sogenannten „Liebhaberei". Die Tätigkeit als Freiberuflerin ist steuerlich in gewisser Weise privilegiert: Man zahlt keine Gewerbesteuer, muss nicht bilanzieren und kann die Umsatzsteuer unabhängig von der Höhe der Umsätze nach vereinnahmten Entgelten entrichten. Diese Vorteile gehen verloren, wenn die Tätigkeit ganz oder teilweise als gewerblich eingestuft wird. Bei Vorliegen von „Liebhaberei" können die negativen Einkünfte (Verluste) nicht mehr mit anderen Gewinnen verrechnet werden.

Steuerlich unproblematisch ist es zunächst, wenn die Rechtsanwältin neben ihrer eigentlichen Anwaltstätigkeit eine weitere Tätigkeit entfaltet, die isoliert gesehen als freiberuflich oder als sonstige selbstständige Tätigkeit i.S.v. § 18 EStG anzuerkennen wäre. Dies ist bspw. die Tätigkeit als Testamentsvollstreckerin, Vormund, Vermögensverwalterin, Konkursverwalterin oder die Wahrnehmung von Pflegschaften. Kennzeichnend für die selbstständige Tätigkeit i.S.d. Gesetzes ist, dass die Steuerpflichtige aufgrund eigener Fachkenntnisse leitend und eigenverantwortlich tätig wird.

Schaltet die Rechtsanwältin im Rahmen ihrer Kanzlei Mitarbeiter in einem solchen Umfang ein, dass keine persönliche Dienstleistung mehr vorliegt, so wird die Gesamttätigkeit nicht mehr als freiberuflich (§ 18 EStG), sondern als gewerblich (§ 15 EStG) eingestuft. Dieses Problem betrifft insbesondere die Insolvenzverwalterinnen, deren Tätigkeit als Vermögensverwaltung i.S.v. § 18 Abs. 1 Nr. 3 EStG angesehen wird.[8] Das Problem kann sich theoretisch aber auch für eine Rechtsanwältin stellen, der eine Vielzahl von Mitarbeitern zur Erledigung von eigentlich anwaltlichen Aufgaben einsetzt.[9] Zusätzlich ist zu beachten, dass anwaltsuntypische Leistungen der Rechtsanwältin selbst – bspw. Provisionen aus der Vermittlung von Darlehen, von Grundstücken oder aus der Personalvermittlung – schon für sich gesehen eine gewerbliche Tätigkeit der Rechtsanwältin begründen können, wenn sie mehr als gelegentlich anfallen. Übt eine Steuerpflichtige (also eine Einzelanwältin) i.d.S. sowohl die eigentlich anwaltliche freiberufliche als auch eine gewerbliche Tätigkeit aus, so sind diese Tätigkeiten und ihr Ergebnis steuerlich voneinander zu trennen. Dieses Problem sollte die Anwältin unbedingt beachten, denn eine (partielle) Umqualifizierung ihrer Tätigkeit hat gravierende steuerliche Folgen: Für ihre gewerblichen Einkünfte muss die Anwältin u.U. zur Bilanzierung übergehen, die gewerblichen Einkünfte können der Gewerbesteuer unterliegen und für die Einnahmen aus der gewerblichen Tätigkeit kann umsatzsteuerlich der Grundsatz der Besteuerung nach vereinbarten Entgelten greifen. Gegebenenfalls ist es sinnvoll, den möglicherweise gewerblichen Teil der Betätigung von Beginn an klar von der anwaltlichen Tätigkeit zu trennen (etwa durch Gründung einer separaten Gesellschaft).

Erzielt die Rechtsanwältin aus ihrer Tätigkeit (ausschließlich) Verluste, so stellt sich die Frage, ob es sich nicht nur um „Liebhaberei" im steuerlichen Sinne handelt, denn eine steuerlich anzuerkennende Tätigkeit setzt voraus, dass die Unternehmerin mit Gewinnerzielungsabsicht handelt. Dies setzt voraus, dass der Betrieb nach seiner Wesensart und der Art der Bewirtschaftung auf Dauer dazu geeignet und bestimmt ist, Gewinne zu erzielen. Der BFH war hier zunächst sehr großzügig und hat auch bei langjährigen Verlusten in erheblichem Umfang noch die Gewinnerzielungsabsicht der Anwältin bejaht.[10] In einer nachfolgenden Entscheidung hat der BFH dann allerdings bei einer Rechtsanwaltskanzlei „Liebhaberei" angenommen und damit die Verrechnung der Kanzleiverluste mit anderen positiven Einkünften verneint, soweit die Kanzlei auch bei nachhaltigen Verlusten nicht irgendwann so umstrukturiert wird, dass die Ansicht erkennbar ist, zukünftig Gewinne zu erzielen.[11]

8 BFH v. 11.8.1994 – IV R 126/91, BStBl. 1994 II, 936, im Bereich von § 18 Abs. 1 Nr. 3 EStG gilt die sogenannte „Vervielfältigungstheorie"; weiterführend hierzu BFH v. 26.1.2011 – VIII R 3/10, BStBl. 2011, 498 m.w.N.

9 Vgl. zum Problem *Olbing/Kamps*, AnwBl. 2004, 241.

10 BFH v. 22.4.1998 – XI R 10/97, BStBl. 1998 II, 663.

11 BFH v. 14.12.2004 – XI R 6/02, BStBl. 2005 II, 392.

b) Sozietäten

Die freiberufliche Tätigkeit als Rechtsanwalt kann selbstverständlich nicht nur als Einzelunternehmer, sondern auch im Rahmen einer Sozietät ausgeübt werden. Die Mitglieder einer Sozietät (zivilrechtlich: Gesellschaft bürgerlichen Rechts) erzielen nur dann freiberufliche Einkünfte, wenn alle Gesellschafter die persönlichen Voraussetzungen einer freiberuflichen Tätigkeit erfüllen.[12] Steuerlich ist es damit nicht möglich, sich mit Gewerbetreibenden zu einer „gemischten" Sozietät zusammenzuschließen. Anders als bei einem Einzelunternehmer ist eine Aufteilung in freiberufliche und gewerbliche Einkünfte der Sozietät unmöglich. Erzielt nur einer der Sozien (teilweise) gewerbliche Einkünfte, so infiziert dies die Einkünfte der gesamten Sozietät. Aus diesem Grunde ist im Rahmen der Sozietät besonders sorgfältig darauf zu achten, dass die Tätigkeit von keinem der Beteiligten in die Gewerblichkeit „abgleitet".

Steuerrechtlich werden die Mitglieder der Sozietät als „Mitunternehmer" bezeichnet. Die Sozietät selbst unterliegt nicht der Einkommensteuer. Die gemeinsamen Einkünfte werden vielmehr für die Zwecke der Einkommensteuerveranlagung einheitlich und gesondert festgestellt (vgl. §§ 179 ff. AO). Das heißt, es wird für alle Beteiligten verbindlich auf Ebene der Sozietät der Gesamtgewinn ermittelt und es wird ermittelt, wie dieser Gesamtgewinn auf die einzelnen Beteiligten zu verteilen ist. Steuerlich können die Mitunternehmer durch eine Gewinnverteilungsabrede frei entscheiden, welcher Gewinn jedem Einzelnen zusteht. Der anteilige Gewinn jedes Mitunternehmers wird dann in seinem persönlichen Einkommensteuerbescheid als „Einkünfte aus selbstständiger Tätigkeit" berücksichtigt.

c) Partnerschaftsgesellschaft

Die Partnerschaft ist nach dem Partnerschaftsgesellschaftsgesetz eine besondere, der OHG ähnliche Gesellschaftsform mit eigener Rechtsfähigkeit. Sie ermöglicht es den Freiberuflerinnen und insbesondere Rechtsanwältinnen, sich zu einer Personengesellschaft zusammenzuschließen, die (eindeutig) als solche rechtsfähig ist und eine gewisse Haftungsbeschränkung herbeiführt.

Steuerlich besteht letztlich kein Unterschied zwischen einer Partnerschaftsgesellschaft und einer Sozietät in der Rechtsform einer Gesellschaft bürgerlichen Rechts: In beiden Fällen handelt es sich um eine freiberufliche Mitunternehmerschaft i.S.v. § 18 EStG. (Dies gilt auch für den Fall, dass der Gesetzgeber nach Änderung des Berufsrechts den Betrieb einer Rechtsanwaltskanzlei in der Rechtsform einer GmbH & Co KG ermöglichen sollte.)

12 BFH v. 7.11.1991 – IV R 17/90, BStBl. 1993 II, 324.

d) Rechtsanwalts-GmbH

Das Berufsrecht ermöglicht es zwischenzeitlich, eine Rechtsanwaltskanzlei auch in der Rechtsform der juristischen Person, d.h. insbesondere der Rechtsform der GmbH, zu führen. Steuerlich wird die GmbH grundlegend anders behandelt als eine Einzelkanzlei oder eine Rechtsanwaltssozietät. Die GmbH ist körperschaftsteuerpflichtig. Darüber hinaus unterliegt die GmbH zwingend der Gewerbesteuer. Die GmbH ist nach dem Handelsrecht verpflichtet, Bücher zu führen, und muss ihren Gewinn deshalb durch Bilanzierung ermitteln. Umsatzsteuerlich hat die GmbH die Umsatzsteuer zwingend nach den vereinnahmten Entgelten zu versteuern.

Wer in einer Rechtsanwalts-GmbH beteiligt ist, der erhält persönlich seine Einnahmen entweder in der Form von Gewinnausschüttungen (d.h. Einkünften aus Kapitalvermögen) oder in der Form eines Geschäftsführungs- oder Angestelltengehalts (Einkünfte aus nichtselbstständiger Tätigkeit). Ob es steuerlich sinnvoll ist, eine Rechtsanwalts-GmbH zu gründen, und ob mögliche steuerliche Nachteile durch die haftungsrechtlichen Vorteile aufgewogen werden, ist sorgfältig zu überprüfen.

e) Angestellte Rechtsanwälte und freie Mitarbeiter

Wer als angestellte Rechtsanwältin tätig ist, erzielt Einkünfte aus nichtselbstständiger Tätigkeit i.S.v. § 19 EStG. Ihre Arbeitgeberin hat für Rechnung der Arbeitnehmerin Lohnsteuer einzubehalten und an das Finanzamt abzuführen. Die Lohnsteuer ist eine Art Vorauszahlung auf die Einkommensteuer der nichtselbstständig tätigen Rechtsanwältin. Zusätzlich sind durch die Arbeitgeberin die anfallenden Sozialabgaben abzuführen (Arbeitgeber- und Arbeitnehmerbeiträge zur Krankenversicherung, zur Rentenversicherung, zur Arbeitslosenversicherung und zur Pflegeversicherung).

Ein Angestelltenverhältnis i.d.S. liegt vor, wenn die Rechtsanwältin unter der Leitung ihrer Auftraggeberin/Arbeitgeberin tätig wird und in den geschäftlichen Organismus von deren Kanzlei in der Form eingebunden ist, dass sie inhaltlich und zeitlich deren Weisungen zu folgen hat (vgl. § 1 Lohnsteuer-Durchführungsverordnung).

Die Tätigkeit als angestellte Rechtsanwältin ist abzugrenzen von der (echten) freien Mitarbeit. Freie Mitarbeiterin ist, wer nicht weisungsgebunden, sondern selbstständig tätig ist und insoweit frei über Inhalt, Zeit und Umfang seiner Tätigkeit entscheidet. Maßgebend sind die tatsächlichen Verhältnisse, nicht mögliche schriftliche Vereinbarungen, die tatsächlich nicht durchgeführt werden. Wer als echte freie Mitarbeiterin i.d.S. tätig ist, die erzielt freiberufliche Einkünfte wie jede andere Einzelanwältin. Die von dem Auftraggeber gezahlten Subunternehmerhonorare stellen für die Auftraggeberin Betriebsausgaben und für die Auftragnehmerin Honorareinnahmen aus selbstständiger Tätigkeit dar.

III. Buchführung in der Anwaltskanzlei

Rechtsanwälte sind als Freiberufler nicht verpflichtet, eine Buchführung im handelsrechtlichen Sinne oder eine originär steuerliche Buchführung zu erstellen (vgl. §§ 140, 141 AO). Eine gesetzliche Pflicht zur Aufzeichnung bestimmter Vorgänge ergibt sich für die Rechtsanwälte nur aus dem Umsatzsteuergesetz. Aufzuzeichnen sind danach insbesondere die vereinnahmten Entgelte, vereinnahmte Vorauszahlungen, die Werte unentgeltlicher Leistungen, die Leistungen, die zum Vorsteuerabzug berechtigen etc. (vgl. im Einzelnen § 22 Abs. 2 Nr. 1–9 UStG). Weitergehende Aufzeichnungspflichten können sich aus dem EStG ergeben, soweit das Gesetz die Abzugsfähigkeit bestimmter Betriebsausgaben an eine besondere Form der Aufzeichnung knüpft (vgl. nur § 4 Abs. 7 EStG für Geschenke und Bewirtungen).

Wie bereits ausgeführt, dient die Buchführung des Anwalts selbstverständlich nicht nur der Erfüllung von Vorgaben des Steuergesetzes, sondern die „Anwaltsbuchführung" ist ein wichtiges betriebswirtschaftliches Kontrollinstrument. Ungeachtet der gesetzlichen Vorschriften sollte jeder Anwalt über ein geschlossenes, systematisches Aufzeichnungswerk verfügen, welches fortlaufend, vollständig und zeitnah erstellt wird. Nur eine „Buchführung" in diesem Sinne ermöglicht es dem Anwalt, die wirtschaftliche Lage seiner Kanzlei jederzeit im Blick zu haben.[13] Um den erforderlichen Überblick zu erhalten und am Ende des Jahrs aus den Aufzeichnungen relativ unproblematisch die Informationen zu entnehmen, die im Rahmen der Steuererklärung zur Ausfüllung der Anlage EÜR erforderlich sind, sollte die Buchführung des Anwalts aus den folgenden Aufzeichnungen bestehen:

- Laufendes Journal (bspw. in der Form einer Excel-Tabelle)
- Anlage-Verzeichnis (bspw. in der Form einer Excel-Tabelle)
- Mandantenkonten (bspw. in der Form eines Kostenblatts in der Akte)
- Offene-Posten-Liste (bspw. Sammlung der Rechnungen in einem Ordner)
- Lohnkonten, sobald Arbeitnehmer beschäftigt werden (gesondertes Lohnprogramm)

In das **Journal** werden alle Geschäftsvorfälle einzeln in zeitlicher Reihenfolge eingetragen. Betriebswirtschaftlich und steuerlich maßgebend sind für den Rechtsanwalt die Zu- und Abflüsse. Das Journal besteht also aus zwei Teilen. In dem ersten Bereich wird, geordnet nach Daten, die Entwicklung des Bankkontos und der Barkasse dargestellt. In dem zweiten Bereich werden die jeweiligen Zuund Abflüsse betragsmäßig den Einnahme- und Ausgabekategorien zugeordnet. Jede Zeile stellt einen Buchungsvorgang dar. Zu jeder Zeile sollte ein Beleg existieren; notfalls schreibt man selbst einen sogenannten „Eigenbeleg". Sinnvoll ist es, die Aufzeichnungen in dem Journal jeweils für einen Monat zu führen. Es bietet sich eine tabellarische Darstellung, bspw. in einer Excel-Tabelle, an. Die zugehörigen Belege müssen geordnet abgeheftet werden. Beispielhaft kann das Journal wie folgt aussehen:[14]

13 Vgl. die grundlegenden Ausführungen bei *Meyer*, Die Besteuerung der Anwaltskanzlei, 3. Aufl. 2007, S. 279 ff.

14 In Anlehnung an das Beispiel bei *Meyer*, Die Besteuerung der Anwaltskanzlei, 3. Aufl. 2007, S. 282.

Datum	Vorgang	Bank-konto	Bar-kasse	Erlös	USt.	Personal	Raum-kosten	Pkw	Bewir-tung	Vor-steuer
	Anfangs-bestand	8.000,00	500,00							
1.2.07	Honorar Müller	1.190,00		1.000,00	190,00					
2.2.07	Tanken Esso	-119,00						100,00		19,00
3.2.07	Lohn Fleißig	-2.800,00				2.800,00				
4.2.07	Pizza		-59,90						50,00	9,50
29.2.07	Endbe-stand	6.271,00	440,50							

Im **Anlageverzeichnis** müssen alle Gegenstände des Betriebsvermögens aufgeführt werden, für die AfA geltend gemacht wird oder bei denen es sich um nicht abnutzbare Wirtschaftsgüter handelt (Aufzeichnung zwingend vorgeschrieben, § 4 Abs. 3 S. 5 EStG). Das Anlageverzeichnis beinhaltet Angaben zur Beschreibung des Wirtschaftsguts, zum Tag der Anschaffung, zu den Anschaffungskosten, der voraussichtlichen Nutzungsdauer und der Höhe der sich daraus ergebenden Abschreibung. Auch hier kann eine Excel-Tabelle verwendet werden.

Die Aufzeichnungen aus dem **„Mandantenkonto"** geben Auskunft über die Zahlungsvorgänge, welche für das konkrete Mandat angefallen sind. Regelmäßig wird hierfür ein Kostenblatt als Teil der Handakte geführt. Für die tägliche Arbeit ist dies ausgesprochen praktisch, weil man bei Bearbeitung der Akte unmittelbar alle Vorgänge zur Hand hat (dies gilt entsprechend auch bei der Führung einer elektronischen Akte).[15]

Um eine Übersicht über die offenen Honorare zu erhalten, sollte zusätzlich eine **Offene-Posten-Liste** geführt werden (auch wenn diese für den „Überschussrechner" steuerlich nicht relevant ist). Am einfachsten ist es, wenn eine Kopie von allen geschriebenen Honorarrechnungen in einem separaten Ordner verwahrt wird. Geht eine Zahlung ein, so kann dies unmittelbar auf einer Rechnungskopie vermerkt werden. Ist die Rechnung vollständig ausgeglichen, so wird sie aus dem Ordner „offene Rechnungen" entnommen und kommt zu den Belegen aus der Rubrik der vereinnahmten Erlöse.

Sobald in der Anwaltskanzlei Arbeitnehmer beschäftigt werden, sind zusätzlich **Lohnkonten** zu führen. Dieser Bereich wird regelmäßig auf einen Steuerberater ausgelagert, auf eine ausführlichere Darstellung wird deshalb verzichtet. Wer die Lohnbuchhaltung selbst

15 Kritisch hierzu *Meyer*, Die Besteuerung der Anwaltskanzlei, 3. Aufl. 2007, S. 283 mit dem Hinweis auf die unterschiedlichen Aufbewahrungsfristen nach § 147 Abs. 3 S. 1 AO (sechs Jahre) und § 50 Abs. 2 BRAO (fünf Jahre).

erstellen will, sollte sich eines EDV-Programms bedienen, das von den üblichen Software-Herstellern angeboten wird.

Aufbewahrungspflichten: Die zehnjährige Aufbewahrungspflicht des § 147 Abs. 3 S. 1 AO betrifft nur diejenigen Steuerpflichtigen, die nach Handelsrecht oder Steuergesetzen im eigentlichen Sinne buchführungspflichtig sind. Der Rechtsanwalt zählt nicht hierzu. In der Rechtsanwaltskanzlei sind die Unterlagen, die für die Besteuerung relevant sein können, daher insgesamt nur sechs Jahre aufzubewahren (§ 147 Abs. 3 S. 1, 2. Hs. AO).

IV. Ergänzende Hinweise

Zur Erstellung des Abschlusses einer Rechtsanwaltskanzlei und für alle weiteren Einzelfragen im Zusammenhang mit der Besteuerung kann auf die vortrefflichen Ausführungen von *Meyer*, Die Besteuerung der Anwaltskanzlei, 3. Aufl., 2007, verwiesen werden. Das Buch, welches hier schon mehrfach zitiert wurde, bietet einen umfassenden und dabei leicht verständlichen Überblick über alle relevanten Fragen der Besteuerung und Buchführung. Auch wenn es seit dem Jahr 2007 nicht neu aufgelegt wurde, helfen die Aussagen auch heute noch weiter. Ausführliche Darstellungen finden sich bei *Haas/Stange/Strothenke*, Steuern in der Anwaltskanzlei, 2010, und *Kogler/Block/Pauly*, Die Besteuerung von Rechtsanwälten und Anwaltsgesellschaften, 3. Aufl., 2009.

B.12 Kanzleimanagement

Rechtsanwalt Horst Leis, LL.M., Haan • Mitglied im Vorstand des Düsseldorfer Anwaltvereins sowie des Deutschen Anwaltvereins und Vorsitzender des Landesverbands Nordrhein-Westfalen im DAV

I. Einleitung

Der Kanzleigründer/die Kanzleigründerin, aber auch der/die etablierte Rechtsanwalt/Rechtsanwältin wird sich bei oder nach der Gründung bzw. „zwischendurch" intuitiv einige Fragen zum Thema Kanzleimanagement gestellt und auch beantwortet haben. Also wozu noch diesen Beitrag lesen?

Die Erfahrung des Verfassers aus der eigenen Praxis und zahlreichen Vorträgen zu diesem Thema zeigt, dass mit diesem intuitiven Lösungsansatz bestenfalls Einzelprobleme gut gelöst werden, aber der Blick für den Gesamtzusammenhang fehlt. Daraus ergibt sich auch für alteingesessene Kanzleien im besten Fall erhebliches Optimierungs-, im schlechtesten Fall Haftungspotenzial. Hinzu kommt, dass das Thema Kanzleimanagement eher „nebenbei" und meist nicht mit der für die Überprüfung bzw. Einführung von Prozessen notwendigen Tiefe und Kontinuität angegangen wird.

Zugegeben, bei vielen Gründerinnen und Gründern treibt die Existenznot und nicht die Berufung zur Gründung. Soweit jedoch die Gründung von Erfolg gekrönt sein soll, ist es schon im Vorfeld – aber auch im Kanzleialltag – notwendig, für das Kanzleimanagement laufend – auch nach der Gründung – Zeit einzuplanen.

II. Themenbestimmung

Das Kanzleimanagement umfasst neben den Standardthemen Personal und Kanzleiorganisation insbesondere die weniger bekannten Themen Qualitäts- und Marketingmanagement inkl. Datenschutz. Gerade diese Themengebiete beinhalten ein erhebliches finanzielles Einsparungs- sowie Akquisepotenzial und minimieren zudem die Haftungsrisiken.

Die einzelnen Komponenten des Kanzleimanagements gibt die nachfolgende Grafik wieder.

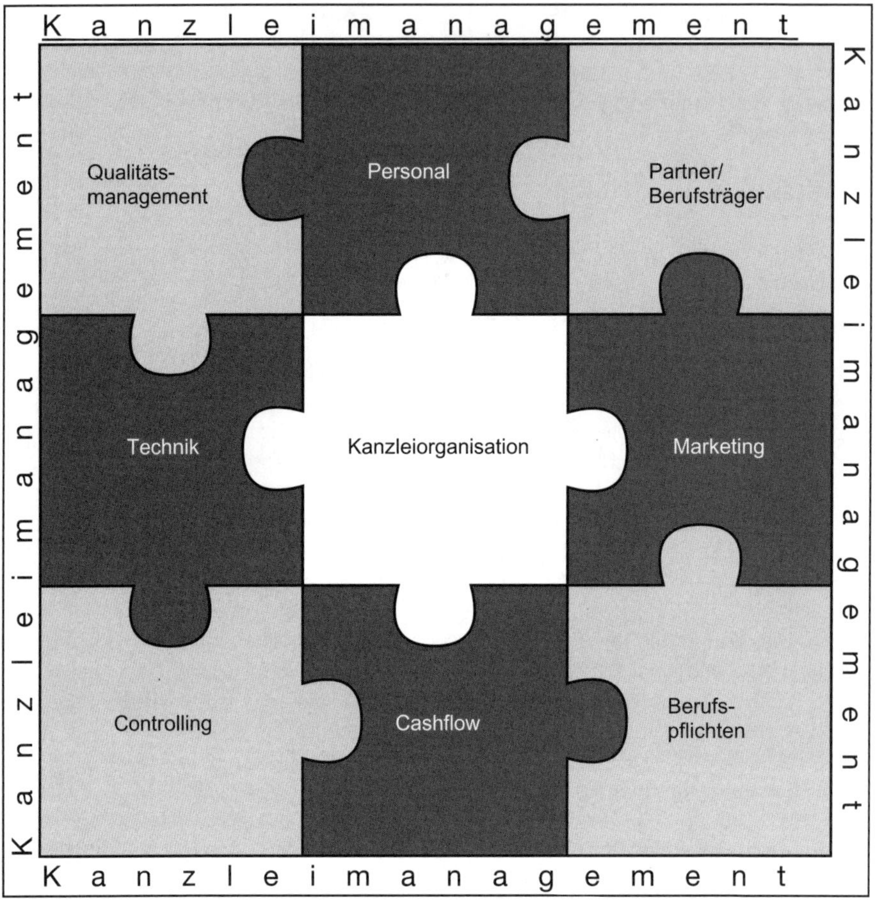

Abbildung 1

III. Partner/Berufsanfänger

Das Thema Berufsträger/Partner ist für den Existenzgründer das Vordringlichste, da hier entscheidende Weichen gestellt werden. Zumindest der Gründer muss sich mit einigen existenziellen Fragen zu seiner Person (1) und zur Rechtsform (2) – der etablierte Jurist auch damit, dass Rechtsberatung auftragsmäßige Dienstleistung im Sinne des § 675 BGB ist (3) – beschäftigen.

1. Person des Gründers

Anhand der persönlichen Fähigkeiten und Neigungen des Berufsträgers sollte die Frage der Einzel- oder Sozietätsgründung sowie der kaufmännischen Vorgehensweise festgestellt werden. Unter Neigung ist z.B. zu verstehen:

soziale Kompetenz,

- kommunikativ,
- extrovertiert,
- introvertiert,
- eher wissenschaftlich,

persönliche Interessen,

- technisch interessiert (z.B. Baurecht, Werkvertragsrecht, IT-Recht),
- Sportler/Musiker (z.B. Sportrecht, Medizinrecht; Künstlervertragsrecht),
- Banklehre; sonstiger Bezug zur Wirtschaft (z.B. Bankrecht, Unternehmensberatung, Mergers)
- etc.

Schon nach der sozialen Kompetenz sollte der Gründer entscheiden, ob er in der Lage ist, seine Dienstleistung am *„Markt als Ware zu verkaufen"*. Der eher wissenschaftlich ambitionierte Jurist wird, soweit noch eine gewisse Introvertiertheit hinzukommt, nicht in der Lage sein, selbst Kunden zu akquirieren. Aber auch ein solches Problem lässt sich durch entsprechende Planung lösen. Das Pendant dazu ist der kommunikative und extrovertierte Jurist. Bilden diese beiden eine Sozietät, ist im Zweifel ein Erfolgsgespann geboren. Der eine, der sowieso lieber redet, der andere, der gerne wissenschaftlich arbeitet (wobei hier gesagt werden muss, dass damit keine Klischees abgehandelt werden sollen. Selbstverständlich können auch äußerst kommunikative Juristen wissenschaftlich arbeiten und umgekehrt).

Der- oder diejenige, der oder die feststellt, dass er oder sie eigentlich kein Kaufmann/keine Kauffrau ist, ist gut beraten, sich frühzeitig z.B. einen externe Steuerberatung, Buchhaltung oder Bürovorstand zu suchen, der einen daran erinnert, dass man diesen Monat noch keine Rechnungen geschrieben hat.

Es geht an dieser Stelle nur darum, ehrlich gegen sich selbst zu sein und festzustellen, ob und wenn ja, welche Komponente einem fehlt. Dadurch ist es ggf. leichter, den richtigen Begleiter für den erfolgreichen Kanzleibetrieb zu finden.

2. Rechtsform

Hinsichtlich der Rechtsform sind grundsätzlich die GbR, die eingetragene Partnerschaft, die Partnerschaft mit beschränkter Berufshaftung (PartmbB), die EWIV,[1] die GmbH, die AG und die LLP[2] sowie Mischungen wie die GmbH & Co. KG in Zukunft möglich.

Sofern eine Gesellschaft gegründet wird, sollten die einzelnen Anwältinnen und Anwälte die Höhe ihrer Beteiligung, welche Funktionen von welchem Partner innerhalb der Kanzlei eingenommen werden und auch die jeweilige fachliche und persönliche Qualifikation und was ihn wofür qualifiziert (z.B. Ausbildung, Erfahrungen, Vermögen, Funktionen außerhalb der Sozietät), bestimmen. Bedenken sollte man auch, dass zwar die gewählte Rechtsform für den jungen Juristen „bekanntes Terrain" sein kann, der Jurist aber für gewöhnlich die steuerrechtlichen Belange nicht beurteilen kann. So besteht z.B. bei der GmbH die Pflicht zur Abführung der Umsatzsteuer bei Rechnungsstellung, bei der GbR erst nach Geldeingang. Die GbR kann – soweit eine Haftungsbegrenzung gewünscht wird – nur eine Übergangslösung sein. Soweit eine Form außerhalb der Rechtsformen des HGB gesucht wird, ist der Partnerschaftsgesellschaft der Vorzug zu geben. Hier kann die Haftung auf den jeweils sachbearbeitenden Rechtsanwalt/die sachbearbeitende Anwältin und ggf. mit der mbB auch hinsichtlich nichtanwaltlicher Belange (Personal- und Mietkosten etc.) auf das Kapital der Partnerschaft beschränkt werden. In der Gründung kann dies gemäß § 52 Abs. 1 Nr. 2 BRAO über Mandatsbedingungen erfolgen. Dazu ist jedoch der Abschluss einer Versicherung mit mindestens der vierfachen Mindestversicherungssumme erforderlich.

3. Versicherung

Da sich in diesem Buch gesonderte Kapitel speziell zur Berufshaftpflichtversicherung und Versicherungen im Allgemeinen befassen, bedarf es dazu hier im Übrigen keiner vertiefenden Erörterung.

4. Rechtsberatung als Dienstleistung

Die Anwaltschaft neigt bisweilen dazu, die Einordnung der zu erbringenden Leistung als Sonderform der entgeltlichen Geschäftsbesorgung (§ 675 BGB) bzw. Dienste höherer Art (§ 627 BGB) nicht wahrzunehmen.

Die vertragliche Konstellation zwischen Mandantschaft und Rechtsanwaltschaft wird meist nicht weiter beachtet. Aufgrund der Rechtsprechung des BGH zu Anwaltsfehlern und der immer größer werdenden Konkurrenz im Bereich der juristischen Dienstleistung[3] können die

1 Europäische wirtschaftliche Vereinigunghttp://www.libertas-institut.com/ewiv-informationszentrum/.

2 Limited Liability Partnership (LLP) ist eine Rechtsform der Personengesellschaften nach britischem/amerikanischem Recht.

3 Vgl. dazu nur die Zulassungszahlen mit 167234 bei den Kammern zugelassenen Berufsträgern (inkl. 15475 Syndikusanwälte) im Jahre 2020, Quelle: https://brak.de/w/files/04_fuer_journalisten/statistiken/2020/mitgliederstatistik_2020.pdf sowie die Konkurrenz durch nichtanwaltliche Dienstleister u.a. https://www.flightright.de/.

dem Anwaltsvertrag zugrunde liegenden rechtlichen Pflichten nicht mehr ignoriert werden (Näheres unter Punkt IV.1.).

Jeder juristische Berufsträger muss sich daher grundsätzlich darüber klar werden, dass die heutige Zeit aufgrund des zunehmenden Konkurrenzdruckes eine klare Strukturierung und Sprache erfordert. Die juristische Verklausulierung des Begriffes *„Kunde"* mit dem Wort *„Mandant"* hat nur noch insofern Berechtigung, wie es sich um berufsrechtliche Belange und hier primär um das Mandantengeheimnis handelt. Ansonsten gilt der Grundsatz, dass sich – vorausgesetzt, die rechtliche Qualität entspricht den Erfordernissen des Falles – auch der Umgang mit dem Mandanten am Slogan *„Der Kunde ist König"* zu orientieren hat und nicht, wie heute noch vielfach üblich, dass der Mandant als Kunde nach Übernahme des Mandats eher ein Störfaktor ist.

Diese neue und zum Markterfolg einer Kanzlei notwendige Sichtweise verdeutlicht die nachfolgende Grafik. Hier steht der Mandant anstelle des Mandats im Mittelpunkt.

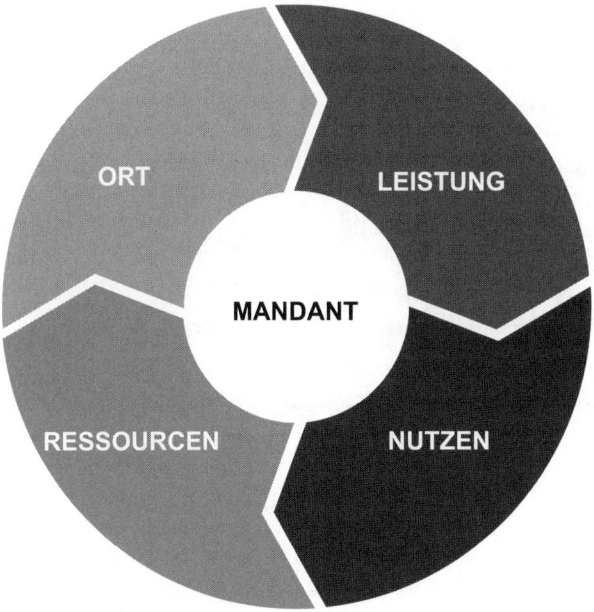

Abbildung 2

IV. Kanzleiorganisation

Die allgemein in Kanzleien vorzufindende Organisationsstruktur basiert zumeist auf Übung und ist für gewöhnlich nicht perpetuiert. Dies erschwert die Einarbeitung neuer Berufsträger und Mitarbeiter und bietet keinerlei Basis für Optimierungsprozesse, da damit keine überprüfbare textliche Isterfassung z.B. in Form einer Arbeitsplatzbeschreibung vorliegt.

Die Basis der Kanzleiorganisation sind die Berufspflichten (Nr. 1), welche den Mindestrahmen der Eigen- und Kanzleiorganisation vorgeben. Die sich daraus ergebenden organisatorischen Mittel und Maßnahmen ergeben die sachlichen Organisationsmittel (Nr. 2) und die Ablauforganisation (Nr. 3), welche sich insgesamt mit den speziellen Themengebieten (Qualitätsmanagement etc., vgl. Abbildung 9) überschneiden.

1. Berufspflichten

Das Berufsrecht postuliert in § 5[4] BORA und § 50[5] BRAO ausdrücklich das erforderliche Mindestmaß an organisatorischen (a) und mandatsspezifischen (b) Verfahrensvoraussetzungen. Das ferner vorgegebene Verbot der Vertretung widerstreitender Interessen (§ 43 a Abs. 4 BRAO) und Vorgaben zum Umgang mit Mandantengeldern (§ 43 a Abs. 5 BRAO, § 4 BORA) sowie die steuerrechtlichen und zivilrechtlichen Pflichten (c) bilden neben der Haftungsrechtsprechung des BGH den konkreten Rahmen, mit welchem Mindestgrad sich der Berufsträger zu organisieren hat.

a) Allgemeine organisatorische Verfahrensvoraussetzungen

Eine Definition des in § 5 BORA genannten Begriffes „erforderlich" erfolgt mit der Norm zwar nicht, jedoch muss unter Berücksichtigung auch einer eingeschränkten steuerlichen Verpflichtung zur Buchführung[6] und der o.g. Pflicht zur Führung von Anderkonten schon eine gewisse kaufmännische Grundordnung vorausgesetzt werden. Die mittlerweile hinzugetretenen steuerrechtlich bestehenden Verpflichtungen zur

- Angabe von Rechnungs- und Steuernummer,
- digitalen Voranmeldung der Umsatzsteuer,
- digitalen Übermittlung der Lohnsteuerdaten für Angestellte

erfordern jedenfalls eine digitale Aktenverwaltung inkl. bzw. mindestens eine digitale Buchhaltung. Die digitale Umsatzsteuervoranmeldung sowie digitale Übermittlung der Lohnsteuerdaten können zwar von einer beauftragten Steuerberatung vorgenommen werden, jedoch ist auch hier eine entsprechende technische Voraussetzung zu schaffen, diese Daten zeitnah und buchungstechnisch zuordnungsfähig an die Steuerberaterin oder den Steuerberater liefern zu können.

4 § 5 BORA: Der Rechtsanwalt ist verpflichtet, die für seine Berufsausübung erforderlichen sachlichen, personellen und organisatorischen Voraussetzungen in Kanzlei und Zweigstelle vorzuhalten.

5 § 50 Absatz 1 BRAO: Der Rechtsanwalt muss durch das Führen von Handakten ein geordnetes und zutreffendes Bild über die Bearbeitung seiner Aufträge geben können.

6 Der Rechtsanwaltschaft ist außerhalb handelsrechtlicher Gesellschaftsformen steuerrechtlich nur zur Führung einer Einnahmenüberschussrechnung verpflichtet. Soweit sie allerdings Rückstellungen z.B. für die Anschaffung eines Fahrzeuges oder sonstige größere Posten bilden möchte, ist die Bilanzierung die notwendige Buchhaltungsform.

Die Zeiten der Übergabe eines „Schuhkartons“ mit Belegen an die Steuerberaterin oder den Steuerberater sind daher schon lange vorbei.

Die Kanzlei sollte daher schon von Beginn an über ein entsprechendes Kanzleiverwaltungsprogramm[7] verfügen oder ein solches einführen, damit nicht später mit teils erheblichem Aufwand die bisher verwendeten händischen oder Excel-Tabellen importiert werden müssen. Auch die Umwandlung von eingescannten Unterlagen sowie das strukturierte Abspeichern von Dateien und E-Mails direkt zur Akte ist nur so möglich. Bei der Anschaffung sollte jedoch darauf geachtet werden, dass das Programm später erweitert bzw. auf ein anderes Programm gewechselt werden kann. Nicht jedes Kanzleiverwaltungsprogramm ist in der Lage, die Mindestanforderungen Export der Stammdaten, Aktendaten nebst dazugehöriger Buchhaltung zu erfüllen. Soweit das Programm keine eigene Buchhaltung beinhaltet, ist eine Schnittstelle zu einem gängigen Buchhaltungsprogramm Pflicht.

b) Mandatsspezifische Verfahrensvoraussetzungen

Neben den schon oben festgestellten allgemeinen berufsrechtlichen Organisationsvorgaben besteht ferner gemäß § 50 Abs. 1 BRAO die Pflicht zur Anlegung und ordentlichen Führung einer Handakte. Bevor es dazu kommt, muss gemäß § 43 a Abs. 4 BRAO überprüft werden, ob man das Mandat aus Gründen der widerstreitenden Interessen überhaupt annehmen darf (Kollisionskontrolle). Dies setzt voraus, dass der Abgleich mit anderen Mandantendaten *„just in time“* möglich ist. Das Mandat ist gemäß § 44 BRAO, §§ 675, 633 BGB unverzüglich abzulehnen. Diese Überprüfung kann ab einer gewissen Anzahl von Mandanten nur noch durch Einsatz eines Kanzleiverwaltungsprogramms zeitnah und damit unverzüglich geleistet werden.

Die Norm § 50 BRAO erlaubt die Aktenführung sowohl in herkömmlicher als auch in digitaler Ausführung. Die Akte kann damit in Form eines Ordners, einer Hängeregistratur, Loseblattsammlung oder digital geführt werden. Jedoch unterliegen Loseblattsammlung und digitale Akte gewissen Einschränkungen.

Die Verpflichtung zur Handaktenführung bedeutet, dass die Rechtsanwaltschaft eine Akte über das Mandat so zu führen hat, dass daraus ohne weiteres der Sachstand ermittelt werden kann. Das heißt, alle wesentlichen Erklärungen und Aufklärungen gegenüber der Mandantschaft und der Gegenseite gehören zwangsläufig in die Handakte.

Zu erwähnen ist ferner die berufsrechtliche sowie sich aus dem Datenschutzrecht ergebende Pflicht zur Verschwiegenheit bzw. zu sorgfältigem Umgang mit den von der Mandantschaft erhaltenen Informationen. Sowie der nach Art. 15 Abs. 3 S. 1 DSGVO gegebene Anspruch auf eine Kopie der personenbezogenen Daten. Hier sollte das Programm eine einfache Extraktion ermöglichen.

7 Siehe unter Ziffer V.

c) Zivilrechtliche Pflichten

Die sich zusätzlich aus der Geschäftsbesorgung gemäß § 675 BGB ergebenden Pflichten

- der unverzüglichen Ablehnung (§§ 675, 633 BGB),
- des Verbots, ohne Gefahr von Weisungen abzuweichen (§§ 675, 665 BGB),
- der Auskunfts- und Rechenschaftspflicht (§§ 675, 666 BGB),
- der Herausgabe und Verzinsungspflicht (§§ 675, 667, 668 BGB)

beinhalten parallel zum Berufsrecht Regeln zur Ausgestaltung der organisatorischen Verfahrensvoraussetzungen.

Die Büroorganisation muss hinsichtlich der unverzüglichen Ablehnungspflicht gewährleisten, dass die eingehenden Nachrichten täglich, bei elektronischer Übertragung mehrfach am Tag überprüft werden. Nur dann kann das Mandat unverzüglich abgelehnt werden.

Ferner ist die Auftragsdefinition von erheblicher Bedeutung für die Frage der Abweichung von der Weisung des Mandanten. Üblicherweise wird auf eine Vollmacht z.B. *„wg. Mietrecht"* oder *„wg. Verkehrsunfall"* geschrieben. Damit ist die Weisung der Mandantschaft nicht genau genug erfasst und im Zweifel der Ärger vorprogrammiert. Die Auftragsdefinition spielt auch in der weiteren Kanzleiorganisation noch eine weitere wichtige Rolle.[8]

Die Herausgabe und Verzinsungspflicht des Zivilrechts verpflichtet genau wie § 43 a Abs. 5 BRAO, §§ 4, 23 BORA zu einer entsprechenden Buch- und Kontoführung über Andergelder und unverzüglichen Auskehr (§ 4 Abs. 2 S. 1 BORA).

2. Sachliche Organisationsmittel

Unter sachlichen Organisationsmitteln versteht man neben den später abgehandelten technischen Komponenten allgemeine Büroeinrichtung, Registraturmittel (Hefter, Ordner sowie die dazugehörigen abschließbaren Schränke), Termin- und Fristenkalender, Akten- und Prozessregister, Geldein- und -ausgangsbuch, Postausgangsbuch, Formulare, Verfügungsstempel, Stammdatenverwaltung und diverse Kleingeräte wie Locher, Hefter, Enthefter etc.

Selbstverständlich können die Register- und Fristenbücher sowie die Stammdaten durch entsprechende Software abgebildet werden. Jedoch ist zu beachten, dass auch bei einer rein digitalen Aktenführung ggf. Originale vom Mandanten wie vollstreckbare Urkunden oder Originale vom Gericht (Urteile, Kostenfestsetzungsbeschlüsse etc.) zumindest eine Zeitlang im Original verwahrt werden müssen.

8 Siehe unter Ziffer VI.4. und IX.4 a).

Die Termin- und Fristenverwaltung wird weiter unten bei struktureller Organisation sowie im Themenkomplex Technik behandelt.

a) Büroeinrichtung

Die allgemeine Büroeinrichtung umfasst neben dem Mobiliar auch die sonstige Ausstattung wie Licht, Türen, Tapeten, Küche und sanitäre Einrichtungen.

Bei der Wahl der Büroräume sollte neben der Lage (Parkmöglichkeiten, Erreichbarkeit mit öffentlichen Verkehrsmitteln) und den Kosten auch die Ausstattung – ggf. orientiert an der angestrebten Klientel – eine Rolle spielen.

Nichts ist peinlicher, als wenn der Mandantschaft die Toilette nicht zugemutet werden kann. Ferner hat die Ausstattung schon eine Anmutung dafür, in welcher Region sich die Stundensätze bewegen werden.

Unabhängig davon sollte bei der Ausstattung berücksichtigt werden, dass die Aktenarbeit – auch jene des Personals – möglichst wenig am Empfang erfolgen sollte. Die Aktenbearbeitung am Empfang verleitet den wartenden Mandanten, bei Telefonaten mitzuhören oder sogar offene Akten zu lesen. Dies ist weder wünschenswert noch mit dem Mandantengeheimnis und Datenschutzrecht vereinbar. Daher sollte – soweit am Empfang Aktenarbeit stattfindet – dieser eine entsprechende Theke aufweisen, die es schwer bis unmöglich macht, Bildschirminhalte oder Akten einzusehen.

Auf das Anwaltszimmer kommt es nur insoweit an, wie kein Besprechungszimmer vorhanden ist. Die Einrichtung eines Besprechungszimmers ist empfehlenswert, da dort durch die gleichartige Bestuhlung auf gleicher Sicht- und Sitzebene und zudem ohne anderweitige Aktenberge Besprechungen stattfinden können. Soweit dies nicht möglich ist, sollte darauf geachtet werden, dass die Einrichtung dem Mandanten keine Rangordnung signalisiert. Die Einrichtung und Sitzordnung ist Teil der nonverbalen Kommunikation und wird unterbewusst wahrgenommen. Sie erhöht oder verringert die Kommunikationsbereitschaft.

Neben diesen nonverbalen Kommunikationsaspekten ist die Büroeinrichtung auch für die eigene Produktivität sowie die der Mitarbeiter wichtig.[9] Die sich aus den Räumen, Möbeln und Licht ergebenden Einschränkungen der Arbeit werden meist vernachlässigt. Dabei wird der größte Teil des Erwerbslebens nicht zu Hause, sondern im Büro zugebracht.

b) Registraturmittel

Wie oben schon dargelegt ist jede Registraturform möglich. Jedoch bestehen bei der Loseblattsammlung und der digitalen Akte Besonderheiten. Bevor darauf eingegangen wird, sei

9 Siehe unter Ziffer VII, Abbildung 8.

darauf hingewiesen, dass die Akten aufgrund der Verschwiegenheitspflicht aus § 43 a Abs. 2 BRAO unter Verschluss zu halten sind. Die entsprechenden Aufbewahrungsorte sind daher so anzulegen bzw. anzuschaffen, dass diese abschließbar sind. Dies ist u.a. wichtig gegenüber Dritten, z.B. Reinigungskräften, welche in den Kanzleiräumen Dienstleistungen verrichten.

Die Loseblattsammlung ist insofern problematisch, wie eine Ablage nur liegend erfolgen kann, das Herunterfallen der Akte erheblichen Arbeitseinsatz zur Wiederherstellung erfordert und keine Gewähr für die tatsächliche Vollständigkeit gegeben werden kann (es kann ja mal ein Blatt unter den Schrank rutschen)

Die digitale Akte ist eine erhebliche Erleichterung, kann jedoch zzt. die analoge Akte nicht gänzlich abschaffen. Eingescannte Originale genügen dem Gericht für gewöhnlich im Rahmen des besonderen anwaltlichen Postfaches. Dabei ist schon beim Erhalt der Papiere darauf zu achten, dass diese nicht mehr kopiert, sondern gescannt und anschließend oder automatisch so umgewandelt werden, dass darin enthaltene Texte maschinenlesbar sind. Die Unterlagen können dann dem Mandanten sofort wieder mitgegeben werden und füllen nicht unnötig eigene Regalflächen. Dies gilt selbstverständlich nicht für ggf. für die Tätigkeit erforderliche Urkunden. So genutzt, schafft die digitale Akte erheblichen Platz sowohl im Bereich der laufenden als auch der abzulegenden Akten.

c) Bücher und Register

Es sind die o.g. Register und Bücher zu führen. Empfohlen wird die Führung über ein entsprechendes Kanzleimanagementprogramm. Einzutragen sind alle wesentlichen Daten, die sich durch Wiedervorlage, Fristen und Geldverkehr ergeben. Ferner bei Behörden oder Gerichten die entsprechende Stelle nebst Aktenzeichen.

d) Formulare und Verfügungsstempel

Formulare und z.B. frei gestaltbare Verfügungsstempel bieten ein erhebliches Potenzial zur Automatisierung immer wiederkehrender externer (z. B. Mahnverfahren) und interner (Mandantenerfassungsbogen etc.) Prozesse. Im Abschnitt zum Qualitätsmanagement wird näher darauf eingegangen. Es empfiehlt sich, eingehende Dokumente – jedoch nicht Empfangsbekenntnisse (EB) mit einem Eingangsstempel zu kennzeichnen. So ist erkennbar, wann das Dokument in die Kanzlei kam, das EB dient dagegen der Feststellung, wann die Anwältin bzw. der Anwalt das Dokument zur Kenntnis genommen hat.

Abbildung 3

3. Ablauforganisation

Die Ablauforganisation definiert die grundsätzlichen Prozesse innerhalb der Kanzlei.

a) Personelle Zuordnung

Der erste Schritt zur Ablauforganisation ist das Bewusstsein dafür, dass es Bereiche gibt, welche ausschließlich der Berufsträger erledigen darf und die daher nicht delegationsfähig sind. Auch wenn die Grenzen bei einer guten Fachkraft fließend sind, obliegt der Rechtsanwältin bzw. dem Rechtsanwalt ausschließlich die Rechtsberatung, Fristenkontrolle, Entscheidung über die Mandatsannahme, die Rechnungsunterzeichnung und die inhaltliche Endkontrolle der Kommunikation nach außen.

Neben dieser groben Aufteilung sollte je nach Größe der Kanzlei eine Aufteilung in Dezernaten erfolgen. Ferner wird zwischen der unmittelbaren Zuordnung jeweils einer oder mehrerer Fachkräfte zu einer Anwältin oder einem Anwalt bzw. einem Fachkraftpool unterschieden.

Neben dieser groben Einteilung ist es wichtig, eine klare Zuweisung der Aufgaben vorzunehmen. Anhand der nachfolgenden Abläufe sollten in der Kanzlei klare Zuständigkeiten bei fortlaufendem Know-how-Transfer definiert werden. Die klare Zuständigkeit z.B. für die Erstellung der Kostennoten führt bei der jeweiligen Mitarbeiterin bzw. dem jeweiligen Mitarbeiter zum Aufbau eines größeren Wissens und damit zu mehr Qualität und schnellerer Erledigung. Dies darf jedoch nicht dazu führen, dass das Fehlen der Mitarbeiterin oder des Mitarbeiters z.B. bei Krankheit die Kanzlei ins Chaos stürzt. Die Gratwanderung dabei ist es, dafür zu sorgen, dass die Mitarbeiterinnen und Mitarbeiter sich untereinander helfen und so gegenseitig von dem Wissen profitieren und sich dadurch untereinander ersetzen können. Insofern ist es notwendig, ein gewisses Maß an Führungswissen[11] aufzubauen, um mit den entsprechenden Mitteln das Kanzleiteam zu motivieren.

b) Mandatsablauf

Der erste und entscheidende Schritt für die Dienstleistung Rechtsberatung ist die Mandatsannahme. Die Abbildungen 4 ff. geben die gewöhnlichen Abläufe wieder. Selbstverständlich werden je nach Kanzlei Abweichungen bestehen, jedoch sind die grundsätzlichen Abläufe gleich.

aa) Kolisionskontrolle

Im Fokus muss bei der Mandatsannahme zunächst die Kollisionskontrolle stehen. Nur nach dieser Prüfung kann festgestellt werden, ob der Annahme des Mandats ein Verbot entgegensteht. Zu unterscheiden ist neben der gesetzlich geregelten rechtlichen Kollision eines Interessenkonfliktes die wirtschaftliche Kollision. Die wirtschaftliche Kollision geht es um Vermeidung von Überlappungen im Mandantenkreis (z.B. Annahme des Verkehrsunfallgegners der Ehefrau des Geschäftsführers der vertretenen Gesellschaft). Dies ist jedoch nur erkennbar, wenn die Stammdaten nicht nur dem Berufsträger bekannt, sondern auch in das Kanzleiverwaltungsprogramm eingepflegt sind.

bb) Fristenkontrolle

Nach der Kollisionskontrolle müssen bei dr Mandantschaft Fristkenntnisse abgefragt sowie die übergebenen Unterlagen auf Vollständigkeit und offensichtliche sowie versteckte Fristen überprüft werden. Fristversäumnisse stellen nach wie vor die häufigsten Haftungstatbestände dar.

cc) Überprüfung nach dem Geldwäschegesetz

Aufgrund der Anordnungsbefugnis nach § 16 Abs. 1 Geldwäschebekämpfungsgesetz (GwG) hat die Bundesrechtsanwaltskammer (BRAK) mit den BRAK-Mitteilungen Ausgabe 13/2020 v. 29.7.2020 bis zu einer Gesamtanzahl von 30 Berufsträgern von der Pflicht zur Bestellung eines Geldwäschebeauftragten befreit. Trotzdem sollte man schon aus Selbstschutz immer überprüfen, ob man als Kanzlei zur Geldwäsche benutzt wird. Unbekannte Geldtransfers über einen Betrag von 15.000 EUR sollten immer mit Argwohn hinterfragt werden. Es sollten die Auslegungs- und Anwendungshinweise zum Gesetz über das Aufspüren von Gewinnen aus schweren Straftaten (Geldwäschegesetz – GwG) der BRAK vom 29.07.2020 gelesen werden .[10]

10 https://www.brak.de/w/files/newsletter_archiv/berlin/2020/2020_319anlage1.pdf.

dd) Zuordnung zum Berufsträger

Soweit in Bürogemeinschaft oder mit angestellten Rechtsanwältinnen und Rechtsanwälten gearbeitet wird, ist eine eindeutige Regelung dazu zu treffen, welcher Berufsträger das Mandat annimmt bzw. wie mit dem Mandantenstamm bei einer Trennung verfahren wird.

ee) Kostenaufklärung

Nach oder während der Sachaufklärung hat die Darlegung, welche Kosten durch die Dienstleistung voraussichtlich entstehen können, zu erfolgen. Soweit nach Gegenstandswert abgerechnet wird, ist der entsprechende Hinweis gemäß § 49 b Abs. 5 BRAO – vor Übernahme des Auftrags – aus Beweiszwecken möglichst schriftlich – zu erteilen. Anderenfalls ist die Höhe der Pauschale oder die Höhe des Stundensatzes – bei Verbrauchern als Bruttobetrag – anzugeben. Eine Rechtfertigung des Stundensatzes sollte unterbleiben. Jedwede dahin gehende Erläuterung ist zum Scheitern verurteilt. Eine Rechtfertigung mit hohen – womöglich aus der guten Lage, der hochwertigen Einrichtung oder dem teuren Fahrzeug resultierenden – Vorhaltekosten wird nicht den gewünschten Effekt erzielen. Eine Begründung durch die lange Ausbildungszeit ebenso wenig. Der Mandant hat seine Auswahl schon getroffen, so dass eine Pauschale bzw. ein Stundensatz daher nur dem Problem der Mandantschaft und der Marktlage angemessen sein muss.

ff) Weiteres

Im Verlaufe des ersten persönlichen Kontakts sollten ferner – soweit vorhanden – allgemeine Mandatsbedingungen übergeben werden. Hierin kann z.B. die Haftung für einfache Fahrlässigkeit gemäß § 52 Abs. 1 Nr. 2 BRAO auf das Vierfache der Mindestversicherungssumme dann begrenzt werden, soweit gemäß § 51 Abs. 4 BRAO in Höhe von mindestens 1 Mio. EUR Versicherungsschutz besteht. In diesen Mandatsbedingungen kann auch aufgenommen werden, dass die Mandantschaft mit einer unverschlüsselten E-Mail-Versendung einverstanden ist und dass die Fälligkeit der Gebühr nach RVG entgegen § 8 Abs. 1 RVG nicht mit dem Ende des Mandats, sondern mit Fälligkeit der Rechnung eintritt.

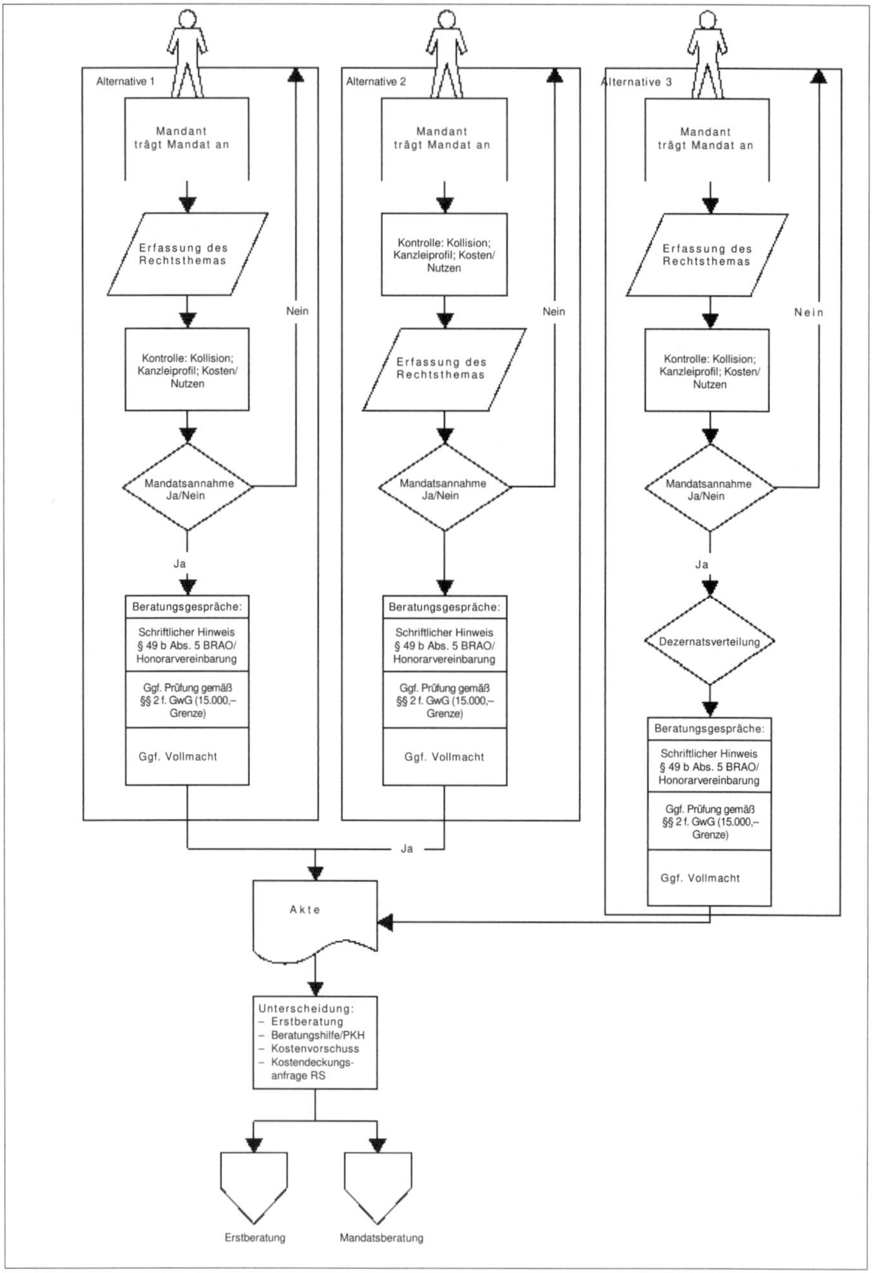
Alternative 1
Mandant trägt Mandat an
Erfassung des Rechtsthemas
Kontrolle: Kollision; Kanzleiprofil; Kosten/ Nutzen
Mandatsannahme Ja/Nein
Nein
Ja
Beratungsgespräche:
Schriftlicher Hinweis § 49 b Abs. 5 BRAO/ Honorarvereinbarung
Ggf. Prüfung gemäß §§ 2 f. GwG (15.000,– Grenze)
Ggf. Vollmacht
Alternative 2
Mandant trägt Mandat an
Kontrolle: Kollision; Kanzleiprofil; Kosten/ Nutzen
Erfassung des Rechtsthemas
Mandatsannahme Ja/Nein
Nein
Beratungsgespräche:
Schriftlicher Hinweis § 49 b Abs. 5 BRAO/ Honorarvereinbarung
Ggf. Prüfung gemäß §§ 2 f. GwG (15.000,– Grenze)
Ggf. Vollmacht
Alternative 3
Mandant trägt Mandat an
Erfassung des Rechtsthemas
Kontrolle: Kollision; Kanzleiprofil; Kosten/ Nutzen
Mandatsannahme Ja/Nein
Nein
Ja
Dezernatsverteilung
Beratungsgespräche:
Schriftlicher Hinweis § 49 b Abs. 5 BRAO/ Honorarvereinbarung
Ggf. Prüfung gemäß §§ 2 f. GwG (15.000,– Grenze)
Ggf. Vollmacht
Ja
Akte
Unterscheidung:
– Erstberatung
– Beratungshilfe/PKH
– Kostenvorschuss
– Kostendeckungsanfrage RS
Erstberatung
Mandatsberatung

Abbildung 4

Bleibt es bei einer Erstberatung, verläuft das Mandat wie in Abbildung 4 dargestellt.

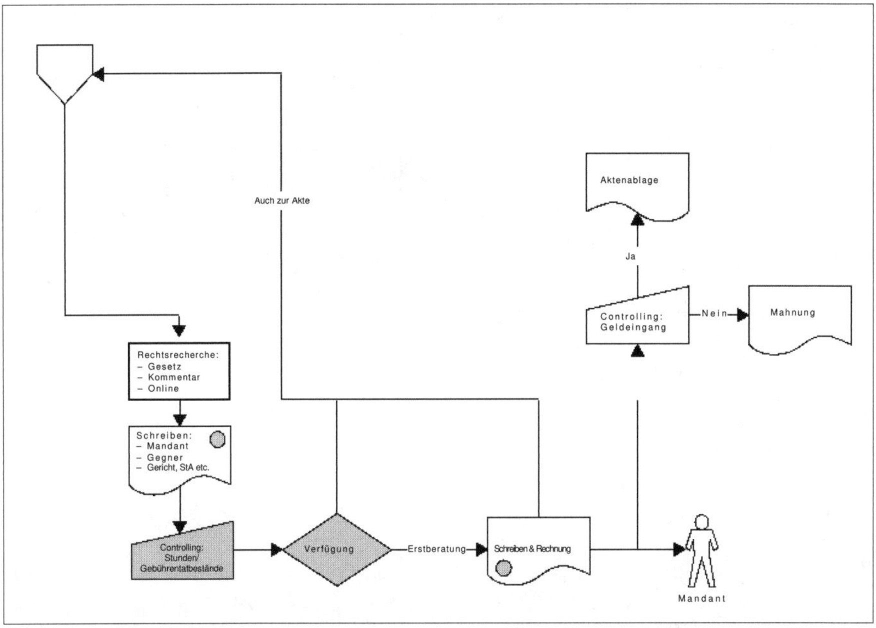

Abbildung 5

Soweit die Erstberatung in ein streitig zu führendes Mandat mündet, sind die Abläufe in Abbildung 6 dargelegt.

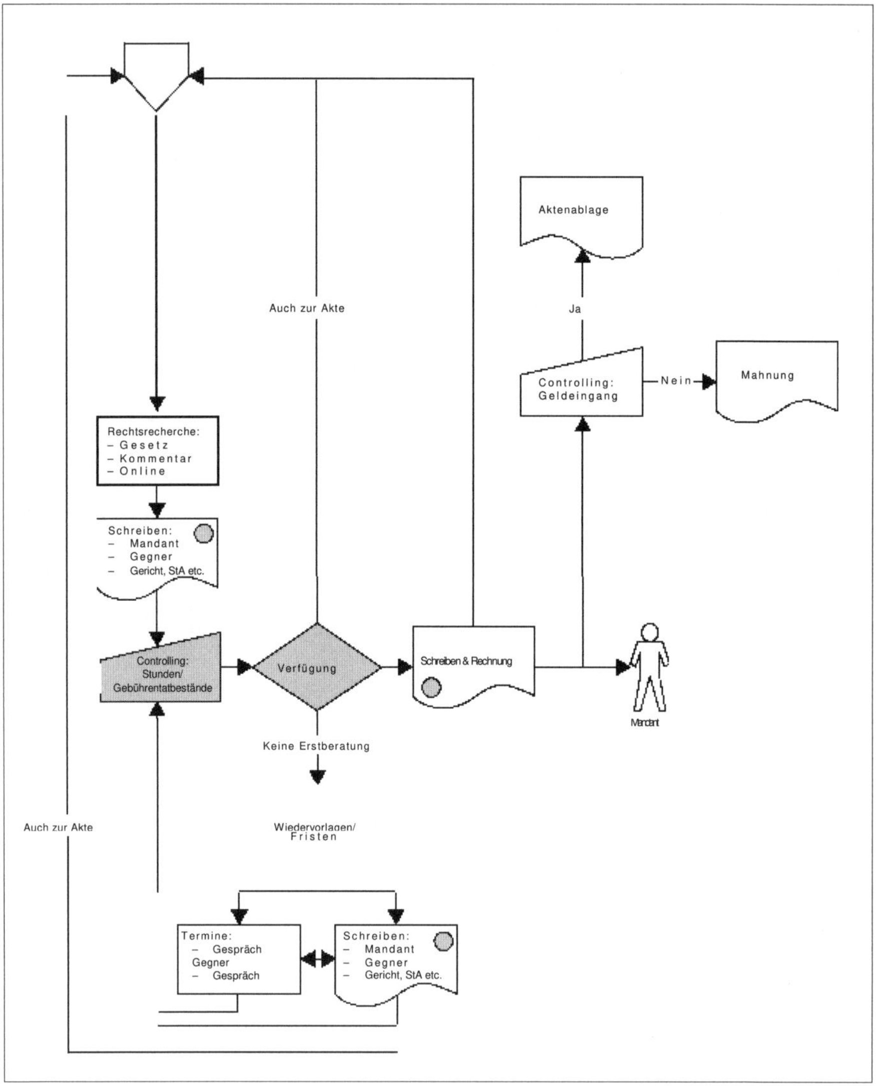

Abbildung 6

Betrachtet man die obigen vereinfacht dargestellten Abläufe, wird deutlich, dass die Mandatsbearbeitung sich als zum Teil wiederholende und ineinandergreifende Vorgänge darstellt.

Schnittstelle nach außen sind die eingehenden Kommunikationsmittel wie Telefon, Fax, E-Mail, Post und Termine, welche entsprechend organisiert werden müssen.

c) Kommunikationsorganisation

Der Begriff Kommunikationsorganisation umfasst sowohl die telefonischen, elektronischen (Fax, E-Mail und BEA) als auch die persönlichen und postalischen Kontakte mit der Mandantschaft der Gegenseite bzw. Staatsanwaltschaft, Gericht oder Behörden. Eine Kommunikation über Social Media (WhatsApp etc.) verbietet sich zurzeit, da es sich um eine Speicherung von dem Berufsgeheimnisschutz unterfallenden Informationen im Nicht-EU-Ausland handelt. Soweit hier ein Bedürfnis besteht, sollte eine EU-Anbieter wie z.B. Threema gewählt werden.

Bei der Organisation der telefonischen Kommunikation ist eine Person für die zentrale Annahme der Telefonate zu bestimmen und es ist darauf zu achten, dass dort auflaufende Daten genau erfasst werden. Dazu gehört, wer wann mit welchem Anliegen anruft und wie und wann er zurückgerufen oder anderweitig benachrichtigt werden kann. Da zumeist der Erst-, Zwischen- und Endkontakt telefonisch und damit über die Mitarbeiter erfolgt, ist darauf zu achten, dass die Mitarbeiter für die telefonische Kontaktaufnahme entsprechend geschult sind. Richtig telefonieren – also Daten richtig aufnehmen, sich korrekt melden und ein Gespräch zu steuern – ist schwerer als man denkt.

Die elektronischen und postalischen Benachrichtigungen müssen regelmäßig, elektronische Nachrichten wie Fax und E-Mail mehrmals am Tag, das BEA nur bei Benachrichtigung, auf Nachrichteneingang überprüft und soweit nicht offensichtlich unbedeutend, dem Berufsträger zur Entscheidung vorgelegt werden. Auch hierfür sind klare personelle Zuständigkeiten zu bestimmen. Auch ist zu bestimmen, wer für die Ausgangspost und für den Versand per Mail oder BEA bzw. späten Einwurf am Briefkasten zuständig ist. Die Ausgangspost sollte entweder in einem Postausgangsbuch oder als Kopie in einem gesonderten Ordner „Postausgang" nur nach Datum sortiert vermerkt bzw. abgelegt werden.

Daneben sollte aus Gründen des Datenschutzes sowie des Mandantengeheimnisses dafür Sorge getragen werden, dass die Kommunikation Dritten nicht zugänglich ist. Dies gilt sowohl für die wartende Mandantschaft, die ein Telefongespräch mithören könnten, als auch für die Reinigungskräfte, welche Schriftsatzentwürfe im Papierkorb oder Akten frei zugänglich finden. Hier ist u.a. der Einsatz eines Aktenvernichters erforderlich.

d) Umlauforganisation

Akten werden allein durch die oben dargestellten Abläufe – ohne dass es für den Fortgang der eigentlichen Sache notwendig wäre – in „Bewegung" gehalten. Zur Minimierung gilt der Grundsatz *„so viel Aktenbewegung wie nötig, so wenig wie möglich"*. Die o.g. Kommunikationsorganisation ist Schnittstelle nach außen und damit der Hauptgrund, warum eine Akte in den Umlauf gelangt.

Der Berufsträger hat für gewöhnlich seine Akten zumindest grob im Kopf. Daher benötigt er in der Regel keine Vorlage der Eingänge mit Akte. Ein entsprechender Verfügungsstempel wie in Abbildung 3 anstatt eines gewöhnlichen Eingangsstempels ermöglicht eine genauere Steuerung nur der Akten, die tatsächlich benötigt werden. Normalerweise reicht ein Ankreuzen „Durchschrift Mandant" etc. aus. Soweit notwendig, kann immer noch auf dem Stempel verfügt werden „Wiedervorlage mit Akte". Die Verwendung eines Verfügungsstempels führt dazu, dass die Akten nicht zur Vorlage mit der Post herausgenommen, umständlich sortiert und dann anschließend wieder einsortiert werden. Vielmehr wird die Akte meist nur zur Einheftung des jeweiligen Schriftstückes nebst Übersendungszettel gezogen und gleich wieder abgelegt.

Bei digitaler Aktenführung empfiehlt sich eine entsprechende Aufgabenorganisation innerhalb des Kanzleimanagementprogrammes oder zumindest am Anfang z.B. mit Outlook.

e) Aktenorganisation

Innerhalb der Akte sollte eine gewisse Grundordnung herrschen. Ob das aktuellste Schreiben nach oben oder unten geheftet wird, ist Geschmackssache. Jedoch sollte dieses Prinzip einheitlich geregelt werden. Dies gilt auch bei digitaler Aktenführung. Insbesondere sollten die (digitalen) Unterlagen spätestens im Gerichtsverfahren nach Kläger und Beklagter sowie die entsprechenden Anlagen separat abgelegt werden. Nur dies ermöglicht im Gerichtstermin das unmittelbare Auffinden von Anlagen und Schriftsätzen.

In die Akte gehört neben den gewechselten Texten ferner ein Aktendeckblatt mit möglichst allen Kontaktdaten des Mandanten, ggf. anstatt oder in Ergänzung dazu ein Mandantenaufnahmebogen, ein mit der Unterschrift der Mandantschaft versehenes Schriftstück, dass er über die Kosten aufgeklärt wurde, sowie weitere Erklärungen, die ggf. über Mandatsbedingungen einbezogen werden können.

Hinzu kommt das Terminblatt mit wichtigen Fristen, das Kontenblatt mit Auslagen sowie gezahlten und erhaltenen Geldbeträgen sowie bei Abschluss der Akte ein vorgeheftetes Blatt mit der Ablageverfügung und der neuen Ablagenummer.[11] Eine Ablageverfügung erleichtert die spätere Vernichtung, da vor der Vernichtung auf einen Blick überprüft werden kann, ob die Akte ordnungsgemäß geschlossen worden ist.

11 Grundsätzlich gilt, dass Akten bei der Ablage unabhängig von der bisher geführten Aktennummer eine neue Ablagenummer erhalten sollten. Dies führt dazu, dass die Akten des Ablagejahres eindeutig identifiziert und nach Ablauf der entsprechenden Lagerfristen (6 Jahre nach § 50 Abs. 1 BRAO für eigene Aktenteile, nach §§ 238, 257 IV HGB und gleichlautend AO 6 Jahre für allgemeine Buchhaltungsunterlagen, 10 Jahre für Bilanzen, Buchungsbelege und Honorarabrechnung, daneben 6 Jahre nach § 9 Abs. 3 GWG sowie für Insiderverzeichnis nach § 16 Abs. 2 WpAIV i.V.m. § 15 b Abs. 1 WpHG) der Vernichtung zugeführt werden können.

Bei digitaler Aktenführung sind die Daten, Kontostände, Zahlungen etc. digital in der Akte zu führen und auf Knopfdruck abrufbar vorzuhalten.

Aus Beweiszwecken sollte erwogen werden, entweder keine Vernichtung vorzunehmen oder die Akten vor der Vernichtung bzw. schon bei Anlage zu digitalisieren. Gemäß § 199 Abs. 3 BGB liegen die Verjährungsfristen über den gewöhnlichen Aufbewahrungsfristen, so dass nach der Vernichtung noch nicht einmal bewiesen werden kann, dass die Mandantschaft Kenntnis hatte und die Verjährung abgelaufen ist. Eine Verteidigungsstrategie ist ohne Material ebenfalls nicht möglich. Eine Digitalisierung kann zwar keinen Vollbeweis, geschweige denn eine Unterschriftenprüfung leisten, jedoch liegen wenigstens die Sachverhalte vor

f) Fristenorganisation

Die Organisation der internen und externen Fristen ist neben der rechtlichen Sachbearbeitung der zentrale Kern der anwaltlichen Tätigkeit und leider immer noch der häufigste Grund für einen Haftungsfall. Dementsprechend ist die Fristenüberprüfung „Chefsache" und kann zwar delegiert, muss aber von der Anwältin oder vom Anwalt regelmäßig auf Korrektheit des Verfahrens überprüft werden.

Grundsätzlich gilt, dass Fristen so zu führen sind, dass sie zentral für einen Berufsträger sowie insgesamt für die Kanzlei täglich ausgewertet werden können. Dies ist insbesondere für unvorhergesehene Ereignisse wie Unfall, Krankheit etc. eines Berufsträgers wichtig. Auch sollte eine zentrale Zuständigkeit zur täglichen Überwachung dieser Gesamtfristenliste bestimmt werden. Fristen sind grundsätzlich nur auf Anweisung des Rechtsanwaltes zu streichen.

In der Fristenverwaltung selbst sollten immer das Mandat, mögliche interne und externe Aktenzeichen sowie der Grund zur Eintragung einer Frist benannt werden. Als Grund zur Eintragung einer Frist kommen interne oder externe Belange in Betracht.

Interne Fristen sind z.B. Wiedervorlagen zur turnusmäßigen Überprüfung, Ablauf selbst gesetzter Erwiderungsfristen oder Terminvorlagen, z.B. weil der Mandant zeitnah zur Vorlage der Akte einen Gesprächstermin hat. Ferner empfiehlt es sich, für den Ablauf von Rechtsmitteln eine interne Wiedervorlage circa sieben Tage vor Ablauf der eigentlichen Frist zu bestimmen. Dadurch kommt die Akte rechtzeitig zur Sachbearbeitung auf den Tisch.

Die Nutzung interner Fristen hat ganz entscheidenden Einfluss auf die Eigenorganisation. Werden keine Wiedervorlagen bestimmt, „vergammeln" die Akten oft jahrelang im Aktenschrank oder überfüllen das Arbeitszimmer der Rechtsanwältin oder des Rechtsanwaltes. Letzteres hat ferner zur Folge, dass Akten mangels sortierter Ablage im Aktenschrank schlichtweg nicht gefunden werden. Zu den internen Fristen gehört ferner die Vernichtungsfrist, d.h. das Jahr, ab wann die Akte frühestens vernichtet werden kann.

Externe Fristen sind solche, die vom Gegner, von Behörden oder Gerichten bestimmt oder durch z.B. Zustellung bestimmbar sind (Berufungsfrist etc.).

Zur Fristenverwaltung gehört neben der Eintragung der Frist zumindest bei Rechtsmitteln auch die Eintragung, wer die Frist ermittelt hat, sowie das und durch wen die sich aus der Frist ergebende Tätigkeit erledigt worden ist.

Es empfiehlt sich, bei digitaler Aktenverwaltung Fristen mit Aufgaben und Erledigungskontrollen zu verbinden.

g) Stammdatenverwaltung

Der Begriff Stammdatenverwaltung bezeichnet die „Kronjuwelen“ der Kanzlei. Die Daten der Mandantschaft bergen neben den zur Rechnungsstellung, Kollisionskontrolle bzw. zur Vollstreckung notwendigen Angaben auch ein erhebliches Marketingpotenzial.

Üblicherweise werden bei Mandatsannahme nur die für den Fall notwendigen Daten erhoben. Weitergehende Informationen – die nach dem Datenschutzrecht nur unter Hinweis auf die Freiwilligkeit der Angabe erhoben werden können[12] – werden meist nicht erfasst. Dies erschwert zum einen die berufsrechtliche und wirtschaftliche Kollisionskontrolle, zum anderen besteht kaum Potenzial dafür, der Mandantschaft auch andere Rechtsfelder der Kanzlei gezielt näherzubringen.

Zu den eigentlichen Daten der Mandantschaft gehören neben den Stammdaten auch die Daten der Behörden, Gerichte, Korrespondenzanwälte und der gegnerischen Bevollmächtigten. Es ist unbedingt darauf zu achten, dass insbesondere die Faxnummern auf dem neuesten Stand sind. Es ist schon häufig vorgekommen, dass Fristen nur aufgrund einer veralteten Faxnummer des zuständigen Gerichts versäumt wurden. Die Gerichte haben zwischenzeitlich vielfach auf digitale Faxeingänge umgestellt. Dies ermöglicht es, dass die Geschäftsstelle eine eigene Faxnummer hat.

Dort wo es geht, sollte aus Gründen des Faxdurchlaufzeiten, besetzten Faxanschlüssen etc. das beA genutzt werden. Dies ist nicht nur eine schnelle, sondern auch kostengünstige Variante. Zudem hat die Anwaltschaft ab dem 1.1.2022 ehedem das beA ausschließlich zu nutzen.

h) Einkauf

Die zentrale Steuerung des Einkaufs beinhaltet nicht nur den Einkauf der „Tagesware“ Papier, Toner etc., sondern befasst sich auch mit der Optimierung der Einkaufskontingente und dem Einkauf von Dienstleistungen. Dies bedeutet neben dem Einkauf von größeren

12 Übermäßige Datenerhebung ist auch nach Art. 6 f. DSGVO verboten.

Mengen zu günstigeren Konditionen auch die turnusmäßige Wiedervorlage zur Überprüfung von Wartungs-, Versicherungs-, Reinigungs- und Mietverträgen. Dies ist jedoch nur dann möglich, wenn die Anforderungen innerhalb der Kanzlei feststehen und möglichst einheitlich sind. Neben einer Preisreduzierung kann auch der Umfang der Dienstleistung verhandelt werden. So kann beim Lieferanten die Lieferung ins Regal anstatt Bordsteinkante, beim Mietvertrag die Beschaffung eines Parkplatzes oder eines Anwohnerparkausweises etc. verhandelt werden. Bei Versicherungen, insbesondere Fahrzeugversicherungen, sollte rechtzeitig vor Ablauf der Kündigungsfristen ein Leistungsvergleich – soweit man selbst die Mühe scheut, über eine freie Maklerin oder einen freien Makler – erfolgen.

V. Technik

Die technische Büroausstattung ist zu unterteilen in notwendige und nützliche Komponenten. Notwendige Komponenten sind:

- Telefon, Fax und Handy/Smartphone,
- Computer mit Datensicherungsmöglichkeit (Streamer, DVD, EU-Cloud),
- Internetanschluss, Firewall sowie Virenscanner am Arbeitsplatz, alternativ Laptop mit LTE,
- internetfähige Kamera oder Laptop mit Kamera,
- Kanzleiverwaltungsprogramm und
- Kopierer mit Einzelblatteinzug und Scanfunktion.

Nützliche Komponenten sind:

- Aktenvernichter,
- Sonderfunktion des Kopierers mit Scan to E-Mail und ggf. Erfassung direkt in die Akte,
- Spracherkennung,
- Frankiermaschine oder digitale Frankierung.[13]

Im Nachfolgenden werden, soweit es sich um ein Mehr von notwendigen Komponenten handelt, die nützlichen Komponenten mit abgehandelt.

1. Telefon und Aktennummernhinterlegung, Fax, Handy/Smartphone

Die tatsächliche Bestimmung, welche technischen Systeme infrage kommen, kann an dieser Stelle nicht erfolgen. Dies ist abhängig von den Kanzleiräumen, der Anzahl an Arbeitsplätzen etc. Daher werden an dieser Stelle nur die zu beachtenden Eckpunkte näher dargelegt.

13 Zum Beispiel Internetmarke von der Deutschen Postwww.deutschepost.de/de/p/portoberater.html oder direkt mit der App der Post.

a) Telefon

Soweit zumindest auch der Betrieb einer oder mehrerer Funktelefone an der Telefonanlage beabsichtigt ist, sollte auf die Möglichkeit zur Verschlüsselung des Funkverkehrs geachtet werden. Des Weiteren ist in Zeiten der IP-Telefone darauf zu achten, dass die Kennwörter der Geräte gesetzt bzw. die Auslieferungseistellungen geändert wurden.

Des Weiteren ist ein schneller digitaler Anschluss zu wählen. Die Telefonanlage sollte es ermöglichen, auf das Handy umzustellen bzw. zu verbinden. Damit kann gerade beim Gründer eine hohe Erreichbarkeit ohne große Personalaufwendungen erreicht werden. Fast alle Anbieter von DSL-Anschlüssen bieten eine Telefon- und Internetflatrate. Dies bietet eine verlässliche Kalkulationsbasis.

Als Sonderfunktion kann eine Telefonanlage so ausgewählt werden, dass die Telefonanlage direkt mit dem Kanzleiverwaltungsprogramm (CTI) verbunden werden kann. Dies bietet die Möglichkeit, den Anruf direkt über die Akte zu tätigen. Dadurch können zudem die aufgewendeten Zeiten sowie die Telefonkosten und die angefallenen Zeiten direkt zur Akte in der Akte erfasst werden.[14] Auch bietet dies – soweit der Anrufer die Rufnummernanzeige aktiviert hat – die Möglichkeit, dass die Akte direkt mit dem Anruf aufgerufen wird. Ein umständliches Heraussuchen der Akte entfällt damit.

b) Faxgerät

Das Faxgerät sollte wegen der Wasserfestigkeit auf Laserdruckerbasis arbeiten. Zudem empfiehlt sich für den Aufbau einer digitalen Akte, den Faxempfang von Beginn an auf einen Computer umzuleiten. Dies kann der eigene Rechner/Server sein oder z.B. ohne großen Aufwand erfolgen, indem die Faxnummer auf eine Telefonnummer des Internet- oder Telefonproviders umgeleitet und die Faxe dort als E-Mail abgerufen werden. Die Faxe werden als z.B. PDF- oder TIF-Datei abgelegt und können so in das Kanzleimanagementprogramm oder zumindest in einer entsprechenden Ordnerstruktur auf dem Rechner/Server zum Mandanten gespeichert werden. Ferner besteht die Möglichkeit, mit einer entsprechenden Texterkennungssoftware den Text zu erfassen und damit eine Volltextsuche aufzubauen.

Am besten ist ein All-In-One Gerät (Faxen, Kopieren, Scannen) mit passender Kapazität. Diese sollte anhand der Berufsträger und des ggf. (noch) erfolgenden Papierumlaufes aber auch des Scanvermögens ermittelt werden.

14 Computer Telephony Integration (CTI, Rechner-Telefonie-Integration), Näheres unter: https://de.wikipedia.org/wiki/Computer_Telephony_Integration.

c) Smartphone

Das Smartphone sollte mit dem E-Mail-Account und dem Kanzleiverwaltungsprogramm verbunden werden können. Dabei ist der Datenschutz zu beachten, die Geräte über ein Kennwort zu schützen und so einzurichten, dass bei einem Verlust das Gerät auch über die Entfernung zurückgesetzt werden kann.

2. Computer mit Datensicherungsmöglichkeit

Die Datensicherungsmöglichkeit allein reicht natürlich nicht aus. Wichtig ist, dass auch eine Datensicherung regelmäßig (mindestens jede Woche, besser täglich) erfolgt. Dies ist nicht nur für eine mögliche Wiedereinsetzung wegen Fristversäumnis wichtig, sondern auch für verlorenes Wissen und damit Arbeit. Zudem besteht diese Pflicht auch aus Art. 32 Abs. 1 lit. c DSGVO. Der Computer stürzt meist dann ab, wenn man es am wenigsten gebrauchen kann, nämlich z.B. dann, wenn man schon die halbe Berufung geschrieben und Stunden oder Tage an Arbeit investiert hat. Ein Datensicherungskonzept könnte wie folgt aussehen:

Beginn mit fünf Sicherungsmedien für fünf Werktage, danach chronologisches Überschreiben der ersten vier Medien, das letzte Medium der Woche bleibt als Komplettsicherung erhalten, die Lücke wird um ein neues Medium ergänzt und das Ganze auf den Monat, dann auf das Quartal und das Jahr ausgedehnt. Die Freitage sollten quartalsweise erhalten bleiben. Dieses Vorgehen führt dazu, dass die Medien regelmäßig erneuert werden und ferner nach und nach eine Jahressicherung erfolgt. Mit Ablauf des zweiten Jahres können die Medien des ersten Jahres wieder dem Kreislauf zugeführt werden. Dieses Vorgehen ermöglicht eine chronologische Rücksicherung z.B. bis zu dem Punkt, an dem das System noch nicht mit einem Virus befallen war. Möglich ist auch eine Sicherung in die Cloud. Dann muss der Transport gesichert (VPN) und die Ablage verschlüsselt sein. Ferner sollte die Sicherung nicht außerhalb der EU erfolgen, da das dortige Datenschutzniveau ggf. abweicht. Ggf. kann auch eine EU-Cloud gewählt werden. Da die Anwältin bzw. der Anwalt Berufsgeheimnisträger ist, ist der Inhalt der Cloud mit einem nur der Anwältin oder dem Anwalt bekannten Schlüssel zu sichern. Aber ***Achtung***: Wenn der Schlüssel weg ist, kommt man dann an die Daten nicht mehr heran.

3. Internetanschluss, Firewall, Router, Virenscanner

Das Internet bietet die Möglichkeit, ohne großen finanziellen Aufwand juristische Recherche zu betreiben. Aufgrund der europäischen Vorgaben sind auch die unterinstanzlichen Gerichte auf dem besten Weg, ihre Urteile digital für jedermann zugänglich zu veröffentlichen. Zudem besteht z.B. die DAV-Flatrate von Juris.[15]

15 https://www.juris.de/jportal/allianz/nav/produktdetailsseiten/juris+dav?id=produktdetails_57290.jsp.

Den Internetnutzenden muss klar sein, dass sie, sobald sie online sind, potenziell erkennbar und damit angreifbar ist. Zur Vermeidung eines Angriffes empfiehlt sich die Verwendung eines Routers.[16] Der Router bietet über die eingebaute Firewall – soweit die Filter[17] entsprechend eingerichtet und aktiviert sind – die Möglichkeit, einen Computer oder ein Netzwerk grundsätzlich vor externen Angriffen zu schützen.

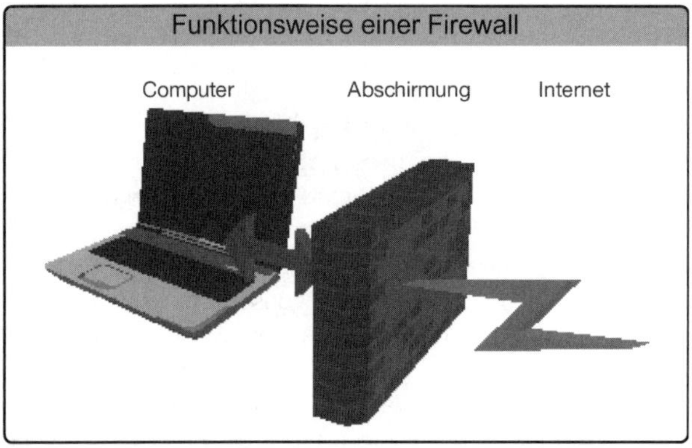

Abbildung 7

Dieser Schutz entbindet jedoch nicht davon, am Arbeitsplatz einen Virenscanner zu installieren und durch ein Abo laufend zu aktualisieren. Auch die Windows-eigene Firewall kann verwendet werden, jedoch sollten die Melderechte von Windows und Office an Microsoft manuell restriktiv angepasst werden.

4. Kopierer mit Einzelblatteinzug/Scanner mit E-Mail-Funktion

Der Kopierer sollte ein an dem geplanten Aktenvolumen hochgerechnetes Leistungsvermögen haben und ggf. eher geleast als gekauft werden. Ein allgemeingültiger Durchschnittswert der erforderlichen Kopienanzahl lässt sich leider nicht benennen. Der Durchschnittswert ist stark abhängig vom primär bearbeiteten Rechtsgebiet.

Das Gerät ist so auszuwählen, dass es als Netzwerkgerät Faxen, Scannen und Drucken kann. Bei erhöhtem Kopienaufkommen sollte auch ein Sorter vorhanden sein.

Die heutigen Geräte arbeiten als Digitalkopierer, so dass ein „Scan to E-Mail" möglich ist. Dazu muss der Kopierer eine entsprechende E-Mail-Funktion vorsehen. Soweit der Mandant einer unverschlüsselten E-Mail-Kommunikation zugestimmt hat,[18] können durch diese

16 Im Unterschied zu einem reinen HUB ein Netzwerkverteiler mit der Möglichkeit des Anschlusses eines ISDN und/oder DSL-An-schlusses und einer eingebauten Firewall.

17 Die Filterkonfiguration ergibt sich aus dem Handbuch und sollte immer dazu führen, dass der Netzwerkcomputer nicht erkannt und nur bestimmte Türen – sog. Ports – geöffnet, alle anderen geschlossen sind.

18 Siehe oben Ziffer IV.3. b) ff) und e).

Funktion Aufwand, Papier und Porto gespart und ggf. die Datei nach der Gebührenordnung mit 1,50 EUR[19] abgerechnet werden.

5. Kanzleiverwaltungsprogramm

Ein Kanzleiverwaltungsprogramm ist nicht unbedingt eine Entscheidung fürs (Kanzlei-)Leben, sollte aber trotzdem gut überlegt sein. Ein erster Einstieg zum papierlosen Büro gibt es auf der Internetseite des DAV.[20]

An dieser Stelle kann aufgrund des Themenumfangs nicht im Detail auf die einzelnen Fachanbieter und deren Leistungen eingegangen werden. Einen ersten Überblick findet man unter https://anwaltskanzleisoftware.de/vergleich-2/.

Letztendlich kommt es immer auf die eigenen Anforderungen an. Die allgemeinen und individuellen Anforderungen sind entscheidend für die Auswahl. Neben den klassischen Programmteilen wie u.a.

- Stammdatenverwaltung,
- Kollisionskontrolle,
- Aktenverwaltung,
- Prozessregister,
- Fristenverwaltung,
- Forderungsmanagement,
- Anderkontenverwaltung,
- Gebührenberechnung,
- Rechnungsnummernverwaltung,
- ggf. Überprüfung/Hinweis nach Geldwäschegesetz

ist je nach eigenen Anforderungen den folgenden Spezifikationen mehr oder weniger Beachtung zu schenken:

- Softwarehersteller sollte (auch) auf Rechtsanwälte spezialisiert sein,[21]
- Netzwerkfähigkeit,
- Scannerschnittstelle,
- Faxschnittstelle,
- Einbindung der Telefonanlage möglich (CTI-Funktion),
- vollständiger Datenexport möglich (bei Wechsel der Anwältin bzw. des Anwalts oder der Software entscheidend),
- Abgleich mit Smartphone möglich,

19 Anlage 1 zu § 2 Absatz 2 RVG Vergütungsverzeichnis Nr. 7000 Ziffer 2.

20 https://anwaltverein.de/de/anwaltspraxis/digitale-kanzlei/wie-baue-ich-die-digitale-kanzlei.

21 Der BGH fordert trotzdem einen Medienbruch, d.h. einen Papierausdruck: BGH Beschluss vom 28.2.2019 – III ZB 96/18, AnwBl Online 2019, 350.

- Einbindungsmöglichkeit für digitales Diktieren und digitale Spracherkennung,
- ggf. Kompatibilität zu Alternativprodukten wie z.B. OpenOffice,[22]
- intuitive Benutzbarkeit/Windows Look and Feel,
- 3-Klick-Funktion (die gewünschte Programmfunktion sollte mit 3 Klicks erreichbar sein),
- automatische Erfassung der Druck- und Kopierkosten; elektronische Akte/Dokumentenmanagement; Kanzleiworkflow individuell abbildbar; Warnfenster bei Überschreitung der Haftpflichtsumme; Knowledge Management; Marketingtools (z.B. individuell steuerbarer Mandantenaufnahmebogen, individuelle Auswertungen des Mandantenstamms, Newslettervorbereitung und individuelle -erzeugung),
- einfache Anpassung der enthaltenen Word-Vorlagen (zB. Briefkopf),
- aktuelle Postleitzahlen, Faxnummern etc. (Updateservice),
- individuelle Zeiterfassung nebst Zuordnung pauschaler Sätze für Mitarbeiter,
- Umsatzstatistiken auf Knopfdruck und Exportmöglichkeit der Daten z.B. für den Steuerberater,
- Einbindung der digitalen Frankierung,
- Einbindung des digitalen Mahnverfahrens zur Erfüllung der Pflicht aus § 690 Absatz 3 ZPO,
- Anbindung der Bank/en (Abruf der Kontoauszüge direkt in die Kanzleiverwaltungssoftware)

Viele der vorgenannten Softwareparameter sind für die Zukunftsfähigkeit und das Qualitäts- und Marketingmanagement von entscheidender Bedeutung.[23]

Neben den o.g. Aspekten spielen natürlich auch der Kostenrahmen sowie die Kooperation mit anderen Berufsgruppen eine entscheidende Rolle. Soweit mit Notarinnen oder Notaren, Wirtschaftsprüferinnen oder -prüfern, Steuerberaterinnen oder -beratern oder anderen Berufsgeheimnistragenden eine Sozietät eingegangen wird, sollte die Anwaltssoftware mit den von den anderen Berufsgruppen verwandten Programmen kompatibel sein. Erst dadurch können die gewünschten Synergien, aber auch die Kollisionskontrolle realisiert werden. Hinsichtlich der Kosten ist festzustellen, dass ein Sparen am falschen Ende im Zweifelsfalle mehr Arbeit und Ärger als Einsparungen produziert. Eine Datenmigration kostet – soweit diese überhaupt möglich ist – mindestens das, was man durch die Wahl eines kleineren Softwareanbieters an Lizenzgebühren gespart hat.

6. Aktenvernichter

Ein Papierschredder ist eine wesentliche Komponente für den Kanzleibetrieb. Es gilt, das Mandantengeheimnis sowie datenschutzrechtliche Belange zu wahren. Die Vielzahl der in einer Kanzlei ein und aus gehenden Personen sowie die Rückführung des Altpapiers in die Kreislaufwirtschaft machen es notwendig, die Schriftstücke unkenntlich zu machen. Dritte, die das Altpapier im Container „sichten", sollten keine Informationen erhalten.

22 http://www.openoffice.org.
23 Vertiefende Informationen zur Kanzlei-EDV: http://www.abc-anwalt.de/anwalts-edv/anwaltssoftware.html.

VI. Cashflow

Die Themen Finanzbedarf, Stundensatz und Gebührengespräch, Andergelder und zeitnahe Rechnungsstellung sind von zentraler Bedeutung für den Betrieb einer Anwaltskanzlei. Leider werden diese Themen eher „stiefmütterlich" behandelt.

Durch die seit 2006 bestehende Pflicht, mit der Mandantschaft die außergerichtlichen Kosten zu vereinbaren, erhält die Frage nach den eigenen Kosten noch mehr Gewicht. An dieser Stelle soll nur auf einige wesentliche Aspekte eingegangen werden, da an anderer Stelle in diesem Ratgeber ausführlich zur Buchhaltung geschrieben wird.

1. Finanzbedarf und Gebührengespräch

Nur die exakte Erfassung der Einzelkosten und deren Umrechnung auf die Akte ermöglichen die Bestimmung des Nullpunktes (Break-even-Point), d.h. des Stundensatzes, ab dem ein Ertrag erwirtschaftet wird.

Als Kosten sollten dabei anteilig berücksichtigt werden:

- Miete,
- Fahrzeug (Anschaffung und Unterhaltung),
- Allgemeine Kosten der Kanzleiausstattung (Kopierer, Locher, Möbel etc.),
- Kammerbeitrag,
- Haftpflichtversicherungskosten,
- Mitgliedsbeiträge (z.B. Versorgungswerk, DAV).

Ferner sollten zur Akte die Punkte

- Kopien bzw. Scans,
- Telefon,
- Personal,
- Arbeitsaufkommen des Berufsträgers,
- Fahrtkosten, Abwesenheitsgeld und sonstige Auslagen wie Parkgebühren sowie
- Versendungskosten (Papier, Briefumschlag, Porto etc.) berücksichtigt werden.

Die Auswertung dieser Daten sollte auf Knopfdruck aus dem Kanzleiverwaltungsprogramm möglich sein und damit den Break-even jederzeit sichtbar machen.

Neben dieser Nulllinie sollte ferner berücksichtigt werden, dass von dem überschießenden Betrag die Umsatzsteuer abzuführen sowie die Einkommensteuer zu leisten ist. Dementsprechend vorbereitet kann das Gebührengespräch mit dem Mandanten geführt werden.[24]

24 Siehe hierzu Kapitel B.11 in diesem Ratgeber.

2. Stundensatz

Bei Gebühren- und Stundensatzverhandlungen mit dem Mandanten sollte berücksichtigt werden, dass meist nicht bekannt ist, welche Mandanten sich kennen. Eine Ermittlung des Stundensatzes anhand der „abgeschätzten" Liquidität des Mandanten verbietet sich daher. Grundsätzlich sollte ab einem bestimmten Stundenaufkommen ein Pauschbetrag z.B. zur Einarbeitung bei umfangreichem Aktenvolumen und danach Abrechnung nach RVG oder Stundenaufkommen angesprochen werden.

Es versteht sich von selbst, dass gerade bei einer noch nicht erfolgten fachlichen Ausrichtung die Einarbeitung in eine fremde Materie nicht in die Stundenaufstellung einfließen sollte. Die Mandantschaft erwartet einen ausgebildeten Fachmann und wird nicht gewillt sein, die Fortbildung der Rechtsanwältin oder des Rechtsanwalts zu finanzieren. Selbstverständlich kann die nach Erkennen der Problemlagen erfolgende Recherche entsprechend abgerechnet werden.

3. Andergelder

Der Umgang mit Fremdgeldern gibt immer wieder Anlass, dass die Rechtsanwaltskammern einschreiten. Vielfach wird schon technisch nicht zwischen Eigen- und Fremdgeldern in Form von verschiedenen Konten getrennt. Hinzu kommt ferner die mangelnde buchhalterische Trennung. Dabei ist die Anwaltschaft berufsrechtlich verpflichtet,[25] entsprechend sorgfältig mit Mandantengeldern umzugehen.

Es sollte daher mindestens ein tatsächliches Anderkonto bei einem größeren Kreditinstitut existieren und im Rahmen der Aktenbuchhaltung eine genaue Zuordnung erfolgen. Mandantengelder sind tabu (!) und gehören unverzüglich ausgekehrt. Auch eine Verrechnung der eigenen Ansprüche mit den empfangenen Geldern ist nur mit ausdrücklicher Zustimmung des Mandanten zulässig oder soweit eine tatsächliche Aufrechnungslage gemäß §§ 387 ff. BGB vorliegt.

4. Auftragsdefinition

Die Auftragsdefinition ist nicht nur für die später erörterten Aspekte des Qualitätsmanagements und Controllings wichtig, vielmehr bestimmt erst die klare Auftragsdefinition den Zeitpunkt zur Endabrechnung. Das heißt, wird die Vollmacht ausschließlich zur außergerichtlichen Lösung ausgestellt, ist nach dem Scheitern eine Rechnungsstellung möglich. Die gerichtliche Auseinandersetzung ist dann ein neuer Auftrag.

25 Siehe unter Ziffer IV.1.

VII. Personal

Das Thema Personal und Personalführung wird in diesem Ratgeber gesondert behandelt. Daher soll nur in aller Kürze zu einigen Eckpunkten etwas gesagt werden.

Grundsätzlich gilt, dass ein Mitarbeiter, der versteht, warum etwas in einer bestimmten Form gemacht werden muss, dieses besser verinnerlicht, Zusammenhänge erkennt und dadurch eigenständiger arbeiten kann. Daher sollte man sich Zeit nehmen, um Arbeitsabläufe zu erklären und diese Zeit nutzen, die Abläufe in einer Arbeitsplatzbeschreibung niederzulegen. Hinzutreten sollte die genaue Zuordnung der Aufgabengebiete, damit keine Missverständnisse auftreten können.

Zu seiner eigenen und der Arbeitskraft der Mitarbeiterinnen und Mitarbeiter muss man sich zusätzlich klarmachen, dass auch die eigene Arbeitskraft nur dann voll ausgeschöpft werden kann, wenn die Umgebungsvariablen stimmig sind. Die nachfolgende Abbildung 8 verdeutlicht die möglichen Einflüsse, die sich allein schon aus dem Büro und der Büroausstattung für die interne Arbeit ergeben.

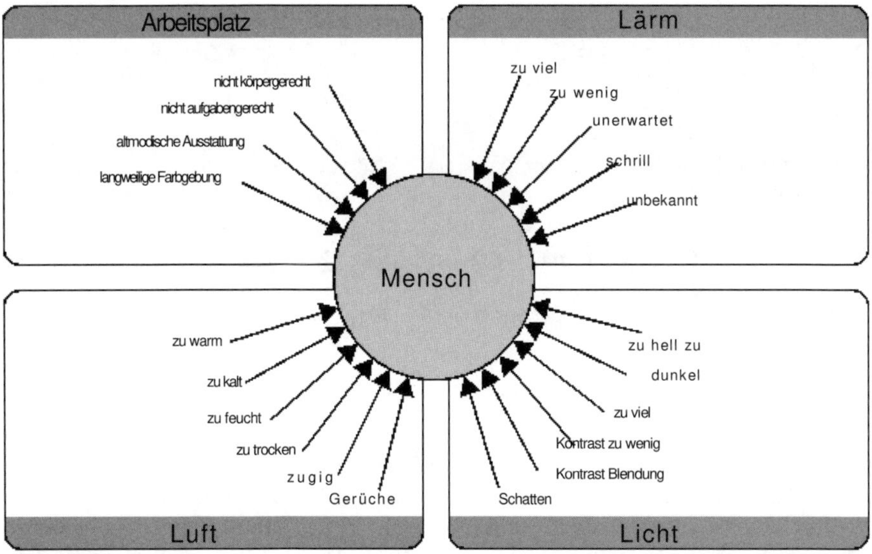

Abbildung 8

Daraus und aus dem Verhalten von Berufsträger und Mitarbeiterinnen/Mitarbeitern ergeben sich ferner Einflüsse auf den Mandantschaft/Kundschaft. Der zumeist über das Telefon erfolgende Erstkontakt kann ausreichen, die potenzielle Mandantscchaft zur Beauftragung einer anderen Rechtsanwaltskanzlei zu bringen. Freundlichkeit und genaue Datenerfassung auch bei turbulentem Gesprächsverlauf bezeugen die Kompetenz der gesamten Kanzlei.[26] Dies gelingt jedoch nur demjenigen, der eine gewisse Kenntnis von den am Telefon gegebenen Steuerungsmöglichkeiten hat. Auch die persönlichen Umgangs- und Höflichkeitsformen sind wesentliches Aushängeschild der Kanzlei. Die Mandantschaft hat beim Erstkontakt oder Erstbesuch eine Erwartungshaltung, die leicht enttäuscht werden kann.

Ferner ist darauf zu achten, dass die Mitarbeiterinnen und Mitarbeiter gute Kenntnisse des Zeitmanagements und ein Gefühl für den Umfang mit Gerichts- oder Besprechungsterminen haben. Nur so ist es möglich, durch Pufferzeiten Wartezeiten für die Mandantschaft zu vermeiden. Dies gilt im Übrigen auch im Hinblick auf Telefonate oder Videokonferenzen.

VIII. Marketing

Aufgrund von kaum noch bestehenden berufsrechtlichen Schranken wird das Thema immer wichtiger zur Abgrenzung am Markt. Marketing beinhaltet viele Aspekte aus den vorangegangenen Punkten und sollte strategisch geplant werden. Ansonsten können die Effekte nicht gemessen werden. So ist es z.B. sinnvoll, die Mandantschaft zu fragen, wie sie auf die Kanzlei aufmerksam geworden sind. Diese Daten sollten nicht im Kopf, sondern statistisch gesammelt und ausgewertet werden. Dadurch kann sich z.B. ergeben, dass eine größere Anzeige in den Gelben Seiten oder dem Regionalblatt sinnvoll ist.

1. Corporate Design

Die Kanzlei sollte ein einheitliches Erscheinungsbild haben, d.h., Visitenkarte, Briefpapier, Stempel, Schild und Homepage sollten einheitlich gestaltet sein. Auch die dann in den Schriftsätzen verwendete Schriftart sollte entsprechend angepasst sein. Die Mandantschaft empfindet für gewöhnlich Brüche in der Außendarstellung als unprofessionell. Dieses Empfinden wird mangels anderer Maßstäbe auf die juristische Qualität übertragen und schafft so ungewollt schon im Vorfeld unangenehme Befindlichkeiten.

2. Marketing mit den Stammdaten

Die Stammdaten sind auch aus Marketingaspekten die „Kronjuwelen“. Die meisten Mandate kommen durch die Empfehlung anderer Mandantinnen und Mandanten. Dies bedeutet aber, dass das Altmandat nicht ohne Weiteres mit einem andersgearteten Rechtsproblem die Kanzlei beauftragen wird und ferner, dass zumeist eine Mandantenempfehlung nur für das gelöste Rechtsproblem erfolgt. Die empfehlende Mandantschaft kennt im Zweifelsfalle nicht das sonstige Spektrum der Kanzlei.

Wichtig ist es daher, die Stammdaten um weitere mögliche Rechtskreise des Altmandats – unter Hinweis auf die datenschutzrechtliche Freiwilligkeit – zu veredeln. So kann z.B. auch

26 Siehe unter Ziffer IV.3 c).

beim Verkehrsunfall abgefragt werden, ob die Mandantin oderder Mandant Vermieterin/Vermieter oder Arbeitgerberin/Arbeitgeber etc. ist. Damit kann das vorhandene Leistungsspektrum – in der bisher in Anwaltspraxen kaum üblichen Nachsorge – z.B. durch Newsletter dargestellt werden.

Dazu müssen aber in der Stammdatenverwaltung entsprechende Registereinstellungen möglich und zur Kostenreduzierung die E-Mail-Adressen erfasst sein.

3. Zielgruppen- und Konkurrenzanalyse

Neben den schon bestehenden Mandaten kann über eine Analyse der eigenen Kompetenzen eine Zielgruppe ermittelt werden. Nach Ermittlung der Zielgruppe sollte der Markt hinsichtlich bestehender Konkurrenz erforscht werden und je nach Ergebnis eine Werbung kreiert werden. Diese sollte jedoch keinesfalls eine allgemeine Darstellung der Kanzlei enthalten. Dann wäre eine Zielgruppenanalyse sinnlos. Vielmehr sollte sich die Werbung genau mit der Problemlage der Zielgruppe beschäftigen und diese damit direkt ansprechen.

Die Adressen für eine gezielte Marketingaktion können auf dem freien Markt eingekauft werden.

4. Mandatsnachsorge

Die Mandatsnachsorge umfasst nicht nur den o.g. Newsletter, sondern auch die Abfrage des Zufriedenheitsgrades. Dadurch kann Qualitätsmanagement betrieben und eine größere Kundenbindung erreicht werden. Diese Nachsorge sollte über ein statistisch auswertbares Kundenzufriedenheitsformular erfolgen. Darin kann z.B. die Dauer der Mandatsbearbeitung, der prompten Rückantwort, aber auch das persönliche Empfinden der Mandantschaft hinsichtlich Freundlichkeit und Kanzleiausstattung abgefragt werden. Es sind dabei das Wettbewerbsrecht (§ 7 UWG) sowie ggf. die Notwendigkeit der datenschutzrechtlichen Einwilligung des Betroffenen zu beachten.

IX. Qualitätsmanagement & Controlling

Das Qualitätsmanagement durchzieht alle bisher angesprochenen Bereiche und beschäftigt sich mit der Optimierung der dortigen Arbeitsprozesse und gliedert sich wie nachfolgend dargestellt.

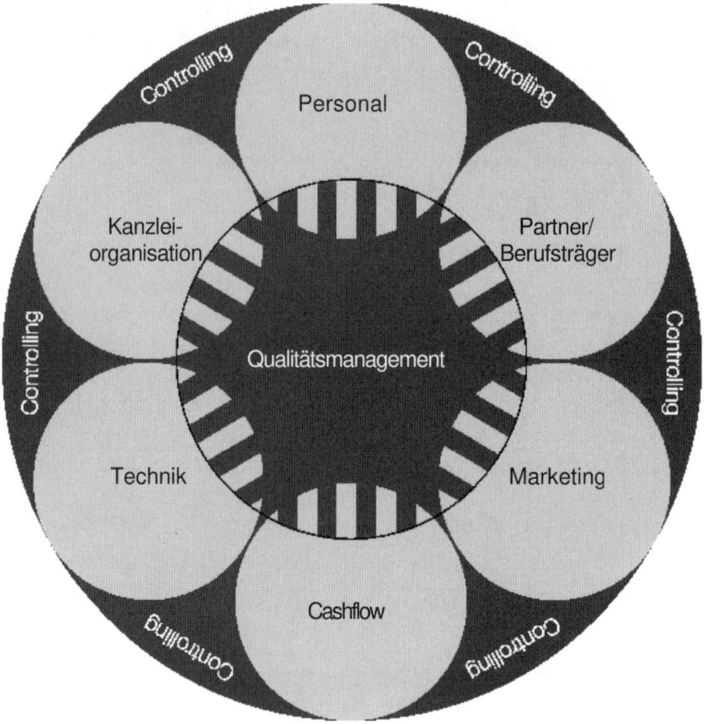

Abbildung 9

Auch die Qualität der juristischen Arbeit wird im Qualitätsmanagement erfasst.

1. Istanalyse

Bevor mit einer Optimierung von Arbeitsprozessen begonnen werden kann, ist zunächst festzustellen, welche Abläufe die Kanzlei „bewegen". Daher ist die Definition bzw. Erfassung von Arbeitsprozessen im Rahmen einer Istanalyse der erste Schritt zur Implementierung eines Qualitätsmanagements. Es empfiehlt sich, entsprechend der Abbildungen 4 ff. die Prozesse in kurzen Diagrammen darzustellen. Dadurch können die Schwachstellen bestimmt werden.

2. Ziel/Credo

Nach der Istanalyse sollte eine Zielbestimmung erfolgen.

a) Kanzleiziel

Auch die Berufsträger sollten sich Ziele setzen, wo und wie und wofür die Kanzlei nach Ablauf eines Zeitraums x steht. Erst anhand dieser Ziele kann überprüft werden, ob die zur Zielerreichung implementierten Maßnahmen Erfolg zeigen.

Kanzleiziele können z.B. fachlicher als auch finanzieller Art sein. Das Ziel, fachlich gute juristische Arbeit zu leisten, wird immer einhergehen mit der Frage, wie diese Qualität am Markt kommunizierbar ist. Derjenige, der als Ziel den finanziellen Erfolg in den Vordergrund stellt, wird nicht umhinkommen, sich mit der Frage der Kundenzufriedenheit und damit letztendlich auch mit dem Thema „juristische Qualität" auseinanderzusetzen.

b) Prozessziel

Neue Arbeitsprozesse und Verbesserungsmaßnahmen haben immer einen Zweck. Daher ist zunächst das Ziel des Arbeitsprozesses bzw. der Verbesserung zu definieren. Erst danach kann der neue Weg, wie dieses Ziel erreicht werden kann (Sollbestimmung), erfolgen.

3. Sollbestimmung

In der Sollbestimmung wird der neue oder modifizierte Prozess genau beschrieben und dem alten Zustand gegenübergestellt.

4. Umsetzung

Die Umsetzung der Planung ist zumeist der schwierigste Schritt, da meist Vorbehalte von Berufsträgern und/oder Mitarbeitern bestehen. Hier ist Fingerspitzengefühl gefragt. Nur wenn alle von einer Maßnahme überzeugt sind, wird diese nicht „torpediert".

Selbstverständlich gehört an allererste Stelle die Festlegung, wie mit Fristen und Akten umzugehen ist. Das heißt, es sind klare Vorgaben zu definieren, wie und von wem Fristen ein- und auszutragen sind und wer die Krankheits- bzw. Urlaubsvertretung macht. Gleiches gilt für den Aktenumlauf und den Posteingang. Es kann an dieser Stelle nicht jede mögliche Variante in Kanzleiabläufen behandelt werden. Dazu ist das Thema zu vielschichtig. Daher wird nur auf einige Highlights eingegangen, die in Kanzleien üblicherweise gar nicht oder „stiefmütterlich" behandelt werden.

a) Beendet: Erfolg/Misserfolg

Anhand einer klaren Auftragsdefinition kann festgestellt werden, ob das Mandat erfolgreich beendet wurde. Hierzu kann eine Jahresstatistik geführt werden. Die Auswertung dieser Statistik kann entweder die Anhebung der juristischen Qualität oder die vermehrte Ablehnung wenig erfolgreicher Mandate bedingen. Insbesondere unter Berücksichtigung weiterer

Statistiken wie z.B. die für diese erfolglosen Mandate aufgewandte Zeit im Verhältnis zu den Einnahmen kann die Notwendigkeit von Veränderungen aufzeigen.

b) Wissensmanagement (Knowledgemanagement)

Die Feststellung „Wenn der Anwalt wüsste, was die Kanzlei weiß" sagt viel darüber aus, dass im Zweifel das Rad immer wieder neu erfunden wird.

Beginnen kann die Implementierung eines Knowledgemanagements damit, dass so einfache Dinge wie Vorlagen für Briefe, Mitteilungen, Berufungsschriften etc. an einer zentralen Stelle auf dem Rechner/Server abgelegt werden und dieses System auch innerhalb der Kanzlei als verbindlich kommuniziert wird. Im weiteren Verlauf können dann dort in entsprechend benannten Unterordnern auch eingescannte oder digital vorliegende Urteile zu bestimmten Rechtsgebieten abgelegt werden. Hinzu kommen dann Musterschreiben in standardisierbaren Rechtsangelegenheiten.

c) Formulare

Die mit Formularen bzw. Formularfunktionen zu erzielenden Zeitersparnisse sind kaum erkannt. Allein die Verwendung eines Verfügungsstempels erleichtert nicht nur der Anwältin oder dem Anwalt die Verfügung, vielmehr ist auch der Mitarbeiterin oder dem Mitarbeiter sofort ersichtlich, wo sich die Verfügung befindet und was Sie bedeutet. Manche Probleme mit der Schrift des Berufsträgers fallen beim Ankreuzen weg. Auch bei weiteren Abläufen wie z.B. der telefonischen Mandatsannahme sind Formulare sinnvoll. Das Formular steuert den Gesprächsverlauf und verhindert so, dass wesentliche Fragen nicht gestellt werden.

5. Controlling

Die veränderten oder neuen Ziele und Prozesse bedürfen der kontinuierlichen Überprüfung auf Richtigkeit. Ansonsten würden negative Tendenzen zu spät erkannt. In welchen Abständen kontrolliert werden sollte, ist abhängig von der Wesentlichkeit des Ziels bzw. des Prozesses. So sind z.B. Veränderungen am Fristenmanagement am Anfang täglich, Veränderungen am Aktenumlauf wöchentlich oder monatlich zu überprüfen.

Die Überprüfungsinstrumentarien sind abhängig von dem zu überprüfenden Prozess und sollten den Mitteln der Istbestimmung entsprechen. Wurde bei der Ermittlung der Mandantenzufriedenheit eine repräsentative Zufallsauswahl getroffen, so sollte wenn möglich genau diese Zufallsauswahl erneut befragt werden. Auch für interne Maßnahmen sollte der gleiche Maßstab angelegt werden. Die zeitliche Erfassung der Aktenumlauf- oder Suchzeit sollte genau wie vorher bestimmt werden.

X. Schlussbemerkung

Die vorgehenden Ausführungen können und sollen nur einen Überblick über wesentliche Aspekte des Kanzleimanagements geben. Jeder wird für sich an der ein oder anderen Stelle eine andere Gewichtung vornehmen. Dies ist auch gut so, alle Menschen und damit ihre Arbeitsweise differieren.

Trotzdem muss der heutigen Gründerin/dem heutigen Gründer bzw. Kanzleibetreiberin/-betreiber klar sein, dass er es ohne grundsätzliche Berücksichtigung der Grundzüge des modernen Kanzleimanagements am Markt schwer haben wird. Die Konkurrenz der Rechtsanwältinnen und Rechtsanwälte, die sich konsequent und vollumfänglich mit dem Thema Kanzleimanagement beschäftigen, wird immer größer.

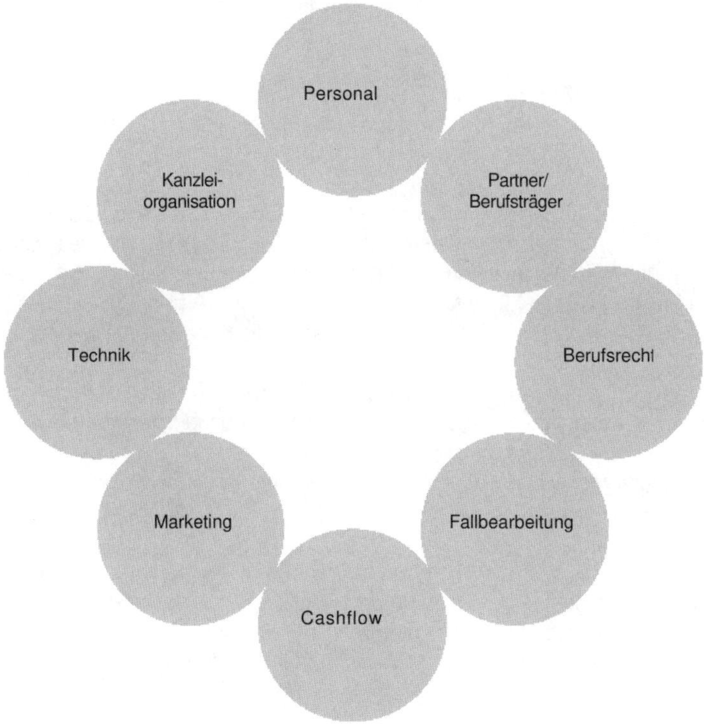

Abbildung 10

B.13 Mitarbeiterpersonal und Auszubildende

Rechtsanwalt Dr. Ulrich Prutsch, Köln • Vorsitzender des DAV-Ausschusses ReNo

Der Einsatz von Personal und die Einstellung von nichtjuristischen Fachkräften haben für die Kanzleien einen hohen Stellenwert. Die Einrichtung eines Arbeitsplatzes und die technische Ausstattung sind notwendige Voraussetzungen zur Erledigung der Aufgaben. Erst die sorgfältige Auswahl der Mitarbeiterinnen und Mitarbeiter und deren Qualifikation sichern nachhaltig den Erfolg der Kanzlei.

Aus der Sicht der Mandantschaft werden die Mitarbeiterinnen und Mitarbeiter als wichtiges Bindeglied zum Rechtsanwalt wahrgenommen. Die Mitarbeiterinnen und Mitarbeiter sind das Aushängeschild der Kanzlei. Sie vermitteln durch berufliche und fachliche Kompetenz den Mandanten die Gewissheit einer zuverlässigen und professionellen Bearbeitung des Mandats.

Die Mitarbeiterinnen und Mitarbeiter sind überwiegend weiblich. Der Anteil männlicher Beschäftigte beträgt nicht mehr als 3 %. Vorwiegend sind ausgebildete Rechtsanwaltsfachangestellte in den Kanzleien beschäftigt.

Die Auszubildenden in den Kanzleien bilden den Grundstock für die Mitarbeitergewinnung. In früheren Jahren konnten problemlos Auszubildende für den Beruf der Rechtsanwalt- und Notarfachangestellten gewonnen werden. Die Anzahl der Bewerberinnen und Bewerber hat sich drastisch verringert. Diese Entwicklung wird sich auf die Anzahl der zur Verfügung stehenden fertigen Berufsanfängerinnen und -anfänger für die Kanzleien auswirken.

Die „ausgebildete Rechtsanwaltsfachangestellten“ sind in der Lage zwei Dezernate zu betreuen. Sie nehmen Telefonate entgegen, führen den Termin- und Fristenkalender, bearbeiten selbständig die Zwangsvollstreckung und Vergütungsabrechnungen mit Kostenfestsetzung und stellen sich auf die Besonderheiten der Verfahren in den jeweiligen Fachanwaltschaften und Notariaten ein.

Die staatlich „geprüften Rechtsfachwirtinnen und Rechtsfachwirte“ verfügen darüber hinaus durch ihre Fortgeschrittenenausbildung nach dem Abschluss als Rechtsanwaltsfachangestellte und einer zweijährigen Berufserfahrung über ein vertieftes Wissen im Anwalts- und Notarbereich. Der frühere Begriff „geprüfter Bürovorsteher“ ist seit dem Jahr 2000 ersetzt durch „geprüfte Rechtsfachwirtinnen und Rechtsfachwirte“.

I. Auszubildende

Die Auszubildenden zu Rechtsanwalt- und Notarfachangestellten (ReNo-Azubis) in der Kanzlei gehören zum klassischen und traditionellen Bereich für den beruflichen Nachwuchs im eigenen Mitarbeiterstamm. Bis zu 50 % der Bewerberinnen und Bewerber haben mittlerweile das Abitur oder die Fachhochschulreife erlangt. Viele streben nach der Ausbildung ein Studium an und kehren danach nicht mehr in die Kanzleien zurück. Nicht übernommene Auszubildende finden nahtlos in anderen Kanzleien, in der Justiz, bei Banken, Versicherungen, Inkassobüros und Großunternehmen mit Rechtsabteilungen eine gut dotierte Beschäftigung.

Den Bewerberinnen und Bewerbern um eine Ausbildungsstelle in der eigenen Kanzlei muss die hohe Qualität der Ausbildung im Organisations- und Rechtsbereich als sicherer Eintritt in das Berufsleben vermittelt werden. Der Ausbildungsplatz in den Kanzleien muss mit attraktiver Arbeitsatmosphäre und einer besonderen persönlichen Betreuung verbunden werden.

Die Einstellung von ReNo-Azubis löst ein hohes Maß an Fürsorge sowie gesetzliche und vertragliche Pflichten bei den Ausbildungskanzleien aus. Zuständig für die Aufsicht über die Ausbildungskanzleien und für die Durchführung der Prüfungen ist die Rechtsanwaltskammer. Die Ausbildungskanzlei ist nach dem Berufsbildungsgesetz, der ReNoPat Verordnung und der Prüfungsordnung verantwortlich. Durch die Zulassung zur Anwaltschaft ist die Befähigung zur Ausbildung nachgewiesen. Einer gesonderten Prüfung oder einer Bescheinigung über die Ausbildereignung bedarf es nicht. Die Ausbildereignung hängt nicht von dem Ablauf eines Zeitraumes der beruflichen Tätigkeit ab. Der Anwalt kann sofort nach seiner Zulassung einen Ausbildungsvertrag abschließen.

1. Ausbildungsvertrag

Der Ausbildungsvertrag wird nach einem Muster der Kammer schriftlich auf die Dauer von drei Jahren abgeschlossen. Er wird in einem Verzeichnis bei der Kammer eingetragen. Der Inhalt insbesondere die Höhe der Vergütung wird auf die Angemessenheit überprüft.

Es gilt eine Probezeit bis zu vier Monaten. Eine ordentliche Kündigung ist danach ausgeschlossen. Für die Auszubildenden mit Abitur oder Fachabitur besteht die Möglichkeit, den Ausbildungsvertrag bei Abschluss auf zwei Jahre zu verkürzen. Den Auszubildenden mit der dreijährigen Vertragslaufzeit steht die Möglichkeit offen, nach dem zweiten Ausbildungsjahr bei einem Notendurchschnitt mit 2,5 die vorzeitige Zulassung zur Abschlussprüfung zu beantragen. Dadurch wird die Ausbildungszeit um ein halbes Jahr verkürzt.

Der Auszubildenden kann als besonderer Vorteil zu Beginn der dreijährigen Ausbildungszeit die Doppelqualifikation zum Ende der Ausbildung angeboten werden. Sie besteht aus der Ausbildung mit der Kammerprüfung und dem zusätzlichen Unterricht für die Ablegung des Fachabiturs.

Im Rahmen der Einstiegsqualifizierung kann die Kanzlei zunächst ein Langzeitpraktikum bis zu einem Jahr mit der Bewerberin vereinbaren zur späteren Übernahme in das Ausbildungsverhältnis. Die Dauer des Praktikums kann teilweise auf die Ausbildungszeit angerechnet werden.

Der Ausbildungsvertrag endet mit Bestehen der Abschlussprüfung unabhängig von dem vertraglich vereinbarten Zeitpunkt.

Die Attraktivität und Effizienz der Ausbildung sollte durch Überlassung eines Laptops und Freistellung zum eigenverantwortlichen Lernen erfolgen. Der elektronische Rechtsverkehr und der Zwang zur Teilnahme verlangt eine radikale Umstellung der bisherigen Kommunikationsmöglichkeiten und Bearbeitung der Akten. Nicht nur in der Kanzlei, sondern auch in den Berufskollegs werden mobile elektronische Kommunikationsmittel eingesetzt. Der Laptop ersetzt das Lehrbuch. Die Erfahrungen der Kenntnisvermittlung durch Einsatz elektronischer Kommunikationsmittel aus der Covid-19-Epedemie in den Jahren 2020/2021 werden sich auf künftige Kommunikationsmodelle auswirken. Die kostenlose und ständige Überlassung eines Laptops als Lehr- und Lernmittel an die Auszubildende bei Abschluss eines Ausbildungsvertrages ist unerlässlich.

2. Vergütung

Ein wichtiger Bestandteil des Ausbildungsvertrages ist die Vergütung. Das Gehalt soll sich deutlich von den Untergrenzen der Kammerempfehlungen in den Großstädten abheben. Der DAV hat in dem Azubi-Merkblatt 2017 die Empfehlung für die Höhe der Ausbildungsvergütung angehoben. Die monatliche Ausbildungsvergütung hat eine Schwankungsbreite von 650 EUR bis 1.000 EUR. Das Berufsbildungsgesetz legt in § 17 BBiG die Höhe einer angemessenen Vergütung fest. Die Vergütung steigt jährlich mit fortschreitender Berufsausbildung. Die Höhe der Mindestvergütung wird zum 1. Januar eines jeden Jahres erstmals zum 1. Januar 2024 fortgeschrieben.

Bei der Beurteilung einer gesetzlich angemessenen Vergütung wird es Unterschiede in den Ballungsgebieten und strukturschwachen Regionen geben. Die Empfehlungen der örtlich zuständigen Rechtsanwaltskammern sind zu beachten. Auszubildende sollten die betriebsüblichen Sonderzahlungen Weihnachts- und Urlaubsgeld in gleicher prozentualer Höhe er halten, wie sie den Festangestellten gewährt werden. Die empfohlene Ausbildungsvergütung unterliegt in vollem Umfang der Sozialversicherungspflicht. Bis zu einer monatlichen Bruttovergütung von 985 EUR sind keine Steuern zu zahlen.

3. Ausbildungsverordnung und Ausbildungsrahmenplan

Die ReNoPat-Ausbildungsverordnung enthält im ersten Teil die Beschreibung der Fertigkeiten und Kenntnisse, die in der Kanzlei als betriebliche Ausbildung zu vermitteln sind. Zu Beginn des Ausbildungsverhältnisses ist ein Ausbildungsplan von der Kanzlei zu erstellen. Die Anleitung dazu befindet sich im Ausbildungsrahmenplan als Anhang der Ausbildungsverordnung. Der Auszubildende hat ein Berichtsheft in Form eines Ausbildungsnachweises zu führen. Der Ausbildende hat das Berichtsheft regelmäßig durchzusehen und zu unterschreiben.

Im zweiten Teil der ReNoPatVO ist der Inhalt der Zwischen- und Abschlussprüfung geregelt. In der Prüfungsordnung der Rechtsanwaltskammer ist der Ablauf der Prüfungen über die Zulassung, Bewertung der Prüfungsleistungen, Bestehen und Nichtbestehen und Wiederholung festgelegt.

Die Inhalte der betrieblichen Ausbildung sind in dem Ausbildungsrahmenplan nach Ausbildungsjahr und fortschreitendem Kenntnisstand geregelt. Der Ausbildungsrahmenplan ist Teil der Ausbildungsverordnung. Es geht nicht um Singularkenntnisse einzelner Gesetze, sondern um die berufsübergreifenden Fähigkeiten zur Kommunikation und Service für alle an der Bearbeitung des Mandats beteiligten Personen, Gerichte und Behörden. Die Kenntnisse und Fertigkeiten der Büro- und Arbeitsabläufe werden neben der Aktenverwaltung und des Fristen- und Terminmanagements vor allen Dingen auf den elektronischen Rechtsverkehr, den Datenschutz und die Datensicherheit ausdrücklich erweitert. Die Fertigung von Schriftsätzen nach Diktat steht in Anbetracht der Spracherkennung nicht mehr im Vordergrund. Das Rechnungswesen mit Zahlungsverkehr und Aktenbuchhaltung ist geblieben. Die Grundzüge des EU-Rechts und die Kenntnisse der englischen Sprache sind wegen des zunehmenden grenzüberschreitenden Rechtsverkehrs neu hinzugekommen.

Die Zwischen- und Abschlussprüfungen werden von der Rechtsanwaltskammer durchgeführt.

4. Zwischenprüfung

Die erlangte Befähigung zur praxisnahen Erledigung der Aufgaben soll in den Prüfungen nachgewiesen werden.

Zur Ermittlung des Ausbildungsstandes wird am Anfang des zweiten Ausbildungsjahres eine Zwischenprüfung durchgeführt. Sie besteht aus zwei Klausuren mit jeweils 60 Minuten. Die erste Klausur „Kommunikation und Büroorganisation“ enthält Fallbezogene Aufgaben und Fragen über die Bearbeitung der Post und Aktenverwaltung, Empfang und Betreuung der Mandanten, Fristen und Termine. Die zweite Klausur „Rechtsanwendung“ enthält fallbezogene Aufgaben und Fragen zur Stellung und Hauptpflichten des Rechtsanwalts und Notars, das Zustandekommen von Rechtsgeschäften, die Leistungsstörungen im Kaufvertrag, die Arten des Kaufmanns und Unternehmensformen sowie das Erstellen von Mahnschreiben.

Die Zwischenprüfung ist eine reine Teilnahmeprüfung und von einem Bestehen nicht abhängig. Sie kann nicht wiederholt werden. Die Rechtsanwaltskammern bieten jährlich zwei Termine für die Zwischenprüfung im Frühjahr und im Herbst eines Jahres an. Die Teilnahme an der Zwischenprüfung ist Voraussetzung für die Zulassung zur Abschlussprüfung.

5. Abschlussprüfung

Die Abschlussprüfung am Ende des dritten Ausbildungsjahres besteht aus vier Klausuren und einer mündlichen Prüfung.

Der schriftliche Prüfungsbereich Geschäfts- und Leistungsprozesse enthält Fragen und Aufgaben zum elektronischen Rechtsverkehr, zu Auskünften aus Registern, Aktenbuchhaltung und Rechnungswesen. Die Prüfungszeit beträgt 60 Minuten.

Der schriftliche Prüfungsbereich Rechtsanwendung in der Anwaltskanzlei enthält Sachverhalte und Fragen aus dem bürgerlichen Recht, dem Gesellschafts- Wirtschafts- und dem EU-Recht. Außerdem sind Maßnahmen im Zivilprozess und der Zwangsvollstreckung vorzubereiten. Die fachbezogene Anwendung der englischen Sprache ist zu berücksichtigen. Die Prüfungszeit beträgt 150 Minuten. Wegen der langen Dauer wird man hier wohl zwei Teilklausuren von zum Beispiel 60 Minuten für BGB, HGB und EU-Recht, und 90 Minuten für Verfahrensrecht und Zwangsvollstreckung zu bearbeiten haben. Das Fach „Rechtsanwendung" ist ein Sperrfach. Dieses Fach muss zwingend mindestens die Note „ausreichend" aufweisen.

Der schriftliche Prüfungsbereich Vergütung und Kosten enthält die Streitwerte, Gebühren und Auslagen, die Anträge zur Kostenfestsetzung einschließlich Prozesskostenhilfe und Berechnung der Gerichtskosten. Die Prüfungszeit beträgt 90 Minuten.

Der schriftliche Prüfungsbereich Wirtschafts- und Sozialkunde enthält die Darstellung und Beurteilung der allgemeinen wirtschaftlichen und gesellschaftlichen Zusammenhänge der Berufs- und Arbeitswelt. Der Prüfling soll fallbezogene Aufgaben schriftlich bearbeiten. Die Prüfungszeit beträgt 60 Minuten.

Die Vorbereitung auf die Abschlussprüfung ist ein wichtiger Bestandteil der Ausbildung in der Kanzlei. In dieser Phase darf die Ausbildungskanzlei die Auszubildenden nicht allein lassen. Der gute Abschluss sichert der Auszubildenden den Arbeitsplatz und die erfolgreiche Weiterentwicklung im Berufsleben. Die Ausbildungskanzlei hat die Auszubildende einen Tag vor der schriftlichen Prüfung freizustellen. Das gilt nicht für die mündliche Prüfung. Über die Verpflichtung aus dem Ausbildungsvertrag hinaus sollten die Ausbildungskanzleien ihre Auszubildenden zum Besuch geeigneter Seminare und Vorbereitungskurse spätestens im dritten Ausbildungsjahr anhalten, sie dafür von der Kanzleiarbeit freistellen und die Kosten tragen.

Der mündliche Prüfungsbereich Mandantenbetreuung umfasst die Service orientierte Betreuung des Mandanten, Anliegen von Mandanten erfassen, Gespräche mit Mandanten adressatenorientiert führen, Auskünfte einholen und erteilen sowie Konfliktsituationen bewältigen. Für die Prüfung wählt der Prüfungsausschuss den Gebieten zivilrechtliches Mandat, das zwangsvollstreckungsrechtliche Mandat, die Vergütung und Kosten im zivilrechtlichen Mandat und Zahlungsverkehr aus.

Die mündliche Prüfung darf 15 Minuten pro Kandidaten nicht überschreiten. Es soll unter Berücksichtigung der englischen Sprache geführt werden. Die Bewertung des Fachgesprächs geht mit 15 % in die Gesamtnote der Abschlussprüfung ein.

Durch eine mündliche Ergänzungsprüfung kann der Prüfling bei einer mangelhaften Leistung das Ergebnis verbessern, wenn die Ergänzungsprüfung für das Bestehen der Abschlussprüfung den Ausschlag geben kann.

6. Berufsschulunterricht

Der Berufsschulunterricht erfolgt jeweils an zwei Tagen in der Woche. Die Unterrichtszeit ist Arbeitszeit. Das unentschuldigte Fernbleiben ist eine Verletzung des Ausbildungsvertrages und kann zur fristlosen Kündigung führen.

Die Kanzleien dürfen Auszubildende vor einem vor 9.00 Uhr beginnenden Berufsschulunterricht nicht beschäftigen. Sie haben Auszubildende freizustellen für die Teilnahme am Berufsschulunterricht und an einem Berufsschultag mit mehr als fünf Unterrichtsstunden von mindestens 45 Minuten.

Die Auszubildende ist an dem Arbeitstag freizustellen, der der schriftlichen Abschlussprüfung unmittelbar vorausgeht.

Minderjährige Auszubildende müssen nach sechs Stunden Unterricht nicht mehr in der Kanzlei erscheinen. Volljährige Auszubildende haben nach dem Unterricht ihre Anwesenheitspflicht in der Kanzlei bis zur Erfüllung der 8-Stunden-Arbeitszeit zuzüglich Pause zu erfüllen. Beginnt der Unterricht morgens um 8.00 Uhr und endet er um 13.00 Uhr muss die Auszubildende in der Kanzlei unter Berücksichtigung einer Pause von einer Stunde bis 17.00 Uhr arbeiten. Die Fahrtzeit von der Schule bis zum Kanzleiort gilt als Arbeitszeit.

7. Schlichtungsausschuss

Für Streitigkeiten aus dem Ausbildungsverhältnis sind bei den Rechtsanwaltskammern Schlichtungsausschüsse eingerichtet. Die Anrufung des Schlichtungsausschusses ist eine Zulässigkeitsvoraussetzung für die Erhebung einer Klage beim Arbeitsgericht.

II. ReNo-Fachangestellte

Nach erfolgreichem Abschluss der Berufsausbildung stellt sich die Frage nach der Übernahme in eine Festanstellung. Der Ausbildungsvertrag ist ein befristetes Arbeitsverhältnis. Er endet mit dem Tag der Feststellung des Prüfungsergebnisses. Bereits vor Abschluss der Ausbildung sollte die Übernahme in ein Anstellungsverhältnis geklärt sein. Wird die Auszubildende nach der Abschlussprüfung nicht übernommen, darf sie nicht einen Tag nach der Prüfung weiter beschäftigt werden. Dadurch würde ein normales Arbeitsverhältnis begründet. Eine Teilzeitvereinbarung oder eine Befristung für den Übergang ist zulässig. Der Facharbeitermangel ist im Bereich der ReNo längst angekommen. Die fertigen Rechtsanwaltsfachangestellten haben keine Probleme, eine Anstellung zu finden. Ihnen droht selbst für den Übergang keine Arbeitslosigkeit.

Die ehemaligen Auszubildenden entscheiden sich für den Verbleib in den Kanzleien, wenn das Anfangsgehalt angemessen, die Arbeitsatmosphäre gut ist und der Arbeitsplatz der geplanten Lebensgestaltung entspricht. Die Höhe des Gehalts ist nicht vorrangig ausschlaggebend. Die Aufstiegschancen und Fortbildungsmöglichkeiten sind jedoch häufige Entscheidungsfaktoren.

Für ReNo-Fachangestellte hat der Deutsche Anwaltverein ein Merkblatt entwickelt. Es enthält die Einzelheiten für die Beschäftigung und Vergütung, die der Deutsche Anwaltverein nach Auswertung von Umfragen als Orientierungshilfe zusammengetragen hat. Das Merkblatt und der Mustervertrag können in der jeweils aktuellen Fassung beim DAV angefordert werden.

Es liegt im Interesse des Rechtsanwalts und der ReNo-Fachangestellten, durch ständige Fortbildung einen optimalen Wissensstand zu erreichen, aber auch die weitere Qualifikation zum Rechtsfachwirt zu erlangen. Die Deutsche Anwaltakademie (Littenstraße 11, 10179 Berlin, www.anwaltakademie.de) bietet ständig Mitarbeiterseminare zu allen relevanten Themen an. Ein Seminarverzeichnis kann dort angefordert werden.

III. Rechtsfachwirte

Die Rechtsfachwirte haben ihren Einsatzort in der Büroleitung einer Anwaltskanzlei.

Während die Rechtsanwaltsfachangestellte grundlegend alle organisatorischen Aufgaben in einer Kanzlei übernehmen kann, besitzen die Rechtsfachwirte eine höhere Kompetenz und vertieftes Fachwissen in den einzelnen Bereichen. Sie sind organisatorisch in der Lage das Anwaltsbüro in Abwesenheit des Anwalts zu führen und tragen dadurch eine höhere Verantwortung.

1. Aufgaben

Schwerpunkte der Aufgaben sind neben dem allgemeinen Büromanagement und der Mandantenbetreuung vor allem

- die Organisation der einzelnen Büroabläufe, die Terminvergabe und Überwachung von Fristen, Telefondienst und Verwaltung der einzelnen Kommunikationswege,

- die betriebswirtschaftliche Leitung vor allem im Bereich des Rechnungswesens,
- das Personalmanagement, Koordination der Bewerbungsabläufe, Einstellungsgespräche, Einstellungstests, Einarbeitung, Urlaubsplanung,
- die Betreuung der Kostenstellen und die Vorbereitung von Rechtsmitteln und Rechtsbehelfen,
- die eigenverantwortliche Bearbeitung von Vollstreckungssachen,
- Vorbereitung von umfangreicheren Schriftsätzen, Klageschriften und Verträge.

2. Vergütung

Die Vergütung ist in den einzelnen Regionen höchst unterschiedlich. Es empfiehlt sich, bei den örtlichen ReNoVereinigungen die ortsübliche Vergütung nachzufragen. Im bundesweiten Durchschnitt liegt das Gehalt der Rechtsfachwirte bei jährlich 30.000 bis 45.000 EUR. Zusatzleistungen zur selbständigen Bearbeitung zum Beispiel von Zwangsvollstreckungssachen können gesondert durch Umsatzbeteiligung vergütet werden.

3. Prüfungsvoraussetzungen

Die Ausbildung zum Rechtsfachwirt ist bundeseinheitlich in der Verordnung über die Prüfung zum anerkannten Abschluss Geprüfter Rechtsfachwirt/Geprüfte Rechtsfachwirtin vom 23. August 2001 geregelt.

Voraussetzungen für die Zulassung zur staatlichen Prüfung sind eine mit Erfolg abgelegte Abschlussprüfung als Rechtsanwaltsfachangestellten bzw. Rechtsanwalts- und Notarfachangestellten und danach eine mindestens zweijährigen Berufspraxis oder mindestens sechsjährigen Berufspraxis.

4. Prüfungsinhalte

Die Prüfungsinhalte sind in Handlungsbereiche aufgegliedert, in denen die zu prüfende Person ihre Fähigkeit nachweist, ein Anwaltsbüro im nicht anwaltlichen Bereich eigenverantwortlich, systematisch und betriebswirtschaftlich orientiert zu führen.

Die Handlungsbereiche sind für die Durchführung der Prüfung maßgeblich:

- Büroorganisation und -verwaltung,
- Personalwirtschaft und Mandantenbetreuung,
- Mandatsbetreuung im Kosten-, Gebühren- und Prozessrecht,
- Mandatsbetreuung in der Zwangsvollstreckung und im materiellen Recht.

5. Fortbildungskurse

Der Besuch eines Fortbildungskurses für die Fortbildung zum Rechtsfachwirt ist nicht Zulassungsvoraussetzung für die staatliche Prüfung. Er ist jedoch dringend zu empfehlen. Das erforderliche und umfangreiche Prüfungswissen kann nicht durch Berufspraxis und Selbststudium allein erworben werden. Es besteht die Möglichkeit, einen Vorbereitungskurs zu besuchen. Diese Kurse sind kostenpflichtig und dauern in der Regel 18 Monate (drei Semester). Die Gebühren für den Kurs betragen zwischen 1.800 und 3.000 EUR. Die Vereinbarung von Ratenzahlungen ist möglich.

Vorbereitungskurse bieten zum Beispiel folgende Institutionen an:

- Rechtsanwaltskammern
- Beuth Hochschule Berlin (Fernstudium)
- Soldan-GmbH
- Hämmerle Akademie
- Jurisprudentia Intensivtraining
- RENO Deutsche Vereinigung der Rechtsanwalts- und Notariatsangestellten e.V.

6. Fördermöglichkeiten

Das „Meister-BAföG" (Aufstiegsfortbildungsförderungsgesetz – AFBG) unterstützt die berufliche Aufstiegsfortbildung finanziell. Das Gesetz ist ein umfassendes Förderinstrument für die berufliche Fortbildung in allen Berufsbereichen, und zwar unabhängig davon, in welcher Form sie durchgeführt wird. Sei es Vollzeit, Teilzeit, schulisch, außerschulisch, mediengestützt oder als Fernunterricht. Die Antragstellerinnen und Antragsteller dürfen noch nicht über eine berufliche Qualifikation verfügen, die dem angestrebten Fortbildungsabschluss mindestens gleichwertig ist. Eine Altersgrenze besteht nicht.

7. Bildungsscheck

Mit Mitteln des Europäischen Sozialfonds übernimmt das Land NRW die Hälfte der Weiterbildungskosten (maximal bis zu 500 EUR pro Bildungsscheck). Angesprochen werden Beschäftigte kleinerer und mittlerer Unternehmen, die im laufenden und vergangenen Jahr an keiner betrieblichen Weiterbildung teilgenommen haben. Mehr Informationen erhalten Sie über das Internet: www.bildungsscheck.nrw.de.

8. Begabtenförderung Berufliche Bildung

Es besteht die Möglichkeit, den Fortbildungslehrgang im Rahmen eines Stipendiums aus den Mitteln für die Begabtenförderung Berufliche Bildung zu finanzieren. Förderungswürdig sind junge Berufstätige, die die Abschlussprüfung in einem anerkannten Ausbildungsberuf mit mindestens 87 Punkten bzw. der Durchschnittnote 1,9 oder besser bestanden haben und zum Aufnahmezeitpunkt jünger als 25 Jahre sind. Zum Umfang und zu den Voraussetzungen siehe www.begabtenfoerderung.de.

IV. Kompetenzmodel ältere Mitarbeiter und Quereinsteiger

Die Zukunft wird wegen des demographischen Wandels mit der Besetzung von Arbeitsplätzen durch ältere Mitarbeitern geprägt. Mit der zunehmenden Beschäftigung Älterer muss sich die Einstellung gegenüber dieser Altersgruppe ändern. Es gilt nicht mehr das Defizitmodel, wonach ältere Mitarbeiterinnen und Mitarbeiter nicht mehr belastbar, häufiger krank, teurer in der Gehaltsstruktur seien und notwendigen Veränderungen im Wege stünden. Gefragt ist das Kompetenzmodell, wonach die älteren im Vergleich zu jüngeren Mitarbeiterinnen und Mitarbeitern aus einer Emnid-Umfrage erfahrener, loyaler, verantwortungsbewusster, gewissenhafter, kompetenter und motivierter sind.

Es besteht ein großer Handlungsbedarf für die Schaffung und Ausweisung altersgerechter Arbeitsplätze in den Kanzleien. Berufsrückkehrerinnen und -rückkehrer, ältere Personen über 55 Jahre als Quereinsteigerinnen/-einsteigern und Bewerberinnen/Bewerber mit Migrationshintergrund sollten bei der Besetzung eines Arbeitsplatzes nicht beiseitegeschoben werden.

Quereinsteigerinnen/-einsteiger und Bewerberinnen/Bewerber können auch ohne Abschluss eines Ausbildungsvertrages zur Abschlussprüfung zugelassen werden, wenn sie 4 1/2 Jahre in dem Beruf tätig waren. Als Zeiten er Berufstätigkeit gelten auch Ausbildungszeiten in einem anderen einschlägigen Ausbildungsberuf. Die Mindestzeit von 4 1/2 Jahren kann verkürzt werden, wenn durch Vorlage von Zeugnissen oder auf andere Weise glaubhaft gemachte wird, dass die berufliche Handlungsfähigkeit erworben wurde. Ausländische Bildungsabschlüsse und Zeiten der Berufstätigkeit im Ausland sind zu berücksichtigen. Das notwendige Basiswissen und die Fertigkeiten werden durch Einstiegsseminare vermittelt.

B.14 MANDANTSCHAFT FINDEN – MANDANTSCHAFT BINDEN

RECHTSANWALT UND FACHANWALT FÜR ERBRECHT MARTIN LANG, MÜNCHEN

I. Marketing für Berufseinsteigerinnen und -einsteiger

Wer das erstrebte Ziel nicht kennt, weiß nicht, wie er an das Ziel gelangen kann. Vor der Erstellung eines Marketingkonzepts, muss man sich selbst auf den Prüfstand stellen. Vereinbarkeit von Familie und Beruf. Wo liegen meine beruflichen Stärken und mit welchen Rechtsgebieten oder rechtlichen Problemen will ich mein Berufsleben verbringen (oder vor allem nicht)?

Viele gehen diesen ersten Schritt der Selbsterkenntnis, bleiben dann aber stehen. Umgesetzt wird wenig bis nichts. Man scheitert an der eigenen Trägheit oder Entscheidungsschwäche.

Hat man das eigene Konzept aber in die Tat umgesetzt, so ist damit noch lange nicht gesagt, dass der berufliche Lebensweg auch tatsächlich in diese Richtung verläuft. Viele Gründerinnen und Gründer ändern später ihre Pläne.

- Wie packe ich eine Kanzleigründung an bzw. wie finde ich meine Wunschmandanten?
  Legen Sie zunächst schriftlich fest, wie Sie sich Ihre Kanzlei in einem, drei, fünf und zehn Jahren vorstellen. Achten Sie dabei darauf, dass die Ziele möglichst realistisch, konkret und messbar sind. Nur so ist eine Ergebniskontrolle oder eine Korrektur des eingeschlagenen Weges möglich.
  Falsch: Ich will in eine florierende Strafverteidigerkanzlei aufbauen.
  Richtig: In drei Jahren möchte ich mit wenigen Ausnahmen nur noch Strafrechtsmandate übernehmen und mit zehn Zivilrechtskanzleien kooperieren.
  Falsch: Ich will genügend Zeit für das Privatleben
  Richtig: Besprechungstermine nach 18.00 Uhr oder an Samstagen übernehme ich nur in Ausnahmefällen
- Möchten Sie vorwiegend eine private Mandantschaft oder vorwiegend eine gewerbliche Mandantschaft betreuen? Möchten Sie in einem bestimmten Rechtsgebiet tätig sein oder eine bestimmte Mandantengruppe (z.B. Seniorinnen und Senioren, Handwerkerinnen und Handwerker, Existenzgründerinnen und -gründer etc.) bei den im Alltagsleben auftretenden Rechtsproblemen und anderen Sorgen zu helfen (Erbrecht, Vorsorgevollmachten, Pflegerecht, Immobilienverkauf auf Leibrente etc.)?
- In welchem Bundesland und welcher Region möchten Sie tätig sein? Möchten Sie die Kanzlei in einer Stadt oder auf dem Land eröffnen? Soll die Kanzlei in Gerichtsnähe oder in den Außenbezirken angesiedelt sein?
  Bedenken Sie dabei aber: Je größer Ihr Ruf als Spezialistin oder Spezialist wird, desto weitere Anreisen wird die Mandantschaft auf sich nehmen.

Bedenken Sie aber, dass es ohne Schweiß im Leben keinen Preis zu gewinnen gibt. Erfolgreiche Sportler, Unternehmer oder auch manche Influencer haben sich den Erfolg sehr hart erarbeitet.

Malen Sie sich so detailliert und plastisch wie möglich aus, was und wie Sie in einem Jahr, in drei Jahren, fünf Jahren, zehn Jahren tätig sein werden.

Wichtig ist, dass Sie Ihre Wünsche und Vorstellungen schriftlich und so konkret wie möglich fixieren. Anpassen können (und müssen) Sie Ihre Pläne und Ziele dann laufend.

Wenn Sie Ihre „Wunschkanzlei" genau vor Augen haben bzw. sehen, dann können Sie sich auf die Suche nach der dazu passenden Mandantschaft machen.

II. Mandantschaft finden

Zunächst beantworten Sie die Frage, wer Ihre Dienstleistung in Anspruch nehmen soll und wer diese Mandantschaft bisher betreut. Wer sind die Marktführer regional und überregional? Wie viele Kanzleien sind vor Ort auf Ihrem Gebiet tätig, ohne sich darauf spezialisiert zu haben? Welche nichtanwaltlichen Konkurrenten gibt es? Arbeiten Sie in einem zweiten Schritt Ihre Alleinstellungsmerkmal heraus, worin Sie sich also positiv von den Mitbewerbern unterscheiden.

Beantworten Sie also die nachfolgenden Fragen schriftlich.

- Die (juristische) Lösung der Mandantenprobleme steht im Zentrum von allem
- Wie kann mir Technik dabei helfen?
- Wer soll meine Dienstleistung in Anspruch nehmen?
- Welchen Beratungsbedarf haben diese Personen/Gruppen und was erwarten sie?
- Warum soll diese Mandantschaft gerade mich beauftragen?
- Wer sind meine Mitbewerberinnen und Mitbewerber?
- Kolleginnen und Kollegen (wie viele in der Region in einem Rechtsgebiet), Steuerberaterinnen und -berater, Wirtschaftsprüferinnen und -prüfer, Unternehmensberaterinnen und -berater, Verbände, Versicherer, Gewerkschaften etc.?
- Was kennzeichnet meine Mitbewerberinnen und Mitbewerber?
- Wodurch haben sie ihre Marktposition erlangt?
- Worin bin ich oder kann besser als meine Mitbewerberinnen und Mitbewerber werden?
- Biete ich Hausbesuche an?

Wenn Sie wissen, was Sie alles von allen Mitbewerberinnen und Mitbewerbern unterscheidet, können Sie diese Merkmale besonders bewerben. Aber Achtung! Werben Sie nicht mit Schlagworten, Selbstverständlichkeiten oder Sprechblasen. Versprechen Sie nicht nur schnelle Rückrufe, sondern werden Sie konkreter und sichern Reaktionszeiten von z.B. zwei Stunden zu, wenn das organisatorisch erfüllbar ist. Top-Juristin/-Jurist, fachlich exzellent bzw. hervorragende Rechtskenntnisse sind Floskeln. Werden Sie konkreter und listen die in den letzten Jahren besuchten Fortbildungsveranstaltungen auf.

Wie sticht man sonst noch aus der großen Masse heraus?

Rechtsanwältin A. ist Überzeugungstäterin. Sie ist auf den verschiedensten Social-Media-Kanälen vertreten. Sie knüpft über Instagram, Twitter, Xing, LinkedIn, Facebook, YouTube & Co an einem engen Netzwerk von Kolleginnen und Kollegen, die sie an die Mandantschaft weiterempfiehlt und dadurch selbst Mandate erhält. So zieht sie magnetisch die Aufmerksamkeit von Multiplikatoren und einer potenziellen Mandantschaft auf sich. Das berufliche Netzwerk schafft man sich auch dadurch, dass man sich in dem örtlichen Anwaltverein und den DAV-Arbeitsgemeinschaften engagiert. Die dortigen Kontakte von heute, sind die „Follower" von morgen.

Rechtsanwalt B. bezahlt Geld dafür, dass er auf seiner Website und in Zeitungsanzeigen verkündet, dass seine Kanzlei existiert und der weitere Informationsgehalt geht über die Auflistung von Rechtsgebieten nicht hinaus. Mit dem Schwerpunkt Zivilrecht kann niemand bei der Zeitungslektüre am Samstagmorgen etwas anfangen. Der Anzeigenteil der Zeitung wandert schon bald in die Papiertonne oder er wird zum Ausstopfen nasser Schuhe verwendet. Wenn Sie aber für das örtliche Anzeigenblatt Ratgeberartikel verfassen, dann kann Printwerbung auch heute noch erfolgreich sein.

Das Ergebnis der Werbeaktivitäten kann auch zu einer Belastung werden, wenn man organisatorisch nicht darauf eingestellt ist. Dauerläuten am Telefon und ein volles Mailpostfach. Auch die berühmten Anfragen nach kostenlosem Rechtsrat häufen sich dann. Es ist dann – fachlich wie auch privat – nicht einfach, die gestiegene Arbeitsbelastung zu bewältigen, da man sich Routine erst erarbeiten muss.

In Pandemiezeiten sollten Sie auf der Website mit Besprechungsterminen telefonisch oder via Zoom, Skype, Teams & Co werben (und die Mandantschaft dann rechtswirksam über Fernabsatzrechte belehren). Das gilt erst recht für Mandatsanfragen aus dem Ausland.

III. Mandantschaft binden

Haben Sie Mandantschat aus Ihrer Zielgruppe gewonnen, gilt es, diese dauerhaft an Ihre Kanzlei zu binden. Lernen Sie Ihre wichtigste Mandantschaft auch mit ihren privaten Sorgen und Nöten kennen. Sonst geraten Sie in Gefahr, dass die nächste Anwaltssuche im Internet beginnt und endet.

Ihre Mandantschaft muss begeistert sein und sich bei Ihnen und bei allen Kanzleimitarbeiterinnen und -mitarbeitern besser als bei der Konkurrenz aufgehoben und betreut fühlen. Überbringen Sie negative Nachrichten telefonisch und vor allem ohne mehrtätige Wartezeiten. Die notwendige schriftliche Belehrung über Rechtsbehelfsfristen folgt dann per Mail oder Post.

Nichts ist effektiver und preiswerter als die Mund-zu-Mund-Propaganda einer zufriedenen Mandantschaft. Das gilt in Zeiten von Social Media-Portalen noch viel mehr als früher, da sich Kritik und Lob mit seerosenartiger Geschwindigkeit viral verbreiten.

Erfahrungsgemäß binden Sie Ihre Mandantschaft also durch:

- Empathie,
- gute Arbeit,
- Zuverlässigkeit,
- gute telefonische Erreichbarkeit,
- Freundlichkeit, Höflichkeit, Aufmerksamkeit,
- Schnelligkeit in der Terminvergabe und Mandatsbearbeitung,
- Planung ausreichender Besprechungszeit,
- verständliche Erklärungen,
- transparente Rechnungen,
- eine gute Kanzleiorganisation.

Gelingt es Ihnen, alle oder möglichst viele Punkte zur Zufriedenheit Ihrer Mandantschaft zu erfüllen, steht dem Erfolg Ihres Unternehmens Anwaltskanzlei nichts mehr im Wege.

Sie werden feststellen, dass es mit einer festen Vorstellung von dem, was Sie erreichen möchten, nicht mehr schwierig ist, Marketingideen zu entwickeln. Diese werden dann via trial & error gestestet. Lassen Sie sich von Rückschlägen nicht entmutigen.

B.15 ANWALTSUCHDIENSTE, ANWALTSPORTALE – SINNVOLL ODER ÜBERFLÜSSIG?

RECHTSANWALT SWEN WALENTOWSKI, BERLIN • STELLVERTRETENDER HAUPTGESCHÄFTSFÜHRER UND LEITER POLITISCHE KOMMUNIKATION UND MEDIEN DES DAV

I. Um Sie wird gerungen!

Ja, um Sie, die neue Kollegin, und auch Sie, den neuen Kollegen. Sie werden von Anwaltsuchdiensten und Anwaltsportalen kontaktiert, um Sie als Kundschaft zu werben. Diese locken mit zahlreichen Angeboten und versprechen neue Mandate. Die Angebote sind vielfältig, und den DAV erreichen die Fragen, ob es sinnvoll ist, dort gelistet zu sein. Manchmal können Mandate sogar ersteigert werden.

Ziel dieses kurzen Beitrags soll es nicht sein, Empfehlungen auszusprechen, sondern Kriterien an die Hand zu geben, was man für sein gutes Geld bekommt bzw. erwarten kann.

II. Anwaltsportale sind sinnvoll

Das Recht wird immer differenter, internationaler und komplexer – nicht nur für die Anwaltschaft, sondern auch und gerade in der Wahrnehmung der Bürgerinnen und Bürger. Es gibt immer mehr Rechtsanwältinnen und Rechtsanwälte, die sich in immer stärkerem Maße spezialisieren. Auch die Zahl der Fachanwaltschaften steigt.

So wird es für den Rechtsuchenden immer schwieriger, die richtige Anwältin bzw. den richtigen Anwalt für sein spezifisches Problem zu finden. Die anwaltlichen Qualifikationen sind kaum bekannt. Fehlberatung, falsche Anfragen oder gar Abweisung der Rechtsuchenden können die Folge sein, wenn Nachfrage und Angebot nicht richtig zu einer Übereinstimmung gebracht werden. Dazu kommt, dass es nach wie vor eine „Schwellenangst“ vor dem Anwaltsbesuch gibt. Da hohe Kosten befürchtet werden, wird teilweise sogar darauf verzichtet, sein Recht durchzusetzen.

Geübt ist der Verbraucher mittlerweile darin, konkrete Fragen im Internet zu stellen und diese auch beantwortet zu bekommen. Dies nutzen auch einige Portale. Auf diese Herausforderung muss reagiert werden. Auch wird die asymmetrische Wissensverteilung, von der die Anwaltschaft bisher profitiert hat, durch im Netz abrufbare Informationen schwächer.

Das Informationsverhalten der Bevölkerung verändert sich. Nicht mehr reine Suchdienste spielen die große Rolle, sondern contentbasierte Webseiten. Mittlerweile ist nach den „persönlichen Empfehlungen“ das Internet die wichtigste Anlaufstelle bei der Anwaltssuche. Der Trend ist erkennbar: Die Suche nach Content im Internet gewinnt immer mehr an Bedeutung und somit dann die daran orientierte Anwaltswahl.

Daher kann man prognostizieren, dass mit zunehmendem Angebot und der Durchdringung der Märkte mit Werbung die Bedeutung von solchen Portalen zunehmen wird.

Die guten alten Gelben Seiten und Branchenverzeichnisse helfen hier weder der Anwaltschaft noch dem ratsuchenden Publikum. Wer bei seinen vielen Qualifikationen unter jedem Rechtsgebiet gelistet sein will, muss ein Vermögen ausgeben. Das rechtsuchende Publikum sucht nicht mehr in diesen Verzeichnissen, weil diese keinen echten Mehrwert, keinen Content mitliefern. Daher rate ich, komplett darauf zu verzichten. Geprüft werden muss vielmehr, ob und in welchem Umfang man bei Anwaltsportalen aufgenommen werden will.

III. Anwaltauskunft

Der DAV trennt in seinem Webauftritt ganz klar zwischen den unterschiedlichen Zielgruppen. Für das ratsuchende Publikum gibt es das Rechtsportal anwaltauskunft.de. Es ist ein Online-Journal, welches redaktionell die Themen des „Rechts" behandelt. Gleichzeitig ist es eine Anwaltssuche, in der die Mitglieder der örtlichen Anwaltvereine automatisch gelistet sind.

anwaltauskunft.de ist ein contentgestütztes Rechtsportal, das kontinuierlich fortentwickelt wird. Es umfasst ein Magazin mit einem Mix aus Ratgeberartikeln, Urteilen, Videos und Podcasts rund um relevante Rechtsfragen. Und es gibt eine komfortable Anwaltssuche.

Die Redaktion orientiert sich bei der Themenauswahl am aktuellen Tagesgeschehen und an Alltagsfragen. Bei der Erstellung der Artikel arbeiten die Redakteure eng mit DAV-Mitgliedern zusammen, um das Know-how der Anwaltschaft zu transportieren. Gleichzeitig stellen sie rechtliche Sachverhalte so dar, dass sie auch für juristische Laien leicht verständlich sind.

Zu jedem Text gehört der Hinweis, was eine Anwältin oder ein Anwalt bei dieser speziellen Frage tun kann und wann es sinnvoll ist, sich an eine Expertin oder einen Experten zu wenden. Die Artikel, Urteile und Podcasts sind jeweils einem Rechtsgebiet zugeordnet und mit der Anwaltssuche in diesem Rechtsgebiet verknüpft.

Die Artikel auf anwaltauskunft.de sind suchmaschinenoptimiert, um von einem möglichst großen Publikum bei Google gefunden zu werden. Die Redaktion aktualisiert sie regelmäßig inhaltlich – zum Beispiel, wenn es neue Rechtsprechung zu einem Thema gibt – und mit Blick auf Suchmaschinenoptimierung (SEO). Die Redakteure arbeiten dabei mit SEO-Experten zusammen, um jederzeit auf dem neuesten Stand zu sein und auf Veränderungen im Google-Algorithmus schnell reagieren zu können. Auch technisch wird die Seite regelmäßig angepasst, um von dem Trust und Ranking bei Google zu profitieren.

IV. Der Erfolg der Anwaltauskunft

Die Anwaltauskunft gehört zu den erfolgreichsten Rechtsportalen im deutschsprachigen Raum. Seit 2013 befinden sich die Nutzerzahlen im Aufwärtstrend. Rund eine halbe Million Menschen klicken jeden Monat auf die Seiten des Portals. Die Profile in der Anwaltssuche werden monatlich rund 70.000 Mal aufgerufen.

Die Redaktion der Anwaltauskunft unterhält zudem einen sehr erfolgreichen Facebook-Auftritt. Die Seite hat mittlerweile mehr als 100.000 Fans. Die Postings erreichen bis zu 250.000 Menschen. Seit 2018 ist anwaltauskunft.de auch auf Instagram vertreten.

V. Zukunft der Anwaltauskunft

Der DAV möchte die Anwaltauskunft weiter zu einem Mandats-Vermittlungsdienst ausbauen, also über die reine Anwaltssuche hinausgehen. Der DAV befindet sich mitten in den Planungen, um einen zukunftsfesten Dienst anbieten zu können. Die Anwaltauskunft muss für Rechtsanwältinnen und Rechtsanwälte attraktiv sein. Dies ist sie dann, wenn sie für das rechtsuchende Publikum attraktiv ist. Wir wollen aber auch der Anwaltschaft konkrete technische Hilfen an die Hand geben, wie sie leichter und unmittelbarer mit denjenigen in Kontakt treten können, die eine Rechtsanwältin bzw. einen Rechtsanwalt suchen.

Auch wollen wir technische Hilfsmittel anbieten, die die Bearbeitung des Mandats erleichtern.

Hier lernen wir natürlich auch von anderen kommerziellen Diensten. Dies war ja bisher nicht das Ziel der Tätigkeit der Deutschen Anwaltauskunft des DAV.

VI. Über die Mitgliedschaft in der Anwaltauskunft gelistet – was noch?

Über die Mitgliedschaft in einem örtlichen Anwaltverein können Sie automatisch in der Anwaltauskunft gelistet sein und gefunden werden. Wichtig sind die Angabe der Rechtsgebiete und das Einpflegen eines Profilfotos.

Die Profile auf anwaltauskunft.de werden nicht nur über die Anwaltssuche selbst, sondern auch über Google ausgespielt. Monatlich klicken Internetnutzerinnen und -nutzer mehrere zehntausend Mal direkt über die Google-Suche auf Profile in der Anwaltauskunft.

Der DAV optimiert die Anwaltauskunft ständig, insbesondere um in den Suchdiensten prominent vertreten zu sein.

Neben der Deutschen Anwaltauskunft (anwaltauskunft.de) kann es für Sie aber auch sinnvoll sein, in anderen Portalen Präsenz zu zeigen.

B.15 Anwaltsuchdienste, Anwaltsportale – sinnvoll oder überflüssig?

Mögliche Kriterien der Bewertung von Portalen und ob Ihr Eintrag dort sinnvoll ist können sein:

- Größe und Marktdurchdringung des Anwaltsportals
- Bewerbung des Portals gegenüber den Ratsuchenden
- Kosten
- wirtschaftliche Leistungsfähigkeit bzw. Überlebensfähigkeit des Dienstes
- Gibt es weiteren Nutzwert bzw. Content für das ratsuchende Publikum?
- Kann ich selbst Content dort einstellen?
- Gibt es regelmäßige Anpassungen an die Veränderungen bei den Suchmaschinen?

C. Die digitale Kanzlei

C.1 Die Digitale Kanzlei – Technik, Tools und Zusammenarbeit

Rechtsanwältin und Fachanwältin IT-Recht Dr. Astrid Auer-Reinsdorff, Berlin & Lissabon • Vorstandsmitglied des Berliner Anwaltsvereins sowie Beirat der Arbeitsgemeinschaft IT-Recht im DAV (davit) und Task Force Legal Tech, CCBE IT Committee sowie Beirat Stiftung Datenschutz

I. IT-Ausstattung On-Premises vs. Outsourcing und Mythos Cloud

Regelmäßig liegt die Kernkompetenz nach dem Zweiten Staatsexamen in der juristischen Fallbearbeitung und dem Einsatz der gängigen Textverarbeitungsprogramme sowie Recherche-Tools. Die Ausnahme sind noch IT- und Programmierkenntnisse sowie Erfahrungen mit Legal Tech Prozessen. Trotzdem ist der Anspruch oft, die IT-Systeme der Kanzlei in den Kanzleiräumen zu platzieren und zum Teil mehr schlecht als recht selbst zu verwalten. Bis zum 1.1.2020 waren viele Kanzleien unsicher, ob sie sich berufsrechtlich „auf dünnem Eis" bewegen, wenn sie Dritte zur IT-Systembetreuung hinzuziehen oder sogar die Systeme nicht in den Kanzleiräumen aufstellten und die Mandatsdaten andernorts verwalteten. Dabei wird allein schön räumlich ein spezialisierter Anbieter besser für technische Sicherheit im Rechenzentrum sorgen können als die Kanzlei ohne klimatisierten Serverraum, mit normalen Steckzylinder-Türschlössern, ohne Alarmanlage und Monitoring (permanente Überwachung der Funktionsfähigkeit der Systeme), regelmäßigen Sicherheitsupdates der Firewall, den Antivirenprogrammen und automatisierten redundanten Bach-Up Systemen etc.

Zunächst mit der Einführung der §§ 43 a und e BRAO sowie der Klarstellungen in § 203 StGB und mit den weiteren Klarstellungen in § 2 BORA mit Wirksamwerden am 1.1.2020 sind nunmehr die Rahmenbedingungen geschaffen, die den Kolleginnen und Kollegen digitales Arbeiten auf Augenhöhe mit den Mandanten ermöglichen, wobei natürlich die Anforderungen zur Wahrung des Mandatsgeheimnisses einzuhalten und bei den Dienstleistern zu etablieren sind.

Dabei kommt man gleich zum oft bedrohlich wirkenden Cloud-Szenario. Hierbei ist aber einmal klarzustellen, dass die Anwendung der Cloud-Technologie erst einmal nicht per se das Einbeziehen der weltweit agierenden Anbieter einer Public Cloud erfordert, sondern Kanzleien die Technologie an sich auch ganz individuell für eine Lösung auf eigenen Servern On-Premises oder in einem Rechenzentrum einsetzen können. Dies ist aufwendig und bedarf einer professionellen Betreuung, hat aber den Vorteil, die Daten auf einer dediziert für die Kanzlei bereit gestellten Umgebung zu verarbeiten.

Lösungen auf Servern und in Rechenzentren im Wege des Outsourcings einzusetzen, lebt von Skaleneffekten, d.h. der zentrale Anbieter kümmert sich für alle Kundinnen und Kunden um IT-Sicherheit, Updates und Patches, Weiterentwicklungen und die technischen und organisatorischen Maßnahmen des Datenschutzes. Hierbei ist der Aufwand für jede einzelne Kanzlei im Verhältnis geringer, als wenn individuelle Lösungen gebaut werden. Da die Bedrohungen für die IT-Systeme immer komplexer und das Bekämpfen eines Trojaners, Sicherheitslücken in Exchange-Servern etc. Ressourcen bindet, kann dies üblicherweise ein spezialisierter IT-Anbieter besser und kostengünstiger betreuen als die einzelne Kanzlei.

Die Frage nach der richtigen Lösung richtet sich nach Größe, Arbeitsplatzanzahl und Art der eingesetzten Lösungen. Mit den Anforderungen an Homeoffice-Arbeitsplätze sind Kanzleien mit datenschutz- und berufsrechtlich zulässigen Cloud- und/oder Outsourcing-Lösungen meist besser aufgestellt.

II. Einbeziehung von IT-Dienstleistern, Systembetreuern und externer Datenverarbeitungslösungen

Wie für jeden nach DSGVO Verantwortlichen sind zunächst einmal die datenschutzrechtlichen Anforderungen an das Einbeziehen eines Dienstleisters bei der Datenverarbeitung einzuhalten. Darüber hinaus ist der Dienstleister (also der IT-Systembetreuer vor Ort, gleichermaßen wie der Kanzleilösungsanbieter, der z.B. per Fernzugriff Unterstützung bei Programm- oder Bedienerfehlern leistet und der Cloud-Anbieter) nach § 203 StGB auf das Mandatsgeheimnis zu verpflichten und über die Einschränkungen der Befugnisse der Aufsichtsbehörden und der Betroffenenrechte zu informieren, wenn Mandatsdaten verarbeitet werden (siehe den Beitrag zum Datenschutz unter C.2 in diesem Ratgeber).

Außerdem ist der Dienstleister sorgfältig auszuwählen, zu kontrollieren und bei Anhaltspunkten für eine Unzuverlässigkeit auch zu entpflichten. Gerade diese Anforderung erfordert bereits bei Beginn der Zusammenarbeit Vorsorge zu treffen, wenn diese beendet werden muss, um Zugriff auf Daten und Programme möglichst unterbrechungsfrei zu haben und zu einem anderen Anbieter wechseln zu können. Auch hier gilt, je breiter Standardlösungen eingesetzt werden, desto einfacher wird der Wechsel des Anbieters. Anwaltsprogramme sind diesbezüglich eher als individualisiert anzusehen, weshalb die Migration der Daten aus einer Anwendung in die neue oftmals nicht trivial ist.

Im Einzelfall kann die Kanzlei berufsrechtskonform auch im berufsrechtlichen Sinne unzuverlässige Lösungen einsetzen, wenn dies für das konkrete Mandat und mit Einwilligung der Mandantschaft erfolgt. Oftmals ist es aber die Mandantschaft, die etwa ein US-amerikanisches Cloud-Tool zur Zusammenarbeit wie digitale Kanban-Boards zur Steuerung des Rechtsberatungsprojekts oder ein Videokonferenz-Tool einsetzt und die Kanzlei zur Nutzung auffordert, um die eigenen Daten besser verwalten zu können und das Vorhaben etwa ein Umwandlungsprojekt oder den Start eines neuen Geschäftsmodells u.ä. zeitlich und hinsichtlich der eigenen Ressourcen steuern zu können. Hier wird die Kanzlei nicht verantwortlich für den Einsatz der Lösungen, hat aber ggf. dafür Sorge zu tragen, die Beratungsinhalte berufsrechtskonform in einer digitalen Handakte zu dokumentieren.

Die Kanzlei sollte mindestens folgende Prüffragen stellen, um Dienstleister und Anwendungen auszuwählen:

1. Hat der Anbieter seinen Sitz in der EU oder in einem Staat, für welchen die EU-Kommission einen Angemessenheitsbeschluss hinsichtlich des Datenschutzniveaus erlassen hat (z.B. Schweiz und demnächst UK)? Wenn dies nämlich nicht der Fall ist, bedarf es einer sehr aufwendigen Prüfung des Angebotes hinsichtlich der Einhaltung von DSGVO-Garantien für die gesamte Laufzeit der Verarbeitung, weshalb sich je nach Anwendung und deren Bedeutung für die Mandatsarbeit der Bezug über einen EU-Dienstleister anbieten kann, der das Einhalten der Garantien wiederum für alle EU-Kunden zentral und mit dessen Verhandlungsmacht eher durchsetzen kann.
2. Werden die Mandatsdaten auf Servern ausschließlich in Deutschland oder DSGVO-konform verarbeitet und dann auch noch hinsichtlich des Mandatsgeheimnisses auf einem angemessenen Niveau? Bei einer Verarbeitung z.B. im EU-Ausland hat neben den datenschutzrechtlichen Prüfungen auch die Feststellung zu erfolgen, dass die dortigen Regelungen den Mandatsdaten einen vergleichbaren Schutz gewähren wie nach den deutschen Rahmenbedingungen mit Beschlagnahmefreiheit etc.
3. Der Anbieter bietet einen Auftragsdatenverarbeitungsvertrag (AVV) mit einer Anlage technischer und organisatorischer Maßnahmen an oder ist bereit, das von der Kanzlei bereitgestellte Vertragswerk zu akzeptieren. In jedem Fall ist ein Zusatz zum Standard-AVV abzuschließen, mit welchem die Verpflichtung auf das Mandatsgeheimnis nach § 203 StGB eingeholt wird.
4. Anhaltspunkte für die Zuverlässigkeit des Anbieters können sich aus aktuellen Zertifizierungen und Qualitätssicherungsmaßnahmen, langjährige Marktetablierung auch ggf. in anderen besonders auch Berufsgeheimnisträgergruppen wie Versicherungen, Steuerberatern, Wirtschaftsprüfern, Ärzten und anderen Branchen mit einem hohen Anteil an Verarbeitung von personenbezogenen oder sogar besonderen personenbezogenen Daten sowie positive Empfehlungen von Kolleginnen und Kollegen ergeben.
5. Oft ziehen die Anbieter wiederum Subunternehmer zur Leistungserbringung heran. Auch hierum hat sich die Kanzlei zu kümmern und sich die Liste der Subunternehmer vorlegen zu lassen sowie auf den Abschluss auch der AVV-Ergänzung durch diese zu drängen.
6. Zur Zuverlässigkeit gehört auch der Abschluss eines Supportvertrags, welcher regelmäßige Prüfungen der Soft- und Hardware sowie des Kanzleinetzwerks umfasst sowie die Beratung zu Aktualisierungen, Notfalltests und Notfallhilfe und das Schaffen und Kontrollieren von Back-Ups zur Daten- und Programmsicherung sowie das Sichern auf redundanten Datenträgern.
7. IT- und IT-Sicherheit machen einen relevanten Ausgabenposten in der Kanzlei aus. Die Datenverarbeitung ist das Herz der Mandatsarbeit und ist daher verantwortlich und mit einem angemessenen Budgetposten einzuplanen.

III. Videokonferenz, Legal Tech und andere Kollaborationswerkzeuge

Für den Einsatz von Videokonferenz-, Legal Tech und andere Kollaborationstools gilt dasselbe wir für jede E-Mail-, Anwaltskanzlei- und Textverarbeitungslösung und die IT-Systembetreuung.

Allerdings ist es dem Einsatz neuer Methoden und Werkzeuge immanent, dass die Frage aufgeworfen ist, ob dies sinnvoll und erforderlich ist. Dahinter steht die Frage der Sozialadäquanz der Offenbarung von Mandatsinformationen beim Einsatz von Hilfsmitteln an die bereitstellenden Dienstleister. Mit der Pandemie und den aktuellen Änderungstendenzen im Berufsrecht sowie im Rechtsdienstleistungssektor haben sich zügig Normalität und Akzeptanz dieser Lösungen im Mandat etabliert. Für Mandantinnen und Mandanten und im Zuge der Digitalen Transformation für die Anwaltschaft quasi schon überfällig.

Hier treffen Sie die Entscheidung, welche Tools die Kanzlei einsetzen soll und betrachten Vor- und Nachteile sowie die unterschiedlichen Datenschutzstandards. Ebenso ist die Grundentscheidung zu treffen, inwieweit Bereitschaft besteht, die bei der Mandantschaft bereitgehaltenen Lösungen einzusetzen und für eine Archivierung in der Handakte zu sorgen. Oder aber die Kanzlei entwirft bewusst einen Gegenentwurf, um in sensiblen Themenfeldern, sehr persönlichen Fallgestaltungen oder fehlender Digitalaffinität der Zielgruppe in der Mandantschaft analogen maßgeschneiderten Service anbieten zu können – vielleicht ein Auslaufmodell oder aber zutiefst dem menschlichen Bedürfnis entsprechend, Themen persönlich im Gespräch zu klären.

IV. Homeoffice

Viele Kolleginnen und Kollegen sowie die Assistenz haben die Vor- und Nachteile des Homeoffice-Arbeitens in der Pandemie kennengelernt. Waren bei dem nicht vorhersehbaren Digitalisierungsdruck Improvisieren und vielleicht der eine oder andere Fehler verzeihbar, gilt es aber auch hier für die Zukunft angemessene Rahmenbedingungen zu schaffen. Es ist davon auszugehon, dass flexiblere Arbeitsplatzgestaltungen auch in Kanzleien Einzug halten und mit der Zunahme der rein digitalen Mandatsabwicklung wird dies auch noch besser praktisch umsetzbar werden.

Für Homeoffice-Arbeiten bedarf es einer Ergänzung zum Arbeitsvertrag sowie Richtlinien für eine datenschutz- und mandatsgeheimniskonforme Arbeitsweise. Hierbei kann die folgende Checkliste Orientierung geben:

A. Verantwortlichkeiten klären.
   1. Wie ist die Datenschutzverantwortlichkeit aktuell?
      - Kanzleiinhaberin/-inhaber?
      - Delegation an Assistenz?
      - Datenschutzbeauftragte/-beauftragter (intern/extern)?

   2. Sind die Mitarbeiterinnen und Mitarbeiter auf den Datenschutz und das Mandatsgeheimnis verpflichtet?
      - Zusatzvereinbarung zum Arbeitsvertrag mit der Verpflichtung auf den Datenschutz und das Mandatgeheimnis
      - Zusatzvereinbarung hierzu für Homeoffice
   3. Ist eine externe IT-Betreuung mit einer Auftragsverarbeitungsvereinbarung auf den Datenschutz und durch einen Zusatz auf das Mandatsgeheimnis verpflichtet?

B. Homeoffice Vereinbarung
   1. Gibt es bereits Homeoffice Vereinbarungen bzw. Vereinbarungen/Richtlinien zum mobilen Arbeiten?
   2. Welche Arbeitsmittel setzen die Mitarbeiterinnen und Mitarbeiter im Homeoffice ein?
      - Werden Endgeräte von der Kanzlei gestellt?
      - Wird der Einsatz von privaten Geräten der Mitarbeiterin bzw, des Mitarbeiters vereinbart?
      - Sind VPN und/oder Remote bereits eingerichtet?
      - Ist der Einsatz von Videokonferenzsystemen geplant (intern für jour-fixe und/oder für die Mandantenkommunikation?
   3. Welche räumlichen Gegebenheiten bestehen beim Mitarbeiter?
      - Steht ein Arbeitszimmer zur Verfügung und weitere Informationen zu den Rahmenbedingungen des Homeoffice-Arbeitsplatzes und der Arbeitsumgebung einholen.
   4. Eckpunkte für eine Vereinbarung
      - Verpflichtung der Mitarbeiterinnen und Mitarbeiter auf den Datenschutz
      - Verpflichtung der Mitarbeiterinnen und Mitarbeiter auf das Mandatsgeheimnis
      - Ausschließlich dienstliche Nutzung von gestellten Arbeitsmitteln
      - Ausnahmefall BYOD nur mit Mobile Device Management Software und getrennter Datenverarbeitung privat/dienstlich oder Remote/Cloud-Arbeitsplätzen
      - Erfassen der Rahmenbedingungen des Arbeitsplatzes im Homeoffice mittels Checkliste
      - Versicherung des Mitarbeiters, dass seine Angaben zu den Arbeitsbedingungen korrekt sind
      - Kontrollrecht der für den Datenschutz verantwortlichen Personen vor Ort
      - Notfallplan bei Verlust des Endgerätes, Verlust von Daten und/oder unerlaubtem Zugriff, Malware wie Trojaner etc.
      - Schulungen und Hinweise – siehe auch https://www.bsi.bund.de/DE/Themen/Verbraucherinnen-und-Verbraucher/verbraucherinnen-und-verbraucher_node.html

Die Anforderungen machen deutlich, dass Kanzleien gut beraten sein können, das Thema Datenschutz verantwortlich an einen externen Berater oder jedenfalls in die Verantwortung einer anderen Person als den Inhabern zu legen, da im Falle von Aufsichtsmaßnahmen und Pannen ein vor Ort Besuch im Homeoffice erforderlich werden kann.

V. Digitales Diktieren, Spracherkennung, Schreibbüro, Übersetzer und Telefonsekretariat

Diktieren mit Bändern und analogem Aufnahmegerät gibt es noch – jedenfalls bei Gerichten. Der Vorteil des digitalen Diktierens mit der verbesserten Sprachqualität wird erst mit dem Einsatz von Spracherkennungsprogrammen – heute mit höchster KI-Erkennungsgenauigkeit und Vokabularanpassungen – richtig gehoben. Auch hier werden sich die Einsatzbereiche je nach Tätigkeitsspektrum und Arbeitsweisen der Kolleginnen und Kollegen unterscheiden.

Ist die eine Kanzlei in weitgehend gleichförmigen Sachverhalten und z.B. auch auf ein Rechtsgebiet fokussiert, wird mit Vorlagen und Textbausteinen der Aufwand des Verfassens eines Schriftsatzes geringer. Der Aufwand des Erstellens von Vorlagen und Textbausteinen zahlt sich aus, wenn die Assistenz auf dieser Basis schon Grobentwürfe fertigen kann. Die Lücken und individuellen Gegebenheiten des Falls können klassisch durch digitale Diktate, Diktate mit Umwandlung in Text mittels Spracherkennung oder aber durch die schnellschreibenden Anwältinnen und Anwälte selbst geschlossen werden.

Natürlich können auch ganze Schriftsätze, Verträge, E-Mails und Notizen mittels Spracherkennung erstellt und anschließend in Form gebracht werden. Auch hier wie bei allen Anwendungen ist zu unterscheiden zwischen einer Lösung, die auf den Systemen der Kanzlei läuft (On-Premises), oder einer solchen, welche als Service von einem externen Server/aus der Cloud bereitgestellt ist. Einige Lösungsanbieter binden auch Schreibbüros ein, welche die Texte aus einem normalen digitalen Diktat transkribieren und/oder überarbeiten. Hier wird ein kanzleiinterner Workflow angeboten, der digitales Diktieren mit oder ohne Spracherkennung mobil, flexibel und sicher abbildet. Durch die zentrale Verwaltung der Audiodateien und der Dokumente sowie der Endgeräte und Anwendungen ist die Zusammenarbeit und die Dokumentation in den Archivsystemen gewährleistet. Durch Plug-Ins in Standardanwendungen wie z.B. Outlook und Fachanwendungen erübrigt sich ein aufwendiges Verwalten in verschiedenen Systemen. Auch hier werden dann wiederum Dienstleister eingebunden, die auf Datenschutz und Mandatsgeheimnis zu verpflichten sind.

Entsprechendes gilt für die Einbindung von Übersetzern und externen Telefonsekretariaten und Call Centern oder den digitalen Varianten der KI-basierten Übersetzungsprogramme und der Chatbots und digitalen Terminvergabe sowie Online-Sprechzeiten.

VI. Digitale Kommunikation im Mandat

Eine der Herausforderungen für die Kanzlei ist die Bearbeitung vielfältiger Kommunikationskanäle, über welche die Mandantinnen und Mandanten auch je nach fachlicher Ausrichtung in verschiedenen Ausprägungen die Ansprechpartner zu erreichen wünschen. Ist es in einer Familienrechtskanzlei und in einer Kanzlei mit Verbrauchermandaten öfter der Wunsch nach Kommunikation und Übersenden von Bildern und Dokumenten in Bildform per digitalem

Nachrichtendienst, halten Unternehmen ihre eigenen ftp-Server oder andere Kommunikationslösungen bereit, zu welchen sich die Beraterinnen und Berater anmelden und entsprechend strukturiert und sicher Zugangsdaten verwalten müssen.

Natürlich ist die einfache E-Mail eine der Hauptkommunikationsstrecken, neben Fax, Papierpost, Telefonaten, Videokonferenzen und präsenten persönlichen Besprechungen. Alle Kommunikationswege haben gemeinsam, dass die Kolleginnen und Kollegen die Herausforderung zu meistern haben, alle Informationen auf ihre Relevanz auszuwerten und der Handakte zuzuführen.

Jenseits der Frage, ob z.B. der Einsatz von Messanger-Apps datenschutz- und mandatsgeheimniskonform erfolgen kann, sollte von Anfang an eine bewusste Entscheidung für oder gegen das Erreichbarsein „auf allen Kanälen" erfolgen. Dienste, welche das Teilen des eigenen Kontaktverzeichnisses mit dem Anbieter zur Nutzung erfordern, können nur so zum Einsatz kommen, dass alle Kontakte dieser Nutzung zugestimmt haben. Hierbei ist dann aber auch ein Prozess einzurichten, der Kontakte zuverlässig löscht, wenn die Einwilligung hierzu widerrufen wird.

Eine viel diskutierte Frage ist das Erfordernis der Verschlüsselung der digitalen Kommunikation. Hierbei ist zwischen der Transportverschlüsselung, welche standardmäßig bei E-Mail-Kommunikation zwischen den Providern – also auf dem Weg der Nachricht durch das Netz – zum Einsatz kommt. Hierbei wird die Nachricht verschlüsselt von Provider zu Provider-Knotenpunkt gesandt und diese prüfen den Inhalt auf Malware, Anhaltspunkte für Spaming u.ä. bevor sie an den Empfänger ausliefern. Die Wahl eines E-Mail-Providers mit Transportverschlüsselung ist nötig.

Daneben kommt der Einsatz von Ende-zu-Ende-Verschlüsselungslösungen in Betracht und die Kanzlei sollte jedenfalls Möglichkeiten für einen solchen Kommunikationsweg bereithalten. Die Nachfrage nach Ende-zu-Ende-Verschlüsselung ist relativ selten und erfordert immer den Einsatz der entsprechenden Lösungen von allen Kommunikationsteilnehmern. Je nach Kritikalität der in der Kanzlei verarbeiteten Daten steigen auch die Anforderungen für den Einsatz von Verschlüsselung. Werden besondere personenbezogene Daten mit Aktenbeteiligten ausgetauscht, z.B. vermehrt in Mandaten im Arbeits-, Familien- und Erbrecht, sollte eine Ende-zu-Ende-Verschlüsselung erörtert werden, wobei die einfachste Form der Passwortschutz etwa eines PDF ist.

VII. Elektronischer Rechtsverkehr und Faxen

Die Teilnahme am elektronischen Rechtsverkehr ist schon heute bei einigen Gerichtszweigen, in einigen Bundesländern sowie zum Beispiel auch beim Einreichen von Mahnbescheiden und Schutzschriften verpflichtend. Ab dem 1.1.2022 besteht für das besondere elektronische Anwaltspostfach auch die aktive Nutzungspflicht. Es ist also höchste Zeit, alle technischen Voraussetzungen und organisatorischen Prozesse zu etablieren. Da auch einzelne Bundesländer und Gerichtszweige schon begonnen haben, Nachrichten über das beA zu verteilen und zurückzusenden, ist der Echtbetrieb aktuell bestens zu erproben. Mit dem Rückgang von Papierposteingängen von Gerichten wird das Arbeiten im elektronischen Rechtsverkehr einfacher, da weniger Medienbrüche stattfinden. Für die Gerichte bedeutete das Verarbeiten von beA-Nachrichten bislang den Aufbau von Druckstraßen, um den Prozessbeteiligten per Ausdruck die per beA übersandten Schriftsätze mit Anlagen zukommen zu lassen. Die so in der Kanzlei einlangenden Dokumente waren wiederum für die digitale Akte und zur Weiterleitung an die Mandantschaft per E-Mail zu Scannen.

Der Einsatz des beA und die Anforderungen an die Kontrollen und die Anleitung der Kanzleiassistenz sind nicht zu unterschätzen, insofern als Schriftsätze von den Berufsträgern und Berufsträgerinnen entweder selbst zu übermitteln oder aber mit einer qualifizierten elektronischen Signatur zu versehen sind, wenn der Versand wie das Kuvertieren und Frankieren der Papierpost durch die Assistenz durch die Übermittelung per beA erfolgt. In jedem Fall ist die Unterzeichnende oder der Unterzeichner namentlich zu nennen. Auch die erfolgreiche Zustellung ist zu prüfen. Eigentlich alles wie vorher, nur jetzt digital und damit mit neuen Fehlerquellen ausgestattet. Da lohnt sich neben herkömmlichen Organisationsanweisungen für Kanzleien auch einmal einen Blick in die Netiquette, also die Etiquette für das Internet und die E-Mail-Kommunikation zu werfen. Doppelte Prüfroutinen bewahren vor Falschversand und Kommunikationsflut.

Mit der flächendeckenden Umsetzung des elektronischen Rechtsverkehrs wird auch der Anwendungsfall Fax zum Ausnahmefall. Dies ist auch schon aus technischen Gründen dringend erforderlich. Das Fax hat nach gut zwanzig Jahren ausgedient, da die Voice over IP-Technologie, welche die Telefonie und die Faxe übermitteln soll, nicht für das Transportieren von Faxnachrichten ausgelegt ist. Das Senden schlägt oftmals fehl und selbst ein Sendeprotokoll ist kein Beleg für die erfolgreiche Übermittlung.

Literatur:

Auer-Reinsdorff, Astrid, Digitale Zusammenarbeit mit den MandantInnen, Berliner Anwaltsblatt 2020, S. 287 ff.

Cosack, Ilona, Digitalisierung erfolgreich umsetzen, 2019

Degen, Thomas A./Emmert, Ulrich, Elektronischer Rechtsverkehr, 2. Auflage 2021

Hartung, Wolfgang, Outsourcing in der Anwaltskanzlei, Das Berufsrecht vollzieht die Wirklichkeit nach, Deutsches Anwaltsblatt 2018, S. 460 ff.

Franck, Lorenz, Sozialadäquates IT-Outsourcing in der Rechtsanwaltskanzlei, DuD Datenschutz und Datensicherheit, 2015, S. 253 ff.

Remmertz, Frank (Hrsg.), Legal Tech Strategien für Rechtsanwälte, 2020

https://anwaltverein.de/de/anwaltspraxis/digitale-kanzlei

C.2 DATENSCHUTZ IN DER KANZLEI: IN 4 SCHRITTEN DATENSCHUTZKONFORM

RECHTSANWALT PROF. NIKO HÄRTING, BERLIN • MITGLIED DER AUSSCHÜSSE INFORMATIONSRECHT, BERUFSRECHT SOWIE ANWALTSETHIK UND ANWALTSKULTUR DES DAV
RECHTSANWALT LASSE KONRAD, BERLIN

Datenschutz gewinnt seit der Einführung der DSGVO an Bedeutung. Aufmerksamkeit erlangt der Datenschutz nunmehr zudem durch „Bußgeld“-Urteile auf Landgericht-Ebene oder gar dem widerspruchlosen Hinnehmen von zweistelligen Millionenbußgelder einzelner Unternehmen. Hierbei wird die angedrohte Höhe der Bußgelder von bis zu 20 Mio. EUR bzw. 4 % des weltweiten Jahresumsatzes eines Unternehmens tatsächlich angewendet.

Welche Maßnahmen müssen also für eine Datenschutzkonformität der eigenen Kanzlei ergriffen werden? Dieser Text bieten einen Leitfaden, um in vier Schritten der datenschutzkonformen Kanzlei näher zu kommen.

I. Wann und für wen gilt die DSGVO?

Die DSGVO gilt für die „Verarbeitung personenbezogener Daten“. Immer wenn es um **Informationen über natürliche Personen** geht und diese Informationen in einen **Verarbeitungsvorgang** einbezogen werden, ist die DSGVO anwendbar. Von einem **Verarbeitungsvorgang** spricht man bei einer automatisierten, **computergestützten** Verarbeitung von Daten, aber auch bei **Papierakten**, wenn die Akten nach einem bestimmten System oder Schema geführt werden („nach bestimmten Kriterien zugänglich sind“) sowie bei (digitalen) **Fotos** und **Videoaufnahmen**.

Die **gesamte Mandats- und Personalverwaltung** unterliegt daher dem Regelwerk der DSGVO. *Keine* Anwendung findet die DSGVO hingegen auf handschriftliche **Notizen** und auf die **Telekommunikation** (Telefonate, Telefaxe, E-Mails – nur auf die Archivierung von E-Mails ist die DSGVO anwendbar).

Personenbezug liegt vor bei

- Informationen über natürliche Personen (Mandantschaft, Gegnerinnen und Gegner, Zeuginnen und Zeugen, Dritte) im Zusammenhang mit einem Mandat (**Mandatsakten**);
- Informationen über die Beschäftigten der Kanzlei (**Personalverwaltung und Gehaltsabrechnung**);
- Informationen über natürliche Personen aus der Buchhaltung (**Finanzverwaltung);**
- Informationen über die Besucherinnen und Besucher der Website der Kanzlei (**Websitebesucher**);
- Informationen über die Empfängerinnen und Empfänger des Newsletters der Kanzlei (**Newsletter-Verwaltung**);

- Informationen über Besucherinnen und Besucher von Veranstaltungen der Kanzlei (**Veranstaltungsmanagement**).

Besonderes Augenmerk gilt einer Ausnahme im BDSG, denn anders als bei – anderen – Unternehmen hat die Aufsichtsbehörden bei Anwaltskanzleien **kein Recht auf Zugang** zu den Kanzleiräumen (§ 29 Abs. 3 BDSG-neu). Die Behörden haben zudem **keine Zugriffsrechte** und dürfen keine Einblicke in die anwaltliche Datenverarbeitung verlangen. Die Kanzleiserver und -rechner sind für die Behörden tabu (§ 29 Abs. 3 BDSG n.F.). Auch bei den Betroffenenrechten gibt es Ausnahmen zum Schutz des Anwaltsgeheimnisses. Prozessgegner und andere Außenstehende können **keine Informations- und Auskunftsrechte** aus Art. 14 und 15 DSGVO geltend machen, wenn es um Daten geht, die dem Anwaltsgeheimnis unterliegen (§ 29 Abs. 1 BDSG n.F.). Die Mandatsakte bleibt auf diese Weise davor geschützt, dass unter dem Deckmantel des Datenschutzrechts Auskunft über Akteninhalte verlangt wird.

II. Datenschutzbeauftragter - Besteht eine Pflicht zur Bestellung eines betrieblichen Datenschutzbeauftragten?

Es gilt die sog. **20-Personen-Regel** (seit dem 26.11.2019): Sind mindestens zwanzig Personen in der Kanzlei mit der Datenverarbeitung beschäftigt, muss eine Datenschutzbeauftragte oder ein Datenschutzbeauftragter bestellt werden. Ist dies bislang nicht der Fall, sollte man die Bestellung schnellstmöglich nachholen. Optimal ist die Bestellung einer angestellten Anwältin oder eines angestellten Anwaltes oder einer anderen Mitarbeiterin/eines anderen Mitarbeiters mit gewisser **IT-Affinität**. Auch die Bestellung einer oder eines **externen Datenschutzbeauftragten** ist möglich. Dies ist mit § 203 StGB n.F. konform.

Für eine Datenschutzbehörde ist es leicht zu prüfen, ob eine Anwaltskanzlei einen Datenschutzbeauftragten hat, da die **Kontaktdaten** des Datenschutzbeauftragtes **in allen Datenschutzinformationen** bekannt gemacht werden und **der Behörde zudem gemeldet** werden müssen (Art. 37 Abs. 7 DSGVO).

Die oder der Datenschutzbeauftragte ist der Kanzleiführung direkt unterstellt, in der Wahrnehmung seiner gesetzlichen Aufgaben aber *nicht* **weisungsgebunden** (Art. 38 Abs. 3 DSGVO). Wenn die oder der Datenschutzbeauftragte Arbeitnehmerin oder Arbeitnehmer ist, genießt sie oder er **erweiterten Kündigungsschutz** nach § 38 Abs. 2 i.V.m. § 6 Abs. 4 BDSG n.F.

III. Leitlinie zur Datenschutzkonformität

Nach den ersten Grundlagen ist es jedoch deutlich interessanter, wie die Kanzlei den Anforderungen der DSGVO gerecht werden kann, hierzu sind die nachfolgenden Schritte als Leitlinie zu verstehen, der nicht streng gefolgt, sondern die für den jeweiligen Einzelfall angepasst werden sollte:

- Schritt 1: Bestandsaufnahme
- Schritt 2: Gap-Analyse
- Schritt 3: Anpassung der Rechtstexte
- Schritt 4: Compliance

IV. Schritt 1 – Bestandsaufnahme

Die Bestandsaufnahme beinhaltet die Erstellung bzw. Durchsicht der Verfahrensverzeichnisse und AV-Vereinbarungen, sowie die Ergänzung durch HR, Finance, Marketing und IT. Erst wenn alle Prozesse und Verarbeitungsschritte erfasst sind, kann man sich ein realistisches Bild über den „Stand" des Datenschutzes in der Kanzlei machen. Dabei schreibt Art. 30 DSGVO beispielsweise die Führung eines Verzeichnisses **aller Verarbeitungstätigkeiten** vor. Das Verzeichnis dient dem Nachweis einer DSGVO-konformen Datenverarbeitung in der Kanzlei.

Als Verarbeitungstätigkeiten gelten beispielsweise:

- elektronische Anwaltsakten;
- Kanzleisoftware (zum Beispiel RA Micro, Phantasy usw.);
- elektronische Diktier- und Spracherkennungsprogramme;
- Buchhaltungssoftware (Finanzbuchhaltung und Lohnbuchhaltung);
- Software zur Versendung und Verwaltung von E-Mails;
- Adressdatenbanken;
- Software zur Terminverwaltung;
- Kanzlei-Websites;
- Kanzleiseiten in Sozialen Netzwerken (z.B. Twitter, Facebook, Xing);
- elektronische Personalakten;
- betriebliches Intranet;
- Urlaubslisten

Für das Verzeichnis ist kein bestimmter Aufbau vorgeschrieben. Es muss schriftlich oder elektronisch (etwa als **Word- oder Exceldatei**) geführt werden. Mindestinhalt für das Verzeichnis sind folgende Angaben:

- Name der Datenverarbeitung (Beispiel: Lohnbuchhaltung)
- Zwecke der Datenverarbeitung (Beispiel: Lohnabrechnung)
- Beschreibung der Verarbeitung
- Verarbeitung besonderer Arten personenbezogener Daten i.S.d. Art. 9 Abs. 1 DSGVO
- Betroffene/betroffene Personengruppen (Beispiel: Arbeitnehmer)
- Personenbezogene Daten/Datenkategorien (Beispiel: Stammdaten, Kontodaten)
- Empfänger/Empfängerkategorien (Beispiel: Steuerbüro)
- Drittstaatentransfer
- Zugriffsberechtigte

- Regelfristen für die Löschung (Beispiel: drei Jahre nach Ausscheiden des Mitarbeiters)
- Allgemeine Beschreibung der technischen und organisatorischen Maßnahmen

Die Erstellung der Verfahrensverzeichnisse ist ein **mühsamer Prozess**, da es meist gar nicht so einfach ist, den Überblick darüber zu gewinnen, welche Datenverarbeitungsprozesse es in der Praxis gibt. Dies gilt umso mehr, wenn Anwälte und Mitarbeiter beruflich Smartphones, Tablets und Laptops ortsungebunden nutzen. Auch die Arbeit auf derartigen Endgeräten kann als Verarbeitungstätigkeit gelten, für die die Pflicht zur Aufnahme in das Verzeichnis gilt. Im Folgenden finden Sie deshalb einen kleinen Guide zur Vorgehensweise bei der Erstellung des Verzeichnisses:

1. Identifizierung aller Datenverarbeitungsprozesse
2. Beschreibung der Prozesse (was passiert hier genau)
   → Hier ist die Zusammenarbeit aller Abteilungen/Fachbereiche notwendig
   → Dieser Arbeitsschritt stellt erfahrungsgemäß den Großteil der Arbeit dar
3. ggf. Zusammenfassung einzelner Prozesse zu einem
   → Dabei sollte nicht zu kleinteilig vorgegangen werden!
4. Beschreibung der Zwecke der Verarbeitung und der betroffenen Datenkategorien
5. Klärung, wer Zugriff auf die Daten hat und ob diese weitergegeben werden sollen
6. Bestimmung der geplanten Aufbewahrungsfrist

Auf Anforderung der Aufsichtsbehörde muss die Kanzlei jederzeit in der Lage sein, durch Vorlage des Verzeichnisses nachzuweisen, welche Verarbeitungsprozesse zu einem bestimmten Zeitpunkt aktiv waren. Für die **laufende Pflege** des Verzeichnisses sollte es daher klare Regeln geben. Zuständig hierfür kann der betriebliche Datenschutzbeauftragte oder auch ein IT-Dienstleister sein. Partner, denen es zu mühsam erscheint, sich mit der Datenverarbeitung im eigenen Hause zu befassen, gehen erhebliche (und durch keine Versicherung gedeckte) Risiken ein.

V. Schritt 2 – Gap Analyse

Das Verarbeitungsverzeichnis ist der Ausgangspunkt für eine „Lückensuche", die in den DSGVO-Umstellungsprozessen „Gap Analysis" genannt wird. Jede einzelne Verarbeitungsverfahren muss in der „Gap Analysis" überprüft werden im Hinblick auf mögliche **Schwachstellen**.

Bei der Suche nach Schwachstellen sollten sich vor allem folgende Fragen gestellt werden:

- **Datenrichtigkeit**: Ist gewährleistet, dass Mandantendaten stets auf dem neuesten Stand sind, Fehler berichtigt und unrichtige Daten gelöscht werden?
- **Rechtmäßigkeit**: Ist die Datenverarbeitung gem. Art. 6 Abs. 1 DSGVO rechtlich zulässig? Dient die Datenverarbeitung der Erfüllung eines Vertrages? Gibt es (sofern erforderlich) Einwilligungen der betroffenen Personen? Lässt sich die Datenverarbeitung durch

eigene „berechtigte Interessen" oder durch „berechtigte Interessen" der Mandanten legitimieren?

- **Löschfristen**: Werden Daten gelöscht, sobald sie nicht mehr benötigt werden? Gibt es eine Löschroutine, die eine rechtzeitige Löschung gewährleistet? Gibt es entgegenstehende Aufbewahrungspflichten?
- **Zugriffsrechte**: Haben Mitarbeiter ausschließlich Zugriff auf Daten, die sie für ihre jeweiligen Aufgaben benötigen?
- **Zugangskontrolle**: Sind die Rechner in der Kanzlei ausreichend gegen den Zugang durch Unbefugte geschützt?
- **Schutz gegen Hacker und Malware**: Gibt es eine Firewall? Sind aktuelle Virenscanner installiert?

Am Ende jeder „Gap Analysis" steht ein **Maßnahmenplan** mit dem Ziel der möglichst umfassenden Datenschutzkonformität aller Verfahren.

VI. Schritt 3 – Anpassung der Rechtstexte

Bei der Datenverarbeitung bedienen sich Kanzleien meist der Unterstützung durch **Dienstleister** aller Art. Dies können IT-Servicefirmen sein oder auch Cloud-Dienstleister für die Textverarbeitung, Terminverwaltung oder Spracherkennung. All diese Verfahren sind als **Auftragsdatenverarbeitung** anzusehen, mit der Folge, dass es entsprechender Verträge bedarf. Hierbei müssen auch und vor allem die Anforderungen des **§ 43 e BRAO** beachtet werden. Ferner müssen die Datenschutzerklärungen (auch für die Website), ggf. Nutzungsbedingungen, Einwilligungserklärungen (sowohl von Mandanten als auch von Mitarbeitern sofern erforderlich) und Standard-AV-Vereinbarungen (in beide Richtungen) erstellt oder ergänzt werden. Folgende Informationspflichten gelten bspw. für die Datenschutzerklärung(en):

- **Identität der verantwortlichen Stelle**: Neu sind die vorgeschriebenen Angaben zur Identität und den Kontaktdaten eines Vertreters (Art. 27 DSGVO) und zur Identität (nicht: Kontaktdaten) des betrieblichen Datenschutzbeauftragten.
- **Art der Daten**: Werden die Daten nicht bei der betroffenen Person erhoben (Art. 14 DSGVO), ist eine Angabe zu der Art der Daten vorgeschrieben, die verarbeitet werden sollen.
- **Zweckbestimmung:** Neu ist die vorgeschriebene Angabe zur Rechtsgrundlage der Datenverarbeitung. Der Datenverarbeiter muss sich in der Datenschutzerklärung festlegen, auf welche der Erlaubnisse gemäß Art. 6 DSGVO er die Datenverarbeitung stützen möchte.
- **Empfänger**: Wenn eine Übermittlung personenbezogener Daten an Dritte beabsichtigt ist, sind die konkreten Empfänger anzugeben. Steht noch nicht fest, wer die Empfänger konkret sein werden, genügen Angaben zur Kategorie der Empfänger (z.B. „Weitergabe an Werbepartner"; „Weitergabe an Versandunternehmen"; „Weitergabe an andere Unternehmen im selben Konzern").

- **Freiwilligkeit** (nur, wenn Daten bei der betroffenen Person erhoben werden, Art. 13 DSGVO): Die betroffene Person ist darauf hinzuweisen, ob er gesetzlich oder vertraglich zur Bereitstellung personenbezogener Daten verpflichtet ist oder ob die Bereitstellung der personenbezogenen Daten für einen Vertragsschluss erforderlich ist. Zudem bedarf es einer Belehrung über die möglichen Folgen einer verweigerten Bereitstellung.
- **Datentransfer in Drittstaaten**: Über die beabsichtigte Übermittlung von personenbezogenen Daten in einen Staat außerhalb der EU ist stets zu informieren. Es bedarf zudem einer Angabe, auf welche Rechtsgrundlage sich der Verantwortliche bei dem Datentransfer gemäß Art. 44 ff. DSGVO stützen möchte. Möchte er den Datentransfer beispielsweise auf Standardvertragsklauseln oder Binding Corporate Rules (BCR) stützen, bedarf es zudem einer Kopie der Klauseln bzw. der BCR oder einer Quellenangabe, die der betroffenen Person den Einblick in die Klauseln bzw. die BCR ermöglicht.
- **Einwilligung**: Möchte der Verantwortliche den Verarbeitungsprozess auf Einwilligungen der betroffenen Personen stützen, muss er die betroffenen Personen auf die Widerruflichkeit der Einwilligung hinweisen. Zudem bedarf es der Belehrung, dass ein Widerruf nichts an der Rechtmäßigkeit der bis zum Widerruf erfolgten Verarbeitung ändert (keine Rückwirkung des Widerrufs).
- **Berechtigtes Interesse**: Möchte der Verantwortliche den Verarbeitungsprozess auf **berechtigte** Interessen gemäß Art. 6 Abs. 1 S. 1 lit. f DSGVO stützen, muss er angeben, um welche Interessen es sich handelt.
- **Speicherdauer**: Vorgeschrieben sind Angaben zur Speicherdauer personenbezogener Daten. Ist dies nicht möglich, müssen die Kriterien angegeben werden, nach denen sich die Speicherdauer bestimmt.
- **Betroffenenrechte**: Die betroffenen Personen sind auf ihre Rechte auf Zugang, Berichtigung, Sperrung, Löschung, Widerspruch und Datenübertragbarkeit (Art. 15 bis 21 DSGVO) hinzuweisen.
- **Profiling**: Wenn ein Profiling oder eine andere Art von automatisierter Einzelfallentscheidung gemäß Art. 22 DSGVO beabsichtigt ist, ist hierauf hinzuweisen. Zudem bedarf es sinnhafter Angaben zur verwendeten „Logik“ und eines Hinweises auf die Bedeutung und die beabsichtigten Konsequenzen des Profiling für die betroffenen Personen.
- **Beschwerderecht**: Es bedarf eines Hinweises auf das Beschwerderecht der betroffenen Person bei einer Aufsichtsbehörde (Art. 77 Abs. 1 DSGVO).
- **Herkunft der Daten** (nur bei Daten, die nicht bei der betroffenen Person erhoben werden, Art. 14 DSGVO): Der Datenverarbeiter muss die Quellen offenlegen, aus denen die Daten stammen. Handelt es sich um öffentlich zugängliche Quellen, ist dies gleichfalls anzugeben.

VII. Schritt 4 – Compliance

Im letzten Schritt, der Compliance, geht es um die kanzleiinterne Durchsetzung der in der DSGVO festgelegten Pflichten.

Zuerst sind hier die die **internen Datenschutzrichtlinien** zu nennen: Die kanzleiinternen Richtlinien sollten klare Regeln für die Datenverarbeitung aufgestellt werden mit dem eindeutigen Ziel des rechtskonformen Handelns. Art. 24 DSGVO legt die Erstellung derartiger Richtlinien nahe. Kanzleiinterne Richtlinien geben Mitarbeiterinnen und Mitarbeitern Orientierung, wenn es darum geht, Datenschutzverstöße, Datenpannen und Datenlecks zu vermeiden. Zugleich lässt sich durch Datenschutzrichtlinien gegenüber der Aufsichtsbehörde dokumentieren, dass die Kanzlei die gesetzlichen Pflichten zur Vorsorge gegen Datenschutzverstöße ernstgenommen hat.

Die DSGVO gibt dem Betroffenen eine Palette von Rechten an die Hand (sog. **Betroffenenrechte**). In der Praxis sollte es daher klare Regeln geben, wie zu verfahren ist, wenn beispielsweise ein (früherer) Mandant sein gesetzliches Recht auf „Datenübertragbarkeit" gem. Art. 20 DSGVO geltend macht und die Herausgabe aller Daten verlangt, die die Kanzlei über ihn gespeichert hat. Auch für andere Betroffenenrechte, wie etwa das Auskunftsrecht (Art. 15 DSGVO) oder das Recht auf Löschung (Art. 17 DSGVO) sollten kanzleiinterne Reglungen existieren.

Außerdem sind **technische und organisatorische Maßnahmen** zu ergreifen, um die Sicherheit der in der Praxis verarbeiteten Personendaten zu gewährleisten (Art. 32 DSGVO). Die Vorschrift konkretisiert den Grundsatz der „Integrität und Vertraulichkeit" gem. Art. 5 Abs. 1 lit. f DSGVO. Folgende Maßnahmen sind vorgeschrieben:

- **Verschlüsselung**: Soweit möglich, sollen personenbezogene Daten verschlüsselt werden. Es empfiehlt sich daher beispielsweise, die Verschlüsselung von E-Mails mit Verschlüsselungsprogrammen zu ermöglichen. Art. 32 DSGVO verpflichtet allerdings nicht dazu, Personendaten durchgängig und ausnahmslos zu verschlüsseln. Art. 32 DSGVO verpflichtet zu einer Risikobewertung. Je heikler die Inhalte einer Mail, desto eher besteht Anlass, über eine Verschlüsselung oder Pseudonymisierung nachzudenken. Wenn man Informationen versendet, die einen Briefumschlag mit der Aufschrift „Persönlich/Vertraulich/Verschlossen" verdienen, verbietet es sich, die Nachricht per unverschlüsselter Mail zu versenden, ohne zuvor den Empfänger um Erlaubnis zu bitten.
- **Stabilität**: Die Vertraulichkeit, Integrität, Verfügbarkeit und Belastbarkeit der Systeme ist auf Dauer sicherzustellen. Hierzu bedarf es einer fachkundigen Einschätzung einer IT-Fachfirma oder eines fachkundigen Mitarbeiters.
- **Wiederherstellbarkeit**: Verarbeitungsprozesse müssen gegen Datenverlust geschützt werden durch eine fachgerechte Datensicherung. Auch hierzu bedarf es der Unterstützung durch IT-Fachleute.
- **Regelmäßige Überprüfung**: Eine regelmäßige Routineprüfung ist für die Datensicherheit gleichfalls vorgeschrieben.

Des Weiteren werden **Dokumentationspflichten** in der DSGVO großgeschrieben. Es sollte daher ein „Papier" geben, das die Bemühungen um „technische und organisatorische Maßnahmen" der Datensicherheit und deren Durchführung belegt. Auf dieses Papier kann im Verarbeitungsverzeichnis verwiesen werden, um der Verpflichtung Genüge zu tun, die Maßnahmen der Datensicherheit im Verzeichnis zu beschreiben.

VIII. Fazit

Die oben näher bezeichneten Schritte führen die Kanzlei näher zur Datenschutzkonformität. Von dem Gedanken einer 100 % Umsetzung darf man sich allerdings befreien, denn dies scheidet aus ganz praktischen Gründen in der Praxis schlicht aus. Nichtsdestotrotz sollten sämtliche (sinnvollen) Möglichkeiten ausgeschöpft werden, um die Kanzlei datenschutzkonform aufzustellen. Letzten Endes ist es aber wie bei der Mandatsbearbeitung – ein Einzelfall – der nicht nach einem festen Schema abgearbeitet werden kann und soll, sondern die jeweiligen Besonderheiten beachtet und entsprechend das Vorgehen angepasst werde sollte.

C.3 Website und Social-Media-Auftritt: Tipps zur Optimierung

Valerie Herberg, Berlin • Referentin im DAV, Redakteurin und SEO-Expertin

Wer eine Anwältin oder einen Anwalt braucht, recherchiert online. Für Anwaltskanzleien bedeutet das: Eine Kanzlei-Website kann ein starkes Marketinginstrument sein, um neue Mandantinnen und Mandanten zu akquirieren. Was genau dazu notwendig ist, hängt von der Zielgruppe und dem Selbstverständnis Ihrer Kanzlei ab. So oder so müssen Sie sich ein Stück weit auf die Regeln eines Internetgiganten einlassen: Google.

I. Suchmaschinenoptimierung: So wird Ihre Website gefunden

Wer etwas über Google oder eine andere Suchmaschine recherchiert, schaut sich in der Regel nur die ersten Suchergebnisse an. Je weiter oben Ihre Kanzlei-Website in den also Ergebnissen auftaucht, desto größer ist die Chance, dass Rechtsuchende sie bei ihrer Recherche finden. Mit Suchmaschinenoptimierung, auch **SEO (Search Engine Optimization)** genannt, können Sie die Auffindbarkeit der Website verbessern – und zwar für die richtigen Mandantinnen und Mandanten.

SEO umfasst sowohl technische als auch redaktionelle Maßnahmen sowie Aspekte, die das Layout betreffen. Aus technischer Sicht sind jene Schritte sinnvoll, die den Nutzern den Besuch der Website erleichtern: Sie sollte schnell laden, keine fehlerhaften Unterseiten enthalten, leicht zu navigieren und für mobile Nutzung ausgelegt sein. Eine gute bzw. gut optimierte Website ist zudem übersichtlich gestaltet und mit Fotos versehen.

II. Keywords: Wonach suchen Ihre künftigen Mandanten?

Um die Texte auf Ihrer Website für Suchmaschinen zu optimieren, sind die sogenannten Keywords wichtig. Das sind die **Suchbegriffe**, die Ihre idealen Mandantinnen und Mandanten in Suchmaschinen eingeben. Gehen Sie dabei von der Perspektive der Suchenden aus: Welche Begriffe könnte jemand eingeben, der Ihre Dienstleistung braucht? So kann es sinnvoll sein, eine Kombination aus Rechtsanwalt/Rechtsanwältin oder Anwalt/Anwältin, dem Rechtsgebiet und der Stadt beziehungsweise der Region zu wählen. Eine passende Keyword-Kombination könnte also lauten: Anwalt Steuerrecht Berlin-Mitte. Sie können außerdem mit Schlagworten wie Scheidung, Kündigung oder Mietvertrag arbeiten. Ein Keyword wäre dann zum Beispiel: Anwältin Scheidung Köln-Südstadt.

III. Google Tools: Die besten Keywords für Ihre Website finden

Google bietet etliche Hilfsmittel, um potenzielle Keywords zu identifizieren und herauszufinden, welche tatsächlich gesucht werden. Eines dieser Hilfsmittel ist **Google Autocomplete**. Wenn Sie in das Google-Suchfeld ein oder zwei Stichworte eingeben, schlägt die Suchmaschine weitere Begriffe vor, die im Zusammenhang mit Ihrem Begriff gesucht werden.

Gleiches gilt für die **verwandten Suchanfragen**. Geben Sie einfach einen Begriff in das Google-Suchfeld ein und scrollen Sie in den Suchergebnissen ganz nach unten. Dort werden Ihnen Kombinationen des Begriffs mit anderen Wörtern oder ähnliche Begriffe angezeigt, die ebenfalls gesucht werden.

Um zu erfahren, welche Suchbegriffe die Menschen tatsächlich wie oft in die Suchmaske eingeben, können Sie unterschiedliche Dienste nutzen. Der **Google Keyword Planner** zeigt an, wie oft ein bestimmtes Keyword monatlich gesucht wird. Er gehört zu Google Ads. Das ist die Sparte der Suchmaschine, über die Anzeigen geschaltet werden können. Sie müssen keine Anzeige aufgeben, um den Keyword Planner nutzen zu können. Es ist allerdings etwas aufwendig und Sie brauchen einen Google Account. Die Ergebnisse sind außerdem nur in Spannen angegeben. Eine weitere kostenlose Möglichkeit ist **Google Trends**. Sie bekommen hier zwar auch nur Tendenzen angezeigt, können den Dienst aber ohne Account nutzen. Genaue Zahlen zu den einzelnen Suchbegriffen liefern kostenpflichtige Anbieter.

IV. Texte schreiben: Vom Keyword ausgehen

Haben Sie Ihre Keywords identifiziert, können Sie die Texte für Ihre Kanzlei-Website schreiben. Sie können für unterschiedliche Texte natürlich unterschiedliche Keywords wählen oder in einem Text mehrere verwenden. Entscheiden Sie sich dann für ein Haupt-Keyword.

Das Haupt-Keyword sollte an den wichtigsten Stellen des Textes vorkommen: **in der Überschrift, im ersten und im letzten Absatz**. Die Überschrift formatieren Sie in Ihrem Content-Management-System am besten als H1, damit Google erkennt, dass dies der Titel ist. Alle Zwischenüberschriften sollten entsprechend als H2 formatiert sein.

Verwenden Sie das Keyword und Synonyme davon auch immer wieder im Fließtext. Achten Sie dabei aber darauf, dass die Texte leicht lesbar bleiben. Gute SEO-Texte sind **klar und verständlich** formuliert. Es geht nicht darum, die Keywords um jeden Preis so oft wie möglich unterzubringen. Das war in den Anfangszeiten von SEO sehr verbreitet und sorgt immer noch dafür, dass Suchmaschinenoptimierung mancherorts einen schlechten Ruf hat. Mittlerweile wird sogenanntes Keyword-Stuffing von Google aber sogar abgestraft. Die Website wird dann in den Suchergebnissen schlechter platziert. Also: Schreiben Sie natürliche Texte und verwenden Sie Ihre Keywords sowie ab und zu ein Synonym, wo sie passen.

Für die Optimierung ist es ebenfalls wichtig, dass Ihre Texte viele Informationen enthalten, aktuell und lang genug sind. Wichtige Texte, die Sie optimieren, sollten **mindestens 300, besser 500 Wörter** umfassen. Orientieren Sie sich bei der Textlänge an erfolgreichen Texten zum selben Thema. Wie lang ist der Text zu Ihrem Keyword, der bei Ihnen auf Platz 1 der Suchergebnisse gelandet ist?

Auch die Metadaten sind wichtig für die Optimierung Ihrer Kanzlei-Website. Sowohl Google als auch die Internetnutzer erhalten darüber Informationen über die Inhalte der Website. Metadaten bestehen aus dem Title-Tag und der Meta-Description. Dieses Paar bildet den kurzen Abschnitt, der in der Suchergebnisliste von Google angezeigt wird. Es muss also auf den ersten Blick daraus hervorgehen, worum es auf der Website geht. Verwenden Sie in den Metadaten Ihrer Kanzlei-Website unbedingt das Keyword. Sie können die Metadaten ebenfalls über Ihr Content-Management-System bearbeiten.

V. Zielgruppengerecht schreiben

Außerdem gilt: Schreiben Sie für **Ihre Zielgruppe**. Ob Sie auf Ihrer Website beispielsweise Gendersterne verwenden oder Ihre Besucher duzen, entscheiden Sie. Machen Sie gleich deutlich, an wen Sie sich richten. Von einer optimierten Website haben Sie nichts, wenn sich im Erstgespräch herausstellt, dass Ihre neuen Mandanten nicht zu Ihnen passen.

VI. Informationen bieten

Haben die passenden Rechtsuchenden Ihre Kanzlei-Website geöffnet, möchten sie erfahren, ob sie dort richtig sind. Die Besucher Ihres Internetauftritts sollten auf den ersten Blick erkennen können, **was Ihre Kanzlei anbietet und wann und wie sie erreichbar** ist.

VII. In die Website investieren

Wenn Sie eine internetaffine Mandantschaft ansprechen – und das dürften wohl die meisten tun – lohnt es sich, in eine **hochwertige Kanzlei-Website** zu investieren. Lassen Sie gute Fotos von den Kanzleiräumlichkeiten und dem Team machen. Holen Sie eine Programmiererin oder einen Grafikdesigner ins Boot. Nehmen Sie sich Zeit für die Texte oder beauftragen Sie einen externen Texter.

Wenn Sie gerne schreiben, könnte auch ein Kanzlei-Blog interessant für Sie sein. Dieser lohnt sich aber nur, wenn Sie über einen längeren Zeitraum hinweg regelmäßig neue Inhalte veröffentlichen können.

VIII. Ihre Kanzlei bei Google Maps eintragen lassen

Google Maps, der Kartendienst der Suchmaschine, spielt für die Auffindbarkeit Ihrer Kanzlei im Internet ebenfalls eine Rolle. Die Menschen können sich dort Gastronomie, Sehenswürdigkeiten oder eben Kanzleien in ihrer Nähe anzeigen lassen. Sie können den Standort **Ihrer Kanzlei bei Google Maps eintragen lassen** und somit von diesem Dienst profitieren.

Auf Google Maps kann Ihre Mandantschaft Ihre Kanzlei auch **bewerten**. Ermutigen Sie zufriedene Mandantinnen und Mandanten, eine Bewertung abzugeben.

IX. Soziale Medien nutzen

Ihre Kanzlei-Website können Sie durch einen Social-Media-Auftritt ergänzen – Sie können, müssen aber nicht. Ein Social-Media-Auftritt kann dafür sorgen, dass Sie von potenziellen

Mandantinnen und Mandanten als Experte oder Expertin wahrgenommen werden. Ob ein Auftritt in einem oder mehreren Netzwerken für Ihre Kanzlei sinnvoll ist, hängt von Ihrer Ziel-Mandantschaft, von Ihren Ressourcen und davon ab, wie sichtbar Sie selbst und Ihr Team im Internet sein möchten.

X. Das richtige soziale Netzwerk auswählen

Davon hängt es auch ab, welcher Social-Media-Kanal für Ihre Kanzlei geeignet ist. Unter den sozialen Netzwerken hat sich **Facebook** als eines der wichtigsten für die Unternehmen und Kanzleien etabliert, die Endverbraucher ansprechen möchten. Auch wenn jüngere Menschen sich zunehmend davon abwenden, entdecken immer mehr ältere Menschen Facebook für sich.

Wer einen Facebook-Auftritt anlegen möchte, hat zwei Möglichkeiten: eine Profilseite oder eine Fanseite einzurichten. Profilseiten eignen sich eher für Privatpersonen. Prominente oder Unternehmen legen meist Fanseiten an. Andere Nutzer können diese Seite liken und bekommen dadurch regelmäßig Neuigkeiten angezeigt, die der Betreiber auf der Seite veröffentlicht.

Das Karrierenetzwerk **LinkedIn** gewinnt unter Entscheidungsträgern national wie international zunehmend an Bedeutung. Auch hier können die Nutzer Personen- oder Unternehmensseiten anlegen.

Auf **Instagram** können die Nutzer Fotos und Videos teilen. Es gibt nur eine Art von Profil. Dieses Netzwerk richtet sich eher an eine jüngere Zielgruppe.

YouTube ist hingegen ein reines Videoportal. Während längere Zeit vorwiegende jüngere Menschen hier unterwegs waren, hat sich die Altersspanne der Nutzerinnen und Nutzer in den vergangenen Jahren deutlich erweitert.

XI. Kapazitäten einplanen

Legen Sie nur Social-Media-Seiten für Ihre Kanzlei an, wenn Sie sich regelmäßig darum kümmern können. Das hat auch **berufsrechtliche Gründe**: Wer als Anwältin oder Anwalt einen Kommunikationskanal eröffnet, muss diesen auch im Blick behalten und haftet andernfalls für Versäumnisse.

Wenn Sie etwa über Facebook mit Mandanten Kontakt aufnehmen, ergibt sich daraus die berufsrechtliche Pflicht, diesen Kommunikationskanal kontinuierlich zu überwachen und Fristen im Blick zu behalten. Da der Datenschutz und die Datensicherheit bei Facebook allerdings zu wünschen übrig lassen, ist dieser Kanal nicht geeignet, um sensible Informationen auszutauschen.

Wenn ein Mandant Sie dort kontaktiert, verweisen Sie am besten auf Ihre E-Mail-Adresse und Ihre Telefonnummer. Um zu verhindern, dass sich Mandanten von sich aus mit sensiblen Informationen an Sie wenden, können Sie die Nachrichtenfunktion ausschalten. Wichtig ist außerdem: Auch in sozialen Medien müssen Sie natürlich den **Datenschutz** beachten und gegebenenfalls eine Datenschutzerklärung veröffentlichen. Sie brauchen auch ein **Impressum**, das von Ihrem Profil aus mit einem Klick erreichbar sein muss.

XII. Goldene Regeln für die Kommunikation auf sozialen Medien

- **Unterhalten und informieren**
  Die Privatnutzer von sozialen Medien möchten unterhalten werden. Soziale Medien sind zwar für immer mehr Menschen ein wichtiger Informationskanal. Unterhaltung spielt aber nach wie vor eine große Rolle. Um potenzielle Mandanten zu erreichen, ist die richtige Mischung unterschiedlicher Inhalte wichtig.
- **Zur richtigen Zeit posten**
  Mindestens einmal in der Woche, aber nicht mehr als einmal täglich sollte etwas Neues auf Ihrem Kanal zu sehen sein. Achten Sie dabei auch auf die richtige Tageszeit. Über die verschiedenen Plattformen können Sie herausfinden, wann jeweils die meisten Ihrer Follower online sind. Nachrichten und Kommentare von Nutzern beantworten Sie am besten zeitnah. Bereiten Sie sich auch darauf vor, dass die Menschen unter Umständen negative Kommentare hinterlassen werden. Sie können auch eine sogenannte Netiquette anlegen, die Regeln zum höflichen Umgang auf Ihrem Profil festlegt. Darauf können Sie bei grenzüberschreitenden Kommentaren verweisen.
- **Nur in Maßen werben**
  Angebote Ihrer Kanzlei können Ihr Unterhaltungs- und Informationsangebot ergänzen. Neuigkeiten und Informationen aus dem Kanzleialltag können auf Ihren Social-Media-Kanälen ebenfalls Ihren Platz finden. Die Kanzlei präsentiert sich hier schließlich auch als Arbeitgeber.
- **Pressearbeit nutzen**
  Die Kommunikation über soziale Medien geht idealerweise Hand in Hand mit Ihrer Pressearbeit. Wenn Sie Pressemitteilungen veröffentlichen, können Sie diese auf Ihren Profilen teilen. Gleiches gilt für Blogbeiträge.

XIII. Fazit

Die Website Ihrer Kanzlei ist Ihr Aushängeschild im Internet – und kann ein hilfreiches Akquiseinstrument sein. Ist Ihre Website gut gepflegt und suchmaschinenoptimiert, können Sie damit – insbesondere, wenn Sie durch Social-Media-Auftritte ergänzt wird – viele Menschen auf sich aufmerksam machen, die auf der Suche nach einer Anwältin oder einem Anwalt sind. Diese Menschen können Sie dann womöglich schon nach kurzer Zeit als neue Mandantinnen und Mandaten in Ihrer Kanzlei begrüßen.

C.4 Und nun, nur noch elektronisch: Der elektronische Rechtsverkehr

Rechtsanwalt und Fachanwalt für Arbeits- und Sozialrecht Martin Schafhausen, Frankfurt am Main • Vorsitzender des Ausschusses Elektronischer Rechtsverkehr des DAV

Nachdem in der schleswig-holsteinischen Arbeitsgerichtsbarkeit schon seit Januar 2020 und in der bremischen Fachgerichtsbarkeit (mit Ausnahme der Verwaltungsgerichtsbarkeit und dem Landessozialgericht Niedersachsen-Bremen) seit Januar 2021 mit den Gerichten nur elektronisch kommuniziert werden darf, sind ab dem 1.1.2022[1] Rechtsanwältinnen und Rechtsanwälte verpflichtet, ausschließlich elektronisch mit den Gerichten zu kommunizieren. Das Prozessrecht schreibt dabei vor, was „sichere Übermittlungswege" sind (etwa § 130 a ZPO).[2] Neben der benutzerauthentifizierten De-Mail (§ 130 a Abs. 4 Nr. 1 ZPO) ist dies für den anwaltlichen Bereich vor allem die Kommunikation über das beA, das „besondere elektronische Anwaltspostfach", das die Bundesrechtsanwaltskammer für jede Rechtsanwältin und jeden Rechtsanwalt einrichtet (§ 31 a Abs. 1 BRAO). Die Geschichte des elektronischen Rechtsverkehrs ist lang, aber schnell erzählt; die Geschichte des beA ist dagegen kurz, aber doch sehr facettenreich.

Bereits seit 2002 besteht die Möglichkeit, elektronisch mit den Gerichten (und wenigen Behörden) zu kommunizieren. Die Nutzerzahlen waren gering und stagnierten. Um dies zu ändern, brachten sowohl einige Bundesländer als auch die Bundesregierung Gesetzesentwürfe zur Förderung des elektronischen Rechtsverkehrs, die sich in wenigen Nuancen unterschieden, in den Bundestag ein. Das Gesetz zur Förderung des elektronischen Rechtsverkehrs mit den Gerichten wurde im Oktober 2013 verkündet[3] und trat in der Folgezeit gestuft in Kraft. Neben prozessrechtlichen Regelungen war, dass die Bundesrechtsanwaltskammer für jede Rechtsanwältin und für jeden Rechtsanwalt ein beA einrichten sollte. Zunächst war dabei vorgesehen, dass zum 1.1.2016 das System in Betrieb gehen sollte. Im Herbst 2015 nahm die Diskussion über eine (passive) Nutzungspflicht, also die Frage, ob Rechtsanwältinnen und Rechtsanwälte verpflichtet sein könnten, das Postfach vor dem 1.1.2018 abzufragen und eingehende Post zur Kenntnis zu nehmen, zu. Einige Rechtsanwälte strengten vor dem Anwaltsgerichtshof in Berlin (Eil-)Verfahren mit dem Ziel an, der BRAK zu untersagen, für sie (ohne ihre Zustimmung) solche Postfächer einzurichten.[4] Zuvor hatte die BRAK mitgeteilt, aus technischen Gründen die Postfächer nicht zum 1.1.2016 freischalten zu können.[5] Der in einem dieser Verfahren abgeschlossene

1 Art. 24 Abs. 2 Gesetz zur Förderung der elektronischen Kommunikation mit den Gerichten sieht vor, dass Bundesländer abweichend hiervon die Verpflichtung, ausschließlich elektronisch mit den Gerichten zu kommunizieren, auf den 1.1.2020 vorziehen können.

2 Die Regelungen verstehen „sicher" dabei in dem Sinne, dass der Benutzer oder die Benutzerin authentifiziert ist und Post, die über diesen Weg verschickt wird, nicht mit einer qualifizierten elektronischen Signatur zu versehen ist.

3 Gesetz v. 10.10.2013 (BGBl. I S. 3786).

4 Zu diesen Verfahren und zur Nutzungspflicht etwa *Reiling*, Der Streit um das beA, AnwBl 2016, 409; *Werner/Oberste-Dommes*, Keine Überwachungspflicht für beA ohne Erstregistrierung - BRAK überschreitet ihre gesetzlichen Befugnisse bei der Art der Einrichtung des beA, AnwBl 2016, 21.

5 Presseerklärung der BRAK vom 20.11.2015, https://www.brak.de/fuer-journalisten/pressemitteilungen-archiv/2015/presseerklaerung-20-2015/ (abgerufen am 11.4.2021).

Vergleich, wurde von der Bundesrechtsanwaltskammer widerrufen.[6] Daraufhin entsprach der AGH einem Eilantrag und verpflichtete die Bundesrechtsanwaltskammer, das Postfach des Antragstellers nicht ohne seine Zustimmung einzurichten.[7] Da nach Angaben der Bundesrechtsanwaltskammer eine Differenzierung der Postfächer nicht möglich sein sollte, blieben alle Postfächer offline. Nachdem der Gesetz- und Verordnungsgeber in der BRAO und der Rechtsanwaltsverzeichnis- und -postfach-Verordnung die Frage der passiven Nutzungspflicht klarer geregelt hatte, hob der 2. Senat des AGH Berlin seine Entscheidung aus Sommer 2016 wieder auf.[8] Die Bundesrechtsanwaltskammer nahm Ende November 2016 das Postfach in Betrieb.[9] Zum 1.1.2018 sollten die Rechtsanwältinnen und Rechtsanwälte nun verpflichtet sein, ihre Postfächer „passiv" zu nutzen, alle Gerichte in Deutschland zu diesem Zeitpunkt empfangsbereit zu sein.

Die Bestellung der für den Zugriff auf die Postfächer erforderlichen beA-Karten und der Lesegeräte verlief schleppend. Im Dezember 2017 hatten bestenfalls die Hälfte der Rechtsanwältinnen und Rechtsanwälte, die wenige Wochen später Zugriff auf ihre Postfächer haben sollten, die erforderliche Hardware beschafft und/oder ihre Postfächer erstregistriert. Auch heute haben nicht alle Rechtsanwältinnen und Rechtsanwälte das Erforderliche getan, ihre Postfächer in Betrieb zu nehmen. Zumindest dann, wenn etwa von Gerichten an die Rechtsanwaltskammern herangetragen wird, dass ein elektronisches Empfangsbekenntnis[10] entgegen § 174 Abs. 4 S. 3–5 ZPO nicht oder nicht in dieser Form abgegeben wurde, sind die Kammern gegen Rechtsanwältinnen und Rechtsanwälte auch berufsrechtlich vorgegangen.

Im Dezember 2017 wurde eine die Sicherheit des Systems betreffende Störung bekannt, die dazu führte, dass die Bundesrechtsanwaltskammer das System außer Betrieb nahm und erst, nach Einholung eines Gutachtens und erheblicher Änderungen des Systems, ab September wieder in Betrieb nahm

I. Zeitplan – Ziel erreicht

Einen Überblick über den Zeitplan der Einführung des elektronischen Rechtsverkehrs vermittelt der DAV auf seiner Homepage Digitale Kanzlei.[11] Ein Meilenstein der Einführung des elektronischen Rechtsverkehrs sollte der 1.1.2018 sein. Zu diesem Zeitpunkt sollte jeder Rechtsanwalt und jede Rechtsanwältin verpflichtet sein, die für die Nutzung des beA erforderlichen technischen Einrichtungen vorzuhalten sowie Zustellungen und den Zugang von Mitteilungen über das besondere elektronische Anwaltspostfach zur Kenntnis zu nehmen

6 Presseerklärung der BRAK vom 15.3.106, https://www.brak.de/fuer-journalisten/pressemitteilungen-archiv/2016/presseerklaerung-2-2016/ (abgerufen am 11.4.2021).

7 AGH Berlin Beschl. v. 6.6.2016, AnwBl Online 2016, 509.

8 AGH Berlin Beschl. v. 25.11.2016, AnwBl Online 2017, 9.

9 Presseerklärung der BRAK vom 28.11.2016, https://www.brak.de/fuer-journalisten/pressemitteilungen-archiv/2016/presserklaerung-17-2016/ (abgerufen am 11.4.2021)

10 Dazu ausführlich *Müller*, eJustice-Praxishandbuch, 5. Auflage, 2021, S. 172 ff.

11 https://anwaltverein.de/de/anwaltspraxis/digitale-kanzlei/de (abgerufen am 11.4.2021).

(§ 31 a Abs. 6 BRAO). Diese passive Nutzungspflicht wird nun aber erst nach der Wiederinbetriebnahme der Postfächer greifen.

Zum 1.1.2022 ist vorgesehen, dass nur noch elektronisch mit den Gerichten kommuniziert werden soll.[12] Seit dem 1.1.2018 sind auch alle Gerichte in Deutschland, von dem Bundesverfassungsgericht abgesehen, elektronisch zu erreichen..

In Zukunft wird es möglich sein, Einsicht in Gerichts- (und Verwaltungs-)akten elektronisch zu nehmen. Insbesondere dann, wenn auch die Gerichtsakten elektronisch geführt werden[13], kann so der Zugriff auf diese Akten beschleunigt werden, die elektronische Weiterbearbeitung dieser Daten wird so erleichtert. Bereits jetzt gewähren etwa die Bundesagentur für Arbeit, die mit ihr verbundenen Sozialleistungsträger des SGB II, aber auch das BMAF Akteneinsicht, indem die Akten, sei es nun im Widerspruchs- oder Gerichtsverfahren, elektronisch übermittelt werden. Es kann sich empfehlen, für die Einsicht in diese Verwaltungsakten, die als „Sammlung“ zahlreicher einzelner pdf-Dokumente übermittelt werden, einen Reader zu nutzen, der die Struktur dieser Daten, die sich aus einem xml-Datensatz entnehmen lässt, auslesen kann. Einen kostenlosen Reader stellt der Programmierer zu Verfügung, der auch gerichtliche eine gerichtliche Fachsoftware programmiert.[14]

II. Rechtsgrundlagen lesen

Gesetzeskunde erleichtert die Rechtsfindung! Wer wurde nicht im ersten Semester mit diesem Allgemeinplatz an der Uni malträtiert? Er ist wohl schon im Allgemeinen nicht so ganz falsch, ganz richtig ist die Aufforderung, sich mit den gesetzlichen Grundlagen aber, wenn es um den elektronischen Rechtsverkehr geht. Der elektronische Rechtsverkehr bringt nicht nur in technischer, sondern gerade auch in prozessrechtlicher Hinsicht einige Änderungen, die nicht nur für Berufseinsteiger und Berufseinsteigerinnen, sondern auch für Berufsträgerinnen und Berufsträger, die auf eine langjährige Prozesserfahrung zurückblicken können, eine Herausforderung darstellen.[15] Das Nebeneinander berufs- und prozessrechtlicher Regelungen macht den Einstieg dabei nur auf den ersten Blick schwierig:

- Die wesentlichen berufsrechtlichen Regelungen über das beA finden sich zunächst in **§ 31 a BRAO**. Die Bundesrechtsanwaltskammer wird etwa verpflichtet, für jeden im Gesamtverzeichnis eingetragenes Mitglied einer Rechtsanwaltskammer ein besonderes elektronisches Postfach empfangsbereit ein (§ 31 a Abs. 1 S. 1 BRAO). Der Zugang zu diesen Postfächern soll nur durch ein sicheres Verfahren möglich sein, das zwei unab-

12 Vgl dazu etwa § 130 d ZPO i.d.F. des Gesetzes zur Förderung der elektronischen Kommunikation mit den Gerichten; Art. 24 Abs. 2 Gesetz zur Förderung der elektronischen Kommunikation mit den Gerichten sieht vor, dass Bundesländer abweichend hiervon die Verpflichtung, ausschließlich elektronisch mit den Gerichten zu kommunizieren, auf den 1.1.2020 vorziehen können. Entsprechende Regelungen finden sich in den anderen Gerichtsverfahrensgesetzen.

13 Vgl dazu das Gesetz zur Einführung der elektronischen Akte in der Justiz und zur weiteren Förderung des elektronischen Rechtsverkehrs vom 5.7.2017 (BGBl. I S. 2208).

14 https://ervjustiz.de/viewer-fuer-xjustiz-akten (abgerufen am 11.4.2021)

15 Einiges spricht dafür, dass sich gerade Berufseinsteigerinnen und Berufseinsteiger von vornherein mit dem elektronischen Rechtsverkehr befassen und sich ihre Arbeitsweise hierauf einstellen.

hängig voneinander bestehende Sicherungsmittel verwendet. Für den Zugriff auf das Postfach werden daher entweder eine beA-Karte und eine PIN genutzt oder ein Software-Zertifikat und eine PIN.[16] Die Möglichkeit, unterschiedlich ausgestaltete Zugangsberechtigungen vorzusehen (§ 31 a Abs. 3 S. 3 BRAO). Es finden sich Regelungen zum Löschen der Postfächer und der Möglichkeit, auch für eine „weitere Kanzlei" ein Postfach einrichten zu lassen.

§ 31 a Abs. 6 BRAO regelt die passive Nutzungspflicht. Danach haben Rechtsanwältinnen und Rechtsanwälte (ab dem 1.1.2018), die für die Nutzung des beA erforderlichen technischen Einrichtungen vorzuhalten und Zustellungen und den Zugang von Mitteilungen zur Kenntnis zu nehmen. Zur regelmäßigen, aber zumindest täglichen Routine, wird es gehören, das Postfach selbst oder durch eine Mitarbeiterin oder einen Mitarbeiter auf Posteingang zu kontrollieren. Erleichtert wird dies dadurch, dass man bei der Erstregistrierung und auch später, im Postfach eine E-Mail-Adresse hinterlegen kann, an die die Mitteilung verschickt wird, man habe in seinem beA einen Posteingang.[17]

- Daneben finden sich auch in der **Rechtsanwaltsverzeichnis- und -postfachverordnung**[18] wichtige Regelungen über die Führung, Einrichtung und Erstanmeldung der Postfächer in den §§ 19ff RAVPV.. Wichtig sind die Regelungen zur Erstanmeldung (§ 22 RAVPV), zu den weiteren Nutzungsberechtigungen, etwa des anwaltlichen Fachpersonals oder von Kolleginnen und Kollegen in Berufsausübungsgemeinschaften (§ 23 RAVPV), den Zugang zum Postfach (§ 24 RAVPV) und die Regelungen über die Bestellung von Vertretern[19], von Abwicklern und Zustellungsbevollmächtigten (§ 25 RAVPV).

  Dass Post, die an das Postfach einer Rechtsanwältin oder eines Rechtsanwalts verschickt wird, auch an Dritte weitergeleitet werden kann, wenn dies so im anwaltlichen Postfach administriert wurde oder die Bundesrechtsanwaltskammer solche Vertretungsregelungen geschaffen hat, hat technisch dazu geführt, dass die Kommunikation auf den Servern der BRAK über ein sog. HSM erfolgt. In dieser technischen Einrichtung werden Nachrichten, die von dem Versender nur an einen Empfänger oder eine Empfängerin adressiert wurde, umgeschlüsselt. Die Bundesrechtsanwaltskammer nutzt dabei private Zertifikatsschlüssel, die den einzelnen Postfächern zugeordnet sind. Um die technische Umsetzung dieser verordnungsrechtlichen Anordnung besteht Streit. Mit Recht wird eingewandt, dass es sich bei der Kommunikation über das beA nicht um eine Ende-zu-Ende-Verschlüsselung handeln könne. Mit Unterstützung der Gesellschaft für Freiheitsrechte haben einige Kolleginnen und Kollegen vor dem Anwaltsgerichtshof Berlin und dem (Anwaltsenat des) Bundesgerichtshofs[20] einen Rechtsstreit gegen die Bundesrechtsanwaltskammer. Die Klägerinnen und Kläger sollen prüfen, ob nicht Ver-

16 Der Zugang mit Software-Zertifikat und PIN eröffnet nicht alle Funktionsmöglichkeiten des Postfachs, siehe dazu http://bea.brak.de/faq-zur-nutzung-des-bea/bea-karten-chipkartenlesegeraete-und-signaturkarten/.

17 Das Hinterlegen einer solchen Adresse empfiehlt sich sehr.

18 V. 23.9.2016 (BGBl. I S. 2167); zuletzt geändert durch Art. 19 des Gesetzes v. 12.5.2017 (BGBl. I S. 1121).

19 Etwa während Urlaub oder Krankheit.

20 Siehe dazu auch Rath, BGH urteilt, beA ist „sicher im Rechtssinne", https://anwaltsblatt.anwaltverein.de/de/anwaeltinnen-anwaelte/rechtsprechung/bgh-urteilt-bea-ist-sicher-im-rechtssinne (abgerufen am 11.4.2021)

fassungsbeschwerde geführt wird. Sie halten es für erforderlich, dass u.a. berufsrechtlich eine Verpflichtung zur Ende zu Ende-Verschlüsselung bestehe.[21]

§ 27 RAVPV regelt wann und in welchem Verfahren die Bundesrechtsanwaltskammer Nachrichten, die in das Postfach gelangt sind, löschen kann. Das beA ist kein Nachrichtenarchiv, sondern ein Kommunikationsmittel. Die Anwender und Anwenderinnen müssen daher dafür Sorge tragen, dass die eingehenden Nachrichten, wie auch die Nachrichten, die aus dem Postfach verschickt werden, außerhalb des Postfachs archiviert werden.

- Wichtige Regelungen für die Nutzung der Postfächer finden sich schließlich in der **Elektronischer-Rechtsverkehr-Verordnung – ERVV**.[22] Geregelt werden insoweit, für den anwaltlichen Bereich wichtig, die technischen Rahmenbedingungen des elektronischen Rechtsverkehrs. Vorgesehen ist, dass die elektronischen Dokumente in druckbarer, kopierbarer und, soweit technisch möglich, durchsuchbarer Form im Dateiformat PDF zu übermitteln sind (§ 2 Abs. 1 S. 1 ERVV), ausnahmsweise kommt eine Übermittlung im tiff-Format in Betracht, wenn die bildlichen Darstellungen im Dateiformat PDF nicht verlustfrei wiedergegeben werden können (§ 2 Abs. 1 S. 2 ERVV). Näheres regelt eine Rechtsverordnung nach § 5 Abs. 1 Nr. 1 ERVV. In Zukunft wird es also nicht ausreichen, eingescannte Dokumente einzureichen. Es muss sichergestellt werden, dass eine texterkannte PDF eingereicht wird. Der Dateiname soll den Inhalt des elektronischen Dokuments schlagwortartig umschreiben und bei der Übermittlung mehrerer elektronischer Dokumente eine logische Nummerierung enthalten (§ 2 Abs. 2 ERVV).[23] Dem Dokument ist schließlich ein strukturierter Datensatz anzufügen, dem für das Gericht wichtige Informationen zu entnehmen ist. Die Weboberfläche des beA bietet die Möglichkeit, einen solchen strukturierten Datensatz zu erstellen. Es ist vorgesehen, wichtige Regelungen über die Art und Weise der elektronischen Kommunikation mit den Gerichten zukünftig nicht mehr in der ERVV, sondern in der ERVB zu regeln.

III. Und was muss man nun tun?

Jeder Rechtsanwalt und jede Rechtsanwältin erhält von der Bundesrechtsanwaltskammer eine **beA-Karte**. Schon zugelassene Rechtsanwälte und Rechtsanwältinnen haben bereits vor langer Zeit schriftlich Zugangsdaten[24] erhalten mit denen über den Onlineshop der Bundesnotarkammer[25] die beA-Karte bestellt werden kann. Neu zugelassene Rechtsanwältinnen und Rechtsanwälte erhalten mit ihrer Zulassung eine beA-Karte. Mit der Eintragung in

21 Siehe dazu die Pressemitteilung der GFF https://freiheitsrechte.org/pm-bea-klage-eingereicht/ (abgerufen am 8.7.2018); *Härting* dagegen verneint die Frage, ob nur mit e2e-verschlüsselten E-Mails mit den Mandanten kommuniziert werden darf, *Härting*, Verschlüsselungspflicht für Anwälte? Intersoft sorgt für Verwirrung, https://www.cr-online.de/blog/2018/02/06/verschluesselungspflicht-fuer-anwaelte-intersoft-sorgt-fuer-verwirrung/ (abgerufen am 11.4.2021).

22 V. 24.11.2017 (BGBl. I S. 3803); zuletzt geändert durch Art. 1 der Verordnung v. 9.2.2018 (BGBl. I S. 200).

23 ZB 20180708_00_klageschrift, 20180708_01_bescheid_Anlage 1, 20180708_widerspruchsbescheid_Anlage 2.

24 Diese SAFE-ID kann auch über das (anwaltliche) Gesamtverzeichnis abgerufen werden: https://www.bea-brak.de/bravsearch/search.brak (abgerufen am 11.4.2021).

25 https://bea.bnotk.de/bestellung/#/products (abgerufen am 11.4.2021). Über diese Seite können auch nach der Einrichtung des Postfachs weitere Karten bestellt und administriert werden.

das (anwaltliche) Gesamtverzeichnis soll die Bundesrechtsanwaltskammer das beA auch für diesen Personenkreis empfangsbereit eingerichtet werden (§ 21 Abs. 1 S. 2 BRAO).

Die Bundesnotarkammer bietet verschiedene Typen der beA-Karte an. Neben einer beA-Karte Basis, mit der das Postfach im vollen Umfang genutzt werden kann, mit der aber qualifizierte elektronische Signaturen angebracht werden können, kann die beA-Karte Signatur bestellt werden, mit der eine qeS an zu versendende Nachrichten angebracht werden kann. Zwar ist es nach den gesetzlichen Vorgaben ab Januar 2018 nicht mehr erforderlich, (bestimmende) Schriftsätze mit einer qeS zu versehen, wenn Nachrichten an Gerichte von einer Rechtsanwältin oder einem Rechtsanwalt aus dem eigenen Postfach verschickt werden, da es sich bei der Übermittlung aus dem beA dann um einen sicheren Übermittlungsweg iSd prozessualen Regelungen handelt, da aber mit der qeS weitere Vorteile verbunden sind, etwa die Möglichkeit, den Nachweis führen zu können, dass das Dokument nicht verändert wurde, empfiehlt es sich, die beA-Karte Signatur zu bestellen (und den etwas aufwändigen Authentifizierungsprozess zu durchlaufen). Daneben wird auch eine Mitarbeiterkarte angeboten, mit der sich nichtanwaltliche Mitarbeiterinnen und Mitarbeiter in das Postfach eines Berufsträgers oder einer Berufsträgerin anmelden können. Für die Anmeldung in das Postfach kann später schließlich ein Softwarezertifikat verwendet werden. Da über die Karte und/oder das Softwarezertifikat die Anmeldung in das beA vorzunehmen ist, empfiehlt es sich regelmäßig, eine Ersatzkarte vorzuhalten. In der Zwischenzeit stehen auch für das iPhone und das iPad Apps zu Verfügung, mit denen über solche Softwarezertifikate die Nutzung des beA auf mobilen Endgeräten möglich ist. Man hört, dass es entsprechende Anwendungen auch für Android-Endgeräte geben soll.

Neben der beA-Karte ist ein Kartenlesegerät zu nutzen. Kartenlesegeräte können etwa über den Shop der Bundesnotarkammer bestellt werden. Die Bundesrechtsanwaltskammer listet geeignete Geräte auf.[26]

Daneben ist auch ein internetfähiger PC erforderlich.

Das beA kann selbstverständlich ohne Anwaltssoftware genutzt werden. Der Zugriff auf das Postfach ist über (nahezu) jeden Webbrowser möglich. Die Einbindung des beA in eine Anwaltssoftware über die auch von der Bundesrechtsanwaltskammer angebotenen Kanzleisoftware-Schnittstelle kann aber den Umgang mit dem elektronischen Rechtsverkehr erleichtern. Gerade Berufsanfängerinnen und Berufsanfänger sollten in Erwägung ziehen, von vornherein, entsprechende Software, die aber kostenpflichtig sind, zu nutzen. Aktuelle Erhebungen der Bundesrechtsanwaltskammer belegen, dass die überwiegende Anzahl der Nutzerinnen und Nutzer den Webclient nutzen.

Um noch nicht in elektronisch Form vorliegende Dokumente, die an das Gericht oder andere Kommunikationspartner weitergeleitet werden sollen, zu erfassen, muss in Erwägung ge-

26 http://bea.brak.de/was-muss-man-jetzt-tun/technische-ausstattung-beschaffen/unterstuetzte-signaturkarten-und-chipkartenlesegeraete/ (abgerufen am 11.4.2021).

zogen werden, einen Scanner anzuschaffen. Häufig haben aber Kopierer schon eine Scanfunktion, die dadurch genutzt werden kann. § 2 ERVV beschreibt die Anforderungen an die Dokumente, die an die Gerichte über das beA versendet werden können. Dabei ist vorgesehen ist, dass elektronische Dokument in druckbarer, kopierbarer und, soweit technisch möglich, durchsuchbarer Form im Dateiformat PDF zu übermitteln sind. Da Scanner häufig Text noch nicht automatisch erkennen, wird auch eine OCR-Software zur Anwendung kommen.

IV. Wie kann man sich informieren?

Sowohl die Bundesrechtsanwaltskammer – http://bea.brak.de/ – als auch der DAV – https://digital.anwaltverein.de/de/ – bieten auf ihrer Homepage Informationen über den elektronischen Rechtsverkehr und das beA an. Wichtige Informationen bietet auch das Justizportal – https://justiz.de/index.php.

Sowohl die Bundesrechtsanwaltskammer – https://www.brak.de/bea-newsletter/abo/ – als auch die Justizverwaltung – https://egvp.justiz.de/meldungen/newsletter/index.php – bieten Newsletter an, die wichtige Informationsmöglichkeiten bieten. Insbesondere werden dort technische Schwierigkeiten, Ausfälle und dergleichen dokumentiert.

Der eine oder andere Blog kann als Informationsquelle genutzt werden. Hervorzuheben ist etwa der Blog von RiLSG Müller – http://ervjustiz.de/ –, mit (zivil-)prozessualen Fragen befasst sich RiAG Windau – http://www.zpoblog.de/ – , dabei immer wieder auch mit dem ERV.

V. Mit wem kommuniziere ich mit meinem beA

Im Gesetzgebungsverfahren, das noch in dieser Legislaturperiode abgeschlossen werden soll, sind Regelungen, die es in Zukunft möglich machen, auch mit Mandantinnen und Mandanten, also natürlichen und juristischen Personen, über das beA zu kommunizieren. Einzelheiten, wie etwa die Frage, wie diese sich verlässlich für das System identifizieren.

Neben der Kommunikation mit den Gerichten ist über das beA heute schon die elektronische Kommunikation mit immer mehr Behörden (über deren beBPO) und Notarinnen und Notaren (beN) möglich.

C.5 Legal Tech für Innovation, Marketing und anwaltlichen Erfolg

Rechtsanwalt Prof. Dr. Christian Duve, Frankfurt am Main

Sie kennen die rechtspolitische Diskussion, in der leidenschaftlich darüber gestritten wird, wo die Grenzen für die Betätigung von Start Ups und anderen Unternehmen im Rechtsmarkt, den sog. *Legal Tech*-Unternehmen, liegen sollen. Sie wissen, dass die Anwaltschaft darüber diskutiert, was den Legal Tech-Unternehmen erlaubt oder verboten sein sollte[1] bzw. welche Aufgaben Anwältinnen und Anwälten vorbehalten bleiben müssten.[2] Viele in der Anwaltschaft haben erkannt, dass der technologische Fortschritt nicht aufzuhalten ist und exponentiell verläuft. Vielleicht gehören Sie zu denjenigen, die sich ungeachtet der weiteren Entwicklung in Rechtsprechung[3] und Regulierung[4] fragen, ob und ggf. wie die technische Revolution sie treffen wird?

Oder gehören Sie zu der wachsenden Zahl von Kolleginnen und Kollegen, die das enorme Potential erkennt, das ihnen eine Innovationsstrategie für ihre Praxis und das Marketing erschließen kann?. Zahlreiche Publikationen[5] und Blogs[6] geben mittlerweile einen umfassenden Einblick in die aktuellen Entwicklungen sowie Angebote im Markt.[7] Daraus wird allerdings auch deutlich, dass Automatisierung, künstliche Intelligenz und Blockchain sich im Frühjahr 2021 im deutschen Rechtsmarkt noch in einem frühen Stadium befinden. Dementsprechend gab es auch noch nie so große Chancen wie heute, um sich in dieser Transformation des Rechtsmarkts erfolgreich zu positionieren.

Natürlich müssen Sie, wie jede Anwältin und jeder Anwalt, die Chancen und Risiken des Fortschritts im Hinblick auf die Besonderheiten des eigenen Aufgabengebiets sorgfältig ausloten. Zunächst bedarf es daher einer Bestandsaufnahme (I.) und einer Definition der Ziele (II.). Anschließend können Sie Ihre eigene Innovationsstrategie entwickeln (III.). Je nach Praxis ist insoweit die Distributed Ledger Technology (DLT) bzw. Blockchain (IV.) und künstliche Intelligenz (KI) (V.) zu berücksichtigen. Auch insoweit gilt es zu prüfen, ob und ggf. wie Sie zu diesen Technologien beraten, diese nutzen können oder Ihr Geschäftsmodell ändern sollten. Je rascher der Fortschritt voranschreitet, umso bedeutsamer bleibt gerade in persönlich geprägten, komplexen und strategischen Fragestellungen das persönliche

1 Ein Legal Tech-Vertragsgenerator verstößt nach Auffassung des OLG Köln nicht gegen das RDG, AnwBl 2020, 495.

2 Z.B. *Singer*, Durchsetzung von Verbraucherrechten durch Inkassounternehmen – Chancen und Grenzen, BRAK-Mitteilungen 2019, 211 ff.; *Wolf/Künnen*, Verbraucherschutz bleibt eine Aufgabe des RDG – trotz Legal Tech, BRAK-Mitteilungen 2019, 274 ff.; *Widder*, Verbraucherschutz und RDG – wo bleibt die Anwaltschaft?; *Römermann*, Legal Tech: Geschäftsmodell nun doch untersagt?, AnwBl 2020, 224.

3 *Kleine-Cosack*, Rechtsberatungsmarkt: Zukunftsweisende Öffnung via Legal-Tech und Inkasso, AnwBl 2020, 88 ff.; *Henssler*, Die Zukunft des Legal Tech-Inkassos, BRAK-Mitteilungen 2020, 6 ff.

4 *Kilian*, Die Regulierung von Legal Tech, AnwBl 2019, 24 ff.

5 *Hartung/Bues/Halbleib*, Legal Tech – Die Digitalisierung des Rechtsmarkts, 2018; *Solmecke/Arends-Paltzer/Schmitt*; Legal Tech – Die digitale Transformation in der Anwaltskanzlei, 2018.

6 Siehe z.B. www.allaboutlegaltech.de; www.legal-tech-blog.de; www.legaltechmonitor.com; legal-tech-verzeichnis.de; www.europe-legaltech.org.

7 Für einen hilfreichen Überblick siehe auch www.legal-tech-in-deutschland.de.

Vertrauensverhältnis zum anwaltlichen Berater bzw. der anwaltlichen Beraterin (VI.). Auch wer sich maßgeblich auf dieses persönliche Vertrauensverhältnis stützt und nur begrenzt Anlass für Innovation sehen sollte, wird für das Marketing an der digitalen Welt nicht vorbeikommen (VII.). Der Beitrag schließt mit einer Zusammenfassung (VIII.).

I. Was ergibt Ihre Bestandsaufnahme?

Je nach strategischer Ausrichtung und Mandantenbasis, Größe und Zusammensetzung Ihrer Kanzlei sowie Spezialisierung oder Zielgruppe unterscheiden Sie sich von anderen. Insofern lässt sich ein Leitfaden für eine Bestandsaufnahme kaum allgemein formulieren. Für alle Anwältinnen und Anwälte ähneln sich aber die Fragen und die möglichen Lösungen.[8] Soweit das Potential von Legal Tech betroffen ist, könnten z.B. die folgenden Fragen für Sie relevant sein:

- Sind alle Ihre Daten digital erfasst? Lassen sich alle Ihre Daten digital nutzen und verarbeiten?
- Nutzen Sie die Cloud oder eine server-basierte Infrastruktur? Welche Vor-, welche Nachteile haben diese Lösungen jeweils? Ist es an der Zeit, auf die Nutzung der Cloud umzustellen?
- Wie weit ist Ihre Kanzlei dazu in der Lage, mobil zu arbeiten? Steht ein mobiler Zugang allen Mitarbeitern und Mitarbeiterinnen für alle Aufgaben offen? Gibt es insoweit Optimierungspotential?
- Nutzen Sie eine Kanzleisoftware? Entspricht sie Ihren Anforderungen, verschafft sie Ihnen den gewünschten Nutzen?
- Wie sieht Ihre aktuelle IT-Infrastruktur aus? Ist diese auf dem aktuellen Stand der Sicherheit, d.h. insbesondere Cyber Security, und Technik? Nutzen Sie die gebotenen Aktualisierungen und Sicherheitsmaßnahmen?
- Gibt es juristische Arbeitsvorgänge, die Sie automatisiert haben? Wenn ja, welche? Welche Arbeitsvorgänge könnten sich zusätzlich automatisieren lassen (z.B. Legal Intake Management, Datenschutzprüfung, Geldwäsche-Check, Hauptversammlungsassistent)?
- Lassen sich (zusätzliche) Arbeitsvorgänge im Hinblick auf die Büroorganisation (z.B. Buchhaltung, Projektmanagement, Zeiterfassung, Termine, Korrespondenz, Verträge, Schriftsatzerstellung) automatisieren? Wenn ja, welche?
- Welche Datenbanken, Vertragsassistenten (z.B. Lawlift, Smartlaw, Smashdoc) oder Softwarelösungen nutzen Sie, die Ihnen Arbeit abnehmen, erleichtern, wichtige Informationen vermitteln oder selektieren könnten?

8 Anstelle der Nennung individueller Anbieter sei hier für die verschiedenen Softwarekategorien (z.B. Automatisierung, Datenbanken, Kanzleisoftware, Vertragsgeneratoren, Projektmanagement) allgemein auf den sehr guten Überblick über die zahlreichen Legal Tech-Angebote bei *Hartung/Zobel*, Legal Tech 2020 - 150 Angebote für Kanzleien, Eine Marktübersicht, verwiesen, https://www.legal-tech.de/Broschueren/FFI_Legal_Tech_2020-150_Angebote_für_Kanzleien.pdf.

- Nutzen Sie Algorithmen bzw. Natural Language Processing (NLP), um große Datenmengen tatsächlicher Art oder Verträge auszuwerten? Welche Potentiale bietet Ihnen die Nutzung von Algorithmen bzw. könnte diese Ihnen eröffnen?
- Lassen sich Gegenstände Ihrer Vertragsgestaltung über Smart Contracts abbilden? Wäre es für Ihre Mandantinnen und Mandanten hilfreich, diese zu nutzen? Welche Potentiale bietet Ihnen die Nutzung der Blockchain bzw. könnte sie Ihnen eröffnen?
- Machen Sie Gebrauch von Legal Process Outsourcing? Könnten Sie davon (noch) mehr Gebrauch machen?

II. Welche Ziele wollen Sie erreichen?

Legal Tech kann Sie nur unterstützen, wenn klar ist, welche Ziele Sie verfolgen. Bevor Sie Ihre Legal Tech-Strategie entwickeln, müssen Sie sich daher über Ihre Ziele im Klaren sein.[9]

- Warum sind Sie Anwältin oder Anwalt?
- Welche Rolle möchten Sie und Ihre Kanzlei im Rechtsstaat einnehmen?
- Wen wollen Sie warum unterstützen?
- Wer sind Ihre idealen Mandantinnen oder Mandanten?
- Vertreten Sie die Mandantinnen und Mandanten, die Sie vertreten wollen?
- Bearbeiten Sie die Mandate, die Sie bearbeiten wollen?
- Bearbeiten Sie Mandate mit der Effektivität und Effizienz, die sich Ihre Mandantinnen und Mandanten wünschen? Ist der Aufwand angemessen?
- Sind Sie so sichtbar, wie Sie es sich für Ihre Arbeit wünschen? Nutzen Sie die sozialen Medien zum Marketing? Könnten Sie diese noch erfolgreicher nutzen[10]?
- Arbeiten Sie mit der Qualität und mit dem wirtschaftlichen Erfolg, den Sie sich vorstellen? Sehen Sie Verbesserungsmöglichkeiten?
- Formulieren Sie regelmäßig einen Business Plan für Ihre Aktivitäten? Wenn ja, welche Rolle spielt die Innovation? Haben Sie Ihre Ziele konkret und zeitlich klar definiert?

III. Welche Innovationsstrategie verfolgen Sie?

Die Beantwortung der zuvor genannten Fragen wird Ihnen vor Augen führen, wie innovativ Sie bereits sind und wo es möglicherweise noch Optimierungsmöglichkeiten gibt.[11] Dann bleibt die Frage, wie Technologie Sie dabei unterstützen kann, Ihre Ziele zu erreichen, und welche aktuellen Legal Tech-Angebote es für Kanzleien gibt.[12]

9 *Hartung/Bues/Halbleib*, Legal Tech – Die Digitalisierung des Rechtsmarkts, 2018, S. 19 ff.

10 Ausführlich und sehr informativ dazu *Solmecke/Arends-Paltzer/Schmitt*, Legal Tech – Die digitale Transformation in der Anwaltskanzlei, 2018, S. 85 ff.

11 Beispiele für das jeweilige Potential für Umsatzsteigerung bzw. für neue/bestehende Mandate, eine Workflow Analyse sowie neue Rechtsprodukte bzw. neue Abrechnungs- und Geschäftsmodelle gibt *Halbleib* in *Hartung/Bues/Halbleib*, Legal Tech – Die Digitalisierung des Rechtsmarkts, S. 31 ff.

12 Einen guten Überblick über die zahlreichen, aktuellen Legal Tech-Angebote finden sich z.B. bei *Hartung/Zobel*, Legal Tech 2020 - 150 Angebote für Kanzleien, Eine Marktübersicht, https://www.legal-tech.de/Broschueren/FFI_Legal_Tech_2020-150_Angebote_für_Kanzleien.pdf.

Für eine zeitgemäße, anwaltliche Infrastruktur sollten zumindest sämtliche Informationen und Arbeitsprozesse digitalisiert (1.) und für alle mobil (2.) zugänglich sein. In diesem Zusammenhang müssen Sie u.a. die Entscheidung über eine geeignete Cloud-Lösung[13] und eine geeignete Infrastruktur ebenso wie über die Anforderungen an die IT-Sicherheit treffen. Wenn die Digitalisierung abgeschlossen und ein mobiler Zugang für alle vorhanden ist, lassen sich durch die Automatisierung Dienstleistungen und Arbeitsprozesse effizienter und effektiver gestalten (3.). Damit wären auch die Voraussetzungen für weiter reichende Innovationen auf der Blockchain oder mit der künstlichen Intelligenz geschaffen. Auf diese gehen die folgenden, separaten Abschnitte ein (IV. und V.).

1. Digitalisierung

Die Digitalisierung ermöglicht die für alle zugängliche Speicherung, systematische Organisation und Nutzung des immensen Wissens und zahlreicher, in Mandaten gewonnener Erfahrungen in Datenbanken, erleichtert aufwändige Arbeitsprozesse (z.B. in der Buchhaltung, Personalverwaltung oder im Marketing) ebenso wie die Auswertung umfangreicher Datenmengen (z.B für die Durchführung komplexer Streitigkeiten oder unternehmensinterne Untersuchungen).[14]

Die Digitalisierung ist leichter als Auftrag beschrieben denn umgesetzt. Während viele global tätige Unternehmen die Digitalisierung schon lange abgeschlossen haben, gilt das angesichts langer gesetzlicher Übergangsfristen und einer stärker bewahrenden Mentalität für die Justiz, Verwaltung, weite Teile der Anwaltschaft sowie manche Unternehmen in Deutschland noch nicht. Die Papierwelt und die digitale Welt leben häufig noch nebeneinander. Um Potentiale durch Software zu nutzen, ist eine vollständige Digitalisierung allerdings unverzichtbar.

Wie alles hat auch die Digitalisierung ihre Kehrseite und erfordert einen zusätzlichen Schutz. So wie Akten und Computer gegen Brand und Zerstörung geschützt werden müssen, sind die Daten und die IT-Infrastruktur gegen technisches Versagen und Cyberkriminalität zu schützen.[15]

2. Mobiler Zugriff auf digitale Daten

Sind alle Daten digital verfügbar, ist die Grundlage für Innovation geschaffen. Anschließend stellt sich die Frage, ob alle Daten, die digitalisiert sind, von allen Kanzleiangehörigen für alle Arbeitszwecke zu jeder Zeit zugänglich sind. Das ist auch nach den Erfahrungen der Covid-Pandemie noch nicht überall der Fall. Dennoch vergrößert nur das Zusammenspiel von Digitalisierung und Mobilität die Informationsmöglichkeiten, die gemeinsame Bearbeitung von Mandaten und den Austausch von Informationen innerhalb des Teams.

13 Siehe dazu *Solmecke/Arends-Paltzer/Schmitt*, Legal Tech – Die digitale Transformation in der Anwaltskanzlei, S. 339 ff.
14 Zur Digitalisierung siehe *Hartung/Bues/Halbleib*, Legal Tech – Die Digitalisierung des Rechtsmarkts, S. 5 ff.
15 *Gabel/Heinrich/Kiefner*, Rechtshandbuch Cyber-Security, 2019; *Kipker*, Cybersecurity, 2020.

Um das Serviceniveau für Mandantinnen und Mandanten weiter zu entwickeln, besteht aber auch die Möglichkeit, ihnen z.B. ebenfalls zu jeder Zeit Zugang zu Informationen über den Stand der Kosten oder den Fortschritt von Projekten einzuräumen. Es zeigt sich immer wieder, dass die fortlaufende Information über Fortschritte in der Sache, über die Höhe der angefallenen Kosten oder die Beschleunigung bei der Anfertigung von Rechnungen für Mandantinnen und Mandanten ebenso große Bedeutung haben kann wie die eigentliche Bearbeitung des Mandats.

3. Automatisierung

Mit der Digitalisierung und der Möglichkeit des mobilen Zugriffs können Sie sich und Ihren Kolleginnen und Kollegen die Arbeit erleichtern. Damit ist aber noch nicht per se eine Arbeitsersparnis verbunden. Diesen Zusatznutzen können Sie durch die Automatisierung schaffen. Diese kann sowohl Ihre eigentliche anwaltliche Beratungsleistung wie Arbeitsprozesse, die damit im Zusammenhang stehen (z.B. Buchhaltung, betriebswirtschaftliche Auswertung, Information über Kosten, Rechnungen), erheblich erleichtern.

Im Folgenden sollen Beispiele für den Einsatz von No Code Tools und Software in Kanzleien (a) und für automatisierte Rechtsauskünfte durch Legal Tech-Unternehmen (b) den Nutzen illustrieren, bevor an dieser Stelle auch der Hinweis erlaubt sei, dass viele erfolgreiche Legal Tech-Unternehmer auch unternehmerisch handelnde Anwälte sind (c).

a) Einsatz von No Code Tools und Software in Kanzleien

Für die Nutzung von Effizienzvorteilen haben Legal Tech-Unternehmen Pionier-Arbeit geleistet.[16] So hat BRYTER in Deutschland wesentlich zur Ausweitung und Beschleunigung der Automatisierung beigetragen, indem es mit einem No Code-Tool die Automatisierung von Dokumenten, Datenbanken, Management Tools und ganzen Arbeitsprozessen ermöglicht. Anwältinnen und Anwälte haben zwischenzeitlich eine nahezu unübersehbare Zahl von automatisierten Anwendungen auf der Grundlage des Tools entwickelt. Diese Anwendungen reichen von der automatischen Prüfung eines Markenrechtsschutzes oder einer Datenschutzrechtsverletzung bis zur Durchführung eines ESG Investment Check.[17]

Welches Potential die regelbasierte Automatisierung bietet, ist auf der Kläger- wie auf der Beklagtenseite auch in Massenstreitigkeiten wie den VW-Dieselklagen sichtbar geworden. Angesichts zehntausender von Prozesse mit immer wiederkehrenden Sachverhaltsinformationen und juristischen Argumentationsketten war die Automatisierung auch in der Erstellung von Schriftsatzbausteinen unumgänglich.

Jenseits der Automatisierungsmöglichkeiten gibt es natürlich zahllose, softwarebasierte Möglichkeiten, wie Sie Prüfungsschritte, die Sie in Ihrer Praxis anderenfalls regelmäßig

16 Siehe https://bryter.io http://lexalgo.com; https://legartis.ai.
17 Für zahlreiche weitere Anwendungsbeispiele siehe https://bryter.io/use-cases/

selbst durchführen müssten, über eine Software erfüllen lassen können. Unterstützen Sie Ihre Mandanten im gewerblichen Rechtsschutz, können Sie z.B. Software wie diejenige von *Brandpol* nutzen. Diese verfolgt die rechtswidrige Benutzung von Warenzeichen im Internet.[18] Die Software spürt die Benutzung von Warenzeichen auf und bewertet die Wahrscheinlichkeit der Verletzung. Sie gewährleistet, dass keine neuen Websites live gehen, die Warenzeichen rechtswidrig nutzen.

b) Automatisierte Rechtsauskünfte durch Legal Tech-Unternehmen

Was der Rechtsanwältin und dem Rechtsanwalt die Arbeit erleichtert, lässt sich natürlich auch von den sog. Rechtsuchenden nutzen. Wer heute vor einer juristischen Frage oder rechtlichen Herausforderung steht, muss nicht mehr unbedingt anwaltlichen Rat suchen. Fallen Flüge aus oder treffen viele Stunden verspätet ein, haben Kunden der Fluglinien einen Anspruch auf Ersatz. Bis vor einigen Jahren haben allerdings nur wenige Kunden ihre Rechte durchgesetzt. Heute geben Hunderttausende von Reisenden die Angaben zu Flugausfällen oder -verspätungen auf der Homepage eines Legal Tech-Anbieters an und finden aufgrund eines automatischen Prüfungsvorgangs umgehend heraus, ob ihnen für ihren konkreten Flug ein Ersatzanspruch zustehen könnte.[19] Wenn ja, treten sie dem Unternehmen den Anspruch ab.

Die Antworten auf Rechtsfragen, die sich in gleich oder ähnlich gelagerter Form stellen, geben mittlerweile viele Legal Tech-Unternehmen für zahlreiche Lebens- und Rechtsgebiete automatisch. Das gilt für die Einschätzung typischer Verkehrsvergehen[20] ebenso wie für einfache Schadensersatz- bzw. Abfindungsfragen[21] oder Anfragen im Hinblick auf die Angemessenheit der Miete.[22]

Die Existenz dieser Angebote bedeutet aber nicht, dass es unmöglich wäre, die Vorteile der Automatisierung für die Rechtsberatung als Anwaltskanzlei zu nutzen. So unterbreitet z.B. die Kanzlei *Ratis* ähnliche Angebote und nutzt ähnliche Software wie viele Legal Tech-Unternehmen, etwa im Bereich der Geltendmachung von Fluggastrechten.[23] Die Kanzlei mag ein Beispiel von vielen dafür sein, dass technikaffine Anwälte ungeachtet bestehender Legal Tech-Angebote durchaus ein solches Angebot aus eigener Initiative aufbauen können.

c) Rechtsanwälte als Legal Tech-Unternehmer

Legal Tech-Unternehmen werden in anwaltlichen Kreisen gelegentlich wie Eindringlinge betrachtet. Tatsächlich stehen hinter der Mehrzahl der Legal Tech-Unternehmen allerdings

18 https://brandpolgroup.com/services/patentus.
19 https://www.flightright.de; https://myflyright.com/de/.
20 https://www.geblitzt.de.
21 https://legalhero.de.
22 https://www.wenigermiete.de.
23 https://ratis.de.

Anwältinnen oder Anwälte, die unternehmerische Perspektiven erkannt und genutzt haben. Die Gründer vieler erfolgreicher Legal Tech-Start Ups waren oder sind als Anwälte tätig.

So ist z.B. Dr. *Philpp Kadelbach* Gründer und Geschäftsführer von *flightright* ebenso wie Partner der IT-Boutique-Kanzlei Höch Kadelbach Rechtsanwälte. Auch *Michael Grupp*, Gründer und CEO von BRYTER ist Rechtsanwalt. Beide haben in jungen Jahren den großen Nachholbedarf und potentiellen Nutzen der Digitalisierung und Automatisierung ierkannt und unternehmerische Angebote dafür entwickelt.

Auch erfahrene Praktiker wie Dr. *Thomas Altenbach*, langjähriger Rechtsanwalt, Compliance-Experte und führender Inhouse-Jurist in großen Unternehmen, sind diesen Weg gegangen. Altenbach hat im Jahr 2020 LegalTegrity gegründet.[24] Das Start Up wendet sich an Unternehmer, die seit dem Inkrafttreten der sog. Hinweisgeber-Richtlinie[25] deren Vorgaben umsetzen müssen. Dafür können sie auf Software-Lösungen wie die von LegalTegrity für die Einrichtung sog. Whistleblower-Systeme zurückgreifen.

IV. Nutzung der Blockchain

Während sich viele Unternehmen und Kanzleien in Deutschland heute noch im Prozess der Digitalisierung und Automatisierung befinden, werden sich in den nächsten Jahren weitreichende, disruptive Veränderungen aus der Nutzung der Blockchain und ihren Anwendungsmöglichkeiten ergeben. Auf der Blockchain lassen sich nahezu endlose elektronische Listen von Datensätzen generieren. Diese ermöglichen eine sichere, dezentrale Dokumentation aufeinanderfolgender informationen oder Transaktionen.[26] Das mag in der Verkürzung unspektakulär klingen, kann aber ganze Branchen verändern, Lieferketten transparent machen oder Funktionen von Intermediären entfallen lassen. Dazu können Anwälte und Anwältinnen ebenso wie Notare und Notarinnen gehören. Auch hier werden Sie im Rahmen Ihrer Innovationsstrategie daher prüfen müssen, inwiefern Ihre Praxis z.B. in der Vertragsgestaltung durch die Nutzung der Blockchain in Frage gestellt oder Ihre Beratung ausgebaut werden könnte oder Sie unternehmerische Lösungen entwickeln könnten.

Für die juristische Welt deuten sich jedenfalls auf Dauer gewaltige Veränderungen durch die Nutzung von Smart Contracts an. Das sind Verträge, die so programmiert sind, dass sie sich selbst ausführen. Das bedeutet, dass es für die Durchführung weder menschlicher Hilfe noch besonderer rechtlicher Expertise bedarf. Allerdings bedeutet das nicht, dass juristischer Rat keine Rolle mehr spielen würde. Im Gegenteil wird gerade für die Konzeption der Smart Contracts die rechtliche Expertise gefragt bleiben, um eine zuverlässige und korrekte Ausführung zu gewährleisten. Und der Umgang mit Problemen in der Abwicklung wird der anwaltlichen Praxis noch zahllose, bislang ungeklärte Rechtsfragen bescheren.

24 https://legaltegrity.com/wer-wir-sind/.

25 https://ec.europa.eu/germany/news/whistleblower20191216_de.

26 Instruktiv dazu *Tapscott/Tapscott*, Blockchain Revolution, 2016; *Wright*, Bockchain and the Law – the Rule of Code, 2018. *Fill/Meier*; Blockchain – Grundlagen, Anwendungsszenarien und Nutzungspotentale, 2020.

Nehmen wir zur Illustration das einfache Beispiel eines Mietvertrages, den Vermieterin bzw. Vermieter und Mieterin bzw.Mieter als Smart Contract abschließen.[27] Fällt im Februar die Heizung aus, so besteht am Mietminderungsrecht des Mieters kein Zweifel. Wie die tatsächlichen Voraussetzungen innerhalb des Smart Contract zu überprüfen oder die Leistungsstörungsrechte geltend zu machen sind, kann aber durchaus Fragen hervorrufen.

Es ist z.B. auch vorstellbar, dass eine digitale GmbH ohne Handelsregistereintragung und notarielle Beurkundung gegründet werden kann.[28] Absehbar ist ebenfalls, wie weitreichend und komplex die Auswirkungen etwa in der Finanzbranche sein werden. Dort ist z.B. die Vermittlung von Krediten über die Blockchain ebenso möglich wie die Schließung von Finanzierungslücken über das digitale Factoring.[29] Auch der Handel von Emissionszertifikaten auf der Blockchain findet bereits statt. So lässt sich z.B. die Auktion von CO_2-Zertifikaten über entsprechende Blockchain-Plattformen selbständig abwickeln.[30] Technisch ließe sich die gesamte Wertschöpfungskette im Wertpapiergeschäft von der Emission über die Verwahrung bis zum Handel auf eine Blockchain übertragen. Die Umsetzung harrt allerdings umfassender politischer, regulatorischer und technischer Klärungen. Dasselbe gilt für die Regulierung von Kryptowerten.[31]

V. Künstliche Intelligenz und Recht

Von KI ist schon länger als von der Blockchain die Rede.[32] Das liegt nicht zuletzt daran, dass sie zunächst ebenfalls eine regelbasierte Automatisierung von Handlungen oder Entscheidungen darstellt. Mittlerweile lassen sich aber über Handlungsbefehle, die Algorithmen, auch weitere, neue Verknüpfungen im Wege des sog. *Machine Learning* entwickeln: KI schreibt mittlerweile Bücher und komponiert Symphonien. Und damit ist das Ende der Möglichkeiten längst noch nicht erreicht. So hat z.B. der Zukunftsforscher *Ray Kurzweil* vorausgesagt, dass KI bereits im Jahr 2029 das Niveau der menschlichen Intelligenz erreichen oder übersteigen könnte.[33] Dementsprechend wird über die Chancen und Risiken von KI in der öffentlichen Diskussion auch lebhaft diskutiert. Ähnlich wie für die Blockchain sind noch viele regulatorische Fragen offen.[34] Das gilt umso mehr, als für das Potential der KI sehr weitreichende Prognosen aufgestellt werden.

27 *Potel/Hessel*, Rechtsprobleme von Smart Contracts – automatisierte Abwicklung von Verträgen, Juris – die Monatszeitschrift Oktober 2020, 354 (355 ff.).

28 Zukunftstechnologie Blockchain – Chancen für Deutschland nutzen, Eckpunktepapier der CDU/CSU-Fraktion im Deutschen Bundestag, Beschluss vom 25.6.2019; https://www.cducsu.de/sites/default/files/2019-06/Positionspapier%20Blockchain%20Papier_Neu_0.pdf.

29 Das Frankfurter Blockchain-Start-up-Finbc bietet automatisierte Finanzierungslösungen, https://www.finbc.de.

30 https://www.climateledger.org/resources/8.pdf.

31 Siehe den Vorschlag der EU-Kommission für eine Regulierung von Kryptowerten, COM (2020), 593; https://eur-lex.europa.eu/legal-content/DE/TXT/HTML/?uri=CELEX:52020PC0593&from=EN sowie *Döding/Wentz*, Der Referentenentwurf zur Einführung von elektronischen Wertpapieren und Kryptowertpapieren, WM 2020, 2312 ff.

32 Zur rechtlichen Einordnung, siehe *von Westphalen*, Definition der Künstlichen Intelligenz (...), BB 2020, 1859 ff.

33 *Kurzweil*, The Singularity is near, 2005.

34 *Hacker*, Europäische und nationale Regulierung von Künstlicher Intelligenz, NJW 2020, 2142; *Jüngling*, Die Digitalstrategie der EU-Kommission: Regulierung von Künstlicher Intelligenz – Schaffung einer Grundlage für Rechts-, Ethik- und Compliance-Fragen, MMR 2020, 440 ff.; *Unger*, Grundfragen eines europäischen Rechtsrahmens für künstliche Intelligenz, ZRP 2020, 234.

In der juristischen Welt in Deutschland befindet sich KI noch in einem frühen Stadium.[35] Derzeit sind die meisten Softwarelösungen, die als KI bezeichnet werden, regelbasiert – und damit weit entfernt von künstlicher Intelligenz im engeren Sinne. Allerdings eröffnen Verfahren, welche die Erschließung des semantischen Bedeutungsgehalts der Sprache ermöglichen, im Rahmen des Machine Learning langfristig unabsehbare Möglichkeiten. Und das Potential bezieht sich ebenso auf die Schriftsprache wie auf das gesprochene Wort.

Bislang konzentriert sich das Machine Learning noch auf die Dokumentenanalyse und -auswertung. So bieten Unternehmen z.B. die automatisierte Extraktion und Analyse von Vertragsregelungen an. Im Rahmen von Immobilientransaktionen können Mietverträge rasch analysiert werden. Daten wie die Laufzeit, die Höhe des Mietzinses oder Kündigungsklauseln lassen sich bei großen Zahlen von Verträgen rasch zusammenstellen.[36] In diesen Konstellationen können Algorithmen sehr schnell die passenden Klauseln identifizieren und bei Bedarf Verträge automatisch anpassen (sog. Repapering). Das Anwendungsbeispiel zeigt daher neben dem Nutzen die aktuellen Grenzen: Ohne sehr große Zahlen von Daten stehen Ergebnisse, Skalierung und Wirtschaftlichkeit derzeit noch in Frage.

Neben der Dokumentenanalyse und -auswertung hat das Machine Learning im Rahmen von Unternehmenstransaktionen (Due Diligence) und unternehmensinternen Untersuchungen seit einiger Zeit große Bedeutung. Algorithmen tragen dazu bei, die Aufbereitung großer Datenmengen und komplexer Sachverhalte erheblich zu beschleunigen und zielgerecht vorzunehmen.[37]

Angesichts des Umfangs elektronischer Kommunikation und der riesigen Zahl von Dokumenten lässt sich die Sichtung großer Datenmengen in unternehmensinternen Untersuchungen, zur Vorbereitung von Transaktionen, Rechtsstreitigkeiten oder als Teil kartellrechtlicher Ermittlungen nicht mehr ohne die Nutzung entsprechender Software und Algorithmen vorstellen. Allerdings betreffen die Einsatzbereiche dieser sog. *Predictive Analytics* derzeit vor allem die Abgleichung von Mustern und die Auswertung von Daten. Eine Überprüfung auf Vollständigkeit und Richtigkeit ist in diesen Fällen kaum mehr möglich.[38]

Sog. E-Discovery Solutions aus dem angelsächsischen Raum sowie forensische Software haben bereits in der Vergangenheit die stichwortbezogene Suche und damit verbundene logische Kombinationen erleichtert. Mit Hilfe von Algorithmen lassen sich nun auch Muster und Zusammenhänge erkennen.[39] Dennoch bleibt bis zur Umsetzung von juristischer Methode in formalisierte Konzepte noch eine längere Wegstrecke zurückzulegen.

35 Für eine instruktive Einführung *Söbbing*, Fundamentale Rechtsfragen zur künstlichen Intelligenz (AI Law), 2019; *Kaulartz/Braegelmann*, Rechtshandbuch Artificial Intelligence und Machine Learning, 2020.

36 *Krohs/Brandt*, Unternehmensjurist 2018, 40 (41).

37 *Caldarola/Schrey*, Big Data und Recht, 2019.

38 Dennoch akzeptieren Gerichte seit dem sog. Peck Ruling, Southern District Court of NY, Moore v. Publicis, Beschluss vom 25.4.2012, 11 Civ. 1279 (ALC) (AJP) diese Methode.

39 *Krohs/Brandt*, Unternehmensjurist 2018, 40.

Für die juristischen Berufe und insbesondere die Anwaltschaft könnte sich der exponentielle Fortschritt insbesondere dann massiv auswirken, wenn sich die Prognose rechtlicher Entscheidungen in einer Weise weiterentwickelt, dass Einschätzungen möglich sind, die derzeit Juristen geben.[40] In einfach gelagerten Sachverhalten und für Rechtsfragen mit einem einfachen, logischen Prüfungsschema ist das schon heute möglich.[41]

Die Grenze für den Einsatz prognostizierender Software bleiben bislang die Komplexität des Sachverhalts ebenso wie der hohe Differenzierungsgrad und die Vielschichtigkeit der juristischen Methode. Mit zunehmendem Fortschritt wird die KI aber auch in tatsächlicher und rechtlicher Hinsicht komplexe Strukturen leichter bewerten können. Selbst Wertungen werden Algorithmen über die Berücksichtigung von Rechtsprechung auf Dauer treffen können.

Ungeachtet der getroffenen Aussagen zum derzeit noch begrenzten Nutzen des Machine Learning darf das Tempo des Fortschritts nicht unterschätzt werden, denn dieser verläuft exponentiell. So war es z.B. vor wenigen Jahren noch unvorstellbar, das gesamte menschliche Genom in vertretbarer Zeit mit vertretbarem Aufwand zu entschlüsseln. Mittlerweile lässt sich jedes Genom zu sehr vertretbaren Preisen in kürzester Zeit entschlüsseln.

VI. Kommunikation und Vertrauen

Über Jahrzehnte stand für den Kontakt zwischen Anwaltschaft und Mandantschaft das persönliche Gespräch im Vordergrund – und das ist dort, wo die Besonderheiten und Umstände eines Ereignisses eine besondere Rolle spielen, auch in Zeiten von Blockchain und KI noch der Fall. In den Lebensbereichen, in denen Automatisierung und Skalierung nicht in Betracht kommen, sondern individuelle Umstände, konzeptionelle, strategische Überlegungen oder persönliche Beziehungen eine Rolle spielen, wird die Bedeutung von Kommunikation und Vertrauen wichtiger denn je sein. Das gilt z.B. für die Verteidigung von Straftätern ebenso wie für die Behandlung persönlich geprägter Fragen (z.B. in erb-, familien- oder gesellschaftsrechtlichen Fragen) oder komplexer Transaktionen bzw. Rechtsstreitigkeiten. Die Nachfrage nach Beratern und Vermittlern in diesen Kontexten wird eher zu- als abnehmen.

VII. Marketing

Selbst wenn Sie sich sicher sind, dass sich Ihre anwaltlichen Ziele auch ohne größeren technologischen Aufwand verfolgen lassen, bliebe zu prüfen, ob Sie auch Ihr Potential für Marketing umfassend nutzen. Wir wissen alle, dass Marketing heute nicht mehr nur über Anzeigen, Empfehlungen, Publikationen oder Referate, sondern u.a. über Präsenz in den sozialen Medien erfolgt. Und jeder weiß, dass es endlose Möglichkeiten gibt, die Zielgenau-

40 Zum aktuellen Stand vgl. *Hoch*, Big Data und Predictive Analytics im Gerichtsprozess – Chancen und Grenzen der Urteilsprognose, MMR 2020, 295.

41 Umfassend dazu *Siegel*, Predictive Analytics, 2. Aufl. 2016.

igkeit der Kommunikation zu vergrößern, ohne dass diese deswegen entsprechend genutzt würden.

Wie sich Mehrwert informativ und werbewirksam schaffen lässt, zeigt z.B. die Kanzlei *Wilde Beuger Solmecke*. Mehrere Hunderttausend Besucher informieren sich auf ihrer Website regelmäßig zu juristischen Themen. *Christian Solmecke* hatte früh erkannt, dass eine niedrigschwellige Möglichkeit der Kontaktaufnahme zwischen Mandanten und Kanzlei im Chat liegen könnte.[42] Dieser erhöht die Aufmerksamkeit und vermittelt auch der Kanzlei wertvolle Informationen. Über die Anfragen der Interessenten lässt sich der Chatbot in der Weise trainieren, dass die Antworten immer besser werden.[43] Einem noch größeren Publikum ist *Solmecke* aber aufgrund seiner Youtube-Auftritte bekannt. Er ist damit einer der wenigen Anwälte, der nahezu die gesamte Klaviatur klassischer und innovativer Marketing-Instrumente nutzt.

VIII. Zusammenfassung

Ihnen ist bewusst, dass wir uns in einer Phase der technologischen Transformation befinden. Von ihr bleibt kein Lebensbereich unberührt. Auch nicht der Rechtsmarkt. Aber Technologie ist kein Selbstzweck. Sie hat stets eine dienende Funktion. Sie müssen als Nutzer so genau wie möglich vorgeben, wie Sie Software für die Erreichung Ihrer Ziele und zur Bewältigung Ihrer Herausforderungen unterstützen kann. Daher ist es unerlässlich, dass Sie zunächst eine Bestandsaufnahme im Hinblick auf Ihre Praxis, die technologischen Erneuerungen im Markt, Ihre IT-Infrastruktur und Ihre eigenen Ziele vornehmen.

Sofern Sie die Digitalisierung abgeschlossen und volle Mobilität hergestellt haben, haben Sie auch die Grundlage für die weitere Automatisierung sowie weitreichende Anwendungen mit Hilfe der Blockchain oder der KI geschaffen. Gleichzeitig sind Sie allerdings auch für Angriffe aus dem Cyberspace anfällig und müssen sich dagegen schützen. In einem sicheren Umfeld bieten Ihnen diese Technologien gleichwohl ein großes anwaltliches Beratungs- und unternehmerisches Gestaltungspotential. Digitalisierung, Automatisierung, Blockchain und KI ermöglichen Ihnen Effizienzgewinne durch die Verbesserung eigener Arbeitsprozesse und Beratungsleistungen. Sie erlauben Ihnen auch die Realisierung unternehmerischer Geschäftsmodelle. Angesichts der Effizienz, Geschwindigkeit und Skalierbarkeit vieler technischer Lösungen sind diese jedenfalls dort, wo sich Abläufe gut abbilden und skalieren lassen, der menschlichen Tätigkeit überlegen.

Das persönliche Vertrauensverhältnis zwischen Ihnen und Ihrer Mandantin oder Ihrem Mandanten wird auch in Zeiten des Umbruchs dort von zentraler Bedeutung bleiben, wo die persönliche, individuelle, strategische oder komplexe Beratung im Zentrum steht. Aber auch in diesen Kontexten wird die Technologie für die Erbringung der Dienstleistung für Sie

42 *Zander*, Legal Tech: Hallo, Computer, AnwBl 2019, 10 ff. Siehe auch umfassend dazu *Solmecke/Arends-Paltzer/Schmitt*, Legal Tech – Die digitale Transformation in der Anwaltskanzlei, 2018, S. 85 ff.

43 *Zander*, Legal Tech: Hallo, Computer, AnwBl 2019, 10 (11).

an Bedeutung gewinnen. Und im Wettbewerb werden Marketing und Innovation mit Hilfe von Technologie unerlässlich bleiben.

D.

Die fremde Kanzlei

D.1 Die Bewerbung im Anwaltsberuf

Rechtsanwältin Jana Mähl-Hupka, Berlin[1]

Anwaltliche Berufsanfängerinnen und -anfänger suchen meistens – zumindest vorerst – nach Beschäftigung in einer bestehenden Kanzlei. Bei den anstehenden Bewerbungen gilt es zu bedenken, dass der Arbeitsmarkt für Rechtsanwältinnen und Rechtsanwälte in Bezug auf die Ratschläge aus den üblichen „So bewerbe ich mich richtig"-Ratgebern hinaus einige Besonderheiten aufweist. Nachfolgende Ausführungen sollen Sie hierfür sensibilisieren und zeigen, worauf zu achten ist, um an den richtigen Job zu gelangen.

I. Ihre Ausgangssituation

Wenn Sie sich mit dem Gedanken tragen, Rechtsanwältin oder Rechtsanwalt zu werden, stellen Sie u.U. nicht nur beruflich, sondern auch privat die Weichen für den Rest Ihres Lebens. Die Entscheidung sollte daher wohlüberlegt und nicht von äußeren Faktoren bestimmt sein. Wer mit der Einstellung „Irgendetwas muss man ja machen!" den Einstieg in den Anwaltsberuf sucht, hat beste Chancen, ein Leben lang unglücklich zu werden, weil er den falschen Beruf gewählt hat. Darum muss am Anfang aller Bewerbungsaktivitäten die Frage stehen, ob Sie der Anwaltschaft wirklich angehören wollen. Auch wenn es schwerfällt:

Beantworten Sie diese Frage zunächst ohne Blick auf den Arbeitsmarkt, sondern nur durch Selbstbefragung. Denn nur wenn Sie es wirklich wollen, werden Sie Ihren Weg machen, trotz der ca. 165.000 Konkurrenten.

Neben fachlicher und örtlicher Präferenz sollten Sie sich schon vor dem ersten Bewerbungsschreiben klargemacht haben, welche berufliche Perspektive Ihnen Ihre erste Stelle bieten muss. Beispielsweise sollten Ihnen folgende Fragen durch den Kopf gehen:

- Bin ich an einer dauerhaften oder nur vorübergehenden Beschäftigung interessiert?
- Arbeite ich lieber wissenschaftlich oder bin ich eher der praktische Typ?
- Was ist mir die Aussicht auf eine Partnerschaft wert?
- Möchte ich mich gezielt auf einen Rechtsbereich spezialisieren oder arbeite ich lieber generalistisch?
- Welches Einkommen will ich kurz-, mittel- und langfristig mindestens erzielen?
- Wie groß soll meine Traumkanzlei sein?
- Möchte ich gleich eigene Mandate bearbeiten oder reicht mir Zuarbeit aus?
- Arbeite ich lieber allein oder bereitet mir die Arbeit und Abstimmung innerhalb eines Teams mehr Freude?
- Will ich viele, wenige oder gar keine Gerichtstermine wahrnehmen?
- Suche ich einen Fulltimejob oder brauche ich Zeit für Nebenbeschäftigungen?

1 Die Verfasserin ist Autorin des Buches „Die erfolgreiche Bewerbung als Rechtsanwalt", 4. Aufl. 2017.

Merke: Je genauer ich mein berufliches Ziel definiere, umso zielgerichteter kann ich mich bewerben und umso größer sind meine Erfolgsaussichten. Stellensuche nach dem Beckenbauer-Prinzip („Schaun mer mal") hat den Nachteil, dass sie lange dauern kann und erhebliches Frustrationspotenzial birgt. Im Zweifel haben Sie weder die Zeit noch das Geld, um lange auf Ihre Erstanstellung zu warten. Rationieren Sie darum die knappsten Ressourcen im Rahmen Ihrer Bewerbungsstrategie:

Zeit: Im Zweifel ist es nie zu früh, sich zu bewerben. Sinnvollerweise beginnt die Bewerbungsphase schon im Referendariat. Spätestens dann, wenn Sie die ersten aussagekräftigen Stationszeugnisse in den Händen halten, sind Sie für eine potenzielle Arbeitgeberschaft interessant. Sie zeigen damit nicht nur, dass Sie planvoll vorgehen, sondern erhalten zusätzlich Motivation für die Examensprüfungen. Es gibt viele Kolleginnen und Kollegen, die bereits zum Ende des Referendariats eine Stellenzusage haben. Denn welche Arbeitgeberin oder welcher Arbeitgeber lässt eine gute, erprobte und kanzleierfahrene Referendarin bzw. Referendaren ziehen, um dann aufwendig ein kostenintensives Bewerbungsverfahren durchführen zu lassen und anschließend ggf. feststellen zu müssen, dass die sich bewerbende Person doch nicht in die Kanzlei passt? Insofern handelt grob fahrlässig, wer aus Bequemlichkeit die Stage bei der Kanzlei um die Ecke absolviert, die einem außer viel Freizeit nicht viel zu bieten hat. Zwei Kriterien sollten daher die Wahl der ausbildenden Kanzlei bestimmen:

1. Was kann ich hier lernen?
2. Besteht die Chance, übernommen zu werden?

Wie lange die Bewerbungsphase nach dem Assessorexamen insgesamt dauern darf, kann nicht allgemeingültig beantwortet werden. Statistische Erhebungen erlauben aber die Nennung folgender Richtwerte: Nach dem dritten Monat Ihrer Bewerbungsphase sollten Sie sich erstmals fragen, ob Ihre Ziele zu hoch oder Ihre Aktivitäten bei der Stellensuche zu dürftig waren. Wenn Sie nach sechs Monaten trotz intensiver Suche keine Stelle gefunden haben, sollten Sie das Thema „Bewerbung im Anwaltsberuf" abschließen und eine Existenzgründung oder einen anderen Beruf in Betracht ziehen. Wichtig ist vor allem, dass Sie für sich die Frage der Bewerbungsdauer eindeutig beantworten. Haben Sie Ihr Ziel bis zum Tag X nicht erreicht, müssen Sie sich zur Kurskorrektur oder zur Fristverlängerung entschließen. Betrachten Sie Ihr Berufsziel daher nur als vorläufig. Das Denken in Zielhierarchien soll Sie aber nur vor der Verfolgung unrealistischer Ziele schützen und darf keine Ausrede für Bewerbungsmüdigkeit sein!

Geld: Betrachten Sie Ihre Bewerbung als Werbekampagne für Ihre Person. Sie wissen: Werbung kostet Geld. Gute Werbung kann sogar viel Geld kosten, bringt aber auch entsprechenden Gewinn. Sie sollten im Vorhinein festlegen, wie viel Geld Sie ausgeben wollen bzw. können, um eine Stelle zu finden. Ihrer Großzügigkeit/Bescheidenheit sind keine Grenzen gesetzt. Bedenken Sie aber, dass sich hohe Investitionen rechnen, wenn Sie dadurch früher einen anständig bezahlten Job bekommen.

Wichtiger als Starfotos und halbseitige Stellengesuche in Anwaltsblättern ist aber der **persönliche Einsatz** für Ihr Berufsziel. Bewerbung ist Schwerstarbeit; Sie müssen auf einem unübersichtlichen Markt der Möglichkeiten Chancen suchen und nutzen. Ihre kommunikative Kompetenz – technisch wie persönlich – ist gefragt. Neben der Notwendigkeit, die Jobsuche nach außen bekannt zu machen, wird häufig übersehen, dass die sich bewerbenden Personen auch ständig für potenzielle Arbeitgeber ansprechbar sein müssen. Organisieren Sie deshalb zunächst Ihre **Erreichbarkeit** über möglichst viele Kanäle:

(Mobil-)Telefon	▪ Anrufbeantworter/Mailbox angeschlossen und mit beruflich-professionellem Text besprochen? ▪ Kann ich bei wichtigen Anrufen ungestört telefonieren?
Briefkasten	▪ Leerung täglich? ▪ Wer leert bei Abwesenheit und benachrichtigt mich?
E-Mail-Adresse	▪ Eingerichtet (unbedingt seriöse E-Mail-Adresse verwenden)? ▪ Log-in täglich?
Social-Media-Accounts	▪ Digitale Säuberungsaktion durchgeführt (Unpassende Fotos und Kommentare im gesamten World Wide Web entfernen, googlen Sie sich selbst!)? ▪ Sicherheitseinstellungen überprüft? ▪ Geschäftliche Social-Media-Accounts eingerichtet (z.B. bei XING oder LinkedIn)? ▪ Log-in täglich?

Erst wenn klar ist, wie Sie optimal erreichbar sind, sollten Sie mit der Stellensuche beginnen.

II. Die Stellensuche

Wer ein Richteramt bekleiden möchte, hat es einfach: Es reicht, die Ausschreibungen von 16 Justizministerien bzw. den ggf. zuständigen Oberlandesgerichten durchzusehen, und man hat schnell einen genauen Überblick über den Stellenmarkt. Bei arbeitsuchenden Vertretern der Anwaltschaft stellt sich der Arbeitsmarkt nicht ganz so übersichtlich dar. Sie sind daher gut beraten, Ihre Stellensuche mit detektivischem Eifer auf möglichst vielen Ebenen zu betreiben. Gute Stellen sind rar, aber man kann vieles tun, um sie zu finden:

1. Stellenangebote

Von einem offenbar erfahrenen Kollegen stammt der Satz, dass die meisten Stellenangebote der NJW dem Schema der Heiratswünsche in der FAZ entsprächen: Ich bin ganz große Klasse, und wenn du auch ein toller Typ bist, dann werden wir beide eine wahnsinnig intensive Partnerschaft haben. Schön, wenn's klappt, doch soll es auch in unserer Branche von kurzen Affären bis zum handfesten Heiratsschwindel schon alles gegeben haben. Seien

Sie also nicht unkritisch, wenn eine Traumstelle offeriert wird, sondern lesen Sie auch zwischen den Zeilen. Wenn Sie sich für geeignet halten, dürfen Sie sich auch bewerben, wenn Sie das erwartete Prädikatsexamen nicht haben. Wird ausnahmsweise kein Prädikat vorausgesetzt, können Sie davon ausgehen, dass außer Ihnen noch etliche andere Interessenten im Rennen sind. Überlegen Sie also sehr sorgfältig, wie Sie aus der Masse positiv und einprägsam hervortreten können. Nur so haben Sie eine realistische Chance, zum Vorstellungsgespräch geladen zu werden.

Online-Stellenbörsen: Die meisten Kanzleien bieten ihre offenen Stellen mittlerweile auch – teilweise sogar ausschließlich – online zur Bewerbung an. Da das Internet bekanntlich ein wechselhaftes Medium ist, können hunderte neuer Stellenanzeigen innerhalb weniger Tage auftauchen. In der Bewerbungsphase sind Sie deshalb gut beraten, täglich mindestens eine halbe Stunde zu investieren, um die einzelnen Stellenbörsen auf Neuzugänge abzusuchen. Generell sollten Sie bei möglichst vielen Vermittlern präsent sein; das erhöht die Chancen, zumal es mit keinen oder nur geringen Kosten verbunden ist. Soweit Gebühren für Bewerbungen anfallen, prüfen Sie Renommee und Größe der Datenbank, sonst laufen Sie Gefahr, ein schlechtes Geschäft zu machen. Solange nicht etwas Besonderes geboten wird, sind Gebühren unüblich.

Speziell für die anwaltliche Stellensuche sind folgende Adressen zu nennen:

- www.anwaltsblatt-karriere.de
- www.brak.de
- www.beck-stellenmarkt.de
- www.legalcareers.de
- www.lto.de/jobs
- www.karriere-jura.de
- www.marktplatz-recht.de
- https://www.azur-online.dehttps://legalhead.de

2. Stellengesuche

Stellengesuche sind das klassische Mittel der Eigenwerbung. Da es aufgrund von Jobsuchmaschinen, Stellenbörsen, etc. immer einfacher wird, Stellenanzeigen zu lesen, ist die Bedeutung der oftmals kostenintensiveren Stellengesuche jedoch rückläufig. Das bedeutet aber nicht, dass solche überhaupt nicht mehr in Betracht gezogen werden sollten. Schließlich gibt es beispielsweise immer noch Kanzleien, die kurzfristig Verstärkung benötigen und sich freuen, wenn Sie nicht selbst den kostspieligen und zeitaufwendigen Weg der Stellenausschreibung gehen müssen.

Soll eine eigene Stellenanzeige geschaltet werden, gilt es, sich mit wenigen und vor allem wohlgewählten Worten der richtigen Zielgruppe zu empfehlen. Zur Formulierung sollte man sich mindestens einen halben Tag reservieren. Rücklauf erhalten Sie nur, wenn Sie auch

Ihren Wunsch nach Anstellung in einer Kanzlei deutlich äußern. Die viel verwendete Floskel „... sucht Erstanstellung in Kanzlei, Verband oder Unternehmen" zeugt von erheblichen Orientierungsproblemen.

Mitteilungsblätter der Anwaltvereine und Kammern: Hier können Sie ihr Stellengesuch preisgünstig veröffentlichen. Erfragen Sie die jeweiligen Erscheinungstermine und Konditionen beim örtlichen Anwaltverein oder bei der Rechtsanwaltskammer. Es gibt örtliche Kammern, die teilweise in Kooperation mit den Anwaltvereinen sehr ansprechende Onlinestellenbörsen anbieten (z.B. Berlin, Köln und Stuttgart).

3. Aushänge am Schwarzen Brett

Steckbriefe am Schwarzen Brett des Gerichts oder des Anwaltvereins können ein preiswertes und effektives Mittel der Stellensuche sein, wenn sie ordentlich gestaltet sind. Die Kunst besteht darin, sich in wenigen Worten ein unverkennbares Profil zu verleihen. Idealerweise sollte die inhaltliche Gewichtung gedrittelt werden in Angaben zur Person, zum juristischen Werdegang und zum Stellenwunsch. Hier gilt es, jeweils Folgendes zu beachten:

Person: Nicht nur Ihre Personalien, sondern auch Ihre Persönlichkeit ist interessant. Versuchen Sie, neben Alter und Familienstand durch entsprechende Attribute auch mitzuteilen, was Sie für ein Typ sind. Vermeiden Sie Plattitüden, „dynamisch" und „hoch motiviert" sind andere Mitbewerbende auch.

Juristischer Werdegang: Trotz begrenzter Aussagekraft: Ihre Examensnoten sind zur ersten Orientierung des Lesers wichtig. Darüber hinaus sollten Sie nur das aufführen, was für Ihre angestrebte Anwaltstätigkeit von Interesse ist.

Stellenwunsch: Wenn Sie Ihren Stellenwunsch allgemein halten, sprechen Sie eine breite Gruppe von Arbeitgeberinnen und Arbeitgebern an. Die Gefahr liegt dann darin, dass Sie sich auf eine Stelle einlassen, die Ihnen nicht passt. Darum sollten Sie versuchen, Ihre Idealkanzlei einzugrenzen. Ein Kriterium ist z.B. die Kanzleigröße. Wenn Sie nicht als Berufsanfängerin oder Berufsanfänger in einer Einzelkanzlei starten möchten, suchen Sie den Einstieg in eine mittelgroße Kanzlei. Wenn Sie auch halbtags arbeiten können, weisen Sie darauf hin, es erhöht Ihre Einstellungschancen. Ein nahezu unwiderstehliches Angebot unterbreitet, wer anbietet, auf Wunsch einige Tage kostenlos zur Probe zu arbeiten. Im Übrigen sollten Sie keine Gehaltsvorstellungen angeben, dies bleibt regelmäßig dem Vorstellungsgespräch vorbehalten.

4. Direkte Ansprache (Initiativbewerbung)

Sie haben nichts zu verlieren, also wagen Sie die „kalte Anmache" bei Kanzleien, von denen Sie nicht wissen, ob sie eine freie Stelle haben! Das Wichtigste ist, zunächst alle Hemmungen der Sorte „Aber ich kann doch nicht einfach ..." über Bord zu werfen. Machen Sie sich klar, dass Sie bei einer Initiativbewerbung im Zweifel der bzw. die erste und einzige sich bewerbende Person auf die freie oder freiwerdende Stelle sind. Bei richtiger Vorbereitung haben Sie hier überdurchschnittliche Chancen. Die Initiativbewerbung ist übrigens nicht mit der Blindbewerbung zu verwechseln, wo Stellensuchende auf gut Glück wahllos potenzielle Arbeitgeber anschreiben. Die Kanzleien, die Sie ins Visier nehmen, sollten Sie schon etwas näher kennen und zumindest wissen, welche Schwerpunkte dort gepflegt werden. Nur so können Sie überzeugend argumentieren. Es ist meist effektiver, wenige Kanzleien konkret anzusprechen, als viele Kanzleien mit einer groß angelegten Mailing-Aktion erreichen zu wollen.

Wenn Sie trotz angemessener Recherche keine geeigneten Ansprechpartner finden, empfiehlt es sich diesbezüglich eine freundliche telefonische Anfrage in der Kanzlei zu wagen. Zum einen erfährt man so vielleicht schon, ob es sich überhaupt lohnt, eine Bewerbung zu schreiben. Zum anderen eignet sich ein derartiges Telefongespräch perfekt als Aufhänger für die darauffolgende Bewerbung, auf das Sie sich dann in Ihrem Anschreiben, Anruf oder Ihrer E-Mail beziehen können.

Ob Sie an Kanzleien zuerst schriftlich oder telefonisch herantreten, ist Geschmacksfrage. Es ist jedoch unbedingt darauf zu achten, einen ansprechenden Ton zu finden. Das latente Interesse des potenziellen Arbeitgebers ist zu wecken, schließlich weiß er vielleicht noch gar nicht so genau, ob er Verstärkung braucht. Darum ist der erste Eindruck hier besonders entscheidend. Patentrezepte zur Formulierung gibt es nicht. Ein kurzer **Brief** mit Lebenslauf reicht völlig aus; muten Sie keinem zu, bei mangelndem Interesse auch noch das Rückporto für Ihre Bewerbungsmappe auszulegen.

Ein erster Kontakt per **E-Mail** ist auf jeden Fall dann ratsam, wenn auf der Homepage dazu ermuntert wird. Auch ansonsten kann man es versuchen, sollte aber möglichst einen individuellen Ton finden. Mit einer Massenmail stellen Sie sich ein unfreiwillig aussagekräftiges Zeugnis aus. Auch bei der Bewerbung per E-Mail sollten Sie wissen, wer für die Einstellung zuständig ist. Soweit sich dies nicht aus der Homepage ergibt, sollten Sie telefonisch anfragen.

Bei Erstkontakt per **Telefon** sollten Sie darauf bestehen, einen Sozius der Kanzlei zu sprechen, ansonsten besteht die Gefahr, an die falsche Person zu geraten. Hartnäckigkeit und Ausdauer sind erforderlich und zahlen sich aus. So hat beispielsweise eine Kollegin innerhalb von zwei Wochen 300 Kanzleien angerufen, von denen 30 immerhin ihre Bewerbungsunterlagen angefordert haben. Nach acht Vorstellungsgesprächen hatte sie die Wahl zwischen drei Stellen (trotz unterdurchschnittlicher Examina). Das Beispiel zeigt, dass diese Methode viel Geduld erfordert, aber durchaus von Erfolg gekrönt sein kann. Die Vorteile der Telefonbewerbung liegen auf der Hand: Ist keine Stelle frei, hat man das Porto für das Anschreiben gespart. Hat die Kanzlei hingegen eine Stelle zu vergeben, haben die Entscheidungsträger schon eine Vorstellung von der Person, wenn sie die Unterlagen vor sich haben.

Erstkontakt in der **Sprechstunde** ist eine etwas umstrittene Bewerbungsmethode, die gewisse Gefahren birgt: Das Gegenüber kann sich überfahren fühlen, weil da nicht der erhoffte neue Mandant sitzt, sondern ein Berufseinsteiger, der ohne Vorwarnung kostbare Zeit in Anspruch nimmt. Daher sollten Sie die Bewerbungsmappe stets griffbereit haben, wenn die oder der anvisierte anwaltliche Arbeitgeberin oder Arbeitgeber Interesse zeigt, aber gerade keine Zeit hat. Andererseits kann der Überraschungseffekt auch nach vorne losgehen, wenn dem potenziellen Arbeitgeber die „Frech gewinnt"-Methode sympathisch ist und Sie sofort in ein Bewerbungsgespräch verwickelt. Kurzum: Sie müssen mit allem rechnen und auf alles vorbereitet sein, zwischen schnellem Rauswurf und einer Einladung zum Abendessen ist alles möglich.

5. Persönliche Beziehungen

Es ist bekannt, dass in vielen Fällen der Berufseinstieg auf informellem Weg durch persönlichen Kontakt erfolgt. Zufälle, Glück und in Ausnahmefällen das berühmte „Vitamin B" mögen dabei eine Rolle spielen, verlassen darf man sich darauf nicht. Darum soll nun in Ansätzen erklärt werden, wie man systematisch ein berufsbezogenes Kontaktnetz aufbaut und pflegt. Bedenken Sie, dass Ihre „Beziehungsarbeit" auch wichtig und lohnend ist, wenn Sie keine kurzfristigen Erfolge erzielen. Als Rechtsanwältin oder Rechtsanwalt leben Sie vor allem von guten Kontakten.

Der Aufbau vollzieht sich in drei Schritten:

- **Bestandsaufnahme:** Erfassen Sie zunächst Ihren juristischen Freundes- und Bekanntenkreis lückenlos. Alle Personen, die auch nur entfernt mit Anwälten zu tun haben, sind für Sie interessant. Nach längerem Nachdenken werden Sie eine lange Liste haben.
- **Suchen Sie Multiplikatoren:** Im nächsten Schritt kommt es darauf an, dass Sie für Ihre Stellensuche Multiplikatoren finden, die sich für Sie umhören. Neben Anwälten, die täglich Kontakt zu Kollegen haben, sind Richter oft wertvolle Multiplikatoren: Sie kennen die Anwaltschaft gut und können Tipps geben, welche Kanzlei Verstärkung sucht. Ein Besuch bei früheren Ausbildern kann daher nicht schaden.
- **Betreiben Sie Networking:** Neben der Pflege der bestehenden Kontakte müssen Sie tiefer in die Szene einsteigen. Erfahrungsgemäß haben hier die meisten Berufseinsteiger Schwierigkeiten, einen Anfang zu machen. Neben der wunderbaren Welt von LinkedIn, XING, Facebook & Co., die anscheinend unendlich viele Kontaktmöglichkeiten bieten, möchte ich den Rat geben, sich auch „offline" nach interessanten Kontakten umzusehen. Stichwortartig seien daher beispielhaft einige Anlaufpunkte genannt:
  - FORUM Junge Anwaltschaft im DAV,
  - Arbeitsgemeinschaften des DAV,
  - Arbeitskreise des Berliner Anwaltsvereins,
  - Fortbildungsveranstaltungen,
  - Deutscher und regionaler Anwaltstag,

- Verhandlungen bei Fachgerichten,
- sonstige Veranstaltungen von juristischen Vereinigungen.

In den seltensten Fällen werden Sie direkt auf Ihren zukünftigen Arbeitgeber stoßen. Es reicht aber, wenn Sie jemanden kennenlernen, der einen kennt, der einen sucht. Hauptsache, Sie sind im Gespräch. Außerdem können Sie sich mit anderen jungen Mitstreitern, die bereits eine Stelle gefunden haben, über Erfolg versprechende Bewerbungsmethoden austauschen.

6. Personalmessen

Der Wert von sogenannten Karrieremessen, Personalmessen oder Stellenbörsen hängt maßgeblich von Ihnen selbst ab. Wichtig ist auch hier eine gründliche und individuelle Vorbereitung – und zwar nicht nur in Bezug auf die anvisierten Arbeitgeberinnen und Arbeitgeber, sondern auch auf die Messe selbst. So sollten Sie beispielweise unbedingt in Erfahrung bringen, ob die Möglichkeit bzw. sogar Notwendigkeit besteht, vorab Einzelgespräche mit Kanzleivertreterinnen und -vertretern zu vereinbaren. Darüber hinaus werden auf solchen Veranstaltungen mittlerweile oftmals kostenlos Bewerbungsunterlagenchecks oder sogar Bewerbungscoachings angeboten.

Von großem Vorteil ist, dass Sie an einem Tag viele Kanzleien unverbindlich kennen lernen können. Sofern ein beiderseitiges Interesse besteht, übergeben Sie eine der vorsorglich mitgenommenen, bestenfalls individualisierten, Bewerbungsmappen. Tiefschürfende Gespräche sind selten, dafür können Sie sich aber ein genaues Bild über verschiedene Kanzleien und Unternehmen machen. Neben der Karrieremesse Jurstart an der Uni Münster (Infos: www.jurstart.de) und der Juracon in Frankfurt (Infos: www.iqb.de/juracon) gibt es noch einige mehr oder weniger renommierte Veranstaltungen jährlich. Sie haben vor allem für Stellensuchende mit guten Examina und besonderen Qualifikationen einen Wert (z.B. JURDAY in Berlin).

III. Die Bewerbungsunterlagen

Als Rechtsanwältin oder Rechtsanwalt üben Sie einen Beruf aus, der vor allem sprachliche Kompetenz voraussetzt. Das Schreiben von Briefen ist wesentlicher Bestandteil Ihres Broterwerbs. Im Grunde genommen vertreten Sie sich schon mit Ihrer Bewerbung anwaltlich in eigener Sache. Mehr noch als in jeder anderen Branche werden potenzielle Arbeitgeber deshalb ein Augenmerk auf Ihr Bewerbungsschreiben legen. Verfassen Sie deshalb Ihr **Bewerbungsschreiben** mit der gleichen Sorgfalt wie einen Liebesbrief, schließlich wollen Sie für sich werben!

Entscheidend ist, dass Sie Ihrer Individualität die passende Form geben. Handeln Sie also streng zielgruppenorientiert und präsentieren Sie angemessen Ihre Stärken. Vermeiden Sie billige Selbstbeweihräucherung ebenso wie die Entschuldigung dafür, dass Sie sich vorstellen wollen. Überspitzt gesagt haben Sie potenziellen Arbitgeberinnen und Arbeitgebern behutsam, aber eindringlich klarzumachen, dass Ihr gesamtes bisheriges Leben eigentlich nur den Zweck hatte, sich auf die Anforderungen der angestrebten Stelle vorzubereiten. Dies setzt natürlich voraus, dass Sie schon einigermaßen wissen, mit wem Sie es zu tun haben. Seniorpartner einer Ahnentafel-Kanzlei (die mit den drei Kreuzen im Briefbogen) müssen Sie anders ansprechen als gleichaltrige IT-Rechtlerinnen und -Rechtler, die ihr Team neu zusammenstellen.

Gute Rechtsanwältinnen oder Rechtsanwälte zeichnen sich u. a. dadurch aus, dass sie in heiklen Fällen einen Spezialisten zurate ziehen. Dementsprechend sollten Sie sich nicht scheuen, Freunde oder Kollegen, die über einschlägige Erfahrungen verfügen, anzusprechen und um Durchsicht bzw. Kritik an Ihrem Bewerbungsschreiben zu bitten.

Animiert durch Ihr packendes Bewerbungsschreiben, möchte der anvisierte Arbeitgeber mehr über Sie erfahren und liest mit Interesse Ihren **Lebenslauf**. Dieser sollte maximal zwei Seiten umfassen und idealerweise eine gewisse Konsequenz aufweisen, die darauf schließen lässt, dass Sie ihr Leben bisher interessiert und engagiert gestaltet und Schwerpunkte gesetzt haben. Bevor Sie den endgültigen Lebenslauf schreiben, sollten Sie deshalb alle Informationen und Qualifikationen aufschreiben, die Ihnen zu sich und Ihren Stationen einfallen. Anschließend sortieren Sie aus: Alles, was Ihre Qualifikationen für die Stelle nicht unterstützt sollte entweder ganz raus oder gekürzt werden. Was direkt auf das Stellenprofil passt, darf gerne etwas ausführlicher dargestellt werden. Achten Sie dabei auf eine sinnvolle Untergliederung, einen geeigneten Schrifttyp und die Schriftgröße. Bedenken Sie immer, dass Sie mit Ihrem Lebenslauf sich selbst verkaufen und nicht jemand anderen. Lassen Sie darum gute Freunde Ihren Lebenslauf Korrektur lesen und fragen Sie sie, ob Sie darin wiederzuerkennen sind.

Es gibt keine festen Regeln, wie Sie Ihren Lebenslauf erstellen müssen. Er sollte idealerweise übersichtlich, vollständig, informativ und individuell sein, wobei das eine leicht auf Kosten des anderen geht. Im Zweifel sollten Sie der Übersichtlichkeit den Vorrang geben, denn allzu leicht neigt man dazu, den Lebenslauf zu überfrachten. Der Leser will meistens gar nicht auf den Tag genau wissen, wann und wo Sie eingeschult wurden. Im Anschluss an den tabellarischen Lebenslauf können Sie unter der Überschrift „... und was Sie sonst noch von mir wissen sollten" zum Ausdruck bringen, was Ihre Persönlichkeit ausmacht. Die sog. „dritte Seite" im Lebenslauf hat sich in den letzten Jahren durchgesetzt, schreiben Sie hier das, von dem Sie glauben, es könnte die Arbeitgeberschaft interessieren. Im Grunde gehört hier alles hinein, was Sie im Anschreiben und im Lebenslauf zugunsten der Übersichtlichkeit gekürzt haben (was Sie aber nicht verleiten soll, aus der „Dritten Seite" einen Roman zu machen!). Neben besuchten Fortbildungen und evtl. Publikationen können Sie nochmals eingehend Ihre Motivation, Fähigkeiten und Erfahrungen vortragen. Wenn Sie es für wesentlich halten, dürfen Sie auch auf Ihre Hobbys hinweisen. Da Lebensläufe nicht jedes Mal von Grund auf neu geschrieben werden, sollte nicht vergessen werden, diesen auf spezifische Änderungen zu überarbeiten und das Datum zu aktualisieren.

Ein besonderes Bonbon bietet, wer hinter den Lebenslauf eine Liste mit Namen und Telefonnummern von Personen anfügt, auf die man sich als Referenz berufen kann. Dies werden in erster Linie Ausbilder oder Arbeitgeber sein, für die man vor oder im Referendariat gearbeitet hat. Es sollten aber nur Personen sein, von denen Sie sicher sein können, in ihnen 100%ige Fürsprecher zu haben. Natürlich gebietet es die Höflichkeit, diese Personen nur mit ihrem Einverständnis auf die Liste zu setzen.

Denken Sie bei der Erstellung des Lebenslaufs immer daran: An Ihrer Vergangenheit können Sie nichts mehr ändern, wohl aber an deren Darstellung!

Soll:	**Kann:**	**Nicht:**
Kontaktinformationen Staatsangehörigkeit Geburtsdatum Geburtsort	Konfession Familienstand Kinder Foto (obwohl kein „Soll“, ist es anzuraten)	Eltern, Geschwister (dies ist eine veraltete Angabe. Sie stehen auf eigenen Beinen!) Gesundheitszustand und politische Gesinnung.
Beruflicher Werdegang (Tätigkeiten und Weiterbildungen, relevante Praktika, Studentenprojekte mit Praxisbezug, passende Nebenjobs) Geben Sie bei den Stationen den Zeitraum, den Ort und das Unternehmen bzw. das Weiterbildungsinstitut an.	Kurze Stellenbeschreibung (ggf. auf der „dritten Seite“)	
Referendariat Examensnote	Stationen	

Soll:	Kann:	Nicht:
Hochschulabschluss Hochschule und Hochschulort Examensnote	Studienfächer/ Schwerpunkte Außeruniversitäre Aktivitäten Seminare Eigenfinanzierung des Studiums	
Berufsausbildung Ausbildende Arbeitgeberschaft, Ort		
Zivildienst/Wehrdienst/ soziales Jahr		
Schulabschluss (Schule mit dem höchsten Schulabschluss)	Sonstige besuchte Schulen	Einschulungsdatum
Sprachkenntnisse PC-Kenntnisse Spezialkenntnisse	Publikationstätigkeit Ehrenämter Auslandsaufenthalte Publikationsliste (im Anhang) Hobbys Führerschein (bei gewünschter Mobilität)	Gefährliche Hobbys (z.B. Drachenfliegen)
Ort, Datum Unterschrift		

Das Bewerbungsschreiben wird zusammen mit dem unterschriebenen Lebenslauf in die **Bewerbungsmappe** gelegt. Zu deren weiteren unerlässlichen Bestandteilen gehören das Abiturzeugnis sowie sämtliche Stations- und Examenszeugnisse. Haben Sie Arbeitszeugnisse, z.B. von Berufsausbildungen oder bewerbungsrelevanten Nebentätigkeiten, sollten

Sie diese ebenfalls beifügen, insbesondere da sie vielen Arbeitgebern als willkommene Informationsquelle über die von Ihnen ausgeübten Aufgaben dienen. Weitere Zeugnisse sind nach eigenem Geschmack hinzuzufügen. Die Zeugnisse von Arbeitsgemeinschaften sind dabei nicht unbedingter Bestandteil einer Bewerbungsmappe. Zudem sollten Sie die Bewerbungsmappe mit Kopien von Testaten und Praktikabescheinigungen nicht überfrachten, wenn Sie keine wertenden Inhalte haben, die über das hinausgehen, was Sie bereits im Lebenslauf vorgetragen haben. Nachweise, die älter als fünf Jahre sind und nicht zur angestrebten Stelle passen, sollten Sie ebenfalls weglassen. Es reicht in diesen Fällen nach meinem Verständnis aus, wenn Sie die Originale im Bewerbungsgespräch vorzeigen können. Diese Ansicht ist jedoch nicht einhellige Meinung, es gibt auch Arbeitgeber, die unbedingt Wert auf eine dicke Bewerbungsmappe legen.

Stets sollte man bedenken, dass zu viele Zeugnisse auf Kosten der Übersichtlichkeit gehen. Dem ist zu begegnen, indem man eine Liste der Stagen mit Einzelnoten beifügt. Bei der Reihenfolge ist zu beachten, dass der Blick zuerst auf das neueste Zeugnis gerichtet wird, das Abiturzeugnis folglich am Ende steht. Arbeitsproben, sprich Schriftsätze, sollten Sie keinesfalls ungefragt versenden. Soweit sie verlangt werden, sind diese unbedingt zu anonymisieren.

Anwaltliche Arbeitgeberinnen und Arbeitgeber achten nicht nur im Prozess, sondern auch bei eingehenden Bewerbungen auf **Formalien**. Um aus der Masse herauszutreten, müssen Sie sich auch Gedanken über die richtige Verpackung Ihrer Bewerbung machen. Stellen Sie hierbei einen höheren Anspruch als nur die Vermeidung von Eselsohren und verleihen Sie Ihrem Auftritt Strahlkraft! Viele gute Tipps entnehmen Sie einschlägigen Ratgebern, deren Lektüre ich insoweit wärmstens ans Herz lege.

IV. Das Vorstellungsgespräch

Werten Sie die Einladung zu einem Vorstellungsgespräch als sicheres Zeichen, für interessant gehalten zu werden (zumindest haben Ihre Bewerbungsunterlagen überzeugt). Sie dürfen sich daher glücklich schätzen und mit Selbstbewusstsein dem Termin entgegensehen.

Um das Gespräch zu einem Erfolg zu machen, ist es organisatorisch und inhaltlich sorgfältig vorzubereiten. Sammeln Sie also weitere Informationen über die Kanzlei und erarbeiten Sie einen Fragekatalog mit Punkten, die für Sie wichtig sind. Im Gegensatz zu Vorstellungsgesprächen in der Wirtschaft werden Sie häufig mit Gesprächspartnerinnen und Gesprächspartnern zu tun haben, die keine Personalprofis sind. Machen Sie sich vorsorglich auf eine weitschweifige Selbstdarstellung Ihres anwaltlichen Gegenübersund einen chaotischen Gesprächsablauf gefasst und versuchen Sie trotzdem, unter diesen Bedingungen einen guten Eindruck zu hinterlassen. Ihr legitimes Interesse an Informationen über die Stelle darf auch nicht zu kurz kommen, schließlich wollen Sie neben der 100-jährigen Kanzleigeschichte erfahren, welches Gehalt man zu zahlen bereit ist.

Da die Entscheidung, Sie einzustellen, nicht ausschließlich im Vorstellungsgespräch fällt, ist verbindlich zu vereinbaren, wann Sie mit einer Nachricht rechnen können. Nach spätestens drei Wochen Funkstille sollten Sie telefonisch nachfragen, sonst werden Sie vielleicht vergessen. Es gibt sogar Kanzleien, die nur solche Interessenten einstellen, die bei ihrer Bewerbung entsprechend aktiv sind. Den Gedanken, der dahintersteht, sollten alle Bewerberinnen und Bewerber verinnerlicht haben: Nur wer in eigener Sache am Ball bleibt, wird auch fremde Interessen überzeugend vertreten.

Für Ihren Einstieg in einen der schönsten Berufe der Welt wünsche ich Ihnen viel Glück und Erfolg!

D.2 DER ARBEITSVERTRAG

RECHTSANWALT WALTHER GRUNDSTEIN, FRANKFURT AM MAIN
RECHTSANWALT LARS STICH, FRANKFURT AM MAIN

Einführung

Der Weg in die anwaltliche Selbstständigkeit ist häufig teuer und erscheint vielen angesichts der heutigen Juristenschwemme auch zu riskant. Wer hat noch nicht von Pizza verkaufenden oder Taxi fahrenden Junganwältinnen und -anwälten gehört? Nicht zuletzt aus diesen Gründen streben viele Berufsanfängerinnen und -anfänger nach einer Beschäftigung entweder schon außerhalb des Anwaltsberufs oder aber zumindest in einem etablierten Anwaltsbüro. Dabei gibt es zwei Formen, wie eine solche Beschäftigung als Rechtsanwalt vertraglich ausgestaltet sein kann: Man kann Angestellte bzw. Angestellter oder freie Mitarbeiterin bzw. freier Mitarbeiter sein. Inhalt dieses Abschnittes sind Entscheidungshilfen für die eine oder andere Alternative und Ratschläge, worauf man bei der jeweiligen vertraglichen Ausgestaltung achten sollte. Ergänzend hierzu ist im nächsten Abschnitt und im Internet unter der Anschrift https://anwaltverein.de/de/anwaltspraxis/muster-vorlagen-tipps#panel-muster vertrage ein Musterarbeitsvertrag abrufbar. Abgerundet wird der Beitrag mit Hinweisen auf die Risiken eines Scheinarbeitsverhältnisses und auf die Gefahr einer Rentenversicherungspflicht auch echter freier Mitarbeiter in der Deutsche Rentenversicherung Bund (DRV-Bund) gemäß § 2 S. 1 Nr. 9 SGB VI.

Nicht Gegenstand dieses Kapitels ist die Darstellung von Arbeitsverhältnissen bei der nichtanwaltlichen Arbeitgeberschaft. Dies gilt dementsprechend auch für die Arbeitsverhältnisse von Syndikusrechtsanwälten/-anwältinnen. Sofern die Zulassung als Syndikusrechtsanwältin/-anwalt und damit auch die Befreiung von der Versicherungspflicht in der gesetzlichen Rentenversicherung angestrebt wird, gelten spezielle Voraussetzungen (bspw. § 46 BRAO), welche auch im Rahmen der Gestaltung des jeweiligen Arbeitsvertrags zu berücksichtigen sind. Insoweit sei an dieser Stelle auf das umfangreiche Kapitel zum Syndikusrechtsanwalt bzw. zur Syndikusrechtsanwältin unter A.10 in diesem Ratgeber verwiesen.

I. Arbeitsvertrag oder freie Mitarbeiterschaft?

1. Die eigene Entscheidung

Eine generell geltende Empfehlung in die eine oder andere Richtung lässt sich nicht geben. Keine der beiden Möglichkeiten ist nämlich allgemein vorzugswürdig. Welche der beiden die bessere Variante ist, hängt vielmehr von den konkreten Umständen des Einzelfalls ab.

a) Eine **Leitlinie** gibt es allerdings: Wer auf eine **soziale Absicherung** angewiesen ist (z.B. wegen einer Familie oder der Verpflichtung zur Rückzahlung eines BAföG-Darlehens), sollte sich in der Regel für einen Arbeitsvertrag entscheiden. Denn die soziale Absicherung einer freien Mitarbeiterin oder eines freien Mitarbeiters ist gegenüber einer Arbeitnehmerin oder einem Arbeitnehmer ungleich schlechter. Ein Arbeitsvertrag sichert nicht nur ein festes monatliches Einkommen; bei einer Beschäftigung als freie Mitarbeiterin oder freier Mitarbeiter ist dies nicht zwingend gewährleistet. Auch Lohnfortzahlung bei Krankheit und Urlaub gibt es regelmäßig nur bei einem Arbeitnehmerverhältnis. Außerdem genießt die angestellte Rechtsanwältin bzw. der angestellte Rechtsanwalt wie jeder andere Arbeitnehmerin oder Arbeitnehmer auch nach mehr als sechs Monaten Beschäftigungszeit Kündigungsschutz, wenn nur die Kanzlei entsprechend groß ist (mindestens 10,25 Arbeitnehmer, § 23 Abs. 1 S. 2, 3 KSchG). Bei Vorliegen der entsprechenden Voraussetzungen greift sogar Sonderkündigungsschutz (z.B. Schwangerschaft, Schwerbehinderung). Nicht zu vernachlässigen ist die sozialversicherungsrechtliche Absicherung (insbesondere die Krankenversicherung). Hier ist die freie Mitarbeiterin bzw. der freie Mitarbeiter auf seine eigene Vorsorge angewiesen. Die angestellte Rechtsanwältin oder der angestellte Rechtsanwalt hingegen wird nicht selten zumindest bei Berufsanfang noch pflichtversichert sein, denn das Einstiegsgehalt dürfte häufig noch unter der niedrigsten Versicherungspflichtgrenze (im Jahr 2021: 5.362,50 EUR für die Krankenversicherung) liegen.

b) Wer auf eine soziale Absicherung nicht angewiesen ist, kann hierauf verzichten und sich für die **Vorteile der Selbstständigkeit** entscheiden. Beides zusammen – soziale Absicherung und Vorteile der Selbstständigkeit – geht nicht. Die Vorteile der Selbstständigkeit sind nun nicht unerheblich:

   aa) Je „echter" der Vertrag als freie Mitarbeiterin/freier Mitarbeiter ausgestaltet wird, desto weniger ist man in die Organisation des Vertragspartners – der fremden Kanzlei – eingebunden. Das wirkt sich insbesondere auch auf die Arbeitszeiten und den Arbeitsplatz aus. Selbstständigkeit ermöglicht erhöhte zeitliche und örtliche Flexibilität. Speziell Doktoranden werden dies zu schätzen wissen. Aber auch allen anderen wird ein Freiraum eröffnet, den sie bald nicht mehr missen wollen. Je nach Fallgestaltung kann das Unterbleiben der Einbindung in die Organisation aber auch nachteilige Folgen haben. Zu denken ist hier etwa an erhöhte Anschaffungskosten (z.B. Computer, Diktiergerät etc.) oder Gebühren für Versicherungen (insbesondere Berufshaftpflicht), die die fremde Kanzlei bei einer freien Mitarbeiterin bzw. einem freien Mitarbeiter gegebenenfalls nicht zu tragen bereit ist. Außerdem ist es einer freien Mitarbeiterin oder einem freien Mitarbeiter in der Regel nicht in gleichem Umfang wie einer Arbeitnehmerin oder einem Arbeitnehmer möglich, sich das gegebenenfalls noch fehlende Praxiswissen anzueignen.

   bb) Die freie Mitarbeiterin oder der freie Mitarbeiter kann frei darüber entscheiden, ob er einen konkreten Auftrag annimmt oder nicht. Das aber dürfte eher nur ein theoretischer Vorteil sein. Wer etwa als freie Mitarbeiterin oder freier Mitarbeiter ohne sachlichen Grund des Öfteren die Übernahme bestimmter Aufgaben – insbesondere die Bearbeitung unliebsamer Mandate – ablehnt, wird die längste Zeit freie Mitarbeiterin oder freier Mitarbeiter gewesen sein.

   cc) Wegen der weniger starken Integration in den Betrieb der fremden Kanzlei wird eine freie Mitarbeiterin oder ein freier Mitarbeiter eher eine Nebentätigkeit für eine weitere Auftraggeberschaft (Rechtsanwaltskanzlei, Universität etc.) oder sich selbst (eigene Kanzlei) durchsetzen können.

dd) Tendenziell fällt bei einem Vertrag als freie Mitarbeiterin oder freier Mitarbeiter die (Netto-)Vergütung höher aus, weil der Vertragspartner die Sozialabgaben sparen kann. Wegen der erhöhten eigenen Vorsorgeaufwendungen ist das aber im Ergebnis ein reines Rechenexempel, welcher Weg im Ergebnis der günstigere ist. Darauf zu spekulieren, man werde später als „scheinselbstständig" eingestuft und der Vertragspartner müsse alle Sozialabgaben nachzahlen, ist außerordentlich riskant und auf keinen Fall zu empfehlen. Auch droht hier die Rückforderung des Teils der Vergütung, der das übliche Entgelt einer Arbeitnehmerin oder eines Arbeitnehmers übersteigt.[1]

ee) Während in Arbeitsverhältnissen gegebenenfalls die Kündigungsfristen auch für die Arbeitnehmerin bzw. den Arbeitnehmer verlängert werden, unterbleibt eine dahin gehende Vereinbarung nicht selten bei einer freien Mitarbeiterin oder einem freien Mitarbeiter. Das bedeutet zugleich, dass man sich selbst schneller umorientieren kann.

ff) Die Selbstständigkeit bringt in der Regel auch steuerliche Vorteile mit sich. Als Selbstständige oder Selbstständiger hat man mehr Möglichkeiten, Ausgaben „über den Betrieb laufen" zu lassen. Die Abschreibung eines angeschafften Fahrzeugs oder die Kosten seines laufenden Betriebes zum Beispiel kann – wenn überhaupt – nur die oder der Selbstständige, nicht aber die Arbeitnehmerin bzw. der Arbeitnehmer absetzen, der nur Fahrtkosten geltend machen kann. Außerdem hat nur die oder der Selbstständige die Möglichkeit des Vorsteuerabzugs, das heißt, nur er kann die ihm von anderen Unternehmern in Rechnung gestellte Umsatzsteuer von der Umsatzsteuer absetzen, die er in seinen eigenen Rechnungen ausweist. Gerade bei Berufseinsteigern kann sich hier ein nicht unerheblicher Überschuss zu ihren Gunsten ergeben, der ihnen vom Finanzamt erstattet werden muss. Allerdings werden die notwendigen Anschaffungen eines freien Mitarbeiters hinter denen eines Kanzleigründers zurückbleiben, der denkbare Überschuss also auch geringer ausfallen.

gg) Die Entscheidung für den „richtigen" Vertrag hängt vielfach auch von weiteren **äußeren Faktoren ab**. Insbesondere darf sie nicht am Markt vorbei getroffen werden. Wer zum Beispiel in eine Großkanzlei einsteigen will, wird dort eher nicht als freier Mitarbeiter akzeptiert werden. Wer Wert darauf legt, sich sofort als Rechtsanwältin bzw. Rechtsanwalt zuzulassen, muss damit rechnen, dass dies bei Abschluss eines Arbeitsvertrages selten gelingt, sondern dass hier häufig erst der Ablauf der Probezeit abgewartet werden muss. Strebt man die Aufnahme auf den Briefbogen einer Kanzlei an, wird dies über einen Vertrag als freie Mitarbeiterin oder freier Mitarbeiter nur selten glücken. Auch ist der Vertrag als freie Mitarbeiterin oder freier Mitarbeiter nicht für jede Tätigkeit uneingeschränkt geeignet. Der Vertragstypus ist gekennzeichnet durch das Selbstbestimmungsrecht der Mitarbeiterin oder des Mitarbeiters über Arbeitszeit, Arbeitsort und Annahme der einzelnen Aufträge

1 BAG NZA 2019, 1558.

(siehe oben). Das lässt beispielsweise unproblematisch die Vergabe von Aufträgen zur Gutachtenerstellung zu. Die verantwortliche vollumfängliche Mandatsbearbeitung für eine Kanzlei hingegen ist bei diesen Rahmenbedingungen nur schwer zu realisieren. Die Kanzlei wird in diesen Fällen vielmehr auf die Einhaltung ihrer Bürostunden und auch auf eine Anwesenheit vor Ort bestehen, gerade wenn es sich um eine Berufsanfängerin oder einen Berufsanfänger handelt, dem in der Regel auch inhaltlich – etwa zur Art und Weise der Mandatsbearbeitung – verstärkt Weisungen erteilt werden sollen. Die Kombination solcher Vorgaben mit einem Vertrag als freie Mitarbeiterin oder freier Mitarbeiter wird in einer rechtlich sauberen Form kaum möglich sein. Das führt dazu, dass in solchen Fällen entweder von vornherein ein Arbeitsvertrag zu schließen sein wird oder aber man mit dem Risiko zu leben hat, dass im Fall einer Betriebsprüfung das Vertragsverhältnis als Arbeitsverhältnis qualifiziert werden wird (dazu unter II.3).

2. Durchsetzbarkeit der eigenen Entscheidung

Mit der eigenen Entscheidung für ein Arbeitsverhältnis oder eine freie Mitarbeiterschaft ist es nicht getan. Die Entscheidung will auch noch gegenüber dem anvisierten Vertragspartner durchgesetzt werden. Gegen von der eigenen Überlegung abweichende Vorgaben der Kanzlei kann sich der Berufsanfänger dabei aber nur mit mäßigem Erfolg wehren, weil er sich sonst womöglich die Einstellung verscherzt. Deswegen muss man sich im Vorfeld nicht nur über die oben geschilderten äußeren Faktoren klar werden, sondern auch seinen Marktwert (Stichworte: Qualifikation, Berufserfahrung, Beziehungen) und die Position der Kanzlei im Wirtschaftsleben möglichst genau einschätzen, damit man weiß, wie viel Druck man gegebenenfalls ausüben kann. Im Übrigen können vielleicht die folgenden Argumente gegen zwei naheliegende, der eigenen Entscheidung entgegenstehende **Begründungsansätze** helfen:

a) *„Wegen der hohen Sozialabgaben kommt ein Arbeitsvertrag nicht in Betracht."*
Gegenargument: Die Arbeitgeberin oder den Arbeitgeber trifft nur ein hälftiger Anteil, den anderen zahlt die Arbeitnehmerin bzw. der Arbeitnehmer. Der Anteil der Arbeitgeberin oder des Arbeitgebers stellt für ihn eine Betriebsausgabe dar, so dass sie oder er einen Gutteil vom Finanzamt wiederbekommt. Außerdem schützt der angedachte freie Mitarbeitervertrag allein vor den Sozialabgaben nicht, gerade dann nämlich nicht, wenn in Wahrheit ein „verkapptes" Arbeitsverhältnis begründet werden soll (siehe II.3).

b) *„Sie sind (möglicherweise) scheinselbstständig. Deswegen kommt ein Vertrag als freier Mitarbeiter nicht in Betracht."*
Gegenargument: Wenn die Vereinbarung nicht als Arbeitsvertrag konzipiert und dann in der Praxis auch nicht als solcher gehandhabt wird, droht das Risiko der Scheinselbstständigkeit nicht. Die Art der Handhabung steuert aber die Auftraggeberin bzw. der Auftraggeber. Außerdem lässt sich der Status als Selbstständige oder Selbstständiger durch ein Anfrageverfahren (auch „Statusfeststellungsverfahren" genannt) bei der Deutschen Rentenversicherung Bund (§ 7 a SGB IV) klären.

II. Vertragsgestaltung

Haben sich die Vertragsparteien auf eine gemeinsame Linie hinsichtlich des Vertragstypus geeinigt, müssen sie den jeweils zu schließenden Vertrag in seinen Einzelheiten absprechen.

1. Arbeitsvertrag

Für den Fall des Arbeitsvertrages steht im nächsten Abschnitt und im Internet unter der oben angegebenen Adresse eine Formulierungshilfe zur Verfügung. Der Abschluss **befristeter** Verträge will wohl überlegt sein. Spätestens im Laufe des Arbeitsverhältnisses wird sich die oder der Angestellte zur Anwaltschaft zulassen. Die damit verbundenen Kosten (z.B. Kammerbeitrag, Haftpflichtversicherung, Versorgungswerk) müssen auch nach Ablauf der Befristung aufgebracht werden, wenn die Zulassung nicht zurückgegeben werden soll. Bei der zu vereinbarenden **Arbeitszeit** ist daran zu denken, dass das Arbeitszeitgesetz keine Ausnahme für angestellte Anwältinnen und Anwälte vorsieht. Auch hier gilt also der Grundsatz, dass die werktägliche Arbeitszeit acht Stunden nicht überschreiten darf (§ 3 S. 1 AZG). Das ArbG Bad Hersfeld[2] und ihm folgend das Hessische LAG[3] halten gleichwohl eine Wochenarbeitszeit von „bis zu“ 50 Stunden für durchaus üblich. Ähnliches ist auch einer Veröffentlichung vom 9.5.2017 unter www.juve.de zum Thema Arbeitszeiten zu entnehmen, wonach die Arbeitszeit von Associates in Kanzleien im Schnitt 54 Wochenstunden beträgt, weil gerade Großkanzleien ihr Augenmerk stärker auf die „billable hours“ legen. Hier werden Vorgaben (für Einsteiger) von bis zu 1.650 Stunden pro Jahr gemacht. Hinzuzurechnen sind die Zeiten, die nicht abrechenbar sind, so dass hier schnell auch eine 50-Stunden-Woche erreicht sein dürfte.[4] Die Verlagerung der gesetzlich zulässigen Samstagsarbeit auf die anderen Arbeitstage ist immerhin in der Tat erlaubt (§ 3 S. 2 AZG). Das ergibt bei einer 5-Tage-Woche eine maximal zulässige tägliche Arbeitszeit von 9,6 Stunden. § 26 Abs. 1 S. 2 lit. c BORA ist ergänzend zu beachten (angemessene Fortbildung muss möglich sein). Die Höhe der **monatlichen Grundvergütung** wird sicherlich einer der Hauptverhandlungspunkte sein. Das Ergebnis hängt von einer Vielzahl von Faktoren ab (Kanzleigröße, Lage der Kanzlei in Ballungsgebiet oder strukturschwacher Region, Zusatzqualifikation des Bewerbers u.v.m.). Allgemeingültige Aussagen fallen daher schwer. Wenngleich in Großkanzleien 9.000 EUR bis 11.000 EUR brutto[5] monatlich auch für Berufseinsteigerinnen und Berufseinsteiger durchaus üblich sind, dürfte es nicht selten sein, dass man sich gegen unangemessen niedrige Gehaltsvorschläge des Arbeitgebers zur Wehr setzen muss. Berufsrechtlich muss die Bezahlung „angemessen“ sein (§ 26 Abs. 2 BORA). Gesetzlichen Schutz bietet nur § 138 BGB. Das ArbG Bad Hersfeld[6] hat insoweit die Vereinbarung von 1.300 DM für eine Vollzeittätigkeit als sittenwidrig angesehen und den Arbeitgeber zur Nachzahlung der Differenz zum üblichen Gehalt verurteilt. Das Hessische LAG[7] hat das Urteil auch inso-

2 Urt. v. 4.11.1998 – 2 Ca 255/98.
3 Urt. v. 28.10.1999 – 5 Sa 169/99.
4 Bzgl. der Kollision von ArbZG und Berufspflichten vgl. *Willemsen/Oberthür*, NJW 2020, 1761 ff.
5 JUVE Rechtsmarkt 06/18, S. 6.
6 Urt. v. 4.11.1998 – 2 Ca 255/98.
7 Urt. v. 28.10.1999 – 5 Sa 169/99.

weit in vollem Umfang bestätigt. Auch das BAG[8] entschied, dass ein auffälliges Missverhältnis zwischen dem Wert der Arbeitsleistung und der Vergütungshöhe vorliegt, wenn die Arbeitsvergütung nicht einmal zwei Drittel der üblicherweise gezahlten Vergütung erreiche. Für die Ermittlung des notwendigen Vergleichswertes kommt es hier – so das BAG – jedoch allein auf die Vergütung angestellter Rechtsanwälte und -anwältinnen in vergleichbaren Anstellungsverhältnissen am Beschäftigungsort oder einem Ort vergleichbarer wirtschaftlicher Prägung an. Dies führt freilich dazu, dass die üblichen Vergütungen deutschlandweit stark schwanken und mithin keine allgemeine Aussage dahin gehend, ab welchem Betrag ein Gehalt gegen § 138 BGB verstößt, möglich ist. Der Anwaltssenat des BGH hat in einem Beschluss ein Einstiegsgehalt von 1.000 EUR jedenfalls als unangemessen i.S.v. § 26 BORA und sittenwidrig i.S.v. § 138 BGB bewertet.[9] Das Urteil geht (für das Jahr 2006) von mindestens 2.300 EUR als Richtmaß für das Einstiegsgehalt einer Rechtsanwältin bzw. eines Rechtsanwaltes ohne besondere Spezialisierung, ohne besondere Zusatzqualifikation und ohne Prädikatsexamen bei einer Vollzeitstelle aus. Studien und Verdienstübersichten helfen gleichwohl, sich einen ersten groben Überblick hinsichtlich der durchschnittlichen Vergütung zu verschaffen. So liegt das durchschnittliche Gehalt für Rechtsanwältinnen und Rechtsanwälte allgemein gem. der FAZ (Stand 2017) bei ca. 6.100 EUR brutto monatlich.[10] Diese Werte decken sich auch mit den Ergebnissen weiterer Erhebungen. Nach einer Studie des Institutes Freier Berufe soll (in 2013) der Durchschnitt der in Frankfurt am Main in Vollzeit angestellten Rechtsanwältinnen und Rechtsanwälte ein Jahreseinkommen in Höhe von 94.000 EUR erzielt haben, während die angestellten Kolleginnen und Kollegen in anderen Kammern im Schnitt auf lediglich 66.000 EUR brutto jährlich kamen. Bei einer Beschäftigung in einer Einzelkanzlei fällt der durchschnittliche Verdienst mit 46.000 EUR brutto jährlich allerdings deutlich geringer aus.[11] Ähnliche Zahlen sind auch dem STAR-Bericht 2018 für das Wirtschaftsjahr 2016 (Bericht des Institutes Freier Berufe) zu entnehmen, wonach im Jahr 2016 das durchschnittliche jährliche Bruttoeinkommen angestellter Rechtsanwältinnen und Rechtsanwälte bundesweit bei 67.000 EUR brutto lag. Auffällig ist die große Bandbreite des Jahresgehalts in Abhängigkeit von der Arbeitszeit (40 bis 49 Std./Woche: 48.000 EUR brutto; 50 bis 59 Std./Woche: 80.000 EUR brutto; darüber: durchschnittlich 116.000 EUR brutto). Viele (insbesondere kleinere) Kanzleien werden solche Beträge aber nicht erwirtschaften können, so dass uns die durchschnittlichen Gehälter unrealistisch hoch erscheinen. Die Höhe der gezahlten Grundvergütung ist zudem ein maßgeblicher Faktor für die Frage, ob und inwieweit ohne gesonderte Regelungen **Überstunden** abgegolten sind oder nicht. Eine pauschale Abgeltungsklausel für Überstunden (ohne Konkretisierung der erfassten Arbeitsleistung und des zeitlichen Umfangs) ist in der Regel gemäß dem BAG[12] unwirksam und führt zur Geltung der gesetzlichen Vorschriften (§ 612 BGB).

8 Urt. v. 17.12.2014 – 5 AZR 633/13.
9 BGH, Beschl. v. 30.11.2009 – AnwZ (B) 11/08.
10 Stand 21.12.2017, http://www.faz.net/aktuell/wirtschaft/berufe-check/gehalts-check-diese-berufe-stehen-in-der-rangliste-ganz-oben-15057927.html.
11 BRAK-Mitt. 1/2017, 13.
12 Urt. v. 17.8.2011 – 5 AZR 406/10.

Ebenfalls ein wichtiger Punkt bei den Vertragsverhandlungen wird die Frage sein, wann denn die oder der Angestellte seine **Zulassung** beantragen kann oder soll. Nicht nur psychologisch macht es einen deutlichen Unterschied, ob man dem Mandanten gegenüber als Rechtsanwalt oder als Assessor auftritt. Es kommt hinzu, dass die oder der Angestellte vor seiner Zulassung nicht – wie häufig gewünscht – Mitglied im Anwaltsversorgungswerk werden kann. Das ist regelmäßig besonders misslich, weil die stattdessen an die DRV-Bund gezahlten Versicherungsbeiträge nur selten zu einer Rentenanwartschaft führen werden. Gleichwohl wird häufig vereinbart, dass der Angestellte erst zum Ende der Probezeit hin seine Zulassung beantragen soll. Das liegt unter anderem daran, dass die oder der Angestellte vor Ablauf der Probezeit keinen allgemeinen Kündigungsschutz genießt und daher während dieser Zeit verstärkt mit dem Risiko einer Kündigung und hohen fortlaufenden Kosten rechnen muss. Hinzu kommt, dass durch die Zulassung der Zuschlag der einstellenden Kanzlei zu ihrer Haftpflichtversicherung steigt. Außerdem wird einer vorzeitigen Zulassung vielfach § 27 Abs. 1 BRAO entgegenstehen. Danach unterliegt jede Rechtsanwältin bzw. jeder Rechtsanwalt einer Kanzleipflicht. Er muss zur Erfüllung dieser Verpflichtung seine anwaltlichen Dienste so zur Verfügung stellen, dass dies für Rechtsuchende ohne weiteres erkennbar ist. Die Rechtsprechung zählt dazu trotz zunehmender Kritik[13] unverändert als unabdingbare Voraussetzung ein auf den Rechtsanwalt hinweisendes Praxisschild.[14] Dazu und zu anderen Merkmalen der Erkennbarkeit (Aufnahme auf den Briefbogen, den Vollmachten und im Telefonbuch) wird die Arbeitgeberschaft vor Ablauf der Probezeit eher nicht bereit sein und das nicht nur, weil dadurch der Beitrag zur Haftpflichtversicherung ein weiteres Mal steigt. Auch bedarf es im Rahmen der Aufnahme auf den Briefkopf gegebenenfalls der zusätzlichen Aufnahme klarstellender Hinweise (bspw. Zuordnung der jeweiligen Qualifikation (Fachanwaltschaft etc.), Anstellungsverhältnis usw.[15]

Will die Arbeitgeberschaft diese Folgen der Kanzleipflicht vermeiden, ist als wohl noch vernünftigste Alternativlösung eine (ernst gemeinte und praktizierte) Vereinbarung zu empfehlen, dass der Angestellte außerhalb der Kanzleiräume eine anwaltliche **Nebentätigkeit** ausüben darf. Dann kann die oder der Angestellte an einem von ihm gewählten Ort seiner Kanzleipflicht genügen. Eine solche Gestattung soll ohnehin berufsrechtlich geboten sein.[16]

Die Gestattung einer Nebentätigkeit – gegebenenfalls verbunden mit einer Einbringungsverpflichtung – empfiehlt sich umso eher dann, je ernster es die Parteien mit der Aufnahme der oder des Angestellten in die Sozietät nehmen. Denn umso höher muss das Interesse der Sozietät sein, dass der Angestellte Eigenmandate akquirieren kann, die ihr mit der Aufnahme der oder des Angestellten zufließen. Dem Thema **Haftpflichtversicherung** müssen beide Vertragspartner ein besonderes Augenmerk widmen. Insoweit sei an dieser Stelle nur auf die weiteren Ausführungen in diesem Ratgeber verwiesen. Hervorgehoben werden soll daher nur zweierlei: Zum einen droht der oder dem Angestellten mit Aufnahme seines Namens insbesondere in den Briefbogen wegen des dadurch gesetzten Rechtsscheins die

13 Z.B. Anwaltsgericht München, Urt. v. 24.7.2007 – Az. 2 AnwG 46/05.
14 AGH Berlin, Beschl. v. 29.5.2017 – I AGH 2/16.
15 Vgl. OLG Hamm, Urt. v. 7.5.2013 – 4 U 192/12.
16 *Wettlaufer*, AnwBl. 1989, 194, 202 f.

Haftung für Fehler der Sozietätsmitglieder, und das sogar rückwirkend.[17] Zum anderen muss die Deckungssumme der eigenen Versicherung der der Mitglieder der Sozietät entsprechen, wenn die Gefahr einer Kürzung der Versicherungsleistung vermieden werden soll. Dass dadurch gegebenenfalls gegenüber der notwendigen Grunddeckung Mehrkosten verbunden sind, ist für den Angestellten nicht entscheidend, weil die Kosten der Versicherung üblicherweise von der Sozietät getragen werden.[18] Wird ein solcher **Auslagenersatz** vereinbart (für Beiträge der oder des Angestellten zur Berufshaftpflicht, zur Anwaltskammer oder zum DAV), ist auf die richtige steuerliche Behandlung zu achten. Sonst kann der oder dem Angestellten eine „Kostenfalle" drohen.[19] Ein **Niederlassungsverbot** wird, wenn überhaupt, nur unter Beachtung der § 74 ff. HGB vereinbart werden können. **Mandantenübernahmeklauseln** sehen vor, dass die ausgeschiedene Mitarbeiterin oder der ausgeschiedene Mitarbeiter Mandantinnen oder Mandanten seiner alten Arbeitgeberschaft ohne Weiteres weiterbetreuen darf, aber einen gewissen Honoraranteil aus dieser Mandatschaft an die Arbeitgeberschaft abzuführen hat. Ob sie ohne Zahlung einer Wettbewerbsentschädigung und für welchen Zeitraum sie vereinbart werden können, hängt von den Umständen und der Formulierung im Einzelnen ab.[20] Mandantenübernahmeklauseln dürften jedoch im Bereich der Arbeitsverträge für Berufsanfängerinnen und Berufsanfänger eher der Vergangenheit angehören. Das BAG[21] hatte zuletzt im Jahr 2013 eine Mandantenübernahmeklausel zu prüfen und hielt sie im konkreten Fall als verdeckte Mandantenschutzklausel wegen Umgehung der Pflicht zur Zahlung einer Karenzentschädigung (§ 74 Abs. 2 HGB) gemäß § 75 d S. 2 HGB für unwirksam, weil sie eine Pflicht zur Abführung eines so hohen Honoraranteils vorsah, dass sich die Bearbeitung der Mandate wirtschaftlich nicht mehr lohnte. Damit hat es aber auch die grundsätzliche Möglichkeit bestätigt, eine **Mandantenschutzklausel** zu vereinbaren. Mit einer solchen Klausel wird es untersagt, nach dem Ausscheiden mit der Beratung ehemaliger Mandanten des Arbeitgebers zu diesem in Konkurrenz zu treten. Mandantenschutzklauseln wirken folglich wie ein nachvertragliches Wettbewerbsverbot (vgl. § 74 ff. HGB). Wirksamkeitsvoraussetzung ist nicht nur die Pflicht des Arbeitgebers zur Zahlung einer Karenzentschädigung nach § 74 Abs. 2 HGB, sondern auch das Einhalten der gesetzlich zulässigen Höchstdauer von zwei Jahren (vgl. § 74 a Abs. 1 S. 3 HGB).[22]

2. Vertrag als freier Mitarbeiter

Etwa 16,5 % aller Rechtsanwälte arbeiten bei Berufseinstieg als freie Mitarbeiterinnen oder freie Mitarbeiter.[23] Hiervon ist ca. die Hälfte[24] nicht freiwillig als freie Mitarbeiterinnen oder freie Mitarbeiter tätig, sondern hat schlicht auf dem Arbeitsmarkt keine passende Anstellung als Rechtsanwalt gefunden. Es ist somit häufig ein Kompromiss zwischen den eigenen Zie-

17 BGH, Urt. v. 3.5.2007 – IX ZR 218/05; *Hartung*, AnwBl. 2007, 849.
18 So auch ArbG Bad Hersfeld, Urt. v. 4.11.1998 – 2 Ca 255/98; LAG Hessen, Urt. v. 28.10.1999 – 5 Sa 169/99).
19 *Sterzinger*, NJW 2010, 378.
20 Hierzu ausführlich *Bauer/Diller*, Rn. 132 ff. und BAG, Urt. v. 7.8.2002 – 10 AZR 586/01.
21 Urt. v. 11.12.2013 – 10 AZR 286/13.
22 BAG, Urt. v. 7.8.2002 – 10 AZR 586/01; Urt. v. 11.12.2013 – 10 AZR 286/13.
23 BRAK-Mitt. 2/2015, S. 64 ff.
24 41 % gem. BRAK-Mitt. 2/2015, 64 ff.

len (Selbstständigkeit, Partner einer Sozietät etc.) und der realen Lage am Markt. Einen vollständigen **Mustervertrag** hat beispielsweise *Wettlaufer* entworfen.[25]

Hinsichtlich der Gefahren einer **Befristung** kann nach oben verwiesen werden. Der oder die (echte) freie Mitarbeiter oder Mitarbeiterin wird weiter darauf zu achten haben, dass ihm oder ihr sein Selbstbestimmungsrecht hinsichtlich der Einteilung seiner **Arbeitszeit** und des **-ortes** nicht genommen wird. Einschränkungen lassen sich allenfalls mit berechtigten Belangen der vertragsschließenden Sozietät im Einzelfall rechtfertigen. Es ist aber selbstverständlich, dass vereinbarte Termine zur Abgabe der Arbeiten einzuhalten sind. Die Absprache solcher Fristen lässt auch den Charakter des Vertrages unberührt. Die freie Mitarbeiterin oder der freie Mitarbeiter sollte Wert legen auf eine klare Definition des angedachten **Aufgabenbereiches**. Empfehlenswert ist die Regelung, dass freie Mitarbeiterin oder der freie Mitarbeiter die Übernahme der ihm angetragenen Aufgaben ablehnen kann. Das ist nicht nur ein entscheidendes Merkmal für den Vertragscharakter, sondern sichert die Mitarbeiterin oder den Mitarbeiter auch vor einer zu intensiven Inanspruchnahme. Diese je nach der Situation des Betroffenen sinnvolle Beschränkung des **Arbeitsumfangs** lässt sich dadurch verstärken, dass eine Begrenzung des Stundenkontingents aufgenommen wird, das von der Mitarbeiterin oder dem Mitarbeiter zu leisten ist. Hinsichtlich der **Vergütungsform** sind verschiedene Gestaltungen denkbar: Etwa die Vereinbarung eines Pauschalbetrages oder eines Stundenhonorars (jeweils zzgl. MwSt.). Beide Varianten sind in ihrer Reinform mit Risiken behaftet. Je nach Inanspruchnahme der freien Mitarbeiterin oder des freien Mitarbeiters kann die Pauschalvergütung zu einer unangemessen niedrigen Bezahlung und die Vereinbarung eines Stundenlohns im Extremfall dazu führen, dass man in einem Monat überhaupt nichts verdient. Von daher empfiehlt sich regelmäßig eine Kombination: Vereinbarung einer Grundvergütung, die sich an der Höhe der erwarteten Inanspruchnahme orientiert; zusätzlich ein Stundenhonorar für die Stunden, die über die angenommene Anzahl hinausgehen. Die **Vergütungshöhe** wird sich zunächst an den für Arbeitnehmer gezahlten Werten zu orientieren haben. Bisweilen scheinen hier schlechtere Bedingungen vorgegeben zu werden. Allerdings zu Unrecht: Wegen der ersparten Sozialabgaben und des Wegfalls eines Urlaubsgeldes und der Weihnachtsgratifikation liegt im Gegenteil ein angemessener Aufschlag nahe.

Deswegen sollte der Stundensatz nicht unter 30 EUR netto liegen. Zumindest eine Teilübernahme von Spesenkosten dürfte üblich sein, eine vollständige Zahlung von Versicherungs- und Kammerbeiträgen hingegen eher ausscheiden. Bei manchen örtlichen Anwaltskammern kann man insoweit die regionalen Üblichkeiten erfragen. Während in einem Bericht der Bundesrechtsanwaltskammer[26] für das Jahr 2006 noch ein jährliches Honorar in Höhe von 29.000 EUR für Westdeutschland genannt wird, erzielten bei einer deutschlandweiten Betrachtung die als Rechtsanwältin oder Rechtsanwalt tätigen freien Mitarbeiterinnen oder Mitarbeiter im Jahr 2013 insgesamt ein durchschnittliches Jahreshonorar in Höhe von

25 *Wettlaufer*, AnwBl. 1989, 194, 209 f.
26 BRAK-Mitt. 2010, 2.

67.000 EUR.[27] Der STAR-Bericht 2018 für das Wirtschaftsjahr 2016 (Bericht des Institutes Freier Berufe) weist demgegenüber für das gesamte Bundesgebiet ein durchschnittliches jährliches Bruttoeinkommen in Höhe von 50.000 EUR für die als Rechtsanwältin oder Rechtsanwalt tätigen freien Mitarbeiterinnen oder Mitarbeiter aus (wobei das jährliche Bruttoeinkommen gem. dem Bericht im Westen höher (54.000 EUR) und im Osten niedriger (37.000 EUR) ausgefallen ist). Die freie Mitarbeiterin oder der freie Mitarbeiter hat in der Regel keinen Anspruch auf die Gewährung von **Urlaub**. Etwas anderes gilt nur dann, wenn er als arbeitnehmerähnliche Person anzusehen ist (Definition in § 12 a TVG). Vor diesem Hintergrund ist die Aufnahme einer Urlaubsregelung empfehlenswert. Soll der Charakter des Vertrages nicht gefährdet werden, verbietet sich allerdings die Bezahlung der Urlaubstage wie auch die Vereinbarung einer **Lohnfortzahlung im Krankheitsfall**, auf die die freie Mitarbeiterin oder der freie Mitarbeiter auch als arbeitnehmerähnliche Person keinen Anspruch hat. Probleme mit der **Zulassung** zur Rechtsanwaltschaft wird es anders als bei einem angestellten Rechtsanwalt (siehe dazu II.1) nicht geben, jedenfalls wenn es sich um ein echtes freies Mitarbeiterverhältnis handelt. Denn hier wird der freie Mitarbeiter seiner Kanzleipflicht an dem von ihm gewählten Ort ohne weiteres nachkommen können. Wer einer **Nebentätigkeit** nachgehen will, sollte sich dies im Vertrag vorsorglich ausdrücklich gestatten lassen, nicht zuletzt damit klar ist, dass keine abweichende Vereinbarung getroffen worden ist (wäre schädliches Indiz für Arbeitnehmereigenschaft). Die Vereinbarung von **nachvertraglichen wettbewerbsbeschränkenden Abreden** ist nicht ohne Grenzen möglich. Zwar sind die §§ 74 ff. HGB auf (echte) freie Mitarbeiterinnen oder Mitarbeiter grundsätzlich nicht anwendbar. Insbesondere bei wirtschaftlich[28] und/oder sozial[29] abhängigen freien Mitarbeiterinnen oder Mitarbeitern gelten aber Besonderheiten. In diesen Fällen wird davon auszugehen sein, dass ein umfassendes Wettbewerbsverbot eine angemessene Karenzentschädigung voraussetzt. Weitere Schranken ergeben sich aus § 26 BORA. Darüber hinaus wird allgemein im Hinblick auf § 138 BGB die Reichweite des Wettbewerbsverbots angemessen beschränkt werden müssen. So werden etwa Mandantenschutzklauseln – sofern sie zwischen Anwältinnen oder Anwälten überhaupt wirksam vereinbart werden können – unzulässig sein, die die Übernahme von Mandatschaft für solche Personen verbieten, die die Kanzlei das letzte Mal vor mehr als zwei Jahren mandatiert hatten.[30] Auch bei einem Vertrag als freie Mitarbeiterin oder freier Mitarbeiter muss man den **Versicherungsfragen** besondere Aufmerksamkeit zukommen lassen. Auch hier können etwa je nach den Umständen des Einzelfalls Gefahren wegen einer Nichteinbeziehung der freien Mitarbeiterin oder des freien Mitarbeiters in die Sozietätsversicherung oder bei fehlendem Gleichklang der Haftpflichtversicherungen der freien Mitarbeiterin des freien Mitarbeiters und der Sozietät drohen. Nach Möglichkeit sollte die freie Mitarbeiterinnen oder der freie Mitarbeiter im Innenverhältnis eine Haftungsfreistellung zumindest von Folgen fremder, am besten auch eigener leicht fahrlässiger Pflichtverletzungen durchsetzen. Insbesondere bei unbefristeten Verträgen ist auf die Behandlung der **Kündigungsfristen** zu achten. Ohne gesonderte Regelung gilt § 621

27 BRAK-Mitt. 1/2017, S. 13 ff.
28 BAG, Urt. v. 21.1.1997 – 9 AZR 778/95; BGH, Urt. v. 10.4.2003 – III ZR 196/02.
29 OLG München, Urt. v. 22.1.1997 – 7 U 4756/96.
30 BGH, Urt. v. 29.9.2003 – II ZR 59/02.

BGB. Empfehlenswert kann je nach Situation eine Staffelung der Kündigungsfristen – abhängig von der Dauer des Vertrages – sein.

3. Risiken eines „verkappten" Arbeitsverhältnisses

Bisweilen soll es auch in Anwaltskanzleien vorkommen, dass insbesondere mit Berufsanfängerinnen und -anfängern zur Einsparung von Sozialabgaben Verträge als freie Mitarbeiterinnen oder Mitarbeiter geschlossen werden, die Betroffenen aber so eingesetzt werden, als seien sie Arbeitnehmerinnen oder Arbeitnehmer (Verpflichtung zur Einhaltung der Kanzleistunden, Anwesenheitspflicht, Weisungsunterworfenheit etc.). Solche Konstruktionen sollten unterbleiben. Im Folgenden können aus Platzgründen nur die Grundsätze wiedergegeben werden. Im Einzelfall sind daher Besonderheiten möglich.

a) Risiko: Allgemeine Sozialversicherungspflicht der freien Mitarbeiterin oder des freien Mitarbeiters

§ 7 SGB IV definiert den Begriff der Beschäftigung, nach dem sich die Sozialversicherungspflicht grundsätzlich richtet (§ 2 SGB IV). Danach ist jede nichtselbstständige Arbeit, besonders in einem Arbeitsverhältnis, eine (sozialversicherungspflichtige) Beschäftigung. Gem. § 7 Abs. 1 SGB IV stellen eine Tätigkeit nach Weisungen und eine Eingliederung in die Arbeitsorganisation des Weisungsgebers Anhaltspunkte für eine Beschäftigung dar. Das entspricht der Rechtsprechung, wie sie sich im Arbeits- und Sozialrecht durchgesetzt hat: Die Parteien können nämlich nicht allein durch die Vertragsbezeichnung konstitutiv ein freies Mitarbeiterverhältnis begründen. Allein entscheidend war und ist die tatsächliche Handhabung des Vertrages; nur wenn sie beides zulässt, entscheidet der Wille der Vertragsparteien.[31] Ist aber der Mitarbeiterin oder dem Mitarbeiter ohne sachlichen Grund zur Umgehung des Sozialschutzes nur ein Vertrag als freie Mitarbeiterin oder freier Mitarbeiter angeboten worden, so muss sich die Dienstgeberschaft so behandeln lassen, als hätte er einen Arbeitsvertrag geschlossen.[32] Beim eingangs skizzierten Fall einer oder eines in die Kanzlei eingebundenen „freien Mitarbeiterin/freien Mitarbeiters" wird daher in aller Regel in Wahrheit schon ein Arbeitsverhältnis, jedenfalls aber eine sozialversicherungspflichtige Beschäftigung vorliegen, ohne dass es noch auf eine weitere Prüfung ankäme. Wenn die Mitarbeiterin oder der Mitarbeiter daher der Sozialversicherungspflicht unterliegt, trifft die Arbeitgeberschaft regelmäßig erhebliche Nachzahlungspflichten. Er muss nämlich grundsätzlich rückwirkend sowohl den Arbeitgeber- als auch den Arbeitnehmeranteil des Sozialversicherungsbeitrages abführen. Bei nur fahrlässig unterlassener Abführung der Beiträge verjähren die Ansprüche der Sozialversicherungsträger gegen die Arbeitgeberschaft auf Nachentrichtung in vier Jahren nach Ablauf des Kalenderjahres, in dem sie fällig geworden sind (§ 25 SGB IV). Schon bei bedingtem Vorsatz gilt eine 30-jährige Verjährungsfrist und drohen dem Auftraggeber sogar strafrechtliche Folgen (§ 266 a StGB).[33] Erleidet die Mitarbeiterin oder der Mitarbeiter wegen

31 BAG, Urt. v. 3.6.1998 – 5 AZR 656/97; bedenklich BSG, Urt. v. 14.5.1981 – 12 RK 11/80.
32 BAG, Urt. v. 14.2.1974 – 5 AZR 298/73.
33 *Spatscheck/Talaska*, AnwBl. 2010, 203.

der zeitlich beschränkten Rückversicherung einen Versorgungsschaden, haftet die Arbeitgeberschaft ihm gegenüber grundsätzlich auf Schadensersatz. Von der Mitarbeiterin oder dem Mitarbeiter kann sich die Arbeitgeberschaft in aller Regel nur im Wege des Lohnabzugsverfahrens bei den nächsten drei Gehaltszahlungen einen Teil der Arbeitnehmerbeiträge wieder holen (§ 28 g SGB IV). Ist die Mitarbeiterin oder der Mitarbeiter also zwischenzeitlich ausgeschieden, bleibt die Arbeitgeberschaft regelmäßig auf ihren Zahlungen allein sitzen. Das klingt zwar auch für die anwaltliche Mitarbeiterin bzw. den anwaltlichen Mitarbeiter zunächst ganz gut. Es lauert für ihn aber eine Falle in anderer Hinsicht: Stellt sich nämlich eine rückwirkende Versicherungspflicht heraus, fließen die nachzuzahlenden Rentenversicherungsbeiträge nicht an das Versorgungswerk, sondern an die DRV-Bund. Denn eine rückwirkende Befreiung gemäß § 6 Abs. 1 S. 1 Nr. 1 SGB VI wird regelmäßig nicht in Betracht kommen (§ 6 Abs. 4 SGB VI). Diese Umstände können gegebenenfalls sogar zu unzusammenhängenden und/oder unvollständigen Versicherungsverläufen führen, dann nämlich, wenn nach der Satzung des Versorgungswerkes die Zeiten in der Vergangenheit nur noch als Zusatzversorgung anzuerkennen sind. Sich hier auf eventuelle Schadensersatzverpflichtungen der Arbeitgeberschaft zu verlassen, ist riskant. Je nach den Umständen des Einzelfalls kann eine rückwirkende Versicherungspflicht verhindert werden (Einzelheiten in § 7 a Abs. 6 SGB IV).

b) Risiko: Steuerliche Lasten

Mit der (auch steuerlichen) Qualifizierung als Arbeitnehmerin oder Arbeitnehmer geht notwendigerweise der Status als Unternehmer verloren. Folglich durfte die Mitarbeiterin oder der Mitarbeiter die ihr oder ihm von anderen Unternehmern in Rechnung gestellte Umsatzsteuer nicht von der eigenen Steuerlast absetzen. In dem Umfang, in dem sie oder er dies getan hat, ist eine Nachzahlung an das Finanzamt erforderlich. War es gar zu Erstattungsleistungen des Finanzamtes gekommen, sind auch diese zurückzuzahlen. Zudem hat die Mitarbeiterin oder der Mitarbeiter in seinen Rechnungen zu Unrecht Umsatzsteuer ausgewiesen. Es besteht hier nicht nur das Risiko, dass die Arbeitgeberschaft die zu Unrecht als Vorsteuer berücksichtigten Beträge nachzahlen muss, sondern auch, dass die Arbeitnehmerschaft die insoweit an das Finanzamt bereits in der Vergangenheit abgeführten Beträge vom Finanzamt nicht zurückfordern kann (§ 14 c Abs. 2 UStG). Ein Erstattungsanspruch gegen die Arbeitgeberschaft scheidet aus.[34] Soweit die Arbeitgeberschaft zur Nachzahlung von Sozialversicherungsbeiträgen verpflichtet ist, muss die Arbeitnehmerin oder der Arbeitnehmer diese als fiktive Einnahmen versteuern. Zudem wird seine eigene Gewinn- und Verlustrechnung falsch. Zwar ist der Arbeitnehmerin oder dem Arbeitnehmer jetzt der Werbungskostenabzug erlaubt, doch hat er in der Regel Betriebsausgaben geltend gemacht, die als Werbungskosten nicht berücksichtigungsfähig sind (z.B. Kraftfahrzeugkosten!).

Es wird in der Regel also auch eine nicht unerhebliche Einkommensteuernachzahlung erforderlich.

34 OLG Düsseldorf AnwBl. 1987, 200.

c) Sonstige Risiken

Je nach Situation im Einzelfall treten weitere Risiken hinzu. Zu denken ist beispielsweise an die Verpflichtung der oder des Scheinselbstständigen, die Differenz zwischen erhaltener und als Arbeitnehmerin oder Arbeitnehmer zu beanspruchender Vergütung zurückzuzahlen.[35]

III. Rentenversicherungspflicht der oder des echten freien Mitarbeiterin oder Mitarbeiters gem. § 2 S. 1 Nr. 9 SGB VI

Ergibt sich bei der Prüfung gemäß § 7 SGB IV, dass keine generell sozialversicherungspflichtige Beschäftigung vorliegt, kann die oder der dann echte freie Mitarbeiterin oder Mitarbeiter trotz ihrer oder seiner Selbstständigkeit in die gesetzliche Rentenversicherung einzubeziehen sein, dann nämlich, wenn die Voraussetzungen des § 2 S. 1 Nr. 9 SGB VI vorliegen. Gemäß § 2 S. 1 Nr. 9 SGB VI unterfallen all die Personen der Rentenversicherungspflicht, die im Zusammenhang mit ihrer selbstständigen Tätigkeit regelmäßig keine versicherungspflichtige Arbeitnehmerin oder keinen versicherungspflichtigen Arbeitnehmer beschäftigen und auf Dauer und im Wesentlichen nur für eine Auftraggeberschaft tätig sind. Anders als bei einer Berufsanfängerin oder einem Berufsanfänger, die ihre bzw. der seine eigene Kanzlei gründet, können diese Voraussetzungen bei dem, der sich im Wesentlichen auf eine Zuarbeit für eine fremde Kanzlei beschränkt, durchaus vorliegen. Deshalb kann es sich in diesen Fällen empfehlen, vorsorglich einen Befreiungsantrag bei der DRV-Bund zu stellen. Das ist jedenfalls für die ersten drei Jahre nach erstmaliger Aufnahme einer selbstständigen Tätigkeit, die die genannten Merkmale erfüllt, unproblematisch möglich (§ 6 Abs. 1 a S. 1 Nr. 1 SGB VI).

Für den Zeitraum danach wird eine Befreiung nur in Betracht kommen, wenn man sich zur Anwaltschaft zulässt (§ 6 Abs. 1 S. 1 Nr. 1 SGB VI). Unterbleibt ein entsprechender Befreiungsantrag, kann hinsichtlich der sozialversicherungsrechtlichen Risiken grundsätzlich nach oben verwiesen werden. Sie wirken sich hier aber umso härter aus, als es keine möglicherweise schadensersatzpflichtige Arbeitgeberschaft gibt und die Mitarbeiterin oder der Mitarbeiter selbst die vollen Beiträge für die zurückliegende Zeit aufbringen muss. Die Möglichkeit, den Eintritt einer rückwirkenden Versicherungspflicht zu verhindern, ist zudem von vornherein auf die Fälle beschränkt, in denen bereits am 31.12.1998 eine selbstständige Tätigkeit ausgeübt wurde (§ 231 Abs. 5 SGB VI).

35 BAG NZA 2005, 814; NZA 2019, 1558.

IV. Weiterführende Literaturhinweise

Bauer/Diller, Wettbewerbsverbote, 7. Aufl. 2015

Henssler/Holthausen, Der Eintritt in eine Kanzlei: Gestaltung des anwaltlichen Arbeitsvertrages, BRAK-Mitt. 2001, 132

Knief, Der Rechtsanwalt als Angestellter und freier Mitarbeiter, AnwBl. 1985, 59

Lingemann/Winkel, Der Anstellungsvertrag des Rechtsanwalts, Teile 1-6, NJW 2009, 343, 483, 817, 966, 1574, 2185

Lingemenn/Winkel, Der Rechtsanwalt als freier Mitarbeiter, Teile 1-2, NJW 2010, 38, 208

Rewolle, Der Rechtsanwalt als freier Mitarbeiter, AnwBl. 1978, 388

Seul, Advokatur und Ausbeutung – Die Missachtung des § 26 BerufsO in der etablierten Anwaltschaft, NJW 2002, 197

von Steinau-Steinrück, Kanzlei und angestellter Anwalt – Wie viel Arbeitsrecht gilt?, AnwBl. 2008, 90

Wettlaufer, Angestellter oder freier Mitarbeiter? – Zum Einstieg in eine Anwaltskanzlei –, AnwBl. 1989, 194

Wind, Der Rechtsanwalt als Arbeitnehmer, 2018

D.3 MUSTERARBEITSVERTRAG

RECHTSANWALT WALTHER GRUNDSTEIN, FRANKFURT AM MAIN
RECHTSANWALT LARS STICH, FRANKFURT AM MAIN

Arbeitsvertrag

Zwischen

1. Rechtsanwalt _______,
2. Rechtsanwältin _______,

– im Folgenden Sozietät genannt –

und

Herrn/Frau Assessor/in _______,

– im Folgenden Angestellter genannt –

(Aus Gründen der Lesbarkeit wird im Folgenden darauf verzichtet, geschlechtsspezifische Bezeichnungen zu verwenden. Die vertraglichen Regelungen gelten für Personen jeglichen Geschlechts gleichermaßen.)

wird nachfolgender Arbeitsvertrag geschlossen:

§ 1 Anstellungsbeginn, Arbeitsort

(a) Der Angestellte wird am 1. Februar 2021 als juristischer Mitarbeiter eingestellt.
(b) Arbeitsort ist _______.

§ 2 Aufgabenbereich

(a) In erster Linie werden dem Angestellten von der Sozietät Mandate aus dem Zivilrecht zugewiesen, die er vollumfänglich zu bearbeiten hat. Zur Unterzeichnung von Schriftsätzen ist er jedoch erst nach seiner Zulassung berechtigt. Auf Weisung hat der Angestellte im Einzelfall auch in anderen Angelegenheiten Schriftsätze zu formulieren, Gutachten zu verfassen, Mandantengespräche zu führen und Gerichtstermine wahrzunehmen.
(b) Die Übernahme neuer Mandate für die Sozietät durch den Angestellten ist möglich, bedarf aber ihrer Zustimmung.
(c) Der Angestellte hat an der wöchentlichen Kanzleibesprechung teilzunehmen. Bei wichtigen Sachentscheidungen und in Zweifelsfällen oder auf Verlangen ist über den Stand der von ihm bearbeiteten Angelegenheiten zu berichten. In Eilfällen ist die Rücksprache mit mindestens einem der Sozietätsmitglieder erforderlich.

§ 3 Arbeitszeit

(a) Die wöchentliche Arbeitszeit beträgt 40 Stunden. Der Angestellte muss die Bürostunden (derzeit: montags bis freitags 9 bis 13 und 14 bis 18 Uhr) einhalten.

(b) Der Angestellte ist bei betrieblichen Bedarf auf Anordnung zur Leistung von Überstunden im Umfang von bis zu acht Stunden wöchentlich verpflichtet. Die Sozietät berücksichtigt bei der Anordnung der Überstunden neben den betrieblichen Notwendigkeiten auch die berechtigten Interessen des Angestellten. Überstunden sind im Umfang von bis zu jeweils vier Stunden wöchentlich von der gemäß § 4 (a) vereinbarten Vergütung abgegolten und im Übrigen durch Gewährung von Freizeit in entsprechendem Umfang auszugleichen, wenn nicht berechtigte betriebliche Interessen entgegenstehen. In diesem Fall werden die Überstunden gesondert vergütet.

(c) Auf Verlangen wird dem Angestellten unter Fortzahlung der Vergütung angemessene Zeit zu seiner Fortbildung eingeräumt.

§ 4 Vergütung/Sonderzahlungen

(a) Der Angestellte erhält ein monatliches Bruttogehalt von 4.000 EUR, das nach Ablauf der Probezeit auf 4.500 EUR erhöht wird. Am Ende eines jeden Kalenderjahres werden die Vertragspartner über weitere Erhöhungen verhandeln.

(b) Mit dem Junigehalt wird dem Angestellten ein Urlaubsgeld in Höhe von 1.000 EUR brutto, mit dem Novembergehalt eine Weihnachtsgratifikation in Höhe eines Bruttomonatsgehaltes gezahlt.

(c) Zu vergütende Überstunden werden mit dem auf eine Stunde entfallenden Grundlohn zuzüglich eines Aufschlages von 10 % abgerechnet.

(d) Der Pflichtbeitrag des Angestellten zur Anwaltskammer wird von der Sozietät getragen.

(e) Die Sozietät erstattet dem Angestellten die ihm durch Dienstreisen entstehenden Spesenaufwendungen nach den jeweils geltenden steuerlichen Sätzen.

(f) Als freiwillige Leistung wird in Abhängigkeit von der Geschäftslage und der persönlichen Leistung des Angestellten im März eines jeden Jahres festgelegt, ob und in welcher Höhe dem Angestellten für das Vorjahr ein Bonus gezahlt wird. Auch bei wiederholter Zahlung besteht hierauf weder nach Grund noch Höhe für die Zukunft ein Rechtsanspruch. Das gilt unabhängig davon, wie oft die Zahlung in der Vergangenheit bereits erbracht worden ist.

(g) Sofern der Angestellte zukünftig Mitglied im Deutschen Anwaltsverein (DAV) wird, wird der Mitgliedsbeitrag von der Sozietät getragen.

§ 5 Urlaub

Der Jahresurlaub beträgt 25 Arbeitstage.

§ 6 Arbeitsverhinderung

Ist der Angestellte an der Arbeitsleistung gehindert, sei es infolge Arbeitsunfähigkeit oder aus anderen Gründen, so hat er die Sozietät unverzüglich zu informieren und gleichzeitig auf etwaige dringende oder fristgebundene Arbeiten hinzuweisen. Das gilt auch, falls eine Arbeitsverhinderung länger andauert als ursprünglich angekündigt. Unabhängig hiervon hat der Angestellte im Falle der Arbeitsunfähigkeit gem. § 5 EFZG nach drei Krankheitstagen am ersten darauffolgenden Arbeitstag eine ärztliche Arbeitsunfähigkeitsbescheinigung vorzulegen.

§ 7 Zulassung zur Anwaltschaft

(a) Der Angestellte wird seine Zulassung zur Rechtsanwaltschaft spätestens nach Ablauf der Probezeit beantragen.
(b) Der Name des Angestellten wird nach seiner Zulassung und nach Ablauf der Probezeit auf dem Praxisschild, den Drucksachen und den Stempeln der Sozietät ergänzt werden. Ein Hinweis auf seine Tätigkeit als Angestellter ist aufzunehmen.

§ 8 Nebentätigkeiten

(a) Der Angestellte darf in den Räumen der Sozietät eine Nebentätigkeit weder vor noch nach seiner Zulassung ausüben. Treten Mandanten an die Sozietät heran, müssen Mandatsverträge mit ihnen unter Beachtung von § 2 (b) im Namen der Sozietät abgeschlossen werden.
(b) Nach seiner Zulassung kann der Angestellte außerhalb der Sozietät Mandate im eigenen Namen und auf eigene Rechnung annehmen, allerdings nur nach Zustimmung der Sozietät. Die Zustimmung wird erteilt, wenn eine mögliche Interessenkollision ausgeschlossen ist und auch sonst keine berechtigten Belange der Sozietät entgegenstehen.
(c) Soweit in zugelassenen Eigenmandaten Tätigkeiten innerhalb der Bürostunden notwendig werden, wird der Angestellte von der Arbeit unter anteiliger Kürzung seines Gehaltes freigestellt, wenn und soweit keine berechtigten Belange der Sozietät entgegenstehen.

§ 9 Haftpflichtfragen

(a) Die Sozietät schließt für den Angestellten eine Berufshaftpflichtversicherung für den Fall der Haftung wegen Vermögensschäden ab. Der Angestellte verpflichtet sich, im Rahmen seiner Zulassung zur Anwaltschaft eine eigene Versicherung abzuschließen, die der der Mitglieder der Sozietät entspricht. Die Kosten der Versicherung werden von der Sozietät getragen.
(b) Im Schadensfall trägt die Sozietät die Selbstbeteiligung des Angestellten. Im Falle einer vorsätzlichen Pflichtverletzung ist ein Rückgriff auf den Angestellten möglich.

§ 10 Sozietätsaufnahme

Die Sozietät wird nach Ablauf von spätestens drei Jahren eine Entscheidung darüber treffen, ob der Angestellte als Mitglied in die Sozietät aufgenommen wird. Im Falle der Sozietätsaufnahme ist der Angestellte verpflichtet, vorhandene Eigenmandate der Sozietät zuzuführen.

§ 11 Beendigung des Arbeitsverhältnisses

(a) Die ersten sechs Monate des Arbeitsverhältnisses gelten als Probezeit, während derer das Arbeitsverhältnis mit einer Frist von zwei Wochen gekündigt werden kann.
(b) Danach kann das Arbeitsverhältnis mit einer Frist von vier Wochen zum Monatsende gekündigt werden.
(c) Eine Kündigung vor Vertragsantritt ist ausgeschlossen.

§ 12 Besonderes elektronisches Anwaltspostfach (beA)

(a) Zum Zeitpunkt der Beendigung des Arbeitsverhältnisses sind alle dem Angestellten im Rahmen seiner Tätigkeit eingeräumten Zugänge und Berechtigungen bzgl. der besonderen elektronischen Anwaltspostfächer der Sozietätsanwälte vollständig zu löschen. Der Angestellte verpflichtet sich, alle hierfür notwendigen Maßnahmen vorzunehmen und Erklärungen abzugeben.

Sofern den Sozietätsanwälten oder sonstigen Angestellten der Sozietät etwaige Berechtigungen bzw. Zugänge zu dem beA des Angestellten erteilt worden sind, gilt das zuvor Gesagte entsprechend.

(b) Zum Zeitpunkt der Beendigung des Arbeitsverhältnisses wird der Angestellte alle in seinem beA befindlichen und seine Tätigkeit bei der Sozietät betreffenden Nachrichten vollständig übergeben und in seinem beA ersatzlos löschen. Etwaige nach seinem Ausscheiden noch eingehende beA-Nachrichten, welche seine Tätigkeit in der Sozietät betreffen, wird der Angestellte unverzüglich unter Wahrung seiner Verschwiegenheitspflicht an die Sozietät weiterleiten. Im Anschluss sind auch diese Nachrichten ersatzlos zu löschen. Gleiches gilt umgekehrt entsprechend für beA-Nachrichten, die nach dem Ausscheiden in der Sozietät eingehen und nicht ausschließlich die Tätigkeit des Angestellten in der Sozietät betreffen.

§ 13 Verschwiegenheitspflicht

Der Angestellte ist über die anwaltliche Verschwiegenheitsverpflichtung hinaus während des Anstellungsverhältnisses und nach seiner Beendigung verpflichtet, über vertrauliche Geschäfts- und Mandantenangelegenheiten einschließlich der mit ihm getroffenen Vereinbarungen Stillschweigen zu bewahren. Wenn und soweit die nachvertragliche Verschwiegenheitspflicht den Angestellten in seinem beruflichen Fortkommen unangemessen behindert, hat er einen Anspruch gegen die Sozietät auf Freistellung von der Verschwiegenheitspflicht.

____________________, den

____________________ ____________________

(Mitglieder der Sozietät) (Angestellter)

Hinweis: Im vorangehenden Abschnitt sind eine Reihe von Anmerkungen zur Vertragsgestaltung im Einzelnen enthalten. Deren Lektüre wird vor einer schlichten Verwendung des vorliegenden Formulartextes empfohlen.

E. Die ersten 100 Tage

E.1 Das rechtsschutzversicherte Mandat

Rechtsanwältin und Notarin Edith Kindermann, Bremen • Präsidentin des DAV, Vorsitzende des Ausschusses RVG und Gerichtskosten, Mitglied im Ausschuss Versicherungsrecht des DAV

Die Tätigkeit für rechtsschutzversicherte Mandanten ist aus der anwaltlichen Praxis nicht wegzudenken. Umso wichtiger ist es, sich die Strukturen der verschiedenen Vertragsverhältnisse vor Augen zu halten, um den Interessen der Beteiligten gerecht zu werden. Im Rahmen dieser Darstellung können dabei nur einige allgemeine Grundzüge dargestellt werden. Es ist jedoch unerlässlich, sich bei der Mandatsbearbeitung mit Einzelfragen vertraut zu machen.

Bei sämtlichen Fragen zur Rechtsschutzversicherung ist zu beachten, dass zwischen den Beteiligten (Mandantschaft/Versicherungsnehmer – Rechtsanwaltschaft – Rechtsschutzversicherung) ein Dreiecksverhältnis vorliegt.

Vertragliche Schuldverhältnisse bestehen hier in aller Regel nur zwischen der Mandantschaft und seinem Rechtsanwalt einerseits und dem Versicherungsnehmer und seiner Versicherung andererseits.

Unmittelbare vertragliche Beziehungen zwischen der Rechtsanwältin und der Rechtsschutzversicherung kommen nur in Betracht, wenn die Rechtsschutzversicherung einen Schuldbeitritt erklärt.

Am Beginn des Mandats steht die Frage, welchen Auftrag die Mandantschaft dem Rechtsanwalt erteilt, insbesondere, ob ein Mandat in der Hauptsache nur erteilt werden soll, wenn und soweit die Rechtsschutzversicherung eintritt oder ob die Mandantschaft in jedem Fall das Mandat erteilen will und dieses nicht von einer Kostendeckungszusage abhängt. In der Rechtsprechung wird die Auffassung vertreten, dass ein rechtsschutzversicherter Mandant den Auftrag im Zweifel nur dann in der Hauptsache erteilen will, wenn und soweit die Rechtsschutzversicherung eintritt.[1]

Sofern die Mandantschaft sich nicht bereits selbst an ihre Rechtsschutzversicherung gewendet und eine Kostendeckungszusage erhalten hat, stellt sich die Frage, ob die Mandantschaft selbst den Kontakt zur Rechtsschutzversicherung aufnimmt oder ob dies durch die Rechtsanwältin geschieht. Übernimmt die Rechtsanwältin die Aufgaben, stellt sich die Frage, welche „versicherungsrechtliche Position“ sie hierdurch für die Mandantschaft übernimmt, insbesondere ob sie dadurch zur Repräsentantin der Mandantschaft wird und dieser etwaige Versehen der Rechtsanwältin zugerechnet werden können. Während in der Literatur häufig die Auffassung zu lesen ist, dass die Rechtsanwältin tatsächlich durch die Tätigkeit im Zusammenhang mit der Einholung der Kostendeckungszusage zur Repräsen-

1 OLG Nürnberg NJW-RR 1989, 1370; OLG München AGS 2012, 58.

tantin der Mandantschft werde, spricht dogmatisch alles dafür, dass dies nicht der Fall ist.[2] Durch die Einholung der Kostendeckungszusage verlagert die Mandantschaft nicht die versicherte Gefahr.

Gleichwohl sollte der Rechtsanwalt darüber informiert sein, welche Obliegenheiten die Mandantschaft in deren Eigenschaft als Versicherungsnehmerin nach dem Rechtsschutzversicherungsvertrag treffen, damit er nicht eine Pflichtverletzung begeht, die letztlich im Verhältnis zur Mandantschaft dazu führt, dass diese dem Gebührenanspruch des Anwaltes gegen sich seinen Schadensersatzanspruch gegen den Rechtsanwalt in gleicher Höhe entgegensetzen kann, weil die Mandantschaft aufgrund eines Verhaltens des Rechtsanwalts ihren Versicherungsschutz verliert. Die Obliegenheiten der Mandantschaft in ihrer Eigenschaft als Versicherungsnehmerin können sowohl die Frage betreffen, welchen Auftrag die Versicherungsnehmerin ihrem Anwalt erteilt. Zu denken ist insoweit an die Frage, ob ein unbedingter Auftrag zur außergerichtlichen Vertretung und ein durch das Scheitern der außergerichtlichen Bemühungen bedingter Auftrag zur Vertretung im Prozess erteilt wird oder ob von Anfang an ein unbedingter Auftrag zur Vertretung im Prozess erteilt wird und die außergerichtlichen Verhandlungen als nach § 19 Abs. 1 S. 2 Nr. 2 RVG zum Rechtszug gehörend keine gesonderten Gebühren auslösen.

Es ist daher unabdingbar, sich mit den Vertragswerken der Rechtsschutzversicherung, insbesondere mit den ARB vertraut zu machen. Nun gibt es aber nicht „die ARB" und auch nicht nur die beim GdV (Gesamtverband der Versicherungswirtschaft) veröffentlichten Musterbedingungen der ARB 75, ARB 94, ARB 2000, ARB 2008, ARB 2009, ARB 2010, ARB 2012, ARB 2019[3] etc. Aufgrund der Gesetzesänderung 1994 müssen die Versicherungsbedingungen nicht mehr vom Bundesaufsichtsamt für das Versicherungswesen genehmigt werden. Daraus folgt, dass die einzelnen Versicherungsgesellschaften unterschiedliche Bedingungen zugrunde legen. Sie machen hiervon rege Gebrauch, so dass ein breites Spektrum verschiedener Versicherungsbedingungen auf dem Markt angeboten wird. Selbst wenn die Fassungen der ARB verschiedener Versicherer einerseits und aus verschiedenen Jahren andererseits in weiten Teilen übereinstimmen, können sie sich in den Details sehr unterscheiden. Dies gilt auch für die ARB, die von einem Versicherer angeboten werden, da diese mit unterschiedlichen Tarifen und damit einhergehenden unterschiedlichen Deckungskonzepten angeboten werden. So ist in einigen Tarifen bei sozial- und verwaltungsrechtlichen Mandaten bereits die Vertretung im Widerspruchsverfahren versichert, während bei anderen Tarifen erst eine Tätigkeit im gerichtlichen Verfahren versichert ist. Aus diesem Grunde müssen die konkret auf den Fall anzuwendenden ARB ermittelt werden – ggf. kann dies schnell auch in elektronischer Form geschehen.

Die Einholung der Kostendeckungszusage durch die Rechtsanwältin für die Mandantschaft stellt in gebührenrechtlicher Hinsicht eine besondere Angelegenheit dar, für die die Ge-

2 *Wendt*, r+s 2010, 121.

3 Zur Reaktion der Versicherer auf Rspr. und den sich daraus ergebenden Änderungen in den ARB 2019 siehe auch *Cornelius-Winkler*, Die jüngere Rechtsprechung des BGH zur Rechtsschutzversicherung und darauf basierenden Änderungen in den aktuellen ARB der Rechtsschutzversicherer, r+s 2020, 545 ff.

schäftsgebühr nach Nr. 2300 VV RVG anfällt.[4] Gegenstandswert sind die voraussichtlich zu erwartenden Kosten für die Angelegenheit, für die Kostendeckung angefragt wird.

Da diese Gebühren nicht von der Rechtsschutzversicherung erstattet werden, sollte der Rechtsanwalt der Mandantschaft im Sinne eines transparenten Abrechnungsverhaltens auf diese Gebühren hinweisen. Soweit die Mandantschaft die Vorstellung hat, dass diese Kosten von einer Gegnerschaft nach materiellrechtlichen Grundsätzen ersetzt werden sollen, muss es erforderlich sein, die Kostendeckungszusage durch einen Rechtsanwalt einholen zu lassen. Die Rechtsprechung ist hierbei eher restriktiv.[5]

Aus den Obliegenheiten, die der Mandantschaft durch die Versicherungsbedingungen auferlegt werden, ergeben sich auch praktische Anforderungen bei der Durchführung des Mandats. So enthält z.B. § 17 ARB 2010 nähere Regelungen dazu, in welchen Fällen ein unbedingter Auftrag zur Vertretung im Prozess anstelle eines Auftrages zur vorgerichtlichen Tätigkeit erteilt werden soll, ob eine Teilklage angestrebt werden soll etc. Die ARB 2012 enthalten insoweit keine exemplarische Aufzählung von Fällen mehr, sondern stellen darauf ab, dass kostenauslösende Maßnahmen nach Ziffer 4.1.1.3 ARB 2012 mit dem Versicherer abzustimmen sind. Diese generelle Regelung war auch bereits in § 17 ARB 2010 enthalten. Auf die Fragen, ob die Regelungen des § 17 ARB 2010 für die Versicherungsnehmer hinreichend transparent waren oder ob und ggf. welche Bedenken sich gegen die Wirksamkeit der dortigen Regelungen ergeben konnten, kann an dieser Stelle nicht eingegangen werden. Hierzu muss auf die Spezialliteratur verwiesen werden.

Gleiches gilt für die Rechtsprechung zu Versicherungsbedingungen, die den Versicherungsnehmern eine Schadenminderungspflicht auferlegen, die auch für Handlungen der beauftragten Rechtsanwältin gelten soll.[6]

Beim Abschluss eines Vergleichs ist § 5 Abs. 3 lit. a ARB 2010 bzw. Ziffer 3.3.2 ARB 2012 oder die entsprechende Regelung in sonstigen Fassungen der ARB zu beachten. Danach erstattet der Versicherer im Falle einer gütlichen Einigung diejenigen Kosten, die dem Verhältnis des Obsiegens zum Unterliegen entsprechen

Darüber hinaus ergeben sich aus dem eingangs bereits beschriebenen Dreiecksverhältnis und den in aller Regel bestehenden beiden Vertragsverhältnissen zahlreiche weitere praktische Konsequenzen:

Da der Rechtsanwalt durch die Kostendeckungszusage i.d.R. keinen unmittelbaren Zahlungsanspruch gegenüber der Rechtsschutzversicherung (Ausnahme: Schuldbeitritt der Rechtsschutzversicherung) erwirbt, ergeben sich für seinen Vergütungsanspruch gegen-

4 Offengelassen von BGH, Urt. v. 9.3. 2011 – VIII ZR 132/10, NJW 2011, 1222; *Hansens*, Einholung der Deckungszusage – Anwaltsvergütung – Erstattung – Werbung, RVGreport 2010, 241.

5 Z.B. BGH, Urt. v. 9.3.2011 – VIII ZR 132/10, NJW 2011, 1222 m.w.N.

6 BGH Urt. v. 14.8.2019 – IV ZR 279/17; *Felsch*, Die Rechtsprechung des IV. Zivilsenats des BGH zum Versicherungsrecht – Rechtsschutzversicherung, r+s 2020, 301 ff., 313 ff.

über dem Mandanten bzw. die Erfüllung des Vergütungsanspruchs durch Zahlung „Gefahrensituationen“, z. B.:

Beispiel: Nachdem die Rechtsanwältin der Rechtsschutzversicherung ihre Abrechnung geschickt hat, rechnet diese mit eigenen Forderungen, die sie gegen die Mandantschaft hat, dieser gegenüber gegen deren Anspruch auf Freistellung von den Gebühren auf (z.B. mit Forderungen aus Prämienrückstand oder Rückforderungsansprüchen aus vorangegangenen Versicherungsfällen).

Die Mandantschaft weist die Rechtsschutzversicherung an, nicht an die Rechtsanwältin zu zahlen.

Beispiel: Fällt die Mandantschaft in die Insolvenz, gehört ihre Schuldbefreiungsanspruch zur Insolvenzmasse. Er wandelt sich insoweit in einen Zahlungsanspruch um. Der Kostengläubiger und auch der Rechtsanwalt haben in Höhe ihrer Forderung nur eine einfache Forderung gegen die Insolvenzmasse.[7] Der Rechtsanwalt kann hiergegen nicht mit einer eigenen Gebührenforderung aufrechnen.[8]

Die Schlussfolgerung für den Rechtsanwalt hieraus lautet: Vorschuss fordern!

Will die RSV geleistete Zahlungen zurückfordern, muss sie dies gegenüber ihrem VN und nicht gegen die RAin geltend machen. Ausnahmen können bestehen, wenn die RSV aufgrund eines Schuldbeitritts an die RAin gezahlt hat bzw. soweit auf die Rechtsschutzversicherung übergegangene Ansprüche auf das Konto der RAin erstattet werden. Besonders zu erwähnen ist insoweit die Leistung der RSV an die RAin „unter Vorbehalt“. Auch hier zeigt sich die Wirkung des Dreiecksverhältnisses: Die RAin hat einen unbedingten Anspruch gegen ihre Mandantschaft auf Zahlung des von dieser angeforderten Vorschusses. Die Mandantschaft ist daher nicht zu einer Zahlung unter Vorbehalt berechtigt. Da die RSV nur für die Mandantschaft zahlt, ist auch diese im Verhältnis zur RAin nicht zu einem Vorbehalt berechtigt. Einen solchen Vorbehalt könnte sie aber je nach Lage des Versicherungsvertrages gegenüber ihrem VN erklären. Da es Stimmen[9] gibt, die gleichwohl den Vorbehalt der RSV auch gegenüber der RAin für wirksam halten, wenn dieser dem Vorbehalt nicht widerspricht, sollte die RAin vorsichtshalber dem Vorbehalt widersprechen und ggf. Rückzahlung des an ihn gezahlten Betrages an die RSV in Aussicht stellen, wenn der Vorbehalt nicht aufgehoben wird.

Die RSV ist nicht in das Mandatsverhältnis mit einbezogen. Sie ist daher aus der Sicht des Anwaltsvertrages „Dritte“. Auch im Verhältnis zur RSV ist der RA daher grundsätzlich zur Verschwiegenheit verpflichtet. Etwas anderes kann nur gelten, wenn die Mandantschaft ihn von der Verschwiegenheit entbunden hat. In der Praxis wird in aller Regel mit einer

7 *Harbauer/K. Schneider*, Rechtsschutzversicherung, 9. Aufl., § 17 ARB 2000 Rn. 158 m.w.N.
8 OLG Köln, Urt. v. 10.9.1997, VersR 1998, 1151.
9 *Harbauer/K. Schneider*, Rechtsschutzversicherung, 9. Aufl., § 5 ARB 2010 Rn. 44ff. und 174ff. m.w.N.

mutmaßlichen Einwilligung gearbeitet, die darin zu sehen ist, dass die Mandantschaft den RA beauftragt, den Verkehr mit der RSV zu führen. Der BGH nimmt eine konkludente Entbindung an, soweit es die Abrechnung des Mandats betrifft, wenn der Rechtsschutzversicherer mit Einverständnis der Mandantschaft einen Prozess vorfinanziert und die Mandantschaft dem RA auch den Verkehr mit dem Rechtsschutzversicherer überlässt.[10]

Eine weitere Fallgestaltung ist zu beachten. Der Fall wurde gewonnen. Die RAin hat mit der Mandantschaft über deren RSV abgerechnet. Nun werden vom Gegner die Kosten beigetrieben. Der Anspruch auf Erstattung der Kosten war nach den ARB auf die RSV übergangen. Die beigetriebenen Kosten sind mithin an die RSV unter Beachtung des Vorrechts der Mandantschaft aus § 86 VVG auszuzahlen.[11]

Zu beachten ist der Übergang des Kostenerstattungsanspruchs der Mandantschaft auf die Rechtsschutzversicherung auch dann, wenn im streitigen Verfahren die außergerichtlich entstandene Geschäftsgebühr in Höhe der nicht anrechenbaren Beträge geltend gemacht wird. In diesem Fall ist zu prüfen, ob der Auftraggeber diese im Wege der gewillkürten Prozessstandschaft für den Rechtsschutzversicherer mit geltend machen soll. In Betracht kommt auch die Rückübertragung des auf die RSV übergegangenen Kostenerstattungsanspruches auf die Mandantschaft. In jedem Fall ist der Anspruchsübergang und die Berechtigung der Mandantschaft, den auf die RSV übergegangenen Anspruch geltend zu machen, im Verfahren offenzulegen, da die Verjährung des auf den Versicherer übergegangenen Anspruchs nicht durch eine gerichtliche Maßnahme gehemmt wird, mit der die Mandantschaft im eigenen Namen aus eigenem Recht noch den Kostenerstattungsanspruch geltend macht.

Nach BGH[12] kann die RSV den gegen sie gerichteten Anspruch des Versicherungsnehmers auf Befreiung von den Vergütungsansprüchen des für ihn tätigen Rechtsanwalts auch dadurch erfüllen, dass er diesem Kostenschutz für eine gegen ihn gerichtete Vergütungsklage des Rechtsanwalts zusagt.

Einige abschließende Bemerkungen:

Für jede gesonderte gebührenrechtliche Angelegenheit ist eine eigenständige Kostendeckungszusage erforderlich. Ggf. sollte mit der Mandantschaft besprochen werden, ob durch die Anzahl der gemeldeten Versicherungsfälle die Gefahr der Kündigung des Versicherungsvertrages droht.

Die Rechtsschutzversicherung ist eine Schadenversicherung. Daher gilt § 86 VVG. Soweit daher nach § 20 Abs. 2 S. 1 ARB 75 und den entsprechenden Regelungen in nachfolgenden ARB (z.B. § 17 Abs. 8 ARB 2000) der Anspruch des Mandanten gegen den Gegner auf

10 BGH v. 13.2.2020 – IX ZR 90/19, AnwBl 2020, 365.
11 Siehe ausführlich zum Quotenvorrecht in der Rechtsschutzversicherung: *N. Schneider*, AnwBl. 2012, 575.
12 BGH, Urt. v. 21.10.2015 – IV ZR 266/14, NJW 2016, 61.

Erstattung der Kosten auf die RSV übergeht, kann dieser Anspruchsübergang von der RSV nicht zum Nachteil des Mandanten geltend gemacht werden. Dieses Quotenvorrecht führt zu einer Vielzahl interessanter und praktisch bedeutsamer Fragen, denen sich der Rechtsanwalt sowohl im Zusammenhang mit der Kostenfestsetzung als auch der Abrechnung unbedingt widmen sollte.[13]

Der Anspruchsübergang nach § 86 VVG führt auch dazu, dass in Fällen, in denen der Mandantschaft Regressansprüche gegen die eigene Rechtsanwältin zustehen, diese Ansprüche in Höhe der vom Versicherer gezahlten Kosten auf diese übergehen. Dies umfasst sowohl Zahlungen an die Rechtsanwältin als auch Zahlungen auf Kostenerstattungsansprüche der Gegnerschaft, Gerichtskosten in Gestalt von Gerichtsgebühren, Sachverständigen- und Zeugenauslagen etc. Die Rechtsanwältin ist daher gut beraten, die Erfüllung der Aufklärung-, Hinweis- und Beratungspflichten im Verhältnis zur Mandantschaft und deren Reaktion auf den erteilten Rat für sich zu dokumentieren, um der in einem Regressverfahren bestehenden sekundären Darlegungslast nachkommen zu können.[14]

Damit ergeben sich für einen ersten Einstieg in ein rechtsschutzversichertes Mandat zumindest folgende Fragen:

- Besteht eine Rechtsschutzversicherung? (Ist die Mandantschaft selbst Versicherungsnehmer oder ist sie ggf. über den Rechtsschutzversicherungsvertrag eines Dritten mitversichert (z.B. als Ehegatte, Lebenspartnerin oder Lebensgefährte, mitversichertes Kind, Fahrerin eines Pkws, für den eine Fahrerrechtsschutzversicherung besteht).
- Welche Versicherungsbedingungen liegen dem Versicherungsfall zugrunde? (Es kommt nicht nur darauf an, ob die ARB 75, 94, 2000, 2008, 2009, 2010, 2012 zugrunde liegen, da die Versicherer unterschiedliche Versicherungsbedingungen verwenden, die sich hinsichtlich des Leistungsumfanges erheblich voneinander unterscheiden; insbesondere seit der Freigabe der Beratungsgebühren im RVG [§ 34 RVG] mit Wirkung zum Ablauf des 30.6.2014 und aufgrund der Änderungen in der Abrechnung außergerichtlicher Anwaltsgebühren im Bereich des Sozial- und Verwaltungsrechts seit dem 1.8.2013 sind sehr unterschiedliche Versicherungsbedingungen auf dem Markt. Dies gilt auch für die Frage, ob und ggf. in welcher Weise Kosten für eine Mediation versichert sind bzw. ob ggf. die Einleitung eines Mediationsverfahrens als Obliegenheit vorgesehen ist.)
- Welchen Deckungsschutz bietet diese? (Welche Risiken sind versichert? Liegt ein Risikoausschluss vor?)
- Liegt ein Versicherungsfall vor? Wenn ja: Wann ist dieser eingetreten (Stichwort: Dauersachverhalte)?

13 *N. Schneider*, RVGreport 2011, 362 ff.; Praxistipp von *N. Schneider*, AG Kompakt 2012, 10, 11 zu den ggf. gegebenen Vorteilen einer gesonderten Kostenausgleichung anstelle einer Ausgleichung nach § 106 ZPO, wenn für den Mandanten im Falle der gesonderten Festsetzung das Quotenvorrecht geltend gemacht werden kann. *N: Schneider*, Das Quotenvorrecht in der Rechtsschutzversicherung, AnwBl 2012, 572.

14 *Dallwig*, Der Anwaltsregress des Rechtsschutzversicherers, r+s 2020, 181 ff.; *Cornelius-Winkler*, Zum Regressanspruch des Rechtsschutzversicherers – eine kurze Erwiderung auf Dallwig, r+s 2020, 431 ff.

- Fällt der Versicherungsfall in den versicherten Zeitraum (Stichworte: Wartefrist; Vorvertraglichkeit – insbesondere die Änderung im Begriff der Vorvertraglichkeit in den ARB seit 2012)?
- Werden alle in Betracht kommenden Kosten von der RSV übernommen (z. B. gesetzliche Vergütung eines Rechtsanwalts, Problematik von Reisekosten; Kosten eines Unterbevollmächtigten etc.)?

Erfolgsaussichten: Der Versicherer kann u.U. geltend machen, dass die Wahrnehmung rechtlicher Interessen keine hinreichende Aussicht auf Erfolg habe. Dies gilt bei den Leistungsarten nach § 2 lit. a bis g ARB 94/2000/2008/2009/2010. Die Regelungen hierzu finden sich in § 17 Abs. 1 ARB 1975, § 18 Abs. 1 lit. b ARB 1994/2000/2008/2009, § 3 a Abs. 1 lit. a ARB 2010, Nr. 3.4 ARB 2012. Danach kann der Versicherer in diesen Fällen die Erfolgsaussichten unverzüglich unter Angabe von Gründen verneinen. Die Frage, ob Erfolgsaussichten dargelegt werden müssen, insbesondere, ob im Zusammenhang mit der Kostendeckungsanfrage Angaben zum Sachverhalt gemacht werden müssen, ist vor der Kostendeckungsanfrage zu prüfen. So müssen z.B. bei einer Kostendeckungsanfrage wegen eines strafrechtlich relevanten Verhaltens keine Angaben zum Sachverhalt gemacht werden. Dies ist auch logisch, da Angaben gegenüber einem Rechtsschutzversicherer dort nicht beschlagnahmefrei sind und deswegen der Mandantschaft zu einem Nachteil gereichen könnten.

Verhalten bei Ablehnung durch den Versicherer (wenn die RAin mit einer Tätigkeit in Bezug auf die Deckungszusage beauftragt ist): prüfen, ob die Deckungsablehnung berechtigt ist; prüfen, ob die Deckung rechtzeitig abgelehnt wurde („unverzüglich"); prüfen, welche Fassung der ARB Anwendung findet und ob danach die Möglichkeit zum Stichentscheid gegeben ist (siehe vorstehenden §§ aus den verschiedenen Fassungen der Muster-ARB des GdV) oder ob das Schiedsgutachterverfahren nach § 128 VVG (bis zum 31.12.2007: § 158 n VVG a.F.) i.V.m. § 18 ARB 94/§ 18 ARB 2000, § 3 a ARB 2010, Ziffer 3.4 ARB 2012 gegeben ist. Die Kosten des Stichentscheids trägt der Versicherer.

E.2 DAS VERGÜTUNGSRECHT

RECHTSANWALT NORBERT SCHNEIDER, NEUNKIRCHEN • MITGLIED DES AUSSCHUSSES RVG UND GERICHTSKOSTEN DES DAV

I. Grundlagen des Vergütungsanspruchs

1. Gesetzliche Regelung des Vergütungsanspruchs

Der Anwaltsvertrag ist in der Regel ein **Dienstvertrag, der eine Geschäftsbesorgung zum Gegenstand hat** (§ 675 BGB). Die Vergütungspflicht der Auftraggeberschaft ergibt sich folglich aus § 611 BGB. Diese Vorschrift regelt jedoch nicht die Höhe der jeweiligen Vergütung. Diese ergibt sich vielmehr erst aus dem RVG (§ 1 Abs. 1 S. 1 RVG).

Der **Begriff der Vergütung** ist in § 1 Abs. 1 S. 1 RVG definiert. Das RVG versteht darunter **Gebühren und Auslagen**.

Die Höhe der Vergütung ist im RVG geregelt. Das RVG nimmt allerdings zum Teil auch Bezug auf andere Kostengesetze, insbesondere das Gerichtskostengesetz (GKG), das Gesetz über Gerichtskosten in Familiensachen (FamGKG), das GNotKG und die §§ 3 ff. ZPO.

Die Berechnung der Anwaltsvergütung hat sich damit von den Vorschriften des BGB vollkommen losgelöst und stellt zum Teil eine „Wissenschaft für sich" dar. Die Flut von täglich veröffentlichten Gebühren-, Streitwert- und Kostenentscheidungen macht die Materie nicht einfacher.

Insbesondere für die Anfängerin oder den Anfänger ist es erforderlich, dass er sich im Gebührenrecht auskennt und dass er aus Unkenntnis keine Gebühren verschenkt. Darüber hinaus muss eine von der Rechtsanwaltschaft ausgestellte Rechnung der Sach- und Rechtslage entsprechen, will sich die Anwältin oder der Anwalt nicht einer strafbaren Gebührenüberhebung nach § 352 StGB schuldig machen.

Ist der Anwältin oder der Anwalt im Rahmen der **Prozess- oder Verfahrenskostenhilfe** beigeordnet, als **Pflichtverteidiger** oder in sonstiger Funktion **bestellt** oder ist er im Rahmen der **Beratungshilfe** tätig, so kann sie oder er die Auftraggeberschaft grundsätzlich nicht unmittelbar in Anspruch nehmen. Ihr oder Ihm steht stattdessen ein „Vergütungsanspruch" gegen die Staatskasse zu. Tatsächlich handelt es sich nicht um einen Vergütungsanspruch, sondern um einen öffentlich-rechtlichen Entschädigungsanspruch der Anwaltschaft. Ungeachtet dessen erhält auch die Anwältin ooder der Anwalt, der im Rahmen der Beratungshilfe oder Prozesskostenhilfe tätig oder der gerichtlich bestellt worden ist, sein Entgelt nach den Vorschriften des RVG; in der Regel erhält er allerdings eine geringere Vergütung als der Wahlanwalt.

2. Vergütungsschuldner

Vergütungsschuldner ist grundsätzlich die **Auftraggeberschaft**. Mit ihr kommt der Anwaltsvertrag zustande. Er schuldet daher der Anwältin oder dem Anwalt die gesetzliche oder vereinbarte Vergütung. Der Auftraggeber schaftmuss dabei nicht mit den Vertretenen identisch sein. So steht z.B. einem Haftpflichtversicherer die Befugnis zu, die Anwältin oder den Anwalt (auch) im Namen der oder des Versicherten zu beauftragen. Vergütungsschuldner ist in diesem Falle der Versicherer.

Unbedingt darauf zu achten ist, dass die Anwältin oder der Anwalt seine Gebühren von der Auftraggeberschaft nur fordern kann, wenn er ihm zuvor eine **ordnungsgemäße Berechnung** erteilt hat (§ 10 RVG). Fehlt es an einer solchen Berechnung, ist die Vergütung nicht klagbar, wohl aber erfüllbar (sog. Naturalobligation).

Ist die Mandantschaft **rechtsschutzversichert**, so bleibt sie dennoch Vergütungsschuldner. Ob und inwieweit der Rechtsschutzversicherer die angefallene Vergütung deckt, hat für das Vergütungsverhältnis zwischen Anwaltschaft und Auftraggeberschaft grundsätzlich keine Bedeutung. Ist die Auftraggeberschaft nur teilweise rechtsschutzversichert oder ist ein Selbstbehalt vereinbart, so ist dies Sache der Auftraggeberschaft, nicht der Anwaltschaft. In der Praxis wird die Vergütung häufig unmittelbar mit dem Rechtsschutzversicherer abgerechnet. Hiergegen bestehen keine Bedenken. Der Rechtsschutzversicherer zahlt dann für die Mandantschaft. Soweit der Rechtsschutzversicherer allerdings nicht zahlt, bleibt der Vergütungsanspruch gegen der Mandantenschaft bestehen. Hierauf ist insbesondere bei nicht gedeckten Kosten (z.B. Reisekosten) oder auch im Fall einer Selbstbeteiligung zu achten. Bei der Übernahme der Abwicklung mit dem Rechtsschutzversicherer der Mandantenschaft ist allerdings Vorsicht geboten. Hier sind gegebenenfalls umfangreiche Belehrungs- und Beratungspflichten zu beachten, für deren Verletzung der Anwalt haftet.

Soweit die Anwältin oder der Anwalt im Rahmen der **Prozesskosten-, Verfahrenskosten- oder Beratungshilfe** tätig ist oder soweit er anderweitig **gerichtlich bestellt** worden ist, kann sie oder er in der Regel den Auftraggeber nicht unmittelbar in Anspruch nehmen (siehe z.B. § 122 Abs. 1 Nr. 3 ZPO). Vergütungsschuldner ist dann die Staatskasse. Insoweit sieht das RVG in § 55 ein Festsetzungsverfahren vor, wonach die Anwaltschaft ihre Vergütung bei der Staatskasse anmeldet und nach Prüfung festgesetzt und ausgezahlt erhält.

Der Vergütungsanspruch der Anwaltschaft gegen die Auftraggeberschaft darf nicht mit dem **Kostenerstattungsanspruch** der Mandantschaft verwechselt werden. Beides ist voneinander unabhängig zu betrachten. In den meisten Verfahrensordnungen sind Kostenerstattungsregelungen vorgesehen, wonach die Mandantschaft bei erfolgreichem Verfahrensausgang einen Kostenerstattungsanspruch gegen den Gegner oder (insbesondere in Straf- und Bußgeldsachen) gegen die Staatskasse erhält (z.B. §§ 91 ff. ZPO; §§ 464 ff. StPO). Dieser Kostenerstattungsanspruch regelt nur, inwieweit die Mandantschaft die von ihr aufgewandten Anwaltskosten von einem Dritten ersetzt verlangen kann. Dieses Erstattungsverhältnis hat auf die Höhe der Vergütung unmittelbar keinen Einfluss. Der Vergütungsanspruch der Anwaltschaft bleibt daher grundsätzlich auch dann bestehen, wenn die Mandantschaft die Kosten nicht oder nicht in voller Höhe erstattet erhält. Unter Umständen kann ein Ausbleiben der Kostenerstattung allerdings auf einem Fehler der Anwaltschaft beruhen. Dann kann seinem Vergütungsanspruch ein Schadensersatzanspruch der Auftraggeberschaft entgegenstehen, der letztlich seinen Vergütungsanspruch zu Fall bringt. In bestimmten Fällen muss die Anwältin oder der Anwalt die Mandantschaft auch auf eine fehlende Kostenerstattungsmöglichkeit hinweisen, so z.B. in § 12a Abs. 1 S. 2 ArbGG für Urteilsverfahren erster Instanz vor den Arbeitsgerichten oder nach § 3a Abs. 1 S. 3 RVG bei Abschluss einer Vergütungsvereinbarung. Unterlässt die Anwältin oder der Anwalt die Belehrung, verliert er u.U. seinen Vergütungsanspruch.

II. Anwendungsbereich des RVG

Der Anwendungsbereich des RVG ergibt sich aus § 1 RVG. Danach ist das RVG grundsätzlich für alle **anwaltlichen Tätigkeiten** der Rechtsanwaltschaft einschlägig. Keine Anwendung findet das RVG für nicht anwaltliche Tätigkeiten sowie für eine „Tätigkeit als Vormund, Betreuer, Pfleger, Verfahrenspfleger, Verfahrensbeistand, Testamentsvollstrecker, Insolvenzverwalter, Sachwalter, Mitglied des Gläubigerausschusses, Restrukturierungsbeauftragter, Sanierungsmoderator, Mitglied des Gläubigerbeirats Nachlassverwalter, Zwangsverwalter, Treuhänder oder Schiedsrichter oder für eine ähnliche Tätigkeit.“ (§ 1 Abs. 2 S. 1 RVG). Hier sind zum Teil gesonderte Vergütungsordnungen vorgesehen.

III. Aufbau und Gebührensystem des RVG

1. Überblick

Im Gegensatz zum Vorgänger des RVG, der BRAGO, gliedert sich das RVG in einen Paragrafenteil (derzeit 79 Paragrafen) und ein Vergütungsverzeichnis (VV) mit über 250 einzelnen Gebühren- und Auslagentatbeständen.

Im Paragrafenteil sind allgemeine und generelle Vorschriften enthalten, insbesondere zum Umfang der jeweiligen Angelegenheiten, zur Berechnung des Gegenstandswertes, zur Abrechnung der Gebühren u.a. Die Höhe der Vergütung selbst ist in dem Paragrafenteil nicht geregelt. Hier findet sich lediglich die Verweisung in § 2 Abs. 2 RVG, wonach sich die Höhe der Vergütung nach dem Vergütungsverzeichnis bestimmt, das dem RVG als Anlage 1 beigefügt ist.

Im Vergütungsverzeichnis wiederum sind die einzelnen Auslagen- und Gebührentatbestände in insgesamt sieben Teilen systematisch dargestellt.

2. Der Aufbau des Paragrafenteils

Der Paragrafenteil ist in insgesamt neun Abschnitte aufgeteilt.

In **Abschnitt 1** finden sich allgemeine Vorschriften, insbesondere zur Höhe der Vergütung, zur Vergütungsvereinbarung (§§ 3a ff. RVG), zu Hilfspersonen des Anwalts (§ 5 RVG), zur Fälligkeit (§ 10 RVG) und zum Vorschuss (§ 9 RVG) sowie zur Abrechnung der Vergütung (§ 10 RVG) und ihrer Festsetzung gegen den Auftraggeber (§ 11 RVG).

Der **zweite Abschnitt** enthält allgemeine Gebührenvorschriften zur Berechnung der Wertgebühren (§ 13 RVG), der Rahmengebühren (§ 14 RVG) und zum Abgeltungsbereich der Gebühren (§ 15 RVG).

In **Abschnitt 3** befasst sich das RVG in insgesamt sechs teils sehr umfangreichen Paragrafen mit dem Umfang und dem Abgeltungsbereich der Gebührenangelegenheit. Das RVG betont damit stärker als früher die BRAGO die Bedeutung der Angelegenheit für die Gebührenberechnung.

In **Abschnitt 4** wiederum sind die Vorschriften zum Gegenstandswert enthalten. Hier finden sich nicht nur die Grundsätze zur Wertermittlung und Wertfestsetzung (§§ 22, 23 RVG), sondern auch zahlreiche Wertvorschriften (§ 23a ff. RVG).

Abschnitt 5 befasst sich mit der Vergütung für Mediation, Beratung, Gutachten und Hilfeleistung in Steuersachen sowie in schiedsrichterlichen Verfahren und Verfahren vor dem Schiedsgericht.

In **Abschnitt 6** sind einige Regelungen für gerichtliche Verfahren enthalten, nämlich Regelungen zur Vergütung in Verfahren vor dem BVerfG, den Landesverfassungsgerichten sowie in Verfahren vor dem EuGH und dem EGMR. Daneben wird die Vergütung des in Scheidungs- und Lebenspartnerschaftssachen beigeordneten Rechtsanwalts geregelt sowie die Vergütung des als gemeinsamen Vertreter bestellten Rechtsanwalts und des Prozesspflegers.

In **Abschnitt 7** sind zwei allgemeine Regelungen für Straf- und Bußgeldsachen enthalten, nämlich die Feststellung einer Pauschgebühr des Wahlanwalts (§ 42 RVG) sowie die Regelung zur Abtretung des Kostenerstattungsanspruchs an den Verteidiger (§ 43 RVG).

Abschnitt 8 enthält den umfangreichsten Abschnitt mit insgesamt 17 Paragrafen. Er befasst sich mit dem gerichtlich beigeordneten oder bestellten Rechtsanwalt und enthält darüber hinaus Regelungen zur Beratungshilfe. Hier finden sich auch Regelungen, wie die Vergütung bei der Staatskasse anzumelden und festzusetzen ist.

In **Abschnitt 9** schließlich sind Übergangs- und Schlussvorschriften enthalten.

3. Der Aufbau des Vergütungsverzeichnisses

a) Der Aufbau

Das Vergütungsverzeichnis ist in insgesamt sieben Teile aufgegliedert. Je nach Umfang sind diese Teile wieder in einzelne Abschnitte und Unterabschnitte aufgeteilt. Hier finden sich dann die jeweiligen Gebührentatbestände, zu denen bei Wertgebühren ein Gebührensatz oder Satzrahmen ausgewiesen ist. Soweit sich die Gebühren nicht nach dem Wert richten, finden sich Festgebühren oder Betragsrahmen.

Ergänzend zu den Gebührentatbeständen in den einzelnen Nummern des Vergütungsverzeichnisses finden sich **Anmerkungen**, die weitere Regelungen, insbesondere zum Anwendungs- und Abgeltungsbereich des jeweiligen Gebührentatbestands, enthalten.

Daneben sind den einzelnen Teilen, Abschnitten und Unterabschnitten **Vorbemerkungen** vorangestellt, die wiederum generelle Regelungen enthalten, so z. B. Anrechnungsvorschriften oder auch nähere Erläuterungen zum Anwendungs- und Abgeltungsbereich der einzelnen Gebührentatbestände.

Die einzelnen Gebührentatbestände sind jeweils mit **vierstelligen Nummern** durchnummeriert. Die **erste Ziffer** einer Nummer deckt sich jeweils mit dem Teil des Vergütungsverzeichnisses. Die **zweite Ziffer** gibt den jeweiligen Abschnitt an. Dies ermöglicht über die jeweilige Nummer eine erste Einordnung des Gebührentatbestandes.

b) Die einzelnen Teile des Vergütungsverzeichnisses

Teil 1 des Vergütungsverzeichnisses befasst sich mit allgemeinen Gebühren (Einigungsgebühr, Aussöhnungsgebühr, Erledigungsgebühr, Erhöhung bei mehreren Auftraggebern sowie der Hebegebühr). Diese Gebühren gelten grundsätzlich in allen Angelegenheiten. Systemwidrig findet sich hier auch die Zusatzgebühr für besonders umfangreiche Beweisaufnahmen (Nr. 1010 VV), die nur in Teil 3 VV gilt.

In **Teil 2** werden die Prüfung der Erfolgsaussicht eines Rechtsmittels, die außergerichtliche Vertretung geregelt sowie die Gebühren im Rahmen der Beratungshilfe.

Der umfangreichste Teil des Vergütungsverzeichnisses, **Teil 3**, befasst sich mit den Gebühren in bürgerlichen Rechtsstreitigkeiten in Zivilsachen (einschließlich Familiensachen und Verfahren der freiwilligen Gerichtsbarkeit), sonstige Verfahren der freiwilligen Gerichtsbarkeit und der öffentlich-rechtlichen Gerichtsbarkeiten einschließlich der Verwaltungs-, Finanz- und Sozialgerichtsbarkeit sowie mit Verfahren nach dem Strafvollzugsgesetz und ähnlichen Verfahren.

In **Teil 4** sind die Gebühren in Strafsachen geregelt.

Für Bußgeldsachen erhält das Vergütungsverzeichnis in **Teil 5** eine eigenständige Regelung.

In **Teil 6** sind sonstige Verfahren geregelt. Es handelt sich hierbei um Verfahren nach dem IRG und vor dem IStGH sowie um Disziplinarverfahren, berufsgerichtliche Verfahren wegen der Verletzung einer Berufspflicht, gerichtliche Verfahren bei Freiheitsentziehung, Verfahren in Unterbringungssachen sowie Verfahren nach der WBO und WDO, die sämtlich in der Praxis geringe Bedeutung haben.

Abgeschlossen wird das Vergütungsverzeichnis durch **Teil 7**, in dem die Auslagentatbestände geregelt sind.

IV. Das Gebührensystem

1. Die Einteilung in Angelegenheiten

Im Gegensatz zum herkömmlichen Anspruchsdenken in Zivilsachen ist bei der Vergütungsabrechnung ein „Schubladendenken" angebracht. Das RVG teilt die anwaltlichen Tätigkeiten in Gebührenangelegenheiten auf. In derselben Angelegenheit kann die Anwaltschaft ihre Vergütung nur einmal verlangen (§ 15 Abs. 2 RVG). In mehreren Angelegenheiten erhält die Anwaltschaft ihre Gebühren dagegen mehrmals.

Wann eine Angelegenheit und wann mehrere Angelegenheiten gegeben sind, ergibt sich insbesondere aus den §§ 16 ff. RVG. Der Anwalt sollte der Einteilung in Angelegenheiten besondere Aufmerksamkeit widmen. Wer an dieser Stelle nicht sorgfältig arbeitet, wird in aller Regel Fehler bei der Gebührenabrechnung machen.

Die Aufteilung in verschiedene Angelegenheiten ist in zweifacher Hinsicht zu beachten.

Zum einen bilden nacheinander folgende Verfahren wegen desselben Gegenstandes mehrere Angelegenheiten (**vertikale Einteilung**). So sind z.B. Beratung, außergerichtliche Vertretung, Mahnverfahren, streitiges Verfahren und Berufung jeweils eigene Gebührenangelegenheiten, obwohl ihnen letztlich derselbe Anspruch zugrunde liegt.

Daneben können aber auch mehrere Angelegenheiten nebeneinander bestehen (**horizontale Einteilung**). So sind z.B. bei der Unfallschadenregulierung die Abwicklung mit dem gegnerischen Haftpflichtversicherer und die Abwicklung mit dem eigenen Kaskoversicherer zwei verschiedene Gebührenangelegenheiten, so dass auch hier die Vergütung zweimal nach den jeweiligen Werten gesondert entsteht.

2. Wertgebühren

Das RVG geht grundsätzlich von Gebühren aus, die sich nach dem **Gegenstandswert** richten (§ 2 Abs. 1 RVG).

a) Gegenstandswert

Wie sich der Gegenstandswert berechnet, ergibt sich aus den §§ 22 ff. RVG. In gerichtlichen Verfahren ist in der Regel die gerichtliche Wertfestsetzung auch für die anwaltlichen Gebühren maßgebend (§§ 23 Abs. 1 S. 1, 32 Abs. 1 RVG). Soweit im gerichtlichen Verfahren kein Wert festgesetzt wird oder sich die Anwaltsgebühren nicht nach dem Wert des gerichtlichen Verfahrens richten, muss das Gericht den Wert für die Anwaltsgebühren auf Antrag gesondert festsetzen (§ 33 Abs. 1 RVG). Der Anwaltschaft steht insoweit auch ein eigenes Recht zu, gegen eine zu Unrecht unterbliebene oder nach ihrer Meinung zu geringe Wertfestsetzung Beschwerde einzureichen (§§ 32 Abs. 2, 33 Abs. 3 RVG).

Außerhalb gerichtlicher Verfahren richtet sich der Gegenstandswert der anwaltlichen Tätigkeit nach den Vorschriften für das gerichtliche Verfahren, wenn die Tätigkeit Gegenstand eines gerichtlichen Verfahrens sein könnte (§ 23 Abs. 1 S. 3 RVG), anderenfalls nach bestimmten Vorschriften der GNotKG (§ 23 Abs. 3 S. 1 RVG) und wenn auch diese nicht einschlägig sind, nach billigem Ermessen (§ 23 Abs. 3 S. 2 RVG). Fehlt jeglicher Anhaltspunkt, so ist von einem Regelwert in Höhe von 5.000 EUR auszugehen.

b) Gebührenbetrag

Ist der maßgebliche Gegenstandswert ermittelt, so ergibt sich nach § 13 RVG in Verbindung mit der als Anlage 2 zum RVG beigefügten Gebührentabelle jeweils ein Betrag, der dann Grundlage für die Berechnung der Gebühr ist.

In Verfahren der Prozesskostenhilfe sieht § 49 RVG ab Gegenstandswerten von über 4.000 EUR gesonderte (geringere) Gebührenbeträge vor. Bei Werten von über 50.000 EUR erhöhen sich diese Gebührenbeträge nicht mehr.

c) Gebührensatz

Ist danach ausgehend vom Gegenstandswert der Gebührenbetrag ermittelt, so ist er mit dem jeweiligen Satz des Gebührentatbestandes zu multiplizieren, sodass sich daraus dann die konkrete Gebühr ergibt, die der Anwaltschaft zusteht.

Ausgewiesen sind im Vergütungsverzeichnis jeweils Dezimalgebühren (z.B. 0,3; 0,5; 0,75; 1,0; 1,3 etc.). Um die jeweilige konkrete Gebühr zu ermitteln, ist daher der sich nach dem jeweiligen Gegenstandswert ergebende Betrag mit der sich aus dem Gebührentatbestand ergebenden Dezimalzahl des Vergütungsverzeichnisses zu multiplizieren. Das gefundene Ergebnis ergibt dann die Gebühr, die der Anwaltschaft zusteht.

So ermittelt sich z.B. eine 1,3-Verfahrensgebühr nach Nr. 3100 VV aus dem Gegenstandswert von 1.860 EUR wie folgt:

- Der Gebührenbetrag aus einem Gegenstandswert von 1.860 EUR ergibt sich aus der
- Gebührentabelle nach der Wertstufe bis 2.000 EUR und beträgt somit 166 EUR. Die 1,3-Verfahrensgebühr beläuft sich damit auf 1,3 x 166 EUR = 215,80 EUR.

Mitunter kommt es auch bei Wertgebühren vor, dass kein fester Gebührensatz vorgesehen ist, sondern ein **Satzrahmen**, wie etwa bei der Geschäftsgebühr (Nr. 2300 VV). Dort ist ein Satzrahmen von 0,5 bis 2,5 vorgesehen. In diesen Fällen bestimmt die Anwaltschaft unter Berücksichtigung der Kriterien des § 14 Abs. 1 RVG i.V.m. § 315 ff. BGB den Gebührensatz nach billigem Ermessen. Auszugehen ist dabei grundsätzlich von der sog. **Mittelgebühr**. Diese ergibt sich aus der Formel (Mindestsatz + Höchstsatz) : 2 und beläuft sich daher bei der Geschäftsgebühr auf (0,5 + 2,5) : 2 = 1,5. Je nach den Umständen des Einzelfalles geht man dann von einer höheren oder geringeren Gebühr aus. Darüber hinaus ist eine sog. Schwellengebühr (Anm. zu Nr. 2300 VV) vorgesehen für Angelegenheiten, die weder umfangreich noch schwierig sind.

3. Betragsrahmengebühren

Neben den Wertgebühren sind auch Betragsrahmengebühren vorgesehen, also Gebühren, die nach ihrem Mindest- und Höchstbetrag begrenzt sind (so insbesondere in Straf- und Bußgeldsachen sowie in sozialrechtlichen Angelegenheiten nach § 3 Abs. 1 S. 1 RVG). Auch hier bestimmt die Anwaltschaft die in ihrem konkreten Fall angemessene Gebühr unter Berücksichtigung der Kriterien des § 14 Abs. 1 RVG. Auszugehen ist dabei auch hier grundsätzlich wiederum von der sog. **Mittelgebühr**. Diese ergibt sich hier aus der Formel (Mindestbetrag + Höchstbetrag) : 2. Je nach den Umständen des Einzelfalles geht man dann von einer höheren oder geringeren Gebühr aus. Auch hier sind sog. Schwellengebühren bei geringem Umfang und unterdurchschnittlicher Schwierigkeit vorgesehen.

4. Festgebühren

Neben den Betragsrahmengebühren sind zum Teil auch feste Betragsgebühren vorgesehen, so z.B. in der Beratungshilfe oder für den bestellten oder beigeordneten Anwalt in Straf- und Bußgeldsachen sowie in Verfahren nach Teil 6 des Vergütungsverzeichnisses.

5. Vereinbarte Vergütung

Möglich ist auch eine Vergütungsvereinbarung, die unter den Voraussetzungen der §§ 3 a ff. RVG mit dem Auftraggeber getroffen werden kann. Zum Teil empfiehlt das RVG sogar selbst den Abschluss einer Vereinbarung (§ 34 Abs. 1 S. 1 RVG).

6. Pauschgebühr

Darüber hinaus können in Straf- und Bußgeldsachen sowie in Verfahren nach Teil 6 des Vergütungsverzeichnisses Pauschgebühren bewilligt werden, und zwar nicht nur für den gerichtlich bestellten oder beigeordneten Anwalt (§ 51 RVG), sondern auch für den Wahlanwalt (§ 42 RVG). Soweit die gesetzlichen Gebühren nicht ausreichen, um die Tätigkeit der Anwaltschaft angemessen zu vergüten, kann das OLG (gegebenenfalls auch der BGH) auf Antrag der Anwältin oder dem Anwalt eine Pauschgebühr bewilligen, die dann die Staatskasse oder die Mandantschaft zusätzlich zu den gesetzlichen Gebühren zahlen muss.

7. Vergütung nach BGB

Für eine Beratung, ein Gutachten oder die Tätigkeit als Mediatotin oder Mediator regelt das RVG keine Gebühren vor, sondern verweist auf die Vorschriften des bürgerlichen Rechts, falls keine Vereinbarung getroffen wird (§ 34 Abs. 1 S. 2 RVG). Auch hier bestimmt die Anwaltschaft die Höhe seiner Vergütung, aber wiederum nach § 14 Abs. 1 RVG.

8. Gebühren nach der StBGebVO

Aufgrund der Verweisung in § 35 RVG gelten für die dort genannten steuerlichen Hilfeleistungen anstelle der RVG-Gebühren bestimmte Gebührenvorschriften der Steuerberatergebührenverordnung (StBGebVO). Das kann sogar zur gesetzlichen Abrechnung nach Stunden führen (§ 13 StBGebVO).

V. Die wichtigsten Gebühren und Auslagen

1. Allgemeine Gebühren

Von besonderer Bedeutung bei den allgemeinen Gebühren ist die **Einigungsgebühr** nach Anm. Abs. 1 S. 1 Nr. 1 zu Nr. 1000 VV (frühere Vergleichsgebühr). Diese Gebühr entsteht, wenn die Parteien ihren Streit oder ihre Ungewissheit über ein Rechtsverhältnis durch eine Einigung beseitigen und der Anwältin oder der Anwalt daran mitwirkt. Diese Gebühr kann grundsätzlich in allen Angelegenheiten entstehen, sogar in Strafsachen. Sofern der Anwältin oder der Anwalt an einer Einigung der Parteien mitwirkt, erhält sie oder er hierfür eine gesonderte Gebühr, die grundsätzlich 1,5 beträgt, bei erstinstanzlicher Anhängigkeit 1,0 und bei Anhängigkeit im Rechtsmittelverfahren 1,3.

Eine besondere Einigungsgebühr enthält Anm. Abs. 1 S. 1 Nr. 2 zu Nr. 1000 VV, die sog. **Zahlungsvereinbarung**. Erfasst werden die Fälle, in denen kein Streit über den Bestand der Forderung (mehr) besteht, der Schuldnerin oder dem Schuldner die Forderung gestundet oder ihr bzw.ihm nachgelassen wird, die Forderung in Raten zu zahlen, und die Gläubigerin oder der Gläubiger auf eine Vollstreckung der Forderung vorläufig verzichtet.

Des Weiteren ist in den allgemeinen Gebühren die **Erhöhung bei mehreren Auftraggebern** geregelt. Sofern der Anwalt für mehrere Auftraggeber tätig wird, erhöhen sich die **Geschäfts- und Verfahrensgebühren**. Bei Wertgebühren erhöhen sich diese Gebühren um 0,3 je weiteren Auftraggeber, höchstens um 2,0 – allerdings nur, wenn derselbe Gegenstand zugrunde liegt. Bei Betragsrahmen- und Festgebühren tritt die Erhöhung dagegen immer um 30 % je weiteren Auftraggeber ein, höchstens um 200 %. Hiermit soll pauschal der Mehraufwand abgegolten werden, der dem Anwalt dadurch entsteht, dass er von mehreren Auftraggebern in Anspruch genommen wird.

2. Beratung

Für **Beratung und Gutachten** sind im RVG keine Gebühren mehr vorgesehen. Vielmehr empfiehlt § 34 Abs. 1 RVG den Abschluss einer Gebührenvereinbarung. Wird eine solche nicht getroffen, richtet sich die Vergütung nach § 612 BGB. Bei der Erstberatung eines Verbrauchers ist die Gebühr zudem auf 190 EUR beschränkt und in übrigen Fällen der Beratung oder Gutachtentätigkeit für einen Verbraucher auf höchstens 250 EUR. Eine höhere Gebühr kann von einem Verbraucher nur verlangt werden, wenn eine Gebührenvereinbarung getroffen worden ist.

Darüber hinaus ordnet auch § 34 Abs. 2 RVG die **Anrechnung** einer vereinbarten oder sich aus § 612 BGB ergebenden Beratungsgebühr auf eine nachfolgende Tätigkeit an, sofern nichts anderes vereinbart ist.

Der Anwaltschaft ist also dringend anzuraten, für Beratungen und Begutachtungen unbedingt Gebührenvereinbarungen zu treffen und darin zudem die Anrechnung auszuschließen.

3. Außergerichtliche Vertretung

Die außergerichtliche Vertretung (mit Ausnahme in Straf- und Bußgeldsachen) ist in den Nr. 2300 ff. VV geregelt. Die Anwaltschaft erhält eine sog. Geschäftsgebühr. Hier sind jeweils Rahmengebühren vorgesehen. Bei Wertgebühren steht der Anwaltschaft ein Rahmen von 0,5 bis 2,5 offen, aus dem sie die im Einzelfall angemessene Gebühr bestimmt, wobei diese Gebühr zur Hälfte auf die Gebühren eines nachfolgenden Rechtsstreits angerechnet wird, höchstens aber zu einem Gebührensatz von 0,75 (Vorbem. 3 Abs. 4 S. 1 VV).

In sozialrechtlichen Angelegenheiten steht der Anwaltschaft für die außergerichtliche Vertretung ein Betragsrahmen zur Verfügung (Nr. 2302 Nr. 1 VV). Auch hier ist jetzt eine Anrechnung auf die Verfahrensgebühr eines nachfolgenden gerichtlichen Verfahrens vorgesehen.

4. Beratungshilfe

Ist die Anwaltschaft im Rahmen der Beratungshilfe tätig, so richtet sich eine Vergütung, die sie aus der Staatskasse erhält, nach den Nrn. 2501 ff. VV. Dort sind für Beratung, Vertretung und Einigung jeweils Festgebühren vorgesehen. Daneben kann die Anwaltschaft von der Mandantschaft eine sog. Schutzgebühr in Höhe von 15 EUR verlangen (Nr. 2500 VV).

5. Gerichtliche Verfahren nach Teil 3 des Vergütungsverzeichnisses

In bürgerlichen Rechtsstreitigkeiten, FGG-Verfahren, verwaltungs-, finanz- und sozialgerichtlichen Verfahren erhält der Anwalt die Vergütung nach Teil 3 des Vergütungsverzeichnisses. Hier sind für den Rechtsstreit jeweils **Verfahrens- und Terminsgebühren** vorgesehen. In erster Instanz beläuft sich die Verfahrensgebühr auf 1,3, die Terminsgebühr auf 1,2. Die Verfahrensgebühr im Berufungs- oder Revisionsverfahren erhöht sich auf 1,6; die Terminsgebühr erhöht sich im Revisionsverfahren auf 1,5. Für den BGH-Anwalt findet sich darüber hinaus noch eine weitere Erhöhung.

Für bestimmte Nebenverfahren (Beschwerden, Erinnerungen, Räumungsfristverfahren etc.) finden sich in Teil 3 des Vergütungsverzeichnisses darüber hinaus gesonderte Gebühren. Solche gesonderten Gebühren sind auch dann vorgesehen, wenn der Anwalt nicht als Prozessbevollmächtigter tätig wird, sondern lediglich mit Einzeltätigkeiten beauftragt ist (etwa als Verkehrsanwalt, Terminsvertreter o.Ä.).

6. Zwangsvollstreckung u.a.

In der Zwangsvollstreckung erhält die Anwaltschaft die Vergütung nach den Nrn. 3309, 3310 VV. Er erhält danach eine 0,3-Verfahrensgebühr und, sofern es zu einem gerichtlichen Termin kommt, eine 0,3-Terminsgebühr.

Für besondere vollstreckungsrechtliche Verfahren sind in den Nr. 3311 ff. VV gesonderte Gebühren vorgesehen.

7. Strafsachen

Die Vergütung in Strafsachen richtet sich nach Teil 4 des Vergütungsverzeichnisses. Die Anwaltschaft erhält zunächst einmal für die erste Einarbeitung des Falles eine **Grundgebühr**. Daneben sind in den jeweiligen Verfahrensstadien, die jeweils eigene Angelegenheiten bilden, **Verfahrens- und Terminsgebühren** vorgesehen. Als jeweils eigene Angelegenheiten in Strafsachen gelten das Vorverfahren, das erstinstanzliche gerichtliche Verfahren, Berufungs- und Revisionsverfahren.

Sofern die Anwaltschaft durch ihre Mitwirkung erreicht, dass sich das Verfahren **ohne Hauptverhandlung erledigt**, also insbesondere durch Einstellung des Verfahrens oder Rücknahme eines Einspruchs oder eines Rechtsmittels, erhält sie nach Nr. 4141 VV eine **Zusätzliche Gebühr** in Höhe der jeweiligen Verfahrensmittelgebühr.

In Strafsachen sind jeweils Betragsrahmen vorgesehen, aus denen der Wahlanwalt die jeweilige Gebühr im Einzelfall unter Berücksichtigung der Kriterien des § 14 RVG bestimmt. Für die gerichtlich bestellte oder beigeordnete Rechtsanwaltschaft sind jeweils feste Gebührenbeträge vorgesehen.

Soweit in Strafsachen zivilrechtliche Ansprüche geltend gemacht werden (Adhäsionsverfahren) oder es um eine Einziehung oder ähnliche Maßnahmen geht, sind auch hier zusätzliche Wertgebühren vorgesehen (Nrn. 4142, 4143, 4144 VV).

8. Bußgeldsachen

Das Gebührensystem in Bußgeldsachen gleicht dem in Strafsachen. Auch hier erhält die Anwaltschaft zunächst einmal eine **Grundgebühr** für die erste Einarbeitung. Daneben sind auch hier in den jeweiligen Angelegenheiten wiederum **Verfahrens- und Terminsgebühren** vorgesehen.

Als jeweils eigene Angelegenheiten gelten das Verfahren vor der Verwaltungsbehörde, das gerichtliche Verfahren und das Rechtsbeschwerdeverfahren.

Eine Besonderheit ergibt sich hier, als im vorbereitenden und im gerichtlichen Verfahren die Verfahrens- und Terminsgebühren nach der Höhe des angedrohten bzw. verhängten Bußgeldes gestaffelt sind.

Auch in Bußgeldsachen kann der Anwalt eine **Zusätzliche Gebühr** erhalten, wenn er die Erledigung des Verfahrens ohne Hauptverhandlung (also durch Einstellung, Einspruchs- oder Rechtsmittelrücknahme) erreicht (Nr. 5115 VV).

9. Auslagen

Die der Anwaltschaft zustehenden Auslagen sind in Teil 7 des Vergütungsverzeichnisses geregelt. Hier gilt der Grundsatz, dass, soweit nichts anderes bestimmt ist, die Gebühren auch die allgemeinen Geschäftskosten abgelten. Gesonderte Auslagen erhält die Anwaltschaft daher nur für das **Anfertigen von Ablichtungen** oder anstelle dessen die Überlassung von elektronisch gespeicherten Daten (Dokumentenpauschale; Nr. 7000 VV), **Entgelte für Post- und Telekommunikationsdienstleistungen**, wobei diese konkret berechnet werden können (Nr. 7001 VV) oder pauschal mit 20 % der Gebühren, höchstens 20 EUR (Nr. 7002 VV), **Reisekosten**, also Fahrtkosten, Aufwendungen und Abwesenheitspauschalen (Nr. 7003 ff. VV), **Umsatzsteuer** (Nr. 7008 VV) und in Ausnahmefällen anteiligen Ersatz der **Haftpflichtversicherungsprämie** (Nr. 7007 VV).

Sonstige Aufwendungen, etwa vorgelegte Gerichtskosten o.Ä., kann die Anwaltschaft nach §§ 675, 670 BGB ersetzt verlangen (Vorbem. 7 Abs. 1 S. 1 VV).

VI. Beitreibung der Vergütung

Zahlt die Auftraggeberschaft nicht, so muss sich die Anwaltschaft wie jede andere Gläubigerin oder jeder andere Gläubiger einen Titel verschaffen. Hierzu kommt sowohl das Mahnverfahren als auch die Klage in Betracht. Für Klagen auf die Vergütung als früherer Prozessbevollmächtigter steht der Anwaltschaft nach § 34 ZPO der besondere Gerichtsstand des Hauptprozesses zur Verfügung. In sonstigen Fällen muss sie am Sitz der Auftraggeberschaft klagen. Eine Zuständigkeit nach § 29 ZPO (Erfüllungsort) am Sitz der Kanzlei ist nach der Rechtsprechung des BGH nicht (mehr) gegeben.

Soweit die Vergütung aus einem gerichtlichen Verfahren resultiert, steht der Anwaltschaft darüber hinaus das vereinfachte **Vergütungsfestsetzungsverfahren** nach § 11 RVG offen. Hier kann die Anwaltschaft ohne aufwendiges Gerichtsverfahren schnell zu einem Titel gelangen. Voraussetzung dafür ist allerdings, dass die Auftraggeberschaft keine Einwendungen außerhalb des Gebührenrechts erhebt. Anderenfalls ist die Festsetzung abzulehnen und die Anwaltschaft auf den Klageweg zu verweisen (§ 11 Abs. 5 RVG).

E.3 Vergütungsvereinbarung

Rechtsanwältin und Notarin Edith Kindermann, Bremen • Präsidentin des DAV, Vorsitzende des Ausschusses RVG und Gerichtskosten des DAV

Vergütungsvereinbarungen gehören für viele Rechtsanwälte außerhalb von Tätigkeiten in Prozesskostenhilfe- bzw. Beratungshilfemandaten zum Alltag. Sie werden quer durch alle Rechtsgebiete vereinbart und in vielen Fällen auch bereits von der Mandantschaft – vorrangig allerdings aus dem Bereich der Wirtschaft und des Handwerks – angefragt. Sie sind damit sozusagen der Maßanzug, der dazu dient, die Vorstellungen der Mandantschaft und des Anwalts über eine angemessene, nachvollziehbare Vergütung zu verwirklichen.

Den nachfolgenden Ausführungen liegt die Rechtslage im Zeitpunkt der Abgabe des Manuskriptes Ende Mai 2021 zugrunde. Da gegenwärtig im Gesetzgebungsverfahren über Änderungen im Bereich der Vergütungsvereinbarungen diskutiert wird, ist zu prüfen, ob diese Ausführungen im Zeitpunkt einer Vergütungsvereinbarung noch aktuell sein.

Die praktische Notwendigkeit, eine Gebühr zu vereinbaren, hat sich bereits zum 1.7.2006 erhöht, da mit diesem Zeitpunkt die Gebühren für die reine Beratungstätigkeit freigegeben worden sind.

Für einen praxisnahen Umgang mit der Regelung sei zunächst auf eine Definition hingewiesen. Unter der Vergütung versteht das RVG nach der Legaldefinition in § 1 Abs. 1 S. 1 RVG Gebühren und Auslagen. In den Teilen 1 bis 6 des Vergütungsverzeichnisses sind Gebühren geregelt, im Teil 7 die Auslagen.

Das Rechtsanwaltsvergütungsgesetz (RVG) enthält seit dem 1.7.2006 im Vergütungsverzeichnis keinen Gebührentatbestand mehr für reine Beratungsaufträge. Stattdessen enthält § 34 RVG ab diesem Zeitpunkt die Regelung, dass der Rechtsanwalt auf eine Gebührenvereinbarung hinwirken soll. Kommt eine solche nicht zustande, erhält er eine Gebühr nach den Bestimmungen des Bürgerlichen Rechts. Nach § 612 Abs. 2 BGB ist sodann der übliche, nicht der angemessene (!) Betrag geschuldet. Ist der Auftraggeber Verbraucher, ist die übliche Gebühr, die ohne eine Vereinbarung zu zahlen ist, für ein erstes Beratungsgespräch auf maximal 190 EUR, insgesamt für die Beratungstätigkeit auf eine Gebühr von 250 EUR beschränkt. Es besteht daher die Notwendigkeit, im Verhältnis zur Mandantschaft Klarheit und Transparenz in der Abrechnung zu schaffen und die Gebühr für einen reinen Beratungsauftrag zu vereinbaren. Dies gilt umso mehr, als die Regelung des § 34 RVG auch dann eingreift, wenn die Rechtsanwältin dem Auftraggeber eine Urkunde entwirft, da die Geschäftsgebühr nach der Vorbem. 2.3. Abs. 2 VV RVG nur für die außergerichtliche Vertretung und die Mitwirkung an der Gestaltung eines Vertrages anfällt, nicht mehr jedoch für den Entwurf einseitiger Urkunden. In der Praxis wird diese Frage vor allem beim Entwurf von Testamenten bedeutsam, da sowohl der Entwurf einseitiger Testamente als auch der Entwurf gemeinschaftlicher Testamente eine Tätigkeit im Sinne des § 34 RVG ist.

Da die Vergütungsvereinbarung der „Maßanzug“ anwaltlicher Vergütung ist, verbietet sich von vornherein jeder Schematismus hinsichtlich der für eine Vergütungsvereinbarung geeigneten Fallgestaltungen und der inhaltlichen Gestaltung. Dementsprechend wollen die nachfolgenden Ausführungen nur eine Anregung zum eigenen Nachdenken sein. Sie können daher auch nicht umfassend alle Fragen beantworten. Wer hierzu mehr lesen möchte, sei auf die zahlreichen Aufsätze, Kommentare und Monografien zu diesem Thema verwiesen. Die nachfolgenden Ausführungen sind nicht mehr als eine erste Orientierung, die Anregungen zum Denken und Gestalten geben soll.

I. Motive

Die Motive, eine Vergütung zu vereinbaren, sind vielfältig. Einige Motive seien beispielhaft dargestellt:

- um Streitigkeiten über die Höhe der anfallenden Gebühren zu vermeiden,
- etwa weil der Gegenstandswert nicht sicher zu bestimmen ist (z.B. beim Entwurf Allgemeiner Geschäftsbedingungen, bei Auseinandersetzungen wegen einer Ehrverletzung oder in Nachbarstreitigkeiten, beim Entwurf von Musterverträgen);
- um bei Rahmengebühren einen bestimmten Gebührensatz festzulegen (z.B., wenn die Geschäftsgebühr nach Nr. 2300 VV RVG bei außergerichtlicher Vertretung zur Anwendung kommt. Diese sieht einen Gebührenrahmen von 0,5 bis 2,5 vor, wobei eine Gebühr von 1,3 nur überschritten werden kann, wenn die Angelegenheit umfangreich oder schwierig ist);
- zur Frage, ob und ggf. welche Gebührentatbestände überhaupt eingreifen können;
- durch Pauschalberatungsverträge, die alle Beratungsleistungen in dem im Vertrag umschriebenen Bereich erfassen: Diese Möglichkeit eröffnet der Mandantschaft den kurzfristigen Zugang zu fachkundigem Rechtsrat, ohne in jedem Einzelfall die Höhe der Gebühren diskutieren zu müssen; sie ermöglicht der Anwaltschaft im Falle einer Abrechnung nach festen Zeitintervallen (Monaten, Quartalen, Jahren) eine fest kalkulierbare Einnahme;
- um die Abrechnung für die Mandantschaft transparenter zu machen (etwa, weil diese selbst nach Zeiteinheiten abrechnet oder aus dem Verkehr mit ausländischen Anwältinnen und Anwälten an eine Abrechnung nach Zeiteinheiten gewöhnt ist);
- um eine angemessene Vergütung für die Anwaltschaft zu erreichen (in Fällen mit hohem Arbeitseinsatz bei niedrigem Streitwert, insbesondere wenn der Streitwert gesetzlich gedeckelt ist und damit kein Äquivalent zum Arbeitseinsatz und Risiko darstellt [z.B. in umfangreichen Verfahren betreffend elterliche Sorge und Umgangsrecht; Versorgungsausgleichsverfahren; Abänderungsverfahren zum Unterhalt; bei einer umfangreichen Verteidigung, insbesondere im Ermittlungsverfahren]; bei einer Teilklage, mit der in Wirklichkeit eine Regelung für den gesamten Streitstoff angestrebt wird).

II. Gesetzliche Vorgaben

Die gesetzlichen Vorgaben haben sich für alle ab dem 1.7.2008 geschlossenen Vergütungsvereinbarungen grundlegend geändert. Der Gesetzgeber hat durch das Gesetz zur Neuregelung des Verbots der Vereinbarung von Erfolgshonoraren (BGBl. 2008 I S. 1000) weitreichende Änderungen im gesamten Recht der vereinbarten Vergütung vorgenommen. Im Nachfolgenden wird lediglich die neue Rechtslage dargestellt.

Regelungen zu Vergütungsvereinbarungen finden sich seitdem in den §§ 3 a–4 b RVG.

a) Im **§ 3 a RVG** finden sich die Bestimmungen, die für **jede Vergütungsvereinbarung** zu beachten sind. Diese Regelungen gelten nur für die Vereinbarung einer Gebühr für die Beratung nach § 34 RVG nicht, da es sich bei der nach § 34 RVG vereinbarten Vergütung nicht um eine gesetzliche Vergütung, sondern allein um eine vereinbarte Vergütung handelt.

Aus § 3 a Abs. 1 RVG ergeben sich folgende Anforderungen an eine Vergütungsvereinbarung:

- Die **Vereinbarung der Parteien** muss in **Textform** vorliegen. Damit muss nicht nur die Erklärung des Auftraggebers, sondern auch die Erklärung des oder der Rechtsanwälte in Textform vorliegen. Nach § 126 b BGB muss dazu die Erklärung in einer Urkunde oder auf andere zur dauerhaften Wiedergabe in Schriftzeichen geeignete Weise abgegeben, die Person des Erklärenden genannt und der Abschluss der Erklärung durch Nachbildung der Namensunterschrift oder anders erkennbar gemacht werden. Aus diesem Grunde ist es schädlich, wenn sich unter der Unterschrift des Auftraggebers weitere Erklärungen befinden und dadurch der Abschluss der Erklärung nicht deutlich ist.[1]
- Die Vereinbarung darf **nicht in der Vollmacht** enthalten sein.
- Die Vereinbarung muss von anderen Vereinbarungen als der Auftragserteilung **deutlich abgesetzt** sein. Wegen der Anforderungen an eine deutliche Trennung wird in nahezu sämtlichen Kommentaren auf die Anforderungen der Rechtsprechung an die deutliche Trennung zwischen einer Widerrufsbelehrung und sonstigen Regelungen im Bereich der Haustürgeschäfte abgehoben. Empfehlenswert ist es daher, entweder durch deutliche Überschriften den Gehalt der jeweiligen Regelung hervorzuheben oder – am besten – die Vergütungsvereinbarung auf den notwendigen Gehalt zu beschränken und sonstigen Mandatsbedingungen in gesonderter Urkunde zu vereinbaren.
- Die Vereinbarung muss **als Vergütungsvereinbarung bezeichnet** oder in einer vergleichbaren Weise bezeichnet werden. Damit wurde der Streit beigelegt, ob die Vereinbarung auch als „Honorarvereinbarung" bezeichnet werden kann.
- **§ 3 a Abs. 1 S. 3 RVG** schreibt der Rechtsanwaltschaft schließlich vor, den Auftraggeber darauf hinzuweisen, dass die gegnerische Partei, ein Verfahrensbeteiligter oder die Staatskasse im Falle der Kostenerstattung regelmäßig nicht mehr als die gesetzliche Vergütung erstatten muss. Hier ist es empfehlenswert, den Hinweis entsprechend dem

1 BGH, Urt. v. 3.11. 2011 – IX ZR 47/11, AnwBl. 2012, 97.

Wortlaut des Gesetzes zu erteilen, damit bei der Auftraggeberschaft nicht Fehlvorstellungen erweckt werden. Da die einzelnen Verfahrensordnungen durchaus Regelungen enthalten, wonach selbst im Falle des Obsiegens keine Kostenerstattung erfolgt (§ 93 b ZPO, § 12 a Abs. 1 ArbGG) und darüber hinaus nach § 91 ZPO auch gesetzliche Gebühren nur dann erstattet werden, wenn diese notwendig sind, sollte der Hinweis nicht den Eindruck erwecken, der Auftraggeberschaft würden im Falle des Obsiegens in jedem Fall alle ihr entstehenden Anwaltsgebühren erstattet. Die Belehrung zur Kostenerstattung gehört nach der Formulierung des § 3 a Abs. 1 S. 3 RVG i.V.m. § 4 b S. 1 RVG nicht zu den Wirksamkeitsvoraussetzungen. Eine Verletzung dieser Pflicht kann jedoch zu einer zivilrechtlichen Schadenersatzverpflichtung führen.

Eine Vereinbarung, nach der eine im Wege der **Prozesskostenhilfe** beigeordnete Rechtsanwältin für die von der Beiordnung erfasste Tätigkeit eine höhere als die gesetzliche Vergütung erhalten soll, ist nach § 3 a Abs. 3 S. 1 RVG nichtig. Für den Umgang mit dieser Bestimmung ist die Kenntnis der gesetzlichen Sperrwirkung aus § 122 Abs. 1 Nr. 3 ZPO unerlässlich. Danach können beigeordnete Rechtsanwältinnen Ansprüche auf Vergütung gegen die Partei nicht geltend machen. Die Regelung des § 3 a Abs. 3 S. 1 RVG führt zwar dazu, dass die einer Partei im Wege der Prozesskostenhilfe beigeordnete Anwältin mit der Partei eine Vergütungsvereinbarung treffen kann bis zur Höhe der gesetzlichen Vergütung. Solange und soweit die Rechtsanwältin der Partei jedoch für die von der Vergütungsvereinbarung umfassten Tätigkeiten im Wege der Prozesskostenhilfe beigeordnet worden ist, kann sie dieser gegenüber keinerlei Zahlungen verlangen. Die Regelung des § 3 a Abs. 3 S. 1 RVG führt mithin dazu, dass der Rechtsanwalt Beträge, die er von der Partei aufgrund einer Vergütungsvereinbarung vor der Beiordnung oder nach Aufhebung einer Beiordnung erhalten hat, behalten darf.

Soweit die Partei Zahlungen an den ihr beigeordneten Rechtsanwalt während der Beiordnung auf Tätigkeiten erbringt, die von der Beiordnung umfasst sind, ist die seit dem 1.7.2008 geänderte Rechtslage zu beachten. Auf die Rückforderung finden die Vorschriften der ungerechtfertigten Bereicherung Anwendung, mithin die Regelung in § 814 BGB. Danach ist eine Zahlung nur dann nicht „rückzahlungsgefährdet“, wenn der Auftraggeber in Kenntnis der Nichtschuld gezahlt hat.

Wird einer Rechtsuchenden **Beratungshilfe** gewährt, ist eine Vereinbarung über die Vergütung seit dem 1.1.2014 zulässig. Die vereinbarte Vergütung darf jedoch nur nach Aufhebung der Beratungshilfebewilligung gefordert werden (§§ 8 a Abs. 2 i.V.m. 6 a BerHG). In diesen Fällen sind besondere Hinweispflichten bei der Annahme des Mandats gegenüber der Rechtsuchenden zu erfüllen und besondere Voraussetzungen für die Aufhebung der Beratungshilfebewilligung durch das Amtsgericht zu erfüllen.

Ist eine Vereinbarung unter Berücksichtigung aller Umstände unangemessen hoch, kann diese im Rechtsstreit bis zur Höhe der gesetzlichen Vergütung herabgesetzt werden (§ 3 a Abs. 2 S. 1 RVG). Ob eine Vergütungsvereinbarung unangemessen hoch ist oder nicht, richtet sich u.a. nach dem Aufwand des Rechtsanwaltes zur Durchführung des Mandats. Es ist daher in jedem Fall empfehlenswert, genaue Aufzeichnungen über Art und Umfang der Tätigkeit zu machen, um den genauen Umfang nachweisen zu können. Diese sind auch angesichts der Entscheidung des BGH vom 27.1.2005[2], von der der BGH sich auch in der Entscheidung vom 4.2.2010[3] nicht vollständig gelöst hat, von Bedeutung. Danach spricht aus der Sicht des BGH eine tatsächliche Vermutung dafür, dass eine vereinbarte Vergütung, die die gesetzlichen Gebühren um mehr als das Fünffache übersteigt, unangemessen sei. Da es sich aber „nur" um eine tatsächliche Vermutung handele, könne diese durch den Rechtsanwalt entkräftet werden, wenn dieser ganz ungewöhnliche, geradezu extreme einzelfallbezogene Umstände darlege, die es möglich erscheinen lassen würden, bei Abwägung aller für eine Herabsetzungsentscheidung maßgeblichen Gesichtspunkte die Vergütung nicht als unangemessen hoch anzusehen. Es kommt jedoch nicht mehr auf ungewöhnliche, extrem einzelfallbezogene Umstände an.[4] Der BGH nimmt mithin eine Gesamtschau vor, in die auch Umfang und Schwierigkeit der anwaltlichen Tätigkeit, die Bedeutung der Angelegenheit für der Auftraggeberschaft sowie deren Einkommens- und Vermögensverhältnisse, die Qualifikation des Rechtsanwalts und die Kenntnis der Mandantschaft von der Überschreitung der gesetzlichen Gebühren einbezogen werden. Diese Entscheidung des BGH und insbesondere deren Anwendung durch die Instanzgerichte erscheint im Lichte des Art. 12 GG bedenklich.[5].

Auch Vergütungsvereinbarungen können sittenwidrig i.S.d. § 138 BGB sein. Dem § 138 BGB kommt jedoch im Hinblick darauf, dass die Gerichte nach § 3 a Abs. 2 RVG eine aus ihrer Sicht unangemessen hohe Vergütung herabsetzen können, nur ein geringerer Anwendungsbereich zu. Nach § 138 BGB kann kein fester Maßstab zwischen der gesetzlichen Vergütung und der Höhe des vereinbarten Honorars zugrunde gelegt werden, da die Höhe der gesetzlichen Vergütung bei einer Abrechnung nach Gegenstandswert vielfach durch eine sozialpolitisch verursachte Deckelung der Gegenstandswerte beeinflusst wird. Ein Beispiel hierfür sind die Streitwerte für Unterhaltsangelegenheiten nach § 51 FamGKG und die Gegenstandswerte für Verfahren betreffend die elterliche Sorge und das Umgangsrecht sowie die Kindesherausgabe.

Der BGH[6] weist daher zu Recht darauf hin, dass bei der Prüfung eines Verstoßes gegen die guten Sitten zu bedenken sei, dass die gesetzliche Vergütung den mit der anwaltlichen Tätigkeit verbundenen Aufwand nicht immer angemessen abdeckt. In Fällen mit kleineren und mittleren Streitwerten können die gesetzlichen Vergütungen um ein Mehrfaches überschritten werden. Ein Verstoß gegen die guten Sitten liegt insoweit nicht vor, als die Vereinbarung nur zu einem aufwandsangemessenen Honorar führt. Die Entscheidung des BGH vom

2 IX ZR 273/02, NJW 2005, 2142.
3 IX ZR 18/09, AnwBl 2010, 36.
4 BGH v. 4.2.2010 – IX ZR 18/09, NJW 2010, 1364.
5 Siehe auch BVerfG, Beschl. v. 15.6.2009 – 1 BvR 1342/07, NJW-RR 2010, 259.
6 BGHZ 144, 343, 346.

24.7.2003[7] wird daher nur verkürzt wiedergegeben, wenn ihr Inhalt auf den Satz reduziert wird, die Vereinbarung des 17-Fachen der gesetzlichen Vergütung sei sittenwidrig.

Zu beachten ist insoweit nicht zuletzt, dass gerade auch für Vergütungsvereinbarungen und deren Kontrolle durch die Instanzgerichte die Berufsausübungsfreiheit des Art. 12 GG zu beachten ist[8] und die Gerichte nur in Ausnahmefällen in eine zwischen Anwaltschaft und Auftraggeberschaft vereinbarte Vergütung eingreifen sollen.

b) **§ 4 RVG** enthält Vorschriften für die Vereinbarung einer **erfolgsunabhängigen Vergütung**. Nach § 4 Abs. 1 S. 1 RVG kann in **außergerichtlichen Angelegenheiten** eine niedrigere als die gesetzliche Vergütung vereinbart werden. Im Umkehrschluss ergibt sich hieraus i.V.m. § 49 b Abs. 1 BRAO, dass die sich aus dem RVG ergebenden Gebühren für die Tätigkeit im Prozess Mindestgebühren sind, die durch die Vereinbarung nicht unterschritten werden dürfen.

Soweit für außergerichtliche Angelegenheiten eine niedrigere als die gesetzliche Gebühr vereinbart wird, muss diese nach § 4 Abs. 1 S. 2 RVG in einem angemessenen Verhältnis zu Leistung, Verantwortung und Haftungsrisiko der Rechtsanwaltschaft stehen.

Darüber hinaus kommen nach § 4 Abs. 2 RVG besondere Vereinbarungen für Tätigkeiten im Inkassobereich (gerichtliche Mahnverfahren, Zwangsvollstreckungsverfahren nach den §§ 803 bis 863 und 899 bis 915 b ZPO) in Betracht.

c) Durch den Beschluss des BVerfG vom 12.12.2006[9] aufgefordert, hat der Gesetzgeber mit Wirkung zum 1.7.2008 Ausnahmen von dem fortgeltenden Verbot des **Erfolgshonorars** geregelt. § 49 b Abs. 2 BRAO hält weiterhin am Verbot des Erfolgshonorars fest, soweit nicht im RVG Ausnahmen geregelt sind. Diese Ausnahmen finden sich in **§ 4 a RVG**. Danach darf nur für den Einzelfall und nur dann, wenn die Auftraggeberschaft aufgrund ihrer wirtschaftlichen Verhältnisse bei verständiger Betrachtung ohne die Vereinbarung eines Erfolgshonorars von der Rechtsverfolgung abgehalten würde, ein Erfolgshonorar vereinbart werden. Dieses kann sowohl in einem Zuschlag oder Abschlag als auch in einer völligen No-win-no-fee-Vereinbarung ausgestaltet werden. Zulässig ist es auch, die Zahlung eines festgelegten Teils des erstrittenen Betrages zu vereinbaren (quota litis).

Die Gesetzesbegründung stellt klar, dass wirtschaftliche Gründe auch dann vorliegen können, wenn ein mittelständisches Bauunternehmen einen großen Bauprozess nicht allein auf eigenes Gebührenrisiko führen wolle.

Die Vereinbarung eines Erfolgshonorars ist aber nach § 4 a Abs. 2 RVG an eine Vielzahl weiterer Voraussetzungen geknüpft. Danach muss zum einen die voraussichtliche gesetzliche

7 NJW 2003, 3486.
8 BVerfG AnwBl 2002, 612 f.
9 1 BvR 2576/04, NJW 2007, 979.

Vergütung und ggf. die erfolgsunabhängige vertragliche Vergütung, zu der die Rechtsanwaltschaft bereit wäre, den Auftrag zu übernehmen, angegeben werden. Ferner muss die Bedingung, bei deren Eintritt die Vergütung verdient ist, angegeben werden. Die Parteien müssen mithin hinreichend klar und bestimmt definieren, was der Erfolg ist, bei dessen Eintritt die Vergütung von der Auftraggeberschaft geschuldet wird.

Darüber hinaus sind nach § 4 a Abs. 3 S. 1 RVG die wesentlichen Gründe, die für die Bemessung des Erfolgshonorars bestimmend sind, anzugeben.

Schließlich ist nach § 4 a Abs. 3 S. 2 RVG der Hinweis aufzunehmen, dass die Vereinbarung keinen Einfluss auf die ggf. von der Auftraggeberschaft zu zahlenden Gerichtskosten, Verwaltungskosten und die von ihm zu erstattenden Kosten anderer Beteiligter hat. Ein Verstoß gegen diese Hinweispflicht führt nach § 4 b RVG nicht zur Nichtigkeit der Vereinbarung, sondern wiederum zur Frage einer zivilrechtlichen Sanktion.

d) Verstößt eine Vergütungsvereinbarung gegen die in § 3 a Abs. 1 S. 1 und 2 oder in § 4 a Abs. 1 und 2 RVG geregelten Wirksamkeitsvoraussetzungen, ist diese zwar wirksam. Die Rechtsanwaltschaft kann aber nach § 4 b RVG keine höhere als die gesetzliche Vergütung fordern.[10] Dies bedeutet, dass bei einer fehlerhaften Vereinbarung der Vergütung die vereinbarte, maximal jedoch die gesetzliche Vergütung gefordert werden kann.

Soweit die Mandantschaft auf eine fehlerhafte Vergütungsvereinbarung zahlt, ist die Rechtsanwaltschaft nach § 4 b S. 2 RVG i.V.m. § 814 BGB vor einer Rückzahlung nur geschützt, wenn die Auftraggeberschaft in Kenntnis einer Nichtschuld zahlt.

III. Inhalt einer Vergütungsvereinbarung

1. Grundlegendes

Muster werden an dieser Stelle vergeblich gesucht werden, da diese für die eigene Kreativität kontraproduktiv sind.

Die grundlegende Frage vor dem Entwurf lautet vielmehr:

Für welche Tätigkeit bekommt die Anwältin oder der Anwalt welche Vergütung?

(Maßstab: Wie versteht der „objektive Dritte“ den Inhalt der Vereinbarung? Weiß er danach, welcher Betrag von der Auftraggeberin/vom Auftraggeber zu zahlen ist?)

In den Bereich der sinnvollen Regelung gehören die Fragen, wann gezahlt wird und wie gezahlt wird.

10 BGH v. 5.6.2014 – IX ZR 137/12, AnwBl 2014, 758 ff.

Zu regeln ist auch, ob die vereinbarte Vergütung auf eine sonstige Vergütung in der gleichen Sache angerechnet werden soll oder nicht. § 34 Abs. 2 RVG in der ab dem 1.7.2006 geltenden Fassung ordnet die Anrechnung der für eine Beratung vereinbarte Vergütung auf eine Gebühr für eine sonstige Tätigkeit, die mit der Beratung zusammenhängt, an, wenn in der Vereinbarung nichts Abweichendes geregelt ist.

So sollte bei der Vereinbarung einer Vergütung für eine außergerichtliche Tätigkeit daran gedacht werden, ob diese Vergütung gerade nicht auf eine spätere Tätigkeit in dieser Angelegenheit in einem gerichtlichen Verfahren angerechnet werden soll. Eine solche Regelung könnte zwar auch durch Auslegung ermittelt werden. Da die Vergütungsvereinbarung aber Abrechnungsstreitigkeiten vermeiden soll, ist es sinnvoll, diese Frage mit der Mandantschaft zu besprechen und zu regeln.

Wer Vergütungsvereinbarungen entwirft, die gegenüber Verbrauchern verwendet werden (siehe hierzu insbesondere § 310 Abs. 3 BGB) oder die in einer Vielzahl von Fällen verwendet werden sollen, muss deren Inhalt zudem am Maßstab des Verbraucherschutzrechts bzw. des Rechts der Allgemeinen Geschäftsbedingungen prüfen (z.B. kann § 309 Nr. 12 BGB bei der Klausel über Art und Weise des Nachweises erbrachter Leistungen bedeutsam werden, da er eine Beweislastumkehr zulasten des anderen Vertragsteils verbietet, wenn es sich um Umstände aus der Sphäre der Verwender handelt).

2. Modifizierungen auf der Grundlage der gesetzlichen Vergütung

Vergütungen können in der Weise vereinbart werden, dass die Regelungen des RVG als Grundlage genommen und entsprechend den Vorstellungen der Parteien verändert oder zwischen ihnen klargestellt werden. Beispiele:

- Vereinbarung eines **bestimmten Gegenstandswertes** (z.B., wenn sich der Gegenstandswert nur schwer ermitteln lässt, wie beim Entwurf Allgemeiner Geschäftsbedingungen, in Ehrverletzungsfällen, in Fällen des § 49 a GKG; eines die Regelungen des GKG übersteigenden Wertes, wenn dieser zu einer unangemessen niedrigen Vergütung führt)
- Vereinbarung eines **bestimmten Gebührensatzes** (z.B. die Höchstgebühr bei den Gebühren der Nr. 2300 VV
- Zu den gesetzlichen Gebühren werden **pauschale Zuschläge** vorgenommen
- Die weitere oder neue Tätigkeit der Anwaltschaft soll abweichend von den Regelungen der §§ 15, 16 RVG als neue Angelegenheit abgerechnet werden.

3. Pauschalen

Die Vereinbarung von Pauschalen bedarf eines besonderen Fingerspitzengefühls und leicht hellseherischer Fähigkeiten, um nicht entweder die Anwaltschaft oder die Mandantschaft unzufrieden zu machen. Sie setzen voraus, dass sich der Umfang der anwaltlichen Tätigkeit und auch sein Haftungsrisiko in etwa voraussehen lassen. Ging die Anwältin oder der Anwalt z.B. davon aus, dass die Mandantschaft ihr/ihm den zu beurteilenden Sachverhalt gut aufbereitet liefert und erhält sie/er stattdessen einige Waschkörbe unsortierter und unvollständiger Unterlagen, ist die Zusammenarbeit schnell gestört.

Dieses Problem wird gefördert, wenn die von der Anwaltschaft für die Pauschale zu erbringende Leistung nicht klar umrissen ist. Warnende Beispiele sind z.B.: für die Verteidigung zum Aktenzeichen ...: und plötzlich werden weitere Vorwürfe mit einbezogen; die Vertretung wegen Baumängeln am Objekt ... und nach dem bei Mandatserteilung bekannten nassen Keller wird im Laufe der Zeit auch noch der einsturzgefährdete Dachstuhl, die in der Zwischendecke endende Entsorgung der Toilette, der zu dünne Estrich, die mangelnde Wärmedämmung und ... und ... und ... entdeckt.

Fallpauschalen können auch dann zum Problem werden, wenn das Mandat vorzeitig erledigt ist oder aus sonstigen Gründen endet oder die Vereinbarung unverbindlich wird (z.B. Kündigung des Mandats; Antrag der Angeklagten, ihnen ihren bisherigen Wahlverteidiger nunmehr als Pflichtverteidiger beizuordnen; Beiordnung als PKH-Anwältin/Anwalts nach Abschluss der Vereinbarung).

Nach § 628 BGB kann die Rechtsanwaltschaft im Fall der Kündigung nur einen ihren bisherigen Leistungen entsprechenden Teil der vereinbarten Vergütung verlangen.

Hiervon zu trennen ist die Frage, zu welchem Zeitpunkt ggf. ein Beratungsvertrag gekündigt werden kann.[11]

Nach all diesen negativen Ausführungen könnte der Eindruck entstehen, als seien Pauschalvereinbarungen von vornherein aus der Liste der in Betracht kommenden Vereinbarungen zu streichen. Dieser Eindruck trügt aber. Pauschalen haben im Alltag vor allem in der ständigen außergerichtlichen Beratung von Unternehmen in Alltagsfragen in vielen Kanzleien einen festen Platz. In diesen Fällen sollte die Vereinbarung auch regeln, welche Personen aus dem Unternehmen Leistungen nach dieser Vereinbarung in Anspruch nehmen können.

Im Übrigen sollte eine Vereinbarung mindestens folgende Punkte regeln:

- Welche **Tätigkeit** ist von der Pauschale umfasst?
- Bei der Beratung eines Unternehmens: nur die Tätigkeit in bestimmten Rechtsgebieten? Auch Tätigkeiten vor Ort oder nur eine Beratungstätigkeit von der Anwaltskanzlei aus?
- Die gesamte Tätigkeit in einer Angelegenheit?
- Die Tätigkeit in einem bestimmten Verfahrensabschnitt?
- im Strafrecht z.B.: Ermittlungsverfahren, ggf. von bestimmter Dauer; Zwischenverfahren; Tätigkeit außerhalb der Hauptverhandlung; Zwangsmaßnahmen; Tätigkeit in der Hauptverhandlung ggf. gestaffelt nach deren Dauer; Zeiten zur Vorbereitung der Haupt-

11 Siehe hierzu auch die Entscheidung OLG Hamm NJW-RR 1995, 1530.

verhandlung, des Plädoyers etc.; Rechtsmittel; Einzeltätigkeiten ...; zumindest ist eine Aufteilung nach Verfahrensabschnitten vorzunehmen, da § 58 Abs. 3 RVG die Anrechnung von Vorschüssen oder Zahlungen, die für bestimmte Verfahrensabschnitte geleistet worden sind, auf eine aus der Staatskasse für diese Verfahrensabschnitte zu zahlende Vergütung anordnet;

- im Zivilrecht z.B.: vorgerichtliche Tätigkeit mit oder ohne Besprechung mit Gegnern oder Dritten, am Sitz des Rechtsanwalts/der -anwältin oder am Sitz der Mandantschaft oder auch an sonstigen Orten; für das Verfahren in einer Instanz mit oder ohne mündliche Verhandlung und mit oder ohne Beweisaufnahme, ggf. für jede mündliche Verhandlung und/oder jede Beweisaufnahme; für jede Vollstreckungsmaßnahme oder für einzelne Handlungen (z.B. die Teilnahme am Räumungstermin, für die im RVG keine Terminsgebühr vorgesehen ist [siehe hierzu den Wortlaut der Nr. 3310 VV] etc.);
- im Verwaltungsrecht z.B.: Antrags-/Genehmigungsverfahren ggf. mit einer Regelung für jede Besprechung mit der Behörde und/oder jeden Beweistermin; Widerspruchsverfahren; gerichtliches Verfahren in den einzelnen Instanzen ggf. mit Regelungen für jeden Termin zur mündlichen Verhandlung und/oder Beweisaufnahme; Verfahren des einstweiligen Rechtsschutzes vor der Behörde und/oder vor Gericht;
- im Sozialrecht z.B.: für ein Gutachten zu einer bestimmten Frage; Tätigkeit im Antragsverfahren, im Widerspruchsverfahren, vor Gericht, bei Eilmaßnahmen etc.;
- Erstattung von **Auslagen**
  Um Missverständnissen vorzubeugen, ist zumindest klarzustellen, dass diese zusätzlich anfallen. Diese sollten dann auch der Höhe nach geregelt werden (gedacht werden könnte je nach Regelungsbedarf an: Einzelnachweis: unpraktisch; eine Pauschale insgesamt oder je Monat; eine Sonderregelung für Recherchekosten, Fahrtkosten, Übernachtungskosten, Kopierkosten nach Umfang und Höhe) (Die „Psychologie" der Vergütungsvereinbarung spricht aber dafür, die Frage der Kopierkosten und sonstigen Auslagen nicht in das Zentrum der Gespräche zu stellen und diese insbesondere bei der Vereinbarung einer ansonsten „ansehnlichen" Vergütung nicht pfennigfuchserisch zu berechnen.)
- Erstattung der **Umsatzsteuer**
- **Fälligkeit**
  - ganz oder teilweise als Vorschuss (in einer Summe oder in festgelegten Raten) in festgelegten Zeitabschnitten (z.B. monatlich, quartalsweise, halbjährlich, jährlich; wenn ein bestimmtes Budget überschritten ist, etc.),
  - bei umfangreichen Angelegenheiten kann auch daran gedacht werden, einen Sockelbetrag für die Einarbeitung in die Angelegenheit zu vereinbaren, mit dem auch eine bestimmte Anzahl von Stunden abgegolten ist. Darüber hinaus anfallende Stunden könnten dann bei entsprechender Vereinbarung mit einem Stundensatz abgerechnet werden.

4. Zeitabhängige Vergütung

Eine Abrechnung nach der aufgewendeten Zeit ist auf der einen Seite flexibel. Ein großer Teil der Mandantschaft ist darüber hinaus auch aus der eigenen Tätigkeit gewohnt, nach Zeit abzurechnen. Auf der anderen Seite ist die anwaltliche Tätigkeit für die Mandantschaft schwer zu durchschauen, die angesetzten Stunden können von ihr kaum auf Angemessenheit geprüft werden und besondere Faktoren, wie die Kreativität der Anwältin/des Anwalts bei der Lösung des Problems, können nicht sinnvoll berücksichtigt werden. Die „zündende Idee", die zu einer kurzfristigen, sachgerechten Lösung führt, würde bestraft. Vor diesem Hintergrund ist die Abrechnung nach Zeiteinheiten kein Allheilmittel und kann noch weiter „verfeinert" werden, durch Budgetplanungen, an die Dauer der Tätigkeit oder die Anzahl der Stunden angebundene unterschiedlich Stundensätze oder Sockelbeträge mit einem „Rabatt" für darüber hinausgehende Stunden etc. Damit die Mandantschaft den Zeitaufwand nachvollziehen kann, sind aussagekräftige Aufzeichnungen unverzichtbar.

Die Vereinbarung sollte mindestens folgende Punkte enthalten:

- Welche **Tätigkeit** soll nach dieser Vereinbarung bezahlt werden? (Was ist Auftragsinhalt?)
- Zählen **Fahrtzeiten** etc. als abrechenbare Einheiten (weil die Anwältin/der Anwalt auch im Zug, im Flugzeug, im Auto und auf dem Weg zum Termin den Kopf nicht abschaltet?; hier ist aber die Frage, ob dies tatsächlich geregelt werden muss oder ob sich aus der Tätigkeit ergibt, dass die Anwältin/der Anwalt auch an diesen Orten gearbeitet hat)?
- Wie sollen die Einheiten **nachgewiesen** werden (Auflistung nach Tag, ggf. Uhrzeit, in jedem Fall Dauer, Art der Tätigkeit)? Es sollte vorgesehen werden, dass die Mandantschaft ihr Einverständnis mit der Auflistung schriftlich innerhalb einer angemessenen Frist mitteilt. Diese Frist soll es ihm ermöglichen, die Aufstellung zu prüfen. Ist die Mandantschaft nicht mit der Stundenzahl einverstanden, sollte die Rechtsanwältin oder der -anwalt berechtigt sein, seine weitere Tätigkeit bis zu einer Einigung über die Stundenzahl und dem Ausgleich der sich daraus ergebenden Vergütung zurückzuhalten.
- Wie hoch ist der **Preis für eine Einheit**?
  - Zunächst wird entschieden, ob die Tätigkeit der mitwirkenden Mitarbeiterinnen und Mitarbeiter gesondert erfasst und abgerechnet oder über die Anwaltsstunden mit abgerechnet werden, ohne als Zeiteinheit aufgeschrieben zu werden (z.B. Unterscheidung gewollt nach: Textverarbeitung, juristische, aber nicht anwaltliche Mitarbeiterinnen und Mitarbeiter; Anwältin oder Anwalt, die nicht Partnerinnen oder Partner sind; Partnerinnen/Partner). Je nach dem gewählten System sind die Kosten der Mitarbeiterinnen und Mitarbeiter gesondert auszuweisen oder bei der Kalkulierung des Stundensatzes mit einzubeziehen.
  - Der konkrete Preis einer Einheit ist von vielen Faktoren abhängig: Marktsituation; Kostenstruktur; Spezialwissen der Anwältin/des Anwalts; Fremdsprachenkenntnisse der Anwältin/des Anwalts, die vielleicht sogar eine Dolmetscherin oder einen Dolmetscher ersparen; *Franzen* und *Apel* haben in NJW 1988, 1059 die Soll-Umsätze

für drei verschiedene Typen von Anwaltsbüros ermittelt. Verglichen mit dem Arbeitsaufwand eines Richters und dessen Einkommen musste die Anwältin oder der Anwalt bei unterstellten sechs produktiven Arbeitsstunden pro Tag bereits „damals" Umsätze zwischen netto 164 DM und 307 DM je Stunde erzielen. Dies liegt inzwischen mehr als 30 Jahre zurück. Das LG Karlsruhe (AnwBl 1983, 178, 180) hat in einer Strafsache mit mehrtägiger Hauptverhandlung vor fast 40 Jahren ein Honorar von 3.000 DM je Verhandlungstag nicht beanstandet. Das Patentrezept für einen Stundensatz gibt es nicht. Hier muss die Rechtsanwältin oder der -anwalt die zu ihrer/seiner individuellen Marktsituation, Kanzleistruktur und seinen Kenntnissen angepasste Regelung finden. Das notwendige Selbstvertrauen in die eigene Leistung sollte dabei aber nicht vergessen werden. Genauso wenig wie es darum geht, sich gewaltig über Wert zu verkaufen, geht es auch nicht darum, die eigene Leistung zu Schleuderpreisen auf den Markt zu bringen und auch beim Mandanten den Eindruck zu erwecken, er habe die anwaltliche Leistung quasi im Sonderpostenverkauf mitgenommen.

- Für die Erstattung von **Auslagen** und **Umsatzsteuer** gelten die Ausführungen zu den Pauschalen entsprechend.
- **Fälligkeit**
- **Vorschuss**

Der BGH hat in seiner Entscheidung vom 4.2.2010[12] grundlegend die Anforderungen an den Nachweis der aufgewendeten Zeit dargestellt. Danach reichen abstrakte Erläuterungen insbesondere dann nicht aus, wenn diese wiederholt verwendet werden und damit sozusagen inhaltslos seien. Dazu gehörten etwa „Literaturrecherche" bzw. „Aktenstudium".

Es müsse vielmehr angegeben werden, welche Besprechung wann mit wem geführt worden sei; zu welcher Rechts- oder Tatfrage welche Recherche angestellt worden sei etc.

Die Vereinbarung sei dann nach einem solchen Nachweis daraufhin zu prüfen, ob sie angemessen sei, dazu gehöre, dass das Vergütungsmodell als solches angemessen sei, der angesetzte Stundensatz angemessen sei sowie die aufgewendete Zeit angemessen sei.

In seinem Urteil vom 21.10.2010[13] stellt der BGH sodann die Anforderungen an eine dem § 10 RVG genügende Rechnung bei der Abrechnung eines zeitabhängigen Honorars dar.

IV. Zeitpunkt der Vereinbarung

Die §§ 3 a bis 4 RVG enthalten keinerlei gesetzliche Vorgaben für den Zeitpunkt der Vereinbarung. Sie kann daher grundsätzlich vor, während oder sogar nach einem Mandat abge-

12 IX ZR 18/09, AnwBl. 2010, 362.
13 IX ZR 37/10 – NJW 2011, 63 = AnwBl 2011, 148.

schlossen werden.[14] Hieraus kann jedoch nicht geschlossen werden, der Zeitpunkt der Vereinbarung sei „völlig egal".

Wer die Annahme des Mandats vom Abschluss der Vergütungsvereinbarung abhängig machen will, muss diese vor Annahme des Mandats mit der Mandantschaft besprechen und abschließen. Eine möglichst frühe Vereinbarung schafft für beide Seiten finanzielle Klarheit.

Auf der anderen Seite kann ein früher Zeitpunkt problematisch sein, weil der Umfang der Tätigkeit überhaupt noch nicht abgeschätzt werden kann. Dem ist durch die Ausgestaltung der Vergütungsvereinbarung Rechnung zu tragen (abgrenzbare beschränkte Leistung gegen abgrenzbare, der Höhe nach begrenzte Vergütung).

Die Vereinbarung kann auch abgeschlossen werden, wenn das Mandat bereits angenommen wurde. Sie darf der Mandantschaft jedoch nicht zur Unzeit angesonnen werden. Dies ist dann der Fall, wenn der Mandantschaft der abweichende Vergütungswunsch zu einem Zeitpunkt präsentiert wird, zu dem er sinnvoll keinen anderen anwaltliche Vertretung mehr beauftragen kann (z.B. unmittelbar vor der Hauptverhandlung im Vorraum des Sitzungssaales oder am Tag, an dem die Berufung begründet werden müsste).

Der Anwalt oder die Anwältin kann auch die Fortführung des Mandats vom Abschluss einer Vergütungsvereinbarung abhängig machen. Ob die Ankündigung der Mandatsniederlegung im konkreten Fall eine Drohung darstellt, die die Mandantschaft anschließend zur Anfechtung der Vereinbarung nach § 123 BGB berechtigt, hängt von dem Verhältnis zwischen dem verfolgten Zweck und dem dazu eingesetzten Mittel ab; entscheidend sei – so der BGH –, ob der/die Drohende an der Erreichung des Zwecks ein berechtigtes Interesse habe und die Drohung nach Treu und Glauben als ein angemessenes Mittel zur Erreichung dieses Zwecks anzusehen sei.[15] Insoweit ist es sicherlich selbstverständlich, dass das Gespräch über eine Erhöhung der gesetzlichen Vergütung nicht unmittelbar vor Ablauf einer Frist, vor einem Termin zur mündlichen Verhandlung oder in einer sonstigen Situation, in der die Mandantschaft nicht mehr rechtzeitig anderweitig anwaltlichen Beistand erlangen könnte, gesucht werden sollte.

Die Anwältin oder der Anwalt, die/der das Vergütungsgespräch erst nach der Übernahme des Mandats aufnimmt, sollte bereits vor dem Gespräch für sich eine Entscheidung getroffen haben, ob sie oder er das Mandat fortführen will oder nicht, wenn eine Vergütungsvereinbarung abgelehnt wird. In rechtlicher Hinsicht ist in dieser Situation § 628 BGB zu bedenken. Nach § 628 Abs. 1 S. 2 BGB steht der Anwaltschaft kein Anspruch auf Vergütung zu, wenn die Kündigung nicht durch ein vertragswidriges Verhalten der Auftraggeberschaft veranlasst wurde und die bisherige Tätigkeit für diesen infolge der Kündigung nicht mehr

14 Siehe hierzu auch die ausführliche Darstellung bei *Schneider*, Die Vergütungsvereinbarung, Rn. 417 ff.
15 BGH, Urt. v. 4.7.2002 – IX ZR 153/01, NJW 2002, 2774.

von Interesse ist. Dies ist dann anzunehmen, wenn die Auftraggeberin oder der Auftraggeber die Gebühren erneut an eine andere Rechtsanwältin oder einen -anwalt zahlen muss.[16]

Letztlich ist auch an ein Vergütungsgespräch nach Abschluss der Angelegenheit zu denken. Zu diesem Zeitpunkt kennt die Mandantschaft das Ergebnis der anwaltlichen Tätigkeit. Sie kann für sich noch einmal abschätzen, was ihr die anwaltliche Leistung wert gewesen ist. Kommt sie danach zum Ergebnis, dass die Tätigkeit der Anwältin/des Anwalts mit einem höheren Betrag vergütet werden sollte, kann dieser ohne Weiteres nach Abschluss der Angelegenheit wirksam vereinbart werden.

16 BGH, Urt. v. 29.09. 2011 – IX ZR 170/10, AnwBl. 2011, 962.

E.4 Beratungshilfe + PKH/VKH[1]

Rechtsanwalt Norbert Schneider, Neunkirchen • Mitglied des Ausschusses RVG und Gerichtskosten des DAV

I. Rechtspolitische Bedeutung

Aus dem Wortlaut des Art. 3 GG ist zunächst die gleichmäßige Anwendung gesetzlicher Normen abzuleiten; sie führt aber noch nicht zur Gleichheit aller Bürgerinnen und Bürger bei der Lösung von Konflikten. In der Realität sind die Chancen, Rechte durchzusetzen, durchaus unterschiedlich. Art. 3 GG gebietet aber auch die weitgehende Angleichung der Situation von Bemittelten und Unbemittelten bei der Verwirklichung des Rechtsschutzes. Dies zu gewährleisten, ist Aufgabe der Beratungshilfe einerseits und der Prozess- und Verfahrenskostenhilfe andererseits. Beide Rechtsinstitute beinhalten ein soziales Grundrecht, wurzelnd im Grundsatz und im Recht auf Gleichbehandlung.

Redeker hat einmal gesagt:

„Recht, das an Kostengründen scheitert, steht auf der Verlustliste des sozialen Rechtsstaats."

Damit ist die Kostenbarriere angesprochen. Sie abzubauen, ist der Staat aufgerufen. Gleichwohl bleiben noch Zugangsschranken, die nur der Rechtsanwalt als der berufene Berater und Vertreter in allen Rechtsangelegenheiten (§ 3 Abs. 1 BRAO) beseitigen kann. Fehlende Affinität zum Recht, Sprachbarriere und Schwellenangst sind nur einige Stichwörter.

II. Gesetzliche Grundlagen und berufsrechtliche Verpflichtungen

Grundlage für die Beratungshilfe ist das Gesetz über Rechtsberatung und Vertretung für Bürger mit geringem Einkommen (BerHG) vom 18.6.1980 (BGBl I S. 689). Die Prozesskostenhilfe löste das herkömmliche Armenrecht ab und wurde durch das Prozesskostenhilfegesetz (PKHG) vom 13.6.1980 (BGBl I S. 677) eingeführt; in Familiensachen und Verfahren der freiwilligen Gerichtsbarkeit wird Verfahrenskostenhilfe gewährt (§§ 76 ff. FamFG).

Beide Rechtsinstitute sollen Bürgerinnen und Bürgern mit geringem Einkommen und Vermögen die Möglichkeit geben, außergerichtlich und gerichtlich ihre Rechte mithilfe einer frai gewählten Anwältin bzw. eines frei gewählten Anwalts zu verfolgen und durchzusetzen. Dies ist ohne, auch soziales, Engagement der Anwaltschaft nicht erreichbar mit folgenden daraus resultierenden berufsrechtlichen Pflichten:

1 Dieser Beitrag geht zurück auf den Beitrag von Rechtsanwalt *Dr. Georg Greißinger* aus Hildesheim (†). Herr *Dr. Greißinger* war unter anderem Vizepräsident des DAV und seit 2002 Träger des Ehrenzeichens der Deutschen Anwaltschaft.

1. Übernahmepflicht

Die Rechtsanwaltschaft ist verpflichtet, die im Beratungshilfegesetz vorgesehene Beratungshilfe zu übernehmen, auch in Einrichtungen der Rechtsanwaltschaft für die Beratung von Rechtsuchenden mit geringem Einkommen mitzuwirken. Ablehnen darf er im Einzelfall nur aus wichtigem Grund (§ 49 a BRAO). Bei den erwähnten Einrichtungen der Rechtsanwaltschaft für die Beratung von Rechtsuchenden handelt es sich um solche, die aufgrund von Vereinbarungen mit der Landesjustizverwaltung gemäß § 3 Abs. 1 BerHG eingerichtet worden sind (Beratungsstellen).

Zur Übernahme eines Prozess- und Verfahrenskostenhilfemandats ist die Anwältin oder der Anwalt dagegen nicht verpflichtet. Beigeordnet werden kann nach § 121 Abs. 1 ZPO, § 78 Abs. 1 FamFG nur „ein zur Vertretung bereiter Rechtsanwalt". Ist die Anwältin oder der Anwalt aber einmal beigeordnet, muss sie oder er die Vertretung einer Partei oder die Beistandschaft übernehmen. Die nachträgliche Aufhebung der Beiordnung kann er nur bei einem wichtigen Grund erreichen (§ 48 BRAO). Wichtige Gründe sind z.B. Unmöglichkeit und Störung des Vertrauensverhältnisses, insbesondere auch die Fälle des § 45 BRAO, etwa Interessenkollision.

2. Sorgfaltspflicht

Beratungshilfe- sowie Prozess- und Verfahrenskostenhilfemandate sind mit derselben Sorgfalt zu bearbeiten, wie sie bei der Erledigung sonstiger Aufträge anzuwenden ist. Die allgemeine Berufspflicht, gewissenhaft tätig zu sein (§ 43 S. 1 BRAO), gilt auch insoweit. Sie ergibt sich zudem aus dem Anwaltsvertrag mit dem Mandanten, der jeder anwaltlichen Tätigkeit zugrunde liegt (§§ 611, 675 BGB).

3. Hinweis und Aufklärungspflicht

Die Rechtsanwaltschaft ist verpflichtet, bei begründetem Anlass auf die Möglichkeiten von Beratungs-, Prozess- und Verfahrenskostenhilfe hinzuweisen (§ 16 Abs. 1 BORA). Sie muss der Mandantschaft über die Voraussetzungen auch ungefragt dann aufklären, wenn aus der Person oder den Umständen erkennbar ist, dass diese zu dem Kreis gehören könnte, der anspruchsberechtigt ist (Schülerinnen und Schüler, Studierende, Empfangende von Sozialhilfe, Unterhalt u.a.m.). Auch das resultiert im Übrigen aus dem Anwaltsvertrag, der umfassende Belehrungs-, Beratungs- und Betreuungspflichten beinhaltet. Verstößt die Anwältin oder der Anwalt hiergegen, macht sie oder er sich schadenserstzpflichtig und verliert gegebenenfalls seine gesetzlichen Vergütungsansprüche.[2]

2 OLG Hamm AnwBl 2015, 901 = AGS 2016, 47.

4. Verbot der Annahme von Zahlungen oder Leistungen

Ist der Anwalt im Rahmen der Beratungshilfe tätig darf er den Rechtsuchenden mit Ausnahme der Gebühr nach Nr. 2500 VV nicht in Anspruch nehmen (§ 8 Abs. 2 BerHG). Auch der im Rahmen der Prozess- oder Verfahrenskostenhilfe beigeordnete Anwalt darf den Mandanten im Rahmen der Beiordnung nicht in Anspruch nehmen (§ 121 Abs. 1 Nr. 3 ZPO)

Wird die Beratungshilfe oder die Prozess- oder Verfahrenskostenhilfe nachträglich aufgehoben, dann kann die Anwaltschaft allerdings die gesetzliche Vergütung verlangen. Wird die Prozess- oder Verfahrenskostenhilfe dagegen nur abgeändert, etwa dahingehend, dass Raten zu zahlen sind oder eine Einmalleistung aus dem Vermögen zu erbringen ist, bleibt die Beiordnung bestehen, so dass der Anwalt seine weitergehende Vergütung nur gegenüber der Landeskasse geltend machen kann (§ 50 RVG).

Im Gegensatz zum früherem Recht ist eine Vergütungsvereinbarung mit einer Mandantin oder einem Mandanten, der oder dem Beratungshilfe bewilligt worden ist, nicht unwirksam; aus dieser Vereinbarung kann jedoch kein Anspruch hergeleitet werden, solange die Beratungshilfe besteht (§ 8 Abs. 2 BerHG). Wird die Beratungshilfe allerdings aufgehoben (auch nach § 6 a Abs. 2 BerHG), dann entfaltet die Vergütungsvereinbarung Wirksamkeit.

Strittig ist, ob die Anwältin oder der Anwalt im Rahmen der Prozess- oder Verfahrenskostenhilfe wirksam vereinbaren kann, dass der Mandant die Differenz zwischen den Pflicht- und den Wahlanwaltsgebühren zahlt. Eine entsprechende Vereinbarung ist jedenfalls nicht nichtig (arg. e § 3 Abs. 3 RVG).[3]

III. Beratungshilfe

1. Definition und Inhalt

Beratungshilfe ist Hilfe für die Wahrnehmung von Rechten außerhalb eines gerichtlichen Verfahrens (§ 1 Abs. 1 BerHG). Sie besteht in Beratung und, soweit erforderlich, in Vertretung (§ 2 Abs. 1 BerHG). Beratungshilfe wird in Angelegenheiten des Zivilrechts – einschließlich Arbeitsrecht –, des Verwaltungsrechts, des Verfassungsrechts, des Sozialrechts, des Steuerrechts[4] sowie, beschränkt auf Beratung, auch in Angelegenheiten des Strafrechts und des Ordnungswidrigkeitenrechts gewährt (§ 2 Abs. 2 BerHG). Ausgeklammert bleibt lediglich das Recht anderer Staaten, sofern der Sachverhalt keine Beziehung zum Inland aufweist (§ 2 Abs. 3 BerHG). Der Inlandsbezug muss den Sachverhalt betreffen und durch ihn dann die Person der oder des Rechtsuchenden, etwa Unterhaltsansprüche im Ausland lebender Kinder gegen ihren in Deutschland lebenden und arbeitenden Vater. Die

3 OLG Hamm AnwBl 2018, 170; siehe zu Einzelheiten *N. Schneider*, Vergütungsvereinbarung bei Prozess- oder Verfahrenskostenhilfe, NJW-Spezial 2016, 91.

4 BVerfG AnwBl 2008, 874.

Zuordnung orientiert sich im Übrigen an der Gerichtsbarkeit (str.). So ist z.B. alles, was von den Verwaltungsgerichten entschieden werden muss, uneingeschränkt beratungshilfefähig.

2. Rechtsanwalt und Rechtspfleger

Für das Bewilligungsverfahren ist das Amtsgericht, die Rechtspflegerin bzw. der Rechtspfleger, sachlich zuständig (§§ 4 BerHG, 3 Nr. 3, 24 a RPflG).

Die örtliche Zuständigkeit folgt dem allgemeinen Gerichtsstand der oder des Rechtsuchenden (§§ 4 Abs. 1 S. 1 BerHG, 16 ZPO). Hat die oder der Rechtsuchende im Inland keinen allgemeinen Gerichtsstand, ist das Amtsgericht zuständig, in dessen Bereich ein Bedürfnis für die Beratungshilfe auftritt (§ 4 Abs. 1, S. 2 BerHG).

a) Bewilligungsverfahren

Die Bewilligung von Beratungshilfe muss mündlich oder schriftlich beantragt werden (§ 4 Abs. 2 S. 1 BerHG), nämlich entweder direkt beim Amtsgericht oder über den Rechtsanwalt (§§ 4 Abs. 2, 7 BerHG). Die Anwaltschaft ist allerdings nicht verpflichtet, den Beratungshilfeantrag selbst zu stellen (§ 16 a Abs. 2 BORA). Anspruchsberechtigt sind Rechtsuchende, die die erforderlichen Mittel nach ihren persönlichen und wirtschaftlichen Verhältnissen nicht aufbringen können. Die Voraussetzungen sind dann gegeben, wenn dem Rechtsuchenden Prozess- oder Verfahrenskostenhilfe ohne eigenen Beitrag zu den Kosten zu gewähren wäre (siehe IV.2). Außerdem darf keine anderweitig zumutbare Hilfsmöglichkeit zur Verfügung stehen und die beabsichtigte Rechtsverfolgung nicht mutwillig sein (§ 1 BerHG).

Im Antrag ist die Angelegenheit, für die Beratungshilfe begehrt wird, kurz zu bezeichnen; die persönlichen und wirtschaftlichen Verhältnisse sind glaubhaft zu machen (§ 4 Abs. 2 BerHG).

Sind die Voraussetzungen erfüllt, stellt die Rechtspflegerin oder der Rechtspfleger einen Berechtigungsschein für Beratungshilfe durch eine Rechtsanwältin oder einen Rechtsanwalt nach Wahl der oder des des Rechtsuchenden aus (§ 6 Abs. 1 BerHG). Gegen die Ablehnung des Beratungshilfeantrags ist die Erinnerung der oder des Rechtsuchenden zulässig (§ 6 Abs. 2 BerHG), aber auch der Landeskasse gegen die Bewilligung (§ 11 RpflG) (str.). Die Entscheidung über die Erinnerung ist nach ganz h.M. unanfechtbar.

b) Die Beratungshilfe selbst

Beratungshilfe wird durch Rechtsanwältinnen und Rechtsanwälte gewährt, auch durch das Amtsgericht, also die Rechtspflegerin oder den Rechtspfleger, wenn dem Anliegen des Rechtsuchenden durch eine sofortige Auskunft, einen Hinweis auf andere Möglichkeiten für Hilfe oder die Aufnahme eines Antrags oder einer Erklärung entsprochen werden kann (§ 3 Abs. 2 BerHG). Beraten, d.h. im konkreten Fall Verhaltensweisen empfehlen, darf hiernach nur die Anwältin oder der Anwalt, während sich die Rechtspflege darauf zu beschränken hat, die oder den Rechtsuchenden auf Rechtsmittel und Rechtsbehelfe, Fristen usw. hinzuweisen, dies zudem nur dann, wenn das sofort und in verhältnismäßig kurzer Zeit möglich ist.

Die Rechtsanwaltschaft ist befugt, schon vor der Bewilligung, d.h. der Erteilung eines Berechtigungsscheins, Beratungshilfe zu gewähren (§ 4 Abs. 2 S. 4 BerHG), dies dann freilich mit dem Risiko der Zurückweisung des Gesuchs. Erforderlich ist aber, dass die oder der Rechtsuchende vor der Tätigkeit der Anwaltschaft den Beratungshilfeantrag gestellt hat. Die Bewilligung kann dann nachträglich ausgesprochen werden. Eine nachträgliche Antragstellung ist dagegen nicht möglich.

IV. Prozess- und Verfahrenskostenhilfe

1. Definition und Inhalt

Prozess- und Verfahrenskostenhilfe sind Kostenhilfe für die Führung gerichtlicher Verfahren, d.h. die Rechtsverfolgung oder Rechtsverteidigung vor inländischen staatlichen Gerichten, z.B. in zivilprozessualen Verfahren, in Familiensachen, in Verfahren der freiwilligen Gerichtsbarkeit, Verfahren vor den Arbeitsgerichten, Sozialgerichtsverfahren, Verwaltungsgerichtsverfahren, Finanzgerichtsverfahren u.a.m.

2. Voraussetzungen und Bewilligung

Persönliche, d.h. subjektive Voraussetzungen für die Gewährung von Prozess- oder Verfahrenskostenhilfe sind Hilfsbedürftigkeit der Partei, hinreichende Aussicht auf Erfolg und fehlende Mutwilligkeit (§ 114 Abs. 1 S. 1 ZPO; 76 FamFG). Für die grenzüberschreitende Prozesskostenhilfe innerhalb der EU gelten ergänzend die §§ 1076 bis 1078 ZPO (§ 114 Abs. 1 S. 2 ZPO).

Hilfsbedürftigkeit liegt dann vor, wenn die Partei „nach ihren persönlichen und wirtschaftlichen Verhältnissen die Kosten der Prozessführung nicht, nur zum Teil oder nur in Raten aufbringen kann“ (§ 114 S. 1 ZPO). Zu berücksichtigen sind dabei Einkommen und Vermögen. Zum Einkommen gehören alle Einkünfte in Geld oder Geldeswert (§ 115 Abs. 1 S. 2 ZPO). Davon sind die in § 115 Abs. 1 S. 3 Nr. 1–4 ZPO aufgezählten Beträge abzusetzen, woraus sich dann das einzusetzende Resteinkommen ergibt. Die nach § 115 Abs. 1 S. 3 Nr. 1 lit. b und Nr. 2 ZPO vom Einkommen der Parteien abzusetzenden Beträge werden dabei nach jeder Änderung durch das BMJV im Bundesgesetzblatt bekannt gemacht (Prozesskostenhilfebekanntmachung). Nach der bis zum 31.12.2020 geltenden Rechtslage richteten sich die Freibeträge nach dem jeweils höchsten Regelsatz, der nach der Anlage zu § 28 SGB XII festgesetzt oder fortgeschrieben worden ist. Mit dem KostRÄG 2021 wurde § 115 Abs. 1 S. 3 ZPO entsprechend der Forderung der Bundesländer geändert. Nunmehr orientieren sich die Freibeträge grds. an den vom Bund festgesetzten Regelsätzen. Damit soll ein

Gleichlauf von Sozial- und Prozesskostenhilferecht hergestellt werden. Nur, soweit am Wohnsitz der Partei nach § 29 Abs. 2 bis 4 SGB XII höhere Regelsätze gelten, sind diese nach § 115 Abs. 1 S. 5 ZPO heranzuziehen. In der Prozesskostenhilfebekanntmachung sind künftig alle maßgebenden Beträge enthalten.

Seit dem 1.1.2021 gelten folgende Freibeträge

	Bund	Landkreise Fürstenfeld-bruck und Starnberg	Landkreis München	Landes-hauptstadt München
– bei Parteien, die ein Einkommen aus Erwerbstätigkeit erzielen (§ 115 Abs. 1 S. 3 Nr. 1lit. b ZPO)	223 EUR	235 EUR	235 EUR	234 EUR
– für die Partei, ihren Ehegatten oder Lebenspartner (§ 115 Abs. 1 S. 3 Nr. 2 lit. a ZPO)	491 EUR	516 EUR	517 EUR	515 EUR
– für jede weitere Person, der die Partei aufgrund gesetzlicher Unterhaltspflicht Unterhalt leistet, in Abhängigkeit von deren Alter (§ 115 Abs. 1 S. 3 Nr. 2 lit. b ZPO)				
Erwachsene (Regelbedarfsstufe 3)	393 EUR	414 EUR	414 EUR	411 EUR
Jugendliche vom Beginn des 15. bis zur Vollendung des 18. Lebensjahres (Regelbedarfsstufe 4)	410 EUR	430 EUR	432 EUR	429 EUR
Kinder vom Beginn des 7. bis zur Vollendung des 14. Lebensjahres (Regelbedarfsstufe 5)	340 EUR	353 EUR	359 EUR	353 EUR
Kinder bis zur Vollendung des 6. Lebensjahres (Regelbedarfsstufe 6)	311 EUR	325 EUR	328 EUR	323 EUR

Die Partei hat im Übrigen auch ihr Vermögen einzusetzen, soweit dies zumutbar ist. § 90 SGB XII gilt entsprechend § 115 Abs. 3 ZPO.

Hinreichende Aussicht auf Erfolg heißt, dass Erfolgsaussicht in tatsächlicher und rechtlicher Hinsicht mit gewisser Wahrscheinlichkeit bestehen muss. Die Rechtsverfolgung ist dann nicht mutwillig, wenn sie geeignet ist, nennenswerten realisierbaren wirtschaftlichen

Vorteil zu bringen. Der Bewilligungsantrag besteht aus zwei Teilen, nämlich einer Darstellung des Streitverhältnisses unter Angabe der Beweismittel und der Erklärung des Rechtsuchenden über seine persönlichen und wirtschaftlichen Verhältnisse (§ 117 Abs. 1, 2 ZPO). Zuständig für die Entscheidung ist das Gericht, bei dem das Verfahren anhängig ist oder anhängig gemacht werden soll (§ 127 Abs. 1 ZPO). Ist anwaltliche Vertretung vorgeschrieben oder erscheint sie erforderlich, wird nach Wahl des Rechtsuchenden eine zur Vertretung bereite Rechtsanwältin bzw. ein Aanwalt beigeordnet (§ 121 Abs. 1 ZPO, § 78 Abs. 2 FamFG).

Gegen Entscheidungen im Prozesskostenhilfebewilligungsverfahren ist die **sofortige Beschwerde** des Rechtsuchenden zulässig; dies gilt nicht, wenn der Streitwert der Hauptsache den in § 511 Abs. 2 Nr. 1 ZPO genannten Betrag, also 600 EUR, nicht übersteigt oder in der Hauptsache aus anderen Gründen ein Rechtsmittel nicht gegeben wäre, es sei denn, das Gericht hat ausschließlich die persönlichen oder wirtschaftlichen Voraussetzungen für Prozesskostenhilfe verneint, § 127 Abs. 2 S. 2 ZPO. Die Beschwerdefrist beträgt, abweichend von § 569 Abs. 1 S. 1 ZPO, einen Monat (§ 127 Abs. 2 S. 3 ZPO). Die Staatskasse kann nur unter den Voraussetzungen des § 127 Abs. 3 ZPO sofortige Beschwerde gegen die Bewilligung der Prozesskostenhilfe einlegen.

Für die Antragstellerin oder den Antragsteller bedeutet die Prozesskostenhilfe weitgehende Kostenbefreiung von Gerichts- und Anwaltskosten (§ 122 ZPO), bewahrt aber nicht vor einem gegnerischen Kostenerstattungsanspruch (§ 123 ZPO).

V. Vergütung

Die Vergütung der Rechtsanwaltschaft ist für die Beratungshilfe sowie die Prozess- und Verfahrenskostenhilfe gesondert geregelt.

1. Beratungshilfemandate

Nach § 44 S. 2 RVG i. V. mit dem Vergütungsverzeichnis – Anlage 1 (zu § 2 Abs. 2) – kann die Rechtsanwaltschaft von der oder dem Rechtsuchenden nur eine Beratungshilfegebühr von 15 EUR einschließlich Auslagen beanspruchen (Nr. 2500 VV RVG), die auch erlassen werden kann. Gegenüber der Landeskasse bestehen folgende Erstattungsansprüche:

Gebührentatbestand	**Wert**
Beratungsgebühr (Nr. 2501 VV RVG)	38,50 EUR
Geschäftsgebühr (Nr. 2503 VV RVG)	93,50 EUR
Einigungs- und Erledigungsgebühr (Nr. 2508 VV RVG)	165,00 EUR

Für die Beratungstätigkeit mit dem Ziel einer außergerichtlichen Einigung über die Schuldenbereinigung auf der Grundlage eines Plans (§ 305 Abs. 1 Nr. 1 InsO):

Gebührentatbestand	Wert
Beratungsgebühr (Nr. 2502 VV RVG)	77,00 EUR
Geschäftsgebühr (Nr. 2503 VV RVG) bei bis zu 5 Gläubigern (Nr. 2504 VV RVG)	297,00 EUR
bei 6–10 Gläubigern (Nr. 2505 VV RVG)	445,50 EUR
bei 11–15 Gläubigern (Nr. 2506 VV RVG)	504,00 EUR
bei mehr als 15 Gläubigern (Nr. 2507 VV RVG)	742,50 EUR

Die oben genannte Einigungs- und Erledigungsgebühr entsteht auch für die Mitwirkung bei einer außergerichtlichen Einigung über die Schuldenbereinigung auf der Grundlage eines Plans (§ 305 Abs. 1 Nr. 1 InsO).

2. Prozes- und Verfahrenskostenhilfemandate

Rechtsgrundlage für den Vergütungsanspruch eines im Rahmen der Prozesskostenhilfe beigeordneten Rechtsanwalts sind die §§ 45 Abs. 1, 49 RVG. Bis zu einem Gegenstandswert von 4.000 EUR gilt betreffend die Höhe der aus der Staatskasse zu zahlenden Gebühren keine Besonderheit. Liegt der Gegenstandswert bei mehr als 4.000 EUR, sind in Abweichung zu § 13 Abs. 1 RVG folgende Beträge zugrunde zu legen:

Gegenstandswert bis ... EUR	Gebühr Euro	Gegenstandswert bis ... EUR	Gebühr Euro
5.000	284	22.000	399
6.000	295	25.000	414
7.000	306	30.000	453
8.000	317	35.000	492
9.000	328	40.000	531
10.000	339	45.000	570
13.000	354	50.000	609
16.000	369	über	
19.000	384	50.000	659

Bei Werten über 50.000 EUR erhöhen sich die PKH- und VKH-Beträge nicht mehr. Auslagen sind nach den vollen gesetzlichen Beträgen zu zahlen, sofern sie notwendig waren (§ 46 RVG).

VI. Formulare

Sowohl in der Beratungshilfe (§ 11 BerHG) als auch in der Prozesskostenhilfe (§ 117 Abs. 3 ZPO) ist das Bundesministerium der Justiz ermächtigt, Formulare einzuführen und deren Verwendung vorzuschreiben. Hiervon hat er durch Rechtsverordnungen vom 2.1.2014 (BerHFV; BGBl. I S. 2) für die Beratungshilfe und vom 6.1.2014 (BGBl. I S. 34) für die Prozesskostenhilfe Gebrauch gemacht. Eine Formularpflicht besteht allerdings nicht für die Abrechnung der Prozess- oder Verfahrenskostenhilfe.

VII. Kostenerstattung

Soweit der von der Anwältin oder dem Anwalt vertretenen bedürftigen Partei ein Kostenerstattungsanspruch entsteht, kann die Anwältin oder der Anwalt die über die PKH-/VKH-Vergütung hinausgehende Wahlanwaltsvergütung in eigenem Namen gegen den unterlegenen Gegner geltend machen und festsetzen lassen (§ 126 Abs. 1 ZPO). Der Gegner kann gegen diesen Erstattungsanspruch nur mit Kostenerstattungsansprüchen aus demselben Verfahren aufrechnen. Ansonsten ist er mit sämtlichen Einwendungen ausgeschlossen (§ 126 Abs. 2 ZPO). Auch bei Beratungshilfe besteht die Möglichkeit, die Gegnerschaft auf Kostenerstattung in Anspruch zu nehmen (§ 9 S. 1 BerHG). Dies darf allerdings nicht zum Nachteil der Mandantschaft geschehen (§ 9 S. 2 BerHG).

E.5 FORTBILDUNG UND FACHANWALTSCHAFT – MÖGLICHKEITEN BEIM BERUFSEINSTIEG

RECHTSANWÄLTIN KIRSTEN PELKE, BERLIN • GESCHÄFTSFÜHRERIN DER DEUTSCHENANWALTAKADEMIE GMBH

I. Der Fachanwaltslehrgang als Wettbewerbsvorteil – nicht nur im Bewerbungsverfahren

Aktuelle Gehälter- und Einstellungsreports von Anwaltsblatt-Karriere zeigen: Eine Zusatzqualifikation bringt Pluspunkte im Bewerbungsverfahren bei Kanzleien.[1] Die wachsende Bedeutung des Fachanwaltskurses bei Einstellung und Gehalt hat einen Grund: Wer neben oder nach dem 2. Staatsexamen Zeit und Geld in einen 120-stündigen Lehrgang investiert und noch einmal freiwillig Klausuren im Umfang von 15 Stunden absolviert, belegt eindrücklich seine Motivation, Anwalt zu werden. Dies gilt besonders für Bewerberinnen und Bewerber, die ihre Zukunft nicht in der Großkanzlei sehen.

Wer Fachanwalt wird, profitiert hiervon weit über den Berufseinstieg hinaus. In kleinen und mittelständischen Kanzleien ist der Fachanwaltstitel als Akquisetool besonders wichtig.[2] Die Fachanwaltsbezeichnung macht besondere Erfahrungen und den aktuellen Wissensstand der Anwältin oder des Anwalts für die Mandantschaft transparent. Einkommensuntersuchungen unter der Rechtsanwältschaft zeigen, dass sich das auf dem Markt auswirkt: Fachanwältinnen und -anwälte berichten von Umsatzsteigerungen von zum Teil über 50 Prozent nach Erwerb des Titels.[3]

II. Kosten und Fördermöglichkeiten des Fachanwaltslehrgangs

Ein abgeschlossener Fachanwaltskurs verbessert die Gehaltsverhandlungen. Die Kosten für einen Lehrgang belaufen sich auf 2.000 bis 3.500 EUR. Dazu kommen ggf. Reise- und Übernachtungskosten.

Es gibt zahlreiche Möglichkeiten bei der Finanzierung der Kurse.

Arbeitsuchende haben die Möglichkeit, eine Förderung des Kurses bei den Agenturen für Arbeit zu beantragen (§ 77 SGB III). Gefördert werden kann, wenn

- die Weiterbildung notwendig ist, um bei Arbeitslosigkeit beruflich einzugliedern oder eine drohende Arbeitslosigkeit abzuwenden,
- vor Beginn der Teilnahme eine Beratung durch das Arbeitsamt erfolgt ist und
- die Maßnahme und der Träger der Maßnahme für die Förderung zugelassen sind.

1 Gehälter- und Einstellungsreports sind unter www.anwaltsblatt-karriere.de abrufbar.
2 Anwaltsblatt-Karriere 02/2016, S. 25.
3 *Hommerich/Kilian*, Fachanwälte 2011, S. 197.

Die Deutsche Anwaltakademie besitzt diese Zulassung im Sinne des SGB III für alle ihre Fachanwaltslehrgänge. Übernommen werden die Kosten der Weiterbildung. Das können neben den Lehrgangskosten auch die Fahrtkosten und die Kosten der Unterbringung sein, letztere nach Pauschalen der Arbeitsverwaltung.

Weitere Möglichkeiten der Unterstützung gibt es über die Bildungsprämie (www.bildungspr aemie.info) oder über Förderprogramme einzelner Länder.

Eine Übersicht der Fördermöglichkeiten der Länder hat die Deutsche Anwaltakademie zusammengestellt.[4]

III. Fachanwaltschaften

In den 90er-Jahren orientierten sich die Fachanwaltschaften allein an den Verfahrensordnungen. Es gab Fachanwaltschaften für Arbeits-, Familien-, Sozial-, Steuer-, Straf- und Verwaltungsrecht. Eine Weiterentwicklung und breite Einführung neuer Fachanwaltstitel, die an der Nachfrage ausgerichtet sind, gelang ab dem Jahr 2003. Seither wird die Zahl der Fachanwaltschaften stetig ausgeweitet. Derzeit gibt es 24 Fachanwaltstitel. Diese sind im Einzelnen

- Arbeitsrecht
- Agrarrecht
- Bank- und Kapitalmarktrecht
- Bau- und Architektenrecht
- Erbrecht
- Ehe- und Familienrecht
- Gewerblichen Rechtsschutz
- Handels- und Gesellschaftsrecht
- Informationstechnologierecht
- Insolvenzrecht
- Internationales Wirtschaftsrecht
- Medizinrecht
- Miet- und Wohnungseigentumsrecht
- Migrationsrecht
- Sozialrecht
- Sportrecht
- Steuerrecht
- Strafrecht
- Transport- und Speditionsrecht
- Urheber- und Medienrecht
- Vergaberecht

4 https://www.anwaltakademie.de/lfc/informationen/foerderung_bezuschussung – Stand September 2017.

- Verkehrsrecht
- Versicherungsrecht
- Verwaltungsrecht

Die Deutsche Anwaltakademie ist im Moment der einzige Anbieter, der regelmäßig Kurse für alle diese Fachanwaltschaften anbietet. Mitgliedern eines Anwaltvereins und jungen Anwältinnen und Anwälten bis drei Jahre nach Zulassung werden besonders günstige Preise eingeräumt. Eine Übersicht über die verschiedenen Anbieter findet sich im Internet unter www.fachanwaltslehrgang.de.

IV. Der Weg zum Fachanwalt

Über die Befugnis, eine Fachanwaltsbezeichnung zu führen, entscheidet der Vorstand der Rechtsanwaltskammer, nachdem ein Ausschuss die vorzulegenden Nachweise über den Erwerb der besonderen Kenntnisse und Erfahrungen geprüft hat. Die Einzelheiten über die besonderen Kenntnisse und Erfahrungen regeln § 43 c BRAO und die Fachanwaltsordnung (FAO).

1. Nachweis besonderer theoretischer Kenntnisse

Nach § 4 FAO setzt der Erwerb der theoretischen Kenntnisse in der Regel voraus, dass die Antragstellerin oder der Antragsteller an einem auf die Fachanwaltsbezeichnung vorbereitenden anwaltsspezifischen Fachlehrgang teilgenommen hat. Der Lehrgang muss mindestens 120 Stunden Vortrag umfassen. In den Fachgebieten Steuer- und Insolvenzrecht kommen zusätzliche Ausbildungsstunden für die Bereiche Buchhaltung, Bilanzwesen bzw. die betriebswirtschaftlichen Grundlagen hinzu. Dazu müssen Klausuren in einem Gesamtumfang von 15 Stunden aus verschiedenen Bereichen des Lehrgangs bestanden werden.

2. Nachweis besonderer praktischer Erfahrungen

Weitere Voraussetzung für die Fachanwaltsverleihung ist der Nachweis besonderer praktischer Erfahrungen. Die Antragstellerin oder der Antragsteller muss in den letzten drei Jahren vor Antragstellung eine bestimmte, für jedes Gebiet gesondert in der FAO geregelte Anzahl von Fällen bearbeitet haben. Nachgewiesen werden die praktischen Erfahrungen durch Falllisten, die unter anderem Angaben zu Art und Umfang der Tätigkeit und Stand des Verfahrens enthalten müssen. Die Fälle müssen als Rechtsanwältin oder -anwalt persönlich und weisungsfrei bearbeitet worden sein. Fälle, die als angestellter Rechtsanwältin oder angestellter Rechtsanwalt in einem Unternehmen (Syndikusrechtsanwältin oder -anwalt) bearbeitet wurden, können anerkannt werden. Daneben müssen aber weitere Fälle außerhalb der Tätigkeit im Unternehmen nachgewiesen werden. Lesenswert vor Antragstellung ist neben dem Wortlaut der FAO und den Hinweisen der einzelnen Rechtsanwaltskammern zu jeweiligen Anforderungen an die Falllisten auch der Beitrag von *Kleine-Cosack* in AnwBl 2005, 593.

V. Fort- und Weiterbildung

Vermeintlich einfache Dinge wie die Abwicklung eines Verkehrsunfalls oder die Durchführung einer Scheidung sind Examensabsolventinnen und -absolventen in der Regel unmöglich. Das fachliche Wissen ist hier nicht das Problem. Das in Studium und Referendariat Erlernte hat mit den praktischen Anforderungen an den Anwaltsberuf oft wenig gemein. Aber nicht allein Berufsstarterinnen und Berufsstarter sind gezwungen weiter zu lernen.

Erfolg im Anwaltsberuf kann nur haben, wer seine Kenntnisse im Austausch mit Kolleginnen und Kollegen ständig auf dem neuesten Stand hält.

Mit dem Wissen von gestern fühlt sich die Mandantschaft von heute aber nur schlecht beraten. Nicht umsonst sind deswegen alle Anwältinnen und Anwälte zur Fortbildung verpflichtet (§ 43 a Abs. 6 BRAO). Für die Fachanwältschaft ist diese allgemeine Pflicht in § 15 FAO konkretisiert und mit Folgen der Nichterfüllung versehen. Im Umfang von 15 Stunden im Jahr müssen Fachanwältinnen und Fachanwälte hörend oder selbst dozierend an Fortbildungsveranstaltungen teilnehmen. Sonst wird die Befugnis, die Fachanwaltsbezeichnung zu führen, entzogen. Für angehende Fachanwältinnen und Fachanwälte setzt die Fortbildungspflicht bereits vor Erlangung des Titels ein. Auch, wenn der Antrag erst sehr viel später eingereicht wird: Mindestens 15 Stunden müssen sich künftige Fachanwältinnen und Fachanwälte ab Beginn des Fachanwaltskurses fortbilden. Die Lehrgangszeiten werden auf die Fortbildungspflicht angerechnet.

1. Online Seminare

Live Online Seminare erfreuen sich einer immer größer werdenden Beliebtheit. Teilnehmende und Dozierende sind hier in einem virtuellen Seminarraum live verbunden. Alle haben die Möglichkeit, sich mündlich oder über Textchat aktiv zu beteiligen und auszutauschen. Dies ist zeit- und kostensparendste Variante Möglichkeit der Fortbildung. Sämtliche Fortbildungsstunden können in dieser Form erbracht werden.

2. Fachtagungen und Seminare

Der Besuch einer Fachtagung oder von Seminaren ist in der Regel die wirksamste und effizienteste Form der Fortbildung. Die Teilnehmenden können sich abseits des Kanzleialltags der Fortbildung widmen und Netzwerke pflegen.

3. Selbststudium

Der Austausch mit Kolleginnen und Kollegen und Dozierenden im und am Rande des Seminars lässt sich durch die Zeitschriftenlektüre zwar kaum ersetzen, aber natürlich bilden sich auch diejenigen fort, die bei der Bearbeitung des Mandats die neue Rechtsprechung und Beiträge in Zeitschriften lesen. Auch dies kann nach § 15 Abs. 4 FAO als Fortbildung anerkannt werden. Voraussetzung ist, dass die Anwältinnen und Anwälte zu dem Gelesenen eine Lernerfolgskontrolle absolvieren. Möglichkeiten des Selbststudiums mit Lernerfolgskontrolle bieten z.B. der Deutsche Anwaltverein unter www.faocampus.de und die Anwaltakademie zusammen mit juris unter www.anwaltzertifikat.de.

VI. Die Deutsche Anwaltakademie: www.anwaltakademie.de

Die Deutsche Anwaltakademie steht für 40 Jahre Erfahrung im Bereich der anwaltlichen Fortbildung. Die im Oktober 1978 gegründete Tochter des Deutschen Anwaltvereins ist eines der führenden Unternehmen im Bereich der Aus- und Fortbildung für Anwältinnen und Anwälte und Unternehmensjuristinnen und -juristen. Sie bietet jährlich über 650 Seminare und ca. 30 Fachanwaltslehrgänge in ganz Deutschland an. Von A wie Arbeitsrecht bis Z wie Zwangsvollstreckung umfasst die Fortbildung alle für die anwaltliche Praxis relevanten Rechtsgebiete und Themen. Bereits für 20 Gebiete bietet die Akademie Online-Seminare zur Erfüllung der Fortbildungspflicht als Fachanwältin oder als Fachanwalt. Daneben besteht ein spezielles Angebot zur Vorbereitung auf die Notarielle Fachprüfung und eine Seminarreihe für Kanzleimitarbeiter. Die Seminargebühren sind im Marktvergleich günstig und im Regelfall für junge Anwältinnen und Anwälte und Mitglieder des DAV nochmals besonders ermäßigt.

Begleitende Tagungsunterlagen zum download und ausgedruckt im Seminar, Pausenverpflegung und Tagungsgetränke gehören zum Service der Deutschen Anwaltakademie. Besonderes Augenmerk wird auf die Auswahl und die fachliche Qualität der Dozentinnen und Dozenten gelegt. Zur stetigen Verbesserung des eigenen Angebots hat die Deutsche Anwaltakademie ihr System des Qualitätsmanagements nach der DIN ISO 9001:2008-12 zertifizieren lassen.

Die Akademie will durch Qualität überzeugen. Mit der **Wert**Garantie buchen Sie beinahe ohne Risiko: Sagt Ihnen ein Seminar nicht zu, oder haben Sie sich inhaltlich etwas anderes vorgestellt, können Sie sich bis zur ersten Kaffeepause ohne Angabe von Gründen abmelden und die Unterlagen zurückgeben. Die Teilnehmerin oder der Teilnehmer erhält dann einen Seminargutschein im Wert des bereits gezahlten Seminars.

E.6 Fortbildung nach außen sichtbar machen – Die Fortbildungsbescheinigung des DAV

Rechtsanwältin Bettina Bachmann, Berlin • Geschäftsführerin des DAV

§ 43 a Abs. 6 BRAO verpflichtet jede Rechtsanwältin und jeden Rechtsanwalt, sich fortzubilden". Der DAV hat eine Fortbildungsbescheinigung geschaffen, damit Anwältinnen und Anwälte ihr Fortbildungsengagement nach außen sichtbar machen können.

Die Fortbildungsbescheinigung können Mitglieder der örtlichen Anwaltvereine im DAV erhalten, die sich im Umfang von mindestens 15 Stunden pro Jahr fortbilden. Anwaltsrelevante Fortbildungen sind nicht nur Fortbildungsveranstaltungen zum materiellen Recht, zum Prozessrecht und zum außerprozessualen Verfahrensrecht, sondern auch Fortbildungsveranstaltungen rund um das Anwaltsrecht (z.B. Berufsrecht, Gebührenrecht, Kostenrecht, Haftpflichtrecht, Recht der berufsständischen Versorgung) sowie zu anwaltlichen und interdisziplinären Schlüsselqualifikationen (vgl. § 5 a Abs. 3 DRiG). Auch Fortbildungsveranstaltungen zu den historischen, philosophischen, ethischen und gesellschaftlichen Grundlagen des Anwaltsberufs sind umfasst.

Mindestens zehn der 15 Fortbildungsstunden müssen dabei auf Seminarveranstaltungen entfallen. Hierzu zählen Seminare und sonstige Fachveranstaltungen, aber auch Qualitätszirkel, d.h. Gesprächskreise, die von örtlichen Anwaltvereinen und Kammern angeboten werden. Fernstudium, anwaltsrelevante Dozententätigkeit sowie das Verfassen rechtswissenschaftlicher Aufsätze (maximal im Umfang von vier Seminarstunden pro Jahr) werden ebenfalls anerkannt.

Online-Seminare werden nur dann anerkannt, wenn die ständige Teilnahme kontrolliert und nachgewiesen werden kann und die Seminare kommunikative Elemente (z.B. Rückfragemöglichkeit bei Live-Seminaren) enthalten.

Das sogenannte Selbststudium wird, sofern eine Lernerfolgskontrolle erfolgt, in Höhe von maximal fünf Fortbildungsstunden anerkannt.

Wer bei der Deutschen Anwaltakademie, einer Arbeitsgemeinschaft des DAV oder einem örtlichen Anwaltverein Seminare im Umfang von mindestens 15 Zeitstunden besucht hat, erhält die Bescheinigung ohne einen Antrag stellen zu müssen, sobald die genannten Veranstalter dem DAV die Teilnehmerdaten zur Verfügung stellen. Wer sich bei anderen Anbietern fortgebildet hat, kann die Bescheinigung mit einem Formular beantragen, das im Internet unter https://anwaltverein.de/de/fortbildung/fortbildungsbescheinigung heruntergeladen werden kann.

Die Fortbildungsbescheinigung des DAV weist in der Urkunde jede besuchte Veranstaltung einzeln aus und schafft so für die Mandanten Transparenz. Inhaber einer aktuellen Fortbildungsbescheinigung können das DAV-Fortbildungssymbol auf Briefköpfen, Visitenkarten, ihrer Homepage sowie in ihrer Kanzleibroschüre verwenden.

Durch eine spezielle Kennzeichnung in der Deutschen Anwaltauskunft (www.anwaltauskunft.de) wird das Fortbildungsengagement besonders hervorgehoben.

F. SPEZIALISIERUNG

F.1 NETZWERK FÜR IHRE SPEZIALISIERUNG: DIE ARBEITSGEMEINSCHAFTEN DES DAV

DEUTSCHER ANWALTVEREIN

Sie wissen noch nicht, in welche fachliche Richtung Ihre berufliche Reise gehen soll? Sie arbeiten bereits in einer spezialisierten Kanzlei, suchen aber eine neue Herausforderung? Sie wollen sich regelmäßig mit Kolleginnen und Kollegen fachlich austauschen oder möchten sich in Ihrem Fachgebiet engagieren? Dann sind Sie hier genau richtig!

In diesem Kapitel finden Sie Informationen zu den Spezialisierungsmöglichkeiten und Fachanwaltschaften. Kontakte in Ihrem aktuellen oder künftigen Rechtsgebiet knüpfen Sie in den Arbeitsgemeinschaften des DAV, die zu jedem Fachgebiet unter dem Dach des DAV organisiert sind.

Informationen und Fortbildung für Ihr Fachgebiet

Die Arbeitsgemeinschaften des DAV bilden das fachliche Netzwerk für Ihre berufliche Tätigkeit. Sie bieten Kolleginnen und Kollegen Gedanken- und Erfahrungsaustausch und spezialisierte Fortbildung in ihrem jeweiligen Fachgebiet.

Dabei hat jede Arbeitsgemeinschaft ihre eigenen Angebote: Manche organisieren Jahrestagungen, einige setzen auf regionale Stammtische, teilweise haben sie eigene Fachmedien oder bieten über Kooperationen besondere Vergünstigungen für ihre Mitglieder an.

Die Arbeitsgemeinschaften werden von Fachkolleginnen und -kollegen ehrenamtlich geleitet und von der DAV-Geschäftsführung hauptamtlich unterstützt.

Facharbeitsgemeinschaften und Querschnittsarbeitsgemeinschaften

24 der insgesamt 30 Arbeitsgemeinschaften sind auf ein bestimmtes Fachgebiet ausgerichtet: die Facharbeitsgemeinschaften decken derzeit alle Fachgebiete der Fachanwaltsordnung sowie das Anwaltsnotariat ab:

- Agrarrecht
- Anwaltsnotariat
- Arbeitsrecht
- Bank- und Kapitalmarktrecht
- Bau- und Immobilienrecht
- Erbrecht
- Familienrecht
- Geistiges Eigentum & Medien
- Handels- und Gesellschaftsrecht

- Insolvenzrecht und Sanierung
- Internationales Wirtschaftsrecht
- IT-Recht
- Medizinrecht
- Mietrecht und Immobilien
- Migrationsrecht
- Sozialrecht
- Sportrecht
- Steuerrecht
- Strafrecht
- Transport- und Speditionsrecht
- Vergaberecht
- Verkehrsrecht
- Versicherungsrecht
- Verwaltungsrecht

Darüber hinaus widmen sich aktuell sechs „Querschnittsarbeitsgemeinschaften" übergreifenden Themen:

- FORUM Junge Anwaltschaft
- Allgemeinanwalt
- Anwältinnen
- Kanzleimanagement
- Mediation
- Syndikusanwälte

Werden Sie Mitglied!

Mitglied in einer Arbeitsgemeinschaft des DAV kann jede in diesem Fachgebiet spezialisierte Rechtsanwältin oder jeder an dem Fachgebiet interessierte Rechtsanwalt werden. Voraussetzung für die Mitgliedschaft: Sie sind Mitglied in einem örtlichen Anwaltverein.

Die Mitgliedschaft in der Querschnittsarbeitsgemeinschaft FORUM Junge Anwaltschaft steht Rechtsanwältinnen und Rechtsanwälte offen, die das 45. Lebensjahr noch nicht vollendet haben. Beitreten können darüber hinaus auch Referendare und Assessoren, die sich für den Anwaltsberuf interessieren.

Interesse geweckt? Ausführlichere Informationen zu den DAV-Arbeitsgemeinschaften, ihren Leistungen und zur Mitgliedschaft erhalten Sie auf der Webseite des DAV unter www.anwaltverein.de/arbeitsgemeinschaften.

F.2 ARBEITSGEMEINSCHAFT AGRARRECHT IM DAV

RECHTSANWÄLTIN MECHTILD DÜSING, MÜNSTER • 1. VORSITZENDE DER ARBEITSGEMEINSCHAFT AGRARRECHT IM DAV
RECHTSANWALT DR. CHRISTIAN HALM, NEUNKIRCHEN • 2. VORSITZENDER DER ARBEITSGEMEINSCHAFT AGRARRECHT IM DAV

Die Arbeitsgemeinschaft Agrarrecht wurde gegründet, nachdem der Fachanwaltstitel für Agrarrecht im Jahre 2009 eingeführt worden war.

Wie alle Arbeitsgemeinschaften im Deutschen Anwaltverein dient die Arbeitsgemeinschaft Agrarrecht dem Kontakt der Kolleginnen und Kollegen untereinander sowie deren Fortbildung.

Da das Agrarrecht eine Querschnittsmaterie ist, die vom Europarecht, dem Zivil- und Strafrecht bis zum Öffentlichen Recht und einer Vielzahl von lokalen Rechten reicht, gibt es reichlich Anlass für spannende Fortbildungsveranstaltungen.

Die Arbeitsgemeinschaft hat bisher jährlich eine zweitägige Jahrestagung an verschiedenen Orten in der Bundesrepublik abgehalten. Der Vorstand der ARGE legt Wert darauf, dass die Jahrestagungen in landwirtschaftlich schöner Umgebung stattfinden. Der Bezug zur Landwirtschaft (aber auch Fischereiwirtschaft!) soll schon durch den Tagungsort dokumentiert werden.

Zusätzlich gibt es in unregelmäßigen Abständen in Berlin eintägige Fortbildungen zu Spezialthemen.

Die Tagungsorte und das jeweilige Programm sind auf der homepage der Arge dokumentiert.

In unserer kleinen Arbeitsgemeinschaft trefft sich die Fachanwaltschaft, Anwältinnen und Anwälte, die sich schon seit langem mit dem Landwirtschaftsrecht beschäftigen, aber auch Kolleginnen und Kollegen, die in diesem Bereich einen neuen Schwerpunkt aufbauen wollen, in einer familiären Atmosphäre. Alle, die sich mit dem Landwirtschaftsrecht beschäftigen möchten, sind uns herzlich willkommen! Im Beiprogramm gibt es reichlich Gelegenheit Kontakte zu knüpfen und sich näher kennenzulernen

Für Fachanwältinnen und -anwälte für Agrarrecht bietet unsere jeweils im August/September stattfindende Jahrestagung die nach der Fachanwaltsordnung notwendige Fortbildung vollständig an!

F.3 Anwaltsnotariat

Rechtsanwalt und Notar Norbert Weide, Neustadt in Holstein
Rechtsanwältin und Notarin Sarah Scherwitzki, LL.M., Berlin
• Mitglieder des Geschäftsführenden Ausschusses der Arbeitsgemeinschaft Anwaltsnotariat im DAV und des Ausschusses Anwaltsnotariat des DAV

I. Das Beste aus beiden Welten!

Das ist nach unserer Auffassung und Erfahrung eine treffende Beschreibung des Anwaltsnotariats.

Rechtsanwälte oder Rechtsanwältinnen tragen (Rechts-)Probleme regelmäßig streitig aus. Dagegen ist es die Aufgabe von Notaren und Notarinnen, durch Vertragsgestaltung Konflikten vorzubeugen.

Die praktischen Erfahrungen, die man im Rechtsanwaltsbereich erworben hat, helfen dabei. So werden auf dem Gebiet des Familienrechts tätige Rechtsanwälte und Rechtsanwältinnen bei dem Entwurf eines Ehevertrages Vereinbarungen vermeiden, die sie selbst schon vor Gericht angreifen mussten. Sie können die Wünsche der Beteiligten in Eheverträgen so regeln, dass die Interessen gewahrt werden und vorhersehbaren Konflikten proaktiv entgegengesteuert wird. Gleiches gilt für Rechtsanwälte und Rechtsanwältinnen, die in Gebieten des Erbrechts, des Immobilienrechts oder des Gesellschaftsrechts tätig sind.

Anwaltsnotare und Anwaltsnotarinnen sind gemäß § 1 BNotO „unabhängige Träger eines öffentlichen Amtes“ und somit hoheitlich waltend, einem Richter ähnlich. Das Anwaltsnotariat erfüllt dabei auf dem Gebiet der vorsorgenden Rechtspflege eine wichtige Aufgabe für den Bürger. Es ist den Menschen nicht nur räumlich näher als das nächste Amtsgericht, die Hemmschwelle den Notar oder die Notarin aufzusuchen, ist auch deutlich niedriger.

Die Tätigkeit ist vielfältig:

- Immobilienkaufverträge,
- Gesellschaftsgründungen und Umwandlungen,
- Testamente und Erbverträge,
- Ehe- und Ehescheidungsfolgenverträge,

beleuchten nur schlaglichtmäßig das Aufgabenfeld eines Anwaltsnotars oder einer Anwaltsnotarin.

Das Anwaltsnotariat ist lukrativ!

Notariatsgebühren bilden eine neue und zusätzliche Einnahmequelle und stabilisieren die wirtschaftliche Lage der Kanzlei. Die Honorarumsätze der Anwaltsnotare und Anwaltsnotarinnen liegen statistisch deutlich über denen der „Nur"-Rechtsanwälte oder -Rechtsanwältinnen, da die Möglichkeit, sowohl im Anwalts- als auch im Notarbereich tätig zu werden zu einer stabilen Einnahmesituation führt. Schwerpunkte in der Tätigkeit können flexibel gesetzt werden.

Zusammenarbeiten ist möglich

Anwaltsnotare und Anwaltsnotarinnen dürfen sich miteinander, mit anderen Mitgliedern einer Rechtsanwaltskammer, Patentanwälten/-anwältinnen, Steuerberatern/-beraterinnen, Steuerbevollmächtigten, Wirtschaftsprüfern/-prüferinnen und vereidigten Buchprüfern/-prüferinnnen zur gemeinsamen Berufsausübung verbinden oder mit ihnen gemeinsame Geschäftsräume haben. Angesichts der aus sachlichen Gründen häufig immer wichtiger werdenden Hinzuziehung von Fachleuten aus verschiedenen Richtungen, insbesondere Steuerexperten, kann dies zu einer sehr vorteilhaften Zusammenarbeit führen. Deren Erfahrungen helfen dem Anwaltsnotar und der Anwaltsnotarin bei der Vertragsgestaltung den Blick über die rechtlichen Probleme hinaus auf alle relevanten Fragen zu richten.

Bei dieser Zusammenarbeit sind jedoch einschränkenden Mitwirkungsverbote des § 3 BeurkG zu beachten. Unzulässig ist danach insbesondere eine notarielle Tätigkeit nach einer außeramtlichen Vorbefassung auch nur eines der Sozien in derselben Angelegenheit.

II. Was also ist zu tun, um Anwaltsnotarin oder Anwaltsnotar zu werden?

Neben den zwei Staatsexamina und dem Referendariat sind noch die weiteren Voraussetzungen der §§ 6 ff. BNotO zu erfüllen:

- Die notarielle Fachprüfung ist zu absolvieren
  Diese besteht aus Klausuren, einem Vortrag und einem mündlichen Prüfungsgespräch.
  Die Prüfungsthemen beziehen sich auf die Schwerpunkte der notariellen Tätigkeit, insbesondere auf das Immobilienrecht, das Erbrecht, das Familienrecht sowie das Gesellschaftsrecht, zudem auf das Beurkundungs- und Berufsrecht.
  Es gibt Kurse und Literatur, mit denen man sich gezielt auf diese Prüfung vorbereiten kann.
- Eine Praxisausbildung über 160 Stunden ist bei einem erfahrenen Notar oder einer erfahrenen Notarin zu durchlaufen
- Eine Zulassung zur Rechtsanwaltschaft seit mindestens fünf Jahren und dies seit drei Jahren ohne Unterbrechung im Amtsgerichtsbezirk, in dem der Notar oder die Notarin tätig sein möchte, ist nötig.

- Notarspezifische Fortbildungen 15 Stunden jährlich, nach dem Bestehen der notariellen Fachprüfung bis die Bestellung erfolgt, sind vorzuweisen.

Freie Stellen für den in Betracht kommenden Amtsgerichtsbezirk werden im Amtsblatt ausgeschrieben. Die Anzahl der ausgeschriebenen Stellen richtet sich nach festgelegten Schlüsseln und der Anzahl der im Amtsgerichtsbezirk erfolgten Beurkundungen. Der Bewerber bewirbt sich auf die ausgeschriebenen Stellen, dabei findet zunächst eine Prüfung der persönlichen und fachlichen Eignung statt. Falls es mehr geeignete Bewerber als freie Stellen gibt, erfolgt eine Besetzung nach dem Notendurchschnitt, für den die notarielle Fachprüfung mit 60 % und das 2. Staatsexamen mit 40 % berücksichtigt werden.

III. Und danach?

Als Anwaltsnotarin oder Anwaltsnotar hat man zwar weitere Kosten (z.B. Haftpflichtversicherung, Kammerbeitrag, qualifizierte Mitarbeiter) und mehr bürokratischen Aufwand (wie bspw. Führen der Urkundenrolle, von Verwahrungs- und Massenbuch, regelmäßige Prüfung durch die Justiz). Die gestalterische Tätigkeit, die Chance, die eigene Erwerbssituation zu verbessern und nicht zuletzt das hohe Ansehen, das Notare und Notarinnen bei weiten Teilen der Bevölkerung genießen, wiegen diesen Mehraufwand jedoch aus unserer Sicht mehr als auf.

Nicht nur streiten, sondern durch Gestaltung vorbeugen! Wer es liebt, visionär in die Zukunft zu blicken, wer Probleme erkennt und konstruktive Lösungen findet, wem Rechtsfrieden wichtig ist und wer glaubt, dass die Menschen ihre wichtigsten Angelegenheiten selbst entscheiden sollen, wenn man ihnen hilft, hinter der Fachsprache den Lebenssachverhalt zu erkennen, der sollte die Chance ergreifen und Anwaltsnotarin oder Anwaltsnotar werden.

Und wer sich zu diesem Schritt entschließt, dem sei die Homepage der ARGE Anwaltsnotariat empfohlen, dort können weitere hilfreiche Informationen abgerufen werden.

F.4 WARUM EIGENTLICH ARBEITSRECHT?

RECHTSANWALT DR. JOHANNES SCHIPP, GÜTERSLOH • VORSITZENDER DER ARBEITSGEMEINSCHAFT ARBEITSRECHT IM DAV

Kaum eine andere Rechtsmaterie hat so viel mit dem Alltag der Menschen zu tun wie das Arbeitsrecht. Das Recht auf Arbeit hat Verfassungsrang. Arbeit prägt die Lebensverhältnisse der Bevölkerung und gehört zu den Grundlagen eines menschenwürdigen Lebens. Unterschiedliche Interessenlagen sind dabei nicht zu vermeiden. Das Arbeitsrecht gestaltet die Rechtsverhältnisse. Wer sich diesem Rechtsgebiet widmet, hat deshalb beständig mit Menschen zu tun. Die Arbeitsrechtlerin oder der Arbeitsrechtler verbringt seine Tätigkeit nicht überwiegend am Schreibtisch. Abwechslung ist vielmehr vorprogrammiert. Gerichtverhandlungen, Besprechungen oder Verhandlungen an unterschiedlichen Orten erfordern häufig ein gewisses Maß an Reisefreudigkeit.

Wer sich dem Arbeitsrecht zuwendet, muss vor allem flexibel sein und die Bereitschaft mitbringen, die Rechtsentwicklung ständig im Blick zu behalten. Grund dafür ist die Interessenpolarität, die von zwei großen Lagern bestimmt ist, nämlich der Arbeitnehmer- und der Arbeitgeberseite. Hier spielen nicht nur politische Parteien mit ihren Programmsätzen eine wesentliche Rolle. Hinzu kommt der Einfluss von Arbeitgeberverbänden und Gewerkschaften, die mitunter die Politik auch lähmen, eine bisweilen unstrittige Rechtslage in nachvollziehbares Gesetzesrecht zu transformieren. Nur so ist zu erklären, dass beispielsweise die Bestimmungen über den Massenentlassungsschutz oder die Übertragung nicht genommenen Urlaubs in das Folgejahr nach § 7 Abs. 3 BUrlG nicht unmittelbar aus dem Gesetz abgeleitet werden können und seit Jahren einer Novellierung harren. Diese und weitere Faktoren führen dazu, dass das Arbeitsrecht einem stetigen Wandel unterworfen ist. Das mag den einen besonders reizen, den anderen aber ggf. auch gelegentlich zur Verzweiflung bringen. Die stets lebendige Entwicklung im Arbeitsrecht generiert einen hohen Beratungsbedarf. Die auf das Arbeitsrecht spezialisierte Rechtsanwaltschaft ist ständig aufs Neue gefragt. Wer hier auf dem Laufenden ist und es versteht, sein Wissen nutzbar zu machen, braucht sich in der Regel über mangelnde Beschäftigung nicht zu sorgen. So ist die mit der Schuldrechtsreform auch für das Arbeitsrecht eingeführte AGB-Kontrolle längst nicht abgearbeitet. Ähnlich sieht es mit der Umsetzung der Antidiskriminierungsvorgaben der Europäischen Union durch das Allgemeine Gleichbehandlungsgesetz aus. Das geht weiter über neue Regelungen zum Datenschutz, zur Arbeitnehmerüberlassung, zum Mindestlohn, zur betrieblichen Altersversorgung, zum Mutterschutz oder die Arbeitsbedingungen schwerbehinderter Menschen. Die Diskussion über Arbeitsbedingungen in einer digitalisierten Arbeitswelt (Industrie 4.0) wird zu Veränderungen auch im Arbeitsrecht führen, etwa weil bisherige betriebliche Strukturen erodieren oder Fragen der betrieblichen Mitbestimmung, des Arbeitszeitrechts, der beruflichen Weiterbildung und des Gesundheitsschutzes neu justiert werden müssen. Wer sich dem Arbeitsrecht verschreibt, darf sich mit hoch aktuellen Themen befassen, sei es in der Beratung oder in der gerichtlichen Auseinandersetzung.

Alte und neue gesetzliche Regelungen werfen vielfach Zweifelsfragen auf, die durch die Arbeitsgerichtsbarkeit gelöst werden müssen. In kaum einem anderen Rechtsgebiet hat deshalb die aktuelle Rechtsprechung eine so hervorgehobene Bedeutung. Nicht selten ändert sich die faktische Rechtslage allein deshalb, weil sich die personelle Zusammensetzung der Spruchkörper ändert, etwa ein neu besetzter Senat des BAG eine andere Linie verfolgt als die Vorgängerbesetzung. Oder es werden zur bisherigen Judikatur konträre Gesichtspunkte „unter Aufgabe der bisherigen Rechtsprechung" vertreten. Prominente Beispiele dafür sind die Aufgabe des Grundsatzes der Tarifeinheit oder die Änderung der Rechtsprechung zu sogenannten arbeitsvertraglichen Gleichstellungsabreden. Wer die Freude und den Ehrgeiz hat, die Rechtsprechungsentwicklung konsequent zu verfolgen, ist im Arbeitsrecht gut aufgehoben. Die Rechtsprechung fungiert im Arbeitsrecht aber auch häufig als Ersatzgesetzgeber. Im politisch brisanten Arbeitskampfrecht fiel es dem Gesetzgeber schwer, Regularien festzulegen. In diese Bresche ist der erste Senat des Bundesarbeitsgerichts mit rechtsfortbildenden Urteilen gesprungen und betont dabei ausdrücklich, dass gesetzgeberische Untätigkeit nicht zur Schutzlosigkeit führen darf. Zusätzlicher Einfluss kommt schließlich aus Europa. Sowohl der EuGH in Luxemburg als auch der EGMR in Straßburg haben das deutsche Arbeitsrecht stark beeinflusst. Erinnert sei nur an die Entscheidung des EGMR vom 5.9.2017 zur privaten Nutzung eines für dienstliche Zwecke zur Verfügung gestellten E-Mail-Accounts. Die Rechtsentwicklungen können nur als „rasant" bezeichnet werden. Saubere juristische Arbeit kommt dabei aber nicht zu kurz. Nur wer eine Neigung zu sorgfältiger zivilrechtlicher Arbeit hat, wird im Arbeitsrecht erfolgreich sein.

Die Interessenpolarität im Arbeitsrecht bringt es mit sich, dass die Arbeitsrechtlerin oder der Arbeitsrechtler häufig dem einen oder dem anderen Lager zuneigen wird. Das ist oftmals nicht nur eine Mentalitätsfrage. Denn wer beispielsweise in einer grundsätzlichen Frage für ein Unternehmen tätig geworden ist, wird Unverständnis ernten, wenn er bei anderer Gelegenheit vehement gegenläufige Arbeitnehmerinteressen wahrnimmt. Schnell droht dann das Prädikat „Verräter". Viele Anwälte bekunden deshalb von vornherein z.B. auf ihren Internetseiten, dass sie sich als Arbeitgeber- oder Arbeitnehmeranwälte verstehen. Natürlich ist das anwaltliche Mandat im Arbeitsrecht nicht immer so ideologiebehaftet. Es gibt durchaus erfolgreiche, meist kleinere Büros, die im täglichen Geschäft beide Seiten erfolgreich vertreten.

Das Arbeitsrecht vereint individualrechtliche und kollektivrechtliche Elemente. Im Zentrum des Individualarbeitsrechts steht der Arbeitsvertrag und der gesamte Arbeitnehmerschutz, der in vielen Gesetzen verstreut zu finden ist, so z.B. im Kündigungsschutzgesetz, Mutterschutzgesetz, Berufsbildungsgesetz, Allgemeinen Gleichbehandlungsgesetz, SGB IX, Arbeitszeitgesetz, Teilzeit- und Befristungsgesetz, etc. Im kollektiven Recht geht es um Normenverträge wie Betriebsvereinbarungen und Tarifverträge, die betriebliche Mitbestimmung nach dem Betriebsverfassungsgesetz und die Unternehmensmitbestimmung. Das bringt es mit sich, dass es neben dem klassisch präsenten Paar „Arbeitgeber" und „Arbeitnehmer" weitere Mitspieler gibt, wie Betriebsräte, Personalräte oder Gewerkschaften. Der Reiz arbeitsrechtlicher Mandate liegt nicht zuletzt darin, dass man es mit sehr verschiedenartigen

Gesprächspartnern zu tun hat. Der Mix aus Prozessen, gutachterlichen Tätigkeiten, Verhandlungen, schriftlicher, telefonischer oder mündlicher Beratung sowie die Mitwirkung in Einigungsstellenverfahren oder Tarifverhandlungen garantiert ein sehr vielseitiges und interessantes Arbeitsleben. Hinzu mögen Vorträge, Seminare, Schulungen oder die eine oder andere Veröffentlichung kommen. Für stete Abwechslung ist jedenfalls gesorgt.

Wer Arbeitsrecht betreibt, muss ein hohes Maß an Kreativität, menschliches Einfühlungsvermögen und ein Gespür für strategische Lösungsansätze haben. Arbeitsverträge, Aufhebungsvereinbarungen, Gerichtsvergleiche, Betriebsvereinbarungen oder Tarifverträge wollen gestaltet werden. Der Arbeitsrechtsanwalt muss lösungsorientiert denken. Ein „geht nicht" kann es für ihn nicht geben, weil die Praxis zeitnah interessengerechte Lösungen fordert. Gerade in Verhandlungen mit Betriebsräten geht es oft um „Kopplungsgeschäfte" bei denen Zugeständnisse auf einem ganz anderen Gebiet zu einem Durchbruch in der eigentlichen Angelegenheit verhelfen. Oftmals ist eine große Übersicht gefragt. Man kann nicht eine einzelne Entlassung mit „viel Geld" lösen, wenn in Zukunft zahlreiche weitere Kündigungen anstehen, weil man damit u.U. nicht erfüllbare Erwartungen weckt. Umgekehrt ist eine Führungskraft unter Umständen nicht gut beraten, wenn sie ihre Abfindungsvorstellungen mit anwaltlicher Hilfe optimiert, dafür aber in der einschlägigen Branche „verbrannt" ist.

Das Geschäft der Arbeitsrechtsanwaltschaft ist aber auch sehr schnelllebig und von Fristen geprägt. Es gibt nicht nur die gewöhnlichen Notfristen, wie sie auch aus anderen Rechtsgebieten bekannt sind. Zu beachten sind oftmals sehr viel kürzere Fristen, wie etwa die Zweiwochenfrist des § 626 Abs. 2 BGB oder die Dreitagesfrist des § 100 Abs. 2 S. 3 BetrVG.

Arbeitsrecht ist ein nicht unwichtiger Teil des Wirtschaftsrechts. Das bedingt ein gewisses Verständnis wirtschaftlicher Zusammenhänge. Es gibt überdies benachbarte Rechtsgebiete, die die der Arbeitsrechtlerin und dem Arbeitsrechtler nicht völlig fremd sein sollten. So gibt es steuerrechtliche, gesellschaftsrechtliche oder sozialversicherungsrechtliche Bezüge. Wer sich z.B. mit einer Betriebsrentenanpassung nach § 16 BetrAVG befassen muss, wird oftmals ohne gesellschaftsrechtliche Kenntnisse nicht auskommen, wenn es darum geht, ob in einer konzernrechtlichen Struktur auch andere Gesellschaften für die Erhöhung der Betriebsrente einstandspflichtig sein könnten. Wer die Aufhebung eines Arbeitsvertrags verhandelt, muss wissen, wie sich das auf Sozialleistungen wie Arbeitslosengeld oder die gesetzliche Rente auswirkt. Letzteres hat auch steuerrechtliche Aspekte, die vielleicht nicht im Detail aber doch in den Grundzügen überlegt werden müssen. Die Tätigkeit erfordert ein hohes Einfühlungsvermögen. Wer Betriebsräte berät wird erleben, dass es unterschiedliche Interessenströmungen gibt, die erst auf einen Nenner gebracht werden müssen, bevor man sich gegenüber der Arbeitgeberseite positioniert. Der Anwalt eines patriarchisch denkenden Mittelständlers wird unter Umständen viel Überzeugungskraft aufwenden müssen um zu verdeutlichen, dass er die Anwältin/der Anwalt und nicht der Feind des Unternehmens ist, wenn es darum geht, eine am geltenden Arbeitsrecht orientierte Lösung zu entwickeln. Garantiert ist, dass man mit verschiedenartigsten Menschen in Kontakt tritt. Der „hemdsärmelige" Bauunternehmer wird sich häufig anders verhalten, als der vornehme Bankier. Das gilt auch auf Arbeitnehmerseite: Die eloquente Führungskraft erfordert möglicherweise andere Fähigkeiten als eine ungelernte Arbeiterschaft, auch wenn sie beide vielleicht ein gleichartiges Ziel, etwa den Ausgleich eines Vergütungsbestandteils, verfolgen.

Auch wenn die Zahl zugelassener Anwältinnen und Anwälte in der Vergangenheit nicht mehr signifikant zugenommen hat, gibt es nach wie vor einen Trend zur Spezialisierung. Ende 2016 gab es mehr als 10.200 Fachanwältinnen und Fachanwälte für Arbeitsrecht, von denen ca. 4.000 Kolleginnen und Kollegen in der Arbeitsgemeinschaft Arbeitsrecht des Deutschen Anwaltvereins organisiert sind. Hier arbeiten die Vertreter beider klassischen Lager zusammen. Für eine anwaltliche Tätigkeit im Arbeitsrecht ist der Erwerb des Fachanwaltstitels sicherlich sehr nützlich. Voraussetzung ist in jedem Fall eine gewisse Spezialisierung, ohne dass sich die Anwältin oder der Anwalt ausschließlich mit Arbeitsrechtssachen befassen muss.

Die auf das Arbeitsrecht spezialisierte Anwaltschaft hat durchaus die Chance auf ein „gutes Auskommen". Schon die Streitwerte im Kündigungsschutzverfahren sind mit dem zugrunde zu legenden dreimonatigen Entgelt verhältnismäßig hoch. Für Beratungsleistungen werden oftmals Stundenhonorare vereinbart. Auch Vertreter von Betriebsräten kommen in der Regel nicht zu kurz, obwohl ihre Kosten von der Arbeitgeberschaft zu tragen sind, die naturgemäß wenig Freude dabei empfinden mag, wenn sie den sozialen Gegenspieler auch noch bezahlen muss. Ihnen gelingt ebenfalls häufig die Vereinbarung entsprechender Stundensätze. Bisweilen sind auch die Gegenstandswerte betriebsverfassungsrechtlicher Auseinandersetzungen durchaus interessant.

Die aktuelle Entwicklung lässt nicht erwarten, dass die Bedeutung des Arbeitsrechts in der anwaltlichen Beratung abnimmt. Der Trend vieler kleinerer und mittlerer Unternehmen, den Flächentarifverträgen den Rücken zu kehren, führt zu einem erhöhten Bedarf an anwaltlichen Beratungsleistungen. Der schon beschriebene besondere Wandel rechtlicher Bedingungen im Arbeitsrecht lässt auch für die Zukunft auf einen beständigen Beratungsbedarf schließen.

F.5 BANK- UND KAPITALMARKTRECHT

RECHTSANWÄLTIN DANIELA A. BERGDOLT, MÜNCHEN • VORSITZENDE DER ARBEITSGEMEINSCHAFT BANK- UND KAPITALMARKTRECHT IM DAV

I. Rechtsmaterie

Das Bank- und Kapitalmarktrecht ist ein relativ junges Rechtsgebiet. Es kann, wie der Name schon sagt, in die beiden Teilbereiche des Bankrechts und des Kapitalmarktrechts untergliedert werden.

Im Bankrecht geht es um Rechtsfragen rund um Banken. Sie betreffen zum einen die Rechtsverhältnisse der Banken mit ihren Kunden und Vertragspartnern. Zum andern betreffen sie das öffentliche Bankenrecht, also aufsichtsrechtliche Regelungen. Hierunter fallen auch Vorgaben des Geldwäschegesetzes; hieraus gibt es für Banken einen breiten Pflichtenkatalog.

Das Kapitalmarktrecht betrifft Rechtsfragen die den Kapitalmarkt, sein Wesen und seine Akteure betreffen. Es geht hier in der Regel um wie auch immer geartete Vermögensanlagen. Die rechtlichen Fallgestaltungen, die sich daraus ergeben, sind sehr vielfältig.

Zu nennen sind beispielhaft:

- Die Ansprüche von Investoren gegen Emittenten von Kapitalanlagen,
- Ansprüche gegen Anlageberater- und Vermittler im Zusammenhang mit der Zeichnung einer Kapitalanlage,
- Prospekthaftungsansprüche gegen verschiedene Prospektverantwortliche,
- Schadensersatzansprüche wegen fehlerhafter Informationen des Kapitalmarkts,
- Ansprüche von Gesellschaftern einer Kapitalgesellschaft gegeneinander wegen schädigenden Verhaltens.

Auch gibt es Bezüge zu anderen Rechtsgebieten wie dem Strafrecht oder dem Insolvenzrecht.

So stellen zum Beispiel die Tatbestände des Insiderhandels und der Marktmanipulation, Strafnormen mit starkem kapitalmarktrechtlichem Bezug dar.

Da es sich bei Schadensfällen am Kapitalmarkt oft um Massesituationen handelt, sind die Gesamtforderungen, die auf die beteiligten Gesellschaften zukommen, sehr hoch. Nicht selten gerät eine Gesellschaft dadurch in Insolvenzgefahr oder muss wegen Überschuldung oder Zahlungsunfähigkeit einen Insolvenzantrag stellen. Rechtsanwältinnen und Rechtsanwälte im Bank- und Kapitalmarktrecht müssen daher auch mit insolvenzrechtlichen Fragestellungen bekannt sein und ihre Mandantschaft diesbezüglich beraten können.

Immer wieder wird im Bank- und Kapitalmarktrecht auch die Frage einer Staatshaftung diskutiert. Dieses Thema kommt immer dann auf den Tisch, wenn Zweifel daran bestehen, ob die Bundesanstalt für Finanzdienstleistungsaufsicht (BaFin) ihren Überwachungsaufgaben nachgekommen ist.

Die BaFin ist auch die entscheidende Anlaufstelle, wenn es um das kapitalmarktrechtliche Verwaltungsrecht geht. Es gibt zahlreiche verschiedene Genehmigungen, die beantragt werden müssen, wenn man als Akteur auf dem Kapitalmarkt auftreten will. Der Handel mit Kapitalmarktprodukten mit eigenem, vor allem aber mit fremdem Geld, bedarf der Erlaubnis und das Verwaltungsverfahren hierzu ist komplex; anwaltlicher Rat ist dringend erforderlich.

Das Bank- und Kapitalmarktrecht ist ein sehr stark von der Rechtsprechung geprägtes Rechtsgebiet. Die Kapitalmärkte sind dynamisch und international ausgerichtet. Immer wieder entstehen neue Produkte und Angebote. Sowohl der Beratungsbedarf für Anbieter solcher Produkte, als auch für Investoren am Kapitalmarkt ist stetig im Fluss.

Viele Entwicklungen können daher vom Gesetzgeber nicht vorausgesehen und daher in den gesetzlichen Regelungen auch nicht abgebildet werden. Die Gerichte sind dann gefordert.

Wegen des angesprochenen häufigen Auftretens von Massesituationen war das Kapitalmarktrecht auch ein Vorreiter was prozessuale Regelungen zur Durchsetzung von Massenschäden angeht.

Das Kapitalanlegermusterverfahrensgesetz (KapMuG) gibt es bereits seit dem Jahre 2005 und damit lange vor der 2018 eingeführten Musterfeststellungsklage. Konsequent hat der Gesetzgeber dann auch zahlreiche Anleihen im KapMuG genommen, als es darum ging, die Musterfeststellungsklage zu konzipieren.

II. Die Anwaltschaft im Bank- und Kapitalmarktrecht

Anwältinnen und Anwälte im Bank- und Kapitalmarktrecht müssen immer auf der Höhe der Zeit sein. Ein laufendes Sich-vertraut-machen mit der aktuellen Rechtsprechung und neuen Gesetzesvorgaben der Europäischen und der Bundesebene sind unverzichtbar.

Daneben ist aber auch ein Verständnis von wirtschaftlichen Zusammenhängen gefordert. Wer Spieler auf dem Kapitalmarkt vertreten will, muss deren Interessen verstehen können.

Diese Interessen sind meist wirtschaftlicher Natur. Die Kenntnis der Funktionsweise von Aktien, Anleihen, Derivaten und viele anderen Kapitalmarktprodukten ist Voraussetzung für eine erfolgversprechende Beratung der Mandanten.

Das erforderliche Handwerkszeug geht deswegen über die Kenntnisse hinaus, die Studium und Referendariat uns vermitteln. Das Rechtsgebiet zeichnet sich oft durch seine Schnelllebigkeit aus. Daher ist es erforderlich, sich immer wieder in neue rechtliche Konstellation einzuarbeiten.

Wie in anderen Rechtsgebieten auch ist die Aufstellung der Kanzleien im Bank- und Kapitalmarktrecht vielfältig. Großkanzleien bieten beratende und prozessführende Tätigkeit an. In mittelständischen Full-Service-Kanzleien ist ein Spezialist für das Bank- und Kapitalmarktrecht nicht wegzudenken. Auch einige kleinere Kanzleien mit nur einer Hand voll Berufsträgern haben sich voll auf dieses Rechtsgebiet spezialisiert. Sie bieten zielgerichtete Beratung zu vielen Fragen das Bank- und Kapitalmarktrechts an. Auch für Einzelkanzleien gibt es im Bank- und Kapitalmarktrecht jedoch ihren Platz.

III. Die Mandantschaft

Die Mandantschaft im Bank- und Kapitalmarktrecht ist an allen Ecken und Enden des Spektrums zu finden, in denen sich bank- und kapitalmarktrechtliche Akteure befinden.

Da wären zum einen die Banken. Sie benötigen laufend Beratung, um im Produktangebot und der Beratung mit immer neuen gesetzgeberischen Regelungen Schritt zu halten. Sie führen Rechtstreitigkeiten gegen Kunden und benötigen in solchen anwaltliche Vertretung.

Auch Emittenten von Kapitalanlagen haben einen hohen Beratungsbedarf. Bei der Erstellung von Prospekten, die bei der Emission von verschiedenen Kapitalmarktprodukten vorgeschrieben sind, ist Rechtsberatung unumgänglich.

Auch auf Verbraucherseite gibt es oftmals rechtliche Konfliktsituationen. Immer mehr häufen sich dabei Masseschäden. Dies ist auch ein Grund, warum der Gesetzgeber das anfangs zeitlich befristete KapMuG inzwischen mehrmals verlängert hat und eine Entfristung im Raum steht. Es ist ein notwendiges Werkzeug, um die Ansprüche oftmals mehrerer tausend Beteiligter sinnvoll strukturieren und abwickeln zu können. Situationen wie der Diesel-Skandal, den Niedergang der P&R-Container-Gesellschaften oder der Betrugsskandal bei Wirecard betreffen abertausende Investoren und ziehen ebenso viele Klageverfahren nach sich. Überall sind Anwältinnen und Anwälte auf dem Gebiet des Bank- und Kapitalmarktrechts gefragte Begleiter der Betroffenen.

Derartige Massensituationen stellen sich als attraktive Mandate dar, da hohe Skalierungseffekte bestehen. Bei Kapitalanlagen nehmen die Streitwerte nicht selten einen höheren Eurobetrag ein, sodass es sich im Hinblick auf die Gebühren um finanziell interessante Mandate handelt.

IV. Die Arbeitsgemeinschaft Bank- und Kapitalmarktrecht

In der Arbeitsgemeinschaft Bank- und Kapitalmarktrecht des DAV haben sich inzwischen über tausend Rechtsanwältinnen und Rechtsanwälte zusammengeschlossen. Ein Highlight ist jedes Jahr der Tag des Bank- und Kapitalmarktrechts, der abwechselnd in einer größeren deutschen Stadt und in Berlin tagt. Mehrere einhundert Rechtsanwältinnen und Rechtsanwälte nehmen dort jedes Mal teil. Hochwertige Referenten aus unserem Rechtsgebiet, unter anderem die beiden Vorsitzenden Richter der zuständigen Senate des Bundesgerichtshofs sind dort immer zu Gast.

Auch der Fachanwaltskurs für das Bank- und Kapitalmarktrecht wurde von der Arbeitsgemeinschaft konzipiert. Sie hält auch einen eigenen Kurs in Zusammenarbeit mit der Anwaltsakademie ab. Ziel ist es aktiv zur Weiterentwicklung des Rechtsgebiets beizutragen.

Eine weitere gerne angenommene Veranstaltung ist das Frühjahrssymposium. Dieses findet in der Regel in einer Stadt im Ausland statt. Bei einem mehrtägigen Aufenthalt werden Vertreter der örtlichen Anwaltschaft und des Rechtswesens getroffen, um internationalen Austausch und Vernetzung zu fördern.

Weitere Informationen erhalten Interessierte bei der

Arbeitsgemeinschaft Bank- und Kapitalmarktrecht im Deutschen Anwaltverein
Littenstraße 11
10179 Berlin
www.bankundkapitalmarkt.de

F.6 BAU- UND ARCHITEKTENRECHT

RECHTSANWALT DR. PETER SOHN, HAMM • EHEMALIGER VORSITZENDER DER ARBEITSGEMEINSCHAFT BAU- UND IMMOBILIENRECHT IM DAV
RECHTSANWÄLTIN DR. BIRGIT FRANZ, KÖLN • VORSITZENDE DER ARBEITSGEMEINSCHAFT BAU- UND IMMOBILIENRECHT IM DAV

I. Warum dieses Rechtsgebiet?

Unter Bau- und Architektenrecht als einem Teil des Immobilienrechts (dieses umfasst eine Reihe unterschiedlicher Rechtsgebiete rund um die Immobilie) soll – eingrenzend – das private Bau- und Architektenrecht verstanden werden, das nicht nur – wie der Begriff vermuten lassen könnte – das Rechtsverhältnis zwischen einem privaten „Häuslebauer“ und z.B. einem Bauträger, sondern generell die Rechtsbeziehungen der an der Planung und Durchführung eines Bauwerkes Beteiligten einschließlich der Bauherren untereinander betrifft. Das davon abzugrenzende öffentliche Baurecht umfasst das öffentliche Planungsrecht (Bauleitplanung), das Bodenordnungsrecht (z.B. Erschließung, Recht der Baunutzung usw.) und das Bauordnungsrecht (früher Baupolizeirecht).

Der Bereich des privaten Baurechts ist grundsätzlich immer dann angesprochen, wenn es um rechtliche Beziehungen von Baubeteiligten geht, die sich bei der Durchführung eines Bauvorhabens auf zivilrechtlicher Basis gegenüberstehen. Erfasst werden Rechtsverhältnisse zwischen (auch öffentlichen) Bauherrschaft, Planern (Architekten und Sonderfachleuten wie Tragwerksplanern, Vermessungsingenieuren, Haustechnikingenieuren usw.), Bauunternehmen und anderen Baubeteiligten. Im Regelfall geht es um Vergütungs-/Honorarfragen, um Bau- und Planungsmängel, um Bauzeitstörungen und daraus resultierende Ansprüche, um die Absicherung bauvertraglicher Ansprüche sowie um Spezialthemen wie Bau-ARGEN und die Insolvenz eines Baubeteiligten. Unter das private Baurecht fallen weiterhin nachbarrechtliche Angelegenheiten.

Das private Bau- und Architektenrecht und damit die Tätigkeit der damit befassten Anwaltschaft umfassen in der Regel die Vertragsgestaltung, die baubegleitende Rechtsberatung sowie die außergerichtliche und gerichtliche Tätigkeit zur Durchsetzung von Ansprüchen der jeweiligen Mandantschaft.

Alle genannten Bereiche sind geprägt durch ein enges Zusammenspiel bautechnischer Vorgänge und rechtlicher Gesichtspunkte. Diese Kombination von Technik und Recht macht die Tätigkeit der im privaten Bau- und Architektenrecht tätigen Anwältin interessant und zuweilen lebhaft. So mancher Baustellenbesuch, Ortstermin oder andere Zusammenkunft mit Baubeteiligten stellt eine willkommene Abwechslung zu der ansonsten recht zeitintensiven Schreibtischarbeit dar. Selbst manches hartes Ringen in der baubegleitenden Rechtsberatung stellt sich später in einem anderen, nämlich positiven, Licht dar, wenn man – Jahre später – mit einer gewissen Zufriedenheit das doch von den jeweiligen Nutzerinnen und

Nutzern gut akzeptierte, im besten Fall sogar architektonisch herausragende Bauvorhaben wieder sieht oder sogar besichtigen kann. Insgesamt geht es im privaten Baurecht oft etwas „hemdsärmeliger“ zu als in anderen Rechtsgebieten, was manchmal anstrengend, manchmal aber im Hinblick auf den monotonen Büroalltag der Anwaltschaft auch erfrischend sein kann.

Interessant ist das Rechtsgebiet auch deshalb, weil sich ständig neue Tätigkeitsfelder für Baubeteiligte und damit auch den Anwalt ergeben. Während es früher – vereinfacht gesagt – nur die Auftraggeberschaft, deren Architekten und eines oder mehrere Bauunternehmen gab, trifft man heute etwa zusätzlich auf den Projektsteuerer, der von der Auftraggeberschaft insbesondere bei größeren Bauvorhaben neben Architekten, Sonderfachleuten und Bauunternehmen hinzugezogen wird und Funktionen der Auftraggeberschaft, z.B. Termin- und Kostenkontrolle sowie die Koordinierung des Gesamtprojekts, übernimmt. Als anderes Beispiel mag der von Auftraggeberseite zunehmend gefragte Generalplaner dienen, dem von der Auftraggeberschaft sämtliche Architekten- und Ingenieurleistungen übertragen werden, die anderenfalls einzelnen Architekten und Sonderfachleuten durch getrennte Verträge übertragen werden. Entwickelt haben sich aber nicht nur neue Berufsbilder und Tätigkeitsformen, sondern auch neue Vertragsformen, etwa der sog. GMP-Vertrag (Guaranteed Maximum Price), der das Spannungsverhältnis zwischen Auftraggeberschaft und Auftragnehmerschaft durch einen Interessenverbund zum Vorteil beider Seiten auflösen soll – aktuelle weitere Entwicklung in dieser Richtung ist der Mehrparteienvertrag, oder das PPP-Modell (Public Private Partnership), in dem die öffentliche Hand und die Privatwirtschaft zur Erfüllung öffentlicher Aufgaben (z.B. Bau von Schulen) zusammenarbeiten. Neue Erscheinungs- und Tätigkeitsformen erzeugen regelmäßig spezielle juristische Probleme in der Abwicklung der jeweiligen Verträge.

Hinzukommt die ständig fortschreitende Europäisierung und Internationalisierung, die etwa durch den Erlass europäischer Richtlinien und die anschließende Umsetzung in nationales Recht neue Betätigungsfelder für Anwältinnen schaffen. Der Einfluss insbesondere des Europarechts und des internationalen Rechts auf das nationale deutsche Recht wird von den in der Praxis Tätigen – Anwaltschaft, Richterschaft und Verwaltungsbeamte eingeschlossen – vielfach unterschätzt oder gar nicht erst gesehen.

Die mit dem privaten Bau- und Architektenrecht befassten Anwältinnen und Anwälte sind somit in einer technisch und rechtlich äußerst lebendigen Materie tätig. Sie sollten sich darüber im Klaren sein, dass ihnen eine optimale Beratung und Vertretung auf diesem Gebiet fast nur dann möglich sind, wenn sie dieses Gebiet ausschließlich, zumindest aber überwiegend, bearbeiten. Anwältinnen und Anwälte sollten die Bereitschaft mitbringen, mittel- bzw. langfristig (so gut wie) ausschließlich in diesem Gebiet tätig zu sein bzw. sich jedenfalls auf den „Großbereich“ des Immobilienrechts zu beschränken.

II. Anforderungen an die Anwaltschaft

Das Anforderungsprofil ist vielschichtig.

Das private Bau- und Architektenrecht ist sehr häufig gekennzeichnet durch umfangreiche Vorgänge, die sich in einem entsprechenden Aktenvolumen niederschlagen. Bereits die Lektüre – oder vorgeschaltet das Sortieren! – der dem Anwalt zur Verfügung gestellten Unterlagen nimmt verhältnismäßig viel Zeit in Anspruch. An diese Phase schließt sich im Regelfall eine umfangreiche Sachverhaltsaufklärung an, der die Anwältin erhöhte Aufmerksamkeit schenken muss. Hinzu kommt, dass Bau- und Architektenrechtsfälle in aller Regel eine Vielzahl von strittigen Punkten zum Gegenstand haben. Aus diesem Grunde spricht man auch von sogenannten „Punktesachen", etwa wenn die Parteien um eine Vielzahl von Baumängeln oder Schlussrechnungspositionen (hinsichtlich der richtigen Mengen oder Preise) streiten, zu denen dann jeweils gesondert Stellung bezogen werden muss.

Der Anwalt muss äußerst sorgfältig arbeiten. Baurechtsstreitigkeiten gewinnt eine Anwältin nicht selten aufgrund vollständiger Unterlagen und detaillierter Aktenkenntnis. Jedenfalls aber wird deren Ausgang maßgeblich durch diese Faktoren beeinflusst. Zugleich begegnen dem baurechtlich tätigen Anwalt – eigentlich fast täglich, vor allem in der baubegleitenden Rechtsberatung – Rechtsfragen, die bislang nicht oder jedenfalls nicht so gelöst sind, dass er der Mandantschaft einen Rat erteilen kann, mit dem das von der Mandantschaft formulierte Ziel auf sicherem Weg erreicht werden kann. Die Anwältin muss also auch in der Lage sein, Rechtsfragen von mehreren Seiten zu beleuchten und der Mandantschaft Chancen und Risiken verständlich darzulegen.

Der Anwalt muss Interesse und Grundverständnis auch für die technischen Vorgänge mitbringen, und zwar schon deshalb, weil er bei Abfassung seiner Schreiben wissen sollte, worüber er schreibt. Andernfalls wird eine Unkenntnis oder fehlendes Verständnis für technisches Fragen für den erfahrenen Leser auf der Gegenseite unschwer erkennbar.

Die bau- und architektenrechtlich tätige Anwältin sollte deshalb Bereitschaft zu ständiger Fortbildung, und zwar auch in technischer Hinsicht, mitbringen. Eine große Zahl von Veranstaltern, u.a. die Deutsche Anwaltakademie, bietet eine breite Palette von Seminar- und Fortbildungsveranstaltungen an, die sich zunehmend auch technischen Fragen widmen. Die Seminargebühren werden im Regelfall gut investiert sein, zumal der zusätzliche Wert von Seminaren als „Kontaktbörse" zwischen Referentinnen und Zuhörerinnen nicht unterschätzt werden darf. Weitere Eigenschaften, die vom bau- und architektenrechtlich tätigen Anwalt verlangt werden, sind Flexibilität und Kreativität. Im Hinblick darauf, dass auch im Bereich des Bau- und Architektenrechts zunehmend Bestrebungen erkennbar sind, die häufig langwierigen und in vielerlei Hinsicht wenig befriedigenden Prozesse vor den staatlichen Gerichten zu vermeiden und stattdessen Lösungen durch Verfahren der Schlichtung/Mediation/Schiedsgerichtsbarkeit zu finden, sollte der Anwalt sich auch mit derartigen alternativen Verfahrensabläufen auseinandersetzen. Auch sollte die Baurechtsanwältin in ihrer Denkweise eher pragmatisch veranlagt sein. Es nützt keinem Baubeteiligten, wenn der Anwalt nach Monaten ein umfangreiches Rechtsgutachten abliefert, das den praktischen Erfordernissen der längst fortgeschrittenen Bauabwicklung nicht gerecht wird. Häufig muss innerhalb kurzer Zeit entschieden werden, wie seitens der Baubeteiligten weiter zu verfahren ist. Von dieser Entscheidung hängen u.U. wirtschaftlich schwerwiegende Folgen ab. Da dem so ist, sind pragmatische Lösungen meist sinnvoller als dogmatisch ausgefeilte Rechtspositionen. Selbstverständlich muss die Anwältin ihrer Mandantschaft in jedem Fall die Risiken und Nachteile – aber auch die Chancen und Vorteile – der einen oder anderen Lösung klar vor Augen führen, und zwar sinnvollerweise schriftlich. Den gelegentlich zu vernehmenden Vorwurf, ein „Bedenkenträger" zu sein, muss der Anwalt wegstecken können.

Die Anwältin und der Anwalt sollten schließlich auch über eine gewisse Durchsetzungskraft verfügen, die er und sie für den Dialog mit den im Umgang manchmal nicht ganz einfachen Baubeteiligten benötigen.

III. Mandantenstruktur

Die Mandantenstruktur wird maßgeblich abhängen vom Zuschnitt der Kanzlei, in der die Anwältin oder der Anwalt tätig ist. In einer Einzelkanzlei oder einer kleineren Kanzlei wird die Mandantenstruktur häufig gekennzeichnet sein durch eine Reihe kleinerer oder mittelständischer Mandanten aus dem Verbraucher- und Handwerkerbereich. Je nach Umfang der bau- und architektenrechtlichen Tätigkeit des Anwältin und ihrer Erfahrung werden größere Mandate hinzukommen, wobei Großmandate in aller Regel Einzel- oder kleineren Kanzleien nicht erteilt werden und von diesen häufig auch nicht bewältigt werden können. Außerdem ist die starke Bindung an eine oder mehrere große Mandantschaften nicht ungefährlich, wenn es später zu einem Anwaltswechsel durch die Mandantschaft kommen sollte.

Die Anwältin muss also abwägen, ob und welche neuen ihr angetragenen Mandate sie zu übernehmen bereit ist. Bei dieser Entscheidung sind insbesondere auch wirtschaftliche Gesichtspunkte zu berücksichtigen. Anzustreben sind in jedem Fall solche Mandate, die eine Ausdehnung der Mandatsbeziehung in der Zukunft möglich erscheinen, also Folgemandate erwarten lassen. Jedoch kann sich aus einem kleineren Mandat nicht selten auch ein lukratives Mandatsverhältnis – entweder mit der Mandantschaft selbst oder mit Dritten – entwickeln, was den Berufsanfänger – auch schon aus wirtschaftlichen Gründen – an eine Ablehnung von Mandaten kaum denken lassen dürfte. Auch wenn solche kleineren Mandate durch ein mehr oder weniger großes Missverhältnis zwischen Aufwand und Ertrag geprägt sein werden – bei baurechtlichen Streitigkeiten, insbesondere bei Prozessen, kann es bei einer Abrechnung nach RVG-Gebühren sehr schnell dazu kommen –, sollte die Berufsanfängerin diese Mandate dazu nutzen, Erfahrung zu sammeln. Mit fortschreitender Erfahrung und entsprechend steigendem Ansehen müssen aber die im privaten Baurecht tätigen Anwältinnen und Anwälte unbedingt darauf achten, angemessene Stundensätze zu vereinbaren, weil – von wenigen Ausnahmen abgesehen – angesichts der dargestellten Komplexität und des Bearbeitungsaufwands eine Abrechnung nach RVG-Sätzen selten zu adäquaten Einnahmen führen wird. Die Vereinbarung von angemessenen Stundensätzen dient auch der Disziplinierung der Mandantschaft, weil dieser klar wird, dass sehr kleinteilige Nachfragen und Vertiefungen zu wirtschaftlich sehr überschaubaren Streitpunkten in keiner Relation mehr zum allenfalls erzielbaren Vorteil stehen. Erfahrenen Baubeteiligten ist bewusst, dass die Anwaltschaft im privaten Baurecht anspruchsvolle Mandate nur auf Stundensatzbasis bearbeiten kann; eine derartige Mandantschaft wird auch im eigenen Interesse darum bemüht sein, ihrer anwaltlichen Vertretung effektiv und geordnet zuzuarbeiten.

IV. Mandatsakquisition mit Beispielen

Mandatsakquisition über sogenannte „Laufkundschaft" ist eher die Ausnahme. Mandate kommen hingegen relativ häufig durch Empfehlungen zustande, die die eigene Mandantschaft, andere Baubeteiligte oder Dritte (z.B. Sachverständige) gegenüber Rechtsuchenden abgeben.

Mandatsakquisition ist weiterhin über Kontakte zu Berufskolleginnen möglich. Sind beispielsweise Berufskolleginnen an der Übernahme eines Mandats gehindert, etwa weil sie die betreffende Person/Gesellschaft bereits in anderen Angelegenheiten vertreten, wird der Mandant die Frage nach einer anderen anwaltlichen Vertretung stellen. Häufig ist das zu komplexen Bauvorhaben oder Bauprozessen der Fall, wenn es neben den Hauptparteien eine Vielzahl weiterer Beteiligter bzw. im Prozess Streithelfer gibt und eine Kanzlei maximal einen der Beteiligten vertreten darf.

Akquisition ist auch auf Seminarveranstaltungen möglich, die (häufig) ein gemischter Teilnehmerkreis (Bauunternehmen, Architektinnen, Anwaltschaft usw.) besucht.

Akquisition ist weiterhin möglich über von der Anwältin gehaltene Vorträge/Seminare. Dieser Weg dürfte aber erst nach einigen Jahren Berufserfahrung überhaupt infrage kommen. Besonders hilfreich ist es, wenn Inhalt solcher Vorträge/Seminare Spezialfragen sind, die zwar nicht täglich auftreten, aber im Fall der Fälle von einer darauf spezialisierten Person bearbeitet werden müssen. Erfahrene Mandanten greifen häufig auf ein derartiges Spezialwissen zurück, auch wenn sie sonst mit anderen Kanzleien kooperieren.

Ein gutes Akquisitionsinstrument und damit auch eine gute Investition in die Zukunft ist der Erwerb des Titels „Fachanwältin/Fachanwalt für Bau- und Architektenrecht".

Mandate kommen hin und wieder auch über Anfragen bei der Anwaltskammer zustande. Die Anwaltschaft erhält regelmäßig Fragebögen der Anwaltskammer, in denen die Interessen-/Tätigkeitsschwerpunkte anzugeben sind. Bei Anfragen Rechtsuchender benennt die Anwaltskammer dann entsprechende Anwältinnen. Diesen Weg der Anwaltssuche wählen überwiegend private Bauherren/Verbraucher, während Handwerks- und andere Unternehmen eher die zuvor aufgezeigten Wege der Anwaltssuche gehen.

Ein weiteres, immer wichtiger werdendes „Werbemedium" stellt die eigene Homepage dar, in der die Tätigkeitsbereiche der jeweiligen Kanzlei vorgestellt werden. Hierbei ist auf Professionalität und Aktualität zu achten, da „selbstgestrickte" Darstellungen eher negative Wirkungen erzeugen.

V. Vorstellung der Arbeitsgemeinschaft

Die Arbeitsgemeinschaft für Bau- und Immobilienrecht im Deutschen Anwaltverein – ARGE Baurecht – ist ein rechtlich unselbstständiger Zusammenschluss von rund 2.800 Rechtsanwältinnen und Rechtsanwälten, die Mitglied in einem dem DAV angeschlossenen Anwaltverein sind und deren berufliches Interesse sich besonders auf das Bau- und Immobilienrecht richtet. Sie besteht seit August 1992 und ist auf der Grundlage einer vom Vorstand des DAV beschlossenen Geschäftsordnung organisiert.

Organe sind die Mitgliederversammlung und der zurzeit aus zehn Mitgliedern bestehende Geschäftsführende Ausschuss.

Ziel und Aufgabe der Arbeitsgemeinschaft sind es, als Berufsfachverband die berufspolitischen und wirtschaftlichen Interessen der zusammengeschlossenen Baurechtsanwältinnen und -anwälte zu fördern sowie Fragen des Bau- und Immobilienrechts zu erörtern und zur Fortbildung ihrer Mitglieder auf diesem Gebiet beizutragen.

Die ARGE Baurecht entfaltet insbesondere folgende Aktivitäten:

- Ein Newsletter informiert die Mitglieder u.a. über aktuelle Entwicklungen im Bau- und Immobilienrecht einschließlich der Gesetzgebung und über die Veranstaltungen der Arbeitsgemeinschaft. Weiterhin werden Praxistipps gegeben, neue Literatur vorgestellt und andere wichtige Informationen erteilt. Vielfältige Informationen enthält auch die Homepage www.arge-baurecht.com.
- Die Arbeitsgemeinschaft kooperiert mit dem Verlag Wolters Kluwer (Werner-Verlag) als Herausgeber der für das Baurecht in Deutschland führenden Fachzeitschrift „baurecht" sowie mit der baurechtlichen Online-Datenbank „ibr-online". Mitglieder der Arbeitsgemeinschaft erhalten teilweise Sonderkonditionen, wenn sie Angebote von Kooperationspartnern in Anspruch nehmen.
- Die Arbeitsgemeinschaft veranstaltet zweimal pro Jahr jeweils von Freitagmittag bis Samstagmittag Fachveranstaltungen mit Vorträgen und anschließender Diskussion, Thesendiskussionen und anderen Beiträgen. Die Veranstaltungen finden abgesehen von den Einschränkungen durch die Corona Pandemie im Jahr 2020/21 als Präsenzveranstaltungen in verschiedenen Städten in Deutschland, in gewissen Abständen aber auch im angrenzenden europäischen Ausland, statt. Die Vorträge über ausgewählte Probleme des Bau- und Immobilienrechts halten ausgewiesene Spezialistinnen und Spezialisten aus der Anwaltschaft, der Richterschaft (inklusive Vertretern des BGH und der Oberlandesgerichte) und der Wissenschaft. Zahlreiche durch wichtige Beiträge

hervorgetretene Vertreterinnen und Vertreter der Richterschaft (inklusive des BGH und der Oberlandesgerichte) und der Anwaltschaft sind Stammgäste auf den Veranstaltungen, wobei sie sich sowohl an der Diskussion beteiligen als auch im kleineren Kreis den Austausch mit den anderen Teilnehmerinnen und Teilnehmern suchen. Die Veranstaltungen bieten daneben – auch in ihrem geselligen Teil in den Kaffeepausen, am Freitagabend und in der Kulturveranstaltung am Samstagnachmittag ein gutes Forum zum gegenseitigen Kennenlernen im Kolleginnen- und Referentinnenkreis; so manch eine Freundschaft entwickelte sich auf diesen Veranstaltungen. Insgesamt zeichnet sich auch nach dem Dafürhalten von Gästen der Veranstaltungen, die nicht im privaten Bau- und Architektenrecht tätig sind, die „Baurechtsszene“ durch ein großes Maß an Zusammenhalt, Hilfsbereitschaft und Diskussionsfreude aus.

- Ein besonderer Schwerpunkt liegt seit einigen Jahren darin, das Interesse junger Anwältinnen und Anwälte am privaten Baurecht zu fördern. Hierzu gibt es am Freitagvormittag vor dem Beginn der jeweiligen Fachveranstaltung eine nur für Personen unter 40 Jahren ausgerichtete Grundlagenveranstaltung; die Aktivitäten bündelt insoweit ein Unterausschuss des GfA.
- Ein weiterer Schwerpunkt der letzten Jahre war die Erarbeitung der Schlichtungs- und Schiedsordnung für Baustreitigkeiten, die als „SOBau 2020“ die erstmals vor rund 30 Jahren eingeführte SOBau fortschrieb und erweiterte. Neben den Frühjahrs- und Herbstveranstaltungen werden weitere Fachveranstaltungen durchgeführt bzw. unterstützt, z.B. die des Arbeitskreises Internationales Baurecht und die in Zusammenarbeit mit der Deutschen Anwaltakademie angebotenen Grundlagen- und Vertiefungskurse zur SOBau.

F.7 Das erbrechtliche Mandat

Rechtsanwalt Prof. Dr. Andreas Frieser, Bonn • Vorsitzender des Ausschusses Erbrecht des DAV sowie Mitglied und ehemaliger Vorsitzender der Arbeitsgemeinschaft Erbrecht im DAV

I. Einschlägige gesetzliche Regelungen

Die wesentlichen erbrechtlichen Vorschriften finden sich im 5. Buch des Bürgerlichen Gesetzbuches. Sie gewährleisten die Weitergabe des Erblasservermögens auf die Erben. Dieser erhält den Nachlass auf der Grundlage zweier voneinander unabhängiger Prinzipien: Das Erblasservermögen geht automatisch mit dem Tod auf die Erben über („Vonselbsterwerb"), und zwar im Wesentlichen ohne Ausnahme („Universalsukzession"). Ausnahmen gibt es beispielsweise bei Gesellschaftsbeteiligungen und auf dem Gebiet des Höferechts. Errichtet der Erblasser keine letztwillige Verfügung, geht sein Vermögen auf seine nächsten Verwandten bzw. seinen Ehegatten über, Einzelheiten regelt die gesetzliche Erbfolge. Diese beantwortet mithin die Nachfolgefrage, wenn der Erblasser keine eigene Entscheidung getroffen hat. Die Entscheidungsfreiheit des Erblassers sichert die Testierfreiheit, die als Bestandteil der Erbrechtsgarantie von der Verfassung in Art. 14 Abs. 1 GG gewährleistet wird.

Außerhalb des Bürgerlichen Gesetzbuches findet sich eine Reihe von Regelungen, die der erbrechtliche Praktiker ebenfalls kennen muss. Zu nennen sind etwa aus dem Bereich des Schuldrechts das Recht des Vertrages zugunsten Dritter (Beispiel: Zuwendung einer Lebensversicherung), aus dem Sachenrecht die Vorschriften zum Übergang des Besitzes (§ 857 BGB) sowie zum Nießbrauchs- und Wohnungsrecht, aus dem Familienrecht die Vorschriften des Güter-, Adoptions- und Vormundschaftsrechts, ferner das Grundbuch-, das Register- und das Zwangsversteigerungsrecht sowie insbesondere das Steuerrecht, vor allem das Erbschaftsteuerrecht.

Praxisrelevant sind ferner verfahrensrechtliche Vorschriften, insbesondere das Zusammenspiel von ZPO und FamFG. Erforderlich sind weiter Kenntnisse im Sozial- und Sozialhilferecht. Zu nennen ist beispielhaft die viel diskutierte Problematik der Vermögensweitergabe an behinderte Kinder im Wege des sogenannten „Behindertentestaments".

Daneben hat sich die Erbrechtspraktikerin und der Erbrechtspraktiker mit Fragestellungen aus angrenzenden Gebieten zu befassen. Er sollte beispielsweise über medizinische Grundkenntnisse verfügen, um in der Diskussion über die Testierfähigkeit des Erblassers kompetenter Ansprechpartner zu sein.

Die Anwaltschaft wird bei Streitigkeiten nach dem Tod des Erblassers tätig, aber auch gestaltend bei der Nachlassplanung. Im streitigen und beratenden Mandat spielen häufig internationale Fragen eine Rolle. Man denke nur an die Weitergabe ausländischer Immobilien, etwa die Übertragung des Ferienhauses auf Mallorca. Internationaler Bezug wird ferner durch die Vorgaben der EU-ErbVO und der Europäischen Menschenrechtskonvention hergestellt (Art. 8 EMRK: Schutz des Privat- und Familienlebens).

Verwaltungsrechtliche Fragen stellen sich, wenn es um den Übergang öffentlich-rechtlicher Ansprüche und Pflichten auf den Erben geht.

II. Reformen des Erbrechts

In der Vergangenheit wurde das Erbrecht nur punktuell geändert. Änderungen bezogen sich auf Formfragen bei der Errichtung letztwilliger Verfügungen und familienrechtliche Bezüge, etwa die Stellung nichtehelicher Kinder und gleichgeschlechtliche Lebenspartner. Mit Wirkung zum 1.1.2010 traten punktuelle Änderungen des materiellen Erbrechts, beispielsweise im Pflichtteilsrecht (etwa die sogenannte „Abschmelzungsregelung" bei der Pflichtteilsergänzung) in Kraft.

Die Diskussion über weitergehende Reformschritte, wie sie etwa auf dem 68. Deutschen Juristentag 2010 erörtert wurden, haben bisher keinen nachhaltigen Eindruck auf den Gesetzgeber gemacht. Geplant sind punktuelle Änderungen, etwa in § 2314 BGB und dort in Bezug auf das notarielle Nachlassverzeichnis. Rechtspolitisch umstritten sind verfahrensrechtliche Fragen im Zusammenhang mit der Schaffung eines „Großen Nachlassgerichts". Seit 1.1.2021 entscheidet landgerichtliche Streitigkeiten eine Spezialkammer, § 72 a Abs. 1 Nr. 6 GVG.

III. Faszination des Erbrechts

Die Kombination aus verschiedenen Phänomenen sichert dem Erbrecht seit Menschengedenken besonderes Interesse. Es geht um Geld, Macht, Reichtum, Familiengeschichte(n), bisweilen um Verbrechen, Intrigen, psychologische Verwicklungen, Hass, Leidenschaft, Versöhnung, Ehre. Die Aufzählung ist beliebig und unvollständig, dient nur als Beleg der paradox erscheinenden Feststellung, wonach sich im Erbrecht das „pralle Leben" widerspiegelt.

Hinzu kommt dessen erhebliche wirtschaftliche Bedeutung. Nach Schätzungen wird in Deutschland jedes Jahr ein Vermögen in Höhe von bis zu 400 Mrd. EUR vererbt. Etwa die Hälfte der Verfügungen von Todes wegen soll fehlerbehaftet sein. Nur etwa 30 bis 50 % der Erblasserinnen und Erblasser errichten eine letztwillige Verfügung. Es ist deshalb nicht erstaunlich, dass es – so eine Studie der Postbank – in fast jedem sechsten Erbfall zu Auseinandersetzungen unter den Erben kommt.

Bei der Lösung dieses Streites spielen psychologische Fragen eine erhebliche Rolle. Diese seien mit dem nachfolgenden Zitat (mit den Worten einer Schriftstellerin, *Eva Demski*) zugespitzt dargestellt:

„Völlig unauffällige Menschen fletschen angesichts einer verbeulten Silberkanne (unecht) die Zähne, schmeißen Schubladeninhalte durch die Luft wie Diebe, zerreißen mürb gewaschene Bettlaken zwischen sich und setzen sich auf 18-bändige Shakespeare-Ausgaben, um ihren Besitzanspruch geltend zu machen, obwohl sie außer der Auto Motor und Sport nachweislich nie etwas lesen. Erben ist ein Schrecken, eine Wonne, ist Verpflichtung, Beginn von Verschwendungssucht wie von Geiz, Erben macht hartherzig oder großzügig, ängstlich oder mutig." (*Demski*, Erbfolgen, in: Die Erbengesellschaft, S. 2)

Die Faszination, die vom Erbrecht ausgeht, hat sich seit jeher in den „schönen Künsten" niedergeschlagen. Es geht um Erbschleicherei, Gift und Mord, um den Untergang ganzer Familiendynastien oder um das Glück des Müllers Sohns im „Gestiefelten Kater". Das Erbrecht beflügelt die Phantasie von Schriftstellern, Drehbuchschreibern und Verfassern von Opernlibretti.

IV. Fachanwalt für Erbrecht

Seit Ende des Jahres 2004 gehört das Erbrecht zu den Fachanwaltsmaterien. Die Auffassung, wer in einer Einzelpraxis oder kleineren Sozietät zivilrechtlich tätig sei, könne ohne Weiteres das Erbrecht kompetent anbieten, ist durch die Entwicklung des Rechtsberatungsmarktes widerlegt worden. Es gibt mittlerweile eine Reihe von „Erbrechtskanzleien", also von Sozietäten, die sich nahezu ausschließlich dem Erbrecht und der Vermögensnachfolge widmen. Daneben bieten aber auch mittelständische und überregional tätige Kanzleien das Erbrecht als Spezialmaterie an.

Die Verleihung von Fachanwaltsbezeichnungen erfolgt auf der Grundlage der Vorschriften in den §§ 43 c, 59 b Abs. 2 Nr. 2 BRAO i.V.m. den einschlägigen Vorschriften der Fachanwaltsordnung. Die zuständige Rechtsanwaltskammer verleiht die Befugnis, die Bezeichnung des Fachanwalts Erbrecht zu führen, sofern ein Ausschuss der Kammer nach Prüfung der vom Antragsteller vorgelegten Unterlagen bestätigt hat, dass dieser über besondere Kenntnisse und Erfahrungen auf dem Gebiet des Erbrechts verfügt.

Vor Antragstellung sollten die Empfehlungen der Kammern, wie sie regelmäßig auf deren Internetseiten veröffentlicht werden, beachtet werden. So können etwa bei der Gestaltung der „Fallliste", die jedem Antrag beizugeben ist, Fehler vermieden werden. Die Fallliste muss konkrete Angaben zu Art und Umfang der erbrachten Tätigkeit enthalten und darf sich nicht in Schlag- und Stichworten erschöpfen. Sie soll eine chronologische Reihenfolge der bearbeiteten Fälle beachten und differenzieren zwischen den außergerichtlich und gerichtlich bearbeiteten Fällen.

Nach § 5 lit. m FAO sind besondere praktische Erfahrungen dann anzunehmen, wenn der Antragsteller innerhalb der letzten drei Jahre vor der Antragstellung im Fachgebiet Erbrecht 80 Fälle bearbeitet hat, davon mindestens 20 rechtsförmliche Verfahren, davon höchstens 10 Verfahren der freiwilligen Gerichtsbarkeit.

Die Fachanwältin oder der Fachanwalt muss jährlich auf seinem Spezialgebiet wissenschaftlich publizieren oder mindestens an anwaltlichen Fortbildungsveranstaltungen mit einer Mindestdauer von 15 Stunden teilnehmen. Die Teilnahme ist der Kammer unaufgefordert nachzuweisen, § 15 FAO.

V. Einschlägige berufsrechtliche Regelungen

1. § 43 a Abs. 4 BRAO lautet:

„Der Rechtsanwalt darf keine widerstreitenden Interessen vertreten."

Hierdurch soll das Vertrauensverhältnis zur Mandantschaft, die Unabhängigkeit der Rechtsanwaltschaft und die im Interesse der Rechtspflege gebotene Geradlinigkeit der anwaltlichen Berufsausübung gewahrt werden.

Dieses Verbot wird in § 3 Abs. 1 BORA konkretisiert:

„Der Rechtsanwalt darf nicht tätig werden, wenn er, gleich in welcher Funktion, eine andere Partei in derselben Rechtssache im widerstreitenden Interesse in unterschiedlichen Rechtssachen bereits beraten oder vertreten hat oder wenn er mit dieser Rechtssache in sonstiger Weise im Sinne der §§ 45, 46 BRAO beruflich befasst war."

Die Satzungsversammlung hat § 43 a Abs. 4 BRAO in § 3 BORA konkretisiert, indem sie das Tätigkeitsverbot näher definiert und seine Grenzen festgelegt hat. Es ist geplant, das Verbot der Vertretung widerstreitender Interessen im Rahmen der anstehenden „großen BRAO-Reform" neu zu regeln.

2. Einzelfälle

a) Ehegattentestament

Nicht selten wollen sich Eheleute über Formfragen und die materiellen Regelungen einer letztwilligen Verfügung gemeinsam beraten lassen. Die Übernahme des Mandats für beide Ehepartner ist der Anwältin und dem Anwalt grundsätzlich gestattet. Er darf unterstellen, dass beide Ehegatten für ihre persönlichen Dispositionen möglichst sinnvolle und Streit vermeidende, die familiären Besonderheiten beachtende Regelungen treffen wollen. Ein – die Fortführung des Mandats hindernder – Interessengegensatz kann sich beispielsweise dann ergeben, wenn die Ehegatten bereits früher eine gemeinschaftliche letztwillige Verfügung (Ehegattentestament oder Erbvertrag) errichtet hatten. Ist erkennbar, dass der eine Ehegatte die frühere Regelung für sinnvoll und ausreichend hält, der andere jedoch eine Änderung anstrebt, ist der Interessengegensatz offenkundig, die Beratung beider Eheleute damit ausgeschlossen. Sind derartige Konstellationen bereits vor Mandatsübernahme erkennbar, kann der Anwalt das Mandat nur für einen Ehepartner übernehmen. Stellt sich der Interessenstreit erst später heraus, muss der Anwalt das Mandat für beide Eheleute beenden. In jedem Fall sollte der Mandant über die Problematik einer möglichen Interessenkollision und deren mögliche Konsequenzen bei Mandatsübernahme informiert werden. diese gilt für alle „kritischen" Fälle.

b) Erbengemeinschaft

Unabhängig davon, ob sich schon aus der Lektüre des Auftragsschreibens oder der Schilderung der Ausgangssituation ergibt, dass gegenläufige Interessen verfolgt werden sollen, muss der Anwalt vor Bestätigung des Mandats für mehrere Mitglieder der Erbengemeinschaft prüfen, ob die Vertretung an den Kollisionsvorgaben scheitert. Klassischer Problemfall in diesem Zusammenhang sind Ausgleichspflichten gemäß §§ 2050 ff. BGB, die nur einzelne Miterben treffen.

c) Pflichtteilsfälle

Auch hier gilt die Empfehlung, mehrere Mandantinnen und Mandanten, die pflichtteilsberechtigt sind, nur dann zu vertreten, wenn Interessenüberschneidungen ausgeschlossen sind. Es lässt sich bei der Übernahme des Mandats häufig nicht voraussehen, ob Interessenunterschiede entstehen. Häufig werden Bewertungsfragen streitig, ob die übereinstimmende Haltung der Mandantschaft anhalten wird, ist fraglich.

VI. Literatur

Die zunehmende Bedeutung des Erbrechts hat zu einer Fülle von Veröffentlichungen geführt, auch solchen, die die Bedürfnisse des rechtsberatenden Anwalts besonders berücksichtigen.

Ohne Anspruch auf Vollständigkeit wird auf folgende Werke hingewiesen:

Brambring/Mutter, Beck'sches Formularbuch Erbrecht, 4. Aufl. 2019

Dorsel, Kölner Formularbuch Erbrecht, 3. Aufl. 2020.

Frieser, Formularbuch des Fachanwalts Erbrecht, 4. Aufl. 2021

Frieser/Sarres/Stückemann/Tschichoflos, Handbuch des Fachanwalts Erbrecht, 7. Aufl. 2019

Groll, Praxis-Handbuch Erbrechtsberatung, 5. Aufl. 2019

Lange, Erbrecht, 2. Aufl. 2017

Muscheler, Erbrecht, 1. Aufl. 2010; 2 Bände

Nieder/Kössinger, Handbuch der Testamentsgestaltung, 6. Aufl. 2020

Scherer, Münchener Anwaltshandbuch Erbrecht, 5. Aufl. 2018

Süß, Erbrecht in Europa, 4. Aufl. 2020

Die Lektüre wenigstens einer der folgenden Zeitschriften ist zu empfehlen:

ErbR, Zeitschrift für die gesamte erbrechtliche Praxis.
ZEV, Zeitschrift für Erbrecht und Vermögensnachfolge.
ZERB, Zeitschrift für die Steuer- und Erbrechtspraxis.

VII. Arbeitsgemeinschaft Erbrecht

Der Kreis erbrechtlicher Spezialistinnen und Spezialisten, aber auch derjenigen Anwältinnen und Anwälte, die sich in ihrer zivilrechtlichen Praxis noch stärker auf das Erbrecht konzentrieren wollen, hat sich in der am 25.11.2004 gegründeten Arbeitsgemeinschaft Erbrecht des Deutschen Anwaltvereins zusammengeschlossen, die heute ca. 2.200 Mitglieder zählt. Die Arbeitsgemeinschaft gibt die Zeitschrift ErbR heraus, sie organisiert Fortbildungsveranstaltungen und richtet den Deutschen Erbrechtstag (jeweils im Frühjahr eines jeden Jahres) und die ErbR-Tagung (jeweils im Herbst eines jeden Jahres) aus. Sie leistet darüber hinaus Öffentlichkeitsarbeit im Interesse der Erbrechtsanwälte.

Nähere Informationen finden sich unter www.erbrecht-dav.de.

F.8 Das familienrechtliche Mandat

Rechtsanwältin Eva Becker, Berlin • Vorsitzende der Arbeitsgemeinschaft Familienrecht im DAV

Familienrecht ist eine Herausforderung für jede Rechtsanwältin und jeden Rechtsanwalt: Das liegt an der Dynamik des Rechts, das sich mit den Lebensformen stetig fortentwickelt: Was 1958 noch elterliche Gewalt hieß, nennt man heute gemeinsame elterliche Sorge, die 1998 erst zum Regelfall nach der Scheidung wurde. Aus einem streng vom Scheidungsverschulden abhängigen Unterhaltsrecht entstand seit 1977 ein hoch kompliziertes Rechtssystem, das seit 2008 die Eigenverantwortung der Eheleute in den Vordergrund rückt. Die rechtliche Gleichstellung der nichtehelichen mit den ehelichen Kindern ist u.a. mit dem Kindschaftsrechtsreformgesetz 1998 erreicht worden. Das Ehevertragsrecht ist durch Entscheidungen des BVerfG und des BGH in den letzten Jahren grundlegend umgestaltet worden. Der Versorgungsausgleich und das Verfahrensrecht sind 2009 völlig neu gefasst worden, im Zugewinn gab es erhebliche Änderungen. Auch internationale und insbesondere europäische Regelwerke bedingen die Rechtslage. Grundlegende Reformen stehen einmal mehr an: Medizinische Reproduktionsmöglichkeiten und die Einführung der Ehe für Personen gleichen Geschlechts 2017 drängen nach Reformen des Abstammungs- und Kindschaftsrechts.

So hat sich das Familienrecht von einem Arbeitsgebiet, das jede Kanzlei machte, zu einer komplexen Spezialmaterie entwickelt, auf das sich Einzelanwälte und kleine Sozietäten spezialisiert haben, das aber auch in großen Sozietäten als Teil des Gesamtangebots bearbeitet wird. „Nebenher" kann man das Familienrecht heute kaum noch betreiben. Zum Arbeitsgebiet gehören die althergebrachten Themen wie Eherecht/Ehescheidung, Unterhalt, Güterrecht; Statusrecht; Versorgungsausgleich, Sorgerecht/Umgangsrecht sowie das Recht der Vermögensauseinandersetzung und sonstiger vermögensrechtlicher Ansprüche zwischen den Ehegatten. Es gehört aber auch dazu das Recht der nichtehelichen Lebensgemeinschaften, der eingetragenen Lebenspartnerschaften, das internationale Privatrecht und das ausländische Familienrecht.

Die Herausforderung besteht dabei nicht nur in der Bewältigung der familienrechtlichen Materie: Rechtsanwältinnen und Rechtsanwälte müssen darüber hinaus zugleich über Kenntnisse im Sozialrecht (z.B. Rentenrecht, Krankenversicherungsrecht, Sozialleistungen), im Steuerrecht, Erbrecht, aber auch im Gesellschafts- und Arbeitsrecht verfügen.

Mit der Bedeutung des Familienrechts ist die Zahl der Publikationen gewachsen. Die Literatur ist fast unüberschaubar geworden. Neben der FF, Forum Familienrecht, der Zeitschrift der Arbeitsgemeinschaft Familienrecht im DAV, finden sich die FamRZ und andere Zeitschriften, wie die NZFam und FamRB.

Mandat und Mandantschaft unterscheiden sich von denjenigen anderer anwaltlicher Arbeitsgebiete erheblich und fordern Anwältinnen und Anwälten besondere Kompetenzen ab: Die meisten Mandantinnen und Mandanten befinden sich in einer seelischen Ausnahmesituation. Der Verlust des Partners ist eingetreten, der Verlust der Kinder droht. Auf beiden Seiten steht die wirtschaftliche Existenz der nächsten Jahre, vielleicht Jahrzehnte auf dem Spiel. Diese Umstände beeinträchtigen die Fähigkeit zur Informationsvermittlung, zur Einschätzung der Lage und zur Entscheidung. Familienrechtlerinnen und Familienrechtler haben das zu berücksichtigen. Sie sind keine Psychologinnen oder Psychologen, aber sie lernen im Laufe der Jahre der Mandantschaft zur Seite zu stehen, ohne sich mit dieser zu identifizieren; sie bei Bedarf vorsichtig zu führen, ohne sich die Entscheidung übertragen zu lassen und für die Mandantschaft auszusprechen, was diese nicht aussprechen kann, ohne aber zum Sprachrohr der Mandantschaft zu werden. Sie lernen, dass sie ihre Mandantschaft am besten dienen, wenn sie sachlich und konziliant bleiben, statt Öl ins Feuer zu gießen. Dazu gehören Überzeugungskraft sowie innere und äußere Unabhängigkeit und das stete Bewusstsein, dass die Mandantschaft Zuwendung, der Gegner Fairness und beide menschlichen Respekt erwarten dürfen. Es gehört auch Zeit und Geduld zum familienrechtlichen Mandat. Diese Aufträge sind für Anwältinnen und Anwälte und Mitarbeiter bei Weitem arbeitsintensiver und belastender als andere Mandate. Sie können, zumal sehr viele Mandate in Verfahrenskostenhilfe (oft ohne Raten) geführt werden müssen, ohne hohe Spezialisierung nicht kostendeckend betrieben werden.

Das Mandat beginnt zumeist mit einer Beratung über die möglichen Trennungs- und Scheidungsfolgen, die „Erstberatung“ ist, oft aber auch über Beratungshilfe abgerechnet wird. Die Mandanten kommen wieder, wenn sie sich zur Trennung entschlossen haben. Es gilt dann, die Trennungsregelung vorzubereiten. Der Schwerpunkt liegt auf Unterhaltsfragen, Wohnungs- und Hausratsteilung und, was besonders schwierig ist, bei der Frage, wie die Kinder künftig betreut werden. Nach Ablauf des Trennungsjahres wird dann die Scheidung mit Scheidungsfolgesachen zu regeln sein. Die anwaltliche Tätigkeit wird sich vorrangig um eine außergerichtliche Erledigung dieser Konflikte bemühen, da sie flexibler und in der Regel konfliktfreier für die Ehegatten ist. In einzelnen Fällen kann sich eine Mediation anbieten. Mit einer zusätzlichen Ausbildung können sich Anwältinnen und Anwälte als „Anwaltsmediatoren“ betätigen.

Wer seine besondere Fachkunde dokumentieren möchte, kann das durch die Angabe von Tätigkeits- oder Interessenschwerpunkten oder durch den Erwerb des 1997 eingeführten „Fachanwalt Familienrecht“. Hierzu ist eine mindestens dreijährige anwaltliche Berufstätigkeit, der Nachweis theoretischer Kenntnisse (120 Zeitstunden eines spezifischen Lehrgangs, zuzüglich Klausuren) und der Nachweis praktischer Erfahrungen (120 Fälle, mindestens die Hälfte gerichtliche Verfahren, wobei gewillkürte Verbundverfahren und Verfahren des notwendigen Verbundes mit einstweiligen Anordnungen doppelt zählen) Voraussetzung, § 5 FAO. Fachanwälte müssen sich ständig fortbilden und das auch nachweisen können.

Viele örtliche Vereine führen Verzeichnisse, in denen Interessenten derartige Tätigkeits- oder Interessenschwerpunkte sowie Fachanwaltsbezeichnungen abfragen können.

Die Deutsche Anwaltakademie bietet Fachanwaltskurse und ein reichhaltiges Fortbildungsprogramm an. 1993 hat der DAV die Arbeitsgemeinschaft Familienrecht gegründet. Ihr gehören derzeit ca. 6.000 im Familienrecht tätige Rechtsanwältinnen und Rechtsanwälte an, von denen etwa 60 % die Fachanwaltsbezeichnung führen. Die Arbeitsgemeinschaft hat Regionalbeauftragte in allen OLG-Bezirken. Sie bietet gleichfalls eine Vielzahl von Fortbildungsveranstaltungen an und fördert den kollegialen Zusammenhalt und den Erfahrungsaustausch der Kolleginnen und Kollegen untereinander. Zum Kontakt tragen die jährliche Versammlung im November und die Auslandsseminare, wie die traditionelle Griechenlandreise zu Pfingsten, bei. Dazu gibt es die Fachzeitschrift FF, die elfmal jährlich erscheint. Mitglied kann werden, wer Mitglied in einem örtlichen Anwaltverein ist. Informationen über die Arbeitsgemeinschaft Familienrecht finden sich im Internet unter der Adresse http://familienanwaelte-dav.de/.

Die Internetadresse des Forums Familienrecht lautet www.forum-familienrecht.de.

Die Tätigkeit im Familienrecht ist anstrengend und arbeitsintensiv. Sie ist aber auch interessant, abwechslungsreich und menschlich befriedigend.

F.9 GEISTIGES EIGENTUM & MEDIEN – GEWERBLICHER RECHTSSCHUTZ UND MEDIEN- UND URHEBERRECHT

RECHTSANWÄLTIN BETTINA TROJAN, KÖLN • MITGLIED IM GESCHÄFTSFÜHRENDEN AUSSCHUSS DER ARBEITSGEMEINSCHAFT GEISTIGES EIGENTUM & MEDIEN IM DAV

I. Rechtsberatung in einem weiten Feld vom Designrecht bis zum Presserecht

Um welches Rechtsgebiet bzw. um welche Rechtsgebiete handelt es sich beim Geistigen Eigentum & Medien? Könnte diese Materie auch mit IP (intellectuel property) beschrieben werden? Und welcher Fachanwalt, welche Fachanwältin ist für diesen Bereich der oder die passende?

Dies sind alles nachvollziehbare Fragen. Denn hier werden verschiedene Rechtsgebiete, die oftmals zusammen zu behandeln sind, zusammengefasst in übergeordnete Begrifflichkeiten. Zudem sind tatsächlich zwei Fachanwaltschaften für den in der Überschrift aufgeführten Rechtsbereich einschlägig, nämlich der Gewerbliche Rechtsschutz und das Urheber- und Medienrecht.

Auch für die Arbeitsgemeinschaft für Geistiges Eigentum & Medien (AGEM), ein Zusammenschluss, Forum und Interessenverband für Anwältinnen und Anwälte aus den gesamten benannten Rechtsgebieten, war es zunächst nicht einfach, ihre eigene Bezeichnung zu wählen. IP, Grüner Bereich, Gewerblicher Rechtsschutz, aber was ist dann mit dem Presserecht, Medienrecht, Urheberrecht?

Deshalb kurz zu den Bezeichnungen und Rechtsgebieten, die hier angesprochen werden:

Geistiges Eigentum (*engl.* intellectual property, kurz **IP**) beschreibt die *absoluten Rechte* an *immateriellen Gütern.* Es bezeichnet die Formen von Eigentum, denen keine materiellen Güter direkt zugeordnet sind. Grundsätzlich unterscheiden die Rechtsordnungen zwischen Urheberrechten und Gewerblichem Schutz (Patente, Marken, Muster). Die Rechte an Geistigem Eigentum sollen es den Inhaber/inne/n ermöglichen, vom Aufwand, der zur Herstellung des zu schützenden Gegenstandes eingesetzt wurde, wirtschaftlichen Nutzen zu ziehen und diesen Gegenstand vor Verfälschung zu schützen. Historisch betrachtet gehören diese Rechte zu den staatlichen Privilegien.

Der **Gewerbliche Rechtsschutz** befasst sich i.e.S. mit dem Schutz der gewerblich verwertbaren technischen und ästhetischen Leistung sowie dem Schutz der geschäftlichen Kennzeichnungsrechte (gewerbliche Schutzrechte). I.w.S. zählen dazu auch das Urheberrecht und das Recht zur Bekämpfung unlauteren Wettbewerbs.

Das **Urheberrecht** bezeichnet zunächst das *subjektive* und *absolute* Recht auf Schutz *geistigen Eigentums* in ideeller und materieller Hinsicht. Als *objektives Recht* umfasst es die

Summe der Rechtsnormen eines Rechtssystems, die das Verhältnis des Urhebers und seiner *Rechtsnachfolger* zu seinem *Werk* regeln; es bestimmt Inhalt, Umfang, Übertragbarkeit und Folgen der Verletzung des subjektiven Rechts.

Das **Medienrecht** ist kein einheitliches Rechtsgebiet, da der Terminus „Medien" kein juristischer Fachbegriff ist. Es werden darunter diejenigen Rechtssätze verstanden, die für den Bereich der Medien relevant sind. Einschlägig sind u.a. das Grundgesetz, die Presse- und Rundfunkgesetze, das BGB, das StGB, das Urheberrechtsgesetz und das Teledienstgesetz. Das Medienrecht beschäftigt sich also mit den Regelungen privater und öffentlicher (universaler) *Information* und *Kommunikation* und spielt damit in die juristischen Teilbereiche des *öffentlichen Rechts*, des *Zivilrechts* und des *Strafrechts* hinein. Das Medienrecht ist also eine „*Querschnittsmaterie*". Problematisch sind Regelungslücken, die durch die schnelle Entwicklung der Medien entstehen und die der Gesetzgeber regelmäßig später umsetzt.

Klassische Gegenstände des Medienrechts sind die Medienfreiheiten von *Presse, Rundfunk* (Radio und Fernsehen) und *Film*, mit dem Aufkommen neuer Medien sind die Bereiche *Multimedia* und *Internet* hinzugekommen.

Regelungsziele des Medienrechts sind die Gewährleistung einer allgemein zugänglichen Kommunikationsinfrastruktur, Sicherung der *Meinungsvielfalt*, Schutz der Mediennutzer (*Rezipienten*), *Daten-* und *Jugendschutz*, aber auch der Schutz *geistigen Eigentums.* Rechtlich geregelt wird also die Nutzung und Nutzbarkeit medial übertragener Inhalte.

Dagegen regelt das *Telekommunikationsrecht* vorwiegend nur die technische Seite der Übermittlung von Inhalten. Beide Bereiche sind jedoch gerade im Multimediabereich eng verzahnt und beeinflussen sich gegenseitig.

Die rechtlichen Vorgaben für die Presse und Rahmenbedingungen werden im **Presserecht** zusammengefasst. Dieser Teilbereich des *Medienrechts* geht in Deutschland aus der verfassungsrechtlichen Garantie der *Pressefreiheit* (Art. 5 Abs. 1 S. 2 GG) hervor. Darüber hinaus kommen die Pressegesetze der Bundesländer zum Tragen.

Am besten hält man sich zur Einteilung an die Gesetze, in diesem Fall die **Fachanwaltsordnung (FAO),** da diese nach den **Fachanwaltschaften „Gewerblicher Rechtsschutz" und „Urheber- und Medienrecht"** unterscheidet und für diese Fachanwaltschaften praktische Kenntnisse aus bestimmten Rechtsgebieten verlangt.

1. Gewerblicher Rechtsschutz

Der *Fachanwalt* für gewerblichen Rechtsschutz wurde im Jahr 2006 eingeführt.

Nach § 14 h der FAO sind besondere Kenntnisse im gewerblichen Rechtsschutz in folgenden Bereichen nachzuweisen, machen also den gewerblichen Rechtsschutz aus:

- **Patent-, Gebrauchsmuster- und Sortenschutzrecht**, einschließlich des **Arbeitnehmererfindungsrechts**, des Rechts der **europäischen Patente** und des **europäischen Sortenschutzrechts,**
- **Designrecht**, einschließlich des Rechts der **europäischen Geschmacksmuster**,
- Recht der **Marken** und **sonstigen Kennzeichen**, einschließlich des **Rechts der europäischen Marken,**
- **Recht gegen den unlauteren Wettbewerb,**
- Recht der **europäischen Patente, Marken und Geschmacksmuster** sowie des **europäischen Sortenschutzrechts,**
- **Urheberrechtliche Bezüge** des gewerblichen Rechtsschutzes,
- **Verfahrensrecht** und Besonderheiten des **Prozessrechts.**

2. Urheber- und Medienrecht

Ebenfalls ab 2006 können die Rechtsanwaltskammern bei Nachweis besonderer Kenntnisse und Erfahrungen für den Bereich des Urheber- und Medienrechts die Fachanwaltsbezeichnung verleihen.

Auch hier geht aus der FAO (§ 14 j) hervor, welche Rechts- und Themenschwerpunkte zu dieser Fachanwaltschaft und damit zum Urheber- und Medienrecht gehören:

- **Urheberrecht,** einschließlich des **Rechts der Wahrnehmungsgesellschaften, Leistungsschutzrechte, Urhebervertragsrecht, internationale Urheberrechtsabkommen,**
- **Verlagsrecht** einschließlich **Musikverlagsrecht, Musikvertragsrecht,**
- Recht der **öffentlichen Wort- und Bildberichterstattung,**
- **Rundfunkrecht,**
- **wettbewerbsrechtliche und werberechtliche Bezüge** des Urheber- und Medienrechts, Titelschutz,
- Grundzüge des **Mediendienste-, Teledienste- und Telekommunikationsrechts,** des Rechts der **Unterhaltungs- und Kulturveranstaltungen** sowie des Rechts der **deutschen und europäischen Kulturförderung,**
- **Verfahrensrecht** und Besonderheiten des **Prozessrechts.**

II. Branchenübergreifende Rechtsberatung für wirtschaftlich denkende Juristen

Warum gerade eines dieser Rechtsgebiete? Es stellt für die junge Anwaltschaft ein weitestgehend fremdes Terrain dar, da es – falls es nicht als Wahlfach gewählt wird – entgegen seiner Bedeutung im Studium und Referendariat ein Außenseiterdasein fristet.

Diese Erschließung eines solchen neuen Gebietes macht es aber gerade so attraktiv und zumindest mittelfristig auch lukrativ für den Junganwalt und die Junganwältin. Denn es besteht die Möglichkeit, sich Expertenwissen anzueignen, welches der Allgemeinanwalt durch kurzes Nachlesen nicht anbieten kann.

Zudem boomt in Deutschland auch nach der Wirtschaftskrise der Export und dementsprechend sind Immaterialgüterrechte besonders wertvoll, wollen also geschützt und verteidigt werden. Ebenso sind in einer Informationswelt, die sich immer schneller weiterentwickelt, Vereinbarungen über Urheberrechte, Nutzungsrechte ebenso wichtig wie unter anderem der Schutz durch das Presse- oder Medienrecht. In Zeiten von YouTube und Facebook sind Fragen nach Urheberrechten, Markenrechten ebenso an der Tagesordnung wie Auseinandersetzungen presserechtlicher Natur oder Streitigkeiten mit Wahrnehmungsgesellschaften, wie z.B. der GEMA. Und selbst Fragen der Künstlersozialabgabe, die Unternehmen abzuführen haben, welche freie Journalistinnen und Journalisten oder Künstlerinnen und Künstler, wie z.B. Webdesigner, mehr als drei Mal im Jahr beschäftigen, unterfallen einer dieser Fachanwaltschaften.

Nicht nur dieses weite Feld und die Möglichkeit, sich durch breite und tiefe Qualifizierung und fortlaufende Fortbildung in einem dieser Spezialbereiche attraktive Mandate und Wachstumschancen zu sichern, sondern auch die branchenübergreifende Beratung macht diese Rechtsgebiete besonders interessant. Denn nicht nur ein international tätiges Medienunternehmen, sondern ebenso ein Autohersteller, ein kleinerer mittelständischer Händler, eine kleine Agentur oder sogar Freelancer oder Privatpersonen haben Probleme, Fragen und rechtliche Streitigkeiten in den oben beschriebenen Rechtsbereichen. Die hier angesprochenen Rechtsgebiete sind keinesfalls auf eine spezifische Branche beschränkt. Allerdings hängt die Frage der Spezialisierung in diesem Bereich insbesondere auch von der Wahl des Standortes ab. Grundsätzlich ist ein Standort in der Nähe einer größeren Stadt mit entsprechend vielen Unternehmen besonders interessant. Jedoch kommt bei den Bereichen des Medien-, Urheber- und Presserechts hinzu, dass insbesondere ein Standort mit Medien- und Presseunternehmen sowie zuliefernden Branchen von großer Relevanz ist.

Ein weiteres diese Rechtsgebiete besonders interessant gestaltendes Kriterium ist, dass sich die Rechtsprechung dabei besonders stetig und schnell ändert. Ferner weisen die prozess- und verfahrensrechtlichen Fragen Besonderheiten auf, die diese Rechtsgebiete ebenfalls von anderen zivilrechtlichen Bereichen unterscheiden. Insbesondere der einstweilige Rechtsschutz, mit der Notwendigkeit, besonders schnell zu reagieren, macht einen Großteil der prozesstäglichen Arbeit aus.

Zusammenfassend können der überzeugte Wirtschaftsrechtler, die überzeugte Wirtschaftsrechtlerin sich in diesen Rechtsmaterien an sozusagen „vorderster Front“ für ihre Mandantschaft einsetzen und für diese hierbei schnell etwas bewegen und Erfolge erzielen. Dies führt dann wiederum zu zufriedenen und in der Regel zahlungswilligen Mandantinnen und Mandanten, was mit einer hohen Arbeitszufriedenheit verbunden ist.

III. Inhalte und Spezifika der Tätigkeit

Das Anforderungsprofil an die bzgl. dieser Rechtsmaterie interessierte Juristinnen und Juristen ist hoch, aber auch sehr interessant.

Denn zum einen ist es sehr breit angelegt, d.h., es gibt ein weites Feld, in dem er sich tummeln und dann auch spezielle Themen spezialisieren kann. Aufgrund der regelmäßig erforderlichen Spezialisierung sollte ein hohes Maß an Weiterbildungsinteresse und -zeit eingeplant werden. Dies vor allem vor dem Hintergrund, dass sich zum einen mit den technischen und tatsächlichen Möglichkeiten die Rechtsprechung und Gesetzgebung sehr schnell verändert. Zum anderen ist oftmals aufgrund von vielen notwendigen einstweiligen Verfügungsverfahren in diesen Rechtsbereichen ein sehr kurzfristiges Handeln notwendig, welches eine hohe Flexibilität und Schnelligkeit erfordert.

Ferner ist ein – nicht zu juristisches – unternehmerisches Denken notwendig, da allein wirtschaftlich sinnvolle Lösungen die Mandantschaft erfreut und weiterbringt. Es ist in Lösungen, nicht in Problemen zu denken, eine grundsätzliche Absage von rechtlich bestehenden Handlungsmöglichkeiten bringt dem mandatierenden Unternehmer nichts. Er möchte Lösungen, die wirtschaftlich interessant sind.

Zuletzt sollten die in diesen Rechtsgebieten tätigen Rechtsanwältinnen und Rechtsanwälte besonders gut die Sprache ihrer Mandantinnen und Mandanten verstehen sowie die branchenspezifischen Eigenheiten kennen. Nur mit der Kenntnis von spezifischen Vertriebs- und Vermarktungswegen, Marketingeigenheiten sowie z. B. branchenüblichen Vereinbarungen und Vergütungssätzen wird man in diesen Rechtsgebieten erfolgreich Fuß fassen können.

IV. Mandatsstruktur und -akquise

Die erforderlichen Erfahrungen und Kenntnisse, die diese Rechtsbereiche erfordern, und die Anwendbarkeit über Branchen hinweg führen dazu, dass einerseits durchaus eine Akquise bei Allgemeinanwälten bzw. spezialisierten Anwältinnen und Anwälten anderer Fachrichtungen möglich ist, andererseits gibt es eine Vielzahl von Veranstaltungen und Verbänden von Unternehmern und Freelancern, die die Möglichkeit zur Akquise eröffnet.

Es ist durchaus sinnvoll, sich nach und nach gewissen Branchen zuzuwenden und die entsprechenden branchenüblichen Veranstaltungen zu besuchen bzw. dort Vorträge anzubieten oder in den Fach- oder Verbandszeitschriften zu veröffentlichen. Aber auch der private Kontakt und Einkauf kann schon für den Junganwalt eine Möglichkeit bieten, den klassischen klein- und mittelständischen Kaufmann auf sein Spezialwissen hinzuweisen, und eine Akquisemöglichkeit darstellen. Zudem können auch die lokalen Unternehmervereinigungen ebenso wie die lokalen Branchenvereinigungen gute mögliche Anlaufpunkte sein.

Um mittelfristig auch Mandate von größeren Unternehmen zu erhalten, bedarf es indes in erster Linie des Aufbaus eines entsprechenden Rufs. Hier stellt die wissenschaftliche Tätigkeit ein wichtiges Mittel dar, um den eigenen Namen auch dem Justiziariat eines Großunternehmens zur Kenntnis zu bringen. Vortrags- und Dozententätigkeiten sowie eine ansprechende Internetpräsenz sind natürlich ebenso wichtig.

Zudem führt mittelfristig die Spezialisierung in entsprechenden Teilbereichen der hier beschriebenen Rechtsgebiete dazu, dass die Großen der Branche schon aus Überlastungsgründen kleinere Fälle an jüngere, spezialisierte Kollegen und Kolleginnen übergeben.

Der Kreis der Anwältinnen und Anwälte, die in den speziellen Bereichen dieser umfassenden Rechtsgebiete tätig sind, ist relativ überschaubar und weitgehend über die GRUR und/oder AGEM organisiert, so ist eine ganz gezielte Akquisition durch Weiterempfehlung möglich, insbesondere im Hinblick auf regionale und fachliche Besonderheiten.

V. AGEM (Arbeitsgemeinschaft Geistiges Eigentum & Medien)

Die AGEM wurde im September 2008 gegründet, um den Rechtsanwältinnen und Rechtsanwälten, die den Schwerpunkt ihrer anwaltlichen Tätigkeit in den Bereichen Gewerblicher Rechtsschutz und Urheber- und Medienrecht haben, sowie den entsprechenden Fachanwälten ein neues, eigenständiges und offenes Forum für Erfahrungsaustausch, die so wichtige Fortbildung und gemeinsame Werbung zu bieten.

Anders als andere Arbeitsgemeinschaften spricht die AGEM also die Rechtsgebiete zweier Fachanwaltschaften an, deren Tätigkeitsbereiche aber fließend ineinander übergehen. Umso wichtiger sind gemeinsame Veranstaltungen zu den sich daraus ergebenden Fragestellungen und Entwicklungen des Rechts des Geistigen Eigentums und der Medien.

Die AGEM bietet ihren Mitgliedern

- eine Website unter www.agem-dav.de, welche Informationen über die Tätigkeit der AGEM sowie eine Anwaltssuche zur Verfügung hält,
- eine Jahrestagung in Berlin regelmäßig im Herbst,
- regelmäßige Fortbildungsveranstaltungen in Kooperation mit der Deutschen Anwaltakademie, z. B. anlässlich des Deutschen Anwaltstages oder der Herbsttagung der AGEM in Berlin, für Fachanwältinnen und Fachanwälte und solche, die es werden wollen, und auch Workshops für in diesen Rechtsgebieten Interessierte,
- Diskussion, Information, Austausch und Vorträge über Fragen der Rechtsgebiete innerhalb der Treffen der Regionalgruppen, von denen derzeit bundesweit 10 bestehen. Seit Januar 2021 stehen sie allen AGEM-Mitgliedern als Online-Stammtisch offen.
- vergünstigte Konditionen der AGEM-Mitglieder bei den Kooperationspartnern der AGEM, wie beispielsweise dem Verlag Dr. Otto Schmidt, dem Herausgeber der Fachzeitschrift „Der IP-Rechts-Berater“ (IPRB), bei der der SMD Group, dem deutschen

Anbieter für Recherche und Überwachung von gewerblichen Schutzrechten, oder vergünstigte Nutzungsangebote für fachspezifische Wolters Kluwer Online Module,
- Einflussnahme auf die Meinungsbildung und auf die gesetzlichen Rahmenbedingungen im Arbeitsgebiet der AGEM durch die Kooperation mit dem Gesetzgebungsausschuss Gewerblicher Rechtsschutz im DAV,
- Bereithaltung einer Anwaltssuche für Mandantinnen und Mandanten sowie Anwältinnen und Anwälte auf der Suche nach geeigneten Korrespondenzanwälten auf der Website,
- Förderung der Zusammenarbeit mit dem FORUM Junge Anwaltschaft sowie der DAV-Arbeitsgemeinschaft Sportrecht und der DAV-Arbeitsgemeinschaft Syndikusanwälte,
- jährliche Workshops in Kooperation mit Partnern wie z.B. der FSM (Freiwillige Selbstkontrolle Multimedia-Diensteanbieter).

Der Jahresmitgliedsbeitrag in der AGEM beträgt derzeit 90 EUR. Mitglieder des FORUMs Junge Anwaltschaft und Rechtsanwältinnen und Rechtsanwälte in den ersten zwei Jahren nach Zulassung zahlen 45 EUR, ebenso Rechtsanwältinnen und Rechtsanwälte in Elternzeit (auf Antrag und Nachweis in den ersten drei Jahren der Elternzeit).

Weitere Informationen zur Mitgliedschaft in der AGEM erhalten Sie auf der Website www.agem-dav.de.

F.10 Handels- und Gesellschaftsrecht

Rechtsanwalt Prof. Dr. Burkhard Binnewies, Köln • Vorsitzender der Arbeitsgemeinschaft Handels- und Gesellschaftsrecht im DAV

Sowohl das Handels- als auch das Gesellschaftsrecht sind Kernbestandteile des Zivilrechts:

- Das Handelsrecht wird klassisch als das Sonderrecht der Kaufleute bzw. der Gewerbetreibenden bezeichnet.
- Das Gesellschaftsrecht ist das Recht der privatrechtlichen Personenvereinigungen, die zur Erreichung eines bestimmten gemeinsamen Zwecks durch Rechtsgeschäft begründet werden.

Beide Rechtsgebiete wenden sich an den Zivilrechtlerin und Zivilrechtler als Wirtschaftsrechtlerin und Wirtschaftsrechtler.

Gegenstand des Handelsrechts sind der Kaufmannsbegriff, die Publizitätswirkungen des Handelsregisters, das Firmenrecht, die handelsrechtlichen Besonderheiten des Stellvertretungsrechts, das Recht der kaufmännischen Geschäftsmittler (z.B. Handelsvertreter, Kommissionsagent, Handelsmakler) und insbesondere die Regelungen über das Handelsgeschäft, also der Handelskauf, das Kommissionsgeschäft sowie das Fracht-, Speditions- und Lagergeschäft.

Das Gesellschaftsrecht befasst sich mit den Rechten und Pflichten von Gesellschaftern und Organmitgliedern in den verschiedenen Rechtsformen, regelmäßig in den Personengesellschaften und der GmbH, seltener in der Aktiengesellschaft und den übrigen Rechtsformen.

Das Handels- und Gesellschaftsrecht bietet sich sowohl für den gestaltenden Berater als auch für den Forensiker an. Der gestaltende Berater im Handels- und Gesellschaftsrecht beschäftigt sich mit klassischem Vertragsrecht in den genannten Sachbereichen. Er gestaltet Handelsvertreterverträge ebenso wie Vertriebsverträge oder Wettbewerbsabreden. Der Schwerpunkt der gestaltenden Beratung im Gesellschaftsrecht liegt in der Beratung zur Rechtsformwahl sowie der Ausgestaltung der Gesellschaftsverträge in der jeweiligen Rechtsform. Gegenstand des Handels- und Gesellschaftsrechts ist insbesondere aber auch der nationale und internationale Unternehmenskauf mit all seinen Facetten.

Die Unterscheidung zwischen „beratendem Handels- und Gesellschaftsrecht" und „streitigem Handels- und Gesellschaftsrecht" stellt eine Weichenstellung dar. Häufig findet im Bereich des Handels- und Gesellschaftsrechts eine Spezialisierung im Hinblick auf die streitige bzw. nicht streitige Beratung statt. Während die nicht streitige Beratung im Bereich des Handels- und Gesellschaftsrechts auf die Begleitung des jeweiligen Vertragsabschlusses gerichtet ist, die im Ergebnis auf den erfolgreichen Konsens abzielt, bietet das streitige Gesellschaftsrecht alle Aspekte einer streitigen Auseinandersetzung. Abgesehen von der

Ehescheidung ist kaum ein streitiger Bereich des Zivilrechts nicht nur von rechtlichen und wirtschaftlichen Aspekten, sondern auch von persönlichen Gesichtspunkten und Emotionen geprägt wie die Auseinandersetzung zwischen zerstrittenen Gesellschaftern.

Wie bei allen Rechtsgebieten kann das Handels- und Gesellschaftsrecht nicht isoliert betrachtet werden. Der Handels- und Gesellschaftsrechtler bzw. -rechtlerin kommt stets auch in Kontakt mit dem Bilanzrecht, dem Steuerrecht, dem Kartell- und Wettbewerbsrecht sowie auch dem Kapitalmarktrecht.

Der Grad der Spezialisierung des Handels- und Gesellschaftsrechtlers bzw. -rechtlerin hängt regelmäßig von der Mandantenstruktur ab. Während die Beratung im mittelständischen Bereich sowohl bezogen auf die gestaltende Beratung als auch auf die streitige Beratung als Gegenstand des allgemeinen Zivilrechts betrachtet werden kann, bedarf es für die Beratung sowohl im streitigen als auch im gestaltenden Aktienrecht einer tief gehenden Spezialisierung.

Der Form nach werden im Handels- und Gesellschaftsrecht Gutachten erstellt, Verträge gestaltet sowie Klageverfahren vor den ordentlichen Gerichten oder den Schiedsgerichten geführt. Verstärkt finden auch Mediationsverfahren statt.

Die Beratungssituation selbst ist im Handels- und Gesellschaftsrecht, wie in den anderen Rechtsgebieten auch, durch den Mandanten geprägt. Während der Mittelständler nicht nur den rechtlichen, sondern auch den aktiven unternehmerischen Rat des Anwalts einfordert, geht es bei der Beratung von Großunternehmen bzw. ihrer Organe um die rechtliche Aufbereitung als Entscheidungsgrundlage, oftmals in Zusammenarbeit mit Rechts- und/oder Steuerabteilung. Da die Internationalisierung des Wirtschaftsrechts der Internationalisierung und Globalisierung der Wirtschaft folgt, wird vom Handels- und Gesellschaftsrechtler bzw. -rechtlerin regelmäßig gefordert, dass er auch in englischer Sprache beraten kann.

Hat der junge Anwalt die Spezialisierung im Handels- und Gesellschaftsrecht vor Augen, erfolgt diese in der Praxis entweder durch den Eintritt in eine auf Handels- und Gesellschaftsrecht spezialisierte Kanzlei, wo das entsprechende Know-how vorhanden ist und weitervermittelt wird oder durch „Learning by doing". Auch am praktischen Fall kann sich dem jungen Anwalt das Handels- und Gesellschaftsrecht erschließen, dies im streitigen Bereich eher als im Rahmen der Gestaltungsberatung.

Als Fazit kann festgehalten werden, dass es sich bei der Beratung im Handels- und Gesellschaftsrecht um einen Bereich handelt, der alle Facetten der anwaltlichen Tätigkeit bietet. Der „kreative Gestalter/Gestalterin" ist ebenso gefragt wie der „sorgsam abwägende Gutachter/Gutachterin". Die klassische Streitanwältin oder der klassische Streitanwalt wird ebenso gebraucht wie die konsensorientierte Mediatorin oder der konsensorientierte Mediator. Ein guter Handels- und Gesellschaftsrechtler bzw. -rechtlerin braucht stets auch ein gutes Verständnis für wirtschaftliche Zusammenhänge.

F.10 Handels- und Gesellschaftsrecht

Die Vielfalt und die Bedeutung des Handels- und Gesellschaftsrechts für das Wirtschaftsleben sowohl des Einzelunternehmers als auch der mittelständisch geprägten GmbH oder GmbH & Co. KG als auch der kapitalmarktorientierten Aktiengesellschaft machen das Rechtsgebiet attraktiv und lohnenswert.

F.11 INSOLVENZRECHT

RECHTSANWALT PETER DEPRÉ, MANNHEIM[1] • MITGLIED DES GESCHÄFTSFÜHRENDEN AUSSCHUSSES DER ARBEITSGEMEINSCHAFT INSOLVENZRECHT UND SANIERUNG IM DAV

I. Das Rechtsgebiet

Spätestens seit Inkrafttreten der bereits im Jahr 1994 verabschiedeten Insolvenzordnung zum 1. Januar 1999 kam Bewegung in das Insolvenzrecht. Ein verstärktes Interesse an dieser Rechtsmaterie war festzustellen.

Obwohl es sich bei der Insolvenzordnung um ein neues Gesetz handelt, hat sie seit 1999 umfangreiche Novellierungen erfahren, insbesondere durch das am 1. März 2012 in Kraft getretene Gesetz zur weiteren Erleichterung der Sanierung von Unternehmen (ESUG).

Jüngere Anpassungen fanden durch das am 5.4.2017 in Kraft getretene „Gesetz zur Verbesserung der Rechtssicherheit bei Anfechtungen nach der Insolvenzordnung und nach dem Anfechtungsgesetz"[2] sowie durch das „Gesetz zur Bewältigung von Konzerninsolvenzen"[3] statt. Darüber hinaus steht das Insolvenzrecht unter starkem Einfluss unionsrechtlicher Regelungen, wie z.B. der EuInsVO (Europäische Insolvenzverordnung)[4] vom 20.5.2015 und der Richtlinie über den präventiven Restrukturierungsrahmen, deren Umsetzung jüngst mit dem Gesetz zur Fortentwicklung des Sanierungs- und Insolvenzrechts (SanInsFoG) mit Wirkung ab 1.1.2021 erfolgte.[5] Wichtiger Bestandteil dieses Gesetzes ist das Unternehmensstabilisierungs- und -restrukturierungsgesetz (StaRUG).[6]

Anlässlich der COVID-19-Pandemie in den Jahren 2020/2021 wurde in das Insolvenzrecht durch das COVInsAG[7] eingegriffen, wonach die Insolvenzantragspflicht wegen Zahlungsunfähigkeit und Überschuldung unter bestimmten Voraussetzungen ausgesetzt ist.

Erwähnt sei hier noch, das Gesetz zur Verkürzung des Restschuldbefreiungsverfahrens[8], welches insbesondere die Restschuldbefreiungsphase für natürliche Personen in § 287

1 Der Autor ist Fachanwalt für Insolvenzrecht sowie Fachanwalt für Bank- und Kapitalmarktrecht, Zertifizierter Restrukturierungs- und Sanierungsexperte (RWS), Wirtschaftsmediator (cvm) – Sprecher der Arbeitsgruppe Zwangsverwaltung in der Arbeitsgemeinschaft Insolvenzrecht und Sanierung im DAV, Präsident des Arbeitskreises Sanierung und Insolvenz Rhein-Neckar e.V., stellvertretender Vorsitzender und Gründungsmitglied des Zentrum für Insolvenz und Sanierung an der Universität Mannheim (ZIS) – der Autor ist Mitherausgeber des Handbuchs *Beck/Depré*, Praxis der Insolvenz, und der Zeitschriften KSI, ZfIR u.a.

2 BGBl. 2017 I S. 654.

3 BGBl. 2017 I S. 866.

4 ABl. L 141 v. 5.6.2015, S. 19.

5 Gesetz zur Fortentwicklung des Sanierungs- und Insolvenzrechts (Sanierungs- und Insolvenzrechtsfortentwicklungsgesetz – SanInsFoG) (BGBl. 2020 I S. 3256).

6 A.a.O. StaRUG enthalten in Art. 1 des SanInsFoG.

7 Gesetz zur vorübergehenden Aussetzung der Insolvenzantragspflicht und zur Begrenzung der Organhaftung bei einer durch die COVID-19-Pandemie bedingten Insolvenz (COVInsAG) a.F.; Gesetz zur Verlängerung der Aussetzung der Insolvenzantragspflicht und des Anfechtungsschutzes für pandemiebedingte Stundungen sowie zur Verlängerung der Steuererklärungsfrist in beratenen Fällen und der zinsfreien Karenzzeit für den Veranlagungszeitraum 2019 (BGBl. 2021 I S. 237).

8 Gesetz zur weiteren Verkürzung des Restschuldbefreiungsverfahrens und zur Anpassung pandemiebedingter Vorschriften im Gesellschafts-, Genossenschafts-, Vereins- und Stiftungsrecht sowie im Miet- und im Pachtrecht (BGBl. 2020 I S. 3328).

Abs. 2 InsO auf drei Jahre verkürzt. Im Übrigen ist das Insolvenzrecht Gegenstand einer Vielzahl gerichtlicher Entscheidungen und der Literatur, seien es Kommentare, Handbücher oder Zeitschriften.

II. Was muss ein Anwalt mitbringen?

Anwaltliche Berufsanfängerinnen und Berufsanfänger können in der Regel weder auf theoretisches Wissen noch auf praktische Erfahrungen im Insolvenzrecht zurückgreifen. Im Studium und Referendariat geschieht die Wissensvermittlung bestenfalls in Grundzügen. Deshalb ist es schwierig, sich gleich zu Beginn seines anwaltlichen Berufslebens auf die Tätigkeit als Anwalt in Insolvenzsachen zu spezialisieren.

III. Der Anwalt als Interessenvertreter

Die Berufsanfängerin oder der Berufsanfänger kommt häufig als anwaltliche **Gläubigervertretung** mit dem Insolvenzrecht in Kontakt, wenn eine Gläubigerin oder ein Gläubiger um Beratung und Vertretung nachsucht, insbesondere um eine Forderung gegen einen Insolvenzschuldner bzw. gegen ein insolventes Unternehmen geltend zu machen. Die junge Anwaltschaft wird Lieferanten, Banken, Arbeitnehmerschaft oder aber auch Vermieterinnen und Vermieter im Vorfeld und in der Schuldnerinsolvenz beraten oder vertreten. Auch Gesellschafter und Gesellschafterinnen, Betriebsübernahmeinteressenten oder Arbeitnehmerinnen und Arbeitnehmer suchen um Beratung nach. In diesen exemplarisch aufgezeigten Fällen ist die Anwältin oder der Anwalt immer als Interessenvertretung der Mandantschaft tätig und diesem gegenüber verantwortlich. Dabei kann die Anwaltschaft in Interessenkonflikte gelangen, möglicherweise mit strafrechtlichen Folgen, so z.B. im Hinblick auf den in § 356 StGB geregelten Parteiverrat. Wendet sich beispielsweise ein Fremdgeschäftsführer oder -Geschäftsführerin einer GmbH an „seine bzw. ihre“ Rechtsanwaltskanzlei, mit welcher er oder sie aufgrund seiner Organstellung für die GmbH dauernd zu tun hatte, mit der Frage, ob Insolvenzantrag gestellt werden müsse, obwohl beispielsweise die Gesellschafterinnen oder Gesellschafter für zuwarten plädieren, bedarf es dringend der Klärung, wer eigentlich Mandant bzw. Mandantin ist. Nicht nur die oder der Beratene, sondern auch die beratende Anwaltschaft könnte sich je nach Fallkonstellation als Teilnehmende (vgl. § 29 StGB) strafbar machen, z.B. wegen §§ 283 ff., 266 a, 266 StGB, § 84 GmbHG, §§ 15 a, 15 b InsO, § 370 AO, und sich dadurch über § 823 Abs. 2 BGB auch einer zivilrechtlichen Haftung aussetzen. Dies gilt insbesondere, wenn die Anwältin oder der Anwalt das Krisenunternehmen oder die Geschäftsleiter in und durch die Insolvenz begleitet.

IV. Die Anwaltschaft als Schuldnerberatung

Bei einer natürlichen Person, die zahlungsunfähig ist, kann die Anwältin oder der Anwalt das außergerichtliche Schuldenbereinigungsverfahren (§§ 304 ff. InsO) begleiten und bei Scheitern das Insolvenzverfahren mit Restschuldbefreiungsverfahren für den Schuldner oder die Schuldnerin betreiben. Erfahrungsgemäß sind Anwältinnen und Anwälte insoweit nur ausnahmsweise tätig. Im gerichtlichen Insolvenzverfahren der natürlichen Person wird jedoch bei Verbraucherinsolvenzen und Regelinsolvenzen ein Insolvenzverwalter und nach dem Abschluss des Verbraucherinsolvenzverfahrens für die Restschuldbefreiungsphase ein Treuhänder benötigt. Eine Möglichkeit, insbesondere für junge Kolleginnen und Kollegen bzw. Einsteigerinnen und Einsteiger im Bereich des Insolvenzrechts, Erfahrungen zu sammeln und sich dem Insolvenzgericht dadurch für weitere Fälle zu empfehlen.

Gefordert ist der anwaltliche Berater oder die anwaltliche Beraterin des gewerblichen Schuldners oder der Schuldnerin im Vorfeld einer Unternehmensinsolvenz, wenn sich erste Krisenanzeichen mehren. Hier eröffnet sich ein weites Betätigungsfeld für die Rechtsanwältin oder den Rechtsanwalt des Schuldners oder der Schuldnerin, was die Beherrschung verschiedener Szenarien erfordert. Gelingt eine außergerichtliche Sanierung nicht, so muss er beispielsweise beurteilen, ob bei einer GmbH eine Überschuldung eingetreten ist und falls ja, ob diese gegebenenfalls kurzfristig wieder beseitigt werden kann, was mit erheblichen Bewertungsspielräumen einhergeht. Kommt es zu einer Verfahrenseröffnung, erlischt das Anwaltsmandat (§§ 116, 115 InsO), soweit es von dem Insolvenzschuldner die Insolvenzmasse betreffend erteilt worden ist.

Es ist wichtig, auch aktuelle Gesetzesänderungen und deren praktische Umsetzung zu kennen. Mit dem ESUG aus dem Jahre 2012, erhielt das Schuldnerunternehmen in Abstimmung mit den Gläubigern stärkeren Einfluss auf die Verfahrensgestaltung. So kann das sanierungsfähige Schuldnerunternehmen mit Insolvenzantragsstellung wegen drohender Zahlungsunfähigkeit und/oder Überschuldung die sogenannte vorläufige Eigenverwaltung (§ 270 a InsO) beantragen und, soweit die Voraussetzungen vorliegen, mit einem Antrag auf Einleitung eines **Schutzschirmverfahrens** (§ 270 b InsO) verbinden (vgl. § 270 und §§ 270 a, 270 b InsO). Mit dem SanInsFoG[9] wurde die Option eines weiteren weitgehend außergerichtlichen Sanierungsverfahren eingeführt, erforderlichenfalls begleitet durch das neu etablierte Restrukturierungsgericht (§ 34 StaRUG).

Spätestens mit der Eröffnung eines Insolvenzverfahrens, meistens schon im Insolvenzantragsverfahren, rückt die Auswahl des (vorläufigen) Insolvenzverwalters/(vorläufigen) Sachwalters in den Vordergrund.

V. Die Auswahl der Rechtsanwältin oder des Rechtsanwalts als Insolvenzverwalterin oder -verwalter

Traditionell und wegen der stark rechtlich geprägten Vorgaben, werden weit überwiegend Anwältinnen und Anwälte im Insolvenzantragsverfahren als Gutachterinnen und Gutachter und vorläufige Insolvenzverwalter, vorläufige Sachwalter bzw. im eröffneten Verfahren als Insolvenzverwalterin oder Sachwalterin bestellt. Die steigende Zahl der Anwältinnen und Anwälte in der Vergangenheit führt dazu, dass sich bei den Insolvenzgerichten bundesweit viele Anwältinnen und Anwälte um diese Ämter bewerben. Dies hat zur Folge, dass es ge-

9 Siehe Fn. 5.

genwärtig ein Überangebot an interessierten Verwalterinnen und Verwaltern gibt. Zudem ist der Wettbewerbsdruck hoch, da derzeit die Zahlen von Unternehmensinsolvenzen rückläufig sind, möglicherweise aber aufgrund der COVID-19-Pandemie künftig wieder zunehmen werden.[10]

Die Nachfrage an der Tätigkeit als Insolvenzverwalter und -verwalterin führte auch dazu, dass sich das BVerfG (mit Beschlüssen vom 23.5.2006[11] und 19.7.2006[12]) und der BGH mit Beschluss vom 19.12.2007[13] mit dem Rechtsschutz bei der Vorauswahl von Insolvenzverwalterkandidaten durch das Insolvenzgericht befassen mussten. Die Gerichte haben die Tätigkeit als Insolvenzverwalterinnen und -verwalter als **Beruf** anerkannt und statuieren ein Auswahlermessen für die Insolvenzgerichte. Wo die generelle Eignung des Bewerbers oder der Bewerberin (nicht zwingend aus der Rechtsanwaltschaft) festgestellt werden kann, kommt er oder sie auf eine sogenannte Vorauswahlliste. Die Insolvenzverwalterbestellung im konkreten Verfahren erfolgt dann nach Ermessen der Insolvenzrichterin oder des Insolvenzrichters. Trotz der Entscheidungen des BVerfG ist die Bestellpraxis bundesweit nicht einheitlich. Sollte sich eine junge Kollegin oder ein junger Kollege für die Tätigkeit als Insolvenzrichterin oder Insolvenzverwalter interessieren, so kann ihr oder ihm nur empfohlen werden, sich über die Gepflogenheiten der Insolvenzverwalterbestellung bei dem von ihm ins Auge gefassten Insolvenzgericht direkt oder bei für diese tätigen Verwalterkollegen und -kolleginnen zu erkundigen. Manche Gerichte geben spezielle Merkblätter und Antragsformulare zum Vorauswahlverfahren für Insolvenzverwalterinnen oder Insolvenzverwalter heraus.[14] Solche Informationen oder Formblätter stehen mitunter auch auf den Homepages der Gerichte zur Verfügung.[15] Verschiedene Institutionen haben Empfehlungen, Kriterien und Richtlinien für die Auswahl und Vorauswahl von Insolvenzverwalterinnen und Insolvenzverwaltern aufgestellt, so z.B. der Verband Insolvenzverwalter Deutschlands e.V. (VID) auf seiner Homepage,[16] die Uhlenbruck-Kommission[17] oder das Deutsche Institut für angewandtes Insolvenzrecht.[18] Eine weitere Bürokratisierung, die sich allein auf die vermeintlichen Grundrechte der „übergangenen" Bewerberinnen und Bewerber stützt, übersieht, dass die Verwalterinnen und Verwalter nicht zum Selbstzweck bestellt werden oder um deren Einkommen zu sichern, sondern im Interesse aller Beteiligten am Insolvenzverfahren, insbesondere der Gläubigerinnen und Gläubiger (vgl. § 1 InsO i.V.m. §§ 56, 57 InsO). An deren Interesse und dem Verfahrenszweck der bestmöglichen Gläubigerbefriedigung hat sich die Ermessensentscheidung zu orientieren. Nach dem noch aktuellen Koalitionsvertrag der Bundesregierung sollen gesetzliche Rahmenbedingungen für die Berufszulassung, Berufs-

10 Statistisches Bundesamt: Oktober 2020: 3,19 % weniger Unternehmensinsolvenzen als im Oktober 2019 (Stand: Januar 2021). https://www.destatis.de/DE/Presse/Pressemitteilungen/2021/01/PD21_015_52411.html.
11 BVerfG NZI 2006, 453.
12 BVerfG NZI 2006, 636.
13 BGH NZI 2008, 161.
14 Vgl. Insolvenzgericht Leipzig ZIP 2004, 2299.
15 Exemplarisch: http://www.amtsgericht-mannheim.de/pb/,Lde/Insolvenzgericht.
16 Verband Insolvenzverwalter Deutschland e.V: Grundsätze ordnungsgemäßer Insolvenzverwaltung (Stand 22.4.2016). http://www.vid.de/images/stories/pdf_fuer_einzelseiten/grundstze_ordnungsgemaesser_insolvenzverwaltung_fassung_vom%205.5.2012.pdf.
17 NZI 2007, 507.
18 www.diai.org.

ausübung und Berufsaufsicht von Insolvenzverwalterinnen und Insolvenzverwaltern[19] neu geregelt werden. Ob noch in der aktuellen Legislaturperiode eine Regelung erfolgt, ist offen.

Der Gesetzgeber hat durch das ESUG und das StaRUG eine Stärkung der Gläubigerrechte insofern vorgenommen, dass bereits unmittelbar mit Eingang eines Insolvenzeröffnungsantrages ein **vorläufiger Gläubigerausschuss** eingerichtet werden **muss** (§ 22 a Abs. 1 InsO) oder **kann** (§ 22 a Abs. 2 InsO) mit weitreichenden Befugnissen (vgl. § 56 a, § 270 Abs. 2 und 3 InsO) und mit einer eingeschränkten Bindungswirkung der Ausschussentscheidung für die Auswahlentscheidung des Insolvenzgerichts (§ 56 a Abs. 2 S. 1 InsO). Auch wurde in § 73 StaRUG das neue „Amt" des Restrukturierungsbeauftragten geschaffen sowie das neue „Amt" des Sanierungsmoderators (§ 94 StaRUG), ein mögliches neues Betätigungsfeld für restrukturierungsaffine anwaltliche Berater.

Soweit der **Anwalt oder die Anwältin** als **(vorläufige/r) Insolvenzverwalter bzw. Insolvenzverwalterin** bestellt wird, kommt es darauf an, dass er oder sie gleichsam als spezialisierter Generalist oder spezialisierte Generalsin, qualitativ und quantitativ, mit Organisationstalent die Aufgaben wahrnimmt. Zweckmäßige an § 1 InsO orientierte Überlegungen gilt es anzustellen. Rechtliche Fragestellungen sind zu bearbeiten, wie beispielsweise die Abwicklung der Vertragsverhältnisse in der Insolvenz, die Prüfung und eventuelle Berücksichtigung von Aussonderungs- und Absonderungsrechten, die Klärung von Sicherheiten sowie arbeits- und sozialrechtliche Fragestellungen. Überlegungen zu einer eventuellen Restrukturierungs- oder Insolvenzplangestaltung oder Möglichkeiten einer übertragenden Sanierung sind ebenso einzubeziehen wie betriebswirtschaftliche, steuerrechtliche, gesellschaftsrechtliche oder anfechtungsrechtliche Aspekte.

Der Nachweis der „Geschäftskunde" i.S.d. § 56 InsO kann in der mehrjährigen Tätigkeit bei erfahrenen Insolvenzverwalterinnen und Insolvenzverwaltern gesehen werden, so dass man nicht zwingend Fachanwalt oder Fachanwältin für Insolvenzrecht sein muss. Hierin kann aber gerade für junge Kolleginnen und Kollegen eine Chance liegen, den Einstieg in das Geschäftsfeld zu finden. Dies gilt insbesondere für den Bereich der Verbraucherinsolvenzen und Kleinverfahren, wo es in der Regel um reine Abwicklungen geht bzw. sich die Abwicklung auf wenige überschaubare Sachverhalte beschränkt. Angehäuftes Wissen allein befähigt noch nicht zur Berufsausübung, weder als Rechtsanwältin oder Rechtsanwalt noch als Insolvenzverwalterin oder Insolvenzverwalter. Neben wirtschaftlichem Verständnis, insbesondere im Hinblick auf Sanierungsmöglichkeiten, sind zunehmend auch kommunikative und mediative Fähigkeiten erforderlich, um eine erfolgreiche Verfahrensführung zu gewährleisten.

Ein Hinderungsgrund, Berufsanfängerinnen und -anfänger nicht mit größeren bzw. komplexen Verfahren zu betrauen, kann neben mangelnder Erfahrung und Routine auch die nicht vorhandene Infrastruktur sein. Voraussetzung für eine zielführende Tätigkeit als Insolvenz-

19 Koalitionsvertrag zwischen CDU, CSU, SPD (Stand: 7.2.2018), Z. 6195 ff. https://www.bundesregierung.de/breg-de/themen/koalitionsvertrag-zwischen-cdu-csu-und-spd-195906.

verwalterin oder Insolvenzverwalter ist ein personell und sachlich gut ausgestattetes Büro mit Telefon, Fax, E-Mail, Homepage, Besprechungsräumen und entsprechender Software, sowie der Zugriff auf erfahrene Abwicklungsteams. Viele Gerichte berücksichtigen auch Qualitätszertifikate, die von verschiedenen Anbietern in Anlehnung an die ISO 9001 speziell für Insolvenzverwalterinnen und Insolvenzverwalter erteilt werden. Zu nennen ist hier die Zertifizierung nach den vom VID aufgestellten Grundsätzen oder das vom Gravenbrucher Kreis ausgestellte Zertifikat „InsO Excellence“. Ideal ist für den an der Insolvenzverwaltertätigkeit interessierten Kolleginnen und Kollegen auf seinem Weg vom Kenner zum Könner, wenn er als mitdenkender und zupackender loyaler Kollege oder als Kollegin mit den einschlägigen Arbeitsabläufen konfrontiert wird und durch eine erfahrene Verwalterin oder einen erfahrenen Verwalter die Problemlösungsmöglichkeiten vermittelt bzw. vorpraktiziert bekommt. Nur dann erscheint es möglich, einerseits entlastende Routinen zu entwickeln, um Freiräume für die Lösung von wirklichen oder unvorhergesehenen Problemen zu haben, und andererseits Entwicklungen und Abläufe zu antizipieren.

Neben den unten aufgeführten einschlägigen Fachzeitschriften befasst sich der „INDat Report“[20] mit dem Umfeld der Insolvenzverwaltung einschließlich Restrukturierung und Sanierung. Neben aktuellen Beiträgen werden dort scheinbar transparent Daten aufbereitet, aus denen erkennbar wird, welcher Verwalter von welchem Gericht wie häufig berücksichtigt worden ist. Dieses quantitative Ranking vermittelt jedoch keine Aussage über die Qualität der Insolvenzverwaltung, die Größe der Verfahren und die genutzten Möglichkeiten der Verfahrensgestaltung durch Insolvenzpläne oder sonstige erfolgreich eingesetzte Sanierungs- und Abwicklungsoptionen.

Der Markt für Restrukturierungs-, Sanierungs-, Insolvenzberatung und Insolvenzverwaltung wandelt sich fortlaufend. In der Bundesrepublik ist die Zahl der Unternehmensinsolvenzen in den letzten Jahren signifikant gefallen. „Zu viele Angler am fast leergefischten Teich“ titelte der INDat Report.[21] Das rechtspolitische Anliegen des Gesetzgebers, auch gescheiterten Unternehmen/Unternehmern eine zweite Chance zu geben in Verbindung mit den Gesetzesänderungen, fordert Beraterinnen und Berater wie Insolvenzverwalterinnen und Insolvenzverwalter, sich verstärkt mit Restrukturierungs- und Sanierungsfragen zu befassen.

Der Fachanwalt oder die Fachanwältin für Insolvenzrecht muss sich, um auf der Höhe der Zeit und konkurrenzfähig zu bleiben, vielmehr als Fachanwalt oder Fachanwältin für Sanierungs- und Insolvenzrecht verstehen. Die besten Chancen, von Gerichten als verwalterin oderVerwalter eingesetzt zu werden, hat man, wenn man nicht nur die juristischen Qualifikationen mitbringt, sondern auch eine mehrjährige erfolgreiche Tätigkeit auf dem Gebiet des Sanierungs- und Insolvenzrechts nachweisen kann sowie über die für die Verfahrensbewältigung erforderliche sachliche und personelle Ressourcen verfügt. Wer so einen längeren vertrauensvollen Kontakt zum Insolvenzgericht sowie damit einhergehend die gebotene Unabhängigkeit und Geeignetheit vorweisen kann, darf damit rechnen, dass

20 www.indat-report.de.
21 INDat Report 4/2017, 10.

er vom Insolvenzgericht bei passender Gelegenheit berücksichtigt wird, und auch als kompetente Beraterin oder kompetenter Berater nachgefragt sowie bei Gericht empfohlen wird.

VI. Literatur (Auswahl)

1. Kommentare

Henning, Lackmann, Rein, Privatinsolvenz. Insolvenzverfahren mit Restschuldbefreiung, 1. Aufl. 2020

Kayser/Thole, Insolvenzordnung, 10. Aufl. 2020

Stürner/Eidenmüller/Schoppmeyer, Münchener Kommentar zur Insolvenzordnung, 4. Aufl. 2019/2020

Uhlenbruck, InsO: Insolvenzordnung, 15. Aufl. 2019/2020

2. Handbücher

Beck/Depré, Praxis der Insolvenz, 3. Aufl. 2017

Sinz/Lübbke, Verbraucherinsolvenz und Insolvenz von Kleinunternehmen, 4. Aufl. 2021

Schmittmann/Theurich/Brune, Das insolvenzrechtliche Mandat, 5. Aufl. 2016

Wimmer/Dauernheim/Wagner/Gietl, Handbuch des Fachanwalts Insolvenzrecht, 8. Aufl. 2018

3. Zeitschriften

DZWIR – Deutsche Zeitschrift für Wirtschafts- und Insolvenzrecht

KSI – Krisen-, Sanierungs- und Insolvenzberatung

NZI – Neue Zeitschrift für das Recht der Insolvenz und Sanierung

ZInsO – Zeitschrift für das gesamte Insolvenzrecht

ZIP – Zeitschrift für Wirtschaftsrecht

ZRI – Zeitschrift für Restrukturierung und Insolvenz

ZVI – Zeitschrift für Verbraucher- und Privat-Insolvenz

VII. Berufsorganisationen

Arbeitsgemeinschaft Insolvenzrecht und Sanierung im DAV: www.arge-insolvenzrecht.de

Arbeitsgemeinschaft Gravenbrucher Kreis: www.gravenbrucher-kreis.de

Neue Insolvenzverwaltervereinigung Deutschland e.V.: https://www.nivd.de

Verband Insolvenzverwalter Deutschlands e.V.: www.vid.de

F.12 Internationales Wirtschaftsrecht

Rechtsanwältin Dr. Malaika Ahlers, LL.M., Berlin
Rechtsanwalt Dr. Jan Curschmann, Hamburg
• Mitglieder des Geschäftsführenden Ausschusses der Arbeitsgemeinschaft Internationales Wirtschaftsrecht im DAV

I. Internationale Ausrichtung

Derzeit werden ca. 75 % der Absolventen der juristischen Ausbildung Anwältinnen und Anwälte. Der Anwaltsberuf steht dabei im Wettbewerb mit einer Vielzahl von anderen freien Berufen, wie beispielsweise Steuerberaterinnen/-beratern, Wirtschaftsprüferinnen/-prüfern, Wirtschafts- und Unternehmensberaterinnen/-beratern und einer großen Zahl anderer Dienstleister. Der Beratungsdienstleistungsmarkt hat sich in der Vergangenheit am stärksten entwickelt und wird auch für die Zukunft ein wichtiger Motor der Wirtschaft bleiben. Infolge der ständig wachsenden internationalen wirtschaftlichen Verflechtungen wurde dabei der Dienstleistungsmarkt anwaltlicher Beratungsleistungen längst über die nationalen Grenzen hinaus gezogen. Die Anwaltschaft, die heute Unternehmen berät und auch weiterhin beraten will, muss zwangsläufig diesen Weg mitgehen.

Dies ist keinesfalls ein Phänomen, das nur die in den Ballungszentren niedergelassenen Wirtschaftsanwälte und -anwältinnen angeht, sondern auch der Rechtsanwalt und die Rechtsanwältin in der Kleinstadt oder auf dem flachen Land werden vom internationalen Rechtsverkehr berührt. Mittlere Unternehmen und auch eine Zahl schnell wachsender kleinerer Unternehmerinnen und Unternehmer leben längst nicht mehr vom nationalen Markt und erwarten auch von ihrem Rechtsanwalt oder ihrer Rechtsanwältin eine Dienstleistung, die nicht an den Grenzen Deutschlands endet, sondern über deren nationale Regelungen hinausführt. Der Verkehrsunfall im Ausland, die Mängel einer hochwertigen Uhr, die während des Urlaubs im Ausland gekauft worden ist, die Scheidung der Ehe zwischen Staatsbürgern zweier verschiedener Länder, die Bürgschaft eines ausländischen Herstellers usw. beschäftigen bereits heute zahlreiche Anwaltskanzleien. Der weltweit wohl am stärksten wissensbasierte Beratungsdienstleistungsmarkt fördert diese Entwicklung. Die bestehenden Niederlassungs-, Dienstleistungs- und Berufsanerkennungsrichtlinien haben diese Entwicklungen beschleunigt. Ständige EuGH-Rechtsprechung ist es nunmehr, dass diejenigen, die in einem anderen Mitgliedstaat einen Beruf erlernt haben, diesen auch in jedem anderen Mitgliedstaat ausüben können.

Infolge dieser europäischen Annäherung und Globalisierung wird das Rechtsgebiet anderer Staaten zunehmend interessanter und bedeutsamer für den jungen Anwalt und die junge Anwältin. Heutzutage ist es kaum noch möglich, von einem rein nationalen Recht zu sprechen. Vielmehr führt die Gesetzgebung in Europa zu sich ständig ändernden nationalen Gesetzen, vor allem durch die nationale Umsetzung von EU-Richtlinien. Die ständige Internationalisierung und Europäisierung schafft hier spannende Beschäftigungsfelder. Nicht nur die Gesetze müssen sich den internationalen Entwicklungen anpassen, sondern auch der Rechtsanwalt/die Rechtsanwältin, der/die an diesen Bewegungen teilhaben will. Die internationale Tätigkeit gibt es bereits in großem Umfang und sie steht auch gerade, vielleicht unvermutet, Berufseinsteigern zur Verfügung. Eine Möglichkeit besteht hierbei auch in der internationalen Zusammenarbeit, d.h. in der gemeinsamen Beratungstätigkeit mit anderen internationalen Kanzleien oder nationalen Kanzleien anderer Mitgliedstaaten. Auf diese Weise wird auch der Einzelanwalt wettbewerbsfähiger und in die Lage versetzt, sich zu spezialisieren.

Gerade diejenigen, die sich für andere Kulturen interessieren, gerne reisen, Sprachen mögen und beherrschen sowie über den Tellerrand hinwegsehen wollen, sind für eine solche internationale Tätigkeit geeignet. Der Reiz internationaler Mandate liegt in dem Mix aus interessanten internationalen Rechtsgebieten, gegebenenfalls gelegentlichen Reisen und vor allem den persönlichen Kontakten, die gerade im internationalen Bereich äußerst wichtig sind. Daran richtet sich das Anforderungsprofil des Rechtsanwalts/der Rechtsanwältin aus. Der im internationalen Rechtsverkehr tätige Anwalt sollte ein hohes Maß an Offenheit mit sich bringen. Darüber hinaus ist ein Gefühl für Sprachen unumgänglich, meistens sind gute Englischkenntnisse notwendig. Oftmals ist es vorteilhaft – insbesondere für eine Tätigkeit im Europäischen Rechtsraum –, wenn er/sie darüber hinaus auch über Kenntnisse der französischen Sprache verfügt. Im Hinblick auf weltweite Tätigkeiten ist aber auch Spanisch und für den asiatischen Raum vor allem Mandarin von Vorteil. Das wirtschaftliche Denken darf wie in allen Bereichen der Anwaltschaft nicht unterschätzt werden. Internationales Wirtschaftsrecht ist *der* Markt, in dem sich eine Spezialisierung für junge Anwälte und Anwältinnen lohnt. Damit verbunden ist ein Grundverständnis für technologische Entwicklungen insbesondere im Bereich der Kommunikation per E-Mail, aber auch über soziale Netzwerke und cloudbasierte Lösungen.

Nicht zu unterschätzen ist schließlich die Bedeutung der aktiven Teilnahme – auch in Coronazeiten – in internationalen Anwaltsvereinigungen wie der Internationalen Vereinigung Junger Rechtsanwälte (AIJA) https://www.aija.org/en/, der mehr angelsächsisch ausgerichteten International Bar Association (IBA) https://www.ibanet.org/ oder der ältesten internationalen Anwaltsvereinigung, der dreisprachig ausgerichteten (Französisch, Englisch und Spanisch) Union Internationale des Avocats (UIA) http://www.uianet.org/. Diese sind auch in Zeiten der Pandemie außerordentlich aktiv.

II. Ausländische Anwälte in Deutschland

An dieser Stelle erfolgt ein kurzer Exkurs, welche Möglichkeiten der Anwalt/die Anwältin aus einem anderen EU-Mitgliedstaat innerhalb der Europäischen Union heutzutage bereits hat:

Die **Dienstleistungsrichtlinie** 77/249/EWG[1] aus dem Jahr 1977 (umgesetzt zunächst als Rechtsanwaltsdienstleistungsgesetz, RADG, BGBl. I S. 1453, heute im Gesetz über die Tä-

1 ABl. L 78 v. 26.3.2977, S. 17.

tigkeit europäischer Rechtsanwälte und Rechtsanwältinnen in Deutschland EuRAG) berechtigt jeden Anwalt und jede Anwältin aus einem Mitgliedstaat der Europäischen Union, vorübergehend anwaltliche Dienstleistungen in einem anderen Mitgliedstaat zu erbringen. Unter dieser Dienstleistungserbringung ist sowohl die anwaltliche Beratung als auch die Tätigkeit vor Gericht zu verstehen. Die Anwältin oder der Anwalt hat hierbei das größtmögliche Betätigungsspektrum: Er/Sie darf nicht nur im Recht des Herkunftsstaates, d.h. die deutsche Anwaltschaft im deutschen Recht, im Unionsrecht und im Völkerrecht beraten und vor Gericht auftreten, sondern auch im Recht des Aufnahmestaates, d.h. der deutsche Anwalt oder die Anwältin, der/die sich vorübergehend in Frankreich aufhält, auch im französischen Recht.

Die Niederlassungsrichtlinie 98/5/EG[2] aus dem Jahr 1998, die von den Mitgliedstaaten bis zum 14. März 2000 in nationales Recht umgesetzt werden musste (umgesetzt in Deutschland ebenfalls im EuRAG), offeriert der Anwältin oder dem Anwalt weitreichende Möglichkeiten. Ein Anwalt oder eine Anwältin aus einem Mitgliedstaat der Europäischen Union kann sich dank dieser Richtlinie in jedem anderen Mitgliedstaat niederlassen und anwaltlich tätig werden. Er/Sie muss dabei angeben, welcher Berufsorganisation er im Heimatland angehört, so dass die Verbraucher wissen, dass sie es mit einem ausländischen Anwalt zu tun haben. Das Tätigkeitsfeld ist das gleiche wie im Rahmen der dargestellten vorübergehenden Dienstleistung, d.h. Tätigkeit im Heimatrecht, im Gemeinschaftsrecht, im Völkerrecht und im Recht des Aufnahmestaates. Zudem bietet die Richtlinie in Art. 10 die Möglichkeit der sogenannten Vollintegration in den Anwaltsberuf des Aufnahmestaates, ohne dazu zu zwingen, auf die Zulassung im Heimatstaat zu verzichten. Nach drei Jahren Tätigkeit im Recht des Aufnahmestaates, einschließlich des Gemeinschaftsrechtes, besteht somit ein öffentlich-rechtlicher Anspruch auf Zulassung zur Anwaltschaft im Aufnahmestaat. Bei drei Jahren Tätigkeit im Aufnahmestaat, davon aber weniger als drei Jahre im Recht des Aufnahmestaates, besteht die Möglichkeit der Zulassung gleichwohl, wenn die Bewerberin oder der Bewerber den Nachweis über ihre/seine Kenntnisse durch Besuch von Seminaren etc. erbringen kann. Die zuständige Behörde kann in diesem Fall ein Gespräch mit der Bewerberin oder dem Bewerber führen.

Daneben bietet die **Berufsanerkennungsrichtlinie** in der Fassung 2013/55/EU[3] (umgesetzt im EuRAG) die Möglichkeit der Vollintegration nach einem kürzeren Zeitraum. Dies setzt allerdings voraus, dass der Anwalt oder die Anwältin die Eignungsprüfung nach oben genannter Richtlinie bestanden hat. So kann zum Beispiel ein deutscher Rechtsanwalt oder eine deutsche Rechtsanwältin, der/die die italienische Eignungsprüfung bestanden hat, sich als italienischer „avvocato" in Italien niederlassen.

Eine über den EU-Rahmen hinausgehende Möglichkeit anwaltlicher Tätigkeit bietet sich über das sog. **GATS-Abkommen**. Es betrifft den „Handel mit Dienstleistungen" und stammt aus dem Jahr 1994 (umgesetzt in § 206 Abs. 1 BRAO und der entsprechenden

2 ABl. L 77 v. 14.3.1998, S. 36.
3 ABl. L 354 v. 28.12.2013, S. 132.

Durchführungsverordnung). Danach können ausländische Anwältinnen und Anwälte, die die Staatsangehörigkeit eines Mitgliedstaates der Welthandelsorganisation (WTO) haben, in eingeschränktem Maße und unter bestimmten Voraussetzungen anwaltlich in der Bundesrepublik Deutschland tätig werden. Gleiches gilt für das Tätigwerden deutscher Anwältinnen und Anwälte in einem anderen WTO-Mitgliedstaat. Die Beratung ist allerdings auf den Bereich des Völkerrechts und des Heimatrechts beschränkt und schließt die gerichtliche Tätigkeit nicht ein. In Deutschland ist zudem nur die dauerhafte Niederlassung von Anwältinnen und Anwälten aus einem WTO-Mitgliedstaat zugelassen. Die vorübergehende Erbringung von Rechtsdienstleistungen (sog. fly-in/fly-out) durch Anwältinnen und Anwälte aus einem anderen WTO-Mitgliedstaat ist hingegen nicht erlaubt. Ob und inwieweit eine Tätigkeit deutscher Anwälte und Anwältinnen unter den gleichen Voraussetzungen in einem anderen WTO-Mitgliedstaat möglich ist, hängt jeweils davon ab, unter welchen Vorbehalten der jeweilige Staat das GATS-Abkommen ratifiziert hat. Für das internationale Mandat bedeutet dies, dass man sich vor einem Tätigwerden in einem Staat außerhalb der Europäischen Union darüber Kenntnis verschaffen sollte, ob es sich bei diesem um einen WTO-Mitgliedstaat handelt und welchen Verpflichtungskatalog der jeweilige Staat für den Anwaltsberuf eingegangen ist.

An dem bereits Geschilderten lässt sich ablesen, dass die Mandantenstruktur sehr unterschiedlich ist. Je nach Region ist der Kulturkreis traditionell völlig anders entstanden und verspricht insofern einen interessanten persönlichen als auch fachlichen Kontakt. Bei allem gilt aber das bereits Angesprochene, dass persönliche Kontakte unerlässlich sind.

Zum Beispiel bietet sich gerade in den zentral- und osteuropäischen EU-Ländern ein hochinteressanter Raum für junge Anwältinnen und Anwälte. Der Schwerpunkt liegt bei diesen Mandanten in der Regel auf kleinen und mittleren Unternehmen, die eine entsprechende wirtschaftliche Beratung seitens der deutschen Anwälte und Anwältinnen wünschen. Diese Unternehmen benötigen bei der Etablierung und Abwicklung von geschäftlichen Aktivitäten anwaltlichen Rat, wozu naturgemäß primär Kenntnisse im Europäischen Recht notwendig sind. Auch hier gilt, was bereits in anderen Kapiteln beschrieben worden ist, dass sich der deutsche Anwalt oder die deutsche Anwältin als Generalist oder Generalistin auszeichnen kann, aber auch gerade durch Spezialisierung beispielsweise von polnischem Handelsrecht etc. Erfolg haben wird. Eine gute Adresse für den Austausch mit Gleichgesinnten sind die in vielen Ländern existierenden DAV-Auslandsvereine.

III. Arbeitsgemeinschaft für Internationales Wirtschaftsrecht

Die Arbeitsgemeinschaft für Internationales Wirtschaftsrecht – ARGE IWR (www.dav-iwr.d e) im Deutschen Anwaltverein bietet hierbei gerade denjenigen, die planen sich im internationalen Bereich zu spezialisieren oder bereits spezialisiert haben, zahlreiche Möglichkeiten. Die ARGE IWR dient der Förderung der ideellen und wirtschaftlichen Interessen und der Auseinandersetzung mit internationalen berufspolitischen Fragen. Insbesondere entstehen hier wichtige internationale und nationale Kontakte. Die von der Arbeitsgemeinschaft angebotenen Veranstaltungen im In- und Ausland stellen eine hervorragende Möglichkeit zum Informations- und Erfahrungsaustausch auf internationaler Ebene dar. Schwerpunkte sind beispielsweise das EU-Recht, internationales Wirtschaftsrecht sowie Aspekte des anwaltlichen Berufsrechtes. Sie fördert demnach die Fortbildung der Mitglieder und dient dem Informations- und Erfahrungsaustausch zwischen den Mitgliedern auf internationaler Ebene. Darüber hinaus wird über aktuelle Entwicklungen im internationalen Rechtsverkehr unterrichtet. Die Referenten der Fachveranstaltungen der ARGE IWR sind Praktiker, die sowohl fachlich als auch rhetorisch höchsten Ansprüchen genügen und einen enormen Wissens- und Erfahrungsschatz im Bereich des internationalen Wirtschaftsrechts mitbringen.

Die Arbeitsgemeinschaft ist 1989 gegründet worden. Ihr gehören rund 500 Rechtsanwälte und Rechtsanwältinnen in über 20 europäischen und außereuropäischen Ländern an. Sie ist organisiert auf der Grundlage einer vom Vorstand des Deutschen Anwaltvereins beschlossenen Geschäftsordnung. Organe sind die Mitgliederversammlung und der Geschäftsführende Ausschuss. Der Jahresmitgliedsbeitrag beträgt derzeit 170 EUR. Für Mitglieder, die bei Ihrem Eintritt bereits Mitglieder im FORUM Junge Anwaltschaft des DAV sind, beträgt der Jahresbeitrag lediglich 85 EUR (‚Junior-Mitgliedschaft'). Zudem gibt es eine Kanzleimitgliedschaft, für welche diejenigen Mitglieder der ARGE, die einem Anwaltszusammenschluss mit mehreren Mitgliedern am selben Standort angehören, optieren können.

Seit 2011 hatte sich der Geschäftsführende Ausschuss der ARGE IWR für die Einführung des **Fachanwalts „Internationales Wirtschaftsrecht“** stark gemacht. Am 6.12.2013 hat daraufhin die Satzungsversammlung die Einführung dieser Fachanwaltsbezeichnung beschlossen. Die ersten Fachanwälte für IWR wurden sodann bereits 2014 zugelassen. Gem. § 15 FAO sind alle Fachanwälte zur Fortbildung verpflichtet. Hierbei helfen die anspruchsvollen Fachveranstaltungen der ARGE IWR, insbesondere der stets im November in Berlin stattfindende Internationale Wirtschaftsrechtstag, IWRT. Den aktuellen Termin finden Sie stets auf der Website der ARGE. Die Teilnahme an den Fachveranstaltungen steht allen Interessierten offen; die Mitglieder der ARGE IWR zahlen aber vergünstigte Teilnehmergebühren. Außerdem darf nicht unterschätzt werden, welche Kontakte sich auf den Seminarveranstaltungen der Arbeitsgemeinschaft knüpfen lassen, insbesondere bei den Veranstaltungen, die seit Jahren mit befreundeten Anwaltsorganisationen aus dem Ausland veranstaltet werden, wie bspw. das deutsch-französische und das deutsch-italienische Seminar. Gerade im Hinblick auf neue Mandate haben sich diese Konferenzen bereits für viele ausgezahlt.

Als Mitglied der Arbeitsgemeinschaft erhält man zudem die sechsmal jährlich im Nomos-Verlag erscheinende Fachzeitschrift zum Internationalen Wirtschaftsrecht, IWRZ, die ebenfalls hilft, die notwendigen FAO-Voraussetzungen für die Fachanwälte zu erfüllen. In Aufsätzen, Urteilsbesprechungen und Praxishinweisen zu einzelnen nationalen und internationalen Entscheidungen finden Fachanwälte und Fachanwältinnen wichtiges Know-how aus den Bereichen u.a. Jedes Heft enthält ein Editorial, Aufsätze mit praxisorientierten Lösungsvorschlägen, neueste Entscheidungen mit Anmerkungen und Urteilsbesprechungen mit Praxishinweisen.

- Wirtschaftsrecht
- Gesellschaftsrecht
- Handelsrecht
- Kartellrecht
- Schiedsgerichtsbarkeit
- Mediation
- Zivilrecht
- Ausländisches Recht
- Steuerrecht

Auf jeweils rund 48 Seiten und sechsmal im Jahr liefert die Zeitschrift für Internationales Wirtschaftsrecht (IWRZ) Aufsätze, Urteilsbesprechungen, Praxishinweise und vieles mehr zu allen Themen, die für international tätige Anwälte und Anwältinnen von Bedeutung sein können. Mit dem inklusiven Onlinemodul IWRZDirekt haben Sie außerdem Zugriff auf die elektronische Ausgabe mit bequemer Suchfunktion zur Recherche.

Hierbei kann man auch einen Rabatt von 25 % auf den Abonnementpreis der Beck-online-Datenbank im Modul Handels- und Gesellschaftsrecht nutzen.

F.13 IT-Recht

Rechtsanwältin und Fachanwältin IT-Recht Dr. Astrid Auer-Reinsdorff, Berlin & Lissabon • Vorstandsmitglied des Berliner Anwaltsvereins sowie Beirat der Arbeitsgemeinschaft IT-Recht im DAV und Task Force Legal Tech, CCBE IT Committee sowie Beirat Stiftung Datenschutz

I. Rechtsberatung in der Digitalisierung – in allen Branchen und Lebensbereichen gefragt!

Die Digitalisierung ist seit 2018 auch in der Bundespolitik politisch sichtbar verankert mit der Berufung der Staatsministerin bei der Bundeskanzlerin und Digitalministerin. Welcher Aufholbedarf in vielen Lebens- und Anwendungsbereichen in Deutschland besteht, hat die COVID-19-Pandemie deutlich zu Tage gefördert. Zugleich wirkten die Einschränkungen des mobilen und sozialen Lebens wie ein Katalysator für Anwendungen und Nutzer, die sich zuvor kaum an digitale Arbeitsweisen herantrauten. Homeoffice und Schlagworte wie New Work und agiles Arbeiten sind zum Thema der aktuellen Tagespresse geworden. Wie beim Wirksamwerden der Datenschutzgrundverordnung (DSGVO) im Mai 2018 bestehen viele Unsicherheiten und die Anforderungen des Datenschutzes und der IT-Sicherheit bergen Herausforderungen, die die rechtliche Einordnung nicht immer allein zu lösen vermag. Dies ergibt sich aus der zuweilen großen Diskrepanz der Nutzerfreundlichkeit (Usability) von „Lösungen aus dem Silicon Valley", also vornehmlich US-amerikanischen oder anderen international agierenden Lösungsanbietern, die personenbezogene Daten nicht im sicheren Hafen der EU und mit ggf. nicht ausreichenden Garantien nach den Grundsätzen der DSGVO verarbeiten, zu solchen Lösungen, welche regional für den deutschen oder europäischen Markt angeboten werden.

Arbeitsfelder der IT-Anwältinnen und IT-Anwälte sind gerade nicht nur die Anbieter von IT-Anwendungen wie Hard- und Software, sondern alle Industrie-, Handels- und Dienstleistungsbereiche der sog. Old Economy und die Öffentliche Hand selbst mit ihren Projekten hin zu einer digitalen Verwaltung (eGovernment). Auch im Bereich der medizinischen Dienstleistungen haben Telemedizin und digitale Anwendungen wie Gesundheits-Apps und digitaler Impfpass u.ä. Einzug genommen.

Nicht zuletzt kommt auch deutliche Bewegung in die Rechtsdienstleistungsbranche mit Plattformen, welche standardisierbare Rechtsfragen vornehmlich für Verbraucher lösen, Online-Streitschlichtung und Kanzlei-Shop-Lösungen, die „ein Stück" Rechtsberatung, ein Vertragsmuster, Muster-Datenschutzhinweise u.ä. zu Pauschal- und Festpreisen anbieten.

Alle Formen des Legal Tech sind Spielfelder der IT-Rechtsberatung. IT-Anwältinnen und IT-Anwälte sind gefragt im Hinblick auf die Gestaltung der Zukunft der Rechtsberatung und von Nachfrager-freundlichen Zusammenarbeitsmodellen. Die Erwartungshaltung immer mehr Mandanten ist, dass anwaltlicher Rat so einfach zu erhalten ist, wie der dann letztlich fehlerhafte Warenkauf im Internet war, der Abschluss sonstiger Dienstleistungs- und Nutzungsverträge und Honorar und Leistungserbringung transparent sind. Aber auch bei komplexen Sachverhalten und langfristigen Mandaten wird eine digitale Zusammenarbeit und das Teilen von Dokumenten und des Status des Legal Projects erwartet werden.

Die wachsende Bedeutung des IT-Einsatzes in allen Bereichen zeigt sich an den Zuwächsen der neuesten Markttrendstudien des European Information Technology Observatory (EITO) (www.eito.com):

„Im laufenden Jahr werden die Ausgaben für Informationstechnologie, Telekommunikation und Unterhaltungselektronik im Vergleich zu 2020 um 2,7 Prozent wachsen und voraussichtlich ein Volumen von 174,4 Milliarden Euro erreichen."

ITK-Marktzahlen

ITK-Markt Deutschland*	Marktvolumen (in Mrd. Euro)				Wachstumsraten		
	2018	2019	2020	2021	19/18	20/19	21/20
Summe ITK + CE	**167,7**	**170,9**	**169,8**	**174,4**	**1,9%**	**-0,6%**	**2,7%**
Consumer Electronics	9,3	8,8	8,5	8,3	-5,6%	-3,0%	-2,0%
Summe ITK	158,4	162,1	161,3	166,0	2,3%	-0,5%	2,9%
Informationstechnik	**91,7**	**95,3**	**94,6**	**98,6**	**4,0%**	**-0,7%**	**4,2%**
IT-Hardware	27,3	28,2	29,1	31,6	3,2%	3,2%	8,6%
Software	24,4	26,2	25,9	27,0	7,3%	-1,0%	4,1%
IT-Services	39,9	40,9	39,6	40,0	2,4%	-3,2%	1,1%
Telekommunikation	**66,8**	**66,8**	**66,7**	**67,4**	**0,1%**	**-0,1%**	**1,0%**
TK-Endgeräte	11,3	11,3	11,3	11,6	0,1%	0,3%	2,8%
TK-Infrastruktur	6,9	7,0	6,9	7,1	1,5%	-2,4%	3,2%
Telekommunikationsdienste	48,6	48,5	48,6	48,7	-0,1%	0,1%	0,3%

* Für detaillierte Zahlen zum deutschen ITK-Markt sowie zu anderen europ./internat. Märkten siehe: bitkom-research.de/eito-marktberichte
Abweichend von den EITO-Definitionen werden hier im Segment IT-Hardware auch Halbleiter berücksichtigt.

(Quelle: Bitkom, EITO; Stand Januar 2021)

Der Anstieg wirkt umso bedeutender, berücksichtigt man den Umstand, dass viele Branchen wie Gastronomie, Reisen und Entertainment in 2020 quasi zum Erliegen kamen.

Die digitale Transformation ist ein natürlicher Treiber des Rechtsberatungsbedarfs im IT-Recht. Umstellungen auf digitale Prozesse und Arbeitsweisen und das Einführen neuer Produkte und Angebote sind aus Sicht der IT-rechtlichen Einordnung selten punktuell und in sich abgeschlossen zu betrachten. Neue Anforderungen sowie jedes IT-Projekt sind eingebettet in die allgemeine Unternehmensstrategie sowie IT-Compliance- und Risikoprozessanalysen, welche die fortlaufende und regelmäßige Neubewertung u.a. der folgenden Themen erfordern:

- Datenschutz (insbesondere Verarbeitung in der EU und in Drittstaaten)
- Beschäftigtendatenschutz
- IT-Sicherheit sowie ggf. einschlägige Zertifizierungen und Awareness-Schulungen
- IT-Richtlinien im Unternehmen (z.B. bring your own device, Homeoffice, mobile Arbeitsplätze, Social Media Guidelines und E-Mail sowie Internetnutzung am Arbeitsplatz)
- Internationale Standards wie den International Accounting Standard (IAS), Kreditvergaberichtlinien nach Basel und Solvency
- Kontrollen der Auftragsverarbeiter und Kooperationspartner
- Risk und Fraud Management mit entsprechenden Meldewegen und Notfallplänen
- Technische und organisatorische Maßnahmen zum Schutz von Geschäftsgeheimnissen und Gewerblichen Schutzrechten

Der IT-Markt selbst hat sich in den letzten vierzig Jahren zunächst von Hardware-Angeboten wie Großrechner, über Softwareangebote individueller Unternehmenslösungen, den Personal Computern mit Softwarestandardlösungen, digitalen Handhelds (z.B. Smartphone, Tablets, Smartwatches) mit Applikationen (Apps) hin zu einem großen Content-Markt mit den Wirtschaftsgütern der Informationen, der digitalen Inhalte und Daten entwickelt. Mit den always-on Möglichkeiten in einer nahezu flächendeckenden Internetverfügbarkeit bewegen wir uns nunmehr in einem Umfeld der digitalen Services, welche in Public Cloud Anwendungen erbracht werden und insbesondere auch in unternehmerischen Anwendungsszenarien als pay as you use angeboten werden. Mit der Verbreitung von Einsatzszenarien für Künstliche Intelligenz (KI), dem Internet der Dinge (IoT, Internet of Things), Smarthome und Industrie 4.0 schreitet die Vernetzung und die Durchdringung aller Lebensbereiche mit IT-rechtlichen Fragestellungen fort.

Der Vernetzung systemimmanent ist, dass Sachverhalte oftmals international zu betrachten sind.

Der Erfolg einer Spezialisierung in diesem Bereich, insbesondere als ausschließlichem Tätigkeitsbereich, kann durch die Wahl des Standorts der Kanzlei an einem Ort, einem Gewerbegebiet, Clusters also einer Konzentration von IT- und IT-Service-Unternehmen begünstigt werden. Ähnliche Vorteile können bei einer guten Vernetzung in der Branche sowie nachhaltiger Präsenz bei Vorträgen, Messen, in Social Media, Podcasts und Interviews etc. erzielt werden. Die Beratung erfolgt durch Großkanzleien mit spezialisierten Abteilungen oder kleine bis mittlere Kanzleien, welche als Boutiquen eine hohe Akzeptanz in der IT-Branche genießen.

Daneben ergibt sich in vielen klassischen Rechtsbereichen das Erfordernis, IT-rechtliche Grundkenntnisse zu erwerben, um jedenfalls die Schnittmenge zum spezialisierten Rechtsberatungsbedarf erkennen zu können. Fachgebiete wie das

- Verkehrsrecht (autonomes Fahren, connected cars, Fahrtenschreiber etc.)
- Familienrecht (Persönlichkeitsrechte der Kinder und Social Media Aktivitäten, Umgang per Videokonferenz)
- Arbeitsrecht (Beschäftigtendatenschutz)
- Erbrecht (digitale Nachlass)
- Strafecht (Cybercrime, Cybermobbing)
- und das Urheber- und Medienrecht sowieso und viele mehr.

In den Bereichen des Internetrechts sind Verbraucher starke Nachfrager IT-rechtlicher-Beratung und Vertretung, da die Möglichkeiten des eCommerce, des Web 2.0 und des IoT bislang unbekannte Rechtsfragen aufwerfen oder Rechtssituationen schaffen. Hieraus ergeben sich natürlich auch für den Online-Handel oder -Dienstleistung zahlreiche Fragen des Verbraucherrechts, welches in der EU nach und nach harmonisiert wird, zum Vertragsrecht und dem regulatorischen Rahmen wie zum Datenschutz- und Wettbewerbsrecht sowie zur IT-Sicherheit. Mit dem Wirksamwerden der DSGVO ist auch der Bedarf an Unterstützung bei datenschutzrechtlichen Fragen und insbesondere der Durchsetzung der Betroffenenrechte angestiegen.

Bei hinreichend breiter und tiefer Qualifizierung und fortlaufender Fortbildung in diesem Spezialbereich bietet dieser spannende Mandate und Wachstums- sowie vielfältige Kooperationschancen. Gerade der Erwerb des Fachanwaltstitels Informationstechnologierecht (in Kraft seit dem 1.11.2006) dient dazu die Kompetenzen in diesem Bereich herauszuheben. Dabei umfasst das IT-Recht die vertragsrechtlichen, urheberrechtlichen und datenschutzrechtlichen Kernfragen nebst den Schnittstellen zu angrenzenden Bereichen. Die Spezialisten und Spezialistinnen heben sich ab und sind Ansprechpartnerinnen und Ansprechpartner für die Kolleginnen und Kollegen, die die Interessenwahrnehmung im Bereich des IT-Rechts auf einem ihnen eher wenig vertrauten Terrain nicht selbst anbieten wollen. Auch in der IT-Fachanwaltschaft gibt es bereits eine weitergehende Hochspezialisierung auf z.B.:

- Datenschutzrecht
- Beschäftigtendatenschutzrecht bzw. Recht des digitalen Arbeitens
- IT-Vergabe
- Kartellrecht
- Urheberrecht
- eCommerce
- Vertragsrecht
- Vergaberecht
- Kartellrecht
- FinTech
- eHealth
- Legal Tech
- Cybercrime

Auch Masterstudiengänge eröffnen mit der Kombination rechtlicher Aspekte und technischer Hintergründe eine Chance, in dieses Rechtsgebiet einzusteigen. Der enge Kontakt zur Branche vermittelt die Sprache der Mandantschaft, die sehr technikgeprägt und hersteller- sowie themenspezifisch ist. Dies ist unabdingbare Voraussetzung für den kompetenten Rechtsrat, da der IT-Anwalt/die IT-Anwältin, technische und organisatorische Begriffe sowie Vorgänge verstehen und in Verhandlungen und Verträgen abbilden, ja sogar „übersetzen" können muss. In Kanzleien selbst können die auf das IT-Recht Spezialisierten die Treiber für Legal Tech Angebote und Ideen sein und hier als Legal Engineer Kommunikator zwischen klassischer Rechtsberatung und der programmtechnischen Umsetzung werden.

Das IT-Recht bietet eine Vielfalt verschiedenster Beratungsfelder wie z.B. Gestaltung von Software-Lizenzverträgen, Projektverträgen, IT-Outsourcing-Projekten, kartellrechtliche Fragen insbesondere im Vertriebsrecht, Domainrechtsstreitigkeiten, Gestaltung von Nutzungsbedingungen und Geschäftsmodellen des digitalen Handels und des eCommerce und die Beratung von Herstellern und Lieferanten der öffentlichen Hand in IT-Vergabeverfahren und der Gestaltung von Angeboten des eGovernment. Strafrechtliche Aspekte, Datenschutzfragen sowie Fragen des Wettbewerbs sind zu beantworten sowie die spezifischen Urheberrechtsfragen des Schutzes von Computerprogrammen und Datenbanken sowie die allgemeinen Schutzrechte hinsichtlich der digitalen Inhalte mit den inzwischen weit verbreiteten Konzepten von Open Source Software und Open Content.

II. Inhalte und Spezifika der Tätigkeit

Die Spezialisierung umfasst entsprechend des Katalogs der erforderlichen theoretischen Kenntnisse des § 14 k FAO die Auseinandersetzung mit vielfältigen Fragestellungen des Vertragsrechts in den Informationstechnologien, d.h. z.B. Softwareerstellungs-, Softwarepflege-, Softwaremiet-, Hardwareverträge, IT-Projekt-Verträge, Serviceverträge, Outsourcing- und Cloudverträge. Das Vertragsrecht einschließlich der Kenntnis der Vertragstypologie des BGB ist Grundlage für die Gestaltung und Verhandlung von IT-Verträgen, wobei diese überwiegend auch der spezifischen Regelungen für die Rechteeinräumung hinsichtlich des Computerprogramms nach dem Urheberrechtsgesetz bedürfen. Im Bereich des Fernabsatzes/elektronischen Geschäftsverkehrs (eCommerce und mobile commerce) an Waren und Dienstleistungen sind Nutzungsbedingungen und Datenschutzerklärungen zu erstellen und in Einklang mit den technischen Vorgängen zu bringen. Für diesen Bereich sehen Spezialvorschriften besondere Kennzeichen- und Informationspflichten vor, deren Nichteinhaltung auch immer noch Gegenstand von Abmahnungen der Mitbewerberinnen und Mitbewerber oder Abmahnvereine ist. In diesem Bereich ist die Harmonisierung des Verbraucher(vertrags)rechts inzwischen weit fortgeschritten.

Das Internet und die mobilen Anwendungen stellen an die anwaltliche Beratung ebenso vielfältige Anforderungen wie es Geschäftsmodelle, neue Entwicklungen und Einsatzmöglichkeiten gibt. Hier geht es besonders um Fragen rund um die Haftung für Informationen, des rechtlichen Schutzes des Geistigen Eigentums sowie des Persönlichkeitsrechts im

Bereich der Informationstechnologien, des Domainrechts, des Datenschutzrechts und der IT-Sicherheit. Social Media Aktivitäten sowie Influencer Marketing sind keine Kernbereiche des IT-Rechts, aber oftmals von Kolleginnen und Kollegen in die Beratung mit aufgenommen, die sich daneben auf Urheber- und Medienrecht und/oder Gewerbliche Schutzrechte spezialisiert haben.

Besondere Bedeutung hat das Datenschutzrecht angenommen mit dem Wirksamwerden der DSGVO und damit der europaweiten Harmonisierung. Mit der weiteren Detailierung der Datenschutz- und IT-Sicherheitsanforderungen besteht vielfältiger Bedarf an der Umsetzung von Standards und Risikomanagementprozessen sowie dem Entwurf von Datenschutzhinweisen, Richtlinien und Kontrollmechanismen.

Hierzu gehört auch die IT-rechtliche Bewertung der Fortführungsprognose im Rahmen von Abschlussprüferberichten, da die IT-Anwendungen und Ausstattungen bei vielen Unternehmen bereits den Kern des Funktionierens bilden. Auch im Rahmen von Unternehmenstransaktionen sind Bewertungen des Lizenzmanagements und der Sicherheit der IT-Systeme sowie von IT-Produkten und -services für Due Diligence Berichte Aufgabe der IT-Rechtsberatung. Hierzu gehört auch die Kenntnis von sog. ESCROW-Verträgen und die Sicherung der Nutzungsrechte in der Insolvenz.

Weitere Themen sind die rechtliche Ausgestaltung der Rahmenbedingungen der Kommunikationsnetze und -dienste sowie der Zugang hierzu, kartellrechtliche Fälle, Fragen der öffentlichen Vergabe von Leistungen der Informationstechnologien, der elektronischen Vergabe und andere elektronischer Kommunikationsverfahren, wie z.B. elektronischer Rechtsverkehr, elektronische Signatur und digitale Identifizierung.

Das Computerstrafrecht sowie die Verfahrensvorgaben für die Ermittlung in elektronischen Medien sowie die Computerforensik sind ein ständig wachsender Bereich.

Mit der Internationalisierung der Kommunikation, Geschäftsprozesse und des Informationsaustausches gewinnt auch die Kenntnis des internationalen Privatrechts sowie des internationalen Immaterialgüterrechts immer mehr an Bedeutung. Die Kenntnis der internationalen Bezüge des Datenschutzrechtes sind inzwischen unabdingbar.

Mit dem fortschreitenden Einsatz der Möglichkeiten der Künstlichen Intelligenz sind wie so oft in diesem Rechtsgebiet Kreativität und Pioniergeist gefragt.

Das Rechtsgebiet ist gekennzeichnet durch den kontinuierlichen technologischen Fortschritt und das Aufkommen neuer Geschäftsmodelle sowie einem veränderten Nutzerverhalten. Eine Spezialisierung in diesem Bereich erfordert daher das Befassen mit den Branchenentwicklungen und den technischen, fachlichen sowie organisatorischen Begrifflichkeiten. Es bedarf der Kenntnis der Fachtermini sowie der Verfahren und Prozesse der Informationstechnologien in ihren Grundzügen, um befähigt zu sein, Verträge markt- und realitätsnah zu gestalten sowie Schieds- und Gerichtsverfahren in der Beweisführung (vor allem beim Sachverständigenbeweis) effektiv vorzubereiten und zu betreiben.

Ferner bedarf es einer hohen Flexibilität in der Kommunikation mit der Mandantschaft, da diese sich oftmals zusammensetzt einerseits aus Unternehmen der so genannten Old Economy, welche die Technologien einsetzen bzw. sich die weiteren Absatzkanäle über eCommerce zugänglich machen und andererseits Anbietern von Produkten und Dienstleistungen der IT, Internet(-Start-Ups), Freelancern und Verbrauchern. Gerade von IT-Rechtsanwälten erwartet die Mandantschaft darüber hinaus eine direkte und schnelle Kommunikation unter Einsatz der technischen Möglichkeiten, wie sie in den Unternehmen selbst zum Einsatz kommen. Ein besonderes Merkmal ist daher die „Performance", also besonders hohe Anforderungen an die Reaktions- und Bearbeitungsgeschwindigkeit der Kanzlei. Das Hinzuziehen von Rechtsrat erfolgt bei Vertragsverhandlungen oft erst in einem fortgeschrittenen Stadium.

In dem Spezialgebiet dominiert die beratende Tätigkeit z.B. bei der Vertragsgestaltung oder im laufenden Projekt, welches in eine Schieflage geraten ist, gegenüber forensischer Tätigkeit. Dies, da Prozesse insbesondere im Bereich der IT-Projekte zumeist sehr langwierig und zeitintensiv sind. Diese Prozesse sind oftmals nicht ohne Sachverständigengutachten zu betreiben, es sei denn, die Parteien einigen sich unter dem Eindruck rechtlicher Beurteilung auf einen für beide Seiten wirtschaftlich tragbaren Vergleich. Im Bereich des Internetrechts und des Immaterialgüterschutzes sind vermehrt Verfahren des einstweiligen Rechtsschutzes zu bestreiten. Daneben haben sich Schieds- und Schlichtungsverfahren etabliert und werden besonders in Verbraucherrechtsstreitigkeiten auch als Online-Verfahren angeboten.

Für die Tätigkeit in diesem Bereich ist es ferner typisch, dass viele Bereiche der Unternehmen berührt werden und IT-rechtliche Fragen im Zusammenhang mit unternehmens- bzw. konzerninternen Umgestaltungen und Neuerungen entstehen. Daher ist es ratsam, guten Kontakt zu Kollegen aus anderen Rechtsbereichen zu halten bzw. Kooperationen aufzubauen, um größere IT-rechtliche Vorhaben in Unternehmen oder Unternehmensumstrukturierungsmaßnahmen mit den IT-rechtlichen Fragestellungen begleiten zu können.

Die IT-Anwältin/der IT-Anwalt sollten neben der fortlaufenden rechtlichen Weiterbildung Anschluss an die technologischen Entwicklungen halten und selbst eine zeitgemäße Bürokommunikation und Büroorganisation unter Einsatz von modernen Informationstechnologien nutzen (siehe hierzu die Beiträge „Die digitale Kanzlei" unter C). Die Teilnahme an Branchentreffen und Foren ermöglicht das Schritthalten und das Erkennen von IT-Trends sowie den Zugang zur Branche, deren Beteiligte und deren Sprache. Hierbei ist es ferner unerlässlich, hinreichende englische Sprachkenntnisse zu haben, um internationale Lizenz-, Vertriebs- und Kooperationsverträge (mit-)verhandeln und verstehen zu können.

III. Mandatsstruktur

Auf den ersten Blick scheint es für den Bereich der Vertragsgestaltung nur große IT-Anbieter, Lieferanten oder Serviceunternehmen am Markt zu geben, welche von einigen Großkanzleien mit großen Working Groups zu diesem Bereich beraten und begleitet werden. Dies hängt damit zusammen, dass es sich vor allem bei Hardwarelieferanten, zum großen Teil aber auch bei Softwareherstellern, um US-amerikanische Firmen bzw. Töchter solcher Firmen handelt.

Tatsächlich gibt es schon lange in Deutschland eine Vielzahl von kleinen, mittleren und zum Teil großen Anbietern, die sich im Bereich der Programmierung, der Projekte, der Beratung, des Providing u.ä. betätigen. Zum erheblichen Teil handelt es sich dabei um Branchenspezialisten, die keine Rechtsabteilung haben und für die es nicht Routine ist, anwaltliche Beratung in Vertragsverhandlungen hinzuziehen, sondern erst hieran denken, wenn es in den Verhandlungen oder der Zusammenarbeit mit dem Kunden Herausforderungen gibt oder eine Klage droht. Gerade die fehlende Rechtsabteilung in diesen Unternehmen, genauso wie bei der Vielzahl der Unternehmen der neuen Medien, digitalen Services und Inhalte haben spezialisierte Kanzleien auch mit wenigen Berufsträgern Akquisechancen, wenn es ihnen gelingt, die Vorteile der engen Zusammenarbeit mit flexiblen Reaktionszeiten und Konditionen darzustellen.

Neben den Anbietern von Hard-, Software, Netzleistungen sowie begleitenden Services ist selbstverständlich der Kreis der Anwender im unternehmerischen Bereich ein interessanter Markt, welcher ständig im Wachsen begriffen ist. Kaum ein Unternehmen kommt noch ohne IT-Infrastruktur aus, es stellen sich IT-sicherheitsrechtliche und datenschutzrechtliche Herausforderungen genauso wie die Frage des „abmahnsicheren" Webauftritts und Online-Shops des Unternehmens. Gerade in diesem Bereich können spezialisierte Anwältinnen oder Anwälte vom guten Kontakt zu Berufsträgern anderer Rechtsgebiete profitieren, welche oftmals als langjähriger Begleiter in gesellschafts- und zivilrechtlichen Fragen bei der Mandantschaft den Bedarf nach Spezialberatung erkennen. Insofern sind die Anwälte und -anwältinnen in Allgemeinkanzleien bzw. anderer Bereiche als Multiplikatoren oder selbst als Mandanten und Mandantinnen anzusehen. Entsprechend verhält es sich mit der Steuerberatung und der Wirtschaftsprüfung, welche im Rahmen der Unternehmensbegleitung verstärkt die Sicherung der IT-Systeme, die Datenschutz-Compliance sowie des Know-how einschließlich der Nutzungs- und Verwertungsrechte und ESCROW-Vereinbarungen zur Bewertung im Rahmen der Fortführungsprognose nachfragen.

Der Markt ist daneben geprägt von IT-Beratungsunternehmen, welche sowohl die Anbieter- also auch die Kundenseite in der Vorbereitung, Auswahl sowie Projektdurchführung beraten. Hier sind die Gestaltung von Beratungsverträgen sowie die Beratung hinsichtlich der Vermeidung von Haftungsrisiken gefragt. Ein wichtiger Bereich ist die Beratung von Freelancern, also derjenigen, welche als freie Mitarbeiter Programme schreiben, Inhalte erstellen und technisch umsetzen sowie einpflegen. Die Grundzüge der arbeits- und sozialversicherungsrechtlichen Fragestellungen in diesem Bereich sollten den IT-Spezialisten bekannt sein. Auch das sog. body leasing hat sich zu einer relevanten Art und Weise der Personalausstattung sowie Überbrückung von Engpässen in den IT-Abteilungen sowie IT-Projekten etabliert.

Selbstverständlich gehört auch der Bereich der Beratung und Interessenvertretung von Verbrauchern zur Tätigkeit der IT-Rechtler. Hier ist das Spektrum der aufgeworfenen Fragestellungen denkbar breit, von gescheiterten Fernabsatzverträgen, Internet-Abo-Fallen, Filesharing-Abmahnungen, Computerbetrug, defekter Hard- und Software, überhöhten Telefon- und Mobilfunkrechnungen, Auseinandersetzungen in sozialen Netzen bis zu der Frage des Selbstdatenschutzes etc.

IV. Mandantenakquise im IT-Bereich

Über eine Vielzahl von Veranstaltungen, Foren und Verbänden besteht die Möglichkeit, direkten Kontakt zu interessierten Unternehmen zu knüpfen oder Kollegen und Kolleginnen als Multiplikatoren zu gewinnen. Daneben empfiehlt sich natürlich die Akquise bei der Mandantschaft und deren sonstigen Beratern (Verbände, Banken, Datenschutz- und Sicherheitsbeauftragte, IT-Dienstleister etc.), die im IT-Bereich tätig und branchentypisch sind.

Anders als vielleicht die „klassischen" Bereiche finden sich die IT-Firmen viel eher in Fachveranstaltungen, wo man dadurch Akquise leisten kann, dass man möglichst nahe am Problem, mit dem die Firmen sich selber dauernd befassen müssen, referiert. Hier kann die Präsentation zeigen, dass wir die Sprache der Mandanten verstehen und in der Lage sind, die Sachverhalte, die dort relevant werden, lösungsorientiert aufzugreifen und zu bearbeiten.

Typische Mandantenakquise im IT-Bereich findet also auf Veranstaltungen bzw. über das Renommee aus Veranstaltungen statt, ebenso auch über Publikationen, da der Kreis der infrage kommenden Zeitschriften relativ begrenzt und dadurch die Ansprache gezielt ist. Verstärkt gehen die Kolleginnen und Kollegen dazu über die Darstellungsmöglichkeiten im Internet intensiv mit eigenen Blogs, regelmäßigen Nachrichten in Sozialen Netzen, Videokanälen o.ä. zu nutzen und Spezial-Informationsplattformen anzubieten.

V. davit (Arbeitsgemeinschaft Informationstechnologie)

Im DAV haben sich die IT-Anwältinnen und IT-Anwälte in der Arbeitsgemeinschaft IT-Recht im Jahre 1999 zusammengeschlossen. Die davit ist wie alle Arbeitsgemeinschaften im DAV ein rechtlicher unselbstständiger Zusammenschluss unter dem Dach des DAV, deren rund 750 Mitglieder sich besonders den Fragestellungen des IT-Rechts widmen. Die davit bietet ihren Mitgliedern:

- eine Website unter der url www.davit.de, welche Informationen über die Tätigkeit der davit, deren Veranstaltungen sowie die IT-Anwaltssuche aus dem Kreis der davit-Mitglieder bietet,
- Lehrgänge zur Fachanwaltschaft Informationstechnologierecht in Kooperation mit der Deutschen Anwaltakademie,
- regelmäßige Fortbildungsveranstaltungen mit dem Deutschen IT-Rechtstag, dem Bayerischen, Karlsruher, Hamburger, Frankfurter und NRW IT-Rechtstag in Kooperation mit dem DAV, der DAA, örtlichen Anwaltvereinen, Verlagen und Verbänden,
- Diskussion und Information über Fragen des IT-Rechts bei lokalen und Online-Netzwerktreffen auf der Ebene der Gebietsleiter und Fachteams an der Schnittstelle zu anderen Rechtsgebieten,
- Einflussnahme auf die Meinungsbildung und auf die gesetzlichen Rahmenbedingungen im Arbeitsgebiet der davit durch die Kooperation mit dem Gesetzgebungsausschuss Informationstechnologie im DAV,
- Information und Einflussnahme durch Kooperation mit Branchenvereinigungen
- gemeinschaftliches PR für die davit-Mitglieder durch die Teilnahme an Branchenmessen und Aktivitäten in den Sozialen Netzwerken LinkedIn und Twitter,
- Förderung der Zusammenarbeit mit dem FORUM Junge Anwaltschaft, den DAV-Arbeitsgemeinschaften sowie den Auslandvereinen im DAV,
- Informationen zur Geschäftsordnung und Mitgliedschaft der davit erhalten Sie auf der Website www.davit.de. Gremien der davit sind der Geschäftsführende Ausschuss und der Beirat sowie sechs Gebietsleitern. Der Jahresmitgliedsbeitrag beträgt 80 EUR je Geschäftsjahr; für Mitglieder des FORUMs Junge Anwaltschaft bis 5 Jahre nach Zulassung 40 EUR, und ermöglicht zu vergünstigten Konditionen die Teilnahme an den Veranstaltungen der davit, den Bezug z.B. des Der IT- Rechts-Berater aus dem Verlag ottoschmidt, MMR und ZD sowie des Beck online-Modul Multimedia, Sonderkonditionen bei Veranstaltungen der DAA und dem Verlag ottoschmidt sowie die Nutzung der weiteren davit-Mitglieder-Angebote; https://davit.de/mitglied-werden/.

VI. Literatur-Beispiele für die IT-Anwaltschaft

Auer-Reinsdorff/Conrad, Handbuch IT- und Datenschutzrecht, 3. Aufl. 2018

Bräutigam, IT-Outsourcing und Cloud-Computing, 4. Aufl. 2019

Heussen/Kilian, Computerrechts-Handbuch, Informationstechnologie in der Rechts- und Wirtschaftspraxis, Loseblatt, 35. Ergänzungslieferung 2020

Hoeren/Sieber, Handbuch Multimedia Recht, Rechtsfragen des elektronischen Geschäftsverkehrs, Loseblatt, 54. Ergänzungslieferung 2021

Heckmann, PraxisKommentar Internetrecht, 6. Aufl. 2019

Kühling/Kühling, Datenschutzgrundverordnung, Bundesdatenschutzgesetz, 3. Auflage 2020

Redeker, IT-Recht, 7. Aufl. München 2020

Redeker, Handbuch der IT-Verträge, Loseblatt, 43. Ergänzungslieferung 2021
Schneider, Handbuch EDV-Recht, 5. Aufl. 2017
Schneider/von Westphalen, Software-Erstellungsverträge, 2. Aufl. 2013

CR – Computer und Recht
ITRB – Der IT-Rechts-Berater
K&R – Kommunikation und Recht
MMR – Multimedia und Recht
ZD – Zeitschrift für den Datenschutz RDV – Recht der Datenverarbeitung
JurPC – (Elektronische „Zeitschrift").

F.14 MEDIATION – PROFESSIONELLES KONFLIKTMANAGEMENT

RECHTSANWALT UND ZERTIFIZIERTER MEDIATOR STEPHAN SCHMIDT-JOCHUM, NEUNKIRCHEN • MITGLIED IM GESCHÄFTSFÜHRENDEN AUSSCHUSS DER ARBEITSGEMEINSCHAFT MEDIATION IM DAV

„Mediation findet statt", das ist die kurze und für die aktiven Mediatorinnen und Mediatoren erfreuliche Feststellung. Sie findet statt in verschiedenen Bereichen, in denen Konflikte auftreten. Eine vergleichsweise hohe Bedeutung hat die Mediation in den Konfliktsituationen, die durch eine persönliche oder geschäftliche Nähebeziehung der Streitenden geprägt werden. Kennzeichnend für solche Fallgestaltungen ist, dass sich ein Konflikt auf verschiedenen Ebenen auswirkt und die Beteiligten in der Regel auch nach einer mehr oder weniger erfolgreichen Konfliktbearbeitung miteinander in Kontakt stehen.

Rechtsanwältinnen und Rechtsanwälte interessieren sich zunehmend für die Mediation, die Ende der 80er-Jahre noch vornehmlich von nicht juristisch ausgebildeten Mediatorinnen und Mediatoren angewendet wurde. Mit zunehmender Bekanntheit und vor allem Einblick in die Besonderheiten dieser Art von Konfliktbearbeitung wurden immer mehr Rechtsanwälte neugierig und begannen, im Rahmen einer fundierten Ausbildung ihre eigenen Potenziale sowie das Spektrum ihres eigenen Dienstleistungsangebotes zu erweitern.

„Mediation findet statt", das ist auch die Botschaft, die jede junge Rechtsanwältin und jeder junge Rechtsanwalt hören muss. Ihre steigende Bedeutung zwingt zur Beschäftigung mit Mediation, nicht zuletzt mit Inkrafttreten des Mediationsgesetzes im Juli 2012. Dieser Beitrag soll aufzeigen, was man unter Mediation versteht, welche Anwendungsfelder es gibt und wie sich die Mediation in den beruflichen Alltag des Rechtsanwaltes einfügen kann.

I. Begriff und Geschichte der Mediation

Mediation greift die sehr alte Idee der Vermittlung (Mediation stammt aus dem Lateinischen und bedeutet „Vermittlung") zwischen Konfliktparteien auf, die über Jahrhunderte hinweg zu einem wichtigen Mittel der Streitbeilegung gehört hatte, aber in den letzten 100 Jahren zumindest in Mitteleuropa mehr und mehr in Vergessenheit geraten war. Die Wurzeln der Mediation reichen allerdings weit über 2.000 Jahre zurück und sind in verschiedenen Kulturen nachweisbar.

Das Konzept der Mediation in seiner heutigen Form wurde Ende der 60er-/Anfang der 70er-Jahre entwickelt und wissenschaftlich untermauert. Zunächst in den USA, später auch in Europa, griff man die alte Idee der Mediation zur Lösung von Konflikten auf. Mediationsverfahren sind strukturierte Verhandlungsverfahren, die idealerweise Konfliktlösungen hervorbringen, die von allen Beteiligten akzeptiert werden. Sie unterscheiden sich in vielerlei Aspekten von anderen Formen der Konfliktregelung, insbesondere von Gerichtsverfahren oder Schiedsverfahren. Mediation versucht, durch die Anwendung verschiedener Methoden neue Wege zu gehen, um Konflikte anders als für Rechtsanwälte häufig gewohnt – also nicht durch Konfrontation – zu lösen. Sie lässt sich vor allem durch die Einhaltung bestimmter Prinzipien und eines strukturierten Verfahrensablaufes beschreiben, die nachfolgend erläutert werden.

II. Prinzipien der Mediation

Mediation ist im Grundsatz eine bestimmte Verhandlungsmethode. Um Mediation handelt es sich bei Verhandlungen, wenn – als Grundmerkmale – Folgendes gewährleistet ist:

- Die Verhandlungen werden vertraulich geführt.
- Beteiligt sind ein unabhängiger und allparteilicher Dritter als Vermittler sowie möglichst alle betroffenen Parteien, deren Teilnahme freiwillig erfolgt.
- Die Verhandlungen werden ergebnisoffen geführt und
- die Konfliktparteien bestimmen ihre Verhandlungen selbst und treffen Entscheidungen auf der Basis der notwendigen Informationen.

Die Konfliktparteien bestimmen den Ausgang ihrer Verhandlungen und damit die Lösung des entstandenen Konflikts also selbst. Sie geben ihre eigene Entscheidungsgewalt nicht an Dritte, z.B. Richter und Richterinnen oder Schiedsrichter bzw. -richterinnen, ab, sondern verfolgen das Ziel der Problemlösung im Rahmen eines auf Freiwilligkeit beruhenden Verfahrens. Das kann im Einzelfall auch bedeuten, dass sich eine Konfliktpartei für den Abbruch dieser Art von Verhandlung entscheidet, wenn sie nicht mehr als zielführend eingeschätzt wird.

Mediatorinnen und Mediatoren haben keine Entscheidungsbefugnis wie etwa Richterinnen und Richter. Mediatorinnen und Mediatoren unterstützen die Kommunikation zwischen den verschiedenen Konfliktparteien und achten auf einen fairen Verhandlungsablauf. Als allparteiliche Dritte verfolgen sie keine eigenen Interessen, übernehmen aber dennoch eine inhaltliche Mitverantwortung für das Verfahren in Form von Ergebnisorientierung; insofern geht ihre Aufgabe über die eines neutralen Verfahrensmittlers oder Moderators hinaus. Mediatoren versuchen, der Artikulation der Belange aller Beteiligten einen angemessenen Raum zu verschaffen und die Teilnehmer dabei zu unterstützen, ihre eigenen Interessen als Grundlage für die zu treffende Entscheidung herauszuarbeiten.

Während des Aushandlungsprozesses bietet sich die Möglichkeit des wechselseitigen Auslotens von Handlungsspielräumen bei der Suche nach einer konsensualen, zukunftsträchtigen Lösung des Konflikts. Daraus ergibt sich die Chance, neue, bislang unbeachtete Lösungswege zu entdecken, die möglicherweise weit über die ursprünglichen Positionen der beteiligten Konfliktparteien hinausgehen. Diese Suche nach beiderseitig zufriedenstellenden Lösungen unterscheidet sich dabei von der Tätigkeit des Rechtsanwältin oder des Rechtsanwaltes als Parteivertretung, der in erster Linie einseitig die Interessen ihrer oder seiner Partei in den Mittelpunkt seiner Dienstleistung stellt.

Mediation wird in der Regel ergänzend zum gesetzlich normierten Entscheidungsprozess oder zu einem gerichtlichen Verfahren eingesetzt. Sie kann nicht an die Stelle bestehender, gesetzlich festgelegter Entscheidungsstrukturen (etwa Planfeststellungsverfahren oder Ehescheidungsverfahren) treten, sondern findet zusätzlich vorher oder begleitend auf einer informellen Ebene statt. Allerdings können gerichtliche Verfahren, die in der Disposition der Parteien stehen, durch Mediationsverfahren vermieden oder abgekürzt werden.

III. Ablauf eines Mediationsverfahrens

Neben den dargestellten Prinzipien der Mediation ist es vor allem der Ablauf, der kennzeichnend für sie ist und sie von anderen Formen der Konfliktregelung abgrenzt. Der Ablauf von Mediationsverfahren basiert auf einem logischen Prinzip, bei dem ein Schritt auf den anderen folgt, so dass sich eine zwingende Struktur des Verfahrens ergibt. Eine wesentliche theoretische Grundlage der Verfahrensstruktur und damit der Mediation bildet das in den 70er-Jahren an der Harvard-Law-School entwickelte sogenannte „Harvard-Konzept". Dieses allgemeine und anerkannte Konzept zur Bewältigung von Konfliktsituationen hat ein sachgerechtes Ergebnis zum Ziel.

Im Mittelpunkt dieser Verhandlungsstrategie stehen die guten Beziehungen zwischen den Verhandelnden sowie der Wille der Beteiligten, in fairen Verhandlungen einen sachlichen, für alle Parteien möglichst vorteilhaften Konsens zu erzielen. Ziel dieses Konzepts ist es, Konflikte in Verhandlungsprozessen so zu lösen, dass ein Ergebnis nicht auf Kosten einer oder gar mehrerer beteiligter Parteien erzielt wird. Vielmehr stehen die inhaltliche Lösung des Problems und der gleichzeitige Nutzen aller Beteiligten (Win-win-Situation) im Vordergrund dieser Strategie des „sachgerechten Verhandelns".

Die Strategie des Harvard-Konzepts stützt sich auf vier Grundprinzipien:

- Trennung von Personen und Problemen,
- Konzentration auf Interessen anstatt auf Positionen,
- Entwicklung möglichst vieler und zunächst unbewerteter Lösungsmöglichkeiten,
- Entscheidung basierend auf objektiv nachprüfbaren Kriterien.

Aus diesem theoretischen Konzept leitet sich nun die Struktur eines Mediationsverfahrens in mehreren Phasen ab, bei der der nächste Schritt erst dann folgt, wenn der vorhergehende zwingend abgearbeitet ist. Unabhängig von der zentralen Bedeutung für die Struktur der Mediation bietet das Harvard-Konzept auch wertvolle Anhaltspunkte für generelle Verhandlungsstrategien, die für jeden praktizierenden Rechtsanwalt von höchster Relevanz sind.

IV. Anwendungsgebiete der Mediation

Die Einsatzfelder von Mediation sind sehr vielfältig, weil es sich um ein universelles Konfliktlösungskonzept handelt. Hauptanwendungsgebiet sind Streitigkeiten im familiären Kontext, vor allem bei familienrechtlichen und erbrechtlichen Konflikten. Auf diesem Gebiet arbeiten in Deutschland die meisten Mediatorinnen und Mediatoren, neben Rechtsanwältinnen und Rechtsanwälten vor allem auch Angehörige psychosozialer Berufe. Man setzt sie darüber hinaus zunehmend bei Streitigkeiten innerhalb oder zwischen Unternehmen, zwischen Unternehmen und Behörden und zwischen Unternehmen und dem nachbarschaftlichen Umfeld ein (Wirtschaftsmediation). Weiterhin kennt man die Mediation im arbeitsrechtlichen Kontext (Streitigkeiten zwischen Arbeitgebern und Arbeitnehmern bzw. Arbeitnehmern untereinander, z.B. in beamtenrechtlichen Verfahren oder bei Streitigkeiten zwischen Kollegen in einer Abteilung), die Schulmediation (bei schulischen Auseinandersetzungen zwischen Schülerinnen und Schülern, Eltern und dem Lehrerkörper), die politische Mediation (Mediation im internationalen Bereich, z.B. Camp David: Abkommen zwischen Israel und Ägypten, Befriedungsaktionen im ehemaligen Jugoslawien, „good friday"-Abkommen in Nordirland, Gefangenenaustausch zwischen Israel und Palästina im Januar 2004 usw.) und die Mediation nachbarschaftlicher Streitigkeiten (auch interkultureller Art).

Über diese Anwendungsgebiete hinaus gibt es Mediation im öffentlichen Bereich. Damit wird der Einsatz der Mediation bei umweltrelevanten Bau- und Planungsvorhaben beschrieben. Andere Anwendungsmöglichkeiten sind selbstverständlich denkbar und versprechen immer dann Aussicht auf Erfolg, wenn die Streitparteien auch nach Bewältigung eines Konflikts weiter in Kontakt zueinander stehen und ihr Verhältnis zueinander einer Regelung bedarf. So wurden in den letzten Jahren vor allem Konflikte im Zusammenhang mit privaten Bauvorhaben oder bei der Unternehmensnachfolge in Familienbetrieben Gegenstand mediativer Verfahren. Sogar im Bereich des Sports sammelt man inzwischen erste Erfahrungen mit dem Einsatz der Mediation, beispielsweise bei Differenzen von Profivereinen über vertragliche Fragen.

Eher weniger geeignet ist die Mediation bei „Einmalkonflikten", bei dem die Streitparteien nur einmal aufeinandertreffen und danach keine weitere Beziehung zueinander aufrechterhalten (z.B. Schadensersatz bei Verkehrsunfall). Besonders groß ist die Bedeutung der Mediation in den Konstellationen, in denen sich die Wege der Streitenden aus welchen Gründen auch immer nicht nach durchgestandenem Konflikt trennen können, selbst wenn die Beteiligten es wollten. Gerade hier zeigt sich die besondere Relevanz der Mediation für den die Rechtsanwältin bzw. den Rechtsanwalt, die oder der in ihrer oder seiner Praxis als Berater seiner Partei in vielen Lebens- und Konfliktlagen anbieten kann, nachhaltige und angemessene Konfliktlösungen für und mit ihrer/seiner Mandantschaft gemeinsam zu entwickeln. Besonders im wirtschaftlichen Bereich, bei Konflikten in oder zwischen Unternehmen, spielt dies eine große Rolle, weil häufig langjährige Geschäftsbeziehungen oder Fragen der Darstellung nach außen mit der Bewältigung eines Konflikts verbunden sind.

V. Mediation im Alltag des Rechtsanwalts

Für die praktizierende Rechtsanwaltschaft gibt es seit Inkrafttreten des Mediationsgesetzes eine Vielzahl an Berührungspunkten mit der Mediation in seiner täglichen Arbeit. So soll gemäß § 253 Abs. 3 Nr. 1 ZPO bereits in der Klageschrift Angaben darüber enthalten sein, ob der Klageerhebung der Versuch einer Mediation oder eines anderen Verfahrens der außergerichtlichen Konfliktbeilegung vorausgegangen ist, sowie eine Äußerung dazu, ob einem solchen Verfahren Gründe entgegenstehen. Weiter sieht § 278 a ZPO vor, dass das Gericht den Parteien eine Mediation oder ein anderes Verfahren der außergerichtlichen Konfliktbeilegung vorschlagen kann (Abs. 1). Entscheiden sich die Parteien zur Durchführung einer Mediation oder eines anderen Verfahrens der außergerichtlichen Konfliktbeilegung, ordnet das Gericht das Ruhen des Verfahrens an (Abs. 2). Gemäß § 278 Abs. 5 ZPO kann das Gericht die Parteien für die Güteverhandlung sowie für weitere Güteversuche vor hierfür bestimmte und nicht entscheidungsbefugte Richterinnen und Richter (Güterichterinnen/-richter) verweisen.

Besonders hinzuweisen ist in diesem Zusammenhang auf die durch das Mediationsgesetz geprägten Neuerungen in familiengerichtlichen Verfahren gemäß §§ 36, 36 a, 135, 155, 165 FamFG. So sieht § 135 FamFG vor, dass das Familiengericht zur Förderung außergerichtlicher Streitbeilegung über Folgesachen „anordnen kann, dass die Ehegatten einzeln oder gemeinsam an einem kostenfreien Informationsgespräch über Mediation (...) teilnehmen und eine Bestätigung hierüber vorlegen." Eine vergleichbare Regelung sieht § 156 FamFG in Kindschaftssachen vor.

Rechtsanwältinnen oder Rechtsanwäte, die einen Rechtsstreit im Bezirk eines mit der Mediation vertrauten Gerichts führt, muss also damit rechnen, dass sie sich intensiver mit dem Thema Mediation und seinen Auswirkungen auf den Rechtsstreit, sich selbst und seine Mandanten befassen müssen! Daher ist es für die Rechtsanwältin oder den Rechtsanwalt sicher hilfreich, zumindest Grundkenntnisse der Mediation zu besitzen, auch über die im Rahmen der juristischen Universitätsausbildung (vielleicht) erworbene Schlüsselqualifikation (vgl. § 5 a Abs. 3 DRiG) hinaus.

Eine substanziell weit anspruchsvollere Schnittstelle der Rechtsanwaltschaft mit der Mediation im beruflichen Alltag besteht darin, diese Form der Konfliktregelung in das eigene Dienstleistungsangebot aufzunehmen. Auch wenn bisher die Fallzahlen für Mediation noch eher gering sind und es vermessen wäre, zu behaupten, dass mit Mediation das große Geld zu verdienen ist, so nimmt ihre Bedeutung im Alltag doch nicht zuletzt wegen des wachsenden Bekanntheitsgrades kontinuierlich zu. Die Fälle, in denen gezielt nach Mediation gefragt wird, werden steigen, ebenso wie Anfragen von Kolleginnen und Kollegen und aktiven Mediatorinnen und Mediatoren, ob in einem Streitfall auch die Mediation als Alternative zur streitigen Auseinandersetzung infrage kommt. Und in Zeiten zunehmend starker Konkurrenz der Rechtsanwaltschaft auf einem hart umkämpften Markt ist es nicht zuletzt ein Marketingargument, wenn Mediation als zusätzliche Qualifikation angeboten werden kann.

VI. Mediation und Berufsrecht

Dass Mediation eine anwaltliche Aufgabe ist, ist in Judikatur und Literatur unbestritten. § 18 BORA lautet:

> *„Wird der Rechtsanwalt als Vermittler, Schlichter oder Mediator tätig, so unterliegt er den Regeln des Berufsrechts."*

Rechtsanwältinnen und Rechtsanwälte sind, beherrschen sie die Notwendigkeiten des Mediationsverfahrens, zur Durchführung von Mediation besonders geeignet. § 43 a Abs. 2 BRAO erklärt die Schweigepflicht zur anwaltlichen Grundpflicht. § 2 BORA wiederholt und verstärkt das. Die §§ 203 StGB, 53 Abs. 1 Nr. 3 StPO, 383 Abs. 1 Nr. 6 ZPO bestimmen die Rechtsanwältin oder den Rechtsanwalt zum Geheimnisträger und gewähren ihm (unabhängig von den Bestrebungen des Gesetzgebers, das Prinzip der Vertraulichkeit in der Mediation grundsätzlich zu schützen) das Zeugnisverweigerungsrecht. § 356 StGB stellt den etwaigen Parteiverrat des Rechtsanwaltes unter Strafe. Das anwaltliche Berufsrecht, das über die Grundsätze der Vertraulichkeit und Verschwiegenheit das gesamte im Rahmen der Mediation erlangte Wissen schützt, prädestiniert die Rechtsanwältin und den Rechtsanwalt daher zur berufenen Mediatorin oder Mediator. Das gilt jedenfalls für die Mediation in rechtlichen Angelegenheiten, bei denen sich die Mediatorin oder der Mediator trotz allem Zwang zur Unabhängigkeit nicht immer dem Wunsch der Parteien entziehen kann, auch rechtliche Aspekte mit in das Verfahren einfließen zu lassen. Gegenüber den Angehörigen anderer Berufsgruppen, aus denen sich Mediatorinnen und Mediatoren rekrutieren, haben Rechtsanwältinnen und Rechtsanwälte hier einen wichtigen Vorteil, den das anwaltliche Berufsrecht ihnen garantiert.

VII. Vergütungsregelungen in der Mediation – § 34 RVG

Die Frage der Vergütung im Rahmen der Mediationstätigkeit war lange Zeit umstritten. Das RVG, mit dem die BRAGO abgelöst wurde, hat hierzu Klarheit geschaffen. Anwaltliche Mediatorinnen und Mediatoren rechnen ihre Leistung auf dem Gebiet der Mediation in der Regel nach Zeithonorar ab. § 34 des RVG bestimmt:

> *„… für die Tätigkeit als Mediator soll der Rechtsanwalt auf eine Gebührenvereinbarung hinwirken, …. Wenn keine Vereinbarung getroffen worden ist, erhält der Rechtsanwalt Gebühren nach den Vorschriften des bürgerlichen Rechts. …"*

Die Stundensätze sind unterschiedlich und reichen von 50 EUR bis über 400 EUR pro Stunde. Eine im Auftrag der Arbeitsgemeinschaft Mediation im DAV angefertigte Studie ermittelte kürzlich einen Durchschnittswert von 180–250 EUR. Handelt es sich um aufwendigere Mediationsverfahren (z.B. solche im öffentlichen Bereich), so wird in der Regel nach Tagessätzen zwischen 800 EUR und 2.500 EUR abgerechnet.

VIII. Ausbildung in Mediation

Viele Rechtsanwältinnen und Rechtsanwälte meinen, dass Mediation nichts anderes sei als das, was sie im Rahmen der täglichen Praxis leisten: verhandeln und Einigungen erzielen. Das ist schlicht falsch. Mediation bedeutet für die Rechtsanwaltschaft ein Zurücknehmen der eigenen Rolle als Parteivertretung, ein Einlassen auf neue Formen der Verhandlung und Kommunikation sowie ein verändertes Verhältnis zur Mandantschaft. Das muss man und das kann man lernen. Eine fundierte Ausbildung ist unerlässlich, wenn Anwältinnen und Anwälte als Mediatorinnen und Mediatoren tätig sein wollen. Dies bestimmt nicht zuletzt § 7 a BORA und § 5 MediationsG, wonach sich Rechtsanwältinnen und Rechtsanwälte (nur) als Mediatorinnen und Mediatoren bezeichnen dürfen, wenn sie durch eine geregelte Ausbildung nachweisen können, dass sie die Grundsätze des Mediationsverfahrens beherrschen.

Zu den Ausbildungsinhalten, die erlernt werden müssen, gehören vor allem Kenntnisse in Kommunikation, Visualisierung, Gesprächsführung, Fragetechniken und Deeskalationstechniken, die theoretisch, aber vor allem in der praktischen Anwendung eingeübt werden. Für eine fundierte Grundausbildung in Deutschland müssen mindestens 120 Stunden abgeleistet sowie Kosten ab etwa 3.000 EUR eingeplant werden.

Ausbildungsangebote gibt es mittlerweile in ausreichender Anzahl in Deutschland. Die Deutsche Anwaltakademie bietet ebenso wie beispielsweise die Fernuniversität Hagen oder Universität Frankfurt/Oder eine fundierte Ausbildung an, um drei der Wichtigsten an dieser Stelle zu nennen. Mittlerweile gibt es eine Reihe anderer staatlicher und privater Anbieter, die qualifizierte Ausbildungen offerieren. Ein Blick ins Internet verdeutlicht die Vielzahl der Möglichkeiten und die Qual der Auswahl. Für Letzteres ist es nach Ansicht des Verfassers enorm hilfreich, wenn sich der Interessent einmal mit einer Absolventin oder einem Absolventen früherer Ausbildungsgänge des Anbieters über die Ausbildung unterhält. Seriöse Anbieter werden sicher gerne entsprechende Referenzen zur Verfügung stellen.

IX. Die Arbeitsgemeinschaft Mediation im DAV

Der Deutsche Anwaltverein hat die Bedeutung der Mediation erkannt und bereits im Jahre 1998 die Arbeitsgemeinschaft Mediation gegründet, der mittlerweile rund 660 Rechtsanwältinnen und Rechtsanwälte angehören. Die Arbeitsgemeinschaft informiert jährlich auf dem Deutschen Anwaltstag mit mehreren Veranstaltungen, um ihre Mitglieder und interessierte Kolleginnen und Kollegen mit besonderen Aspekten der Mediation vertraut zu machen. Die zweitägige Fachtagung im Herbst greift stets aktuelle Themen auf und versucht, die anstehenden Fragen im Dialog und in praktischer Übung zwischen Referierenden und Teilnehmenden zu bearbeiten. Lokale Veranstaltungen der Arbeitsgemeinschaft in Kooperation mit den örtlichen Anwaltvereinen bringen die Mediation den Kolleginnen und Kollegen vor Ort nahe. Darüber hinaus unterhält die Arbeitsgemeinschaft eine Homepage (http://mediation.anwaltverein.de sowie www.anwaltverein.de Stichwort: „Arbeitsgemeinschaft Mediation"), gibt monatlich einen Newsletter für ihre Mitgliedschaft mit aktuellen

Informationen heraus und steht als Ansprechpartnerin für Fragen rund um das Thema Mediation zur Verfügung. Eine Mediatorenliste gibt Interessierten die Möglichkeit, schnell qualifizierte Rechtsanwältinnen und Rechtsanwälte, die zugleich Mediatorinnen und Mediatoren sind, zu finden. Ansprechpartnerinnen und -partner für interessierte Leserinnen und Leser sind im Deutschen Anwaltverein Frau Rechtsanwältin *Nicole Narewski*, Telefon: +49 30 726152-128, sowie die Mitglieder des Geschäftsführenden Ausschusses (Adressen auf der angegebenen Homepage).

X. Fazit: Die Beschäftigung mit der Mediation ist notwendig

Die Bedeutung der Mediation nimmt ständig zu. Diese Feststellung ist unbestritten und erfordert vom praktizierenden Rechtsanwalt und von der praktizierenden Rechtsanwältin eine Beschäftigung mit den Merkmalen und Besonderheiten des Verfahrens. Ohne Ausbildung im spezifischen Mediationsverfahren und ohne das ausgeprägte Bewusstsein, dass Mediation ein geeignetes Verfahren zur Konfliktregelung im Sinne einer einverständlichen Lösung durch die Parteien selbst, auch unter Begleitung ihrer eigenen Rechtsanwältinnen und Rechtsanwälte, ist, sollte Mediation mit einer oder einem Rechtsanwältin oder Rechtsanwalt als Mediatorin oder Mediator nicht stattfinden. Allerdings sollten – mehr als bisher – Anwältinnen und Anwälte ihrer Mandantschaft zur Mediation raten und sie in die Mediation, auch wenn sie selbst keine Mediatorinnen und Mediatoren sind, begleiten. Die Mediatorinnen oder der Mediator begreift den Konflikt nicht als unlösbar. Der Konflikt bietet vielmehr zusätzliches Potenzial, das die Erarbeitung einer gemeinsamen Lösung zum Nutzen aller Beteiligten erfordert und ermöglicht. Unverzichtbar zur Erreichung dieses Zieles ist, dass die Gesprächsbereitschaft zwischen den Konfliktparteien besteht. Weil das Mediationsverfahren die Allparteilichkeit der Mediatorin oder des Mediators voraussetzt, müssen sich Rechtsanwältinnen und Rechtsanwälte als Mediatorinnen und Mediatoren für einen Rollenwechsel öffnen. Nicht mehr der einseitige Interessenvertreter, die Rechtsanwältin oder der Rechtsanwalt als Dobermann und Landsknecht für die Interessen seiner Partei, sondern der überparteiliche, neutrale Dritte und Helfer auf dem Weg, dem Interesse beider Parteien an der einverständlichen Lösung ihres Konflikts zum Durchbruch zu verhelfen, ist die Aufgabe des anwaltlichen Mediators oder der anwaltlichen Mediatorin. Die Beschäftigung mit der Mediation bereichert nicht nur die Parteien, sondern auch den beruflichen Alltag der Rechtsanwaltschaft. Daher lohnt es sich, intensiver über die Mediation nachzudenken und sie als Teil des beruflichen Spektrums anzusehen. Dies gilt in Zukunft umso mehr, denn Mediation findet mehr und mehr statt.

Bedingt durch die aktuelle Pandemielage stellt sich die Frage, ob und wie Präsenzmediationen noch durchgeführt werden können; letztendlich lebt die Mediation von der Kommunikation, die einen hohen Anteil nonverbaler Elemente enthält. Die Möglichkeit einer Online-Mediation wirkt daher auf den ersten Blick untauglich. Gleichwohl lässt sich der reale Raum durch einen virtuellen Raum ersetzen. Denkbar sind hierfür Chatfunktionen, Audio- und Videotechnologien oder komplett digitale Räume. Wie bei einer Präsenzmediation ist es möglich, Dokumente für alle sichtbar zu machen, Themen zu visualisieren und auch Kreativtechniken einzusetzen.

Entscheidend ist jedoch auch hier, die Vertraulichkeit des Mediationsverfahrens zu gewährleisten. Es sollte daher eine schriftliche Zusicherung aller Beteiligten eingeholt werden, dass keine weiteren Personen mit ihnen den „virtuellen Raum" betreten. Letztendlich sind der Datenschutz und die Datensicherheit so umfassend wie möglich sicherzustellen.

Die moderne Technik ermöglicht inzwischen vieles, was eine Präsenzmediation nicht zwingend erforderlich macht. Der reale Raum lässt sich ohne Weiteres durch den virtuellen Raum ersetzen. Die Durchführung des Mediationsverfahrens ist daher auch in schwierigen Zeiten möglich. Seien Sie mutig und probieren Sie die neuen Tools aus.

XI. Weiterführende Adressen

Weiterführende Informationen über Mediation, Mediatoren und Kontaktadressen finden sich im Internet unter anderem:

- Arbeitsgemeinschaft Mediation im DAV – http://mediation.anwaltverein.de oder www.anwaltverein.de
- Förderverein Mediation im öffentlichen Bereich e. V. – www.umweltmediation.info
- Deutsche Gesellschaft für Mediation e. V. – www.dgm-web.de
- Bundesarbeitsgemeinschaft für Familienmediation e. V. – www.bafm-mediation.de
- Bundesverband Mediation e. V. – www.bmev.de
- Centrale für Mediation – www.centrale-fuer-mediation.de
- Deutsches Forum für Mediation – http://www.deutscher-mediationsrat.de

XII. Literaturhinweise

*Duve/Eidenmüller/*Hacke, Mediation in der Wirtschaft, 3.Aufl. 2019

Fisher/Ury/Patton, Das Harvard-Konzept, 26. Aufl. 2018

Haft/von Schlieffen, Handbuch für Mediation, 3. Aufl. 2016

Ponschab/Schweizer, Kooperation statt Konfrontation – Neue Wege anwaltlichen Verhandelns, 2. Aufl. 2010

ZKM – Zeitschrift für Konfliktmanagement, Otto-Schmidt-Verlag, erscheint 2-monatlich. Konfliktdynamik, Klett-Cotta-Verlag, erscheint vierteljährlich

F.15 Medizinrecht

Rechtsanwalt Prof. Dr. iur. Martin Stellpflug, Berlin • Vorsitzender der Arbeitsgemeinschaft Medizinrecht im DAV

I. Definition des Medizinrechts

Im Jahre 2005 ist die Fachanwaltschaft Medizinrecht eingeführt worden. Nach der Fachanwaltsstatistik der BRAK – Stand 1.1.2020 – haben bundesweit 1.822 Rechtsanwältinnen und Rechtsanwälte die Befugnis zur Führung der Fachanwaltsbezeichnung Medizinrecht erlangt. Bevor auf die Voraussetzungen für den Erwerb der Fachanwaltsbezeichnung Medizinrecht eingegangen werden soll, erscheint es sinnvoll, zu klären, was unter „Medizinrecht" zu verstehen ist.

Medizinrecht lässt sich begreifen als Summe der Rechtsnormen, die sich unmittelbar oder mittelbar auf die Ausübung der Heilkunde beziehen. Medizinrecht umfasst damit sehr viel mehr als „Arztrecht", nämlich alle rechtlichen Regelungen, die die Entwicklung, Herstellung und Anwendung medizinischer Güter und Dienstleistungen und die Forschung in diesem Bereich betreffen. Konkret: Medizinrecht umfasst das Arztrecht i.e.S., das Krankenhausrecht, das Apothekenrecht, das Heilberufsrecht, Biomedizinrecht, Arzneimittelrecht, Medizinprodukterecht, Heilmittelwerberecht, das Recht der gesetzlichen Krankenversicherung, hier insbesondere Vertragsarztrecht, Recht der Institutionen der gesetzlichen Krankenversicherung und Krankenkassenorganisationsrecht sowie Behandlerhaftungsrecht (üblicherweise als Arzthaftungsrecht bezeichnet), Krankenhaushaftungs- und -finanzierungsrecht, Haftungsrecht der Unternehmen etwa im Bereich der Arzneimittelhaftung, der Produkthaftung oder der Produzentenhaftung, schließlich Wettbewerbsrecht sowie eine Vielzahl von spezialgesetzlichen Regelungen wie z.B. das Embryonenschutzgesetz, das Transplantationsgesetz, das Transfusionsgesetz etc. Hinzu kommt seit einigen Jahren auch der stetig wachsende Bereich des „Digital Health" mit Spezialgesetzen zum Gesundheitsdatenschutz, zur Datensicherheit und zu unterschiedlichen Formen der Fernbehandlung.

Inhaltlich umfasst das Medizinrecht u.a. Themenstellungen wie Haftpflicht der Behandelnden, Aufklärungs- und Dokumentationspflicht der Behandelnden, Schweigepflicht, Gebührenrecht der Behandelnden, Vertragsarztrecht, Recht ärztlicher Berufsorganisationen, Entgeltfragen im Krankenhausbereich, Fragen des Risikomanagements in Krankenhäusern und Praxen Niedergelassener, Kooperationen zwischen Erbringern medizinischer Dienstleistungen jedweder Art, Fragen der Sicherheit von Arzneimitteln und Medizinprodukten.

Teilbereiche des Medizinrechts sind dem Zivilrecht, dem öffentlichen Recht oder auch dem Strafrecht zugeordnet. Ein nur sektoraler Zugang in den Grenzen des traditionellen juristischen Fächerkanons wird zahlreichen Sachfragen des Medizinrechts allerdings nicht gerecht, weil der jeweilige Regelungskomplex verschiedene herkömmliche Rechtsgebiete betrifft.

Die sorgfältige Mandatswahrnehmung bspw. in Behandlerhaftungsverfahren, bei Verordnungsregressen oder arzneimittelrechtlichen Zulassungsverfahren setzt neben profunden Kenntnissen von Rechtsprechung und Verwaltungspraxis zwar keine vertieften medizinischen oder pharmazeutische Kenntnisse voraus, wohl aber die Bereitschaft der Medizinrechtlerinnen und Medizinrechtler – seien sie auf Patienten- oder Behandlerseite tätig –, sich mit medizinischen Fragestellungen zu beschäftigen. Sie müssen in der Lage sein, Behandlungsunterlagen auszuwerten und Antragsunterlagen oder Sachverständigengutachten nachzuvollziehen, auch wenn sie aufgrund mangelnder eigener naturwissenschaftlicher Kompetenz Gutachten nicht infrage stellen, sondern nur auf ihre zusätzliche (prozessuale) Abklärung drängen können.

Weitere Beispiele:

Verträge über den Verkauf einer ärztlichen, zahnärztlichen oder psychotherapeutischen Praxis, über die Gründung einer Berufsausübungs- oder Organisationsgemeinschaft, Kooperationsvereinbarungen zwischen Leistungserbringern und Krankenhäusern und zwischen Heilberuflern und Angehörigen anderer Fachberufe, Regelungen über die Gründung sogenannter Medizinischer Versorgungszentren lassen sich nicht fertigen ohne Kenntnisse nicht nur gesellschaftsrechtlicher und steuerrechtlicher Fragen, sondern insbesondere auch nicht ohne Kenntnis der zwingenden Regelungen des Vertragsarztrechts einschließlich des Zulassungsrechts und des ärztlichen Berufsrechts. Reine im Gesellschaftsrecht tätige Rechtsanwältinnen und Rechtsanwälte, die keinen Zugang zum Vertragsarztrecht oder dem Berufsrecht der Heilberufe haben, befinden sich in der Gefahr, Gestaltungsmöglichkeiten zu wählen, die wegen Verstoßes gegen vertragsarzt- oder berufsrechtliche Regelungen nichtig sind oder (strafrechtliche) Haftungsrisiken begründen („Compliance").

Verstöße gegen vertragsarztrechtliche Regelungen müssen nicht nur gesehen werden unter dem Aspekt des Verlustes von Vergütungsansprüchen, sondern weisen auch häufig strafrechtliche Bezüge auf, etwa wenn nach außen die Existenz einer Berufsausübungsgemeinschaft, z.B. in der Form einer ärztlichen Gemeinschaftspraxis, vorgegeben wird, in Wirklichkeit aber nur eine Scheingemeinschaftspraxis vorliegt. Nur den Juristen, die neben gesellschaftsrechtlichem Know-how auch über besondere Kenntnisse im Vertragsarztrecht, im vertragsärztlichen Zulassungsrecht und damit in Fragen des ärztlichen Statusrechts verfügen, erschließen sich die entscheidenden Fragestellungen und die passenden Gestaltungsmöglichkeiten.

Die Beispiele ließen sich beliebig vermehren. Sie sollen aufzeigen, dass medizinrechtliche Fragestellungen die Spezialistin und den Spezialisten erfordern und dass auch der Markt spezialisierte Medizinrechtlerinnen und Medizinrechtler nachfragt.

Patienten, Behandelnde und Krankenhausträger in Fällen der Behandlerhaftung, nicht zu vergessen die Versicherer, Krankenhäuser und Ärzteschaft bei Fragen des Outsourcens von Krankenhausabteilungen oder aber des Insourcens von niedergelassenen Ärztinnen und

Ärzten in den Krankenhausbereich benötigen den Rat spezialisierter Medizinrechtlerinnen und Medizinrechtler. Nur wer das Gesundheitswesen in seinen Strukturen und Regelungsmechanismen kennt, kann bei der Entwicklung von Strategien helfen, Produkte und Dienstleistungen in der Gesetzlichen Krankenversicherung anbieten zu können („Market-Access"). Rat ist auch gefragt bei Fragen der Übernahme von Praxen („Due Diligence"), des Eintritts in ärztliche Kooperationen, bei Kooperationen mit nicht ärztlichen Berufsangehörigen, bei Fragen wirtschaftlicher Praxisführung, des Riskomanagements in Praxen und Krankenhäusern, der Implementierung von Compliance-Systemen in Einrichtungen des Gesundheitswesens, bei ambulanten Leistungserbringern in Fällen der Wirtschaftlichkeitsprüfung ihrer Behandlungs- und Verordnungsweise oder der Plausibilitätskontrolle ihrer ärztlichen/zahnärztlichen/psychotherapeutischen Leistungserbringung, um nur einzelne Fragestellungen aufzuzeigen. Der Kanon der Fragestellungen im Medizinrecht ist aber sehr viel umfassender.

II. Berechtigung zum Führen der Fachanwaltsbezeichnung

Für die Verleihung einer Fachanwaltsbezeichnung haben Antragstellende gem. § 2 Abs. 1 FAO besondere theoretische Kenntnisse und besondere praktische Erfahrungen nachzuweisen.

Der Erwerb der besonderen theoretischen Kenntnisse setzt in der Regel voraus, dass die Anwältin/der Anwalt an einem auf die Fachanwaltsbezeichnung vorbereitenden anwaltsspezifischen Lehrgang teilgenommen hat, der alle relevanten Bereiche des Fachgebiets umfasst.

Der Erwerb besonderer praktischer Erfahrungen auf dem Gebiet des Medizinrechts setzt voraus, dass die Anwältin oder der Anwalt innerhalb der letzten drei Jahre vor der Antragstellung im Bereich des Medizinrechts anwaltlich persönlich und weisungsfrei 60 Fälle bearbeitet hat, davon mindestens 15 rechtsförmliche Verfahren, davon wiederum mindestens 12 gerichtliche Verfahren, wobei sich die Fälle auf mindestens drei verschiedene Bereiche des § 14 b Nr. 1–8 FAO beziehen müssen, davon wiederum mindestens auf jeden der drei Bereiche drei Fälle. In diesem Zusammenhang soll nicht unerwähnt bleiben, dass die Fallzahl auf dem Gebiet des Medizinrechts eher niedrig angesetzt sein dürfte, sind doch im Verwaltungsrecht etwa 80 Fälle, davon mindestens 30 gerichtliche Verfahren, nachzuweisen, im Arbeitsrecht 100 Fälle, im Familienrecht 120 Fälle, im Bau- und Architektenrecht 80 Fälle, im Erbrecht 80 Fälle etc.

§ 14 b FAO listet die Bereiche auf, in denen die Medizinrechtlerin oder der Medizinrechtler besondere Kenntnisse nachzuweisen haben. Auf diese Auflistung soll verwiesen werden, da sie schon eingangs im Wesentlichen aufgeführt worden ist.

Nur wenige Medizinrechtlerinnen und Medizinrechtler werden auf der gesamten Breite aller Bereiche des Fachgebietes Medizinrecht tätig sein. Als „Medizinrechtlerinnen und Medizinrechtler" im klassischen Sinne – im Gegensatz zum Fachanwaltstitel – verstanden sich früher nur diejenigen, die die Kernbereiche zivil- und strafrechtlicher Haftung, des Rechts der privaten und gesetzlichen Krankenversicherung einschließlich Vertragsarztrecht, des Berufsrechts der Heilberufe, des Vertrags- und Gesellschaftsrechts der Heilberufe und des Vergütungsrechts abzudecken vermochten. Mittlerweile beschränken sich viele Medizinrechtlerinnen und Medizinrechtler auf Spezialgebiete bspw. des Arznei- und Medizinprodukterechts, des Apothekenrechts, des Krankenhaus(planungs)rechts oder des Gesundheitsdatenschutzrechts. Jedenfalls ist heute die Subspezialisierung innerhalb des Medizinrechts in vollem Gange, wobei auch in der Subspezialisierung die Kenntnisse des gesamten Medizinrechts für die profunde Beratung essenziell und für die Fachanwältin oder den Fachanwalt für Medizinrecht prägend sind.

III. Medizinrecht und Gesellschaft

Medizinrecht ist ein Betätigungsfeld für eine Anwaltschaft, die zum einen Interesse an Medizin und medizinrechtlichen Fragestellungen hat, zum anderen in einem breiten – zu integrierenden – Fächerkanon aus unterschiedlichen Rechtsgebieten arbeiten und dabei herkömmliche juristische Disziplingrenzen überwinden will.

IV. Akquise

Die Mandantenstruktur im Medizinrecht ist inhomogen, sie umfasst Patientinnen und Patienten, Ärztinnen und Ärzte, Zahnärztinnen und Zahnärzte, Psychotherapeutinnen und Psychotherapeuten, Angehörige medizinischer Fachberufe und Anbietende medizinischer Sach- und Dienstleistungen, Krankenhausträger, Versicherungen, Apothekerinnen und Apotheker, Unternehmen, die Medizinprodukte oder Arzneimittel herstellen, Verbände, Institutionen, etc.

Akquisition im medizinrechtlichen Bereich ist ebenso schwierig wie in anderen Bereichen.

Als nützlich erweisen sich Vorträge bei Verbraucher- und Patientenverbänden, bei Ärztlichen Organisationen und Verbänden, im Krankenhausbereich etwa über Haftungsfragen, das Erstellen von Newslettern für in Betracht kommende Mandantengruppen, die gute Homepage, die potenziellen Mandanten zeigt, auf welchen Teilgebieten des Medizinrechts gearbeitet wird, und die Informationen zu wichtigen medizinrechtlichen Fragen enthält und ggf. auch Hinweise auf eigene Publikationen. Nicht zu unterschätzen: Eine gute Vernetzung unter den im Medizinrecht tätigen, gepflegt durch den regelmäßigen Besuch der Tagungen der AG Medizinrecht, kann zu kollegialen Empfehlungen bei Interessenkollisionen oder Subspezialisierung führen. Und: Eine gute Mandatsführung spricht sich rasch herum und bringt neue Kontakte.

V. Die AG Medizinrecht

Fortbildung im Bereich des Medizinrechts ist – wie in allen Rechtsgebieten – unabdingbar. Viele qualifizierte Seminaranbieter halten entsprechende Fortbildungsmaßnahmen bereit. Wer den Fachanwaltstitel führt, muss jährlich mindestens 15 Zeitstunden für Fortbildung nachweisen. Wichtig ist aber auch ein Erfahrungsaustausch mit anderen Medizinrechtlerinnen und Medizinrechtlern. Die größte medizinrechtliche Vereinigung in Deutschland ist die Arbeitsgemeinschaft Medizinrecht im DAV, die zurzeit ca. 1.800 Mitglieder hat.

Innerhalb der Arbeitsgemeinschaft besteht die Möglichkeit zur Mitgliedschaft in 9 Arbeitsgruppen: Vertragsarztrecht, Krankenhausrecht, Leistungs- und Vergütungsrecht, Vertragsgestaltung, Medizinstrafrecht, Arzthaftungsrecht, Berufsrecht, Arzneimittel-, Medizinprodukte- und Apothekenrecht, Digital Health.

Die Arbeitsgemeinschaft Medizinrecht im DAV veranstaltet jährlich zwei 2-tägige Fortbildungsveranstaltungen und bietet eigene Seminare zu medizinrechtlichen Themen an – auch online. Sie gibt eine Schriftenreihe heraus und eine eigene medizinrechtliche Zeitschrift, die Zeitschrift für das Gesamte Medizin- und Gesundheitsrecht (ZMGR). In der Arbeitsgemeinschaft versammelt sich ein Großteil der bekanntesten Anwältinnen und Anwälte des Medizinrechts. Sie bietet aber gerade auch jüngeren oder weniger erfahreneren Kolleginnen und Kollegen die Möglichkeit, im Dialog mit bereits langjährig spezialisierten Medizinrechtlerinnen und Medizinrechtlern das eigene Know-how zu verbessern.

F.16 MIETRECHT UND WEG

RECHTSANWALT NORBERT SCHÖNLEBER, KÖLN • MITGLIED IM GESCHÄFTSFÜHRENDEN AUSSCHUSS DER ARBEITSGEMEINSCHAFT MIETRECHT UND IMMOBILIEN IM DAV

I. Warum dieses Rechtsgebiet?

Mietrecht gehört zu den Rechtsgebieten, von denen die Mitbürgerinnen und Mitbürger am stärksten betroffen sind. Sofern kein bloßes Wohnen im selbstgenutzten Eigentum vorliegt, wird man entweder als Mieterin/Mieter oder als Vermieterin/Vermieter von den Auswirkungen des geltenden Mietrechts berührt.

Auch das Wohnungseigentumsrecht gewinnt zunehmend an Bedeutung, da es in Deutschland mittlerweile über 10 Mio. Eigentumswohnungen gibt.

Der Umfang des anwaltlichen Einsatzes in diesem Bereich wird schon aus dem Umstand deutlich, dass sich allein beim Amtsgericht Köln rund 20 Abteilungen und beim Landgericht Köln zwei Kammern ausschließlich oder nahezu ausschließlich mit Mietrechtsfällen beschäftigen. Der Bereich Wohnungseigentumsrecht wird derzeit immerhin von drei Abteilungen und einer Berufungskammer abgedeckt.

Wenn man sodann berücksichtigt, dass die Anwaltschaft bekanntlich den bei weitem größten Teil der Rechtsstreitigkeiten außergerichtlich regelt und darüber hinaus in zahlreichen Fällen nur eine Beratung gefragt ist, wird wohl deutlich, welch großer Bedarf für anwaltliche Tätigkeit in diesem Bereich besteht.

Mietrechtliche Mandate erstrecken sich für die meisten Anwältinnen und Anwälte überwiegend auf den Bereich des Wohnraummietrechts. Aus sozialen Erwägungen heraus haben hier sowohl der Gesetzgeber als auch die Rechtsprechung die Streit- und Gegenstandswerte beschränkt, um für die Beteiligten am Rechtsstreit die Kostenbelastung überschaubar zu halten. So ist z.B. beim Räumungsrechtsstreit der Gegenstandswert unabhängig von der Frage der restlichen Vertragslaufzeit oder dem Wert des zu räumenden Mietobjekts auf die Jahresmiete als Höchstbetrag beschränkt. Auch die Rechtsprechung neigt dazu, bei Mietauseinandersetzungen den Gegenstandswert eher im dreistelligen als im vierstelligen Bereich anzusiedeln, wenn Unterlassungs- oder Verpflichtungsansprüche geltend gemacht werden.

Dieser Umstand hat zur Folge, dass sich etablierte Kanzleien mit dem Mietrecht meist nur am Rand beschäftigen und dann häufig auch nur im Bereich der Gewerbemiete oder im Pachtrecht. Dies eröffnet jedoch gerade dem Anfänger die Möglichkeit, sich in diesem Gebiet zu spezialisieren und Marktnischen zu erobern.

Eine wirtschaftlich einigermaßen auskömmliche Beschäftigung kann sich aber nur ergeben, wenn die Mandate effektiv und mit Sachkenntnis bearbeitet werden. Außerdem sollte der Einstieg über das Mietrecht genutzt werden, um im Verlauf der beruflichen Entwicklung sich weiteren Teilen des Immobilienrechts zu öffnen.

Der Verfasser dieses Artikels vertritt nämlich die Ansicht, dass das Mietrecht nur einen Teil des Immobilienrechts darstellt, wenn auch von der Zahl der Beratungs- und Streitfälle her sicherlich den bedeutendsten. Die Arbeitsgemeinschaft Mietrecht im DAV ist diese Richtung konsequent weitergegangen und hat bereits bei der Gründung im Jahre 1997 das Wohnungseigentumsrecht mit integriert.

Dies führte zur Beschäftigung mit weiteren immobilienrechtlichen Themen, sodass sich die Arbeitsgemeinschaft heute zutreffend nennt: Arbeitsgemeinschaft Mietrecht und Immobilien im DAV. Nähere Informationen findet man auf der Homepage www.mietrecht.net.

Jedenfalls auf Dauer lassen sich mietrechtliche Fragen und Problemstellungen nicht umfassend lösen ohne nähere Kenntnis des weitergehenden Immobilienrechts. So ergeben sich bereits zwischen Mietrecht und Wohnungseigentumsrecht zahlreiche Berührungs-, aber auch Konfliktpunkte.

Die Miterin oder der Mieter als Mandantin oder Mandant will z.B. wissen, welche Beschränkungen seiner Rechte sich durch den Umstand ergeben können, dass sie oder er im Wohnungseigentum wohnt. Durch Kauf der Wohnung kann doe bisherige Mietermandantschaft zur Mandantschaft mit zahlreichen Fragen zum Wohnungseigentum werden. Dass die Vermieterin oder der Vermieter eines vermieteten Wohnungseigentums nicht nur Fragen aus dem Mietrecht stellt, versteht sich fast schon von selbst.

Beim Wohnungseigentum ist eine so deutliche Beschränkung der Gegenstands- und Streitwerte wie beim Mietrecht bislang nicht festzustellen, wenn auch die Rechtsprechung bereits in der Vergangenheit für eine Beschränkung im Bereich von besonders hohen Streitwerten gesorgt hat. Da im Bereich des Wohnungseigentums z.B. bei umstrittenen Instandsetzungsmaßnahmen oft höhere Summen auf dem Spiel stehen, ergibt sich häufig ein nicht ganz kleiner Gegenstands- bzw. Streitwert.

Es sollte im Rahmen der Beschäftigung mit dem Mietrecht sowie dem Wohnungseigentumsrecht nicht außer Acht gelassen werden, dass sich auf anderen Bereichen des Immobilienrechts für die Anwaltschaft Betätigungsmöglichkeiten eröffnen, die nicht nur rechtlich sehr interessant sind, sondern auch eine auskömmliche berufliche Tätigkeit ermöglichen. Manche Tätigkeitsfelder hat die Anwaltschaft aber leider mehr oder weniger kampflos anderen Berufsgruppen überlassen.

So überlässt man die Beratung im Bereich des Grundstücksrechts in nicht unerheblichem Umfang den Notarinnen und Notaren. Soweit stellen aber zunehmend mehr Bürgerinnen und Bürger fest, dass die Notarin oder der Notar nun einmal schon aus berufsrechtlichen Gründen heraus nicht der Interessenwahrer beider Vertragsparteien sein kann.

Im Rahmen ihrer oder seiner Beurkundungsfunktion, die zur Neutralität gegenüber den Vertragsparteien verpflichtet, kann sie oder er naturgemäß deren Interessen nicht so wahrnehmen, wie dies häufig gewünscht wird. Auch hier ergeben sich Beratungsfelder mit nicht unansehnlichen Geschäftswerten.

Weitere interessante Beratungsaufgaben ergeben sich im Bereich des Maklerrechts sowie auf dem Gebiet der Makler- und Bauträgerverordnung.

Im Rahmen der entfachten Diskussion über die Einführung weiterer Fachanwaltschaften ist dieser Beratungsmarkt vom DAV erkannt worden. Insbesondere die Arbeitsgemeinschaft Mietrecht und Immobilien hat sich sehr engagiert für die Einführung einer Fachanwaltschaft eingesetzt. Es war die einhellige Meinung der ganz überwiegenden Zahl der Mitglieder der Arbeitsgemeinschaft, dass sich eine solche Fachanwaltschaft nicht nur auf das Mietrecht beschränken sollte. So hat dann die Satzungsversammlung die Fachanwaltschaft für Miet- und Wohnungseigentumsrecht ins Leben gerufen. Erfreulicherweise wurde dabei erkannt, dass sich die Spezialisierung sinnvollerweise nicht nur auf reines Mietrecht beschränken sollte. Eine weitere Öffnung in der Zukunft für das gesamte Immobilienrecht wäre durchaus wünschenswert.

Im Rahmen der Spezialisierung ist es nun die besondere Aufgabe der Anwaltschaft und ihrer Organe, aber auch jedes einzelnen Anwalts, dem rechtsuchenden Publikum deutlich zu machen, dass die besondere Leistung des qualifizierten Spezialisten nicht zu Gebühren erbracht werden kann, die nicht kostendeckend sein können.

Jede Anwältin und jeder Anwalt ist hier aufgefordert, diese Position im Beratungsmarkt auch engagiert zu vertreten und ggf. auf den Abschluss einer Vergütungsvereinbarung hinzuwirken.

II. Anforderungen an die Anwaltschaft

Wie in allen Rechtsgebieten sind an die Beratungskompetenz der Anwältin oder des Anwalts heutzutage hohe Anforderungen gestellt. Die Mandantschaft, die die Hilfe der Anwältin oder des Anwalts in Anspruch nimmt, erwartet zu Recht, dass die Anwaltschaft sowohl die obergerichtliche Rechtsprechung als auch die Rechtsprechung der lokalen Gerichte kennt. Sie sollte mit der Entscheidungspraxis der Gerichte gut vertraut sein, damit sie nicht nur die Erfolgsaussichten eines möglichen Rechtsstreits beurteilen kann, sondern hierauf auch ihre Beratung sowie die außergerichtliche Verhandlungstaktik einstellt.

Mittlerweile ergehen schon fast im Wochentakt Entscheidungen des BGH zu den großen und kleinen Problemen des Mietrechts. Hieran wird sich sicherlich in absehbarer Zeit noch nicht allzu viel ändern. Bis auch die letzte Streitfrage entschieden ist, wird noch einige Zeit vergehen.

Da den Entscheidungen des BGH naturgemäß besondere Bedeutung zukommt, muss die Anwältin oder der Anwalt diese Rechtsprechung zeitnah verfolgen. Dabei darf dann aber auch die regionale Rechtsprechung nicht aus dem Auge verloren werden. Dies bedeutet für die Anwaltschaft einen nicht unerheblichen Fortbildungsaufwand. Mit dem gelegentlichen Studium einer Fachzeitschrift oder dem Besuch einer Fortbildungsveranstaltung nur alle zwei bis drei Jahre ist es sicherlich nicht getan. Die verschiedenen Fachzeitschriften sowie zahlreiche Veranstaltungen, z.B. die der Arbeitsgemeinschaft Mietrecht und Immobilien, der DAA oder des Deutschen Mietgerichtstages, bieten aber ausreichende Fortbildungsmöglichkeiten.

Wie im Arbeitsrecht ist auch im Wohnungsmietrecht eine deutliche Polarisierung festzustellen. Viele Anwältinnen und Anwälte vertreten ausschließlich oder nahezu ausschließlich eine Seite. Dies beruht häufig auf dem Umstand, dass die mietrechtliche Auseinandersetzung in zahlreichen Fällen emotional stark befrachtet ist und die Mandantschaft es regelrecht als „Verrat“ empfindet, wenn „die andere Seite“ in größerem Umfang anwaltlich vertreten wird.

Im Bereich des Gewerbemietrechts findet sich eine solche Polarisierung praktisch nicht. Hier wird wohl eher eingesehen, dass Mieterinnen und Mieter und Vermieterinnen und Vermieter nicht geborene Feinde sind, sondern Vertragspartnerinnen und Vertragspartner, die wechselseitig berechtigterweise ihre Interessen gewahrt sehen wollen. Es bleibt zu hoffen, dass das bislang noch häufig anzutreffende Feindbildsymptom sich auch im Bereich des Wohnungsmietrechts auf Dauer abbaut. Die Erweiterung auf den Bereich des Immobilienrechts wäre sicherlich geeignet, hier Schranken aufzubrechen.

Sowohl bei der Vertretung von Mieterinnen und Mietern als auch von Vermieterinnen und Vermietern muss der Anwalt berücksichtigen, dass es nicht selten für die Mandantschaft um sehr elementare Dinge geht. Der Verlust der Wohnung auf Mieterseite bzw. die erhebliche finanzielle Einbuße bei einer zahlungsunfähigen Mieterin oder einem zahlungsunfähigen Mieter auf Vermieterseite hat für die Mandantschaft schon erhebliche wirtschaftliche und persönliche Bedeutung. Er erwartet daher zu Recht, dass die Anwältin oder der Anwalt sich diesem Fall mit der gebotenen Gründlichkeit widmet. Auf der anderen Seite muss der Mandantschaft auch deutlich gemacht werden, dass die Anwältin oder der Anwalt nun einmal nicht nur einen Fall bearbeitet.

Häufig stehen hinter dem eigentlichen Streit zwischen Mieterinnen oder Mieter und Vermieterinnen oder Vermieter aber auch menschlich allzu menschliche Hintergründe. Hier muss die Anwaltschaft die Autorität besitzen, der Mandantschaft zu vermitteln, dass der Streit um den „Toilettendeckel“ nicht zwingend der Nabel der Welt sein kann. Er muss deutlich machen, dass es sich bei der Gegnerin oder dem Gegner um die Vertragspartnerin bzw.

-partner handelt, mit der oder dem man ja meist noch eine Zeit lang auskommen muss und dessen Interessen ebenfalls gesehen werden müssen.

Mancher Streit lässt sich vermeiden, wenn der Mandantschaft vermittelt wird, dass es vielleicht besser ist, einmal vorher mit der Vertragspartnerin oder dem Vertragspartner zu reden, bevor man eigenmächtig Tatsachen schafft.

Gerade angesichts der Beschränkung der Streitwerte im Bereich des Wohnraummietrechts sollte sich die Anwältin oder der Anwalt davor hüten, den Rechtsstreit mit neben der Sache liegenden Dingen zu befrachten, da nach deutschem Gebührenrecht ein Zeilenhonorar nicht vorgesehen ist und bei seitenlangen Schriftsätzen in Rechtsstreiten mit dreistelligem Streitwert ein Verdienst einfach nicht gegeben ist. Die Autorität einer qualifizierten Spezialistin oder eines qualifizierten Spezialisten ist sicherlich geeignet, hier vor allzu überzogenen Erwartungen der Mandantschaft weitgehend geschützt zu sein.

III. Mandantenstruktur

Einstellen muss sich die Anwältin oder der Anwalt auch auf die unterschiedliche Mandantenstruktur. Das Thema Mietrecht deckt durch seine weite Berührung nahezu den gesamten gesellschaftlichen Bereich ab. Die Anwaltschaft begegnet hier sowohl der vermietenden Chefärztin als auch dem von Arbeitslosigkeit betroffenen Mieter. Ihn sucht der hochbetagte Vermieter auf, aber auch der jugendliche Azubi mit Problemen in seiner ersten Mietwohnung. Die Anwältin oder der Anwalt berät daher auf dem Gebiet nahezu alle Gesellschaftsschichten und auch Altersgruppen. Sie oder er muss dabei Beratung und Auftreten auf die jeweilige Mandantschaft abstimmen.

Aufgrund der starken Öffentlichkeitsberührung wird das Thema Miet- und Wohnungseigentumsrecht sehr umfangreich abgehandelt. Dies reicht von der hoch qualifizierten Abhandlung im Spezialwerk bis zum teilweise grundfalschen Kurzbeitrag in der Boulevardpresse. Die Vorkenntnis der Mandantschaft ist dabei sehr unterschiedlich. Teilweise muss auch mit offenbar grundlegend verankerten Fehlvorstellungen aufgeräumt werden. Die Meinung, man könne sich z.B. durch Benennung von drei Nachmieterinnen oder Nachmietern kurzfristig aus jedem Mietvertrag lösen, ist offenbar ebenso unausrottbar wie falsch.

IV. Akquisition der Mandantschaft

Der weite Verbreitungsbereich des Miet- und Wohnungseigentumsrechts eröffnet im Gegensatz zu vielen anderen Rechtsgebieten relativ weitgestreckte Möglichkeiten einer Mandatsanbahnung.

Wohl jeder findet in seinem Verwandten-, Freundes- und Bekanntenkreis Mieterinnen oder Mieter und auch Vermieterinnen oder Vermieter. Die Vielzahl der Mietrechtsfälle eröffnet der Anwaltschaft, die sich in diesem Bereich spezialisiert, ein umfangreiches Betätigungsfeld.

Jedenfalls die qualifizierte Spezialistin oder der qualifizierte Spezialist hat die Möglichkeit, Verbände von Mieterinnen und Mietern oder Vermieterinnen und Vermietern auf sich aufmerksam zu machen und auf diese Weise Mandate zu gewinnen. Auch Wohnungsunternehmen, Großvermieterinnen und -vermieter, Verwaltungen und Wohnungseigentümergemeinschaften können auf diesem Weg gewonnen werden.

Einmal mehr ist auch hier allerdings die sorgfältige und sachkundige Vertretung der Mandantschaft die beste Reklame. Hier sollte die Anwältin oder der Anwalt auch darauf achten, die Mandantschaft gut zu „pflegen". Trotz weitgehenden Wegfalls des Werbeverbotes und der sich hieraus ergebenden Möglichkeiten ist die Empfehlung einer zufriedenen Mandantschaft immer noch die mit Abstand erfolgreichste Werbung.

Durch das weite Ausmaß des Rechtsgebiets, von dem nahezu jeder betroffen ist, ergibt sich naturgemäß ein hoher Multiplikatoreneffekt.

Wie immer bleibt es aber der Fantasie und den persönlichen Einstellungen und Möglichkeiten der oder des Einzelnen überlassen, wie er seine Akquisition betreibt.

V. Vorstellung der Arbeitsgemeinschaft

Die Arbeitsgemeinschaft Mietrecht und Immobilien wurde auf Initiative des Verfassers anlässlich des Anwaltstages in Frankfurt im Jahr 1997 gegründet.

Sie erfreut sich zunehmender Beliebtheit im Rahmen der in diese Richtung hin spezialisierten Anwaltschaft und weist fast 25 Jahre nach Gründung rund 3.000 Mitglieder auf. Sie gehört somit zu den größten Arbeitsgemeinschaften im DAV.

Die Arbeitsgemeinschaft hat sich zum Ziel gesetzt, die Fortbildung im Bereich von Mietrecht und WEG, aber auch im Immobilienrecht zu fördern und auch den Erfahrungsaustausch in der Kollegenschaft zu steigern. Übertriebenes „Grabendenken" soll dabei abgebaut werden. Dem rechtsuchenden Publikum soll vermittelt werden, dass die spezialisierte Anwältin oder der spezialisierte Anwalt die oder der berufene Beraterin oder Berater in diesem Rechtsbereich ist.

Großer Beliebtheit erfreut sich mittlerweile das Mitteilungsblatt der Arbeitsgemeinschaft – IMR Immobilien- und Mietrecht. Die Zeitschrift erscheint monatlich. Sie ist praxisnah und lesbar geschrieben und arbeitet wichtige Entscheidungen nachvollziehbar und mit wichtigen Praktikerhinweisen auf. Die Zeitschrift wird inzwischen auch vom Bundesgerichtshof zitiert.

Daneben bringt die Arbeitsgemeinschaft als einzige Arbeitsgemeinschaft im DAV eine zweite Zeitschrift heraus. Viermal pro Jahr erscheint seit 2016 die IVR, die sich mit Fragen des Vollstreckungsrechts im Bereich des Immobilienrechts beschäftigt.

Auch die Homepage der Arbeitsgemeinschaft – erreichbar unter der griffigen Domain www.mietrecht.net – erfreut sich zunehmender Beliebtheit und wird wegen der aktuellen Beiträge gerne und viel besucht.

Die weitere Entwicklung der Fachanwaltschaft Miet- und Wohnungseigentumsrecht wird von der Arbeitsgemeinschaft ebenfalls intensiv begleitet.

Mehrere Fortbildungsveranstaltungen im Jahr, insbesondere die beliebte Herbstveranstaltung mit abendlichem Tischfußballturnier wird von den Kolleginnen und Kollegen gerne besucht, um sich qualifiziert fortzubilden und den bundesweiten Erfahrungsaustausch zu pflegen.

Jede Anwältin und jeder Anwalt, die oder der am Miet- und Immobilienrecht interessiert ist, sollte sich daher nicht scheuen, der Arbeitsgemeinschaft beizutreten. Er hilft damit, die Bedeutung dieses Fachgebietes weiter zu steigern.

VI. Die wichtigste Literatur

Im Rahmen dieses Beitrages ist es aufgrund des zur Verfügung stehenden Platzes nicht möglich, eine vollständige Einführung in das Miet- und Immobilienrecht zu geben.

Wer eine kurze Einführung in das Mietrecht wünscht, kann auf den Beitrag des Verfassers im Beck'schen Rechtsanwalts-Handbuch „Mietrecht"[1] zurückgreifen. Ich habe hier versucht, die Grundzüge des Mietrechts auf 40 schmale Seiten zu pressen. Auch hier kann nicht mehr als ein Grundriss vermittelt werden. Eingangs dieses Beitrages findet sich ein Hinweis auf wichtige Literatur, auf die ich verweisen darf.

Früher war die „Bibel" des Mietrechts der „*Sternel*"[2]. Da die Neuauflage sehr lange auf sich warten ließ, ist das Werk vom Kommentar *Schmidt-Futterer/Blank*[3] etwas verdrängt worden. Der *Schmidt-Futterer/Blank* ist mittlerweile in 14. Auflage erschienen und umfasst auf über 3.100 Seiten eine schon überwältigend zu nennende Fülle von Gerichtsentscheidungen und Kommentierungen.

Wenn man berücksichtigt, dass die 6. Auflage des *Schmidt-Futterer* gerade einmal 1.200 Seiten umfasste, sieht man deutlich, wohin die Reise geht. Derart umfassende Kommentierungen haben verständlicherweise auch ihren Preis.

Wer zunächst noch nicht viel Geld anlegen will, kann sich einen Überblick auch aus dem regelmäßig aktualisierten „Mieterlexikon" des Deutschen Mieterbundes verschaffen. Das Werk

1 *Schönleber*, § 19 Mietrecht, in: Heussen/Hamm, Beck'schen Rechtsanwalts-Handbuch, 11. Aufl. 2016.
2 *Sternel*, Mietrecht aktuell, 4. Aufl. 2009.
3 *Schmidt-Futterer/Blank*, Mietrecht, 14. Aufl. 2019.

wendet sich zwar vornehmlich an interessierte Laien, enthält aber zahlreiche Fundstellen, auf die man zurückgreifen kann.

Im Bereich des Wohnungseigentumsrechts kann man sich einen preisgünstigen und sehr vollständigen Überblick über die grundsätzlichen Fragen verschaffen im Werk von *Horst Müller* „Praktische Fragen des Wohnungseigentums“[4] aus der NJW-Schriftenreihe. RA Müller ist im Übrigen auch Mitglied des Geschäftsführenden Ausschusses der Arbeitsgemeinschaft Mietrecht und Immobilien.

„Bibel“ des Wohnungseigentumsrechts ist der Kommentar *Bärmann*[5], bereits in 14. Auflage erschienen und fast 2.000 Seiten „stark“. Durch die WEG-Reform ist aber bald mit einer Neuauflage zu rechnen.

Führende Fachzeitschrift ist die vom Mieterbund herausgegebene Zeitschrift „Wohnungswirtschaft und Mietrecht“, die seit 1948 erscheint.

Die vom C.H. Beck Verlag herausgegebene Zeitschrift „NZM“ hat inzwischen weite Verbreitung gefunden, da sie sich nicht nur auf das Mietrecht beschränkt, sondern auch immobilienrechtliche Themen behandelt. Da sie 14-tägig erscheint, ergibt sich eine hohe Aktualität.

Die Entscheidungen des BGH findet man sogar tagesaktuell und kostenfrei unter www.bundesgerichtshof.de.

Für weitere Literatur darf ich auf meine Auflistung im Rechtsanwaltshandbuch verweisen.

4 *Müller*, Praktische Fragen des Wohnungseigentums, 7. Aufl. 2021.
5 *Bärmann*, WEG, 14. Aufl. 2018.

F.17 MIGRATIONSRECHT

RECHTSANWALT THOMAS OBERHÄUSER, ULM • VORSITZENDER DER ARBEITSGEMEINSCHAFT MIGRATIONSRECHT IM DAV

Migrationsrecht ist Verwaltungsrecht. Deshalb versteht es sich von selbst, dass vieles, was im Abschnitt über das verwaltungsrechtliche Mandat gesagt ist, hier auch gilt. Migrationsrecht ist aber ein sehr spezieller Teil des Verwaltungsrechts, dessen Besonderheiten ein eigenes Kapitel rechtfertigen.

Wenn im Folgenden vom Migrationsrecht die Rede ist, so soll dabei nicht nur an das Aufenthalts- und Asylrecht im engeren Sinn, sondern auch an das Staatsangehörigkeitsrecht, das Berufserlaubnisrecht, soweit es Ausländerinnen und Ausländer besonders betrifft, das Arbeitserlaubnisrecht sowie das einschlägige Unions- und Völkervertragsrecht gedacht werden. Ebenso ist das Vertriebenenrecht Teil der Materie und nicht selten sind sozialrechtliche Bezüge vorhanden. Kurz: Es handelt sich um alle öffentlich-rechtlichen Rechtsgebiete, die an der Eigenschaft als Nicht-Deutsche, als „Ausländerin/Ausländer" anknüpfen.

I. Das Rechtsgebiet

1. Aufenthaltsrecht

Ausländerrecht, so die frühere Bezeichnung des Aufenthaltsrechts, war jahrzehntelang nahezu ausschließlich Ordnungsrecht und in diesem Sinne Besonderes Polizeirecht. Von dieser auf „Gefahrenabwehr" gerichteten Sichtweise wird das Rechtsgebiet auch heute noch geprägt, wenngleich der ungestillte Bedarf an ausländischen Fachkräften in einer älter werdenden Gesellschaft die Forderung nach Zuwanderung inzwischen konsensfähig gemacht hat. Gleichwohl dominieren in der täglichen Arbeit die Abwehr behördlicher Zwangsmaßnahmen sowie das Einfordern und Durchsetzen von Ansprüchen, weniger die gemeinsame Suche nach Lösungen, die im allgemeinen Interesse liegen.

Symptomatisch hierfür ist ein rigides Visaregime: Die Nachholung des Visumverfahrens wird regelmäßig auch dann gefordert, wenn nach der Einreise zwar feststeht, dass ein Anspruch auf Aufenthalt besteht, sofern der Ausländer oder die Ausländerin ausreist und ein Visum einholt. Solange er oder sie sich noch im Inland aufhält, soll allein wegen der Verletzung von Visavorschriften kein Anspruch bestehen, hierzubleiben. Das System fordert die Einhaltung von Regeln also um ihrer selbst willen, nicht wegen sonstiger öffentlicher Interessen.

Eine solche Sichtweise ist dem Recht der Europäischen Union fremd. Auch deshalb spielt dieses im Migrationsrecht eine wichtige, oftmals überragende Rolle. Weite Bereiche des Aufenthaltsrechts einschließlich Visabestimmungen und Rückführungsvorschriften sind „vergemeinschaftet", also von der Europäischen Union durch Richtlinien und Verordnungen geregelt. Und für türkische Staatsangehörige und ihre Familienangehörigen streitet – noch

– das Assoziationsrecht, das auch über 30 Jahre nach seinem Inkrafttreten den Behörden viele Rätsel aufgibt, sofern sein Anwendungsbereich überhaupt erkannt wird. Das Unionsrecht ist daher für das Migrationsrecht wie für kaum ein anderes Rechtsgebiet prägend und bestimmend. Das führt dazu, dass für die Lösung eines Falles stets nicht nur das nationale, sondern besonders sorgfältig auch das Unionsrecht zu prüfen ist, zumal dieses nicht selten unvollständig oder fehlerhaft ins nationale Recht umgesetzt wurde. Mit dieser Feststellung geht eine gewisse Rechtsunsicherheit einher, da sich unionsrechtlich begründete Ansprüche schon längst nicht mehr alleine durch einen Blick ins Gesetz erkennen lassen. Beherrscht die Anwältin/der Anwalt das Unionsrecht, ist sie oder er allerdings den meisten Behörden weit voraus.

2. Asylrecht

Das Asylrecht ist ebenfalls von einer auf Abwehr ausgerichteten Sichtweise, allerdings inzwischen fast vollständig europäisch geprägt: Von den Bedingungen der Aufnahme Schutzsuchender bis zu ihrer Anerkennung oder einer Aufenthaltsbeendigung sind vorrangig Rechtsregeln der EU zu beachten. Doch damit nicht genug: Bei der Bestimmung des für die Bearbeitung eines Asylantrags zuständigen Mitgliedstaats ist mit der Dublin III-Verordnung ein weiterer Rechtsakt der EU relevant. Insoweit sind auch die Bedingungen für Schutzsuchende und Anerkannte in anderen Mitgliedstaaten in den Blick zu nehmen, denn eine Überstellung in einen Staat, in dem ihre grundlegenden Rechte nicht gewahrt werden, ist unions- und menschenrechtlich unzulässig. Damit geht ein praktisches Problem einher: Erkenntnisse zu Asylverfahren in anderen Mitgliedstaaten und der Behandlung von Schutzsuchenden oder Schutzberechtigten dort sind oft äußerst zurückhaltend formuliert, handelt es sich doch um einen eng befreundeten Staat.

Diesem und weiteren Problemen stehen Anwältinnen und Anwälte auch bei der Prüfung des materiellen Asylanspruchs gegenüber. Die Erkenntnislage zu den Herkunftsstaaten der Schutzsuchenden variiert beachtlich. Die Auswertung von Erkenntnismitteln fordert Zeit und die Disziplin, Aktuelles sorgfältig aufzunehmen und abzuspeichern. Jedes Land hat Spezifika, die zu kennen wichtig sind, schon um die Glaubwürdigkeit eines Antragstellers und eine vorgetragene Gefahrenlage einschätzen zu können. Ohne Landeskenntnisse sind Asylverfahren Glückspiel. Oft genug allerdings auch dann, wenn solche Kenntnisse vorhanden sind. Denn die Einstellung der Entscheider – gleich ob des Bundesamts oder des Gerichts – prägt deren Sichtweise so sehr, dass letztlich „alles“ von ihr abhängt.

3. Staatsangehörigkeitsrecht

Den vermeintlichen Abschluss des aufenthalts- und asylrechtlichen Mandats bildet im glücklichsten Fall das Verfahren auf Einbürgerung. Doch auch der deutsche Staatsangehörige – gleich ob eingebürgert oder als Vertriebener anerkannt – hat nicht selten ausländerrechtliche Probleme, wenn es um seine Familienangehörigen geht. Der Ehegatten- und Kindernachzug zu Deutschen bereitet mitunter Schwierigkeiten, die erst glaubt, wer sie erlebt. Dass beispielsweise jeder hier lebende Deutsche beim Zuzug von Familienangehörigen schlechter behandelt wird als ein hier lebender Unionsbürger aus einem anderen Mitgliedstaat, ist schon schwer erträglich. Dass der Deutsche beim Ehegattennachzug aber teilweise schlechter behandelt wird als ein „privilegierter Drittstaatsangehöriger", kann nur noch als Skandal bezeichnet werden. So muss beispielsweise die brasilianische Ehefrau eines in Deutschland lebenden Japaners, Kanadiers oder Australiers vor der Einreise keine Sprachkenntnisse nachweisen, während dies von der brasilianischen Ehefrau eines Deutschen verlangt wird und zu einer oft erheblichen Verzögerung des Zuzugs führt.

Das Rechtsgebiet ist reich an Beispielen für die Diskriminierung eigener Staatsangehöriger und bietet vielfältige Möglichkeiten, Erfahrungen mit unzureichend durchdachten Gesetzen zu machen.

II. Lohnt die Spezialisierung?

Migrationsrecht ist in weiten Bereichen Minderheitenschutzrecht. Es betrifft nur eine Minderheit der inländischen Wohnbevölkerung und häufig diejenigen, die in besonderem Maße Schutz bedürfen. Wer sich als Fürsprecher in diesem Sinne bewähren möchte, für den ist eine Spezialisierung nicht nur möglich, sondern geradezu zwingend. Erschwert wird dies allerdings zunächst dadurch, dass das Rechtsgebiet in der Ausbildung ein Schattendasein fristet. Eigeninitiative ist gefragt und – auch später – unverzichtbar.

1. Gefragte Spezialisten

Andererseits erlebt das Rechtsgebiet derzeit einen Boom, dessen Ende nicht absehbar ist. Das Bewusstsein für die Nöte Schutzsuchender ist seit dem Jahr 2015 in der Zivilgesellschaft erheblich gewachsen. In gleichem Maße gestiegen ist die Empörung über Entscheidungen, die als zumindest im Einzelfall ungerecht empfunden werden und mit anwaltlicher Unterstützung angegriffen werden sollen. Hinzu kommen eine große Zahl Schutzsuchender, denen das Bundesamt für Migration und Flüchtlinge keinen oder nicht den richtigen Schutzstatus zuspricht, deren Schutzstatus widerrufen wird oder die Probleme mit dem Familiennachzug haben, um nur einige Beispiele aufzuzeigen. Auch die Aktivitäten des Gesetzgebers führen zu erhöhtem Arbeitsanfall: Hektisch beschlossene, oft ungerecht erscheinende, zumindest unausgewogene und mit Verfassungs- sowie Unionsrecht nur bedingt vereinbare gesetzliche Regelungen (zB Wohnsitzauflagen, Suspendierung des Familiennachzugs für subsidiär Schutzberechtigte, partieller Ausschluss von Unionsbürgern beim Bezug von Leistungen nach SGB II oder XII) führen zu Entscheidungen, deren Rechtmäßigkeit überaus zweifelhaft ist und im Instanzenzug geklärt werden muss.

Bedenkt man die große Zahl seit 2015 eingereister Schutzsuchender und die überschaubare Zahl der Fachanwältinnen und Dachanwälte für Migrationsrecht und anderer Spezialistinnen und Spezialisten, ist zu konstatieren: Der Bedarf an guten, engagierten und fachkundigen Anwältinnen und Anwälten wird über Jahre hin nicht gedeckt werden können.

2. Hindernis 1: Fehlende Berührungspunkte

Dies liegt, wie gesagt, zum einen daran, dass diese Rechtmaterie in der Ausbildung keine oder eine nicht ansatzweise ihrer Bedeutung für das gesellschaftliche Leben gerecht werdende Bedeutung spielt – trotz erheblicher medialer Präsenz. Ein Ausdruck hierfür sind die wenigen Lehrstühle, die sich in Deutschland mit Migrationsrecht beschäftigen. Damit einher geht ein Fehlen von Berührungspunkten, die das Interesse an diesem Rechtsgebiet wecken könnten: Wer noch nie eine Duldung gesehen, noch nie Schwierigkeiten beim Familiennachzug erlebt hat und niemanden kennt, dem die Ausweisung droht, kann nur schwer ein Bewusstsein für solche Sonderprobleme entwickeln und wendet sich dann diesem Rechtsgebiet auch nicht zu.

3. Hindernis 2: Geringe finanzielle Kompensation anwaltlichen Engagements

Aber es liegt auch an der vermeintlich geringen finanziellen Lukrativität des Rechtsgebiets, weshalb es größere oder große Kanzleien meist nicht anbieten.

Außerdem verlangt das Rechtsgebiet nicht nur politisches Interesse und große Aufmerksamkeit, sondern in erheblichem Umfang Kreativität, Ausdauer und die Fähigkeit, mit Niederlagen umzugehen, mögen sie noch so ungerecht erscheinen.

Wer dies mitzumachen bereit ist, muss mit weiterer Unbill kämpfen. Nicht wenige Mandanten leben in sozial prekären Verhältnissen und sind – auch deshalb – oft in einer rechtlich schwachen Position. Dann ist die Bezahlung eines Anwalts ebenfalls problematisch. Hier gilt es viel Gefühl und Gespür beim Mandantengespräch zu entwickeln, um nicht in allzu vielen Fällen „rote Zahlen" zu schreiben. Ganz vermeiden lässt sich dies ohnehin nicht. Auf der anderen Seite dieser Medaille steht der – fast schon erschreckend hohe – Bedarf an Rechtsrat in diesem Fachgebiet, der vom „Markt" bislang nur ungenügend befriedigt wird. Wer sich auf Migrationsrecht spezialisiert, wird deshalb über fehlende Nachfrage nach seiner Rechtskenntnis nicht klagen können.

4. Hindernis 3: Den Wald vor lauter Bäumen sehen

Ein letztes Hemmnis für eine Spezialisierung soll ebenfalls nicht verschwiegen werden: Der Kontakt zu im Migrationsrecht erfahrenen Kolleginnen und Kollegen ist anfangs äußerst spärlich. Zum einen gibt es nur in den Großstädten zahlreiche Anwält:innen, die dieses Rechtsgebiet bearbeiten. Vor allem aber stehen Migrationsrechtlern auf der „Gegenseite" stets Behörden, keine Kolleginnen und Kollegen gegenüber. Wer bei Einzelfragen unsicher ist und niemanden um Rat fragen kann, steht oft vor Rätseln. Umso wichtiger ist die aktive Kontaktsuche und insbesondere der Beitritt zu einer Anwaltsorganisation, die in diesem Bereich tätig ist.

5. Gewinn: Die Welt zu Gast in der eigenen Kanzlei

Hat man den Weg zum Migrationsrecht gefunden, eröffnen sich allerdings vielfältige neue Horizonte. Die Mandantschaft kommt aus der ganzen Welt. Die Problemlösung zwingt zur Beschäftigung mit den gesellschaftlichen Verhältnissen – auch in Deutschland und anderen Ländern Europas – sowie mit der Mentalität in den Herkunftsländern. Das gilt nicht nur für das Flüchtlingsrecht. Weltumspannende Beziehungen können entstehen. Intime Länderkenntnis erleichtert und verbessert die Arbeit. Migrationsrechtlerinnen und -rechtler sind eine andere Art Global Player. Vor allem aber erleben sie hautnah das Schicksal eines Menschen, der ihnen vertraut – was die Angst vor einer Abschiebung in eine dunkle Zukunft, als auch das Glück betrifft, vor einer solchen Zukunft bewahrt worden zu sein. Und erfolgreiche Auftragserledigung, oft schon richtige, aufrichtige Beratung, führt zu einem ungewöhnlichen Maß an Dankbarkeit und Anhänglichkeit.

III. Als Anwältin zum Aufenthalts- und Asylrecht?

Verschwiegen werden soll nicht das Problem, auf das eine Anwältin stoßen kann. Viele der Mandanten stammen aus einem eher traditionellen, patriarchalisch geprägten Umfeld. Sich von „Frauen etwas sagen zu lassen", fällt nicht leicht. Der Weg zu einer Anwältin statt zu einem Anwalt fällt deshalb nicht selten schwer. Allerdings vermag bereits der Ruf der Anwältin solche Mandanten von ihren Vorurteilen schnell abzubringen: Dann geht es ihr nicht anders als ihren männlichen Kollegen. Sie wird sich über Zulauf nicht beklagen können. Und für die Anfangsphase kann ihr zugutekommen, dass bspw. misshandelte Frauen sich leichter an sie als einen männlichen Kollegen wenden, so dass sich hierüber sogar leichter eine gewisse Bekanntheit erreichen lässt. Jedenfalls belegen zahlreiche anerkannte Expertinnen im Migrationsrecht die Möglichkeit, sich als Anwältin einen Namen im Migrationsrecht zu machen.

IV. Wie kommt man zum migrationsrechtlichen Mandat?

Das ist kurz gesagt: Die Werbung betreiben die zufriedenen Mandanten. Richtig, das ist immer so, aber wer in der „Diaspora" lebt, der tauscht sich in der Regel mit anderen, vergleichbar Betroffenen über Aufenthaltsstatus, Behördenentscheidungen und Rechtsschutzmöglichkeiten aus. Da kursieren neben Gerüchten auch oft Namen von fachkundigen Anwältinnen und Anwälten, erst recht bei erfolgreicher Tätigkeit. Dazu kommt, dass viele Menschen des afrikanischen und des asiatischen Kontinents sich weniger an Einrichtungen, Büros, Institutionen wenden wollen, sondern immer an eine bestimmte Person. Hat diese nicht nur Fachkenntnis bewiesen, sondern kennt sie Land und heimische Mentalität des Auftraggebers, dann ist kaum ein Weg zu weit. Und die bereits angesprochene, geringe Zahl an Fachanwältinnen und Fachanwälten für Migrationsrecht und andere Spezialistinnen und Spezialisten in diesem Bereich einerseits sowie der enormen Beratungsbedarf andererseits erstickt jede Sorge vor fehlenden Aufträgen im Keim.

V. Besonderheiten des Mandats

Das Rechtsgebiet ist mit „dynamisch und komplex“ nur unzureichend beschrieben. Es ist außerdem hoch politisch, von enormer gesellschaftlicher Relevanz und ein Spiegel unseres gesellschaftlichen Miteinanders, nicht nur in Deutschland, sondern auch in unserem „gemeinsamen Haus“, der Europäischen Union. So manche Ecke hier wie dort beschämt. „Moria“ bzw. Kara Tepe sind zwar die derzeitigen Tiefpunkte einer Entwicklung, die Schutzsuchende in erster Linie abschrecken soll. Sie sind aber keineswegs einzigartig. Die Beschäftigung mit Migrationsrecht wirft deshalb immer wieder die Frage nach dem Umgang mit „dem Fremden“ auf und führt oft genug zu Antworten, die erschrecken. Erst recht, wenn diejenigen, die das Erleben eines solchen Schreckens im Einzelfall verhindern sollen, von denen, die für diesen Schrecken Verantwortung tragen, als Teil einer sog. „Anti-Abschiebungsindustrie“ diffamiert werden.

VI. Fazit

Allen Widrigkeiten zum Trotz: Das Migrationsrecht ist so vielschichtig, dynamisch, gesellschaftlich relevant und für Betroffene meist existenziell bedeutsam, dass die Beschäftigung mit ihm nicht nur intellektuell fordern, sondern auch zutiefst berühren kann. In welchem anderen juristischen Bereich steht eine Anwältin, ein Anwalt jemals jemandem zur Seite, die oder der dem Tod oder schwersten Gesundheitsgefahren ins Auge sehen muss, wie regelmäßig im Asylrecht? Wo anders kämpft man darum, Familien nicht „nur“ vor dem Zerreißen zu bewahren, sondern sie überhaupt erst zusammenkommen zu lassen? Und nicht zuletzt: In welchem anderen Rechtsgebiet prägt nicht das Konkurrenzdenken, sondern die kollegiale Hilfe den Kontakt mit Kolleginnen und Kollegen? Man wird, weil alle ähnliche Erfahrungen mit behördlichen und gerichtlichen Entscheidungen machen, schnell Teil einer „verschworenen Gemeinschaft“. Einer, der Solidarität und Kampf um mehr Rechtsstaatlichkeit oft wichtiger ist als ein rechtzeitiger Feierabend. Einer, die Kraft und Mut geben kann, im Bemühen um Gerechtigkeit nicht nachzulassen. Einer vielleicht anachronistischen, aber immer wichtiger werdenden Gruppierung, auch innerhalb der Anwaltschaft.

VII. Die Büroorganisation

Wer den Weg zum Migrationsrecht gefunden hat, steht vor der Frage, welche Literatur angeschafft werden sollte. Die Antwort hierauf hängt in erster Linie von der Verfügbarkeit elektronischer Medien ab. Insbesondere „beck-online“ bietet migrationsrechtliche Module an, die zahlreiche Kommentare und Formularhandbücher enthält. Wer Wert auf Papierform legt, dem kann in erster Linie der *Hofmann*, Ausländerrecht, 2. Aufl. 2016 (die 3. Aufl. erscheint voraussichtlich Anfang 2022) empfohlen werden, in dem nahezu das gesamte Rechtsgebiet von namhaften Praktikern erläutert wird. Sehr zu empfehlen sind auch der jährlich erscheinende Kommentar von *Bergmann/Dienelt* und der *Gemeinschaftskommentar* zum AufenthG. In der gleichen Reihe gibt es Kommentare zum Staatsangehörigkeitsrecht und zum Asylverfahrensgesetz, die eine Anschaffung ebenfalls lohnen. Für einen kurzen Überblick über die Normen gut geeignet ist auch der Kommentar von *Huber/Mantel*, AufenthG, 3. Aufl. 2021.

Im Asylverfahrensrecht kann eigentlich alles empfohlen werden, was *Marx* verfasst hat, insbesondere für den Einstieg sein Werk „Aufenthalts-, Asyl- und Flüchtlingsrecht", 7. Aufl. 2020 sowie sein Kommentar zum AsylG, derzeit 10. Aufl. 2019. Um die Meinung „der Gegenseite" zu erfahren, empfehlen sich Kommentare von *Hailbronner*, *Kloesel/Christ/Häußer* und *Kluth/Heusch.*

Ohne Weiteres im Internet zu finden ist die „Allgemeine Verwaltungsvorschrift zum Aufenthaltsgesetz" vom 26.10.2009 (GMBl. S. 878), die „Bibel" der Ausländerbehörden.

Wärmstens zu empfehlen sind ferner drei Fachzeitschriften: der Informationsbrief Ausländerrecht, die Zeitschrift für Ausländerrecht und Ausländerpolitik (ZAR) und die Anwaltsnachrichten in der ZAR (ANA-ZAR), die von der Arbeitsgemeinschaft Migrationsrecht im Deutschen Anwaltverein herausgegeben wird und aktuelle, insbesondere für die anwaltliche Tätigkeit hilfreiche Entscheidungen prägnant darstellt, außerdem mit Aufsätzen und kurzen Beiträgen bedeutsame Problemkreise beleuchtet. Der Bezug dieser Zeitschrift und der dort angesprochenen Dokumente ist für Mitglieder der Arbeitsgemeinschaft Migrationsrecht im DAV kostenfrei. Im Übrigen können die Ausgaben, allerdings nicht die Dokumente, über die Homepage der Arbeitsgemeinschaft abgerufen werden.

Wer einen umfassenden Überblick zu allen im Migrationsrecht auftretenden Rechtskreisen erhalten will, kann auch einen der Fachanwaltskurse Migrationsrecht besuchen, die sich vor allem lohnen, wenn der Weg ins Migrationsrecht keiner spontanen Idee entsprungen ist, sondern ihm eine gewisse Überzeugung zugrunde liegt.

Die Arbeitsgemeinschaft Migrationsrecht im DAV führt im Übrigen Fortbildungen – 2021 allerdings nur online – durch und engagiert sich durch Anregungen von Vertragsverletzungsverfahren, Stellungnahmen und Vorträgen auch rechtspolitisch. Eine Mitgliedschaft ist schon deshalb anzuraten, weil nur und erst ein Austausch mit Kolleginnen und Kollegen viele Ansatzpunkte erfolgreicher anwaltlicher Tätigkeit im Migrationsrecht ermöglicht, zumindest aber erleichtert. Weiterführend siehe hier: http://dav-migrationsrecht.de.

F.18 Sozialrecht

Rechtsanwalt Prof. Ronald Richter, Hamburg • Mitglied des DAV-Ausschusses Sozialrecht sowie Ehrenmitglied und ehemaliger Vorsitzender der Arbeitsgemeinschaft Sozialrecht im DAV

I. Was ist Sozialrecht?

Die Antwort auf diese Frage beginnt – so könnte man meinen – mit einer „Antiwerbung": Der Begriff des „Sozialrechts" ist unscharf, mehrdeutig und auch missverständlich. Die Sozialrechtlerin oder der Sozialrechtler hat daher sowohl den Kolleginnen und Kollegen als auch den Mandanten zu erklären, welche Mandate oder Fälle bearbeitet werden, wie die tägliche rechtliche Arbeit überhaupt aussieht. Diese Tatsache mag gerade am Anfang verwirrend sein, wird aber während der Tätigkeit in diesem Rechtsgebiet reich belohnt: Obwohl das „Sozialrecht" eine der Rechtsmaterien der Zukunft ist, findet es sich nicht auf dem Radarschirm der meisten Rechtsanwältinnen und Rechtsanwälte.

In der Frage der „Gerechtigkeit" und des „Respekts vor dem Einzelnen" wird sich die Zukunft der demokratisch verfassten Rechtsstaaten – unseres Gemeinwesens – entscheiden. Die Regelung der „individuellen Ansprüche des Einzelnen an das Kollektiv" wird so zum Prüfstein der „Freiheit" eines jeden – und jeder von uns steht auch auf den beiden gegensätzlichen Positionen in sozialrechtlichen Fragen: als Leistungsempfänger oder als Beitragszahler. In Zeiten knapper staatlicher und privater Kassen zeigt sich das Sozialrecht als „zufällig anderweitig geregeltes – ausgelagertes – Wirtschaftsrecht".

Sozialrecht ist ein neues Rechtsgebiet. Es entstand als Antwort des 20. Jahrhunderts auf die soziale Frage des 19. Jahrhunderts und steht nun vor den Herausforderungen des 21. Jahrhunderts. Was können, was wollen wir uns an sozialer Sicherheit leisten, wenn sich der Bevölkerungsaufbau dramatisch verändert, heißt wohl die derzeit drängendste politische Frage.

„Sozialrecht" ist nicht „soziales Recht". Das Recht für ein soziales Miteinander zu regeln, ist Gegenstand unserer gesamten Rechtsordnung. Mietrecht oder Verbraucherschutz, die Rechte der Arbeitnehmer, die sozialen Rechte im Steuerrecht (z.B. das Existenzminimum) sind soziale Rechte, aber kein Sozialrecht.

Sozialrecht hat dagegen die „soziale Sicherheit" anzustreben und zu verwirklichen. Soziale Sicherheit des Einzelnen in allen Existenzfragen des Lebens, also etwa von den staatlichen Zuwendungen in der Schwangerschaft über Leistungen bei Unfällen, Krankheit oder Pflege, dem „Risiko der Langlebigkeit" (Rente) bis hin zu den Leistungen im Todesfall. Die soziale Sicherheit ist in Deutschland eng mit den Bismarck'schen Reformen verknüpft; Sozialrecht ist daher vor allem Sozialversicherungsrecht. Die zwischenzeitlich fünf Säulen umfassende Sozialversicherung, nämlich die Kranken- (SGB V), die Renten- (SGB VI), die Unfall- (SGB VII), die Arbeitslosen- (SGB III) und die Pflegeversicherung (SGB XI) bilden diesen

Kernbereich des klassischen Sozialrechts ab. Daneben stehen als Leistungen die Grundsicherung (SGB II), die Sozialhilfe (SGB XII), die Rehabilitation und Teilhabe von Menschen mit Behinderungen (SGB IX), das Kinder- und Jugendhilfegesetz (SGB VIII), aber auch die außerhalb der Bücher des Sozialgesetzbuches stehenden Regelungen wie das Opferentschädigungsgesetz (OESG), die Mutterschutzregelungen, die Bundesausbildungsförderung, das Wohngeld, das Kindergeld und viele weitere Regelungen. Eine nähere Beschreibung und Inhaltsübersicht dieser Rechtsbereiche finden Sie auf unserer Homepage www.netzwerk-sozialrecht.de.

Wer sich mit Sozialrecht befasst, tut gut daran, sich dessen bewusst zu sein, dass seine Materie politisch sensibel ist. Daher sind häufige Gesetzesänderungen eher die Regel als die Ausnahme. Doch ebenso wie aus den regelmäßigen Reformen im Steuerrecht folgt aus dem jährlichen „Beitragsstabilisierungsgesetz" vor allem ein neuer Beratungsbedarf, ist also positiv für die Beraterin und den Berater. Dabei steht in vielen Fällen die Beratung und nicht die streitige Durchsetzung von Ansprüchen im Vordergrund. Die Regelungen zur Vorsorge im Alter, also der Gleichklang von gesetzlicher Rentenversicherung sowie betrieblicher und privater Vorsorge lassen neue Beratungsfelder entstehen. Ähnliches gilt im Beitragsrecht auch der anderen Sozialversicherungszweige.

II. Netzwerk: Sozialrecht

Bereits aus den vorgenannten Beispielen wird deutlich: Das Sozialrecht hat viele Bezüge zu anderen Rechtsgebieten; es bildet quasi die Schnittstelle staatlicher Leistungen zu anderen Rechtsmaterien. Daher ist die Sozialrechtlerin und der Sozialrechtler ein geborener „Netzwerker". Die versierten Kolleginnen und Kollegen innerhalb des Sozialrechts suchen dabei die weitere Spezialisierung, um etwa auf den Schnittstellenbereichen zum Arbeits-, Familien-, Verkehrs-, Steuer-, privaten Versicherungs- oder Medizinrecht tätig zu werden. Mit seinen Fähigkeiten als Generalist sich in verschiedene Spezialmaterien hineinzudenken, im Studium erworben und durch zwei Staatsexamen nachgewiesen, kann sich die Sozialrechtlerin und der Sozialrechtler gegenüber den anderen auf den Markt drängenden nicht(voll-)juristischen Beratern (zu denen auch die Wirtschafts- oder Sozialjuristen zu zählen sind) durchsetzen. Eine in Deutschland ausgebildete Juristin und der Jurist kann bekanntlich alles. Die Qualität der eigenen Arbeit, die Stärke des Netzwerkes und die ständige Fortbildung aber werden den entscheidenden Wettbewerbsvorteil bringen.

Erlauben Sie eine persönliche Anmerkung: Spezialisierung, durch Fortbildung stets auf dem neusten Stand zu sein, ist gut und richtig. Doch verlieren Sie gerade am Anfang nicht die jeweils anderen Rechtsbereiche aus den Augen. Reagieren Sie flexibel auf Ihren persönlichen Rechtsberatungsmarkt und Ihre jeweiligen Chancen. So kann es kommen, dass man als Fachanwalt für Steuerrecht Vorsitzender der Arbeitsgemeinschaft für Sozialrecht wird – einer seltenen Schnittstellenkombination, was aber meine Mandanten zu schätzen wissen .... Handeln Sie antizyklisch und versuchen Sie eine (regionale) Alleinstellung zu erreichen.

III. Die Kernbereiche des Sozialrechts

In der Durchsetzung der leistungsrechtlichen Ansprüche für die Mandantschaft zeigen sich zwei Besonderheiten:

- Zum einen die existenzielle Betroffenheit der Mandantschaft. Stets geht es um Notsituationen, wie Krankheit, Invalidität, Pflege, Rehabilitation, Arbeitslosigkeit oder als Opfer einer Straftat, die hoch emotional sind. Für die Mandatsführung heißt dies: sich einfühlen, aber nicht einwickeln lassen.
- Zum anderen ist oft nur schnelle Hilfe auch wirklich ausreichend, so dass häufig allein eine einstweilige Regelung helfen kann. Die anwaltliche Tätigkeit ist dadurch zeitlich selten planbar.

Gegenstand des Sozialrechts ist eine Fülle von Leistungsansprüchen, Status- und Teilhaberechten bis hin zu den Vertragsbeziehungen zwischen Leistungserbringern im Bereich der Krankenversorgung, der Pflege oder der Rehabilitation. Im Medizinrecht, das – mit Ausnahme des zivil- und strafrechtlichen Arzthaftungsrechts sowie der gesellschaftsrechtlichen Fragestellung – reines Sozialrecht ist, spielen daneben Fragen der Zulassung von Ärztinnen und Ärzten, Psychotherapeutinnen und -therapeuten oder anderen Leistungserbringern eine Rolle.

Das sozialrechtliche Verfahrensrecht kennt einige Besonderheiten:

- Keine Bestandskraft missliebiger Verwaltungsakte (§ 44 SGB X), es ist also immer möglich, eine behördliche Entscheidung nach Fristablauf erneut anzugreifen.
- Der sog. Herstellungsanspruch, ein Schadensersatzanspruch bei unvollständiger oder falscher Beratung durch die Sozialleistungsträger, eröffnet im Nachhinein die Chance, unterlassene Anträge auf Sozialleistungen nachzuholen (§§ 13–15 SGB I).
- Die Verpflichtung zur Vorleistung bei einem Kompetenzstreit verschiedener Leistungsträger (§§ 43 SGB I, 14 SGB IX).
- Der erhöhte Vertrauensschutz bei nachträglichem Entzug rechtswidrig bewilligter Sozialleistungen (§ 45 SGB X).

Die Sozialrechtlerin und der Sozialrechtler sind vor allen Gerichten zu Hause: Vor die Sozialgerichte gehören grundsätzlich die Streitigkeiten aus den Sozialgesetzbüchern (Ausnahme: SGB VIII), vor die Verwaltungsgerichte gehören viele andere sozialrechtliche Themen, wie das Wohngeld, die Bundesausbildungsförderung, die Kinder- und Jugendhilfe (SGB VIII) und Streitigkeiten der Versorgungswerke, die ordentlichen Gerichte sind zuständig für den Angehörigenregress des Sozialhilfeträgers oder Streitigkeiten zwischen Heimträger und Bewohnerinnen und Bewohner und schließlich die Finanzgerichte für das Kindergeld.

Der Bedarf an fachlich qualifizierter sozialrechtlicher Beratung wächst. Die sozialen Netze werden dünner, die Problemlösungen komplexer. Die Lebenserwartung und Alterung der

Bevölkerung steigen. Entsprechend weit ist das Feld für Marketingstrategien: Patientinnen und Patienten brauchen Patientenrechte, Seniorinnen und Senioren wollen ihren Ruhestand und Vorsorge planen, Leistungserbringer brauchen Beistand bei der Ausgestaltung ihrer Vertragsbeziehungen, Unternehmen wollen Sicherheit beim Status ihrer Mitarbeiterinnen und Mitarbeiter und vieles mehr. Dieser Beratungsbedarf ist zu aktivieren, bewusst zu machen und darf nicht der (weniger qualifizierten) Konkurrenz anderer Berufsgruppen überlassen werden. Dem Anwalt/der Anwältin im Sozialrecht steht – wie den anderen rechtlichen Spezialbereichen – ein breiter Fächer von Möglichkeiten zur Werbung zur Verfügung: Presseerklärungen zu aktuellen Gerichtsentscheidungen, Beratungsaktionen mit der lokalen Zeitung oder in sozialen Medien, Berichte für Zeitungen über aktuelle Rechtsfragen, Direktansprache von anderen Zielgruppen (Steuerberaterinnen/-berater, Rentenberaterinnen/-berater, Selbsthilfegruppen, Verbraucherverbände, Berufsbetreuerinnen/-betreuer, Vereine etc.), Netzwerk mit anderen Rechtsanwaltskanzleien bzw. Berufsvertretern, Vorträge auf lokaler Ebene oder Aufsätze in zielgruppenspezifischen Medien.

Im Sozialrecht ist Zukunft schon Gegenwart: In kaum einem anderen rechtlichen Bereich wird *LegalTech* bereits so umfangreich praktiziert, wie in sozialrechtlichen Mandaten!

IV. Die Gebühren im Sozialrecht

Ein Hintergrund für die Zurückhaltung, sich mit dem Sozialrecht zu befassen, sind weiterhin die niedrigen Rahmengebühren für die sozialgerichtlichen Fälle. Seit 1990 wurde dieser Gebührenrahmen ausgeweitet. Heute liegt die Mittelgebühr für das Verfahren vor dem Sozialgericht bei 695 EUR (Verfahrens- und Termingebühr nach Nr. 3102 und 3106 VV RVG), für das Widerspruchsverfahren bei 359 EUR (Nr. 2302 VV RVG). Dazu kommt neuerdings eine eigene Gebühr für das Antragsverfahren vor der Verwaltungsbehörde, die aber teilweise auf die Gebühr im Widerspruchsverfahren angerechnet wird. Auch die Gebühr im Widerspruchsverfahren wird teilweise auf die Verfahrensgebühr vor dem Gericht angerechnet. Für die Mandantschaft sind diese Honorare für anwaltliche Leistungen günstig, die Kostendeckung haben wir zu erreichen. Bei der Verwertung von Leistungserbringern und Verfahren vor dem Verwaltungsgericht oder den Zivilgerichten wird nach Streitwerten abgerechnet. Entscheidend ist, ob es gelingt, in den nichtgerichtlichen Beratungen kostendeckende Stunden- oder Pauschalvereinbarungen zu erreichen.

V. Arbeitsmittel und Weiterbildung

Die Arbeitsmittel sind mit der Gesetzessammlung www.gesetze-im-internet.deoder den aktuellen dtv-Ausgaben zum Sozialrecht gut zu erreichen. Einen schnellen und guten Überblick über die anwaltlichen Problemstellungen des Rechtsgebiets bietet unsere Homepage der Arbeitsgemeinschaft www.netzwerk-sozialrecht.de. Unerlässlich für die vertiefende Mandatsbearbeitung ist das von *Plagemann* herausgegebene „Münchener Anwaltshandbuch Sozialrecht". Antworten auf professionelle Fragen bieten das „Handbuch des sozialgerichtlichen Verfahrens" von *Krasney/Udsching* und die „Prozesse in Sozialsachen" von

Berchtold/Richter. Einen Einstieg im Lehrbuchformat bietet der *Eichenhofer* „Sozialrecht“; aus anwaltlicher Sicht in Bezug auf das Arbeits- und Familienrecht sei der *Sartorius/Bubeck* „Sozialrecht“ empfohlen.

Die wichtigsten Fachzeitschriften sind die Neue Zeitschrift fürs Sozialrecht (NZS), Die Sozialgerichtsbarkeit (SGb), InfoAlso (für Sozialhilfe- und Arbeitslosenrecht) und die Anwalt/Anwältin im Sozialrecht (ASR).

Die nötige Fort- und Weiterbildung wird durch die Frühjahrstagung des Deutschen Anwaltsinstituts (zweites Wochenende im Februar) und vor allem durch die Herbsttagung der Arbeitsgemeinschaft Sozialrecht im DAV (erstes Wochenende im November) sichergestellt. Die Herbsttagung besticht durch Informationsdichte und Atmosphäre.

Nur Mut beim Aufbruch zum Sozialrecht. Es ist nicht schwieriger oder komplexer als die anderen Gebiete, nur sind die Pfade nicht so ausgetreten! Es bietet den Reiz, in Zeiten sozialer Veränderungen an menschlichen Schicksalen und den Wirren des Lebens teilzuhaben, vor allem aber haben Sie hier die Chance, an diesen seltenen Momenten des Glücks für uns Juristinnen und Juristen mitzuwirken, wenn Recht und Gerechtigkeit eins werden.

F.19 SPORTRECHT

RECHTSANWALT DR. THOMAS SUMMERER, MÜNCHEN • MITGLIED DES GESCHÄFTSFÜHRENDEN AUSSCHUSSES DER ARBEITSGEMEINSCHAFT SPORTRECHT IM DAV

I. Beratungsfelder im Sportrecht

Kaum ein Rechtsgebiet eignet sich so gut für junge Rechtsanwältinnen und Rechtsanwälte, können hier doch in der Freizeit erworbene Erfahrungen nutzbringend in die Rechtsberatung eingebracht werden. Nur wenige Rechtsanwältinnen und Rechtsanwälte haben eine Maurerlehre oder Architektenausbildung absolviert und bearbeiten gleichwohl Fälle aus dem privaten Baurecht. Ganz anders ist dies im Sport:

Die meisten Kolleginnen und Kollegen werden von Jugend an mehr oder weniger intensiv Sport getrieben haben und tun dies zum Ausgleich der beruflichen Beanspruchung nach wie vor. Wer die Zeitung von hinten liest oder die Augen und Ohren in seinem Sportverein offenhält, weiß, dass die Verrechtlichung des Amateursports immer größere Ausmaße annimmt, vom Profibereich gar nicht zu reden. Man schaue sich nur in seinem eigenen Tennisclub um und erkennt sofort folgende Rechtsfragen:

- Wie sehen wohl die Verträge zwischen dem Verein und den Firmen aus, die Sichtblenden mit ihrem Werbeaufdruck zur Verfügung gestellt haben? Was erhält der Verein dafür, dass er in seinem Clubhaus Augustiner Bier, Apérol Spritz, Adelholzner Mineralwasser, Fürst Metternich Sekt und Frankenwein vom Bürgerspital zum Heiligen Geist verkauft?
- Welche Möglichkeiten hat der Verein, den 16-jährigen unerzogenen Jugendspieler disziplinarisch zu belangen und ihn eventuell aus dem Verein auszuschließen? In welcher Weise sind seine Eltern zu beteiligen?
- Darf der Verein für den geplanten Clubhausumbau von jedem Mitglied 1.000 EUR Umlage verlangen und wenn ja, mit welcher Frist? Können Mitglieder nach einem Umlagebeschluss ohne Bezahlung fristlos aus dem Verein ausscheiden?
- Hat der Clubfreund Karl-Heinz Pech Chancen, gegen den Platzwart oder den Verein Schadensersatzansprüche wegen seines Sturzes über die gefährlich aus dem Boden herausragende Bewässerungsanlage durchzusetzen? Kann der Verein zu seinem Schutz Haftungsbeschränkungen in seine Satzung einbauen? Kann Mitglied Pech erzwingen, dass sein Anspruch auf die Tagesordnung der nächsten Mitgliederversammlung gesetzt wird? Bestehen Schmerzensgeldansprüche gegen den Spielgegner, weil dieser einen Kopfball direkt in das Auge seines Gegenübers geschmettert hat?
- Ist die Vereinbarung mit dem Trainer als Arbeitsvertrag zu werten und wie kann dieser Vertrag problemlos beendet werden? Kann ein befristeter Vertrag geschlossen werden, der nach fünf Jahren automatisch ohne Kündigung ausläuft? Können Vertragsstrafen in die Verträge mit dem Trainer und den Spielern eingebaut werden?

Die Fragen könnten beliebig erweitert werden; die kurze Auflistung zeigt, wie viel Rechtsprobleme schon im Alltag eines normalen Freizeitvereins darauf warten, sachkundig angefasst zu werden. Wer sich in diesen Alltagsfragen als Spezialistin oder Spezialist bewährt hat, darf darauf hoffen, eines Tages an folgenden Auseinandersetzungen beteiligt zu werden, die verdeutlichen, wie sehr sich Sportrecht zum Wirtschaftsrecht hin entwickelt hat:

- Einsatz von Ausländerinnen und Ausländern in den Bundesligen und Transferregeln
- Missbrauch der Meisterschale durch „Ambush Marketing“
- Hospitality in der Allianz Arena, Steuer- und Strafrecht
- Dopingfälle im Zusammenhang mit dem Anti-Doping-Code der NADA und WADA
- Staatliches Monopol für Sportwetten
- Mediale Verwertung von Fernseh- und Radiorechten
- Hausrecht der Vereine und Stadionverbote
- Umwandlung von Fußballvereinen in Kapitalgesellschaften
- Verbandsautonomie und Kartellrecht
- Beschränkung von Mehrheitsbeteiligungen in der Bundesliga
- Lizenzierung von Sportkapitalgesellschaften und Financial Fair Play
- Ausschluss der staatlichen Gerichte durch Sportschiedsgerichte
- Compliance und Corporate-Governance-Prinzipien in Monopolsportverbänden.

II. Sportrecht boomt

Die wachsende Bedeutung des Rechts auch im Sport, „der schönsten Nebensache der Welt“, hat den Deutschen Anwaltverein veranlasst, am 5. November 1999 die Arbeitsgemeinschaft Sportrecht zu gründen. Die erste Tagung mit dem Thema „Kommerzialisierung des Sports – Chancen und Risiken“ beschäftigte sich mit der Vermarktung von Sportveranstaltungen, ferner mit TV-Verwertungsverträgen über Sportveranstaltungen und mit den Persönlichkeitsrechten der Sportler im Rahmen der Vermarktung. Namhafte Referentinnen und Referenten aus den Kreisen der Kolleginnen und Kollegen, der Medien, der Fußballvereine und der Vereinigung der Vertragsfußballspielerinnen und -spieler diskutierten zwei Tage lang mit über 130 Teilnehmenden. Weitere Tagungen zu interessanten Themen folgten, und zwar immer am Rande einer attraktiven Sportveranstaltung wie z.B. dem Formel-1-Rennen am Nürburgring, einem Fußballbundesligaspiel, der Beachvolleyball-Europameisterschaft oder dem German Masters Golf-Turnier in Köln. Im Jahr 2019 feierte die Arbeitsgemeinschaft ihr 20-jähriges Bestehen mit einer großen Sportrechtstagung am Rande der Beachvolleyball-WM in Hamburg. Inzwischen sind schon 400 Kolleginnen und Kollegen unserer Arbeitsgemeinschaft beigetreten. Die Arbeitsgemeinschaft ist stolz darauf, dass zahlreiche Mitglieder, auch des Geschäftsführenden Ausschusses, im Richterkollegium am deutschen Sportschiedsgericht der DIS sind, andere sind als Rechtsberaterinnen und -berater großer Sportverbände tätig. Seit 2019 gibt es nun sogar eine eigene Fachanwaltschaft Sportrecht.

III. Einstieg ins Sportrecht

Auch die sportrechtliche Literatur ist noch überschaubar; große Ausgaben sind für den Berufseinstieg nicht erforderlich. Als Anfangsinvestition mag sich neben dem Beitritt zur Arbeitsgemeinschaft Sportrecht und dem Abonnement der Zeitschrift SpuRt die Anschaffung des „Praxishandbuchs Sportrecht“ von *Fritzweiler/Pfister/Summerer* (4. Aufl. 2020) empfehlen. Für vereins- und verbandsrechtliche Fragestellungen ist erste Wahl das „Handbuch des Vereins- und Verbandsrechts“ von *Reichert* (14. Aufl. 2018). Wer sich mit „Sportstrafrecht“ näher beschäftigen möchte, ist mit dem Werk von *Cherkeh/Momsen/Orth* (1. Aufl. 2021) bestens bedient.

Die Arbeitsgemeinschaft Sportrecht ist im Internet unter www.sportrecht-dav.de zu erreichen.

F.20 STEUERRECHT

RECHTSANWALT DR. MARTIN WULF, BERLIN[1] • VORSITZENDER DER ARBEITSGEMEINSCHAFT STEUERRECHT IM DAV

I. Das Steuerrecht in der anwaltlichen Beratung

Das Steuerrecht nimmt in der juristischen Ausbildung zumeist nur eine untergeordnete Rolle ein. Die weit überwiegende Mehrheit der Volljuristinnen und Volljuristen verfügt nach Abschluss der Ausbildung über keine oder nur rudimentäre Kenntnisse im Steuerrecht. Das Steuerrecht gilt allgemein als „trocken", „langweilig" oder als „besonders schwierig".

Das Unbehagen vieler junger Juristinnen und Juristen gegenüber dem Steuerrecht steht in einem deutlichen Missverhältnis zu dessen praktischer Bedeutung. Steuerliche Fragen begegnen dem Anwalt in einer Vielzahl von alltäglichen Fallgestaltungen. Will der Mandant ein Unternehmen gründen, so richtet sich die Wahl der Rechts- und Gesellschaftsformen neben haftungsrechtlichen Aspekten zumeist nach den steuerlichen Rahmenbedingungen. Wer als Einzelunternehmer oder in einer Personengesellschaft tätig wird, unterliegt mit seinem Gewinn der Einkommensteuer. Hinzu tritt die Gewerbesteuer, soweit es sich um eine gewerbliche Betätigung handelt. Wer dagegen in der Rechtsform der GmbH oder einer anderen juristischen Person tätig wird, der zahlt auf die Gewinne des Unternehmens Körperschaftsteuer (in Höhe von gegenwärtig 15 %) und die Gewerbesteuer. Einkommensteuer fällt nur auf die Gewinnausschüttungen oder etwa die Zahlung eines Geschäftsführergehalts an. Die Gründung einer GmbH & Co. KG vereint die haftungsrechtlichen Vorteile einer GmbH mit den möglichen steuerlichen Vorteilen einer Personengesellschaft. Um hier zu beraten, sind steuerliche Kenntnisse unerlässlich.

Wer im Kaufrecht tätig ist, muss sich zwangsläufig zumindest mit Fragen der Umsatzsteuer auseinandersetzen. Fällt bei dem Verkauf einer Maschine an einen französischen Unternehmer Umsatzsteuer an? Ergibt es für den Mandanten Sinn, auf das Angebot des Grundstücksverkäufers einzugehen, den Kaufpreis „brutto" auszuweisen, dh. um die Umsatzsteuer zu erhöhen? Je komplexer die Kaufgegenstände, desto komplexer auch die steuerlichen Fragen. Die Gestaltung eines Unternehmenskaufvertrags ist häufig ganz vorrangig durch steuerliche Fragen beeinflusst, angefangen mit der Frage, ob der Erwerb als „asset deal" (also durch den Kauf der Wirtschaftsgüter) oder als „share deal" (also durch den Kauf der Gesellschaftsanteile) durchgeführt werden soll.

Die Beratung im Arbeitsrecht kann gerade bei der Gestaltung von Abfindungsvereinbarungen Fragen der Lohnsteuer und des daran anknüpfenden Sozialversicherungsrechts aufwerfen. Der Anstellungsvertrag eines Gesellschafter-Geschäftsführers ist unbedingt dar-

1 Der Autor ist Partner der Kanzlei Streck Mack Schwedhelm, Rechtsanwälte und Fachanwälte für Steuerrecht, Köln/Berlin/München.

aufhin zu untersuchen, ob die Vergütungsregelungen steuerlich zu einer „verdeckten Gewinnausschüttung" führen können.

Im Bereich des Erb- und Familienrechts ist eine qualifizierte Nachfolgeplanung ohne Berücksichtigung der steuerlichen Rechtsfolgen nicht denkbar. Auch die Gestaltung von Eheverträgen oder die Beratung bei Scheidungsfolgenvereinbarungen muss steuerliche Fragen berücksichtigen.

Wesentliche steuerliche Fragen wirft auch das Insolvenzrecht auf. Die Eröffnung des Insolvenzverfahrens zwingt zumeist zu umsatzsteuerlichen Korrekturen. Der Geschäftsführer der insolventen Gesellschaft kann von den Finanzbehörden persönlich für Steuerrückstände oder nicht gezahlte Sozialabgaben in Haftung genommen werden.

Schließlich ist nicht erst seit den Ermittlungen wegen ausländischer Kapitalanlagen bekannt, dass quer durch alle Gesellschaftsschichten steuerstrafrechtlicher Beratungsbedarf besteht. Dies reicht von verschwiegenen Zinsen aus einem Auslandskonto über branchenspezifische Probleme wie bspw. vorgetäuschte Subunternehmerverhältnisse und Schwarzarbeit auf Baustellen bis hin zu komplexen Wirtschaftsstrafverfahren wie den in der Öffentlichkeit diskutieren „CumEx" Gestaltungen. Strafrechtliche Ermittlungen im Bereich der Vermögens- oder Korruptionsdelikte werden meist durch steuerstrafrechtliche Vorwürfe begleitet. Die umfassende Beratung und Verteidigung des Mandanten setzt in diesen Fällen (auch) steuerliche Grundkenntnisse voraus.

Die Beispiele zeigen, dass anwaltliche Beratung in einer Vielzahl der Fälle auch eine Beratung in steuerlichen Dingen voraussetzt. Der junge Rechtsanwalt kann an dieser Stelle wählen: Er kann darauf vertrauen, dass die Mandantschaft sich ergänzend an einen Steuerberater oder Wirtschaftsprüfer wendet. Der mit der Beratung der steuerlichen Aspekte verbundene Umsatz geht dann verloren. Zudem besteht immer die Gefahr, dass das Mandat insgesamt von anderen Beraterinnen übernommen wird. Der Rechtsanwalt kann die beschriebenen Aspekte aber auch als Chance begreifen und sich bewusst dem Steuerrecht zuwenden. Wer dies mit offenen Augen tut, wird schnell feststellen, dass das Steuerrecht alles andere als „langweilig" ist und dass gerade die juristische Arbeit im Steuerrecht, die Tätigkeit als „/Steueranwalt", inhaltlich faszinierend und wirtschaftlich durchaus lukrativ sein kann.

II. Der Weg zur Fachanwältin für Steuerrecht

Gerade für diejenigen, die in ihrer Ausbildung noch keine steuerlichen Grundkenntnisse erworben haben, bietet der Fachanwaltskurs den idealen Einstieg in das Rechtsgebiet. Betriebswirtschaftliche Vorkenntnisse sind nützlich, aber nicht Voraussetzung, um über den Fachanwaltskurs den Einstieg in das Steuerrecht zu finden. Die Führung des Fachanwaltstitels setzt nach der Fachanwaltsordnung Grundkenntnisse der Buchführung und des Bilanzwesens sowie besondere Kenntnisse im Bereich der Einkommensteuer, Körperschaftsteuer,

Gewerbesteuer, Umsatzsteuer, Grunderwerbsteuer, Erbschaft- und Schenkungsteuer sowie schließlich des Verfahrensrechts und des Steuerstrafrechts voraus.[2] Diese Kenntnisse werden im Rahmen des Fachanwaltskurses vermittelt. Wer bspw. aufgrund einer Ausbildung in der Finanzverwaltung oder nach einer Steuerberaterprüfung bereits über die ausreichenden theoretischen Kenntnisse verfügt, dem kann unter Umständen die Teilnahme an dem Fachanwaltskurs zum Nachweis der theoretischen Kenntnisse erlassen werden.[3] Wer den Fachanwaltstitel führen will, muss wenigstens drei Jahre als Rechtsanwältin zugelassen sein und insgesamt 50 Fälle aus dem Bereich des Steuerrechts bearbeitet haben (davon zumindest zehn Rechtsbehelfsverfahren). Achtung: Diese Fälle müssen in den drei Jahren vor dem Zulassungsantrag bearbeitet sein. Insbesondere wer seine Fälle als angestellte Rechtsanwältin sammelt, sollte von Beginn an an die Dokumentation seiner Fälle entsprechend § 6 FAO denken, damit später auch nach einem Wechsel des Arbeitgebers der erforderliche Nachweis erbracht werden kann. Ab dem Jahr der Teilnahme an dem Fachanwaltskurs (oder dem Jahr der diesen ersetzenden Prüfung) muss die Anwältin sich jährlich im Umfang von fünfzehn Zeitstunden fortbilden. Ohne diesen Nachweis wird der Antrag auf Verleihung abgelehnt oder es verfällt der bereits erworbene Titel.[4]

In Deutschland dürfen rund 3 % der zugelassenen Rechtsanwälte den Titel des Fachanwalts für Steuerrecht führen.[5] Wie bereits angedeutet, entspricht die geringe Anzahl der Fachanwälte für Steuerrecht nicht der Bedeutung des Rechtsgebiets in der Praxis. Man muss sich bewusst machen, dass eine Vielzahl von Entscheidungen der Mandanten, bei denen die Rechtsanwältin beraten soll, vorrangig auch an den steuerlichen Konsequenzen ausgerichtet ist. Die Qualifikation zur Fachanwältin für Steuerrecht öffnet den Weg, um der Mandantin bei diesen Entscheidungen wirklich umfassend zur Seite stehen zu können.

III. Verhältnis zu anderen Berufsträgern und Möglichkeiten der Kooperation

Nach der geltenden Fassung des Rechtsdienstleistungsgesetzes sind auch die Steuerberater und Wirtschaftsprüfer in erweitertem Umfang zur rechtlichen Beratung befugt. Über die umfassende Qualifikation verfügt aber weiterhin nur der Rechtsanwalt. Rechtsanwälte sind – auch ohne die Erlangung des Fachanwaltstitels – nach dem Steuerberatungsgesetz zur unbeschränkten Hilfeleistung in Steuersachen befugt, in gleicher Weise wie die Steuerberater und Wirtschaftsprüfer. Letztere haben hingegen keine Befugnis zur „unbeschränkten Rechtsberatung".

Das steuerliche Know-how ermöglicht es dem Anwalt, in den beschriebenen Grenzgebieten zum Steuerrecht tätig zu werden, und schützt davor, Mandate ganz oder teilweise an

2 Vgl. im Einzelnen § 9 FAO.
3 Vgl. BGH AnwZ (B) 91/98 vom 21.6.1999, NJW 1999, 2677; über die Anerkennung entscheidet im Einzelfall der Prüfungsausschuss der örtlichen Rechtsanwaltskammer.
4 Vgl. § 15 i. V. m. § 4 Abs. 2 FAO – die Fortbildungsverpflichtung beginnt neuerdings unmittelbar nach der erstmaligen Erlangung der theoretischen Kenntnisse, dies darf nicht übersehen werden.
5 Quelle: Fachanwaltsstatistik der Bundesrechtsanwaltskammer zum 1.1.2020, veröffentlicht unter www.brak.de.

die Konkurrenten der anderen Berufsgruppen zu verlieren. Der Titel des Fachanwalts für Steuerrecht ist ein Nachweis der Kompetenz, in diesem Grenzgebiet beraten zu können.

Im Idealfall allerdings ergibt sich aus dem Nebeneinander von Steuerberaterin, Wirtschaftsprüferin und Steueranwältin keine Konkurrenz, sondern eine enge berufsgruppenübergreifende Zusammenarbeit. Die laufende Steuerberatung wird die Domäne der als Steuerberater ausgebildeten Kollegen bleiben. Aus der laufenden Betreuung durch den Steuerberaterin ergeben sich aber häufig konkrete Rechtsfragen, Gestaltungsaufgaben oder auch Streitfälle, für deren Bearbeitung der Steuerberaterin das notwendige juristische und anwaltliche Fachwissen fehlt. Hier ist die Steueranwältin gefragt, die Rechtsprobleme in Zusammenarbeit mit dem bereits eingesetzten Berater zu lösen. Der Titel der Fachanwältin für Steuerrecht kennzeichnet gegenüber dem Beraterkolleginnen ebenso wie gegenüber der Mandantschft die erforderlichen steuerlichen Kenntnisse, um insoweit effektiv mit der Steuerberaterin oder Wirtschaftsprüferin zusammenarbeiten zu können.

Das Berufsrecht bietet die Möglichkeit, gemeinsam mit Steuerberatern und/oder Wirtschaftsprüfern in einer gemischten Sozietät tätig zu werden und insoweit die rechtliche und steuerliche Beratung mit all ihren Facetten aus einer Hand anzubieten. Die Zusammenarbeit zwischen dem Steueranwalt und einem Steuerberater kann aber selbstverständlich auch in lockerer Form erfolgen, etwa indem man sich gegenseitig Mandanten für den Bereich der laufenden steuerlichen Beratung/der steuerlich orientierten Rechtsberatung empfiehlt oder im Rahmen einer Bürogemeinschaft nach außen auftritt.

Schließlich kann der Steueranwalt in gleicher Weise auch Kooperationen mit anderen Fachanwälten eingehen. Viele Kollegen stoßen bei der Erstellung von Verträgen hinsichtlich der steuerlichen Nebenaspekte an ihre fachlichen Grenzen. Das Übersehen von steuerlichen Nachteilen kann aber für den beratenden Anwalt oder Notar immense haftungsrechtliche Folgen haben. Um diese Haftungsrisiken zu vermeiden, kann es sich empfehlen, einen Steueranwalt hinzuzuziehen, der als Jurist die steuerlichen Konsequenzen überprüft und entsprechende Gestaltungsempfehlungen gibt. Umgekehrt kann derjenige, der als Steueranwalt einen Vertrag gestaltet, auf die Unterstützung eines Fachanwaltskollegen aus dem Bereich des Arbeitsrechts, des Insolvenzrechts oder des Urheberrechts angewiesen sein. Eine Kooperation kann sich somit für beide Seiten als befruchtend erweisen.

IV. Die inhaltliche Tätigkeit der Steueranwältin

Inhaltlich lässt sich die Tätigkeit der Steueranwältin grob in vier Kategorien einteilen. Unterschieden werden kann zwischen dem Bereich der Erklärungsberatung, dem Tätigkeitsbereich der Steuergestaltung, dem Bereich des Steuerstreits und dem Bereich der Steuerfahndung.

Erklärungsberatung ist die Beratung der Mandantschaft bei der Erstellung ihrer Steuererklärungen. Sie erfordert eine gute Übersicht in dem betreffenden Gebiet des Steuerrechts und sollte gerade bei der Betreuung eines Unternehmens auch betriebswirtschaftliche Überlegungen mit einbeziehen. Die Rechtsanwältin wird hier unmittelbar im klassischen Betätigungsfeld einer Steuerberaterin tätig.

Steuergestaltung bedeutet Beratung bei der Vertragsgestaltung unter steuerlichen Aspekten. Dies kann ein Unternehmenskaufvertrag, eine Testamentsgestaltung oder die Formulierung einer Lizenzvereinbarung sein. Die Steueranwältin kann die Federführung innehaben oder als Zweitberaterin ausschließlich für die steuerlichen Aspekte herangezogen werden. Dieser Tätigkeitsbereich zeichnet sich durch seine vielfältigen Bezüge zu den anderen Rechtsgebieten des Gesellschaftsrechts, des Arbeitsrechts, des Erbrechts, des Bankrechts, des Insolvenzrechts etc. aus.

Der Tätigkeitsbereich des Steuerstreits umfasst die Vertretung der Steuerpflichtigen im Prüfungs-, Festsetzungs- und Rechtsbehelfsverfahren gegenüber dem Finanzamt. Die Steueranwältin vertritt die Unternehmerin in der Betriebsprüfung und begleitet sie zur Schlussbesprechung mit den Finanzbehörden. Sie führt das Einspruchsverfahren gegen die Nachforderungsbescheide des Finanzamts und streitet vor dem Finanzgericht um die Aussetzung der Vollziehung. Sie vertritt die Mandantin im erstinstanzlichen Verfahren vor dem Finanzgericht sowie in der Nichtzulassungsbeschwerde und der Revision vor dem BFH. Die Steueranwältin schätzt als Zweitberaterin die Risiken bestimmter steuerlicher Gestaltungen ein, sie beantragt die Erteilung von verbindlichen Auskünften durch die Finanzbehörden und beurteilt die Erfolgsaussichten eines Rechtsmittels. Wer mit Sachkenntnis und streitfreudig, aber nicht unfreundlich gegenüber den Finanzbehörden auftritt, lernt diese Behörden als hoch qualifizierte Gegner kennen, mit denen es Freude macht, zu streiten und – im richtigen Augenblick – nach Möglichkeiten für eine Einigung zu suchen.

Der Instanzenzug bei den Finanzgerichten ist zweistufig. Unmittelbar an die Entscheidung des Finanzgerichts schließt sich das Verfahren beim BFH an.[6] Die Finanzgerichte haben insoweit eine mit den Oberlandesgerichten vergleichbare Position. Dem entspricht auch die Verhandlungsatmosphäre: Es gibt noch das echte Rechtsgespräch, das echte Plädoyer mit der Chance, das Gericht zu überzeugen. Die forensische Tätigkeit ist mit der bisweilen durch Oberflächlichkeit geprägten Verhandlungsatmosphäre bei den ordentlichen Gerichten kaum zu vergleichen. Der Steuerstreit ist insoweit ein Rechtsgebiet, welches insbesondere auch in forensischer Hinsicht reizvoll ist.

Der Bereich des Steuerstrafrechts wird geprägt durch die Auseinandersetzung mit der Steuerfahndung. Die effektive Verteidigung gegenüber der Steuerfahndung erfordert Spezialkenntnisse sowohl im Strafrecht als auch im Steuerrecht. Die Steueranwältin leistet Präventivberatung; sie gibt Hinweise, welche steuerlichen Gestaltungen legal sind und mit welchen Gestaltungen die Mandantin sich im Graubereich bewegt. Die Steueranwältin kann für

6 Die Revision zum BFH muss zugelassen werden (§ 115 FGO). Das Finanzgericht hat hierüber von Amts wegen zu entscheiden. In der Regel erfolgt keine Zulassung durch das Finanzgericht. Der Weg nach München muss dann mit einer Nichtzulassungsbeschwerde erstritten werden, die unmittelbar beim BFH einzulegen ist (§ 116 FGO).

die Mandantin eine strafbefreiende Selbstanzeige (§ 371 AO) abgeben und ist damit in der besonderen Lage, nach der vorsätzlichen Begehung eines vollendeten Delikts noch den Weg zu einer garantierten Strafbefreiung eröffnen zu können. Parallel zur Vertretung im strafprozessualen Vor- und Zwischenverfahren sind die steuerlichen Rechtsbehelfe einzulegen, die Verteidigung erfolgt insoweit zweispurig auf dem Gebiet des Strafprozessrechts und dem Gebiet des steuerlichen Verfahrensrechts. Die Steueranwältin verteidigt weiter in der Hauptverhandlung vor dem Strafgericht, sie legt Beschwerden ein und vertritt die Verurteilte in der Berufung oder Revision. Stets muss die strafrechtliche Verteidigung mit den anhängigen Rechtsbehelfen im Steuerstreitverfahren abgestimmt werden.

Ist im Steuerstreit oder Steuerfahndungsverfahren eine Einigung erzielt, so ist die Mandantschaft beim Abschluss einer „tatsächlichen Verständigung" – der spezifischen Form des Vergleichs im Steuerrecht – zu beraten. Auch dies setzt wiederum voraus, dass die Beraterin alle steuerlichen Konsequenzen der zutreffenden Einigung überschaut.

Schließlich weist die Beratung in Compliance-Fragen starke Bezüge zum Steuerstrafrecht auf. Dieses Beratungsfeld wird mit der Einführung eines Verbandssanktionengesetzes noch einmal an Bedeutung gewinnen. Für die Erstellung und Prüfung von „TCMS" (Tax Compliance Management Systemen) sind häufig Teams aus Steuerberaterinnen und Rechtsanwältinnen gefragt, in denen die Steueranwältin ihr verfahrens- und steuerstrafrechtliches Know-how einbringen kann.

V. Haftung und Honorar

Anwaltliche Tätigkeit auf dem Gebiet des Steuerrechts birgt ein erhöhtes Haftungsrisiko. Steuerrechtliche Fragen sind komplex. Niemand ist davor gefeit, einen Aspekt zu übersehen. Da steuerliche Gestaltungen häufig Dauersachverhalte betreffen, können sich die steuerlichen Schäden über die Jahre potenzieren. Der „Schaden" in der Form der vermeidbaren Verwirklichung von Steueransprüchen wird häufig erst Jahre später, etwa nach einer Betriebsprüfung, aufgedeckt.

Wer im Steuerrecht berät, sollte deshalb unbedingt prüfen, ob seine Haftpflichtversicherung die aus der Beratungstätigkeit resultierenden Risiken in ausreichender Form abdeckt. Häufig wird es sich empfehlen, eine über den gesetzlichen Mindestumfang hinausgehende Haftpflichtversicherung abzuschließen. Darüber hinaus sollte man an die Möglichkeit denken, bei steuerrechtlichen Mandaten je eine Haftungsbegrenzung in individueller Form mit dem Mandanten zu vereinbaren. Will der Mandant eine solche Haftungsbegrenzung nicht akzeptieren, so kann man alternativ den Abschluss einer konkret mandatsbezogenen zusätzlichen Haftpflichtversicherung ins Spiel bringen. Die Kosten hierfür sind dann zusätzlicher Bestandteil des Honorars.

Für das Honorar gilt auch bei der Tätigkeit des Steueranwalts grundsätzlich die gesetzliche Gebührenordnung, d.h. das RVG. Der Streit- bzw. Gegenstandswert bemisst sich nach den möglichen steuerlichen Auswirkungen der Beratung bzw. Vertretung. Soweit der Steueranwalt im Rahmen der Befugnisse des Steuerberatungsgesetzes tätig wird, bspw. bei einer Selbstanzeige, kann auch auf der Grundlage der Steuerberatergebührenverordnung abgerechnet werden. Schließlich kann mit dem Mandanten eine Honorarvereinbarung geschlossen werden, auf deren Grundlage dann entweder mit einem Pauschalbetrag oder einem Zeithonorar abgerechnet wird.

Schließlich gilt: Der Fiskus ist über das gesamte Jahr gesehen für die meisten Unternehmen der mit Abstand größte Einzelgläubiger. Die Streit- bzw. Gegenstandswerte bei einer Tätigkeit als Steueranwalt sind deshalb vergleichsweise hoch. Dies mag ein weiteres Argument sein, sich für eine Tätigkeit als Steueranwalt zu entscheiden.

VI. Weitergehende Spezialisierung

Je nach der Entwicklung und Struktur des Mandantenkreises kann sich aus der Tätigkeit als Steueranwältin eine noch darüber hinausgehende Spezialisierung ergeben. Es gibt Steueranwälte, die ausschließlich im Bereich der Umsatzbesteuerung, ausschließlich im Bereich der besonderen Verbrauchsteuern (Tabaksteuer, Energiesteuer) oder ausschließlich im Bereich der internationalen Besteuerung (Stichwort Verrechnungspreise) tätig sind. Für solche hoch spezialisierten Steuerjuristinnen besteht auch Bedarf in den Steuerabteilungen der Großunternehmen.

Andere sind ausschließlich mit der Vertretung im Steuerstrafrecht befasst. Wer die Chance zu einer solchen „Spezialisierung der Spezialistin" sieht, der sollte sie ergreifen. Für Berufsanfängerinnen dürfte es allerdings schwierig sein, eine so weitgehende Spezialisierung gezielt anzustreben. Die Erfahrung zeigt, dass Auslöser für eine solche Weiterentwicklung häufig konkrete Mandate oder andere Zufälligkeiten sind, die sich für eine Berufsanfängerin nicht planen lassen.

Die Tätigkeit im Steuerrecht kann dazu führen, dass man zusätzlich noch die Steuerberaterprüfung ablegt oder sogar noch die Qualifikation als Wirtschaftsprüferin erwirbt. Ob der Erwerb dieser zusätzlichen Qualifikation sinnvoll ist, hängt von der Mandatsstruktur und von der Positionierung der eigenen Kanzlei/Sozietät ab. Bei den großen Wirtschaftsprüfungsgesellschaften wird es von angehenden Anwälten häufig erwartet, dass sie binnen einer gewissen Frist auch die Steuerberaterprüfung ablegen (was ihnen dann die Weiterqualifikation zur Wirtschaftsprüferin ermöglicht). Aus meiner Sicht ist eine Zusatzqualifikation als Steuerberaterin oder Wirtschaftsprüferin nur für diejenige sinnvoll, die auch auf diesen spezifischen Tätigkeitsfeldern arbeiten will: Wer Unternehmen oder Privatpersonen in der laufenden steuerlichen Beratung und bei der Erstellung der Steuererklärungen unterstützen will, für die ist eine Zusatzqualifikation als Steuerberaterin sinnvoll. Wer Jahresabschlüsse prüfen und Testate erteilen will, die muss schon von Gesetzes wegen die Qualifikation als vereidigte Buchprüferin oder Wirtschaftsprüferin erlangen.

Unabhängig von der Spezialisierung und dem geführten Titel gilt für alle auf dem Gebiet des Steuerrechts tätigen Fachleute: Es besteht die Notwendigkeit zur fortwährenden Weiterbildung. Kein Rechtsgebiet verändert sich so dynamisch wie das Steuerrecht. Der Gesetzgeber verabschiedet jedes Jahr steuerliche Änderungsgesetze, die kleinste Details verändern oder fundamentale Reformen veranlassen. Beides ist bedeutsam und kann eine Beratung, die letztes Jahr noch ideal war, im nächsten Jahr zu einer Steuerfalle werden lassen. Wer qualifiziert und fehlerfrei steuerlich beraten will, muss deshalb laufend die Entwicklung von Gesetzgebung und Rechtsprechung verfolgen und sich jedes Jahr fortbilden. Die FAO schreibt – wie bereits ausgeführt – für Fachanwälte und Bewerber eine Fortbildung im Umfang von wenigstens fünfzehn Zeitstunden pro Jahr vor.

VII. Arbeitsgemeinschaft Steuerrecht im DAV

Die Arbeitsgemeinschaft Steuerrecht im DAV existiert seit 1994. Sie hat es sich zum Ziel gemacht, praxisgerechte Weiterbildungsmöglichkeiten für Steueranwältinnen anzubieten sowie gleichzeitig die gemeinsamen ideellen und wirtschaftlichen Interessen der im Steuerrecht tätigen Anwältinnen zu fördern. Die Arbeitsgemeinschaft Steuerrecht im DAV bietet somit den gegenwärtig rund 4.000 Fachanwältinnen für Steuerrecht in Deutschland das ideale Forum, um im Rahmen des DAV ihre spezifischen berufspolitischen Interessen geltend zu machen, die notwendige Fortbildung sicherzustellen und den Austausch mit den steuerlich tätigen Berufskollegen zu suchen.

Die Arbeitsgemeinschaft Steuerrecht im DAV veranstaltet hierzu jährlich den Steueranwaltstag, der stets am Ende des Jahres (Oktober/November) in Berlin stattfindet. Darüber hinaus werden mit dem Steueranwaltstag International jährlich im Frühjahr (April/Mai) die besonderen internationalen Aspekte der Tätigkeit als Steueranwältin angesprochen. Die Arbeitsgemeinschaft gibt zudem eine eigene Zeitschrift heraus, das Steueranwaltsmagazin, das über aktuelle steuerliche Entwicklungen informiert und aus der Tätigkeit der Arbeitsgemeinschaft berichtet. Über ihre Arbeit unterrichtet die Arbeitsgemeinschaft zudem im Internet unter www.steuerrecht.org.

VIII. Literatur- und Kanzleiausstattung

Wer als Steueranwalt auf dem Gebiet des Steuerrechts beratend und vertretend tätig sein will, der muss über die aktuelle Steuergesetzgebung, die aktuellen Erlasse der Finanzverwaltung und die Entwicklung der Rechtsprechung informiert sein. Dies setzt selbstverständlich die Anschaffung und laufende Aktualisierung der Steuergesetze, der Steuerrichtlinien und der Steuererlasse der Finanzverwaltung voraus. Die amtlichen Veröffentlichungsorgane sind das Bundessteuerblatt I (Verlautbarungen der Finanzverwaltung) und das Bundessteuerblatt II (Veröffentlichung der durch die Finanzverwaltung für verbindlich erklärten höchstrichterlichen Rechtsprechung). Dies wird sinnvoll ergänzt durch die BFH/NV (umfassende Veröffentlichung der höchstrichterlichen Rechtsprechung durch die Richter des BFH). Heute können all diese Informationen selbstverständlich auch über eine geeignete Online-Datenbank bezogen werden (bspw. juris o.Ä.).

Wer in Papierform über die Entwicklung der Rechtsprechung unterrichtet sein will, der sollte neben den genannten Publikationen (Bundessteuerblatt I, II und BFH/NV) auch über die EFG (Entscheidungen der Finanzgerichte, Stollfuß Verlag) verfügen. Ergänzend können für eine solide Grundausstattung die folgenden Kommentierungen und Veröffentlichungen empfohlen werden:

1. *Ludwig Schmidt*, Kommentar zum Einkommensteuergesetz, 39. Aufl. 2020, Preis 115 EUR.
2. *Tipke/Kruse*, Kommentar zur Abgabenordnung und Finanzgerichtsordnung, Loseblattsammlung, Preis 198 EUR für das Grundwerk zzgl. Ergänzungslieferung drei Mal jährlich.
3. *Michael Streck*, Kommentar zum Körperschaftsteuergesetz, 9. Aufl. 2018, Preis 95 EUR.
4. *Bunjes/Geist*, Kommentar zum Umsatzsteuergesetz, 19. Aufl. 2020, Preis 119 EUR.
5. *Tipke/Lang*, Lehrbuch zum Steuerrecht, 24. Aufl. 2021, Preis 84,80 EUR.
6. *Joecks/Jäger/Randt*, Steuerstrafrecht, 8. Aufl. 2015, Preis 129 EUR.
7. Als Handbuch: *Streck/Spatscheck/Talaska*, Die Steuerfahndung, 5. Aufl. 2017, Preis 79,80 EUR.
8. Die wichtigsten Fachzeitschriften sind die DStR (Deutsches Steuerrecht), die Zeitschriften DER BETRIEB und der BETRIEBS-BERATER sowie für das Steuerstrafrecht die WISTRA (Zeitschrift für Wirtschafts- und Steuerstrafrecht) und die PStR (Praxis Steuerstrafrecht).

F.21 STRAFRECHT

RECHTSANWALT PROF. DR. ULRICH SOMMER, KÖLN • EHEMALIGES MITGLIED IM GESCHÄFTSFÜHRENDEN AUSSCHUSS DER ARBEITSGEMEINSCHAFT STRAFRECHT DES DAV SOWIE DES DAV-VORSTANDS

Alles, was von einem Rechtsanwalt erwartet wird, und alles, was er können muss, wird wie unter einem Brennglas gebündelt, wenn er in Strafsachen tätig wird. Nirgendwo wird die anwaltliche Aufgabe in unserer Gesellschaft so deutlich wie in einem Strafverfahren. Nirgendwo wird der Mandant existenzieller durch staatliche Macht bedroht als im Strafgerichtssaal. Nirgendwo ist der Anwalt eindringlicher aufgefordert, seinem Mandanten unnachgiebig Beistand zu leisten. Die Verantwortung des Strafverteidigers ist groß, seine Fähigkeiten sind in besonderem Maße gefordert.

I. Der einseitige Anwalt

Die Einseitigkeit der Wahrnehmung der Mandanteninteressen zählt zum Selbstverständnis des Anwalts. Im Zivilprozess, in dem sich zwei Parteien gleichberechtigt gegenüberstehen, ist die Interessenwahrnehmung lediglich einer Partei durch den Anwalt selbstverständlich. Im Strafverfahren, in dem der beschuldigte Mandant der besonderen Hilfe seines Verteidigers bedarf, gerät das Bild des einseitig interessenwahrnehmenden Anwalts häufig ins Wanken. Der allgemeine Ruf nach Wahrheit und Aufklärung im Strafverfahren will häufig auch den Strafverteidiger in die Pflicht nehmen. Unter Hinweis auf den Rechtsanwalt als Organ der Rechtspflege wird ihm nicht selten zugemutet, die Konsequenz seiner Beistandspflicht auf dem Altar einer allgemeinen „Vernünftigkeit" zu opfern. Richter animieren den Verteidiger, sich sinnvollen Ergebnissen nicht zu widersetzen, Staatsanwälte fordern ihn auf, bestimmte Zeugen „schonend" zu behandeln, Beweisanträge sollen aus Kostengesichtspunkten zurückgenommen werden.

II. Im strafrechtlichen Parteiprozess

Die Zumutung, sich nicht nur als Interessenvertreter eines mutmaßlichen Verbrechers aufzuführen, wird nicht selten mit dem Hinweis auf die besondere rechtsstaatliche Bindung von Gericht und Staatsanwaltschaft begründet, wobei Letztere als Verfolgungsbehörde von Gesetzes wegen verpflichtet sei, auch zugunsten der beschuldigten Mandantschaft zu agieren. Dass diese Idee des Gesetzgebers der Reichsstrafprozessordnung an den Klippen der Realität zerschellen muss, hatte die Anwältschaft und Strafrechtslehrenden schon an der Wende zum 20. Jahrhundert konstatiert. Allein die Aufgabenstellung der Ermittlung verbietet – unter den aktuell bekannten Bedingungen menschlicher Psyche – ein ausgewogenes Agieren im Ermittlungsverfahren und im Strafprozess. Faktisch existierte schon in der Anfangsphase des modernen deutschen Strafprozesses ein Parteiprozess.

III. Die Einseitigkeit der Ermittlung

Daran hat sich im 21. Jahrhundert nichts geändert. Im Gegenteil: Die Möglichkeiten der Ermittlungen und Grundrechtseingriffe durch die Staatsanwaltschaft haben sich seitdem vervielfacht. Die Konsequenz ist die gesteigerte Aufgabe der Strafverteidigerin oder des -verteidigers, gegenzusteuern und Alternativen aufzuzeigen. Nur ein solches Gegengewicht kann Einfluss auf ein Beweisergebnis nehmen. Strafverteidigerinnen und Strafverteidiger erfahren Einseitigkeit in belastender Form an zahlreichen Stellen. Der Grund hierfür ist zumeist keine Bösartigkeit oder Benachteiligungsabsicht der Ermittelnden. Es ist häufig die schlichte Konsequenz von üblichen Arbeitsabläufen bei Staatsanwaltschaft und Polizei. Notwendigerweise werden Ermittlungshypothesen aufgestellt, ein einmal formulierter Verdacht nimmt dann allerdings häufig derart feste Strukturen an, dass schon mangelnde Fantasie für Alternativen die Ermittlungen beschränken und lenken. Fragen an Zeuginnen und Zeugen werden häufig gar nicht gestellt, Aufklärungen durch Sachverständige nicht initiiert, weil die Relevanz einer Frage nicht erkannt wird. Ermittler meinen, sich ein Urteil zu bilden, wo sie lediglich Bestätigungen ihres Verdachts suchen und finden. Unvermeidlich ist die richterliche Vorprägung, wenn dessen erster Zugang zu dem Fall eine derart strukturierte Ermittlungsakte ist.

IV. Die Dialektik des Strafprozesses

Die Wahrheitssuche im Strafverfahren ist ein dialektischer Prozess. Der ermittlungskritische Ansatz der Strafverteidigerin oder des Strafverteidigers ist hierfür unentbehrlich. Sie oder er muss häufig monostrukturierte Ermittlungen hinterfragen, subtile Suggestionen aufdecken, niemals bedachte Fragen erstmalig stellen. Zwar ist das Feld einer abschließenden richterlichen Beweiswürdigung weit – für manchen rechtsstaatlich Denkenden viel zu weit. Dennoch muss zumindest bei der Bildung der Grundlage der Tatrekonstruktion durch das Gericht die Strafverteidigung eingreifen. Sie muss Zweifel säen in Gedankengängen, die bereits voreilig ein fest gefügtes Bild von einem Sachverhalt konstruiert haben. Hat sich ein Gericht bequem in seinen Vorstellungen eingerichtet, wird die kritische Strafverteidigerin oder der kritische Strafverteidiger als lästig empfunden. Ihre oder seine genuine Aufgabe wird plötzlich in der Praxis zum Kampf gegen den vorschnellen Griff der Richterin oder des Richters auf die Wahrheit.

V. Kampf als rechtsstaatliche Aufgabe

Dieser tägliche Kampf im Gerichtssaal ist notwendiger Teil des sich bestätigenden Rechtsstaats. Die Suche nach einer gerechten Entscheidung beginnt mit jedem Fall von Neuem. Bei aller rechtsstaatlichen Gesinnung der Beteiligten kann nur der Dialog dazu beitragen, die notwendige Rationalität einer Entscheidung zu erhöhen und die Gedanken der Entscheidungsträger so weit wie möglich von emotionalen Aspekten freizuhalten. Das Empfinden für Gerechtigkeit wird möglicherweise von einer Richterin oder einem Richter durch ein Sachverhaltselement geprägt, das sich in der Diskussion mit Staatsanwaltschaft und

Verteidigung plötzlich völlig anders darstellen kann. Auch in ihrer Einseitigkeit ist das Agieren der Strafverteidigung die Verwirklichung von Recht. In jedem Prozess erfüllt sie – neben der menschlichen Hilfe für ihre Mandantschaft – eine rechtsstaatliche Aufgabe.

VI. Kampf um die schützende Form

Die Form des Strafprozesses garantiert die Freiheit aller Bürgerinnen und Bürger. Nachvollziehbar wird dieser Grundsatz erst mit der Verinnerlichung der Bedeutung, die die Beschränkung und Kontrollierbarkeit staatlicher Macht im Strafprozess hat. Die existenziellen Folgen eines Strafurteils für die Bürgerin/den Bürger rechtfertigen es, den Verfahrensgang im Strafprozess besonders zu formalisieren und damit kontrollierbar zu gestalten. Was für Juristinnen und Juristen Garantien der Freiheitsrechte sind, ist für die Boulevardpresse häufig ein lästiges Hindernis zur erwünschten Bestrafung einer als Täterin oder eines als Täter ausgemachten Angeklagten. Dass selbst nach jahrhundertelanger Tradition diese Grundsätze rechtsstaatlichen Prozessierens nicht in den Herzen aller Richterinnen und Richter angekommen sind, wird die junge Strafverteidigerin oder der junge Strafverteidiger schmerzlich erfahren, wenn sein im Strafprozess vorgesehenes Wirken plötzlich als unnötiger Formalismus abgetan wird. Auch hier ist Strafverteidigung Kampf um die Erhaltung der schützenden Form des Strafprozesses. Gibt er den Anspruch auf die Einhaltung dieser Form auf, reduziert er seine Rolle im Prozess auf die der bzw. des unverbindlichen Gesprächspartnerin/-partners. Auch in sogenannten Deal-Gesprächen mit dem Gericht mag er in eloquenter Weise die Interessen seiner Mandanteschaft vorbringen. Seine tatsächlichen Einflussmöglichkeiten hat er aber verspielt.

VII. Kampf um die Würde der Mandantschaft

Der Kampf des Strafverteidigers gilt nicht nur der Durchsetzung rechtlicher Prinzipien, er dient auch dem Erhalt der Würde seiner Mandantschaft. Strafverfahren werden allzu schnell dominiert von der persönlichen Missachtung der oder des Beschuldigten angesichts einer gemutmaßten oder sogar gestandenen Tat. Grundlage der Strafprozessordnung ist die Achtung der Menschenwürde, das Gesetz respektiert die Persönlichkeit. Dass dieser Anspruch im Verhalten der Justiz gegenüber der Mandantschaft auch tatsächlich eingehalten wird, hat die Strafverteidigung sicherzustellen. Sie wird in der Praxis feststellen, dass die Atmosphäre und der Ton in einem Gerichtssaal genügend Möglichkeiten offenlassen, den notwendigen Respekt vor der Mandantschaft zu umgehen. Sie wird nicht selten sogar die Zumutung erleben, sich gemeinsam mit anderen Verfahrensbeteiligten als moralische Instanz vom Mandanten zu distanzieren. Von der Kritik der Sitzordnung in einem Gerichtssaal bis hin zu sprachlichen Spitzen in einer Vernehmung durch die Richterin oder den Richter bietet sich ein weites Themenfeld, den Kampf um den notwendigen Respekt zu führen.

VIII. Standhaftigkeit

Die einseitige Positionierung der Verteidigerin oder des Verteidigers im Prozess macht sie/ihn häufig einsam. Sie oder er wird einen Druck verspüren, wie ihn eine Anwältin oder ein Anwalt selten zu ertragen hat. Die Staatsanwaltschaft tritt mit dem Anspruch moralischer Rechtfertigung einer Tataufdeckung auf. Modisch simplifizierend wird der Gerichtssaal in Gut und Böse aufgeteilt, und die Verteidigung findet sich nur noch als Verbrechensunterstützung wieder. Mangels anderweitiger Anhaltspunkte konzentriert sich der Ruf der Öffentlichkeit nach einer oder einem Verantwortlichen für eine Tat auf die anwesende Angeklagte oder den anwesenden Angeklagten. Das Gericht verdeutlicht, dass es das Einlenken der oder des Angeklagten für die einzig sinnvolle Verteidigungsstrategie hält. Nur die Überzeugung von der Richtigkeit ihrer Aufgabe sowie die Kraft und Kompetenz, diese auch durchzuführen, können der Verteidigung bei der Erfüllung ihrer Beistandspflicht helfen. Wer die Harmonie zu seinem primären Lebensziel erklärt hat, sollte die Berufswahl zur Strafverteidigerin bzw. zum Strafverteidiger nochmals überdenken.

IX. Grenzen der Verteidigung

Die junge Anwältin oder der junge Anwalt droht erst recht in dem Kampfgeschehen unterzugehen, wenn ihm für sein missbilligtes Verhalten sogar Strafe angedroht wird. Eine ihrer bzw. seiner wichtigsten Aufgaben besteht daher darin, sich bereits zu Beginn seiner Tätigkeit eingehend über die vielfältigen Abgrenzungsprobleme zwischen erlaubtem und nicht erlaubtem und sogar möglicherweise strafbarem Verhalten zu informieren. Bei scharfen Worten können Beleidigungstatbestände eine Rolle spielen. Andererseits weiß die Verteidigung sich hier einer starken Rückendeckung sicher: Das BVerfG hat mehrfach festgestellt, dass im Kampf um das Recht die Anwaltschaft nicht immer schonend mit ihren Kontrahenten im Verfahren umgehen muss. Die Grenzen zu einer strafrechtlich relevanten ehrenrührigen Behauptung sind hier sehr weit gezogen.

Seitens der Staatsanwaltschaft wird häufig der Tatbestand der Strafvereitelung thematisiert, wenn die Anwältin oder der Anwalt in besonders erfolgreicher Weise für ihre oder seine Mandantschaft agiert. Der emotionale Vorbehalt, der die Anwältin oder den Anwalt nicht selten als Spießgesellin/-gesellen der Verbrecherin oder des Verbrechers erscheinen lassen will, schlägt dann in den konkreten Vorwurf einer Straftat um. Die Anwaltschafttt sollte sich eines sicher sein: Alle prozessual zulässigen Handlungen unterfallen seiner Beistandspflicht und können keine strafrechtlich erhebliche Hilfe für eine mögliche Straftäterin oder einen möglichen Straftäter sein. Die Strafverteidigung darf jeden Sachverhalt in einem Beweisantrag unter Beweis stellen, den sie zumindest für möglich hält. Sie darf jede Frage an die Zeugin oder den Zeugen stellen, die sich in dem sehr weiten Bereich der Zulässigkeit des § 240 StPO bewegt. Gefahren lauern hier allenfalls außerhalb der Hauptverhandlung, wenn bei der Staatsanwaltschaft der Eindruck entstehen kann, dass über die rechtliche Beratung hinaus die Verteidigung beispielsweise konkret an der Erfindung einer entlastenden Lügengeschichte der oder des Angeklagten mitgewirkt hat oder gar bei einer flüchtigen Mandantin oder einem flüchtigen Mandanten materielle Unterstützung geleistet hat.

Die Verteidigerin oder der Verteidiger, die oder der diese Grenzen kennt, sollte sich mit Selbstbewusstsein dem Vorwurf stellen, sie oder er habe einer Straftäterin oder einem Straftäter oder gar einer kriminellen Organisation letztlich „geholfen". Genau dieser Effekt ist die zwangsläufige Folge der von der Anwaltschaft verlangten Beistandspflicht im Strafprozess. Auch die oder der möglicherweise Schuldige hat einen Anspruch auf diesen anwaltlichen Beistand. Der kritisierenden Staatsanwaltschaft ist ggf. dieses Grundprinzip rechtsstaatlichen Prozessierens nochmals zu verdeutlichen.

Eine besondere Strategie der Disziplinierung der Strafverteidigung stellte auf den Geldwäschetatbestand (§ 261 StGB) ab. Dieser sehr weit gefasste Tatbestand ermöglicht es in vielen Fällen, übliche Honorarzahlungen in Strafverfahren in ein strafrechtliches Licht zu rücken. Das BVerfG hat dem Einhalt geboten. Nicht ein wie auch immer geartetes leichtfertiges Verhalten der Strafverteidigerin oder des Strafverteidigers fällt unter den Tatbestand, sondern lediglich die positive Kenntnis davon, dass das ihr oder ihm als Honorar zur Verfügung gestellte Geld im Sinne der Geldwäschevorschrift bemakelt ist. Um auch nicht entfernt in den Geruch zu kommen, hier möglicherweise in den Bereich eines positiven Wissens zu gelangen, sollte die junge Strafverteidigerin oder der junge Strafverteidiger schon die äußeren Umstände einer Honorarzahlung entsprechend gestalten. Banküberweisungen statt Bargeldzahlungen oder die Honorarübernahme durch unverdächtige Freunde oder Anverwandte sind hier ein probates Mittel.

Interessenkollisionen können im Straftatbestand des Parteiverrats münden. Die Anwendbarkeit dieser Strafnorm auf den Strafverteidiger ist nach der jüngsten Rechtsprechung nicht außer Reichweite. Im Gegensatz zum Zivilprozess wird nur eine Anwältin oder ein Anwalt persönlich beauftragt, so dass Kollisionen mit von einer Bürokollegin oder einem Bürokollegen wahrgenommenen anderweitigen Interessen (einer/eines Mitbeschuldigten oder Zeugin/Zeugen) nicht unmittelbar ihr bzw. sein eigenes Mandat berühren. Ein ständiges Problembewusstsein hilft allerdings auch hier; Mandantenaufklärung und Dokumentation nach § 3 Abs. 2 BORA minimieren strafrechtliche Gefahren.

X. Der Mandant im Strafverfahren

Bereits die Geldwäscheproblematik verdeutlicht, dass der Umgang der jungen Strafverteidigerin oder des jungen Strafverteidigers mit der Mandantschaft ein häufig noch zu erlernendes Bewusstsein voraussetzt, das auch mögliche Gefahrenmomente aufnimmt. Die Mandantschaft hat einen unbedingten Anspruch auf den anwaltlichen Einsatz in seiner Sache. In seiner Prozesssituation hat er den Anspruch auf Solidarität. Die Unabhängigkeit der Anwältin oder des Anwalts verbietet es jedoch, darüber hinausgehende umfassende allzu vertrauliche Verbindungen mit seiner Mandantschaft an den Tag zu legen, die diese letztlich als Unterstützung für ein angeklagtes Tun oder gar ihre gesamte Lebensführung auffassen kann. Die Beraterin oder der Berater und rechtliche Beistand muss Distanz beherrschen. Distanz, ja sogar Kontrolle und Dokumentation des Innenverhältnisses im Mandat erscheinen notwendig angesichts der Tatsache, dass das Mandat zu einem späteren Zeitpunkt im Unfrieden beendet wird und sich die Mandantschaft möglicherweise mit der Staatsanwaltschaft gemein macht, um eine unliebsame Strafverteidigung in Schwierigkeiten zu bringen. Die Gratwanderung zwischen Solidarität und Distanz will erlernt werden.

XI. Eigene Ermittlungen der Strafverteidigung

Noch sehr viel vorsichtiger sind Strafverteidigerinnen und Strafverteidiger bei selbst initiierten Aktivitäten außerhalb des Verfahrens. Die Kontaktaufnahme der Strafverteidigung mit potenziellen Zeuginnen und Zeugen wird von der Justiz stets mit Argwohn beobachtet. Eine rechtliche Grundlage hat diese Skepsis nicht. Selbstverständlich darf die Strafverteidigung grundsätzlich eigene Ermittlungen durchführen. Allein aus Gründen der Eigensicherung sollte sie allerdings stets darauf bedacht sein, insbesondere Gespräche mit Zeuginnen und Zeugen in einer formalisierten Art und Weise und ggf. mit einer zusätzliche Zeugin oder einem zusätzlichen Zeugen zu führen. Er ist grundsätzlich auch nicht gehindert, Kontakt zum potenziellen Tatopfer aufzunehmen. Der als Strafmilderungsgrund im Gesetz anerkannte Täter-Opfer-Ausgleich gebietet dies sogar. Es kann für die Verteidigung sinnvoll sein, schriftliche konkrete Vereinbarungen zu treffen, die einerseits eine Entschädigung für das Opfer, andererseits eine Verpflichtung zu strafprozessualem Handeln, wie beispielsweise die Rücknahme eines Strafantrages, vorsehen. Der Geruch des unzulässigen Verhaltens wird regelmäßig dann minimiert, wenn dieses Tatopfer ebenfalls von einem Anwalt vertreten und dieser in die Verhandlung mit einbezogen wird.

XII. Die Büroorganisation

Will auch die junge Strafverteidigerin oder der junge Strafverteidiger dem umfassenden Beistandsanspruch gerecht werden, muss die Büroorganisation hierauf eingestellt werden. Effektive Hilfe für die Mandantschaft bedeutet gerade im Ermittlungsverfahren häufig sehr schnelle Hilfe. Steht die Strafverteidigung nicht alsbald nach der Verhaftung seiner Mandantschaft bei, finden sich irreversible, für die Mandantschaft schädliche Vermerke oder Vernehmungsprotokolle in den Akten. Unterstützt die Strafverteidigung seine Mandantschaft nicht während einer laufenden Hausdurchsuchung, ist einer extensiven Auslegung eines Durchsuchungsbeschlusses durch die Ermittlungspersonen Tür und Tor geöffnet; nicht das Ermittlungsziel, sondern der „Zufallsfund" bereitet in einem späteren Verfahren unter Umständen Probleme. Hierauf hat die Organisation des Büros Rücksicht zu nehmen. Die Erreichbarkeit einer Anwältin oder eines Anwalts muss daher sichergestellt werden. Jedes Sekretariat sollte imstande sein, bei Abwesenheit der Chefin oder des Chefs auf einen Hilferuf der Mandantschaft sofort zu reagieren und eine zur Unterstützung bereite Kollegin oder einen Kollegen zu benennen.

XIII. Die Macht der Strafverteidigung ist ihr Wissen und Können

Die Gegenseite im Strafprozess hat den uneinholbaren Vorteil der legitimierten Machtausübung, manch Richterin/Richter oder Staatsanwältin/-anwalt beschränkt sich sogar hierauf. Strafverteidigerinnen und Strafverteidiger wissen, dass sie erfolgreich gegen diese Herausforderung nur bestehen können, wenn sie in einem rational geführten Strafprozess stets das bessere Argument haben, wenn sie Zeuginnen und Zeugen gegenüber die richtige Frage stellen und wenn sie mit profunder rechtlicher Kenntnis die prozessualen Handlungsmöglichkeiten geschickt einsetzen können. Die Verteidigung hat nur die Macht des Wortes. Ihr Wissen und Können sind ihre Waffen, weshalb Strafverteidigerinnen und Strafverteidiger sich in besonderer Weise der ständigen Weiterbildung verpflichtet fühlen. Wer sich zur Tätigkeit der Strafverteidigerin oder des Strafverteidigers entschließt, schlägt bewusst den Weg eines lebenslangen Lernprozesses ein.

Ist die Macht des Wortes die entscheidende Waffe der Strafverteidigung, ist deren ständiger Feinschliff notwendige Verteidigungsarbeit. Der im Studium erlernte schriftliche und häufig beschauliche Zugang zu rechtlichen Problematiken weicht im Strafverfahren einer Spontaneität und Klarheit, der sich nicht jede oder jeder gewachsen fühlt. Es ist kein Zufall, dass in den Reihen der Anwaltschaft die Gabe der Eloquenz verstärkt im Bereich der Strafverteidigerinnen und -verteidiger zu finden ist. Die junge Anwältin oder der junge Anwalt wird sich hier mit viel Mühe und allmählich wachsender praktischer Erfahrung dieser Aufgabenstellung widmen müssen.

XIV. Unterstützung durch die AG Strafrecht

Die Solidarität unter den Strafverteidigerinnen und Strafverteidigern sollte die Vorstellung von deren wirtschaftlicher Konkurrenz dominieren. Die Strafverteidiger hat eine gesellschaftliche Aufgabe zu erfüllen, die sie nur auf der Basis dieser Solidarität bewerkstelligen kann. Die Strafverteidigerin oder der Strafverteidiger sollte daher so oft wie möglich die Einsamkeit des Kampfes im Gerichtssaal ergänzen durch den Erfahrungsaustausch mit Kolleginnen und Kollegen und Informationen über neueste Entwicklungen der Rechtsprechung und Gesetzgebung. Die Arbeitsgemeinschaft Strafrecht im Deutschen Anwaltverein bietet hier als größte europäische Strafverteidigervereinigung gerade der jungen Verteidigerin und dem jungen Verteidiger den ausreichenden Rückhalt. Entscheiden sie sich für die dauerhafte Spezialisierung des Strafrechts, werden ihnen hier besondere Kurse angeboten, die die Grundlage für die Bezeichnung „Fachanwältin/Fachanwalt für Strafrecht" sind. Als Mitglieder der Arbeitsgemeinschaft erhalten sie monatlich das informative „Strafverteidiger-Forum", das sie über alle neuen Tendenzen auf dem Laufenden hält. Eine Homepage im Internet informiert über Aktuelles. Kongresse setzen seit Jahrzehnten durch anspruchsvolle Vorträge Meilensteine zur Standortbestimmung der Strafrechtspflege. Beim alljährlichen Herbstkolloquium kann die Verteidigerin oder der Verteidiger mit mehreren Hundert teilnehmenden Kolleginnen und Kollegen diskutieren. Eine weitere regelmäßige bundesweite Veranstaltung ist das Strafverteidigersymposium in Karlsruhe, das sich dem Dialog mit dem

Bundesgerichtshof und der Generalbundesanwaltschaft widmet. Die Petersberger Tage im Frühjahr thematisieren häufig brandaktuelle rechtspolitische Fragen auf wissenschaftlichem Niveau.

Die Strafverteidigung ist gerade für die junge Anwältin und den jungen Anwalt einerseits eine große Herausforderung, andererseits eine extreme Belastung. Die AG Strafrecht kann ihnen helfen, die ersten Schritte auf gesichertem Terrain zu wagen.

F.22 TRANSPORT- UND SPEDITIONSRECHT – DER NISCHENANWALT FÜR DAS MASSENGESCHÄFT

RECHTSANWALT DIETER JANßEN, BREMEN • EHEMALIGER VORSITZENDER DER ARBEITSGEMEINSCHAFT TRANSPORT- UND SPEDITIONSRECHT DES DAV

HGB steht für das Handelsgesetzbuch. Und was sind CMR, WA, MÜ, COTIF oder ADSp? Das Transportrecht ist eine Nische für Kenner, daran hat der 2005 eingeführte Fachanwalt für Transport- und Speditionsrecht nicht viel geändert.

Das Rechtsgebiet „Transportrecht" ist den meisten Juristinnen und Juristen unbekannt, obwohl das deutsche Transportrecht seit 1998 im HGB im 4. Buch (Handelsgeschäfte) und im 5. Buch (Seehandel) geregelt ist. Pech hat allerdings, wer etwas zum Seehandel im Schönfelder sucht: Das 5. Buch ist in den Normalausgaben des Schönfelders nicht enthalten. Ist das der Grund, warum sich kaum Anwältinnen und Anwälte mit dem Transport und der Lagerung von Gütern beschäftigen? Bei inzwischen rund 167.000 Anwältinnen und Anwälten in Deutschland bewegt sich die Zahl im Promillebereich. Zum 1.1.2020 gab es insgesamt 212 Fachanwältinnen und Fachanwälte für Transport- und Speditionsrecht. Darin liegt die Chance für Berufsanfänger. Und die Hürde? Die Praxiserfahrung. Man sollte genau wissen, worum es geht.

Was gehört zum Transportrecht? Spedition, Lagerung, Landtransport, Lufttransport, Seetransport, Eisenbahntransport, Binnenschifffahrtstransport sowie Logistik werden dazugezählt. Das Logistikrecht ist eine Schnittmenge aus verschiedenen Transportrechten und anderen Rechtsmaterien (wie zum Beispiel Dienstvertragsrecht und Werkvertragsrecht). Es ist zukunftsträchtig, weil der Transport von Gütern immer häufiger nur Teil einer komplexeren Dienstleistung (von der Bestandsverwaltung bis zur Bestellabwicklung) ist.

Wer im Transportrecht reüssieren will, sollte mehr machen, als das 5. Buch des HGB nachzukaufen. Neben dem HGB arbeiten die Transportrechtlerinnen und Transportrechtler mit diversen internationalen Übereinkommen (z.B. CMR für den grenzüberschreitenden Güterfernverkehr, WA und MÜ für den Luftverkehr, COTIF für den Eisenbahnverkehr). Darüber hinaus gibt es verschiedene, nicht auf die einzelnen Verwender beschränkte allgemeine Regelungen (wie z.B. die Allgemeinen Deutschen Spediteur-Bedingungen [ADSp]; die ADSp sind ein gemeinschaftliches Empfehlungswerk der Verbände der verladenden Wirtschaft und der Spedition).

Was macht die Anwältin oder der Anwalt im Transportrecht? Die Kunst besteht darin, sich die Sachverhalte bei der Mandantschaft zusammenzusuchen bzw. von ihr zu erfragen und sodann die passenden Vorschriften zu finden. Ein Schwerpunkt liegt bei vielen Transportrechtlern im Führen von Prozessen. Daneben spielt die Vertragsberatung eine große Rolle. Die Prozesse werden meist vor den ordentlichen Gerichten geführt. Liegt der Gegenstandswert – wie durchaus nicht selten – in dem Bereich bis 5.000 EUR, sind die Amtsgerichte zuständig. Das ist zwar auf den ersten Blick nicht besonders lukrativ, kann aber spannend sein: In der Regel trifft man auf Richterinnen und Richter, die zum ersten Mal mit dem Transportrecht in Kontakt kommen. Anders bei den Landgerichten: Die Kammern für Handelssachen sind ein adäquater Partner für die fachkundige Anwaltschaft. Nicht zu vergessen sind Tätigkeiten im einstweiligen Rechtsschutz sowie in Schiedsgerichtsverfahren. Die Transportrechtlerin oder der Transportrechtler macht also häufig das, was heute in großen Kanzleien „Litigation" heißt.

Mandantinnen und Mandanten sind regelmäßig Versicherer, Maklerinnen oder Makler oder Assekuradeurinnen oder Assekuradeure, Spediteurinnen oder Spediteure und Frachtführerinnen oder -führer sowie deren Auftraggeberschaft. Die Ansprechpartnerinnen und Ansprechpartner sind häufig sehr kompetent und erwarten das auch von ihren Rechtsanwältinnen und Rechtsanwälten. Und Kompetenz wird – trotz der häufig eher niedrigeren Streitwerte – honoriert, zumal auch höhere Streitwerte bei größeren Schäden vorkommen. Auf jeden Fall gilt im Transportrecht: Die Mischkalkulation zwischen kleineren und größeren Fällen funktioniert noch. Und im Rahmen der beratenden Tätigkeit können auch Zeithonorare vereinbart werden.

Ohne praktische Erfahrung kann der Start in das Transportrecht kaum gelingen. Der Fachanwaltskurs für Transport- und Speditionsrecht ist wichtig, wird aber am Ende nicht mehr als ein Einstieg sein. Am meisten lernt, wer in einer Anwaltskanzlei tätig ist, die sich bereits auf das Transportrecht spezialisiert hat. Wer noch keine Konnossemente, Speditionsübergabescheine oder Luftfrachtbriefe gesehen hat, kann kaum bei der Mandantschaft als kompetent erscheinen. Gute Englischkenntnisse gehören ebenfalls dazu, weil Fälle im Transportrecht häufig einen internationalen Bezug haben. Schließlich sollte die Rechtsanwältin, der Rechtsanwalt mit Fristendruck leben können. Die Verjährungs- und Ausschlussfristen sind im Transportrecht kurz – und manchmal hat die Mandantschaft alle Unterlagen erst am letzten Tag der Frist zusammen.

F.23 VERGABERECHT

RECHTSANWALT PROF. DR. ALEXANDER WICHMANN, FREIBURG I.BR. • MITGLIED IM GESCHÄFTSFÜHRENDEN AUSSCHUSS DER ARBEITSGEMEINSCHAFT VERGABERECHT IM DAV

Immer wieder liest man in vergaberechtlichen Gerichtsentscheidungen, dass es sich bei dem Vergaberecht um eine *„von Haus aus unübersichtliche und schwierige Rechtsmaterie"* handelt, die auch aufgrund der dynamischen Entwicklung *„überdurchschnittliche Schwierigkeiten bei der anwaltlichen Tätigkeit"* mit sich bringt. Allein diese Aussagen müssten schon Anlass genug sein, sich mit dem vergleichsweise jungen Rechtsgebiet näher auseinander zu setzen, bieten sich doch gerade in komplexen Themenfeldern ideale Möglichkeiten zur Spezialisierung und Verschaffung nachhaltiger Marktvorteile. Hat man einmal die tragenden Grundsätze der Transparenz, des Wettbewerbs und der Gleichbehandlung verinnerlicht, lassen sich auch komplexe Fragestellungen lösen.

Und davon gibt es viele: denn es geht im Vergaberecht regelmäßig nicht um den häufig zitierten *„Bleistiftkauf"*: Allein in Deutschland werden jährlich ca. 160.000 öffentliche Aufträge mit einem Gesamtvolumen von über 400 Mrd. EUR vergeben. Dies belegt eindrucksvoll die wirtschaftliche Bedeutung des öffentlichen Auftragswesens und damit auch den Bedarf an anwaltlicher Rechtsberatung. Die aktuellen Entwicklungen im Zusammenhang mit den sog. Dringlichkeitsbeschaffungen zur Bekämpfung der Corona-Pandemie sind ein weiterer Beleg dafür.

I. Was ist Vergaberecht?

Das Vergaberecht hat sich zu einem eigenständigen Rechtsgebiet zwischen Verwaltungs- und Zivilrecht entwickelt, das maßgeblich vom Unionsrecht durch die EU-Vergaberichtlinien geprägt worden ist. Kurz ausgedrückt versteht man unter dem Vergaberecht die Gesamtheit der Normen, die der öffentlichen Hand eine bestimmte Vorgehensweise bei der Beschaffung von Gütern und Leistungen vorschreibt, die sie benötigt, um ihre Aufgaben erfüllen zu können.[1] Dabei ist die anwaltliche Beratung in vergaberechtlichen Mandaten in den seltensten Fällen allein auf das Vergaberecht beschränkt.

II. Die Entwicklung des Vergaberechts

Das geregelte Ausschreibungswesen hat in Deutschland eine lange Tradition. Die sog. Verdingungsordnung für Bauleistungen (VOB/A) stammt z.B. aus dem Jahr 1926. Gleichwohl führte das Vergaberecht in der anwaltlichen Beratungspraxis bis vor rund 20 Jahren ein Schattendasein, weil die staatliche Beschaffung traditionell vom verwaltungsinternen Haushaltsrecht bestimmt worden ist. Effektive Rechtsschutzmöglichkeiten gegen Verstöße gegen die Vergabevorschriften bestanden praktisch nicht. Dies war unter anderem der EU-Kommission ein Dorn im Auge, die im Wege eines Vertragsverletzungsverfahrens auf

1 BVerfG v. 13.6.2006 – 1 BVR 1160/03.

die Umsetzung der EU-Richtlinien zum Vergaberecht pochte, um die Beschaffungsmärkte in den einzelnen EU-Mitgliedstaaten für den grenzüberschreitenden Verkehr vollständig zu öffnen und Umgehungen durch den Aufbau privatrechtlich organisierter „staatlicher" Konzerne vorzubeugen.

Im Jahr 1999 hat sich die Rechtslage durch das Vergaberechtsänderungsgesetz[2] schlagartig gewandelt. Mit der Einfügung der Vergaberegeln in das Gesetz gegen Wettbewerbsbeschränkungen (GWB) wurde den an einem öffentlichen Auftrag interessierten Unternehmen ein einklagbares Recht auf die Einhaltung der Vergabevorschriften bei öffentlichen Aufträgen ab bestimmten Auftragswerten (sog. Schwellenwerte) eingeräumt. Während es für die „kleineren" Aufträge unterhalb dieser Schwellen bei der früheren, haushaltsrechtlich geprägten Rechtslage geblieben ist, können die Unternehmen bei größeren Aufträgen nunmehr effektiven Rechtsschutz im Rahmen eines Nachprüfungsverfahrens nach den §§ 160 ff. GWB in Anspruch nehmen. Welch hoher Beliebtheit sich dieses Rechtsschutzinstrument seither in Deutschland erfreut, kann regelmäßig der Tagespresse entnommen werden. Als ein Beispiel sei die gestoppte Vergabe eines Auftrags des Bundesverteidigungsministeriums über die Lieferung von Sturmgewehren genannt.

In der Zwischenzeit wurde das Vergaberecht mehrfach aufgrund neuer EU-Richtlinien geändert: Im April 2016 erfolgten grundlegende Veränderungen, mit denen u.a. die vollständige elektronische Abwicklung von Vergaben erreicht werden soll. 2017 wurde die sog. Unterschwellenvergabeordnung (UVgO) in Kraft gesetzt, welche die VOL/A und die VOF für Vergabestellen des Bundes ersetzt. Mittlerweile haben die meisten Bundesländer die UVgO in ihr Landesrecht übernommen. Damit besteht eine weitgehend einheitliche Rechtsgrundlage auch für Unterschwellenvergaben , die zahlenmäßig die große Mehrzahl der Vergaben ausmachen.

III. Die Tätigkeit von Anwältinnen und Anwälten im Vergaberecht

Das Vergaberecht bietet ein großes und spannendes Tätigkeitsfeld für die Anwaltschaft. Auf Auftraggeberseite unterstützen Anwältinnen und Anwälte bei der Konzeptionierung, Strukturierung und Durchführung von Vergabeverfahren. Hierzu gehört nicht nur das vergaberechtliche Verfahrensrecht, sondern auch das materielle Recht: denn im Kern geht es dem öffentlichen Auftraggeber um einen zügigen und möglichst rechtssicheren Vertragsabschluss. D.h., dass neben der vergaberechtlichen Kenntnis immer auch eine materiellrechtliche Expertise für die einwandfreie Erstellung von Verträgen und für die Berücksichtigung der geltenden rechtlichen Rahmenbedingungen bestehen muss. So haben sich z.B. Spezialisierungen für die Vergabe von Leistungen in den Bereichen Bau, Informationstechnologie und Telekommunikation, Gesundheits- und Sozialwesen, Verteidigung- und Sicherheit, Personenverkehr oder Energiekonzessionen herausgebildet. Hinzu kommen gesellschafts- und finanzierungsrechtliche, sowie förder- und beihilferechtliche Fragestellungen. Wer Spaß

2 BGBl. I S. 2512.

am Blick über den Tellerrand und an interdisziplinärem Arbeiten hat, kommt hier auf seine Kosten.

Dabei ist die Beratung nicht auf rein rechtliche Aspekte beschränkt: Öffentliche Auftraggeber sind gehalten, ihre Vergabeverfahren neutral und transparent zu gestalten. Dazu gehört es, Bewertungskriterien und Methoden zu begutachten, die den zum Teil recht strengen Anforderungen der Rechtsprechung genügen. Hier ist die anwaltliche Beraterin oder der anwaltliche Berater manches Mal gehalten, über den eigenen Schatten zu springen und mathematische Formeln dahin gehend zu überprüfen, ob diese im Einklang mit den Vorgaben des Vergaberechts stehen.

Auf Bieterseite stellen sich ebenfalls interessante Herausforderungen in der anwaltlichen Beratung. Viele Vergaben sind inhaltlich sehr komplex und in der Regel von hohem Zeitdruck geprägt. Innerhalb kurzer Fristen sind die Vergabeunterlagen zu sichten und auf eventuelle Vergabeverstöße zu prüfen. Ansonsten droht Präklusion im weiteren Verfahrensverlauf. Innerhalb kürzester Zeit müssen strategische Entscheidungen getroffen werden, u.a. ob gegen den Auftraggeber ein Nachprüfungsverfahren vor der zuständigen Vergabekammer eingeleitet werden soll. Außerdem wird die Anwaltschaft häufig damit betraut, die einzureichenden Angebote auf die Einhaltung der vergaberechtlichen Vorschriften zu überprüfen. Im Vergaberecht können Angebote schließlich schon wegen kleinen Fehlern vom weiteren Verfahren ausgeschlossen werden.

Die anwaltliche Begleitung in Nachprüfungsverfahren vor den Vergabekammern und den spezialisierten Vergabesenaten an den Oberlandesgerichten ist von Schnelligkeit geprägt. Nach § 167 Abs. 1 GWB hat die Vergabekammer ihre Entscheidung in der Regel innerhalb von fünf Wochen ab Eingang des Nachprüfungsantrages zu fällen. Manches Nachprüfungsverfahren nimmt hierbei die Ausmaße eines verwaltungsrechtlichen Gerichtsverfahrens an. Diese Anforderungen haben dazu geführt, dass viele Kanzleien in vergaberechtlichen Bereichen mit mehreren Beraterinnen und Beratern ins Rennen gehen. M.a.W.: im Vergaberecht sind Teamplayer gefragt, die sich in kurzer Zeit neue Materien erschließen können und in der Lage sind, unter hohem Zeitdruck komplexe Sachverhalte verständlich zu Papier zu bringen. Nicht zuletzt gehört es auch im Vergaberecht dazu, die Interessen der Mandantschaft im mündlichen Vortrag vor den Nachprüfungsinstanzen optimal zu verteidigen. Dies spielt gerade im Vergaberecht eine große Rolle, weil nicht viel Zeit für die Erstellung der Schriftsätze besteht und manches Argument erst in der mündlichen Verhandlung in der gebotenen Tiefe dargelegt werden kann.

IV. Warum also Vergaberecht?

Das Vergaberecht zeichnet sich durch die enorme Bandbreite der anzuwendenden Rechtsvorschriften aus. Es handelt sich um ein äußerst spannendes Beratungsfeld, in dem sich täglich Neues entdecken lässt. Von der schlichten Beschaffung von Standardartikeln bis hin zu äußerst komplexen Projekten mit hohen Auftragswerten bieten sich umfangreiche

Möglichkeiten zur anspruchsvollen und kreativen Gestaltung durch die Anwältin bzw. den Anwalt. Nicht zuletzt belegt die Einführung des „Fachanwaltes für Vergaberecht“ im Jahr 2015 die erheblich gestiegene Bedeutung dieses Rechtsgebietes.

Die ebenfalls im Jahr 2015 gegründete Arbeitsgemeinschaft Vergaberecht möchte den vorgenannten Aspekten Rechnung tragen und die Tätigkeit von Anwältinnen und Anwälten in Kanzleien und Unternehmen im Vergaberecht durch eine gerade an den anwaltlichen Interessen ausgerichtete Organisation im DAV fördern. In der kurzen Zeit seit ihrer Gründung konnte die Arbeitsgemeinschaft bereits rund 250 Mitglieder gewinnen. Das ist ebenfalls ein Zeichen für die wachsende Bedeutung dieses Rechtsgebietes.

F.24 VERKEHRSRECHT

RECHTSANWALT OSKAR RIEDMEYER, MÜNCHEN • VORSITZENDER DES AUSSCHUSSES VERKEHRSRECHT DES DAV

Das Verkehrsrecht hat sich in den letzten drei Jahrzehnten zu einer eigenständigen Wissenschaft entwickelt. Die Zeiten, in denen die Regulierung auch schwerer Personenschäden zu den Essenzialen gehörte, die jede Anwältin und jeder Anwalt beherrschen musste, sind längst vorbei. Es gibt inzwischen bei der Regulierung von Personenschäden, aber auch beim Sachschaden viele Schadenspositionen, die von der Rechtsprechung erarbeitet wurden und deren Voraussetzungen ständig verfeinert werden. Als Beispiele seien nur der Haushaltsführungsschaden, die 130 %-Grenze bei der Kfz-Reparatur oder die Erstattung der Mehrwertsteuer und der Mietwagenkosten genannt. Ebenso reicht es heute längst nicht mehr aus, beispielsweise bei einer Trunkenheitsfahrt die Hauptverhandlung wahrzunehmen und das Mandat nach dem Urteil abzuschließen. Die Mandantschaft muss umfassend und frühzeitig über die Anforderungen bei der Wiedererteilung der Fahrerlaubnis unterrichtet werden, um die nötigen Schritte einleiten zu können. Dementsprechend ist bei der Anwaltschaft, die sich vorwiegend mit Verkehrsrecht befasst, ein entsprechendes Spezialwissen entstanden, während Anwältinnen und Anwälte, die nur gelegentlich mit Verkehrsrecht befasst sind, immer seltener für die Mandantschaft wirklich befriedigende Ergebnisse erzielen. Die Satzungsversammlung bei der Bundesrechtsanwaltskammer folgte dieser Entwicklung und beschloss im Jahre 2005 die Einführung des Fachanwaltes für Verkehrsrecht.

Das Verkehrsrecht zeichnet sich dadurch aus, dass es eine Überschneidung verschiedener „klassischer" Rechtsgebiete darstellt. Es ordnet einen einheitlichen Lebenssachverhalt, nämlich die Teilnahme am Straßenverkehr nach seinen möglichen Folgen in zivilrechtlicher, versicherungsrechtlicher, strafrechtlicher, verwaltungsrechtlicher und sozialrechtlicher Hinsicht.

Die gute Verkehrsrechtsanwältin und den guten Verkehrsrechtsanwalt zeichnet ihre Vielseitigkeit aus. sie müssen sich als versierter Strafverteidigerinnen und Strafverteidiger auch mit den Feinheiten des Ordnungswidrigkeitenrechts auskennen. sie müssen geschickt und ergebnisorientiert mit der Haftpflichtversicherung des Unfallgegners außergerichtlich verhandeln können. Dies erfordert genaue Kenntnis des umfangreichen und weitestgehend durch Rechtsprechung gebildeten Schadensersatzrechts. Das vielen Anwältinnen und Anwälten eher fremde Versicherungsrecht muss ihnen vertraut sein. Die Mandantschaft erwartet, dass sie schon bei der ersten Beratung auf versicherungsrechtliche Fallstricke hingewiesen wird. So kann bei der Unfallflucht das Verschweigen der Fahrerin oder des Fahrers im Strafverfahren taktisch geschickt sein, aber zum Verlust des Versicherungsschutzes führen. Der Verkehrsrechtsanwalt, die Verkehrsrechtsanwältin muss vor dem Zivilgericht ebenso seinen Mann (ihre Frau) stehen. Er oder sie muss im Verwaltungsrechtsweg bewandert sein, wenn es beispielsweise um die Wiedererteilung der Fahrerlaubnis geht. Auch im Sozialrecht sind fundierte Grundkenntnisse notwendig, um die dort begründeten Ansprüche der

Klientinnen und Klienten durchsetzen zu können. Schließlich sollte die oder der moderne Verkehrsrechtsanwältin bzw. -anwalt im Zeitalter des unbeschränkten internationalen Autoverkehrs auch Sachverhalte aus anderen Ländern bearbeiten können, er muss auch die unionsrechtlichen Bezüge ihrer bzw. seiner Tätigkeit kennen.

Die Fachanwältin oder der Fachanwalt für Verkehrsrecht muss demnach besondere Kenntnisse in folgenden Bereichen besitzen:

- Materielles Haftungs- und Schadensrecht, insbesondere BGB, StVG, HaftPflG, Truppenstatut, Verkehrsopferhilfe, Londoner Abkommen; 4. und 5. Kraftfahrzeughaftpflichtrichtlinie der EU
- Verkehrsversicherungsrecht, insbesondere allgemeines Versicherungsrecht, Kfz-Haftpflichtversicherung, Kaskoversicherung
- Kfz-Kauf- und Werkvertragsrecht, Leasingrecht
- Verkehrsstraf- und Ordnungswidrigkeitenrecht
- Verkehrsverwaltungsrecht, insbesondere Fahrerlaubnisrecht (Eignung, Entzug, Wiedererteilung; 3. Führerscheinrichtlinie der EU)
- Zivil- und Strafprozessrecht, Bußgeldrecht, Verwaltungs- und Sozialverfahrensrecht

Die Anwältin oder der Anwalt muss Grundkenntnisse in der technischen Begutachtung von Schadenshergang und Schadensfolgen besitzen und bereit sein, sich mit der medizinischen Begutachtung von verletzten Unfallopfern auseinanderzusetzen.

Die rechtsuchende Bevölkerung erwartet heute, schnell auf Anwältinnen und Anwälte zugreifen zu können, die alle Aspekte eines Verkehrsgeschehens überblicken und ihrer Mandantschaft einen „Rundumservice" aus einer Hand bieten können. Dieser Dienstleistungsgedanke erfordert neben praktischer Erfahrung ein beträchtliches Spezialwissen, das nur im Rahmen der Spezialisierung erworben werden kann.

Die Mandantenstruktur entspricht dem Querschnitt der Bevölkerung. Vom sprichwörtlichen Tellerwäscher bis zum Millionär, alle können jederzeit im Straßenverkehr Unfälle verursachen, gegen Verkehrsregeln verstoßen oder Opfer eines Unfalles werden. Damit ist das Verkehrsrechtsmandat natürlich auch ein klassisches Einstiegsmandat für die Rechtsberatung in anderen Lebensbereichen. In vielen Fällen wird die oder der Geschädigte eines Verkehrsunfalles oder die Täterin oder der Täter einer erheblichen Verkehrsordnungswidrigkeit anlässlich dieses Verkehrsmandates erstmals in seinem Leben einen anwaltlichen Beistand suchen. Die entsprechend spezialisierte Anwaltschaft wird hier durch eine zügige und sachgerechte Behandlung des Mandats ihre anwaltlichen Fähigkeiten beweisen können.

Lohnt sich die Tätigkeit der Verkehrsrechtsanwältin oder des Verkehrsrechtsanwalts? Bei entsprechender Spezialisierung ist dies mit einem Ja zu beantworten. Im Personenschadensbereich werden häufig Erledigungsstreitwerte im sechsstelligen Bereich vorliegen. Verkehrsstrafsachen und Ordnungswidrigkeiten, die Führerscheinmaßnahmen zur Folge haben, stellen sich für die Mandantschaft oft als überdurchschnittlich bedeutende Angelegenheiten heraus. Hinzu kommt, dass in Zivilsachen in der Regel die Haftpflichtversicherung des Unfallverursachers die Anwaltskosten der oder des Geschädigten als Teil des Schadens zu ersetzen hat. Gebührenausfälle kommen in diesem Bereich so gut wie nicht vor. Ein Großteil der Kraftfahrerinnen und Kraftfahrer ist rechtsschutzversichert, sodass auch das Kostenrisiko eines Zivilprozesses und die Vertretung im Bereich der Ordnungswidrigkeiten und Verkehrsstrafsachen abgedeckt ist.

Die Mandantenakquisition läuft gerade in diesem Bereich in hohem Maße durch „Mund-zu-Mund-Propaganda“. Die erfolgreiche Bearbeitung eines Mandates führt in vielen Fällen zu Empfehlungen an Arbeitskolleginnen und -kollegen, Freunde und Bekannte. Daneben bietet sich auch ein gezieltes Ansprechen möglicher Multiplikatoren wie Sachverständiger oder Werkstätten an. Automobilvereine wie der ADAC, der ACE oder der AvD haben zudem mit vielen Anwältinnen und Anwälten Beratungsverträge geschlossen, wonach diese Verkehrsanwältinnen und Verkehrsanwälte den Vereinsmitgliedern auf Kosten der Vereine eine erste Beratung erteilen, aus der dann ein mit dem Mitglied oder seiner Rechtsschutzversicherung abzurechnendes Verkehrsrechtsmandat werden kann.

Die bereits im Jahre 1979 gegründete Arbeitsgemeinschaft Verkehrsrecht des Deutschen Anwaltvereins ist mit derzeit knapp 6.000 Mitgliedern die älteste und zweitgrößte Arbeitsgemeinschaft des DAV. Die AG Verkehrsrecht organisiert die Aus- und Fortbildung der Kolleginnen und Kollegen im Verkehrsrecht. Sie versteht sich aber auch als Interessenvertreter der Anwaltschaft im Bereich des Verkehrsrechts.

Die Aus- und Fortbildung ist sowohl zentral als auch regional strukturiert. Jährlich finden zwei große Fachtagungen statt. Im Frühjahr referieren beim DAV-VerkehrsAnwaltsTag Richter und Richterinnen der jeweils zuständigen Senate des BGH über die im Vorjahr ergangenen Urteile im Verkehrszivilrecht, im Verkehrsversicherungsrecht, im Kaufrecht und im Straf- und Ordnungswidrigkeitenrecht. Beim Verkehrsrechtssymposium in Mainz im Herbst werden jeweils aktuelle verkehrsrechtliche Themen von BGH-Richterinnen und -Richtern und von Experten anderer Disziplinen (z.B. technische Sachverständige, Rechtsmedizinerinnen und Rechtsmediziner) oder der Versicherungswirtschaft dargestellt und rechtspolitisch diskutiert.

In einem regionalen Veranstaltungszyklus werden wichtige Themen des Verkehrsrechts von BGH-Richterinnen und -Richtern, Rechtsanwältinnen und Rechtsanwälten, Sachverständigen, Professorinnen und Professoren und Autorinnen und Autoren von Standardwerken vertieft behandelt. Diese Tagesseminare (pro Standort jährlich mindestens zwei) finden an insgesamt 17 Regionalstandorten statt, so dass sie von den Teilnehmern ohne lange Anreise besucht werden können. Die Regionalbeauftragten organisieren in ihrem Bereich weitere Fortbildungskurse, wie beispielsweise Seminare zur Rechtsprechung des zuständigen Oberlandesgerichtes.

Das vierteljährlich erscheinende Mitteilungsblatt der Arbeitsgemeinschaft Verkehrsrecht „Der Verkehrsanwalt“ unterrichtet über wichtige Entwicklungen im Verkehrsrecht, geplante oder in Kraft getretene Gesetzesänderungen. Es enthält Urteile von Instanzgerichten sowie kurze praktische Tipps für die tägliche Arbeit und bietet einen „Kummerkasten“ für Kolleginnen und Kollegen. Ergänzt wird das Mitteilungsblatt durch den per E-Mail versandten Newsletter, der über aktuelle Themen zeitnah berichtet und wichtige Links enthält. Im Internet ist die Arbeitsgemeinschaft durch eine eigene Homepage (www.verkehrsrecht.de) repräsentiert. Schließlich ist der Geschäftsführende Ausschuss (Vorstand) der Arbeitsgemeinschaft Verkehrsrecht Herausgeber der Zeitschrift für Schadensrecht – zfs –, der praxisorientierten Fachzeitschrift für Verkehrsrecht, die an die Mitglieder im Rahmen der Mitgliedschaft kostenlos versandt wird.

Die Arbeitsgemeinschaft Verkehrsrecht versteht sich aber auch als Interessenvertretung der im Verkehrsrecht tätigen Anwaltschaft. Sie vertritt deren Interessen bei Gesetzgebungsvorhaben, aber auch gegenüber anderen Interessengruppen wie der Versicherungswirtschaft. So wurde in den letzten Jahren den Versuchen der Versicherungswirtschaft entgegengetreten, durch sog. Schadensmanagement die Anwältinnen und Anwälte aus der Regulierung der Sachschäden zu verdrängen Arbeitsgemeinschaft Verkehrsrecht befürwortet die Einrichtung eines Rehabilitations-Managements. Allerdings müssen Voraussetzungen geschaffen und beachtet sowie Kontrollmechanismen eingerichtet werden, die sowohl den persönlichkeitsrechtlichen Schutz des Unfallopfers sicherstellen als auch den Ausschluss schadensersatzrechtlicher Nachteile gewährleisten. Bereits im Jahre 2002 wurde dazu ein Regelwerk (Code of Conduct) aufgestellt, das die Grundregeln für die Tätigkeit des Reha-Dienstleisters festlegt. Die Arbeitsgemeinschaft Verkehrsrecht hat 12 Rehabilitationsdienste anerkannt, die sich verpflichtet haben, nach den Regeln des „Code of Conduct“ des Reha-Managements zu verfahren und die Voraussetzungen, die zu dessen Konkretisierung geschaffen wurden, zu erfüllen. Diese sind berechtigt, das Signet der Arbeitsgemeinschaft Verkehrsrecht zu verwenden.

Der Arbeitsgemeinschaft Verkehrsrecht kann jedes verkehrsrechtlich interessierte Mitglied eines örtlichen Anwaltvereins beitreten.

F.25 VERSICHERUNGSRECHT

RECHTSANWÄLTIN ISABELLE KNÖPPER, ERFURT • VORSITZENDE DER ARBEITSGEMEINSCHAFT VERSICHERUNGSRECHT IM DAV

Statistisch entfallen auf jede Bürgerin und jeden Bürger mehr als zehn Versicherungsverträge. Häufig stellt sich für den Versicherungsnehmer die Frage, welche Ansprüche er aus dem Vertrag hat, wenn der Versicherer die Leistung aus dem Vertrag ablehnt oder weniger zu zahlen bereit ist, als der Versicherungsnehmer sich vorstellt.

Hierbei wird sowohl der Beratungsmarkt bei Abschluss von Versicherungsverträgen, insbesondere aber auch bei Regulierungen von Schäden, der sogenannte Versicherungsvertreter, d.h. eine Agentin/ein Agent oder eine Maklerin/ein Makler, in Anspruch genommen, während unabhängige Rechtsanwältinnen und Rechtsanwälte häufig nicht hinzugezogen werden. Dabei liegt es auf der Hand, dass nur unabhängige Rechtsanwältinnen und Rechtsanwälte eine objektive Beratung gewährleisten können, da ihr Honorar nicht davon abhängt, ob und in welchem Umfang Versicherungsschutz in Anspruch genommen wird oder Verträge abgeschlossen werden.

Im Deutschen Anwaltverein wurde 1996 die Arbeitsgemeinschaft Versicherungsrecht gegründet, in der versicherungsrechtlich orientierte und interessierte Rechtsanwältinnen und Rechtsanwälte zusammengeschlossen sind. Durch ein intensives Netzwerk, das im Rahmen von Fortbildungsveranstaltungen geknüpft und unterhalten wird, informieren sich diese Rechtsanwältinnen und Rechtsanwälte über aktuelle Probleme des Versicherungsrechts.

Die Arbeitsgemeinschaft versteht sich hierbei weder als eine Verbraucherschutzorganisation noch als ein Lobbyistenverein der Versicherungswirtschaft. Rechtsanwältinnen und Rechtsanwälte, die Versicherungsrecht zum Schwerpunkt ihrer Tätigkeit gemacht haben, sind hier verbunden; Verbraucherschützer, Mitarbeiter der Versicherungswirtschaft und Richterinnen und Richter kommen zu den Fachtagungen, so dass ein regelmäßiger Erfahrungsaustausch möglich ist.

I. Rechtsgrundlagen des Versicherungsvertrages

Grundlage für den Versicherungsvertrag bildet zunächst das Versicherungsvertragsgesetz (VVG), ferner sind allgemeine gesetzliche Bestimmungen heranzuziehen. Das VVG wurde 2008 grundlegend reformiert; insbesondere wurden Vorschriften zum Schutz des Verbrauchers eingeführt. Für jeden Versicherungsvertrag gelten neben dem Gesetz die jeweils bei Abschluss des Vertrages vereinbarten Versicherungsbedingungen.

II. Die Versicherungsbedingungen

Bei Übernahme eines versicherungsrechtlichen Mandates ist zunächst zu klären, welche Versicherungsbedingungen dem Vertrag zugrunde liegen. Es empfiehlt sich daher, von der Mandantschaft eine vollständige Ausfertigung des Versicherungsscheins einschließlich der vereinbarten Bedingungen abzufordern; häufig hat die Mandantschaft diese Informationen nicht mehr.

Der Versicherer ist verpflichtet, die bei Abschluss des Vertrages vereinbarten Bedingungen auf Anfrage zur Verfügung zu stellen. Nur wenn die vollständigen Versicherungsbedingungen vorliegen, kann ermittelt werden, welcher Anspruch auf Versicherungsschutz für die Versicherungsnehmerin oder den Versicherungsnehmer besteht.

III. Obliegenheiten

Obliegenheiten sind vertragliche oder gesetzliche Bestimmungen, die die Versicherungsnehmerin oder der Versicherungsnehmer beachten muss, um den Versicherungsschutz vollständig zu erhalten. Verletzt die Versicherungsnehmerin oder der Versicherungsnehmer ihre oder seine Obliegenheiten, ist der Versicherer berechtigt, seine Leistung in dem Maß zu kürzen, in dem der Versicherungsnehmerin oder dem Versicherungsnehmer ein Verschulden an der Obliegenheitsverletzung anzulasten ist. Die Beweislast trägt insoweit der Versicherer. Der Versicherer ist zur Leistung nicht verpflichtet, wenn die Versicherungsnehmerin oder der Versicherungsnehmer den Versicherungsfall vorsätzlich herbeigeführt hat.

Umstritten war in der Vergangenheit, ob ein Versicherer für den Fall von der Leistung frei ist, wenn eine Versicherungsnehmerin oder ein Versicherungsnehmer im Zustand der Volltrunkenheit ein Fahrzeug führt und mit diesem Schäden anrichtet. Der BGH hat in einer Entscheidung vom 22.6.2011 (BGH IV ZR 225/10) festgestellt, dass für diesen Fall der Versicherer berechtigt sein kann, seine Leistungen auf null zu kürzen. Dies gilt in der Kfz-Haftpflichtversicherung freilich nur im Innenverhältnis. Im Außenverhältnis gegenüber dem geschädigten Dritten bleit der Versicherer zur Leistung verpflichtet. Er kann allerdings im Rahmen des mit der Versicherungsnehmerin oder dem Versicherungsnehmer vereinbarten Versicherungsvertrages dann bis zu einer bestimmten Höhe Regress bei der Versicherungsnehmerin oder dem Versicherungsnehmer nehmen.

Die Versicherungsnehmerin oder der Versicherungsnehmer ist verpflichtet, über Schadenhergang und Schadenumfang dem Versicherer wahrheitsgemäß und vollständig Auskunft zu erteilen.

IV. Risikoausschluss

Der Umfang des Versicherungsschutzes ergibt sich aus den Allgemeinen Versicherungsbedingungen (AVB). Hierin wird eine positive Beschreibung des vom Versicherer übernommenen Risikos vorgenommen (primäre Risikobegrenzung); in den Bedingungen ist auch festgehalten, welche Gefahren der Versicherer nicht versichern will (Risikoausschlüsse).

V. Repräsentanten

Da es sich bei den Obliegenheiten nicht um vertragliche Pflichten handelt, können Obliegenheitsverletzungen Dritter der Versicherungsnehmerin oder dem Versicherungsnehmer nicht nach § 278 BGB zugerechnet werden. Die Rechtsprechung hat daher den Begriff des „Repräsentanten" entwickelt. Hierbei kommt es darauf an, ob der sogenannte Repräsentant durch die Versicherungsnehmerin oder den Versicherungsnehmer mit der tatsächlichen Risikoverwaltung betraut wurde und anstelle der Versicherungsnehmerin oder des Versicherungsnehmers getreten ist.

VI. Versicherungsvermittlerinnen/-vermittler (Versicherungsagentinnen/-agenten)

Versicherungsvermittlerinnen und -vermittler sind Versicherungsvertreterinnen und -vertreter und Versicherungsmaklerinnen und -makler, ihre Mitteilungs- und Beratungspflichten sind gesetzlich geregelt. Verletzungen dieser Pflichten können zu Schadensersatzansprüchen führen. Ob ein Versicherer für Erklärungen seines Vermittlers haftet, hängt davon ab, ob dieser für den Versicherer handelt oder als Maklerin oder Makler im Lager der Versicherungsnehmerin oder des Versicherungsnehmers steht.

VII. Versicherungsprozess

Lehnt ein Versicherer seine Eintrittspflicht ab oder leistet nicht in dem Umfang, den er nach Auffassung der Versicherungsnehmerin oder des Versicherungsnehmers schuldet, muss die Versicherungsnehmerin oder der Versicherungsnehmer eine Deckungsklage erheben. Seit der Reform des Versicherungsvertragsgesetzes bestimmt § 215 VVG, dass für Klagen aus dem Versicherungsvertrag oder der Versicherungsvermittlung auch das Gericht örtlich zuständig ist, in dessen Bezirk die Versicherungsnehmerin oder der Versicherungsnehmer zur Zeit der Klageerhebung seinen Wohnsitz hat.

VIII. Arbeitsgemeinschaft Versicherungsrecht

In der Arbeitsgemeinschaft Versicherungsrecht waren im Februar 2021 mehr als 1.000 Rechtsanwältinnen und Rechtsanwälte vereinigt. Diese führt jeweils am 4. Wochenende im September eines jeden Jahres den DAV Versicherungsrechtstag der Arbeitsgemeinschaft Versicherungsrecht an jährlich wechselnden Standorten durch. Die Arbeitsgemeinschaft verfügt über einen wissenschaftlichen Beirat, in dem neben einem hochrangigen Vertreterinnen und Vertreter der Versicherungswirtschaft auch Vertreterinnen und Vertreter des Verbraucherschutzes, Richterinnen Richter und Rechtslehrende beteiligt sind, ferner Rechtsanwältinnen und Rechtsanwälte, die sich hauptsächlich mit versicherungsrechtlichen Mandaten befassen.

Die Arbeitsgemeinschaft unterhält eine enge Kooperation mit dem Verlag C.H.Beck, sie ist Mitherausgeberin der Zeitschrift „Recht und Schaden", das Abonnement ist seit Januar 2013 bereits im Mitgliederbeitrag der Arbeitsgemeinschaft enthalten, darüber hinaus können die Mitglieder der Arbeitsgemeinschaft die Online-Module des Verlags C.H. Beck Versicherungsrecht Plus und Versicherungsrecht Premium zu einem um 25 % reduzierten Abonnentenpreis beziehen und am gesamten Fortbildungsprogramm der MWV Wirtschaftsseminare zu einem um 15 % vergünstigten Tagungsbeitrag teilnehmen.

F.26 DAS VERWALTUNGSRECHTLICHE MANDAT

RECHTSANWALT PROF. DR. WOLFGANG EWER, KIEL[1] • EHEMALIGER PRÄSIDENT DES DAV

In Zeiten, in denen die Zahl der zugelassenen Anwältinnen und Anwälte ein Allzeithoch erreicht – so beträgt die Anzahl der Berufsträger in etwa das Zwölffache dessen, was die Anwaltschaft noch in den 1950er Jahren ausmachte –,[2] kommt der Auffindung von „Marktlücken" gerade auch für den Berufsanfängerinnen und -anfänger große Bedeutung zu. Durch eine Spezialisierung, z.B. auf das Verwaltungsrecht, kann die junge Anwältin oder der junge Anwalt durchaus ein Stück von dem in weiten Bereichen bereits „verteilten Kuchen" für sich gewinnen.

Die Gründe dafür, dass große Teile der Anwaltschaft dieses Rechtsgebiet lange Zeit weitgehend unbeachtet gelassen hatten, sind unterschiedlicher Art. Eine wesentliche Ursache dürfte sicherlich darin zu erblicken sein, dass in verwaltungsrechtlichen Durchschnittsmandaten häufig wesentlich niedrigere Streitwerte festgesetzt werden als in solchen zivilrechtlicher Art.[3]

Ein anderer Grund dürfte darin liegen, dass das verwaltungsrechtliche Mandat in der überwiegenden Anzahl der Fälle einen wesentlich höheren Einarbeitungsaufwand erfordert als ein solches aus dem Gebiet des Zivilrechts. So verlangt etwa der Einstieg in ein kompliziertes Planfeststellungsverfahren in aller Regel nicht nur die Durchsicht eines zahlreiche Ordner umfassenden Verwaltungsvorgangs und die meist erstmalige Befassung mit für Juristinnen und Juristen nur schwer durchschaubaren naturwissenschaftlichen Fragestellungen. Vielmehr erfordert die Einarbeitung in ein solches Mandat auch das Aufspüren und die systematische Auswertung der zu den jeweiligen Problemen vorliegenden verwaltungsgerichtlichen Judikatur. Solche Judikatur liegt gerade im Planfeststellungsrecht und im damit fast immer verbundenen (europäischen) Umweltrecht in einer Breite und Tiefe vor, die einige Expertise verlangt. Schließlich setzt die Möglichkeit zu einer sachgerechten Arbeit im Verwaltungsrecht eine noch an späterer Stelle zu erörternde Mindestausstattung an Fachliteratur voraus. Die gängigen Online-Datenbanken sind eine große Hilfe, zeigen aber – gerade im Landesrecht – nicht immer die Lösung auf. All dies führt aber dazu, dass sich eine Bearbeitung verwaltungsrechtlicher Mandate regelmäßig nur dann in betriebswirtschaftlich vertretbarer Weise bewerkstelligen lässt, wenn sich der junge Anwalt oder die junge Anwältin zielstrebig auf dieses Rechtsgebiet konzentriert.

1 Der Verfasser ist Honorarprofessor an der Christian-Albrechts-Universität zu Kiel und Mitherausgeber der Neuen Juristischen Wochenschrift.

2 Vgl. https://www.brak.de/w/files/04_fuer_journalisten/statistiken/2018/grafik-entwicklung-rae-seit-1950.pdf.

3 Vgl. *Madert/Tacke*, Anwaltsgebühren in Verwaltungs-, Steuer- und Sozialsachen, 1991, S. 126.

I. Wie kommt die Berufsanfängerin oder der Berufsanfänger zum verwaltungsrechtlichen Mandat?

Die Frage, wie die Berufsanfängerin oder derBerufsanfänger an die für eine solche Schwerpunktsetzung erforderlichen Mandate gelangt, lässt sich nur schwer und kaum pauschal beantworten. Allgemein ist festzuhalten, dass die beste und wohl auch effektivste Akquisition darin besteht, sich um eine hohe Qualität der eigenen anwaltlichen Dienstleistungen zu bemühen. Dass diese Devise keine leere Floskel ist, ist gerade im Verwaltungsrecht oft festzustellen, weil es hier nur eine relativ kleine Zahl sachkundiger Anwälte und Anwältinnen gibt. Demgemäß kommt es hier häufig vor, dass die gestern auf der Gegenseite stehende Gemeinde der Anwältin oder dem Anwalt heute ihrerseits einen Auftrag erteilt oder die bei der gegnerischen Verwaltungsbehörde tätige Sachbearbeitung die Anwältin oder den Anwalt um die Übernahme eines beamtenrechtlichen Mandats in eigener Sache bittet. Darüber hinaus ist zu bedenken, dass gerade auf dem Gebiet des Verwaltungsrechts häufig ein großer allgemeiner Informationsbedarf besteht. Dies gilt insbesondere dann, wenn gerade neue gesetzliche Vorschriften erlassen bzw. in Kraft getreten sind. In solchen Fällen sind öffentlich-rechtliche Körperschaften und private Verbände oft gern bereit, Anwältinnen oder Anwälte, die die Anwendungsprobleme der Vorschriften naturgemäß eher als Hochschullehrerinnen und -lehrer unter praktischem Blickwinkel darstellen, als Referierende zu engagieren. Derartige Vortragstätigkeiten ziehen dann vielfach zunächst Rückfragen aus dem Kreise der Teilnehmer und schließlich auch entsprechende Mandate nach sich. Schließlich ist als Form erlaubter Werbung die Möglichkeit zu nennen, die Anerkennung als Fachanwältin/Fachanwalt zu erlangen, die aufgrund des Gesetzes über Fachanwaltsbezeichnungen vom 27.2.1992 (BGBl. 1992, 369) eröffnet war (vgl. jetzt die am 11.3.1997 in Kraft getretene Fachanwaltsordnung in der Fassung vom 1.1.2018), oder gem. § 43 b BRAO auf bestehende Tätigkeitsschwerpunkte hinzuweisen.[4]

II. Welche sächliche Grundausstattung wird benötigt?

Eine fundierte Tätigkeit auf dem Gebiet des Verwaltungsrechts erfordert langfristig den Aufbau eines umfangreichen Literatur- und Rechtsprechungsapparats. Ob dafür auf lange Sicht die Anschaffung der amtlichen Sammlungen des Bundesverfassungsgerichts, des Bundesverwaltungsgerichts und des Bundesgerichtshofs in Zivilsachen (Letztere insbesondere wegen der Entscheidungen des 3. Zivilsenats zum Recht der öffentlichen Ersatz- und Entschädigungsleistungen) oder der Erwerb des „Buchholz“ und das Abonnement verschiedener Zeitschriften zu speziellen Teilgebieten angesichts der insbesondere in den letzten zehn Jahren forgeschrittenen Digitalisierung und der damit einher gehenden digitalen Verfügbarkeit der vorbenannten Informationsquellen weiterhin unumgänglich ist, oder ob es sich dabei nicht vielmehr um ein Relikt des alten anwaltlichen „Handwerks“ handelt, entbehrt einer allgemeingültigen Anwort. Natürlich können sich die junge Anwältin und der junge Anwalt eine solche Ausstattung, sei es in digitaler oder analoger Form, am Anfang

4 Vgl. *Kleine-Cosack*, Neuordnung des anwaltlichen Berufsrechts, NJW 1994, 2249, 2255; im Ergebnis schon zum alten Recht BGH NJW 1994, 2035, vgl. auch *Hartung*, Anwaltliches Berufsrecht – hilfreich oder hinderlich?, A.4 in diesem Ratgeber.

seiner selbstständigen Berufstätigkeit nicht leisten. Sie sollten sich deshalb zumindest darauf konzentrieren, sich jeweils einen aktuellen Kommentar zum Verwaltungsverfahrensrecht und einen solchen zur Verwaltungsgerichtsordnung anzuschaffen. Darüber hinaus ist es auch für den jungen Kollegen oder die junge Kollegin unverzichtbar, zumindest eine verwaltungsrechtliche Zeitschrift mit allgemeiner Ausrichtung zu abonnieren. Dabei fällt die Wahl zwischen den in Betracht kommenden Zeitschriften nicht ganz leicht, da die verschiedenen Periodika durchaus unterschiedliche Vorzüge haben. Müsste ich selbst mich auf eine Zeitschrift beschränken, so würde ich mich für die NVwZ entscheiden, weil diese einen recht breiten Überblick über die Rechtsprechung – teilweise auch der Instanzgerichte – gibt und weil die regelmäßig zu verschiedenen Bereichen des besonderen Verwaltungsrechts erscheinenden Rechtsprechungsübersichten auch für eine erstmalige Einarbeitung in das betreffende Gebiet sehr hilfreich sind.

III. Was ist bei Übernahme des Mandats zu beachten?

Für die Annahme von Mandaten bestehen in berufsrechtlicher Hinsicht bei Verwaltungssachen keine Sonderprobleme, allerdings ist zu beachten, dass es Fallkonstellationen gibt, wo eine die Zulässigkeit der Mandatsübernahme hindernde Interessenkollision nicht auf den ersten Blick erkennbar ist.[5]

Liegen solche Hinderungsgründe nicht vor, muss sich die Anwältin oder der Anwalt als Erstes vergewissern, ob und ggf. wann eventuelle Rechtsbehelfsfristen ablaufen. Dies gilt insbesondere deshalb, weil die Mandantschaft häufig dazu neigt, zunächst eine ausführliche Vorgeschichte zu erzählen, ehe sie damit herauskommt, dass bereits seit geraumer Zeit ein behördlicher Bescheid oder eine gerichtliche Entscheidung vorliegt.

Bei den einschlägigen Rechtsbehelfsfristen handelt es sich zwar in der Regel um Monatsfristen (vgl. etwa die Widerspruchsfrist des § 70 Abs. 1 VwGO, die Klagefrist des § 74 Abs. 1 VwGO, die Berufungsfrist des § 124 a Abs. 2 VwGO sowie die Fristen für Nichtzulassungsbeschwerde, Revision und Sprungrevision der §§ 133 Abs. 2, § 139 Abs. 1 bzw. § 134 Abs. 1 S. 2, sämtlich VwGO). Indessen ist unbedingt zu beachten, dass diese Fristenregelungen des allgemeinen Verfahrens- und Prozessrechts teilweise durch das Fachrecht durchbrochen und modifiziert werden. So kann zum Beispiel der – an sich unbefristet mögliche – Antrag nach § 80 Abs. 5 VwGO bei als offensichtlich unbegründet abgelehnten Asylanträgen gem. § 36 Abs. 3 S. 1 AsylG nur innerhalb einer Woche nach Bekanntgabe der Abschiebungsandrohung gestellt werden. Und nach § 17 e Abs. 2 S. 2 FStrG kann der Antrag auf Anordnung der aufschiebenden Wirkung der Anfechtungsklage nach § 80 Abs. 5 VwGO gegen einen fernstraßenrechtlichen Planfeststellungsbeschluss oder eine Plangenehmigung nur innerhalb eines Monats nach der Zustellung des Planfeststellungsbeschlusses oder der Plangenehmigung gestellt und begründet warden.

5 Vgl. die zahlreichen Beispiele bei *Busse/Linke*, Die anwaltliche Praxis in Verwaltungssachen, 1987, Rn. 24 bis 40.

Im Übrigen sind „Fristgefahren“ im weitesten Sinne auch bei Geltung der 1-Jahres-Frist des § 58 Abs. 2 VwGO nicht von vornherein ausgeschlossen. So ist etwa bei Nachbareinwendungen im baurechtlichen Bereich häufig eine Verwirkung des Abwehrrechts zu besorgen, wenn die der Nachbarschaft nicht umgehend Rechtsmittel einlegt, sobald ihr – etwa in Gestalt von zu nahe an die Grundstücksgrenze herangerückten Grundmauern – Anhaltspunkte dafür vorliegen, dass sie durch das Bauvorhaben in ihren Rechten verletzt werden könnte.[6]

Schließlich verdienen Fristfragen bei Mandatsbeginn auch deshalb besondere Beachtung, weil prozessuale Fristen keineswegs in jedem Falle durch einen „Einzeiler“ gewahrt werden können. So kommt es häufig vor, dass Prozessparteien in den ersten beiden Instanzen durch zivilrechtlich orientierte Kolleginnen und Kollegen vertreten worden sind, die auch noch die Nichtzulassungs- oder Nichtvorlagebeschwerde eingelegt haben, dann jedoch zu dem Schluss gelangt sind, dass die weitere Bearbeitung der Sache besser einer Verwaltungsrechtsspezialistin oder einem -spezialisten übertragen werden sollte. Solche Mandate kommen dann oft „fünf Tage vor Toreschluss“. Da es sich bei den Begründungsfristen für beide Rechtsmittel um solche handelt, die vom Gericht nicht verlängert werden können,[7] und die Fertigung entsprechender Beschwerdebegründungen meist erhebliche Zeit erfordert, muss sich die Anwältin oder der Anwalt genau überlegen, ob er ein solches Mandat verantwortlich übernehmen kann. Dies gilt insbesondere angesichts dessen, dass nach einmal erfolgter Mandatsübernahme eine Niederlegung in solchen Fällen stets zur Unzeit erfolgen würde und damit Regressansprüche gegen die Anwaltschaft ausgelöst werden könnten.[8]

Ähnliche Probleme können sich ergeben im Zusammenhang mit allgemeinen verwaltungsprozessualen Präklusionsregelungen, wie etwa § 87 b VwGO, oder entsprechenden Bestimmungen im Fachrecht, wie etwa § 5 Abs. 3 S. 1 VerkPBG. Insoweit ist zu beachten, dass das Bundesverwaltungsgericht verlangt, dass eine vorläufige Klagebegründung auch schon vor Gewährung einer Einsichtsmöglichkeit in die Verwaltungsvorgänge eingereicht wird.[9]

Um beim Thema Haftung zu bleiben, sei darauf hingewiesen, dass die Anwältin oder der Anwalt bereits vor Annahme des Auftrags sorgfältig prüfen sollte, welche haftungsrechtlichen Risiken das ihm angetragene Mandat in sich bergen kann. Dies gilt gerade bei Mandaten mit geringem Streitwert, bei denen der junge Anwalt oder die junge Anwältin oft davon ausgehen wird, dass auch das Haftungsrisiko gering und damit von der bestehenden Haftpflichtversicherung abgedeckt ist. Wie verfehlt diese Annahme ist, macht folgendes Beispiel deutlich: Eine Anwohnerin oder ein Anwohner hat durch eine Nachbarklage die Stilllegung einer baulichen Anlage erreicht. Die beklagte Verwaltungsbehörde hat keine Be-

6 Vgl. BVerwG NVwZ 1991, 1182; VGH Mannheim NVwZ 1989, 76.

7 BVerwG Buchholz 310 § 132 VwGO Nr. 10; BVerwGE 32, 357, 359.

8 Vgl. *Borgmann/Haug*, Anwaltspflichten – Anwaltshaftung, 2005, § 15 Ziff. 5.

9 Vgl. BVerwG NVwZ 1994, S. 371; kritisch dazu *Ewer*, Effektiver Rechtsschutz in der Verwaltungsgerichtsbarkeit – Mängelliste und Wunschzettel aus der Sicht der anwaltlichen Praxis, in: Dokumentation zum 11. Deutschen Verwaltungsrichtertag, 1995, S. 59, 74 f.

rufung eingelegt. Die Anwältin oder der Anwalt des gem. § 65 Abs. 2 VwGO beigeladenen Betreibers hat durch eigenes Verschulden die Berufungsfrist versäumt. Eine Berufung hätte wegen evidenter Rechtsfehler des angefochtenen Urteils mit an Sicherheit grenzender Wahrscheinlichkeit Erfolg gehabt. Obwohl das Verwaltungsgericht den Streitwert – gem. dem nach § 52 Abs. 1 GKG n.F. maßgeblichen Interesse der Nachbarschaft als Klägerin – nur mit 5.000 EUR festgesetzt hat, kann die Haftung der Anwältin oder des Anwalts des oder der Beigeladenen Millionen betragen. Aus diesem Grunde sollte bei Mandatsübernahme stets das mögliche Haftungsrisiko geprüft und ggf. eine Haftungsbeschränkungsvereinbarung abgeschlossen werden. Dies gilt umso mehr angesichts möglicher Erstreckungen der Haftung zugunsten Dritter. Stellt die Anwältin oder der Anwalt etwa in einem Rechtsgutachten eine spezifische bauliche Nutzbarkeit eines Grundstücks fest, so haftet sie oder er für die Richtigkeit dieser Feststellung nicht nur gegenüber der Mandantschaft, sondern auch gegenüber all denjenigen, denen das Gutachten nach seinem erkennbaren Zweck für Entscheidungen über Vermögensdispositionen vorgelegt werden soll, also etwa der seine Mandantschaft kreditierenden Bank.[10]

In einem solchen Zusammenhang kann dann auch die Frage des eventuellen Abschlusses einer Honorarvereinbarung geklärt werden, die aber im Hinblick auf § 3a Abs. 1 S. 2 RVG unbedingt in einer separaten Urkunde niedergelegt werden sollte. Eine Erörterung der Honorierungsfrage sollte keinesfalls zurückgestellt werden. Ist nämlich der Anwaltsvertrag erst einmal zu gesetzlichen Bedingungen zustande gekommen, so wird die Mandantschaft oft nicht mehr bereit sein, sich auf eine diese übersteigende Vergütung einzulassen. Zur Vereinbarung einer solchen besteht aber häufig deshalb Anlass, weil eine Abrechnung nach dem Vergütungsrecht in einer Vielzahl von Fällen nicht einmal eine Kostendeckung ermöglicht. So würde sich der gesetzliche Gebührenanspruch für Verfahren der Nichtzulassungsbeschwerde mit dem Auffangstreitwert des § 52 Abs. 2 GKG von 5.000 EUR auf 481,60 EUR zzgl. Auslagenpauschale und Mehrwertsteuer belaufen. Dass dieser Betrag nicht kostendeckend sein würde, liegt auf der Hand. Entschließt sich die Anwältin oder der Anwalt, vom Abschluss einer Honorarvereinbarung abzusehen, so sollte die oder er darauf achten, einen konkreten Streitwertfestsetzungsantrag zu stellen. Dieser wird in vielen Fällen an dem „Streitwertkatalog für die Verwaltungsgerichtsbarkeit“[11] orientiert werden können. Im Übrigen wird es darauf ankommen, durch möglichst konkrete Bezifferung des Interesses der Antragstellerin oder des Antragstellers einer – in aller Regel zulasten der Anwaltschaft verlaufenden – Pauschalierung entgegenzutreten. Mir selbst ist es auf diesem Wege vor einiger Zeit gelungen, im Rahmen eines einstweiligen Rechtsschutzverfahrens, in dem das VG für die erste Instanz den Wert auf der Grundlage einer Schätzung mit 5.000 EUR festgesetzt hatte, für das Beschwerdeverfahren vor dem OVG eine Festsetzung auf 300.000 EUR – und damit eine Erhöhung um das 60-Fache – zu erwirken.

Als weiteres der von der Mandantschaft bei Erteilung des Auftrags zu unterzeichnenden Schriftstücke ist last but not least die Vollmacht zu nennen. Dabei sollte unbedingt darauf

10 Vgl. BGH, Urt. v. 13.11.1997 – X ZR 144/94, juris Rn. 10.
11 Streitwertkatalog für die Verwaltungsgerichtsbarkeit 2013, https://www.bverwg.de/medien/pdf/streitwertkatalog.pdf.

geachtet werden, dass ein Formular verwendet wird, das sowohl die Berechtigung zur außergerichtlichen als auch zur gerichtlichen Vertretung erfasst.[12] Da es nicht selten im Zusammenhang mit demselben Auftrag zu mehreren Verfahren bei unterschiedlichen Behörden oder Gerichten (etwa zur gleichzeitigen Durchführung eines Widerspruchsverfahrens und eines Verfahrens nach § 80 Abs. 5 VwGO) kommt, empfiehlt es sich, die Mandantschaft gleich zwei oder drei Vollmachtsformulare unterschreiben zu lassen. Zwar hängt die Wirksamkeit einer Rechtsbehelfseinlegung nicht davon ab, dass zusammen mit der Rechtsmittelschrift auch eine Vollmacht vorgelegt wird; vielmehr sieht § 67 Abs. 3 S. 2 VwGO ausdrücklich vor, dass diese innerhalb einer vom Gericht zu setzenden Frist nachgereicht werden kann.[13] Indessen erscheint die Vorlage der Vollmachtsurkunde auch bei fehlender Anforderung schon deshalb zweckmäßig, weil gem. § 67 Abs. 3 VwGO im gerichtlichen Verfahren Zustellungen an den Bevollmächtigten bewirkt werden müssen.

IV. Grundüberlegungen nach erfolgter Mandatserteilung

Ist das Mandat erteilt, so muss die Anwältin oder der Anwalt zunächst ermitteln, worin das wirtschaftliche oder sonstige praktische Interesse seiner Mandantschaft besteht, das dem Auftrag zugrunde liegt. Unterlässt die Anwältin oder der Anwalt diese Prüfung, so besteht die Gefahr, dass er einen prozessualen Erfolg erringt, der sich dann für die Aufraggeberin oder den Auftraggeber als Pyrrhussieg entpuppt.

Dies sei an folgendem **Beispiel** verdeutlicht:

Ein Beamter will sich gegen eine von ihm als ungerecht empfundene dienstliche Beurteilung zur Wehr setzen. Der mit der Prüfung beauftragte Anwalt kommt zu dem Ergebnis, dass diese wegen Verstoßes gegen eine Formvorschrift rechtswidrig ist. Demgemäß brauchte sich der Anwalt eigentlich gar nicht mit der weitergehenden Frage zu beschäftigen, ob denn die Beurteilung auch inhaltlich angreifbar erscheint. Gleichwohl wird er, wenn er das wirkliche Interesse des Mandanten im Auge hat, auch Letzteres tun. Dies gilt deshalb, weil bei entsprechender Sachlage ein Bescheidungsurteil – und damit ein prozessualer Sieg – zwar ohne Weiteres erreichbar wäre, dem Mandanten aber Steine statt Brot bringen würde. Denn eine bessere Beurteilung wäre damit noch lange nicht gewonnen. Vielmehr spricht die Lebenserfahrung dafür, dass der Dienstherr zwar genau darauf achten würde, dass die Neubeurteilung in verfahrensrechtlich einwandfreier Weise erfolgt, dass diese aber am Ende die gleiche Note ausweisen würde wie die zuerst ergangene. Bei einer solchen Sachlage sollte sich der Anwalt daher nicht auf eine isoliert-prozessuale Behandlung beschränken, sondern parallel dazu das Gespräch mit der Behörde suchen. Möglicherweise wird diese – wenn sich denn darlegen lässt, dass eine bessere Beurteilung zumindest vertretbar erscheint – zu einer Einigung durch einen Vergleich bereit sein und damit zu einer Lösung, die ihr eine – von Behörden häufig als Makel empfundene – Aufhebung der angefochtenen Bescheide erspart und dem Mandanten eine Verbesserung in der Bewertung bringt.

12 *Busse/Linke*, Die anwaltliche Praxis in Verwaltungssachen, 1987, Rn. 43 bis 50.

13 BVerwG NJW 1985, 2963; DVBl. 1985, 1986, 166; NJW 1984, 318.

Ich selbst habe in einer ähnlichen Situation einmal einen Prozessvergleich abgeschlossen, durch den sich beide Parteien verpflichtet haben, den Streit um die alte Beurteilung für erledigt zu erklären, sofern die diese ersetzende Beurteilung bestimmte Anhebungen bei einzelnen Merkmalen enthält. Aus Anlass einer kurz darauf erfolgenden Bewerbung um einen anderen Dienstposten wurde dann eine neue Beurteilung eingeholt, die – wie sicherlich niemanden erstaunen wird – zu einer entsprechenden Erledigung des Rechtsstreites führte.

Dieses Beispiel mag verdeutlichen, dass nicht alles, was prozessual erreichbar ist, auch in der Sache der Mandantin dient. Aus diesem Grunde sollte die Anwältin oder der Anwalt an den Anfang seiner Überlegungen stets die Frage stellen, welche Sachinteressen der Mandantschaft dem durch diesen erteilten Auftrag zugrunde liegen.

V. Die Vertretung im Verfahren vor der Behörde

Sind diese Zielsetzungen erst einmal ermittelt, so muss die Anwältin oder der Anwalt prüfen, welche Schritte zur Erreichung dieser Ziele ergriffen werden können. Es liegt auf der Hand, dass im Rahmen dieses Beitrags insoweit nur einige exemplarische Handlungsmöglichkeiten angerissen werden können.

Im Verfahren vor der Behörde wird der die Anwältin oder Anwalt in aller Regel als Erstes gemäß § 29 VwVfG einen Antrag auf Gewährung von Akteneinsicht stellen. Soweit ersichtlich, enthält allein das schleswig-holsteinische Verwaltungsverfahrensrecht in Gestalt von § 88 Abs. 5 LVwG einen Anspruch auf Erteilung von Auszügen oder Abschriften. Sollten Behörden anderer Länder bzw. des Bundes unter Hinweis auf das Fehlen einer entsprechenden Regelung die Erteilung von Ablichtungen aus den Verwaltungsvorgängen verweigern, so sollte unter Hinweis auf § 100 Abs. 2 VwGO damit argumentiert werden, dass spätestens im gerichtlichen Stadium ohnehin ein Anspruch auf Erteilung einer kompletten Aktenablichtung besteht. Sollte auch dies nicht helfen, so empfiehlt es sich, nach Eintreffen bei der aktenführenden Behörde ein Handdiktiergerät auszupacken, demonstrativ fünf Kassetten und einige eingepackte Butterbrote auf den Tisch zu legen, um dann, dergestalt häuslich eingerichtet, damit zu beginnen, den Verwaltungsvorgang Wort für Wort auf Diktatband zu übertragen. Nach meiner Erfahrung führt dies meist innerhalb kürzester Zeit dazu, die Bereitschaft zur Erteilung von Fotokopien erheblich zu fördern.

Für das weitere Vorgehen hat die Akteneinsicht in mehrfacher Hinsicht Bedeutung:

- Zum einen lässt sie erkennen, von welchem Informationsstand die Behörde bei Einleitung des Verwaltungsverfahrens bzw. bei Erlass des bereits angefochtenen Verwaltungsaktes ausgegangen ist. Häufig zeigt sich schon hier, dass die Verwaltung ihrer aus § 24 VwVfG folgenden Pflicht, den Sachverhalt von Amts wegen zu untersuchen, nicht im erforderlichen Maße nachgekommen ist. Dies ermöglicht es im Einzelfall, durch geschickte Formulierung von Beweisanträgen das aus Abs. 1 S. 2 der Vorschrift folgende

Ermessen über Art und Umfang der Ermittlungen erheblich zu reduzieren und damit die weitere Sachaufklärung in eine bestimmte, dem Anliegen des Mandanten dienliche Richtung zu lenken.

- Zum anderen lässt sich feststellen, welche Erwägungen die Behörde bei bestimmten Entscheidungen angestellt bzw. unterlassen hat. Dies wird aber in der Regel insbesondere bei einem Streit um die Rechtmäßigkeit von Ermessensentscheidungen von erheblicher Bedeutung sein. Auf welche bemerkenswerten Funde man dabei stoßen kann, sei an folgendem Fall aus meiner Praxis verdeutlicht: Der Leiter einer Dienststelle eines Technischen Überwachungsvereins (TÜV) wollte sich eines missliebigen Mitarbeiters entledigen. Nachdem entsprechende arbeitsrechtliche Versuche u.a. daran gescheitert waren, dass dieser als Betriebsratsmitglied besonderen Kündigungsschutz genoss, widerrief dann plötzlich die zuständige Aufsichtsbehörde mit der Begründung mangelnder Zuverlässigkeit die amtliche Anerkennung als Sachverständiger und ordnete zugleich die sofortige Vollziehung dieser Maßnahme an. Eine Akteneinsicht förderte schließlich einen im Verwaltungsvorgang befindlichen Telefonvermerk des zuständigen Referenten zutage. In diesem hieß es wörtlich, dass – wenn die entsprechenden arbeitsrechtlichen Probleme nicht bestehen würden – der TÜV den Betroffenen „... schon längst arbeitsrechtlich (hätte) entlassen können, statt den Umweg über uns per Aberkennung der Sachverständigenanerkennung zu wählen“. Dass angesichts dieses freimütigen Eingeständnisses sowohl der Antrag auf Wiederherstellung der aufschiebenden Wirkung als auch die Hauptsacheklage Erfolg hatten, wird nicht verwundern.

Über eine Erkundung des Inhaltes der angestellten (oder unterlassenen) Ermessenserwägungen hinaus ermöglicht eine Akteneinsicht regelmäßig Feststellungen dazu, ob die Verwaltung die einschlägigen Form- und Verfahrensvorschriften eingehalten hat. Sollte hierbei deutlich werden, dass etwa ein zur Mitwirkung verpflichteter Ausschuss nicht beteiligt worden ist oder sonstige der in § 45 Abs. 1 VwVfG genannten Verfahrens- oder Formverstöße vorliegen, so wird die Anwältin oder der Anwalt allerdings (insbesondere in Anfechtungssachen) im Hinblick auf die zeitliche Heilungsgrenze in Abs. 2 der Vorschrift sorgfältig zu prüfen haben, ob es taktisch zweckmäßig erscheint, diesen Gesichtspunkt bereits im Rahmen des Widerspruchsverfahrens geltend zu machen.

Schließlich lässt die Akteneinsicht häufig Einblicke in den verwaltungsinternen Ablauf der Entscheidungsfindung zu. Dies kann insbesondere deshalb von Bedeutung sein, weil sich so mitunter herausfinden lässt, welches der beteiligten Ämter oder welcher der in den betreffenden Bereichen zuständigen Beamten dem Anliegen des Mandanten positiv gegenübersteht und – zumindest am ehesten – bei eventuellen Bemühungen um eine vergleichsweise Einigung angesprochen werden kann.

Da eine Entscheidung über das weitere Vorgehen mithin maßgeblich durch die Ergebnisse der Akteneinsicht bestimmt wird, pflege ich in vielen Fällen die erste ausführliche Besprechung mit der Mandantshaft nicht bereits bei Auftragserteilung, sondern erst nach erfolgter

Einsichtnahme in den Verwaltungsvorgang durchzuführen. Entsprechendes gilt fast ausnahmslos für eine Begründung des gestellten Antrags bzw. des eingelegten Widerspruchs.

In diesem Rahmen sind dann zugleich Überlegungen anzustellen über das weitere taktische Vorgehen. So kann es – etwa bei Fällen von Drittbetroffenheit – sinnvoll sein, einen Antrag auf Hinzuziehung als Beteiligter i.S.v. § 13 Abs. 2 VwVfG zu stellen. Außerdem werden häufig Überlegungen angebracht sein, ob im Interesse der Mandantschaft eine Zwischenlösung (etwa in Gestalt einer Teilgenehmigung oder eines Vorbescheides) angestrebt oder der Versuch einer einvernehmlichen Lösung durch Abschluss eines öffentlich-rechtlichen Vertrages unternommen werden sollte.[14]

VI. Die Vertretung im verwaltungsgerichtlichen Verfahren

Hinsichtlich des verwaltungsgerichtlichen Verfahrens sollen hier (nur) einige typische Fehlerquellen im Verwaltungsstreitverfahren dargestellt werden. Dies scheint mir auch deshalb sinnvoll zu sein, weil nach den vorliegenden Statistiken in der Verwaltungsgerichtsbarkeit mehr als 90 % der Klagen keinen Erfolg haben,[15] was darauf hindeutet, dass entweder vor Verfahrenseinleitung bzw. Rechtsmitteleinlegung die Erfolgsaussichten falsch eingeschätzt werden oder es während des laufenden Verfahrens zu Fehlern kommt.

Die Anwältin oder der Anwalt muss sich immer wieder vor Augen führen, dass unser Rechtsschutzsystem auf dem Grundsatz des Schutzes subjektiver Rechte beruht. Demgemäß stellt die Möglichkeit einer Verletzung eigener Rechte – entgegen dem Wortlaut und systematischen Standort des § 42 Abs. 2 VwGO – nicht nur eine Zulässigkeitsvoraussetzung für die Anfechtungs- und Verpflichtungsklage, sondern auch eine solche für die sonstigen Klagearten dar.[16] Daher kann beispielsweise eine Klage, mit der sich ein Nachbar gegen ein Auskiesungsvorhaben wehrt, weder auf eine Verletzung allein der Allgemeinheit dienender naturschutzrechtlicher Vorschriften noch darauf gestützt werden, dass ein gesetzlich vorgeschriebenes Planfeststellungsverfahren nicht durchgeführt worden ist.[17]

Bei der Beurteilung der Erfolgsaussichten von Anfechtungsklagen wird oft die Bedeutung von Fehlern im Verwaltungsverfahren überschätzt.[18] Die Anwältin oder der Anwalt sollte stets an die Heilungsmöglichkeiten des § 45 VwVfG denken. Außerdem ist zu beachten, dass nach § 46 VwVfG eine Aufhebung des angefochtenen Verwaltungsaktes dann nicht verlangt werden kann, wenn auch ohne den Verfahrens- oder Formfehler keine andere Entscheidung in der Sache hätte getroffen werden können. Eine solche „Alternativlosigkeit der Entscheidung“[19] ist allerdings in aller Regel dann auszuschließen, wenn der Behörde ein ge-

14 Vgl. *Busse/Linke*, Die anwaltliche Praxis in Verwaltungssachen, 1987, Rn. 171 bis 288.
15 Vgl. die Tabelle 1.2.2 im Bericht „Rechtspflege – Verwaltungsgerichte 2016“ des Bundesamts für Statistik (destatis), Fachserie 10 Reihe 2.4.
16 Zur Leistungsklage BVerwGE 36, 192, 199; vgl. i.Ü. die Beispiele bei *Eyermann*, VwGO, 14. Aufl. 2014, § 42 Rn. 80.
17 BVerwG DVBl. 1987, 1265; vgl. nun § 4 UmwRG.
18 *De Witt*, in: Beck'sches Rechtsanwalts-Handbuch, 1989, Abschnitt C III, Rn. 50.
19 *Stelkens/Bonk/Sachs*, VwVfG, 8. Aufl. 2014, § 46 Rn. 53.

richtlich nur eingeschränkt überprüfbarer Beurteilungsspielraum zusteht[20] oder der Verwaltung Ermessen eingeräumt ist und keine Ermessensreduzierung auf null vorliegt.[21]

Nur allzu leicht gerät in Vergessenheit, dass sich die Anfechtungs- und Verpflichtungsklage keineswegs nur hinsichtlich der Formulierung des Klageantrags unterscheiden, sondern auch – und zwar ganz wesentlich – hinsichtlich der Klagebegründung. So stößt man immer wieder auf Verpflichtungsklagen, in denen nicht nur die Aufhebung des angefochtenen Ablehnungsbescheides, sondern auch die Verpflichtung zum Erlass des begehrten Verwaltungsaktes beantragt wird, in deren Begründung dann aber gleichwohl ausschließlich eine Auseinandersetzung mit formellen und materiellen Fehlern der behördlichen Ablehnungsentscheidung stattfindet. Ein solches Vorgehen führt nicht weiter, da vielfach zwar die behördliche Ablehnungsentscheidung rechtswidrig ist, die Klägerin oder der Kläger indessen gleichwohl keine Verpflichtung zum Erlass des begehrten Verwaltungsaktes erreichen kann. In der Begründung einer Verpflichtungsklage ist daher stets darzulegen, dass die Klägerin oder der Kläger einen subjektiv öffentlich-rechtlichen Anspruch auf die begehrte Leistung hat. Ist die Gewährung der Leistung in das Ermessen der beklagten Behörde gestellt, reicht es demgemäß nicht aus, darzulegen, dass die Ablehnung des Antrags ermessensfehlerhaft erfolgte; vielmehr muss darüber hinaus begründet werden, warum das Ermessen der Behörde dahin gehend auf null reduziert war, dass sich der Erlass der begehrten Regelung als einzig rechtmäßige Handlungsalternative darstellte. Ansonsten kann die Klage allenfalls zu einem teilstattgebenden Bescheidungsurteil führen.

Eine weitgehend unbekannte, aber für die Praxis durchaus wichtige Vorschrift ist § 44 a VwGO. Nach dieser Vorschrift sind – von den in S. 2 genannten Einzelfällen abgesehen – behördliche Verfahrenshandlungen in der Regel der isolierten Anfechtung durch Rechtsbehelfe entzogen. Demgemäß kann eine Behörde beispielsweise nicht im Wege einstweiliger Anordnung dazu verpflichtet werden, einem im Hauptsachverfahren angefochtenen Verwaltungsakt nachträglich die fehlende Begründung beizufügen.

Viele der bislang überwiegend im Zivilrecht tätigen Kolleginnen und Kollegen gehen von der falschen Vorstellung aus, dass die Aufklärung des Sachverhaltes im Verwaltungsstreitverfahren allein Sache des Gerichtes sei. Dieser Irrtum kann in besonderem Maße folgenschwer sein, weil seit dem Inkrafttreten des Sechsten Gesetzes zur Änderung der Verwaltungsgerichtsordnung und anderer Gesetze vom 1.11.1996 keine generelle Berufungsmöglichkeit mehr gegeben ist und sich das Verfahren vor dem Verwaltungsgericht somit in einer Vielzahl von Fällen als erste und einzige Tatsacheninstanz darstellen wird. Hat eine anwaltlich vertretene Partei in derartigen Fällen keinen Beweisantrag gestellt, so wird eine spätere Aufklärungsrüge regelmäßig keinen Erfolg haben.[22] In diesem Zusammenhang ist darauf hinzuweisen, dass nach § 86 Abs. 2 VwGO ein in der mündlichen Verhandlung gestellter Beweisantrag nur durch einen mit Begründung zu versehenden Beweisbeschluss abgelehnt

20 Zur Geltung von § 46 VwVfG im Prüfungsrecht, vgl. BVerwG DVBl. 1988, 402, 403.
21 BVerwG NVwZ 1988, 525, 526.
22 BVerwG DÖV 1963, 886.

werden kann. Insoweit ist zum einen von Bedeutung, dass nur ein in der mündlichen Verhandlung zu Protokoll erklärter Beweisantrag, nicht dagegen dessen Ankündigung in einem vorbereitenden Schriftsatz die Aufklärungspflicht des Gerichtes entsprechend zu konkretisieren und einen Anspruch auf eine Vorabentscheidung auszulösen vermag.[23] Zum anderen erhält der Anwalt bei Ablehnung der gestellten Beweisanträge die Möglichkeit, sich noch während der mündlichen Verhandlung ein Bild davon zu machen, welche Fragen das Gericht für erheblich oder unerheblich hält, und seine weitere Prozessführung hierauf einzurichten.

VII. Abschlussbemerkung

Der Umstand, dass eine Spezialisierung im verwaltungsrechtlichen Bereich einen sehr viel höheren Einarbeitungsaufwand voraussetzt als eine solche in bestimmten Teilgebieten des dem jungen Anwalt oder der jungen Anwälten schon aus der Ausbildung viel vertrauteren Zivilrechts, sollte nicht den Blick dafür verstellen, dass es sich beim öffentlichen Recht um ein spannendes Tätigkeitsfeld mit vielen Herausforderungen handelt. Dies gilt auch deshalb, weil man als Anwalt oder Anwältin hier erfahrungsgemäß sehr oft mit immer neuen Fragestellungen konfrontiert wird, und auch nach jahrzehntelanger Berufstätigkeit keine Woche vergeht, in der man nicht irgendetwas hinzulernt. Es kommt hinzu, dass viele Mandate im öffentlichen Recht – als Beispiel seien nur solchen im Umweltrecht, Versammlungsrecht oder Staatsrecht – von hoher Relevanz für die Zukunft unserer Gesellschaft sind. Die junge Anwältin oder der junge Anwalt sollte bei der Entscheidung über eine Spezialisierung daher diesen Rechtsbereich nicht aus dem Auge verlieren.

23 Vgl. BVerwGE 21, 184, 185.